Labour Force Statistics

1986-2006

Statistiques de la population active

1986-2006

2007

ORGANISATION FOR ECONOMIC CO-OPERATION AND DEVELOPMENT

The OECD is a unique forum where the governments of 30 democracies work together to address the economic, social and environmental challenges of globalisation. The OECD is also at the forefront of efforts to understand and to help governments respond to new developments and concerns, such as corporate governance, the information economy and the challenges of an ageing population. The Organisation provides a setting where governments can compare policy experiences, seek answers to common problems, identify good practice and work to co-ordinate domestic and international policies.

The OECD member countries are: Australia, Austria, Belgium, Canada, the Czech Republic, Denmark, Finland, France, Germany, Greece, Hungary, Iceland, Ireland, Italy, Japan, Korea, Luxembourg, Mexico, the Netherlands, New Zealand, Norway, Poland, Portugal, the Slovak Republic, Spain, Sweden, Switzerland, Turkey, the United Kingdom and the United States. The Commission of the European Communities takes part in the work of the OECD.

OECD Publishing disseminates widely the results of the Organisation's statistics gathering and research on economic, social and environmental issues, as well as the conventions, guidelines and standards agreed by its members.

This work is published on the responsibility of the Secretary-General of the OECD. The opinions expressed and arguments employed herein do not necessarily reflect the official views of the Organisation or of the governments of its member countries.

Corrigenda to OECD publications may be found on line at: *www.oecd.org/publishing/corrigenda.*

ORGANISATION DE COOPÉRATION ET DE DÉVELOPPEMENT ÉCONOMIQUES

L'OCDE est un forum unique en son genre où les gouvernements de 30 démocraties œuvrent ensemble pour relever les défis économiques, sociaux et environnementaux que pose la mondialisation. L'OCDE est aussi à l'avant-garde des efforts entrepris pour comprendre les évolutions du monde actuel et les préoccupations qu'elles font naître. Elle aide les gouvernements à faire face à des situations nouvelles en examinant des thèmes tels que le gouvernement d'entreprise, l'économie de l'information et les défis posés par le vieillissement de la population. L'Organisation offre aux gouvernements un cadre leur permettant de comparer leurs expériences en matière de politiques, de chercher des réponses à des problèmes communs, d'identifier les bonnes pratiques et de travailler à la coordination des politiques nationales et internationales.

Les pays membres de l'OCDE sont : l'Allemagne, l'Australie, l'Autriche, la Belgique, le Canada, la Corée, le Danemark, l'Espagne, les États-Unis, la Finlande, la France, la Grèce, la Hongrie, l'Irlande, l'Islande, l'Italie, le Japon, le Luxembourg, le Mexique, la Norvège, la Nouvelle-Zélande, les Pays-Bas, la Pologne, le Portugal, la République slovaque, la République tchèque, le Royaume-Uni, la Suède, la Suisse et la Turquie. La Commission des Communautés européennes participe aux travaux de l'OCDE.

Les Éditions OCDE assurent une large diffusion aux travaux de l'Organisation. Ces derniers comprennent les résultats de l'activité de collecte de statistiques, les travaux de recherche menés sur des questions économiques, sociales et environnementales, ainsi que les conventions, les principes directeurs et les modèles développés par les pays membres.

Cet ouvrage est publié sous la responsabilité du Secrétaire général de l'OCDE. Les opinions et les interprétations exprimées ne reflètent pas nécessairement les vues de l'OCDE ou des gouvernements de ses pays membres.

Les corrigenda des publications de l'OCDE sont disponibles sur : *www.oecd.org/editions/corrigenda.*

Table of contents — Table des matières

Introduction

The *Labour Force Statistics* publication provides detailed annual statistics on key elements of the labour force for the 30 Member countries of the Organisation for Economic Co-operation and Development (OECD). Through the provision of extended time series shown in this publication it is possible to identify structural changes that have taken place in the labour force of these countries with respect to gender, age, activities, etc., for the major elements of the labour force, including those in the labour force, employed or unemployed. This is the 43rd edition of *Labour Force Statistics* since the first issue in October 1961.

1. Outline of publication (data)

This publication is divided into two parts:

Part 1 contains summary tables showing the same aggregates for all OECD Member countries as well as for some OECD country groupings for the years 1983 to 2006.

Part 2 contains tables by country for the years 1986 to 2006; each country has four or five basic tables. The tables are standardised for all countries. Table I presents population data and its component change. Table II presents the main labour force components, part-time employment and unemployment duration series. Table III presents time series for Participation rates and Unemployment rates by age and sex. Table IV presents civilian employment broken down by professional status and activity according to ISIC Revision 2. Table V presents civilian employment and employees data broken down by activity according to ISIC Revision 3.

2. Methodological information (metadata)

Summary information on national definitions and compilation practices are provided at the end of this publication under six standard headings: name of the collection/source, reference period, key statistical concept, population coverage, item coverage, quality comments. Information for each of the six headings are included where such details were provided by national agencies to the ILO or the OECD through questionnaires, or are available on the IMF's Special Data Dissemination Standard internet site. Where information is not available (or requires further investigation) the heading has been omitted.

La publication *Statistiques de la population active* présente des statistiques annuelles détaillées sur les principales composantes de la population active des pays Membres de l'OCDE. Grâce aux séries temporelles longues disponibles dans cette publication, il est possible d'identifier les changements structurels qui sont intervenus dans la population active de ces pays au regard du sexe, de l'âge, des activités, etc., pour les principaux éléments de la population active y compris les personnes occupées ou au chômage. Le présent volume est la 43ième édition des *Statistiques de la Population Active*, depuis sa création en octobre 1961.

1. Plan de la publication (données)

Cet annuaire est divisé en deux parties :

La Partie 1 contient des tableaux de données présentant un même agrégat pour tous les pays Membres de l'OCDE ainsi que pour quelques groupes de pays de l'OCDE pour la période 1983 à 2006.

La Partie 2 contient des tableaux de données par pays pour la période 1986 à 2006 ; chaque pays fait l'objet de quatre ou cinq tableaux de base Les tableaux sont les mêmes pour tous les pays. Le tableau I montre les données de population et celles de l'évolution démographique. Le tableau II montre les principales composantes de la population active, ainsi que des données sur l'emploi à temps partiel et la durée du chômage. Le tableau III montre des taux d'activité et de chômage par âge et par sexe. Le tableau IV montre la répartition de l'emploi civil selon la situation dans la profession ainsi que la répartition par branches d'activités selon la CITI révision 2 de l'emploi civil et des salariés. Le tableau V montre la répartition de l'emploi civil et des salariés selon la CITI révision 3.

2. Information méthodologique (metadonnées)

Des informations sommaires sur les définitions et spécificités nationales sont fournies à la fin de cette publication. Ces informations sont fournies sous forme de six rubriques : nom de la source/collecte, période de référence, concept statistique principal, population couverte, article couvert, commentaires sur la qualité . Les renseignements concernant chacune de ces six rubriques sont présentées lorsque les instituts statistiques nationaux les ont fournis soit au BIT, soit à l'OCDE sous forme de questionnaires ou sont disponibles sur le site Internet du FMI dans le cadre des normes spéciales de diffusion des données. Lorsque l'information n'est pas disponible (ou exige de nouvelles recherches) la rubrique a été omise.

3. Conformity with international definitions

All series in this publication are generally compiled in conformity with international definitions adopted by the International Labour Organisation (ILO) and the OECD. These definitions are also provided toward the end of this publication. The standardised presentation of the tables does not imply however that the series for the various countries are strictly comparable. Important differences exist between countries in the matter of general concepts, classification and methods used for obtaining the data.

4. International comparability

Towards the end the end of this publication a section give an indication of the international comparability of the key statistical aggregates presented within the constraints of the limited conceptual and methodological collected for dissemination in this publication.

International comparisons must be approached with caution and should be regarded as approximate. The derived data (indices, rates of change, ratios, etc.) can be considered as more comparable than related absolute figures.

5. Comparability with national accounts employment statistics

The annual employment statistics presented in this publication are primarily intended to provide a description of key elements of the labour force and are mainly intended for purposes of labour market analyses. For most countries, these statistics differ from annual employment statistics published in the annual OECD publication *National Accounts of OECD Countries* where employment series have undergone transformation to meet the requirements of the System of National Accounts 1993 (1993 SNA). These estimates are primarily used for labour input purposes, e.g. for productivity calculations.

6. Other issues

With each census of the population carried out by a country, the data relating to the population and the labour force are likely to be revised in later editions over both long or short periods.

Data for the Labour Force Statistics publication were mainly obtained from an annual questionnaire dispatched by the OECD, from various national sources such as yearbooks, other specialist labour force publications and miscellaneous reports. Data and methodological

3. Conformité avec les définitions internationales

Les chiffres présentés sont supposés être en conformité avec les définitions internationales (1982) adoptées par BIT/OCDE. Ces définitions sont également disponibles à la fin de cette publication. Néanmoins, la présentation des tableaux sous une forme standardisée n'implique pas que les données relatives aux divers pays soient strictement comparables. Des différences sensibles existent entre les pays en ce qui concerne les concepts utilisés, les classifications et le mode d'obtention des données.

4. Comparabilité internationale

A la fin de cette publication, une section fournit une indication de la comparabilité internationale des principaux agrégats statistiques présentés, eu égard aux contraintes découlant des données conceptuelles et méthodologiques limitées (métadonnées) collectées aux fins de diffusion dans la présente publication.

Les comparaisons internationales doivent donc être entreprises avec précaution et ne peuvent fournir que des ordres de grandeur. Les chiffres dérivés (pourcentages, indices, etc.) peuvent être considérés comme plus comparables que les chiffres absolus.

5. Comparabilité avec les statistiques de l'emploi dans les Comptes nationaux

Les statistiques annuelles de l'emploi présentées dans cette publication sont principalement destinées à décrire des éléments clés de la population active et à des analyses du marché du travail. Pour la plupart des pays, ces statistiques sont différentes des statistiques annuelles de l'emploi publiées dans la publication annuelle de l'OCDE : *Comptes nationaux des pays de l'OCDE*, dans laquelle les séries de l'emploi ont subi des transformations afin de satisfaire les conditions du *Système de comptabilité nationale 1993* (SCN 1993). Ces estimations sont principalement utilisées pour déterminer le facteur travail, i.e. dans des calculs de productivité.

6. Autres points

À chaque recensement de la population effectué par un pays, les données relatives à la population et à la population active sont susceptibles d'être révisées dans les éditions ultérieures sur une période longue ou une période courte.

Les données de la publication Statistiques de la population active furent obtenues essentiellement à partir d'un questionnaire envoyé par l'OCDE complété par des sources nationales variées comme les annuaires, les publications spécialisées sur la population active ainsi

information were also obtained from the Statistical Office of the European Union (Eurostat) and the International Labour Organisation (ILO).

que divers rapports. Certaines données et informations méthodologiques proviennent également de l'Office statistique des Communautés européennes (Eurostat) et de l'organisation internationale du travail (OIT).

The OECD Secretariat wishes to acknowledge the active co-operation of the national statistical institutes of Member countries for their efforts in providing information for this publication.

Le secrétariat souhaite souligner la coopération active des instituts statistiques nationaux des pays Membres pour leur effort à fournir des informations pour la présente publication.

If you require additional information on the data presented in this publication, or if you wish to make comments or suggestions to improve the content and presentation, you are welcome to contact the OECD Statistics Directorate by e-mail (stat.contact@oecd.org).

Si vous désirez plus d'informations sur les données présentées dans cette publication, ou si vous voulez apporter des commentaires ou suggestions pour améliorer le contenu et la présentation, vous êtes invités à contacter la Direction des Statistiques de l'OCDE par courrier électronique (stat.contact@oecd.org).

Part I
Partie I

Summary tables
Tableaux résumés

Information for Part 1
Remarques sur la Partie 1

The Summary tables refer to the period 1983 to 2006 and group, for selected headings, the figures available for the 30 OECD Member countries, as well as the following geographical areas: the OECD-Total and sub-totals, the Major seven countries, the Euro area and EU15.

The Summary tables cover the following subjects:

Population
Total labour force
Civilian labour force
Total employment
Civilian employment
Part-time employment
Unemployment
Duration of unemployment

The Summary tables are primarily intended to provide orders of magnitude and indicators of change over time. It has sometimes been necessary to make adjustments to ensure comparability over time. Some figures may therefore differ from those given in the Country tables. Some data in the Summary tables have been estimated.

Geographical areas include estimates for countries with missing data. Estimates are shown in the summary tables except for tables relating to part-time and unemployment duration. Estimates are listed below.

Data for United States (resident armed forces data for 2005), Belgium (population data for 2006), France (employment by sector data since 2003), Luxembourg and Switzerland (civilian employment breakdown by sexes for 2006) are estimated and should be used with particular caution.

All labour force series for France for 2006 and resident armed forces data for United States have been estimated to compile geographical areas.

Since 2003, employment by sector data for the United States are compiled following the North American Industrial Classification System; therefore they are not strictly comparable with other countries' data.

Les tableaux résumés par sujet couvrent la période 1983 à 2006 et rassemblent, pour une sélection de sujets, les chiffres disponibles pour les 30 pays Membres de l'OCDE, ainsi que pour les zones géographiques suivantes : OCDE-Total, total pour les Sept grands pays, la Zone euro et l'UE15.

Les tableaux résumés portent sur les sujets suivants :

Population
Population active totale
Population active civile
Emploi total
Emploi civil
Emploi à temps partiel
Chômage
Durée du chômage

Les tableaux résumés sont simplement destinés à fournir des ordres de grandeur et des indications sur l'évolution dans le temps. Il a parfois été nécessaire de procéder à des ajustements afin d'assurer l'homogénéité des séries dans le temps. Certains chiffres peuvent donc différer de ceux figurant dans les tableaux par pays. Certaines données manquantes ont été estimées dans les tableaux résumés.

Les zones géographiques comprennent des estimations pour les pays dont les données ne sont pas disponibles. Les estimations sont montrées dans les tableaux sauf dans ceux qui concernent la population active à temps partiel et la durée du chômage. Les estimations sont énumérées çi-dessous.

Les données pour les États-Unis (forces armées résidentes pour 2005), la Belgique (données de population pour 2006), Le Luxembourg et la Suisse (ventilation par sexes des données d'emploi civil) sont estimées et doivent être utilisées avec circonspection.

Toutes les séries de population active pour la France pour 2006 et les données de forces armées résidents pour 2006 ont été estimées pour le calcul des zones géographiques.

Depuis 2003, les données de l'emploi par secteurs aux États-Unis sont calculées conformément au Système de classification type par industrie en Amérique du Nord ; elles ne sont donc pas strictement comparables avec les données des autres pays.

Population

	1983	1984	1985	1986	1987	1988	1989	1990	1991	1992	1993	1994
						Thousands						
Canada	25 367	25 608	25 843	26 101	26 449	26 795	27 282	27 698	28 031	28 367	28 682	28 999
Mexico	74 633	76 293	77 938	79 570	81 200	82 840	84 490	83 971	85 583	87 185	88 752	90 266
United States	233 792	235 825	237 924	240 133	242 289	244 499	246 819	249 623	252 981	256 514	259 919	263 126
Australia	15 393	15 579	15 788	16 018	16 264	16 532	16 814	17 065	17 284	17 495	17 667	17 855
Japan	119 310	120 080	120 840	121 480	122 070	122 580	123 070	123 480	123 960	124 430	124 830	125 180
Korea	39 910	40 406	40 806	41 214	41 622	42 031	42 449	42 869	43 296	43 748	44 195	44 642
New Zealand	3 226	3 258	3 272	3 277	3 304	3 317	3 330	3 363	3 495	3 532	3 572	3 620
Austria	7 552	7 553	7 558	7 566	7 576	7 596	7 624	7 718	7 823	7 884	7 993	8 031
Belgium	9 856	9 855	9 858	9 862	9 870	9 902	9 938	9 967	10 004	10 045	10 084	10 116
Czech Republic	10 322	10 331	10 336	10 341	10 349	10 356	10 362	10 362	10 309	10 318	10 331	10 336
Denmark	5 114	5 112	5 114	5 121	5 127	5 130	5 133	5 141	5 154	5 171	5 189	5 206
Finland	4 856	4 882	4 902	4 918	4 932	4 947	4 964	4 986	5 014	5 042	5 066	5 088
France	54 772	55 026	55 284	55 547	55 824	56 118	56 423	56 709	56 976	57 240	57 467	57 659
Germany	61 423	61 175	61 024	61 066	61 077	61 450	62 063	63 254	79 984	80 595	81 179	81 422
Greece	9 847	9 896	9 934	9 964	9 984	10 005	10 038	10 089	10 256	10 370	10 466	10 553
Hungary	10 689	10 668	10 649	10 631	10 613	10 596	10 578	10 374	10 373	10 369	10 358	10 343
Iceland	237	240	241	243	246	250	253	255	258	261	264	266
Ireland	3 505	3 529	3 540	3 541	3 543	3 538	3 515	3 503	3 524	3 549	3 563	3 583
Italy	56 228	56 344	56 498	56 576	56 664	56 763	56 837	56 737	56 760	56 859	56 442	56 623
Luxembourg	366	366	367	370	372	376	379	384	390	395	401	407
Netherlands	14 367	14 424	14 491	14 572	14 665	14 760	14 849	14 951	15 070	15 184	15 290	15 383
Norway	4 128	4 140	4 153	4 169	4 187	4 209	4 227	4 241	4 262	4 287	4 312	4 337
Poland	36 571	36 914	37 203	37 456	37 664	37 862	37 937	38 031	38 109	38 173	38 221	38 252
Portugal	9 970	10 009	10 014	10 007	9 981	9 955	9 920	9 873	9 860	9 833	9 840	9 840
Slovak Republic	5 092	5 128	5 162	5 193	5 224	5 251	5 276	5 298	5 283	5 307	5 325	5 347
Spain	38 123	38 279	38 420	38 537	38 632	38 717	38 792	38 851	38 940	39 069	39 190	39 296
Sweden	8 329	8 337	8 350	8 370	8 398	8 436	8 493	8 559	8 617	8 668	8 719	8 781
Switzerland	6 419	6 442	6 470	6 504	6 545	6 593	6 647	6 712	6 800	6 875	6 938	6 994
Turkey	47 864	49 070	50 307	51 433	52 561	53 715	54 894	56 156	57 271	58 392	59 515	60 635
United Kingdom	56 316	56 409	56 554	56 684	56 804	56 916	57 076	57 237	57 439	57 585	57 714	57 862
OECD-Total	973 576	981 178	988 841	996 463	1 004 036	1 012 035	1 020 472	1 027 458	1 053 107	1 062 741	1 071 483	1 080 047
Major seven	607 208	610 467	613 967	617 587	621 177	625 121	629 571	634 738	656 130	661 590	666 232	670 871
Euro area	270 864	271 339	271 891	272 525	273 120	274 126	275 342	277 023	294 601	296 065	296 981	298 000
EU15	340 623	341 197	341 908	342 700	343 449	344 608	346 044	347 960	365 811	367 489	368 602	369 849
						2000=100						
Canada	82.7	83.4	84.2	85.1	86.2	87.3	88.9	90.3	91.3	92.4	93.5	94.5
Mexico	75.8	77.5	79.2	80.8	82.5	84.2	85.8	85.3	86.9	88.6	90.2	91.7
United States	82.8	83.6	84.3	85.1	85.9	86.6	87.5	88.5	89.6	90.9	92.1	93.2
Australia	80.4	81.3	82.4	83.6	84.9	86.3	87.8	89.1	90.2	91.3	92.2	93.2
Japan	94.0	94.6	95.2	95.7	96.2	96.6	97.0	97.3	97.7	98.0	98.3	98.6
Korea	84.9	86.0	86.8	87.7	88.5	89.4	90.3	91.2	92.1	93.1	94.0	95.0
New Zealand	83.6	84.5	84.8	84.9	85.6	86.0	86.3	87.2	90.6	91.5	92.6	93.8
Austria	93.1	93.1	93.2	93.3	93.4	93.7	94.0	95.2	96.5	97.2	98.6	99.0
Belgium	96.1	96.1	96.2	96.2	96.3	96.6	96.9	97.2	97.6	98.0	98.4	98.7
Czech Republic	100.5	100.6	100.6	100.7	100.7	100.8	100.9	100.9	100.4	100.4	100.6	100.6
Denmark	95.8	95.7	95.8	95.9	96.0	96.1	96.1	96.3	96.5	96.8	97.2	97.5
Finland	93.8	94.3	94.7	95.0	95.3	95.6	95.9	96.3	96.9	97.4	97.9	98.3
France	92.8	93.2	93.7	94.1	94.6	95.1	95.6	96.1	96.5	97.0	97.4	97.7
Germany	74.8	74.5	74.3	74.3	74.3	74.8	75.5	77.0	97.4	98.1	98.8	99.1
Greece	90.2	90.6	91.0	91.3	91.4	91.6	91.9	92.4	93.9	95.0	95.9	96.7
Hungary	104.7	104.5	104.3	104.1	103.9	103.8	103.6	101.6	101.6	101.5	101.4	101.3
Iceland	84.3	85.2	85.8	86.5	87.5	88.9	89.9	90.6	91.7	92.9	93.8	94.6
Ireland	92.5	93.1	93.4	93.4	93.5	93.4	92.7	92.4	93.0	93.6	94.0	94.5
Italy	98.3	98.5	98.8	98.9	99.1	99.3	99.4	99.2	99.2	99.4	98.7	99.0
Luxembourg	83.8	83.9	84.2	84.7	85.3	86.1	86.9	88.1	89.3	90.6	91.9	93.2
Netherlands	90.2	90.6	91.0	91.5	92.1	92.7	93.2	93.9	94.6	95.3	96.0	96.6
Norway	91.9	92.2	92.5	92.8	93.2	93.7	94.1	94.4	94.9	95.5	96.0	96.6
Poland	95.6	96.5	97.2	97.9	98.5	99.0	99.2	99.4	99.6	99.8	99.9	100.0
Portugal	97.5	97.8	97.9	97.8	97.6	97.3	97.0	96.5	96.4	96.1	96.2	96.2
Slovak Republic	94.3	94.9	95.6	96.2	96.7	97.2	97.7	98.1	97.8	98.3	98.6	99.0
Spain	94.7	95.1	95.4	95.7	95.9	96.2	96.3	96.5	96.7	97.0	97.3	97.6
Sweden	93.9	94.0	94.1	94.3	94.7	95.1	95.7	96.5	97.1	97.7	98.3	99.0
Switzerland	89.3	89.7	90.1	90.5	91.1	91.8	92.5	93.4	94.7	95.7	96.6	97.3
Turkey	71.0	72.8	74.6	76.3	78.0	79.7	81.4	83.3	84.9	86.6	88.3	89.9
United Kingdom	95.6	95.8	96.0	96.3	96.5	96.7	96.9	97.2	97.5	97.8	98.0	98.3
OECD-Total	86.3	87.0	87.6	88.3	89.0	89.7	90.4	91.1	93.3	94.2	95.0	95.7
Major seven	87.1	87.6	88.1	88.6	89.1	89.7	90.3	91.1	94.1	94.9	95.6	96.2
Euro area	89.3	89.4	89.6	89.8	90.0	90.3	90.7	91.3	97.1	97.6	97.9	98.2
EU15	90.5	90.6	90.8	91.0	91.2	91.5	91.9	92.4	97.1	97.6	97.9	98.2

Population

1995	1996	1997	1998	1999	2000	2001	2002	2003	2004	2005	2006	
					Milliers							
29 302	29 611	29 907	30 157	30 404	30 689	31 021	31 373	31 676	31 989	32 299	32 623	Canada
91 725	93 130	94 478	95 790	97 115	98 439	99 716	100 909	102 000	103 002	103 947	104 874	Mexique
266 278	269 394	272 647	275 854	279 040	282 217	285 226	288 126	290 796	293 638	296 507	299 398	États-Unis
18 072	18 311	18 518	18 711	18 926	19 153	19 413	19 641	19 873	20 092	20 340	20 605	Australie
125 570	125 859	126 157	126 472	126 667	126 926	127 291	127 435	127 619	127 687	127 768	127 770	Japon
45 093	45 525	45 954	46 287	46 617	47 008	47 357	47 622	47 859	48 039	48 138	48 297	Corée
3 673	3 732	3 781	3 815	3 835	3 858	3 881	3 939	4 009	4 061	4 099	4 140	Nouvelle-Zélande
8 047	8 059	8 072	8 078	8 092	8 110	8 132	8 084	8 118	8 175	8 233	8 282	Autriche
10 137	10 157	10 181	10 203	10 226	10 251	10 287	10 333	10 376	10 421	10 479	10 548	Belgique
10 331	10 316	10 304	10 294	10 283	10 272	10 224	10 201	10 202	10 207	10 221	10 251	République tchèque
5 233	5 263	5 285	5 304	5 322	5 340	5 359	5 374	5 387	5 401	5 416	5 435	Danemark
5 108	5 125	5 140	5 153	5 165	5 176	5 188	5 201	5 213	5 228	5 246	5 267	Finlande
57 844	58 026	58 207	58 398	58 661	59 013	59 393	59 767	60 151	60 511	60 859	61 300	France
81 661	81 895	82 052	82 029	82 024	82 160	82 277	82 456	82 502	82 491	82 466	82 368	Allemagne
10 634	10 709	10 777	10 835	10 883	10 917	10 950	10 988	11 024	11 062	11 104	11 149	Grèce
10 329	10 311	10 290	10 267	10 238	10 211	10 188	10 159	10 130	10 107	10 087	10 071	Hongrie
267	269	271	274	277	281	285	288	289	293	296	304	Islande
3 601	3 626	3 664	3 703	3 742	3 790	3 847	3 917	3 979	4 044	4 131	4 235	Irlande
56 745	56 826	56 941	57 040	57 078	57 189	57 348	57 474	57 478	57 553	58 135	58 435	Italie
413	416	421	427	433	436	442	446	450	453	455	460	Luxembourg
15 459	15 531	15 611	15 707	15 812	15 926	16 046	16 149	16 224	16 282	16 320	16 346	Pays-Bas
4 359	4 381	4 405	4 431	4 462	4 491	4 514	4 538	4 564	4 592	4 623	4 670	Norvège
38 275	38 289	38 292	38 283	38 270	38 256	38 251	38 232	38 195	38 180	38 161	38 132	Pologne
9 847	9 866	9 878	10 129	10 171	10 229	10 305	10 380	10 449	10 509	10 563	10 586	Portugal
5 364	5 374	5 383	5 391	5 395	5 401	5 379	5 379	5 379	5 382	5 387	5 391	République slovaque
39 388	39 479	39 583	39 722	39 927	40 264	40 721	41 314	42 005	42 692	43 398	44 068	Espagne
8 827	8 841	8 846	8 851	8 858	8 872	8 896	8 925	8 958	8 994	9 030	9 081	Suède
7 041	7 072	7 089	7 110	7 144	7 184	7 227	7 285	7 339	7 391	7 437	7 484	Suisse
61 765	62 909	64 063	65 215	66 350	67 420	68 363	69 304	70 230	71 150	72 065	72 974	Turquie
58 025	58 164	58 314	58 475	58 684	58 886	59 113	59 322	59 554	59 834	60 209	60 587	Royaume-Uni
1 088 413	1 096 466	1 104 512	1 112 405	1 120 101	1 128 365	1 136 639	1 144 560	1 152 028	1 159 460	1 167 418	1 175 131	OCDE-Total
675 425	679 776	684 226	688 425	692 558	697 080	701 670	705 953	709 776	713 703	718 243	722 481	Sept grands
298 884	299 715	300 527	301 424	302 213	303 462	304 935	306 508	307 969	309 421	311 388	313 043	Zone euro
370 969	371 983	372 972	374 054	375 077	376 559	378 303	380 129	381 867	383 650	386 043	388 146	UE15
					2000=100							
95.5	96.5	97.5	98.3	99.1	100.0	101.1	102.2	103.2	104.2	105.2	106.3	Canada
93.2	94.6	96.0	97.3	98.7	100.0	101.3	102.5	103.6	104.6	105.6	106.5	Mexique
94.4	95.5	96.6	97.7	98.9	100.0	101.1	102.1	103.0	104.0	105.1	106.1	États-Unis
94.4	95.6	96.7	97.7	98.8	100.0	101.4	102.5	103.8	104.9	106.2	107.6	Australie
98.9	99.2	99.4	99.6	99.8	100.0	100.3	100.4	100.5	100.6	100.7	100.7	Japon
95.9	96.8	97.8	98.5	99.2	100.0	100.7	101.3	101.8	102.2	102.4	102.7	Corée
95.2	96.7	98.0	98.9	99.4	100.0	100.6	102.1	103.9	105.3	106.3	107.3	Nouvelle-Zélande
99.2	99.4	99.5	99.6	99.8	100.0	100.3	99.7	100.1	100.8	101.5	102.1	Autriche
98.9	99.1	99.3	99.5	99.8	100.0	100.3	100.8	101.2	101.7	102.2	102.9	Belgique
100.6	100.4	100.3	100.2	100.1	100.0	99.5	99.3	99.3	99.4	99.5	99.8	République tchèque
98.0	98.6	99.0	99.3	99.7	100.0	100.4	100.6	100.9	101.1	101.4	101.8	Danemark
98.7	99.0	99.3	99.6	99.8	100.0	100.2	100.5	100.7	101.0	101.4	101.8	Finlande
98.0	98.3	98.6	99.0	99.4	100.0	100.6	101.3	101.9	102.5	103.1	103.9	France
99.4	99.7	99.9	99.8	99.8	100.0	100.1	100.4	100.4	100.4	100.4	100.3	Allemagne
97.4	98.1	98.7	99.2	99.7	100.0	100.3	100.6	101.0	101.3	101.7	102.1	Grèce
101.2	101.0	100.8	100.5	100.3	100.0	99.8	99.5	99.2	99.0	98.8	98.6	Hongrie
95.1	95.6	96.3	97.4	98.6	100.0	101.4	102.3	102.9	104.0	105.2	108.2	Islande
95.0	95.7	96.7	97.7	98.7	100.0	101.5	103.4	105.0	106.7	109.0	111.7	Irlande
99.2	99.4	99.6	99.7	99.8	100.0	100.3	100.5	100.5	100.6	101.7	102.2	Italie
94.6	95.3	96.5	97.8	99.1	100.0	101.2	102.3	103.1	103.9	104.3	105.3	Luxembourg
97.1	97.5	98.0	98.6	99.3	100.0	100.8	101.4	101.9	102.2	102.5	102.6	Pays-Bas
97.1	97.6	98.1	98.7	99.4	100.0	100.5	101.0	101.6	102.2	102.9	104.0	Norvège
100.0	100.1	100.1	100.1	100.0	100.0	100.0	99.9	99.8	99.8	99.8	99.7	Pologne
96.3	96.4	96.6	99.0	99.4	100.0	100.7	101.5	102.2	102.7	103.3	103.5	Portugal
99.3	99.5	99.7	99.8	99.9	100.0	99.6	99.6	99.6	99.7	99.8	99.8	République slovaque
97.8	98.1	98.3	98.7	99.2	100.0	101.1	102.6	104.3	106.0	107.8	109.4	Espagne
99.5	99.7	99.7	99.8	99.8	100.0	100.3	100.6	101.0	101.4	101.8	102.4	Suède
98.0	98.4	98.7	99.0	99.4	100.0	100.6	101.4	102.2	102.9	103.5	104.2	Suisse
91.6	93.3	95.0	96.7	98.4	100.0	101.4	102.8	104.2	105.5	106.9	108.2	Turquie
98.5	98.8	99.0	99.3	99.7	100.0	100.4	100.7	101.1	101.6	102.2	102.9	Royaume-Uni
96.5	97.2	97.9	98.6	99.3	100.0	100.7	101.4	102.1	102.8	103.5	104.1	OCDE-Total
96.9	97.5	98.2	98.8	99.4	100.0	100.7	101.3	101.8	102.4	103.0	103.6	Sept grands
98.5	98.8	99.0	99.3	99.6	100.0	100.5	101.0	101.5	102.0	102.6	103.2	Zone euro
98.5	98.8	99.0	99.3	99.6	100.0	100.5	100.9	101.4	101.9	102.5	103.1	UE15

Population by gender

Thousands

	1983	1984	1985	1986	1987	1988	1989	1990	1991	1992	1993	1994
						Females						
Canada	12 757	12 886	13 011	13 149	13 328	13 505	13 753	13 966	14 137	14 311	14 475	14 640
Mexico	37 263	38 093	38 907	39 735	40 552	41 376	42 205	41 356	42 952	43 763	44 560	45 340
United States	120 145	121 155	122 194	123 268	124 328	125 413	126 542	127 909	129 565	131 267	132 948	134 528
Australia	7 707	7 801	7 906	8 018	8 146	8 283	8 427	8 554	8 669	8 779	8 869	8 967
Japan	60 630	61 040	61 440	61 780	62 090	62 350	62 620	62 840	63 100	63 340	63 560	63 770
Korea	19 781	20 031	20 230	20 442	20 662	20 876	21 092	21 301	21 512	21 734	21 952	22 169
New Zealand	1 623	1 640	1 651	1 654	1 670	1 679	1 689	1 706	1 776	1 793	1 813	1 836
Austria	3 977	3 975	3 974	3 974	3 975	3 980	3 988	4 025	4 065	4 089	4 124	4 138
Belgium	5 044	5 045	5 046	5 048	5 051	5 066	5 083	5 097	5 115	5 134	5 153	5 168
Czech Republic	5 316	5 319	5 320	5 320	5 323	5 325	5 327	5 326	5 305	5 309	5 314	5 315
Denmark	2 595	2 594	2 595	2 597	2 600	2 601	2 603	2 607	2 614	2 622	2 630	2 638
Finland	2 506	2 519	2 529	2 536	2 544	2 550	2 557	2 567	2 579	2 592	2 603	2 612
France	28 048	28 192	28 338	28 483	28 633	28 791	28 952	29 103	29 244	29 385	29 510	29 620
Germany	32 058	31 934	31 843	31 833	31 754	31 906	32 172	32 671	41 321	41 541	41 764	41 866
Greece	5 005	5 029	5 047	5 062	5 072	5 083	5 097	5 120	5 203	5 252	5 294	5 333
Hungary	5 519	5 512	5 505	5 498	5 491	5 485	5 478	5 392	5 396	5 398	5 398	5 396
Iceland	118	119	120	121	122	124	126	127	129	130	132	133
Ireland	1 748	1 762	1 769	1 771	1 772	1 771	1 760	1 754	1 765	1 784	1 792	1 802
Italy	28 866	28 918	29 005	29 038	29 077	29 127	29 168	29 166	29 168	29 220	29 012	29 107
Luxembourg	188	188	188	190	191	192	194	196	199	201	204	207
Netherlands	7 254	7 287	7 324	7 368	7 416	7 465	7 511	7 562	7 620	7 676	7 730	7 776
Norway	2 085	2 092	2 100	2 109	2 117	2 127	2 136	2 144	2 155	2 167	2 179	2 192
Poland	18 744	18 914	19 059	19 188	19 294	19 395	19 445	19 497	19 542	19 581	19 611	19 631
Portugal	5 163	5 182	5 185	5 181	5 168	5 154	5 137	5 113	5 107	5 134	5 121	5 118
Slovak Republic	2 592	2 612	2 630	2 647	2 664	2 680	2 694	2 707	2 705	2 719	2 730	2 742
Spain	19 414	19 495	19 568	19 632	19 685	19 735	19 780	19 820	19 869	19 934	19 996	20 050
Sweden	4 212	4 218	4 227	4 238	4 253	4 272	4 299	4 331	4 360	4 385	4 411	4 442
Switzerland	3 293	3 304	3 318	3 334	3 354	3 378	3 404	3 434	3 481	3 518	3 549	3 578
Turkey	23 598	24 198	24 814	25 373	25 931	26 501	27 085	27 710	28 267	28 830	29 392	29 960
United Kingdom	28 944	28 989	29 065	29 142	29 205	29 265	29 348	29 419	29 530	29 608	29 675	29 754
OECD-Total	496 193	500 042	503 909	507 729	511 469	515 457	519 671	522 520	536 447	541 194	545 499	549 827
Major seven	311 448	313 113	314 896	316 693	318 415	320 357	322 554	325 074	336 064	338 671	340 943	343 285
Euro area	139 271	139 526	139 817	140 115	140 338	140 821	141 399	142 194	151 254	151 941	152 301	152 797
EU15	175 022	175 327	175 704	176 093	176 396	176 959	177 649	178 551	187 757	188 556	189 017	189 630
						Males						
Canada	12 610	12 722	12 831	12 952	13 121	13 290	13 528	13 732	13 895	14 056	14 207	14 359
Mexico	37 370	38 200	39 031	39 835	40 648	41 464	42 285	39 894	42 631	43 421	44 192	44 926
United States	113 647	114 670	115 730	116 865	117 961	119 086	120 278	121 714	123 416	125 247	126 971	128 597
Australia	7 686	7 778	7 883	8 000	8 118	8 249	8 388	8 511	8 615	8 716	8 798	8 888
Japan	58 680	59 050	59 400	59 710	59 980	60 220	60 450	60 640	60 870	61 090	61 270	61 410
Korea	20 129	20 375	20 576	20 772	20 960	21 155	21 357	21 568	21 784	22 014	22 243	22 472
New Zealand	1 603	1 618	1 621	1 623	1 634	1 638	1 641	1 656	1 719	1 739	1 759	1 784
Austria	3 575	3 578	3 584	3 592	3 601	3 616	3 635	3 694	3 757	3 795	3 869	3 892
Belgium	4 811	4 811	4 812	4 814	4 819	4 835	4 855	4 870	4 890	4 911	4 932	4 947
Czech Republic	5 006	5 012	5 016	5 021	5 026	5 031	5 035	5 036	5 004	5 009	5 017	5 021
Denmark	2 520	2 518	2 519	2 523	2 527	2 528	2 529	2 533	2 540	2 550	2 559	2 568
Finland	2 350	2 363	2 373	2 382	2 388	2 397	2 407	2 419	2 435	2 450	2 464	2 476
France	26 724	26 834	26 946	27 064	27 191	27 327	27 471	27 606	27 732	27 855	27 957	28 039
Germany	29 365	29 241	29 181	29 233	29 323	29 544	29 891	30 583	38 663	39 054	39 415	39 556
Greece	4 842	4 867	4 887	4 902	4 912	4 922	4 941	4 968	5 053	5 118	5 172	5 220
Hungary	5 170	5 156	5 144	5 132	5 121	5 111	5 100	4 982	4 978	4 971	4 960	4 948
Iceland	119	121	121	122	124	126	127	128	129	131	132	133
Ireland	1 757	1 767	1 771	1 770	1 771	1 767	1 755	1 749	1 759	1 765	1 771	1 781
Italy	27 362	27 426	27 493	27 538	27 586	27 635	27 669	27 572	27 592	27 639	27 430	27 516
Luxembourg	178	178	179	180	181	183	185	188	191	194	197	200
Netherlands	7 113	7 137	7 167	7 204	7 249	7 295	7 337	7 389	7 450	7 508	7 561	7 607
Norway	2 043	2 048	2 053	2 060	2 070	2 082	2 091	2 097	2 107	2 120	2 133	2 144
Poland	17 827	18 000	18 144	18 268	18 370	18 467	18 492	18 534	18 567	18 592	18 610	18 621
Portugal	4 807	4 827	4 830	4 826	4 814	4 801	4 783	4 760	4 753	4 700	4 719	4 722
Slovak Republic	2 500	2 516	2 531	2 545	2 559	2 571	2 582	2 591	2 578	2 588	2 595	2 605
Spain	18 710	18 785	18 851	18 905	18 947	18 982	19 012	19 032	19 071	19 135	19 194	19 246
Sweden	4 117	4 119	4 124	4 132	4 145	4 164	4 194	4 228	4 257	4 283	4 308	4 339
Switzerland	3 126	3 138	3 153	3 170	3 191	3 215	3 243	3 278	3 319	3 358	3 389	3 416
Turkey	24 266	24 872	25 492	26 060	26 631	27 213	27 809	28 446	29 005	29 562	30 121	30 680
United Kingdom	27 371	27 421	27 489	27 542	27 599	27 652	27 729	27 819	27 909	27 977	28 039	28 108
OECD-Total	477 384	481 147	484 931	488 743	492 567	496 566	500 798	502 217	516 672	521 548	525 984	530 223
Major seven	295 759	297 364	299 069	300 904	302 761	304 753	307 015	309 665	320 077	322 918	325 289	327 586
Euro area	131 594	131 814	132 074	132 410	132 782	133 305	133 941	134 831	143 346	144 124	144 681	145 202
EU15	165 602	165 871	166 205	166 607	167 053	167 648	168 393	169 411	178 053	178 934	179 587	180 218

LABOUR FORCE STATISTICS - ISBN 9789264035539 - © OECD 2007

Population par sexe

Milliers

1995	1996	1997	1998	1999	2000	2001	2002	2003	2004	2005	2006	
					Femmes							
14 799	14 960	15 107	15 230	15 351	15 492	15 657	15 834	15 987	16 147	16 304	16 468	Canada
46 102	46 848	47 575	48 288	49 003	49 716	50 403	51 047	51 638	52 187	52 708	53 220	Mexique
136 063	137 587	139 173	140 724	142 237	143 735	145 147	146 534	147 858	149 171	150 534	151 886	États-Unis
9 078	9 203	9 314	9 417	9 529	9 648	9 783	9 888	9 999	10 101	10 218	10 348	Australie
63 996	64 161	64 329	64 520	64 650	64 815	65 047	65 183	65 315	65 392	65 419	65 440	Japon
22 388	22 600	22 805	22 991	23 159	23 341	23 514	23 652	23 770	23 874	23 947	24 030	Corée
1 863	1 891	1 918	1 937	1 950	1 964	1 977	2 005	2 038	2 064	2 082	2 102	Nouvelle-Zélande
4 144	4 149	4 155	4 158	4 163	4 169	4 177	4 165	4 179	4 206	4 231	4 253	Autriche
5 180	5 191	5 204	5 215	5 227	5 239	5 256	5 278	5 300	5 322	5 351	5 385	Belgique
5 311	5 301	5 293	5 287	5 280	5 273	5 245	5 236	5 234	5 235	5 240	5 248	République tchèque
2 651	2 664	2 675	2 684	2 692	2 700	2 710	2 717	2 723	2 729	2 736	2 744	Danemark
2 621	2 628	2 635	2 641	2 646	2 650	2 655	2 659	2 664	2 671	2 679	2 688	Finlande
29 727	29 830	29 932	30 037	30 174	30 353	30 546	30 735	30 928	31 111	31 291	31 500	France
41 943	42 021	42 070	42 048	42 018	42 080	42 116	42 174	42 172	42 161	42 128	42 062	Allemagne
5 370	5 406	5 439	5 468	5 493	5 511	5 529	5 548	5 567	5 586	5 607	5 628	Grèce
5 394	5 389	5 382	5 373	5 363	5 353	5 344	5 331	5 318	5 309	5 298	5 289	Hongrie
133	134	135	137	138	140	142	144	145	146	147	150	Islande
1 813	1 826	1 845	1 864	1 883	1 907	1 934	1 971	2 002	2 033	2 072	2 119	Irlande
29 180	29 226	29 274	29 316	29 339	29 393	29 465	29 524	29 525	29 612	29 885	30 029	Italie
210	212	214	217	220	221	224	226	228	229	230	233	Luxembourg
7 814	7 851	7 892	7 941	7 993	8 047	8 105	8 155	8 195	8 226	8 249	8 263	Pays-Bas
2 204	2 215	2 227	2 239	2 254	2 267	2 277	2 289	2 302	2 315	2 330	2 347	Norvège
19 649	19 666	19 682	19 693	19 707	19 714	19 718	19 715	19 702	19 702	19 700	19 696	Pologne
5 117	5 125	5 169	5 245	5 265	5 293	5 329	5 365	5 397	5 421	5 448	5 461	Portugal
2 751	2 757	2 763	2 768	2 771	2 775	2 767	2 767	2 768	2 770	2 772	2 774	République slovaque
20 098	20 146	20 201	20 274	20 380	20 545	20 765	21 048	21 378	21 705	22 031	22 343	Espagne
4 466	4 473	4 475	4 477	4 480	4 486	4 495	4 507	4 521	4 537	4 553	4 575	Suède
3 602	3 619	3 627	3 638	3 654	3 674	3 697	3 725	3 751	3 775	3 797	3 818	Suisse
30 524	31 101	31 682	32 260	32 831	33 366	33 846	34 319	34 792	35 255	35 716	36 175	Turquie
29 821	29 877	29 943	30 017	30 106	30 196	30 281	30 359	30 446	30 563	30 730	30 893	Royaume-Uni
554 013	558 056	562 135	566 103	569 956	574 064	578 152	582 099	585 839	589 556	593 434	597 167	OCDE-Total
345 529	347 662	349 829	351 892	353 875	356 063	358 259	360 342	362 231	364 157	366 290	368 278	Sept grands
153 218	153 610	154 030	154 424	154 800	155 409	156 101	156 848	157 533	158 283	159 202	159 964	Zone euro
190 156	190 625	191 123	191 601	192 078	192 791	193 586	194 431	195 223	196 112	197 221	198 176	UE15
					Hommes							
14 503	14 651	14 800	14 927	15 052	15 197	15 364	15 539	15 689	15 843	15 996	16 155	Canada
45 622	46 282	46 903	47 503	48 111	48 722	49 312	49 863	50 361	50 815	51 238	51 655	Mexique
130 215	131 807	133 474	135 130	136 803	138 482	140 079	141 592	142 938	144 467	145 974	147 512	États-Unis
8 994	9 108	9 203	9 295	9 397	9 505	9 631	9 753	9 873	9 991	10 121	10 257	Australie
61 520	61 687	61 805	61 919	61 972	62 111	62 244	62 252	62 304	62 295	62 349	62 330	Japon
22 705	22 925	23 148	23 296	23 458	23 667	23 843	23 970	24 090	24 165	24 191	24 268	Corée
1 811	1 841	1 864	1 878	1 885	1 894	1 903	1 934	1 971	1 998	2 017	2 038	Nouvelle-Zélande
3 902	3 910	3 917	3 920	3 929	3 941	3 955	3 919	3 939	3 969	4 002	4 029	Autriche
4 957	4 965	4 977	4 988	5 000	5 012	5 030	5 055	5 076	5 099	5 128	5 163	Belgique
5 020	5 015	5 011	5 007	5 003	4 999	4 979	4 965	4 968	4 972	4 981	5 003	République tchèque
2 583	2 599	2 610	2 621	2 630	2 639	2 649	2 657	2 665	2 672	2 680	2 690	Danemark
2 487	2 496	2 505	2 513	2 520	2 526	2 533	2 541	2 549	2 557	2 567	2 578	Finlande
28 117	28 196	28 276	28 361	28 487	28 660	28 848	29 032	29 224	29 400	29 568	29 800	France
39 718	39 874	39 982	39 981	40 006	40 080	40 162	40 283	40 330	40 330	40 338	40 306	Allemagne
5 264	5 303	5 338	5 367	5 390	5 406	5 421	5 439	5 456	5 476	5 497	5 520	Grèce
4 935	4 923	4 909	4 893	4 875	4 858	4 844	4 828	4 811	4 799	4 789	4 781	Hongrie
134	135	136	137	139	141	143	144	145	147	148	154	Islande
1 788	1 800	1 819	1 839	1 859	1 883	1 913	1 946	1 977	2 011	2 059	2 116	Irlande
27 565	27 601	27 667	27 724	27 739	27 796	27 884	27 950	27 952	27 941	28 250	28 405	Italie
203	204	207	210	213	215	218	220	222	224	225	227	Luxembourg
7 645	7 680	7 718	7 767	7 820	7 878	7 941	7 994	8 031	8 056	8 072	8 083	Pays-Bas
2 155	2 166	2 179	2 192	2 208	2 224	2 237	2 249	2 262	2 277	2 293	2 323	Norvège
18 626	18 623	18 610	18 590	18 563	18 542	18 533	18 517	18 493	18 478	18 461	18 436	Pologne
4 730	4 741	4 709	4 884	4 905	4 936	4 976	5 015	5 053	5 087	5 115	5 125	Portugal
2 612	2 616	2 620	2 623	2 624	2 626	2 612	2 611	2 611	2 612	2 615	2 617	République slovaque
19 290	19 333	19 382	19 448	19 547	19 719	19 957	20 266	20 626	20 988	21 367	21 725	Espagne
4 361	4 368	4 371	4 374	4 378	4 386	4 401	4 418	4 437	4 456	4 476	4 505	Suède
3 439	3 453	3 461	3 472	3 490	3 510	3 529	3 560	3 588	3 616	3 641	3 666	Suisse
31 239	31 808	32 383	32 955	33 520	34 053	34 519	34 981	35 441	35 895	36 350	36 796	Turquie
28 204	28 287	28 371	28 458	28 578	28 690	28 832	28 963	29 108	29 271	29 479	29 694	Royaume-Uni
534 342	538 398	542 354	546 271	550 101	554 299	558 493	562 456	566 190	569 907	573 987	577 956	OCDE-Total
329 842	332 103	334 374	336 501	338 637	341 017	343 413	345 611	347 545	349 547	351 954	354 202	Sept grands
145 665	146 103	146 497	147 002	147 415	148 052	148 837	149 660	150 436	151 138	152 188	153 077	Zone euro
180 812	181 357	181 849	182 455	183 001	183 767	184 720	185 698	186 646	187 537	188 823	189 966	UE15

Population from 15 to 64 years

	1983	1984	1985	1986	1987	1988	1989	1990	1991	1992	1993	1994
	Thousands											
Canada	17 345	17 526	17 690	17 879	18 085	18 293	18 601	18 845	19 024	19 203	19 389	19 603
Mexico	39 406	40 817	42 242	43 684	45 147	46 390	47 483	47 707	49 087	50 458	51 803	53 108
United States	154 963	156 464	157 974	159 590	160 803	161 924	162 916	164 229	165 924	167 953	169 920	171 992
Australia	10 107	10 270	10 442	10 637	10 837	11 042	11 243	11 417	11 548	11 675	11 773	11 889
Japan	80 904	81 776	82 535	83 368	84 189	85 013	85 745	86 140	86 557	86 845	87 023	87 034
Korea	25 495	26 141	26 759	27 383	27 999	28 582	29 135	29 701	30 171	30 611	31 023	31 446
New Zealand	2 075	2 110	2 130	2 140	2 167	2 182	2 190	2 209	2 297	2 318	2 340	2 369
Austria	5 023	5 071	5 099	5 113	5 123	5 132	5 145	5 206	5 272	5 302	5 395	5 411
Belgium	6 586	6 627	6 647	6 650	6 654	6 666	6 674	6 674	6 675	6 682	6 694	6 703
Czech Republic	6 639	6 680	6 697	6 707	6 723	6 749	6 793	6 844	6 851	6 904	6 957	7 006
Denmark	3 375	3 388	3 399	3 413	3 429	3 441	3 450	3 463	3 477	3 489	3 501	3 511
Finland	3 305	3 326	3 339	3 343	3 346	3 346	3 347	3 356	3 370	3 385	3 396	3 404
France	35 728	36 130	36 405	36 589	36 805	37 027	37 227	37 297	37 439	37 527	37 617	37 695
Germany	42 389	42 631	42 721	42 776	42 826	42 959	43 258	44 250	55 310	55 259	55 452	55 550
Greece	6 409	6 473	6 531	6 580	6 618	6 658	6 705	6 761	6 879	6 966	7 042	7 113
Hungary	7 028	7 051	7 044	7 027	7 010	6 998	7 007	6 890	6 925	6 953	6 972	6 983
Iceland	150	152	154	155	158	161	163	164	166	168	169	171
Ireland	2 084	2 108	2 123	2 131	2 142	2 149	2 142	2 147	2 178	2 212	2 238	2 272
Italy	38 375	39 000	39 286	39 405	39 396	39 823	39 609	39 076	39 135	39 203	38 804	38 893
Luxembourg	253	254	256	258	260	261	263	266	268	271	273	275
Netherlands	9 702	9 816	9 922	10 018	10 111	10 188	10 246	10 305	10 371	10 433	10 490	10 535
Norway	2 632	2 652	2 669	2 685	2 705	2 725	2 738	2 746	2 758	2 771	2 786	2 801
Poland	23 920	24 082	24 201	24 314	24 423	24 526	24 602	24 794	24 983	25 166	25 332	25 477
Portugal	6 383	6 442	6 472	6 497	6 515	6 530	6 542	6 556	6 584	6 669	6 695	6 780
Slovak Republic	3 268	3 295	3 311	3 325	3 341	3 360	3 385	3 413	3 426	3 459	3 492	3 532
Spain	24 392	24 637	24 865	25 076	25 273	25 466	25 659	25 849	26 058	26 281	26 482	26 658
Sweden	5 381	5 392	5 394	5 396	5 411	5 433	5 464	5 501	5 526	5 544	5 564	5 593
Switzerland	4 370	4 405	4 432	4 461	4 492	4 524	4 556	4 593	4 650	4 689	4 718	4 745
Turkey	27 410	28 302	29 221	30 117	31 045	31 998	32 976	33 960	34 976	36 003	37 026	38 038
United Kingdom	36 738	37 035	37 103	37 199	37 264	37 297	37 322	37 358	37 371	37 337	37 334	37 416
OECD-Total	631 835	640 053	647 063	653 917	660 297	666 842	672 586	677 716	695 256	701 736	707 699	714 004
Major seven	406 441	410 562	413 714	416 806	419 368	422 336	424 678	427 195	440 760	443 328	445 539	448 184
Euro area	180 629	182 515	183 666	184 436	185 068	186 205	186 818	187 742	199 539	200 189	200 577	201 289
EU15	226 123	228 330	229 562	230 444	231 172	232 375	233 053	234 064	245 913	246 560	246 975	247 809
	As percentage of total population											
Canada	68.4	68.4	68.5	68.5	68.4	68.3	68.2	68.0	67.9	67.7	67.6	67.6
Mexico	52.8	53.5	54.2	54.9	55.6	56.0	56.2	56.8	57.4	57.9	58.4	58.8
United States	66.3	66.3	66.4	66.5	66.4	66.2	66.0	65.8	65.6	65.5	65.4	65.4
Australia	65.7	65.9	66.1	66.4	66.6	66.8	66.9	66.9	66.8	66.7	66.6	66.6
Japan	67.8	68.1	68.3	68.6	69.0	69.4	69.7	69.8	69.8	69.8	69.7	69.5
Korea	63.9	64.7	65.6	66.4	67.3	68.0	68.6	69.3	69.7	70.0	70.2	70.4
New Zealand	64.3	64.8	65.1	65.3	65.6	65.8	65.8	65.7	65.7	65.6	65.5	65.4
Austria	66.5	67.1	67.5	67.6	67.6	67.6	67.5	67.5	67.4	67.3	67.5	67.4
Belgium	66.8	67.2	67.4	67.4	67.4	67.3	67.2	67.0	66.7	66.5	66.4	66.3
Czech Republic	64.3	64.7	64.8	64.9	65.0	65.2	65.6	66.0	66.5	66.9	67.3	67.8
Denmark	66.0	66.3	66.5	66.6	66.9	67.1	67.2	67.4	67.5	67.5	67.5	67.4
Finland	68.1	68.1	68.1	68.0	67.8	67.6	67.4	67.3	67.2	67.1	67.0	66.9
France	65.2	65.7	65.9	65.9	65.9	66.0	66.0	65.8	65.7	65.6	65.5	65.4
Germany	69.0	69.7	70.0	70.0	70.1	69.9	69.7	70.0	69.2	68.6	68.3	68.2
Greece	65.1	65.4	65.7	66.0	66.3	66.5	66.8	67.0	67.1	67.2	67.3	67.4
Hungary	65.7	66.1	66.1	66.1	66.1	66.0	66.2	66.4	66.8	67.1	67.3	67.5
Iceland	63.4	63.5	63.7	63.8	64.0	64.3	64.4	64.4	64.5	64.4	64.2	64.2
Ireland	59.5	59.7	60.0	60.2	60.5	60.7	60.9	61.3	61.8	62.3	62.8	63.4
Italy	68.2	69.2	69.5	69.6	69.5	70.2	69.7	68.9	68.9	68.9	68.8	68.7
Luxembourg	69.2	69.5	69.7	69.8	69.8	69.5	69.4	69.1	68.8	68.4	68.1	67.7
Netherlands	67.5	68.1	68.5	68.7	68.9	69.0	69.0	68.9	68.8	68.7	68.6	68.5
Norway	63.8	64.1	64.3	64.4	64.6	64.7	64.8	64.7	64.7	64.6	64.6	64.6
Poland	65.4	65.2	65.1	64.9	64.8	64.8	64.8	65.2	65.6	65.9	66.3	66.6
Portugal	64.0	64.4	64.6	64.9	65.3	65.6	65.9	66.4	66.8	67.8	68.0	68.9
Slovak Republic	64.2	64.3	64.1	64.0	64.0	64.0	64.2	64.4	64.8	65.2	65.6	66.1
Spain	64.0	64.4	64.7	65.1	65.4	65.8	66.1	66.5	66.9	67.3	67.6	67.8
Sweden	64.6	64.7	64.6	64.5	64.4	64.4	64.3	64.3	64.1	64.0	63.8	63.7
Switzerland	68.1	68.4	68.5	68.6	68.6	68.6	68.5	68.4	68.4	68.2	68.0	67.9
Turkey	57.3	57.7	58.1	58.6	59.1	59.6	60.1	60.5	61.1	61.7	62.2	62.7
United Kingdom	65.2	65.7	65.6	65.6	65.6	65.5	65.4	65.3	65.1	64.8	64.7	64.7
OECD-Total	64.9	65.2	65.4	65.6	65.8	65.9	65.9	66.0	66.0	66.0	66.0	66.1
Major seven	66.9	67.3	67.4	67.5	67.5	67.6	67.5	67.3	67.2	67.0	66.9	66.8
Euro area	66.7	67.3	67.6	67.7	67.8	67.9	67.8	67.8	67.7	67.6	67.5	67.5
EU15	66.4	66.9	67.1	67.2	67.3	67.4	67.3	67.3	67.2	67.1	67.0	67.0

Population de 15 à 64 ans

1995	1996	1997	1998	1999	2000	2001	2002	2003	2004	2005	2006	
					Milliers							
19 820	20 046	20 275	20 474	20 698	20 953	21 244	21 554	21 822	22 098	22 384	22 665	Canada
54 375	55 604	56 795	57 965	59 130	60 272	61 416	62 580	63 736	64 876	66 001	67 135	Mexique
174 237	176 547	179 158	181 755	184 287	186 851	189 400	191 876	194 069	196 492	198 969	201 383	États-Unis
12 032	12 196	12 342	12 484	12 640	12 808	12 991	13 166	13 345	13 508	13 691	13 886	Australie
87 260	87 161	87 042	86 920	86 758	86 380	86 139	85 706	85 404	85 077	84 422	83 731	Japon
31 900	32 327	32 791	33 126	33 420	33 702	33 925	34 103	34 285	34 428	34 530	34 715	Corée
2 403	2 443	2 476	2 497	2 511	2 526	2 543	2 591	2 647	2 690	2 721	2 752	Nouvelle-Zélande
5 417	5 427	5 440	5 451	5 470	5 495	5 524	5 490	5 527	5 562	5 577	5 596	Autriche
6 704	6 703	6 706	6 709	6 715	6 724	6 743	6 774	6 805	6 835	6 879	6 924	Belgique
7 044	7 066	7 090	7 113	7 138	7 165	7 168	7 180	7 211	7 240	7 259	7 293	République tchèque
3 526	3 541	3 548	3 553	3 557	3 561	3 566	3 569	3 571	3 575	3 581	3 592	Danemark
3 410	3 417	3 427	3 442	3 455	3 464	3 472	3 478	3 483	3 489	3 499	3 507	Finlande
37 784	37 884	37 988	38 085	38 221	38 421	38 655	39 029	39 292	39 536	39 792	40 000	France
55 452	55 551	55 659	55 653	| 55 610	55 433	55 312	55 231	55 059	54 772	55 129	54 858	Allemagne
7 179	7 241	7 299	7 351	7 394	7 429	7 450	7 462	7 469	7 474	7 474	7 486	Grèce
6 986	6 985	6 983	6 975	6 965	6 962	6 963	6 956	6 946	6 942	6 936	6 931	Hongrie
172	174	175	178	180	183	186	188	190	193	196	204	Islande
2 312	2 353	2 402	2 447	2 489	2 537	2 590	2 654	2 702	2 750	2 817	2 900	Irlande
38 910	38 870	38 867	38 859	38 805	38 787	38 765	38 768	38 771	38 403	38 646	38 726	Italie
278	280	283	286	289	292	297	300	302	304	305	308	Luxembourg
10 569	10 604	10 642	10 687	10 740	10 801	10 872	10 935	10 977	10 999	11 013	11 025	Pays-Bas
2 815	2 829	2 844	2 864	2 889	2 911	2 933	2 955	2 980	3 006	3 035	3 078	Norvège
25 613	25 742	25 862	25 974	26 034	26 134	26 314	26 455	26 592	26 720	26 836	26 937	Pologne
6 789	6 756	6 703	| 6 865	6 892	6 917	6 969	7 020	7 068	7 088	7 115	7 116	Portugal
3 569	3 601	3 632	3 664	3 696	3 730	3 753	3 772	3 800	3 827	3 850	3 871	République slovaque
26 807	26 930	27 037	27 151	27 297	27 540	27 877	28 312	28 811	29 310	29 839	30 318	Espagne
5 621	5 634	5 645	5 660	5 690	5 705	5 752	5 776	5 815	5 854	5 898	5 952	Suède
4 769	4 782	4 787	4 797	4 817	4 843	4 886	4 934	4 982	5 025	5 054	5 091	Suisse
39 017	39 991	40 927	41 844	42 758	43 590	44 329	45 070	45 815	46 561	47 316	48 131	Turquie
37 538	37 659	37 776	37 914	38 122	38 375	38 634	38 866	39 120	39 387	39 752	40 162	Royaume-Uni
720 307	726 342	732 602	| 738 742	| 744 668	750 491	756 669	762 750	768 596	774 020	780 515	786 272	OCDE-Total
451 001	453 718	456 765	459 660	| 462 501	465 200	468 150	471 030	473 537	475 765	479 094	481 525	Sept grands
201 610	202 015	202 453	| 202 985	| 203 377	203 841	204 527	205 453	206 267	206 522	208 084	208 764	Zone euro
248 295	248 848	249 423	| 250 112	| 250 746	251 481	252 479	253 664	254 772	255 338	257 315	258 469	UE15
					En pourcentage de la population totale							
67.6	67.7	67.8	67.9	68.1	68.3	68.5	68.7	68.9	69.1	69.3	69.5	Canada
59.3	59.7	60.1	60.5	60.9	61.2	61.6	62.0	62.5	63.0	63.5	64.0	Mexique
65.4	65.5	65.7	65.9	66.0	66.2	66.4	66.6	66.7	66.9	67.1	67.3	États-Unis
66.6	66.6	66.6	66.7	66.8	66.9	66.9	67.0	67.2	67.2	67.3	67.4	Australie
69.5	69.3	69.0	68.7	68.5	68.1	67.7	67.3	66.9	66.6	66.1	65.5	Japon
70.7	71.0	71.4	71.6	71.7	71.7	71.6	71.6	71.6	71.7	71.7	71.9	Corée
65.4	65.5	65.5	65.5	65.5	65.5	65.5	65.8	66.0	66.2	66.4	66.5	Nouvelle-Zélande
67.3	67.3	67.4	67.5	67.6	67.8	67.9	67.9	68.1	68.0	67.7	67.6	Autriche
66.1	66.0	65.9	65.8	65.7	65.6	65.6	65.6	65.6	65.6	65.6	65.6	Belgique
68.2	68.5	68.8	69.1	69.4	69.8	70.1	70.4	70.7	70.9	71.0	71.1	République tchèque
67.4	67.3	67.1	67.0	66.8	66.7	66.5	66.4	66.3	66.2	66.1	66.1	Danemark
66.8	66.7	66.7	66.8	66.9	66.9	66.9	66.9	66.8	66.7	66.7	66.6	Finlande
65.3	65.3	65.3	65.2	65.2	65.1	65.1	65.3	65.3	65.3	65.4	65.3	France
67.9	67.8	67.8	67.8	| 67.8	67.5	67.2	67.0	66.7	66.4	66.9	66.6	Allemagne
67.5	67.6	67.7	67.8	67.9	68.0	68.0	67.9	67.8	67.6	67.3	67.1	Grèce
67.6	67.7	67.9	67.9	68.0	68.2	68.3	68.5	68.6	68.7	68.8	68.8	Hongrie
64.3	64.5	64.6	64.9	65.1	65.1	65.3	65.3	65.5	65.8	66.2	66.9	Islande
64.2	64.9	65.6	66.1	66.5	66.9	67.3	67.8	67.9	68.0	68.2	68.5	Irlande
68.6	68.4	68.3	68.1	68.0	67.8	67.6	67.5	67.5	66.7	66.5	66.3	Italie
67.4	67.3	67.1	66.9	66.8	67.0	67.2	67.1	67.1	67.1	67.0	67.1	Luxembourg
68.4	68.3	68.2	68.0	67.9	67.8	67.8	67.7	67.7	67.6	67.5	67.4	Pays-Bas
64.6	64.6	64.6	64.6	64.7	64.8	65.0	65.1	65.3	65.5	65.6	65.9	Norvège
66.9	67.2	67.5	67.8	68.0	| 68.3	68.8	69.2	69.6	70.0	70.3	70.6	Pologne
68.9	68.5	67.9	| 67.8	67.8	67.6	67.6	67.6	67.6	67.5	67.4	67.2	Portugal
66.5	67.0	67.5	68.0	68.5	69.1	69.8	70.1	70.6	71.1	71.5	71.8	République slovaque
68.1	68.2	68.3	68.4	68.4	68.4	68.5	68.5	68.6	68.7	68.8	68.8	Espagne
63.7	63.7	63.8	63.9	64.2	64.3	64.7	64.7	64.9	65.1	65.3	65.5	Suède
67.7	67.6	67.5	67.5	67.4	67.4	67.6	67.7	67.9	68.0	68.0	68.0	Suisse
63.2	63.6	63.9	64.2	64.4	64.7	64.8	65.0	65.2	65.4	65.7	66.0	Turquie
64.7	64.7	64.8	64.8	65.0	65.2	65.4	65.5	65.7	65.8	66.0	66.3	Royaume-Uni
66.2	66.2	66.3	| 66.4	| 66.5	| 66.5	66.6	66.6	66.7	66.8	66.9	66.9	OCDE-Total
66.8	66.7	66.8	66.8	| 66.8	66.7	66.7	66.7	66.7	66.7	66.7	66.6	Sept grands
67.5	67.4	67.4	| 67.3	| 67.3	67.2	67.1	67.0	67.0	66.7	66.8	66.7	Zone euro
66.9	66.9	66.9	| 66.9	| 66.9	66.8	66.7	66.7	66.7	66.6	66.7	66.6	UE15

Population from 15 to 64 years by gender

Thousands

	1983	1984	1985	1986	1987	1988	1989	1990	1991	1992	1993	1994
						Females						
Canada	8 629	8 717	8 796	8 886	8 983	9 084	9 237	9 359	9 446	9 541	9 637	9 747
Mexico	20 148	20 919	21 640	22 432	23 219	23 895	24 511	24 137	24 838	25 530	26 212	26 883
United States	78 625	79 314	80 010	80 737	81 282	81 787	82 216	82 802	83 603	84 534	85 491	86 505
Australia	4 985	5 065	5 148	5 242	5 346	5 450	5 552	5 641	5 712	5 779	5 831	5 892
Japan	40 767	41 151	41 485	41 821	42 152	42 483	42 794	43 008	43 180	43 298	43 376	43 379
Korea	12 591	12 907	13 200	13 515	13 826	14 121	14 398	14 662	14 891	15 104	15 301	15 502
New Zealand	1 031	1 048	1 060	1 066	1 081	1 090	1 099	1 108	1 156	1 166	1 177	1 192
Austria	2 569	2 589	2 597	2 597	2 594	2 591	2 589	2 608	2 630	2 640	2 670	2 676
Belgium	3 283	3 304	3 312	3 312	3 312	3 316	3 318	3 316	3 315	3 316	3 321	3 325
Czech Republic	3 352	3 372	3 379	3 380	3 385	3 394	3 411	3 433	3 440	3 464	3 488	3 510
Denmark	1 674	1 679	1 683	1 687	1 693	1 699	1 703	1 709	1 715	1 721	1 726	1 731
Finland	1 654	1 663	1 667	1 666	1 667	1 664	1 662	1 665	1 671	1 677	1 682	1 685
France	17 853	18 074	18 224	18 321	18 431	18 544	18 644	18 648	18 753	18 799	18 849	18 897
Germany	21 286	21 371	21 367	21 322	21 273	21 281	21 369	21 913	27 389	27 254	27 274	27 305
Greece	3 245	3 272	3 297	3 321	3 340	3 357	3 375	3 398	3 457	3 492	3 523	3 553
Hungary	3 579	3 591	3 585	3 574	3 562	3 553	3 556	3 513	3 529	3 544	3 554	3 561
Iceland	74	75	76	76	78	79	80	81	82	83	84	84
Ireland	1 030	1 043	1 051	1 056	1 061	1 064	1 060	1 060	1 074	1 100	1 112	1 130
Italy	19 557	19 812	19 973	20 020	19 958	20 104	20 015	19 652	19 659	19 679	19 489	19 522
Luxembourg	127	128	128	129	129	130	130	131	132	133	134	136
Netherlands	4 794	4 849	4 899	4 943	4 987	5 023	5 049	5 075	5 104	5 133	5 160	5 182
Norway	1 298	1 307	1 314	1 322	1 330	1 338	1 344	1 349	1 355	1 360	1 368	1 377
Poland	12 098	12 176	12 234	12 288	12 336	12 377	12 424	12 514	12 605	12 692	12 769	12 836
Portugal	3 287	3 315	3 328	3 339	3 347	3 353	3 358	3 363	3 375	3 468	3 477	3 511
Slovak Republic	1 651	1 666	1 674	1 681	1 688	1 697	1 709	1 724	1 734	1 749	1 765	1 785
Spain	12 263	12 375	12 481	12 579	12 672	12 763	12 855	12 946	13 046	13 151	13 246	13 327
Sweden	2 660	2 665	2 665	2 665	2 671	2 680	2 691	2 711	2 720	2 728	2 739	2 752
Switzerland	2 193	2 209	2 220	2 231	2 245	2 258	2 272	2 287	2 317	2 335	2 349	2 363
Turkey	13 540	13 984	14 442	14 885	15 342	15 811	16 293	16 746	17 245	17 750	18 250	18 747
United Kingdom	18 386	18 528	18 558	18 615	18 649	18 667	18 684	18 699	18 722	18 718	18 727	18 785
OECD-Total	318 229	322 166	325 493	328 708	331 638	334 652	337 397	339 256	347 892	350 937	353 782	356 881
Major seven	205 103	206 967	208 413	209 722	210 728	211 950	212 959	214 081	220 752	221 823	222 844	224 140
Euro area	90 948	91 795	92 324	92 605	92 771	93 189	93 424	93 775	99 604	99 842	99 938	100 249
EU15	113 668	114 667	115 230	115 572	115 785	116 235	116 501	116 893	122 761	123 009	123 130	123 517
						Males						
Canada	8 716	8 809	8 894	8 994	9 102	9 208	9 363	9 486	9 578	9 662	9 752	9 855
Mexico	19 258	19 898	20 602	21 252	21 928	22 495	22 972	23 570	24 250	24 929	25 592	26 225
United States	76 337	77 150	77 964	78 853	79 522	80 137	80 699	81 428	82 321	83 419	84 429	85 487
Australia	5 122	5 205	5 294	5 395	5 492	5 592	5 691	5 776	5 836	5 896	5 942	5 997
Japan	40 137	40 624	41 050	41 547	42 037	42 530	42 951	43 132	43 377	43 547	43 647	43 656
Korea	12 904	13 233	13 560	13 868	14 173	14 461	14 737	15 039	15 280	15 507	15 722	15 944
New Zealand	1 044	1 062	1 070	1 073	1 086	1 092	1 091	1 101	1 141	1 152	1 162	1 177
Austria	2 454	2 482	2 502	2 517	2 529	2 542	2 556	2 598	2 641	2 662	2 725	2 735
Belgium	3 303	3 323	3 335	3 338	3 342	3 350	3 357	3 358	3 360	3 365	3 372	3 378
Czech Republic	3 287	3 308	3 318	3 327	3 338	3 355	3 382	3 411	3 411	3 440	3 469	3 496
Denmark	1 701	1 709	1 716	1 726	1 736	1 742	1 747	1 754	1 762	1 768	1 775	1 780
Finland	1 651	1 663	1 672	1 676	1 679	1 682	1 685	1 691	1 699	1 708	1 714	1 719
France	17 875	18 057	18 181	18 268	18 374	18 484	18 583	18 648	18 686	18 728	18 768	18 798
Germany	21 104	21 260	21 354	21 454	21 553	21 678	21 889	22 337	27 921	28 005	28 178	28 245
Greece	3 164	3 201	3 234	3 259	3 278	3 301	3 330	3 363	3 422	3 473	3 518	3 559
Hungary	3 449	3 460	3 459	3 453	3 448	3 445	3 451	3 377	3 395	3 409	3 418	3 422
Iceland	76	77	78	79	80	82	83	83	84	85	86	87
Ireland	1 054	1 065	1 072	1 075	1 081	1 085	1 082	1 087	1 104	1 113	1 125	1 143
Italy	18 818	19 188	19 313	19 385	19 437	19 718	19 594	19 424	19 477	19 524	19 315	19 371
Luxembourg	126	127	128	129	130	132	133	135	137	138	139	140
Netherlands	4 908	4 967	5 023	5 075	5 124	5 164	5 197	5 230	5 267	5 300	5 330	5 353
Norway	1 335	1 345	1 355	1 363	1 375	1 387	1 394	1 397	1 403	1 411	1 418	1 425
Poland	11 822	11 906	11 967	12 026	12 087	12 149	12 178	12 280	12 378	12 474	12 563	12 641
Portugal	3 096	3 127	3 144	3 158	3 168	3 177	3 184	3 192	3 209	3 201	3 218	3 269
Slovak Republic	1 617	1 629	1 637	1 644	1 653	1 663	1 676	1 689	1 692	1 710	1 727	1 747
Spain	12 129	12 261	12 384	12 497	12 601	12 703	12 804	12 902	13 012	13 130	13 237	13 331
Sweden	2 721	2 727	2 729	2 731	2 740	2 753	2 773	2 792	2 805	2 816	2 825	2 840
Switzerland	2 177	2 196	2 213	2 230	2 248	2 266	2 285	2 307	2 333	2 354	2 369	2 382
Turkey	13 870	14 318	14 779	15 232	15 703	16 187	16 683	17 214	17 731	18 253	18 776	19 291
United Kingdom	18 352	18 507	18 545	18 585	18 615	18 630	18 639	18 659	18 650	18 619	18 606	18 631
OECD-Total	313 608	317 884	321 571	325 208	328 657	332 189	335 188	338 461	347 362	350 800	353 917	357 124
Major seven	201 339	203 595	205 301	207 085	208 639	210 385	211 718	213 114	220 010	221 505	222 695	224 044
Euro area	89 682	90 721	91 341	91 831	92 296	93 016	93 394	93 965	99 935	100 348	100 640	101 041
EU15	112 456	113 663	114 332	114 873	115 386	116 140	116 552	117 171	123 151	123 552	123 846	124 292

LABOUR FORCE STATISTICS - ISBN 9789264035539 - © OECD 2007

Population de 15 à 64 ans par sexe

Milliers

1995	1996	1997	1998	1999	2000	2001	2002	2003	2004	2005	2006	
					Femmes							
9 860	9 978	10 089	10 188	10 296	10 419	10 562	10 718	10 854	10 995	11 140	11 282	Canada
27 545	28 198	28 843	29 480	30 113	30 731	31 346	31 967	32 583	33 191	33 792	34 394	Mexique
87 596	88 724	90 004	91 274	92 486	93 693	94 896	96 091	97 194	98 315	99 486	100 610	États-Unis
5 966	6 053	6 134	6 210	6 294	6 384	6 481	6 562	6 648	6 724	6 811	6 907	Australie
43 460	43 405	43 339	43 282	43 206	42 993	42 881	42 687	42 534	42 376	42 008	41 648	Japon
15 717	15 928	16 141	16 319	16 458	16 580	16 675	16 753	16 828	16 887	16 935	17 009	Corée
1 209	1 229	1 249	1 261	1 270	1 281	1 291	1 314	1 341	1 362	1 378	1 393	Nouvelle-Zélande
2 679	2 686	2 695	2 704	2 715	2 728	2 743	2 740	2 760	2 778	2 785	2 793	Autriche
3 326	3 327	3 328	3 330	3 333	3 338	3 348	3 363	3 373	3 395	3 418	3 440	Belgique
3 526	3 534	3 544	3 554	3 565	3 577	3 577	3 585	3 599	3 612	3 620	3 631	République tchèque
1 739	1 746	1 750	1 753	1 756	1 758	1 762	1 764	1 766	1 769	1 773	1 779	Danemark
1 687	1 691	1 696	1 703	1 709	1 714	1 717	1 720	1 723	1 725	1 730	1 735	Finlande
18 949	19 005	19 063	19 118	19 190	19 292	19 410	19 589	19 724	19 851	19 986	20 100	France
27 280	27 356	27 394	27 418	27 414	27 367	27 297	27 303	27 234	27 085	27 301	27 144	Allemagne
3 582	3 610	3 637	3 661	3 682	3 699	3 707	3 709	3 709	3 707	3 702	3 704	Grèce
3 563	3 563	3 562	3 557	3 554	3 552	3 551	3 546	3 539	3 535	3 529	3 524	Hongrie
85	86	87	88	89	91	92	93	94	95	96	99	Islande
1 151	1 171	1 196	1 218	1 239	1 262	1 288	1 321	1 345	1 368	1 398	1 435	Irlande
19 525	19 496	19 475	19 456	19 428	19 410	19 388	19 383	19 384	19 245	19 340	19 371	Italie
137	138	139	141	142	144	147	148	149	150	151	152	Luxembourg
5 199	5 218	5 240	5 264	5 292	5 324	5 360	5 394	5 420	5 439	5 452	5 463	Pays-Bas
1 384	1 391	1 399	1 409	1 420	1 432	1 441	1 453	1 467	1 480	1 495	1 511	Norvège
12 900	12 964	13 028	13 088	13 122	13 171	13 255	13 321	13 385	13 446	13 502	13 554	Pologne
3 496	3 485	3 452	3 500	3 511	3 522	3 546	3 571	3 592	3 586	3 599	3 598	Portugal
1 803	1 817	1 832	1 847	1 862	1 878	1 891	1 900	1 913	1 925	1 935	1 944	République slovaque
13 395	13 451	13 500	13 553	13 622	13 732	13 883	14 081	14 311	14 540	14 776	14 992	Espagne
2 766	2 773	2 778	2 785	2 798	2 807	2 829	2 841	2 861	2 880	2 902	2 928	Suède
2 376	2 383	2 387	2 392	2 402	2 416	2 437	2 461	2 485	2 506	2 521	2 538	Suisse
19 227	19 707	20 168	20 621	21 074	21 484	21 854	22 220	22 590	22 960	23 336	23 743	Turquie
18 844	18 909	18 980	19 060	19 169	19 301	19 420	19 527	19 647	19 778	19 957	20 138	Royaume-Uni
359 971	363 023	366 127	369 234	372 211	375 080	378 073	381 124	384 051	386 705	389 854	392 559	OCDE-Total
225 514	226 874	228 343	229 797	231 189	232 475	233 854	235 298	236 571	237 645	239 218	240 293	Sept grands
100 407	100 635	100 815	101 066	101 278	101 532	101 834	102 321	102 725	102 869	103 637	103 928	Zone euro
123 755	124 063	124 322	124 664	125 000	125 399	125 844	126 454	126 999	127 296	128 269	128 772	UE15
					Hommes							
9 960	10 069	10 186	10 287	10 402	10 533	10 682	10 836	10 968	11 103	11 244	11 383	Canada
26 830	27 406	27 952	28 485	29 017	29 542	30 070	30 613	31 153	31 685	32 210	32 741	Mexique
86 642	87 823	89 154	90 480	91 801	93 158	94 505	95 785	96 876	98 177	99 482	100 773	États-Unis
6 066	6 144	6 208	6 274	6 346	6 424	6 510	6 604	6 697	6 784	6 880	6 979	Australie
43 800	43 756	43 703	43 638	43 552	43 387	43 258	43 019	42 870	42 701	42 414	42 081	Japon
16 182	16 398	16 651	16 807	16 962	17 122	17 251	17 350	17 458	17 541	17 595	17 706	Corée
1 193	1 213	1 228	1 236	1 239	1 244	1 251	1 277	1 306	1 328	1 343	1 358	Nouvelle-Zélande
2 738	2 741	2 745	2 747	2 756	2 767	2 781	2 750	2 768	2 784	2 793	2 803	Autriche
3 377	3 376	3 378	3 379	3 382	3 386	3 395	3 411	3 432	3 440	3 461	3 484	Belgique
3 518	3 532	3 546	3 559	3 573	3 588	3 591	3 595	3 612	3 628	3 639	3 662	République tchèque
1 787	1 794	1 798	1 800	1 801	1 802	1 804	1 804	1 805	1 806	1 808	1 813	Danemark
1 722	1 726	1 732	1 739	1 746	1 751	1 754	1 758	1 761	1 763	1 768	1 773	Finlande
18 835	18 879	18 925	18 967	19 031	19 129	19 245	19 440	19 569	19 686	19 806	19 900	France
28 172	28 195	28 265	28 235	28 196	28 067	28 014	27 928	27 825	27 687	27 828	27 714	Allemagne
3 597	3 631	3 663	3 690	3 712	3 730	3 743	3 753	3 760	3 767	3 772	3 782	Grèce
3 422	3 422	3 421	3 417	3 412	3 410	3 412	3 410	3 407	3 407	3 407	3 408	Hongrie
87	88	89	90	91	93	94	95	96	98	99	105	Islande
1 161	1 182	1 206	1 229	1 250	1 275	1 302	1 333	1 357	1 382	1 419	1 465	Irlande
19 385	19 374	19 392	19 403	19 378	19 377	19 377	19 386	19 388	19 158	19 306	19 355	Italie
141	142	143	145	147	148	150	152	153	154	154	156	Luxembourg
5 370	5 385	5 402	5 424	5 448	5 477	5 511	5 541	5 557	5 562	5 562	5 562	Pays-Bas
1 431	1 438	1 445	1 455	1 467	1 480	1 491	1 502	1 513	1 526	1 540	1 567	Norvège
12 714	12 778	12 834	12 886	12 912	12 963	13 059	13 134	13 207	13 274	13 334	13 384	Pologne
3 292	3 271	3 251	3 365	3 381	3 395	3 423	3 450	3 476	3 503	3 516	3 518	Portugal
1 766	1 783	1 800	1 817	1 834	1 851	1 862	1 872	1 887	1 902	1 915	1 927	République slovaque
13 411	13 479	13 537	13 598	13 676	13 809	13 994	14 231	14 499	14 770	15 063	15 326	Espagne
2 856	2 862	2 868	2 875	2 892	2 898	2 924	2 935	2 954	2 974	2 995	3 024	Suède
2 393	2 399	2 400	2 405	2 415	2 427	2 450	2 473	2 497	2 519	2 533	2 553	Suisse
19 790	20 284	20 759	21 223	21 684	22 106	22 475	22 850	23 225	23 601	23 980	24 386	Turquie
18 694	18 750	18 796	18 854	18 954	19 073	19 215	19 338	19 473	19 610	19 795	20 024	Royaume-Uni
360 333	363 318	366 478	369 509	372 457	375 413	378 593	381 625	384 548	387 318	390 661	393 712	OCDE-Total
225 487	226 845	228 422	229 864	231 313	232 725	234 295	235 733	236 968	238 122	239 876	241 230	Sept grands
101 201	101 380	101 639	101 920	102 102	102 312	102 690	103 133	103 545	103 655	104 448	104 837	Zone euro
124 538	124 786	125 102	125 449	125 749	126 085	126 632	127 210	127 776	128 045	129 046	129 698	UE15

Total labour force

	1983	1984	1985	1986	1987	1988	1989	1990	1991	1992	1993	1994
	Thousands											
Canada	12 604	12 823	13 089	13 349	13 605	13 857	14 136	14 324	14 414	14 412	14 510	14 647
Mexico								24 063	30 144	31 231	32 381	33 606
United States	113 245	115 259	117 166	119 555	121 604	123 351	125 557	127 480	127 957	129 690	130 673	132 468
Australia	7 068	7 205	7 369	7 657	7 826	8 043	8 297	8 512	8 558	8 629	8 682	8 836
Japan	58 890	59 270	59 630	60 200	60 840	61 660	62 700	63 840	65 050	65 780	66 150	66 450
Korea	15 118	14 997	15 592	16 116	16 873	17 305	18 023	18 539	19 109	19 499	19 806	20 353
New Zealand	1 355	1 371	1 399	1 703	1 711	1 684	1 662	1 685	1 704	1 711	1 729	1 776
Austria	3 294	3 363	3 355	3 388	3 430	3 433	3 450	3 526	3 607	3 679	3 734	3 880
Belgium	4 138	4 132	4 112	4 109	4 115	4 127	4 144	4 179	4 210	4 237	4 278	4 291
Czech Republic								5 034	5 039	5 018	5 094	5 148
Denmark	2 732	2 720	2 753	2 816	2 831	2 881	2 879	2 912	2 912	2 914	2 893	2 777
Finland	2 557	2 575	2 596	2 596	2 583	2 574	2 612	2 606	2 571	2 526	2 504	2 489
France	23 969	24 118	24 162	24 318	24 442	24 540	24 720	24 824	24 984	25 087	25 139	25 312
Germany	28 605	28 298	28 434	28 768	29 036	29 220	29 624	30 771	39 577	39 490	39 557	39 492
Greece	3 842	3 868	3 892	3 888	3 884	3 961	3 967	4 000	3 934	4 034	4 112	4 189
Hungary										4 527	4 346	4 203
Iceland	116	118	122	125	132	129	128	128	141	143	144	145
Ireland	1 321	1 321	1 331	1 331	1 337	1 328	1 308	1 332	1 354	1 372	1 403	1 432
Italy	23 061	23 323	23 495	23 851	24 031	24 243	24 258	24 515	24 599	24 348	23 003	22 880
Luxembourg	160	161	164	167	172	177	183	190	198	204	208	215
Netherlands	5 729	5 773	5 812	5 863	6 486	6 641	6 713	6 872	7 011	7 133	7 085	7 184
Norway	2 014	2 034	2 068	2 128	2 171	2 183	2 155	2 142	2 126	2 130	2 131	2 151
Poland	16 951	16 998	17 144	17 193	17 138	17 023	17 002	16 906	16 996	17 516	17 321	17 276
Portugal	4 555	4 529	4 514	4 520	4 567	4 616	4 677	4 948	4 840	4 721	4 708	4 767
Slovak Republic												2 444
Spain	14 149	14 224	14 285	14 424	14 969	15 355	15 517	15 688	15 822	15 894	16 048	16 245
Sweden	4 395	4 409	4 436	4 396	4 418	4 459	4 515	4 568	4 545	4 470	4 380	4 354
Switzerland	3 285	3 323	3 384	3 456	3 540	3 629	3 721	3 839	4 152	4 133	4 138	4 109
Turkey	18 109	18 361	18 572	19 065	19 580	19 891	20 431	20 650	21 510	21 764	20 815	22 377
United Kingdom	26 610	27 235	27 486	27 491	27 943	28 345	28 764	28 909	28 545	28 306	28 103	28 052
OECD-Total												503 548
Major seven	286 984	290 326	293 462	297 532	301 501	305 216	309 758	314 663	325 126	327 113	327 135	329 301
Euro area	115 381	115 686	116 152	117 223	119 051	120 215	121 172	123 452	132 707	132 724	131 779	132 376
EU15	149 118	150 050	150 827	151 926	154 243	155 900	157 330	159 841	168 709	168 414	167 155	167 559
	As percentage of total population											
Canada	49.7	50.1	50.6	51.1	51.4	51.7	51.8	51.7	51.4	50.8	50.6	50.5
Mexico								28.7	35.2	35.8	36.5	37.2
United States	48.4	48.9	49.2	49.8	50.2	50.5	50.9	51.1	50.6	50.6	50.3	50.3
Australia	45.9	46.2	46.7	47.8	48.1	48.7	49.3	49.9	49.5	49.3	49.1	49.5
Japan	49.4	49.4	49.3	49.6	49.8	50.3	50.9	51.7	52.5	52.9	53.0	53.1
Korea	37.9	37.1	38.2	39.1	40.5	41.2	42.5	43.2	44.1	44.6	44.8	45.6
New Zealand	42.0	42.1	42.8	52.0	51.8	50.8	49.9	50.1	48.8	48.5	48.4	49.1
Austria	43.6	44.5	44.4	44.8	45.3	45.2	45.3	45.7	46.1	46.7	46.7	48.3
Belgium	42.0	41.9	41.7	41.7	41.7	41.7	41.7	41.9	42.1	42.2	42.4	42.4
Czech Republic								48.6	48.9	48.6	49.3	49.8
Denmark	53.4	53.2	53.8	55.0	55.2	56.2	56.1	56.6	56.5	56.3	55.8	53.3
Finland	52.7	52.7	53.0	52.8	52.4	52.0	52.6	52.3	51.3	50.1	49.4	48.9
France	43.8	43.8	43.7	43.8	43.8	43.7	43.8	43.8	43.9	43.8	43.7	43.9
Germany	46.6	46.3	46.6	47.1	47.5	47.6	47.7	48.6	49.5	49.0	48.7	48.5
Greece	39.0	39.1	39.2	39.0	38.9	39.6	39.5	39.6	38.4	38.9	39.3	39.7
Hungary										43.7	42.0	40.6
Iceland	49.0	49.3	50.5	51.5	53.8	51.5	50.7	50.4	54.5	54.8	54.7	54.7
Ireland	37.7	37.4	37.6	37.6	37.7	37.5	37.2	38.0	38.4	38.6	39.4	40.0
Italy	41.0	41.4	41.6	42.2	42.4	42.7	42.7	43.2	43.3	42.8	40.8	40.4
Luxembourg	43.8	44.1	44.6	45.3	46.3	47.1	48.2	49.5	50.8	51.5	51.9	52.8
Netherlands	39.9	40.0	40.1	40.2	44.2	45.0	45.2	46.0	46.5	47.0	46.3	46.7
Norway	48.8	49.1	49.8	51.0	51.9	51.9	51.0	50.5	49.9	49.7	49.4	49.6
Poland	46.4	46.0	46.1	45.9	45.5	45.0	44.8	44.5	44.6	45.9	45.3	45.2
Portugal	45.7	45.2	45.1	45.2	45.8	46.4	47.1	50.1	49.1	48.0	47.8	48.4
Slovak Republic												45.7
Spain	37.1	37.2	37.2	37.4	38.7	39.7	40.0	40.4	40.6	40.7	40.9	41.3
Sweden	52.8	52.9	53.1	52.5	52.6	52.9	53.2	53.4	52.7	51.6	50.2	49.6
Switzerland	51.2	51.6	52.3	53.1	54.1	55.0	56.0	57.2	61.1	60.1	59.6	58.8
Turkey	37.8	37.4	36.9	37.1	37.3	37.0	37.2	36.8	37.6	37.3	35.0	36.9
United Kingdom	47.3	48.3	48.6	48.5	49.2	49.8	50.4	50.5	49.7	49.2	48.7	48.5
OECD-Total												46.6
Major seven	47.3	47.6	47.8	48.2	48.5	48.8	49.2	49.6	49.6	49.4	49.1	49.1
Euro area	42.6	42.6	42.7	43.0	43.6	43.9	44.0	44.6	45.0	44.8	44.4	44.4
EU15	43.8	44.0	44.1	44.3	44.9	45.2	45.5	45.9	46.1	45.8	45.3	45.3

Population active totale

1995	1996	1997	1998	1999	2000	2001	2002	2003	2004	2005	2006	
					Milliers							
14 759	14 918	15 140	15 376	15 648	15 904	16 163	16 634	17 014	17 238	17 402	17 654	Canada
34 538	35 345	36 918	37 703	37 711	38 579	38 663	39 695	40 062	41 738	41 925	43 216	Mexique
133 655	135 229	137 550	138 894	140 567	143 807	144 949	146 109	147 761	148 642	150 564		États-Unis
9 057	9 176	9 264	9 395	9 468	9 641	9 802	9 957	10 142	10 296	10 575	10 765	Australie
66 660	67 110	67 870	67 930	67 790	67 660	67 520	66 890	66 660	66 420	66 500	66 570	Japon
20 845	21 288	21 782	21 428	21 666	22 134	22 471	22 921	22 957	23 417	23 743	23 978	Corée
1 819	1 876	1 895	1 901	1 917	1 932	1 967	2 020	2 055	2 108	2 161	2 209	Nouvelle-Zélande
3 903	3 870	3 884	3 888	3 909	3 918	3 940	3 929	3 967	3 939	4 032	4 124	Autriche
4 318	4 329	4 348	4 359	4 365	4 411	4 305	4 353	4 392	4 473	4 626	4 647	Belgique
5 171	5 173	5 185	5 201	5 218	5 186	5 171	5 173	5 132	5 133	5 174	5 199	République tchèque
2 798	2 822	2 856	2 848	2 865	2 853	2 862	2 849	2 850	2 883	2 876	2 904	Danemark
2 510	2 521	2 508	2 532	2 578	2 609	2 626	2 630	2 620	2 615	2 641	2 670	Finlande
25 348	25 611	25 758	26 027	26 324	26 606	26 838	27 095	27 373	27 518	27 637		France
39 376	39 550	39 804	40 131	39 614	39 533	39 686	39 641	39 507	39 948	41 040	41 521	Allemagne
4 244	4 314	4 293	4 513	4 584	4 617	4 582	4 652	4 728	4 823	4 849	4 880	Grèce
4 095	4 048	3 995	4 011	4 096	4 120	4 102	4 110	4 166	4 153	4 205	4 247	Hongrie
149	148	148	152	156	160	163	162	162	161	166	175	Islande
1 459	1 507	1 539	1 621	1 688	1 746	1 782	1 827	1 860	1 920	2 015	2 108	Irlande
22 871	22 973	23 101	23 363	23 533	23 720	23 901	24 085	24 229	24 365	24 451	24 662	Italie
221	227	234	244	255	269	283	292	299	307	317	329	Luxembourg
7 410	7 517	7 673	7 797	7 939	8 080	8 239	8 391	8 428	8 496	8 513	8 562	Pays-Bas
2 186	2 239	2 287	2 323	2 333	2 350	2 361	2 378	2 375	2 382	2 400	2 446	Norvège
17 205	17 200	17 225	17 285	17 256	17 405	17 457	17 277	17 014	17 085	17 218	16 992	Pologne
4 751	4 787	4 852	5 130	5 167	5 247	5 324	5 387	5 419	5 488	5 545	5 587	Portugal
2 471	2 509	2 522	2 545	2 573	2 608	2 653	2 628	2 634	2 659	2 646	2 655	République slovaque
16 385	16 671	16 955	17 196	17 529	18 084	18 090	18 786	19 538	20 184	20 886	21 585	Espagne
4 391	4 403	4 367	4 347	4 381	4 418	4 465	4 478	4 497	4 512	4 622	4 671	Suède
4 094	4 110	4 127	4 157	4 168	4 196	4 261	4 305	4 340	4 362	4 383	4 464	Suisse
22 786	23 197	23 256	23 885	24 378	23 578	23 991	24 318	24 141	24 790	25 065	25 276	Turquie
28 024	28 134	28 252	28 223	28 508	28 740	28 774	29 030	29 235	29 369	29 557	29 942	Royaume-Uni
507 498	512 801	519 588	524 403	528 186	534 110	537 390	542 002	545 558	551 425	557 732	564 509	OCDE-Total
330 693	333 524	337 475	339 944	341 985	345 970	347 831	349 484	351 779	353 500	357 151	360 821	Sept grands
132 795	133 877	134 949	136 800	137 485	138 839	139 596	141 069	142 361	144 078	146 552	148 475	Zone euro
168 008	169 236	170 425	172 218	173 239	174 850	175 697	177 425	178 943	180 842	183 607	185 992	UE15
					En pourcentage de la population totale							
50.4	50.4	50.6	51.0	51.5	51.8	52.1	53.0	53.7	53.9	53.9	54.1	Canada
37.7	38.0	39.1	39.4	38.8	39.2	38.8	39.3	39.3	40.5	40.3	41.2	Mexique
50.2	50.2	50.4	50.4	50.4	51.0	50.8	50.7	50.8	50.6	50.8		États-Unis
50.1	50.1	50.0	50.2	50.0	50.3	50.5	50.7	51.0	51.2	52.0	52.2	Australie
53.1	53.3	53.8	53.7	53.5	53.3	53.0	52.5	52.2	52.0	52.0	52.1	Japon
46.2	46.8	47.4	46.3	46.5	47.1	47.4	48.1	48.0	48.7	49.3	49.6	Corée
49.5	50.3	50.1	49.8	50.0	50.1	50.7	51.3	51.3	51.9	52.7	53.4	Nouvelle-Zélande
48.5	48.0	48.1	48.1	48.3	48.3	48.5	48.6	48.9	48.2	49.0	49.8	Autriche
42.6	42.6	42.7	42.7	42.7	43.0	41.8	42.1	42.3	42.9	44.1	44.1	Belgique
50.0	50.1	50.3	50.5	50.7	50.5	50.6	50.7	50.3	50.3	50.6	50.7	République tchèque
53.5	53.6	54.0	53.7	53.8	53.4	53.4	53.0	52.9	53.4	53.1	53.4	Danemark
49.1	49.2	48.8	49.1	49.9	50.4	50.6	50.6	50.3	50.0	50.3	50.7	Finlande
43.8	44.1	44.3	44.6	44.9	45.1	45.2	45.3	45.5	45.5	45.4		France
48.2	48.3	48.5	48.9	48.3	48.1	48.2	48.1	47.9	48.4	49.8	50.4	Allemagne
39.9	40.3	39.8	41.7	42.1	42.3	41.8	42.3	42.9	43.6	43.7	43.8	Grèce
39.6	39.3	38.8	39.1	40.0	40.3	40.3	40.5	41.1	41.1	41.7	42.2	Hongrie
55.7	54.9	54.5	55.5	56.5	56.9	57.1	56.3	56.1	55.1	56.0	57.4	Islande
40.5	41.6	42.0	43.8	45.1	46.1	46.3	46.6	46.7	47.5	48.8	49.8	Irlande
40.3	40.4	40.6	41.0	41.2	41.5	41.7	41.9	42.2	42.3	42.1	42.2	Italie
53.4	54.5	55.6	57.1	59.0	61.6	64.2	65.5	66.5	67.8	69.7	71.5	Luxembourg
47.9	48.4	49.2	49.6	50.2	50.7	51.3	52.0	51.9	52.2	52.2	52.4	Pays-Bas
50.1	51.1	51.9	52.4	52.3	52.3	52.3	52.4	52.0	51.9	51.9	52.4	Norvège
45.0	44.9	45.0	45.1	45.1	45.5	45.6	45.2	44.5	44.7	45.1	44.6	Pologne
48.2	48.5	49.1	50.7	50.8	51.3	51.7	51.9	51.9	52.2	52.5	52.8	Portugal
46.1	46.7	46.8	47.2	47.7	48.3	49.3	48.9	49.0	49.4	49.1	49.2	République slovaque
41.6	42.2	42.8	43.3	43.9	44.9	44.4	45.5	46.5	47.3	48.1	49.0	Espagne
49.7	49.8	49.4	49.1	49.5	49.8	50.2	50.2	50.2	50.2	51.2	51.4	Suède
58.1	58.1	58.2	58.5	58.3	58.4	59.0	59.1	59.1	59.0	58.9	59.6	Suisse
36.9	36.9	36.3	36.6	36.7	35.0	35.1	35.1	34.4	34.8	34.8	34.6	Turquie
48.3	48.4	48.4	48.3	48.6	48.8	48.7	48.9	49.1	49.1	49.1	49.4	Royaume-Uni
46.6	46.8	47.0	47.1	47.2	47.3	47.3	47.4	47.4	47.6	47.8	48.0	OCDE-Total
49.0	49.1	49.3	49.4	49.4	49.6	49.6	49.5	49.6	49.5	49.7	49.9	Sept grands
44.4	44.7	44.9	45.4	45.5	45.8	45.8	46.0	46.2	46.6	47.1	47.4	Zone euro
45.3	45.5	45.7	46.0	46.2	46.4	46.4	46.7	46.9	47.1	47.6	47.9	UE15

Civilian labour force

	1983	1984	1985	1986	1987	1988	1989	1990	1991	1992	1993	1994
						Thousands						
Canada	12 528	12 748	13 012	13 272	13 526	13 779	14 057	14 245	14 336	14 336	14 435	14 574
Mexico								24 063	30 144	31 231	32 381	33 606
United States	111 550	113 544	115 461	117 834	119 865	121 669	123 869	125 840	126 346	128 105	129 200	131 056
Australia	6 997	7 135	7 300	7 588	7 758	7 974	8 228	8 444	8 490	8 562	8 619	8 776
Japan	58 890	59 270	59 630	60 200	60 840	61 660	62 700	63 840	65 050	65 780	66 150	66 450
Korea	15 118	14 997	15 592	16 116	16 873	17 305	18 023	18 539	19 109	19 499	19 806	20 353
New Zealand	1 342	1 358	1 387	1 691	1 699	1 672	1 650	1 673	1 693	1 701	1 719	1 766
Austria	3 294	3 363	3 355	3 388	3 430	3 433	3 450	3 526	3 607	3 679	3 734	3 847
Belgium	4 047	4 042	4 023	4 019	4 024	4 034	4 054	4 091	4 127	4 160	4 209	4 241
Czech Republic								5 034	5 039	4 812	5 023	5 084
Denmark	2 701	2 688	2 722	2 784	2 799	2 846	2 844	2 878	2 878	2 879	2 858	2 730
Finland	2 518	2 536	2 556	2 559	2 544	2 536	2 575	2 574	2 534	2 489	2 466	2 454
France	23 397	23 556	23 602	23 764	23 888	23 977	24 165	24 274	24 444	24 563	24 618	24 800
Germany	28 067	27 771	27 913	28 242	28 507	28 693	29 104	30 273	39 075	39 005	39 102	39 074
Greece	3 842	3 868	3 892	3 888	3 884	3 961	3 967	4 000	3 934	4 034	4 112	4 189
Hungary										4 470	4 289	4 095
Iceland	116	118	122	125	132	129	128	128	141	143	144	145
Ireland	1 307	1 307	1 314	1 318	1 324	1 315	1 295	1 323	1 345	1 362	1 394	1 424
Italy	22 490	22 722	22 890	23 225	23 416	23 687	23 700	23 966	24 063	23 805	22 604	22 480
Luxembourg	160	161	163	167	171	176	182	190	197	203	207	214
Netherlands	5 624	5 669	5 710	5 760	6 395	6 543	6 623	6 784	6 934	7 054	7 009	7 124
Norway	1 979	2 003	2 037	2 095	2 135	2 148	2 120	2 104	2 089	2 096	2 097	2 119
Poland	16 951	16 998	17 144	17 193	17 138	17 023	17 002	16 906	16 996	17 516	17 321	17 135
Portugal	4 482	4 457	4 441	4 446	4 490	4 543	4 610	4 884	4 774	4 690	4 675	4 732
Slovak Republic												2 444
Spain	13 717	13 817	13 907	14 077	14 637	15 029	15 189	15 379	15 515	15 613	15 794	16 049
Sweden	4 395	4 409	4 436	4 396	4 418	4 459	4 515	4 568	4 545	4 470	4 380	4 354
Switzerland	3 285	3 323	3 384	3 456	3 540	3 629	3 721	3 839	4 152	4 133	4 138	4 109
Turkey	17 609	17 861	18 072	18 565	19 080	19 392	19 931	20 150	21 010	21 264	20 315	21 877
United Kingdom	26 288	27 071	27 346	27 326	27 766	28 193	28 624	28 792	28 449	28 167	27 977	27 938
OECD-Total												499 239
Major seven	283 210	286 681	289 854	293 863	297 808	301 659	306 218	311 230	321 763	323 761	324 086	326 372
Euro area	112 945	113 269	113 766	114 852	116 709	117 928	118 914	121 263	130 550	130 656	129 925	130 627
EU15	146 329	147 436	148 270	149 359	151 693	153 426	154 896	157 501	166 422	166 172	165 140	165 649
						2000=100						
Canada	79.1	80.4	82.1	83.8	85.4	87.0	88.7	89.9	90.5	90.5	91.1	92.0
Mexico								62.4	78.1	81.0	83.9	87.1
United States	78.2	79.6	81.0	82.6	84.1	85.3	86.9	88.3	88.6	89.8	90.6	91.9
Australia	73.0	74.4	76.1	79.1	80.9	83.1	85.8	88.0	88.5	89.3	89.9	91.5
Japan	87.0	87.6	88.1	89.0	89.9	91.1	92.7	94.4	96.1	97.2	97.8	98.2
Korea	68.3	67.8	70.4	72.8	76.2	78.2	81.4	83.8	86.3	88.1	89.5	92.0
New Zealand	69.8	70.6	72.1	87.9	88.4	87.0	85.8	87.0	88.0	88.4	89.4	91.8
Austria	84.9	86.6	86.4	87.3	88.4	88.4	88.9	90.8	92.9	94.8	96.2	99.1
Belgium	91.8	91.6	91.2	91.1	91.2	91.5	91.9	92.8	93.6	94.3	95.4	96.2
Czech Republic								98.1	98.2	93.8	97.9	99.1
Denmark	95.6	95.2	96.4	98.6	99.1	100.8	100.7	101.9	101.9	101.9	101.2	96.7
Finland	97.6	98.3	99.1	99.2	98.6	98.3	99.8	99.8	98.2	96.5	95.6	95.1
France	89.2	89.8	90.0	90.6	91.1	91.4	92.1	92.5	93.2	93.6	93.9	94.5
Germany	71.4	70.7	71.0	71.9	72.5	73.0	74.1	77.0	99.4	99.2	99.5	99.4
Greece	83.2	83.8	84.3	84.2	84.1	85.8	85.9	86.6	85.2	87.4	89.1	90.7
Hungary										109.7	105.2	100.5
Iceland	72.5	73.8	76.2	78.3	82.7	80.5	80.0	80.2	87.8	89.3	90.1	90.8
Ireland	75.2	75.2	75.6	75.8	76.1	75.6	74.5	76.1	77.4	78.3	80.2	81.9
Italy	96.2	97.2	98.0	99.4	100.2	101.4	101.4	102.6	103.0	101.9	96.7	96.2
Luxembourg	59.5	59.9	60.7	62.0	63.9	65.7	67.8	70.6	73.5	75.6	77.3	79.8
Netherlands	69.6	70.2	70.7	71.3	79.1	81.0	82.0	84.0	85.8	87.3	86.7	88.2
Norway	85.0	86.1	87.5	90.0	91.7	92.3	91.1	90.4	89.8	90.1	90.1	91.1
Poland	97.9	98.2	99.0	99.3	99.0	98.3	98.2	97.7	98.2	101.2	100.1	99.0
Portugal	86.2	85.7	85.4	85.5	86.3	87.3	88.6	93.9	91.8	90.1	89.9	91.0
Slovak Republic												94.5
Spain	76.5	77.1	77.6	78.6	81.7	83.9	84.8	85.8	86.6	87.1	88.1	89.6
Sweden	99.5	99.8	100.4	99.5	100.0	100.9	102.2	103.4	102.9	101.2	99.1	98.6
Switzerland	78.3	79.2	80.7	82.4	84.4	86.5	88.7	91.5	98.9	98.5	98.6	97.9
Turkey	76.3	77.4	78.3	80.4	82.7	84.0	86.4	87.3	91.0	92.1	88.0	94.8
United Kingdom	91.8	94.5	95.5	95.4	97.0	98.5	100.0	100.6	99.4	98.4	97.7	97.6
OECD-Total												94.1
Major seven	82.4	83.4	84.4	85.5	86.7	87.8	89.1	90.6	93.6	94.2	94.3	95.0
Euro area	82.1	82.3	82.7	83.5	84.8	85.7	86.4	88.1	94.9	95.0	94.4	94.9
EU15	84.4	85.0	85.5	86.1	87.4	88.4	89.3	90.8	95.9	95.8	95.2	95.5

Population active civile

1995	1996	1997	1998	1999	2000	2001	2002	2003	2004	2005	2006	
					Milliers							
14 689	14 854	15 079	15 316	15 588	15 847	16 110	16 579	16 959	17 182	17 343	17 593	Canada
34 538	35 345	36 918	37 703	37 711	38 579	38 663	39 695	40 062	41 738	41 925	43 216	Mexique
132 304	133 943	136 297	137 673	139 368	142 583	143 734	144 863	146 510	147 401	149 320	151 428	États-Unis
9 000	9 119	9 207	9 339	9 414	9 590	9 752	9 907	10 092	10 244	10 524	10 714	Australie
66 660	67 110	67 870	67 930	67 790	67 660	67 520	66 890	66 660	66 420	66 500	66 570	Japon
20 845	21 288	21 782	21 428	21 666	22 134	22 471	22 921	22 957	23 417	23 743	23 978	Corée
1 809	1 866	1 886	1 891	1 908	1 923	1 958	2 012	2 046	2 099	2 152	2 200	Nouvelle-Zélande
3 873	3 839	3 849	3 854	3 877	3 882	3 906	3 895	3 932	3 927	4 022	4 113	Autriche
4 271	4 283	4 303	4 316	4 365	4 411	4 305	4 353	4 392	4 473	4 626	4 647	Belgique
5 116	5 116	5 133	5 153	5 163	5 130	5 128	5 138	5 097	5 110	5 159	5 183	République tchèque
2 763	2 788	2 823	2 814	2 830	2 824	2 835	2 820	2 823	2 852	2 848	2 877	Danemark
2 473	2 481	2 476	2 499	2 548	2 579	2 597	2 600	2 590	2 584	2 612	2 638	Finlande
24 842	25 111	25 285	25 590	25 924	26 231	26 495	26 849	27 113	27 244	27 356		France
38 980	39 142	39 415	39 752	39 375	39 302	39 459	39 413	39 276	39 711	40 760	41 250	Allemagne
4 244	4 314	4 293	4 513	4 584	4 617	4 582	4 652	4 728	4 823	4 849	4 880	Grèce
3 992	3 957	3 916	3 949	4 034	4 076	4 061	4 068	4 121	4 109	4 160	4 204	Hongrie
149	148	148	152	156	160	163	162	162	161	166	175	Islande
1 450	1 498	1 531	1 613	1 680	1 739	1 775	1 820	1 852	1 913	2 008	2 101	Irlande
22 489	22 604	22 715	22 987	23 162	23 369	23 567	23 776	23 918	24 107	24 195	24 411	Italie
220	226	234	243	255	268	283	292	299	307	317	328	Luxembourg
7 361	7 472	7 629	7 761	7 898	8 080	8 239	8 391	8 428	8 496	8 513	8 562	Pays-Bas
2 154	2 212	2 259	2 294	2 308	2 327	2 342	2 361	2 357	2 365	2 385	2 429	Norvège
17 068	17 078	17 103	17 162	17 148	17 311	17 376	17 213	16 945	17 025	17 161	16 938	Pologne
4 719	4 753	4 815	5 080	5 119	5 202	5 279	5 349	5 374	5 452	5 516	5 558	Portugal
2 471	2 509	2 503	2 516	2 549	2 587	2 632	2 614	2 624	2 651	2 644	2 655	République slovaque
16 176	16 457	16 749	17 014	17 341	17 919	17 959	18 692	19 447	20 094	20 794	21 495	Espagne
4 391	4 403	4 367	4 347	4 382	4 418	4 465	4 478	4 497	4 512	4 622	4 671	Suède
4 094	4 110	4 127	4 157	4 168	4 196	4 261	4 305	4 340	4 362	4 383	4 464	Suisse
22 286	22 697	22 756	23 385	23 878	23 078	23 491	23 818	23 641	24 290	24 565	24 776	Turquie
27 895	28 008	28 139	28 119	28 388	28 632	28 682	28 945	29 107	29 206	29 400	29 807	Royaume-Uni
503 322	508 730	515 605	520 549	524 578	530 655	534 088	538 870	542 349	548 277	554 567	561 360	OCDE-Total
327 859	330 772	334 801	337 367	339 595	343 624	345 567	347 315	349 543	351 271	354 874	358 559	Sept grands
131 098	132 180	133 293	135 221	136 128	137 599	138 445	140 082	141 350	143 132	145 568	147 484	Zone euro
166 147	167 378	168 623	170 501	171 728	173 473	174 427	176 325	177 777	179 702	182 438	184 839	UE15

1995	1996	1997	1998	1999	2000	2001	2002	2003	2004	2005	2006	
					2000=100							
92.7	93.7	95.2	96.7	98.4	100.0	101.7	104.6	107.0	108.4	109.4	111.0	Canada
89.5	91.6	95.7	97.7	97.7	100.0	100.2	102.9	103.8	108.2	108.7	112.0	Mexique
92.8	93.9	95.6	96.6	97.7	100.0	100.8	101.6	102.8	103.4	104.7	106.2	États-Unis
93.8	95.1	96.0	97.4	98.2	100.0	101.7	103.3	105.2	106.8	109.7	111.7	Australie
98.5	99.2	100.3	100.4	100.2	100.0	99.8	98.9	98.5	98.2	98.3	98.4	Japon
94.2	96.2	98.4	96.8	97.9	100.0	101.5	103.6	103.7	105.8	107.3	108.3	Corée
94.1	97.1	98.0	98.4	99.2	100.0	101.8	104.6	106.4	109.2	111.9	114.4	Nouvelle-Zélande
99.8	98.9	99.1	99.3	99.9	100.0	100.6	100.3	101.3	101.2	103.6	106.0	Autriche
96.8	97.1	97.6	97.9	99.0	100.0	97.6	98.7	99.6	101.4	104.9	105.4	Belgique
99.7	99.7	100.1	100.5	100.6	100.0	100.0	100.2	99.3	99.6	100.6	101.0	République tchèque
97.8	98.7	100.0	99.6	100.2	100.0	100.4	99.9	100.0	101.0	100.8	101.9	Danemark
95.9	96.2	96.0	96.9	98.8	100.0	100.7	100.8	100.4	100.2	101.3	102.3	Finlande
94.7	95.7	96.4	97.6	98.8	100.0	101.0	102.4	103.4	103.9	104.3		France
99.2	99.6	100.3	101.1	100.2	100.0	100.4	100.3	99.9	101.0	103.7	105.0	Allemagne
91.9	93.4	93.0	97.7	99.3	100.0	99.2	100.8	102.4	104.5	105.0	105.7	Grèce
97.9	97.1	96.1	96.9	99.0	100.0	99.6	99.8	101.1	100.8	102.1	103.1	Hongrie
93.1	92.2	92.3	95.0	97.8	100.0	101.7	101.2	101.4	100.6	103.4	109.1	Islande
83.4	86.2	88.0	92.8	96.6	100.0	102.1	104.7	106.5	110.0	115.5	120.8	Irlande
96.2	96.7	97.2	98.4	99.1	100.0	100.8	101.7	102.3	103.2	103.5	104.5	Italie
82.0	84.3	87.1	90.5	94.9	100.0	105.4	108.7	111.4	114.2	118.0	122.3	Luxembourg
91.1	92.5	94.4	96.1	97.8	100.0	102.0	103.8	104.3	105.2	105.4	106.0	Pays-Bas
92.6	95.1	97.1	98.6	99.2	100.0	100.6	101.5	101.3	101.6	102.5	104.4	Norvège
98.6	98.7	98.8	99.1	99.1	100.0	100.4	99.4	97.9	98.3	99.1	97.8	Pologne
90.7	91.4	92.6	97.7	98.4	100.0	101.5	102.8	103.3	104.8	106.0	106.8	Portugal
95.5	97.0	96.8	97.2	98.5	100.0	101.7	101.0	101.4	102.5	102.2	102.6	République slovaque
90.3	91.8	93.5	94.9	96.8	100.0	100.2	104.3	108.5	112.1	116.0	120.0	Espagne
99.4	99.6	98.9	98.4	99.2	100.0	101.1	101.3	101.8	102.1	104.6	105.7	Suède
97.6	97.9	98.3	99.1	99.3	100.0	101.5	102.6	103.4	104.0	104.5	106.4	Suisse
96.6	98.3	98.6	101.3	103.5	100.0	101.8	103.2	102.4	105.3	106.4	107.4	Turquie
97.4	97.8	98.3	98.2	99.1	100.0	100.2	101.1	101.7	102.0	102.7	104.1	Royaume-Uni
94.8	95.9	97.2	98.1	98.9	100.0	100.6	101.5	102.2	103.3	104.5	105.8	OCDE-Total
95.4	96.3	97.4	98.2	98.8	100.0	100.6	101.1	101.7	102.2	103.3	104.3	Sept grands
95.3	96.1	96.9	98.3	98.9	100.0	100.6	101.8	102.7	104.0	105.8	107.2	Zone euro
95.8	96.5	97.2	98.3	99.0	100.0	100.6	101.6	102.5	103.6	105.2	106.6	UE15

Civilian labour force by gender

Thousands

	1983	1984	1985	1986	1987	1988	1989	1990	1991	1992	1993	1994
						Females						
Canada	5 208	5 355	5 534	5 687	5 846	6 025	6 185	6 321	6 412	6 425	6 492	6 559
Mexico								5 645	9 269	9 678	10 121	10 602
United States	48 503	49 709	51 050	52 413	53 658	54 742	56 030	56 829	57 178	58 141	58 795	60 239
Australia	2 626	2 708	2 818	3 002	3 106	3 230	3 385	3 511	3 548	3 590	3 624	3 725
Japan	23 240	23 470	23 670	23 950	24 290	24 730	25 330	25 930	26 510	26 790	26 810	26 940
Korea	5 814	5 658	5 975	6 296	6 735	6 891	7 286	7 509	7 681	7 805	7 924	8 179
New Zealand	470	481	504	712	723	719	708	728	741	746	753	780
Austria	1 276	1 334	1 324	1 342	1 376	1 392	1 405	1 445	1 481	1 532	1 567	1 661
Belgium	1 596	1 613	1 628	1 648	1 673	1 698	1 709	1 736	1 760	1 790	1 831	1 848
Czech Republic								2 372	2 297	2 187	2 260	2 286
Denmark	1 240	1 238	1 250	1 284	1 296	1 311	1 310	1 336	1 346	1 352	1 343	1 268
Finland	1 203	1 212	1 228	1 224	1 216	1 215	1 233	1 229	1 213	1 190	1 177	1 169
France	9 884	10 071	10 173	10 324	10 479	10 568	10 685	10 749	10 902	11 065	11 176	11 335
Germany	11 169	10 970	11 085	11 270	11 473	11 668	11 861	12 420	16 716	16 700	16 755	16 752
Greece	1 310	1 339	1 379	1 383	1 394	1 460	1 467	1 483	1 406	1 493	1 532	1 570
Hungary										2 043	1 953	1 867
Iceland									64	66	67	68
Ireland	390	385	424	429	449	443	444	464	475	490	515	533
Italy	7 881	8 064	8 189	8 473	8 669	8 790	8 875	9 028	9 075	8 999	8 274	8 272
Luxembourg	53	54	55	57	59	61	63	66	68	71	73	78
Netherlands	1 934	1 973	2 006	2 041	2 435	2 539	2 575	2 692	2 780	2 848	2 887	2 950
Norway	850	867	893	938	962	974	957	960	962	963	968	977
Poland										8 024	7 971	7 919
Portugal	1 864	1 856	1 867	1 853	1 905	1 952	1 984	2 115	2 119	2 090	2 105	2 139
Slovak Republic												1 090
Spain	4 114	4 169	4 239	4 344	4 838	5 145	5 242	5 377	5 492	5 656	5 816	6 026
Sweden	2 049	2 069	2 087	2 092	2 121	2 144	2 166	2 192	2 181	2 145	2 100	2 082
Switzerland	1 212	1 231	1 253	1 285	1 333	1 384	1 435	1 502	1 731	1 740	1 752	1 745
Turkey						5 855	6 267	6 161	6 345	6 262	5 269	6 324
United Kingdom	10 490	11 228	11 393	11 515	11 813	12 037	12 325	12 420	12 397	12 390	12 411	12 438
OECD-Total												209 422
Major seven	116 375	118 867	121 094	123 632	126 228	128 560	131 291	133 697	139 190	140 510	140 713	142 536
Euro area	42 673	43 040	43 597	44 387	45 966	46 931	47 544	48 804	53 487	53 924	53 709	54 334
EU15	56 452	57 576	58 327	59 279	61 196	62 423	63 345	64 752	69 411	69 811	69 563	70 122
						Males						
Canada	7 320	7 393	7 479	7 585	7 680	7 754	7 872	7 924	7 925	7 911	7 943	8 014
Mexico								18 419	20 875	21 553	22 260	23 004
United States	63 047	63 835	64 411	65 422	66 207	66 927	67 840	69 011	69 168	69 964	70 404	70 817
Australia	4 372	4 427	4 482	4 586	4 652	4 744	4 842	4 932	4 942	4 972	4 995	5 051
Japan	35 640	35 800	35 960	36 260	36 550	36 930	37 370	37 910	38 540	38 990	39 350	39 510
Korea	9 305	9 338	9 617	9 819	10 138	10 414	10 737	11 030	11 428	11 694	11 881	12 174
New Zealand	872	877	883	980	976	953	942	945	952	955	966	986
Austria	2 018	2 029	2 031	2 046	2 054	2 041	2 045	2 081	2 126	2 147	2 167	2 186
Belgium	2 450	2 429	2 395	2 371	2 351	2 336	2 345	2 355	2 366	2 370	2 378	2 393
Czech Republic								2 662	2 742	2 625	2 762	2 798
Denmark	1 460	1 450	1 472	1 500	1 503	1 535	1 534	1 543	1 531	1 527	1 515	1 462
Finland	1 315	1 324	1 328	1 335	1 328	1 322	1 342	1 346	1 320	1 298	1 288	1 284
France	13 512	13 484	13 429	13 439	13 409	13 409	13 480	13 525	13 543	13 497	13 442	13 465
Germany	16 898	16 801	16 828	16 972	17 034	17 025	17 243	17 853	22 359	22 305	22 347	22 322
Greece	2 532	2 529	2 513	2 505	2 490	2 501	2 500	2 517	2 528	2 541	2 581	2 619
Hungary										2 427	2 336	2 228
Iceland									76	77	77	77
Ireland	918	922	890	889	875	872	852	859	870	871	879	891
Italy	14 609	14 657	14 701	14 752	14 747	14 897	14 825	14 938	14 988	14 806	14 330	14 207
Luxembourg	107	107	108	110	112	115	119	124	129	132	134	137
Netherlands	3 690	3 697	3 704	3 719	3 960	4 004	4 048	4 092	4 153	4 206	4 122	4 173
Norway	1 129	1 136	1 144	1 157	1 173	1 175	1 163	1 144	1 127	1 132	1 129	1 141
Poland										9 491	9 350	9 216
Portugal	2 619	2 601	2 574	2 593	2 585	2 591	2 626	2 769	2 655	2 599	2 569	2 592
Slovak Republic												1 354
Spain	9 603	9 648	9 668	9 733	9 799	9 884	9 946	10 001	10 023	9 958	9 979	10 023
Sweden	2 346	2 339	2 348	2 304	2 296	2 315	2 349	2 376	2 363	2 325	2 280	2 272
Switzerland	2 072	2 093	2 131	2 170	2 207	2 245	2 285	2 337	2 421	2 392	2 386	2 364
Turkey						13 536	13 664	13 990	14 665	15 002	15 046	15 553
United Kingdom	15 798	15 842	15 953	15 812	15 953	16 156	16 298	16 372	16 052	15 778	15 566	15 500
OECD-Total												289 813
Major seven	166 824	167 812	168 761	170 242	171 580	173 098	174 929	177 533	182 575	183 251	183 382	183 836
Euro area	70 271	70 227	70 169	70 464	70 744	70 997	71 371	72 460	77 061	76 729	76 216	76 291
EU15	89 875	89 858	89 942	90 079	90 496	91 003	91 552	92 751	97 007	96 359	95 577	95 525

Population active civile par sexe

Milliers

1995	1996	1997	1998	1999	2000	2001	2002	2003	2004	2005	2006	
					Femmes							
6 640	6 724	6 845	6 992	7 131	7 278	7 419	7 673	7 891	8 016	8 099	8 257	Canada
11 373	11 740	12 686	12 854	12 767	13 320	13 332	13 888	13 917	15 035	15 401	16 065	Mexique
60 944	61 857	63 036	63 714	64 855	66 303	66 848	67 363	68 272	68 421	69 288	70 173	États-Unis
3 860	3 922	3 972	4 042	4 095	4 217	4 317	4 394	4 513	4 573	4 731	4 826	Australie
27 010	27 190	27 600	27 670	27 550	27 530	27 600	27 330	27 320	27 370	27 500	27 590	Japon
8 410	8 638	8 938	8 576	8 785	9 101	9 299	9 486	9 418	9 690	9 860	10 001	Corée
802	836	845	853	865	874	895	919	941	965	994	1 016	Nouvelle-Zélande
1 668	1 653	1 668	1 674	1 688	1 697	1 722	1 746	1 771	1 779	1 829	1 879	Autriche
1 874	1 891	1 908	1 920	1 873	1 899	1 827	1 867	1 893	1 960	2 043	2 065	Belgique
2 287	2 274	2 283	2 298	2 311	2 298	2 289	2 282	2 271	2 267	2 280	2 287	République tchèque
1 272	1 289	1 311	1 315	1 325	1 329	1 335	1 330	1 322	1 346	1 348	1 366	Danemark
1 181	1 187	1 181	1 190	1 221	1 238	1 247	1 257	1 248	1 247	1 267	1 281	Finlande
11 396	11 561	11 667	11 849	12 010	12 174	12 298	12 349	12 541	12 688	12 782		France
16 789	16 933	17 110	17 301	17 344	17 397	17 538	17 628	17 686	17 894	18 388	18 733	Allemagne
1 620	1 680	1 682	1 758	1 817	1 832	1 808	1 849	1 892	1 961	1 976	1 994	Grèce
1 779	1 762	1 732	1 775	1 815	1 849	1 841	1 851	1 895	1 892	1 921	1 937	Hongrie
70	69	69	71	73	75	76	76	77	76	78	80	Islande
550	582	601	642	681	711	728	761	779	800	851	891	Irlande
8 365	8 489	8 586	8 777	8 937	9 080	9 261	9 383	9 465	9 813	9 808	9 917	Italie
80	83	87	88	94	100	113	118	123	129	134	40	Luxembourg
3 065	3 133	3 237	3 301	3 406	3 488	3 585	3 662	3 723	3 773	3 822	3 852	Pays-Bas
998	1 027	1 053	1 071	1 082	1 091	1 101	1 116	1 115	1 118	1 127	1 149	Norvège
7 854	7 849	7 817	7 849	7 869	7 962	7 997	7 905	7 773	7 780	7 799	7 655	Pologne
2 139	2 161	2 197	2 300	2 328	2 376	2 419	2 459	2 490	2 528	2 579	2 600	Portugal
1 106	1 134	1 135	1 138	1 159	1 184	1 203	1 193	1 200	1 208	1 187	1 184	République slovaque
6 175	6 334	6 514	6 630	6 818	7 138	7 065	7 483	7 901	8 267	8 625	9 041	Espagne
2 099	2 103	2 083	2 067	2 087	2 106	2 136	2 148	2 157	2 161	2 206	2 227	Suède
1 739	1 761	1 784	1 817	1 825	1 839	1 883	1 914	1 937	1 950	1 967	2 026	Suisse
6 428	6 514	6 292	6 537	6 853	6 188	6 451	6 760	6 555	6 388	6 352	6 480	Turquie
12 458	12 587	12 728	12 766	12 940	13 089	13 160	13 343	13 380	13 517	13 642	13 867	Royaume-Uni
212 030	214 963	218 645	220 834	223 603	226 763	228 793	231 533	233 465	236 611	239 883	243 378	OCDE-Total
143 601	145 341	147 572	149 069	150 767	152 851	154 124	155 069	156 555	157 719	159 507	161 437	Sept grands
54 902	55 687	56 437	57 430	58 217	59 131	59 612	60 561	61 511	62 838	64 104	65 192	Zone euro
70 731	71 666	72 559	73 578	74 569	75 655	76 243	77 382	78 370	79 863	81 300	82 653	UE15
					Hommes							
8 050	8 129	8 234	8 324	8 458	8 569	8 691	8 906	9 068	9 166	9 244	9 335	Canada
23 165	23 605	24 232	24 849	24 944	25 259	25 331	25 806	26 145	26 703	26 524	27 151	Mexique
71 360	72 087	73 261	73 959	74 512	76 280	76 886	77 500	78 238	78 980	80 033	81 255	États-Unis
5 141	5 197	5 235	5 297	5 319	5 374	5 435	5 512	5 579	5 671	5 793	5 888	Australie
39 660	39 920	40 270	40 260	40 240	40 140	39 920	39 560	39 340	39 050	39 010	38 980	Japon
12 435	12 650	12 843	12 852	12 880	13 034	13 172	13 435	13 539	13 727	13 883	13 978	Corée
1 008	1 030	1 040	1 039	1 043	1 050	1 063	1 092	1 105	1 134	1 158	1 184	Nouvelle-Zélande
2 205	2 186	2 181	2 179	2 189	2 184	2 185	2 149	2 161	2 148	2 192	2 234	Autriche
2 397	2 392	2 395	2 395	2 492	2 511	2 478	2 487	2 499	2 513	2 583	2 583	Belgique
2 829	2 842	2 850	2 856	2 852	2 832	2 839	2 856	2 826	2 843	2 879	2 896	République tchèque
1 490	1 499	1 512	1 499	1 505	1 494	1 500	1 490	1 501	1 506	1 500	1 511	Danemark
1 291	1 294	1 295	1 309	1 327	1 341	1 349	1 343	1 342	1 337	1 345	1 357	Finlande
13 447	13 550	13 618	13 741	13 915	14 057	14 198	14 500	14 572	14 556	14 574		France
22 191	22 209	22 305	22 451	22 031	21 904	21 921	21 786	21 590	21 817	22 373	22 517	Allemagne
2 625	2 634	2 611	2 755	2 767	2 785	2 774	2 803	2 837	2 862	2 873	2 887	Grèce
2 213	2 195	2 184	2 174	2 219	2 227	2 220	2 217	2 226	2 217	2 239	2 267	Hongrie
79	79	79	81	83	85	87	86	85	85	88	95	Islande
900	916	929	971	999	1 028	1 047	1 059	1 074	1 113	1 157	1 211	Irlande
14 124	14 115	14 130	14 210	14 225	14 289	14 306	14 393	14 453	14 294	14 387	14 494	Italie
140	143	147	155	160	168	169	174	176	178	182	189	Luxembourg
4 297	4 340	4 392	4 460	4 492	4 592	4 654	4 729	4 705	4 723	4 691	4 710	Pays-Bas
1 156	1 185	1 206	1 222	1 226	1 235	1 241	1 245	1 242	1 247	1 258	1 280	Norvège
9 214	9 229	9 286	9 313	9 279	9 348	9 379	9 308	9 173	9 245	9 362	9 283	Pologne
2 580	2 592	2 618	2 780	2 792	2 826	2 860	2 890	2 884	2 924	2 937	2 957	Portugal
1 365	1 375	1 369	1 378	1 390	1 403	1 428	1 421	1 424	1 444	1 457	1 471	République slovaque
10 000	10 123	10 235	10 384	10 523	10 781	10 894	11 209	11 547	11 828	12 169	12 454	Espagne
2 292	2 300	2 284	2 281	2 293	2 312	2 329	2 330	2 340	2 351	2 417	2 444	Suède
2 354	2 349	2 343	2 340	2 344	2 357	2 378	2 391	2 403	2 412	2 416	2 438	Suisse
15 858	16 183	16 464	16 848	17 025	16 890	17 040	17 058	17 086	17 902	18 213	18 297	Turquie
15 437	15 421	15 411	15 353	15 447	15 543	15 522	15 602	15 727	15 689	15 757	15 940	Royaume-Uni
291 302	293 769	296 959	299 715	300 971	303 898	305 297	307 338	308 885	311 665	314 694	317 885	OCDE-Total
184 269	185 431	187 228	188 299	188 828	190 782	191 444	192 247	192 988	193 552	195 378	197 121	Sept grands
76 198	76 493	76 856	77 790	77 912	78 466	78 836	79 522	79 840	80 294	81 464	82 193	Zone euro
95 417	95 713	96 063	96 923	97 157	97 815	98 187	98 944	99 408	99 839	101 138	102 088	UE15

Total employment

	1983	1984	1985	1986	1987	1988	1989	1990	1991	1992	1993	1994
Thousands												
Canada	11 098	11 377	11 704	12 064	12 412	12 788	13 075	13 165	12 935	12 807	12 868	13 132
Mexico								23 403	29 226	30 259	31 341	32 439
United States	102 529	106 720	108 855	111 318	114 179	116 650	119 030	120 433	119 329	120 077	121 732	124 472
Australia	6 371	6 564	6 766	7 043	7 197	7 467	7 789	7 927	7 744	7 704	7 743	7 981
Japan	57 330	57 660	58 070	58 530	59 110	60 110	61 280	62 490	63 690	64 360	64 500	64 530
Korea	14 505	14 429	14 970	15 505	16 354	16 869	17 560	18 085	18 649	19 009	19 234	19 848
New Zealand	1 279	1 294	1 341	1 634	1 641	1 590	1 544	1 555	1 530	1 535	1 566	1 633
Austria	3 159	3 235	3 234	3 282	3 300	3 311	3 342	3 412	3 482	3 546	3 575	3 742
Belgium	3 593	3 586	3 606	3 630	3 649	3 702	3 760	3 815	3 819	3 801	3 767	3 738
Czech Republic	5 144	5 180	5 208	5 225	5 243	5 251	5 245	4 995	4 817	4 883	4 874	4 927
Denmark	2 420	2 489	2 553	2 662	2 679	2 695	2 645	2 672	2 646	2 648	2 587	2 555
Finland	2 419	2 442	2 467	2 458	2 452	2 458	2 531	2 525	2 402	2 233	2 099	2 080
France	21 950	21 761	21 688	21 798	21 875	22 084	22 397	22 625	22 653	22 525	22 236	22 259
Germany	26 347	26 297	26 397	26 913	27 236	27 416	27 989	29 323	37 373	36 875	36 444	36 174
Greece	3 540	3 553	3 588	3 601	3 598	3 657	3 671	3 719	3 632	3 685	3 715	3 786
Hungary										4 083	3 827	3 752
Iceland	115	117	121	125	132	128	126	126	137	137	137	138
Ireland	1 138	1 117	1 112	1 105	1 112	1 112	1 111	1 160	1 156	1 165	1 183	1 221
Italy	20 921	21 019	21 113	21 240	21 199	21 374	21 391	21 764	21 946	21 813	20 705	20 373
Luxembourg	158	159	161	165	169	175	181	188	196	201	205	210
Netherlands	5 055	5 084	5 178	5 258	5 864	6 032	6 155	6 356	6 522	6 655	6 647	6 692
Norway	1 945	1 970	2 014	2 086	2 126	2 114	2 049	2 030	2 010	2 004	2 004	2 035
Poland	16 951	16 998	17 144	17 193	17 138	17 023	17 002	16 280	15 326	15 181	14 894	14 802
Portugal	4 201	4 147	4 130	4 138	4 248	4 353	4 445	4 723	4 634	4 529	4 451	4 444
Slovak Republic												2 129
Spain	11 755	11 432	11 281	11 449	11 993	12 449	12 886	13 179	13 277	13 011	12 451	12 366
Sweden	4 224	4 255	4 299	4 269	4 316	4 375	4 442	4 485	4 396	4 209	3 964	3 928
Switzerland	3 257	3 288	3 354	3 430	3 515	3 607	3 704	3 821	4 076	4 015	3 982	3 955
Turkey	16 749	17 001	17 282	17 594	17 988	18 255	18 722	19 038	19 788	19 960	19 000	20 506
United Kingdom	23 626	24 019	24 390	24 545	24 930	25 860	26 689	26 935	26 153	25 573	25 215	25 367
OECD-Total												465 213
Major seven	263 801	268 853	272 217	276 408	280 941	286 281	291 850	296 736	304 079	304 030	303 699	306 307
Euro area	104 236	103 831	103 955	105 037	106 695	108 123	109 858	112 789	121 092	120 040	117 477	117 084
EU15	134 506	134 594	135 197	136 513	138 620	141 052	143 634	146 881	154 287	152 470	149 243	148 934
2000=100												
Canada	74.9	76.8	79.0	81.4	83.7	86.3	88.2	88.8	87.3	86.4	86.8	88.6
Mexico								62.3	77.7	80.5	83.4	86.3
United States	74.2	77.3	78.8	80.6	82.7	84.5	86.2	87.2	86.4	86.9	88.1	90.1
Australia	70.5	72.6	74.9	77.9	79.6	82.6	86.2	87.7	85.7	85.2	85.7	88.3
Japan	88.9	89.5	90.1	90.8	91.7	93.3	95.1	96.9	98.8	99.8	100.1	100.1
Korea	68.6	68.2	70.8	73.3	77.3	79.7	83.0	85.5	88.1	89.9	90.9	93.8
New Zealand	70.4	71.2	73.8	89.9	90.3	87.5	85.0	85.5	84.2	84.5	86.1	89.8
Austria	83.6	85.6	85.6	86.8	87.3	87.6	88.4	90.3	92.1	93.8	94.6	99.0
Belgium	87.2	87.0	87.5	88.1	88.6	89.9	91.3	92.6	92.7	92.3	91.4	90.7
Czech Republic	108.7	109.5	110.1	110.4	110.8	111.0	110.9	105.6	101.8	103.2	103.0	104.1
Denmark	88.9	91.4	93.8	97.8	98.4	99.0	97.2	98.2	97.2	97.3	95.0	93.9
Finland	102.7	103.7	104.7	104.3	104.1	104.3	107.4	107.2	102.0	94.8	89.1	88.3
France	91.1	90.3	90.0	90.5	90.8	91.7	93.0	93.9	94.0	93.5	92.3	92.4
Germany	72.2	72.1	72.4	73.8	74.7	75.2	76.8	80.4	102.5	101.1	99.9	99.2
Greece	86.4	86.7	87.6	87.9	87.8	89.2	89.6	90.8	88.6	89.9	90.7	92.4
Hungary										105.9	99.2	97.3
Iceland	73.5	74.6	77.3	79.6	84.2	81.9	80.5	80.6	87.6	87.6	87.4	88.1
Ireland	68.1	66.9	66.6	66.2	66.6	66.6	66.5	69.4	69.2	69.7	70.8	73.1
Italy	98.6	99.0	99.5	100.1	99.9	100.7	100.8	102.5	103.4	102.8	97.5	96.0
Luxembourg	59.8	60.2	61.1	62.5	64.2	66.1	68.4	71.3	74.1	76.2	77.6	79.6
Netherlands	64.3	64.7	65.9	66.9	74.6	76.7	78.3	80.9	83.0	84.7	84.6	85.1
Norway	85.7	86.8	88.8	91.9	93.7	93.2	90.3	89.5	88.6	88.3	88.3	89.7
Poland	115.9	116.3	117.3	117.6	117.2	116.4	116.3	111.4	104.8	103.8	101.9	101.2
Portugal	83.3	82.3	81.9	82.1	84.3	86.3	88.2	93.7	91.9	89.8	88.3	88.1
Slovak Republic												100.3
Spain	75.4	73.3	72.4	73.4	76.9	79.9	82.7	84.5	85.2	83.5	79.9	79.3
Sweden	101.6	102.3	103.4	102.6	103.8	105.2	106.8	107.8	105.7	101.2	95.3	94.4
Switzerland	79.6	80.4	82.0	83.9	86.0	88.2	90.6	93.4	99.7	98.2	97.4	96.7
Turkey	75.9	77.0	78.3	79.7	81.5	82.7	84.8	86.2	89.6	90.4	86.0	92.9
United Kingdom	87.0	88.4	89.8	90.4	91.8	95.2	98.2	99.2	96.3	94.1	92.8	93.4
OECD-Total												92.8
Major seven	80.8	82.4	83.4	84.7	86.1	87.7	89.4	90.9	93.2	93.2	93.1	93.9
Euro area	82.4	82.0	82.1	83.0	84.3	85.4	86.8	89.1	95.7	94.8	92.8	92.5
EU15	83.7	83.8	84.2	85.0	86.3	87.8	89.4	91.5	96.1	94.9	92.9	92.7

Emploi total

1995	1996	1997	1998	1999	2000	2001	2002	2003	2004	2005	2006	
					Milliers							
13 365	13 485	13 767	14 106	14 467	14 821	14 999	15 365	15 728	16 003	16 229	16 545	Canada
32 159	33 490	35 420	36 356	36 773	37 591	37 681	38 557	38 874	40 210	40 455	41 849	Mexique
126 251	127 994	130 811	132 684	134 687	138 115	138 148	137 731	138 987	140 493	142 974		États-Unis
8 293	8 397	8 486	8 674	8 816	9 040	9 141	9 321	9 531	9 729	10 038	10 241	Australie
64 570	64 860	65 570	65 140	64 620	64 460	64 120	63 300	63 160	63 290	63 560	63 820	Japon
20 414	20 853	21 214	19 938	20 291	21 156	21 572	22 169	22 139	22 557	22 856	23 151	Corée
1 706	1 762	1 770	1 760	1 788	1 818	1 863	1 917	1 960	2 026	2 082	2 126	Nouvelle-Zélande
3 758	3 710	3 719	3 724	3 762	3 779	3 797	3 772	3 798	3 744	3 824	3 928	Autriche
3 762	3 784	3 807	3 853	3 987	4 120	4 039	4 053	4 055	4 144	4 235	4 264	Belgique
4 963	4 972	4 937	4 866	4 764	4 732	4 750	4 796	4 733	4 707	4 764	4 828	République tchèque
2 602	2 627	2 681	2 693	2 707	2 722	2 725	2 715	2 692	2 720	2 732	2 787	Danemark
2 127	2 158	2 194	2 246	2 317	2 356	2 389	2 393	2 385	2 387	2 421	2 466	Finlande
22 460	22 536	22 649	23 034	23 480	24 089	24 510	24 699	24 691	24 784	24 921		France
36 176	36 045	35 897	36 438	36 281	36 467	36 577	36 245	35 846	35 841	36 465	37 249	Allemagne
3 821	3 868	3 853	4 024	4 040	4 098	4 103	4 190	4 287	4 331	4 382	4 453	Grèce
3 678	3 648	3 646	3 698	3 811	3 856	3 868	3 871	3 922	3 900	3 901	3 930	Hongrie
142	142	142	148	153	156	159	157	157	156	161	170	Islande
1 281	1 329	1 380	1 495	1 591	1 671	1 717	1 750	1 778	1 836	1 929	2 017	Irlande
20 233	20 320	20 413	20 618	20 864	21 225	21 634	21 922	22 134	22 404	22 562	22 988	Italie
216	221	228	238	250	264	278	287	292	299	307	319	Luxembourg
6 887	7 027	7 250	7 461	7 662	7 860	8 065	8 176	8 125	8 102	8 111	8 176	Pays-Bas
2 079	2 131	2 195	2 248	2 258	2 269	2 278	2 286	2 268	2 275	2 289	2 362	Norvège
14 929	15 089	15 308	15 477	14 865	14 620	14 288	13 846	13 686	13 855	14 173	14 648	Pologne
4 413	4 443	4 529	4 877	4 941	5 041	5 109	5 115	5 075	5 123	5 123	5 160	Portugal
2 166	2 244	2 224	2 228	2 156	2 123	2 145	2 141	2 175	2 178	2 218	2 301	République slovaque
12 671	13 026	13 493	14 020	14 808	15 590	16 187	16 633	17 299	17 974	18 975	19 750	Espagne
3 986	3 963	3 922	3 979	4 068	4 159	4 239	4 244	4 234	4 213	4 263	4 341	Suède
3 957	3 957	3 959	4 014	4 046	4 089	4 155	4 173	4 167	4 178	4 196	4 291	Suisse
21 086	21 694	21 705	22 279	22 548	22 081	22 024	21 854	21 647	22 291	22 546	22 830	Turquie
25 618	25 854	26 268	26 499	26 811	27 166	27 408	27 557	27 820	28 008	28 193	28 338	Royaume-Uni
469 768	475 630	483 438	488 814	493 612	501 531	503 968	505 235	507 643	513 755	520 885	530 097	OCDE-Total
308 673	311 094	315 375	318 520	321 210	326 343	327 396	326 819	328 366	330 823	334 904	339 711	Sept grands
117 804	118 467	119 412	122 028	123 983	126 559	128 405	129 234	129 764	130 967	133 255	135 869	Zone euro
150 010	150 911	152 283	155 199	157 569	160 606	162 777	163 750	164 510	165 907	168 443	171 335	UE15
					2000=100							
90.2	91.0	92.9	95.2	97.6	100.0	101.2	103.7	106.1	108.0	109.5	111.6	Canada
85.6	89.1	94.2	96.7	97.8	100.0	100.2	102.6	103.4	107.0	107.6	111.3	Mexique
91.4	92.7	94.7	96.1	97.5	100.0	100.0	99.7	100.6	101.7	103.5		États-Unis
91.7	92.9	93.9	96.0	97.5	100.0	101.1	103.1	105.4	107.6	111.0	113.3	Australie
100.2	100.6	101.7	101.1	100.2	100.0	99.5	98.2	98.0	98.2	98.6	99.0	Japon
96.5	98.6	100.3	94.2	95.9	100.0	102.0	104.8	104.6	106.6	108.0	109.4	Corée
93.9	96.9	97.4	96.8	98.3	100.0	102.5	105.4	107.8	111.4	114.5	117.0	Nouvelle-Zélande
99.4	98.2	98.4	98.5	99.6	100.0	100.5	99.8	100.5	99.1	101.2	104.0	Autriche
91.3	91.8	92.4	93.5	96.8	100.0	98.0	98.4	98.4	100.6	102.8	103.5	Belgique
104.9	105.1	104.3	102.8	100.7	100.0	100.4	101.4	100.0	99.5	100.7	102.0	République tchèque
95.6	96.5	98.5	98.9	99.4	100.0	100.1	99.7	98.9	99.9	100.4	102.4	Danemark
90.3	91.6	93.1	95.3	98.3	100.0	101.4	101.6	101.2	101.3	102.8	104.7	Finlande
93.2	93.6	94.0	95.6	97.5	100.0	101.7	102.5	102.5	102.9	103.5		France
99.2	98.8	98.4	99.9	99.5	100.0	100.3	99.4	98.3	98.3	100.0	102.1	Allemagne
93.2	94.4	94.0	98.2	98.6	100.0	100.1	102.3	104.6	105.7	106.9	108.7	Grèce
95.4	94.6	94.6	95.9	98.8	100.0	100.3	100.4	101.7	101.1	101.2	101.9	Hongrie
90.8	90.8	90.8	94.6	98.1	100.0	101.7	100.2	100.4	99.9	103.2	108.5	Islande
76.7	79.5	82.6	89.5	95.3	100.0	102.8	104.7	106.4	109.9	115.5	120.7	Irlande
95.3	95.7	96.2	97.1	98.3	100.0	101.9	103.3	104.3	105.6	106.3	108.3	Italie
81.7	83.8	86.4	90.2	94.7	100.0	105.5	108.6	110.6	113.2	116.5	120.8	Luxembourg
87.6	89.4	92.2	94.9	97.5	100.0	102.6	104.0	103.4	103.1	103.2	104.0	Pays-Bas
91.6	93.9	96.7	99.1	99.5	100.0	100.4	100.7	100.0	100.3	100.9	104.1	Norvège
102.1	103.2	104.7	105.9	101.7	100.0	97.7	94.7	93.6	94.8	96.9	100.2	Pologne
87.5	88.1	89.8	96.7	98.0	100.0	101.3	101.5	100.7	101.6	101.6	102.3	Portugal
102.0	105.7	104.8	104.9	101.6	100.0	101.0	100.9	102.5	102.6	104.5	108.4	République slovaque
81.3	83.6	86.5	89.9	95.0	100.0	103.8	106.7	111.0	115.3	121.7	126.7	Espagne
95.8	95.3	94.3	95.7	97.8	100.0	101.9	102.0	101.8	101.3	102.5	104.4	Suède
96.8	96.8	96.8	98.2	99.0	100.0	101.6	102.1	101.9	102.2	102.6	104.9	Suisse
95.5	98.2	98.3	100.9	102.1	100.0	99.7	99.0	98.0	101.0	102.1	103.4	Turquie
94.3	95.2	96.7	97.5	98.7	100.0	100.9	101.4	102.4	103.1	103.8	104.3	Royaume-Uni
93.7	94.8	96.4	97.5	98.4	100.0	100.5	100.7	101.2	102.4	103.9	105.7	OCDE-Total
94.6	95.3	96.6	97.6	98.4	100.0	100.3	100.1	100.6	101.4	102.6	104.1	Sept grands
93.1	93.6	94.4	96.4	98.0	100.0	101.5	102.1	102.5	103.5	105.3	107.4	Zone euro
93.4	94.0	94.8	96.6	98.1	100.0	101.4	102.0	102.4	103.3	104.9	106.7	UE15

Civilian employment

	1983	1984	1985	1986	1987	1988	1989	1990	1991	1992	1993	1994
						Thousands						
Canada	11 022	11 302	11 627	11 987	12 333	12 710	12 996	13 086	12 857	12 731	12 793	13 059
Mexico								23 403	29 226 |	30 259	31 341	32 439 |
United States	100 834	105 005	107 150	109 597	112 440	114 968	117 342 |	118 793	117 718	118 492	120 259 |	123 060
Australia	6 300	6 494	6 697 |	6 974	7 129	7 398	7 720	7 859	7 676	7 637	7 680	7 921
Japan	57 330	57 660	58 070	58 530	59 110	60 110	61 280	62 490	63 690	64 360	64 500	64 530
Korea	14 505	14 429	14 970	15 505	16 354	16 869	17 560	18 085 |	18 649	19 009	19 234	19 848
New Zealand	1 266	1 281	1 329 |	1 622	1 629	1 578	1 532	1 543	1 518	1 524	1 556	1 623
Austria	3 159 |	3 235	3 234	3 282	3 300	3 311	3 342	3 412	3 482	3 546	3 575 |	3 709
Belgium	3 502	3 497	3 517	3 541	3 558	3 610	3 670	3 726	3 735	3 724	3 698	3 687
Czech Republic	5 144	5 180	5 208	5 225	5 243	5 251	5 245	4 995	4 817	4 677 |	4 803	4 863
Denmark	2 389	2 457	2 522	2 630	2 646	2 660	2 610	2 638	2 612	2 613	2 552 |	2 508
Finland	2 380	2 403	2 427	2 421	2 413	2 420 |	2 494	2 493	2 365	2 196	2 061	2 045
France	21 378	21 199	21 128	21 244	21 321	21 521	21 842	22 075	22 113	22 000	21 715	21 746
Germany	25 809 |	25 770	25 876	26 387	26 707	26 889	27 469	28 825 |	36 871	36 390	35 989	35 756
Greece	3 540	3 553	3 588	3 601	3 598	3 657	3 671	3 719	3 632	3 685	3 715	3 786
Hungary										4 026	3 770 |	3 644
Iceland	115	117	121	125	132	128	126	126 |	137	137	137	138
Ireland	1 124	1 103	1 094	1 092	1 099	1 099	1 099	1 151	1 147	1 155	1 174	1 213
Italy	20 350	20 418	20 508	20 614	20 584	20 818	20 833	21 215	21 410	21 270 |	20 305	19 972
Luxembourg	157	158	160	164	169	174	180	187	195	200	204	210
Netherlands	4 950	4 980	5 076	5 155 |	5 773	5 934	6 065	6 268	6 444 |	6 576	6 571	6 631
Norway	1 910	1 939	1 984	2 053	2 090	2 079	2 014	1 992	1 973	1 970	1 970	2 003
Poland	16 951	16 998	17 144	17 193	17 138	17 023	17 002	16 280	15 326 |	15 181 |	14 894	14 661
Portugal	4 128	4 075	4 057	4 064	4 171	4 280	4 377	4 658	4 568 |	4 498	4 418	4 409
Slovak Republic												2 110
Spain	11 323	11 024	10 903	11 102	11 661	12 123	12 558	12 870	12 970	12 731	12 197	12 170
Sweden	4 224	4 255	4 299 |	4 269 |	4 316	4 375	4 442	4 485	4 396	4 209	3 964	3 928
Switzerland	3 257	3 288	3 354	3 430	3 515	3 607	3 704	3 821 |	4 076	4 015	3 982	3 955
Turkey	16 249	16 501	16 782	17 094	17 488	17 755	18 222	18 538	19 288	19 460	18 500	20 006
United Kingdom	23 304	23 854	24 250	24 380	24 754	25 708	26 549	26 818	26 058 |	25 435	25 088	25 253
OECD-Total												460 882 |
Major seven	260 027 |	265 208	268 609	272 738	277 248	282 724	288 310 |	293 303 |	300 717 |	300 678 |	300 649 |	303 376
Euro area	101 800 |	101 415	101 569	102 667 |	104 353	105 837 |	107 598	110 599 |	118 932 |	117 971 |	115 623 |	115 333
EU15	131 717 |	131 982	132 640 |	133 946 |	136 069	138 580 |	141 199	144 540 |	151 998 |	150 228 |	147 227 |	147 022
						2000=100						
Canada	74.7	76.5	78.8	81.2	83.5	86.1	88.0	88.6	87.1	86.2	86.6	88.4
Mexico								62.3	77.7 |	80.5	83.4	86.3 |
United States	73.7	76.7	78.3	80.1	82.1	84.0	85.7 |	86.8	86.0	86.6	87.9 |	89.9
Australia	70.1	72.2	74.5 |	77.6	79.3	82.3	85.9	87.4	85.4	85.0	85.4	88.1
Japan	88.9	89.5	90.1	90.8	91.7	93.3	95.1	96.9	98.8	99.8	100.1	100.1
Korea	68.6	68.2	70.8	73.3	77.3	79.7	83.0	85.5 |	88.1	89.9	90.9	93.8
New Zealand	70.0	70.8	73.5 |	89.7	90.1	87.3	84.7	85.3	84.0	84.3	86.0	89.7
Austria	84.4 |	86.4	86.4	87.7	88.2	88.5	89.3	91.2	93.0	94.7	95.5 |	99.1
Belgium	85.0	84.9	85.4	85.9	86.4	87.6	89.1	90.4	90.7	90.4	89.8	89.5
Czech Republic	110.0	110.8	111.4	111.8	112.1	112.3	112.2	106.8	103.0	100.0 |	102.7	104.0
Denmark	88.7	91.3	93.7	97.7	98.3	98.8	97.0	98.0	97.0	97.1	94.8 |	93.2
Finland	102.3	103.3	104.3	104.1	103.7	104.0 |	107.2	107.2	101.7	94.4	88.6	87.9
France	90.1	89.4	89.1	89.6	89.9	90.8	92.1	93.1	93.2	92.8	91.6	91.7
Germany	71.2 |	71.1	71.4	72.8	73.7	74.2	75.8	79.5 |	101.8	100.4	99.3	98.7
Greece	86.4	86.7	87.6	87.9	87.8	89.2	89.6	90.8	88.6	89.9	90.7	92.4
Hungary										105.6	98.9 |	95.6
Iceland	73.5	74.6	77.3	79.6	84.2	81.9	80.5	80.6 |	87.6	87.6	87.4	88.1
Ireland	67.5	66.3	65.8	65.6	66.1	66.1	66.0	69.2	68.9	69.4	70.5	72.9
Italy	97.5	97.8	98.2	98.8	98.6	99.7	99.8	101.6	102.6	101.9 |	97.3	95.7
Luxembourg	59.6	60.0	60.9	62.3	64.0	66.0	68.3	71.1	74.0	76.0	77.4	79.6
Netherlands	63.0	63.4	64.6	65.6 |	73.5	75.5	77.2	79.8	82.0 |	83.7	83.6	84.4
Norway	85.0	86.3	88.3	91.4	93.1	92.6	89.7	88.7	87.8	87.7	87.7	89.2
Poland	116.7	117.0	118.0	118.4	118.0	117.2	117.0	112.1	105.5 |	104.5 |	102.5	100.9
Portugal	82.6	81.6	81.2	81.3	83.5	85.7	87.6	93.2	91.4 |	90.0	88.4	88.2
Slovak Republic												100.4
Spain	73.4	71.5	70.7	72.0	75.6	78.6	81.4	83.4	84.1	82.5	79.1	78.9
Sweden	101.6	102.3	103.4 |	102.6 |	103.8	105.2	106.8	107.8	105.7	101.2	95.3	94.4
Switzerland	79.6	80.4	82.0	83.9	86.0	88.2	90.6	93.4 |	99.7	98.2	97.4	96.7
Turkey	75.3	76.5	77.8	79.2	81.0	82.3	84.4	85.9	89.4	90.2	85.7	92.7
United Kingdom	86.1	88.2	89.6	90.1	91.5	95.0	98.1	99.1	96.3 |	94.0	92.7	93.3
OECD-Total												92.5 |
Major seven	80.3 |	81.9	82.9	84.2	85.6	87.3	89.0 |	90.5 |	92.8 |	92.8 |	92.8 |	93.6
Euro area	81.2 |	80.9	81.0	81.9 |	83.3	84.5 |	85.9	88.3 |	94.9 |	94.1 |	92.3 |	92.0
EU15	82.7 |	82.9	83.3 |	84.1 |	85.5	87.0 |	88.7	90.8 |	95.5 |	94.3 |	92.5 |	92.3

Emploi civil

1995	1996	1997	1998	1999	2000	2001	2002	2003	2004	2005	2006	
					Milliers							
13 295	13 421	13 706	14 046	14 407	14 764	14 946	15 310	15 672	15 947	16 170	16 484	Canada
32 159	33 490	35 420	36 356	36 773	37 591	37 681	38 557	38 874	40 210	40 455	41 849	Mexique
124 900	126 708	129 558	131 463	133 488	136 891	136 933	136 485	137 736	139 252	141 730	144 427	États-Unis
8 236	8 340	8 429	8 618	8 762	8 989	9 091	9 271	9 481	9 677	9 987	10 190	Australie
64 570	64 860	65 570	65 140	64 620	64 460	64 120	63 300	63 160	63 290	63 560	63 820	Japon
20 414	20 853	21 214	19 938	20 291	21 156	21 572	22 169	22 139	22 557	22 856	23 151	Corée
1 696	1 753	1 761	1 751	1 778	1 808	1 854	1 908	1 951	2 017	2 073	2 117	Nouvelle-Zélande
3 729	3 679	3 684	3 689	3 730	3 743	3 763	3 738	3 763	3 732	3 814	3 918	Autriche
3 715	3 738	3 762	3 810	3 987	4 120	4 039	4 053	4 055	4 144	4 235	4 264	Belgique
4 908	4 915	4 884	4 818	4 709	4 676	4 707	4 761	4 698	4 684	4 749	4 811	République tchèque
2 566	2 593	2 648	2 659	2 672	2 692	2 698	2 686	2 665	2 689	2 704	2 759	Danemark
2 090	2 119	2 162	2 213	2 287	2 326	2 359	2 363	2 356	2 356	2 392	2 434	Finlande
21 955	22 036	22 176	22 597	23 080	23 714	24 167	24 453	24 430	24 510	24 640		France
35 780	35 637	35 508	36 059	36 042	36 236	36 350	36 018	35 615	35 604	36 185	36 978	Allemagne
3 821	3 868	3 853	4 024	4 040	4 098	4 103	4 190	4 287	4 331	4 382	4 453	Grèce
3 575	3 557	3 567	3 636	3 749	3 812	3 827	3 829	3 877	3 856	3 856	3 887	Hongrie
142	142	142	148	153	156	159	157	157	156	161	170	Islande
1 272	1 319	1 372	1 487	1 583	1 664	1 710	1 743	1 771	1 829	1 922	2 010	Irlande
19 851	19 951	20 027	20 242	20 493	20 874	21 300	21 613	21 822	22 146	22 306	22 738	Italie
215	221	227	238	249	263	278	286	291	298	307	318	Luxembourg
6 838	6 983	7 206	7 425	7 622	7 860	8 065	8 176	8 125	8 102	8 111	8 176	Pays-Bas
2 047	2 104	2 166	2 219	2 233	2 246	2 259	2 269	2 250	2 258	2 274	2 345	Norvège
14 792	14 968	15 186	15 354	14 757	14 526	14 207	13 782	13 617	13 795	14 116	14 594	Pologne
4 382	4 409	4 491	4 826	4 892	4 997	5 064	5 077	5 030	5 087	5 094	5 130	Portugal
2 147	2 225	2 206	2 199	2 132	2 102	2 124	2 127	2 165	2 170	2 216	2 301	République slovaque
12 461	12 812	13 286	13 838	14 620	15 425	16 056	16 540	17 208	17 883	18 883	19 660	Espagne
3 986	3 963	3 922	3 979	4 068	4 159	4 239	4 244	4 234	4 213	4 263	4 341	Suède
3 957	3 957	3 959	4 014	4 046	4 089	4 155	4 173	4 167	4 178	4 196	4 291	Suisse
20 586	21 194	21 205	21 779	22 048	21 581	21 524	21 354	21 147	21 791	22 046	22 330	Turquie
25 489	25 727	26 155	26 395	26 691	27 058	27 316	27 472	27 693	27 845	28 035	28 203	Royaume-Uni
465 574	471 540	479 454	484 959	490 004	498 074	500 665	502 104	504 434	510 606	517 719	526 948	OCDE-Total
305 841	308 340	312 700	315 943	318 820	323 997	325 132	324 651	326 128	328 594	332 626	337 450	Sept grands
116 109	116 772	117 755	120 448	122 627	125 319	127 254	128 249	128 752	130 021	132 272	134 879	Zone euro
148 150	149 055	150 480	153 481	156 058	159 228	161 507	162 651	163 344	164 768	167 273	170 182	UE15
					2000=100							
90.1	90.9	92.8	95.1	97.6	100.0	101.2	103.7	106.2	108.0	109.5	111.6	Canada
85.6	89.1	94.2	96.7	97.8	100.0	100.2	102.6	103.4	107.0	107.6	111.3	Mexique
91.2	92.6	94.6	96.0	97.5	100.0	100.0	99.7	100.6	101.7	103.5	105.5	États-Unis
91.6	92.8	93.8	95.9	97.5	100.0	101.1	103.1	105.5	107.7	111.1	113.4	Australie
100.2	100.6	101.7	101.1	100.2	100.0	99.5	98.2	98.0	98.2	98.6	99.0	Japon
96.5	98.6	100.3	94.2	95.9	100.0	102.0	104.8	104.6	106.6	108.0	109.4	Corée
93.8	96.9	97.4	96.8	98.3	100.0	102.5	105.5	107.9	111.5	114.6	117.1	Nouvelle-Zélande
99.6	98.3	98.4	98.6	99.7	100.0	100.5	99.9	100.5	99.7	101.9	104.7	Autriche
90.2	90.7	91.3	92.5	96.8	100.0	98.0	98.4	98.4	100.6	102.8	103.5	Belgique
105.0	105.1	104.5	103.0	100.7	100.0	100.7	101.8	100.5	100.2	101.6	102.9	République tchèque
95.3	96.3	98.4	98.8	99.3	100.0	100.2	99.8	99.0	99.9	100.4	102.5	Danemark
89.8	91.1	92.9	95.1	98.3	100.0	101.4	101.6	101.3	101.3	102.8	104.6	Finlande
92.6	92.9	93.5	95.3	97.3	100.0	101.9	103.1	103.0	103.4	103.9		France
98.7	98.3	98.0	99.5	99.5	100.0	100.3	99.4	98.3	98.3	99.9	102.0	Allemagne
93.2	94.4	94.0	98.2	98.6	100.0	100.1	102.3	104.6	105.7	106.9	108.7	Grèce
93.8	93.3	93.6	95.4	98.3	100.0	100.4	100.4	101.7	101.2	101.2	102.0	Hongrie
90.8	90.8	90.8	94.6	98.1	100.0	101.7	100.2	100.4	99.9	103.2	108.5	Islande
76.5	79.3	82.4	89.4	95.2	100.0	102.8	104.7	106.4	109.9	115.5	120.8	Irlande
95.1	95.6	95.9	97.0	98.2	100.0	102.0	103.5	104.5	106.1	106.9	108.9	Italie
81.7	83.8	86.3	90.2	94.7	100.0	105.5	108.6	110.6	113.1	116.5	120.8	Luxembourg
87.0	88.8	91.7	94.5	97.0	100.0	102.6	104.0	103.4	103.1	103.2	104.0	Pays-Bas
91.1	93.7	96.4	98.8	99.4	100.0	100.6	101.0	100.2	100.5	101.3	104.4	Norvège
101.8	103.0	104.5	105.7	101.6	100.0	97.8	94.9	93.7	95.0	97.2	100.5	Pologne
87.7	88.2	89.9	96.6	97.9	100.0	101.3	101.6	100.7	101.8	102.0	102.7	Portugal
102.1	105.9	105.0	104.6	101.4	100.0	101.0	101.2	103.0	103.3	105.4	109.5	République slovaque
80.8	83.1	86.1	89.7	94.8	100.0	104.1	107.2	111.6	115.9	122.4	127.5	Espagne
95.8	95.3	94.3	95.7	97.8	100.0	101.9	102.0	101.8	101.3	102.5	104.4	Suède
96.8	96.8	96.8	98.2	99.0	100.0	101.6	102.1	101.9	102.2	102.6	104.9	Suisse
95.4	98.2	98.3	100.9	102.2	100.0	99.7	98.9	98.0	101.0	102.2	103.5	Turquie
94.2	95.1	96.7	97.5	98.6	100.0	101.0	101.5	102.3	102.9	103.6	104.2	Royaume-Uni
93.5	94.7	96.3	97.4	98.4	100.0	100.5	100.8	101.3	102.5	103.9	105.8	OCDE-Total
94.4	95.2	96.5	97.5	98.4	100.0	100.4	100.2	100.7	101.4	102.7	104.2	Sept grands
92.7	93.2	94.0	96.1	97.9	100.0	101.5	102.3	102.7	103.8	105.5	107.6	Zone euro
93.0	93.6	94.5	96.4	98.0	100.0	101.4	102.1	102.6	103.5	105.1	106.9	UE15

Civilian employment, females

	1983	1984	1985	1986	1987	1988	1989	1990	1991	1992	1993	1994
	Thousands											
Canada	4 606	4 750	4 943	5 127	5 308	5 531	5 704	5 809	5 791	5 770	5 799	5 917
Mexico								5 521	8 878	9 310	9 721	10 120
United States	44 047	45 915	47 259	48 706	50 334	51 696	53 027	53 689	53 496	54 052	54 910	56 610
Australia	2 354	2 451	2 571	2 740	2 838	2 975	3 154	3 259	3 223	3 231	3 259	3 375
Japan	22 630	22 820	23 040	23 270	23 600	24 080	24 740	25 360	25 920	26 190	26 100	26 140
Korea	5 686	5 535	5 833	6 165	6 613	6 771	7 152	7 376	7 529	7 640	7 745	8 020
New Zealand	440	451	480	677	692	679	659	675	670	674	687	721
Austria	1 211	1 286	1 277	1 302	1 320	1 336	1 355	1 393	1 427	1 474	1 496	1 595
Belgium	1 304	1 317	1 340	1 368	1 397	1 443	1 474	1 514	1 528	1 535	1 537	1 533
Czech Republic	2 411	2 438	2 456	2 468	2 485	2 490	2 478	2 352	2 169	2 109	2 137	2 167
Denmark	1 088	1 118	1 139	1 192	1 217	1 215	1 193	1 216	1 210	1 217	1 193	1 153
Finland	1 141	1 151	1 172	1 168	1 163	1 166	1 195	1 196	1 151	1 076	1 008	995
France	8 778	8 818	8 878	8 994	9 081	9 204	9 361	9 496	9 594	9 655	9 654	9 737
Germany	10 184	10 098	10 189	10 415	10 649	10 829	11 084	11 700	15 540	15 303	15 148	15 068
Greece	1 156	1 177	1 217	1 223	1 236	1 278	1 285	1 310	1 226	1 281	1 299	1 337
Hungary										1 865	1 750	1 691
Iceland									62	63	63	64
Ireland	346	338	348	349	369	367	375	400	401	416	434	454
Italy	6 679	6 747	6 831	6 977	7 065	7 153	7 228	7 454	7 564	7 587	7 069	6 998
Luxembourg	52	53	54	56	58	60	62	65	67	70	72	76
Netherlands	1 663	1 696	1 742	1 780	2 103	2 221	2 278	2 404	2 516	2 598	2 667	2 712
Norway	818	839	865	914	938	941	912	914	913	913	918	931
Poland										6 844	6 727	6 653
Portugal	1 636	1 630	1 648	1 641	1 724	1 796	1 841	1 977	1 989	1 988	1 969	1 972
Slovak Republic												936
Spain	3 267	3 200	3 175	3 244	3 514	3 718	3 896	4 062	4 170	4 198	4 105	4 120
Sweden	1 966	1 993	2 022	2 031	2 072	2 103	2 130	2 152	2 118	2 045	1 938	1 911
Switzerland	1 200	1 216	1 239	1 273	1 321	1 373	1 427	1 494	1 687	1 678	1 672	1 669
Turkey						5 235	5 674	5 637	5 893	5 778	4 777	5 815
United Kingdom	9 651	9 927	10 167	10 365	10 609	11 027	11 465	11 611	11 496	11 485	11 462	11 527
OECD-Total												192 018
Major seven	106 575	109 074	111 307	113 854	116 646	119 520	122 610	125 119	129 401	130 042	130 142	131 997
Euro area	37 417	37 511	37 871	38 517	39 680	40 571	41 435	42 971	47 174	47 181	46 457	46 598
EU15	50 122	50 549	51 199	52 105	53 577	54 916	56 223	57 950	61 998	61 928	61 050	61 189
	As percentage of civilian employment											
Canada	41.8	42.0	42.5	42.8	43.0	43.5	43.9	44.4	45.0	45.3	45.3	45.3
Mexico								23.6	30.4	30.8	31.0	31.2
United States	43.7	43.7	44.1	44.4	44.8	45.0	45.2	45.2	45.4	45.6	45.7	46.0
Australia	37.4	37.8	38.4	39.3	39.8	40.2	40.9	41.5	42.0	42.3	42.4	42.6
Japan	39.5	39.6	39.7	39.8	39.9	40.1	40.4	40.6	40.7	40.7	40.5	40.5
Korea	39.2	38.4	39.0	39.8	40.4	40.1	40.7	40.8	40.4	40.2	40.3	40.4
New Zealand	34.8	35.2	36.1	41.8	42.4	43.0	43.0	43.8	44.1	44.2	44.2	44.4
Austria	38.3	39.8	39.5	39.7	40.0	40.4	40.5	40.8	41.0	41.6	41.8	43.0
Belgium	37.2	37.7	38.1	38.6	39.3	40.0	40.2	40.6	40.9	41.2	41.6	41.6
Czech Republic	46.9	47.1	47.2	47.2	47.4	47.4	47.2	47.1	45.0	45.1	44.5	44.6
Denmark	45.5	45.5	45.2	45.3	46.0	45.7	45.7	46.1	46.3	46.6	46.7	46.0
Finland	47.9	47.9	48.3	48.2	48.2	48.2	47.9	48.0	48.7	49.0	48.9	48.7
France	41.1	41.6	42.0	42.3	42.6	42.8	42.9	43.0	43.4	43.9	44.5	44.8
Germany	39.5	39.2	39.4	39.5	39.9	40.3	40.4	40.6	42.1	42.1	42.1	42.1
Greece	32.7	33.1	33.9	34.0	34.4	34.9	35.0	35.2	33.8	34.8	35.0	35.3
Hungary										46.3	46.4	46.4
Iceland									45.6	45.7	46.3	46.6
Ireland	30.8	30.6	31.8	32.0	33.6	33.4	34.2	34.8	35.0	36.0	36.9	37.4
Italy	32.8	33.0	33.3	33.8	34.3	34.4	34.7	35.1	35.3	35.7	34.8	35.0
Luxembourg	33.0	33.5	33.8	34.0	34.3	34.5	34.7	34.5	34.4	35.0	35.3	36.1
Netherlands	33.6	34.1	34.3	34.5	36.4	37.4	37.6	38.4	39.0	39.5	40.6	40.9
Norway	42.8	43.3	43.6	44.5	44.9	45.3	45.3	45.9	46.3	46.3	46.6	46.5
Poland										45.1	45.2	45.4
Portugal	39.6	40.0	40.6	40.4	41.3	42.0	42.1	42.4	43.5	44.2	44.6	44.7
Slovak Republic												44.4
Spain	28.9	29.0	29.1	29.2	30.1	30.7	31.0	31.6	32.2	33.0	33.7	33.9
Sweden	46.5	46.8	47.0	47.6	48.0	48.1	48.0	48.0	48.2	48.6	48.9	48.7
Switzerland	36.9	37.0	36.9	37.1	37.6	38.1	38.5	39.1	41.4	41.8	42.0	42.2
Turkey						29.5	31.1	30.4	30.6	29.7	25.8	29.1
United Kingdom	41.4	41.6	41.9	42.5	42.9	42.9	43.2	43.3	44.1	45.2	45.7	45.6
OECD-Total												41.7
Major seven	41.0	41.1	41.4	41.7	42.1	42.3	42.5	42.7	43.0	43.2	43.3	43.5
Euro area	36.8	37.0	37.3	37.5	38.0	38.3	38.5	38.9	39.7	40.0	40.2	40.4
EU15	38.1	38.3	38.6	38.9	39.4	39.6	39.8	40.1	40.8	41.2	41.5	41.6

Emploi civil, services

1995	1996	1997	1998	1999	2000	2001	2002	2003	2004	2005	2006	
					Milliers							
9 835	9 952	10 151	10 393	10 671	10 949	11 170	11 439	11 754	11 966	12 174	12 422	Canada
17 678	18 589	19 198	20 343	19 972	20 941	21 334	22 276	22 893	23 885	23 489	24 491	Mexique
91 324	92 923	95 070	96 883	99 277	101 853	102 799	103 545					États-Unis
5 950	6 054	6 141	6 331	6 471	6 599	6 759	6 918	7 120	7 270	7 524	7 649	Australie
39 230	39 720	40 370	40 840	40 810	41 070	41 440	41 550	41 750	42 470	42 990	43 210	Japon
11 184	11 724	12 261	11 963	12 406	12 959	13 496	14 043	14 076	14 534	14 904	15 270	Corée
1 106	1 154	1 188	1 180	1 204	1 232	1 264	1 309	1 357	1 408	1 468	1 493	Nouvelle-Zélande
2 248	2 207	2 269	2 325	2 359	2 380	2 422	2 416	2 440	2 507	2 550	2 595	Autriche
2 643	2 682	2 726	2 768	2 862	2 978	2 954	2 935	2 974	3 019	3 104	3 128	Belgique
2 510	2 545	2 569	2 559	2 550	2 566	2 581	2 632	2 621	2 637	2 679	2 700	République tchèque
1 748	1 789	1 840	1 845	1 871	1 890	1 923	1 942	1 942	1 967	1 968	2 025	Danemark
1 349	1 381	1 416	1 455	1 507	1 542	1 582	1 598	1 615	1 633	1 657	1 693	Finlande
15 160	15 351	15 586	16 023	16 509	17 074	17 463	17 819	17 880	18 077	18 280		France
21 650	21 952	22 110	22 586	22 741	23 077	23 384	23 390	23 365	23 516	24 472	25 114	Allemagne
2 154	2 199	2 223	2 369	2 408	2 459	2 497	2 587	2 665	2 811	2 855	2 936	Grèce
2 081	2 065	2 071	2 093	2 183	2 252	2 256	2 268	2 357	2 370	2 397	2 426	Hongrie
93	94	94	98	104	107	111	111	112	111	116	123	Islande
763	811	858	923	997	1 057	1 093	1 138	1 165	1 206	1 272	1 345	Irlande
11 758	11 980	12 122	12 311	12 608	12 987	13 333	13 585	13 728	14 287	14 419	14 829	Italie
152	158	164	173	185	199	211	219	224	230	238	248	Luxembourg
5 039	5 151	5 341	5 572	5 748	6 029	6 183	6 404	6 325	6 297	6 267	6 342	Pays-Bas
1 462	1 508	1 562	1 603	1 634	1 661	1 678	1 688	1 681	1 706	1 723	1 778	Norvège
6 719	6 920	7 214	7 486	7 468	7 319	7 155	7 172	7 217	7 336	7 537	7 917	Pologne
2 459	2 479	2 456	2 459	2 569	2 623	2 680	2 718	2 753	2 873	2 921	2 949	Portugal
1 115	1 147	1 137	1 150	1 155	1 179	1 195	1 179	1 210	1 214	1 252	1 308	République slovaque
7 586	7 912	8 204	8 510	9 041	9 591	9 958	10 373	10 914	11 430	12 245	12 881	Espagne
2 829	2 814	2 795	2 854	2 943	3 038	3 135	3 171	3 183	3 169	3 238	3 298	Suède
2 649	2 686	2 738	2 793	2 826	2 854	2 919	2 967	3 006	3 033	3 043	3 113	Suisse
6 973	7 150	7 333	7 692	8 043	8 637	8 551	8 985	9 170	9 374	10 101	10 568	Turquie
18 012	18 210	18 685	18 952	19 384	19 827	20 208	20 526	20 880	21 282	21 431	21 623	Royaume-Uni
295 457	301 306	307 893	314 532	320 505	328 929	333 734	338 902	346 275	352 849	359 774	367 160	OCDE-Total
206 969	210 089	214 094	217 988	221 999	226 838	229 797	231 854	237 253	240 827	245 225	248 886	Sept grands
72 960	74 262	75 476	77 474	79 534	81 996	83 760	85 183	86 049	87 887	90 279	92 339	Zone euro
95 549	97 075	98 796	101 124	103 732	106 751	109 026	110 822	112 054	114 305	116 917	119 285	UE15
					2000=100							
89.8	90.9	92.7	94.9	97.5	100.0	102.0	104.5	107.4	109.3	111.2	113.4	Canada
84.4	88.8	91.7	97.1	95.4	100.0	101.9	106.4	109.3	114.1	112.2	117.0	Mexique
89.7	91.2	93.3	95.1	97.5	100.0	100.9	101.7					États-Unis
90.2	91.7	93.1	95.9	98.1	100.0	102.4	104.8	107.9	110.2	114.0	115.9	Australie
95.5	96.7	98.3	99.4	99.4	100.0	100.9	101.2	101.7	103.4	104.7	105.2	Japon
86.3	90.5	94.6	92.3	95.7	100.0	104.1	108.4	108.6	112.2	115.0	117.8	Corée
89.8	93.6	96.5	95.8	97.7	100.0	102.6	106.2	110.2	114.3	119.2	121.2	Nouvelle-Zélande
94.5	92.7	95.3	97.7	99.1	100.0	101.8	101.5	102.5	105.3	107.1	109.0	Autriche
88.7	90.1	91.5	93.0	96.1	100.0	99.2	98.6	99.9	101.4	104.2	105.0	Belgique
97.8	99.2	100.1	99.7	99.3	100.0	100.6	102.6	102.1	102.8	104.4	105.2	République tchèque
92.5	94.7	97.4	97.6	99.0	100.0	101.7	102.8	102.8	104.1	104.1	107.1	Danemark
87.5	89.5	91.8	94.3	97.7	100.0	102.6	103.6	104.7	105.9	107.4	109.8	Finlande
88.8	89.9	91.3	93.8	96.7	100.0	102.3	104.4	104.7	105.9	107.1		France
93.8	95.1	95.8	97.9	98.5	100.0	101.3	101.4	101.2	101.9	106.0	108.8	Allemagne
87.6	89.4	90.4	96.3	97.9	100.0	101.5	105.2	108.4	114.3	116.1	119.4	Grèce
92.4	91.7	92.0	92.9	96.9	100.0	100.2	100.7	104.7	105.2	106.4	107.7	Hongrie
86.9	87.5	87.2	91.1	97.0	100.0	103.0	103.0	104.3	103.7	107.9	114.1	Islande
72.2	76.7	81.2	87.3	94.3	100.0	103.4	107.7	110.3	114.1	120.4	127.3	Irlande
90.5	92.2	93.3	94.8	97.1	100.0	102.7	104.6	105.7	110.0	111.0	114.2	Italie
76.3	79.3	82.6	87.1	93.0	100.0	106.4	110.1	112.9	116.0	119.8	124.7	Luxembourg
83.6	85.4	88.6	92.4	95.3	100.0	102.5	106.2	104.9	104.4	103.9	105.2	Pays-Bas
88.0	90.8	94.0	96.5	98.4	100.0	101.0	101.6	101.2	102.7	103.7	107.0	Norvège
91.8	94.5	98.6	102.3	102.0	100.0	97.8	98.0	98.6	100.2	103.0	108.2	Pologne
93.7	94.5	93.6	93.7	97.9	100.0	102.2	103.6	105.0	109.5	111.3	112.4	Portugal
94.6	97.3	96.4	97.6	98.0	100.0	101.3	100.0	102.7	103.0	106.2	110.9	République slovaque
79.1	82.5	85.5	88.7	94.3	100.0	103.8	108.2	113.8	119.2	127.7	134.3	Espagne
93.1	92.6	92.0	93.9	96.9	100.0	103.2	104.4	104.8	104.3	106.6	108.5	Suède
92.8	94.1	96.0	97.9	99.0	100.0	102.3	104.0	105.3	106.3	106.6	109.1	Suisse
80.7	82.8	84.9	89.1	93.1	100.0	99.0	104.0	106.2	108.5	117.0	122.4	Turquie
90.8	91.8	94.2	95.6	97.8	100.0	101.9	103.5	105.3	107.3	108.1	109.1	Royaume-Uni
89.8	91.6	93.6	95.6	97.4	100.0	101.5	103.0	105.3	107.3	109.4	111.6	OCDE-Total
91.2	92.6	94.4	96.1	97.9	100.0	101.3	102.2	104.6	106.2	108.1	109.7	Sept grands
89.0	90.6	92.0	94.5	97.0	100.0	102.2	103.9	104.9	107.2	110.1	112.6	Zone euro
89.5	90.9	92.5	94.7	97.2	100.0	102.1	103.8	105.0	107.1	109.5	111.7	UE15

Emploi civil, femmes

1995	1996	1997	1998	1999	2000	2001	2002	2003	2004	2005	2006	
					Milliers							
6 035	6 099	6 235	6 433	6 610	6 790	6 910	7 126	7 324	7 466	7 575	7 757	Canada
10 394	10 934	11 907	12 221	12 315	12 885	12 895	13 402	13 412	14 329	14 840	15 504	Mexique
57 523	58 501	59 873	60 771	62 042	63 586	63 737	63 582	64 404	64 728	65 757	66 925	États-Unis
3 549	3 599	3 648	3 744	3 820	3 962	4 037	4 121	4 236	4 314	4 480	4 583	Australie
26 140	26 270	26 650	26 560	26 320	26 290	26 290	25 940	25 970	26 160	26 330	26 520	Japon
8 267	8 502	8 731	8 090	8 337	8 769	8 991	9 225	9 108	9 364	9 526	9 706	Corée
751	785	789	790	808	823	848	870	894	922	955	974	Nouvelle-Zélande
1 596	1 579	1 590	1 597	1 623	1 632	1 656	1 678	1 697	1 682	1 729	1 780	Autriche
1 557	1 579	1 602	1 634	1 682	1 742	1 700	1 721	1 742	1 798	1 849	1 872	Belgique
2 177	2 168	2 148	2 108	2 069	2 055	2 062	2 075	2 047	2 042	2 057	2 085	République tchèque
1 168	1 182	1 211	1 228	1 238	1 259	1 264	1 262	1 240	1 263	1 274	1 302	Danemark
1 003	1 011	1 027	1 048	1 090	1 107	1 127	1 143	1 137	1 136	1 158	1 177	Finlande
9 851	9 942	10 046	10 259	10 494	10 798	11 020	11 102	11 158	11 284	11 939		France
15 205	15 303	15 295	15 598	15 805	15 992	16 145	16 157	16 125	16 108	16 382	16 815	Allemagne
1 371	1 401	1 415	1 464	1 486	1 520	1 521	1 568	1 621	1 650	1 676	1 727	Grèce
1 624	1 606	1 597	1 651	1 701	1 744	1 749	1 750	1 789	1 776	1 776	1 784	Hongrie
66	66	66	69	71	73	74	74	75	74	76	78	Islande
483	513	539	595	644	681	703	732	749	771	819	855	Irlande
7 007	7 122	7 192	7 345	7 533	7 764	8 060	8 236	8 365	8 778	8 822	9 044	Italie
78	81	84	86	92	98	111	115	119	125	130	135	Luxembourg
2 797	2 871	3 010	3 120	3 253	3 367	3 495	3 556	3 582	3 583	3 628	3 657	Pays-Bas
952	977	1 009	1 037	1 050	1 056	1 063	1 076	1 070	1 074	1 077	1 110	Norvège
6 697	6 755	6 784	6 884	6 625	6 522	6 410	6 253	6 185	6 230	6 306	6 513	Pologne
1 967	1 984	2 031	2 158	2 210	2 260	2 297	2 308	2 308	2 336	2 355	2 367	Portugal
954	990	989	988	968	964	978	970	988	977	983	1 010	République slovaque
4 273	4 462	4 680	4 870	5 254	5 680	5 989	6 258	6 636	7 025	7 576	7 996	Espagne
1 925	1 905	1 880	1 901	1 946	1 992	2 036	2 047	2 043	2 027	2 038	2 067	Suède
1 671	1 690	1 712	1 746	1 762	1 782	1 821	1 851	1 853	1 858	1 869	1 934	Suisse
5 958	6 127	5 805	6 092	6 335	5 801	5 969	6 122	5 891	5 768	5 700	5 810	Turquie
11 610	11 796	11 995	12 089	12 285	12 461	12 613	12 757	12 832	12 944	13 070	13 188	Royaume-Uni
194 647	197 799	201 541	204 177	207 467	211 455	213 570	215 078	216 597	219 589	223 752	227 776	OCDE-Total
133 370	135 033	137 286	139 056	141 089	143 681	144 775	144 900	146 178	147 468	149 875	151 749	Sept grands
47 187	47 848	48 511	49 774	51 165	52 640	53 823	54 575	55 237	56 274	58 062	58 925	Zone euro
61 890	62 731	63 597	64 992	66 634	68 352	69 736	70 641	71 352	72 508	74 444	75 483	UE15
					En pourcentage de l'emploi civil							
45.4	45.4	45.5	45.8	45.9	46.0	46.2	46.5	46.7	46.8	46.8	47.1	Canada
32.3	32.6	33.6	33.6	33.5	34.3	34.2	34.8	34.5	35.6	36.7	37.0	Mexique
46.1	46.2	46.2	46.2	46.5	46.5	46.5	46.6	46.8	46.5	46.4	46.3	États-Unis
43.1	43.2	43.3	43.4	43.6	44.1	44.4	44.4	44.7	44.6	44.9	45.0	Australie
40.5	40.5	40.6	40.8	40.7	40.8	41.0	41.0	41.1	41.3	41.4	41.6	Japon
40.5	40.8	41.2	40.6	41.1	41.4	41.7	41.6	41.1	41.5	41.7	41.9	Corée
44.3	44.8	44.8	45.1	45.5	45.5	45.7	45.6	45.8	45.7	46.0	46.0	Nouvelle-Zélande
42.8	42.9	43.2	43.3	43.5	43.6	44.0	44.9	45.1	45.1	45.3	45.4	Autriche
41.9	42.2	42.6	42.9	42.2	42.3	42.1	42.5	43.0	43.4	43.6	43.9	Belgique
44.4	44.1	44.0	43.8	43.9	44.0	43.8	43.6	43.6	43.6	43.3	43.3	République tchèque
45.5	45.6	45.7	46.2	46.3	46.8	46.8	47.0	46.5	47.0	47.1	47.2	Danemark
48.0	47.7	47.5	47.4	47.7	47.6	47.8	48.4	48.3	48.2	48.4	48.4	Finlande
44.9	45.1	45.3	45.4	45.5	45.5	45.6	45.4	45.7	46.0	48.5		France
42.5	42.9	43.1	43.3	43.9	44.1	44.4	44.9	45.3	45.2	45.3	45.5	Allemagne
35.9	36.2	36.7	36.4	36.8	37.1	37.1	37.4	37.8	38.1	38.2	38.8	Grèce
45.4	45.2	44.8	45.4	45.4	45.8	45.7	45.7	46.1	46.1	46.1	45.9	Hongrie
46.5	46.4	46.2	46.6	46.4	46.6	46.5	47.1	47.5	47.1	46.9	45.7	Islande
37.9	38.9	39.3	40.0	40.7	40.9	41.1	42.0	42.3	42.1	42.6	42.5	Irlande
35.3	35.7	35.9	36.3	36.8	37.2	37.8	38.1	38.3	39.6	39.5	39.8	Italie
36.2	36.5	36.9	36.1	36.8	37.1	40.0	40.2	41.0	41.9	42.4	42.4	Luxembourg
40.9	41.1	41.8	42.0	42.7	42.8	43.3	43.5	44.1	44.2	44.7	44.7	Pays-Bas
46.5	46.4	46.6	46.7	47.0	47.0	47.1	47.4	47.6	47.6	47.4	47.3	Norvège
45.3	45.1	44.7	44.8	44.9	44.9	45.1	45.4	45.4	45.2	44.7	44.6	Pologne
44.9	45.0	45.2	44.7	45.2	45.2	45.4	45.5	45.9	45.9	46.2	46.1	Portugal
44.4	44.5	44.8	44.9	45.4	45.9	46.0	45.6	45.6	45.0	44.4	43.9	République slovaque
34.3	34.8	35.2	35.2	35.9	36.8	37.3	37.8	38.6	39.3	40.1	40.7	Espagne
48.3	48.1	47.9	47.8	47.8	47.9	48.0	48.2	48.3	48.1	47.8	47.6	Suède
42.2	42.7	43.2	43.5	43.5	43.6	43.8	44.4	44.5	44.5	44.6	45.1	Suisse
28.9	28.9	27.4	28.0	28.7	26.9	27.7	28.7	27.9	26.5	25.9	26.0	Turquie
45.5	45.9	45.9	45.8	46.0	46.1	46.2	46.4	46.3	46.5	46.6	46.8	Royaume-Uni
41.8	41.9	42.0	42.1	42.3	42.5	42.7	42.8	42.9	43.0	43.2	43.2	OCDE-Total
43.6	43.8	43.9	44.0	44.3	44.3	44.5	44.6	44.8	44.9	45.1	45.0	Sept grands
40.6	41.0	41.2	41.3	41.7	42.0	42.3	42.6	42.9	43.3	43.9	43.7	Zone euro
41.8	42.1	42.3	42.3	42.7	42.9	43.2	43.4	43.7	44.0	44.5	44.4	UE15

Civilian employment, males

	1983	1984	1985	1986	1987	1988	1989	1990	1991	1992	1993	1994
						Thousands						
Canada	6 416	6 552	6 685	6 860	7 025	7 178	7 292	7 277	7 067	6 961	6 994	7 142
Mexico								17 882	20 348	20 950	21 620	22 319
United States	56 787	59 091	59 891	60 892	62 107	63 273	64 315	65 104	64 223	64 440	65 349	66 450
Australia	3 947	4 042	4 126	4 234	4 291	4 423	4 566	4 600	4 453	4 406	4 421	4 545
Japan	34 690	34 850	35 030	35 260	35 510	36 020	36 540	37 130	37 760	38 170	38 400	38 390
Korea	8 819	8 894	9 137	9 339	9 741	10 099	10 409	10 709	11 120	11 370	11 490	11 829
New Zealand	826	830	849	944	938	899	874	868	848	850	869	902
Austria	1 948	1 949	1 957	1 981	1 980	1 975	1 987	2 019	2 055	2 072	2 079	2 113
Belgium	2 198	2 179	2 177	2 173	2 161	2 167	2 196	2 212	2 207	2 189	2 161	2 154
Czech Republic	2 733	2 741	2 752	2 757	2 758	2 762	2 767	2 643	2 648	2 568	2 665	2 696
Denmark	1 301	1 338	1 383	1 438	1 430	1 445	1 417	1 422	1 402	1 396	1 359	1 355
Finland	1 239	1 252	1 255	1 253	1 250	1 254	1 299	1 298	1 214	1 120	1 053	1 050
France	12 599	12 380	12 250	12 249	12 240	12 317	12 481	12 580	12 519	12 345	12 061	12 008
Germany	15 625	15 672	15 687	15 972	16 058	16 060	16 385	17 125	21 331	21 087	20 841	20 688
Greece	2 384	2 376	2 371	2 378	2 362	2 380	2 386	2 409	2 407	2 403	2 417	2 449
Hungary										2 161	2 020	1 953
Iceland									75	74	73	74
Ireland	778	765	746	743	730	732	723	750	746	739	740	759
Italy	13 671	13 670	13 677	13 638	13 519	13 665	13 605	13 761	13 846	13 683	13 236	12 974
Luxembourg	105	105	106	108	111	114	117	123	128	130	132	134
Netherlands	3 287	3 284	3 334	3 375	3 670	3 713	3 786	3 864	3 928	3 979	3 905	3 920
Norway	1 092	1 100	1 119	1 139	1 152	1 139	1 102	1 078	1 059	1 056	1 052	1 071
Poland										8 337	8 167	8 008
Portugal	2 492	2 446	2 408	2 423	2 446	2 485	2 536	2 681	2 579	2 510	2 450	2 437
Slovak Republic												1 174
Spain	8 056	7 824	7 728	7 859	8 147	8 405	8 661	8 808	8 800	8 533	8 092	8 049
Sweden	2 258	2 261	2 276	2 238	2 244	2 272	2 312	2 333	2 278	2 164	2 026	2 017
Switzerland	2 056	2 073	2 115	2 157	2 194	2 234	2 276	2 327	2 389	2 337	2 309	2 287
Turkey						12 520	12 548	12 901	13 395	13 682	13 723	14 191
United Kingdom	13 653	13 927	14 083	14 014	14 145	14 681	15 083	15 207	14 562	13 950	13 626	13 726
OECD-Total												268 863
Major seven	153 441	156 142	157 302	158 886	160 604	163 195	165 701	168 185	171 308	170 636	170 507	171 378
Euro area	64 382	63 903	63 696	64 152	64 673	65 267	66 163	67 630	71 760	70 790	69 167	68 735
EU15	81 594	81 429	81 438	81 843	82 492	83 665	84 975	86 592	90 002	88 300	86 178	85 833
						As percentage of civilian employment						
Canada	58.2	58.0	57.5	57.2	57.0	56.5	56.1	55.6	55.0	54.7	54.7	54.7
Mexico								76.4	69.6	69.2	69.0	68.8
United States	56.3	56.3	55.9	55.6	55.2	55.0	54.8	54.8	54.6	54.4	54.3	54.0
Australia	62.6	62.2	61.6	60.7	60.2	59.8	59.1	58.5	58.0	57.7	57.6	57.4
Japan	60.5	60.4	60.3	60.2	60.1	59.9	59.6	59.4	59.3	59.3	59.5	59.5
Korea	60.8	61.6	61.0	60.2	59.6	59.9	59.3	59.2	59.6	59.8	59.7	59.6
New Zealand	65.2	64.8	63.9	58.2	57.6	57.0	57.0	56.2	55.9	55.8	55.9	55.6
Austria	61.7	60.2	60.5	60.4	60.0	59.6	59.5	59.2	59.0	58.4	58.2	57.0
Belgium	62.8	62.3	61.9	61.4	60.7	60.0	59.8	59.4	59.1	58.8	58.4	58.4
Czech Republic	53.1	52.9	52.8	52.8	52.6	52.6	52.8	52.9	55.0	54.9	55.5	55.4
Denmark	54.5	54.5	54.8	54.7	54.0	54.3	54.3	53.9	53.7	53.4	53.3	54.0
Finland	52.1	52.1	51.7	51.8	51.8	51.8	52.1	52.1	51.3	51.0	51.1	51.3
France	58.9	58.4	58.0	57.7	57.4	57.2	57.1	57.0	56.6	56.1	55.5	55.2
Germany	60.5	60.8	60.6	60.5	60.1	59.7	59.6	59.4	57.9	57.9	57.9	57.9
Greece	67.3	66.9	66.1	66.0	65.6	65.1	65.0	64.8	66.3	65.2	65.1	64.7
Hungary										53.7	53.6	53.6
Iceland									54.4	54.3	53.7	53.4
Ireland	69.2	69.4	68.2	68.0	66.4	66.6	65.8	65.2	65.0	64.0	63.1	62.5
Italy	67.2	67.0	66.7	66.2	65.7	65.6	65.3	64.9	64.7	64.3	65.2	65.0
Luxembourg	67.0	66.5	66.2	66.0	65.7	65.5	65.3	65.5	65.6	65.0	64.7	63.9
Netherlands	66.4	65.9	65.7	65.5	63.6	62.6	62.4	61.6	61.0	60.5	59.4	59.1
Norway	57.2	56.7	56.4	55.5	55.1	54.8	54.7	54.1	53.7	53.6	53.4	53.5
Poland										54.9	54.8	54.6
Portugal	60.4	60.0	59.4	59.6	58.6	58.1	57.9	57.6	56.5	55.8	55.4	55.3
Slovak Republic												55.6
Spain	71.1	71.0	70.9	70.8	69.9	69.3	69.0	68.4	67.8	67.0	66.3	66.1
Sweden	53.5	53.1	52.9	52.4	52.0	51.9	52.0	52.0	51.8	51.4	51.1	51.3
Switzerland	63.1	63.0	63.1	62.9	62.4	61.9	61.5	60.9	58.6	58.2	58.0	57.8
Turkey						70.5	68.9	69.6	69.4	70.3	74.2	70.9
United Kingdom	58.6	58.4	58.1	57.5	57.1	57.1	56.8	56.7	55.9	54.8	54.3	54.4
OECD-Total												58.3
Major seven	59.0	58.9	58.6	58.3	57.9	57.7	57.5	57.3	57.0	56.8	56.7	56.5
Euro area	63.2	63.0	62.7	62.5	62.0	61.7	61.5	61.1	60.3	60.0	59.8	59.6
EU15	61.9	61.7	61.4	61.1	60.6	60.4	60.2	59.9	59.2	58.8	58.5	58.4

LABOUR FORCE STATISTICS - ISBN 9789264035539 - © OECD 2007

Emploi civil, hommes

Milliers

	1995	1996	1997	1998	1999	2000	2001	2002	2003	2004	2005	2006
Canada	7 261	7 322	7 471	7 613	7 797	7 974	8 036	8 184	8 348	8 481	8 595	8 727
Mexique	21 765	22 555	23 513	24 135	24 458	24 705	24 786	25 156	25 462	25 881	25 615	26 345
États-Unis	67 377	68 207	69 685	70 693	71 446	73 305	73 196	72 903	73 332	74 524	75 973	77 502
Australie	4 687	4 741	4 781	4 874	4 941	5 027	5 054	5 150	5 246	5 363	5 507	5 607
Japon	38 430	38 580	38 920	38 580	38 310	38 170	37 830	37 360	37 190	37 130	37 230	37 300
Corée	12 147	12 351	12 483	11 847	11 954	12 387	12 581	12 944	13 031	13 193	13 330	13 444
Nouvelle-Zélande	945	968	972	961	970	986	1 007	1 038	1 057	1 095	1 118	1 143
Autriche	2 133	2 099	2 094	2 091	2 107	2 110	2 107	2 060	2 066	2 050	2 085	2 137
Belgique	2 159	2 159	2 160	2 176	2 306	2 378	2 338	2 331	2 313	2 346	2 387	2 392
République tchèque	2 731	2 747	2 737	2 709	2 640	2 621	2 644	2 686	2 651	2 642	2 692	2 727
Danemark	1 398	1 411	1 437	1 431	1 434	1 433	1 434	1 424	1 425	1 426	1 431	1 458
Finlande	1 088	1 108	1 135	1 166	1 197	1 219	1 232	1 220	1 219	1 220	1 234	1 257
France	12 105	12 094	12 130	12 337	12 586	12 917	13 147	13 351	13 272	13 226	13 247	
Allemagne	20 575	20 334	20 213	20 461	20 237	20 244	20 204	19 861	19 490	19 496	19 804	20 163
Grèce	2 449	2 467	2 439	2 559	2 554	2 578	2 582	2 623	2 666	2 680	2 706	2 726
Hongrie	1 951	1 951	1 970	1 985	2 048	2 068	2 078	2 079	2 088	2 080	2 080	2 102
Islande	76	76	76	79	82	84	85	83	82	83	86	92
Irlande	790	806	832	893	939	983	1 007	1 010	1 022	1 058	1 104	1 156
Italie	12 845	12 829	12 835	12 897	12 959	13 110	13 240	13 376	13 457	13 369	13 485	13 694
Luxembourg	137	140	143	152	158	166	167	171	172	173	177	183
Pays-Bas	4 041	4 112	4 196	4 305	4 369	4 492	4 570	4 620	4 544	4 519	4 483	4 519
Norvège	1 095	1 127	1 157	1 183	1 184	1 189	1 195	1 193	1 180	1 185	1 197	1 235
Pologne	8 095	8 213	8 402	8 470	8 132	8 004	7 797	7 529	7 432	7 565	7 809	8 081
Portugal	2 415	2 425	2 460	2 668	2 683	2 737	2 767	2 768	2 722	2 752	2 739	2 763
République slovaque	1 193	1 235	1 217	1 210	1 164	1 137	1 146	1 157	1 177	1 194	1 233	1 291
Espagne	8 188	8 350	8 607	8 967	9 366	9 745	10 068	10 282	10 572	10 859	11 307	11 664
Suède	2 061	2 058	2 042	2 079	2 121	2 167	2 203	2 197	2 191	2 186	2 225	2 273
Suisse	2 286	2 268	2 247	2 268	2 285	2 307	2 334	2 323	2 314	2 320	2 326	2 357
Turquie	14 628	15 067	15 400	15 687	15 713	15 780	15 555	15 232	15 256	16 023	16 346	16 520
Royaume-Uni	13 879	13 931	14 160	14 306	14 406	14 597	14 703	14 715	14 861	14 901	14 966	15 016
OCDE-Total	270 928	273 730	277 914	280 783	282 546	286 619	287 093	287 025	287 837	291 019	294 516	299 174
Sept grands	172 471	173 297	175 414	176 887	177 742	180 317	180 356	179 750	179 950	181 127	183 300	185 702
Zone euro	68 923	68 923	69 245	70 673	71 461	72 679	73 429	73 673	73 515	73 748	74 757	75 954
UE15	86 261	86 323	86 884	88 489	89 422	90 876	91 769	92 009	91 992	92 261	93 379	94 701

En pourcentage de l'emploi civil

	1995	1996	1997	1998	1999	2000	2001	2002	2003	2004	2005	2006
Canada	54.6	54.6	54.5	54.2	54.1	54.0	53.8	53.5	53.3	53.2	53.2	52.9
Mexique	67.7	67.4	66.4	66.4	66.5	65.7	65.8	65.2	65.5	64.4	63.3	63.0
États-Unis	53.9	53.8	53.8	53.8	53.5	53.5	53.5	53.4	53.2	53.5	53.6	53.7
Australie	56.9	56.8	56.7	56.6	56.4	55.9	55.6	55.6	55.3	55.4	55.1	55.0
Japon	59.5	59.5	59.4	59.2	59.3	59.2	59.0	59.0	58.9	58.7	58.6	58.4
Corée	59.5	59.2	58.8	59.4	58.9	58.6	58.3	58.4	58.9	58.5	58.3	58.1
Nouvelle-Zélande	55.7	55.2	55.2	54.9	54.5	54.5	54.3	54.4	54.2	54.3	54.0	54.0
Autriche	57.2	57.1	56.8	56.7	56.5	56.4	56.0	55.1	54.9	54.9	54.7	54.6
Belgique	58.1	57.8	57.4	57.1	57.8	57.7	57.9	57.5	57.0	56.6	56.4	56.1
République tchèque	55.6	55.9	56.0	56.2	56.1	56.0	56.2	56.4	56.4	56.4	56.7	56.7
Danemark	54.5	54.4	54.3	53.8	53.7	53.2	53.2	53.0	53.5	53.0	52.9	52.8
Finlande	52.1	52.3	52.5	52.7	52.3	52.4	52.2	51.6	51.7	51.8	51.6	51.6
France	55.1	54.9	54.7	54.6	54.5	54.5	54.4	54.6	54.3	54.0	53.8	
Allemagne	57.5	57.1	56.9	56.7	56.1	55.9	55.6	55.1	54.7	54.8	54.7	54.5
Grèce	64.1	63.8	63.3	63.6	63.2	62.9	62.9	62.6	62.2	61.9	61.8	61.2
Hongrie	54.6	54.8	55.2	54.6	54.6	54.2	54.3	54.3	53.9	53.9	53.9	54.1
Islande	53.5	53.6	53.8	53.4	53.6	53.4	53.5	52.9	52.5	52.9	53.1	54.3
Irlande	62.1	61.1	60.7	60.0	59.3	59.1	58.9	58.0	57.7	57.9	57.4	57.5
Italie	64.7	64.3	64.1	63.7	63.2	62.8	62.2	61.9	61.7	60.4	60.5	60.2
Luxembourg	63.8	63.5	63.1	63.9	63.2	62.9	60.0	59.8	59.0	58.1	57.5	57.6
Pays-Bas	59.1	58.9	58.2	58.0	57.3	57.2	56.7	56.5	55.9	55.8	55.3	55.3
Norvège	53.5	53.6	53.4	53.3	53.0	52.9	52.9	52.6	52.4	52.5	52.6	52.7
Pologne	54.7	54.9	55.3	55.2	55.1	55.1	54.9	54.6	54.6	54.8	55.3	55.4
Portugal	55.1	55.0	54.8	55.3	54.8	54.8	54.6	54.5	54.1	54.1	53.8	53.9
République slovaque	55.6	55.5	55.2	55.1	54.6	54.1	54.0	54.4	54.4	55.0	55.6	56.1
Espagne	65.7	65.2	64.8	64.8	64.1	63.2	62.7	62.2	61.4	60.7	59.9	59.3
Suède	51.7	51.9	52.1	52.2	52.1	52.1	52.0	51.8	51.7	51.9	52.2	52.4
Suisse	57.8	57.3	56.8	56.5	56.5	56.4	56.2	55.6	55.5	55.5	55.4	54.9
Turquie	71.1	71.1	72.6	72.0	71.3	73.1	72.3	71.3	72.1	73.5	74.1	74.0
Royaume-Uni	54.5	54.1	54.1	54.2	54.0	53.9	53.8	53.6	53.7	53.5	53.4	53.2
OCDE-Total	58.2	58.1	58.0	57.9	57.7	57.5	57.3	57.2	57.1	57.0	56.9	56.8
Sept grands	56.4	56.2	56.1	56.0	55.7	55.7	55.5	55.4	55.2	55.1	55.1	55.0
Zone euro	59.4	59.0	58.8	58.7	58.3	58.0	57.7	57.4	57.1	56.7	56.5	56.3
UE15	58.2	57.9	57.7	57.7	57.3	57.1	56.8	56.6	56.3	56.0	55.8	55.6

Civilian employment, agriculture

	1983	1984	1985	1986	1987	1988	1989	1990	1991	1992	1993	1994
	Thousands											
Canada	574	575	580	590	567	562	554	551	561	546	553	557
Mexico								5 300	7 532	7 772	8 042	8 361
United States	3 541	3 469	3 338	3 350	3 400	3 326	3 378	3 394	3 429	3 425	3 300	3 586
Australia	411	400	417	417	404	430	409	427	407	396	409	403
Japan	5 310	5 120	5 090	4 950	4 890	4 740	4 630	4 510	4 270	4 110	3 830	3 730
Korea	4 315	3 914	3 733	3 662	3 580	3 484	3 418	3 237	2 725	2 667	2 593	2 492
New Zealand	142	143	148	164	161	156	151	157	163	166	164	168
Austria	313	304	291	283	285	269	266	269	256	250	249	269
Belgium	111	110	109	107	105	102	101	100	98	95	93	92
Czech Republic	623	625	629	627	629	628	625	613	484	375	374	338
Denmark	177	165	169	154	151	153	148	147	149	136	132	127
Finland	302	294	280	266	251	238	218	222	210	198	183	178
France	1 677	1 627	1 582	1 534	1 479	1 425	1 368	1 258	1 202	1 152	1 096	1 047
Germany	1 279	1 238	1 195	1 176	1 124	1 076	1 025	990	1 514	1 392	1 269	1 187
Greece	1 060	1 044	1 037	1 026	971	972	930	889	807	807	791	788
Hungary										460	349	328
Iceland	14	13	14	14	14	13	13	13	14	14	13	12
Ireland	189	182	176	172	170	171	168	175	159	157	150	147
Italy	2 526	2 426	2 296	2 242	2 169	2 052	1 946	1 895	1 823	1 749	1 488	1 411
Luxembourg	7	8	7	7	7	6	6	6	6	6	6	6
Netherlands	247	247	248	249	281	284	286	289	293	258	255	264
Norway	148	143	147	151	139	134	132	129	116	110	111	107
Poland										3 800	3 820	3 496
Portugal	957	969	969	891	926	885	829	833	836	520	513	521
Slovak Republic												214
Spain	2 068	1 988	1 950	1 758	1 723	1 697	1 595	1 484	1 342	1 250	1 193	1 146
Sweden	229	218	208	179	174	170	161	154	145	140	137	136
Switzerland	208	204	203	195	187	177	168	162	174	172	177	172
Turkey	8 341	8 313	8 286	8 263	8 238	8 249	8 639	8 691	9 212	8 718	7 862	8 813
United Kingdom	622	616	568	538	569	598	589	573	582	563	513	527
OECD-Total												40 624
Major seven	15 529	15 071	14 649	14 380	14 198	13 779	13 490	13 171	13 381	12 937	12 050	12 045
Euro area	10 737	10 436	10 140	9 711	9 491	9 177	8 738	8 410	8 545	7 833	7 286	7 056
EU15	11 765	11 435	11 085	10 582	10 385	10 098	9 636	9 284	9 421	8 672	8 068	7 846
	2000=100											
Canada	117.7	118.0	119.0	121.1	116.4	115.3	113.7	112.9	115.0	112.0	113.5	114.2
Mexico								81.3	115.6	119.3	123.4	128.3
United States	100.1	98.0	94.3	94.7	96.1	94.0	95.5	95.9	96.9	96.8	93.3	101.4
Australia	92.7	90.2	94.0	94.1	91.1	96.9	92.3	96.3	91.9	89.3	92.2	90.9
Japan	162.9	157.1	156.1	151.8	150.0	145.4	142.0	138.3	131.0	126.1	117.5	114.4
Korea	192.4	174.5	166.4	163.3	159.6	155.3	152.4	144.3	121.5	118.9	115.6	111.1
New Zealand	89.9	90.6	93.7	104.0	101.9	98.8	95.6	99.4	103.4	104.9	104.0	106.5
Austria	143.0	138.9	132.9	129.3	130.2	122.9	121.5	122.9	116.9	114.2	113.7	122.9
Belgium	141.2	139.9	138.7	136.1	133.6	129.8	128.5	127.2	124.7	120.9	118.8	116.5
Czech Republic	258.8	259.6	261.3	260.5	261.3	260.9	259.6	254.6	201.1	155.8	155.5	140.2
Denmark	196.7	183.3	187.8	171.1	167.8	170.0	164.4	163.3	165.6	151.1	146.7	141.1
Finland	212.7	207.0	197.2	187.3	176.8	167.6	153.5	156.3	147.9	139.4	128.9	125.4
France	181.9	176.5	171.6	166.4	160.4	154.6	148.4	136.4	130.4	124.9	118.9	113.6
Germany	133.4	129.1	124.6	122.6	117.2	112.2	106.9	103.2	157.9	145.2	132.3	123.8
Greece	148.7	146.5	145.5	143.9	136.2	136.4	130.5	124.7	113.2	113.2	110.9	110.5
Hungary										179.7	136.3	128.1
Iceland	105.6	101.8	104.1	104.1	106.4	101.0	100.2	100.2	107.4	110.2	96.8	96.1
Ireland	144.4	139.0	134.1	131.7	129.9	130.3	128.4	133.5	121.1	120.2	114.4	112.2
Italy	225.5	216.6	205.0	200.2	193.7	183.2	173.8	169.2	162.8	156.2	132.9	126.0
Luxembourg	185.0	187.5	175.0	172.5	165.0	160.0	155.0	155.0	140.0	150.0	150.0	147.5
Netherlands	102.2	102.2	102.6	103.0	116.3	117.5	118.3	119.6	121.2	106.7	105.5	109.2
Norway	159.1	153.8	158.1	162.4	149.5	144.1	141.9	138.7	124.7	118.3	119.4	115.1
Poland										139.4	140.1	128.2
Portugal	149.9	151.7	151.7	139.5	145.0	138.6	129.8	130.4	130.9	81.3	80.3	81.6
Slovak Republic												153.5
Spain	201.0	193.2	189.6	170.9	167.5	164.9	155.0	144.3	130.4	121.5	115.9	111.4
Sweden	231.3	220.2	210.1	180.8	175.8	171.7	162.6	155.6	146.5	141.4	138.4	137.4
Switzerland	112.7	110.6	110.0	105.7	101.4	95.9	91.1	87.8	94.3	93.2	96.0	93.4
Turkey	107.4	107.0	106.7	106.4	106.0	106.2	111.2	111.9	118.6	112.2	101.2	113.4
United Kingdom	149.2	147.7	136.2	129.0	136.5	143.4	141.2	137.4	139.6	135.0	123.0	126.4
OECD-Total												116.5
Major seven	145.1	140.8	136.9	134.4	132.7	128.7	126.0	123.1	125.0	120.9	112.6	112.5
Euro area	173.2	168.4	163.6	156.7	153.1	148.1	141.0	135.7	137.9	126.4	117.6	113.9
EU15	172.9	168.1	162.9	155.5	152.6	148.4	141.6	136.5	138.5	127.5	118.6	115.3

LABOUR FORCE STATISTICS - ISBN 9789264035539 - © OECD 2007

Emploi civil, agriculture

1995	1996	1997	1998	1999	2000	2001	2002	2003	2004	2005	2006	
					Milliers							
541	537	529	538	516	487	423	426	436	425	440	436	Canada
7 516	7 307	8 260	6 995	7 405	6 516	6 556	6 645	6 239	6 309	5 945	5 901	Mexique
3 592	3 570	3 538	3 509	3 416	3 538	3 367	3 479					États-Unis
409	419	431	421	433	443	438	412	373	363	363	356	Australie
3 670	3 560	3 500	3 430	3 350	3 260	3 130	2 960	2 930	2 860	2 820	2 720	Japon
2 403	2 323	2 285	2 397	2 302	2 243	2 148	2 069	1 950	1 825	1 815	1 785	Corée
164	166	153	149	168	158	169	168	159	152	148	151	Nouvelle-Zélande
278	269	250	242	230	219	215	214	211	188	211	217	Autriche
91	89	85	86	97	79	56	73	70	92	86	83	Belgique
326	305	284	267	247	241	225	228	213	202	189	182	République tchèque
114	103	99	97	88	90	89	85	82	84	83	82	Danemark
170	159	152	144	144	142	135	127	120	116	116	114	Finlande
1 013	987	972	962	943	922	904	887	873	861	846		France
1 127	1 073	1 035	1 022	1 026	959	951	911	900	867	864	842	Allemagne
780	784	765	720	704	713	661	648	656	546	544	536	Grèce
295	302	288	279	270	256	243	241	215	205	194	191	Hongrie
13	14	12	13	14	13	12	11	11	10	11	11	Islande
149	141	142	135	136	131	120	121	113	117	114	115	Irlande
1 333	1 277	1 245	1 201	1 134	1 120	1 127	1 096	1 075	990	947	982	Italie
5	5	5	5	5	4	4	4	4	4	4	4	Luxembourg
255	271	267	245	240	242	238	218	239	256	258	245	Pays-Bas
106	108	101	104	102	93	89	86	83	79	75	77	Norvège
3 345	3 308	3 123	2 946	2 666	2 726	2 720	2 663	2 508	2 483	2 452	2 304	Pologne
508	545	616	652	624	639	649	630	638	618	606	604	Portugal
197	198	202	181	157	140	131	131	125	110	105	101	République slovaque
1 107	1 079	1 080	1 084	1 049	1 029	1 045	995	991	989	1 001	944	Espagne
124	115	109	102	103	99	96	91	89	90	85	86	Suède
175	184	184	188	193	185	175	173	169	159	159	159	Suisse
9 080	9 259	8 837	9 039	8 856	7 769	8 088	7 457	7 165	7 400	6 493	6 088	Turquie
526	504	487	457	417	417	381	383	347	356	380	366	Royaume-Uni
39 412	38 962	39 034	37 611	37 034	34 871	34 584	33 630	31 258	30 986	29 551	28 757	OCDE-Total
11 802	11 509	11 306	11 119	10 802	10 703	10 283	10 142	8 836	8 591	8 494	8 422	Sept grands
6 816	6 680	6 612	6 498	6 332	6 197	6 105	5 923	5 890	5 643	5 596	5 556	Zone euro
7 580	7 402	7 307	7 154	6 940	6 803	6 671	6 482	6 408	6 173	6 145	6 090	UE15
					2000=100							
110.9	110.2	108.6	110.4	105.8	100.0	86.8	87.3	89.4	87.2	90.2	89.5	Canada
115.3	112.1	126.8	107.4	113.6	100.0	100.6	102.0	95.7	96.8	91.2	90.6	Mexique
101.5	100.9	100.0	99.2	96.6	100.0	95.2	98.3					États-Unis
92.1	94.5	97.1	95.0	97.6	100.0	98.7	92.9	84.0	81.8	81.8	80.3	Australie
112.6	109.2	107.4	105.2	102.8	100.0	96.0	90.8	89.9	87.7	86.5	83.4	Japon
107.1	103.6	101.9	106.9	102.6	100.0	95.8	92.2	86.9	81.3	80.9	79.6	Corée
103.9	105.0	96.6	94.4	106.5	100.0	106.9	106.3	100.6	96.0	93.7	95.6	Nouvelle-Zélande
127.0	122.9	114.2	110.5	105.1	100.0	98.2	97.7	96.4	85.9	96.2	99.1	Autriche
115.8	113.0	108.6	109.1	123.9	100.0	70.9	92.2	88.8	116.9	109.9	106.0	Belgique
135.3	126.8	118.1	110.9	102.7	100.0	93.6	94.8	88.5	84.0	78.7	75.5	République tchèque
126.7	114.4	110.0	107.8	97.8	100.0	98.9	94.4	91.1	93.3	92.2	91.1	Danemark
119.7	112.0	107.0	101.4	101.4	100.0	95.1	89.2	84.8	81.8	81.7	80.3	Finlande
109.9	107.0	105.4	104.3	102.3	100.0	98.0	96.2	94.7	93.4	91.8		France
117.5	111.9	107.9	106.6	107.0	100.0	99.2	95.0	93.8	90.4	90.1	87.8	Allemagne
109.5	110.0	107.3	101.0	98.8	100.0	92.8	90.9	92.0	76.5	76.3	75.2	Grèce
115.2	118.1	112.4	108.9	105.3	100.0	94.9	94.1	84.0	80.1	75.8	74.6	Hongrie
104.0	104.3	94.1	98.1	105.9	100.0	95.4	85.2	83.2	76.1	81.0	82.6	Islande
114.0	108.0	108.2	103.1	103.8	100.0	91.7	92.3	86.5	89.4	86.9	87.5	Irlande
119.1	114.1	111.2	107.2	101.3	100.0	100.6	97.9	96.0	88.4	84.6	87.7	Italie
112.5	112.5	112.5	115.0	112.5	100.0	97.5	97.5	97.5	97.5	97.5	100.0	Luxembourg
105.5	112.1	110.5	101.4	99.3	100.0	98.4	90.0	98.7	105.7	106.6	101.5	Pays-Bas
114.0	116.1	108.6	111.8	109.7	100.0	95.7	92.5	89.2	84.9	81.0	82.8	Norvège
122.7	121.3	114.5	108.1	97.8	100.0	99.8	97.7	92.0	91.1	89.9	84.5	Pologne
79.6	85.4	96.5	102.2	97.7	100.0	101.7	98.7	100.0	96.8	94.9	94.6	Portugal
141.2	141.7	144.8	129.8	112.5	100.0	93.5	94.1	89.7	78.6	75.2	72.2	République slovaque
107.6	104.9	104.9	105.4	101.9	100.0	101.6	96.8	96.3	96.1	97.3	91.8	Espagne
125.3	116.2	110.1	102.8	104.0	100.0	97.0	91.6	89.9	90.7	86.3	87.1	Suède
94.8	99.6	99.8	102.0	104.5	100.0	94.6	93.6	91.8	86.1	86.3	86.1	Suisse
116.9	119.2	113.7	116.3	114.0	100.0	104.1	96.0	92.2	95.3	83.6	78.4	Turquie
126.1	120.9	116.8	109.6	100.0	100.0	91.4	91.8	83.2	85.4	91.1	87.8	Royaume-Uni
113.0	111.7	111.9	107.9	106.2	100.0	99.2	96.4	89.6	88.9	84.7	82.5	OCDE-Total
110.3	107.5	105.6	103.9	100.9	100.0	96.1	94.8	82.6	80.3	79.4	78.7	Sept grands
110.0	107.8	106.7	104.9	102.2	100.0	98.5	95.6	95.0	91.1	90.3	89.7	Zone euro
111.4	108.8	107.4	105.2	102.0	100.0	98.1	95.3	94.2	90.7	90.3	89.5	UE15

Civilian employment, industry

	1983	1984	1985	1986	1987	1988	1989	1990	1991	1992	1993	1994
	Thousands											
Canada	2 839	2 909	2 969	3 078	3 062	3 178	3 258	3 192	2 952	2 838	2 766	2 834
Mexico								6 503	6 817	6 921	7 046	7 187
United States	28 253	29 892	30 048	30 339	30 475	30 964	31 291	31 123	29 753	29 155	28 907	29 535
Australia	1 750	1 806	1 808	1 840	1 841	1 923	2 030	1 955	1 783	1 788	1 796	1 860
Japan	19 930	20 080	20 250	20 180	19 970	20 520	20 990	21 290	21 930	22 270	22 110	21 960
Korea	4 083	4 253	4 415	4 715	5 336	5 691	6 025	6 406	6 866	6 797	6 543	6 674
New Zealand	408	411	430	444	425	393	373	364	359	350	367	406
Austria	1 226	1 234	1 233	1 241	1 245	1 237	1 237	1 260	1 284	1 261	1 255	1 239
Belgium	1 101	1 077	1 062	1 048	1 026	1 022	1 045	1 056	1 051	1 033	1 009	991
Czech Republic	2 477	2 485	2 484	2 488	2 493	2 488	2 470	2 275	2 213	2 111	2 091	2 075
Denmark	678	659	709	742	747	723	715	726	724	716	672	673
Finland	789	784	777	774	753	741	763	758	681	603	549	537
France	7 220	6 970	6 768	6 668	6 569	6 528	6 579	6 549	6 455	6 244	5 936	5 782
Germany	10 689	10 645	10 684	10 771	10 744	10 717	10 842	11 132	15 068	14 548	13 995	13 468
Greece	1 013	989	983	1 012	1 007	996	1 011	1 032	1 001	1 000	899	894
Hungary										1 432	1 292	1 237
Iceland	39	40	40	40	42	39	38	38	36	34	34	36
Ireland	330	318	313	313	307	306	315	331	330	327	322	344
Italy	7 352	7 043	6 896	6 821	6 715	6 750	6 753	6 845	6 915	6 850	6 995	6 860
Luxembourg	56	55	54	55	56	56	56	58	59	58	59	59
Netherlands	1 390	1 408	1 428	1 381	1 548	1 566	1 607	1 646	1 645	1 587	1 574	1 525
Norway	523	535	540	556	565	548	510	494	466	462	455	468
Poland											4 691	4 657
Portugal	1 458	1 388	1 377	1 386	1 454	1 503	1 549	1 607	1 614	1 491	1 458	1 449
Slovak Republic												837
Spain	3 699	3 512	3 377	3 475	3 681	3 993	4 173	4 348	4 336	4 169	3 791	3 694
Sweden	1 263	1 268	1 283	1 287	1 291	1 289	1 309	1 310	1 244	1 118	1 013	986
Switzerland	1 173	1 174	1 194	1 210	1 210	1 211	1 221	1 229	1 230	1 161	1 116	1 115
Turkey	3 376	3 465	3 599	3 700	3 835	3 958	3 932	3 885	3 909	4 205	4 180	4 503
United Kingdom	7 770	8 410	8 430	8 319	8 146	8 458	8 680	8 667	7 881	7 464	7 235	6 970
OECD-Total												130 852
Major seven	84 053	85 949	86 045	86 176	85 681	87 115	88 393	88 798	90 954	89 369	87 944	87 408
Euro area	36 323	35 423	34 951	34 945	35 105	35 414	35 930	36 621	40 439	39 172	37 841	36 841
EU15	46 034	45 760	45 373	45 293	45 289	45 884	46 634	47 324	50 288	48 470	46 761	45 470
	2000=100											
Canada	85.3	87.4	89.2	92.5	92.0	95.5	97.9	95.9	88.7	85.3	83.1	85.2
Mexico								64.2	67.3	68.3	69.5	70.9
United States	89.7	94.9	95.4	96.3	96.7	98.3	99.3	98.8	94.5	92.6	91.8	93.8
Australia	89.9	92.8	92.9	94.5	94.6	98.8	104.3	100.5	91.6	91.9	92.3	95.6
Japan	99.0	99.8	100.6	100.2	99.2	101.9	104.3	105.8	108.9	110.6	109.8	109.1
Korea	68.6	71.4	74.2	79.2	89.6	95.6	101.2	107.6	115.3	114.2	109.9	112.1
New Zealand	97.5	98.2	102.7	106.0	101.6	93.9	89.0	86.9	85.8	83.6	87.6	97.0
Austria	107.2	107.9	107.8	108.5	108.8	108.1	108.1	110.1	112.2	110.2	109.7	108.3
Belgium	103.5	101.3	99.9	98.5	96.5	96.1	98.3	99.3	98.8	97.1	94.9	93.1
Czech Republic	132.6	133.0	132.9	133.2	133.4	133.2	132.2	121.8	118.4	113.0	111.9	111.1
Denmark	95.2	92.6	99.6	104.2	104.9	101.5	100.4	102.0	101.7	100.6	94.4	94.5
Finland	122.9	122.1	121.0	120.6	117.3	115.4	118.8	118.1	106.1	93.9	85.5	83.6
France	126.3	121.9	118.4	116.6	114.9	114.2	115.1	114.5	112.9	109.2	103.8	101.1
Germany	87.6	87.3	87.6	88.3	88.1	87.8	88.9	91.2	123.5	119.2	114.7	110.4
Greece	109.4	106.8	106.1	109.3	108.7	107.5	109.2	111.4	108.1	108.0	97.1	96.5
Hungary										109.8	99.1	94.9
Iceland	109.3	111.0	111.0	111.3	116.3	107.4	105.4	105.4	98.8	93.9	95.4	99.0
Ireland	69.3	66.8	65.7	65.8	64.5	64.2	66.0	69.4	69.3	68.7	67.5	72.1
Italy	108.6	104.1	101.9	100.8	99.2	99.7	99.8	101.2	102.2	101.2	103.4	101.4
Luxembourg	91.4	90.1	89.0	90.6	91.4	91.3	92.8	95.1	96.7	95.9	97.0	96.2
Netherlands	87.5	88.6	89.9	86.9	97.4	98.6	101.2	103.6	103.6	99.9	99.1	96.0
Norway	106.3	108.7	109.8	113.0	114.8	111.4	103.7	100.4	94.7	93.9	92.5	95.1
Poland											104.7	103.9
Portugal	84.1	80.0	79.4	79.9	83.8	86.7	89.3	92.6	93.1	86.0	84.0	83.6
Slovak Republic												106.9
Spain	77.0	73.1	70.3	72.3	76.6	83.1	86.8	90.5	90.2	86.8	78.9	76.9
Sweden	123.6	124.1	125.5	125.9	126.3	126.1	128.1	128.2	121.7	109.4	99.1	96.5
Switzerland	111.6	111.7	113.6	115.2	115.2	115.3	116.2	117.0	117.0	110.5	106.3	106.1
Turkey	65.2	67.0	69.5	71.5	74.1	76.5	76.0	75.1	75.5	81.3	80.8	87.0
United Kingdom	114.0	123.4	123.7	122.1	119.5	124.1	127.4	127.2	115.7	109.5	106.2	102.3
OECD-Total												97.5
Major seven	97.2	99.4	99.5	99.7	99.1	100.8	102.2	102.7	105.2	103.4	101.7	101.1
Euro area	97.8	95.4	94.1	94.1	94.6	95.4	96.8	98.6	108.9	105.5	101.9	99.2
EU15	100.8	100.2	99.3	99.2	99.2	100.5	102.1	103.6	110.1	106.1	102.4	99.6

Emploi civil, industrie

1995	1996	1997	1998	1999	2000	2001	2002	2003	2004	2005	2006	
					Milliers							
2 920	2 932	3 026	3 115	3 221	3 327	3 353	3 446	3 482	3 556	3 556	3 626	Canada
6 965	7 593	7 962	9 017	9 396	10 133	9 791	9 637	9 742	10 015	11 021	11 456	Mexique
29 984	30 215	30 950	31 071	30 795	31 500	30 767	29 461					États-Unis
1 877	1 867	1 857	1 865	1 858	1 946	1 894	1 941	1 988	2 044	2 100	2 185	Australie
21 670	21 580	21 700	20 870	20 460	20 130	19 550	18 790	18 480	17 960	17 750	17 890	Japon
6 827	6 806	6 668	5 578	5 583	5 954	5 928	6 057	6 113	6 198	6 137	6 096	Corée
426	433	420	421	407	419	422	432	435	458	457	473	Nouvelle-Zélande
1 203	1 203	1 165	1 122	1 141	1 144	1 126	1 108	1 112	1 037	1 053	1 106	Autriche
981	967	951	956	1 028	1 064	1 029	1 045	1 010	1 034	1 046	1 053	Belgique
2 073	2 064	2 031	1 992	1 912	1 868	1 901	1 901	1 863	1 845	1 880	1 929	République tchèque
704	701	709	717	713	712	686	659	641	638	653	652	Danemark
571	579	594	614	636	642	642	639	621	607	619	627	Finlande
5 782	5 698	5 618	5 612	5 628	5 718	5 800	5 747	5 677	5 572	5 514		France
13 003	12 612	12 363	12 451	12 275	12 200	12 015	11 717	11 350	11 221	10 849	11 022	Allemagne
886	885	866	935	928	926	945	955	966	973	983	981	Grèce
1 199	1 190	1 208	1 264	1 296	1 304	1 328	1 320	1 305	1 281	1 265	1 270	Hongrie
35	34	36	37	35	36	36	35	34	35	35	36	Islande
361	367	372	429	451	476	497	484	493	506	537	551	Irlande
6 760	6 693	6 660	6 730	6 750	6 767	6 840	6 932	7 019	6 869	6 940	6 927	Italie
59	59	59	60	60	61	63	63	63	64	65	66	Luxembourg
1 544	1 561	1 598	1 608	1 634	1 589	1 644	1 554	1 562	1 549	1 586	1 589	Pays-Bas
479	488	503	512	497	492	492	495	486	473	476	490	Norvège
4 728	4 740	4 850	4 922	4 623	4 481	4 331	3 947	3 892	3 976	4 127	4 373	Pologne
1 414	1 385	1 419	1 715	1 700	1 735	1 734	1 728	1 638	1 596	1 567	1 577	Portugal
835	880	867	867	820	783	798	817	829	847	859	893	République slovaque
3 769	3 821	4 003	4 244	4 530	4 805	5 053	5 171	5 302	5 464	5 637	5 835	Espagne
1 033	1 034	1 018	1 024	1 022	1 022	1 008	982	962	954	939	957	Suède
1 133	1 088	1 037	1 033	1 027	1 051	1 062	1 034	992	986	993	1 019	Suisse
4 533	4 785	5 035	5 048	5 149	5 175	4 885	4 912	4 812	5 017	5 452	5 674	Turquie
6 951	7 013	6 983	6 986	6 890	6 814	6 727	6 563	6 466	6 207	6 224	6 214	Royaume-Uni
130 705	131 272	132 526	132 815	132 464	134 273	132 348	129 571	126 901	126 771	128 394	131 031	OCDE-Total
87 070	86 743	87 300	86 835	86 019	86 456	85 052	82 656	80 039	79 176	78 907	80 142	Sept grands
36 333	35 829	35 667	36 476	36 761	37 126	37 388	37 143	36 813	36 491	36 396	36 984	Zone euro
45 021	44 577	44 377	45 203	45 386	45 674	45 809	45 347	44 882	44 289	44 212	44 807	UE15
					2000=100							
87.8	88.1	90.9	93.6	96.8	100.0	100.8	103.6	104.6	106.9	106.9	109.0	Canada
68.7	74.9	78.6	89.0	92.7	100.0	96.6	95.1	96.1	98.8	108.8	113.1	Mexique
95.2	95.9	98.3	98.6	97.8	100.0	97.7	93.5					États-Unis
96.4	95.9	95.4	95.8	95.5	100.0	97.3	99.7	102.2	105.0	107.9	112.3	Australie
107.7	107.2	107.8	103.7	101.6	100.0	97.1	93.3	91.8	89.2	88.2	88.9	Japon
114.7	114.3	112.0	93.7	93.8	100.0	99.6	101.7	102.7	104.1	103.1	102.4	Corée
101.7	103.5	100.3	100.7	97.1	100.0	100.7	103.1	103.9	109.4	109.2	113.0	Nouvelle-Zélande
105.1	105.1	101.8	98.1	99.7	100.0	98.4	96.8	97.2	90.6	92.1	96.7	Autriche
92.3	90.9	89.4	89.9	96.6	100.0	96.8	98.2	95.0	97.2	98.3	99.0	Belgique
110.9	110.5	108.7	106.6	102.3	100.0	101.7	101.7	99.7	98.7	100.6	103.3	République tchèque
98.9	98.5	99.6	100.7	100.1	100.0	96.3	92.6	90.0	89.6	91.7	91.6	Danemark
88.9	90.2	92.5	95.6	99.1	100.0	100.0	99.5	96.7	94.5	96.4	97.7	Finlande
101.1	99.7	98.3	98.1	98.4	100.0	101.4	100.5	99.3	97.4	96.4		France
106.6	103.4	101.3	102.1	100.6	100.0	98.5	96.0	93.0	92.0	88.9	90.3	Allemagne
95.7	95.5	93.5	101.0	100.2	100.0	102.0	103.1	104.3	105.1	106.1	105.9	Grèce
91.9	91.3	92.6	97.0	99.4	100.0	101.8	101.2	100.1	98.2	97.0	97.4	Hongrie
97.6	95.9	100.7	103.7	98.5	100.0	100.2	97.4	94.9	97.1	97.1	101.0	Islande
75.7	77.1	78.0	90.1	94.7	100.0	104.4	101.6	103.4	106.2	112.7	115.6	Irlande
99.9	98.9	98.4	99.5	99.8	100.0	101.1	102.4	103.7	101.5	102.6	102.4	Italie
97.2	96.4	96.7	98.5	99.0	100.0	103.0	104.3	103.9	104.8	106.9	109.2	Luxembourg
97.2	98.3	100.6	101.2	102.9	100.0	103.5	97.8	98.3	97.5	99.8	100.0	Pays-Bas
97.4	99.2	102.2	104.1	101.0	100.0	100.0	100.6	98.8	96.1	96.7	99.6	Norvège
105.5	105.8	108.2	109.8	103.2	100.0	96.7	88.1	86.9	88.7	92.1	97.6	Pologne
81.5	79.9	81.8	98.9	98.0	100.0	100.0	99.6	94.4	92.0	90.3	90.9	Portugal
106.6	112.3	110.7	110.7	104.7	100.0	102.0	104.3	105.9	108.1	109.7	114.0	République slovaque
78.4	79.5	83.3	88.3	94.3	100.0	105.2	107.6	110.3	113.7	117.3	121.4	Espagne
101.1	101.2	99.6	100.2	100.0	100.0	98.6	96.1	94.1	93.3	91.9	93.6	Suède
107.9	103.5	98.7	98.3	97.8	100.0	101.0	98.4	94.4	93.9	94.5	97.0	Suisse
87.6	92.5	97.3	97.5	99.5	100.0	94.4	94.9	93.0	96.9	105.4	109.6	Turquie
102.0	102.9	102.5	102.5	101.1	100.0	98.7	96.3	94.9	91.1	91.3	91.2	Royaume-Uni
97.3	97.8	98.7	98.9	98.7	100.0	98.6	96.5	94.5	94.4	95.6	97.6	OCDE-Total
100.7	100.3	101.0	100.4	99.5	100.0	98.4	95.6	92.6	91.6	91.3	92.7	Sept grands
97.9	96.5	96.1	98.2	99.0	100.0	100.7	100.0	99.2	98.3	98.0	99.6	Zone euro
98.6	97.6	97.2	99.0	99.4	100.0	100.3	99.3	98.3	97.0	96.8	98.1	UE15

Civilian employment, services

	1983	1984	1985	1986	1987	1988	1989	1990	1991	1992	1993	1994
	Thousands											
Canada	7 610	7 817	8 078	8 319	8 704	8 969	9 184	9 344	9 345	9 347	9 474	9 669
Mexico								11 600	14 877	15 566	16 252	16 891
United States	69 040	71 644	73 764	75 908	78 565	80 678	82 673	84 276	84 536	85 912	88 052	89 939
Australia	4 080	4 260	4 452	4 662	4 847	5 001	5 276	5 426	5 439	5 434	5 416	5 624
Japan	32 090	32 460	32 730	33 400	34 250	34 850	35 660	36 690	37 490	37 980	38 560	38 840
Korea	6 107	6 262	6 822	7 128	7 438	7 694	8 117	8 442	9 058	9 545	10 098	10 682
New Zealand	716	727	751	1 014	1 043	1 029	1 009	1 022	996	1 009	1 025	1 049
Austria	1 620	1 697	1 710	1 758	1 770	1 805	1 839	1 883	1 942	2 035	2 071	2 201
Belgium	2 290	2 310	2 346	2 386	2 427	2 486	2 524	2 570	2 586	2 596	2 595	2 605
Czech Republic	2 044	2 070	2 095	2 110	2 121	2 135	2 150	2 107	2 120	2 191	2 337	2 450
Denmark	1 534	1 633	1 644	1 734	1 748	1 784	1 747	1 765	1 739	1 761	1 748	1 708
Finland	1 289	1 325	1 370	1 381	1 409	1 441	1 513	1 513	1 474	1 395	1 329	1 330
France	12 481	12 602	12 778	13 042	13 273	13 568	13 895	14 268	14 456	14 604	14 683	14 917
Germany	13 841	13 887	13 997	14 440	14 839	15 096	15 602	16 703	20 289	20 450	20 725	21 101
Greece	1 467	1 520	1 568	1 563	1 620	1 689	1 730	1 798	1 824	1 878	2 026	2 104
Hungary										2 134	2 129	2 079
Iceland	62	64	67	71	76	76	75	75	87	89	90	90
Ireland	605	603	606	607	622	623	616	645	658	671	703	723
Italy	10 472	10 949	11 316	11 551	11 700	12 016	12 134	12 475	12 672	12 671	11 822	11 701
Luxembourg	94	96	99	102	107	112	117	123	131	136	139	145
Netherlands	3 313	3 325	3 400	3 525	3 944	4 084	4 172	4 333	4 506	4 731	4 742	4 842
Norway	1 239	1 261	1 297	1 346	1 386	1 397	1 372	1 369	1 391	1 398	1 404	1 428
Poland											6 383	6 508
Portugal	1 713	1 718	1 711	1 787	1 791	1 892	1 999	2 218	2 118	2 487	2 448	2 439
Slovak Republic												1 059
Spain	5 555	5 524	5 577	5 870	6 257	6 433	6 790	7 038	7 293	7 312	7 214	7 329
Sweden	2 732	2 769	2 808	2 803	2 851	2 916	2 972	3 021	3 007	2 951	2 814	2 806
Switzerland	1 876	1 910	1 957	2 025	2 118	2 219	2 315	2 430	2 672	2 683	2 688	2 668
Turkey	4 532	4 723	4 897	5 131	5 415	5 548	5 651	5 962	6 168	6 537	6 458	6 690
United Kingdom	14 912	14 828	15 252	15 523	16 039	16 652	17 280	17 578	17 595	17 408	17 340	17 756
OECD-Total												289 372
Major seven	160 446	164 187	167 915	172 182	177 369	181 830	186 427	191 335	196 383	198 372	200 655	203 922
Euro area	54 740	55 556	56 478	58 011	59 758	61 245	62 931	65 567	69 949	70 966	70 495	71 436
EU15	73 918	74 786	76 182	78 071	80 396	82 598	84 930	87 932	92 290	93 086	92 397	93 706
	2000=100											
Canada	69.5	71.4	73.8	76.0	79.5	81.9	83.9	85.3	85.3	85.4	86.5	88.3
Mexico								55.4	71.0	74.3	77.6	80.7
United States	67.8	70.3	72.4	74.5	77.1	79.2	81.2	82.7	83.0	84.3	86.5	88.3
Australia	61.8	64.6	67.5	70.7	73.4	75.8	80.0	82.2	82.4	82.3	82.1	85.2
Japan	78.1	79.0	79.7	81.3	83.4	84.9	86.8	89.3	91.3	92.5	93.9	94.6
Korea	47.1	48.3	52.6	55.0	57.4	59.4	62.6	65.1	69.9	73.7	77.9	82.4
New Zealand	58.1	59.0	61.0	82.3	84.7	83.6	81.9	83.0	80.9	81.9	83.2	85.1
Austria	68.1	71.3	71.9	73.9	74.4	75.8	77.3	79.1	81.6	85.5	87.0	92.5
Belgium	76.9	77.6	78.8	80.1	81.5	83.5	84.8	86.3	86.8	87.2	87.2	87.5
Czech Republic	79.6	80.7	81.6	82.2	82.6	83.2	83.8	82.1	82.6	85.4	91.1	95.5
Denmark	81.2	86.4	87.0	91.7	92.5	94.4	92.4	93.4	92.0	93.2	92.5	90.4
Finland	83.6	85.9	88.8	89.5	91.4	93.4	98.1	98.1	95.6	90.5	86.2	86.2
France	73.1	73.8	74.8	76.4	77.7	79.5	81.4	83.6	84.7	85.5	86.0	87.4
Germany	60.0	60.2	60.7	62.6	64.3	65.4	67.6	72.4	87.9	88.6	89.8	91.4
Greece	59.7	61.8	63.8	63.6	65.9	68.7	70.4	73.1	74.2	76.4	82.4	85.6
Hungary										94.8	94.5	92.3
Iceland	57.6	59.1	62.7	66.1	70.8	71.0	69.8	69.9	81.4	82.7	83.5	83.4
Ireland	57.2	57.1	57.3	57.4	58.9	59.0	58.3	61.1	62.3	63.5	66.5	68.4
Italy	80.6	84.3	87.1	88.9	90.1	92.5	93.4	96.1	97.6	97.6	91.0	90.1
Luxembourg	47.4	48.2	50.0	51.5	53.6	56.3	59.0	62.1	65.7	68.5	69.9	73.2
Netherlands	54.9	55.1	56.4	58.5	65.4	67.7	69.2	71.9	74.7	78.5	78.7	80.3
Norway	74.6	75.9	78.1	81.0	83.4	84.1	82.6	82.4	83.7	84.2	84.5	86.0
Poland											87.2	88.9
Portugal	65.3	65.5	65.2	68.1	68.3	72.1	76.2	84.5	80.7	94.8	93.3	93.0
Slovak Republic												89.8
Spain	57.9	57.6	58.1	61.2	65.2	67.1	70.8	73.4	76.0	76.2	75.2	76.4
Sweden	89.9	91.1	92.4	92.3	93.8	96.0	97.8	99.4	99.0	97.1	92.6	92.4
Switzerland	65.7	66.9	68.6	71.0	74.2	77.7	81.1	85.1	93.6	94.0	94.2	93.5
Turkey	52.5	54.7	56.7	59.4	62.7	64.2	65.4	69.0	71.4	75.7	74.8	77.5
United Kingdom	75.2	74.8	76.9	78.3	80.9	84.0	87.2	88.7	88.7	87.8	87.5	89.6
OECD-Total												88.0
Major seven	70.7	72.4	74.0	75.9	78.2	80.2	82.2	84.3	86.6	87.5	88.5	89.9
Euro area	66.8	67.8	68.9	70.7	72.9	74.7	76.7	80.0	85.3	86.5	86.0	87.1
EU15	69.2	70.1	71.4	73.1	75.3	77.4	79.6	82.4	86.5	87.2	86.6	87.8

Civilian employment by sector

	1983	1984	1985	1986	1987	1988	1989	1990	1991	1992	1993	1994
	Agriculture as percentage of civilian employment											
Canada	5.2	5.1	5.0	4.9	4.6	4.4	4.3	4.2	4.4	4.3	4.3	4.3
Mexico								22.6	25.8	25.7	25.7	25.8
United States	3.5	3.3	3.1	3.1	3.0	2.9	2.9	2.9	2.9	2.9	2.7	2.9
Australia	6.5	6.2	6.2	6.0	5.7	5.8	5.3	5.4	5.3	5.2	5.3	5.1
Japan	9.3	8.9	8.8	8.5	8.3	7.9	7.6	7.2	6.7	6.4	5.9	5.8
Korea	29.7	27.1	24.9	23.6	21.9	20.7	19.5	17.9	14.6	14.0	13.5	12.6
New Zealand	11.2	11.2	11.1	10.1	9.9	9.9	9.8	10.2	10.7	10.9	10.6	10.4
Austria	9.9	9.4	9.0	8.6	8.6	8.1	8.0	7.9	7.4	7.1	7.0	7.3
Belgium	3.2	3.1	3.1	3.0	3.0	2.8	2.8	2.7	2.6	2.6	2.5	2.5
Czech Republic	12.1	12.1	12.1	12.0	12.0	12.0	11.9	12.3	10.0	8.0	7.8	6.9
Denmark	7.4	6.7	6.7	5.9	5.7	5.8	5.7	5.6	5.7	5.2	5.2	5.1
Finland	12.7	12.2	11.5	11.0	10.4	9.8	8.7	8.9	8.9	9.0	8.9	8.7
France	7.8	7.7	7.5	7.2	6.9	6.6	6.3	5.7	5.4	5.2	5.0	4.8
Germany	5.0	4.8	4.6	4.5	4.2	4.0	3.7	3.4	4.1	3.8	3.5	3.3
Greece	29.9	29.4	28.9	28.5	27.0	26.6	25.3	23.9	22.2	21.9	21.3	20.8
Hungary										11.4	9.3	9.0
Iceland	11.9	11.3	11.2	10.8	10.5	10.2	10.3	10.3	10.2	10.4	9.2	9.1
Ireland	16.8	16.5	16.0	15.8	15.5	15.5	15.3	15.2	13.8	13.6	12.8	12.1
Italy	12.4	11.9	11.2	10.9	10.5	9.9	9.3	8.9	8.5	8.2	7.3	7.1
Luxembourg	4.7	4.7	4.4	4.2	3.9	3.7	3.4	3.3	2.9	3.0	2.9	2.8
Netherlands	5.0	5.0	4.9	4.8	4.9	4.8	4.7	4.6	4.5	3.9	3.9	4.0
Norway	7.7	7.4	7.4	7.4	6.7	6.4	6.6	6.5	5.9	5.6	5.6	5.3
Poland										25.0	25.6	23.8
Portugal	23.2	23.8	23.9	21.9	22.2	20.7	18.9	17.9	18.3	11.5	11.6	11.8
Slovak Republic												10.2
Spain	18.3	18.0	17.9	15.8	14.8	14.0	12.7	11.5	10.3	9.8	9.8	9.4
Sweden	5.4	5.1	4.8	4.2	4.0	3.9	3.6	3.4	3.3	3.3	3.5	3.5
Switzerland	6.4	6.2	6.1	5.7	5.3	4.9	4.5	4.2	4.3	4.3	4.5	4.4
Turkey	51.3	50.4	49.4	48.3	47.1	46.5	47.4	46.9	47.8	44.8	42.5	44.1
United Kingdom	2.7	2.6	2.3	2.2	2.3	2.3	2.2	2.1	2.2	2.2	2.0	2.1
OECD-Total												8.8
Major seven	6.0	5.7	5.5	5.3	5.1	4.9	4.7	4.5	4.4	4.3	4.0	4.0
Euro area	10.5	10.3	10.0	9.5	9.1	8.7	8.1	7.6	7.2	6.6	6.3	6.1
EU15	8.9	8.7	8.4	7.9	7.6	7.3	6.8	6.4	6.2	5.8	5.5	5.3
	Industry as percentage of civilian employment											
Canada	25.8	25.7	25.5	25.7	24.8	25.0	25.1	24.4	23.0	22.3	21.6	21.7
Mexico								27.8	23.3	22.9	22.5	22.2
United States	28.0	28.5	28.0	27.7	27.1	26.9	26.7	26.2	25.3	24.6	24.0	24.0
Australia	27.8	27.8	27.0	26.4	25.8	26.0	26.3	24.9	23.2	23.4	23.4	23.5
Japan	34.8	34.8	34.9	34.5	33.8	34.1	34.3	34.1	34.4	34.6	34.3	34.0
Korea	28.1	29.5	29.5	30.4	32.6	33.7	34.3	35.4	36.8	35.8	34.0	33.6
New Zealand	32.2	32.1	32.4	27.4	26.1	24.9	24.3	23.6	23.7	23.0	23.6	25.0
Austria	38.8	38.1	38.1	37.8	37.7	37.4	37.0	36.9	36.9	35.6	35.1	33.4
Belgium	31.4	30.8	30.2	29.6	28.8	28.3	28.5	28.3	28.1	27.7	27.3	26.9
Czech Republic	48.2	48.0	47.7	47.6	47.5	47.4	47.1	45.5	45.9	45.1	43.5	42.7
Denmark	28.4	26.8	28.1	28.2	28.2	27.2	27.4	27.5	27.7	27.4	26.3	26.8
Finland	33.2	32.6	32.0	32.0	31.2	30.6	30.6	30.4	28.8	27.5	26.6	26.3
France	33.8	32.9	32.0	31.4	30.8	30.3	30.1	29.7	29.2	28.4	27.3	26.6
Germany	41.4	41.3	41.3	40.8	40.2	39.9	39.5	38.6	40.9	40.0	38.9	37.7
Greece	28.6	27.8	27.4	28.1	28.0	27.2	27.5	27.7	27.6	27.1	24.2	23.6
Hungary										35.6	34.3	33.9
Iceland	34.2	34.2	33.0	32.1	31.7	30.2	30.1	30.1	26.0	24.7	25.1	25.9
Ireland	29.4	28.8	28.6	28.7	27.9	27.8	28.6	28.7	28.8	28.3	27.4	28.3
Italy	36.1	34.5	33.6	33.1	32.6	32.4	32.4	32.3	32.3	32.2	34.5	34.3
Luxembourg	35.4	34.7	33.7	33.6	33.0	31.9	31.4	30.8	30.2	29.1	28.9	27.9
Netherlands	28.1	28.3	28.1	26.8	26.8	26.4	26.5	26.3	25.5	24.1	24.0	23.0
Norway	27.4	27.6	27.2	27.1	27.0	26.4	25.3	24.8	23.6	23.5	23.1	23.4
Poland											31.5	31.8
Portugal	35.3	34.1	33.9	34.1	34.9	35.1	35.4	34.5	35.3	33.2	33.0	32.9
Slovak Republic												39.7
Spain	32.7	31.9	31.0	31.3	31.6	32.9	33.2	33.8	33.4	32.7	31.1	30.4
Sweden	29.9	29.8	29.8	30.1	29.9	29.5	29.5	29.2	28.3	26.6	25.6	25.1
Switzerland	36.0	35.7	35.6	35.3	34.4	33.6	33.0	32.2	30.2	28.9	28.0	28.2
Turkey	20.8	21.0	21.4	21.6	21.9	22.3	21.6	21.0	20.3	21.6	22.6	22.5
United Kingdom	33.3	35.3	34.8	34.1	32.9	32.9	32.7	32.3	30.2	29.3	28.8	27.6
OECD-Total												28.4
Major seven	32.3	32.4	32.0	31.6	30.9	30.8	30.7	30.3	30.2	29.7	29.3	28.8
Euro area	35.7	34.9	34.4	34.0	33.6	33.5	33.4	33.1	34.0	33.2	32.7	31.9
EU15	34.9	34.7	34.2	33.8	33.3	33.1	33.0	32.7	33.1	32.3	31.8	30.9

LABOUR FORCE STATISTICS - ISBN 9789264035539 - © OECD 2007

Emploi civil par secteur

Agriculture en pourcentage de l'emploi civil

1995	1996	1997	1998	1999	2000	2001	2002	2003	2004	2005	2006	
4.1	4.0	3.9	3.8	3.6	3.3	2.8	2.8	2.8	2.7	2.7	2.6	Canada
23.4	21.8	23.3	19.2	20.1	17.3	17.4	17.2	16.0	15.7	14.7	14.1	Mexique
2.9	2.8	2.7	2.7	2.6	2.6	2.5	2.5					États-Unis
5.0	5.0	5.1	4.9	4.9	4.9	4.8	4.4	3.9	3.8	3.6	3.5	Australie
5.7	5.5	5.3	5.3	5.2	5.1	4.9	4.7	4.6	4.5	4.4	4.3	Japon
11.8	11.1	10.8	12.0	11.3	10.6	10.0	9.3	8.8	8.1	7.9	7.7	Corée
9.7	9.5	8.7	8.5	9.5	8.7	9.1	8.8	8.1	7.5	7.1	7.1	Nouvelle-Zélande
7.5	7.3	6.8	6.6	6.2	5.8	5.7	5.7	5.6	5.0	5.5	5.5	Autriche
2.4	2.4	2.3	2.3	2.4	1.9	1.4	1.8	1.7	2.2	2.0	2.0	Belgique
6.6	6.2	5.8	5.5	5.3	5.1	4.8	4.8	4.5	4.3	4.0	3.8	République tchèque
4.4	4.0	3.7	3.6	3.3	3.3	3.3	3.2	3.1	3.1	3.1	3.0	Danemark
8.1	7.5	7.0	6.5	6.3	6.1	5.7	5.4	5.1	4.9	4.8	4.7	Finlande
4.6	4.5	4.4	4.3	4.1	3.9	3.7	3.6	3.6	3.5	3.4		France
3.1	3.0	2.9	2.8	2.8	2.6	2.6	2.5	2.5	2.4	2.4	2.3	Allemagne
20.4	20.3	19.8	17.9	17.4	17.4	16.1	15.5	15.3	12.6	12.4	12.0	Grèce
8.3	8.5	8.1	7.7	7.2	6.7	6.3	6.3	5.5	5.3	5.0	4.9	Hongrie
9.5	9.5	8.6	8.6	9.0	8.3	7.8	7.0	6.9	6.3	6.5	6.3	Islande
11.7	10.7	10.3	9.1	8.6	7.9	7.0	6.9	6.4	6.4	5.9	5.7	Irlande
6.7	6.4	6.2	5.9	5.5	5.4	5.3	5.1	4.9	4.5	4.2	4.3	Italie
2.1	2.0	2.0	1.9	1.8	1.5	1.4	1.4	1.3	1.3	1.3	1.3	Luxembourg
3.7	3.9	3.7	3.3	3.1	3.1	2.9	2.7	2.9	3.2	3.2	3.0	Pays-Bas
5.2	5.1	4.7	4.7	4.6	4.1	3.9	3.8	3.7	3.5	3.3	3.3	Norvège
22.6	22.1	20.6	19.2	18.1	18.8	19.1	19.3	18.4	18.0	17.4	15.8	Pologne
11.6	12.4	13.7	13.5	12.8	12.8	12.8	12.4	12.7	12.1	11.9	11.8	Portugal
9.2	8.9	9.2	8.3	7.4	6.6	6.1	6.2	5.8	5.1	4.7	4.4	République slovaque
8.9	8.4	8.1	7.8	7.2	6.7	6.5	6.0	5.8	5.5	5.3	4.8	Espagne
3.1	2.9	2.8	2.6	2.5	2.4	2.3	2.1	2.1	2.1	2.0	2.0	Suède
4.4	4.6	4.7	4.7	4.8	4.5	4.2	4.1	4.1	3.8	3.8	3.7	Suisse
44.1	43.7	41.7	41.5	40.2	36.0	37.6	34.9	33.9	34.0	29.5	27.3	Turquie
2.1	2.0	1.9	1.7	1.6	1.5	1.4	1.4	1.3	1.3	1.4	1.3	Royaume-Uni
8.5	8.3	8.1	7.8	7.6	7.0	6.9	6.7	6.2	6.1	5.7	5.5	OCDE-Total
3.9	3.7	3.6	3.5	3.4	3.3	3.2	3.1	2.7	2.6	2.6	2.5	Sept grands
5.9	5.7	5.6	5.4	5.2	4.9	4.8	4.6	4.6	4.3	4.2	4.1	Zone euro
5.1	5.0	4.9	4.7	4.4	4.3	4.1	4.0	3.9	3.7	3.7	3.6	UE15

Industrie en pourcentage de l'emploi civil

1995	1996	1997	1998	1999	2000	2001	2002	2003	2004	2005	2006	
22.0	21.8	22.1	22.2	22.4	22.5	22.4	22.5	22.2	22.3	22.0	22.0	Canada
21.7	22.7	22.5	24.8	25.6	27.0	26.0	25.0	25.1	24.9	27.2	27.4	Mexique
24.0	23.8	23.9	23.6	23.1	23.0	22.5	21.6					États-Unis
22.8	22.4	22.0	21.6	21.2	21.7	20.8	20.9	21.0	21.1	21.0	21.4	Australie
33.6	33.3	33.1	32.0	31.7	31.2	30.5	29.7	29.3	28.4	27.9	28.0	Japon
33.4	32.6	31.4	28.0	27.5	28.1	27.5	27.3	27.6	27.5	26.9	26.3	Corée
25.1	24.7	23.8	24.1	22.9	23.1	22.7	22.6	22.3	22.7	22.0	22.3	Nouvelle-Zélande
32.3	32.7	31.6	30.4	30.6	30.6	29.9	29.6	29.6	27.8	27.6	28.2	Autriche
26.4	25.9	25.3	25.1	25.8	25.8	25.5	25.8	24.9	24.9	24.7	24.7	Belgique
42.2	42.0	41.6	41.3	40.6	40.0	40.4	39.9	39.7	39.4	39.6	40.1	République tchèque
27.4	27.0	26.8	27.0	26.7	26.4	25.4	24.5	24.1	23.7	24.1	23.6	Danemark
27.3	27.3	27.5	27.7	27.8	27.6	27.2	27.0	26.3	25.7	25.9	25.8	Finlande
26.3	25.9	25.3	24.8	24.4	24.1	24.0	23.5	23.9	23.0	22.4		France
36.3	35.4	34.8	34.5	34.1	33.7	33.1	32.5	31.9	31.5	30.0	29.8	Allemagne
23.2	22.9	22.5	23.2	23.0	22.6	23.0	22.8	22.5	22.5	22.4	22.0	Grèce
33.5	33.5	33.9	34.8	34.6	34.2	34.7	34.5	33.7	33.2	32.8	32.7	Hongrie
24.7	24.3	25.5	25.2	23.1	23.0	22.6	22.3	21.7	22.4	21.6	21.4	Islande
28.3	27.8	27.1	28.9	28.5	28.6	29.1	27.8	27.8	27.7	27.9	27.4	Irlande
34.1	33.5	33.3	33.2	32.9	32.4	32.1	32.1	32.2	31.0	31.1	30.5	Italie
27.5	26.6	25.9	25.2	24.1	23.1	22.5	22.2	21.7	21.4	21.2	20.9	Luxembourg
22.6	22.4	22.2	21.7	21.4	20.2	20.4	19.0	19.2	19.1	19.6	19.4	Pays-Bas
23.4	23.2	23.2	23.1	22.3	21.9	21.8	21.8	21.6	20.9	20.9	20.9	Norvège
32.0	31.7	31.9	32.1	31.3	30.8	30.5	28.6	28.6	28.8	29.2	30.0	Pologne
32.3	31.4	31.6	35.5	34.7	34.7	34.2	34.0	32.6	31.4	30.8	30.7	Portugal
38.9	39.5	39.3	39.4	38.5	37.3	37.6	38.4	38.3	39.0	38.8	38.8	République slovaque
30.2	29.8	30.1	30.7	31.0	31.2	31.5	31.3	30.8	30.6	29.9	29.7	Espagne
25.9	26.1	26.0	25.7	25.1	24.6	23.8	23.1	22.7	22.6	22.0	22.0	Suède
28.6	27.5	26.2	25.7	25.4	25.7	25.6	24.8	23.8	23.6	23.7	23.8	Suisse
22.0	22.6	23.7	23.2	23.4	24.0	22.7	23.0	22.8	23.0	24.7	25.4	Turquie
27.3	27.3	26.7	26.5	25.8	25.2	24.6	23.9	23.3	22.3	22.2	22.0	Royaume-Uni
28.1	27.8	27.6	27.4	27.0	27.0	26.4	25.8	25.2	24.8	24.8	24.9	OCDE-Total
28.5	28.1	27.9	27.5	27.0	26.7	26.2	25.5	24.5	24.1	23.7	23.7	Sept grands
31.3	30.7	30.3	30.3	30.0	29.6	29.4	29.0	28.6	28.1	27.5	27.4	Zone euro
30.4	29.9	29.5	29.5	29.1	28.7	28.4	27.9	27.5	26.9	26.4	26.3	UE15

Civilian employment by sector

Services as percentage of civilian employment

	1983	1984	1985	1986	1987	1988	1989	1990	1991	1992	1993	1994
Canada	69.0	69.2	69.5	69.4	70.6	70.6	70.7	71.4	72.7	73.4	74.1	74.0
Mexico								49.6	50.9	51.4	51.9	52.1
United States	68.5	68.2	68.8	69.3	69.9	70.2	70.5	70.9	71.8	72.5	73.2	73.1
Australia	64.8	65.6	66.5	66.8	68.0	67.6	68.3	69.0	70.9	71.2	70.5	71.0
Japan	56.0	56.3	56.4	57.1	57.9	58.0	58.2	58.7	58.9	59.0	59.8	60.2
Korea	42.1	43.4	45.6	46.0	45.5	45.6	46.2	46.7	48.6	50.2	52.5	53.8
New Zealand	56.6	56.8	56.5	62.5	64.0	65.2	65.8	66.2	65.6	66.2	65.9	64.6
Austria	51.3	52.5	52.9	53.6	53.6	54.5	55.0	55.2	55.8	57.4	57.9	59.3
Belgium	65.4	66.1	66.7	67.4	68.2	68.9	68.8	69.0	69.2	69.7	70.2	70.7
Czech Republic	39.7	40.0	40.2	40.4	40.5	40.7	41.0	42.2	44.0	46.8	48.7	50.4
Denmark	64.2	66.5	65.2	65.9	66.1	67.1	66.9	66.9	66.6	67.4	68.5	68.1
Finland	54.2	55.1	56.4	57.0	58.4	59.5	60.7	60.7	62.3	63.5	64.5	65.0
France	58.4	59.4	60.5	61.4	62.3	63.0	63.6	64.6	65.4	66.4	67.6	68.6
Germany	53.6	53.9	54.1	54.7	55.6	56.1	56.8	57.9	55.0	56.2	57.6	59.0
Greece	41.4	42.8	43.7	43.4	45.0	46.2	47.1	48.3	50.2	51.0	54.5	55.6
Hungary										53.0	56.5	57.1
Iceland	53.9	54.5	55.8	57.0	57.8	59.6	59.6	59.6	63.9	64.9	65.7	65.1
Ireland	53.8	54.7	55.4	55.5	56.6	56.7	56.1	56.1	57.4	58.1	59.9	59.6
Italy	51.5	53.6	55.2	56.0	56.8	57.7	58.2	58.8	59.2	59.6	58.2	58.6
Luxembourg	59.9	60.6	61.9	62.2	63.1	64.4	65.2	65.8	67.0	67.9	68.1	69.3
Netherlands	66.9	66.8	67.0	68.4	68.3	68.8	68.8	69.1	69.9	71.9	72.2	73.0
Norway	64.9	65.0	65.4	65.6	66.3	67.2	68.1	68.7	70.5	71.0	71.3	71.3
Poland											42.9	44.4
Portugal	41.5	42.2	42.2	44.0	42.9	44.2	45.7	47.6	46.4	55.3	55.4	55.3
Slovak Republic												50.2
Spain	49.1	50.1	51.1	52.9	53.7	53.1	54.1	54.7	56.2	57.4	59.1	60.2
Sweden	64.7	65.1	65.3	65.7	66.1	66.7	66.9	67.4	68.4	70.1	71.0	71.4
Switzerland	57.6	58.1	58.4	59.0	60.3	61.5	62.5	63.6	65.6	66.8	67.5	67.5
Turkey	27.9	28.6	29.2	30.0	31.0	31.2	31.0	32.2	32.0	33.6	34.9	33.4
United Kingdom	64.0	62.2	62.9	63.7	64.8	64.8	65.1	65.5	67.5	68.4	69.1	70.3
OECD-Total												62.8
Major seven	61.7	61.9	62.5	63.1	64.0	64.3	64.7	65.2	65.3	66.0	66.7	67.2
Euro area	53.8	54.8	55.6	56.5	57.3	57.9	58.5	59.3	58.8	60.2	61.0	61.9
EU15	56.1	56.7	57.4	58.3	59.1	59.6	60.1	60.8	60.7	62.0	62.8	63.7

Emploi civil par secteur

1995	1996	1997	1998	1999	2000	2001	2002	2003	2004	2005	2006	
				Services en pourcentage de l'emploi civil								
74.0	74.2	74.1	74.0	74.1	74.2	74.7	74.7	75.0	75.0	75.3	75.4	Canada
55.0	55.5	54.2	56.0	54.3	55.7	56.6	57.8	58.9	59.4	58.1	58.5	Mexique
73.1	73.3	73.4	73.7	74.4	74.4	75.1	75.9					États-Unis
72.2	72.6	72.9	73.5	73.9	73.4	74.4	74.6	75.1	75.1	75.3	75.1	Australie
60.8	61.2	61.6	62.7	63.2	63.7	64.6	65.6	66.1	67.1	67.6	67.7	Japon
54.8	56.2	57.8	60.0	61.1	61.3	62.6	63.3	63.6	64.4	65.2	66.0	Corée
65.2	65.8	67.5	67.4	67.7	68.1	68.2	68.6	69.6	69.8	70.8	70.5	Nouvelle-Zélande
60.3	60.0	61.6	63.0	63.2	63.6	64.4	64.6	64.8	67.2	66.9	66.2	Autriche
71.1	71.8	72.5	72.7	71.8	72.3	73.1	72.4	73.4	72.8	73.3	73.4	Belgique
51.1	51.8	52.6	53.1	54.1	54.9	54.8	55.3	55.8	56.3	56.4	56.1	République tchèque
68.1	69.0	69.5	69.4	70.0	70.2	71.3	72.3	72.9	73.1	72.8	73.4	Danemark
64.5	65.2	65.5	65.7	65.9	66.3	67.1	67.6	68.5	69.3	69.3	69.6	Finlande
69.1	69.7	70.3	70.9	71.5	72.0	72.3	72.9	73.0	73.8	74.2		France
60.5	61.6	62.3	62.6	63.1	63.7	64.3	64.9	65.6	66.0	67.6	67.9	Allemagne
56.4	56.8	57.7	58.9	59.6	60.0	60.9	61.7	62.2	64.9	65.2	65.9	Grèce
58.2	58.0	58.1	57.6	58.2	59.1	58.9	59.2	60.8	61.5	62.2	62.4	Hongrie
65.8	66.2	65.9	66.2	67.9	68.7	69.6	70.6	71.4	71.3	71.9	72.3	Islande
59.9	61.4	62.6	62.1	62.9	63.5	63.9	65.3	65.8	65.9	66.2	66.9	Irlande
59.2	60.0	60.5	60.8	61.5	62.2	62.6	62.9	62.9	64.5	64.6	65.2	Italie
70.4	71.4	72.2	72.8	74.1	75.4	76.1	76.5	77.0	77.3	77.5	77.9	Luxembourg
73.7	73.8	74.1	75.0	75.4	76.7	76.7	78.3	77.8	77.7	77.3	77.6	Pays-Bas
71.4	71.7	72.1	72.2	73.2	74.0	74.3	74.4	74.7	75.6	75.8	75.8	Norvège
45.4	46.2	47.5	48.8	50.6	50.4	50.4	52.0	53.0	53.2	53.4	54.2	Pologne
56.1	56.2	54.7	51.0	52.5	52.5	52.9	53.5	54.7	56.5	57.3	57.5	Portugal
51.9	51.6	51.5	52.3	54.2	56.1	56.3	55.4	55.9	55.9	56.5	56.8	République slovaque
60.9	61.8	61.7	61.5	61.8	62.2	62.0	62.7	63.4	63.9	64.8	65.5	Espagne
71.0	71.0	71.3	71.7	72.3	73.0	74.0	74.7	75.2	75.2	76.0	76.0	Suède
66.9	67.9	69.2	69.6	69.8	69.8	70.2	71.1	72.1	72.6	72.5	72.5	Suisse
33.9	33.7	34.6	35.3	36.5	40.0	39.7	42.1	43.4	43.0	45.8	47.3	Turquie
70.7	70.8	71.4	71.8	72.6	73.3	74.0	74.7	75.4	76.4	76.4	76.7	Royaume-Uni
63.5	63.9	64.2	64.9	65.4	66.0	66.7	67.5	68.6	69.1	69.5	69.7	OCDE-Total
67.7	68.1	68.5	69.0	69.6	70.0	70.7	71.4	72.7	73.3	73.7	73.8	Sept grands
62.8	63.6	64.1	64.3	64.9	65.4	65.8	66.4	66.8	67.6	68.3	68.5	Zone euro
64.5	65.1	65.7	65.9	66.5	67.0	67.5	68.1	68.6	69.4	69.9	70.1	UE15

Part-time employment

Percent

	1983	1984	1985	1986	1987	1988	1989	1990	1991	1992	1993	1994
	Part-time as percentage of employment											
Canada	16.8	16.8	17.1	16.9	16.6	16.8	16.6	17.0	18.1	18.6	19.2	18.9
Mexico												
United States	15.6	14.8	14.7	14.8	14.6	14.5	14.4	14.1	14.7	14.7	14.7	14.2
Australia	19.0	18.9	20.4	21.1	21.7	21.5	21.9	22.6	23.9	24.9	24.3	24.4
Japan	16.1	16.4	16.6	16.8	16.6	16.9	17.6	19.2	20.0	20.4	21.1	21.4
Korea							5.2	4.5	4.5	4.8	4.5	4.5
New Zealand				16.6	17.4	18.2	18.6	19.7	20.6	21.1	20.8	21.0
Austria												
Belgium	9.8	10.8	11.5	11.7	12.5	12.7	13.0	13.5	14.6	14.3	14.7	14.6
Czech Republic											3.6	3.6
Denmark	20.6	21.2	20.3	19.6	19.9	19.0	18.9	19.2	18.7	18.9	19.0	17.3
Finland							7.7	7.6	7.9	8.1	8.9	8.9
France	10.3	11.2	11.7	12.6	12.5	12.6	12.1	12.2	12.0	12.6	13.2	13.8
Germany	13.4	11.0	11.0	11.2	11.0	11.4	11.6	13.4	11.8	12.3	12.8	13.5
Greece	7.2	7.0	5.9	6.8	6.5	7.0	6.6	6.7	6.9	7.2	7.1	7.8
Hungary												
Iceland									22.2	22.1	22.4	22.6
Ireland	8.0	7.9	8.1	8.3	9.0	9.6	9.4	10.0	10.4	11.3	13.1	13.5
Italy	8.0	7.8	7.9	8.1	8.5	8.6	9.0	8.9	9.0	10.0	10.0	10.0
Luxembourg	7.3	7.0	7.2	7.3	8.1	7.2	7.6	7.6	8.8	9.5	9.8	10.7
Netherlands	18.5		19.5		26.4	26.9	27.7	28.2	28.6	27.3	27.9	28.9
Norway							21.8	21.8	22.0	22.1	22.0	21.5
Poland												
Portugal				7.5	7.4	7.8	8.0	7.6	8.8	8.8	8.8	9.5
Slovak Republic												2.7
Spain					5.0	5.0	4.5	4.6	4.4	5.3	6.0	6.4
Sweden					16.8	16.0	15.2	14.5	14.6	15.0	15.4	15.8
Switzerland									22.1	22.7	23.2	23.2
Turkey						8.2	9.6	9.3	11.2	11.6	8.9	8.8
United Kingdom	18.4	19.6	19.7	20.2	20.8	20.5	20.2	20.1	20.7	21.5	22.1	22.4
OECD-Total	14.7	14.4	14.6	14.7	14.6	14.3	14.0	14.3	14.7	15.1	15.1	15.1
Major seven	14.7	14.4	14.5	14.8	14.7	14.8	14.9	15.3	15.6	16.0	16.3	16.3
EU15	12.8	12.5	12.9	12.8	13.0	13.1	13.0	13.3	13.1	13.6	14.1	14.6
	Female share of part-time employment											
Canada	69.6	69.2	70.4	69.8	70.4	70.8	70.5	69.9	69.3	69.0	68.3	68.9
Mexico												
United States	68.1	69.0	68.6	68.6	68.3	68.4	68.7	68.2	67.7	67.2	67.2	68.4
Australia	69.9	70.9	69.5	70.2	70.4	72.4	71.7	70.8	70.1	69.7	69.9	69.6
Japan	72.9	73.4	71.7	72.5	73.5	73.2	73.1	70.5	70.0	69.3	67.7	67.6
Korea							57.2	58.7	60.3	61.8	61.5	61.3
New Zealand				80.0	79.0	79.5	77.7	77.4	75.0	74.4	75.1	76.1
Austria												
Belgium	78.9	78.0	77.6	78.2	78.3	77.6	80.9	79.8	80.1	83.5	82.4	81.8
Czech Republic											68.8	67.7
Denmark	81.0	78.8	78.3	76.1	74.9	75.2	74.3	71.1	71.0	71.0	70.2	69.4
Finland							66.7	67.0	64.0	63.8	62.6	62.8
France	80.2	78.8	77.3	76.8	76.4	77.5	77.1	78.6	78.8	78.8	79.0	78.6
Germany	90.2	90.3	90.3	90.0	90.6	90.5	89.6	89.7	89.4	88.8	88.5	87.1
Greece	58.4	57.9	62.3	59.0	63.2	62.1	61.6	60.8	59.4	59.4	60.3	59.1
Hungary												
Iceland									81.6	81.6	79.7	78.3
Ireland	69.8	68.2	71.0	68.6	68.6	67.5	70.2	70.3	69.8	71.4	71.0	70.3
Italy	66.8	67.7	67.4	67.8	68.3	68.9	70.4	70.5	71.2	69.2	71.0	72.6
Luxembourg	88.2	86.4	86.7	86.4	87.7	88.3	86.4	86.6	89.9	85.8	87.4	88.6
Netherlands	79.6		79.3		69.5	69.9	70.5	70.4	70.5	75.4	76.5	76.8
Norway							83.9	82.7	82.1	81.0	80.8	80.6
Poland												
Portugal				71.0	71.2	71.6	72.9	70.3	70.8	73.0	72.6	71.3
Slovak Republic												72.0
Spain					72.5	74.6	77.7	79.2	78.4	78.3	76.9	75.5
Sweden					84.8	83.2	81.9	81.1	80.4	79.1	78.0	76.8
Switzerland									82.4	83.2	83.0	83.3
Turkey						61.0	64.3	61.9	70.9	64.0	55.1	61.0
United Kingdom	89.3	87.5	87.1	86.9	85.5	84.7	86.2	85.1	85.1	84.1	83.5	82.7
OECD-Total	74.7	74.6	74.1	74.0	74.1	73.8	73.8	73.1	73.3	72.7	72.1	72.5
Major seven	74.7	74.8	74.1	74.2	74.3	74.3	74.5	73.8	73.5	72.9	72.4	72.7
EU15	83.4	82.7	82.1	81.6	80.1	80.1	80.5	80.6	80.7	80.6	80.6	80.1

LABOUR FORCE STATISTICS - ISBN 9789264035539 - © OECD 2007

Population active occupée à temps partiel

Pourcentage

1995	1996	1997	1998	1999	2000	2001	2002	2003	2004	2005	2006	
Temps partiel en pourcentage de l'emploi												
18.8	19.1	19.1	18.8	18.4	18.1	18.1	18.8	18.9	18.5	18.3	18.1	Canada
16.6	14.9	15.5	15.0	13.7	13.5	13.7	13.5	13.4	15.1			Mexique
14.0	13.9	13.5	13.4	13.3	12.6	12.8	13.1	13.2	13.2	12.8	12.6	États-Unis
25.0	25.2	26.0	25.9	26.1	26.2	27.2	27.5	27.9	27.1	27.3	27.1	Australie
20.1	21.8	23.3	23.6	24.1	22.6	24.9	25.1	26.0	25.5	25.8	24.5	Japon
4.3	4.3	5.0	6.7	7.7	7.0	7.3	7.6	7.7	8.4	9.0	8.8	Corée
20.9	21.9	22.3	22.7	23.0	22.2	22.4	22.6	22.3	22.0	21.7	21.3	Nouvelle-Zélande
11.1	10.9	10.8	11.5	12.3	12.2	12.4	13.6	13.5	15.4	16.0	17.3	Autriche
14.6	14.8	15.0	15.6	19.9	19.0	17.0	17.9	18.0	18.9	18.5	19.3	Belgique
3.4	3.4	3.4	3.3	3.4	3.2	3.2	2.9	3.2	3.1	3.3	3.3	République tchèque
16.9	16.6	17.2	17.1	15.3	16.1	14.7	16.0	15.7	17.3	17.6	18.1	Danemark
8.7	8.5	9.3	9.7	9.9	10.4	10.5	11.0	11.3	11.3	11.2	11.4	Finlande
14.2	14.0	14.8	14.7	14.6	14.2	13.8	13.8	12.8	13.2	13.5	13.3	France
14.2	14.9	15.8	16.6	17.1	17.6	18.3	18.8	19.6	20.1	21.8	21.9	Allemagne
7.8	8.0	8.3	9.1	8.0	5.5	4.9	5.6	5.6	6.0	6.1	7.5	Grèce
2.8	2.7	2.9	2.9	3.2	2.9	2.5	2.6	3.2	3.3	3.2	2.7	Hongrie
22.5	20.9	22.4	23.2	21.2	20.4	20.4	20.1	16.0	16.6	16.4	16.0	Islande
14.3	14.2	15.0	17.6	17.9	18.1	17.9	18.6	19.3	19.3	19.6	19.9	Irlande
10.5	10.5	11.3	11.2	11.8	12.2	12.2	11.9	12.0	14.8	14.6	14.9	Italie
11.3	10.4	11.0	12.6	12.1	12.4	13.3	12.5	13.3	13.2	13.9	12.7	Luxembourg
29.4	29.3	29.1	30.0	30.4	32.1	33.0	33.9	34.6	35.0	35.7	35.5	Pays-Bas
21.4	21.6	21.0	20.8	20.7	20.2	20.1	20.6	21.0	21.1	20.8	21.1	Norvège
		11.9	11.8	14.0	12.8	11.6	11.7	11.5	12.0	11.7	10.8	Pologne
8.6	9.2	10.2	10.0	9.4	9.4	9.2	9.7	10.0	9.6	9.8	9.3	Portugal
2.3	2.1	2.0	2.0	1.8	1.9	1.9	1.6	2.3	2.8	2.6	2.5	République slovaque
7.0	7.5	7.9	7.7	7.8	7.7	7.8	7.7	8.0	8.5	11.3	11.1	Espagne
15.1	14.8	14.2	13.5	14.5	14.0	13.9	13.8	14.1	14.4	13.5	13.4	Suède
22.9	23.7	24.0	24.2	24.8	24.4	24.8	24.8	25.1	24.9	25.1	25.5	Suisse
6.4	5.5	6.1	6.0	7.7	9.4	6.2	6.6	6.0	6.6	5.8	7.9	Turquie
22.3	22.9	22.9	23.0	22.9	23.0	22.7	23.3	23.7	24.0	23.5	23.4	Royaume-Uni
14.8	14.9	15.2	15.3	15.5	15.2	15.4	15.6	15.8	16.1	16.3	16.1	OCDE-Total
16.1	16.6	17.0	17.0	17.1	16.5	17.1	17.3	17.6	17.8	17.8	17.4	Sept grands
14.8	15.1	15.6	15.9	16.1	16.2	16.2	16.5	16.6	17.3	18.0	18.0	UE15
Part des femmes dans le temps partiel												
68.8	69.1	69.9	69.7	69.6	69.2	68.9	68.8	68.8	68.8	68.6	68.1	Canada
61.3	62.3	64.0	63.8	65.4	65.1	63.8	65.6	65.7	65.1			Mexique
68.7	68.9	68.4	68.2	68.3	68.1	67.5	68.3	68.8	68.3	68.4	67.8	États-Unis
69.2	68.5	68.0	68.6	69.1	68.6	67.8	67.0	67.2	67.1	68.3	67.3	Australie
70.3	68.2	67.0	67.5	67.0	69.7	67.5	67.0	66.7	67.4	67.7	69.4	Japon
61.6	63.9	62.9	55.2	55.5	57.7	58.8	58.3	59.4	59.0	57.9	58.5	Corée
74.7	75.0	74.3	74.5	73.6	73.3	73.6	72.9	73.7	73.6	74.8	74.4	Nouvelle-Zélande
84.2	86.4	86.3	86.9	87.2	88.1	88.0	87.6	87.1	86.9	84.4	83.1	Autriche
82.1	82.2	82.5	82.4	79.0	79.0	80.7	80.4	81.7	81.3	81.7	81.1	Belgique
70.2	67.3	69.1	70.0	70.9	72.5	72.0	73.4	71.9	72.9	72.8	72.8	République tchèque
68.1	66.1	64.6	68.5	68.5	69.4	66.0	66.0	64.5	64.5	63.8	66.2	Danemark
64.6	64.2	63.7	63.6	64.9	63.8	63.4	64.6	63.5	63.3	63.6	62.9	Finlande
77.9	77.4	77.9	77.9	78.2	78.8	79.6	80.5	80.5	81.0	79.4	79.4	France
86.3	85.8	85.1	84.1	84.1	84.5	84.6	83.7	83.3	82.8	81.4	81.1	Allemagne
61.3	62.5	62.6	63.1	63.9	65.4	66.4	67.2	68.7	68.9	69.5	67.0	Grèce
67.7	69.4	71.3	69.2	68.7	71.2	68.4	69.9	69.0	67.7	70.5	70.4	Hongrie
78.5	78.3	75.8	77.4	77.1	77.0	74.5	73.1	74.6	75.0	76.2	74.2	Islande
70.8	72.2	71.8	72.0	74.1	74.4	76.5	79.0	78.6	80.3	80.2	78.7	Irlande
70.8	71.5	71.0	71.9	71.5	70.5	72.6	74.4	74.7	77.1	79.0	78.4	Italie
89.0	86.7	88.8	86.7	91.3	90.0	90.7	89.8	92.2	91.9	93.2	93.1	Luxembourg
76.2	77.2	77.6	75.8	77.4	76.2	76.3	75.4	76.1	76.0	76.3	75.5	Pays-Bas
80.7	79.7	80.1	79.6	78.8	77.0	76.0	76.2	75.2	74.1	74.6	73.5	Norvège
		61.1	62.2	61.2	61.7	64.7	65.0	66.2	65.7	66.5	67.0	Pologne
75.3	72.9	72.6	70.9	70.5	71.5	69.9	67.6	68.2	67.0	67.9	65.8	Portugal
72.4	71.9	73.5	71.6	72.8	70.6	68.2	66.1	69.1	69.0	69.2	70.0	République slovaque
77.2	74.9	75.2	75.7	76.8	78.5	79.0	80.1	80.7	81.0	78.9	79.3	Espagne
76.8	76.5	76.3	78.1	73.7	72.9	72.7	71.8	70.8	69.5	67.1	67.3	Suède
83.8	82.4	83.4	83.4	82.6	80.6	80.1	82.8	82.2	82.1	82.6	81.2	Suisse
58.8	63.2	58.6	61.3	62.6	55.4	62.4	58.6	56.9	59.4	59.4	58.6	Turquie
81.7	81.3	80.2	80.2	79.4	79.4	79.8	79.6	78.1	78.3	77.8	77.6	Royaume-Uni
72.2	71.9	71.2	71.1	71.1	71.6	71.3	71.4	71.4	71.4	72.0	72.1	OCDE-Total
73.4	72.7	72.1	72.1	72.0	72.9	72.2	72.2	72.1	72.4	72.4	72.7	Sept grands
79.6	79.3	78.9	78.7	78.6	78.7	79.2	79.1	78.8	79.0	78.4	78.1	UE15

Part-time employment

Percent

	1983	1984	1985	1986	1987	1988	1989	1990	1991	1992	1993	1994
	Female part-time as percentage of female employment											
Canada	28.0	27.6	28.3	27.7	27.3	27.4	26.7	26.7	27.9	28.3	29.0	28.8
Mexico												
United States	22.9	22.1	21.6	21.6	21.1	20.9	20.7	20.2	20.7	20.5	20.5	20.4
Australia	35.5	35.4	36.9	37.7	38.5	38.4	38.4	38.5	39.7	40.9	40.1	40.1
Japan	29.7	30.3	30.0	30.5	30.6	30.9	31.8	33.4	34.3	34.8	35.2	35.7
Korea							7.3	6.5	6.7	7.3	6.9	6.8
New Zealand				31.8	32.4	33.6	33.7	34.8	35.1	35.5	35.4	36.1
Austria												
Belgium	22.5	24.1	25.5	25.7	27.4	27.1	28.6	28.8	30.5	30.4	30.2	30.0
Czech Republic											5.8	5.6
Denmark	37.0	36.7	35.2	32.8	32.4	31.4	30.8	29.7	28.8	29.0	28.5	26.2
Finland							10.8	10.6	10.5	10.6	11.5	11.5
France	20.3	21.4	21.6	23.0	22.8	23.0	22.1	22.5	21.9	22.7	23.7	24.5
Germany	31.2	25.8	25.4	25.9	25.4	26.4	26.6	29.8	25.2	26.1	27.2	28.0
Greece	12.9	12.2	10.9	11.8	12.0	12.5	11.7	11.6	12.1	12.3	12.3	13.1
Hungary												
Iceland									39.7	39.4	38.6	37.9
Ireland	18.3	17.6	18.6	18.3	19.1	20.2	20.0	21.2	21.5	22.7	25.5	25.5
Italy	16.8	16.5	16.6	16.8	17.5	17.7	18.7	18.4	18.5	19.8	20.5	20.6
Luxembourg	19.6	18.1	18.5	18.4	20.4	18.3	18.8	19.1	22.2	22.0	23.8	25.7
Netherlands	44.7		45.5		51.0	51.2	52.8	52.5	52.6	52.3	53.3	54.5
Norway							40.8	39.8	39.6	39.1	38.7	37.7
Poland												
Portugal				13.3	12.8	13.5	14.1	12.8	14.5	14.6	14.4	15.2
Slovak Republic												4.4
Spain					12.2	12.1	11.2	11.5	10.8	12.8	13.9	14.3
Sweden					29.8	27.6	25.9	24.5	24.3	24.4	24.6	24.9
Switzerland									42.6	44.0	45.0	44.9
Turkey						16.9	19.8	19.0	26.0	25.1	18.9	18.5
United Kingdom	40.1	41.2	41.1	41.6	41.9	40.8	40.4	39.5	40.3	40.7	41.0	41.2
OECD-Total	26.8	26.0	26.0	25.8	25.8	25.5	24.7	24.9	25.5	25.8	25.7	25.7
Major seven	26.4	25.8	25.6	25.8	25.7	25.7	25.8	26.2	26.2	26.5	26.8	27.0
EU15	28.4	26.9	27.6	26.8	27.1	27.0	26.6	27.0	26.1	26.9	27.7	28.3
	Male part-time as percentage of male employment											
Canada	8.7	8.9	8.8	8.9	8.6	8.7	8.7	9.2	10.1	10.5	11.1	10.8
Mexico												
United States	9.3	8.5	8.6	8.8	8.8	8.7	8.6	8.6	9.1	9.3	9.4	8.5
Australia	9.2	8.9	10.1	10.4	10.6	9.9	10.5	11.3	12.4	13.1	12.7	12.9
Japan	7.2	7.2	7.8	7.7	7.3	7.6	8.0	9.5	10.1	10.6	11.4	11.7
Korea							3.8	3.1	3.0	3.0	2.9	2.9
New Zealand				5.7	6.3	6.5	7.3	7.9	9.2	9.7	9.2	9.0
Austria												
Belgium	3.1	3.6	4.0	3.9	4.2	4.5	3.9	4.4	4.7	3.9	4.3	4.4
Czech Republic											2.0	2.1
Denmark	7.1	8.2	8.0	8.6	9.2	8.6	8.9	10.2	10.1	10.2	10.6	9.8
Finland							4.9	4.8	5.6	5.8	6.5	6.5
France	3.4	4.1	4.5	5.1	5.1	4.9	4.8	4.5	4.5	4.7	4.9	5.3
Germany	2.1	1.7	1.7	1.8	1.7	1.8	2.0	2.3	2.2	2.4	2.5	3.0
Greece	4.5	4.4	3.4	4.2	3.7	4.1	3.9	4.0	4.2	4.5	4.4	5.0
Hungary												
Iceland									7.5	7.5	8.5	9.2
Ireland	3.5	3.6	3.4	3.8	4.2	4.6	4.2	4.4	4.8	5.0	6.0	6.4
Italy	3.9	3.7	3.8	3.8	4.0	4.0	4.1	4.0	4.0	4.7	4.5	4.2
Luxembourg	1.3	1.4	1.5	1.5	1.5	1.3	1.6	1.6	1.4	2.1	1.9	1.9
Netherlands	5.6		6.1		12.5	12.8	13.0	13.4	13.7	11.1	10.9	11.3
Norway							6.3	6.9	7.3	7.7	7.8	7.7
Poland												
Portugal				3.6	3.6	3.8	3.7	3.9	4.5	4.2	4.3	4.9
Slovak Republic												1.3
Spain					2.0	1.8	1.5	1.4	1.4	1.7	2.1	2.4
Sweden					4.9	5.2	5.3	5.3	5.5	6.1	6.6	7.1
Switzerland									6.8	6.7	6.9	6.8
Turkey						4.5	5.0	5.1	4.7	6.0	5.4	4.9
United Kingdom	3.3	4.2	4.3	4.6	5.2	5.5	4.9	5.3	5.5	6.2	6.7	7.0
OECD-Total	6.3	6.2	6.5	6.6	6.5	6.4	6.3	6.6	6.8	7.1	7.3	7.2
Major seven	6.4	6.2	6.5	6.6	6.6	6.6	6.7	7.1	7.3	7.7	8.0	7.9
EU15	3.4	3.5	3.7	3.8	4.2	4.3	4.2	4.3	4.2	4.5	4.7	5.0

LABOUR FORCE STATISTICS - ISBN 9789264035539 - © OECD 2007

Population active occupée à temps partiel

Pourcentage

1995	1996	1997	1998	1999	2000	2001	2002	2003	2004	2005	2006	
Temps partiel des femmes en pourcentage de l'emploi des femmes												
28.5	29.0	29.4	28.7	27.9	27.2	27.0	27.7	27.9	27.2	26.9	26.2	Canada
31.1	28.5	29.3	28.3	26.6	25.6	25.7	25.6	25.7	27.6			Mexique
20.2	20.1	19.4	19.1	18.9	18.0	18.0	18.5	18.8	18.8	18.3	17.8	États-Unis
40.2	40.0	41.0	40.7	41.4	40.7	41.7	41.4	42.2	40.8	41.7	40.7	Australie
34.9	36.7	38.3	39.0	39.7	38.6	41.0	41.2	42.2	41.7	42.3	40.9	Japon
6.6	6.8	7.7	9.2	10.4	9.8	10.4	10.6	11.2	11.9	12.5	12.3	Corée
35.4	36.7	37.0	37.6	37.1	35.8	36.1	36.1	35.8	35.4	35.3	34.5	Nouvelle-Zélande
21.6	21.7	21.3	22.8	24.4	24.4	24.8	26.4	26.2	29.4	29.4	31.4	Autriche
29.9	30.2	30.5	31.2	36.6	34.5	32.5	33.0	33.6	34.5	33.4	34.7	Belgique
5.6	5.3	5.5	5.4	5.6	5.4	5.4	4.9	5.3	5.2	5.5	5.6	République tchèque
25.8	24.4	24.5	25.6	22.7	24.0	21.0	22.6	21.8	24.0	24.4	25.6	Danemark
11.7	11.4	12.5	13.0	13.5	13.9	14.0	14.8	15.0	14.9	14.8	14.9	Finlande
24.8	24.4	25.8	25.5	25.4	24.9	24.4	23.6	22.6	23.5	23.2	22.9	France
29.1	29.9	31.4	32.4	33.1	33.9	35.0	35.3	36.3	37.0	39.4	39.2	Allemagne
13.3	13.8	14.2	15.5	13.6	9.5	8.5	10.0	10.2	10.8	11.1	12.9	Grèce
4.3	4.3	4.7	4.4	4.8	4.5	3.8	4.0	4.8	4.8	5.0	4.2	Hongrie
37.9	35.3	36.8	38.6	35.2	33.7	32.6	31.2	25.1	26.4	26.6	26.0	Islande
27.0	26.9	27.6	31.9	32.7	33.0	33.4	32.9	33.9	34.7	35.0	34.9	Irlande
21.1	20.9	22.2	22.4	23.2	23.4	23.7	23.5	23.6	28.7	29.2	29.4	Italie
28.4	24.8	26.2	29.2	28.4	28.4	30.1	27.7	30.2	29.6	30.7	27.2	Luxembourg
55.1	55.5	54.9	54.8	55.4	57.2	58.1	58.8	59.7	60.2	60.9	59.7	Pays-Bas
37.5	37.5	36.5	35.9	35.0	33.4	32.7	33.4	33.4	33.2	32.9	32.9	Norvège
		16.6	16.6	19.2	17.9	16.6	16.7	16.8	17.5	17.4	16.3	Pologne
14.5	15.1	16.5	15.8	14.7	14.9	14.3	14.5	14.9	14.0	14.4	13.2	Portugal
3.8	3.5	3.2	3.2	2.9	2.9	2.8	2.3	3.6	4.5	4.1	4.1	République slovaque
15.8	16.2	16.8	16.5	16.8	16.5	16.6	16.4	16.8	17.6	22.1	21.4	Espagne
24.1	23.5	22.6	22.0	22.3	21.4	21.0	20.6	20.6	20.8	19.0	19.0	Suède
44.9	44.9	45.7	45.8	46.5	44.7	44.7	45.4	45.8	45.2	45.7	45.7	Suisse
13.0	12.0	13.2	13.2	16.8	19.3	14.0	13.5	12.3	14.8	13.4	17.8	Turquie
40.8	41.4	41.0	41.2	40.6	40.8	40.3	39.9	40.0	40.3	39.1	38.8	Royaume-Uni
25.5	25.6	25.7	25.9	26.1	25.5	25.7	25.8	26.1	26.6	26.7	26.4	OCDE-Total
26.9	27.3	27.6	27.6	27.7	27.1	27.5	27.7	28.1	28.4	28.4	27.8	Sept grands
28.4	28.7	29.4	29.8	30.0	30.0	30.0	30.0	30.0	31.1	31.9	31.7	UE15
Temps partiel des hommes en pourcentage de l'emploi des hommes												
10.8	10.8	10.5	10.5	10.3	10.3	10.5	11.0	11.1	10.9	10.8	10.9	Canada
9.5	8.3	8.5	8.2	7.1	7.1	7.5	7.1	7.0	8.1			Mexique
8.3	8.3	8.2	8.1	8.1	7.7	8.0	8.0	8.0	8.1	7.8	7.8	États-Unis
13.5	14.0	14.6	14.4	14.3	14.8	15.8	16.3	16.5	16.1	15.7	16.0	Australie
10.0	11.7	12.9	12.9	13.4	11.6	13.7	14.0	14.7	14.2	14.2	12.8	Japon
2.8	2.6	3.2	5.1	5.8	5.1	5.2	5.4	5.3	5.9	6.5	6.3	Corée
9.5	9.9	10.4	10.5	11.1	10.9	10.9	11.3	10.8	10.7	10.2	10.1	Nouvelle-Zélande
3.1	2.6	2.6	2.7	2.8	2.6	2.7	3.1	3.2	3.7	4.6	5.4	Autriche
4.3	4.4	4.4	4.7	7.3	7.1	5.7	6.3	5.9	6.3	6.2	6.7	Belgique
1.8	2.0	1.9	1.7	1.7	1.6	1.6	1.4	1.6	1.5	1.6	1.6	République tchèque
9.7	10.2	11.1	9.9	8.9	9.3	9.3	10.2	10.4	11.5	11.8	11.4	Danemark
5.9	5.8	6.4	6.7	6.6	7.1	7.3	7.5	8.0	8.0	7.9	8.1	Finlande
5.6	5.7	5.9	5.9	5.8	5.5	5.1	5.1	4.6	4.6	5.2	5.1	France
3.4	3.7	4.1	4.6	4.8	4.8	5.1	5.5	5.9	6.3	7.4	7.6	Allemagne
4.7	4.7	4.9	5.3	4.6	3.0	2.6	2.9	2.8	3.0	3.0	4.0	Grèce
1.6	1.5	1.5	1.6	1.8	1.5	1.5	1.4	1.8	1.9	1.8	1.5	Hongrie
9.1	8.4	10.1	9.8	9.1	8.8	9.7	10.2	7.7	7.8	7.3	7.6	Islande
6.7	6.4	6.9	8.2	7.8	7.8	7.1	7.0	7.5	6.9	7.1	7.7	Irlande
4.8	4.7	5.1	4.9	5.3	5.7	5.4	4.9	4.9	5.6	5.1	5.3	Italie
1.9	2.2	2.0	2.7	1.7	2.0	2.0	2.2	1.7	1.8	1.6	1.5	Luxembourg
11.8	11.3	11.1	12.4	11.9	13.4	13.8	14.7	14.8	15.1	15.3	15.8	Pays-Bas
7.6	8.1	7.7	7.9	8.2	8.7	9.1	9.2	9.9	10.3	10.0	10.6	Norvège
		8.2	8.0	9.8	8.8	7.4	7.5	7.1	7.5	7.1	6.5	Pologne
3.8	4.5	5.1	5.2	5.1	4.9	5.1	5.8	5.9	5.8	5.9	5.9	Portugal
1.1	1.1	0.9	1.0	0.9	1.0	1.1	1.0	1.3	1.6	1.4	1.3	République slovaque
2.4	2.9	3.0	2.9	2.8	2.6	2.6	2.5	2.5	2.7	4.0	3.9	Espagne
6.8	6.7	6.5	5.6	7.3	7.3	7.3	7.5	7.9	8.5	8.5	8.4	Suède
6.5	7.3	7.1	7.2	7.7	8.4	8.9	7.8	8.1	8.1	8.0	8.8	Suisse
3.7	2.9	3.5	3.2	4.0	5.7	3.2	3.8	3.6	3.7	3.2	4.4	Turquie
7.4	7.8	8.2	8.2	8.6	8.6	8.3	8.9	9.7	9.7	9.8	9.9	Royaume-Uni
7.1	7.2	7.6	7.7	7.8	7.5	7.7	7.8	7.9	8.1	8.2	8.1	OCDE-Total
7.6	8.1	8.5	8.5	8.6	8.1	8.6	8.8	9.0	9.0	9.0	8.7	Sept grands
5.2	5.4	5.7	5.8	6.0	6.0	5.9	6.1	6.2	6.5	7.0	7.1	UE15

Unemployment

	1983	1984	1985	1986	1987	1988	1989	1990	1991	1992	1993	1994
	Thousands											
Canada	1 506	1 446	1 385	1 286	1 193	1 070	1 061	1 158	1 479	1 605	1 642	1 515
Mexico								660	918	971	1 041	1 168
United States	10 717	8 539	8 312	8 237	7 425	6 701	6 528	7 047	8 628	9 613	8 940	7 996
Australia	697	641	603	613	629	576	508	585	814	925	939	856
Japan	1 560	1 610	1 560	1 670	1 730	1 550	1 420	1 340	1 360	1 420	1 660	1 920
Korea	613	568	622	611	519	435	463	454	461	490	571	504
New Zealand	76	78	58	70	70	94	118	130	175	176	163	143
Austria	135	128	121	106	130	122	108	114	125	133	159	138
Belgium	545	546	506	478	466	425	384	365	391	436	511	554
Czech Republic								39	222	135	220	221
Denmark	312	231	200	154	153	186	234	242	265	262	309	222
Finland	138	133	129	138	130	116	80	82	169	292	405	408
France	2 019	2 357	2 474	2 520	2 567	2 456	2 323	2 199	2 331	2 562	2 903	3 054
Germany	2 258	2 001	2 037	1 855	1 800	1 804	1 635	1 448	2 204	2 615	3 113	3 318
Greece	302	315	304	287	286	304	296	281	301	350	397	403
Hungary										444	519	451
Iceland	1	1	1	1	1	1	2	2	4	6	8	8
Ireland	184	204	220	226	225	215	197	172	199	207	220	211
Italy	2 140	2 304	2 382	2 610	2 832	2 868	2 867	2 751	2 653	2 535	2 299	2 508
Luxembourg	3	3	3	2	3	3	2	2	2	3	4	5
Netherlands	674	689	634	605	622	609	558	516	490	478	437	492
Norway	69	64	53	42	45	69	106	112	116	126	127	116
Poland								626	1 670	2 335	2 427	2 473
Portugal	355	381	385	382	319	262	233	225	206	192	256	323
Slovak Republic												334
Spain	2 394	2 793	3 004	2 975	2 976	2 906	2 631	2 509	2 545	2 883	3 597	3 879
Sweden	171	154	137	127	102	84	73	83	148	261	415	426
Switzerland	28	35	30	26	25	22	17	18	76	118	156	153
Turkey	1 360	1 360	1 290	1 471	1 592	1 638	1 709	1 612	1 723	1 805	1 814	1 871
United Kingdom	2 984	3 216	3 096	2 946	3 012	2 485	2 075	1 974	2 391	2 732	2 889	2 685
OECD-Total												38 354
Major seven	23 184	21 474	21 246	21 124	20 559	18 934	17 909	17 917	21 046	23 082	23 446	22 996
Euro area	11 146	11 853	12 199	12 184	12 355	12 090	11 314	10 665	11 616	12 684	14 302	15 292
EU15	14 613	15 454	15 632	15 412	15 622	14 845	13 696	12 963	14 420	15 939	17 915	18 625
	As percentage of civilian labour force											
Canada	12.0	11.3	10.6	9.7	8.8	7.8	7.5	8.1	10.3	11.2	11.4	10.4
Mexico								2.7	3.0	3.1	3.2	3.5
United States	9.6	7.5	7.2	7.0	6.2	5.5	5.3	5.6	6.8	7.5	6.9	6.1
Australia	10.0	9.0	8.3	8.1	8.1	7.2	6.2	6.9	9.6	10.8	10.9	9.7
Japan	2.6	2.7	2.6	2.8	2.8	2.5	2.3	2.1	2.1	2.2	2.5	2.9
Korea	4.1	3.8	4.0	3.8	3.1	2.5	2.6	2.4	2.4	2.5	2.9	2.5
New Zealand	5.7	5.7	4.2	4.1	4.1	5.6	7.1	7.8	10.3	10.4	9.5	8.1
Austria	4.1	3.8	3.6	3.1	3.8	3.6	3.1	3.2	3.5	3.6	4.3	3.6
Belgium	13.5	13.5	12.6	11.9	11.6	10.5	9.5	8.9	9.5	10.5	12.1	13.1
Czech Republic								0.8	4.4	2.8	4.4	4.4
Denmark	11.6	8.6	7.3	5.5	5.5	6.5	8.2	8.4	9.2	9.1	10.8	8.1
Finland	5.5	5.2	5.0	5.4	5.1	4.6	3.1	3.2	6.7	11.7	16.4	16.6
France	8.6	10.0	10.5	10.6	10.7	10.2	9.6	9.1	9.5	10.4	11.8	12.3
Germany	8.0	7.2	7.3	6.6	6.3	6.3	5.6	4.8	5.6	6.7	8.0	8.5
Greece	7.9	8.1	7.8	7.4	7.4	7.7	7.5	7.0	7.7	8.7	9.7	9.6
Hungary										9.9	12.1	11.0
Iceland	1.0	1.3	0.9	0.7	0.4	0.6	1.7	1.8	2.5	4.3	5.3	5.3
Ireland	14.0	15.6	16.7	17.1	17.0	16.4	15.2	13.0	14.8	15.2	15.8	14.8
Italy	9.5	10.1	10.4	11.2	12.1	12.1	12.1	11.5	11.0	10.6	10.2	11.2
Luxembourg	1.6	1.7	1.6	1.4	1.6	1.4	1.3	1.1	1.2	1.3	1.7	2.1
Netherlands	12.0	12.2	11.1	10.5	9.7	9.3	8.4	7.6	7.1	6.8	6.2	6.9
Norway	3.5	3.2	2.6	2.0	2.1	3.2	5.0	5.3	5.6	6.0	6.1	5.5
Poland								3.7	9.8	13.3	14.0	14.4
Portugal	7.9	8.5	8.7	8.6	7.1	5.8	5.1	4.6	4.3	4.1	5.5	6.8
Slovak Republic												13.6
Spain	17.5	20.2	21.6	21.1	20.3	19.3	17.3	16.3	16.4	18.5	22.8	24.2
Sweden	3.9	3.5	3.1	2.9	2.3	1.9	1.6	1.8	3.3	5.8	9.5	9.8
Switzerland	0.9	1.1	0.9	0.8	0.7	0.6	0.5	0.5	1.8	2.8	3.8	3.7
Turkey	7.7	7.6	7.1	7.9	8.3	8.4	8.6	8.0	8.2	8.5	8.9	8.6
United Kingdom	11.4	11.9	11.3	10.8	10.8	8.8	7.2	6.9	8.4	9.7	10.3	9.6
OECD-Total												7.7
Major seven	8.2	7.5	7.3	7.2	6.9	6.3	5.8	5.8	6.5	7.1	7.2	7.0
Euro area	9.9	10.5	10.7	10.6	10.6	10.3	9.5	8.8	8.9	9.7	11.0	11.7
EU15	10.0	10.5	10.5	10.3	10.3	9.7	8.8	8.2	8.7	9.6	10.8	11.2

LABOUR FORCE STATISTICS - ISBN 9789264035539 - © OECD 2007

Chômage

1995	1996	1997	1998	1999	2000	2001	2002	2003	2004	2005	2006	
					Milliers							
1 394	1 432	1 373	1 270	1 182	1 083	1 164	1 269	1 286	1 235	1 173	1 108	Canada
2 379	1 855	1 497	1 347	938	989	981	1 137	1 188	1 528	1 470	1 367	Mexique
7 404	7 236	6 739	6 210	5 880	5 692	6 801	8 378	8 774	8 149	7 591	7 001	États-Unis
764	779	778	721	652	602	661	636	611	567	537	524	Australie
2 100	2 250	2 300	2 790	3 170	3 200	3 400	3 590	3 500	3 130	2 940	2 750	Japon
430	435	568	1 490	1 374	979	899	752	818	860	887	827	Corée
113	114	125	141	129	115	104	104	95	82	79	83	Nouvelle-Zélande
144	160	165	165	147	139	143	157	169	195	208	196	Autriche
555	545	541	505	378	291	266	301	337	329	390	383	Belgique
208	201	248	336	454	455	421	377	399	426	410	371	République tchèque
197	195	174	155	158	131	137	134	158	163	143	118	Danemark
382	363	314	285	261	253	237	237	235	229	220	204	Finlande
2 887	3 075	3 109	2 993	2 844	2 517	2 328	2 396	2 682	2 734	2 717		France
3 200	3 505	3 907	3 693	3 333	3 065	3 110	3 396	3 661	4 107	4 575	4 272	Allemagne
424	446	439	489	543	519	478	462	442	493	467	427	Grèce
417	400	349	313	285	264	234	239	244	253	304	317	Hongrie
7	5	6	4	3	4	4	5	5	5	4	5	Islande
177	179	159	126	97	75	65	77	81	84	86	91	Irlande
2 638	2 653	2 688	2 745	2 669	2 495	2 267	2 163	2 096	1 960	1 889	1 673	Italie
5	6	6	6	5	5	5	6	8	9	10	10	Luxembourg
523	489	423	337	277	220	175	214	303	395	402	385	Pays-Bas
107	108	92	74	75	81	84	92	107	106	111	84	Norvège
2 276	2 111	1 917	1 808	2 391	2 785	3 170	3 431	3 329	3 230	3 045	2 344	Pologne
338	344	324	254	227	206	216	272	345	365	422	428	Portugal
324	284	298	317	417	485	508	487	459	481	428	353	République slovaque
3 715	3 645	3 463	3 176	2 721	2 494	1 903	2 153	2 240	2 211	1 911	1 835	Espagne
405	440	445	368	314	259	226	234	263	299	360	330	Suède
137	153	167	143	122	107	106	131	174	184	188	173	Suisse
1 700	1 503	1 552	1 607	1 830	1 498	1 967	2 464	2 493	2 498	2 519	2 446	Turquie
2 406	2 281	1 985	1 723	1 697	1 574	1 366	1 473	1 414	1 361	1 364	1 604	Royaume-Uni
37 756	37 192	36 151	35 589	34 574	32 581	33 425	36 767	37 915	37 667	36 847	34 411	OCDE-Total
22 029	22 433	22 101	21 424	20 775	19 626	20 436	22 665	23 413	22 676	22 248	21 108	Sept grands
14 988	15 409	15 538	14 773	13 502	12 279	11 193	11 834	12 598	13 110	13 297	12 604	Zone euro
17 996	18 325	18 142	17 019	15 671	14 243	12 922	13 675	14 433	14 934	15 163	14 657	UE15
					En pourcentage de la population active civile							
9.5	9.6	9.1	8.3	7.6	6.8	7.2	7.7	7.6	7.2	6.8	6.3	Canada
6.9	5.2	4.1	3.6	2.5	2.6	2.5	2.9	3.0	3.7	3.5	3.2	Mexique
5.6	5.4	4.9	4.5	4.2	4.0	4.7	5.8	6.0	5.5	5.1	4.6	États-Unis
8.5	8.5	8.5	7.7	6.9	6.3	6.8	6.4	6.1	5.5	5.1	4.9	Australie
3.2	3.4	3.4	4.1	4.7	4.7	5.0	5.4	5.3	4.7	4.4	4.1	Japon
2.1	2.0	2.6	7.0	6.3	4.4	4.0	3.3	3.6	3.7	3.7	3.5	Corée
6.3	6.1	6.6	7.4	6.8	6.0	5.3	5.2	4.6	3.9	3.7	3.8	Nouvelle-Zélande
3.7	4.2	4.3	4.3	3.8	3.6	3.7	4.0	4.3	5.0	5.2	4.8	Autriche
13.0	12.7	12.6	11.7	8.6	6.6	6.2	6.9	7.7	7.4	8.4	8.2	Belgique
4.1	3.9	4.8	6.5	8.8	8.9	8.2	7.3	7.8	8.3	8.0	7.2	République tchèque
7.1	7.0	6.2	5.5	5.6	4.6	4.8	4.8	5.6	5.7	5.0	4.1	Danemark
15.4	14.6	12.7	11.4	10.2	9.8	9.1	9.1	9.1	8.8	8.4	7.7	Finlande
11.6	12.2	12.3	11.7	11.0	9.6	8.8	8.9	9.9	10.0	9.9		France
8.2	9.0	9.9	9.3	8.5	7.8	7.9	8.6	9.3	10.3	11.2	10.4	Allemagne
10.0	10.3	10.2	10.8	11.9	11.2	10.4	9.9	9.3	10.2	9.6	8.8	Grèce
10.4	10.1	8.9	7.9	7.1	6.5	5.8	5.9	5.9	6.2	7.3	7.5	Hongrie
4.9	3.7	3.9	2.7	2.0	2.3	2.3	3.3	3.4	3.1	2.6	2.9	Islande
12.2	11.9	10.4	7.8	5.8	4.3	3.7	4.2	4.4	4.4	4.3	4.3	Irlande
11.7	11.7	11.8	11.9	11.5	10.7	9.6	9.1	8.8	8.1	7.8	6.9	Italie
2.3	2.5	2.7	2.3	2.1	1.9	1.7	2.0	2.5	2.8	3.1	3.1	Luxembourg
7.1	6.5	5.5	4.3	3.5	2.7	2.1	2.6	3.6	4.6	4.7	4.5	Pays-Bas
5.0	4.9	4.1	3.2	3.2	3.5	3.6	3.9	4.5	4.5	4.6	3.5	Norvège
13.3	12.4	11.2	10.5	13.9	16.1	18.2	19.9	19.6	19.0	17.7	13.8	Pologne
7.2	7.2	6.7	5.0	4.4	4.0	4.1	5.1	6.4	6.7	7.7	7.7	Portugal
13.1	11.3	11.9	12.6	16.4	18.8	19.3	18.6	17.5	18.1	16.2	13.3	République slovaque
23.0	22.1	20.7	18.7	15.7	13.9	10.6	11.5	11.5	11.0	9.2	8.5	Espagne
9.2	10.0	10.2	8.5	7.2	5.9	5.1	5.2	5.8	6.6	7.8	7.1	Suède
3.3	3.7	4.1	3.4	2.9	2.6	2.5	3.1	4.0	4.2	4.3	3.9	Suisse
7.6	6.6	6.8	6.9	7.7	6.5	8.4	10.3	10.5	10.3	10.3	9.9	Turquie
8.6	8.1	7.1	6.1	6.0	5.5	4.8	5.1	4.9	4.7	4.6	5.4	Royaume-Uni
7.5	7.3	7.0	6.8	6.6	6.1	6.3	6.8	7.0	6.9	6.6	6.1	OCDE-Total
6.7	6.8	6.6	6.4	6.1	5.7	5.9	6.5	6.7	6.5	6.3	5.9	Sept grands
11.4	11.7	11.7	10.9	9.9	8.9	8.1	8.4	8.9	9.2	9.1	8.5	Zone euro
10.8	10.9	10.8	10.0	9.1	8.2	7.4	7.8	8.1	8.3	8.3	7.9	UE15

Duration of unemployment

Percent

	1983	1984	1985	1986	1987	1988	1989	1990	1991	1992	1993	1994
	Less than 1 month as percentage of unemployment											
Canada	16.8	18.5	18.9	20.2	20.6	22.6	22.7	22.6	18.6	17.3	16.5	16.6
Mexico												
United States	33.3	39.2	42.1	41.9	43.7	46.0	48.6	46.3	40.3	35.1	36.5	34.1
Australia	14.4	15.0	16.3	18.1	17.7	20.2	22.6	21.7	16.1	12.9	13.1	14.5
Japan	20.2	15.1	16.9	17.2	14.8	18.5	21.3	24.8	20.1	19.6	19.5	16.5
Korea												
New Zealand				30.5	26.4	21.8	20.1	19.8	15.5	12.4	14.3	16.1
Austria												14.4
Belgium	3.7	2.9	2.3	2.6	1.8	1.6	2.1	4.0	4.3	8.8	10.1	9.2
Czech Republic											17.3	14.3
Denmark	4.9	5.8	5.5	6.9	9.2	7.2	8.8	7.1	5.9	20.5	22.7	18.1
Finland	39.4	38.1	36.5	43.4	40.8		48.5		33.5		18.8	
France	5.4	5.3	4.9	5.7	4.9	5.4	6.5	5.9	4.3	4.7	4.2	4.1
Germany	6.1	6.8	6.3	5.3	5.3	5.8	6.0	6.0	9.2	10.6	12.3	10.7
Greece	9.9	8.3	7.6	7.1	5.6	5.9	5.4	4.3	5.0	6.9	6.2	5.5
Hungary										12.5	11.9	11.4
Iceland									35.3	28.9	15.6	25.4
Ireland	7.0	5.2	2.9	3.5	2.3	3.1	2.5	2.6	3.4	5.3	4.8	3.3
Italy	2.5	2.1	2.2	1.9	2.3	2.5	2.5	2.0	2.4	8.1	6.3	4.0
Luxembourg	10.4	2.9	4.7	6.3	5.7				12.5	17.9	15.8	16.4
Netherlands	5.8		5.0		3.8	3.6	3.9	3.5	4.9	6.1	7.2	7.5
Norway	31.7	25.4	35.0	43.3	41.0	29.8	25.0	21.4	21.3	21.1	18.4	18.4
Poland										6.4	5.2	6.6
Portugal				1.3	1.3	1.5	0.7	3.2	2.1	35.2	8.5	9.7
Slovak Republic												6.3
Spain	2.6	2.3	2.5	2.4	1.1	1.0	1.5	1.8	2.4	4.2	3.5	3.2
Sweden	26.5	25.9	27.1	26.3	25.8	29.0	32.6	31.3	25.4	18.6	16.9	15.3
Switzerland									29.0	15.6	8.9	12.5
Turkey								0.0				
United Kingdom	6.8	7.2	6.7	6.8	6.9	9.4	11.2	12.5	11.5	11.3	9.7	10.2
OECD-Total												
Major seven	20.8	21.2	21.8	21.5	21.0	22.4	24.5	25.1	22.8	21.5	20.7	18.1
EU15												
	More than 1 month and less than 3 months as percentage of unemployment											
Canada	31.7	33.3	33.2	34.2	34.2	35.4	36.0	37.0	34.8	32.3	31.0	32.0
Mexico												
United States	27.4	28.7	30.2	31.1	29.6	29.9	30.3	32.0	32.4	29.4	28.9	30.1
Australia	23.0	22.0	21.9	23.7	22.9	23.5	25.6	27.0	22.8	18.8	18.6	18.9
Japan	29.8	30.1	30.6	27.0	26.2	25.0	28.0	23.4	28.4	30.4	30.5	27.8
Korea								57.4	56.5	56.4	53.4	52.2
New Zealand				30.1	28.8	28.6	26.3	22.5	21.2	17.8	17.6	18.4
Austria												35.7
Belgium	4.2	4.4	4.1	3.6	3.5	2.5	3.1	5.6	6.9	5.6	7.7	5.0
Czech Republic											25.3	23.8
Denmark	8.4	7.9	8.1	11.3	11.4	10.9	13.3	9.9	10.4	11.3	11.9	9.3
Finland												
France	12.8	13.1	11.2	11.6	12.6	13.0	12.8	18.8	18.7	17.3	16.3	14.1
Germany	11.2	12.3	11.9	10.8	11.8	12.0	12.4	12.3	14.8	11.0	9.0	8.0
Greece	9.7	9.9	8.5	9.4	8.5	8.2	7.1	6.8	7.6	9.1	9.6	7.9
Hungary										19.2	13.6	11.4
Iceland									25.4	26.4	20.6	15.6
Ireland	11.0	8.3	5.4	6.1	5.4	5.7	5.8	6.3	7.1	5.8	5.8	5.6
Italy	3.2	2.6	2.2	1.8	2.2	2.3	2.5	1.9	2.3	7.7	4.3	4.0
Luxembourg	12.5	14.7	7.0	9.4	8.6	10.0	5.3	5.3	12.5	21.4	5.3	7.9
Netherlands	5.1		4.2		15.4	14.3	14.9	17.8	18.7	6.2	4.5	6.0
Norway	30.2	28.6	30.0	40.0	33.3	36.8	26.1	22.4	22.4	21.0	21.1	22.5
Poland										14.0	14.0	12.5
Portugal				12.5	11.2	15.1	15.3	14.5	16.2	11.3	23.0	14.0
Slovak Republic												13.4
Spain	11.7	11.5	10.6	10.9	12.2	12.9	14.1	15.2	15.4	14.1	12.1	11.0
Sweden	27.9	26.3	26.8	28.7	26.8	27.1	25.5	30.3	30.0	29.3	23.2	19.5
Switzerland									26.0	25.5	20.1	16.9
Turkey						12.3	13.3	10.6	14.2	13.0	11.8	14.7
United Kingdom	10.7	11.9	10.1	11.1	11.4	14.2	15.7	17.5	19.3	13.2	11.2	12.4
OECD-Total												
Major seven	21.0	21.1	20.7	20.6	19.8	20.1	20.8	22.8	24.0	22.3	20.4	19.8
EU15												

LABOUR FORCE STATISTICS - ISBN 9789264035539 - © OECD 2007

Durée du chômage

Pourcentage

1995	1996	1997	1998	1999	2000	2001	2002	2003	2004	2005	2006	
Moins de 1 mois en pourcentage du chômage												
18.2	19.9	23.8	23.7	23.7	25.7	27.4	26.6	26.5	27.3	28.1	30.3	Canada
29.4	27.2	33.6	38.8	34.6	35.8	35.1	33.0	33.2	33.9	36.2	39.2	Mexique
36.5	36.4	37.7	42.2	43.7	44.9	41.9	34.5	31.7	33.1	35.1	37.3	États-Unis
16.1	17.5	15.7	15.7	18.0	20.0	21.4	22.7	23.4	26.9	28.8	27.5	Australie
18.1	15.6	15.1	17.9	13.0	13.4	14.2	14.1	12.7	14.1	14.1	15.2	Japon
												Corée
21.0	23.0	22.6	20.8	19.7	23.1	27.5	28.6	27.6	32.5	34.0	35.1	Nouvelle-Zélande
11.3	12.5	11.5	9.4	11.3	11.3	13.8	12.6	14.2	11.4	14.0	10.3	Autriche
9.7	8.4	8.1	8.1	7.1	8.6	7.8	7.9	6.2	6.5	6.4	6.6	Belgique
11.4	11.2	10.2	9.9	6.9	5.1	5.5	5.0	5.3	5.0	5.1	4.8	République tchèque
23.4	22.9	24.1	22.1	26.9	26.7	28.2	17.9	17.7	20.4	21.5	25.6	Danemark
13.8	10.0	14.3	15.0	18.8	16.2	9.8	10.0	9.1	9.3	9.2	10.3	Finlande
3.7	4.1	3.7	3.8	7.0	3.8	4.7	5.3	4.2	4.4	4.5	4.6	France
7.6	7.3	6.5	5.8	6.8	6.0	6.5	5.8	5.2	5.3	5.2	5.0	Allemagne
5.3	5.4	5.2	4.5	5.0	4.1	5.7	4.0	4.5	4.6	5.4	3.3	Grèce
5.7	5.1	4.9	4.4	5.3	6.4	6.5	6.6	6.7	5.3	5.1	4.6	Hongrie
23.9	24.1	33.9	32.5	46.4	43.8	34.7	24.0	33.2	37.9	42.7	58.2	Islande
5.0	6.7	7.9		0.7		11.3	9.8	7.6	8.9	9.4	11.3	Irlande
3.9	3.6	3.6	3.6	4.7	3.9	4.4	4.1	4.7	8.4	8.1	6.6	Italie
13.6	12.3	12.6	12.3	10.3	18.5	21.3	9.7	13.9	12.9	12.8		Luxembourg
6.2	5.0	3.7	4.2	3.0			7.4	7.0	5.1	4.3	2.9	Pays-Bas
21.4	32.3	35.3	44.3	45.6	44.9	44.9	40.6	34.9	32.5	32.9	27.7	Norvège
7.5	7.6	8.0	9.0	8.2	7.2	6.7	6.2	6.3	6.5	5.7	7.0	Pologne
7.1	6.4	5.4	5.3	5.2	4.0	7.2	8.1	6.1	6.4	4.8	5.2	Portugal
5.1	5.2	5.3	5.1	4.6	3.7	7.2	6.6	6.9	6.1	5.5	4.2	République slovaque
3.3	3.6	3.7	3.9	4.3	4.6	5.8	5.5	5.5	5.3	11.7	13.7	Espagne
17.0	15.8	15.6	16.8	19.1	21.4	21.9	21.5	21.4	20.5	26.2	24.5	Suède
9.2	12.9	13.4	16.0	8.9	13.5	12.7	10.7	9.1	8.2	8.3	8.9	Suisse
											2.0	Turquie
10.6	11.2	13.6	14.2	13.5	15.5	16.2	15.7	16.9	16.9	17.3	16.8	Royaume-Uni
14.8	14.5	14.6	15.1	14.9	15.4	16.5	15.2	14.4	14.7	15.3	16.2	OCDE-Total
18.5	18.0	18.0	19.2	19.4	19.8	21.3	19.5	18.0	18.6	18.8	19.5	Sept grands
6.5	6.4	6.4	6.2	7.3	6.8	7.5	7.1	6.8	7.3	8.2	8.3	UE15
Plus de 1 mois et moins de 3 mois en pourcentage du chômage												
33.9	33.3	33.4	35.8	37.5	39.0	41.1	38.9	39.3	39.7	39.5	39.6	Canada
36.9	40.1	41.4	39.6	40.9	41.7	44.8	44.4	43.3	42.5	38.0	38.3	Mexique
31.6	31.6	31.7	31.4	31.2	31.9	32.3	30.8	29.8	29.2	30.3	30.3	États-Unis
21.2	22.5	21.7	23.2	24.9	26.3	23.7	25.0	25.2	24.4	25.6	26.6	Australie
29.1	27.5	26.7	25.9	24.7	23.9	25.0	19.6	20.2	20.3	21.3	20.4	Japon
55.2	58.0	57.7	55.8	53.2	59.9	61.0	58.4	64.0	62.3	61.2	61.2	Corée
21.2	23.5	24.2	24.5	22.8	24.0	25.6	26.4	28.7	28.4	29.0	29.7	Nouvelle-Zélande
26.9	27.4	25.7	29.7	28.1	29.8	29.7	36.7	29.2	19.5	23.4	24.8	Autriche
3.9	5.0	5.7	6.5	9.4	9.5	10.2	11.1	13.3	11.8	12.7	11.5	Belgique
16.9	17.2	16.8	15.6	13.0	10.7	9.7	10.8	10.6	9.5	9.2	8.1	République tchèque
11.3	15.3	11.8	14.5	17.5	18.2	17.0	23.8	20.4	15.4	16.7	17.9	Danemark
10.2	12.1	16.3	17.8	16.4	17.4	28.4	28.0	27.8	27.8	28.0	29.2	Finlande
13.9	14.6	14.5	13.9	17.9	16.7	19.5	20.3	18.0	17.9	17.7	17.4	France
10.6	9.4	9.2	9.4	10.9	11.7	11.4	12.5	11.2	11.7	10.4	9.6	Allemagne
8.1	7.1	6.1	7.3	7.5	8.5	12.7	8.5	8.1	7.7	9.4	7.3	Grèce
8.3	7.7	8.4	10.0	10.1	10.8	11.1	11.0	11.1	17.1	16.6	16.8	Hongrie
20.5	22.6	18.7	21.5	20.7	22.7	26.7	26.9	24.2	27.3	23.6	19.0	Islande
6.3	5.7	6.3		7.2		20.3	19.0	17.0	18.4	19.8	17.7	Irlande
3.4	3.5	3.5	7.8	7.3	7.2	8.1	8.0	8.4	12.9	11.0	11.0	Italie
11.7	15.5	7.7	11.7	14.2	17.9	17.9	20.3	17.6	20.8	20.8		Luxembourg
4.5	4.2	3.4	7.4	8.2			24.3	24.2	19.6	18.1	17.0	Pays-Bas
22.5	22.6	25.9	25.1	27.4	25.9	27.0	26.9	27.4	27.5	25.4	26.0	Norvège
13.3	12.5	13.7	14.1	15.4	11.6	10.9	9.3	9.5	9.9	8.9	10.1	Pologne
11.5	11.7	11.8	10.1	13.9	16.7	17.8	15.5	16.5	11.4	9.8	8.2	Portugal
12.1	12.1	12.3	12.0	11.5	8.8	8.2	6.7	7.6	7.4	5.4	5.2	République slovaque
11.6	11.3	11.5	12.5	13.3	15.1	15.7	17.5	17.3	18.3	23.7	25.3	Espagne
19.8	18.1	17.1	18.2	18.7	20.5	23.3	23.5	23.3	22.2	24.9	26.2	Suède
18.5	17.3	15.1	20.4	16.4	20.7	21.5	26.3	19.8	16.8	14.9	15.1	Suisse
14.7	16.1	17.8	19.1	26.1	36.7	33.5	29.8	32.6	20.9	22.0	23.2	Turquie
12.7	14.5	16.2	20.1	22.4	22.4	21.3	25.9	25.6	24.8	24.1	22.2	Royaume-Uni
19.3	19.3	19.2	20.9	21.6	22.1	23.3	22.6	22.5	21.7	21.8	21.9	OCDE-Total
20.7	20.4	20.1	20.7	21.6	22.0	23.5	23.2	22.3	22.3	22.0	21.6	Sept grands
10.5	10.7	10.7	12.1	13.6	14.1	14.9	16.3	15.4	15.8	15.7	15.6	UE15

Duration of unemployment

Percent

	1983	1984	1985	1986	1987	1988	1989	1990	1991	1992	1993	1994
	More than 3 months and less than 6 months as percentage of unemployment											
Canada	21.1	20.1	20.0	20.0	19.7	19.9	18.9	20.2	21.3	20.2	19.4	18.7
Mexico												
United States	15.4	12.9	12.3	12.7	12.7	12.0	11.2	11.7	14.5	15.1	14.5	15.5
Australia	17.3	15.1	14.7	14.8	15.1	14.2	13.5	15.2	17.7	14.9	14.0	14.1
Japan	18.5	16.3	17.5	16.6	18.6	16.1	13.3	12.8	13.4	13.8	16.9	19.6
Korea								28.7	28.9	27.7	29.1	27.2
New Zealand				17.5	17.8	16.7	16.8	17.5	18.1	16.7	15.4	15.1
Austria												18.1
Belgium	9.5	10.0	10.4	10.0	8.8	7.3	8.2	9.1	11.1	10.9	11.9	10.5
Czech Republic											20.6	20.1
Denmark	19.4	30.3	27.9	33.0	31.2	36.7	32.4	29.7	29.4	18.3	19.9	18.5
Finland	30.0	28.7	28.7	24.4	29.2		31.8		33.9		28.4	
France	17.8	18.0	15.9	16.1	16.2	17.1	17.0	19.7	19.0	19.8	21.3	20.1
Germany	16.8	16.0	15.3	16.6	19.1	17.9	15.2	17.1	21.8	23.0	18.6	17.6
Greece	21.9	21.1	20.0	19.0	19.0	16.3	16.7	16.9	15.8	13.8	13.2	13.8
Hungary										21.9	16.9	14.5
Iceland									25.6	29.8	30.6	26.8
Ireland	18.0	14.6	10.0	9.8	10.9	10.5	10.4	10.0	12.0	11.5	12.5	10.4
Italy	11.7	11.0	10.7	10.4	10.7	10.4	10.6	10.9	11.0	14.4	12.9	12.5
Luxembourg	18.8	23.5	20.9	37.5	17.1	30.0	31.6	26.3	31.3	21.4	18.4	21.0
Netherlands	18.4		14.9		17.2	19.0	18.7	15.1	16.1	10.8	9.1	9.1
Norway	23.8	17.5	17.5	16.7	20.5	17.5	21.7	15.3	17.1	16.8	14.9	15.4
Poland										16.8	16.2	15.8
Portugal				13.9	17.3	19.2	20.7	20.0	23.1	16.1	23.2	19.0
Slovak Republic												16.4
Spain	12.9	13.2	12.1	12.0	11.2	11.2	11.7	12.9	13.9	15.6	14.7	12.4
Sweden	20.6	19.9	19.0	23.2	15.6	17.1	17.0	16.1	21.0	21.5	22.8	18.5
Switzerland									17.5	20.5	23.0	20.6
Turkey						14.2	16.7	16.7	20.1	18.8	18.0	16.4
United Kingdom	16.1	15.7	15.8	16.7	16.9	16.5	17.7	19.8	22.1	18.3	16.1	14.0
OECD-Total												
Major seven	16.1	14.7	14.2	14.5	15.0	14.4	13.6	14.5	16.6	17.1	16.3	16.4
EU15												

	1983	1984	1985	1986	1987	1988	1989	1990	1991	1992	1993	1994
	More than 6 months and less than 1 year as percentage of unemployment											
Canada	18.3	16.1	15.7	14.8	14.8	13.2	14.0	13.0	16.2	16.7	16.6	14.8
Mexico												
United States	10.6	6.9	6.0	5.7	5.9	4.7	4.2	4.5	6.6	9.2	8.6	8.1
Australia	20.1	16.9	16.4	15.8	16.3	14.4	13.5	15.0	19.7	19.9	17.5	16.5
Japan	18.5	23.5	21.9	22.1	20.2	20.2	18.7	19.9	20.1	20.3	17.5	18.6
Korea								11.3	10.5	12.0	14.8	15.2
New Zealand				14.0	16.4	19.5	19.3	18.4	21.3	21.4	19.3	17.7
Austria												13.4
Belgium	17.8	15.1	14.3	14.2	12.4	12.4	11.1	12.8	14.9	15.6	17.4	17.0
Czech Republic											18.4	19.6
Denmark	22.9	23.1	24.1	20.5	23.4	20.8	23.4	23.3	22.3	22.9	20.3	21.9
Finland	10.7	10.9	13.6	16.1	11.0		18.2		23.4		22.2	
France	24.7	24.2	24.3	22.5	20.9	19.9	19.9	17.5	20.8	22.0	24.0	23.3
Germany	24.2	20.4	18.8	19.1	15.5	18.1	17.3	17.9	22.6	21.9	19.7	19.5
Greece	25.2	23.1	20.0	22.0	22.5	23.4	20.5	22.1	23.9	20.6	20.1	22.4
Hungary										26.0	24.1	21.3
Iceland									6.9	8.1	21.1	17.1
Ireland	27.3	26.1	18.3	16.7	16.8	16.3	15.3	15.0	15.9	18.6	17.8	16.4
Italy	24.3	20.4	18.6	18.8	18.5	16.2	14.9	15.4	16.2	11.6	18.8	18.0
Luxembourg	22.9	29.4	25.6	15.6	28.6	30.0	15.8	21.1	12.5	25.0	28.9	25.1
Netherlands	21.9		16.4		17.0	14.1	14.5	14.3	14.3	32.9	26.8	28.1
Norway	9.5	14.3	7.5			5.3	16.3	20.4	19.0	17.6	18.4	14.9
Poland										28.1	25.6	24.8
Portugal				18.7	16.2	15.9	17.7	17.5	19.8	6.5	1.8	13.9
Slovak Republic												21.4
Spain	20.1	19.3	18.2	17.1	13.6	13.6	14.2	16.2	17.3	18.7	19.6	17.2
Sweden	14.7	15.5	15.7	13.7	13.5	11.9	11.1	10.2	12.4	17.2	21.3	21.0
Switzerland									10.5	18.4	27.8	21.2
Turkey						22.6	28.8	25.6	24.9	24.0	23.4	23.0
United Kingdom	20.8	18.9	17.1	17.2	16.9	16.8	16.2	15.9	18.3	21.9	20.4	18.0
OECD-Total												
Major seven	16.3	14.9	14.0	13.8	13.6	12.9	12.1	11.7	13.7	14.9	15.5	15.3
EU15												

LABOUR FORCE STATISTICS - ISBN 9789264035539 - © OECD 2007

Durée du chômage

Pourcentage

1995	1996	1997	1998	1999	2000	2001	2002	2003	2004	2005	2006	
Plus de 3 mois et moins de 6 mois en pourcentage du chômage												
18.4	17.5	15.8	16.3	17.3	15.8	14.7	16.0	15.9	15.2	15.3	14.0	Canada
25.6	23.0	18.5	18.4	17.7	17.4	16.1	17.4	18.8	18.5	19.1	16.2	Mexique
14.7	14.6	14.7	12.3	12.8	11.8	14.0	16.3	16.5	15.9	14.9	14.8	États-Unis
14.4	15.1	14.4	14.9	14.3	14.2	17.5	16.0	16.7	15.1	15.4	15.4	Australie
15.1	17.0	16.9	17.1	17.9	15.8	14.6	17.3	16.2	15.7	15.5	16.3	Japon
27.2	26.1	26.5	29.5	28.1	26.0	26.1	27.8	26.0	26.3	27.2	27.5	Corée
14.3	16.9	16.9	17.0	18.4	16.6	15.6	16.3	16.2	15.2	15.5	15.2	Nouvelle-Zélande
18.1	19.4	18.3	16.9	16.4	19.3	20.4	17.2	15.5	22.8	19.4	20.7	Autriche
8.7	9.3	9.0	9.1	10.0	10.1	15.6	13.7	15.8	12.8	12.5	12.8	Belgique
18.9	19.2	19.9	20.0	18.1	14.2	13.5	13.9	14.2	13.9	13.0	12.1	République tchèque
18.7	17.3	18.4	22.1	17.2	17.0	16.2	25.0	21.0	19.2	18.0	22.7	Danemark
19.3	22.4	20.8	25.0	18.4	19.9	19.6	20.3	21.8	22.0	21.0	20.8	Finlande
18.3	19.7	18.0	18.0	19.5	17.6	18.5	20.9	15.9	16.4	16.6	15.4	France
15.9	17.9	15.8	15.2	15.1	14.8	16.0	16.9	15.1	15.4	13.5	12.3	Allemagne
14.0	12.7	12.1	13.4	13.1	13.9	12.6	15.1	13.2	13.3	12.6	14.2	Grèce
13.0	12.0	13.2	14.7	14.2	13.0	14.4	14.9	16.8	15.9	14.9	15.6	Hongrie
22.3	22.0	20.4	23.2	12.7	14.9	17.7	24.3	21.6	13.5	11.9	9.1	Islande
10.5	11.9	12.2		16.0		18.1	20.7	18.5	17.7	18.2	17.9	Irlande
12.5	12.1	11.1	11.2	10.8	11.3	10.2	12.1	12.9	13.2	13.2	13.8	Italie
25.6	27.5	18.6	20.9	21.7	26.6	15.9	23.3	26.6	21.3	15.2		Luxembourg
9.0	9.0	12.6	4.9	8.0			25.1	19.5	20.2	17.8	17.4	Pays-Bas
16.7	15.4	12.3	10.4	10.9	12.7	11.9	12.5	17.1	14.7	16.4	14.0	Norvège
16.1	17.0	16.1	16.5	19.3	18.2	16.2	14.5	14.0	14.9	13.7	13.7	Pologne
16.3	15.2	16.0	20.0	17.1	19.2	17.0	21.9	19.6	17.3	16.1	16.1	Portugal
12.5	13.4	14.6	14.9	14.7	13.1	11.3	9.2	9.2	9.5	7.7	6.3	République slovaque
12.2	12.8	12.8	13.1	14.6	15.5	16.7	17.8	17.6	18.5	16.9	16.6	Espagne
17.6	17.7	16.5	15.8	17.0	16.6	18.1	18.7	20.0	20.0	19.6	21.5	Suède
21.5	17.8	23.0	14.4	13.5	20.1	18.4	25.7	23.4	21.1	17.7	17.4	Suisse
24.8	16.9	19.5	20.1	24.1	27.3	31.0	24.7	27.5	22.2	22.4	23.5	Turquie
16.0	16.2	15.4	18.4	18.7	18.8	18.9	19.8	20.4	19.5	20.4	20.2	Royaume-Uni
16.1	16.1	15.5	15.7	16.5	15.9	16.4	17.4	17.0	16.6	16.0	15.9	OCDE-Total
15.4	16.0	15.2	14.8	15.3	14.4	14.8	16.8	16.0	15.8	15.1	14.8	Sept grands
14.7	15.5	14.6	14.9	15.3	15.4	15.8	17.5	16.2	16.5	15.6	15.3	UE15
Plus de 6 mois et moins de 1 an en pourcentage du chômage												
12.7	12.6	10.8	10.4	9.8	8.2	7.3	8.9	8.3	8.2	7.5	7.3	Canada
6.6	7.5	4.7	2.4	5.3	4.0	3.0	4.4	3.8	4.0	4.4	3.7	Mexique
7.6	8.0	7.1	6.1	5.5	5.4	5.7	9.8	10.2	9.2	7.9	7.6	États-Unis
16.3	16.4	17.0	16.5	14.5	14.0	15.3	13.9	13.5	13.0	12.5	12.8	Australie
19.6	20.6	19.6	18.7	22.1	21.4	19.6	18.2	17.3	16.3	15.8	15.2	Japon
13.3	12.1	13.3	13.2	14.9	11.8	10.5	11.4	9.4	10.3	10.8	10.2	Corée
17.8	15.8	17.0	18.4	18.1	17.0	14.6	14.1	13.9	12.2	12.1	12.9	Nouvelle-Zélande
14.6	15.8	17.0	13.7	15.0	13.8	12.8	14.3	16.4	18.8	18.0	16.9	Autriche
15.3	16.1	16.7	14.6	13.0	15.4	14.8	17.7	18.4	19.3	16.8	13.4	Belgique
21.7	21.1	22.5	23.4	24.8	21.1	18.6	19.6	20.0	19.8	19.1	19.8	République tchèque
18.7	17.9	18.6	14.4	18.0	18.1	16.3	13.6	21.0	22.4	17.9	13.3	Danemark
19.1	20.9	18.8	14.7	16.8	17.4	16.0	17.3	16.7	17.4	16.9	14.9	Finlande
21.6	21.9	22.4	20.1	15.2	19.4	19.6	19.7	19.1	19.6	18.6	18.6	France
17.2	17.5	18.3	17.0	15.4	16.1	15.8	17.0	18.5	15.8	16.9	15.9	Allemagne
21.2	18.0	20.9	19.9	19.0	17.1	16.2	19.8	18.0	19.6	18.9	19.7	Grèce
22.4	20.8	22.2	21.2	20.9	20.8	21.4	22.6	23.2	16.7	17.3	16.7	Hongrie
16.5	11.4	10.6	6.8	8.5	6.8	8.5	13.7	12.9	10.0	8.5	6.3	Islande
16.6	16.2	16.6		20.8		17.2	21.1	21.5	20.7	18.2	18.8	Irlande
16.7	15.1	15.5	17.7	15.8	16.3	14.0	16.5	15.8	15.7	15.5	15.7	Italie
25.9	17.0	26.5	23.9	21.5	14.6	16.4	19.4	17.2	24.0	24.7		Luxembourg
33.6	31.8	31.2	35.7	37.3			16.5	20.1	22.6	19.8	17.5	Pays-Bas
15.1	15.5	14.1	11.9	9.0	11.2	10.7	13.6	14.1	16.2	15.8	18.2	Norvège
23.0	23.8	24.2	23.0	22.3	25.2	23.1	21.6	20.5	20.8	19.5	18.7	Pologne
14.2	13.6	11.1	19.8	22.6	17.2	19.9	19.1	25.0	21.8	20.8	18.7	Portugal
16.3	16.7	16.1	16.7	21.6	19.8	19.6	17.8	15.3	16.4	13.3	11.2	République slovaque
15.8	16.4	16.3	16.2	16.6	17.3	17.8	19.0	19.8	20.3	15.1	14.9	Espagne
17.8	18.3	17.4	15.7	15.1	15.1	14.4	15.3	17.6	18.4	15.2	13.6	Suède
17.2	26.6	20.3	14.3	21.6	16.8	17.4	15.5	21.6	20.3	20.1	19.5	Suisse
24.1	22.7	21.1	20.5	21.5	14.9	14.3	16.1	15.5	17.7	16.0	15.5	Turquie
17.2	18.3	16.1	14.6	15.8	15.2	15.8	15.8	14.4	17.4	15.8	18.8	Royaume-Uni
15.7	16.0	15.8	15.1	15.3	15.2	14.3	15.3	15.3	15.1	14.1	13.7	OCDE-Total
14.3	14.8	14.5	13.9	13.4	13.8	12.7	14.2	14.2	13.6	13.2	13.1	Sept grands
18.0	18.0	18.0	17.5	16.3	16.8	16.4	17.6	18.1	18.0	17.0	16.7	UE15

Duration of unemployment

Percent

	1983	1984	1985	1986	1987	1988	1989	1990	1991	1992	1993	1994
	1 year and over as percentage of unemployment											
Canada	12.1	12.0	12.2	10.7	10.8	8.9	8.3	7.2	9.0	13.5	16.5	17.9
Mexico												
United States	13.3	12.3	9.5	8.7	8.1	7.4	5.7	5.5	6.3	11.1	11.5	12.2
Australia	25.2	31.0	30.8	27.6	28.0	27.8	24.8	21.1	23.7	33.4	36.7	36.1
Japan	12.9	15.1	13.1	17.2	20.2	20.2	18.7	19.1	17.9	15.9	15.6	17.5
Korea								2.6	4.2	3.8	2.6	5.4
New Zealand				7.9	10.6	13.5	17.4	21.8	23.8	31.7	33.3	32.7
Austria												18.4
Belgium	64.8	67.6	68.9	69.6	73.5	76.2	75.4	68.5	62.9	59.1	53.0	58.3
Czech Republic											18.5	22.3
Denmark	44.3	32.9	34.4	28.3	24.9	24.5	22.1	29.9	31.9	27.0	25.2	32.1
Finland	19.8	22.3	21.1	16.0	19.0		1.5		9.2		30.6	
France	39.3	39.3	43.7	44.2	45.3	44.6	43.7	38.1	37.3	36.2	34.2	38.5
Germany	41.6	44.5	47.8	48.3	48.2	46.2	49.1	46.8	31.6	33.5	40.3	44.3
Greece	33.3	37.5	43.8	42.5	44.4	46.2	50.4	49.8	47.7	49.6	50.9	50.5
Hungary										20.4	33.5	41.3
Iceland									6.7	6.8	12.2	15.1
Ireland	36.7	45.8	63.4	63.9	64.7	64.3	66.0	66.0	61.5	58.8	59.1	64.3
Italy	58.2	63.8	66.3	67.1	66.3	68.7	69.5	69.8	68.1	58.2	57.7	61.5
Luxembourg	35.4	29.4	41.9	31.3	40.0	30.0	47.4	47.4	31.3	14.3	31.6	29.6
Netherlands	48.8		59.4		46.5	49.1	48.1	49.3	46.1	43.9	52.4	49.4
Norway	4.8	14.3	10.0		5.1	10.5	10.9	20.4	20.2	23.5	27.2	28.8
Poland										34.7	39.1	40.4
Portugal				53.7	53.9	48.2	45.6	44.9	38.7	30.9	43.5	43.4
Slovak Republic												42.6
Spain	52.7	53.6	56.7	57.6	61.9	61.4	58.5	54.0	51.0	47.4	50.1	56.2
Sweden	10.3	12.4	11.4	8.0	18.3	14.9	13.8	12.1	11.2	13.5	15.8	25.7
Switzerland									17.0	20.0	20.3	29.0
Turkey						50.8	41.2	47.0	40.9	44.2	46.8	45.9
United Kingdom	45.6	46.3	50.3	48.2	47.9	43.0	39.1	34.4	28.8	35.4	42.5	45.4
OECD-Total												
Major seven	25.8 |	28.2	29.2	29.6	30.6	30.3	29.0	25.9 |	22.9	24.2 |	27.0 |	30.5
EU15												

LABOUR FORCE STATISTICS - ISBN 9789264035539 - © OECD 2007

Durée du chômage

Pourcentage

1995	1996	1997	1998	1999	2000	2001	2002	2003	2004	2005	2006	
				Plus de 1 an en pourcentage du chômage								
16.8	16.8	16.1	13.8	11.7	11.2	9.5	9.6	10.0	9.5	9.6	8.7	Canada
1.5	2.2	1.8	0.8	1.5	1.2	1.0	0.9	0.9	1.1	2.3	2.5	Mexique
9.7	9.5	8.7	8.0	6.8	6.0	6.1	8.5	11.8	12.7	11.8	10.0	États-Unis
32.0	28.5	31.2	29.7	28.3	25.5	22.0	22.3	21.3	20.5	17.7	17.8	Australie
18.1	19.3	21.8	20.3	22.4	25.5	26.6	30.8	33.5	33.7	33.3	33.0	Japon
4.4	3.8	2.6	1.5	3.8	2.3	2.3	2.5	0.6	1.1	0.8	1.1	Corée
25.7	20.8	19.3	19.3	20.9	19.3	16.7	14.5	13.5	11.7	9.4	7.1	Nouvelle-Zélande
29.1	24.9	27.5	30.3	29.2	25.8	23.3	19.2	24.5	27.6	25.3	27.3	Autriche
62.4	61.3	60.5	61.7	60.5	56.3	51.7	49.6	46.3	49.6	51.6	55.6	Belgique
31.2	31.3	30.5	31.2	37.1	48.8	52.7	50.7	49.9	51.8	53.6	55.2	République tchèque
27.9	26.5	27.2	26.9	20.5	20.0	22.2	19.7	19.9	22.6	25.9	20.4	Danemark
37.6	34.5	29.8	27.5	29.6	29.0	26.2	24.4	24.7	23.4	24.9	24.8	Finlande
42.5	39.6	41.4	44.2	40.4	42.6	37.6	33.8	42.9	41.6	42.5	44.0	France
48.7	47.8	50.1	52.6	51.7	51.5	50.4	47.9	50.0	51.8	54.0	57.2	Allemagne
51.4	56.7	55.7	54.9	55.3	56.4	52.8	52.7	56.3	54.8	53.7	55.6	Grèce
50.6	54.4	51.3	49.8	49.5	49.0	46.6	44.8	42.2	45.1	46.1	46.1	Hongrie
16.8	19.8	16.3	16.1	11.7	11.8	12.5	11.1	8.1	11.2	13.3	7.3	Islande
61.6	59.5	57.0		55.3		33.1	29.4	35.5	34.3	34.3	34.3	Irlande
63.6	65.6	66.3	59.6	61.4	61.3	63.4	59.2	58.2	49.7	52.2	52.9	Italie
23.2	27.6	34.6	31.3	32.3	22.4	28.4	27.4	24.7	21.0	26.4		Luxembourg
46.8	50.0	49.1	47.9	43.5			26.7	29.2	32.5	40.1	45.2	Pays-Bas
24.2	14.2	12.4	8.3	7.1	5.3	5.5	6.4	6.4	9.2	9.5	14.1	Norvège
40.0	39.0	38.0	37.4	34.8	37.9	43.1	48.4	49.7	47.9	52.2	50.4	Pologne
50.9	53.1	55.6	44.7	41.2	42.9	38.1	35.5	32.8	43.2	48.6	51.8	Portugal
54.1	52.6	51.6	51.3	47.7	54.6	53.7	59.8	61.1	60.6	68.1	73.1	République slovaque
57.1	55.9	55.7	54.3	51.2	47.6	44.0	40.2	39.8	37.7	32.6	29.5	Espagne
27.8	30.1	33.4	33.5	30.1	26.4	22.3	21.0	17.8	18.9	14.1	14.2	Suède
33.6	25.6	28.2	34.8	39.6	29.0	29.9	21.8	26.1	33.5	39.0	39.1	Suisse
36.4	44.3	41.6	40.3	28.2	21.1	21.3	29.4	24.4	39.2	39.6	35.8	Turquie
43.6	39.8	38.6	32.7	29.6	28.0	27.8	22.9	22.8	21.4	22.4	22.1	Royaume-Uni
34.2 |	34.4 |	35.1 |	33.2 |	31.8 |	31.5 |	29.6 |	29.6 |	30.9 |	31.9 |	32.8		OCDE-Total
31.0	30.8	32.2	31.5 |	30.4 |	30.1	27.7	26.4 |	29.4 |	29.7 |	30.9	31.0	Sept grands
50.3	49.4	50.2 |	49.2 |	47.5 |	46.9	45.3 |	41.5 |	43.4 |	42.4 |	43.5	44.2	UE15

Part II
Partie II

Country Tables
Tableaux par pays

Information for Part II
Remarques sur la Partie II

The International Standard Industrial Classification of all economic activities (ISIC) adopted in 1968 by the United Nations (Statistical Papers, Series M, No. 4, Rev. 2) is used for the breakdown of civilian employment in the Country Table IV. Civilian employment and employee data broken down by ISIC Rev 3 are available and published in Table V for all OECD Member countries except United States :

Canada (since 1987)

Mexico (since 1991)

Australia (since1985)

Japan (since 2003)

Korea (since 1992)

New Zealand (since 1991)

Austria (since 1998)

Belgium (since 1993)

Czech Republic (since 1993)

Denmark (since 1995)

Finland (since 1990)

France (data for employees only since 1990)

Germany (since 1991)

Greece (since 1993)

Hungary (since 1998)

Iceland (since 1991)

Ireland (since 1994)

Italy (since 1993)

Luxembourg (since 1995)

Netherlands (since 1996)

Norway (since 1996)

Poland (since 1999)

Portugal (since 1992)

Slovak Republic (since 1994)

Spain (since 1988)

Sweden (since 1998)

Switzerland (data for civilian employment only since 1991)

Turkey (since 2000)

United Kingdom (data for civilian employment since 1991, for employees since 1985)

La classification internationale type par industrie de toutes les branches d'activité économique (CITI) adoptée en 1968 par les Nations Unies (Études statistiques, Série M, no. 4, Rév. 2) est utilisée pour la répartition de la population active civile occupée dans le tableau IV par pays. Les données de l'emploi civil et des salariés réparties selon la CITI révision 3 sont disponibles et publiées dans le tableau V pour les pays Membres de l'OCDE sauf les États-Unis :

Canada (depuis 1987)

Mexique (depuis 1991)

Australie (depuis 1985)

Japon (depuis 2003)

Corée (depuis 1992)

Nouvelle-Zélande (depuis 1991)

Autriche (depuis 1998)

Belgique (depuis 1993)

République tchèque (depuis 1993)

Danemark (depuis 1995)

Finlande (depuis 1990)

France (données pour les salariés uniquement depuis 1990)

Allemagne (depuis 1991)

Grèce (depuis 1993)

Hongrie (depuis 1998)

Islande (depuis 1991)

Irlande (depuis 1994)

Italie (depuis 1993)

Luxembourg (depuis 1995)

Pays-Bas (depuis 1996)

Norvège (depuis 1996)

Pologne (depuis 1999)

Portugal (depuis 1992)

République slovaque (depuis 1994)

Espagne (depuis 1988)

Suède (depuis 1998)

Suisse (données pour l'emploi civil uniquement depuis 1991)

Turquie (depuis 2000)

Royaume-Uni (données pour l'emploi civil depuis 1991, pour les salariés depuis 1985).

CANADA

I - Population

Thousands (mid-year estimates)

	1986	1987	1988	1989	1990	1991	1992	1993	1994	1995	1996
POPULATION - DISTRIBUTION BY AGE AND GENDER											
All persons											
Total	26 101	26 449	26 795	27 282	27 698	28 031	28 367	28 682	28 999	29 302	29 611
Under 15 years	5 485	5 525	5 575	5 656	5 732	5 790	5 868	5 923	5 958	5 973	5 986
From 15 to 64 years	17 879	18 085	18 293	18 601	18 845	19 024	19 203	19 389	19 603	19 820	20 046
65 years and over	2 737	2 839	2 928	3 026	3 121	3 217	3 295	3 370	3 438	3 509	3 579
Males											
Total	12 952	13 121	13 290	13 528	13 732	13 895	14 056	14 207	14 359	14 503	14 651
Under 15 years	2 811	2 830	2 857	2 899	2 939	2 967	3 009	3 038	3 055	3 063	3 068
From 15 to 64 years	8 994	9 102	9 208	9 363	9 486	9 578	9 662	9 752	9 855	9 960	10 069
65 years and over	1 148	1 189	1 225	1 266	1 307	1 350	1 384	1 417	1 448	1 481	1 514
Females											
Total	13 149	13 328	13 505	13 753	13 966	14 137	14 311	14 475	14 640	14 799	14 960
Under 15 years	2 674	2 694	2 718	2 757	2 793	2 823	2 859	2 885	2 903	2 910	2 917
From 15 to 64 years	8 886	8 983	9 084	9 237	9 359	9 446	9 541	9 637	9 747	9 860	9 978
65 years and over	1 589	1 650	1 703	1 760	1 814	1 867	1 911	1 953	1 990	2 028	2 065
POPULATION - PERCENTAGES											
All persons											
Total	100.0	100.0	100.0	100.0	100.0	100.0	100.0	100.0	100.0	100.0	100.0
Under 15 years	21.0	20.9	20.8	20.7	20.7	20.7	20.7	20.7	20.5	20.4	20.2
From 15 to 64 years	68.5	68.4	68.3	68.2	68.0	67.9	67.7	67.6	67.6	67.6	67.7
65 years and over	10.5	10.7	10.9	11.1	11.3	11.5	11.6	11.7	11.9	12.0	12.1
COMPONENTS OF CHANGE IN POPULATION											
a) Population at 1 January	25 963	26 258	26 605	27 037	27 469	27 862	28 176	28 530	28 833	29 141	29 447
b) Population at 31 December	26 258	26 605	27 037	27 469	27 862	28 176	28 530	28 833	29 141	29 447	29 752
c) Total increase (b-a)	295	347	432	432	393	314	354	303	308	306	305
d) Births	373	370	377	393	405	403	399	388	385	378	366
e) Deaths	184	185	190	191	192	196	197	205	207	211	213
f) Natural increase (d-e)	189	185	187	202	213	207	202	183	178	167	153
g) Net migration	116	164	246	232	180	121	174	143	152	162	167
h) Statistical adjustments	-10	-1	-1	-1	-1	-14	-23	-23	-23	-23	-15
i) Total increase (=f+g+h=c)	295	348	432	433	392	314	353	303	307	306	305
(Components of change in population/ Average population) x1000											
Total increase rates	11.3	13.2	16.1	15.9	14.2	11.2	12.5	10.6	10.6	10.4	10.3
Crude birth rates	14.3	14.0	14.1	14.4	14.6	14.4	14.1	13.5	13.3	12.9	12.4
Crude death rates	7.0	7.0	7.1	7.0	6.9	7.0	6.9	7.1	7.1	7.2	7.2
Natural increase rates	7.2	7.0	7.0	7.4	7.7	7.4	7.1	6.4	6.1	5.7	5.2
Net migration rates	4.4	6.2	9.2	8.5	6.5	4.3	6.1	5.0	5.2	5.5	5.6

I - Population

Milliers (estimations au milieu de l'année)

1997	1998	1999	2000	2001	2002	2003	2004	2005	2006	
										POPULATION - RÉPARTITION SELON L'AGE ET LE SEXE
										Ensemble des personnes
29 907	30 157	30 404	30 689	31 021	31 373	31 676	31 989	32 299	32 623	Total
5 978	5 958	5 919	5 884	5 855	5 825	5 787	5 746	5 694	5 645	Moins de 15 ans
20 275	20 474	20 698	20 953	21 244	21 554	21 822	22 098	22 384	22 665	De 15 à 64 ans
3 655	3 724	3 787	3 853	3 923	3 993	4 067	4 145	4 221	4 314	65 ans et plus
										Hommes
14 800	14 927	15 052	15 197	15 364	15 539	15 689	15 843	15 996	16 155	Total
3 064	3 054	3 034	3 014	2 997	2 982	2 963	2 943	2 916	2 891	Moins de 15 ans
10 186	10 287	10 402	10 533	10 682	10 836	10 968	11 103	11 244	11 383	De 15 à 64 ans
1 551	1 586	1 617	1 650	1 685	1 720	1 758	1 797	1 836	1 882	65 ans et plus
										Femmes
15 107	15 230	15 351	15 492	15 657	15 834	15 987	16 147	16 304	16 468	Total
2 913	2 904	2 886	2 870	2 857	2 843	2 824	2 804	2 778	2 754	Moins de 15 ans
10 089	10 188	10 296	10 419	10 562	10 718	10 854	10 995	11 140	11 282	De 15 à 64 ans
2 104	2 138	2 170	2 203	2 238	2 273	2 309	2 347	2 386	2 432	65 ans et plus
										POPULATION - POURCENTAGES
										Ensemble des personnes
100.0	100.0	100.0	100.0	100.0	100.0	100.0	100.0	100.0	100.0	Total
20.0	19.8	19.5	19.2	18.9	18.6	18.3	18.0	17.6	17.3	Moins de 15 ans
67.8	67.9	68.1	68.3	68.5	68.7	68.9	69.1	69.3	69.5	De 15 à 64 ans
12.2	12.3	12.5	12.6	12.6	12.7	12.8	13.0	13.1	13.2	65 ans et plus
										COMPOSANTES DE L'ÉVOLUTION DÉMOGRAPHIQUE
29 752	30 030	30 262	30 529	30 828	31 182	31 505	31 818	32 129	32 448	a) Population au 1er janvier
30 030	30 262	30 529	30 828	31 182	31 505	31 818	32 129	32 448	32 777	b) Population au 31 décembre
278	232	267	299	354	323	313	311	319	329	**c) Accroissement total (b-a)**
349	342	337	328	334	329	335	337	340		d) Naissances
216	218	220	218	220	224	226	231	235		e) Décès
133	124	117	110	114	105	109	106	105		**f) Accroissement naturel (d-e)**
154	117	158	199	244	217	204	205	214		g) Solde net des migrations
-9	-9	-9	-9	-4	1	0	0	0		h) Ajustements statistiques
278	232	266	300	354	323	313	311	319		**i) Accroissement total (=f+g+h=c)**
										(Composition de l'évolution démographique/ Population moyenne) x1000
9.3	7.7	8.8	9.8	11.4	10.3	9.9	9.7	9.9		Taux d'accroissement total
11.7	11.3	11.1	10.7	10.8	10.5	10.6	10.5	10.5		Taux bruts de natalité
7.2	7.2	7.2	7.1	7.1	7.1	7.1	7.2	7.3		Taux bruts de mortalité
4.4	4.1	3.8	3.6	3.7	3.3	3.4	3.3	3.3		Taux d'accroissement naturel
5.2	3.9	5.2	6.5	7.9	6.9	6.4	6.4	6.6		Taux du solde net des migrations

CANADA

II - Labour force

Thousands (annual average estimates)

	1986	1987	1988	1989	1990	1991	1992	1993	1994	1995	1996
Total labour force											
All persons	13 349	13 605	13 857	14 136	14 324	14 414	14 412	14 510	14 647	14 759	14 918
Males	7 654	7 751	7 824	7 942	7 994	7 994	7 979	8 009	8 079	8 112	8 186
Females	5 695	5 854	6 033	6 193	6 330	6 421	6 434	6 500	6 567	6 648	6 731
Armed forces											
All persons	77	79	78	79	79	78	76	75	73	70	64
Males	69	71	70	70	70	69	68	66	65	62	57
Females	8	8	8	8	9	9	9	8	8	8	7
Civilian labour force											
All persons	13 272	13 526	13 779	14 057	14 245	14 336	14 336	14 435	14 574	14 689	14 854
Males	7 585	7 680	7 754	7 872	7 924	7 925	7 911	7 943	8 014	8 050	8 129
Females	5 687	5 846	6 025	6 185	6 321	6 412	6 425	6 492	6 559	6 640	6 724
Unemployed											
All persons	1 286	1 193	1 070	1 061	1 158	1 479	1 605	1 642	1 515	1 394	1 432
Males	725	655	576	580	647	858	950	949	872	789	807
Females	560	538	493	480	511	621	655	693	643	605	625
Civilian employment											
All persons	11 987	12 333	12 710	12 996	13 086	12 857	12 731	12 793	13 059	13 295	13 421
Males	6 860	7 025	7 178	7 292	7 277	7 067	6 961	6 994	7 142	7 261	7 322
Females	5 127	5 308	5 531	5 704	5 809	5 791	5 770	5 799	5 917	6 035	6 099
Civilian employment (%)											
All persons	100.0	100.0	100.0	100.0	100.0	100.0	100.0	100.0	100.0	100.0	100.0
Males	57.2	57.0	56.5	56.1	55.6	55.0	54.7	54.7	54.7	54.6	54.6
Females	42.8	43.0	43.5	43.9	44.4	45.0	45.3	45.3	45.3	45.4	45.4
Unemployment rates (% of civilian labour force)											
All persons	9.7	8.8	7.8	7.5	8.1	10.3	11.2	11.4	10.4	9.5	9.6
Males	9.6	8.5	7.4	7.4	8.2	10.8	12.0	11.9	10.9	9.8	9.9
Females	9.9	9.2	8.2	7.8	8.1	9.7	10.2	10.7	9.8	9.1	9.3
Total labour force (% of total population)											
All persons	51.1	51.4	51.7	51.8	51.7	51.4	50.8	50.6	50.5	50.4	50.4
Males	59.1	59.1	58.9	58.7	58.2	57.5	56.8	56.4	56.3	55.9	55.9
Females	43.3	43.9	44.7	45.0	45.3	45.4	45.0	44.9	44.9	44.9	45.0
Total labour force (% of population from 15-64 years)[(1)]											
All persons	74.7	75.2	75.8	76.0	76.0	75.8	75.1	74.8	74.7	74.5	74.4
Males	85.1	85.2	85.0	84.8	84.3	83.5	82.6	82.1	82.0	81.4	81.3
Females	64.1	65.2	66.4	67.0	67.6	68.0	67.4	67.4	67.4	67.4	67.5
Civilian employment (% of total population)											
All persons	45.9	46.6	47.4	47.6	47.2	45.9	44.9	44.6	45.0	45.4	45.3
Civilian employment (% of population from 15-64 years)											
All persons	67.0	68.2	69.5	69.9	69.4	67.6	66.3	66.0	66.6	67.1	67.0
Males	76.3	77.2	78.0	77.9	76.7	73.8	72.0	71.7	72.5	72.9	72.7
Females	57.7	59.1	60.9	61.8	62.1	61.3	60.5	60.2	60.7	61.2	61.1
Part-time employment (%)											
Part-time as % of employment	16.9	16.6	16.8	16.6	17.0	18.1	18.6	19.2	18.9	18.8	19.1
Male share of part-time employment	30.2	29.6	29.2	29.5	30.1	30.7	31.0	31.7	31.1	31.2	30.9
Female share of part-time employment	69.8	70.4	70.8	70.5	69.9	69.3	69.0	68.3	68.9	68.8	69.1
Male part-time as % of male employment	8.9	8.6	8.7	8.7	9.2	10.1	10.5	11.1	10.8	10.8	10.8
Female part-time as % of female employment	27.7	27.3	27.4	26.7	26.7	27.9	28.3	29.0	28.8	28.5	29.0
Duration of unemployment (% of total unemployment)											
Less than 1 month	20.2	20.6	22.6	22.7	22.6	18.6	17.3	16.5	16.6	18.2	19.9
More than 1 month and less than 3 months	34.2	34.2	35.4	36.0	37.0	34.8	32.3	31.0	32.0	33.9	33.3
More than 3 months and less than 6 months	20.0	19.7	19.9	18.9	20.2	21.3	20.2	19.4	18.7	18.4	17.5
More than 6 months and less than 1 year	14.8	14.8	13.2	14.0	13.0	16.2	16.7	16.6	14.8	12.7	12.6
More than 1 year	10.7	10.8	8.9	8.3	7.2	9.0	13.5	16.5	17.9	16.8	16.8

(1) Participation rates calculated according to national definitions may differ from those published in this table, when the age group represented in the labour force survey is other than 15-64 years.

II - Population active

Milliers (estimations de moyennes annuelles)

	1997	1998	1999	2000	2001	2002	2003	2004	2005	2006
Population active totale										
Ensemble des personnes	15 140	15 376	15 648	15 904	16 163	16 634	17 014	17 238	17 402	17 654
Hommes	8 289	8 378	8 512	8 620	8 738	8 954	9 116	9 215	9 296	9 388
Femmes	6 852	6 999	7 138	7 284	7 425	7 680	7 898	8 023	8 107	8 265
Forces armées										
Ensemble des personnes	61	60	60	57	53	54	55	56	59	61
Hommes	55	54	54	51	47	48	49	49	52	53
Femmes	7	7	7	6	6	6	7	7	8	8
Population active civile										
Ensemble des personnes	15 079	15 316	15 588	15 847	16 110	16 579	16 959	17 182	17 343	17 593
Hommes	8 234	8 324	8 458	8 569	8 691	8 906	9 068	9 166	9 244	9 335
Femmes	6 845	6 992	7 131	7 278	7 419	7 673	7 891	8 016	8 099	8 257
Chômeurs										
Ensemble des personnes	1 373	1 270	1 182	1 083	1 164	1 269	1 286	1 235	1 173	1 108
Hommes	763	712	660	595	655	722	720	685	649	608
Femmes	610	559	521	488	509	547	567	550	524	500
Emploi civil										
Ensemble des personnes	13 706	14 046	14 407	14 764	14 946	15 310	15 672	15 947	16 170	16 484
Hommes	7 471	7 613	7 797	7 974	8 036	8 184	8 348	8 481	8 595	8 727
Femmes	6 235	6 433	6 610	6 790	6 910	7 126	7 324	7 466	7 575	7 757
Emploi civil (%)										
Ensemble des personnes	100.0	100.0	100.0	100.0	100.0	100.0	100.0	100.0	100.0	100.0
Hommes	54.5	54.2	54.1	54.0	53.8	53.5	53.3	53.2	53.2	52.9
Femmes	45.5	45.8	45.9	46.0	46.2	46.5	46.7	46.8	46.8	47.1
Taux de chômage (% de la population active civile)										
Ensemble des personnes	9.1	8.3	7.6	6.8	7.2	7.7	7.6	7.2	6.8	6.3
Hommes	9.3	8.5	7.8	6.9	7.5	8.1	7.9	7.5	7.0	6.5
Femmes	8.9	8.0	7.3	6.7	6.9	7.1	7.2	6.9	6.5	6.1
Population active totale (% de la population totale)										
Ensemble des personnes	50.6	51.0	51.5	51.8	52.1	53.0	53.7	53.9	53.9	54.1
Hommes	56.0	56.1	56.5	56.7	56.9	57.6	58.1	58.2	58.1	58.1
Femmes	45.4	46.0	46.5	47.0	47.4	48.5	49.4	49.7	49.7	50.2
Population active totale (% de la population de 15-64 ans)[(1)]										
Ensemble des personnes	74.7	75.1	75.6	75.9	76.1	77.2	78.0	78.0	77.7	77.9
Hommes	81.4	81.4	81.8	81.8	81.8	82.6	83.1	83.0	82.7	82.5
Femmes	67.9	68.7	69.3	69.9	70.3	71.7	72.8	73.0	72.8	73.3
Emploi civil (% de la population totale)										
Ensemble des personnes	45.8	46.6	47.4	48.1	48.2	48.8	49.5	49.9	50.1	50.5
Emploi civil (% de la population de 15-64 ans)										
Ensemble des personnes	67.6	68.6	69.6	70.5	70.4	71.0	71.8	72.2	72.2	72.7
Hommes	73.3	74.0	75.0	75.7	75.2	75.5	76.1	76.4	76.4	76.7
Femmes	61.8	63.1	64.2	65.2	65.4	66.5	67.5	67.9	68.0	68.8
Emploi à temps partiel (%)										
Temps partiel en % de l'emploi	19.1	18.8	18.4	18.1	18.1	18.8	18.9	18.5	18.3	18.1
Part des hommes dans le temps partiel	30.1	30.3	30.4	30.8	31.1	31.2	31.2	31.2	31.4	31.9
Part des femmes dans le temps partiel	69.9	69.7	69.6	69.2	68.9	68.8	68.8	68.8	68.6	68.1
Temps partiel des hommes en % de l'emploi des hommes	10.5	10.5	10.3	10.3	10.5	11.0	11.1	10.9	10.8	10.9
Temps partiel des femmes en % de l'emploi des femmes	29.4	28.7	27.9	27.2	27.0	27.7	27.9	27.2	26.9	26.2
Durée du chômage (% du chômage total)										
Moins de 1 mois	23.8	23.7	23.7	25.7	27.4	26.6	26.5	27.3	28.1	30.3
Plus de 1 mois et moins de 3 mois	33.4	35.8	37.5	39.0	41.1	38.9	39.3	39.7	39.5	39.6
Plus de 3 mois et moins de 6 mois	15.8	16.3	17.3	15.8	14.7	16.0	15.9	15.2	15.3	14.0
Plus de 6 mois et moins de 1 an	10.8	10.4	9.8	8.2	7.3	8.9	8.3	8.2	7.5	7.3
Plus de 1 an	16.1	13.8	11.7	11.2	9.5	9.6	10.0	9.5	9.6	8.7

(1) Les taux d'activité calculés selon les définitions nationales peuvent être différents de ceux publiés dans ce tableau si le groupe d'âges représenté dans l'enquête de la population active est différent de 15-64 ans.

III - Participation rates and unemployment rates by age and by sex

Percent (annual average estimates)

	1986	1987	1988	1989	1990	1991	1992	1993	1994	1995	1996
PARTICIPATION RATES											
Males											
15-19	56.6	58.4	59.0	61.0	60.1	57.1	53.7	51.9	51.3	50.3	48.9
20-24	85.2	85.2	85.4	85.4	83.9	82.4	81.2	80.6	80.3	79.5	79.6
25-34	94.1	93.8	93.9	94.0	93.5	92.6	91.4	91.5	91.1	91.0	91.3
35-44	94.7	94.8	94.6	94.5	94.2	93.7	92.7	92.7	92.6	92.1	91.9
45-54	91.1	92.0	91.1	91.4	90.7	90.5	89.7	89.4	89.6	89.2	88.8
55-59	78.2	78.1	77.7	77.6	76.1	75.9	73.9	72.9	71.9	72.1	71.6
60-64	55.2	51.4	51.4	51.4	50.9	47.6	47.8	46.7	46.3	43.4	43.6
15-24	72.3	73.0	73.1	73.8	72.4	70.1	67.8	66.5	65.9	64.9	64.1
25-54	93.6	93.8	93.5	93.5	93.1	92.4	91.4	91.4	91.2	90.9	90.8
55-64	67.4	65.5	65.3	65.1	64.0	62.2	61.2	60.1	59.5	58.3	58.4
65 and over	11.1	11.2	10.7	10.5	10.8	11.1	10.6	9.7	10.7	9.9	9.8
15-64	84.9	85.1	85.1	85.5	84.9	83.8	82.7	82.3	82.0	81.5	81.3
Females											
15-19	53.5	55.0	56.8	57.3	56.4	54.7	52.2	50.0	49.4	49.2	47.5
20-24	77.8	77.8	77.7	78.4	77.3	76.5	75.8	73.7	73.8	73.2	73.1
25-34	73.8	74.2	74.9	76.2	77.1	77.2	76.1	75.7	75.6	76.1	77.1
35-44	72.3	73.7	75.9	77.0	78.3	78.4	77.5	78.5	78.2	78.1	78.4
45-54	60.4	63.3	65.9	67.3	68.3	69.9	70.8	71.6	71.2	72.0	71.6
55-59	41.7	43.4	44.2	45.0	45.4	46.2	47.8	47.1	48.6	48.3	48.3
60-64	23.5	24.5	24.3	22.5	24.2	24.1	23.3	24.3	24.8	23.4	23.1
15-24	67.0	67.5	68.0	68.5	67.3	66.1	64.5	62.2	61.9	61.3	60.3
25-54	70.2	71.5	73.1	74.4	75.5	75.9	75.3	75.7	75.4	75.7	76.0
55-64	32.8	34.1	34.4	33.9	34.9	35.2	35.6	35.8	36.9	36.2	36.3
65 and over	3.4	3.3	3.6	3.9	3.6	3.4	3.4	3.5	3.4	3.4	3.4
15-64	64.2	65.4	66.7	67.7	68.4	68.5	67.9	67.8	67.8	67.8	67.8
All persons											
15-24	69.7	70.3	70.6	71.2	69.9	68.1	66.2	64.4	63.9	63.2	62.3
25-54	81.9	82.6	83.3	84.0	84.3	84.1	83.4	83.5	83.3	83.3	83.4
55-64	49.5	49.3	49.4	49.1	49.2	48.5	48.2	47.8	48.1	47.1	47.1
65 and over	6.7	6.7	6.6	6.7	6.7	6.7	6.5	6.2	6.6	6.2	6.1
15-64	74.6	75.3	75.9	76.6	76.6	76.2	75.3	75.1	74.9	74.7	74.6
UNEMPLOYMENT RATES											
Males											
15-19	18.1	16.1	14.0	14.3	15.1	18.2	21.3	21.8	20.3	19.1	21.0
20-24	15.1	13.3	11.4	10.8	12.5	18.8	18.7	18.4	16.4	14.6	14.3
25-34	10.0	8.6	7.6	7.6	8.8	11.8	13.3	12.8	11.7	10.2	10.3
35-44	6.7	6.4	5.6	5.7	6.2	8.3	9.6	9.7	8.7	8.2	8.6
45-54	6.0	5.8	4.9	4.9	5.7	7.1	8.1	8.4	8.0	7.1	7.2
55-59	7.5	6.4	6.2	6.2	6.2	8.6	9.5	10.4	9.8	8.8	8.2
60-64	7.7	7.5	6.9	7.1	6.5	8.1	10.2	9.9	9.5	7.9	7.6
15-24	16.2	14.3	12.4	12.2	13.5	18.5	19.7	19.7	17.9	16.3	16.9
25-54	8.0	7.2	6.3	6.3	7.2	9.4	10.7	10.5	9.6	8.7	8.8
55-64	7.6	6.8	6.4	6.5	6.3	8.4	9.8	10.2	9.7	8.5	8.0
65 and over	2.6	2.3	1.9	2.0	1.7	3.5	4.3	5.6	4.6	3.9	3.7
15-64	9.7	8.6	7.5	7.5	8.3	11.0	12.1	12.1	11.0	9.9	10.0
Total	9.6	8.5	7.4	7.4	8.2	10.8	12.0	11.9	10.9	9.8	9.9
Females											
15-19	15.0	13.3	11.6	11.1	12.7	14.8	17.2	17.1	16.2	16.2	17.7
20-24	12.3	11.2	9.8	8.6	9.9	11.7	12.8	12.7	12.1	11.2	11.3
25-34	10.0	9.4	8.6	8.7	8.5	10.2	10.2	11.2	10.0	9.4	9.4
35-44	8.3	7.8	7.2	6.9	7.2	8.4	9.0	9.4	9.0	8.0	8.4
45-54	7.5	7.6	6.9	5.9	6.5	8.0	8.1	8.8	7.7	7.2	7.4
55-59	7.5	7.8	6.1	6.0	6.1	7.8	8.7	9.7	8.7	8.7	7.7
60-64	7.4	7.4	6.2	6.1	5.0	8.3	8.0	9.2	7.7	6.6	7.4
15-24	13.3	11.9	10.5	9.6	11.0	12.9	14.5	14.4	13.7	13.2	13.8
25-54	8.9	8.5	7.7	7.5	7.6	9.0	9.3	9.9	9.0	8.3	8.5
55-64	7.5	7.7	6.1	6.1	5.7	8.0	8.5	9.6	8.4	8.0	7.6
65 and over	2.1	3.6	2.9	1.6	1.5	5.0	6.0	4.8	6.0	5.2	4.3
15-64	9.9	9.2	8.2	7.8	8.2	9.7	10.2	10.7	9.8	9.2	9.3
Total	9.9	9.2	8.2	7.8	8.1	9.7	10.2	10.7	9.8	9.1	9.3
All persons											
15-24	14.8	13.2	11.5	10.9	12.3	15.8	17.2	17.2	15.9	14.8	15.4
25-54	8.4	7.7	6.9	6.8	7.3	9.2	10.0	10.3	9.4	8.5	8.7
55-64	7.5	7.1	6.3	6.4	6.1	8.3	9.3	10.0	9.2	8.3	7.8
65 and over	2.4	2.7	2.2	1.9	1.6	3.9	4.8	5.3	5.0	4.3	3.9
15-64	9.8	8.9	7.8	7.6	8.2	10.4	11.3	11.5	10.5	9.6	9.7

III - Taux d'activité et taux de chômage par âge et par sexe

Pourcentage (estimations de moyennes annuelles)

1997	1998	1999	2000	2001	2002	2003	2004	2005	2006	
										TAUX D'ACTIVITÉ
										Hommes
48.0	48.2	50.6	51.9	52.5	54.3	54.8	53.6	51.8	52.4	15-19
79.6	79.0	80.3	80.3	79.8	81.2	81.6	81.4	79.8	80.1	20-24
91.3	92.0	91.6	91.7	91.9	91.9	92.2	92.0	91.7	91.4	25-34
92.5	92.4	92.6	92.4	92.3	92.7	92.7	92.8	92.8	92.7	35-44
88.5	88.3	88.6	88.8	88.8	89.6	89.8	89.9	89.8	89.3	45-54
71.7	70.6	71.9	72.5	72.2	73.1	75.4	75.6	76.2	76.1	55-59
45.7	44.6	46.2	45.8	46.5	49.9	51.9	53.2	53.9	53.3	60-64
63.6	63.4	65.3	65.9	66.1	67.8	68.3	67.8	66.1	66.5	15-24
90.9	91.1	91.1	91.0	91.1	91.5	91.6	91.6	91.5	91.1	25-54
59.6	58.8	60.4	60.7	61.0	63.1	65.3	66.0	66.7	66.3	55-64
9.8	10.2	9.8	9.5	9.4	10.3	11.5	11.8	12.1	12.0	65 et plus
81.4	81.3	81.9	81.9	81.9	82.7	83.1	82.9	82.5	82.2	15-64
										Femmes
46.2	47.8	49.6	51.8	52.0	55.2	55.3	55.4	54.9	55.1	15-19
72.2	72.7	73.5	73.9	74.3	75.2	77.3	76.5	76.1	77.1	20-24
77.8	78.6	79.2	79.6	79.9	80.4	81.1	81.8	81.3	81.3	25-34
79.0	79.3	80.0	80.1	80.7	82.1	82.3	82.6	82.3	82.2	35-44
72.9	74.2	75.0	75.4	76.4	78.4	79.8	80.0	79.8	80.4	45-54
48.1	50.2	50.6	53.1	53.3	54.5	60.0	59.9	60.4	62.3	55-59
24.2	25.2	25.8	27.0	27.4	30.3	32.2	34.3	35.0	37.1	60-64
59.2	60.2	61.5	62.8	63.2	65.3	66.5	66.2	65.8	66.4	15-24
76.8	77.6	78.2	78.5	79.1	80.4	81.1	81.5	81.1	81.3	25-54
36.9	38.7	39.4	41.4	41.7	43.9	47.9	48.8	49.4	51.4	55-64
3.6	3.5	3.4	3.3	3.4	3.8	4.2	4.4	5.0	5.1	65 et plus
68.2	69.1	69.7	70.4	70.8	72.1	73.2	73.4	73.1	73.5	15-64
										Ensemble des personnes
61.5	61.9	63.5	64.4	64.7	66.6	67.4	67.0	65.9	66.4	15-24
83.9	84.3	84.6	84.8	85.1	85.9	86.4	86.5	86.3	86.2	25-54
48.1	48.6	49.7	50.9	51.2	53.4	56.5	57.3	57.9	58.7	55-64
6.3	6.5	6.2	6.0	6.1	6.7	7.5	7.7	8.1	8.2	65 et plus
74.8	75.2	75.8	76.2	76.4	77.4	78.2	78.2	77.8	77.9	15-64
										TAUX DE CHÔMAGE
										Hommes
22.4	21.5	19.6	17.6	18.6	20.5	19.8	19.4	18.0	17.7	15-19
13.9	13.5	12.4	11.3	11.8	11.9	12.3	12.1	11.8	9.9	20-24
9.5	8.3	7.5	6.5	7.2	8.2	7.5	7.3	6.6	6.1	25-34
7.6	6.9	6.3	5.6	6.3	6.4	6.4	6.0	5.7	5.3	35-44
6.6	6.3	5.6	5.1	5.5	5.9	5.9	5.2	5.3	4.7	45-54
7.5	6.9	6.6	5.5	5.9	6.6	6.7	6.3	5.2	5.3	55-59
7.9	7.3	5.8	5.5	6.0	6.5	7.1	5.8	5.8	5.4	60-64
17.1	16.6	15.3	13.8	14.5	15.3	15.3	14.9	14.2	12.9	15-24
8.0	7.2	6.5	5.7	6.3	6.8	6.6	6.1	5.8	5.4	25-54
7.6	7.0	6.4	5.5	6.0	6.6	6.8	6.1	5.4	5.3	55-64
3.0	2.7	3.0	2.6	2.9	3.0	3.5	3.0	3.3	4.2	65 et plus
9.4	8.7	7.9	7.0	7.6	8.2	8.0	7.6	7.1	6.6	15-64
9.3	8.5	7.8	6.9	7.5	8.1	7.9	7.5	7.0	6.5	Total
										Femmes
20.2	18.2	16.9	15.3	14.9	15.4	16.2	16.7	15.1	14.2	15-19
12.1	10.6	9.9	8.7	8.5	9.1	8.8	8.3	7.5	7.7	20-24
8.5	7.8	6.9	6.4	6.4	6.7	6.9	6.4	6.1	5.7	25-34
7.8	6.8	6.4	5.7	6.3	6.6	6.7	6.4	5.8	5.4	35-44
6.6	6.1	5.6	5.2	5.4	5.3	5.5	5.0	5.2	4.6	45-54
7.8	7.0	5.5	5.6	5.7	6.0	5.6	5.7	5.2	4.9	55-59
7.2	6.0	5.1	5.4	5.4	5.4	5.4	5.7	5.6	5.4	60-64
15.2	13.6	12.7	11.4	11.1	11.7	11.8	11.7	10.6	10.3	15-24
7.7	6.9	6.3	5.8	6.0	6.2	6.3	5.9	5.7	5.2	25-54
7.6	6.7	5.4	5.5	5.6	5.8	5.6	5.7	5.3	5.1	55-64
3.5	2.8	2.2	2.7	4.2	3.3	3.3	3.5	3.7	2.6	65 et plus
9.0	8.0	7.4	6.7	6.9	7.2	7.2	6.9	6.5	6.1	15-64
8.9	8.0	7.3	6.7	6.9	7.1	7.2	6.9	6.5	6.0	Total
										Ensemble des personnes
16.2	15.2	14.1	12.7	12.9	13.6	13.6	13.4	12.4	11.6	15-24
7.8	7.1	6.4	5.8	6.2	6.6	6.5	6.0	5.8	5.3	25-54
7.6	6.9	5.9	5.5	5.8	6.3	6.3	5.9	5.4	5.2	55-64
3.2	2.7	2.8	2.6	3.3	3.1	3.4	3.2	3.4	3.6	65 et plus
9.2	8.4	7.6	6.9	7.3	7.7	7.7	7.3	6.8	6.3	15-64

CANADA

IV - Professional status and breakdown by activity - ISIC Rev. 2

Thousands (annual average estimates)

	1986	1987	1988	1989	1990	1991	1992	1993	1994	1995	1996
CIVILIAN EMPLOYMENT: PROFESSIONAL STATUS											
All activities	11 987 I	12 333	12 710	12 996	13 086	12 857	12 731	12 793	13 059	13 295	13 421
Employees	10 811 I	11 153	11 504	11 776	11 847	11 595	11 441	11 429	11 656	11 889	11 933
Employers and persons working on own account	1 078 I	1 088	1 127	1 148	1 173	1 198	1 224	1 291	1 346	1 349	1 433
Unpaid family workers	98 I	93	79	72	67	65	66	73	57	57	56
Agriculture, hunting, forestry and fishing	572 I	567	562	554	551	561	546	553	557	541	537
Employees	236 I	248	244	244	239	256	247	250	265	267	263
Employers and persons working on own account	266 I	259	267	264	270	263	256	260	258	244	246
Unpaid family workers	70 I	61	51	46	42	42	43	44	34	30	29
Non-agricultural activities	11 415 I	11 766	12 148	12 442	12 536	12 297	12 185	12 239	12 502	12 755	12 884
Employees	10 575 I	10 905	11 260	11 532	11 608	11 339	11 194	11 179	11 391	11 623	11 670
Employers and persons working on own account	812 I	829	860	884	903	935	968	1 031	1 088	1 105	1 187
Unpaid family workers	28 I	32	28	25	25	23	23	30	23	27	27
All activities (%)	100.0 I	100.0	100.0	100.0	100.0	100.0	100.0	100.0	100.0	100.0	100.0
Employees	90.2 I	90.4	90.5	90.6	90.5	90.2	89.9	89.3	89.3	89.4	88.9
Others	9.8 I	9.6	9.5	9.4	9.5	9.8	10.1	10.7	10.7	10.6	11.1
CIVILIAN EMPLOYMENT: BREAKDOWN BY ACTIVITY(1)											
ISIC Rev. 2 Major Divisions											
1 to 0 All activities	11 979	12 321	12 710	12 986	13 084	12 851	12 760	12 858	13 112	13 357	13 463
1 Agriculture, hunting, forestry and fishing	590	599	586	575	570	583	570	571	571	562	556
2 Mining and quarrying	188	182	182	186	181	174	160	153	157	163	167
3 Manufacturing	2 108	2 126	2 197	2 223	2 133	1 975	1 903	1 866	1 900	2 007	2 031
4 Electricity, gas and water	128	128	142	151	161	162	163	157	149	147	147
5 Construction	653	719	761	803	812	734	715	692	728	732	718
6 Wholesale and retail trade; restaurants and hotels	2 813	2 862	2 942	2 978	3 039	3 010	3 004	3 019	3 106	3 123	3 190
7 Transport, storage and communication	811	827	851	877	851	815	787	797	825	864	863
8 Financing, insurance, real estate and business services	1 237	1 314	1 403	1 459	1 502	1 536	1 502	1 530	1 571	1 635	1 699
9 Community, social and personal services	3 450	3 564	3 647	3 734	3 835	3 863	3 957	4 073	4 106	4 124	4 092
0 Activities not adequately defined	0	0	0	0	0	0	0	0	0	0	0
EMPLOYEES: BREAKDOWN BY ACTIVITY(1)											
ISIC Rev. 2 Major Divisions											
1 to 0 All activities	10 814	11 141	11 505	11 765	11 840	11 594	11 474	11 483	11 702	11 940	11 976
1 Agriculture, hunting, forestry and fishing	251	266	257	256	249	270	261	260	273	280	276
2 Mining and quarrying	187	180	180	184	180	172	159	151	155	160	164
3 Manufacturing	2 078	2 100	2 165	2 185	2 103	1 944	1 868	1 831	1 862	1 969	1 985
4 Electricity, gas and water	127	127	141	150	160	161	162	157	148	147	147
5 Construction	546	600	637	671	674	602	579	558	587	580	567
6 Wholesale and retail trade; restaurants and hotels	2 582	2 643	2 726	2 752	2 815	2 780	2 767	2 765	2 833	2 870	2 925
7 Transport, storage and communication	754	769	796	825	795	758	732	744	765	798	800
8 Financing, insurance, real estate and business services	1 132	1 202	1 277	1 321	1 348	1 368	1 331	1 345	1 375	1 417	1 444
9 Community, social and personal services	3 158	3 253	3 326	3 420	3 516	3 537	3 615	3 672	3 705	3 719	3 668
0 Activities not adequately defined	0	0	0	0	0	0	0	0	0	0	0

(1) Data broken down by activity (civilian employment and employees) have not been revised nor updated due to a change by the country from ISIC Rev. 2 to ISIC Rev.3.

CANADA

IV - Situation dans la profession et répartition par branches d'activités - CITI Rév. 2

Milliers (estimations de moyennes annuelles)

	1997	1998	1999	2000	2001	2002	2003	2004	2005	2006
EMPLOI CIVIL : SITUATION DANS LA PROFESSION										
Toutes activités	13 706	14 046	14 407	14 764	14 946	15 310	15 672	15 947	16 170	16 484
Salariés	12 138	12 397	12 784	13 202	13 469	13 816	14 139	14 438	14 649	14 979
Employeurs et personnes travaillant à leur compte	1 504	1 590	1 578	1 520	1 445	1 462	1 499	1 480	1 495	1 477
Travailleurs familiaux non rémunérés	64	59	45	42	32	33	34	30	26	28
Agriculture, chasse, sylviculture et pêche	529	538	516	487	423	426	436	425	440	436
Salariés	259	271	263	264	242	243	255	249	261	263
Employeurs et personnes travaillant à leur compte	241	238	229	202	166	166	165	161	166	160
Travailleurs familiaux non rémunérés	30	29	23	21	15	16	16	15	13	13
Activités non agricoles	13 177	13 508	13 891	14 277	14 523	14 885	15 236	15 522	15 730	16 048
Salariés	11 880	12 127	12 520	12 938	13 227	13 573	13 884	14 188	14 388	14 716
Employeurs et personnes travaillant à leur compte	1 263	1 352	1 349	1 318	1 278	1 295	1 335	1 319	1 329	1 317
Travailleurs familiaux non rémunérés	35	30	22	20	17	16	18	15	13	15
Toutes activités (%)	100.0	100.0	100.0	100.0	100.0	100.0	100.0	100.0	100.0	100.0
Salariés	88.6	88.3	88.7	89.4	90.1	90.2	90.2	90.5	90.6	90.9
Autres	11.4	11.7	11.3	10.6	9.9	9.8	9.8	9.5	9.4	9.1
EMPLOI CIVIL : RÉPARTITION PAR BRANCHES D'ACTIVITÉS[(1)]										
Branches CITI Rév. 2										
1 à 0 Toutes activités	13 774	14 140								
1 Agriculture, chasse, sylviculture et pêche	547	558								
2 Industries extractives	175	167								
3 Industries manufacturières	2 123	2 221								
4 Électricité, gaz et eau	140	136								
5 Bâtiment et travaux publics	738	744								
6 Commerce de gros et de détail; restaurants et hôtels	3 238	3 320								
7 Transports, entrepôts et communications	887	937								
8 Banques, assurances, affaires immobilières et services fournis aux entreprises	1 788	1 874								
9 Services fournis à la collectivité, services sociaux et services personnels	4 138	4 183								
0 Activités mal désignées	0	0								
SALARIÉS : RÉPARTITION PAR BRANCHES D'ACTIVITÉS[(1)]										
Branches CITI Rév. 2										
1 à 0 Toutes activités	12 205	12 481								
1 Agriculture, chasse, sylviculture et pêche	269	280								
2 Industries extractives	171	164								
3 Industries manufacturières	2 079	2 171								
4 Électricité, gaz et eau	139	135								
5 Bâtiment et travaux publics	578	574								
6 Commerce de gros et de détail; restaurants et hôtels	2 969	3 043								
7 Transports, entrepôts et communications	808	850								
8 Banques, assurances, affaires immobilières et services fournis aux entreprises	1 512	1 569								
9 Services fournis à la collectivité, services sociaux et services personnels	3 680	3 695								
0 Activités mal désignées	0	0								

(1) Les données concernant la répartition par branches d'activités (emploi civil et salariés) n'ont pas été révisées ni mises à jour en raison du passage par le pays de la CITI Rév. 2 à la CITI Rév. 3.

CANADA

V - Civilian employment and employees: breakdown by activity - ISIC Rev. 3

Thousands (annual average estimates)

	1986	1987	1988	1989	1990	1991	1992	1993	1994	1995	1996
CIVILIAN EMPLOYMENT: BREAKDOWN BY ACTIVITY											
A to X All activities		12 333	12 710	12 996	13 086	12 857	12 731	12 793	13 059	13 295	13 421
A Agriculture, hunting and forestry		532	523	516	511	517	508	514	519	510	504
B Fishing		36	39	39	40	44	38	39	38	31	33
C Mining and quarrying		184	194	196	192	186	173	164	166	173	180
D Manufacturing		2 041	2 100	2 130	2 050	1 890	1 815	1 779	1 823	1 904	1 926
E Electricity, gas and water supply		115	123	134	141	143	144	137	127	124	124
F Construction		722	761	798	809	732	706	685	717	720	703
G Wholesale and retail trade; repair of motor vehicles, motorcycles and personal and household goods		2 185	2 249	2 267	2 283	2 265	2 237	2 233	2 280	2 305	2 325
H Hotels and restaurants		717	729	749	774	759	770	772	799	816	848
I Transport, storage and communication		954	971	999	969	929	902	915	956	995	1 008
J Financial intermediation		536	560	573	596	592	575	572	584	589	610
K Real estate, renting and business activities		998	1 067	1 133	1 156	1 188	1 178	1 225	1 257	1 332	1 376
L Public administration and defence; compulsory social security, excluding armed forces		764	781	802	839	850	864	859	832	815	805
M Education		777	817	830	843	859	887	906	927	928	913
N Health and social work		1 152	1 189	1 230	1 284	1 310	1 327	1 349	1 364	1 389	1 391
O Other community, social and personal service activities		517	502	502	506	504	516	546	578	565	590
P Private households with employed persons		103	104	97	93	88	91	95	90	98	84
Q Extra-territorial organisations and bodies		0	0	0	2	2	0	3	3	3	3
X Not classifiable by economic activities											
Breakdown by sector											
Agriculture (A-B)		567	562	554	551	561	546	553	557	541	537
Industry (C-F)		3 062	3 178	3 258	3 192	2 952	2 838	2 766	2 834	2 920	2 932
Services (G-Q)		8 702	8 969	9 182	9 344	9 345	9 346	9 474	9 669	9 835	9 952
Agriculture (%)		4.6	4.4	4.3	4.2	4.4	4.3	4.3	4.3	4.1	4.0
Industry (%)		24.8	25.0	25.1	24.4	23.0	22.3	21.6	21.7	22.0	21.8
Services (%)		70.6	70.6	70.7	71.4	72.7	73.4	74.1	74.0	74.0	74.2
Female participation in agriculture (%)		24.7	25.5	26.3	26.7	27.1	26.8	27.0	27.1	26.4	26.8
Female participation in industry (%)		22.1	22.5	22.3	22.4	22.7	23.1	22.4	22.2	22.7	22.6
Female participation in services (%)		51.6	52.1	52.6	52.9	53.2	53.1	53.1	53.1	53.2	53.2
EMPLOYEES: BREAKDOWN BY ACTIVITY											
A to X All activities		11 153	11 504	11 776	11 847	11 595	11 441	11 429	11 656	11 889	11 933
A Agriculture, hunting and forestry		232	227	225	220	236	230	233	247	253	246
B Fishing		15	17	19	19	20	18	17	18	14	16
C Mining and quarrying		183	192	194	189	183	170	161	163	170	176
D Manufacturing		2 011	2 065	2 090	2 017	1 855	1 778	1 741	1 783	1 863	1 877
E Electricity, gas and water supply		115	123	134	141	143	144	137	127	123	124
F Construction		609	644	676	680	608	581	560	587	580	563
G Wholesale and retail trade; repair of motor vehicles, motorcycles and personal and household goods		1 997	2 057	2 070	2 085	2 060	2 030	2 011	2 044	2 086	2 096
H Hotels and restaurants		677	691	710	738	721	728	733	757	778	803
I Transport, storage and communication		889	909	938	905	862	839	851	885	917	929
J Financial intermediation		523	545	555	576	573	554	553	562	565	578
K Real estate, renting and business activities		855	912	968	980	990	969	1 005	1 019	1 071	1 082
L Public administration and defence; compulsory social security, excluding armed forces		764	780	801	838	850	863	858	832	814	803
M Education		762	801	813	824	841	869	881	902	901	882
N Health and social work		1 046	1 074	1 122	1 172	1 192	1 193	1 199	1 210	1 235	1 231
O Other community, social and personal service activities		436	427	423	425	424	436	449	479	473	485
P Private households with employed persons		39	41	38	35	37	40	37	39	44	39
Q Extra-territorial organisations and bodies		0	0	0	2	2	0	3	3	3	3
X Not classifiable by economic activities											
Breakdown by sector											
Agriculture (A-B)		248	244	244	239	256	247	250	265	267	263
Industry (C-F)		2 917	3 023	3 094	3 027	2 788	2 673	2 600	2 659	2 736	2 740
Services (G-Q)		7 987	8 236	8 438	8 581	8 551	8 520	8 579	8 732	8 887	8 930
Agriculture (%)		2.2	2.1	2.1	2.0	2.2	2.2	2.2	2.3	2.2	2.2
Industry (%)		26.2	26.3	26.3	25.6	24.0	23.4	22.7	22.8	23.0	23.0
Services (%)		71.6	71.6	71.6	72.4	73.7	74.5	75.1	74.9	74.7	74.8
Female participation in agriculture (%)		24.6	26.5	27.2	27.9	28.5	27.4	26.1	27.3	25.7	25.8
Female participation in industry (%)		22.7	23.1	22.9	23.1	23.4	23.8	23.2	22.9	23.4	23.2
Female participation in services (%)		52.2	52.6	53.1	53.5	53.9	53.8	53.7	53.7	53.7	53.8

LABOUR FORCE STATISTICS - ISBN 9789264035539 - © OECD 2007

V - Emploi civil et salariés : répartition par branches d'activités - CITI Rév. 3

Milliers (estimations de moyennes annuelles)

1997	1998	1999	2000	2001	2002	2003	2004	2005	2006	
										EMPLOI CIVIL : RÉPARTITION PAR BRANCHES D'ACTIVITÉS
13 706	14 046	14 407	14 764	14 946	15 310	15 672	15 947	16 170	16 484	**A à X Toutes activités**
496	506	483	454	393	397	407	395	409	405	A Agriculture, chasse et sylviculture
34	32	33	33	30	29	29	30	31	31	B Pêche
185	180	154	160	179	170	178	188	211	241	C Activités extractives
2 011	2 094	2 192	2 249	2 229	2 286	2 275	2 292	2 207	2 193	D Activités de fabrication
115	115	114	115	124	132	131	133	125	122	E Production et distribution d'électricité, de gaz et d'eau
715	727	761	803	821	858	898	943	1 012	1 070	F Construction
2 354	2 390	2 482	2 549	2 621	2 665	2 730	2 772	2 840	2 892	G Commerce de gros et de détail; réparation de véhicules et de biens domestiques
871	911	914	938	943	985	1 006	1 012	1 005	1 015	H Hôtels et restaurants
1 036	1 076	1 090	1 123	1 153	1 118	1 142	1 156	1 154	1 043	I Transports, entreposage et communications
624	597	616	608	636	652	650	683	707	745	J Intermédiation financière
1 459	1 581	1 653	1 731	1 774	1 813	1 885	1 928	1 992	2 071	K Immobilier, location et activités de services aux entreprises
796	780	775	770	783	787	817	824	831	834	L Administration publique et défense; sécurité sociale obligatoire (armée exclue)
917	930	971	974	982	1 007	1 027	1 036	1 106	1 158	M Education
1 388	1 429	1 436	1 514	1 540	1 617	1 679	1 733	1 735	1 786	N Santé et action sociale
622	608	636	660	672	719	742	755	742	817	O Autres activités de services collectifs, sociaux et personnels
83	90	97	79	64	74	75	65	62	59	P Ménages privés employant du personnel domestique
0	2	2	3	2	2	2	0	3	3	Q Organisations et organismes extra-territoriaux
										X Ne pouvant être classés selon l'activité économique
										Répartition par secteurs
529	538	516	487	423	426	436	425	440	436	Agriculture (A-B)
3 026	3 115	3 221	3 327	3 353	3 446	3 482	3 556	3 556	3 626	Industrie (C-F)
10 150	10 393	10 670	10 949	11 170	11 439	11 754	11 965	12 174	12 423	Services (G-Q)
3.9	3.8	3.6	3.3	2.8	2.8	2.8	2.7	2.7	2.6	Agriculture (%)
22.1	22.2	22.4	22.5	22.4	22.5	22.2	22.3	22.0	22.0	Industrie (%)
74.1	74.0	74.1	74.2	74.7	74.7	75.0	75.0	75.3	75.4	Services (%)
27.0	27.8	27.6	26.3	25.4	26.1	25.6	26.2	26.8	27.5	Part des femmes dans l'agriculture (%)
22.9	23.0	23.2	22.9	23.0	23.3	23.3	23.2	22.5	23.2	Part des femmes dans l'industrie (%)
53.2	53.6	53.6	53.9	54.0	54.3	54.4	54.6	54.7	54.7	Part des femmes dans les services (%)
										SALARIÉS : RÉPARTITION PAR BRANCHES D'ACTIVITÉS
12 138	12 397	12 784	13 202	13 469	13 816	14 139	14 438	14 649	14 979	**A à X Toutes activités**
242	256	248	246	226	227	239	232	243	246	A Agriculture, chasse et sylviculture
17	14	16	18	16	16	17	17	18	17	B Pêche
180	175	151	157	176	167	174	184	207	236	C Activités extractives
1 962	2 041	2 153	2 214	2 189	2 252	2 245	2 260	2 175	2 161	D Activités de fabrication
115	114	114	115	124	132	130	133	125	122	E Production et distribution d'électricité, de gaz et d'eau
568	570	599	632	667	694	730	767	833	885	F Construction
2 121	2 158	2 245	2 331	2 408	2 453	2 528	2 568	2 644	2 703	G Commerce de gros et de détail; réparation de véhicules et de biens domestiques
825	859	869	893	896	942	960	973	966	978	H Hôtels et restaurants
940	977	988	1 021	1 053	1 027	1 037	1 064	1 066	962	I Transports, entreposage et communications
592	569	581	576	606	617	613	652	667	704	J Intermédiation financière
1 145	1 224	1 294	1 373	1 424	1 469	1 512	1 559	1 613	1 685	K Immobilier, location et activités de services aux entreprises
794	779	774	770	783	787	817	824	831	834	L Administration publique et défense; sécurité sociale obligatoire (armée exclue)
886	893	933	936	941	968	984	997	1 061	1 118	M Education
1 215	1 244	1 278	1 353	1 385	1 453	1 511	1 560	1 568	1 617	N Santé et action sociale
503	489	512	535	546	582	608	617	600	675	O Autres activités de services collectifs, sociaux et personnels
32	33	28	29	27	29	33	31	31	32	P Ménages privés employant du personnel domestique
0	2	2	3	2	2	2	0	3	3	Q Organisations et organismes extra-territoriaux
										X Ne pouvant être classés selon l'activité économique
										Répartition par secteurs
259	271	263	264	242	243	255	249	261	263	Agriculture (A-B)
2 825	2 900	3 017	3 118	3 157	3 244	3 279	3 344	3 340	3 404	Industrie (C-F)
9 054	9 226	9 503	9 820	10 071	10 329	10 604	10 844	11 048	11 311	Services (G-Q)
2.1	2.2	2.1	2.0	1.8	1.8	1.8	1.7	1.8	1.8	Agriculture (%)
23.3	23.4	23.6	23.6	23.4	23.5	23.2	23.2	22.8	22.7	Industrie (%)
74.6	74.4	74.3	74.4	74.8	74.8	75.0	75.1	75.4	75.5	Services (%)
26.3	28.1	27.8	27.1	26.7	27.8	26.2	27.9	29.2	29.7	Part des femmes dans l'agriculture (%)
23.5	23.8	24.0	23.8	23.7	24.0	24.2	24.0	23.3	24.0	Part des femmes dans l'industrie (%)
53.8	54.2	54.3	54.5	54.8	54.9	55.2	55.3	55.3	55.2	Part des femmes dans les services (%)

MEXICO

I - Population

Thousands (second quarter estimates)

	1986	1987	1988	1989	1990	1991	1992	1993	1994	1995	1996
POPULATION - DISTRIBUTION BY AGE AND GENDER											
All persons											
Total	77 469	79 105	80 733	82 355	83 971	85 583	87 185	88 752	90 266	91 725	93 130
Under 15 years	32 067	32 281	32 470	32 635	32 785	32 929	33 067	33 192	33 299	33 385	33 450
From 15 to 64 years	42 232	43 583	44 947	46 324	47 707	49 087	50 458	51 803	53 108	54 375	55 604
65 years and over	3 169	3 240	3 317	3 396	3 479	3 567	3 659	3 756	3 858	3 965	4 077
Males											
Total	38 681	39 473	40 262	41 051	41 840	42 631	43 421	44 192	44 926	45 622	46 282
Under 15 years	16 338	16 446	16 541	16 625	16 700	16 773	16 843	16 907	16 962	17 006	17 040
From 15 to 64 years	20 905	21 560	22 221	22 892	23 570	24 250	24 929	25 592	26 225	26 830	27 406
65 years and over	1 437	1 467	1 500	1 534	1 570	1 609	1 650	1 693	1 739	1 786	1 837
Females											
Total	38 788	39 632	40 471	41 304	42 131	42 952	43 763	44 560	45 340	46 102	46 848
Under 15 years	15 729	15 835	15 928	16 010	16 085	16 156	16 224	16 286	16 338	16 379	16 410
From 15 to 64 years	21 327	22 024	22 726	23 432	24 137	24 838	25 530	26 212	26 883	27 545	28 198
65 years and over	1 732	1 773	1 817	1 862	1 909	1 958	2 009	2 063	2 119	2 178	2 240
POPULATION - PERCENTAGES											
All persons											
Total	100.0	100.0	100.0	100.0	100.0	100.0	100.0	100.0	100.0	100.0	100.0
Under 15 years	41.4	40.8	40.2	39.6	39.0	38.5	37.9	37.4	36.9	36.4	35.9
From 15 to 64 years	54.5	55.1	55.7	56.2	56.8	57.4	57.9	58.4	58.8	59.3	59.7
65 years and over	4.1	4.1	4.1	4.1	4.1	4.2	4.2	4.2	4.3	4.3	4.4
COMPONENTS OF CHANGE IN POPULATION											
a) Population at 1 January	76 653	78 295	79 924	81 551	83 170	84 785	86 391	87 980	89 522	91 008	92 438
b) Population at 31 December					82 487						
c) Total increase (b-a)					-683						
d) Births	2 579	2 794	2 622	2 620	2 735	2 756	2 797	2 839	2 904	2 750	2 708
e) Deaths	400	407	413	423	423	411	410	416	419	430	436
f) Natural increase (d-e)	2 179	2 387	2 209	2 197	2 312	2 345	2 387	2 423	2 485	2 320	2 271
g) Net migration					-706					-320	
h) Statistical adjustments					0						
i) Total increase (=f+g+h=c)					1 606						
(Components of change in population/ Average population) x1000											
Total increase rates					19.4						
Crude birth rates					33.0						
Crude death rates					5.1						
Natural increase rates					27.9						
Net migration rates					-8.5						

I - Population

Milliers (estimations au deuxième trimestre)

	1997	1998	1999	2000	2001	2002	2003	2004	2005	2006
POPULATION - RÉPARTITION SELON L'AGE ET LE SEXE										
Ensemble des personnes										
Total	94 478	95 790	97 115	98 439	99 716	100 909	102 000	103 002	103 947	104 874
Moins de 15 ans	33 488	33 505	33 532	33 575	33 561	33 434	33 205	32 897	32 541	32 151
De 15 à 64 ans	56 795	57 965	59 130	60 272	61 416	62 580	63 736	64 876	66 001	67 135
65 ans et plus	4 195	4 320	4 452	4 591	4 739	4 895	5 059	5 229	5 405	5 589
Hommes										
Total	46 903	47 503	48 111	48 722	49 312	49 863	50 361	50 815	51 238	51 655
Moins de 15 ans	17 061	17 073	17 090	17 114	17 110	17 048	16 933	16 778	16 599	16 400
De 15 à 64 ans	27 952	28 485	29 017	29 542	30 070	30 613	31 153	31 685	32 210	32 741
65 ans et plus	1 889	1 945	2 004	2 067	2 132	2 202	2 276	2 352	2 430	2 514
Femmes										
Total	47 575	48 288	49 003	49 716	50 403	51 047	51 638	52 187	52 708	53 220
Moins de 15 ans	16 427	16 433	16 443	16 461	16 451	16 386	16 272	16 119	15 942	15 751
De 15 à 64 ans	28 843	29 480	30 113	30 731	31 346	31 967	32 583	33 191	33 792	34 394
65 ans et plus	2 305	2 374	2 448	2 525	2 606	2 693	2 784	2 878	2 975	3 075
POPULATION - POURCENTAGES										
Ensemble des personnes										
Total	100.0	100.0	100.0	100.0	100.0	100.0	100.0	100.0	100.0	100.0
Moins de 15 ans	35.4	35.0	34.5	34.1	33.7	33.1	32.6	31.9	31.3	30.7
De 15 à 64 ans	60.1	60.5	60.9	61.2	61.6	62.0	62.5	63.0	63.5	64.0
65 ans et plus	4.4	4.5	4.6	4.7	4.8	4.9	5.0	5.1	5.2	5.3
COMPOSANTES DE L'ÉVOLUTION DÉMOGRAPHIQUE										
a) Population au 1er janvier	93 816	95 141	96 456	97 783	99 090	100 330	101 472	102 513	103 482	104 415
b) Population au 31 décembre										
c) Accroissement total (b-a)										
d) Naissances	2 698	2 668	2 769	2 798	2 670					
e) Décès	440	445	444	437	444					
f) Accroissement naturel (d-e)	2 258	2 224	2 325	2 361	2 226					
g) Solde net des migrations				-301	-303					
h) Ajustements statistiques										
i) Accroissement total (=f+g+h=c)										
(Composition de l'évolution démographique/ Population moyenne) x1000										
Taux d'accroissement total										
Taux bruts de natalité										
Taux bruts de mortalité										
Taux d'accroissement naturel										
Taux du solde net des migrations										

MEXICO

II - Labour force

Thousands (second quarter estimates)

	1986	1987	1988	1989	1990	1991	1992	1993	1994	1995	1996
Total labour force											
All persons					24 063	30 144	31 231	32 381	33 606	34 538	35 345
Males					18 419	20 875	21 553	22 260	23 004	23 165	23 605
Females					5 645	9 269	9 678	10 121	10 602	11 373	11 740
Armed forces											
All persons										0	0
Males										0	0
Females										0	0
Civilian labour force											
All persons					24 063	30 144	31 231	32 381	33 606	34 538	35 345
Males					18 419	20 875	21 553	22 260	23 004	23 165	23 605
Females					5 645	9 269	9 678	10 121	10 602	11 373	11 740
Unemployed											
All persons					660	918	971	1 041	1 168	2 379	1 855
Males					537	527	604	641	685	1 399	1 049
Females					123	391	368	400	483	980	806
Civilian employment											
All persons					23 403	29 226	30 259	31 341	32 439	32 159	33 490
Males					17 882	20 348	20 950	21 620	22 319	21 765	22 555
Females					5 521	8 878	9 310	9 721	10 120	10 394	10 934
Civilian employment (%)											
All persons					100.0	100.0	100.0	100.0	100.0	100.0	100.0
Males					76.4	69.6	69.2	69.0	68.8	67.7	67.4
Females					23.6	30.4	30.8	31.0	31.2	32.3	32.6
Unemployment rates (% of civilian labour force)											
All persons					2.7	3.0	3.1	3.2	3.5	6.9	5.2
Males					2.9	2.5	2.8	2.9	3.0	6.0	4.4
Females					2.2	4.2	3.8	4.0	4.6	8.6	6.9
Total labour force (% of total population)											
All persons					28.7	35.2	35.8	36.5	37.2	37.7	38.0
Males					44.0	49.0	49.6	50.4	51.2	50.8	51.0
Females					13.4	21.6	22.1	22.7	23.4	24.7	25.1
Total labour force (% of population from 15-64 years)[1]											
All persons					50.4	61.4	61.9	62.5	63.3	63.5	63.6
Males					78.1	86.1	86.5	87.0	87.7	86.3	86.1
Females					23.4	37.3	37.9	38.6	39.4	41.3	41.6
Civilian employment (% of total population)											
All persons					27.9	34.1	34.7	35.3	35.9	35.1	36.0
Civilian employment (% of population from 15-64 years)											
All persons					49.1	59.5	60.0	60.5	61.1	59.1	60.2
Males					75.9	83.9	84.0	84.5	85.1	81.1	82.3
Females					22.9	35.7	36.5	37.1	37.6	37.7	38.8
Part-time employment (%)											
Part-time as % of employment										16.6	14.9
Male share of part-time employment										38.7	37.7
Female share of part-time employment										61.3	62.3
Male part-time as % of male employment										9.5	8.3
Female part-time as % of female employment										31.1	28.5
Duration of unemployment (% of total unemployment)											
Less than 1 month										29.4	27.2
More than 1 month and less than 3 months										36.9	40.1
More than 3 months and less than 6 months										25.6	23.0
More than 6 months and less than 1 year										6.6	7.5
More than 1 year										1.5	2.2

(1) Participation rates calculated according to national definitions may differ from those published in this table, when the age group represented in the labour force survey is other than 15-64 years.

LABOUR FORCE STATISTICS - ISBN 9789264035539 - © OECD 2007

II - Population active

Milliers (estimations au deuxième trimestre)

1997	1998	1999	2000	2001	2002	2003	2004	2005	2006	
										Population active totale
36 918	37 703	37 711	38 579	38 663	39 695	40 062	41 738	41 925	43 216	Ensemble des personnes
24 232	24 849	24 944	25 259	25 331	25 806	26 145	26 703	26 524	27 151	Hommes
12 686	12 854	12 767	13 320	13 332	13 888	13 917	15 035	15 401	16 065	Femmes
										Forces armées
0	0	0	0	0	0	0	0	0	0	Ensemble des personnes
0	0	0	0	0	0	0	0	0	0	Hommes
0	0	0	0	0	0	0	0	0	0	Femmes
										Population active civile
36 918	37 703	37 711	38 579	38 663	39 695	40 062	41 738	41 925	43 216	Ensemble des personnes
24 232	24 849	24 944	25 259	25 331	25 806	26 145	26 703	26 524	27 151	Hommes
12 686	12 854	12 767	13 320	13 332	13 888	13 917	15 035	15 401	16 065	Femmes
										Chômeurs
1 497	1 347	938	989	981	1 137	1 188	1 528	1 470	1 367	Ensemble des personnes
719	714	486	554	545	651	683	821	909	806	Hommes
778	633	452	435	437	486	505	707	560	561	Femmes
										Emploi civil
35 420	36 356	36 773	37 591	37 681	38 557	38 874	40 210	40 455	41 849	Ensemble des personnes
23 513	24 135	24 458	24 705	24 786	25 156	25 462	25 881	25 615	26 345	Hommes
11 907	12 221	12 315	12 885	12 895	13 402	13 412	14 329	14 840	15 504	Femmes
										Emploi civil (%)
100.0	100.0	100.0	100.0	100.0	100.0	100.0	100.0	100.0	100.0	Ensemble des personnes
66.4	66.4	66.5	65.7	65.8	65.2	65.5	64.4	63.3	63.0	Hommes
33.6	33.6	33.5	34.3	34.2	34.8	34.5	35.6	36.7	37.0	Femmes
										Taux de chômage (% de la population active civile)
4.1	3.6	2.5	2.6	2.5	2.9	3.0	3.7	3.5	3.2	Ensemble des personnes
3.0	2.9	1.9	2.2	2.2	2.5	2.6	3.1	3.4	3.0	Hommes
6.1	4.9	3.5	3.3	3.3	3.5	3.6	4.7	3.6	3.5	Femmes
										Population active totale (% de la population totale)
39.1	39.4	38.8	39.2	38.8	39.3	39.3	40.5	40.3	41.2	Ensemble des personnes
51.7	52.3	51.8	51.8	51.4	51.8	51.9	52.5	51.8	52.6	Hommes
26.7	26.6	26.1	26.8	26.4	27.2	27.0	28.8	29.2	30.2	Femmes
										Population active totale (% de la population de 15-64 ans)(1)
65.0	65.0	63.8	64.0	63.0	63.4	62.9	64.3	63.5	64.4	Ensemble des personnes
86.7	87.2	86.0	85.5	84.2	84.3	83.9	84.3	82.3	82.9	Hommes
44.0	43.6	42.4	43.3	42.5	43.4	42.7	45.3	45.6	46.7	Femmes
										Emploi civil (% de la population totale)
37.5	38.0	37.9	38.2	37.8	38.2	38.1	39.0	38.9	39.9	Ensemble des personnes
										Emploi civil (% de la population de 15-64 ans)
62.4	62.7	62.2	62.4	61.4	61.6	61.0	62.0	61.3	62.3	Ensemble des personnes
84.1	84.7	84.3	83.6	82.4	82.2	81.7	81.7	79.5	80.5	Hommes
41.3	41.5	40.9	41.9	41.1	41.9	41.2	43.2	43.9	45.1	Femmes
										Emploi à temps partiel (%)
15.5	15.0	13.7	13.5	13.7	13.5	13.4	15.1			Temps partiel en % de l'emploi
36.0	36.2	34.6	34.9	36.2	34.4	34.3	34.9			Part des hommes dans le temps partiel
64.0	63.8	65.4	65.1	63.8	65.6	65.7	65.1			Part des femmes dans le temps partiel
8.5	8.2	7.1	7.1	7.5	7.1	7.0	8.1			Temps partiel des hommes en % de l'emploi des hommes
29.3	28.3	26.6	25.6	25.7	25.6	25.7	27.6			Temps partiel des femmes en % de l'emploi des femmes
										Durée du chômage (% du chômage total)
33.6	38.8	34.6	35.8	35.1	33.0	33.2	33.9	36.2	39.2	Moins de 1 mois
41.4	39.6	40.9	41.7	44.8	44.4	43.3	42.5	38.0	38.3	Plus de 1 mois et moins de 3 mois
18.5	18.4	17.7	17.4	16.1	17.4	18.8	18.5	19.1	16.2	Plus de 3 mois et moins de 6 mois
4.7	2.4	5.3	4.0	3.0	4.4	3.8	4.0	4.4	3.7	Plus de 6 mois et moins de 1 an
1.8	0.8	1.5	1.2	1.0	0.9	0.9	1.1	2.3	2.5	Plus de 1 an

(1) Les taux d'activité calculés selon les définitions nationales peuvent être différents de ceux publiés dans ce tableau si le groupe d'âges représenté dans l'enquête de la population active est différent de 15-64 ans.

MEXICO

III - Participation rates and unemployment rates by age and by sex

Percent (second quarter estimates)

	1986	1987	1988	1989	1990	1991	1992	1993	1994	1995	1996
PARTICIPATION RATES											
Males											
15-19						61.8	63.0	64.3	62.1	59.6	59.8
20-24						84.1	84.6	85.2	85.7	86.0	84.7
25-34						96.6	96.5	96.5	96.5	95.6	95.6
35-44						98.2	97.9	97.6	97.2	95.7	96.4
45-54						95.3	94.8	94.3	93.7	91.7	92.6
55-59						90.4	89.5	88.6	86.6	82.9	83.8
60-64						80.1	79.8	79.8	77.3	74.0	73.0
15-24						71.2	72.2	73.3	72.6	71.8	71.1
25-54						96.8	96.6	96.4	96.1	94.7	95.2
55-64						85.9	85.2	84.6	82.4	78.8	78.8
65 and over						55.1	57.5	60.1	56.2	51.2	50.8
15-64						86.4	86.6	86.9	86.4	85.2	85.4
Females											
15-19						30.1	30.2	30.3	29.8	30.9	29.1
20-24						40.4	41.7	43.0	42.9	44.5	43.6
25-34						39.2	40.5	41.9	43.1	45.0	45.0
35-44						40.6	40.9	41.1	42.1	43.2	44.8
45-54						32.8	34.4	36.3	36.6	37.2	38.2
55-59						26.5	26.8	27.0	27.6	28.4	31.2
60-64						21.8	22.1	22.7	23.7	24.8	23.5
15-24						34.5	35.2	35.9	35.8	37.3	36.0
25-54						38.2	39.2	40.3	41.3	42.7	43.4
55-64						24.4	24.7	25.0	25.8	26.7	27.7
65 and over						12.4	13.6	15.0	15.0	15.2	14.0
15-64						35.7	36.6	37.5	38.1	39.5	39.6
All persons											
15-24						52.2	53.3	54.5	54.1	54.4	53.1
25-54						65.9	66.3	66.8	67.2	67.3	67.9
55-64						54.6	54.5	54.5	53.5	52.0	52.6
65 and over						32.4	33.9	35.5	33.9	32.0	31.3
15-64						59.9	60.6	61.4	61.4	61.5	61.5
UNEMPLOYMENT RATES											
Males											
15-19						6.0	5.6	5.1	6.9	9.8	8.2
20-24						4.4	4.5	4.6	6.1	8.7	7.1
25-34						1.9	2.3	2.7	3.7	5.4	3.9
35-44						1.4	1.7	2.1	2.9	4.6	3.0
45-54						1.2	1.3	1.6	2.7	5.4	3.2
55-59						1.4	1.2	1.1	2.0	4.1	3.2
60-64						0.4	0.8	1.3	2.1	3.5	2.2
15-24						5.2	5.0	4.9	6.5	9.2	7.6
25-54						1.5	1.8	2.2	3.2	5.1	3.4
55-64						1.0	1.0	1.2	2.0	3.9	2.8
65 and over						0.8	1.0	1.4	1.4	1.6	1.4
15-64						2.6	2.8	3.0	4.1	6.2	4.6
Total						2.5	2.7	2.9	4.0	6.0	4.4
Females											
15-19						5.7	6.1	6.4	8.7	16.5	12.8
20-24						5.8	6.1	6.4	8.1	14.4	12.0
25-34						4.1	4.1	4.0	4.6	7.3	7.0
35-44						3.3	2.9	2.6	3.0	5.1	3.9
45-54						4.0	2.4	1.4	1.9	3.9	2.6
55-59						1.5	1.1	0.9	1.9	5.8	2.0
60-64						0.2	0.7	2.3	1.3	1.1	0.5
15-24						5.8	6.1	6.4	8.3	15.3	12.3
25-54						3.8	3.3	3.0	3.5	5.9	5.0
55-64						1.0	1.0	1.5	1.6	3.8	1.4
65 and over						0.7	1.0	1.4	1.5	2.3	0.1
15-64						4.3	4.1	4.0	4.9	8.8	7.1
Total						4.2	4.0	4.0	4.8	8.6	6.9
All persons											
15-24						5.4	5.4	5.4	7.1	11.3	9.2
25-54						2.2	2.3	2.5	3.3	5.4	4.0
55-64						1.0	1.0	1.3	1.9	3.9	2.4
65 and over						0.8	1.0	1.4	1.5	1.8	1.1
15-64						3.1	3.2	3.3	4.4	7.1	5.4

III - Taux d'activité et taux de chômage par âge et par sexe

Pourcentage (estimations au deuxième trimestre)

1997	1998	1999	2000	2001	2002	2003	2004	2005	2006	
										TAUX D'ACTIVITÉ
										Hommes
58.9	59.1	57.8	55.5	53.5	50.8	48.4	50.2 |	47.6	48.8	15-19
84.9	85.2	83.3	83.1	81.4	80.2	79.7	79.7 |	78.7	79.8	20-24
96.8	95.5	95.6	95.4	95.3	95.1	95.0	95.2 |	94.6	95.3	25-34
97.1	96.8	96.4	96.5	96.2	96.7	96.4	96.6 |	96.6	96.7	35-44
93.4	93.6	92.6	92.7	93.5	93.4	93.1	93.2 |	93.8	94.1	45-54
85.7	86.0	85.6	85.9	84.9	85.2	85.4	84.8 |	85.7	88.2	55-59
77.6	75.8	75.3	71.8	71.5	73.3	72.2	72.8 |	71.3	74.0	60-64
70.9	71.1	69.3	67.7	65.5	63.6	62.1	63.5 |	61.3	62.6	15-24
96.1	95.5	95.2	95.2	95.2	95.2	95.0	95.2 |	95.1	95.5	25-54
82.0	81.4	81.0	79.3	78.8	79.7	79.4	79.3 |	79.3	82.1	55-64
50.8	52.7	51.4	48.5	48.4	48.3	46.9	46.2 |	46.2	45.8	65 et plus
86.3	86.0	85.4	84.7	84.2	83.8	83.0	83.7 |	83.1	84.2	15-64
										Femmes
32.1	31.0	29.6	30.3	28.1	26.4	24.6	25.2 |	24.0	24.9	15-19
41.9	44.5	44.2	43.0	42.3	42.4	41.2	42.4 |	44.2	45.2	20-24
47.6	46.5	44.9	46.3	45.5	47.1	46.8	49.1 |	49.7	50.9	25-34
48.5	48.5	47.1	47.7	48.2	49.2	48.9	52.6 |	52.8	54.4	35-44
40.7	39.3	40.0	40.2	40.3	41.3	41.7	45.8 |	46.7	47.5	45-54
32.0	29.4	31.5	32.2	30.5	32.5	34.5	34.4 |	34.8	35.3	55-59
28.2	25.8	25.3	23.1	23.6	24.5	24.0	28.7 |	26.0	28.5	60-64
36.7	37.4	36.5	36.3	34.6	33.8	32.3	33.2 |	33.3	34.3	15-24
46.3	45.6	44.5	45.4	45.2	46.4	46.3	49.5 |	50.0	51.3	25-54
30.2	27.7	28.7	28.0	27.3	28.8	29.7	31.8 |	30.7	32.2	55-64
14.7	15.3	14.4	14.2	12.8	14.1	13.8	14.2 |	14.4	14.7	65 et plus
41.7	41.4	40.6	41.0	40.4	41.0	40.6	43.0 |	43.2	44.5	15-64
										Ensemble des personnes
53.1	53.8	52.4	51.5	49.6	48.2	47.0	48.0 |	46.8	47.8	15-24
69.7	69.1	68.4	68.6	68.4	69.1	68.8	70.7 |	70.7	71.7	25-54
55.3	53.2	54.6	52.4	51.7	52.9	53.5	54.5 |	53.7	55.9	55-64
32.0	33.2	31.1	30.6	29.7	30.1	29.0	28.9 |	29.1	29.0	65 et plus
62.9	62.7	62.0	61.7	61.0	61.1	60.7	62.2 |	61.9	63.0	15-64
										TAUX DE CHÔMAGE
										Hommes
6.0	5.7	3.4	5.1	4.1	5.2	5.6	6.8 |	6.5	5.8	15-19
5.4	4.7	2.6	3.8	3.5	4.5	4.6	5.3 |	5.8	5.1	20-24
2.9	2.7	2.1	1.7	2.1	2.4	2.7	3.0 |	3.4	3.3	25-34
1.5	1.9	1.5	1.3	1.5	1.8	1.7	2.0 |	2.3	1.9	35-44
1.9	1.7	1.5	1.4	1.5	1.5	1.6	2.2 |	2.5	2.1	45-54
1.1	1.4	1.2	1.9	1.7	2.1	1.5	1.6 |	2.6	1.8	55-59
0.8	1.2	1.0	1.1	0.9	1.5	1.2	1.3 |	2.4	1.9	60-64
5.6	5.2	2.9	4.4	3.8	4.8	5.1	5.9 |	6.1	5.4	15-24
2.2	2.2	1.7	1.5	1.7	2.0	2.1	2.4 |	2.8	2.5	25-54
1.0	1.3	1.1	1.5	1.4	1.8	1.4	1.4 |	2.5	1.8	55-64
1.7	1.3	0.7	0.9	0.6	0.4	0.5	1.1 |	1.7	1.1	65 et plus
3.0	3.0	2.0	2.3	2.2	2.6	2.7	3.2 |	3.5	3.1	15-64
3.0	2.9	1.9	2.2	2.2	2.5	2.6	3.1 |	3.4	3.0	Total
										Femmes
11.7	8.2	6.2	7.0	7.6	8.2	8.3	11.2 |	8.0	8.7	15-19
9.4	9.2	6.1	5.6	6.0	7.6	8.2	10.2 |	7.1	6.6	20-24
6.0	5.1	3.6	3.4	3.5	3.5	3.8	5.1 |	4.1	3.8	25-34
4.7	3.1	3.0	1.9	1.6	1.7	2.1	2.7 |	2.3	1.9	35-44
2.4	1.5	1.0	1.2	1.3	1.1	1.0	1.1 |	1.5	1.7	45-54
2.4	0.1	0.3	1.3	0.8	0.4	0.5	2.0 |	1.5	1.2	55-59
2.8	1.4	0.4	0.4	0.8	0.5	0.3	0.6 |	0.4	1.4	60-64
10.5	8.7	6.1	6.2	6.7	7.9	8.3	10.6 |	7.4	7.4	15-24
4.8	3.7	2.9	2.4	2.3	2.4	2.5	3.3 |	2.8	2.6	25-54
2.6	0.6	0.3	0.9	0.8	0.4	0.4	1.4 |	1.1	1.3	55-64
0.2	2.0	0.4	0.1	0.4	0.5	0.7	0.4 |	1.4	0.5	65 et plus
6.3	5.0	3.6	3.4	3.4	3.6	3.7	4.8 |	3.7	3.6	15-64
6.1	4.9	3.5	3.3	3.3	3.5	3.6	4.7 |	3.6	3.5	Total
										Ensemble des personnes
7.4	6.4	4.1	5.1	4.9	5.9	6.2	7.6 |	6.6	6.2	15-24
3.1	2.7	2.1	1.8	1.9	2.1	2.3	2.8 |	2.8	2.5	25-54
1.4	1.1	0.9	1.4	1.2	1.4	1.1	1.4 |	2.1	1.7	55-64
1.3	1.5	0.6	0.7	0.6	0.5	0.5	0.9 |	1.6	0.9	65 et plus
4.2	3.7	2.6	2.6	2.6	3.0	3.1	3.8 |	3.6	3.3	15-64

MEXICO

IV - Professional status and breakdown by activity - ISIC Rev. 2

Thousands (second quarter estimates)

	1986	1987	1988	1989	1990	1991	1992	1993	1994	1995	1996
CIVILIAN EMPLOYMENT: PROFESSIONAL STATUS											
All activities					23 403	29 226	30 259	31 341	32 439	32 159	33 490
Employees					15 936	16 351	16 976	17 615	18 253	18 905	20 072
Employers and persons working on own account					6 001	9 602	9 812	10 044	10 290	9 726	9 840
Unpaid family workers					1 466	3 263	3 472	3 678	3 896	3 529	3 578
Agriculture, hunting, forestry and fishing					5 300	7 532	7 772	8 042	8 361	7 516	7 307
Employees					2 185	1 834	1 673	1 530	1 408	2 186	2 105
Employers and persons working on own account					2 401	3 949	4 080	4 205	4 337	3 310	3 206
Unpaid family workers					714	1 749	2 019	2 308	2 616	2 020	1 996
Non-agricultural activities					18 103	21 693	22 487	23 298	24 078	24 643	26 183
Employees					13 751	14 517	15 303	16 085	16 845	16 719	17 967
Employers and persons working on own account					3 600	5 653	5 732	5 840	5 953	6 416	6 633
Unpaid family workers					752	1 514	1 453	1 369	1 280	1 509	1 582
All activities (%)					100.0	100.0	100.0	100.0	100.0	100.0	100.0
Employees					68.1	55.9	56.1	56.2	56.3	58.8	59.9
Others					31.9	44.0	43.9	43.8	43.7	41.2	40.1
CIVILIAN EMPLOYMENT: BREAKDOWN BY ACTIVITY											
ISIC Rev. 2 Major Divisions											
1 to 0 All activities					23 403	29 226	30 259	31 341	32 439	32 159	33 490
1 Agriculture, hunting, forestry and fishing					5 300	7 532	7 772	8 042	8 361	7 516	7 307
2 Mining and quarrying					99	214	186	167	152	139	131
3 Manufacturing					4 493	4 642	4 798	4 960	5 127	5 030	5 575
4 Electricity, gas and water					316	151	122	99	80	80	201
5 Construction					1 595	1 809	1 815	1 821	1 828	1 716	1 686
6 Wholesale and retail trade; restaurants and hotels					3 790	5 928	6 245	6 588	6 962	7 511	7 346
7 Transport, storage and communication					1 045	1 137	1 238	1 348	1 467	1 425	1 407
8 Financing, insurance, real estate and business services					360	383	997	394	1 111	1 076	1 254
9 Community, social and personal services					4 070	7 244	7 068	7 699	7 337	7 520	8 420
0 Activities not adequately defined					2 335	183	19	222	14	146	164
EMPLOYEES: BREAKDOWN BY ACTIVITY											
ISIC Rev. 2 Major Divisions											
1 to 0 All activities					10 625	16 351	16 903	17 615	18 560	18 905	20 072
1 Agriculture, hunting, forestry and fishing					2 185	1 834	1 658	1 530	1 509	2 186	2 105
2 Mining and quarrying					88	178	152	135	123	106	122
3 Manufacturing					3 767	3 531	3 644	3 762	3 887	4 088	4 223
4 Electricity, gas and water					306	149	121	99	81	80	200
5 Construction					1 259	1 228	1 285	1 345	1 408	1 230	1 189
6 Wholesale and retail trade; restaurants and hotels					540	2 574	2 826	3 109	3 425	3 247	3 413
7 Transport, storage and communication					804	823	942	1 079	1 236	1 098	1 080
8 Financing, insurance, real estate and business services					324	366	787	370	935	832	914
9 Community, social and personal services					884	5 554	5 476	5 987	5 939	5 919	6 678
0 Activities not adequately defined					468	113	11	199	17	120	148

LABOUR FORCE STATISTICS - ISBN 9789264035539 - © OECD 2007

IV - Situation dans la profession et répartition par branches d'activités - CITI Rév. 2

Milliers (estimations au deuxième trimestre)

1997	1998	1999	2000	2001	2002	2003	2004	2005	2006	
										EMPLOI CIVIL : SITUATION DANS LA PROFESSION
35 420	36 356	36 773	37 591	37 681	38 557	38 874	40 210	40 455	41 849	**Toutes activités**
20 924	22 314	22 798	24 062	23 947	24 360	24 643	25 520	26 079	27 427	Salariés
10 513	10 533	10 632	10 568	10 852	11 130	11 344	11 704	11 507	11 653	Employeurs et personnes travaillant à leur compte
3 984	3 509	3 343	2 960	2 881	3 068	2 886	2 986	2 869	2 769	Travailleurs familiaux non rémunérés
8 260	6 995	7 405	6 516	6 556	6 645	6 239	6 309	5 945	5 901	**Agriculture, chasse, sylviculture et pêche**
2 551	2 085	2 312	2 262	2 170	2 207	2 071	2 064	2 055	2 203	Salariés
3 514	3 104	3 267	2 791	3 053	3 035	2 909	2 998	2 792	2 624	Employeurs et personnes travaillant à leur compte
2 194	1 806	1 826	1 463	1 333	1 402	1 260	1 247	1 098	1 075	Travailleurs familiaux non rémunérés
27 161	29 360	29 368	31 074	31 126	31 913	32 635	33 900	34 510	35 947	**Activités non agricoles**
18 372	20 229	20 487	21 800	21 777	22 152	22 572	23 456	24 024	25 224	Salariés
6 999	7 429	7 365	7 777	7 800	8 095	8 436	8 706	8 715	9 030	Employeurs et personnes travaillant à leur compte
1 789	1 703	1 517	1 497	1 548	1 666	1 627	1 739	1 771	1 694	Travailleurs familiaux non rémunérés
100.0	100.0	100.0	100.0	100.0	100.0	100.0	100.0	100.0	100.0	**Toutes activités (%)**
59.1	61.4	62.0	64.0	63.6	63.2	63.4	63.5	64.5	65.5	Salariés
40.9	38.6	38.0	36.0	36.4	36.8	36.6	36.5	35.5	34.5	Autres
										EMPLOI CIVIL : RÉPARTITION PAR BRANCHES D'ACTIVITÉS
										Branches CITI Rév. 2
35 420	36 356	36 773	37 591	37 681	38 557	38 874	40 210	40 455	41 849	**1 à 0 Toutes activités**
8 260	6 995	7 405	6 516	6 556	6 645	6 239	6 309	5 945	5 901	1 Agriculture, chasse, sylviculture et pêche
108	149	125	156	129	143	136	165	193	164	2 Industries extractives
6 005	6 682	7 038	7 366	7 187	6 907	6 781	7 057	7 479	7 670	3 Industries manufacturières
186	181	190	188	195	195	213	233	186	186	4 Électricité, gaz et eau
1 664	2 005	2 043	2 423	2 281	2 392	2 611	2 560	3 162	3 436	5 Bâtiment et travaux publics
7 648	8 127	7 924	8 395	8 753	9 163	9 493	10 056	10 349	10 618	6 Commerce de gros et de détail; restaurants et hôtels
1 478	1 642	1 686	1 719	1 762	1 777	1 823	1 825	1 802	1 950	7 Transports, entrepôts et communications
1 404	1 372	1 331	1 465	1 493	1 548	1 597	1 715	2 141	2 307	8 Banques, assurances, affaires immobilières et services fournis aux entreprises
8 532	9 042	8 876	9 210	9 191	9 646	9 843	10 131	8 952	9 310	9 Services fournis à la collectivité, services sociaux et services personnels
136	160	155	151	135	142	136	158	246	306	0 Activités mal désignées
										SALARIÉS : RÉPARTITION PAR BRANCHES D'ACTIVITÉS
										Branches CITI Rév. 2
20 924	22 314	22 798	24 062	23 947	24 360	24 643	25 520	26 079	27 427	**1 à 0 Toutes activités**
2 551	2 085	2 312	2 262	2 170	2 207	2 071	2 064	2 055	2 203	1 Agriculture, chasse, sylviculture et pêche
102	136	113	145	122	138	134	154	177	155	2 Industries extractives
4 568	5 152	5 419	5 702	5 557	5 265	5 157	5 451	5 513	5 619	3 Industries manufacturières
185	181	188	186	194	194	212	230	183	185	4 Électricité, gaz et eau
1 172	1 448	1 438	1 696	1 647	1 740	1 924	1 886	2 170	2 403	5 Bâtiment et travaux publics
3 358	3 813	3 824	4 162	4 355	4 488	4 632	4 961	5 066	5 290	6 Commerce de gros et de détail; restaurants et hôtels
1 159	1 239	1 317	1 300	1 356	1 386	1 398	1 411	1 357	1 461	7 Transports, entrepôts et communications
1 047	1 021	1 005	1 102	1 098	1 097	1 179	1 247	1 534	1 712	8 Banques, assurances, affaires immobilières et services fournis aux entreprises
6 658	7 094	7 046	7 371	7 328	7 712	7 815	7 972	7 806	8 120	9 Services fournis à la collectivité, services sociaux et services personnels
124	143	138	136	121	132	121	145	218	279	0 Activités mal désignées

MEXICO

V - Civilian employment and employees: breakdown by activity - ISIC Rev. 3

Thousands (second quarter estimates)

	1986	1987	1988	1989	1990	1991	1992	1993	1994	1995	1996
CIVILIAN EMPLOYMENT: BREAKDOWN BY ACTIVITY											
A to X All activities						29 226		31 341		32 159	33 490
A Agriculture, hunting and forestry						7 443		7 897		7 150	7 152
B Fishing						89		145		366	155
C Mining and quarrying						214		167		139	131
D Manufacturing						4 642		4 960		5 030	5 575
E Electricity, gas and water supply						151		99		80	201
F Construction						1 809		1 821		1 716	1 686
G Wholesale and retail trade; repair of motor vehicles, motorcycles and personal and household goods						5 698		6 665		7 503	7 429
H Hotels and restaurants						1 262		1 212		1 481	1 516
I Transport, storage and communication						1 137		1 348		1 425	1 407
J Financial intermediation						339		316		307	324
K Real estate, renting and business activities						540		673		770	930
L Public administration and defence; compulsory social security, excluding armed forces						1 284		1 276		1 283	1 568
M Education						1 421		1 460		1 667	1 737
N Health and social work						766		706		788	889
O Other community, social and personal service activities						1 353		1 375		1 236	1 058
P Private households with employed persons						893		998		1 074	1 568
Q Extra-territorial organisations and bodies						0		0		0	0
X Not classifiable by economic activities						183		222		146	164
Breakdown by sector											
Agriculture (A-B)						7 532		8 042		7 516	7 307
Industry (C-F)						6 817		7 046		6 965	7 593
Services (G-Q)						14 693		16 030		17 532	18 426
Agriculture (%)						25.8		25.7		23.4	21.8
Industry (%)						23.3		22.5		21.7	22.7
Services (%)						50.3		51.1		54.5	55.0
Female participation in agriculture (%)						11.7		12.5		13.6	14.6
Female participation in industry (%)						24.9		24.7		22.8	25.7
Female participation in services (%)						42.7		43.4		44.3	42.8
EMPLOYEES: BREAKDOWN BY ACTIVITY											
A to X All activities						16 351		17 615		18 905	20 072
A Agriculture, hunting and forestry						1 816		1 505		2 118	2 051
B Fishing						18		25		68	54
C Mining and quarrying						178		135		106	122
D Manufacturing						3 531		3 762		4 088	4 223
E Electricity, gas and water supply						149		99		80	200
F Construction						1 228		1 345		1 230	1 189
G Wholesale and retail trade; repair of motor vehicles, motorcycles and personal and household goods						2 437		3 006		3 095	3 415
H Hotels and restaurants						630		724		826	780
I Transport, storage and communication						823		1 079		1 098	1 080
J Financial intermediation						333		316		303	319
K Real estate, renting and business activities						336		448		529	595
L Public administration and defence; compulsory social security, excluding armed forces						1 253		1 276		1 279	1 563
M Education						1 367		1 406		1 632	1 686
N Health and social work						678		607		674	758
O Other community, social and personal service activities						618		714		611	649
P Private households with employed persons						842		968		1 048	1 240
Q Extra-territorial organisations and bodies						0		0		0	0
X Not classifiable by economic activities						113		199		120	148
Breakdown by sector											
Agriculture (A-B)						1 834		1 530		2 186	2 105
Industry (C-F)						5 086		5 342		5 504	5 734
Services (G-Q)						9 317		10 545		11 095	12 085
Agriculture (%)						11.2		8.7		11.6	10.5
Industry (%)						31.1		30.3		29.1	28.6
Services (%)						57.0		59.9		58.7	60.2
Female participation in agriculture (%)						13.1		7.9		6.8	8.9
Female participation in industry (%)						23.4		21.7		22.3	22.7
Female participation in services (%)						43.7		42.1		43.2	42.7

V - Emploi civil et salariés : répartition par branches d'activités - CITI Rév. 3

Milliers (estimations au deuxième trimestre)

1997	1998	1999	2000	2001	2002	2003	2004	2005	2006	
										EMPLOI CIVIL : RÉPARTITION PAR BRANCHES D'ACTIVITÉS
35 420	36 356	36 773	37 591	37 681	38 557	38 874	40 210	40 455	41 849	**A à X Toutes activités**
8 078	6 841	7 256	6 365	6 412	6 507	6 073	6 158	5 786	5 737	A Agriculture, chasse et sylviculture
181	155	149	152	143	138	166	151	159	164	B Pêche
108	149	125	156	129	143	136	165	193	164	C Activités extractives
6 005	6 682	7 038	7 366	7 187	6 907	6 781	7 057	7 479	7 670	D Activités de fabrication
186	181	190	188	195	195	213	233	186	186	E Production et distribution d'électricité, de gaz et d'eau
1 664	2 005	2 043	2 423	2 281	2 392	2 611	2 560	3 162	3 436	F Construction
7 808	8 189	7 873	8 242	8 578	8 971	9 108	9 623	8 743	8 979	G Commerce de gros et de détail; réparation de véhicules et de biens domestiques
1 480	1 725	1 695	1 770	1 919	2 000	2 096	2 258	2 400	2 489	H Hôtels et restaurants
1 478	1 642	1 686	1 719	1 762	1 777	1 823	1 825	1 802	1 950	I Transports, entreposage et communications
365	310	296	295	282	288	283	286	319	379	J Intermédiation financière
1 039	1 061	1 035	1 171	1 210	1 260	1 314	1 429	1 822	1 928	K Immobilier, location et activités de services aux entreprises
1 566	1 586	1 691	1 741	1 686	1 790	1 819	1 798	1 916	2 031	L Administration publique et défense; sécurité sociale obligatoire (armée exclue)
1 813	1 873	1 696	1 886	1 979	2 027	2 033	2 171	2 179	2 252	M Education
947	989	1 003	1 064	1 044	1 094	1 118	1 212	1 171	1 177	N Santé et action sociale
1 106	1 158	1 254	1 226	1 131	1 246	1 352	1 364	1 210	1 253	O Autres activités de services collectifs, sociaux et personnels
1 459	1 650	1 588	1 674	1 606	1 681	1 810	1 758	1 678	1 744	P Ménages privés employant du personnel domestique
0	0	0	2	1	0	0	3	4	3	Q Organisations et organismes extra-territoriaux
136	160	155	151	135	142	136	158	246	306	X Ne pouvant être classés selon l'activité économique
										Répartition par secteurs
8 260	6 995	7 405	6 516	6 556	6 645	6 239	6 309	5 945	5 901	Agriculture (A-B)
7 962	9 017	9 396	10 133	9 791	9 637	9 742	10 015	11 021	11 456	Industrie (C-F)
19 062	20 184	19 818	20 790	21 199	22 134	22 756	23 728	23 243	24 185	Services (G-Q)
23.3	19.2	20.1	17.3	17.4	17.2	16.0	15.7	14.7	14.1	Agriculture (%)
22.5	24.8	25.6	27.0	26.0	25.0	25.1	24.9	27.2	27.4	Industrie (%)
53.8	55.5	53.9	55.3	56.3	57.4	58.5	59.0	57.5	57.8	Services (%)
17.0	13.8	14.2	13.3	11.7	12.3	11.1	12.4	12.0	12.2	Part des femmes dans l'agriculture (%)
27.6	27.6	27.8	28.1	28.8	28.6	27.0	27.7	26.2	25.8	Part des femmes dans l'industrie (%)
43.4	43.3	43.5	43.9	43.7	44.3	44.2	45.3	48.0	48.5	Part des femmes dans les services (%)
										SALARIÉS : RÉPARTITION PAR BRANCHES D'ACTIVITÉS
20 924	22 314	22 798	24 062	23 947	24 360	24 643	25 520	26 079	27 427	**A à X Toutes activités**
2 519	2 027	2 254	2 202	2 119	2 169	2 021	2 017	2 003	2 154	A Agriculture, chasse et sylviculture
32	58	57	60	51	39	49	47	52	49	B Pêche
102	136	113	145	122	138	134	154	177	155	C Activités extractives
4 568	5 152	5 419	5 702	5 557	5 265	5 157	5 451	5 513	5 619	D Activités de fabrication
185	181	188	186	194	194	212	230	183	185	E Production et distribution d'électricité, de gaz et d'eau
1 172	1 448	1 438	1 696	1 647	1 740	1 924	1 886	2 170	2 403	F Construction
3 357	3 758	3 749	3 978	4 125	4 278	4 305	4 551	4 199	4 368	G Commerce de gros et de détail; réparation de véhicules et de biens domestiques
778	919	923	988	1 074	1 090	1 128	1 237	1 343	1 416	H Hôtels et restaurants
1 159	1 239	1 317	1 300	1 356	1 386	1 398	1 411	1 357	1 461	I Transports, entreposage et communications
355	305	292	290	276	281	276	275	307	365	J Intermédiation financière
692	716	713	812	823	817	903	972	1 226	1 347	K Immobilier, location et activités de services aux entreprises
1 561	1 582	1 688	1 740	1 682	1 789	1 817	1 793	1 909	2 017	L Administration publique et défense; sécurité sociale obligatoire (armée exclue)
1 774	1 824	1 655	1 847	1 940	1 969	1 994	2 120	2 119	2 168	M Education
749	837	856	921	895	941	952	1 008	975	978	N Santé et action sociale
692	722	802	780	727	813	857	912	646	715	O Autres activités de services collectifs, sociaux et personnels
1 105	1 267	1 197	1 277	1 239	1 321	1 394	1 308	1 678	1 743	P Ménages privés employant du personnel domestique
0	0	0	2	1	0	0	3	2	3	Q Organisations et organismes extra-territoriaux
124	143	138	136	121	132	121	145	218	279	X Ne pouvant être classés selon l'activité économique
										Répartition par secteurs
2 551	2 085	2 312	2 262	2 170	2 207	2 071	2 064	2 055	2 203	Agriculture (A-B)
6 027	6 917	7 157	7 729	7 520	7 337	7 428	7 720	8 043	8 362	Industrie (C-F)
12 221	13 168	13 191	13 934	14 136	14 683	15 024	15 591	15 763	16 583	Services (G-Q)
12.2	9.3	10.1	9.4	9.1	9.1	8.4	8.1	7.9	8.0	Agriculture (%)
28.8	31.0	31.4	32.1	31.4	30.1	30.1	30.3	30.8	30.5	Industrie (%)
58.4	59.0	57.9	57.9	59.0	60.3	61.0	61.1	60.4	60.5	Services (%)
12.8	8.8	9.2	9.3	8.5	8.0	7.5	9.6	9.4	10.0	Part des femmes dans l'agriculture (%)
24.5	24.7	25.1	26.2	26.2	25.8	23.9	24.9	24.4	24.1	Part des femmes dans l'industrie (%)
42.2	42.6	42.6	43.6	43.3	43.6	43.4	44.0	46.8	47.1	Part des femmes dans les services (%)

UNITED STATES

I - Population

Thousands (mid-year estimates)

	1986	1987	1988	1989	1990	1991	1992	1993	1994	1995	1996
POPULATION - DISTRIBUTION BY AGE AND GENDER											
All persons											
Total	240 133	242 289	244 499	246 819	249 623	252 981	256 514	259 919	263 126	266 278	269 394
Under 15 years	51 535	51 859	52 451	53 222	54 146	55 245	56 205	57 097	57 803	58 272	58 704
From 15 to 64 years	159 590	160 803	161 924	162 916	164 229	165 924	167 953	169 920	171 992	174 237	176 547
65 years and over	29 008	29 626	30 124	30 682	31 247	31 812	32 356	32 902	33 331	33 769	34 143
Males											
Total	116 865	117 961	119 086	120 278	121 714	123 416	125 247	126 971	128 597	130 215	131 807
Under 15 years	26 375	26 544	26 851	27 245	27 721	28 284	28 775	29 235	29 597	29 838	30 060
From 15 to 64 years	78 853	79 522	80 137	80 699	81 428	82 321	83 419	84 429	85 487	86 642	87 823
65 years and over	11 637	11 895	12 098	12 333	12 565	12 811	13 053	13 307	13 513	13 735	13 924
Females											
Total	123 268	124 328	125 413	126 542	127 909	129 565	131 267	132 948	134 528	136 063	137 587
Under 15 years	25 160	25 315	25 600	25 977	26 425	26 961	27 430	27 862	28 205	28 433	28 644
From 15 to 64 years	80 737	81 282	81 787	82 216	82 802	83 603	84 534	85 491	86 505	87 596	88 724
65 years and over	17 371	17 731	18 026	18 349	18 682	19 001	19 303	19 595	19 818	20 034	20 219
POPULATION - PERCENTAGES											
All persons											
Total	100.0	100.0	100.0	100.0	100.0	100.0	100.0	100.0	100.0	100.0	100.0
Under 15 years	21.5	21.4	21.5	21.6	21.7	21.8	21.9	22.0	22.0	21.9	21.8
From 15 to 64 years	66.5	66.4	66.2	66.0	65.8	65.6	65.5	65.4	65.4	65.4	65.5
65 years and over	12.1	12.2	12.3	12.4	12.5	12.6	12.6	12.7	12.7	12.7	12.7
COMPONENTS OF CHANGE IN POPULATION											
a) Population at 1 January	239 109	241 267	243 462	245 705	248 143	251 208	254 783	258 329	261 600	264 754	267 881
b) Population at 31 December	241 267	243 462	245 705	248 143	251 208	254 783	258 329	261 600	264 754	267 881	271 094
c) Total increase (b-a)	2 158	2 195	2 243	2 438	3 065	3 574	3 546	3 271	3 154	3 127	3 213
d) Births	3 757	3 809	3 910	4 041	4 148	4 111	4 065	4 000	3 953	3 900	3 891
e) Deaths	2 105	2 123	2 168	2 150	2 155	2 170	2 176	2 269	2 279	2 312	2 315
f) Natural increase (d-e)	1 652	1 686	1 742	1 891	1 993	1 941	1 889	1 732	1 674	1 587	1 577
g) Net migration	662	666	662	712	776	1 285	1 299	1 175	1 109	1 161	1 249
h) Statistical adjustments	-156	-157	-161	-165	297	348	358	364	371	379	388
i) Total increase (=f+g+h=c)	2 158	2 195	2 243	2 438	3 066	3 574	3 546	3 271	3 154	3 127	3 213
(Components of change in population/ Average population) x1000											
Total increase rates	9.0	9.1	9.2	9.9	12.3	14.1	13.8	12.6	12.0	11.7	11.9
Crude birth rates	15.6	15.7	16.0	16.4	16.6	16.2	15.8	15.4	15.0	14.6	14.4
Crude death rates	8.8	8.8	8.9	8.7	8.6	8.6	8.5	8.7	8.7	8.7	8.6
Natural increase rates	6.9	7.0	7.1	7.7	8.0	7.7	7.4	6.7	6.4	6.0	5.9
Net migration rates	2.8	2.7	2.7	2.9	3.1	5.1	5.1	4.5	4.2	4.4	4.6

LABOUR FORCE STATISTICS - ISBN 9789264035539 - © OECD 2007

I - Population

Milliers (estimations au milieu de l'année)

1997	1998	1999	2000	2001	2002	2003	2004	2005	2006	
										POPULATION - RÉPARTITION SELON L'AGE ET LE SEXE
										Ensemble des personnes
272 647	275 854	279 040	282 217	285 226	288 126	290 796	293 638	296 507	299 398	Total
59 087	59 480	59 955	60 288	60 494	60 656	60 769	60 837	60 752	60 755	Moins de 15 ans
179 158	181 755	184 287	186 851	189 400	191 876	194 069	196 492	198 969	201 383	De 15 à 64 ans
34 402	34 619	34 798	35 078	35 333	35 594	35 958	36 309	36 787	37 260	65 ans et plus
										Hommes
133 474	135 130	136 803	138 482	140 079	141 592	142 938	144 467	145 974	147 512	Total
30 256	30 459	30 701	30 869	30 967	31 046	31 101	31 132	31 083	31 082	Moins de 15 ans
89 154	90 480	91 801	93 158	94 505	95 785	96 876	98 177	99 482	100 773	De 15 à 64 ans
14 063	14 190	14 301	14 455	14 608	14 761	14 961	15 158	15 408	15 657	65 ans et plus
										Femmes
139 173	140 724	142 237	143 735	145 147	146 534	147 858	149 171	150 534	151 886	Total
28 831	29 021	29 254	29 419	29 526	29 610	29 668	29 704	29 669	29 673	Moins de 15 ans
90 004	91 274	92 486	93 693	94 896	96 091	97 194	98 315	99 486	100 610	De 15 à 64 ans
20 338	20 429	20 497	20 623	20 725	20 833	20 997	21 152	21 379	21 603	65 ans et plus
										POPULATION - POURCENTAGES
										Ensemble des personnes
100.0	100.0	100.0	100.0	100.0	100.0	100.0	100.0	100.0	100.0	Total
21.7	21.6	21.5	21.4	21.2	21.1	20.9	20.7	20.5	20.3	Moins de 15 ans
65.7	65.9	66.0	66.2	66.4	66.6	66.7	66.9	67.1	67.3	De 15 à 64 ans
12.6	12.5	12.5	12.4	12.4	12.4	12.4	12.4	12.4	12.4	65 ans et plus
										COMPOSANTES DE L'ÉVOLUTION DÉMOGRAPHIQUE
271 094	274 365	277 534	280 726	283 807	286 723	289 597	292 317	295 135	298 025	a) Population au 1er janvier
274 365	277 534	280 726	283 807	286 723	289 597	292 317	295 135	298 025	300 889	b) Population au 31 décembre
3 271	3 168	3 193	3 081	2 916	2 875	2 720	2 818	2 890	2 864	**c) Accroissement total (b-a)**
3 881	3 942	3 958	4 015	4 026	4 022	4 090	4 112	4 140	4 174	d) Naissances
2 314	2 337	2 392	2 396	2 416	2 443	2 448	2 398	2 432	2 509	e) Décès
1 567	1 604	1 566	1 619	1 610	1 578	1 642	1 714	1 708	1 665	**f) Accroissement naturel (d-e)**
1 309	1 162	1 216	1 286	1 306	1 296	1 078	1 103	1 182	1 199	g) Solde net des migrations
395	402	410	176	0	0	0	0	0	0	h) Ajustements statistiques
3 271	3 168	3 193	3 081	2 916	2 875	2 720	2 818	2 890	2 864	**i) Accroissement total (=f+g+h=c)**
										(Composition de l'évolution démographique/ Population moyenne) x1000
12.0	11.5	11.4	10.9	10.2	10.0	9.3	9.6	9.7	9.6	Taux d'accroissement total
14.2	14.3	14.2	14.2	14.1	14.0	14.1	14.0	14.0	13.9	Taux bruts de natalité
8.5	8.5	8.6	8.5	8.5	8.5	8.4	8.2	8.2	8.4	Taux bruts de mortalité
5.7	5.8	5.6	5.7	5.6	5.5	5.6	5.8	5.8	5.6	Taux d'accroissement naturel
4.8	4.2	4.4	4.6	4.6	4.5	3.7	3.8	4.0	4.0	Taux du solde net des migrations

UNITED STATES

II - Labour force

Thousands (annual average estimates)

	1986	1987	1988	1989	1990	1991	1992	1993	1994	1995	1996
Total labour force											
All persons	120 078	122 122	123 893	126 077 |	128 007	128 464	130 071	130 960 |	132 773	133 924	135 503
Males	67 452	68 243	68 930	69 821 |	70 950	71 060	71 719	71 972 |	72 329	72 778	73 447
Females	52 626	53 879	54 963	56 256 |	57 057	57 404	58 352	58 987 |	60 444	61 146	62 057
Armed forces											
All persons	2 244	2 257	2 224	2 208 |	2 167	2 118	1 966	1 760 |	1 717	1 620	1 560
Males	2 030	2 036	2 003	1 981 |	1 939	1 892	1 755	1 568 |	1 512	1 418	1 360
Females	214	221	221	226 |	228	226	211	192 |	205	202	200
Civilian labour force											
All persons	117 834	119 865	121 669	123 869 |	125 840	126 346	128 105	129 200 |	131 056	132 304	133 943
Males	65 422	66 207	66 927	67 840 |	69 011	69 168	69 964	70 404 |	70 817	71 360	72 087
Females	52 413	53 658	54 742	56 030 |	56 829	57 178	58 141	58 795 |	60 239	60 944	61 857
Unemployed											
All persons	8 237	7 425	6 701	6 528 |	7 047	8 628	9 613	8 940 |	7 996	7 404	7 236
Males	4 530	4 101	3 655	3 525 |	3 906	4 946	5 523	5 055 |	4 367	3 983	3 880
Females	3 707	3 324	3 046	3 003 |	3 140	3 683	4 090	3 885 |	3 629	3 421	3 356
Civilian employment											
All persons	109 597	112 440	114 968	117 342 |	118 793	117 718	118 492	120 259 |	123 060	124 900	126 708
Males	60 892	62 107	63 273	64 315 |	65 104	64 223	64 440	65 349 |	66 450	67 377	68 207
Females	48 706	50 334	51 696	53 027 |	53 689	53 496	54 052	54 910 |	56 610	57 523	58 501
Civilian employment (%)											
All persons	100.0	100.0	100.0	100.0 |	100.0	100.0	100.0	100.0 |	100.0	100.0	100.0
Males	55.6	55.2	55.0	54.8 |	54.8	54.6	54.4	54.3 |	54.0	53.9	53.8
Females	44.4	44.8	45.0	45.2 |	45.2	45.4	45.6	45.7 |	46.0	46.1	46.2
Unemployment rates (% of civilian labour force)											
All persons	7.0	6.2	5.5	5.3 |	5.6	6.8	7.5	6.9 |	6.1	5.6	5.4
Males	6.9	6.2	5.5	5.2 |	5.7	7.2	7.9	7.2 |	6.2	5.6	5.4
Females	7.1	6.2	5.6	5.4 |	5.5	6.4	7.0	6.6 |	6.0	5.6	5.4
Total labour force (% of total population)											
All persons	50.0	50.4	50.7	51.1 |	51.3	50.8	50.7	50.4 |	50.5	50.3	50.3
Males	57.7	57.9	57.9	58.0 |	58.3	57.6	57.3	56.7 |	56.2	55.9	55.7
Females	42.7	43.3	43.8	44.5 |	44.6	44.3	44.5	44.4 |	44.9	44.9	45.1
Total labour force (% of population from 15-64 years)(1)											
All persons	75.2	75.9	76.5	77.4 |	77.9	77.4	77.4	77.1 |	77.2	76.9	76.8
Males	85.5	85.8	86.0	86.5 |	87.1	86.3	86.0	85.2 |	84.6	84.0	83.6
Females	65.2	66.3	67.2	68.4 |	68.9	68.7	69.0	69.0 |	69.9	69.8	69.9
Civilian employment (% of total population)											
All persons	45.6	46.4	47.0	47.5 |	47.6	46.5	46.2	46.3 |	46.8	46.9	47.0
Civilian employment (% of population from 15-64 years)											
All persons	68.7	69.9	71.0	72.0 |	72.3	70.9	70.6	70.8 |	71.5	71.7	71.8
Males	77.2	78.1	79.0	79.7 |	80.0	78.0	77.2	77.4 |	77.7	77.8	77.7
Females	60.3	61.9	63.2	64.5 |	64.8	64.0	63.9	64.2 |	65.4	65.7	65.9
Part-time employment (%)											
Part-time as % of employment	14.8	14.6	14.5	14.4	14.1	14.7	14.7	14.7	14.2	14.0	13.9
Male share of part-time employment	31.4	31.7	31.6	31.3	31.8	32.3	32.8	32.8	31.6	31.3	31.1
Female share of part-time employment	68.6	68.3	68.4	68.7	68.2	67.7	67.2	67.2	68.4	68.7	68.9
Male part-time as % of male employment	8.8	8.8	8.7	8.6	8.6	9.1	9.3	9.4	8.5	8.3	8.3
Female part-time as % of female employment	21.6	21.1	20.9	20.7	20.2	20.7	20.5	20.5	20.4	20.2	20.1
Duration of unemployment (% of total unemployment)											
Less than 1 month	41.9	43.7	46.0	48.6	46.3	40.3	35.1	36.5	34.1	36.5	36.4
More than 1 month and less than 3 months	31.1	29.6	29.9	30.3	32.0	32.4	29.4	28.9	30.1	31.6	31.6
More than 3 months and less than 6 months	12.7	12.7	12.0	11.2	11.7	14.5	15.1	14.5	15.5	14.7	14.6
More than 6 months and less than 1 year	5.7	5.9	4.7	4.2	4.5	6.6	9.2	8.6	8.1	7.6	8.0
More than 1 year	8.7	8.1	7.4	5.7	5.5	6.3	11.1	11.5	12.2	9.7	9.5

(1) Participation rates calculated according to national definitions may differ from those published in this table, when the age group represented in the labour force survey is other than 15-64 years.

LABOUR FORCE STATISTICS - ISBN 9789264035539 - © OECD 2007

II - Population active

Milliers (estimations de moyennes annuelles)

	1997	1998	1999	2000	2001	2002	2003	2004	2005	2006
Population active totale										
Ensemble des personnes	137 810	139 163	140 825	144 017	145 176	146 340	148 000	148 893		
Hommes	74 571	75 244	75 765	77 508	78 117	78 758	79 507	80 251		
Femmes	63 238	63 919	65 059	66 508	67 059	67 582	68 493	68 642		
Forces armées										
Ensemble des personnes	1 513	1 490	1 457	1 434	1 442	1 477	1 490	1 492		
Hommes	1 310	1 285	1 253	1 228	1 231	1 258	1 269	1 271		
Femmes	202	205	204	205	211	219	221	221		
Population active civile										
Ensemble des personnes	136 297	137 673	139 368	142 583	143 734	144 863	146 510	147 401	149 320	151 428
Hommes	73 261	73 959	74 512	76 280	76 886	77 500	78 238	78 980	80 033	81 255
Femmes	63 036	63 714	64 855	66 303	66 848	67 363	68 272	68 421	69 288	70 173
Chômeurs										
Ensemble des personnes	6 739	6 210	5 880	5 692	6 801	8 378	8 774	8 149	7 591	7 001
Hommes	3 577	3 266	3 066	2 975	3 690	4 597	4 906	4 456	4 059	3 753
Femmes	3 162	2 944	2 814	2 717	3 111	3 781	3 868	3 694	3 531	3 247
Emploi civil										
Ensemble des personnes	129 558	131 463	133 488	136 891	136 933	136 485	137 736	139 252	141 730	144 427
Hommes	69 685	70 693	71 446	73 305	73 196	72 903	73 332	74 524	75 973	77 502
Femmes	59 873	60 771	62 042	63 586	63 737	63 582	64 404	64 728	65 757	66 925
Emploi civil (%)										
Ensemble des personnes	100.0	100.0	100.0	100.0	100.0	100.0	100.0	100.0	100.0	100.0
Hommes	53.8	53.8	53.5	53.5	53.5	53.4	53.2	53.5	53.6	53.7
Femmes	46.2	46.2	46.5	46.5	46.5	46.6	46.8	46.5	46.4	46.3
Taux de chômage (% de la population active civile)										
Ensemble des personnes	4.9	4.5	4.2	4.0	4.7	5.8	6.0	5.5	5.1	4.6
Hommes	4.9	4.4	4.1	3.9	4.8	5.9	6.3	5.6	5.1	4.6
Femmes	5.0	4.6	4.3	4.1	4.7	5.6	5.7	5.4	5.1	4.6
Population active totale (% de la population totale)										
Ensemble des personnes	50.5	50.4	50.5	51.0	50.9	50.8	50.9	50.7		
Hommes	55.9	55.7	55.4	56.0	55.8	55.6	55.6	55.5		
Femmes	45.4	45.4	45.7	46.3	46.2	46.1	46.3	46.0		
Population active totale (% de la population de 15-64 ans)[1]										
Ensemble des personnes	76.9	76.6	76.4	77.1	76.7	76.3	76.3	75.8		
Hommes	83.6	83.2	82.5	83.2	82.7	82.2	82.1	81.7		
Femmes	70.3	70.0	70.3	71.0	70.7	70.3	70.5	69.8		
Emploi civil (% de la population totale)										
Ensemble des personnes	47.5	47.7	47.8	48.5	48.0	47.4	47.4	47.4	47.8	48.2
Emploi civil (% de la population de 15-64 ans)										
Ensemble des personnes	72.3	72.3	72.4	73.3	72.3	71.1	71.0	70.9	71.2	71.7
Hommes	78.2	78.1	77.8	78.7	77.5	76.1	75.7	75.9	76.4	76.9
Femmes	66.5	66.6	67.1	67.9	67.2	66.2	66.3	65.8	66.1	66.5
Emploi à temps partiel (%)										
Temps partiel en % de l'emploi	13.5	13.4	13.3	12.6	12.8	13.1	13.2	13.2	12.8	12.6
Part des hommes dans le temps partiel	31.6	31.8	31.7	31.9	32.5	31.7	31.2	31.7	31.6	32.2
Part des femmes dans le temps partiel	68.4	68.2	68.3	68.1	67.5	68.3	68.8	68.3	68.4	67.8
Temps partiel des hommes en % de l'emploi des hommes	8.2	8.1	8.1	7.7	8.0	8.0	8.0	8.1	7.8	7.8
Temps partiel des femmes en % de l'emploi des femmes	19.4	19.1	18.9	18.0	18.0	18.5	18.8	18.8	18.3	17.8
Durée du chômage (% du chômage total)										
Moins de 1 mois	37.7	42.2	43.7	44.9	41.9	34.5	31.7	33.1	35.1	37.3
Plus de 1 mois et moins de 3 mois	31.7	31.4	31.2	31.9	32.3	30.8	29.8	29.2	30.3	30.3
Plus de 3 mois et moins de 6 mois	14.7	12.3	12.8	11.8	14.0	16.3	16.5	15.9	14.9	14.8
Plus de 6 mois et moins de 1 an	7.1	6.1	5.5	5.4	5.7	9.8	10.2	9.2	7.9	7.6
Plus de 1 an	8.7	8.0	6.8	6.0	6.1	8.5	11.8	12.7	11.8	10.0

(1) Les taux d'activité calculés selon les définitions nationales peuvent être différents de ceux publiés dans ce tableau si le groupe d'âges représenté dans l'enquête de la population active est différent de 15-64 ans.

UNITED STATES

III - Participation rates and unemployment rates by age and by sex

Percent (annual average estimates)

	1986	1987	1988	1989	1990	1991	1992	1993	1994	1995	1996
PARTICIPATION RATES											
Males											
16-19	56.4	56.1	56.9	57.9	55.7	53.2	53.4	53.2	54.1	54.8	53.2
20-24	85.8	85.2	85.0	85.3	84.4	83.5	83.3	83.2	83.1	83.1	82.5
25-34	94.6	94.6	94.3	94.4	94.1	93.6	93.8	93.4	92.6	93.0	93.2
35-44	94.8	94.6	94.5	94.5	94.4	94.1	93.7	93.4	92.8	92.3	92.4
45-54	91.0	90.7	90.9	91.1	90.7	90.5	90.7	90.1	89.1	88.8	89.1
55-59	79.0	79.7	79.3	79.5	79.9	79.1	79.0	78.3	76.9	77.4	77.9
60-64	54.9	54.9	54.4	54.8	55.5	54.7	54.7	54.1	52.8	53.2	54.3
16-24	73.0	72.3	72.4	73.0	71.8	70.4	70.5	70.2	70.3	70.2	68.8
25-54	93.8	93.7	93.6	93.7	93.4	93.1	93.0	92.6	91.7	91.6	91.8
55-64	67.3	67.6	67.0	67.2	67.8	67.0	67.0	66.5	65.5	66.0	67.0
65 and over	16.0	16.3	16.5	16.6	16.3	15.7	16.1	15.6	16.8	16.8	16.9
16-64	85.4	85.4	85.5	85.9	85.6	85.1	85.2	84.9	84.3	84.3	84.3
Females											
16-19	53.0	53.3	53.6	53.9	51.6	50.0	49.1	49.7	51.3	52.2	51.3
20-24	72.4	73.0	72.7	72.4	71.3	70.1	70.9	70.9	71.0	70.3	71.3
25-34	71.6	72.4	72.7	73.5	73.5	73.1	73.9	73.4	74.0	74.9	75.2
35-44	73.1	74.5	75.2	76.0	76.4	76.5	76.7	76.6	77.1	77.2	77.5
45-54	65.9	67.1	69.0	70.5	71.2	71.9	72.6	73.5	74.6	74.4	75.4
55-59	51.3	52.2	53.3	54.8	55.3	55.7	56.8	57.1	59.2	59.5	59.8
60-64	33.2	33.2	33.8	35.5	35.5	35.1	36.4	37.0	37.8	38.0	38.2
16-24	64.3	64.6	64.5	64.4	62.9	61.7	61.8	62.0	62.5	62.3	62.2
25-54	70.8	71.9	72.7	73.6	74.0	74.1	74.6	74.6	75.3	75.6	76.1
55-64	42.3	42.7	43.5	45.0	45.2	45.2	46.5	47.2	48.9	49.2	49.6
65 and over	7.4	7.4	7.9	8.4	8.6	8.5	8.3	8.1	9.2	8.8	8.6
16-64	65.1	66.1	66.8	67.8	67.8	67.7	68.4	68.6	69.4	69.7	70.1
All persons											
16-24	68.6	68.4	68.4	68.6	67.3	66.0	66.1	66.1	66.4	66.3	65.5
25-54	82.0	82.5	82.9	83.4	83.5	83.4	83.6	83.4	83.4	83.5	83.8
55-64	54.0	54.4	54.6	55.5	55.9	55.5	56.2	56.4	56.8	57.2	57.9
65 and over	11.0	11.1	11.5	11.8	11.8	11.5	11.5	11.2	12.4	12.1	12.1
16-64	75.0	75.5	75.9	76.6	76.5	76.2	76.6	76.6	76.7	76.9	77.1
UNEMPLOYMENT RATES											
Males											
16-19	19.0	17.8	16.0	15.9	16.3	19.8	21.5	20.4	19.0	18.4	18.1
20-24	11.0	9.9	8.9	8.8	9.1	11.6	12.2	11.3	10.2	9.2	9.5
25-34	6.7	5.9	5.3	4.8	5.5	7.0	7.8	7.0	5.9	5.1	4.9
35-44	5.1	4.4	3.8	3.7	4.1	5.5	6.1	5.6	4.5	4.2	4.0
45-54	4.4	4.2	3.5	3.2	3.7	4.8	5.6	5.1	4.0	3.5	3.5
55-59	4.6	3.8	3.5	3.5	3.9	5.0	5.7	5.2	4.4	3.6	3.3
60-64	3.9	3.6	3.5	3.3	3.5	4.1	5.9	5.1	4.4	3.5	3.5
16-24	13.7	12.6	11.4	11.4	11.6	14.3	15.3	14.3	13.2	12.5	12.6
25-54	5.6	5.0	4.4	4.1	4.6	5.9	6.7	6.0	4.9	4.4	4.2
55-64	4.3	3.7	3.5	3.5	3.8	4.6	5.8	5.2	4.4	3.6	3.3
65 and over	3.3	2.6	2.6	2.5	2.9	3.3	3.3	3.2	4.0	4.2	3.3
16-64	7.0	6.3	5.5	5.3	5.7	7.3	8.0	7.3	6.2	5.6	5.4
Total	6.9	6.2	5.5	5.2	5.7	7.1	7.9	7.2	6.2	5.6	5.4
Females											
16-19	17.7	15.9	14.4	14.0	14.7	17.5	18.6	17.5	16.2	16.1	15.2
20-24	10.3	9.4	8.5	8.3	8.5	9.8	10.3	9.7	9.2	9.0	9.0
25-34	7.2	6.2	5.6	5.6	5.6	6.7	7.4	6.8	6.2	5.7	5.5
35-44	5.0	4.6	4.1	3.9	4.2	4.8	5.5	5.3	4.7	4.4	4.2
45-54	4.5	3.7	3.4	3.2	3.4	4.2	4.6	4.5	3.9	3.2	3.2
55-59	3.8	3.2	2.8	3.0	2.9	3.4	4.0	4.0	3.8	3.6	3.3
60-64	3.8	3.0	2.6	2.6	2.5	3.5	4.4	4.0	4.0	3.7	3.4
16-24	12.8	11.7	10.6	10.4	10.7	12.5	13.1	12.3	11.6	11.6	11.3
25-54	5.9	5.1	4.6	4.4	4.6	5.4	6.0	5.7	5.0	4.5	4.4
55-64	3.8	3.1	2.7	2.8	2.8	3.4	4.2	4.0	3.9	3.6	3.4
65 and over	2.8	2.5	2.8	2.9	3.2	3.2	4.5	3.1	4.0	3.7	4.0
16-64	7.2	6.3	5.6	5.4	5.6	6.5	7.1	6.7	6.1	5.7	5.5
Total	7.1	6.2	5.6	5.4	5.5	6.4	7.0	6.6	6.0	5.6	5.4
All persons											
16-24	13.3	12.2	11.0	10.9	11.2	13.4	14.2	13.4	12.5	12.1	12.0
25-54	5.7	5.0	4.5	4.2	4.6	5.7	6.4	5.8	5.0	4.5	4.3
55-64	4.1	3.5	3.2	3.2	3.3	4.1	5.1	4.7	4.1	3.6	3.4
65 and over	3.1	2.5	2.7	2.7	3.0	3.3	3.8	3.1	4.0	4.0	3.6
16-64	7.1	6.3	5.6	5.3	5.7	6.9	7.6	7.0	6.2	5.6	5.5

III - Taux d'activité et taux de chômage par âge et par sexe

Pourcentage (estimations de moyennes annuelles)

	1997	1998	1999	2000	2001	2002	2003	2004	2005	2006
TAUX D'ACTIVITÉ										
Hommes										
16-19	52.3	53.3	52.9	52.8	50.2	47.5	44.3	43.9	43.2	43.7
20-24	82.5	82.0	81.9	82.6	81.6	80.7	80.0	79.6	79.1	79.6
25-34	93.0	93.2	93.3	93.4	92.7	92.4	91.8	92.0	91.7	91.7
35-44	92.6	92.6	92.8	92.7	92.5	92.1	92.1	91.9	92.1	92.1
45-54	89.5	89.2	88.8	88.6	88.5	88.5	87.7	87.5	87.7	88.1
55-59	78.7	78.4	78.4	77.0	77.2	78.0	77.6	77.6	77.6	77.7
60-64	54.5	55.4	54.8	55.0	56.6	57.6	57.2	57.0	58.0	58.6
16-24	68.2	68.4	68.0	68.6	67.0	65.5	63.9	63.6	62.9	63.3
25-54	91.8	91.8	91.7	91.6	91.3	91.0	90.6	90.5	90.5	90.6
55-64	67.6	68.1	67.9	67.3	68.3	69.2	68.7	68.7	69.3	69.6
65 et plus	17.1	16.5	16.9	17.7	17.7	17.9	18.6	19.0	19.8	20.3
16-64	84.2	84.2	84.0	83.9	83.4	83.0	82.2	81.9	81.8	81.9
Femmes										
16-19	51.0	52.3	51.0	51.2	49.0	47.3	44.8	43.8	44.2	43.6
20-24	72.7	73.0	73.2	73.1	72.7	72.1	70.7	70.5	70.1	69.5
25-34	76.0	76.3	76.4	76.1	75.5	75.1	74.1	73.6	73.9	74.4
35-44	77.7	77.1	77.2	77.2	77.1	76.4	76.0	75.6	75.7	75.9
45-54	76.0	76.2	76.7	76.8	76.4	76.0	76.8	76.5	76.0	76.0
55-59	60.7	61.3	61.8	61.4	61.7	63.8	65.5	65.0	65.6	66.7
60-64	39.5	39.1	38.8	40.2	42.5	44.1	45.3	45.4	45.8	47.0
16-24	62.6	63.3	62.9	63.0	62.0	61.1	59.2	58.7	58.6	57.9
25-54	76.7	76.5	76.8	76.7	76.4	75.9	75.6	75.3	75.3	75.5
55-64	50.9	51.2	51.5	51.9	53.2	55.2	56.6	56.3	57.0	58.2
65 et plus	8.6	8.6	8.9	9.4	9.6	9.8	10.6	11.1	11.5	11.7
16-64	70.7	70.7	70.7	70.7	70.4	70.1	69.7	69.2	69.2	69.3
Ensemble des personnes										
16-24	65.4	65.9	65.5	65.8	64.5	63.3	61.6	61.1	60.8	60.6
25-54	84.1	84.1	84.1	84.0	83.7	83.3	83.0	82.8	82.8	82.9
55-64	58.9	59.3	59.3	59.2	60.4	61.9	62.4	62.3	62.9	63.7
65 et plus	12.1	11.9	12.3	12.9	13.0	13.2	14.0	14.4	15.0	15.4
16-64	77.4	77.4	77.2	77.2	76.8	76.4	75.8	75.4	75.4	75.5
TAUX DE CHÔMAGE										
Hommes										
16-19	16.9	16.2	14.7	14.0	16.0	18.1	19.3	18.4	18.6	16.8
20-24	8.9	8.1	7.7	7.3	9.0	10.2	10.6	10.1	9.6	8.7
25-34	4.3	3.9	3.6	3.4	4.3	5.8	6.2	5.5	4.7	4.5
35-44	3.6	3.0	2.8	2.8	3.6	4.5	5.0	4.3	3.7	3.3
45-54	3.1	2.8	2.6	2.4	3.2	4.2	4.4	3.9	3.5	3.1
55-59	3.0	2.7	2.7	2.3	3.2	4.2	4.4	3.9	3.4	3.2
60-64	3.3	2.9	2.8	2.6	3.6	4.4	4.7	3.9	3.1	2.8
16-24	11.8	11.1	10.3	9.7	11.4	12.8	13.4	12.6	12.4	11.2
25-54	3.7	3.3	3.0	2.9	3.7	4.8	5.2	4.6	3.9	3.6
55-64	3.1	2.8	2.7	2.4	3.3	4.3	4.5	3.9	3.3	3.0
65 et plus	3.0	3.1	3.0	3.3	2.9	3.5	4.0	3.7	3.4	2.8
16-64	4.9	4.5	4.1	3.9	4.9	6.0	6.4	5.7	5.1	4.7
Total	4.9	4.4	4.1	3.9	4.8	5.9	6.3	5.6	5.1	4.6
Femmes										
16-19	15.0	12.9	13.2	12.1	13.4	14.9	15.6	15.5	14.5	13.8
20-24	8.1	7.8	7.2	7.1	7.5	9.1	9.3	8.7	7.9	7.6
25-34	5.2	4.8	4.4	4.1	5.1	5.9	5.9	5.6	5.6	4.9
35-44	4.0	3.8	3.3	3.3	3.7	4.6	4.9	4.4	4.1	3.9
45-54	2.9	2.7	2.5	2.5	3.0	3.8	3.7	3.7	3.5	3.1
55-59	2.7	2.3	2.7	2.5	2.8	3.5	3.8	3.6	3.4	2.9
60-64	2.5	2.5	2.5	2.6	2.6	3.5	3.6	3.7	3.3	2.9
16-24	10.7	9.8	9.5	8.9	9.6	11.1	11.4	11.0	10.1	9.7
25-54	4.1	3.8	3.4	3.3	3.9	4.8	4.8	4.6	4.4	3.9
55-64	2.7	2.4	2.6	2.5	2.7	3.5	3.7	3.7	3.3	2.9
65 et plus	3.6	3.4	3.2	2.7	2.9	3.9	3.6	3.4	3.5	3.0
16-64	5.1	4.7	4.4	4.1	4.7	5.7	5.7	5.5	5.2	4.7
Total	5.0	4.6	4.3	4.1	4.7	5.6	5.7	5.4	5.1	4.6
Ensemble des personnes										
16-24	11.3	10.4	9.9	9.3	10.6	12.0	12.4	11.8	11.3	10.5
25-54	3.9	3.5	3.2	3.1	3.8	4.8	5.0	4.6	4.1	3.8
55-64	2.9	2.6	2.7	2.5	3.0	3.9	4.1	3.8	3.3	3.0
65 et plus	3.2	3.2	3.1	3.1	2.9	3.7	3.8	3.6	3.5	2.9
16-64	5.0	4.5	4.3	4.0	4.8	5.9	6.1	5.6	5.1	4.7

UNITED STATES

IV - Professional status and breakdown by activity - ISIC Rev. 2

Thousands (annual average estimates)

	1986	1987	1988	1989	1990	1991	1992	1993	1994	1995	1996
CIVILIAN EMPLOYMENT: PROFESSIONAL STATUS											
All activities	109 597	112 440	114 968	117 342	118 793	117 718	118 492	120 259	123 060	124 900	126 708
Employees	99 847	102 403	104 642	106 924	108 338	107 101	108 187	109 656	112 232	114 262	116 040
Employers and persons working on own account	9 327	9 624	9 917	10 008	10 097	10 274	9 960	10 280	10 648	10 482	10 490
Unpaid family workers	423	413	410	410	358	343	345	324	180	156	178
Agriculture, hunting, forestry and fishing	3 350	3 400	3 326	3 378	3 394	3 429	3 425	3 300	3 586	3 592	3 570
Employees	1 685	1 762	1 731	1 799	1 860	1 837	1 880	1 824	1 844	1 914	1 953
Employers and persons working on own account	1 494	1 483	1 443	1 447	1 428	1 473	1 432	1 369	1 693	1 632	1 561
Unpaid family workers	171	155	152	132	106	119	113	107	49	45	56
Non-agricultural activities	106 247	109 040	111 642	113 964	115 399	114 289	115 067	116 959	119 474	121 308	123 138
Employees	98 162	100 641	102 911	105 125	106 478	105 264	106 307	107 832	110 388	112 348	114 087
Employers and persons working on own account	7 833	8 141	8 474	8 561	8 669	8 801	8 528	8 911	8 955	8 850	8 929
Unpaid family workers	252	258	258	278	252	224	232	217	131	111	122
All activities (%)	100.0	100.0	100.0	100.0	100.0	100.0	100.0	100.0	100.0	100.0	100.0
Employees	91.1	91.1	91.0	91.1	91.2	91.0	91.3	91.2	91.2	91.5	91.6
Others	8.9	8.9	9.0	8.9	8.8	9.0	8.7	8.8	8.8	8.5	8.4
CIVILIAN EMPLOYMENT: BREAKDOWN BY ACTIVITY											
ISIC Rev. 2 Major Divisions											
1 to 0 All activities	109 597	112 440	114 968	117 342	118 793	117 718	118 492	120 259	123 060	124 900	126 708
1 Agriculture, hunting, forestry and fishing	3 350	3 400	3 326	3 378	3 394	3 429	3 425	3 300	3 586	3 592	3 570
2 Mining and quarrying	880	818	753	719	724	732	667	672	669	627	569
3 Manufacturing	20 962	20 935	21 320	21 652	21 346	20 580	20 120	19 711	20 157	20 493	20 518
4 Electricity, gas and water	1 209	1 266	1 288	1 240	1 289	1 301	1 302	1 248	1 216	1 196	1 185
5 Construction	7 288	7 456	7 603	7 680	7 764	7 140	7 066	7 276	7 493	7 668	7 943
6 Wholesale and retail trade; restaurants and hotels	24 336	24 989	25 365	25 925	26 440	26 268	26 171	26 615	27 163	27 566	28 001
7 Transport, storage and communication	5 943	6 062	6 233	6 333	6 340	6 378	6 272	6 531	6 750	6 772	6 885
8 Financing, insurance, real estate and business services	11 707	12 469	12 972	13 277	13 421	13 235	12 573	13 054	13 566	13 689	14 180
9 Community, social and personal services	33 923	35 046	36 108	37 138	38 074	38 655	40 894	41 852	42 460	43 298	43 857
0 Activities not adequately defined	0	0	0	0	0	0	0	0	0	0	0
EMPLOYEES: BREAKDOWN BY ACTIVITY											
ISIC Rev. 2 Major Divisions											
1 to 0 All activities	99 847	102 403	104 642	106 924	108 338	107 101	108 187	109 655	112 232	114 262	116 040
1 Agriculture, hunting, forestry and fishing	1 685	1 762	1 731	1 799	1 860	1 837	1 880	1 824	1 844	1 914	1 953
2 Mining and quarrying	853	789	725	691	699	708	643	654	655	611	554
3 Manufacturing	20 571	20 563	20 910	21 231	20 902	20 147	19 715	19 259	19 725	20 041	20 101
4 Electricity, gas and water	1 207	1 264	1 286	1 239	1 286	1 297	1 300	1 243	1 213	1 193	1 182
5 Construction	5 886	6 045	6 148	6 221	6 274	5 675	5 577	5 699	5 972	6 196	6 430
6 Wholesale and retail trade; restaurants and hotels	22 099	22 685	23 064	23 560	24 130	23 921	24 264	24 587	25 147	25 703	26 138
7 Transport, storage and communication	5 627	5 726	5 889	6 012	6 047	6 069	5 941	6 166	6 378	6 397	6 464
8 Financing, insurance, real estate and business services	10 500	11 140	11 544	11 812	11 873	11 707	11 290	11 684	12 178	12 277	12 690
9 Community, social and personal services	31 419	32 429	33 346	34 359	35 267	35 741	37 571	38 539	39 120	39 931	40 526
0 Activities not adequately defined	0	0	0	0	0	0	0	0	0	0	0

LABOUR FORCE STATISTICS - ISBN 9789264035539 - © OECD 2007

IV - Situation dans la profession et répartition par branches d'activités - CITI Rév. 2

Milliers (estimations de moyennes annuelles)

	1997	1998	1999	2000	2001	2002	2003	2004	2005	2006
EMPLOI CIVIL : SITUATION DANS LA PROFESSION										
Toutes activités	129 558	131 463	133 488	136 891	136 933	136 485	137 736	139 252	141 730	144 427
Salariés	118 873	121 019	123 267	126 736	126 858	126 603	127 314	128 705	131 143	133 736
Employeurs et personnes travaillant à leur compte	10 513	10 303	10 087	10 013	9 941	9 756	10 295	10 431	10 464	10 586
Travailleurs familiaux non rémunérés	171	141	135	141	134	126	126	116	122	105
Agriculture, chasse, sylviculture et pêche	3 538	3 509	3 416	3 538	3 367	3 479	2 275	2 232	2 197	2 206
Salariés	1 990	2 092	2 036	2 207	2 035	2 139	1 299	1 242	1 212	1 287
Employeurs et personnes travaillant à leur compte	1 496	1 379	1 340	1 294	1 304	1 308	951	964	955	901
Travailleurs familiaux non rémunérés	51	38	40	37	28	32	25	27	30	18
Activités non agricoles	126 020	127 954	130 072	133 353	133 566	133 006	135 461	137 020	139 533	142 221
Salariés	116 883	118 927	121 231	124 529	124 823	124 464	126 015	127 463	129 931	132 449
Employeurs et personnes travaillant à leur compte	9 017	8 924	8 747	8 719	8 637	8 448	9 344	9 467	9 509	9 685
Travailleurs familiaux non rémunérés	120	103	95	104	106	94	101	89	92	87
Toutes activités (%)	100.0	100.0	100.0	100.0	100.0	100.0	100.0	100.0	100.0	100.0
Salariés	91.8	92.1	92.3	92.6	92.6	92.8	92.4	92.4	92.5	92.6
Autres	8.2	7.9	7.7	7.4	7.4	7.2	7.6	7.6	7.5	7.4
EMPLOI CIVIL : RÉPARTITION PAR BRANCHES D'ACTIVITÉS										
Branches CITI Rév. 2										
1 à 0 Toutes activités	129 558	131 463	133 488	136 891	136 933	136 485				
1 Agriculture, chasse, sylviculture et pêche	3 538	3 509	3 416	3 538	3 367	3 479				
2 Industries extractives	634	620	565	524	563	516				
3 Industries manufacturières	20 835	20 733	20 070	20 256	19 332	18 147				
4 Électricité, gaz et eau	1 179	1 200	1 173	1 129	1 087	1 129				
5 Bâtiment et travaux publics	8 302	8 518	8 987	9 591	9 785	9 669				
6 Commerce de gros et de détail; restaurants et hôtels	28 326	28 722	29 113	29 771	29 659	29 630				
7 Transports, entrepôts et communications	7 213	7 332	7 616	7 911	7 982	7 723				
8 Banques, assurances, affaires immobilières et services fournis aux entreprises	14 768	15 452	16 054	16 708	16 843	16 679				
9 Services fournis à la collectivité, services sociaux et services personnels	44 762	45 377	46 495	47 464	48 314	49 512				
0 Activités mal désignées	0	0	0	0	0	0				
SALARIÉS : RÉPARTITION PAR BRANCHES D'ACTIVITÉS										
Branches CITI Rév. 2										
1 à 0 Toutes activités	118 873	121 019	123 267	126 736	126 858	126 603				
1 Agriculture, chasse, sylviculture et pêche	1 990	2 092	2 036	2 207	2 035	2 139				
2 Industries extractives	620	599	549	508	538	503				
3 Industries manufacturières	20 405	20 300	19 685	19 902	18 965	17 801				
4 Électricité, gaz et eau	1 176	1 198	1 168	1 126	1 086	1 126				
5 Bâtiment et travaux publics	6 791	6 986	7 427	7 981	8 238	8 170				
6 Commerce de gros et de détail; restaurants et hôtels	26 467	26 995	27 413	28 151	28 079	28 126				
7 Transports, entrepôts et communications	6 782	6 916	7 200	7 516	7 552	7 306				
8 Banques, assurances, affaires immobilières et services fournis aux entreprises	13 355	13 992	14 575	15 171	15 314	15 213				
9 Services fournis à la collectivité, services sociaux et services personnels	41 287	41 941	43 213	44 176	45 051	46 218				
0 Activités mal désignées	0	0	0	0	0	0				

AUSTRALIA

I - Population

Thousands (mid-year estimates)

	1986	1987	1988	1989	1990	1991	1992	1993	1994	1995	1996
POPULATION - DISTRIBUTION BY AGE AND GENDER											
All persons											
Total	16 018	16 264	16 532	16 814	17 065	17 284	17 495	17 667	17 855	18 072	18 311
Under 15 years	3 700	3 687	3 699	3 725	3 755	3 786	3 816	3 838	3 860	3 888	3 911
From 15 to 64 years	10 637	10 837	11 042	11 243	11 417	11 548	11 675	11 773	11 889	12 032	12 196
65 years and over	1 682	1 739	1 791	1 846	1 893	1 951	2 004	2 056	2 106	2 151	2 203
Males											
Total	8 000	8 118	8 249	8 388	8 511	8 615	8 716	8 798	8 888	8 994	9 108
Under 15 years	1 896	1 890	1 897	1 910	1 927	1 943	1 958	1 968	1 980	1 993	2 005
From 15 to 64 years	5 395	5 492	5 592	5 691	5 776	5 836	5 896	5 942	5 997	6 066	6 144
65 years and over	709	736	760	786	809	836	862	887	911	934	959
Females											
Total	8 018	8 146	8 283	8 427	8 554	8 669	8 779	8 869	8 967	9 078	9 203
Under 15 years	1 803	1 797	1 802	1 815	1 828	1 842	1 858	1 869	1 881	1 895	1 906
From 15 to 64 years	5 242	5 346	5 450	5 552	5 641	5 712	5 779	5 831	5 892	5 966	6 053
65 years and over	973	1 003	1 032	1 060	1 085	1 114	1 142	1 169	1 194	1 217	1 244
POPULATION - PERCENTAGES											
All persons											
Total	100.0	100.0	100.0	100.0	100.0	100.0	100.0	100.0	100.0	100.0	100.0
Under 15 years	23.1	22.7	22.4	22.2	22.0	21.9	21.8	21.7	21.6	21.5	21.4
From 15 to 64 years	66.4	66.6	66.8	66.9	66.9	66.8	66.7	66.6	66.6	66.6	66.6
65 years and over	10.5	10.7	10.8	11.0	11.1	11.3	11.5	11.6	11.8	11.9	12.0
COMPONENTS OF CHANGE IN POPULATION											
a) Population at 1 January	15 901	16 139	16 375	16 687	16 937	17 170	17 384	17 581	17 760	17 952	18 196
b) Population at 31 December	16 139	16 375	16 687	16 937	17 170	17 384	17 581	17 760	17 952	18 196	18 420
c) Total increase (b-a)	238	236	312	250	233	214	197	179	192	245	224
d) Births	243	244	246	251	263	257	264	260	258	255	253
e) Deaths	115	117	120	124	120	119	124	122	127	125	128
f) Natural increase (d-e)	128	127	126	127	143	138	140	138	131	130	125
g) Net migration	110	126	149	157	125	86	69	35	56	107	97
h) Statistical adjustments	0	-17	37	-34	-35	-10	-12	6	5	7	2
i) Total increase (=f+g+h=c)	238	236	312	250	233	214	197	179	192	244	224
(Components of change in population/ Average population) x1000											
Total increase rates	14.9	14.5	18.9	14.9	13.7	12.4	11.3	10.1	10.7	13.5	12.2
Crude birth rates	15.2	15.0	14.9	14.9	15.4	14.9	15.1	14.7	14.5	14.1	13.8
Crude death rates	7.2	7.2	7.3	7.4	7.0	6.9	7.1	6.9	7.1	6.9	7.0
Natural increase rates	8.0	7.8	7.6	7.6	8.4	8.0	8.0	7.8	7.4	7.2	6.8
Net migration rates	6.9	7.8	9.0	9.3	7.3	5.0	3.9	2.0	3.1	5.9	5.3

I - Population

Milliers (estimations au milieu de l'année)

	1997	1998	1999	2000	2001	2002	2003	2004	2005	2006
POPULATION - RÉPARTITION SELON L'AGE ET LE SEXE										
Ensemble des personnes										
Total	18 518	18 711	18 926	19 153	19 413	19 641	19 873	20 092	20 340	20 605
Moins de 15 ans	3 926	3 936	3 951	3 966	3 987	3 984	3 982	3 979	3 980	3 985
De 15 à 64 ans	12 342	12 484	12 640	12 808	12 991	13 166	13 345	13 508	13 691	13 886
65 ans et plus	2 249	2 291	2 335	2 379	2 436	2 491	2 546	2 605	2 669	2 734
Hommes										
Total	9 203	9 295	9 397	9 505	9 631	9 753	9 873	9 991	10 121	10 257
Moins de 15 ans	2 013	2 017	2 025	2 033	2 044	2 043	2 042	2 041	2 043	2 045
De 15 à 64 ans	6 208	6 274	6 346	6 424	6 510	6 604	6 697	6 784	6 880	6 979
65 ans et plus	982	1 004	1 026	1 048	1 077	1 106	1 135	1 165	1 199	1 233
Femmes										
Total	9 314	9 417	9 529	9 648	9 783	9 888	9 999	10 101	10 218	10 348
Moins de 15 ans	1 914	1 918	1 926	1 933	1 943	1 941	1 940	1 938	1 938	1 940
De 15 à 64 ans	6 134	6 210	6 294	6 384	6 481	6 562	6 648	6 724	6 811	6 907
65 ans et plus	1 267	1 288	1 309	1 332	1 359	1 385	1 412	1 439	1 470	1 501
POPULATION - POURCENTAGES										
Ensemble des personnes										
Total	100.0	100.0	100.0	100.0	100.0	100.0	100.0	100.0	100.0	100.0
Moins de 15 ans	21.2	21.0	20.9	20.7	20.5	20.3	20.0	19.8	19.6	19.3
De 15 à 64 ans	66.6	66.7	66.8	66.9	66.9	67.0	67.2	67.2	67.3	67.4
65 ans et plus	12.1	12.2	12.3	12.4	12.5	12.7	12.8	13.0	13.1	13.3
COMPOSANTES DE L'ÉVOLUTION DÉMOGRAPHIQUE										
a) Population au 1er janvier	18 420	18 609	18 814	19 038	19 273	19 536	19 777	20 022	20 265	20 559
b) Population au 31 décembre	18 609	18 814	19 038	19 273	19 536	19 777	20 022	20 265	20 559	20 852
c) Accroissement total (b-a)	189	205	224	235	263	241	245	244	294	293
d) Naissances	251	248	250	249	247	248	249	250	265	266
e) Décès	129	127	128	129	129	133	132	132	131	134
f) Accroissement naturel (d-e)	122	121	122	120	118	115	117	118	134	132
g) Solde net des migrations	72	89	104	111	136	111	110	106	136	148
h) Ajustements statistiques	-5	-5	-2	4	9	16	18	20	24	13
i) Accroissement total (=f+g+h=c)	189	205	224	235	263	242	245	244	294	293
(Composition de l'évolution démographique/ Population moyenne) x1000										
Taux d'accroissement total	10.2	11.0	11.8	12.3	13.6	12.3	12.3	12.1	14.4	14.1
Taux bruts de natalité	13.6	13.3	13.2	13.0	12.7	12.6	12.5	12.4	13.0	12.8
Taux bruts de mortalité	7.0	6.8	6.8	6.7	6.6	6.8	6.6	6.6	6.4	6.5
Taux d'accroissement naturel	6.6	6.5	6.4	6.3	6.1	5.9	5.9	5.9	6.6	6.4
Taux du solde net des migrations	3.9	4.8	5.5	5.8	7.0	5.6	5.5	5.3	6.7	7.1

AUSTRALIA

II - Labour force

Thousands (annual average estimates)

	1986	1987	1988	1989	1990	1991	1992	1993	1994	1995	1996
Total labour force											
All persons	7 657	7 826	8 043	8 297	8 512	8 558	8 629	8 682	8 836	9 057	9 176
Males	4 650	4 714	4 807	4 903	4 992	5 002	5 030	5 050	5 103	5 191	5 247
Females	3 007	3 112	3 236	3 393	3 519	3 556	3 598	3 632	3 732	3 867	3 929
Armed forces											
All persons	69	68	69	69	68	68	67	63	60	57	57
Males	64	62	63	61	60	60	59	55	52	50	50
Females	5	6	6	8	8	8	8	8	7	7	7
Civilian labour force											
All persons	7 588	7 758	7 974	8 228	8 444	8 490	8 562	8 619	8 776	9 000	9 119
Males	4 586	4 652	4 744	4 842	4 932	4 942	4 972	4 995	5 051	5 141	5 197
Females	3 002	3 106	3 230	3 385	3 511	3 548	3 590	3 624	3 725	3 860	3 922
Unemployed											
All persons	613	629	576	508	585	814	925	939	856	764	779
Males	352	361	321	276	332	490	566	574	506	453	456
Females	261	268	255	232	253	325	359	365	350	311	323
Civilian employment											
All persons	6 974	7 129	7 398	7 720	7 859	7 676	7 637	7 680	7 921	8 236	8 340
Males	4 234	4 291	4 423	4 566	4 600	4 453	4 406	4 421	4 545	4 687	4 741
Females	2 740	2 838	2 975	3 154	3 259	3 223	3 231	3 259	3 375	3 549	3 599
Civilian employment (%)											
All persons	100.0	100.0	100.0	100.0	100.0	100.0	100.0	100.0	100.0	100.0	100.0
Males	60.7	60.2	59.8	59.1	58.5	58.0	57.7	57.6	57.4	56.9	56.8
Females	39.3	39.8	40.2	40.9	41.5	42.0	42.3	42.4	42.6	43.1	43.2
Unemployment rates (% of civilian labour force)											
All persons	8.1	8.1	7.2	6.2	6.9	9.6	10.8	10.9	9.7	8.5	8.5
Males	7.7	7.8	6.8	5.7	6.7	9.9	11.4	11.5	10.0	8.8	8.8
Females	8.7	8.6	7.9	6.8	7.2	9.2	10.0	10.1	9.4	8.1	8.2
Total labour force (% of total population)											
All persons	47.8	48.1	48.7	49.3	49.9	49.5	49.3	49.1	49.5	50.1	50.1
Males	58.1	58.1	58.3	58.5	58.7	58.1	57.7	57.4	57.4	57.7	57.6
Females	37.5	38.2	39.1	40.3	41.1	41.0	41.0	41.0	41.6	42.6	42.7
Total labour force (% of population from 15-64 years)[(1)]											
All persons	72.0	72.2	72.8	73.8	74.6	74.1	73.9	73.7	74.3	75.3	75.2
Males	86.2	85.8	86.0	86.2	86.4	85.7	85.3	85.0	85.1	85.6	85.4
Females	57.4	58.2	59.4	61.1	62.4	62.3	62.3	62.3	63.3	64.8	64.9
Civilian employment (% of total population)											
All persons	43.5	43.8	44.8	45.9	46.1	44.4	43.7	43.5	44.4	45.6	45.5
Civilian employment (% of population from 15-64 years)											
All persons	65.6	65.8	67.0	68.7	68.8	66.5	65.4	65.2	66.6	68.4	68.4
Males	78.5	78.1	79.1	80.2	79.6	76.3	74.7	74.4	75.8	77.3	77.2
Females	52.3	53.1	54.6	56.8	57.8	56.4	55.9	55.9	57.3	59.5	59.5
Part-time employment (%)											
Part-time as % of employment	21.1	21.7	21.5	21.9	22.6	23.9	24.9	24.3	24.4	25.0	25.2
Male share of part-time employment	29.8	29.6	27.6	28.3	29.2	29.9	30.3	30.1	30.4	30.8	31.5
Female share of part-time employment	70.2	70.4	72.4	71.7	70.8	70.1	69.7	69.9	69.6	69.2	68.5
Male part-time as % of male employment	10.4	10.6	9.9	10.5	11.3	12.4	13.1	12.7	12.9	13.5	14.0
Female part-time as % of female employment	37.7	38.5	38.4	38.4	38.5	39.7	40.9	40.1	40.1	40.2	40.0
Duration of unemployment (% of total unemployment)											
Less than 1 month	18.1	17.7	20.2	22.6	21.7	16.1	12.9	13.1	14.5	16.1	17.5
More than 1 month and less than 3 months	23.7	22.9	23.5	25.6	27.0	22.8	18.8	18.6	18.9	21.2	22.5
More than 3 months and less than 6 months	14.8	15.1	14.2	13.5	15.2	17.7	14.9	14.0	14.1	14.4	15.1
More than 6 months and less than 1 year	15.8	16.3	14.4	13.5	15.0	19.7	19.9	17.5	16.5	16.3	16.4
More than 1 year	27.6	28.0	27.8	24.8	21.1	23.7	33.4	36.7	36.1	32.0	28.5

Data were revised back to 1979 due to a change to the reference period.

(1) Participation rates calculated according to national definitions may differ from those published in this table, when the age group represented in the labour force survey is other than 15-64 years.

II - Population active

Milliers (estimations de moyennes annuelles)

1997	1998	1999	2000	2001	2002	2003	2004	2005	2006	
										Population active totale
9 264	9 395	9 468	9 641	9 802	9 957	10 142	10 296	10 575	10 765	Ensemble des personnes
5 285	5 346	5 366	5 418	5 478	5 556	5 623	5 716	5 838	5 932	Hommes
3 979	4 049	4 102	4 223	4 323	4 401	4 519	4 581	4 737	4 833	Femmes
										Forces armées
58	56	54	51	50	50	50	52	51	51	Ensemble des personnes
50	49	47	44	43	44	44	45	44	44	Hommes
7	7	7	7	6	6	6	7	7	7	Femmes
										Population active civile
9 207	9 339	9 414	9 590	9 752	9 907	10 092	10 244	10 524	10 714	Ensemble des personnes
5 235	5 297	5 319	5 374	5 435	5 512	5 579	5 671	5 793	5 888	Hommes
3 972	4 042	4 095	4 217	4 317	4 394	4 513	4 573	4 731	4 826	Femmes
										Chômeurs
778	721	652	602	661	636	611	567	537	524	Ensemble des personnes
454	423	378	347	381	362	334	308	286	282	Hommes
324	298	275	255	280	274	277	259	250	242	Femmes
										Emploi civil
8 429	8 618	8 762	8 989	9 091	9 271	9 481	9 677	9 987	10 190	Ensemble des personnes
4 781	4 874	4 941	5 027	5 054	5 150	5 246	5 363	5 507	5 607	Hommes
3 648	3 744	3 820	3 962	4 037	4 121	4 236	4 314	4 480	4 583	Femmes
										Emploi civil (%)
100.0	100.0	100.0	100.0	100.0	100.0	100.0	100.0	100.0		Ensemble des personnes
56.7	56.6	56.4	55.9	55.6	55.6	55.3	55.4	55.1	55.0	Hommes
43.3	43.4	43.6	44.1	44.4	44.4	44.7	44.6	44.9	45.0	Femmes
										Taux de chômage (% de la population active civile)
8.5	7.7	6.9	6.3	6.8	6.4	6.1	5.5	5.1	4.9	Ensemble des personnes
8.7	8.0	7.1	6.5	7.0	6.6	6.0	5.4	4.9	4.8	Hommes
8.2	7.4	6.7	6.1	6.5	6.2	6.1	5.7	5.3	5.0	Femmes
										Population active totale (% de la population totale)
50.0	50.2	50.0	50.3	50.5	50.7	51.0	51.2	52.0	52.2	Ensemble des personnes
57.4	57.5	57.1	57.0	56.9	57.0	57.0	57.2	57.7	57.8	Hommes
42.7	43.0	43.0	43.8	44.2	44.5	45.2	45.4	46.4	46.7	Femmes
										Population active totale (% de la population de 15-64 ans)(1)
75.1	75.3	74.9	75.3	75.5	75.6	76.0	76.2	77.2	77.5	Ensemble des personnes
85.1	85.2	84.6	84.3	84.2	84.1	84.0	84.3	84.8	85.0	Hommes
64.9	65.2	65.2	66.2	66.7	67.1	68.0	68.1	69.6	70.0	Femmes
										Emploi civil (% de la population totale)
45.5	46.1	46.3	46.9	46.8	47.2	47.7	48.2	49.1	49.5	Ensemble des personnes
										Emploi civil (% de la population de 15-64 ans)
68.3	69.0	69.3	70.2	70.0	70.4	71.0	71.6	72.9	73.4	Ensemble des personnes
77.0	77.7	77.9	78.3	77.6	78.0	78.3	79.1	80.0	80.3	Hommes
59.5	60.3	60.7	62.1	62.3	62.8	63.7	64.2	65.8	66.4	Femmes
										Emploi à temps partiel (%)
26.0	25.9	26.1	26.2	27.2	27.5	27.9	27.1	27.3	27.1	Temps partiel en % de l'emploi
32.0	31.4	30.9	31.4	32.2	33.0	32.8	32.9	31.7	32.7	Part des hommes dans le temps partiel
68.0	68.6	69.1	68.6	67.8	67.0	67.2	67.1	68.3	67.3	Part des femmes dans le temps partiel
14.6	14.4	14.3	14.8	15.8	16.3	16.5	16.1	15.7	16.0	Temps partiel des hommes en % de l'emploi des hommes
41.0	40.7	41.4	40.7	41.7	41.4	42.2	40.8	41.7	40.7	Temps partiel des femmes en % de l'emploi des femmes
										Durée du chômage (% du chômage total)
15.7	15.7	18.0	20.0	21.4	22.7	23.4	26.9	28.8	27.5	Moins de 1 mois
21.7	23.2	24.9	26.3	23.7	25.0	25.2	24.4	25.6	26.6	Plus de 1 mois et moins de 3 mois
14.4	14.9	14.3	14.2	17.5	16.0	16.7	15.1	15.4	15.4	Plus de 3 mois et moins de 6 mois
17.0	16.5	14.5	14.0	15.3	13.9	13.5	13.0	12.5	12.8	Plus de 6 mois et moins de 1 an
31.2	29.7	28.3	25.5	22.0	22.3	21.3	20.5	17.7	17.8	Plus de 1 an

Les données sont révisées depuis 1979 en raison d'un changement de la période de référence.

(1) Les taux d'activité calculés selon les définitions nationales peuvent être différents de ceux publiés dans ce tableau si le groupe d'âges représenté dans l'enquête de la population active est différent de 15-64 ans.

AUSTRALIA

III - Participation rates and unemployment rates by age and by sex

Percent (annual average estimates)

	1986	1987	1988	1989	1990	1991	1992	1993	1994	1995	1996
PARTICIPATION RATES											
Males											
15-19	61.7	60.4	60.0	61.9	61.4	57.1	56.0	55.1	57.2	58.3	59.4
20-24	90.6	90.2	90.6	89.9	89.8	88.4	88.2	87.5	87.2	88.0	87.5
25-34	94.9	94.9	94.6	94.6	94.4	94.5	93.8	93.5	93.0	93.1	93.2
35-44	94.6	94.3	94.4	93.8	94.4	94.1	93.7	93.6	92.5	92.8	92.5
45-54	90.1	89.2	88.6	89.1	89.9	89.6	88.9	89.0	88.6	89.1	88.6
55-59	77.0	75.8	74.3	75.2	75.0	73.7	73.2	71.7	73.2	74.1	72.7
60-64	45.4	45.9	48.5	49.8	50.6	49.9	49.5	48.7	48.7	46.8	46.2
15-24	75.9	74.8	74.7	75.4	75.3	72.7	72.5	71.9	73.0	73.8	73.9
25-54	93.6	93.3	93.0	92.9	93.3	93.1	92.5	92.3	91.6	91.8	91.6
55-64	61.9	61.4	61.7	62.6	62.8	61.8	61.6	60.6	61.7	61.4	60.6
65 and over	8.7	8.9	9.2	9.1	9.2	8.9	9.2	8.4	9.3	9.6	9.5
15-64	84.8	84.4	84.3	84.7	85.0	84.2	83.8	83.6	83.5	83.9	83.7
Females											
15-19	60.6	59.3	58.5	59.9	59.3	55.8	55.7	54.1	57.8	60.2	59.6
20-24	75.4	76.4	76.7	77.9	78.6	77.5	76.5	76.2	77.5	78.3	78.4
25-34	60.6	62.0	63.0	64.7	65.7	65.9	65.9	65.6	66.8	68.0	67.7
35-44	64.6	65.4	67.9	69.8	72.0	71.3	71.1	70.4	70.3	71.4	71.7
45-54	54.2	55.1	57.0	59.4	61.0	62.8	64.1	65.5	65.7	67.8	67.3
55-59	30.1	31.4	31.9	32.7	33.9	35.9	35.9	36.9	38.7	39.8	42.0
60-64	12.6	13.1	13.8	14.8	16.0	15.2	14.4	15.3	15.8	16.4	18.1
15-24	68.0	67.7	67.3	68.7	68.9	66.8	66.5	65.8	68.3	69.8	69.4
25-54	60.4	61.6	63.3	65.2	66.8	67.1	67.3	67.3	67.7	69.1	69.0
55-64	21.4	22.2	22.8	23.6	24.8	25.4	25.2	26.4	27.7	28.8	30.8
65 and over	2.4	2.6	2.6	2.2	2.4	2.5	2.3	2.3	2.5	2.6	2.8
15-64	56.8	57.7	58.9	60.6	61.8	61.7	61.8	61.8	62.8	64.2	64.3
All persons											
15-24	72.0	71.3	71.0	72.1	72.1	69.8	69.6	68.9	70.7	71.8	71.7
25-54	77.2	77.6	78.3	79.2	80.1	80.1	79.9	79.8	79.7	80.5	80.3
55-64	41.6	41.8	42.3	43.2	43.9	43.7	43.4	43.6	44.8	45.2	45.8
65 and over	5.1	5.2	5.4	5.2	5.3	5.3	5.3	4.9	5.5	5.7	5.7
15-64	70.9	71.1	71.7	72.7	73.5	73.0	72.9	72.7	73.2	74.1	74.0
UNEMPLOYMENT RATES											
Males											
15-19	19.9	19.4	17.1	13.8	16.6	23.0	25.4	24.5	22.6	20.9	21.7
20-24	12.0	11.9	10.7	8.3	10.8	15.7	18.1	17.1	14.8	12.8	13.1
25-34	6.7	7.1	5.8	5.3	6.3	9.6	11.2	11.0	9.6	8.3	7.9
35-44	4.5	4.7	3.9	3.3	4.1	6.8	7.7	8.4	7.0	6.6	6.3
45-54	4.9	4.7	4.2	3.5	3.8	5.5	6.9	7.3	6.6	5.7	6.2
55-59	5.9	6.3	6.0	5.3	5.2	8.3	10.2	11.8	10.5	9.7	9.3
60-64	6.4	7.7	8.1	7.3	8.3	11.7	14.3	15.7	12.9	8.4	8.2
15-24	15.3	15.0	13.4	10.7	13.2	18.6	20.8	19.8	17.7	15.9	16.5
25-54	5.5	5.7	4.8	4.2	4.9	7.6	8.8	9.1	7.8	7.0	6.8
55-64	6.1	6.8	6.8	6.1	6.5	9.7	11.8	13.3	11.4	9.3	8.9
65 and over	1.5	1.3	1.4	1.7	1.5	2.0	2.3	2.0	1.8	1.5	1.7
15-64	7.8	7.9	6.8	5.8	6.8	10.0	11.5	11.6	10.2	9.0	8.9
Total	7.7	7.8	6.8	5.7	6.7	9.9	11.4	11.5	10.0	8.8	8.8
Females											
15-19	20.3	20.5	17.7	15.8	17.1	21.7	23.9	23.1	22.8	20.3	19.8
20-24	10.3	10.2	10.0	8.4	9.5	12.7	13.8	13.9	12.1	11.1	11.4
25-34	7.6	7.5	7.4	6.2	6.6	8.5	9.5	9.3	8.3	7.3	7.7
35-44	6.2	6.2	5.5	4.8	4.8	6.1	6.9	7.7	7.2	6.0	5.9
45-54	4.6	4.8	4.5	4.2	4.4	5.9	6.2	6.6	6.2	5.0	5.7
55-59	4.3	3.8	4.0	3.7	3.7	4.7	4.8	5.8	6.8	4.8	5.8
60-64	1.7	1.7	1.7	1.9	1.2	2.2	2.3	2.5	2.0	2.0	1.9
15-24	14.8	14.8	13.5	11.7	12.8	16.4	17.8	17.5	16.4	14.8	14.8
25-54	6.4	6.4	6.0	5.2	5.4	7.0	7.7	8.0	7.3	6.2	6.5
55-64	3.6	3.2	3.3	3.1	2.9	3.9	4.1	4.8	5.5	4.1	4.7
65 and over	0.9	0.7	0.9	1.1	1.9	1.0	1.5	1.1	1.6	1.2	1.2
15-64	8.8	8.7	8.0	6.9	7.2	9.2	10.1	10.1	9.5	8.1	8.3
Total	8.7	8.6	7.9	6.8	7.2	9.2	10.0	10.1	9.4	8.1	8.2
All persons											
15-24	15.0	14.9	13.4	11.2	13.0	17.5	19.4	18.7	17.1	15.4	15.7
25-54	5.8	6.0	5.3	4.6	5.1	7.3	8.3	8.6	7.6	6.6	6.7
55-64	5.5	5.8	5.9	5.3	5.5	8.0	9.6	10.7	9.5	7.6	7.5
65 and over	1.3	1.1	1.3	1.5	1.6	1.7	2.1	1.8	1.7	1.4	1.5
15-64	8.2	8.2	7.3	6.2	7.0	9.7	10.9	11.0	9.9	8.6	8.6

Data were revised back to 1979 due to a change to the reference period.

III - Taux d'activité et taux de chômage par âge et par sexe

Pourcentage (estimations de moyennes annuelles)

	1997	1998	1999	2000	2001	2002	2003	2004	2005	2006
TAUX D'ACTIVITÉ										
Hommes										
15-19	58.2	57.3	57.7	58.6	60.1	58.4	58.1	59.2	59.4	59.0
20-24	86.8	86.9	87.1	86.5	85.6	85.6	85.5	84.1	85.2	85.8
25-34	93.0	92.8	92.0	92.2	91.5	91.7	91.3	91.3	91.3	91.7
35-44	92.2	92.1	91.6	91.7	91.4	91.1	90.5	90.8	91.4	91.1
45-54	87.3	87.1	87.3	87.0	87.5	87.8	87.7	87.5	88.1	88.3
55-59	72.3	73.5	72.5	72.4	71.7	73.0	73.7	74.5	75.1	76.3
60-64	45.7	45.8	46.7	46.6	46.9	48.6	50.5	52.0	54.7	56.0
15-24	72.8	72.2	72.3	72.3	72.5	71.8	71.7	71.7	72.5	72.6
25-54	91.0	90.8	90.4	90.4	90.2	90.2	89.9	89.9	90.3	90.4
55-64	60.2	60.9	60.8	60.8	60.6	62.3	63.7	64.9	66.3	67.4
65 et plus	10.2	9.8	9.5	10.0	10.1	10.2	10.2	10.6	11.6	12.4
15-64	83.1	82.9	82.6	82.5	82.3	82.3	82.1	82.1	82.7	82.9
Femmes										
15-19	57.8	58.3	59.7	60.0	60.4	59.8	60.7	61.6	61.8	60.8
20-24	76.7	77.4	77.1	78.0	78.3	77.2	77.5	76.9	77.9	78.2
25-34	68.5	68.9	68.5	69.8	71.1	70.6	71.2	70.6	72.5	72.7
35-44	71.1	70.1	70.5	71.2	71.9	71.6	72.7	71.3	73.2	74.3
45-54	68.5	69.3	69.6	70.6	70.4	72.8	73.7	74.0	75.7	76.1
55-59	41.9	43.4	44.5	47.1	49.3	50.5	51.6	52.5	54.7	58.4
60-64	18.8	19.4	18.3	21.8	22.1	24.7	27.4	29.8	31.2	33.4
15-24	67.6	68.0	68.5	68.9	69.2	68.5	69.1	69.4	70.0	69.7
25-54	69.4	69.5	69.5	70.5	71.2	71.6	72.5	71.9	73.8	74.4
55-64	31.2	32.3	32.5	35.6	37.1	39.2	41.2	42.8	44.6	47.5
65 et plus	2.9	3.0	3.1	3.1	3.2	3.4	3.2	3.6	4.2	4.3
15-64	64.1	64.4	64.4	65.4	66.0	66.3	67.1	66.9	68.4	69.0
Ensemble des personnes										
15-24	70.2	70.2	70.4	70.6	70.9	70.1	70.4	70.6	71.3	71.2
25-54	80.2	80.1	79.9	80.4	80.6	80.9	81.1	80.9	82.0	82.3
55-64	45.8	46.7	46.8	48.3	49.0	50.9	52.5	53.9	55.5	57.5
65 et plus	6.1	6.0	5.9	6.1	6.3	6.4	6.3	6.7	7.6	7.9
15-64	73.7	73.7	73.5	74.0	74.1	74.3	74.6	74.5	75.5	75.9
TAUX DE CHÔMAGE										
Hommes										
15-19	21.5	20.0	18.3	17.1	18.8	18.1	17.1	16.2	15.8	16.0
20-24	14.6	12.4	11.1	9.8	11.6	10.9	9.8	9.1	7.9	7.4
25-34	8.0	7.5	6.9	6.2	6.7	6.4	5.7	4.9	4.6	4.4
35-44	6.0	5.8	5.2	4.8	4.9	4.5	4.3	3.8	3.3	3.1
45-54	5.7	5.6	4.6	4.4	4.6	4.4	3.9	3.4	3.1	3.2
55-59	8.9	7.5	6.6	5.1	5.8	5.2	4.4	3.9	3.5	3.3
60-64	6.5	6.2	5.9	5.0	5.3	4.7	3.9	4.1	3.9	4.3
15-24	17.3	15.4	14.0	12.8	14.7	13.9	12.8	12.0	11.1	10.9
25-54	6.7	6.3	5.6	5.2	5.4	5.1	4.7	4.1	3.7	3.6
55-64	8.1	7.1	6.4	5.1	5.6	5.0	4.2	4.0	3.6	3.6
65 et plus	1.5	1.1	0.9	1.0	1.5	1.0	1.0	1.0	0.8	1.3
15-64	8.8	8.1	7.2	6.6	7.1	6.7	6.1	5.5	5.0	4.9
Total	8.7	8.0	7.1	6.5	7.0	6.6	6.0	5.4	4.9	4.8
Femmes										
15-19	19.0	18.3	16.9	15.1	16.8	16.0	14.9	15.4	14.6	14.4
20-24	11.7	10.5	9.3	8.3	9.0	8.7	8.9	7.8	7.4	6.4
25-34	7.3	6.4	6.1	5.7	5.9	6.3	5.9	5.2	4.9	4.8
35-44	6.4	6.0	5.5	5.2	5.3	5.0	5.2	4.9	4.3	4.3
45-54	5.7	4.6	4.3	3.7	4.2	3.9	3.8	3.3	3.4	3.0
55-59	5.4	4.9	4.0	3.4	3.6	3.2	3.7	3.4	2.7	2.9
60-64	1.8	2.9	1.7	2.1	1.5	1.9	1.8	1.7	2.4	2.4
15-24	14.7	13.8	12.6	11.3	12.5	11.9	11.6	11.1	10.5	9.8
25-54	6.5	5.7	5.3	4.9	5.2	5.1	5.0	4.4	4.2	4.0
55-64	4.4	4.3	3.4	3.1	3.0	2.8	3.1	2.9	2.6	2.8
65 et plus	1.5	1.2	0.7	0.7	1.2	0.6	1.0	0.7	1.2	1.6
15-64	8.2	7.4	6.8	6.1	6.5	6.3	6.2	5.7	5.3	5.1
Total	8.2	7.4	6.7	6.1	6.5	6.2	6.1	5.7	5.3	5.0
Ensemble des personnes										
15-24	16.1	14.6	13.3	12.1	13.6	12.9	12.2	11.6	10.8	10.4
25-54	6.6	6.1	5.5	5.1	5.3	5.1	4.8	4.2	3.9	3.8
55-64	6.8	6.1	5.3	4.3	4.6	4.2	3.8	3.6	3.2	3.3
65 et plus	1.5	1.1	0.9	0.9	1.4	0.9	1.0	0.9	1.0	1.4
15-64	8.6	7.8	7.0	6.4	6.9	6.5	6.1	5.6	5.2	5.0

Les données sont révisées depuis 1979 en raison d'un changement de la période de référence.

AUSTRALIA

IV - Professional status and breakdown by activity - ISIC Rev. 2

Thousands (annual average estimates)

	1986	1987	1988	1989	1990	1991	1992	1993	1994	1995	1996
CIVILIAN EMPLOYMENT: PROFESSIONAL STATUS[1]											
All activities	6 948	7 100	7 366	7 716	7 837	7 668	7 612	7 645	7 885	8 218	8 324
Employees	5 838	5 980	6 205	6 546	6 651	6 468	6 385	6 387	6 635	6 951	7 064
Employers and persons working on own account	1 052	1 056	1 095	1 107	1 121	1 130	1 152	1 177	1 173	1 190	1 185
Unpaid family workers	58	64	66	63	65	70	75	81	78	77	75
Agriculture, hunting, forestry and fishing	427	413	433	428	439	421	404	408	403	409	419
Employees	134	130	146	156	160	153	141	137	147	156	166
Employers and persons working on own account	268	257	260	248	256	243	237	242	230	225	227
Unpaid family workers	24	25	27	24	22	25	25	29	27	28	26
Non-agricultural activities	6 522	6 687	6 933	7 288	7 398	7 246	7 208	7 237	7 482	7 810	7 905
Employees	5 704	5 850	6 059	6 390	6 491	6 315	6 243	6 249	6 488	6 795	6 898
Employers and persons working on own account	784	799	835	859	864	887	915	935	943	965	958
Unpaid family workers	34	38	39	39	43	45	50	52	51	49	49
All activities (%)	100.0	100.0	100.0	100.0	100.0	100.0	100.0	100.0	100.0	100.0	100.0
Employees	84.0	84.2	84.2	84.8	84.9	84.3	83.9	83.5	84.1	84.6	84.9
Others	16.0	15.8	15.8	15.2	15.1	15.7	16.1	16.5	15.9	15.4	15.1
CIVILIAN EMPLOYMENT: BREAKDOWN BY ACTIVITY[2]											
ISIC Rev. 2 Major Divisions											
1 to 0 All activities	6 919	7 092	7 353	7 715	7 808	7 629	7 618	7 621	7 886	8 218	8 324
1 Agriculture, hunting, forestry and fishing	417	404	430	409	427	407	396	409	403	409	419
2 Mining and quarrying	95	99	95	105	95	94	90	90	86	85	89
3 Manufacturing	1 118	1 139	1 187	1 217	1 177	1 082	1 077	1 061	1 120	1 115	1 118
4 Electricity, gas and water	138	120	114	113	104	103	104	95	92	84	72
5 Construction	497	491	532	603	587	509	524	557	570	601	596
6 Wholesale and retail trade; restaurants and hotels	1 624	1 662	1 777	1 887	1 913	1 909	1 914	1 917	2 004	2 095	2 117
7 Transport, storage and communication	543	512	510	543	542	524	484	476	504	537	562
8 Financing, insurance, real estate and business services	762	834	869	939	974	966	963	920	1 033	1 101	1 128
9 Community, social and personal services	1 723	1 832	1 839	1 898	1 989	2 035	2 065	2 095	2 073	2 193	2 223
0 Activities not adequately defined	0	0	0	0	0	0	0	0	0	0	0
EMPLOYEES: BREAKDOWN BY ACTIVITY[2]											
ISIC Rev. 2 Major Divisions											
1 to 0 All activities	5 757	5 938	6 162	6 518	6 567	6 434	6 346	6 330	6 586	6 951	7 064
1 Agriculture, hunting, forestry and fishing	123	123	142	145	142	145	135	138	142	156	166
2 Mining and quarrying	94	96	94	102	94	93	88	83	80	82	84
3 Manufacturing	1 053	1 077	1 112	1 144	1 103	1 007	1 003	978	1 041	1 041	1 039
4 Electricity, gas and water	138	120	114	113	104	102	104	95	92	84	72
5 Construction	310	310	342	373	377	323	300	317	338	372	375
6 Wholesale and retail trade; restaurants and hotels	1 321	1 362	1 477	1 599	1 597	1 596	1 584	1 603	1 684	1 790	1 814
7 Transport, storage and communication	464	443	435	469	461	448	405	404	426	461	485
8 Financing, insurance, real estate and business services	654	709	748	814	838	830	820	779	871	942	972
9 Community, social and personal services	1 601	1 698	1 699	1 760	1 851	1 890	1 905	1 934	1 911	2 025	2 056
0 Activities not adequately defined	0	0	0	0	0	0	0	0	0	0	0

(1) Data were revised back to 1985 due to a change to the reference period.
(2) Data were revised back to 1995 due to a change to the reference period. Prior to 1995, data refer to August estimates.

IV - Situation dans la profession et répartition par branches d'activités - CITI Rév. 2

Milliers (estimations de moyennes annuelles)

	1997	1998	1999	2000	2001	2002	2003	2004	2005	2006
EMPLOI CIVIL : SITUATION DANS LA PROFESSION[1]										
Toutes activités	8 391	8 572	8 720	8 951	9 063	9 248	9 459	9 636	9 957	
Salariés	7 121	7 321	7 457	7 691	7 814	7 960	8 184	8 360	8 663	
Employeurs et personnes travaillant à leur compte	1 198	1 190	1 193	1 189	1 199	1 246	1 238	1 239	1 262	
Travailleurs familiaux non rémunérés	72	62	71	72	50	42	37	37	33	
Agriculture, chasse, sylviculture et pêche	431	421	433	444	439	412	373	366	365	
Salariés	174	182	191	203	210	194	190	185	186	
Employeurs et personnes travaillant à leur compte	235	221	219	216	213	206	173	170	170	
Travailleurs familiaux non rémunérés	21	18	22	24	16	12	9	11	9	
Activités non agricoles	7 961	8 151	8 287	8 507	8 625	8 836	9 086	9 271	9 593	
Salariés	6 947	7 139	7 265	7 487	7 604	7 766	7 994	8 175	8 477	
Employeurs et personnes travaillant à leur compte	963	969	973	973	987	1 040	1 064	1 070	1 092	
Travailleurs familiaux non rémunérés	51	44	49	48	34	30	28	26	24	
Toutes activités (%)	100.0	100.0	100.0	100.0	100.0	100.0	100.0	100.0	100.0	
Salariés	84.9	85.4	85.5	85.9	86.2	86.1	86.5	86.8	87.0	
Autres	15.1	14.6	14.5	14.1	13.8	13.9	13.5	13.2	13.0	
EMPLOI CIVIL : RÉPARTITION PAR BRANCHES D'ACTIVITÉS[2]										
Branches CITI Rév. 2										
1 à 0 Toutes activités	8 391	8 572	8 720	8 951	9 063	9 248	9 459	9 636	9 957	
1 Agriculture, chasse, sylviculture et pêche	431	421	433	444	439	412	373	366	365	
2 Industries extractives	82	84	77	79	79	83	90	103	121	
3 Industries manufacturières	1 136	1 100	1 066	1 125	1 092	1 104	1 082	1 088	1 070	
4 Électricité, gaz et eau	66	65	64	65	67	67	75	74	82	
5 Bâtiment et travaux publics	581	624	657	690	668	700	755	803	857	
6 Commerce de gros et de détail; restaurants et hôtels	2 125	2 190	2 246	2 214	2 230	2 294	2 363	2 377	2 453	
7 Transports, entrepôts et communications	551	546	569	588	597	570	600	617	640	
8 Banques, assurances, affaires immobilières et services fournis aux entreprises	1 173	1 252	1 275	1 366	1 398	1 407	1 460	1 455	1 543	
9 Services fournis à la collectivité, services sociaux et services personnels	2 247	2 291	2 333	2 381	2 494	2 611	2 661	2 754	2 827	
0 Activités mal désignées	0	0	0	0	0	0	0	0	0	
SALARIÉS : RÉPARTITION PAR BRANCHES D'ACTIVITÉS[2]										
Branches CITI Rév. 2										
1 à 0 Toutes activités	7 121	7 321	7 457	7 691	7 814	7 960	8 184	8 360	8 663	
1 Agriculture, chasse, sylviculture et pêche	174	182	191	203	210	194	190	185	186	
2 Industries extractives	79	82	75	78	77	81	87	99	118	
3 Industries manufacturières	1 045	1 020	986	1 039	1 011	1 019	1 006	1 011	994	
4 Électricité, gaz et eau	65	65	64	64	67	67	75	73	80	
5 Bâtiment et travaux publics	373	407	434	454	430	452	493	538	581	
6 Commerce de gros et de détail; restaurants et hôtels	1 834	1 911	1 963	1 956	1 980	2 034	2 105	2 123	2 215	
7 Transports, entrepôts et communications	470	468	482	504	508	489	514	535	555	
8 Banques, assurances, affaires immobilières et services fournis aux entreprises	1 007	1 072	1 108	1 194	1 217	1 214	1 257	1 254	1 332	
9 Services fournis à la collectivité, services sociaux et services personnels	2 073	2 115	2 154	2 198	2 313	2 411	2 457	2 540	2 601	
0 Activités mal désignées	0	0	0	0	0	0	0	0	0	

(1) Les données sont révisées depuis 1985 en raison d'un changement de la période de référence.
(2) Les données sont révisées depuis 1995 en raison d'un changement de la période de référence. Avant 1995, les données se réfèrent aux estimations pour le mois d'août.

AUSTRALIA

V - Civilian employment and employees: breakdown by activity - ISIC Rev. 3

Thousands (annual average estimates)

	1986	1987	1988	1989	1990	1991	1992	1993	1994	1995	1996
CIVILIAN EMPLOYMENT: BREAKDOWN BY ACTIVITY											
A to X All activities	6 919	7 092	7 353	7 715	7 808	7 629	7 618	7 621	7 886	8 218	8 324
A Agriculture, hunting and forestry	405	388	417	395	413	394	383	396	392	392	403
B Fishing	12	16	13	14	14	13	13	13	12	17	16
C Mining and quarrying	87	91	89	97	87	89	82	82	78	78	81
D Manufacturing	1 118	1 139	1 187	1 217	1 177	1 082	1 077	1 062	1 120	1 115	1 118
E Electricity, gas and water supply	138	120	114	113	104	103	104	95	92	84	72
F Construction	497	491	532	603	587	509	524	557	570	601	596
G Wholesale and retail trade; repair of motor vehicles, motorcycles and personal and household goods	1 385	1 406	1 495	1 596	1 602	1 574	1 577	1 581	1 642	1 707	1 739
H Hotels and restaurants	240	256	281	291	311	335	337	337	362	388	378
I Transport, storage and communication	543	512	510	543	542	524	484	476	504	537	562
J Financial intermediation	308	334	331	350	372	347	332	303	312	315	318
K Real estate, renting and business activities	471	515	554	608	620	634	648	635	741	805	829
L Public administration and defence; compulsory social security, excluding armed forces	392	424	395	403	451	442	425	476	429	454	456
M Education	473	488	484	511	535	541	558	565	556	575	585
N Health and social work	572	604	630	640	673	698	701	698	702	744	767
O Other community, social and personal service activities	267	291	304	324	309	330	357	332	362	391	390
P Private households with employed persons	12	15	14	10	11	13	13	12	12	16	12
Q Extra-territorial organisations and bodies	1	1	2	1	1	1	1	1	2	1	1
X Not classifiable by economic activities								0	0	0	0
Breakdown by sector											
Agriculture (A-B)	417	404	430	409	427	407	396	409	403	409	419
Industry (C-F)	1 840	1 841	1 923	2 030	1 955	1 783	1 788	1 796	1 860	1 877	1 867
Services (G-Q)	4 662	4 847	5 001	5 276	5 426	5 439	5 434	5 416	5 622	5 933	6 038
Agriculture (%)	6.0	5.7	5.8	5.3	5.5	5.3	5.2	5.4	5.1	5.0	5.0
Industry (%)	26.6	26.0	26.1	26.3	25.0	23.4	23.5	23.6	23.6	22.8	22.4
Services (%)	67.4	68.3	68.0	68.4	69.5	71.3	71.3	71.1	71.3	72.2	72.5
Female participation in agriculture (%)	28.0	26.8	28.9	28.5	28.6	29.4	29.8	29.7	29.8	31.4	30.2
Female participation in industry (%)	21.1	20.6	20.6	21.2	20.8	21.5	21.3	21.4	21.2	21.5	21.5
Female participation in services (%)	47.4	48.0	49.0	49.5	50.1	50.0	50.3	50.5	50.4	50.7	50.7
EMPLOYEES: BREAKDOWN BY ACTIVITY											
A to X All activities	5 757	5 938	6 162	6 518	6 567	6 434	6 346	6 330	6 586	6 951	7 064
A Agriculture, hunting and forestry	120	119	139	139	137	138	131	132	136	148	158
B Fishing	4	5	3	6	5	7	4	6	6	8	8
C Mining and quarrying	85	89	88	94	86	88	82	76	73	75	77
D Manufacturing	1 053	1 077	1 112	1 144	1 103	1 007	1 003	978	1 041	1 041	1 039
E Electricity, gas and water supply	138	120	114	113	104	102	104	95	92	84	72
F Construction	310	311	342	373	377	324	300	317	338	372	375
G Wholesale and retail trade; repair of motor vehicles, motorcycles and personal and household goods	1 115	1 134	1 234	1 337	1 320	1 302	1 281	1 309	1 363	1 442	1 475
H Hotels and restaurants	205	228	243	262	277	294	304	295	321	348	339
I Transport, storage and communication	464	443	435	469	461	448	405	404	426	461	485
J Financial intermediation	294	320	315	334	353	333	316	287	300	305	307
K Real estate, renting and business activities	374	402	446	496	501	510	519	507	587	653	681
L Public administration and defence; compulsory social security, excluding armed forces	389	422	394	400	449	439	421	474	427	451	454
M Education	464	476	471	494	514	524	543	546	539	558	567
N Health and social work	536	568	592	605	637	660	661	656	655	692	718
O Other community, social and personal service activities	196	213	222	244	233	248	260	240	271	298	295
P Private households with employed persons	10	13	11	9	9	11	11	10	10	15	11
Q Extra-territorial organisations and bodies	1	1	2	1	1	1	1	1	2	1	1
X Not classifiable by economic activities								0	0	0	0
Breakdown by sector											
Agriculture (A-B)	123	123	142	145	142	145	135	138	142	156	166
Industry (C-F)	1 586	1 596	1 656	1 724	1 669	1 521	1 489	1 465	1 543	1 571	1 563
Services (G-Q)	4 048	4 219	4 364	4 649	4 756	4 769	4 721	4 726	4 901	5 225	5 334
Agriculture (%)	2.1	2.1	2.3	2.2	2.2	2.3	2.1	2.2	2.2	2.2	2.4
Industry (%)	27.5	26.9	26.9	26.4	25.4	23.6	23.5	23.1	23.4	22.6	22.1
Services (%)	70.3	71.1	70.8	71.3	72.4	74.1	74.4	74.7	74.4	75.2	75.5
Female participation in agriculture (%)	21.3	19.8	22.9	24.6	25.2	23.0	27.0	25.0	24.5	26.3	26.3
Female participation in industry (%)	21.1	20.7	20.7	21.5	20.8	21.8	21.7	21.4	21.3	21.7	21.6
Female participation in services (%)	48.9	49.7	50.5	50.9	51.5	51.5	51.7	52.0	52.1	52.2	52.1

Data were revised back to 1995 due to a change to the reference period.

Prior to 1995, data refer to August estimates.

V - Emploi civil et salariés : répartition par branches d'activités - CITI Rév. 3

Milliers (estimations de moyennes annuelles)

	1997	1998	1999	2000	2001	2002	2003	2004	2005	2006
EMPLOI CIVIL : RÉPARTITION PAR BRANCHES D'ACTIVITÉS										
A à X Toutes activités	8 391	8 572	8 720	8 951	9 063	9 248	9 459	9 636	9 957	
A Agriculture, chasse et sylviculture	416	408	419	426	419	394	355	349	350	
B Pêche	14	13	14	18	19	18	18	14	13	
C Activités extractives	75	77	70	67	67	70	75	79	92	
D Activités de fabrication	1 136	1 100	1 066	1 125	1 092	1 104	1 082	1 088	1 070	
E Production et distribution d'électricité, de gaz et d'eau	66	65	64	65	67	67	75	74	82	
F Construction	581	624	657	690	668	700	755	803	857	
G Commerce de gros et de détail; réparation de véhicules et de biens domestiques	1 721	1 780	1 827	1 759	1 771	1 836	1 898	1 891	1 953	
H Hôtels et restaurants	404	410	418	455	458	457	465	486	500	
I Transports, entreposage et communications	551	546	569	588	597	570	600	617	640	
J Intermédiation financière	316	323	314	333	346	343	347	347	372	
K Immobilier, location et activités de services aux entreprises	881	955	984	1 062	1 078	1 092	1 139	1 135	1 199	
L Administration publique et défense; sécurité sociale obligatoire (armée exclue)	447	429	451	457	480	523	552	567	583	
M Education	578	594	614	613	634	656	682	693	694	
N Santé et action sociale	778	813	817	850	899	933	932	981	1 013	
O Autres activités de services collectifs, sociaux et personnels	414	425	424	436	456	474	475	488	514	
P Ménages privés employant du personnel domestique	12	11	10	7	5	6	3	3	0	
Q Organisations et organismes extra-territoriaux	1	1	1	1	2	1	1	1	1	
X Ne pouvant être classés selon l'activité économique	0	0	0	2	6	4	5	20	24	
Répartition par secteurs										
Agriculture (A-B)	431	421	433	443	438	412	373	363	363	
Industrie (C-F)	1 857	1 865	1 858	1 946	1 894	1 941	1 988	2 044	2 100	
Services (G-Q)	6 104	6 286	6 429	6 560	6 726	6 891	7 093	7 209	7 470	
Agriculture (%)	5.1	4.9	5.0	5.0	4.8	4.5	3.9	3.8	3.6	
Industrie (%)	22.1	21.8	21.3	21.7	20.9	21.0	21.0	21.2	21.1	
Services (%)	72.7	73.3	73.7	73.3	74.2	74.5	75.0	74.8	75.0	
Part des femmes dans l'agriculture (%)	30.5	30.9	30.9	30.9	32.1	30.7	29.9	32.0	30.7	
Part des femmes dans l'industrie (%)	21.5	20.9	20.8	21.2	20.9	20.7	20.8	19.9	20.0	
Part des femmes dans les services (%)	50.9	51.0	51.1	51.8	51.9	52.0	52.2	52.3	52.6	
SALARIÉS : RÉPARTITION PAR BRANCHES D'ACTIVITÉS										
A à X Toutes activités	7 121	7 321	7 457	7 691	7 814	7 960	8 184	8 360	8 663	
A Agriculture, chasse et sylviculture	165	173	182	194	199	183	180	173	176	
B Pêche	10	9	9	9	11	11	10	10	10	
C Activités extractives	72	75	69	67	65	68	73	77	90	
D Activités de fabrication	1 045	1 020	986	1 039	1 011	1 019	1 006	1 011	994	
E Production et distribution d'électricité, de gaz et d'eau	65	65	64	64	67	67	75	73	80	
F Construction	373	407	434	454	430	452	493	538	581	
G Commerce de gros et de détail; réparation de véhicules et de biens domestiques	1 472	1 539	1 585	1 547	1 566	1 622	1 682	1 682	1 756	
H Hôtels et restaurants	362	372	378	409	414	411	423	441	459	
I Transports, entreposage et communications	470	468	482	504	508	489	514	535	555	
J Intermédiation financière	305	310	302	318	330	326	333	328	353	
K Immobilier, location et activités de services aux entreprises	724	783	826	901	911	913	949	952	1 005	
L Administration publique et défense; sécurité sociale obligatoire (armée exclue)	445	425	449	454	477	518	547	562	577	
M Education	560	574	590	590	614	634	654	663	667	
N Santé et action sociale	729	765	769	799	844	876	871	917	945	
O Autres activités de services collectifs, sociaux et personnels	313	326	323	333	357	359	366	377	392	
P Ménages privés employant du personnel domestique	10	10	8	6	5	5	3	2	0	
Q Organisations et organismes extra-territoriaux	1	1	1	1	2	1	1	1	1	
X Ne pouvant être classés selon l'activité économique	0	0	0	1	5	4	5	17	21	
Répartition par secteurs										
Agriculture (A-B)	174	182	191	203	210	194	190	183	185	
Industrie (C-F)	1 556	1 567	1 552	1 623	1 573	1 605	1 647	1 699	1 745	
Services (G-Q)	5 391	5 572	5 713	5 862	6 026	6 156	6 343	6 461	6 711	
Agriculture (%)	2.4	2.5	2.6	2.6	2.7	2.4	2.3	2.2	2.1	
Industrie (%)	21.8	21.4	20.8	21.1	20.1	20.2	20.1	20.3	20.1	
Services (%)	75.7	76.1	76.6	76.2	77.1	77.3	77.5	77.3	77.5	
Part des femmes dans l'agriculture (%)	26.0	27.6	28.1	27.4	28.6	27.5	27.2	29.8	26.2	
Part des femmes dans l'industrie (%)	21.2	20.9	20.9	21.7	21.3	21.4	21.5	20.8	20.7	
Part des femmes dans les services (%)	52.2	52.5	52.5	53.1	53.4	53.4	53.6	53.5	53.9	

Les données sont révisées depuis 1995 en raison d'un changement de la période de référence.

Avant 1995 les données se réfèrent aux estimations du mois d'août.

JAPAN

I - Population

Thousands (estimates at 1 October)

	1986	1987	1988	1989	1990	1991	1992	1993	1994	1995	1996
POPULATION - DISTRIBUTION BY AGE AND GENDER											
All persons											
Total	121 672	122 264	122 783	123 255	123 611	124 043	124 452	124 764	125 034	125 570	125 864
Under 15 years	25 434	24 753	23 985	23 201	22 544	21 904	21 364	20 841	20 415	20 033	19 686
From 15 to 64 years	83 368	84 189	85 013	85 745	86 140	86 557	86 845	87 023	87 034	87 260	87 161
65 years and over	12 870	13 322	13 785	14 309	14 928	15 582	16 242	16 900	17 585	18 277	19 017
Males											
Total	59 805	60 091	60 352	60 581	60 697	60 905	61 096	61 228	61 328	61 574	61 687
Under 15 years	13 034	12 685	12 296	11 893	11 558	11 230	10 954	10 688	10 469	10 261	10 083
From 15 to 64 years	41 547	42 037	42 530	42 951	43 132	43 377	43 547	43 647	43 656	43 800	43 756
65 years and over	5 223	5 368	5 526	5 737	6 007	6 298	6 594	6 893	7 203	7 514	7 848
Females											
Total	61 867	62 173	62 431	62 673	62 914	63 139	63 356	63 536	63 706	63 996	64 177
Under 15 years	12 399	12 067	11 690	11 308	10 986	10 674	10 410	10 153	9 946	9 773	9 603
From 15 to 64 years	41 821	42 152	42 483	42 794	43 008	43 180	43 298	43 376	43 379	43 460	43 405
65 years and over	7 647	7 953	8 259	8 572	8 920	9 285	9 648	10 007	10 381	10 763	11 169
POPULATION - PERCENTAGES											
All persons											
Total	100.0	100.0	100.0	100.0	100.0	100.0	100.0	100.0	100.0	100.0	100.0
Under 15 years	20.9	20.2	19.5	18.8	18.2	17.7	17.2	16.7	16.3	16.0	15.6
From 15 to 64 years	68.5	68.9	69.2	69.6	69.7	69.8	69.8	69.8	69.6	69.5	69.3
65 years and over	10.6	10.9	11.2	11.6	12.1	12.6	13.1	13.5	14.1	14.6	15.1
COMPONENTS OF CHANGE IN POPULATION											
a) Population at 1 January	120 410	120 990	121 530	121 990	122 380	122 730	123 120	123 510	123 820	124 170	124 410
b) Population at 31 December	120 990	121 530	121 990	122 380	122 730	123 120	123 510	123 820	124 170	124 410	124 650
c) Total increase (b-a)	580	540	460	390	350	390	390	310	350	240	240
d) Births	1 383	1 347	1 314	1 247	1 222	1 223	1 209	1 188	1 238	1 187	1 207
e) Deaths	751	751	793	789	820	830	857	879	876	922	896
f) Natural increase (d-e)	632	596	521	458	402	393	352	309	362	265	311
g) Net migration	-25	-28	-13	-8	2	38	34	-10	-82	-50	-13
h) Statistical adjustments	-27	-28	-48	-60	-54	-41	4	11	70	25	-58
i) Total increase (=f+g+h=c)	580	540	460	390	350	390	390	310	350	240	240
(Components of change in population/ Average population) x1000											
Total increase rates	4.8	4.5	3.8	3.2	2.9	3.2	3.2	2.5	2.8	1.9	1.9
Crude birth rates	11.5	11.1	10.8	10.2	10.0	9.9	9.8	9.6	10.0	9.6	9.7
Crude death rates	6.2	6.2	6.5	6.5	6.7	6.8	6.9	7.1	7.1	7.4	7.2
Natural increase rates	5.2	4.9	4.3	3.7	3.3	3.2	2.9	2.5	2.9	2.1	2.5
Net migration rates	-0.2	-0.2	-0.1	-0.1	0.0	0.3	0.3	-0.1	-0.7	-0.4	-0.1

JAPON

I - Population

Milliers (estimations au 1er octobre)

1997	1998	1999	2000	2001	2002	2003	2004	2005	2006	
										POPULATION - RÉPARTITION SELON L'AGE ET LE SEXE
										Ensemble des personnes
126 166	126 486	126 686	126 926	127 291	127 435	127 619	127 687	127 768	127 770	Total
19 366	19 059	18 742	18 505	18 283	18 102	17 905	17 734	17 585	17 435	Moins de 15 ans
87 042	86 920	86 758	86 380	86 139	85 706	85 404	85 077	84 422	83 731	De 15 à 64 ans
19 758	20 508	21 186	22 041	22 869	23 628	24 311	24 876	25 761	26 604	65 ans et plus
										Hommes
61 805	61 919	61 972	62 111	62 244	62 252	62 304	62 295	62 349	62 330	Total
9 919	9 764	9 603	9 481	9 368	9 277	9 175	9 088	9 012	8 936	Moins de 15 ans
43 703	43 638	43 552	43 387	43 258	43 019	42 870	42 701	42 414	42 081	De 15 à 64 ans
8 182	8 516	8 816	9 243	9 618	9 957	10 259	10 506	10 923	11 311	65 ans et plus
										Femmes
64 361	64 568	64 714	64 815	65 047	65 183	65 315	65 392	65 419	65 440	Total
9 446	9 295	9 139	9 024	8 915	8 825	8 729	8 645	8 573	8 498	Moins de 15 ans
43 339	43 282	43 206	42 993	42 881	42 687	42 534	42 376	42 008	41 648	De 15 à 64 ans
11 576	11 991	12 370	12 798	13 251	13 671	14 052	14 371	14 838	15 294	65 ans et plus
										POPULATION - POURCENTAGES
										Ensemble des personnes
100.0	100.0	100.0	100.0	100.0	100.0	100.0	100.0	100.0	100.0	Total
15.3	15.1	14.8	14.6	14.4	14.2	14.0	13.9	13.8	13.6	Moins de 15 ans
69.0	68.7	68.5	68.1	67.7	67.3	66.9	66.6	66.1	65.5	De 15 à 64 ans
15.7	16.2	16.7	17.4	18.0	18.5	19.0	19.5	20.2	20.8	65 ans et plus
										COMPOSANTES DE L'ÉVOLUTION DÉMOGRAPHIQUE
124 650	124 960	125 270	125 560 |	126 921	127 261	127 400	127 623	127 740	127 751	a) Population au 1er janvier
124 960	125 270	125 560	125 620 |	127 261	127 400	127 623	127 740	127 751	127 783	b) Population au 31 décembre
310	310	290	60 |	340	139	223	117	11	32	**c) Accroissement total (b-a)**
1 192	1 203	1 178	1 191 |	1 185	1 176	1 138	1 126	1 087	1 090	d) Naissances
913	936	982	962 |	966	981	1 023	1 024	1 078	1 090	e) Décès
279	267	196	229 |	219	195	115	102	9	0	**f) Accroissement naturel (d-e)**
14	38	-12	38 |	146	-51	68	-36	-53	1	g) Solde net des migrations
17	5	106	-207 |	-25	-5	40	51	55	31	h) Ajustements statistiques
310	310	290	60 |	340	139	223	117	11	32	**i) Accroissement total (=f+g+h=c)**
										(Composition de l'évolution démographique/ Population moyenne) x1000
2.5	2.5	2.3	0.5 |	2.7	1.1	1.7	0.9	0.1	0.3	Taux d'accroissement total
9.6	9.6	9.4	9.5 |	9.3	9.2	8.9	8.8	8.5	8.5	Taux bruts de natalité
7.3	7.5	7.8	7.7 |	7.6	7.7	8.0	8.0	8.4	8.5	Taux bruts de mortalité
2.2	2.1	1.6	1.8 |	1.7	1.5	0.9	0.8	0.1	0.0	Taux d'accroissement naturel
0.1	0.3	-0.1	0.3 |	1.1	-0.4	0.5	-0.3	-0.4	0.0	Taux du solde net des migrations

JAPAN

II - Labour force

Thousands (annual average estimates)

	1986	1987	1988	1989	1990	1991	1992	1993	1994	1995	1996
Total labour force											
All persons	60 200	60 840	61 660	62 700	63 840	65 050	65 780	66 150	66 450	66 660	67 110
Males	36 260	36 550	36 930	37 370	37 910	38 540	38 990	39 350	39 510	39 660	39 920
Females	23 950	24 290	24 730	25 330	25 930	26 510	26 790	26 810	26 940	27 010	27 190
Armed forces											
All persons											
Males											
Females											
Civilian labour force											
All persons	60 200	60 840	61 660	62 700	63 840	65 050	65 780	66 150	66 450	66 660	67 110
Males	36 260	36 550	36 930	37 370	37 910	38 540	38 990	39 350	39 510	39 660	39 920
Females	23 950	24 290	24 730	25 330	25 930	26 510	26 790	26 810	26 940	27 010	27 190
Unemployed											
All persons	1 670	1 730	1 550	1 420	1 340	1 360	1 420	1 660	1 920	2 100	2 250
Males	990	1 040	910	830	770	780	820	950	1 120	1 230	1 340
Females	670	690	640	590	570	590	600	710	800	870	910
Civilian employment											
All persons	58 530	59 110	60 110	61 280	62 490	63 690	64 360	64 500	64 530	64 570	64 860
Males	35 260	35 510	36 020	36 540	37 130	37 760	38 170	38 400	38 390	38 430	38 580
Females	23 270	23 600	24 080	24 740	25 360	25 920	26 190	26 100	26 140	26 140	26 270
Civilian employment (%)											
All persons	100.0	100.0	100.0	100.0	100.0	100.0	100.0	100.0	100.0	100.0	100.0
Males	60.2	60.1	59.9	59.6	59.4	59.3	59.3	59.5	59.5	59.5	59.5
Females	39.8	39.9	40.1	40.4	40.6	40.7	40.7	40.5	40.5	40.5	40.5
Unemployment rates (% of civilian labour force)											
All persons	2.8	2.8	2.5	2.3	2.1	2.1	2.2	2.5	2.9	3.2	3.4
Males	2.7	2.8	2.5	2.2	2.0	2.0	2.1	2.4	2.8	3.1	3.4
Females	2.8	2.8	2.6	2.3	2.2	2.2	2.2	2.6	3.0	3.2	3.3
Total labour force (% of total population)											
All persons	49.5	49.8	50.2	50.9	51.6	52.4	52.9	53.0	53.1	53.1	53.3
Males	60.6	60.8	61.2	61.7	62.5	63.3	63.8	64.3	64.4	64.4	64.7
Females	38.7	39.1	39.6	40.4	41.2	42.0	42.3	42.2	42.3	42.2	42.4
Total labour force (% of population from 15-64 years)[1]											
All persons	72.2	72.3	72.5	73.1	74.1	75.2	75.7	76.0	76.3	76.4	77.0
Males	87.3	86.9	86.8	87.0	87.9	88.8	89.5	90.2	90.5	90.5	91.2
Females	57.3	57.6	58.2	59.2	60.3	61.4	61.9	61.8	62.1	62.1	62.6
Civilian employment (% of total population)											
All persons	48.1	48.3	49.0	49.7	50.6	51.3	51.7	51.7	51.6	51.4	51.5
Civilian employment (% of population from 15-64 years)											
All persons	70.2	70.2	70.7	71.5	72.5	73.6	74.1	74.1	74.1	74.0	74.4
Males	84.9	84.5	84.7	85.1	86.1	87.1	87.7	88.0	87.9	87.7	88.2
Females	55.6	56.0	56.7	57.8	59.0	60.0	60.5	60.2	60.3	60.1	60.5
Part-time employment (%)											
Part-time as % of employment	16.8	16.6	16.9	17.6	19.2	20.0	20.4	21.1	21.4	20.1	21.8
Male share of part-time employment	27.5	26.5	26.8	26.9	29.5	30.0	30.7	32.3	32.4	29.7	31.8
Female share of part-time employment	72.5	73.5	73.2	73.1	70.5	70.0	69.3	67.7	67.6	70.3	68.2
Male part-time as % of male employment	7.7	7.3	7.6	8.0	9.5	10.1	10.6	11.4	11.7	10.0	11.7
Female part-time as % of female employment	30.5	30.6	30.9	31.8	33.4	34.3	34.8	35.2	35.7	34.9	36.7
Duration of unemployment (% of total unemployment)											
Less than 1 month	17.2	14.8	18.5	21.3	24.8	20.1	19.6	19.5	16.5	18.1	15.6
More than 1 month and less than 3 months	27.0	26.2	25.0	28.0	23.4	28.4	30.4	30.5	27.8	29.1	27.5
More than 3 months and less than 6 months	16.6	18.6	16.1	13.3	12.8	13.4	13.8	16.9	19.6	15.1	17.0
More than 6 months and less than 1 year	22.1	20.2	20.2	18.7	19.9	20.1	20.3	17.5	18.6	19.6	20.6
More than 1 year	17.2	20.2	20.2	18.7	19.1	17.9	15.9	15.6	17.5	18.1	19.3

(1) Participation rates calculated according to national definitions may differ from those published in this table, when the age group represented in the labour force survey is other than 15-64 years.

JAPON

II - Population active

Milliers (estimations de moyennes annuelles)

1997	1998	1999	2000	2001	2002	2003	2004	2005	2006	
										Population active totale
67 870	67 930	67 790	67 660	67 520	66 890	66 660	66 420	66 500	66 570	Ensemble des personnes
40 270	40 260	40 240	40 140	39 920	39 560	39 340	39 050	39 010	38 980	Hommes
27 600	27 670	27 550	27 530	27 600	27 330	27 320	27 370	27 500	27 590	Femmes
										Forces armées
										Ensemble des personnes
										Hommes
										Femmes
										Population active civile
67 870	67 930	67 790	67 660	67 520	66 890	66 660	66 420	66 500	66 570	Ensemble des personnes
40 270	40 260	40 240	40 140	39 920	39 560	39 340	39 050	39 010	38 980	Hommes
27 600	27 670	27 550	27 530	27 600	27 330	27 320	27 370	27 500	27 590	Femmes
										Chômeurs
2 300	2 790	3 170	3 200	3 400	3 590	3 500	3 130	2 940	2 750	Ensemble des personnes
1 350	1 680	1 940	1 960	2 090	2 190	2 150	1 920	1 780	1 680	Hommes
950	1 110	1 230	1 230	1 310	1 400	1 350	1 210	1 160	1 070	Femmes
										Emploi civil
65 570	65 140	64 620	64 460	64 120	63 300	63 160	63 290	63 560	63 820	Ensemble des personnes
38 920	38 580	38 310	38 170	37 830	37 360	37 190	37 130	37 230	37 300	Hommes
26 650	26 560	26 320	26 290	26 290	25 940	25 970	26 160	26 330	26 520	Femmes
										Emploi civil (%)
100.0	100.0	100.0	100.0	100.0	100.0	100.0	100.0	100.0	100.0	Ensemble des personnes
59.4	59.2	59.3	59.2	59.0	59.0	58.9	58.7	58.6	58.4	Hommes
40.6	40.8	40.7	40.8	41.0	41.0	41.1	41.3	41.4	41.6	Femmes
										Taux de chômage (% de la population active civile)
3.4	4.1	4.7	4.7	5.0	5.4	5.3	4.7	4.4	4.1	Ensemble des personnes
3.4	4.2	4.8	4.9	5.2	5.5	5.5	4.9	4.6	4.3	Hommes
3.4	4.0	4.5	4.5	4.7	5.1	4.9	4.4	4.2	3.9	Femmes
										Population active totale (% de la population totale)
53.8	53.7	53.5	53.3	53.0	52.5	52.2	52.0	52.0	52.1	Ensemble des personnes
65.2	65.0	64.9	64.6	64.1	63.5	63.1	62.7	62.6	62.5	Hommes
42.9	42.9	42.6	42.5	42.4	41.9	41.8	41.9	42.0	42.2	Femmes
										Population active totale (% de la population de 15-64 ans)(1)
78.0	78.2	78.1	78.3	78.4	78.0	78.1	78.1	78.8	79.5	Ensemble des personnes
92.1	92.3	92.4	92.5	92.3	92.0	91.8	91.4	92.0	92.6	Hommes
63.7	63.9	63.8	64.0	64.4	64.0	64.2	64.6	65.5	66.2	Femmes
										Emploi civil (% de la population totale)
52.0	51.5	51.0	50.8	50.4	49.7	49.5	49.6	49.7	49.9	Ensemble des personnes
										Emploi civil (% de la population de 15-64 ans)
75.3	74.9	74.5	74.6	74.4	73.9	74.0	74.4	75.3	76.2	Ensemble des personnes
89.1	88.4	88.0	88.0	87.5	86.8	86.8	87.0	87.8	88.6	Hommes
61.5	61.4	60.9	61.1	61.3	60.8	61.1	61.7	62.7	63.7	Femmes
										Emploi à temps partiel (%)
23.3	23.6	24.1	22.6	24.9	25.1	26.0	25.5	25.8	24.5	Temps partiel en % de l'emploi
33.0	32.5	33.0	30.3	32.5	33.0	33.3	32.6	32.3	30.6	Part des hommes dans le temps partiel
67.0	67.5	67.0	69.7	67.5	67.0	66.7	67.4	67.7	69.4	Part des femmes dans le temps partiel
12.9	12.9	13.4	11.6	13.7	14.0	14.7	14.2	14.2	12.8	Temps partiel des hommes en % de l'emploi des hommes
38.3	39.0	39.7	38.6	41.0	41.2	42.2	41.7	42.3	40.9	Temps partiel des femmes en % de l'emploi des femmes
										Durée du chômage (% du chômage total)
15.1	17.9	13.0	13.4	14.2	14.1	12.7	14.1	14.1	15.2	Moins de 1 mois
26.7	25.9	24.7	23.9	25.0	19.6	20.2	20.3	21.3	20.4	Plus de 1 mois et moins de 3 mois
16.9	17.1	17.9	15.8	14.6	17.3	16.2	15.7	15.5	16.3	Plus de 3 mois et moins de 6 mois
19.6	18.7	22.1	21.4	19.6	18.2	17.3	16.3	15.8	15.2	Plus de 6 mois et moins de 1 an
21.8	20.3	22.4	25.5	26.6	30.8	33.5	33.7	33.3	33.0	Plus de 1 an

(1) Les taux d'activité calculés selon les définitions nationales peuvent être différents de ceux publiés dans ce tableau si le groupe d'âges représenté dans l'enquête de la population active est différent de 15-64 ans.

JAPAN

III - Participation rates and unemployment rates by age and by sex

Percent (annual average estimates)

	1986	1987	1988	1989	1990	1991	1992	1993	1994	1995	1996
PARTICIPATION RATES											
Males											
15-19	18.0	17.4	17.2	17.0	18.3	19.1	19.4	19.0	18.3	17.9	18.4
20-24	70.8	71.3	71.0	71.2	71.7	72.8	74.5	75.2	74.9	74.0	74.6
25-34	96.4	96.4	96.6	96.5	98.0	96.8	97.1	97.2	97.0	97.1	97.5
35-44	97.3	97.3	97.5	97.5	97.7	97.9	98.1	98.3	98.0	97.9	98.1
45-54	96.0	96.4	96.7	96.8	96.8	96.9	97.6	97.5	97.4	97.5	97.5
55-59	90.5	91.0	91.3	91.6	92.1	93.2	93.6	94.1	94.0	94.1	94.6
60-64	72.5	71.7	71.1	71.4	72.9	74.2	75.0	75.6	75.0	74.9	74.5
15-24	42.6	42.2	42.1	42.3	43.4	45.1	46.7	47.6	48.0	48.0	48.9
25-54	96.6	96.7	97.0	97.0	97.5	97.2	97.6	97.7	97.5	97.5	97.7
55-64	82.9	82.6	82.3	82.4	83.3	84.5	84.9	85.4	85.0	84.8	84.9
65 and over	36.2	35.6	35.8	35.8	36.5	38.0	38.2	37.7	37.6	37.3	36.7
15-64	82.9	82.7	82.5	82.4	83.0	83.3	84.0	84.4	84.4	84.5	85.0
Females											
15-19	17.2	16.6	16.5	17.3	17.8	17.8	17.6	17.4	17.0	16.0	16.3
20-24	73.8	73.6	73.7	74.3	75.1	75.6	75.6	74.5	74.2	74.1	73.8
25-34	52.1	53.6	54.5	55.4	56.6	58.1	58.5	58.7	59.6	60.3	61.8
35-44	64.4	64.5	64.5	65.6	66.4	66.8	67.0	66.5	66.1	65.3	65.4
45-54	64.9	65.2	66.4	67.6	68.8	69.4	69.9	69.5	69.4	69.4	69.6
55-59	49.9	50.8	50.9	52.2	53.9	55.5	55.6	56.4	56.4	57.0	58.1
60-64	38.6	38.5	38.6	39.2	39.5	40.7	40.7	40.1	39.4	39.7	39.0
15-24	43.7	43.0	43.1	44.0	44.8	45.8	46.5	46.7	47.1	47.2	47.6
25-54	60.8	61.4	62.2	63.2	64.2	65.0	65.4	65.2	65.3	65.2	65.8
55-64	44.7	45.1	45.2	46.1	47.2	48.5	48.5	48.6	48.1	48.5	48.8
65 and over	15.2	15.4	15.7	15.8	16.2	16.6	16.7	16.0	15.9	15.6	15.4
15-64	54.7	54.9	55.3	56.2	57.1	58.0	58.3	58.2	58.3	58.4	58.9
All persons											
15-24	43.1	42.6	42.6	43.1	44.1	45.4	46.6	47.2	47.6	47.6	48.3
25-54	78.7	79.1	79.6	80.2	80.9	81.2	81.6	81.5	81.4	81.4	81.8
55-64	62.7	63.0	63.0	63.7	64.7	66.0	66.2	66.5	66.1	66.2	66.3
65 and over	23.7	23.6	23.8	23.8	24.3	25.3	25.4	24.9	24.8	24.5	24.2
15-64	68.8	68.8	68.9	69.3	70.1	70.7	71.2	71.3	71.4	71.5	72.0
UNEMPLOYMENT RATES											
Males											
15-19	8.1	9.3	8.0	8.0	7.4	7.2	7.3	7.7	8.3	8.9	10.3
20-24	4.4	4.3	4.2	3.8	3.7	4.0	3.9	4.3	5.0	5.5	6.1
25-34	2.3	2.4	2.1	1.8	1.8	1.8	1.9	2.3	2.6	3.0	3.3
35-44	1.8	2.0	1.5	1.4	1.2	0.9	1.3	1.7	1.8	1.9	2.1
45-54	1.8	2.0	1.6	1.3	1.1	1.2	1.2	1.4	1.7	1.8	2.0
55-59	4.1	4.0	3.0	2.6	2.3	1.7	1.9	2.2	2.5	2.7	2.7
60-64	7.0	7.6	6.7	5.9	5.1	4.9	5.1	6.1	7.2	7.5	8.5
15-24	5.2	5.4	5.1	4.7	4.5	4.7	4.6	4.9	5.6	6.1	6.8
25-54	2.0	2.1	1.7	1.5	1.4	1.3	1.4	1.7	2.0	2.2	2.5
55-64	5.2	5.4	4.4	3.9	3.4	3.0	3.2	3.8	4.5	4.7	5.1
65 and over	1.6	1.6	1.5	1.5	1.4	1.3	1.6	1.6	1.9	2.2	2.1
15-64	2.8	3.0	2.5	2.2	2.1	2.0	2.1	2.5	2.9	3.1	3.5
Total	2.7	2.9	2.5	2.2	2.0	1.9	2.1	2.4	2.8	3.1	3.4
Females											
15-19	6.4	7.7	6.3	6.0	5.7	5.8	6.0	6.3	6.8	7.5	9.1
20-24	4.7	4.3	4.2	3.8	3.7	3.8	3.7	5.1	5.0	5.8	6.2
25-34	4.0	3.7	3.7	3.5	3.1	3.3	3.3	4.0	4.7	5.0	5.2
35-44	2.2	2.3	2.2	1.9	1.8	1.8	1.9	2.1	2.4	2.6	2.6
45-54	1.9	2.0	1.8	1.5	1.5	1.4	1.5	1.6	1.8	2.1	2.0
55-59	2.2	2.1	2.1	2.0	1.4	1.8	1.3	1.3	1.8	1.7	2.1
60-64	1.7	2.4	1.6	1.5	1.4	1.4	1.4	2.0	2.0	2.6	2.6
15-24	5.1	5.0	4.7	4.2	4.1	4.2	4.1	5.3	5.3	6.1	6.7
25-54	2.6	2.6	2.4	2.2	2.1	2.1	2.1	2.5	2.8	3.1	3.2
55-64	2.0	2.2	1.9	1.8	1.4	1.6	1.3	1.6	1.9	2.1	2.3
65 and over	0.9	0.8	0.8	0.0	0.0	0.0	0.6	0.6	0.6	0.6	0.6
15-64	2.9	2.9	2.7	2.5	2.3	2.4	2.3	2.8	3.1	3.4	3.6
Total	2.8	2.8	2.6	2.3	2.2	2.2	2.2	2.7	3.0	3.3	3.4
All persons											
15-24	5.2	5.2	4.9	4.5	4.3	4.5	4.4	5.1	5.5	6.1	6.7
25-54	2.2	2.3	2.0	1.8	1.6	1.6	1.7	2.0	2.4	2.6	2.7
55-64	4.0	4.2	3.5	3.1	2.7	2.5	2.5	3.0	3.5	3.7	4.1
65 and over	1.3	1.3	1.2	0.9	0.8	0.8	1.2	1.2	1.4	1.6	1.5
15-64	2.8	3.0	2.6	2.3	2.2	2.1	2.2	2.6	3.0	3.3	3.5

III - Taux d'activité et taux de chômage par âge et par sexe

Pourcentage (estimations de moyennes annuelles)

1997	1998	1999	2000	2001	2002	2003	2004	2005	2006	
										TAUX D'ACTIVITÉ
										Hommes
18.9	18.7	18.5	18.4	17.9	18.1	16.6	16.3	16.5	16.4	15-19
75.0	74.2	72.8	72.7	71.9	71.6	70.8	68.5	68.9	69.1	20-24
97.1	96.8	96.5	96.7	96.3	95.7	95.6	95.4	95.0	95.3	25-34
98.0	97.9	97.7	97.7	97.7	97.4	97.3	97.0	97.0	96.9	35-44
97.7	97.3	97.3	97.0	96.7	96.6	96.5	96.3	96.0	96.3	45-54
94.8	94.5	94.7	94.2	93.9	93.8	93.5	93.2	93.6	93.4	55-59
74.5	74.8	74.1	72.6	72.0	70.9	71.2	70.4	70.3	70.9	60-64
49.4	48.8	47.7	47.4	46.5	46.2	45.2	44.0	44.5	44.7	15-24
97.6	97.3	97.1	97.1	96.9	96.5	96.4	96.2	96.0	96.1	25-54
85.1	85.2	85.2	84.1	83.4	82.8	83.0	82.5	83.1	83.8	55-64
36.7	35.9	35.5	34.1	32.9	31.2	30.0	29.0	29.4	29.2	65 et plus
85.4	85.3	85.3	85.2	85.0	84.8	84.6	84.2	84.4	84.8	15-64
										Femmes
16.8	17.3	16.8	16.6	17.5	16.4	16.6	16.3	16.5	16.6	15-19
73.4	73.4	72.4	72.7	72.0	70.3	69.1	68.9	69.8	70.1	20-24
62.6	62.9	63.6	63.9	65.2	66.0	66.5	67.5	68.3	68.6	25-34
66.8	66.2	65.6	65.3	66.2	66.0	66.4	66.2	66.7	67.3	35-44
70.3	70.2	69.8	69.9	70.2	69.8	70.1	70.4	71.3	72.2	45-54
58.7	59.1	58.7	58.7	58.4	58.1	58.7	59.6	60.0	60.3	55-59
39.8	40.1	39.7	39.5	39.5	39.2	39.2	39.7	40.1	40.2	60-64
47.7	47.8	46.7	46.6	46.4	44.8	44.4	44.3	45.0	45.3	15-24
66.7	66.6	66.4	66.5	67.3	67.4	67.7	68.1	68.8	69.3	25-54
49.5	49.9	49.8	49.7	49.2	48.8	49.3	50.1	50.8	51.5	55-64
15.4	15.2	14.9	14.4	13.8	13.2	13.0	13.0	12.7	12.9	65 et plus
59.7	59.8	59.5	59.6	60.1	59.7	59.9	60.2	60.8	61.3	15-64
										Ensemble des personnes
48.6	48.3	47.2	47.0	46.5	45.6	44.8	44.2	44.8	45.0	15-24
82.2	82.1	81.9	81.9	82.2	82.0	82.1	82.2	82.5	82.8	25-54
66.9	67.1	67.1	66.5	65.8	65.4	65.8	66.0	66.6	67.3	55-64
24.2	23.8	23.4	22.6	21.8	20.8	20.2	19.8	19.8	19.8	65 et plus
72.6	72.6	72.4	72.5	72.6	72.3	72.3	72.2	72.6	73.1	15-64
										TAUX DE CHÔMAGE
										Hommes
10.3	12.0	15.1	14.1	13.2	14.9	13.3	12.3	10.7	9.3	15-19
6.2	7.3	9.3	9.6	10.1	10.5	11.2	10.3	9.7	8.7	20-24
3.3	4.1	4.8	5.0	5.4	5.9	5.9	5.7	5.2	5.3	25-34
2.1	2.8	3.1	2.9	3.4	3.8	3.8	3.6	3.5	3.1	35-44
2.1	2.5	3.2	3.5	3.7	4.3	3.9	3.5	3.1	3.1	45-54
2.6	3.6	4.4	4.5	4.7	5.3	5.0	4.1	4.3	4.0	55-59
8.3	10.0	10.2	10.4	10.3	9.7	9.2	7.2	6.2	5.4	60-64
6.9	8.2	10.3	10.4	10.7	11.3	11.6	10.6	9.9	8.8	15-24
2.5	3.1	3.7	3.9	4.2	4.7	4.6	4.3	4.0	3.9	25-54
5.0	6.3	6.7	6.8	7.0	7.1	6.7	5.3	5.0	4.5	55-64
2.0	2.6	2.9	3.2	3.5	2.9	3.3	2.3	2.5	2.8	65 et plus
3.5	4.3	5.0	5.1	5.4	5.8	5.7	5.1	4.7	4.4	15-64
3.4	4.1	4.8	5.0	5.2	5.6	5.5	4.9	4.6	4.3	Total
										Femmes
7.6	9.1	9.5	9.8	11.1	10.3	10.5	11.1	9.4	9.6	15-19
6.1	6.9	7.9	7.5	8.2	8.3	8.3	7.7	6.9	6.7	20-24
5.5	6.2	6.6	6.4	6.9	7.4	6.8	5.8	6.2	5.1	25-34
2.4	3.3	3.7	3.7	4.1	4.6	4.7	4.4	4.1	3.8	35-44
2.0	2.3	3.0	3.1	3.2	3.6	3.2	3.1	2.9	2.6	45-54
2.0	2.8	3.0	3.1	3.2	3.2	3.3	2.8	2.6	2.8	55-59
2.5	3.1	3.8	4.5	4.4	4.3	4.2	3.4	2.8	3.0	60-64
6.3	7.3	8.2	7.9	8.7	8.7	8.7	8.3	7.4	7.2	15-24
3.2	3.8	4.4	4.4	4.7	5.2	4.9	4.5	4.4	3.9	25-54
2.2	2.9	3.3	3.6	3.7	3.6	3.7	3.0	2.7	2.8	55-64
0.6	0.6	0.5	1.1	0.6	0.6	1.1	1.1	0.5	0.5	65 et plus
3.6	4.2	4.7	4.7	5.1	5.4	5.1	4.7	4.4	4.1	15-64
3.4	4.0	4.5	4.5	4.8	5.1	4.9	4.4	4.2	3.8	Total
										Ensemble des personnes
6.6	7.7	9.3	9.2	9.7	10.0	10.2	9.5	8.6	8.0	15-24
2.8	3.4	4.0	4.1	4.4	4.9	4.7	4.4	4.2	3.9	25-54
3.9	5.0	5.4	5.6	5.7	5.8	5.5	4.4	4.1	3.9	55-64
1.5	1.9	2.0	2.4	2.4	2.0	2.5	1.8	1.8	1.9	65 et plus
3.5	4.2	4.9	5.0	5.2	5.6	5.4	4.9	4.6	4.3	15-64

JAPAN

IV - Professional status and breakdown by activity - ISIC Rev. 2

Thousands (annual average estimates)

	1986	1987	1988	1989	1990	1991	1992	1993	1994	1995	1996
CIVILIAN EMPLOYMENT: PROFESSIONAL STATUS[1]											
All activities	58 530	59 110	60 110	61 280	62 490	63 690	64 360	64 500	64 530	64 570	64 860
Employees	43 790	44 280	45 380	46 790	48 350	50 020	51 190	52 020	52 360	52 630	53 220
Employers and persons working on own account	9 120	9 150	9 100	8 960	8 780	8 590	8 430	8 140	7 960	7 840	7 650
Unpaid family workers	5 460	5 490	5 430	5 310	5 170	4 890	4 560	4 180	4 070	3 970	3 820
Agriculture, hunting, forestry and fishing	4 950	4 890	4 740	4 630	4 510	4 270	4 110	3 830	3 730	3 670	3 560
Employees	440	440	450	450	420	430	460	440	420	440	450
Employers and persons working on own account	2 290	2 270	2 210	2 140	2 110	2 000	1 960	1 880	1 830	1 800	1 710
Unpaid family workers	2 210	2 180	2 090	2 040	1 990	1 840	1 700	1 530	1 470	1 430	1 400
Non-agricultural activities	53 580	54 220	55 370	56 650	57 980	59 420	60 250	60 670	60 800	60 900	61 300
Employees	43 350	43 840	44 930	46 340	47 930	49 590	50 730	51 580	51 940	52 190	52 770
Employers and persons working on own account	6 830	6 880	6 890	6 820	6 670	6 590	6 470	6 260	6 130	6 040	5 940
Unpaid family workers	3 250	3 310	3 340	3 270	3 180	3 050	2 860	2 650	2 600	2 540	2 420
All activities (%)	100.0	100.0	100.0	100.0	100.0	100.0	100.0	100.0	100.0	100.0	100.0
Employees	74.8	74.9	75.5	76.4	77.4	78.5	79.5	80.7	81.1	81.5	82.1
Others	24.9	24.8	24.2	23.3	22.3	21.2	20.2	19.1	18.6	18.3	17.7
CIVILIAN EMPLOYMENT: BREAKDOWN BY ACTIVITY[2]											
ISIC Rev. 2 Major Divisions											
1 to 0 All activities	58 530	59 110	60 110	61 280	62 490	63 690	64 360	64 500	64 530	64 570	64 860
1 Agriculture, hunting, forestry and fishing	4 950	4 890	4 740	4 630	4 510	4 270	4 110	3 830	3 730	3 670	3 560
2 Mining and quarrying	80	80	70	70	60	60	60	60	60	60	60
3 Manufacturing	14 440	14 250	14 540	14 840	15 050	15 500	15 690	15 300	14 960	14 560	14 450
4 Electricity, gas and water	320	310	310	300	300	330	330	350	390	420	370
5 Construction	5 340	5 330	5 600	5 780	5 880	6 040	6 190	6 400	6 550	6 630	6 700
6 Wholesale and retail trade; restaurants and hotels	13 390	13 660	13 890	14 000	14 150	14 330	14 360	14 480	14 430	14 490	14 630
7 Transport, storage and communication	3 530	3 480	3 530	3 680	3 750	3 780	3 850	3 940	3 920	4 020	4 110
8 Financing, insurance, real estate and business services	4 150	4 380	4 530	4 800	5 160	5 370	5 460	5 470	5 490	5 550	5 610
9 Community, social and personal services	12 120	12 490	12 610	12 880	13 320	13 710	14 010	14 380	14 700	14 910	15 070
0 Activities not adequately defined	220	240	280	310	300	280	300	270	290	250	290
EMPLOYEES: BREAKDOWN BY ACTIVITY[2]											
ISIC Rev. 2 Major Divisions											
1 to 0 All activities	43 790	44 280	45 380	46 790	48 350	50 020	51 190	52 020	52 360	52 630	53 220
1 Agriculture, hunting, forestry and fishing	440	440	450	450	420	430	460	440	420	440	450
2 Mining and quarrying	80	80	70	70	60	60	60	60	60	50	60
3 Manufacturing	12 290	12 150	12 450	12 760	13 060	13 570	13 820	13 670	13 400	13 080	13 070
4 Electricity, gas and water	320	310	310	300	300	330	330	350	390	420	370
5 Construction	4 150	4 120	4 360	4 510	4 620	4 790	4 970	5 230	5 360	5 440	5 510
6 Wholesale and retail trade; restaurants and hotels	9 380	9 620	9 900	10 160	10 470	10 800	11 020	11 210	11 260	11 380	11 600
7 Transport, storage and communication	3 330	3 280	3 310	3 470	3 530	3 560	3 630	3 710	3 710	3 810	3 890
8 Financing, insurance, real estate and business services	3 750	3 940	4 040	4 310	4 670	4 850	4 960	5 000	5 010	5 080	5 150
9 Community, social and personal services	9 980	10 280	10 400	10 670	11 110	11 520	11 830	12 250	12 590	12 810	12 990
0 Activities not adequately defined	70	70	90	100	110	110	110	120	164	120	130

(1) The sum of the components does not agree with the total due to incomplete reporting.
(2) Data broken down by activity (civilian employment and employees) have not been revised nor updated due to a change by the country from ISIC Rev. 2 to ISIC Rev.3.

IV - Situation dans la profession et répartition par branches d'activités - CITI Rév. 2

Milliers (estimations de moyennes annuelles)

	1997	1998	1999	2000	2001	2002	2003	2004	2005	2006
EMPLOI CIVIL : SITUATION DANS LA PROFESSION[1]										
Toutes activités	65 570	65 140	64 620	64 460	64 120	63 300	63 160	63 290	63 560	63 820
Salariés	53 910	53 680	53 310	53 560	53 690	53 310	53 350	53 550	53 930	54 720
Employeurs et personnes travaillant à leur compte	7 720	7 610	7 540	7 310	6 930	6 700	6 600	6 560	6 500	6 330
Travailleurs familiaux non rémunérés	3 760	3 670	3 560	3 400	3 250	3 050	2 960	2 900	2 820	2 470
Agriculture, chasse, sylviculture et pêche	3 500	3 430	3 350	3 260	3 130	2 960	2 930	2 860	2 820	2 720
Salariés	420	410	400	420	470	480	480	430	430	490
Employeurs et personnes travaillant à leur compte	1 720	1 670	1 650	1 590	1 500	1 400	1 370	1 360	1 340	1 290
Travailleurs familiaux non rémunérés	1 350	1 340	1 300	1 250	1 170	1 070	1 080	1 070	1 040	930
Activités non agricoles	62 070	61 710	61 270	61 200	60 990	60 340	60 230	60 430	60 740	61 100
Salariés	53 490	53 270	52 910	53 140	53 220	52 830	52 870	53 120	53 500	54 230
Employeurs et personnes travaillant à leur compte	6 000	5 940	5 890	5 720	5 430	5 300	5 230	5 200	5 160	5 040
Travailleurs familiaux non rémunérés	2 410	2 330	2 260	2 150	2 080	1 980	1 880	1 830	1 780	1 540
Toutes activités (%)	100.0	100.0	100.0	100.0	100.0	100.0	100.0	100.0	100.0	100.0
Salariés	82.2	82.4	82.5	83.1	83.7	84.2	84.5	84.6	84.8	85.7
Autres	17.5	17.3	17.2	16.6	15.9	15.4	15.1	14.9	14.7	13.8
EMPLOI CIVIL : RÉPARTITION PAR BRANCHES D'ACTIVITÉS[2]										
Branches CITI Rév. 2										
1 à 0 Toutes activités	65 570	65 140	64 620	64 460	64 120	63 300	63 160			
1 Agriculture, chasse, sylviculture et pêche	3 500	3 430	3 350	3 260	3 130	2 960	2 930			
2 Industries extractives	70	60	60	50	50	50	50			
3 Industries manufacturières	14 420	13 820	13 450	13 210	12 840	12 220	11 780			
4 Électricité, gaz et eau	360	370	380	340	340	340	320			
5 Bâtiment et travaux publics	6 850	6 620	6 570	6 530	6 320	6 180	6 040			
6 Commerce de gros et de détail; restaurants et hôtels	14 750	14 830	14 830	14 740	14 730	14 380	14 830			
7 Transports, entrepôts et communications	4 120	4 050	4 060	4 140	4 070	4 010	4 960			
8 Banques, assurances, affaires immobilières et services fournis aux entreprises	5 750	5 930	5 990	6 160	6 290	6 400	5 310			
9 Services fournis à la collectivité, services sociaux et services personnels	15 420	15 660	15 520	15 640	15 900	16 220	16 330			
0 Activités mal désignées	340	360	410	390	440	560	610			
SALARIÉS : RÉPARTITION PAR BRANCHES D'ACTIVITÉS[2]										
Branches CITI Rév. 2										
1 à 0 Toutes activités	53 910	53 680	53 310	53 560	53 690	53 310	53 350			
1 Agriculture, chasse, sylviculture et pêche	420	410	400	420	470	480	480			
2 Industries extractives	60	60	60	50	50	50	50			
3 Industries manufacturières	13 070	12 580	12 230	12 050	11 850	11 310	10 910			
4 Électricité, gaz et eau	360	370	380	340	340	330	320			
5 Bâtiment et travaux publics	5 630	5 480	5 440	5 390	5 200	5 040	4 930			
6 Commerce de gros et de détail; restaurants et hôtels	11 720	11 880	11 960	11 970	12 030	11 860	12 370			
7 Transports, entrepôts et communications	3 900	3 850	3 850	3 930	3 870	3 820	4 710			
8 Banques, assurances, affaires immobilières et services fournis aux entreprises	5 250	5 410	5 440	5 630	5 760	5 890	4 830			
9 Services fournis à la collectivité, services sociaux et services personnels	13 330	13 460	13 360	13 580	13 910	14 200	14 390			
0 Activités mal désignées	160	170	200	200	220	330	360			

(1) La somme des composantes ne correspond pas au total toutes activités en raison de réponses incomplètes.

(2) Les données concernant la répartition par branches d'activités (emploi civil et salariés) n'ont pas été révisées ni mises à jour en raison du passage par le pays de la CITI Rév. 2 à la CITI Rév. 3.

V - Civilian employment and employees: breakdown by activity - ISIC Rev. 3

Thousands (annual average estimates)

	1986	1987	1988	1989	1990	1991	1992	1993	1994	1995	1996
CIVILIAN EMPLOYMENT: BREAKDOWN BY ACTIVITY											
A to X All activities											
A Agriculture, hunting and forestry											
B Fishing											
C Mining and quarrying											
D Manufacturing											
E Electricity, gas and water supply											
F Construction											
G Wholesale and retail trade; repair of motor vehicles, motorcycles and personal and household goods											
H Hotels and restaurants											
I Transport, storage and communication											
J Financial intermediation											
K Real estate, renting and business activities											
L Public administration and defence; compulsory social security, excluding armed forces											
M Education											
N Health and social work											
O Other community, social and personal service activities											
P Private households with employed persons											
Q Extra-territorial organisations and bodies											
X Not classifiable by economic activities											
Breakdown by sector											
Agriculture (A-B)											
Industry (C-F)											
Services (G-Q)											
Agriculture (%)											
Industry (%)											
Services (%)											
Female participation in agriculture (%)											
Female participation in industry (%)											
Female participation in services (%)											
EMPLOYEES: BREAKDOWN BY ACTIVITY											
A to X All activities											
A Agriculture, hunting and forestry											
B Fishing											
C Mining and quarrying											
D Manufacturing											
E Electricity, gas and water supply											
F Construction											
G Wholesale and retail trade; repair of motor vehicles, motorcycles and personal and household goods											
H Hotels and restaurants											
I Transport, storage and communication											
J Financial intermediation											
K Real estate, renting and business activities											
L Public administration and defence; compulsory social security, excluding armed forces											
M Education											
N Health and social work											
O Other community, social and personal service activities											
P Private households with employed persons											
Q Extra-territorial organisations and bodies											
X Not classifiable by economic activities											
Breakdown by sector											
Agriculture (A-B)											
Industry (C-F)											
Services (G-Q)											
Agriculture (%)											
Industry (%)											
Services (%)											
Female participation in agriculture (%)											
Female participation in industry (%)											
Female participation in services (%)											

LABOUR FORCE STATISTICS - ISBN 9789264035539 - © OECD 2007

V - Emploi civil et salariés : répartition par branches d'activités - CITI Rév. 3

Milliers (estimations de moyennes annuelles)

1997	1998	1999	2000	2001	2002	2003	2004	2005	2006	
										EMPLOI CIVIL : RÉPARTITION PAR BRANCHES D'ACTIVITÉS
						63 160	63 290	63 560	63 820	**A à X Toutes activités**
						2 660	2 640	2 590	2 500	A Agriculture, chasse et sylviculture
						270	220	230	220	B Pêche
						50	40	30	30	C Activités extractives
						12 070	11 770	11 690	11 910	D Activités de fabrication
						320	310	350	360	E Production et distribution d'électricité, de gaz et d'eau
						6 040	5 840	5 680	5 590	F Construction
						11 980	11 900	11 860	11 800	G Commerce de gros et de détail; réparation de véhicules et de biens domestiques
						3 500	3 470	3 430	3 370	H Hôtels et restaurants
						3 980	3 950	3 850	3 960	I Transports, entreposage et communications
						1 610	1 590	1 570	1 550	J Intermédiation financière
						6 460	6 840	7 290	7 410	K Immobilier, location et activités de services aux entreprises
						2 270	2 330	2 290	2 220	L Administration publique et défense; sécurité sociale obligatoire (armée exclue)
						2 790	2 840	2 860	2 870	M Education
						5 020	5 310	5 530	5 710	N Santé et action sociale
						3 530	3 530	3 550	3 640	O Autres activités de services collectifs, sociaux et personnels
						0	0	0	0	P Ménages privés employant du personnel domestique
						0	0	0	0	Q Organisations et organismes extra-territoriaux
						590	670	740	710	X Ne pouvant être classés selon l'activité économique
										Répartition par secteurs
						2 930	2 860	2 820	2 720	Agriculture (A-B)
						18 480	17 960	17 750	17 890	Industrie (C-F)
						41 140	41 760	42 230	42 530	Services (G-Q)
						4.6	4.5	4.4	4.3	Agriculture (%)
						29.3	28.4	27.9	28.0	Industrie (%)
						65.1	66.0	66.4	66.6	Services (%)
						43.0	42.7	42.2	41.9	Part des femmes dans l'agriculture (%)
						27.0	26.6	26.1	26.3	Part des femmes dans l'industrie (%)
						47.3	47.6	47.9	47.9	Part des femmes dans les services (%)
										SALARIÉS : RÉPARTITION PAR BRANCHES D'ACTIVITÉS
						53 350	53 550	53 930	54 720	**A à X Toutes activités**
						390	360	360	420	A Agriculture, chasse et sylviculture
						90	70	70	70	B Pêche
						50	40	30	30	C Activités extractives
						11 190	10 920	10 850	11 100	D Activités de fabrication
						320	310	350	360	E Production et distribution d'électricité, de gaz et d'eau
						4 930	4 760	4 580	4 530	F Construction
						10 240	10 190	10 240	10 290	G Commerce de gros et de détail; réparation de véhicules et de biens domestiques
						2 630	2 610	2 600	2 570	H Hôtels et restaurants
						3 770	3 760	3 650	3 770	I Transports, entreposage et communications
						1 540	1 520	1 510	1 490	J Intermédiation financière
						5 520	5 910	6 310	6 500	K Immobilier, location et activités de services aux entreprises
						2 270	2 330	2 290	2 220	L Administration publique et défense; sécurité sociale obligatoire (armée exclue)
						2 510	2 540	2 590	2 600	M Education
						4 690	4 980	5 150	5 360	N Santé et action sociale
						2 860	2 860	2 880	3 010	O Autres activités de services collectifs, sociaux et personnels
						0	0	0	0	P Ménages privés employant du personnel domestique
						0	0	0	0	Q Organisations et organismes extra-territoriaux
						360	400	450	420	X Ne pouvant être classés selon l'activité économique
										Répartition par secteurs
						480	430	430	490	Agriculture (A-B)
						16 490	16 030	15 810	16 020	Industrie (C-F)
						36 030	36 700	37 220	37 810	Services (G-Q)
						0.9	0.8	0.8	0.9	Agriculture (%)
						30.9	29.9	29.3	29.3	Industrie (%)
						67.5	68.5	69.0	69.1	Services (%)
						39.6	39.5	39.5	42.9	Part des femmes dans l'agriculture (%)
						26.8	26.5	25.9	26.2	Part des femmes dans l'industrie (%)
						47.2	47.5	48.0	48.2	Part des femmes dans les services (%)

KOREA

I - Population

Thousands (mid-year estimates)

	1986	1987	1988	1989	1990	1991	1992	1993	1994	1995	1996
POPULATION - DISTRIBUTION BY AGE AND GENDER											
All persons											
Total	41 214	41 622	42 031	42 449	42 869	43 296	43 748	44 195	44 642	45 093	45 525
Under 15 years	12 030	11 746	11 487	11 261	10 974	10 859	10 791	10 735	10 653	10 537	10 403
From 15 to 64 years	27 383	27 999	28 582	29 135	29 701	30 171	30 611	31 023	31 446	31 900	32 327
65 years and over	1 801	1 876	1 962	2 053	2 195	2 266	2 346	2 437	2 542	2 657	2 795
Males											
Total	20 772	20 960	21 155	21 357	21 568	21 784	22 014	22 243	22 472	22 705	22 925
Under 15 years	6 226	6 080	5 953	5 845	5 708	5 657	5 633	5 615	5 586	5 537	5 484
From 15 to 64 years	13 868	14 173	14 461	14 737	15 039	15 280	15 507	15 722	15 944	16 182	16 398
65 years and over	678	707	741	776	822	847	873	905	943	986	1 042
Females											
Total	20 442	20 662	20 876	21 092	21 301	21 512	21 734	21 952	22 169	22 388	22 600
Under 15 years	5 804	5 666	5 534	5 416	5 266	5 202	5 158	5 119	5 068	5 000	4 919
From 15 to 64 years	13 515	13 826	14 121	14 398	14 662	14 891	15 104	15 301	15 502	15 717	15 928
65 years and over	1 122	1 170	1 221	1 277	1 373	1 420	1 472	1 532	1 599	1 670	1 753
POPULATION - PERCENTAGES											
All persons											
Total	100.0	100.0	100.0	100.0	100.0	100.0	100.0	100.0	100.0	100.0	100.0
Under 15 years	29.2	28.2	27.3	26.5	25.6	25.1	24.7	24.3	23.9	23.4	22.9
From 15 to 64 years	66.4	67.3	68.0	68.6	69.3	69.7	70.0	70.2	70.4	70.7	71.0
65 years and over	4.4	4.5	4.7	4.8	5.1	5.2	5.4	5.5	5.7	5.9	6.1
COMPONENTS OF CHANGE IN POPULATION											
a) Population at 1 January											
b) Population at 31 December											
c) Total increase (b-a)											
d) Births	642	629	637	646	659	718	739	724	729	721	696
e) Deaths	245	249	240	244	249	250	243	240	248	248	246
f) Natural increase (d-e)	397	380	397	402	410	468	496	484	481	473	450
g) Net migration											
h) Statistical adjustments											
i) Total increase (=f+g+h=c)											
(Components of change in population/ Average population) x1000											
Total increase rates											
Crude birth rates											
Crude death rates											
Natural increase rates											
Net migration rates											

LABOUR FORCE STATISTICS - ISBN 9789264035539 - © OECD 2007

CORÉE

I - Population

Milliers (estimations au milieu de l'année)

	1997	1998	1999	2000	2001	2002	2003	2004	2005	2006
POPULATION - RÉPARTITION SELON L'AGE ET LE SEXE										
Ensemble des personnes										
Total	45 954	46 287	46 617	47 008	47 357	47 622	47 859	48 039	48 138	48 297
Moins de 15 ans	10 233	10 092	9 973	9 911	9 854	9 747	9 606	9 446	9 241	8 996
De 15 à 64 ans	32 791	33 126	33 420	33 702	33 925	34 103	34 285	34 428	34 530	34 715
65 ans et plus	2 929	3 069	3 224	3 395	3 578	3 772	3 968	4 166	4 367	4 586
Hommes										
Total	23 148	23 296	23 458	23 667	23 843	23 970	24 090	24 165	24 191	24 268
Moins de 15 ans	5 403	5 334	5 272	5 245	5 210	5 150	5 073	4 980	4 862	4 727
De 15 à 64 ans	16 651	16 807	16 962	17 122	17 251	17 350	17 458	17 541	17 595	17 706
65 ans et plus	1 095	1 155	1 223	1 300	1 383	1 470	1 559	1 645	1 734	1 835
Femmes										
Total	22 805	22 991	23 159	23 341	23 514	23 652	23 770	23 874	23 947	24 030
Moins de 15 ans	4 830	4 758	4 701	4 667	4 644	4 597	4 533	4 466	4 379	4 270
De 15 à 64 ans	16 141	16 319	16 458	16 580	16 675	16 753	16 828	16 887	16 935	17 009
65 ans et plus	1 835	1 914	2 000	2 095	2 196	2 302	2 409	2 521	2 633	2 751
POPULATION - POURCENTAGES										
Ensemble des personnes										
Total	100.0	100.0	100.0	100.0	100.0	100.0	100.0	100.0	100.0	100.0
Moins de 15 ans	22.3	21.8	21.4	21.1	20.8	20.5	20.1	19.7	19.2	18.6
De 15 à 64 ans	71.4	71.6	71.7	71.7	71.6	71.6	71.6	71.7	71.7	71.9
65 ans et plus	6.4	6.6	6.9	7.2	7.6	7.9	8.3	8.7	9.1	9.5
COMPOSANTES DE L'ÉVOLUTION DÉMOGRAPHIQUE										
a) Population au 1er janvier										
b) Population au 31 décembre										
c) Accroissement total (b-a)										
d) Naissances	678	643	616	637	557	495	493	476	438	
e) Décès	248	248	247	247	243	247	246	246	246	
f) Accroissement naturel (d-e)	430	395	369	390	314	248	247	230	192	
g) Solde net des migrations										
h) Ajustements statistiques										
i) Accroissement total (=f+g+h=c)										
(Composition de l'évolution démographique/ Population moyenne) x1000										
Taux d'accroissement total										
Taux bruts de natalité										
Taux bruts de mortalité										
Taux d'accroissement naturel										
Taux du solde net des migrations										

KOREA

II - Labour force

Thousands (annual average estimates)

	1986	1987	1988	1989	1990	1991	1992	1993	1994	1995	1996
Total labour force											
All persons	16 116	16 873	17 305	18 023	18 539 |	19 109	19 499	19 806	20 353	20 845	21 288
Males	9 819	10 138	10 414	10 737	11 030 |	11 428	11 694	11 881	12 174	12 435	12 650
Females	6 296	6 735	6 891	7 286	7 509 |	7 681	7 805	7 924	8 179	8 410	8 638
Armed forces											
All persons											
Males											
Females											
Civilian labour force											
All persons	16 116	16 873	17 305	18 023	18 539 |	19 109	19 499	19 806	20 353	20 845	21 288
Males	9 819	10 138	10 414	10 737	11 030 |	11 428	11 694	11 881	12 174	12 435	12 650
Females	6 296	6 735	6 891	7 286	7 509 |	7 681	7 805	7 924	8 179	8 410	8 638
Unemployed											
All persons	611	519	435	463	454 |	461	490	571	504	430	435
Males	480	397	315	329	321 |	308	324	391	345	288	299
Females	131	122	120	134	133 |	152	166	180	160	143	136
Civilian employment											
All persons	15 505	16 354	16 869	17 560	18 085 |	18 649	19 009	19 234	19 848	20 414	20 853
Males	9 339	9 741	10 099	10 409	10 709 |	11 120	11 370	11 490	11 829	12 147	12 351
Females	6 165	6 613	6 771	7 152	7 376 |	7 529	7 640	7 745	8 020	8 267	8 502
Civilian employment (%)											
All persons	100.0	100.0	100.0	100.0	100.0 |	100.0	100.0	100.0	100.0	100.0	100.0
Males	60.2	59.6	59.9	59.3	59.2 |	59.6	59.8	59.7	59.6	59.5	59.2
Females	39.8	40.4	40.1	40.7	40.8 |	40.4	40.2	40.3	40.4	40.5	40.8
Unemployment rates (% of civilian labour force)											
All persons	3.8	3.1	2.5	2.6	2.4 |	2.4	2.5	2.9	2.5	2.1	2.0
Males	4.9	3.9	3.0	3.1	2.9 |	2.7	2.8	3.3	2.8	2.3	2.4
Females	2.1	1.8	1.7	1.8	1.8 |	2.0	2.1	2.3	2.0	1.7	1.6
Total labour force (% of total population)											
All persons	39.1	40.5	41.2	42.5	43.2 |	44.1	44.6	44.8	45.6	46.2	46.8
Males	47.3	48.4	49.2	50.3	51.1 |	52.5	53.1	53.4	54.2	54.8	55.2
Females	30.8	32.6	33.0	34.5	35.3 |	35.7	35.9	36.1	36.9	37.6	38.2
Total labour force (% of population from 15-64 years)[(1)]											
All persons	58.9	60.3	60.5	61.9	62.4 |	63.3	63.7	63.8	64.7	65.3	65.9
Males	70.8	71.5	72.0	72.9	73.3 |	74.8	75.4	75.6	76.4	76.8	77.1
Females	46.6	48.7	48.8	50.6	51.2 |	51.6	51.7	51.8	52.8	53.5	54.2
Civilian employment (% of total population)											
All persons	37.6	39.3	40.1	41.4	42.2 |	43.1	43.5	43.5	44.5	45.3	45.8
Civilian employment (% of population from 15-64 years)											
All persons	56.6	58.4	59.0	60.3	60.9 |	61.8	62.1	62.0	63.1	64.0	64.5
Males	67.3	68.7	69.8	70.6	71.2 |	72.8	73.3	73.1	74.2	75.1	75.3
Females	45.6	47.8	47.9	49.7	50.3 |	50.6	50.6	50.6	51.7	52.6	53.4
Part-time employment (%)											
Part-time as % of employment				5.2	4.5	4.5	4.8	4.5	4.5	4.3	4.3
Male share of part-time employment				42.8	41.3	39.7	38.2	38.5	38.7	38.4	36.1
Female share of part-time employment				57.2	58.7	60.3	61.8	61.5	61.3	61.6	63.9
Male part-time as % of male employment				3.8	3.1	3.0	3.0	2.9	2.9	2.8	2.6
Female part-time as % of female employment				7.3	6.5	6.7	7.3	6.9	6.8	6.6	6.8
Duration of unemployment (% of total unemployment)											
Less than 3 months					57.4	56.5	56.4	53.4	52.2	55.2	58.0
More than 3 months and less than 6 months					28.7	28.9	27.7	29.1	27.2	27.2	26.1
More than 6 months and less than 1 year					11.3	10.5	12.0	14.8	15.2	13.3	12.1
More than 1 year					2.6	4.2	3.8	2.6	5.4	4.4	3.8

(1) Participation rates calculated according to national definitions may differ from those published in this table, when the age group represented in the labour force survey is other than 15-64 years.

II - Population active

Milliers (estimations de moyennes annuelles)

	1997	1998	1999	2000	2001	2002	2003	2004	2005	2006
Population active totale										
Ensemble des personnes	21 782	21 428	21 666	22 134	22 471	22 921	22 957	23 417	23 743	23 978
Hommes	12 843	12 852	12 880	13 034	13 172	13 435	13 539	13 727	13 883	13 978
Femmes	8 938	8 576	8 785	9 101	9 299	9 486	9 418	9 690	9 860	10 001
Forces armées										
Ensemble des personnes										
Hommes										
Femmes										
Population active civile										
Ensemble des personnes	21 782	21 428	21 666	22 134	22 471	22 921	22 957	23 417	23 743	23 978
Hommes	12 843	12 852	12 880	13 034	13 172	13 435	13 539	13 727	13 883	13 978
Femmes	8 938	8 576	8 785	9 101	9 299	9 486	9 418	9 690	9 860	10 001
Chômeurs										
Ensemble des personnes	568	1 490	1 374	979	899	752	818	860	887	827
Hommes	361	1 005	926	647	591	491	508	534	553	533
Femmes	207	486	448	332	308	261	310	326	334	294
Emploi civil										
Ensemble des personnes	21 214	19 938	20 291	21 156	21 572	22 169	22 139	22 557	22 856	23 151
Hommes	12 483	11 847	11 954	12 387	12 581	12 944	13 031	13 193	13 330	13 444
Femmes	8 731	8 090	8 337	8 769	8 991	9 225	9 108	9 364	9 526	9 706
Emploi civil (%)										
Ensemble des personnes	100.0	100.0	100.0	100.0	100.0	100.0	100.0	100.0	100.0	100.0
Hommes	58.8	59.4	58.9	58.6	58.3	58.4	58.9	58.5	58.3	58.1
Femmes	41.2	40.6	41.1	41.4	41.7	41.6	41.1	41.5	41.7	41.9
Taux de chômage (% de la population active civile)										
Ensemble des personnes	2.6	7.0	6.3	4.4	4.0	3.3	3.6	3.7	3.7	3.5
Hommes	2.8	7.8	7.2	5.0	4.5	3.7	3.8	3.9	4.0	3.8
Femmes	2.3	5.7	5.1	3.6	3.3	2.8	3.3	3.4	3.4	2.9
Population active totale (% de la population totale)										
Ensemble des personnes	47.4	46.3	46.5	47.1	47.4	48.1	48.0	48.7	49.3	49.6
Hommes	55.5	55.2	54.9	55.1	55.2	56.0	56.2	56.8	57.4	57.6
Femmes	39.2	37.3	37.9	39.0	39.5	40.1	39.6	40.6	41.2	41.6
Population active totale (% de la population de 15-64 ans)[1]										
Ensemble des personnes	66.4	64.7	64.8	65.7	66.2	67.2	67.0	68.0	68.8	69.1
Hommes	77.1	76.5	75.9	76.1	76.4	77.4	77.6	78.3	78.9	78.9
Femmes	55.4	52.6	53.4	54.9	55.8	56.6	56.0	57.4	58.2	58.8
Emploi civil (% de la population totale)										
Ensemble des personnes	46.2	43.1	43.5	45.0	45.6	46.6	46.3	47.0	47.5	47.9
Emploi civil (% de la population de 15-64 ans)										
Ensemble des personnes	64.7	60.2	60.7	62.8	63.6	65.0	64.6	65.5	66.2	66.7
Hommes	75.0	70.5	70.5	72.3	72.9	74.6	74.6	75.2	75.8	75.9
Femmes	54.1	49.6	50.7	52.9	53.9	55.1	54.1	55.4	56.2	57.1
Emploi à temps partiel (%)										
Temps partiel en % de l'emploi	5.0	6.7	7.7	7.0	7.3	7.6	7.7	8.4	9.0	8.8
Part des hommes dans le temps partiel	37.1	44.8	44.5	42.3	41.2	41.7	40.6	41.0	42.1	41.5
Part des femmes dans le temps partiel	62.9	55.2	55.5	57.7	58.8	58.3	59.4	59.0	57.9	58.5
Temps partiel des hommes en % de l'emploi des hommes	3.2	5.1	5.8	5.1	5.2	5.4	5.3	5.9	6.5	6.3
Temps partiel des femmes en % de l'emploi des femmes	7.7	9.2	10.4	9.8	10.4	10.6	11.2	11.9	12.5	12.3
Durée du chômage (% du chômage total)										
Moins de 3 mois	57.7	55.8	53.2	59.9	61.0	58.4	64.0	62.3	61.2	61.2
Plus de 3 mois et moins de 6 mois	26.5	29.5	28.1	26.0	26.1	27.8	26.0	26.3	27.2	27.5
Plus de 6 mois et moins de 1 an	13.3	13.2	14.9	11.8	10.5	11.4	9.4	10.3	10.8	10.2
Plus de 1 an	2.6	1.5	3.8	2.3	2.3	2.5	0.6	1.1	0.8	1.1

(1) Les taux d'activité calculés selon les définitions nationales peuvent être différents de ceux publiés dans ce tableau si le groupe d'âges représenté dans l'enquête de la population active est différent de 15-64 ans.

KOREA

III - Participation rates and unemployment rates by age and by sex

Percent (annual average estimates)

	1986	1987	1988	1989	1990	1991	1992	1993	1994	1995	1996
PARTICIPATION RATES											
Males											
15-19	13.6	14.0	11.4	11.7	10.8	11.1	11.6	10.6	10.6	9.5	8.8
20-24	62.1	60.6	59.6	60.2	60.2	60.3	59.0	57.0	58.9	58.8	59.1
25-34	93.1	92.7	93.1	93.9	94.5	94.6	94.2	94.0	93.7	93.3	92.7
35-44	96.0	95.7	96.2	96.2	96.4	96.9	96.9	96.8	96.6	96.8	96.8
45-54	90.9	90.7	91.3	91.7	92.4	93.1	93.3	93.2	93.4	93.4	93.7
55-59	75.9	77.6	79.6	82.4	83.6	84.6	84.7	84.5	84.3	83.9	83.5
60-64				65.7	67.2	66.3	69.8	68.7	71.7	73.7	73.6
15-24	31.7	30.7	28.3	28.3	28.4	31.3	31.7	30.8	31.8	31.2	30.6
25-54	93.4	93.1	93.6	94.0	94.6	95.0	94.9	94.8	94.6	94.6	94.4
55-64	75.9	77.6	79.6	75.8	77.2	77.4	78.8	78.2	79.2	79.6	79.2
65 and over(1)	44.7	47.0	48.0	38.9	39.3	39.4	40.6	40.6	41.1	40.9	40.9
15-64	74.8	75.1	75.4	75.5	76.2	77.1	77.8	77.8	78.6	78.7	78.6
Females											
15-19	20.2	21.1	19.2	18.7	18.7	18.7	17.4	16.8	15.7	14.5	13.5
20-24	58.2	60.1	61.4	63.6	64.6	65.5	65.2	64.4	64.6	66.1	66.0
25-34	40.9	43.2	43.9	46.1	46.0	46.1	45.9	46.0	47.1	47.7	50.1
35-44	56.5	59.0	58.4	59.1	59.2	59.3	58.7	60.4	61.2	62.0	62.5
45-54	57.4	59.6	60.5	62.2	62.0	60.5	60.6	59.2	59.8	59.7	59.9
55-59	46.9	49.1	49.6	52.8	54.4	53.6	52.8	52.6	53.3	54.2	53.6
60-64				41.7	43.5	42.1	44.1	42.3	44.8	45.9	45.4
15-24	38.9	39.7	39.0	39.6	40.7	42.5	42.3	42.1	41.8	41.8	40.6
25-54	49.7	52.0	52.4	54.1	54.2	53.5	53.4	53.8	54.8	55.4	56.8
55-64	46.9	49.1	49.6	47.8	49.6	48.5	49.0	48.1	49.5	50.4	49.8
65 and over(1)	21.4	23.5	23.2	18.2	18.4	18.5	19.3	18.2	19.1	20.2	21.1
15-64	46.3	48.2	48.3	49.4	49.9	49.9	49.8	50.0	50.8	51.4	51.9
All persons											
15-24	35.4	35.5	34.0	34.3	35.0	37.3	37.4	36.9	37.2	36.9	35.9
25-54	71.7	72.8	73.3	74.3	74.6	74.6	74.5	74.6	75.1	75.4	75.9
55-64	59.5	61.7	63.1	60.7	62.4	61.6	62.6	61.9	63.3	64.1	63.6
65 and over	30.6	32.7	32.9	25.8	26.1	26.3	27.2	26.5	27.3	27.9	28.5
15-64	60.4	61.5	61.7	62.3	62.8	63.3	63.6	63.7	64.4	64.9	65.1
UNEMPLOYMENT RATES											
Males											
15-19	11.6	9.5	10.5	7.7	10.1	11.3	12.0	12.8	10.2	8.7	8.7
20-24	12.6	10.2	9.5	9.5	9.3	9.2	8.6	11.7	8.9	7.6	8.0
25-34	5.6	4.5	3.6	3.7	3.5	2.8	3.2	3.9	3.6	2.6	3.0
35-44	3.4	2.9	1.8	1.9	1.8	1.4	1.5	1.9	1.8	1.5	1.4
45-54	3.1	2.5	1.6	1.8	1.6	1.5	1.4	1.4	1.3	1.3	1.3
55-59	2.0	1.6	1.3	1.7	1.4	1.1	1.0	0.9	0.9	1.3	1.0
60-64				0.3	0.8	0.9	1.0	1.0	0.9	1.0	0.8
15-24	12.3	10.0	9.8	9.0	9.5	9.7	9.3	11.9	9.2	7.8	8.1
25-54	4.3	3.5	2.5	2.7	2.5	2.1	2.3	2.7	2.5	1.9	2.0
55-64	2.0	1.6	1.3	1.2	1.2	1.0	1.0	1.0	0.9	1.2	0.9
65 and over	0.5	0.3	0.3	0.3	0.3	0.0	0.0	0.3	0.3	0.2	0.2
15-64	5.2	4.1	3.2	3.1	3.0	2.8	2.8	3.4	2.9	2.4	2.4
Total	4.9	3.9	3.0	3.1	2.9	2.7	2.8	3.3	2.8	2.3	2.4
Females											
15-19	8.1	8.2	7.1	7.9	8.7	8.0	9.2	9.8	8.8	7.3	6.6
20-24	5.9	5.2	5.0	4.5	4.5	5.2	5.9	6.4	5.4	4.9	4.4
25-34	1.3	1.0	1.2	1.5	1.4	1.5	1.5	1.6	1.5	1.3	1.5
35-44	0.7	0.6	0.7	1.0	0.7	0.8	0.8	0.8	0.9	0.8	0.8
45-54	0.3	0.3	0.3	0.4	0.4	0.6	0.5	0.6	0.5	0.4	0.5
55-59	0.3	0.3	0.2	0.2	0.2	0.2	0.2	0.4	0.4	0.6	0.4
60-64				0.4	0.3	0.0	0.3	0.0	0.0	0.3	0.3
15-24	6.5	6.0	5.5	5.4	5.5	5.8	6.6	7.1	6.0	5.3	4.8
25-54	0.8	0.7	0.8	1.0	0.9	1.0	1.0	1.1	1.0	0.9	1.0
55-64	0.3	0.3	0.2	0.3	0.3	0.1	0.2	0.2	0.2	0.4	0.3
65 and over	0.0	0.2	0.2	0.0	0.0	0.0	0.0	0.0	0.0	0.0	0.3
15-64	2.2	2.0	1.9	1.9	1.9	2.1	2.2	2.3	2.0	1.8	1.6
Total	2.1	1.8	1.8	1.8	1.8	2.0	2.1	2.3	1.9	1.7	1.6
All persons											
15-24	9.0	7.7	7.2	6.8	7.0	7.3	7.6	8.9	7.2	6.3	6.1
25-54	3.1	2.5	1.9	2.1	1.9	1.7	1.8	2.1	1.9	1.6	1.6
55-64	1.2	1.0	0.8	0.8	0.8	0.6	0.7	0.7	0.6	0.9	0.7
65 and over	0.3	0.3	0.3	0.2	0.2	0.0	0.0	0.2	0.1	0.1	0.3
15-64	4.0	3.3	2.7	2.6	2.5	2.5	2.6	3.0	2.6	2.1	2.1

(1) Data prior to years 1989 refer to persons aged 60 and over.

III - Taux d'activité et taux de chômage par âge et par sexe

Pourcentage (estimations de moyennes annuelles)

1997	1998	1999	2000	2001	2002	2003	2004	2005	2006	
										TAUX D'ACTIVITÉ
										Hommes
8.6	9.1	10.6	11.6	10.8	9.5	8.4	8.6	8.0	6.3	15-19
57.9	55.1	54.1	52.9	50.7	52.1	51.0	52.1	49.8	48.4	20-24
92.3	91.7	89.8	89.9	89.4	89.4	89.2	88.6	87.6	86.1	25-34
96.6	95.8	95.3	95.2	94.8	94.9	95.1	95.1	95.0	94.6	35-44
93.1	93.1	91.7	91.3	90.8	91.1	91.6	91.3	91.1	91.6	45-54
84.9	81.7	80.9	78.0	77.9	80.3	80.5	80.8	80.8	79.9	55-59
73.5	68.0	65.7	63.6	65.2	66.6	63.8	65.0	66.7	68.6	60-64
29.2	27.7	27.9	28.4	27.8	28.6	28.1	28.8	26.7	24.3	15-24
94.0	93.5	92.3	92.2	91.8	91.9	92.0	91.7	91.3	90.8	25-54
79.9	75.6	73.9	71.3	72.0	73.9	72.8	73.6	74.5	74.9	55-64
42.0	40.3	40.7	40.6	41.2	42.7	39.8	41.4	41.2	41.9	65 et plus(1)
78.4	77.6	77.0	77.1	77.1	77.9	78.0	78.3	78.2	77.7	15-64
										Femmes
13.0	12.0	11.7	12.6	12.7	11.8	11.4	11.1	10.3	8.9	15-19
66.4	61.1	60.8	61.2	62.0	62.6	61.8	62.8	62.6	59.1	20-24
52.5	49.6	50.3	52.4	53.3	54.5	54.9	56.7	57.8	60.1	25-34
63.5	60.9	60.9	61.5	61.7	61.7	61.3	62.3	62.3	62.5	35-44
60.4	58.6	59.6	60.6	61.0	61.5	59.0	60.0	61.1	61.8	45-54
54.2	51.4	51.8	51.3	50.7	49.6	49.1	49.5	49.1	49.7	55-59
46.5	44.7	46.4	46.1	45.6	46.4	42.8	43.4	43.3	43.8	60-64
39.8	36.1	35.9	37.0	38.5	39.5	39.6	40.1	39.0	35.5	15-24
58.3	55.8	56.4	57.8	58.4	59.0	58.4	59.6	60.4	61.5	25-54
50.6	48.3	49.2	48.8	48.2	48.0	46.0	46.6	46.5	47.0	55-64
22.2	19.8	21.5	22.8	22.9	23.0	21.5	22.2	22.5	22.7	65 et plus(1)
52.9	50.3	50.8	52.0	52.8	53.5	52.9	54.1	54.5	54.8	15-64
										Ensemble des personnes
34.8	32.2	32.1	33.0	33.5	34.4	34.3	34.8	33.3	30.2	15-24
76.5	75.0	74.6	75.2	75.3	75.7	75.4	75.9	76.0	76.3	25-54
64.4	61.2	61.0	59.5	59.7	60.5	59.0	59.8	60.2	60.7	55-64
29.6	27.5	28.8	29.6	30.0	30.7	28.8	29.8	30.0	30.5	65 et plus
65.5	63.8	63.8	64.4	64.8	65.6	65.4	66.1	66.3	66.2	15-64
										TAUX DE CHÔMAGE
										Hommes
11.6	25.1	22.4	15.2	15.4	13.3	14.4	14.9	13.2	10.9	15-19
8.7	19.4	16.0	13.0	12.0	9.7	11.4	11.7	12.1	11.8	20-24
3.6	8.6	8.2	5.8	5.4	5.3	5.4	5.6	5.6	5.9	25-34
1.8	6.1	5.4	3.6	3.4	2.6	2.4	2.6	2.9	2.6	35-44
1.6	6.8	6.2	4.1	3.4	2.1	2.3	2.4	2.7	2.6	45-54
1.7	6.3	6.7	4.4	3.4	2.5	3.0	3.1	3.3	3.1	55-59
1.3	4.4	5.5	3.2	2.9	2.1	2.1	2.2	2.8	2.9	60-64
9.2	20.5	17.5	13.5	12.7	10.3	11.8	12.2	12.2	11.7	15-24
2.5	7.2	6.7	4.5	4.2	3.4	3.4	3.6	3.7	3.6	25-54
1.5	5.5	6.2	3.9	3.2	2.3	2.6	2.7	3.1	3.0	55-64
0.7	2.1	1.0	0.9	0.7	0.7	0.7	1.0	1.0	1.0	65 et plus
2.9	8.0	7.4	5.1	4.7	3.8	3.9	4.0	4.1	4.0	15-64
2.8	7.8	7.2	5.0	4.5	3.7	3.8	3.9	4.0	3.8	Total
										Femmes
8.6	17.4	16.8	13.8	13.4	11.0	11.9	13.4	11.8	10.5	15-19
6.1	11.8	10.7	8.1	7.8	6.9	8.6	8.8	8.6	8.8	20-24
2.2	5.8	5.0	3.6	3.5	3.1	3.7	3.6	4.0	3.8	25-34
1.6	4.7	4.5	2.9	2.5	2.0	2.3	2.3	2.6	2.0	35-44
0.9	3.8	3.3	2.4	2.1	1.5	1.8	2.1	2.0	1.6	45-54
0.4	2.2	2.8	1.9	1.2	0.8	1.6	1.8	2.0	1.2	55-59
0.5	1.7	1.4	1.3	0.8	1.0	1.0	1.1	1.1	1.4	60-64
6.5	12.7	11.7	9.0	8.7	7.4	9.0	9.4	9.0	9.0	15-24
1.7	4.9	4.4	3.0	2.7	2.2	2.6	2.7	2.9	2.5	25-54
0.4	2.0	2.1	1.6	1.1	0.9	1.3	1.5	1.6	1.2	55-64
0.2	1.1	0.9	0.3	0.2	0.3	0.2	0.3	0.4	0.2	65 et plus
2.4	5.9	5.3	3.8	3.5	2.9	3.5	3.5	3.6	3.1	15-64
2.3	5.7	5.1	3.6	3.3	2.7	3.3	3.4	3.4	2.9	Total
										Ensemble des personnes
7.6	15.9	14.0	10.8	10.2	8.5	10.1	10.5	10.2	10.0	15-24
2.2	6.4	5.8	4.0	3.6	3.0	3.1	3.2	3.4	3.2	25-54
1.1	4.1	4.5	2.9	2.3	1.7	2.1	2.2	2.5	2.3	55-64
0.5	1.7	1.0	0.6	0.4	0.5	0.4	0.7	0.7	0.6	65 et plus
2.7	7.2	6.6	4.6	4.2	3.4	3.7	3.8	3.9	3.6	15-64

(1) Les données antérieures à 1989 se réfèrent aux personnes âgées de 60 ans et plus.

KOREA

IV - Professional status and breakdown by activity - ISIC Rev. 2

Thousands (annual average estimates)

	1986	1987	1988	1989	1990	1991	1992	1993	1994	1995	1996
CIVILIAN EMPLOYMENT: PROFESSIONAL STATUS											
All activities	15 505	16 354	16 869	17 560	18 085	18 649	19 009	19 234	19 848	20 414	20 853
Employees	8 433	9 191	9 610	10 389	10 950	11 699	11 910	11 944	12 479	12 899	13 200
Employers and persons working on own account	4 868	4 994	5 093	5 051	5 068	4 977	5 171	5 258	5 376	5 569	5 710
Unpaid family workers	2 204	2 169	2 167	2 119	2 067	1 974	1 928	2 032	1 994	1 946	1 943
Agriculture, hunting, forestry and fishing	3 662	3 580	3 483	3 438	3 237	2 725	2 667	2 592	2 491	2 403	2 323
Employees	403	397	329	283	252	211	204	186	173	176	155
Employers and persons working on own account	1 881	1 868	1 867	1 899	1 835	1 515	1 499	1 458	1 414	1 378	1 350
Unpaid family workers	1 379	1 315	1 288	1 256	1 150	999	964	948	904	849	817
Non-agricultural activities	11 843	12 774	13 386	14 122	14 848	15 924	16 342	16 642	17 357	18 011	18 530
Employees	8 030	8 794	9 281	10 106	10 698	11 488	11 706	11 758	12 306	12 723	13 045
Employers and persons working on own account	2 987	3 126	3 226	3 152	3 233	3 462	3 672	3 800	3 962	4 191	4 360
Unpaid family workers	825	854	879	863	917	975	964	1 084	1 090	1 097	1 126
All activities (%)	100.0	100.0	100.0	100.0	100.0	100.0	100.0	100.0	100.0	100.0	100.0
Employees	54.4	56.2	57.0	59.2	60.5	62.7	62.7	62.1	62.9	63.2	63.3
Others	45.6	43.8	43.0	40.8	39.5	37.3	37.3	37.9	37.1	36.8	36.7

	1986	1987	1988	1989	1990	1991	1992	1993	1994	1995	1996
CIVILIAN EMPLOYMENT: BREAKDOWN BY ACTIVITY											
ISIC Rev. 2 Major Divisions											
1 to 0 All activities	15 505	16 354	16 869	17 560	18 085	18 649	19 009	19 234	19 848	20 414	20 853
1 Agriculture, hunting, forestry and fishing	3 662	3 580	3 484	3 418	3 237	2 725	2 667	2 592	2 491	2 403	2 323
2 Mining and quarrying	0	0	0	0	79	63	62	51	39	26	23
3 Manufacturing	3 826	4 416	4 667	4 882	4 911	5 156	4 980	4 720	4 758	4 818	4 725
4 Electricity, gas and water	0	0	0	0	70	67	67	66	72	70	75
5 Construction	889	920	1 024	1 143	1 346	1 580	1 688	1 706	1 805	1 913	1 983
6 Wholesale and retail trade; restaurants and hotels	0	0	0	0	3 935	4 142	4 483	4 884	5 257	5 415	5 690
7 Transport, storage and communication	0	0	0	0	923	1 010	1 030	1 016	1 018	1 075	1 119
8 Financing, insurance, real estate and business services	0	0	0	0	945	1 055	1 263	1 386	1 514	1 653	1 786
9 Community, social and personal services	0	0	0	0	2 638	2 850	2 770	2 813	2 893	3 042	3 129
0 Activities not adequately defined	7 128	7 438	7 694	8 117	0	0	0	0	0	0	0

	1986	1987	1988	1989	1990	1991	1992	1993	1994	1995	1996
EMPLOYEES: BREAKDOWN BY ACTIVITY											
ISIC Rev. 2 Major Divisions											
1 to 0 All activities	8 432	9 191	9 610	10 389	10 950	11 699	11 910	11 944	12 479	12 899	13 200
1 Agriculture, hunting, forestry and fishing	403	397	329	283	252	211	204	186	173	176	155
2 Mining and quarrying	182	181	134	86	73	58	58	44	32	21	19
3 Manufacturing	3 164	3 675	3 879	4 217	4 260	4 429	4 226	4 014	4 055	4 093	3 991
4 Electricity, gas and water	39	44	52	59	71	67	67	65	72	69	75
5 Construction	764	788	875	979	1 166	1 352	1 407	1 414	1 490	1 571	1 615
6 Wholesale and retail trade; restaurants and hotels	1 129	1 223	1 263	1 434	1 563	1 713	1 914	2 050	2 300	2 439	2 614
7 Transport, storage and communication	593	612	651	678	716	764	760	749	748	774	786
8 Financing, insurance, real estate and business services	481	551	607	692	773	876	1 031	1 152	1 271	1 382	1 515
9 Community, social and personal services	1 677	1 720	1 820	1 961	2 076	2 228	2 244	2 269	2 337	2 373	2 429
0 Activities not adequately defined	0	0	0	0	0	0	0	0	0	0	0

IV - Situation dans la profession et répartition par branches d'activités - CITI Rév. 2

Milliers (estimations de moyennes annuelles)

	1997	1998	1999	2000	2001	2002	2003	2004	2005	2006
EMPLOI CIVIL : SITUATION DANS LA PROFESSION										
Toutes activités	21 214	19 938	20 291	21 156	21 572	22 169	22 139	22 557	22 856	23 151
Salariés	13 404	12 296	12 663	13 360	13 659	14 181	14 402	14 894	15 185	15 551
Employeurs et personnes travaillant à leur compte	5 901	5 616	5 703	5 864	6 051	6 190	6 043	6 110	6 172	6 135
Travailleurs familiaux non rémunérés	1 908	2 025	1 925	1 931	1 863	1 797	1 694	1 553	1 499	1 466
Agriculture, chasse, sylviculture et pêche	2 285	2 397	2 302 I	2 243	2 148	2 069	1 950	1 825	1 815	1 785
Salariés	156	158	185 I	179	163	152	162	171	162	164
Employeurs et personnes travaillant à leur compte	1 340	1 338	1 310 I	1 291	1 279	1 253	1 183	1 116	1 135	1 107
Travailleurs familiaux non rémunérés	789	902	807 I	774	706	664	605	537	519	514
Activités non agricoles	18 929	17 541	17 989 I	18 913	19 424	20 100	20 189	20 733	21 041	21 366
Salariés	13 248	12 138	12 478 I	13 181	13 496	14 029	14 241	14 723	15 024	15 387
Employeurs et personnes travaillant à leur compte	4 561	4 278	4 393 I	4 573	4 772	4 937	4 860	4 994	5 037	5 028
Travailleurs familiaux non rémunérés	1 119	1 123	1 118 I	1 157	1 157	1 133	1 089	1 016	980	952
Toutes activités (%)	100.0	100.0	100.0	100.0	100.0	100.0	100.0	100.0	100.0	100.0
Salariés	63.2	61.7	62.4	63.1	63.3	64.0	65.1	66.0	66.4	67.2
Autres	36.8	38.3	37.6	36.8	36.7	36.0	34.9	34.0	33.6	32.8
EMPLOI CIVIL : RÉPARTITION PAR BRANCHES D'ACTIVITÉS										
Branches CITI Rév. 2										
1 à 0 Toutes activités	21 214	19 938	20 291 I	21 156	21 572	22 169	22 139	22 557	22 856	23 151
1 Agriculture, chasse, sylviculture et pêche	2 285	2 397	2 302 I	2 243	2 148	2 069	1 950	1 825	1 815	1 785
2 Industries extractives	26	20	19 I	17	18	18	17	16	17	18
3 Industries manufacturières	4 537	3 917	4 027 I	4 293	4 267	4 241	4 205	4 290	4 234	4 167
4 Électricité, gaz et eau	78	61	62 I	64	58	52	76	72	71	76
5 Bâtiment et travaux publics	2 027	1 580	1 475 I	1 580	1 585	1 746	1 816	1 820	1 814	1 835
6 Commerce de gros et de détail; restaurants et hôtels	5 871	5 570	5 739 I	5 752	5 874	5 998	5 852	5 862	5 806	5 762
7 Transports, entrepôts et communications	1 174	1 162	1 200 I	1 260	1 322	1 371	1 333	1 376	1 429	1 470
8 Banques, assurances, affaires immobilières et services fournis aux entreprises	1 919	1 864	1 933 I	2 113	2 290	2 398	2 477	2 652	2 783	2 954
9 Services fournis à la collectivité, services sociaux et services personnels	3 296	3 365	3 535 I	3 834	4 010	4 276	4 413	4 644	4 886	5 083
0 Activités mal désignées	0	0	0	0	0	0	0	0	0	0
SALARIÉS : RÉPARTITION PAR BRANCHES D'ACTIVITÉS										
Branches CITI Rév. 2										
1 à 0 Toutes activités	13 404	12 296	12 663 I	13 360	13 659	14 181	14 402	14 894	15 185	15 551
1 Agriculture, chasse, sylviculture et pêche	156	158	185 I	179	163	152	162	171	162	164
2 Industries extractives	21	18	18 I	15	16	15	14	15	16	17
3 Industries manufacturières	3 784	3 264	3 337 I	3 564	3 535	3 521	3 553	3 655	3 603	3 544
4 Électricité, gaz et eau	78	61	62 I	64	58	52	75	70	70	74
5 Bâtiment et travaux publics	1 634	1 237	1 166 I	1 228	1 211	1 333	1 354	1 367	1 347	1 363
6 Commerce de gros et de détail; restaurants et hôtels	2 738	2 516	2 647 I	2 747	2 845	2 971	2 896	2 977	3 014	3 034
7 Transports, entrepôts et communications	804	839	854 I	879	900	891	844	851	889	928
8 Banques, assurances, affaires immobilières et services fournis aux entreprises	1 637	1 580	1 610 I	1 771	1 912	1 996	2 098	2 245	2 361	2 535
9 Services fournis à la collectivité, services sociaux et services personnels	2 551	2 624	2 785 I	2 912	3 019	3 252	3 408	3 544	3 724	3 893
0 Activités mal désignées	0	0	0	0	0	0	0	0	0	0

KOREA

V - Civilian employment and employees: breakdown by activity - ISIC Rev. 3

Thousands (annual average estimates)

	1986	1987	1988	1989	1990	1991	1992	1993	1994	1995	1996
CIVILIAN EMPLOYMENT: BREAKDOWN BY ACTIVITY											
A to X All activities							19 009	19 234	19 848	20 414	20 853
A Agriculture, hunting and forestry							2 550	2 481	2 382	2 289	2 218
B Fishing							117	112	110	114	105
C Mining and quarrying							62	51	39	26	23
D Manufacturing							4 980	4 720	4 758	4 818	4 725
E Electricity, gas and water supply							67	66	72	70	75
F Construction							1 688	1 706	1 805	1 913	1 983
G Wholesale and retail trade; repair of motor vehicles, motorcycles and personal and household goods							3 254	3 536	3 755	3 801	3 908
H Hotels and restaurants							1 229	1 348	1 501	1 614	1 782
I Transport, storage and communication							1 030	1 016	1 018	1 075	1 119
J Financial intermediation							586	654	693	730	758
K Real estate, renting and business activities							677	732	821	923	1 028
L Public administration and defence; compulsory social security, excluding armed forces							569	607	638	650	644
M Education							934	954	957	1 028	1 073
N Health and social work							292	282	293	308	311
O Other community, social and personal service activities							756	770	806	848	888
P Private households with employed persons							195	177	179	191	197
Q Extra-territorial organisations and bodies							25	23	20	17	15
X Not classifiable by economic activities							0	0	0	0	0
Breakdown by sector											
Agriculture (A-B)							2 667	2 593	2 492	2 403	2 323
Industry (C-F)							6 797	6 543	6 674	6 827	6 806
Services (G-Q)							9 547	10 099	10 681	11 185	11 723
Agriculture (%)							14.0	13.5	12.6	11.8	11.1
Industry (%)							35.8	34.0	33.6	33.4	32.6
Services (%)							50.2	52.5	53.8	54.8	56.2
Female participation in agriculture (%)							47.9	48.2	48.2	48.3	48.2
Female participation in industry (%)							31.5	30.2	29.3	28.7	28.5
Female participation in services (%)							44.2	44.7	45.5	46.0	46.5
EMPLOYEES: BREAKDOWN BY ACTIVITY											
A to X All activities							11 910	11 944	12 479	12 899	13 200
A Agriculture, hunting and forestry							151	131	119	120	104
B Fishing							52	54	54	57	51
C Mining and quarrying							58	44	32	21	19
D Manufacturing							4 226	4 014	4 055	4 093	3 991
E Electricity, gas and water supply							67	65	72	69	75
F Construction							1 407	1 414	1 490	1 571	1 615
G Wholesale and retail trade; repair of motor vehicles, motorcycles and personal and household goods							1 327	1 428	1 604	1 675	1 770
H Hotels and restaurants							586	622	696	764	843
I Transport, storage and communication							760	749	748	774	786
J Financial intermediation							562	627	664	697	723
K Real estate, renting and business activities							469	525	607	685	792
L Public administration and defence; compulsory social security, excluding armed forces							569	607	638	650	644
M Education							801	823	827	817	845
N Health and social work							253	251	262	274	276
O Other community, social and personal service activities							418	399	415	436	468
P Private households with employed persons							180	166	175	179	182
Q Extra-territorial organisations and bodies							24	23	20	17	15
X Not classifiable by economic activities							0	0	0	0	0
Breakdown by sector											
Agriculture (A-B)							203	185	173	177	155
Industry (C-F)							5 758	5 537	5 649	5 754	5 700
Services (G-Q)							5 949	6 220	6 656	6 968	7 344
Agriculture (%)							1.7	1.5	1.4	1.4	1.2
Industry (%)							48.3	46.4	45.3	44.6	43.2
Services (%)							49.9	52.1	53.3	54.0	55.6
Female participation in agriculture (%)							49.3	51.4	49.1	50.3	48.4
Female participation in industry (%)							32.3	30.9	30.2	29.4	29.1
Female participation in services (%)							42.9	43.5	44.6	45.1	45.8

V - Emploi civil et salariés : répartition par branches d'activités - CITI Rév. 3

Milliers (estimations de moyennes annuelles)

1997	1998	1999	2000	2001	2002	2003	2004	2005	2006	
										EMPLOI CIVIL : RÉPARTITION PAR BRANCHES D'ACTIVITÉS
21 214	19 938	20 291	21 156	21 572	22 169	22 139	22 557	22 856	23 151	**A à X Toutes activités**
2 177	2 318	2 219	2 162	2 065	1 999	1 877	1 749	1 747	1 721	A Agriculture, chasse et sylviculture
108	79	83	81	83	70	73	76	68	64	B Pêche
26	20	19	17	18	18	17	16	17	18	C Activités extractives
4 537	3 917	4 027	4 293	4 267	4 241	4 205	4 290	4 234	4 167	D Activités de fabrication
78	61	62	64	58	52	76	72	71	76	E Production et distribution d'électricité, de gaz et d'eau
2 027	1 580	1 475	1 580	1 585	1 746	1 816	1 820	1 814	1 835	F Construction
3 963	3 822	3 923	3 833	3 931	3 991	3 871	3 805	3 748	3 713	G Commerce de gros et de détail; réparation de véhicules et de biens domestiques
1 908	1 748	1 816	1 919	1 943	2 007	1 981	2 057	2 058	2 049	H Hôtels et restaurants
1 174	1 162	1 200	1 260	1 322	1 371	1 333	1 376	1 429	1 470	I Transports, entreposage et communications
782	774	737	752	760	734	751	738	746	786	J Intermédiation financière
1 137	1 090	1 196	1 361	1 530	1 664	1 726	1 914	2 037	2 168	K Immobilier, location et activités de services aux entreprises
658	745	870	758	701	702	757	768	791	801	L Administration publique et défense; sécurité sociale obligatoire (armée exclue)
1 119	1 154	1 137	1 191	1 236	1 335	1 484	1 507	1 568	1 658	M Education
334	367	392	428	484	551	539	594	646	686	N Santé et action sociale
949	884	926	1 251	1 368	1 456	1 419	1 627	1 727	1 781	O Autres activités de services collectifs, sociaux et personnels
224	197	195	186	206	215	192	125	130	138	P Ménages privés employant du personnel domestique
13	18	16	19	16	18	22	24	24	20	Q Organisations et organismes extra-territoriaux
0	0	0	0	0	0	0	0	0	0	X Ne pouvant être classés selon l'activité économique
										Répartition par secteurs
2 285	2 397	2 302	2 243	2 148	2 069	1 950	1 825	1 815	1 785	Agriculture (A-B)
6 668	5 578	5 583	5 954	5 928	6 057	6 113	6 198	6 137	6 096	Industrie (C-F)
12 261	11 961	12 408	12 958	13 497	14 044	14 076	14 534	14 904	15 270	Services (G-Q)
10.8	12.0	11.3	10.6	10.0	9.3	8.8	8.1	7.9	7.7	Agriculture (%)
31.4	28.0	27.5	28.1	27.5	27.3	27.6	27.5	26.9	26.3	Industrie (%)
57.8	60.0	61.2	61.2	62.6	63.3	63.6	64.4	65.2	66.0	Services (%)
48.7	48.2	47.0	47.8	47.3	47.5	47.4	47.4	46.8	47.0	Part des femmes dans l'agriculture (%)
27.6	26.9	28.2	28.2	28.2	27.7	26.7	26.9	25.8	25.5	Part des femmes dans l'industrie (%)
47.1	45.4	45.8	46.4	46.7	46.7	46.5	47.0	47.6	47.9	Part des femmes dans les services (%)
										SALARIÉS : RÉPARTITION PAR BRANCHES D'ACTIVITÉS
13 404	12 296	12 663	13 360	13 659	14 181	14 402	14 894	15 185	15 551	**A à X Toutes activités**
104	124	148	145	128	124	136	143	141	145	A Agriculture, chasse et sylviculture
52	34	37	33	35	28	26	28	21	19	B Pêche
21	18	18	15	16	15	14	15	16	17	C Activités extractives
3 784	3 264	3 337	3 564	3 535	3 521	3 553	3 655	3 603	3 544	D Activités de fabrication
78	61	62	64	58	52	75	70	70	74	E Production et distribution d'électricité, de gaz et d'eau
1 634	1 237	1 166	1 228	1 211	1 333	1 354	1 367	1 347	1 363	F Construction
1 811	1 688	1 756	1 755	1 812	1 896	1 873	1 893	1 900	1 911	G Commerce de gros et de détail; réparation de véhicules et de biens domestiques
927	827	891	992	1 032	1 074	1 023	1 084	1 114	1 123	H Hôtels et restaurants
804	839	854	879	900	891	844	851	889	928	I Transports, entreposage et communications
752	739	694	699	700	674	712	690	698	733	J Intermédiation financière
885	841	916	1 072	1 212	1 322	1 386	1 555	1 663	1 802	K Immobilier, location et activités de services aux entreprises
657	745	868	758	701	702	756	766	791	801	L Administration publique et défense; sécurité sociale obligatoire (armée exclue)
874	918	904	944	977	1 089	1 198	1 217	1 269	1 328	M Education
297	310	331	371	428	485	495	551	594	626	N Santé et action sociale
508	458	499	670	741	803	798	874	921	985	O Autres activités de services collectifs, sociaux et personnels
203	175	167	151	157	156	139	111	127	133	P Ménages privés employant du personnel domestique
13	18	16	19	16	18	22	24	24	20	Q Organisations et organismes extra-territoriaux
0	0	0	0	0	0	0	0	0	0	X Ne pouvant être classés selon l'activité économique
										Répartition par secteurs
156	158	185	178	163	152	161	171	162	164	Agriculture (A-B)
5 517	4 580	4 583	4 871	4 820	4 921	4 995	5 106	5 036	4 997	Industrie (C-F)
7 731	7 558	7 896	8 310	8 676	9 110	9 246	9 617	9 988	10 390	Services (G-Q)
1.2	1.3	1.5	1.3	1.2	1.1	1.1	1.2	1.1	1.1	Agriculture (%)
41.2	37.2	36.2	36.5	35.3	34.7	34.7	34.3	33.2	32.1	Industrie (%)
57.7	61.5	62.4	62.2	63.5	64.2	64.2	64.6	65.8	66.8	Services (%)
50.0	55.7	55.1	60.7	58.9	60.5	65.2	65.4	65.1	65.6	Part des femmes dans l'agriculture (%)
28.1	27.3	28.9	28.8	28.6	28.5	28.1	28.4	27.2	26.8	Part des femmes dans l'industrie (%)
47.0	45.1	45.6	46.8	47.6	47.9	48.3	48.6	49.2	49.3	Part des femmes dans les services (%)

NEW ZEALAND

I - Population

Thousands (mid-year estimates)

	1986	1987	1988	1989	1990	1991	1992	1993	1994	1995	1996
POPULATION - DISTRIBUTION BY AGE AND GENDER											
All persons											
Total	3 277	3 304	3 317	3 330	3 363 |	3 495	3 532	3 572	3 620	3 673	3 732
Under 15 years	794	785	777	775	780 |	807	814	825	835	848	860
From 15 to 64 years	2 140	2 167	2 182	2 190	2 209 |	2 297	2 318	2 340	2 369	2 403	2 443
65 years and over	344	351	358	365	374 |	391	400	408	416	423	430
Males											
Total	1 623	1 634	1 638	1 641	1 656 |	1 719	1 739	1 759	1 784	1 811	1 841
Under 15 years	405	401	397	396	398 |	413	417	423	429	435	442
From 15 to 64 years	1 073	1 086	1 092	1 091	1 101 |	1 141	1 152	1 162	1 177	1 193	1 213
65 years and over	144	147	149	154	158 |	166	170	174	178	182	186
Females											
Total	1 654	1 670	1 679	1 689	1 706 |	1 776	1 793	1 813	1 836	1 863	1 891
Under 15 years	388	384	380	379	382 |	394	397	402	406	412	417
From 15 to 64 years	1 066	1 081	1 090	1 099	1 108 |	1 156	1 166	1 177	1 192	1 209	1 229
65 years and over	200	204	209	211	216 |	226	230	234	238	241	244
POPULATION - PERCENTAGES											
All persons											
Total	100.0	100.0	100.0	100.0	100.0 |	100.0	100.0	100.0	100.0	100.0	100.0
Under 15 years	24.2	23.8	23.4	23.3	23.2 |	23.1	23.1	23.1	23.1	23.1	23.0
From 15 to 64 years	65.3	65.6	65.8	65.8	65.7 |	65.7	65.6	65.5	65.4	65.4	65.5
65 years and over	10.5	10.6	10.8	11.0	11.1 |	11.2	11.3	11.4	11.5	11.5	11.5
COMPONENTS OF CHANGE IN POPULATION											
a) Population at 1 January	3 303	3 314	3 342	3 345	3 370 |	3 476	3 516	3 552	3 598	3 648	3 707
b) Population at 31 December	3 314	3 342	3 345	3 370	3 410 |	3 516	3 552	3 598	3 648	3 707	3 763
c) Total increase (b-a)	11	28	3	25	40 |	40	36	46	50	59	57
d) Births	53	55	58	58	60 |	60	59	59	57	58	57
e) Deaths	27	27	27	27	27 |	26	27	27	27	28	28
f) Natural increase (d-e)	26	28	31	31	33 |	34	32	32	30	30	29
g) Net migration	-19	-11	-24	-12	9 |	6	5	14	20	29	25
h) Statistical adjustments	4	11	-4	6	-2 |	0	-1	0	0	0	2
i) Total increase (=f+g+h=c)	11	28	2	25	40 |	40	36	46	50	59	56
(Components of change in population/ Average population) x1000											
Total increase rates	3.2	8.4	0.7	7.4	11.9 |	11.4	10.2	12.8	13.9	15.9	14.9
Crude birth rates	16.0	16.6	17.2	17.3	17.7 |	17.1	16.8	16.4	15.8	15.7	15.3
Crude death rates	8.2	8.1	8.1	8.0	8.0 |	7.6	7.7	7.6	7.5	7.6	7.6
Natural increase rates	7.8	8.4	9.1	9.2	9.8 |	9.6	9.1	8.9	8.4	8.1	7.8
Net migration rates	-5.7	-3.4	-7.2	-3.7	2.7 |	1.8	1.3	3.9	5.5	7.7	6.6

Prior to 1991, data refer to annual average estimates.

LABOUR FORCE STATISTICS - ISBN 9789264035539 - © OECD 2007

NOUVELLE-ZÉLANDE

I - Population

Milliers (estimations au milieu de l'année)

1997	1998	1999	2000	2001	2002	2003	2004	2005	2006	
										POPULATION - RÉPARTITION SELON L'AGE ET LE SEXE
										Ensemble des personnes
3 781	3 815	3 835	3 858	3 881	3 939	4 009	4 061	4 099	4 140	Total
870	877	878	879	877	880	885	885	880	875	Moins de 15 ans
2 476	2 497	2 511	2 526	2 543	2 591	2 647	2 690	2 721	2 752	De 15 à 64 ans
436	442	448	454	461	468	478	486	498	513	65 ans et plus
										Hommes
1 864	1 878	1 885	1 894	1 903	1 934	1 971	1 998	2 017	2 038	Total
447	450	451	451	450	452	454	455	452	450	Moins de 15 ans
1 228	1 236	1 239	1 244	1 251	1 277	1 306	1 328	1 343	1 358	De 15 à 64 ans
189	192	195	198	201	205	211	215	221	229	65 ans et plus
										Femmes
1 918	1 937	1 950	1 964	1 977	2 005	2 038	2 064	2 082	2 102	Total
423	426	427	428	427	429	430	431	428	426	Moins de 15 ans
1 249	1 261	1 270	1 281	1 291	1 314	1 341	1 362	1 378	1 393	De 15 à 64 ans
247	250	253	255	259	263	267	271	276	283	65 ans et plus
										POPULATION - POURCENTAGES
										Ensemble des personnes
100.0	100.0	100.0	100.0	100.0	100.0	100.0	100.0	100.0	100.0	Total
23.0	23.0	22.9	22.8	22.6	22.3	22.1	21.8	21.5	21.1	Moins de 15 ans
65.5	65.5	65.5	65.5	65.5	65.8	66.0	66.2	66.4	66.5	De 15 à 64 ans
11.5	11.6	11.7	11.8	11.9	11.9	11.9	12.0	12.1	12.4	65 ans et plus
										COMPOSANTES DE L'ÉVOLUTION DÉMOGRAPHIQUE
3 763	3 804	3 830	3 852	3 874	3 912	3 976	4 039	4 084	4 121	a) Population au 1er janvier
3 804	3 830	3 852	3 874	3 912	3 976	4 039	4 084	4 121	4 166	b) Population au 31 décembre
40	27	22	22	38	64	63	45	37	45	**c) Accroissement total (b-a)**
58	55	57	57	56	54	56	58	58	59	d) Naissances
28	26	28	27	28	28	28	28	27	28	e) Décès
30	29	29	30	28	26	28	30	31	31	**f) Accroissement naturel (d-e)**
8	-6	-9	-11	10	38	35	15	7	15	g) Solde net des migrations
3	3	2	3	0	0	0	0	0	0	h) Ajustements statistiques
40	26	22	22	38	64	63	45	38	46	**i) Accroissement total (=f+g+h=c)**
										(Composition de l'évolution démographique/ Population moyenne) x1000
10.7	6.8	5.7	5.6	9.7	16.3	15.7	11.1	9.3	11.1	Taux d'accroissement total
15.2	14.5	14.9	14.7	14.3	13.7	14.0	14.3	14.1	14.2	Taux bruts de natalité
7.3	6.9	7.3	6.9	7.1	7.1	7.0	6.9	6.6	6.8	Taux bruts de mortalité
8.0	7.6	7.5	7.7	7.2	6.6	7.0	7.4	7.6	7.5	Taux d'accroissement naturel
2.0	-1.7	-2.3	-2.9	2.5	9.7	8.7	3.7	1.7	3.6	Taux du solde net des migrations

Avant 1991, les données se réfèrent aux estimations de moyennes annuelles.

NEW ZEALAND

II - Labour force

Thousands (annual average estimates)

	1986	1987	1988	1989	1990	1991	1992	1993	1994	1995	1996
Total labour force											
All persons	1 703	1 711	1 684	1 662	1 685	1 704	1 711	1 729	1 776	1 819	1 876
Males	991	987	964	953	955	962	965	975	995	1 016	1 039
Females	713	724	720	709	730	742	747	754	781	803	837
Armed forces											
All persons	12	12	12	12	12	11	11	10	10	10	10
Males	11	11	11	11	10	10	10	9	9	9	8
Females	1	1	1	1	1	1	1	1	1	1	1
Civilian labour force											
All persons	1 691	1 699	1 672	1 650	1 673	1 693	1 701	1 719	1 766	1 809	1 866
Males	980	976	953	942	945	952	955	966	986	1 008	1 030
Females	712	723	719	708	728	741	746	753	780	802	836
Unemployed											
All persons	70	70	94	118	130	175	176	163	143	113	114
Males	35	39	54	68	77	104	105	98	84	63	63
Females	34	32	40	49	53	71	71	66	60	51	51
Civilian employment											
All persons	1 622	1 629	1 578	1 532	1 543	1 518	1 524	1 556	1 623	1 696	1 753
Males	944	938	899	874	868	848	850	869	902	945	968
Females	677	692	679	659	675	670	674	687	721	751	785
Civilian employment (%)											
All persons	100.0	100.0	100.0	100.0	100.0	100.0	100.0	100.0	100.0	100.0	100.0
Males	58.2	57.6	57.0	57.0	56.2	55.9	55.8	55.9	55.6	55.7	55.2
Females	41.8	42.4	43.0	43.0	43.8	44.1	44.2	44.2	44.4	44.3	44.8
Unemployment rates (% of civilian labour force)											
All persons	4.1	4.1	5.6	7.1	7.8	10.3	10.4	9.5	8.1	6.3	6.1
Males	3.6	4.0	5.7	7.3	8.1	10.9	11.0	10.1	8.5	6.2	6.1
Females	4.8	4.4	5.6	7.0	7.3	9.6	9.5	8.8	7.6	6.3	6.1
Total labour force (% of total population)											
All persons	52.0	51.8	50.8	49.9	50.1 ǀ	48.8	48.5	48.4	49.1	49.5	50.3
Males	61.0	60.4	58.9	58.1	57.7 ǀ	56.0	55.5	55.4	55.8	56.1	56.4
Females	43.1	43.4	42.9	42.0	42.8 ǀ	41.8	41.7	41.6	42.5	43.1	44.3
Total labour force (% of population from 15-64 years)[1]											
All persons	79.6	79.0	77.2	75.9	76.3 ǀ	74.2	73.8	73.9	75.0	75.7	76.8
Males	92.3	90.9	88.3	87.3	86.7 ǀ	84.3	83.7	83.9	84.5	85.2	85.6
Females	66.8	67.0	66.1	64.5	65.8 ǀ	64.2	64.1	64.0	65.5	66.4	68.1
Civilian employment (% of total population)											
All persons	49.5	49.3	47.6	46.0	45.9 ǀ	43.4	43.2	43.5	44.8	46.2	47.0
Civilian employment (% of population from 15-64 years)											
All persons	75.8	75.2	72.3	70.0	69.8 ǀ	66.1	65.8	66.5	68.5	70.6	71.7
Males	88.0	86.3	82.3	80.1	78.8 ǀ	74.3	73.8	74.8	76.7	79.2	79.7
Females	63.5	64.0	62.3	59.9	60.9 ǀ	58.0	57.8	58.3	60.5	62.1	63.9
Part-time employment (%)											
Part-time as % of employment	16.6	17.4	18.2	18.6	19.7	20.6	21.1	20.8	21.0	20.9	21.9
Male share of part-time employment	20.0	21.0	20.5	22.3	22.6	25.0	25.6	24.9	23.9	25.3	25.0
Female share of part-time employment	80.0	79.0	79.5	77.7	77.4	75.0	74.4	75.1	76.1	74.7	75.0
Male part-time as % of male employment	5.7	6.3	6.5	7.3	7.9	9.2	9.7	9.2	9.0	9.5	9.9
Female part-time as % of female employment	31.8	32.4	33.6	33.7	34.8	35.1	35.5	35.4	36.1	35.4	36.7
Duration of unemployment (% of total unemployment)											
Less than 1 month	30.5	26.4	21.8	20.1	19.8	15.5	12.4	14.3	16.1	21.0	23.0
More than 1 month and less than 3 months	30.1	28.8	28.6	26.3	22.5	21.2	17.8	17.6	18.4	21.2	23.5
More than 3 months and less than 6 months	17.5	17.8	16.7	16.8	17.5	18.1	16.7	15.4	15.1	14.3	16.9
More than 6 months and less than 1 year	14.0	16.4	19.5	19.3	18.4	21.3	21.4	19.3	17.7	17.8	15.8
More than 1 year	7.9	10.6	13.5	17.4	21.8	23.8	31.7	33.3	32.7	25.7	20.8

Prior to 1986, data refer to estimates for April of each year.

(1) Participation rates calculated according to national definitions may differ from those published in this table, when the age group represented in the labour force survey is other than 15-64 years.

II - Population active

Milliers (estimations de moyennes annuelles)

	1997	1998	1999	2000	2001	2002	2003	2004	2005	2006
Population active totale										
Ensemble des personnes	1 895	1 901	1 917	1 932	1 967	2 020	2 055	2 108	2 161	2 209
Hommes	1 048	1 047	1 051	1 057	1 071	1 100	1 112	1 142	1 165	1 191
Femmes	847	854	866	875	896	921	943	966	996	1 017
Forces armées										
Ensemble des personnes	10	10	9	9	9	9	9	9	9	9
Hommes	8	8	8	8	8	7	7	7	7	7
Femmes	1	1	1	1	1	1	1	1	1	1
Population active civile										
Ensemble des personnes	1 886	1 891	1 908	1 923	1 958	2 012	2 046	2 099	2 152	2 200
Hommes	1 040	1 039	1 043	1 050	1 063	1 092	1 105	1 134	1 158	1 184
Femmes	845	853	865	874	895	919	941	965	994	1 016
Chômeurs										
Ensemble des personnes	125	141	129	115	104	104	95	82	79	83
Hommes	69	78	73	64	56	55	48	40	40	41
Femmes	56	63	57	51	47	49	47	42	40	41
Emploi civil										
Ensemble des personnes	1 761	1 751	1 778	1 808	1 854	1 908	1 951	2 017	2 073	2 117
Hommes	972	961	970	986	1 007	1 038	1 057	1 095	1 118	1 143
Femmes	789	790	808	823	848	870	894	922	955	974
Emploi civil (%)										
Ensemble des personnes	100.0	100.0	100.0	100.0	100.0	100.0	100.0	100.0	100.0	100.0
Hommes	55.2	54.9	54.5	54.5	54.3	54.4	54.2	54.3	54.0	54.0
Femmes	44.8	45.1	45.5	45.5	45.7	45.6	45.8	45.7	46.0	46.0
Taux de chômage (% de la population active civile)										
Ensemble des personnes	6.6	7.4	6.8	6.0	5.3	5.2	4.6	3.9	3.7	3.8
Hommes	6.6	7.5	7.0	6.1	5.3	5.0	4.4	3.5	3.4	3.5
Femmes	6.6	7.4	6.5	5.8	5.3	5.3	5.0	4.4	4.0	4.0
Population active totale (% de la population totale)										
Ensemble des personnes	50.1	49.8	50.0	50.1	50.7	51.3	51.3	51.9	52.7	53.4
Hommes	56.3	55.8	55.7	55.8	56.3	56.9	56.4	57.1	57.8	58.4
Femmes	44.2	44.1	44.4	44.5	45.3	45.9	46.3	46.8	47.8	48.4
Population active totale (% de la population de 15-64 ans)[1]										
Ensemble des personnes	76.5	76.1	76.4	76.5	77.3	78.0	77.6	78.4	79.4	80.3
Hommes	85.4	84.7	84.8	85.0	85.6	86.1	85.1	85.9	86.8	87.7
Femmes	67.8	67.7	68.2	68.3	69.4	70.1	70.3	70.9	72.3	73.0
Emploi civil (% de la population totale)										
Ensemble des personnes	46.6	45.9	46.4	46.9	47.8	48.4	48.7	49.7	50.6	51.1
Emploi civil (% de la population de 15-64 ans)										
Ensemble des personnes	71.1	70.1	70.8	71.6	72.9	73.6	73.7	75.0	76.2	76.9
Hommes	79.1	77.7	78.3	79.2	80.4	81.3	80.9	82.4	83.3	84.2
Femmes	63.2	62.6	63.6	64.2	65.6	66.2	66.7	67.7	69.3	69.9
Emploi à temps partiel (%)										
Temps partiel en % de l'emploi	22.3	22.7	23.0	22.2	22.4	22.6	22.3	22.0	21.7	21.3
Part des hommes dans le temps partiel	25.7	25.5	26.4	26.7	26.4	27.1	26.3	26.4	25.2	25.6
Part des femmes dans le temps partiel	74.3	74.5	73.6	73.3	73.6	72.9	73.7	73.6	74.8	74.4
Temps partiel des hommes en % de l'emploi des hommes	10.4	10.5	11.1	10.9	10.9	11.3	10.8	10.7	10.2	10.1
Temps partiel des femmes en % de l'emploi des femmes	37.0	37.6	37.1	35.8	36.1	36.1	35.8	35.4	35.3	34.5
Durée du chômage (% du chômage total)										
Moins de 1 mois	22.6	20.8	19.7	23.1	27.5	28.6	27.6	32.5	34.0	35.1
Plus de 1 mois et moins de 3 mois	24.2	24.5	22.8	24.0	25.6	26.4	28.7	28.4	29.0	29.7
Plus de 3 mois et moins de 6 mois	16.9	17.0	18.4	16.6	15.6	16.3	16.2	15.2	15.5	15.2
Plus de 6 mois et moins de 1 an	17.0	18.4	18.1	17.0	14.6	14.1	13.9	12.2	12.1	12.9
Plus de 1 an	19.3	19.3	20.9	19.3	16.7	14.5	13.5	11.7	9.4	7.1

Avant 1986, les données se réfèrent aux estimations du mois d'avril de chaque année.

(1) Les taux d'activité calculés selon les définitions nationales peuvent être différents de ceux publiés dans ce tableau si le groupe d'âges représenté dans l'enquête de la population active est différent de 15-64 ans.

NEW ZEALAND

III - Participation rates and unemployment rates by age and by sex

Percent (annual average estimates)

	1986	1987	1988	1989	1990	1991	1992	1993	1994	1995	1996
PARTICIPATION RATES											
Males											
15-19	69.9	67.8	62.7	60.2	59.1	57.5	54.9	52.2	54.5	57.1	56.7
20-24	92.4	92.2	89.8	89.0	87.0	86.1	84.6	85.3	85.4	85.2	84.9
25-34	95.7	95.6	94.2	93.9	93.6	93.2	92.6	92.5	92.2	92.2	91.6
35-44	96.7	96.7	95.8	94.4	94.2	94.4	94.3	93.6	92.9	92.2	92.8
45-54	95.1	94.1	93.4	93.1	92.5	92.4	92.1	92.1	91.5	91.6	91.3
15-24	80.9	79.5	75.7	74.0	72.7	71.7	69.9	69.2	70.4	71.4	70.8
25-54	95.9	95.6	94.5	93.9	93.5	93.4	93.1	92.8	92.3	92.0	92.0
55-64	66.8	64.3	60.2	56.8	56.8	56.6	56.6	59.5	62.8	65.3	69.0
65 and over	14.9	14.2	11.3	10.9	10.4	9.6	8.8	8.7	9.6	9.8	11.0
15-64	87.8	87.0	84.9	83.8	83.4	83.2	82.7	82.9	83.4	83.9	84.3
Females											
15-19	63.5	62.9	60.5	55.7	59.1	55.2	50.3	49.6	52.3	54.0	55.8
20-24	73.8	74.0	70.4	69.4	71.0	72.6	73.1	71.9	72.1	72.1	71.9
25-34	61.8	62.6	62.4	61.6	61.5	63.1	64.2	64.3	66.0	66.3	68.1
35-44	75.7	75.6	74.8	74.3	75.2	75.9	75.0	73.5	73.5	73.9	74.9
45-54	67.1	70.7	71.4	71.7	73.4	72.9	73.2	73.9	75.4	76.8	78.3
15-24	68.5	68.2	65.2	62.3	64.9	63.9	62.0	61.2	62.6	63.5	64.1
25-54	67.8	69.0	68.9	68.5	69.2	70.0	70.3	70.0	71.1	71.8	73.3
55-64	32.8	31.9	32.6	30.6	30.7	31.2	32.5	34.8	36.7	39.1	43.0
65 and over	4.5	3.8	4.2	3.8	3.6	3.5	3.1	2.7	3.5	3.0	3.3
15-64	63.3	63.9	63.2	62.0	63.2	63.6	63.6	63.6	64.9	65.9	67.5
All persons											
15-24	74.6	73.8	70.4	68.1	68.8	67.7	65.9	65.2	66.5	67.4	67.5
25-54	81.7	82.2	81.5	81.0	81.2	81.5	81.5	81.2	81.5	81.8	82.5
55-64	49.7	48.1	46.4	43.7	43.8	43.9	44.6	47.1	49.7	52.1	55.9
65 and over	8.9	8.3	7.3	6.9	6.5	6.2	5.6	5.3	6.2	6.0	6.7
15-64	75.4	75.4	73.9	72.8	73.2	73.3	73.0	73.1	74.1	74.8	75.8
UNEMPLOYMENT RATES											
Males											
15-19	11.8	10.8	13.8	16.1	17.8	23.3	23.3	22.3	19.7	16.2	17.2
20-24	4.8	6.6	9.9	13.0	12.7	18.7	18.5	16.3	13.2	9.1	9.3
25-34	3.1	3.6	5.2	7.0	8.2	11.4	11.0	10.0	7.9	5.5	5.7
35-44	1.8	1.9	3.6	4.2	5.6	7.1	7.7	7.3	6.8	5.2	4.4
45-54	1.8	2.2	3.0	4.4	5.4	7.0	7.1	7.3	6.2	4.5	4.2
15-24	7.9	8.5	11.6	14.3	14.8	20.6	20.4	18.5	15.6	11.9	12.4
25-54	2.3	2.6	4.1	5.4	6.6	8.8	8.8	8.3	7.0	5.1	4.8
55-64	1.4	2.0	2.7	4.3	5.0	5.9	7.7	6.5	5.4	3.7	4.3
65 and over	1.4	1.0	1.8	3.0	1.9	2.6	0.7	1.4	1.8	1.7	0.5
15-64	3.6	4.0	5.7	7.3	8.3	11.1	11.1	10.2	8.6	6.3	6.2
Total	3.6	4.0	5.7	7.3	8.1	10.9	11.0	10.1	8.5	6.2	6.1
Females											
15-19	11.2	9.9	12.5	16.2	17.0	20.5	21.3	20.9	18.9	16.2	14.2
20-24	5.1	5.4	7.3	9.7	10.0	14.0	13.5	12.7	11.3	8.8	8.8
25-34	5.2	4.6	5.5	6.9	7.2	9.9	10.1	8.8	7.8	5.7	6.1
35-44	2.9	2.8	3.7	4.2	4.7	6.5	6.9	6.4	5.4	5.4	4.9
45-54	2.5	1.8	2.8	4.1	3.9	5.6	5.4	5.2	4.4	3.7	3.9
15-24	8.0	7.5	9.8	12.7	13.2	16.8	16.6	15.9	14.3	11.8	11.1
25-54	3.7	3.2	4.2	5.2	5.4	7.5	7.6	6.9	6.0	5.0	5.0
55-64	1.8	1.5	2.5	3.1	4.1	4.4	4.9	3.8	3.6	2.8	2.6
65 and over	2.4	2.7	2.4	3.9	2.7	1.4	3.1	1.7	1.3	0.0	1.3
15-64	4.8	4.3	5.6	7.0	7.3	9.6	9.6	8.8	7.7	6.3	6.1
Total	4.8	4.3	5.6	7.0	7.3	9.5	9.5	8.7	7.6	6.3	6.1
All persons											
15-24	7.9	8.0	10.8	13.6	14.1	18.8	18.6	17.3	15.0	11.9	11.8
25-54	2.9	2.9	4.1	5.3	6.1	8.2	8.3	7.7	6.6	5.1	4.9
55-64	1.6	1.8	2.6	3.9	4.6	5.4	6.7	5.5	4.7	3.3	3.6
65 and over	1.7	1.4	2.0	3.3	2.1	2.2	1.4	1.5	1.7	1.3	0.7
15-64	4.2	4.2	5.7	7.2	7.9	10.4	10.5	9.6	8.2	6.3	6.2

III - Taux d'activité et taux de chômage par âge et par sexe

Pourcentage (estimations de moyennes annuelles)

	1997	1998	1999	2000	2001	2002	2003	2004	2005	2006
TAUX D'ACTIVITÉ										
Hommes										
15-19	56.2	54.8	52.9	53.7	54.0	55.6	53.2	53.2	54.8	54.4
20-24	83.5	82.0	82.1	79.4	80.1	79.3	78.7	79.5	77.1	82.3
25-34	91.6	90.7	90.3	91.2	90.9	90.9	89.8	91.3	91.5	91.4
35-44	92.9	92.1	91.7	91.4	91.9	92.4	92.2	92.2	93.8	93.2
45-54	91.6	91.5	91.1	91.5	91.0	91.0	90.9	91.2	91.9	92.5
15-24	69.7	68.1	66.9	65.9	66.3	66.8	65.4	65.9	65.6	67.8
25-54	92.1	91.4	91.1	91.4	91.3	91.5	91.0	91.6	92.5	92.4
55-64	69.3	70.7	71.7	72.3	74.3	77.3	76.2	78.2	79.7	81.4
65 et plus	9.8	8.8	10.8	11.8	13.5	14.6	14.6	15.6	16.2	17.5
15-64	84.2	83.6	83.3	83.3	83.6	84.1	83.1	83.8	84.4	85.1
Femmes										
15-19	56.1	53.6	51.7	53.0	52.9	54.1	52.7	52.5	53.9	55.2
20-24	72.0	71.4	67.9	67.1	68.0	68.4	67.7	66.5	66.3	69.6
25-34	67.2	66.4	68.4	67.8	67.7	68.0	68.6	69.3	71.8	72.4
35-44	74.1	73.8	75.1	75.6	76.6	76.8	76.4	75.8	76.9	76.3
45-54	78.0	78.5	77.7	78.3	79.5	80.0	79.7	80.7	80.6	81.2
15-24	64.1	62.5	59.7	59.8	60.2	61.0	60.0	59.3	59.9	62.2
25-54	72.6	72.5	73.5	73.7	74.5	74.9	74.9	75.2	76.4	76.7
55-64	44.4	46.3	48.3	48.0	51.8	53.9	57.5	59.6	62.5	62.3
65 et plus	3.5	3.8	4.2	4.4	4.8	5.5	6.0	7.5	7.9	8.7
15-64	67.3	67.0	67.4	67.5	68.4	69.0	69.2	69.6	70.8	71.4
Ensemble des personnes										
15-24	67.0	65.3	63.3	62.9	63.3	64.0	62.8	62.6	62.8	65.0
25-54	82.2	81.7	82.1	82.3	82.6	82.9	82.7	83.2	84.2	84.3
55-64	56.8	58.4	59.9	60.0	62.9	65.5	66.7	68.9	71.0	71.8
65 et plus	6.3	6.0	7.2	7.7	8.7	9.6	9.9	11.2	11.7	12.7
15-64	75.6	75.2	75.2	75.3	75.9	76.4	76.1	76.6	77.5	78.1
TAUX DE CHÔMAGE										
Hommes										
15-19	16.4	17.7	18.2	18.0	16.2	15.5	14.6	12.3	12.4	13.7
20-24	10.9	14.1	12.0	11.3	9.0	8.6	6.8	6.2	6.5	6.1
25-34	6.5	7.1	6.0	5.2	4.7	4.8	4.5	3.2	3.0	3.2
35-44	5.1	5.9	5.7	4.4	4.1	3.5	3.0	2.3	2.0	1.9
45-54	4.2	5.1	4.8	3.5	3.2	3.1	2.2	2.0	2.2	2.2
15-24	13.1	15.6	14.5	14.2	12.1	11.6	10.1	8.7	9.1	9.3
25-54	5.3	6.1	5.5	4.4	4.0	3.8	3.2	2.5	2.4	2.4
55-64	4.7	4.9	5.5	5.4	4.0	3.2	3.4	2.4	1.8	1.8
65 et plus	0.6	0.6	1.5	1.8	1.1	1.7	1.0	0.9	1.2	1.3
15-64	6.7	7.6	7.1	6.2	5.4	5.1	4.4	3.6	3.5	3.6
Total	6.6	7.5	7.0	6.1	5.3	5.0	4.3	3.5	3.4	3.5
Femmes										
15-19	15.9	17.2	15.1	15.8	14.9	15.3	13.7	12.9	13.3	13.8
20-24	10.7	10.7	11.0	8.9	8.7	8.0	7.7	7.8	6.7	6.8
25-34	6.5	7.9	6.8	5.8	5.0	5.6	5.4	4.7	4.0	3.9
35-44	5.4	5.8	5.2	4.5	4.1	4.0	3.9	3.0	2.9	3.0
45-54	3.9	4.7	3.9	3.6	3.3	3.1	2.6	2.4	2.3	2.0
15-24	13.0	13.5	12.8	12.0	11.5	11.4	10.4	10.1	9.8	10.0
25-54	5.3	6.1	5.3	4.6	4.1	4.2	3.9	3.3	3.0	2.9
55-64	2.9	4.0	4.1	3.5	2.8	3.3	3.8	2.6	1.9	2.2
65 et plus	1.3	1.1	1.0	1.0	0.9	0.8	0.0	0.5	1.5	2.2
15-64	6.7	7.4	6.6	5.9	5.3	5.4	5.1	4.5	4.1	4.1
Total	6.6	7.3	6.5	5.8	5.3	5.3	5.0	4.4	4.0	4.1
Ensemble des personnes										
15-24	13.0	14.6	13.7	13.2	11.8	11.5	10.2	9.3	9.4	9.6
25-54	5.3	6.1	5.4	4.5	4.1	4.0	3.5	2.9	2.7	2.6
55-64	4.0	4.5	5.0	4.6	3.5	3.2	3.6	2.5	1.9	2.0
65 et plus	0.8	0.8	1.3	1.5	1.1	1.4	0.7	0.8	1.3	1.6
15-64	6.7	7.5	6.9	6.0	5.4	5.2	4.7	4.0	3.8	3.8

NEW ZEALAND

IV - Professional status and breakdown by activity - ISIC Rev. 2

Thousands (annual average estimates)

	1986	1987	1988	1989	1990	1991	1992	1993	1994	1995	1996
CIVILIAN EMPLOYMENT: PROFESSIONAL STATUS											
All activities	1 622	1 629	1 578	1 532	1 543	1 518	1 524	1 556	1 623	1 696	1 753
Employees	1 328	1 333	1 278	1 230	1 235	1 204	1 196	1 221	1 276	1 336	1 382
Employers and persons working on own account	271	278	286	285	285	289	304	311	324	337	346
Unpaid family workers	16	11	10	12	19	20	18	17	18	18	21
Agriculture, hunting, forestry and fishing	170	168	164	158	163	163	166	164	168	164	166
Employees	73	69	66	64	64	62	64	61	65	65	67
Employers and persons working on own account	86	93	91	87	88	91	92	95	94	89	88
Unpaid family workers	11	6	7	8	11	10	10	9	9	10	10
Non-agricultural activities	1 452	1 461	1 415	1 374	1 380	1 355	1 359	1 391	1 455	1 532	1 587
Employees	1 255	1 265	1 212	1 166	1 171	1 142	1 133	1 161	1 211	1 271	1 314
Employers and persons working on own account	186	186	195	199	197	199	212	217	230	248	258
Unpaid family workers	5	4	4	4	8	10	9	9	9	9	11
All activities (%)	100.0	100.0	100.0	100.0	100.0	100.0	100.0	100.0	100.0	100.0	100.0
Employees	81.9	81.8	80.9	80.2	80.1	79.3	78.5	78.5	78.6	78.8	78.8
Others	17.7	17.7	18.7	19.4	19.7	20.4	21.2	21.1	21.1	20.9	20.9
CIVILIAN EMPLOYMENT: BREAKDOWN BY ACTIVITY(1)											
ISIC Rev. 2 Major Divisions											
1 to 0 All activities	1 544	1 557	1 508	1 468	1 481	1 463	1 475	1 513	1 585	1 668	1 729
1 Agriculture, hunting, forestry and fishing	164	161	156	151	157	157	160	159	164	161	164
2 Mining and quarrying	6	5	4	5	6	4	4	4	5	5	5
3 Manufacturing	318	302	275	259	253	250	242	258	288	299	295
4 Electricity, gas and water	17	17	16	12	14	13	11	11	10	13	14
5 Construction	103	102	98	97	92	76	80	82	94	102	113
6 Wholesale and retail trade; restaurants and hotels	296	310	300	290	312	302	310	320	332	356	367
7 Transport, storage and communication	109	111	108	99	93	95	90	92	93	101	101
8 Financing, insurance, real estate and business services	134	141	149	144	146	152	158	149	159	171	193
9 Community, social and personal services	390	403	399	408	404	409	419	435	435	452	471
0 Activities not adequately defined	8	6	4	4	6	4	2	3	2	2	6
EMPLOYEES: BREAKDOWN BY ACTIVITY(1)											
ISIC Rev. 2 Major Divisions											
1 to 0 All activities	1 263	1 275	1 220	1 183	1 186	1 161	1 154	1 173	1 225	1 277	1 349
1 Agriculture, hunting, forestry and fishing	75	69	65	63	63	60	62	58	62	62	57
2 Mining and quarrying	6	4	4	5	5	3	3	4	4	4	5
3 Manufacturing	291	280	253	236	228	222	215	226	247	255	257
4 Electricity, gas and water	17	17	16	12	14	13	11	11	10	12	14
5 Construction	69	67	63	62	57	43	44	44	54	54	68
6 Wholesale and retail trade; restaurants and hotels	236	252	239	233	252	242	244	252	262	277	300
7 Transport, storage and communication	100	100	95	89	83	83	76	76	78	86	83
8 Financing, insurance, real estate and business services	112	121	123	115	117	120	121	112	119	129	144
9 Community, social and personal services	354	363	362	366	364	371	377	388	387	397	419
0 Activities not adequately defined	4	3	2	3	4	3	2	1	1	1	2

Prior to 1986, data refer to estimates for April of each year.

(1) Data broken down by activity (civilian employment and employees) have not been revised nor updated due to a change by the country from ISIC Rev. 2 to ISIC Rev.3.

NOUVELLE-ZÉLANDE

IV - Situation dans la profession et répartition par branches d'activités - CITI Rév. 2

Milliers (estimations de moyennes annuelles)

1997	1998	1999	2000	2001	2002	2003	2004	2005	2006	
										EMPLOI CIVIL : SITUATION DANS LA PROFESSION
1 761	1 751	1 778	1 808	1 854	1 908	1 951	2 017	2 073	2 117	**Toutes activités**
1 407	1 393	1 401	1 428	1 485	1 538	1 572	1 629	1 688	1 741	Salariés
337	342	361	360	353	355	365	377	371	355	Employeurs et personnes travaillant à leur compte
16	16	16	15	16	15	13	11	13	19	Travailleurs familiaux non rémunérés
153	149	168	158	169	168	159	152	148	151	**Agriculture, chasse, sylviculture et pêche**
65	63	70	65	75	81	77	74	71	77	Salariés
78	79	90	86	87	81	76	73	72	66	Employeurs et personnes travaillant à leur compte
9	7	8	7	6	6	5	4	5	8	Travailleurs familiaux non rémunérés
1 608	1 602	1 610	1 651	1 686	1 740	1 792	1 866	1 925	1 966	**Activités non agricoles**
1 342	1 330	1 331	1 363	1 410	1 457	1 495	1 554	1 617	1 664	Salariés
259	263	270	275	266	274	289	303	299	289	Employeurs et personnes travaillant à leur compte
7	8	9	8	10	9	8	7	8	11	Travailleurs familiaux non rémunérés
100.0	100.0	100.0	100.0	100.0	100.0	100.0	100.0	100.0	100.0	**Toutes activités (%)**
79.9	79.6	78.8	79.0	80.1	80.6	80.6	80.7	81.4	82.2	Salariés
20.1	20.4	21.2	20.8	19.9	19.4	19.4	19.2	18.5	17.7	Autres
										EMPLOI CIVIL : RÉPARTITION PAR BRANCHES D'ACTIVITÉS[(1)]
										Branches CITI Rév. 2
1 736	1 725	1 750								**1 à 0 Toutes activités**
150	147	166								1 Agriculture, chasse, sylviculture et pêche
5	4	4								2 Industries extractives
283	290	278								3 Industries manufacturières
11	10	9								4 Électricité, gaz et eau
115	111	110								5 Bâtiment et travaux publics
376	370	372								6 Commerce de gros et de détail; restaurants et hôtels
103	103	110								7 Transports, entrepôts et communications
216	215	220								8 Banques, assurances, affaires immobilières et services fournis aux entreprises
472	470	479								9 Services fournis à la collectivité, services sociaux et services personnels
5	5	4								0 Activités mal désignées
										SALARIÉS : RÉPARTITION PAR BRANCHES D'ACTIVITÉS[(1)]
										Branches CITI Rév. 2
1 389	1 373									**1 à 0 Toutes activités**
65	62									1 Agriculture, chasse, sylviculture et pêche
5	4									2 Industries extractives
250	256									3 Industries manufacturières
10	10									4 Électricité, gaz et eau
71	63									5 Bâtiment et travaux publics
315	307									6 Commerce de gros et de détail; restaurants et hôtels
88	87									7 Transports, entrepôts et communications
161	158									8 Banques, assurances, affaires immobilières et services fournis aux entreprises
421	423									9 Services fournis à la collectivité, services sociaux et services personnels
3	3									0 Activités mal désignées

Avant 1986, les données se réfèrent aux estimations du mois d'avril de chaque année.

(1) Les données concernant la répartition par branches d'activités (emploi civil et salariés) n'ont pas été révisées ni mises à jour en raison du passage par le pays de la CITI Rév. 2 à la CITI Rév. 3.

NEW ZEALAND

V - Civilian employment and employees: breakdown by activity - ISIC Rev. 3

Thousands (annual average estimates)

	1986	1987	1988	1989	1990	1991	1992	1993	1994	1995	1996
CIVILIAN EMPLOYMENT: BREAKDOWN BY ACTIVITY											
A to X All activities						1 518	1 525	1 556	1 623	1 696	1 753
A Agriculture, hunting and forestry						158	161	161	164	160	162
B Fishing						5	4	3	4	4	4
C Mining and quarrying						4	4	4	5	5	6
D Manufacturing						262	252	267	295	304	299
E Electricity, gas and water supply						14	12	11	11	13	14
F Construction						80	83	84	96	104	115
G Wholesale and retail trade; repair of motor vehicles, motorcycles and personal and household goods						250	255	260	264	278	284
H Hotels and restaurants						61	63	67	77	84	88
I Transport, storage and communication						99	93	94	95	103	103
J Financial intermediation						61	57	55	56	58	60
K Real estate, renting and business activities						103	114	107	116	130	142
L Public administration and defence; compulsory social security, excluding armed forces						93	90	94	96	95	94
M Education						111	115	119	111	114	127
N Health and social work						117	119	126	131	136	133
O Other community, social and personal service activities						87	93	91	90	98	93
P Private households with employed persons						10	9	9	11	10	21
Q Extra-territorial organisations and bodies						0	0	0	1	0	0
X Not classifiable by economic activities						4	2	3	2	2	6
Breakdown by sector											
Agriculture (A-B)						163	166	164	168	164	166
Industry (C-F)						359	350	367	406	426	433
Services (G-Q)						992	1 007	1 023	1 047	1 105	1 147
Agriculture (%)						10.7	10.9	10.6	10.4	9.7	9.5
Industry (%)						23.7	23.0	23.6	25.0	25.1	24.7
Services (%)						65.3	66.0	65.7	64.5	65.1	65.4
Female participation in agriculture (%)						31.7	31.1	31.7	31.3	30.2	30.4
Female participation in industry (%)						25.3	24.9	26.0	25.2	25.3	24.8
Female participation in services (%)						53.0	53.2	52.7	54.0	53.7	54.5
EMPLOYEES: BREAKDOWN BY ACTIVITY											
A to X All activities						1 204	1 196	1 221	1 276	1 336	1 382
A Agriculture, hunting and forestry						60	62	59	63	63	64
B Fishing						2	2	1	2	2	3
C Mining and quarrying						4	3	4	4	5	5
D Manufacturing						233	225	237	258	267	258
E Electricity, gas and water supply						14	11	11	10	13	14
F Construction						45	45	46	57	59	70
G Wholesale and retail trade; repair of motor vehicles, motorcycles and personal and household goods						200	200	206	212	225	235
H Hotels and restaurants						50	53	56	61	65	71
I Transport, storage and communication						87	79	79	81	87	85
J Financial intermediation						56	53	50	51	53	55
K Real estate, renting and business activities						73	79	74	80	89	99
L Public administration and defence; compulsory social security, excluding armed forces						92	89	92	95	93	93
M Education						108	111	115	106	109	122
N Health and social work						109	110	116	122	124	121
O Other community, social and personal service activities						63	66	66	67	73	69
P Private households with employed persons						7	6	7	8	8	15
Q Extra-territorial organisations and bodies						0	0	0	1	0	0
X Not classifiable by economic activities						3	1	1	1	1	4
Breakdown by sector											
Agriculture (A-B)						62	64	61	65	65	67
Industry (C-F)						295	285	298	329	343	346
Services (G-Q)						845	847	862	881	927	964
Agriculture (%)						5.2	5.3	5.0	5.1	4.8	4.9
Industry (%)						24.5	23.8	24.4	25.8	25.7	25.1
Services (%)						70.1	70.8	70.6	69.1	69.4	69.8
Female participation in agriculture (%)						29.7	29.0	29.6	28.4	26.6	28.7
Female participation in industry (%)						27.1	26.6	27.8	26.6	26.9	26.0
Female participation in services (%)						56.0	56.4	55.9	57.0	56.5	57.6

NOUVELLE-ZÉLANDE

V - Emploi civil et salariés : répartition par branches d'activités - CITI Rév. 3

Milliers (estimations de moyennes annuelles)

	1997	1998	1999	2000	2001	2002	2003	2004	2005	2006
EMPLOI CIVIL : RÉPARTITION PAR BRANCHES D'ACTIVITÉS										
A à X Toutes activités	1 761	1 751	1 778	1 808	1 854	1 908	1 951	2 017	2 073	2 117
A Agriculture, chasse et sylviculture	149	145	164	154	165	164	155	149	145	149
B Pêche	3	4	4	4	4	4	4	3	3	2
C Activités extractives	5	4	4	4	4	4	3	4	4	5
D Activités de fabrication	287	294	283	286	294	295	283	292	283	276
E Production et distribution d'électricité, de gaz et d'eau	11	10	9	9	10	10	9	10	8	8
F Construction	117	113	111	120	114	123	140	152	162	184
G Commerce de gros et de détail; réparation de véhicules et de biens domestiques	291	285	289	300	303	305	352	359	363	368
H Hôtels et restaurants	90	90	88	94	96	108	96	94	100	97
I Transports, entreposage et communications	105	105	112	113	114	116	113	119	119	117
J Intermédiation financière	61	54	55	56	53	55	55	61	66	71
K Immobilier, location et activités de services aux entreprises	166	171	178	177	183	193	200	218	235	247
L Administration publique et défense; sécurité sociale obligatoire (armée exclue)	100	99	100	93	95	86	113	114	127	134
M Education	134	129	128	132	140	150	154	161	163	163
N Santé et action sociale	128	136	144	145	161	177	177	180	187	193
O Autres activités de services collectifs, sociaux et personnels	87	98	98	104	105	110	91	95	102	92
P Ménages privés employant du personnel domestique	23	9	8	9	7	7	3	3	3	3
Q Organisations et organismes extra-territoriaux	1	1	1	1	1	1	0	0	0	0
X Ne pouvant être classés selon l'activité économique	5	5	4	8	4	2	3	4	5	8
Répartition par secteurs										
Agriculture (A-B)	153	149	168	158	169	168	159	152	148	151
Industrie (C-F)	420	421	407	419	422	432	435	458	457	473
Services (G-Q)	1 184	1 175	1 200	1 224	1 260	1 306	1 354	1 404	1 465	1 485
Agriculture (%)	8.7	8.5	9.5	8.7	9.1	8.8	8.1	7.5	7.1	7.1
Industrie (%)	23.8	24.1	22.9	23.1	22.7	22.6	22.3	22.7	22.0	22.3
Services (%)	67.2	67.1	67.5	67.7	67.9	68.5	69.4	69.6	70.7	70.1
Part des femmes dans l'agriculture (%)	29.1	30.4	32.2	30.7	30.1	29.6	30.6	31.7	32.4	33.1
Part des femmes dans l'industrie (%)	24.6	25.0	24.3	24.0	23.9	23.3	22.7	22.7	21.9	21.6
Part des femmes dans les services (%)	54.1	54.2	54.5	54.7	55.1	55.1	55.1	54.7	54.9	55.2
SALARIÉS : RÉPARTITION PAR BRANCHES D'ACTIVITÉS										
A à X Toutes activités	1 407	1 393	1 401	1 428	1 485	1 538	1 572	1 629	1 688	1 741
A Agriculture, chasse et sylviculture	63	61	68	64	73	79	75	73	70	76
B Pêche	2	2	2	2	2	2	2	2	1	1
C Activités extractives	5	4	3	4	3	4	3	4	4	5
D Activités de fabrication	253	260	246	250	260	261	251	258	249	246
E Production et distribution d'électricité, de gaz et d'eau	10	10	9	8	10	10	8	9	8	8
F Construction	73	64	62	69	67	74	87	97	105	123
G Commerce de gros et de détail; réparation de véhicules et de biens domestiques	243	235	240	252	257	257	296	302	306	315
H Hôtels et restaurants	76	75	72	75	77	89	82	82	89	84
I Transports, entreposage et communications	89	88	95	94	96	98	95	101	104	100
J Intermédiation financière	56	49	49	50	48	49	49	55	60	65
K Immobilier, location et activités de services aux entreprises	115	118	120	118	127	132	135	147	164	178
L Administration publique et défense; sécurité sociale obligatoire (armée exclue)	98	96	98	91	93	85	109	112	125	131
M Education	128	124	122	127	134	144	149	154	156	156
N Santé et action sociale	117	122	132	134	148	164	163	165	173	180
O Autres activités de services collectifs, sociaux et personnels	65	74	74	78	81	85	63	63	67	65
P Ménages privés employant du personnel domestique	11	7	6	7	6	5	2	2	2	2
Q Organisations et organismes extra-territoriaux	0	1	1	1	1	1	0	0	0	0
X Ne pouvant être classés selon l'activité économique	3	3	3	5	3	1	2	3	4	6
Répartition par secteurs										
Agriculture (A-B)	65	63	70	65	75	81	77	74	71	77
Industrie (C-F)	341	338	320	332	340	348	350	368	366	382
Services (G-Q)	998	988	1 009	1 026	1 066	1 108	1 144	1 184	1 246	1 276
Agriculture (%)	4.6	4.5	5.0	4.6	5.1	5.2	4.9	4.6	4.2	4.4
Industrie (%)	24.2	24.3	22.8	23.2	22.9	22.6	22.2	22.6	21.7	21.9
Services (%)	70.9	71.0	72.0	71.9	71.8	72.1	72.7	72.7	73.8	73.3
Part des femmes dans l'agriculture (%)	27.5	29.2	30.0	27.5	26.6	27.6	28.2	30.1	29.6	29.9
Part des femmes dans l'industrie (%)	25.8	26.2	25.8	25.8	25.7	24.8	24.2	24.0	23.2	22.3
Part des femmes dans les services (%)	57.2	57.6	57.7	57.9	58.1	58.2	58.5	57.9	57.8	57.9

AUSTRIA

I - Population

Thousands (annual average estimates)

	1986	1987	1988	1989	1990	1991	1992	1993	1994	1995	1996
POPULATION - DISTRIBUTION BY AGE AND GENDER											
All persons											
Total	7 566	7 576	7 596	7 624	7 718	7 823	7 884	7 993	8 031	8 047	8 059
Under 15 years	1 357	1 339	1 331	1 329	1 344	1 365	1 381	1 404	1 413	1 412	1 403
From 15 to 64 years	5 113	5 123	5 132	5 145	5 206	5 272	5 302	5 395	5 411	5 417	5 427
65 years and over	1 096	1 114	1 133	1 150	1 168	1 186	1 200	1 194	1 206	1 218	1 229
Males											
Total	3 592	3 601	3 616	3 635	3 694	3 757	3 795	3 869	3 892	3 902	3 910
Under 15 years	693	685	681	680	689	702	711	721	725	724	719
From 15 to 64 years	2 517	2 529	2 542	2 556	2 598	2 641	2 662	2 725	2 735	2 738	2 741
65 years and over	382	388	394	399	406	414	422	422	432	441	451
Females											
Total	3 974	3 975	3 980	3 988	4 025	4 065	4 089	4 124	4 138	4 144	4 149
Under 15 years	663	655	650	649	655	663	671	683	688	688	684
From 15 to 64 years	2 597	2 594	2 591	2 589	2 608	2 630	2 640	2 670	2 676	2 679	2 686
65 years and over	714	726	739	750	762	772	777	772	774	777	779
POPULATION - PERCENTAGES											
All persons											
Total	100.0	100.0	100.0	100.0	100.0	100.0	100.0	100.0	100.0	100.0	100.0
Under 15 years	17.9	17.7	17.5	17.4	17.4	17.4	17.5	17.6	17.6	17.5	17.4
From 15 to 64 years	67.6	67.6	67.6	67.5	67.5	67.4	67.3	67.5	67.4	67.3	67.3
65 years and over	14.5	14.7	14.9	15.1	15.1	15.2	15.2	14.9	15.0	15.1	15.3
COMPONENTS OF CHANGE IN POPULATION											
a) Population at 1 January	7 567	7 573	7 576	7 594	7 645	7 711	7 799	7 883	7 929	7 943	7 953
b) Population at 31 December	7 573	7 576	7 594	7 645	7 711	7 799	7 883	7 929	7 943	7 953	7 965
c) Total increase (b-a)	6	3	18	51	66	88	84	46	15	10	12
d) Births	87	87	88	89	90	95	95	95	92	89	89
e) Deaths	87	85	83	83	83	83	83	83	81	81	81
f) Natural increase (d-e)	0	2	5	5	8	11	12	13	12	7	8
g) Net migration	6	2	13	45	59	77	71	34	3	2	4
h) Statistical adjustments	0	-1	0	0	0	-1	1	0	0	0	0
i) Total increase (=f+g+h=c)	6	2	18	51	66	87	85	46	15	10	12
(Components of change in population/ Average population) x1000											
Total increase rates	0.8	0.3	2.4	6.6	8.6	11.2	10.8	5.8	1.9	1.2	1.5
Crude birth rates	11.5	11.4	11.6	11.6	11.8	12.2	12.2	12.0	11.6	11.2	11.2
Crude death rates	11.5	11.2	11.0	10.9	10.8	10.8	10.6	10.4	10.2	10.2	10.2
Natural increase rates	0.0	0.2	0.6	0.7	1.0	1.4	1.5	1.6	1.5	0.9	1.0
Net migration rates	0.8	0.2	1.7	5.9	7.6	9.9	9.1	4.2	0.4	0.3	0.5

Prior to 1992, data refer to mid-year estimates.

I - Population

Milliers (estimations de moyennes annuelles)

1997	1998	1999	2000	2001	2002	2003	2004	2005	2006	
										POPULATION - RÉPARTITION SELON L'AGE ET LE SEXE
										Ensemble des personnes
8 072	8 078	8 092	8 110	8 132	8 084	8 118	8 175	8 233	8 282	Total
1 393	1 380	1 371	1 358	1 344	1 343	1 334	1 326	1 318	1 304	Moins de 15 ans
5 440	5 451	5 470	5 495	5 524	5 490	5 527	5 562	5 577	5 596	De 15 à 64 ans
1 240	1 247	1 251	1 256	1 264	1 252	1 257	1 287	1 338	1 382	65 ans et plus
										Hommes
3 917	3 920	3 929	3 941	3 955	3 919	3 939	3 969	4 002	4 029	Total
713	707	702	696	689	689	684	680	676	669	Moins de 15 ans
2 745	2 747	2 756	2 767	2 781	2 750	2 768	2 784	2 793	2 803	De 15 à 64 ans
459	466	471	477	485	481	487	505	533	557	65 ans et plus
										Femmes
4 155	4 158	4 163	4 169	4 177	4 165	4 179	4 206	4 231	4 253	Total
679	673	668	662	655	654	650	646	642	635	Moins de 15 ans
2 695	2 704	2 715	2 728	2 743	2 740	2 760	2 778	2 785	2 793	De 15 à 64 ans
780	781	780	779	779	771	770	782	805	825	65 ans et plus
										POPULATION - POURCENTAGES
										Ensemble des personnes
100.0	100.0	100.0	100.0	100.0	100.0	100.0	100.0	100.0	100.0	Total
17.3	17.1	16.9	16.7	16.5	16.6	16.4	16.2	16.0	15.7	Moins de 15 ans
67.4	67.5	67.6	67.8	67.9	67.9	68.1	68.0	67.7	67.6	De 15 à 64 ans
15.4	15.4	15.5	15.5	15.5	15.5	15.5	15.7	16.3	16.7	65 ans et plus
										COMPOSANTES DE L'ÉVOLUTION DÉMOGRAPHIQUE
7 965	7 971	7 982	8 002	8 021	8 065	8 102	8 140	8 207	8 266	a) Population au 1er janvier
7 971	7 982	8 002	8 021	8 065	8 102	8 140	8 207	8 266	8 299	b) Population au 31 décembre
6	11	20	19	44	37	38	67	59	33	**c) Accroissement total (b-a)**
84	81	78	78	75	78	77	79	78	78	d) Naissances
79	78	78	77	75	76	77	74	75	74	e) Décès
5	3	0	1	1	2	0	5	3	4	**f) Accroissement naturel (d-e)**
2	8	20	17	33	34	36	51	49	24	g) Solde net des migrations
-1	0	0	1	11	1	2	11	7	5	h) Ajustements statistiques
5	11	20	20	45	37	38	67	59	33	**i) Accroissement total (=f+g+h=c)**
										(Composition de l'évolution démographique/ Population moyenne) x1000
0.6	1.4	2.5	2.5	5.6	4.6	4.7	8.2	7.2	4.0	Taux d'accroissement total
10.5	10.2	9.8	9.8	9.4	9.6	9.5	9.7	9.5	9.4	Taux bruts de natalité
10.0	9.8	9.8	9.6	9.3	9.4	9.5	9.1	9.1	8.9	Taux bruts de mortalité
0.6	0.4	0.0	0.2	0.1	0.2	0.0	0.6	0.4	0.5	Taux d'accroissement naturel
0.2	1.1	2.5	2.2	4.1	4.2	4.4	6.2	5.9	2.9	Taux du solde net des migrations

Avant 1992, les données se réfèrent aux estimations au milieu de l'année.

AUSTRIA

II - Labour force

Thousands (annual average estimates)

	1986	1987	1988	1989	1990	1991	1992	1993	1994	1995	1996
Total labour force											
All persons	3 388	3 430	3 433	3 450	3 526	3 607	3 679	3 734	3 880	3 903	3 870
Males	2 046	2 054	2 041	2 045	2 081	2 126	2 147	2 167	2 219	2 234	2 217
Females	1 342	1 376	1 392	1 405	1 445	1 481	1 532	1 567	1 661	1 668	1 653
Armed forces											
All persons									33	29	31
Males									33	29	31
Females											
Civilian labour force											
All persons	3 388	3 430	3 433	3 450	3 526	3 607	3 679	3 734	3 847	3 873	3 839
Males	2 046	2 054	2 041	2 045	2 081	2 126	2 147	2 167	2 186	2 205	2 186
Females	1 342	1 376	1 392	1 405	1 445	1 481	1 532	1 567	1 661	1 668	1 653
Unemployed											
All persons	106	130	122	108	114	125	133	159	138	144	160
Males	65	74	66	58	63	71	75	88	73	71	87
Females	41	56	56	50	51	54	58	71	66	72	74
Civilian employment											
All persons	3 282	3 300	3 311	3 342	3 412	3 482	3 546	3 575	3 709	3 729	3 679
Males	1 981	1 980	1 975	1 987	2 019	2 055	2 072	2 079	2 113	2 133	2 099
Females	1 302	1 320	1 336	1 355	1 393	1 427	1 474	1 496	1 595	1 596	1 579
Civilian employment (%)											
All persons	100.0	100.0	100.0	100.0	100.0	100.0	100.0	100.0	100.0	100.0	100.0
Males	60.4	60.0	59.6	59.5	59.2	59.0	58.4	58.2	57.0	57.2	57.1
Females	39.7	40.0	40.4	40.5	40.8	41.0	41.6	41.8	43.0	42.8	42.9
Unemployment rates (% of civilian labour force)											
All persons	3.1	3.8	3.6	3.1	3.2	3.5	3.6	4.3	3.6	3.7	4.2
Males	3.2	3.6	3.2	2.8	3.0	3.3	3.5	4.1	3.3	3.2	4.0
Females	3.1	4.1	4.0	3.6	3.5	3.6	3.8	4.5	4.0	4.3	4.5
Total labour force (% of total population)											
All persons	44.8	45.3	45.2	45.3	45.7	46.1	46.7	46.7	48.3	48.5	48.0
Males	57.0	57.0	56.4	56.3	56.3	56.6	56.6	56.0	57.0	57.3	56.7
Females	33.8	34.6	35.0	35.2	35.9	36.4	37.5	38.0	40.1	40.3	39.8
Total labour force (% of population from 15-64 years)[1]											
All persons	66.3	67.0	66.9	67.1	67.7	68.4	69.4	69.2	71.7	72.1	71.3
Males	81.3	81.2	80.3	80.0	80.1	80.5	80.7	79.5	81.1	81.6	80.9
Females	51.7	53.0	53.7	54.3	55.4	56.3	58.0	58.7	62.1	62.3	61.5
Civilian employment (% of total population)											
All persons	43.4	43.6	43.6	43.8	44.2	44.5	45.0	44.7	46.2	46.3	45.7
Civilian employment (% of population from 15-64 years)											
All persons	64.2	64.4	64.5	65.0	65.5	66.0	66.9	66.3	68.5	68.8	67.8
Males	78.7	78.3	77.7	77.7	77.7	77.8	77.8	76.3	77.3	77.9	76.6
Females	50.1	50.9	51.6	52.3	53.4	54.3	55.8	56.0	59.6	59.6	58.8
Part-time employment (%)											
Part-time as % of employment										11.1	10.9
Male share of part-time employment										15.8	13.6
Female share of part-time employment										84.2	86.4
Male part-time as % of male employment										3.1	2.6
Female part-time as % of female employment										21.6	21.7
Duration of unemployment (% of total unemployment)[2 3]											
Less than 1 month									14.4	11.3	12.5
More than 1 month and less than 3 months									35.7	26.9	27.4
More than 3 months and less than 6 months									18.1	18.1	19.4
More than 6 months and less than 1 year									13.4	14.6	15.8
More than 1 year									18.4	29.1	24.9

(1) Participation rates calculated according to national definitions may differ from those published in this table, when the age group represented in the labour force survey is other than 15-64 years.

(2) Prior to 2004, data refer to estimates for March of each year.

(3) From 2004, the duration of unemployment refers to: less than 1 month, 1 to 2 months, 3 to 5 months, 6 to 11 months, 12 months or more.

II - Population active

Milliers (estimations de moyennes annuelles)

1997	1998	1999	2000	2001	2002	2003	2004	2005	2006	
										Population active totale
3 884	3 888	3 909	3 918	3 940	3 929	3 967	3 939	4 032	4 124	Ensemble des personnes
2 216	2 214	2 221	2 220	2 219	2 183	2 196	2 159	2 203	2 245	Hommes
1 668	1 674	1 688	1 697	1 722	1 746	1 771	1 779	1 829	1 879	Femmes
										Forces armées
35	35	32	36	34	34	35	12	11	10	Ensemble des personnes
35	35	32	36	34	34	35	11	11	10	Hommes
							0	0	0	Femmes
										Population active civile
3 849	3 854	3 877	3 882	3 906	3 895	3 932	3 927	4 022	4 113	Ensemble des personnes
2 181	2 179	2 189	2 184	2 185	2 149	2 161	2 148	2 192	2 234	Hommes
1 668	1 674	1 688	1 697	1 722	1 746	1 771	1 779	1 829	1 879	Femmes
										Chômeurs
165	165	147	139	143	157	169	195	208	196	Ensemble des personnes
88	88	82	74	77	89	95	98	108	97	Hommes
77	77	65	65	66	68	74	97	100	98	Femmes
										Emploi civil
3 684	3 689	3 730	3 743	3 763	3 738	3 763	3 732	3 814	3 918	Ensemble des personnes
2 094	2 091	2 107	2 110	2 107	2 060	2 066	2 050	2 085	2 137	Hommes
1 590	1 597	1 623	1 632	1 656	1 678	1 697	1 682	1 729	1 780	Femmes
										Emploi civil (%)
100.0	100.0	100.0	100.0	100.0	100.0	100.0	100.0	100.0	100.0	Ensemble des personnes
56.8	56.7	56.5	56.4	56.0	55.1	54.9	54.9	54.7	54.6	Hommes
43.2	43.3	43.5	43.6	44.0	44.9	45.1	45.1	45.3	45.4	Femmes
										Taux de chômage (% de la population active civile)
4.3	4.3	3.8	3.6	3.7	4.0	4.3	5.0	5.2	4.8	Ensemble des personnes
4.0	4.0	3.7	3.4	3.5	4.1	4.4	4.6	4.9	4.3	Hommes
4.6	4.6	3.9	3.8	3.8	3.9	4.2	5.5	5.5	5.2	Femmes
										Population active totale (% de la population totale)
48.1	48.1	48.3	48.3	48.5	48.6	48.9	48.2	49.0	49.8	Ensemble des personnes
56.6	56.5	56.5	56.3	56.1	55.7	55.8	54.4	55.0	55.7	Hommes
40.1	40.3	40.5	40.7	41.2	41.9	42.4	42.3	43.2	44.2	Femmes
										Population active totale (% de la population de 15-64 ans)[1]
71.4	71.3	71.5	71.3	71.3	71.6	71.8	70.8	72.3	73.7	Ensemble des personnes
80.7	80.6	80.6	80.2	79.8	79.4	79.3	77.6	78.9	80.1	Hommes
61.9	61.9	62.2	62.2	62.8	63.7	64.2	64.0	65.7	67.3	Femmes
										Emploi civil (% de la population totale)
45.6	45.7	46.1	46.2	46.3	46.2	46.4	45.7	46.3	47.3	Ensemble des personnes
										Emploi civil (% de la population de 15-64 ans)
67.7	67.7	68.2	68.1	68.1	68.1	68.1	67.1	68.4	70.0	Ensemble des personnes
76.3	76.1	76.5	76.3	75.8	74.9	74.6	73.6	74.6	76.3	Hommes
59.0	59.1	59.8	59.8	60.4	61.2	61.5	60.5	62.1	63.7	Femmes
										Emploi à temps partiel (%)
10.8	11.5	12.3	12.2	12.4	13.6	13.5	15.4	16.0	17.3	Temps partiel en % de l'emploi
13.7	13.1	12.8	11.9	12.0	12.4	12.9	13.1	15.6	16.9	Part des hommes dans le temps partiel
86.3	86.9	87.2	88.1	88.0	87.6	87.1	86.9	84.4	83.1	Part des femmes dans le temps partiel
2.6	2.7	2.8	2.6	2.7	3.1	3.2	3.7	4.6	5.4	Temps partiel des hommes en % de l'emploi des hommes
21.3	22.8	24.4	24.4	24.8	26.4	26.2	29.4	29.4	31.4	Temps partiel des femmes en % de l'emploi des femmes
										Durée du chômage (% du chômage total)[2 3]
11.5	9.4	11.3	11.3	13.8	12.6	14.2	11.4	14.0	10.3	Moins de 1 mois
25.7	29.7	28.1	29.8	29.7	36.7	29.2	19.5	23.4	24.8	Plus de 1 mois et moins de 3 mois
18.3	16.9	16.4	19.3	20.4	17.2	15.5	22.8	19.4	20.7	Plus de 3 mois et moins de 6 mois
17.0	13.7	15.0	13.8	12.8	14.3	16.4	18.8	18.0	16.9	Plus de 6 mois et moins de 1 an
27.5	30.3	29.2	25.8	23.3	19.2	24.5	27.6	25.3	27.3	Plus de 1 an

(1) Les taux d'activité calculés selon les définitions nationales peuvent être différents de ceux publiés dans ce tableau si le groupe d'âges représenté dans l'enquête de la population active est différent de 15-64 ans.

(2) Avant 2004, les données se réfèrent aux estimations du mois de mars de chaque année.

(3) Depuis 2004, la durée du chômage se réfère aux périodes suivantes : moins de 1 mois, 1 à 2 mois, 3 à 5 mois, 6 à 11 mois, 12 mois et plus.

AUSTRIA

III - Participation rates and unemployment rates by age and by sex

Percent (annual average estimates)

	1986	1987	1988	1989	1990	1991	1992	1993	1994	1995	1996
PARTICIPATION RATES											
Males											
15-19									53.0	52.4	52.3
20-24									75.6	74.4	73.6
25-34									91.4	91.7	91.5
35-44									95.5	96.4	96.1
45-54									90.5	91.1	90.7
55-59									61.7	64.9	63.7
60-64									19.4	20.3	16.7
15-24									65.6	64.4	63.6
25-54									92.4	93.0	92.8
55-64									41.3	44.8	44.0
65 and over									6.2	5.5	4.6
15-64									80.2	80.7	80.1
Females											
15-19									41.3	37.2	35.4
20-24									73.3	71.5	71.4
25-34									76.2	77.5	77.6
35-44									73.9	75.5	75.5
45-54									63.2	64.7	64.5
55-59									26.9	27.4	25.3
60-64									10.0	9.8	8.8
15-24									59.3	56.2	54.8
25-54									71.7	73.1	73.2
55-64									18.5	19.2	18.1
65 and over									2.7	2.4	2.0
15-64									61.3	61.6	61.0
All persons											
15-24									62.5	60.4	59.3
25-54									82.2	83.3	83.2
55-64									29.5	31.6	30.6
65 and over									3.9	3.5	2.9
15-64									70.8	71.3	70.6
UNEMPLOYMENT RATES											
Males											
15-19									3.8	4.4	5.1
20-24									4.8	4.7	6.2
25-34									2.9	3.0	3.5
35-44									2.5	2.4	3.3
45-54									3.8	3.2	3.6
55-59									4.1	4.9	5.4
60-64									3.1	2.0	3.1
15-24									4.5	4.6	5.8
25-54									3.0	2.9	3.5
55-64									3.9	4.3	5.0
65 and over											
15-64									3.3	3.2	3.9
Total									3.3	3.2	3.9
Females											
15-19									7.2	8.2	9.6
20-24									4.3	4.4	5.2
25-34									3.9	4.3	4.5
35-44									3.3	3.7	3.2
45-54									4.3	4.8	4.9
55-59									2.4	2.6	3.9
60-64									3.5	2.6	2.4
15-24									5.2	5.5	6.5
25-54									3.8	4.2	4.1
55-64									2.7	2.6	3.6
65 and over											0.6
15-64									4.0	4.4	4.5
Total									4.0	4.3	4.5
All persons											
15-24									4.8	5.0	6.1
25-54									3.4	3.4	3.8
55-64									3.5	3.8	4.6
65 and over											0.3
15-64									3.6	3.7	4.2

LABOUR FORCE STATISTICS - ISBN 9789264035539 - © OECD 2007

III - Taux d'activité et taux de chômage par âge et par sexe

Pourcentage (estimations de moyennes annuelles)

1997	1998	1999	2000	2001	2002	2003	2004	2005	2006	
										TAUX D'ACTIVITÉ
										Hommes
49.0	47.7	48.4	48.0	46.9	47.6	47.3	46.8	48.5	49.2	15-19
75.2	74.4	75.8	75.0	74.0	73.7	74.0	76.0	77.8	77.8	20-24
92.1	92.4	92.0	91.9	91.3	92.3	93.0	92.7	92.5	93.1	25-34
96.6	96.3	96.2	96.3	96.0	96.3	96.7	95.2	95.1	95.4	35-44
90.8	91.1	91.0	91.1	91.3	91.6	91.6	90.0	90.2	90.6	45-54
62.5	63.2	65.0	63.5	64.3	67.4	69.8	65.5	65.2	69.1	55-59
13.6	13.2	15.8	17.3	18.1	18.3	17.2	17.1	20.2	21.9	60-64
62.5	61.1	61.9	61.3	60.3	60.7	60.8	61.7	63.6	63.9	15-24
93.3	93.4	93.2	93.3	93.1	93.6	94.0	92.9	92.8	93.2	25-54
42.9	43.4	44.7	42.5	41.4	42.1	42.6	40.6	43.1	47.3	55-64
4.5	4.4	3.8	4.3	4.9	3.8	3.7	3.7	5.0	5.5	65 et plus
80.0	79.8	80.0	79.5	79.0	79.1	79.4	78.5	79.3	80.4	15-64
										Femmes
35.7	35.1	34.6	34.2	33.8	33.2	32.2	33.7	36.2	37.4	15-19
70.8	70.9	68.3	66.7	65.2	66.1	65.4	71.4	71.9	71.4	20-24
77.7	77.5	78.7	78.4	79.0	79.9	81.3	80.8	79.6	79.1	25-34
76.6	76.4	77.6	78.9	79.5	81.5	82.1	82.1	82.5	83.8	35-44
66.4	68.2	69.2	70.5	71.6	74.5	75.8	75.2	77.1	79.2	45-54
24.4	24.8	25.9	25.6	28.3	33.4	37.1	34.0	39.0	41.9	55-59
8.2	8.4	7.6	8.0	8.7	7.9	7.4	7.1	8.3	10.2	60-64
54.1	53.4	51.4	50.3	49.4	49.8	49.2	53.2	54.8	55.1	15-24
74.2	74.5	75.7	76.3	77.0	78.9	79.9	79.6	79.9	80.9	25-54
17.7	18.1	18.2	17.5	18.4	20.1	21.5	19.9	23.5	26.9	55-64
2.1	1.9	1.7	1.6	2.2	1.7	1.7	1.2	1.7	2.2	65 et plus
61.3	61.4	61.7	61.8	62.2	63.5	64.1	64.2	65.6	67.0	15-64
										Ensemble des personnes
58.4	57.3	56.7	55.9	55.0	55.4	55.1	57.4	59.2	59.4	15-24
83.9	84.1	84.6	84.9	85.1	86.3	87.0	86.2	86.4	87.1	25-54
29.9	30.4	31.1	29.7	29.6	30.8	31.7	29.9	33.0	36.8	55-64
3.0	2.9	2.5	2.6	3.2	2.5	2.5	2.2	3.0	3.6	65 et plus
70.7	70.7	70.9	70.7	70.6	71.3	71.8	71.3	72.4	73.7	15-64
										TAUX DE CHÔMAGE
										Hommes
5.6	5.3	4.5	4.7	5.4	5.8	6.0	10.9	12.3	10.0	15-19
5.0	4.3	4.2	4.7	5.4	6.2	7.0	8.4	9.8	8.2	20-24
3.6	3.5	3.2	2.9	3.4	3.7	4.3	4.7	4.9	4.7	25-34
3.5	3.8	2.8	2.5	2.6	3.2	3.1	3.5	3.5	3.0	35-44
3.8	4.1	4.3	3.5	3.2	3.8	3.9	3.1	3.7	3.1	45-54
5.5	5.7	6.2	5.5	5.2	5.9	5.8	4.6	4.4	4.5	55-59
3.1	3.1	2.4	5.2	5.0	6.8	4.9	2.9	3.3	3.7	60-64
5.2	4.7	4.3	4.7	5.4	6.1	6.6	9.3	10.7	8.8	15-24
3.6	3.8	3.4	2.9	3.0	3.5	3.8	3.8	4.0	3.6	25-54
5.2	5.4	5.7	5.5	5.1	6.1	5.6	4.2	4.1	4.3	55-64
				0.4	0.0	0.0	0.0	0.4	0.7	65 et plus
4.0	4.0	3.7	3.4	3.5	4.1	4.3	4.6	5.0	4.4	15-64
3.9	4.0	3.7	3.3	3.5	4.1	4.3	4.5	4.9	4.3	Total
										Femmes
12.7	9.9	7.9	7.1	6.9	8.1	8.0	16.8	15.1	14.5	15-19
4.5	4.8	4.3	4.2	4.7	4.5	5.7	7.1	7.5	6.8	20-24
4.7	4.5	4.0	4.0	3.6	3.7	4.1	5.3	6.1	5.3	25-34
3.7	3.8	3.1	3.0	3.4	3.2	3.4	4.7	4.6	4.9	35-44
4.7	4.8	3.8	3.8	3.7	4.0	4.0	4.3	4.0	4.2	45-54
2.5	3.2	3.5	5.0	5.6	5.0	4.7	3.4	2.6	2.3	55-59
1.3	4.5	2.7	3.4	1.4	1.0	0.0	1.6	3.0	2.2	60-64
7.1	6.5	5.5	5.2	5.5	5.7	6.4	10.1	9.9	9.3	15-24
4.4	4.3	3.6	3.6	3.5	3.6	3.8	4.8	4.9	4.8	25-54
2.3	3.4	3.3	4.6	4.6	4.1	3.8	3.0	2.6	2.3	55-64
			0.0	0.0	0.0		0.0	2.3	0.6	65 et plus
4.7	4.6	3.9	3.9	3.8	3.9	4.2	5.4	5.5	5.3	15-64
4.6	4.6	3.8	3.8	3.8	3.9	4.1	5.4	5.5	5.2	Total
										Ensemble des personnes
6.1	5.5	4.8	4.9	5.4	5.9	6.5	9.7	10.3	9.1	15-24
3.9	4.0	3.5	3.2	3.2	3.6	3.8	4.2	4.4	4.1	25-54
4.3	4.8	5.0	5.2	4.9	5.5	5.0	3.8	3.6	3.5	55-64
			0.0	0.2	0.0	0.0	0.0	1.0	0.6	65 et plus
4.3	4.3	3.8	3.6	3.7	4.0	4.2	5.0	5.2	4.8	15-64

IV - Professional status and breakdown by activity - ISIC Rev. 2

Thousands (annual average estimates)

	1986	1987	1988	1989	1990	1991	1992	1993	1994	1995	1996
CIVILIAN EMPLOYMENT: PROFESSIONAL STATUS											
All activities	3 282	3 300	3 311	3 342	3 412	3 482	3 546	3 575 |	3 709	3 729	3 679
Employees	2 795	2 809	2 822	2 866	2 929	2 997	3 072	3 108 |	3 198	3 192	3 165
Employers and persons working on own account	341	342	345	351	359	356	360	358 |	388	407	393
Unpaid family workers	146	150	143	125	124	129	114	109 |	123	130	121
Agriculture, hunting, forestry and fishing	283	285	269	266	269	256	250	249 |	269	278	269
Employees	36	35	34	34	33	33	35	36 |	37	38	39
Employers and persons working on own account	157	155	152	149	151	147	151	149 |	158	159	158
Unpaid family workers	89	94	83	83	85	77	64	63 |	74	81	72
Non-agricultural activities	2 999	3 015	3 042	3 076	3 143	3 226	3 296	3 326 |	3 440	3 451	3 410
Employees	2 759	2 774	2 788	2 832	2 896	2 964	3 037	3 072 |	3 161	3 154	3 126
Employers and persons working on own account	184	187	193	202	208	209	209	209 |	230	248	235
Unpaid family workers	57	56	60	42	39	52	50	46 |	49	49	49
All activities (%)	100.0	100.0	100.0	100.0	100.0	100.0	100.0	100.0 |	100.0	100.0	100.0
Employees	85.2	85.1	85.2	85.8	85.8	86.1	86.6	86.9 |	86.2	85.6	86.0
Others	14.8	14.9	14.7	14.2	14.2	13.9	13.4	13.1 |	13.8	14.4	14.0
CIVILIAN EMPLOYMENT: BREAKDOWN BY ACTIVITY[1]											
ISIC Rev. 2 Major Divisions											
1 to 0 All activities	3 282	3 300	3 311	3 342	3 412	3 482	3 546	3 575 |	3 709	3 729	3 679
1 Agriculture, hunting, forestry and fishing	283	285	269	266	269	256	250	249 |	269	278	269
2 Mining and quarrying	14	14	16	13	12	12	13	10 |	9	11	10
3 Manufacturing	925	932	915	910	922	935	922	903 |	835	818	838
4 Electricity, gas and water	40	41	38	41	40	40	38	36 |	36	38	35
5 Construction	262	258	268	273	286	297	288	306 |	359	336	320
6 Wholesale and retail trade; restaurants and hotels	600	582	596	610	634	661	667	674 |	712	781	726
7 Transport, storage and communication	219	218	208	213	218	224	234	232 |	251	238	231
8 Financing, insurance, real estate and business services	186	193	199	206	221	232	264	265 |	354	353	371
9 Community, social and personal services	741	767	785	801	810	806	849	882 |	884	876	879
0 Activities not adequately defined	12	11	17	9	0	19	21	19 |	0	0	0
EMPLOYEES: BREAKDOWN BY ACTIVITY[1]											
ISIC Rev. 2 Major Divisions											
1 to 0 All activities	2 795	2 811	2 822	2 866	2 929	2 997	3 072	3 108 |	3 198	3 192	3 165
1 Agriculture, hunting, forestry and fishing	36	36	34	34	33	33	35	36 |	37	38	39
2 Mining and quarrying	14	14	15	13	12	12	12	10 |	9	11	10
3 Manufacturing	876	883	866	862	875	885	879	859 |	789	774	795
4 Electricity, gas and water	40	40	38	41	40	40	38	36 |	36	37	35
5 Construction	245	241	251	257	267	279	271	291 |	334	314	302
6 Wholesale and retail trade; restaurants and hotels	490	476	481	497	522	551	559	565 |	610	661	612
7 Transport, storage and communication	205	207	199	202	207	215	223	222 |	236	226	221
8 Financing, insurance, real estate and business services	168	174	179	183	196	204	228	231 |	318	309	324
9 Community, social and personal services	708	730	745	757	762	761	806	841 |	829	821	828
0 Activities not adequately defined	11	10	15	20	15	18	20	18 |	0	0	0

(1) Data broken down by activity (civilian employment and employees) have not been revised nor updated due to a change by the country from ISIC Rev. 2 to ISIC Rev. 3.

IV - Situation dans la profession et répartition par branches d'activités - CITI Rév. 2

Milliers (estimations de moyennes annuelles)

1997	1998	1999	2000	2001	2002	2003	2004	2005	2006	
										EMPLOI CIVIL : SITUATION DANS LA PROFESSION
3 684	3 689	3 730	3 743	3 763	3 738	3 763	3 733	3 814	3 918	**Toutes activités**
3 182	3 184	3 231	3 251	3 266	3 247	3 283	3 255	3 307	3 387	Salariés
392	398	398	395	405	405	401	439	453	473	Employeurs et personnes travaillant à leur compte
110	107	101	96	93	86	79	38	54	58	Travailleurs familiaux non rémunérés
250	242	234	219	215	214	211	187	210	217	**Agriculture, chasse, sylviculture et pêche**
36	38	39	36	36	41	46	36	33	37	Salariés
150	144	138	130	130	126	121	123	134	134	Employeurs et personnes travaillant à leur compte
64	60	57	53	49	47	44	28	43	45	Travailleurs familiaux non rémunérés
3 434	3 447	3 496	3 524	3 548	3 524	3 552	3 546	3 604	3 701	**Activités non agricoles**
3 146	3 146	3 192	3 215	3 230	3 206	3 237	3 219	3 274	3 350	Salariés
242	254	260	265	275	279	280	316	319	339	Employeurs et personnes travaillant à leur compte
46	47	44	43	44	39	35	10	11	13	Travailleurs familiaux non rémunérés
100.0	100.0	100.0	100.0	100.0	100.0	100.0	100.0	100.0	100.0	**Toutes activités (%)**
86.4	86.3	86.6	86.9	86.8	86.9	87.2	87.2	86.7	86.4	Salariés
13.6	13.7	13.4	13.1	13.2	13.1	12.8	12.8	13.3	13.6	Autres
										EMPLOI CIVIL : RÉPARTITION PAR BRANCHES D'ACTIVITÉS[1]
										Branches CITI Rév. 2
3 684	3 689	3 730	3 743	3 763						**1 à 0 Toutes activités**
250	242	231	219	215						1 Agriculture, chasse, sylviculture et pêche
9	12	11	10	10						2 Industries extractives
805	806	763	764	745						3 Industries manufacturières
38	36	31	30	31						4 Électricité, gaz et eau
313	318	336	340	340						5 Bâtiment et travaux publics
749	749	805	809	811						6 Commerce de gros et de détail; restaurants et hôtels
232	242	254	246	255						7 Transports, entrepôts et communications
381	372	382	406	425						8 Banques, assurances, affaires immobilières et services fournis aux entreprises
907	912	916	918	932						9 Services fournis à la collectivité, services sociaux et services personnels
0	0	0	0	0						0 Activités mal désignées
										SALARIÉS : RÉPARTITION PAR BRANCHES D'ACTIVITÉS[1]
										Branches CITI Rév. 2
3 182	3 184	3 231	3 251	3 266						**1 à 0 Toutes activités**
36	38	37	36	36						1 Agriculture, chasse, sylviculture et pêche
9	11	11	9	9						2 Industries extractives
766	761	721	726	710						3 Industries manufacturières
38	36	31	30	31						4 Électricité, gaz et eau
295	298	313	315	314						5 Bâtiment et travaux publics
631	630	683	690	692						6 Commerce de gros et de détail; restaurants et hôtels
219	228	241	232	238						7 Transports, entrepôts et communications
335	325	337	353	365						8 Banques, assurances, affaires immobilières et services fournis aux entreprises
853	857	857	859	871						9 Services fournis à la collectivité, services sociaux et services personnels
0	0	0	0	0						0 Activités mal désignées

(1) Les données concernant la répartition par branches d'activités (emploi civil et salariés) n'ont pas été révisées ni mises à jour en raison du passage par le pays de la CITI Rév. 2 à la CITI Rév. 3

AUSTRIA

V - Civilian employment and employees: breakdown by activity - ISIC Rev. 3

Thousands (annual average estimates)

	1986	1987	1988	1989	1990	1991	1992	1993	1994	1995	1996
CIVILIAN EMPLOYMENT: BREAKDOWN BY ACTIVITY											
A to X All activities											
A Agriculture, hunting and forestry											
B Fishing											
C Mining and quarrying											
D Manufacturing											
E Electricity, gas and water supply											
F Construction											
G Wholesale and retail trade; repair of motor vehicles, motorcycles and personal and household goods											
H Hotels and restaurants											
I Transport, storage and communication											
J Financial intermediation											
K Real estate, renting and business activities											
L Public administration and defence; compulsory social security, excluding armed forces											
M Education											
N Health and social work											
O Other community, social and personal service activities											
P Private households with employed persons											
Q Extra-territorial organisations and bodies											
X Not classifiable by economic activities											
Breakdown by sector											
Agriculture (A-B)											
Industry (C-F)											
Services (G-Q)											
Agriculture (%)											
Industry (%)											
Services (%)											
Female participation in agriculture (%)											
Female participation in industry (%)											
Female participation in services (%)											
EMPLOYEES: BREAKDOWN BY ACTIVITY											
A to X All activities											
A Agriculture, hunting and forestry											
B Fishing											
C Mining and quarrying											
D Manufacturing											
E Electricity, gas and water supply											
F Construction											
G Wholesale and retail trade; repair of motor vehicles, motorcycles and personal and household goods											
H Hotels and restaurants											
I Transport, storage and communication											
J Financial intermediation											
K Real estate, renting and business activities											
L Public administration and defence; compulsory social security, excluding armed forces											
M Education											
N Health and social work											
O Other community, social and personal service activities											
P Private households with employed persons											
Q Extra-territorial organisations and bodies											
X Not classifiable by economic activities											
Breakdown by sector											
Agriculture (A-B)											
Industry (C-F)											
Services (G-Q)											
Agriculture (%)											
Industry (%)											
Services (%)											
Female participation in agriculture (%)											
Female participation in industry (%)											
Female participation in services (%)											

LABOUR FORCE STATISTICS - ISBN 9789264035539 - © OECD 2007

V - Emploi civil et salariés : répartition par branches d'activités - CITI Rév. 3

Milliers (estimations de moyennes annuelles)

	1997	1998	1999	2000	2001	2002	2003	2004	2005	2006
EMPLOI CIVIL : RÉPARTITION PAR BRANCHES D'ACTIVITÉS										
A à X Toutes activités		3 688	3 730	3 743	3 763	3 738	3 763	3 733	3 814	3 918
A Agriculture, chasse et sylviculture		242	230	219	215	213	210	187	210	217
B Pêche		0	0	0	0	1	1	1	0	0
C Activités extractives		12	11	10	10	8	6	9	9	10
D Activités de fabrication		756	763	764	745	734	732	696	700	741
E Production et distribution d'électricité, de gaz et d'eau		36	31	30	31	35	35	28	31	31
F Construction		318	336	340	340	331	339	304	313	324
G Commerce de gros et de détail; réparation de véhicules et de biens domestiques		582	593	595	603	592	595	593	594	611
H Hôtels et restaurants		216	212	214	208	213	218	227	244	243
I Transports, entreposage et communications		242	254	246	255	247	238	238	241	242
J Intermédiation financière		139	142	137	132	131	132	140	144	133
K Immobilier, location et activités de services aux entreprises		233	241	269	293	295	308	327	334	351
L Administration publique et défense; sécurité sociale obligatoire (armée exclue)		217	216	217	223	211	202	245	229	243
M Education		218	220	226	224	228	231	210	222	222
N Santé et action sociale		299	301	299	311	323	328	326	350	348
O Autres activités de services collectifs, sociaux et personnels		158	162	159	156	159	169	187	175	187
P Ménages privés employant du personnel domestique		14	12	12	13	13	14	9	10	10
Q Organisations et organismes extra-territoriaux		6	5	5	5	3	5	8	8	6
X Ne pouvant être classés selon l'activité économique		0	0	0	0	0	0	0	0	0
Répartition par secteurs										
Agriculture (A-B)		242	230	219	215	214	211	188	211	217
Industrie (C-F)		1 122	1 141	1 144	1 126	1 108	1 112	1 037	1 053	1 106
Services (G-Q)		2 324	2 358	2 380	2 423	2 415	2 440	2 510	2 550	2 595
Agriculture (%)		6.6	6.2	5.8	5.7	5.7	5.6	5.0	5.5	5.5
Industrie (%)		30.4	30.6	30.6	29.9	29.6	29.6	27.8	27.6	28.2
Services (%)		63.0	63.2	63.6	64.4	64.6	64.8	67.2	66.9	66.2
Part des femmes dans l'agriculture (%)		48.3	48.3	45.8	47.0	47.2	46.4	46.8	45.7	46.4
Part des femmes dans l'industrie (%)		20.2	20.2	20.0	20.3	19.9	19.8	21.5	21.2	21.6
Part des femmes dans les services (%)		54.0	54.3	54.7	54.7	56.1	56.5	54.7	55.3	55.5
SALARIÉS : RÉPARTITION PAR BRANCHES D'ACTIVITÉS										
A à X Toutes activités		3 184	3 231	3 251	3 266	3 247	3 283	3 255	3 307	3 387
A Agriculture, chasse et sylviculture		38	37	36	36	41	46	36	33	37
B Pêche		0	0	0	0	0	0	1	0	0
C Activités extractives		11	11	9	9	8	6	8	9	9
D Activités de fabrication		718	721	726	709	700	697	656	667	701
E Production et distribution d'électricité, de gaz et d'eau		36	31	30	32	34	35	28	31	31
F Construction		298	313	315	314	309	315	276	283	296
G Commerce de gros et de détail; réparation de véhicules et de biens domestiques		509	518	519	529	523	529	534	531	544
H Hôtels et restaurants		165	165	171	164	167	173	186	198	194
I Transports, entreposage et communications		228	241	232	238	230	226	224	227	223
J Intermédiation financière		135	139	134	127	126	128	132	134	126
K Immobilier, location et activités de services aux entreprises		190	198	219	239	236	245	260	268	276
L Administration publique et défense; sécurité sociale obligatoire (armée exclue)		217	216	218	223	212	202	243	229	243
M Education		214	216	221	218	221	225	204	215	216
N Santé et action sociale		273	275	272	286	296	302	300	322	319
O Autres activités de services collectifs, sociaux et personnels		132	134	131	126	129	136	150	141	156
P Ménages privés employant du personnel domestique		14	12	12	13	13	14	8	9	10
Q Organisations et organismes extra-territoriaux		6	5	5	5	3	4	8	8	6
X Ne pouvant être classés selon l'activité économique		0	0	0	0	0	0	0	0	0
Répartition par secteurs										
Agriculture (A-B)		38	37	36	36	41	46	37	33	37
Industrie (C-F)		1 063	1 076	1 081	1 064	1 051	1 053	968	990	1 037
Services (G-Q)		2 083	2 119	2 135	2 168	2 156	2 184	2 249	2 283	2 312
Agriculture (%)		1.2	1.1	1.1	1.1	1.3	1.4	1.1	1.0	1.1
Industrie (%)		33.4	33.3	33.2	32.6	32.4	32.1	29.7	30.0	30.6
Services (%)		65.4	65.6	65.7	66.4	66.4	66.5	69.1	69.1	68.3
Part des femmes dans l'agriculture (%)		34.7	35.1	31.7	36.1	39.0	37.0	40.5	35.4	36.6
Part des femmes dans l'industrie (%)		20.2	20.2	20.0	20.5	20.2	20.1	22.1	21.7	22.0
Part des femmes dans les services (%)		55.7	56.1	56.5	56.5	58.0	58.4	56.9	57.6	57.8

BELGIUM

I - Population

Thousands (mid-year estimates)

	1986	1987	1988	1989	1990	1991	1992	1993	1994	1995	1996
POPULATION - DISTRIBUTION BY AGE AND GENDER											
All persons											
Total	9 862	9 870	9 902	9 938	9 967	10 004	10 045	10 084	10 116	10 137	10 157
Under 15 years	1 823	1 807	1 802	1 801	1 806	1 816	1 825	1 830	1 829	1 822	1 814
From 15 to 64 years	6 650	6 654	6 666	6 674	6 674	6 675	6 682	6 694	6 703	6 704	6 703
65 years and over	1 389	1 410	1 434	1 462	1 487	1 513	1 538	1 561	1 584	1 611	1 639
Males											
Total	4 814	4 819	4 835	4 855	4 870	4 890	4 911	4 932	4 947	4 957	4 965
Under 15 years	933	925	923	923	925	930	935	937	937	933	929
From 15 to 64 years	3 338	3 342	3 350	3 357	3 358	3 360	3 365	3 372	3 378	3 377	3 376
65 years and over	543	552	563	575	587	599	611	622	633	646	660
Females											
Total	5 048	5 051	5 066	5 083	5 097	5 115	5 134	5 153	5 168	5 180	5 191
Under 15 years	890	881	879	878	881	886	890	893	892	889	885
From 15 to 64 years	3 312	3 312	3 316	3 318	3 316	3 315	3 316	3 321	3 325	3 326	3 327
65 years and over	846	858	872	887	900	914	927	939	951	965	979
POPULATION - PERCENTAGES											
All persons											
Total	100.0	100.0	100.0	100.0	100.0	100.0	100.0	100.0	100.0	100.0	100.0
Under 15 years	18.5	18.3	18.2	18.1	18.1	18.2	18.2	18.1	18.1	18.0	17.9
From 15 to 64 years	67.4	67.4	67.3	67.2	67.0	66.7	66.5	66.4	66.3	66.1	66.0
65 years and over	14.1	14.3	14.5	14.7	14.9	15.1	15.3	15.5	15.7	15.9	16.1
COMPONENTS OF CHANGE IN POPULATION											
a) Population at 1 January	9 859	9 865		9 876	9 928	9 948	9 987	10 022	10 068	10 101	10 131	10 143
b) Population at 31 December	9 865	9 876 |	9 928	9 948	9 987	10 022	10 068	10 101	10 131	10 143	10 170
c) Total increase (b-a)	6	11 |	52	20	39	35	46	32	30	12	27
d) Births	117	117 |	119	121	124	125	124	120	115	114	115
e) Deaths	111	105 |	105	107	105	104	104	107	104	105	104
f) Natural increase (d-e)	6	12 |	14	14	19	21	20	13	12	10	11
g) Net migration	0	-1 |	14	21	30	34	33	30	30	27	25
h) Statistical adjustments	0	0 |	24	-14	-10	-20	-7	-10	-11	-24	-9
i) Total increase (=f+g+h=c)	6	11 |	52	20	39	35	46	32	30	12	27
(Components of change in population/ Average population) x1000											
Total increase rates	0.6	1.1 |	5.2	2.0	3.9	3.5	4.6	3.2	3.0	1.2	2.7
Crude birth rates	11.9	11.9 |	12.0	12.1	12.4	12.5	12.4	11.9	11.4	11.3	11.3
Crude death rates	11.3	10.7 |	10.6	10.8	10.5	10.4	10.3	10.6	10.2	10.3	10.3
Natural increase rates	0.6	1.2 |	1.4	1.3	1.9	2.1	2.0	1.3	1.2	1.0	1.1
Net migration rates	0.0	-0.1 |	1.4	2.1	3.0	3.4	3.3	2.9	2.9	2.7	2.4

LABOUR FORCE STATISTICS - ISBN 9789264035539 - © OECD 2007

I - Population

Milliers (estimations au milieu de l'année)

1997	1998	1999	2000	2001	2002	2003	2004	2005	2006	
										POPULATION - RÉPARTITION SELON L'AGE ET LE SEXE
										Ensemble des personnes
10 181	10 203	10 226	10 251	10 287	10 333	10 376	10 421	10 479	10 548	Total
1 809	1 806	1 805	1 805	1 805	1 804	1 800	1 796	1 795	1 807	Moins de 15 ans
6 706	6 709	6 715	6 724	6 743	6 774	6 805	6 835	6 879	6 924	De 15 à 64 ans
1 666	1 688	1 706	1 722	1 738	1 754	1 771	1 790	1 804	1 816	65 ans et plus
										Hommes
4 977	4 988	5 000	5 012	5 030	5 055	5 076	5 099	5 128	5 163	Total
926	924	924	923	923	922	922	918	918	924	Moins de 15 ans
3 378	3 379	3 382	3 386	3 395	3 411	3 432	3 440	3 461	3 484	De 15 à 64 ans
673	685	694	703	712	721	723	741	749	754	65 ans et plus
										Femmes
5 204	5 215	5 227	5 239	5 256	5 278	5 300	5 322	5 351	5 385	Total
883	882	881	882	882	882	878	878	878	883	Moins de 15 ans
3 328	3 330	3 333	3 338	3 348	3 363	3 373	3 395	3 418	3 440	De 15 à 64 ans
993	1 003	1 012	1 019	1 026	1 033	1 048	1 049	1 055	1 062	65 ans et plus
										POPULATION - POURCENTAGES
										Ensemble des personnes
100.0	100.0	100.0	100.0	100.0	100.0	100.0	100.0	100.0	100.0	Total
17.8	17.7	17.7	17.6	17.5	17.5	17.3	17.2	17.1	17.1	Moins de 15 ans
65.9	65.8	65.7	65.6	65.6	65.6	65.6	65.6	65.6	65.6	De 15 à 64 ans
16.4	16.5	16.7	16.8	16.9	17.0	17.1	17.2	17.2	17.2	65 ans et plus
										COMPOSANTES DE L'ÉVOLUTION DÉMOGRAPHIQUE
10 170	10 192	10 214	10 239	10 263	10 310	10 356	10 396	10 446	10 511	a) Population au 1er janvier
10 192	10 214	10 239	10 263	10 310	10 356	10 396	10 446	10 511	10 585	b) Population au 31 décembre
22	21	25	24	46	46	41	49	66	73	**c) Accroissement total (b-a)**
116	114	113	115	114	111	112	116	118	121	d) Naissances
104	105	105	105	103	106	107	102	103	102	e) Décès
12	10	9	10	11	6	5	14	15	20	**f) Accroissement naturel (d-e)**
20	21	27	25	35	41	40	43	47	51	g) Solde net des migrations
-10	-9	-10	-11	0	-1	-5	-8	4	3	h) Ajustements statistiques
22	21	25	24	46	46	41	49	66	73	**i) Accroissement total (=f+g+h=c)**
										(Composition de l'évolution démographique/ Population moyenne) x1000
2.2	2.1	2.5	2.4	4.5	4.5	3.9	4.7	6.3	6.9	Taux d'accroissement total
11.4	11.2	11.1	11.2	11.1	10.8	10.8	11.1	11.3	11.5	Taux bruts de natalité
10.2	10.3	10.3	10.2	10.1	10.2	10.3	9.8	9.9	9.6	Taux bruts de mortalité
1.2	1.0	0.8	1.0	1.0	0.5	0.5	1.3	1.4	1.9	Taux d'accroissement naturel
1.9	2.1	2.7	2.5	3.4	4.0	3.9	4.2	4.5	4.8	Taux du solde net des migrations

BELGIUM

II - Labour force

Thousands (annual average estimates)

	1986	1987	1988	1989	1990	1991	1992	1993	1994	1995	1996
Total labour force											
All persons	4 109	4 115	4 127	4 144	4 179	4 210	4 237	4 278	4 291	4 318	4 329
Males	2 457	2 439	2 425	2 432	2 440	2 447	2 444	2 444	2 441	2 441	2 435
Females	1 652	1 676	1 701	1 712	1 739	1 763	1 793	1 834	1 851	1 876	1 894
Armed forces											
All persons	89	91	92	90	89	84	78	69	51	47	46
Males	86	88	89	87	86	81	75	66	48	44	43
Females	3	3	3	3	3	3	3	3	3	3	3
Civilian labour force											
All persons	4 019	4 024	4 034	4 054	4 091	4 127	4 160	4 209	4 241	4 271	4 283
Males	2 371	2 351	2 336	2 345	2 355	2 366	2 370	2 378	2 393	2 397	2 392
Females	1 648	1 673	1 698	1 709	1 736	1 760	1 790	1 831	1 848	1 874	1 891
Unemployed[(1)]											
All persons	478	466	425	384	365	391	436	511	554	555	545
Males	198	191	170	149	143	159	181	217	239	238	233
Females	280	275	255	235	222	232	255	294	315	317	312
Civilian employment											
All persons	3 541	3 558	3 610	3 670	3 726	3 735	3 724	3 698	3 687	3 715	3 738
Males	2 173	2 161	2 167	2 196	2 212	2 207	2 189	2 161	2 154	2 159	2 159
Females	1 368	1 397	1 443	1 474	1 514	1 528	1 535	1 537	1 533	1 557	1 579
Civilian employment (%)											
All persons	100.0	100.0	100.0	100.0	100.0	100.0	100.0	100.0	100.0	100.0	100.0
Males	61.4	60.7	60.0	59.8	59.4	59.1	58.8	58.4	58.4	58.1	57.8
Females	38.6	39.3	40.0	40.2	40.6	40.9	41.2	41.6	41.6	41.9	42.2
Unemployment rates (% of civilian labour force)[(1)]											
All persons	11.9	11.6	10.5	9.5	8.9	9.5	10.5	12.1	13.1	13.0	12.7
Males	8.4	8.1	7.3	6.4	6.1	6.7	7.6	9.1	10.0	9.9	9.7
Females	17.0	16.4	15.0	13.8	12.8	13.2	14.2	16.1	17.0	16.9	16.5
Total labour force (% of total population)											
All persons	41.7	41.7	41.7	41.7	41.9	42.1	42.2	42.4	42.4	42.6	42.6
Males	51.0	50.6	50.2	50.1	50.1	50.0	49.8	49.6	49.3	49.2	49.0
Females	32.7	33.2	33.6	33.7	34.1	34.5	34.9	35.6	35.8	36.2	36.5
Total labour force (% of population from 15-64 years)[(2)]											
All persons	61.8	61.8	61.9	62.1	62.6	63.1	63.4	63.9	64.0	64.4	64.6
Males	73.6	73.0	72.4	72.5	72.7	72.8	72.6	72.5	72.3	72.3	72.1
Females	49.9	50.6	51.3	51.6	52.4	53.2	54.1	55.2	55.7	56.4	56.9
Civilian employment (% of total population)											
All persons	35.9	36.0	36.5	36.9	37.4	37.3	37.1	36.7	36.4	36.6	36.8
Civilian employment (% of population from 15-64 years)											
All persons	53.2	53.5	54.2	55.0	55.8	56.0	55.7	55.2	55.0	55.4	55.8
Males	65.1	64.7	64.7	65.4	65.9	65.7	65.0	64.1	63.8	63.9	63.9
Females	41.3	42.2	43.5	44.4	45.7	46.1	46.3	46.3	46.1	46.8	47.5
Part-time employment (%)											
Part-time as % of employment	11.7	12.5	12.7	13.0	13.5	14.6	14.3	14.7	14.6	14.6	14.8
Male share of part-time employment	21.8	21.7	22.4	19.1	20.2	19.9	16.5	17.6	18.2	17.9	17.8
Female share of part-time employment	78.2	78.3	77.6	80.9	79.8	80.1	83.5	82.4	81.8	82.1	82.2
Male part-time as % of male employment	3.9	4.2	4.5	3.9	4.4	4.7	3.9	4.3	4.4	4.3	4.4
Female part-time as % of female employment	25.7	27.4	27.1	28.6	28.8	30.5	30.4	30.2	30.0	29.9	30.2
Duration of unemployment (% of total unemployment)											
Less than 1 month	2.6	1.8	1.6	2.1	4.0	4.3	8.8	10.1	9.2	9.7	8.4
More than 1 month and less than 3 months	3.6	3.5	2.5	3.1	5.6	6.9	5.6	7.7	5.0	3.9	5.0
More than 3 months and less than 6 months	10.0	8.8	7.3	8.2	9.1	11.1	10.9	11.9	10.5	8.7	9.3
More than 6 months and less than 1 year	14.2	12.4	12.4	11.1	12.8	14.9	15.6	17.4	17.0	15.3	16.1
More than 1 year	69.6	73.5	76.2	75.4	68.5	62.9	59.1	53.0	58.3	62.4	61.3

Prior to 1999, data refer to mid-year estimates.

From 1999, data come from European Labour Force Survey.

(1) Before 1999, registered unemployed.

(2) Participation rates calculated according to national definitions may differ from those published in this table, when the age group represented in the labour force survey is other than 15-64 years.

II - Population active

Milliers (estimations de moyennes annuelles)

	1997	1998	1999	2000	2001	2002	2003	2004	2005	2006
Population active totale										
Ensemble des personnes	4 348	4 359	4 365	4 411	4 305	4 353	4 392	4 473	4 626	4 647
Hommes	2 437	2 435	2 492	2 511	2 478	2 487	2 499	2 513	2 583	2 583
Femmes	1 911	1 924	1 873	1 899	1 827	1 867	1 893	1 960	2 043	2 065
Forces armées										
Ensemble des personnes	45	43	0	0	0	0	0	0	0	0
Hommes	42	40								
Femmes	3	3								
Population active civile										
Ensemble des personnes	4 303	4 316	4 365	4 411	4 305	4 353	4 392	4 473	4 626	4 647
Hommes	2 395	2 395	2 492	2 511	2 478	2 487	2 499	2 513	2 583	2 583
Femmes	1 908	1 920	1 873	1 899	1 827	1 867	1 893	1 960	2 043	2 065
Chômeurs[(1)]										
Ensemble des personnes	541	505	378	291	266	301	337	329	390	383
Hommes	235	219	186	133	140	155	186	167	196	191
Femmes	306	286	191	157	126	146	151	162	194	192
Emploi civil										
Ensemble des personnes	3 762	3 810	3 987	4 120	4 039	4 053	4 055	4 144	4 235	4 264
Hommes	2 160	2 176	2 306	2 378	2 338	2 331	2 313	2 346	2 387	2 392
Femmes	1 602	1 634	1 682	1 742	1 700	1 721	1 742	1 798	1 849	1 872
Emploi civil (%)										
Ensemble des personnes	100.0	100.0	100.0	100.0	100.0	100.0	100.0	100.0	100.0	100.0
Hommes	57.4	57.1	57.8	57.7	57.9	57.5	57.0	56.6	56.4	56.1
Femmes	42.6	42.9	42.2	42.3	42.1	42.5	43.0	43.4	43.6	43.9
Taux de chômage (% de la population active civile)[(1)]										
Ensemble des personnes	12.6	11.7	8.6	6.6	6.2	6.9	7.7	7.4	8.4	8.2
Hommes	9.8	9.1	7.5	5.3	5.6	6.2	7.4	6.6	7.6	7.4
Femmes	16.0	14.9	10.2	8.3	6.9	7.8	8.0	8.3	9.5	9.3
Population active totale (% de la population totale)										
Ensemble des personnes	42.7	42.7	42.7	43.0	41.8	42.1	42.3	42.9	44.1	44.1
Hommes	49.0	48.8	49.8	50.1	49.3	49.2	49.2	49.3	50.4	50.0
Femmes	36.7	36.9	35.8	36.3	34.8	35.4	35.7	36.8	38.2	38.3
Population active totale (% de la population de 15-64 ans)[(2)]										
Ensemble des personnes	64.8	65.0	65.0	65.6	63.8	64.3	64.5	65.4	67.2	67.1
Hommes	72.2	72.1	73.7	74.2	73.0	72.9	72.8	73.1	74.6	74.1
Femmes	57.4	57.8	56.2	56.9	54.6	55.5	56.1	57.7	59.8	60.0
Emploi civil (% de la population totale)										
Ensemble des personnes	37.0	37.3	39.0	40.2	39.3	39.2	39.1	39.8	40.4	40.4
Emploi civil (% de la population de 15-64 ans)										
Ensemble des personnes	56.1	56.8	59.4	61.3	59.9	59.8	59.6	60.6	61.6	61.6
Hommes	64.0	64.4	68.2	70.2	68.9	68.3	67.4	68.2	69.0	68.6
Femmes	48.1	49.1	50.5	52.2	50.8	51.2	51.6	53.0	54.1	54.4
Emploi à temps partiel (%)										
Temps partiel en % de l'emploi	15.0	15.6	19.9	19.0	17.0	17.9	18.0	18.9	18.5	19.3
Part des hommes dans le temps partiel	17.5	17.6	21.0	21.0	19.3	19.6	18.3	18.7	18.3	18.9
Part des femmes dans le temps partiel	82.5	82.4	79.0	79.0	80.7	80.4	81.7	81.3	81.7	81.1
Temps partiel des hommes en % de l'emploi des hommes	4.4	4.7	7.3	7.1	5.7	6.3	5.9	6.3	6.2	6.7
Temps partiel des femmes en % de l'emploi des femmes	30.5	31.2	36.6	34.5	32.5	33.0	33.6	34.5	33.4	34.7
Durée du chômage (% du chômage total)										
Moins de 1 mois	8.1	8.1	7.1	8.6	7.8	7.9	6.2	6.5	6.4	6.6
Plus de 1 mois et moins de 3 mois	5.7	6.5	9.4	9.5	10.2	11.1	13.3	11.8	12.7	11.5
Plus de 3 mois et moins de 6 mois	9.0	9.1	10.0	10.1	15.6	13.7	15.8	12.8	12.5	12.8
Plus de 6 mois et moins de 1 an	16.7	14.6	13.0	15.4	14.8	17.7	18.4	19.3	16.8	13.4
Plus de 1 an	60.5	61.7	60.5	56.3	51.7	49.6	46.3	49.6	51.6	55.6

Avant 1999, les données se réfèrent aux estimations au milieu de l'année.

Depuis 1999, les données proviennent de l'Enquête européenne sur les forces de travail.

(1) Avant 1999, chômage enregistré.

(2) Les taux d'activité calculés selon les définitions nationales peuvent être différents de ceux publiés dans ce tableau si le groupe d'âges représenté dans l'enquête de la population active est différent de 15-64 ans.

BELGIUM

III - Participation rates and unemployment rates by age and by sex

Percent (estimates for May of each year)

	1986	1987	1988	1989	1990	1991	1992	1993	1994	1995	1996
PARTICIPATION RATES											
Males											
15-19	14.3	12.8	9.3	10.0	9.9	9.8	8.7	8.2	9.4	8.7	8.6
20-24	71.4	70.7	65.5	64.4	62.7	63.4	62.2	61.3	61.9	60.5	60.8
25-34	96.2	95.6	95.3	94.5	95.2	94.8	94.3	94.2	94.1	94.1	94.0
35-44	96.3	95.5	95.8	95.6	94.8	95.0	94.6	94.3	94.5	94.3	95.0
45-54	86.8	85.7	85.1	85.3	84.3	86.5	85.5	84.5	86.5	87.3	87.2
55-59	57.6	53.3	51.4	52.8	50.2	50.5	50.3	48.8	50.9	53.2	49.4
60-64	23.6	20.1	20.6	21.4	19.3	18.1	20.3	19.3	18.2	18.6	17.9
15-24	43.9	42.8	38.5	38.2	37.0	37.6	36.7	36.1	37.3	36.0	35.6
25-54	93.5	92.8	92.7	92.4	92.2	92.7	92.1	91.6	92.1	92.3	92.4
55-64	41.2	37.4	36.6	37.8	35.4	34.7	35.5	34.1	34.5	35.9	33.8
65 and over	2.9	2.0	2.4	1.9	1.9	1.9	2.3	2.0	2.3	2.3	2.4
15-64	73.6	72.4	71.5	71.7	71.3	72.0	71.8	71.4	72.0	72.3	72.2
Females											
15-19	13.7	11.9	9.6	8.2	8.0	8.2	7.1	6.5	6.3	5.1	5.3
20-24	66.7	66.0	61.2	56.8	57.6	59.5	60.6	55.3	56.2	55.3	52.7
25-34	74.8	74.9	74.5	75.6	74.2	76.6	77.9	79.4	79.7	79.6	81.0
35-44	59.3	59.9	60.9	61.9	63.1	66.0	66.6	69.0	70.0	70.9	72.1
45-54	35.4	35.1	35.6	37.0	39.0	40.7	42.8	45.7	47.5	50.4	50.5
55-59	18.3	14.4	15.9	16.6	15.7	17.5	18.1	19.6	21.9	21.5	20.1
60-64	4.3	3.9	3.8	3.8	4.0	3.7	5.0	4.9	4.9	5.4	5.1
15-24	41.6	40.2	36.8	33.8	34.1	35.4	35.7	32.7	33.0	31.7	29.9
25-54	58.1	58.5	59.1	60.3	60.8	63.1	64.3	66.4	67.2	68.2	69.0
55-64	11.4	9.2	10.0	10.3	9.9	10.6	11.5	12.0	13.2	13.3	12.5
65 and over	0.9	0.6	0.7	0.5	0.6	0.5	0.7	0.9	0.7	1.0	0.9
15-64	45.8	45.5	45.3	45.6	46.1	48.2	49.3	50.3	51.2	51.7	52.0
All persons											
15-24	42.7	41.5	37.7	36.0	35.5	36.5	36.2	34.4	35.2	33.9	32.8
25-54	76.0	75.9	76.1	76.6	76.7	78.1	78.4	79.2	79.9	80.4	80.8
55-64	25.6	22.8	22.8	23.5	22.2	22.2	23.1	22.7	23.5	24.2	22.8
65 and over	1.7	1.2	1.4	1.0	1.1	1.1	1.3	1.3	1.3	1.5	1.5
15-64	59.7	59.0	58.4	58.7	58.7	60.1	60.6	60.9	61.7	62.1	62.2
UNEMPLOYMENT RATES											
Males											
15-19	19.2	17.6	16.6	16.3	17.0	20.6	17.6	30.8	32.5	30.6	19.5
20-24	14.8	14.2	12.5	10.7	9.1	9.7	10.5	15.8	18.9	18.3	17.0
25-34	6.5	6.9	6.7	5.0	4.4	5.1	5.1	6.6	7.9	7.5	7.6
35-44	5.9	5.9	5.7	4.1	3.3	3.2	3.7	4.0	5.7	5.8	6.4
45-54	5.0	6.0	6.0	4.7	4.3	3.2	3.8	4.2	5.3	5.0	5.3
55-59	5.9	5.5	6.3	4.2	3.5	2.5	3.0	3.7	4.5	4.6	4.9
60-64	5.1	3.6	5.4	2.9	2.0	1.9	0.7	3.1	4.5	1.5	3.9
15-24	15.5	14.7	13.0	11.4	10.1	11.0	11.3	17.4	20.5	19.7	17.3
25-54	5.9	6.3	6.2	4.6	4.0	3.9	4.3	5.1	6.4	6.2	6.6
55-64	5.7	5.0	6.1	3.9	3.1	2.4	2.4	3.5	4.5	3.8	4.7
65 and over	1.3	1.9	0.8	0.0	0.0	0.9	0.7	1.6	1.1	0.6	1.1
15-64	7.2	7.3	7.0	5.3	4.6	4.6	4.8	6.2	7.7	7.4	7.4
Total	7.1	7.3	6.9	5.3	4.6	4.6	4.8	6.2	7.7	7.3	7.4
Females											
15-19	35.0	40.6	30.4	29.5	27.0	23.0	26.8	31.1	37.5	38.1	33.9
20-24	25.5	26.7	22.5	19.0	18.2	16.4	14.0	18.4	22.0	22.5	23.5
25-34	19.8	17.8	16.1	14.1	12.1	11.1	10.1	10.8	12.9	12.6	12.8
35-44	13.6	14.0	12.5	10.6	9.4	9.4	7.9	9.6	11.0	11.0	11.4
45-54	11.3	11.6	9.7	9.0	7.4	7.3	7.2	8.2	7.8	8.2	8.2
55-59	9.0	7.7	8.4	6.3	6.2	4.7	4.9	4.6	7.2	5.6	4.4
60-64	2.1	0.0	0.0	1.7	0.0	0.4	1.5	0.0	0.7	0.0	2.4
15-24	26.9	28.6	23.4	20.2	19.2	17.1	15.2	19.6	23.4	23.7	24.4
25-54	16.2	15.4	13.8	12.0	10.3	9.8	8.8	9.9	11.2	11.1	11.3
55-64	7.7	6.1	6.9	5.5	5.0	4.0	4.1	3.7	5.9	4.4	4.0
65 and over	0.0	0.0	0.0	0.0	0.0	0.0	0.0	2.5	1.3	3.4	5.5
15-64	18.0	17.7	15.2	13.0	11.5	10.7	9.5	10.9	12.5	12.3	12.4
Total	17.9	17.6	15.2	13.0	11.4	10.6	9.5	10.8	12.4	12.2	12.4
All persons											
15-24	21.1	21.4	18.1	15.5	14.5	14.0	13.2	18.4	21.8	21.5	20.5
25-54	9.8	9.8	9.1	7.5	6.5	6.3	6.1	7.1	8.4	8.3	8.6
55-64	6.2	5.2	6.3	4.2	3.6	2.8	2.8	3.6	4.9	4.0	4.5
65 and over	0.9	1.3	0.5	0.0	0.0	0.6	0.5	2.0	1.2	1.7	2.6
15-64	11.3	11.3	10.2	8.3	7.3	7.0	6.7	8.1	9.7	9.4	9.5

III - Taux d'activité et taux de chômage par âge et par sexe

Pourcentage (estimations pour le mois de mai de chaque année)

1997	1998	1999	2000	2001	2002	2003	2004	2005	2006	
										TAUX D'ACTIVITÉ
										Hommes
7.9	9.3	10.6	11.6	11.1	12.5	11.7	9.1	10.8	10.3	15-19
60.6	62.1	60.4	65.5	62.3	60.9	63.0	61.4	58.5	61.9	20-24
94.3	94.4	94.1	95.6	92.1	93.5	93.4	93.9	94.0	93.9	25-34
94.4	93.8	94.7	94.3	93.6	93.7	92.9	93.1	93.4	93.9	35-44
86.6	86.3	86.1	85.9	86.7	86.1	84.6	86.2	87.9	87.9	45-54
49.3	51.3	53.4	53.8	52.6	53.0	53.4	57.0	56.5	54.8	55-59
18.4	16.7	20.3	18.8	19.8	16.7	21.5	19.6	25.1	21.0	60-64
34.7	35.7	35.5	38.7	37.2	37.3	38.1	35.8	34.8	35.9	15-24
92.1	91.7	91.8	92.1	90.9	91.2	90.4	91.1	91.8	91.9	25-54
33.9	33.9	36.8	36.3	36.6	36.3	39.4	41.0	43.2	40.1	55-64
2.0	1.5	3.4	2.2	2.3	2.0	2.4	2.4	2.2	2.8	65 et plus
72.2	72.5	73.0	73.8	72.7	72.6	72.6	72.7	73.1	72.7	15-64
										Femmes
5.1	6.0	7.8	8.8	7.1	7.5	6.6	7.3	6.9	5.5	15-19
52.6	52.3	51.9	55.8	51.5	51.3	49.4	55.5	55.1	51.4	20-24
81.5	81.2	82.7	83.7	79.6	80.1	80.2	82.3	82.3	84.3	25-34
72.6	73.8	77.1	76.5	73.5	75.2	76.8	77.0	80.4	81.1	35-44
52.4	54.4	57.3	58.3	58.7	60.5	62.1	63.7	68.0	66.2	45-54
21.7	24.1	26.3	24.9	26.2	27.2	27.1	32.6	34.0	34.8	55-59
4.6	4.7	6.4	7.1	5.4	6.4	6.9	7.9	10.9	11.2	60-64
29.3	29.4	30.1	32.6	30.0	30.2	28.8	32.2	31.5	28.6	15-24
69.7	70.5	72.9	73.2	70.7	72.0	73.1	74.3	76.8	77.0	25-54
13.0	14.2	16.1	15.8	15.8	17.4	18.0	21.8	24.0	24.3	55-64
0.7	0.6	0.9	1.1	0.7	0.6	1.0	0.5	0.8	1.0	65 et plus
52.9	53.8	56.0	56.6	54.5	55.4	55.8	57.7	59.5	58.9	15-64
										Ensemble des personnes
32.0	32.6	32.9	35.7	33.6	33.8	33.5	34.0	33.2	32.3	15-24
81.0	81.2	82.5	82.8	80.9	81.7	81.8	82.8	84.4	84.5	25-54
23.1	23.8	26.2	25.9	26.0	26.7	28.5	31.3	33.5	32.2	55-64
1.2	1.0	1.9	1.6	1.3	1.2	1.6	1.3	1.4	1.8	65 et plus
62.6	63.2	64.6	65.2	63.6	64.1	64.3	65.3	66.4	65.9	15-64
										TAUX DE CHÔMAGE
										Hommes
27.2	26.4	31.6	23.5	13.8	16.1	32.9	28.8	31.5	27.3	15-19
16.4	17.1	21.1	11.0	14.4	16.0	17.8	13.9	18.5	16.9	20-24
7.3	8.0	7.2	5.8	6.6	7.0	8.6	8.5	9.2	8.8	25-34
5.5	5.9	5.4	4.2	4.4	5.6	6.5	5.4	5.3	6.8	35-44
5.6	5.8	5.9	3.7	3.5	3.5	4.6	4.0	4.6	5.4	45-54
5.0	5.7	5.6	3.4	4.2	3.9	2.1	4.5	4.1	5.6	55-59
4.4	4.1	1.7	3.4	3.2	1.1	1.1	2.3	5.5	1.8	60-64
17.6	18.3	22.7	12.9	14.3	16.0	20.1	15.8	20.6	18.4	15-24
6.2	6.6	6.1	4.6	4.8	5.4	6.6	6.0	6.3	7.0	25-54
4.8	5.3	4.5	3.4	3.9	3.3	1.8	4.1	4.4	4.7	55-64
0.0	0.0	1.1								65 et plus
7.1	7.6	7.5	5.3	5.7	6.3	7.5	6.7	7.4	7.8	15-64
7.1	7.6	7.5	5.3	5.6	6.2	7.4	6.6	7.4	7.8	Total
										Femmes
39.3	36.7	22.7	31.9	33.3	25.3	23.2	30.0	30.5	22.0	15-19
24.4	21.5	22.4	16.1	14.5	13.8	16.8	18.2	17.8	19.3	20-24
11.7	12.2	9.5	8.1	8.0	8.4	9.5	9.0	10.8	10.1	25-34
9.4	10.4	8.9	6.9	6.2	7.2	6.6	7.4	7.8	6.8	35-44
8.6	8.5	8.2	7.1	3.4	5.6	5.9	5.4	5.9	7.5	45-54
4.8	6.3	9.8	3.3	1.1	4.6	1.3	3.0	4.4	7.0	55-59
2.1	0.9	1.6	1.3			1.6	2.1	3.7	4.9	60-64
25.7	23.0	22.4	18.2	16.6	15.2	17.5	19.5	19.1	19.5	15-24
10.2	10.7	9.0	7.4	6.1	7.2	7.4	7.4	8.2	8.1	25-54
4.3	5.4	8.1	2.8	0.9	3.8	1.3	2.8	4.2	6.6	55-64
4.0	3.5	0.0								65 et plus
11.6	11.7	10.3	8.3	6.9	7.8	8.0	8.3	9.0	9.0	15-64
11.5	11.7	10.2	8.3	6.9	7.8	8.0	8.3	9.0	9.0	Total
										Ensemble des personnes
21.3	20.4	22.6	15.2	15.3	15.7	19.0	17.5	19.9	18.9	15-24
7.9	8.4	7.4	5.8	5.4	6.2	7.0	6.6	7.2	7.5	25-54
4.7	5.3	5.7	3.2	3.0	3.5	1.7	3.6	4.4	5.4	55-64
1.3	1.3	0.8								65 et plus
9.0	9.4	8.7	6.6	6.2	6.9	7.7	7.4	8.1	8.4	15-64

BELGIUM

IV - Professional status and breakdown by activity - ISIC Rev. 2

Thousands (mid-year estimates)

	1986	1987	1988	1989	1990	1991	1992	1993	1994	1995	1996
CIVILIAN EMPLOYMENT: PROFESSIONAL STATUS											
All activities	3 541	3 558	3 610	3 670	3 726	3 735	3 724	3 698	3 687	3 716	3 738
Employees	2 901	2 911	2 955	3 005	3 051	3 051	3 039	3 000	2 992	3 017	3 034
Employers and persons working on own account	506	512	518	526	533	539	540	550	554	557	564
Unpaid family workers	135	135	137	140	142	145	146	149	141	142	139
Agriculture, hunting, forestry and fishing	107	105	102	101	100	98	95	92	92	91	89
Employees	16	16	17	17	18	18	18	17	19	20	21
Employers and persons working on own account	72	71	68	66	64	62	59	58	56	54	52
Unpaid family workers	19	18	17	17	18	18	18	17	17	17	16
Non-agricultural activities	3 434	3 453	3 508	3 569	3 626	3 637	3 629	3 606	3 596	3 625	3 649
Employees	2 885	2 895	2 938	2 988	3 033	3 033	3 021	2 982	2 973	2 997	3 013
Employers and persons working on own account	434	441	450	460	469	477	481	492	498	503	513
Unpaid family workers	116	117	120	123	124	127	128	131	124	125	123
All activities (%)	100.0	100.0	100.0	100.0	100.0	100.0	100.0	100.0	100.0	100.0	100.0
Employees	81.9	81.8	81.9	81.9	81.9	81.7	81.6	81.1	81.1	81.2	81.2
Others	18.1	18.2	18.1	18.1	18.1	18.3	18.4	18.9	18.8	18.8	18.8
CIVILIAN EMPLOYMENT: BREAKDOWN BY ACTIVITY											
ISIC Rev. 2 Major Divisions											
1 to 0 All activities	3 541	3 558	3 610	3 670	3 726	3 735	3 724	3 698	3 689	3 717	3 738
1 Agriculture, hunting, forestry and fishing	107	105	102	101	100	98	95	94	92	91	89
2 Mining and quarrying	23	20	13	11	8	7	7	7	6	5	5
3 Manufacturing	790	771	766	779	782	771	752	721	699	695	683
4 Electricity, gas and water	31	31	31	30	30	30	29	29	29	28	28
5 Construction	204	204	212	225	236	243	245	253	257	253	251
6 Wholesale and retail trade; restaurants and hotels	589	600	616	628	634	637	634	669	680	677	675
7 Transport, storage and communication	257	254	254	253	257	259	257	242	241	245	247
8 Financing, insurance, real estate and business services	265	284	301	315	328	336	342	403	394	410	418
9 Community, social and personal services	1 229	1 241	1 267	1 279	1 300	1 305	1 315	1 232	1 241	1 263	1 290
0 Activities not adequately defined	47	49	49	49	50	50	49	48	50	50	51
EMPLOYEES: BREAKDOWN BY ACTIVITY											
ISIC Rev. 2 Major Divisions											
1 to 0 All activities	2 901	2 911	2 955	3 005	3 051	3 051	3 039	3 001	2 991	3 017	3 035
1 Agriculture, hunting, forestry and fishing	16	16	17	17	18	18	18	19	19	20	21
2 Mining and quarrying	22	20	13	11	8	7	6	6	5	5	5
3 Manufacturing	744	725	720	733	736	724	706	675	649	645	633
4 Electricity, gas and water	31	31	31	30	30	29	29	29	28	28	28
5 Construction	159	158	165	176	184	189	191	196	196	190	186
6 Wholesale and retail trade; restaurants and hotels	326	337	349	360	367	371	373	407	405	406	409
7 Transport, storage and communication	244	241	241	240	244	246	244	229	226	230	232
8 Financing, insurance, real estate and business services	207	222	235	245	253	256	257	292	295	305	308
9 Community, social and personal services	1 106	1 113	1 136	1 143	1 160	1 161	1 167	1 100	1 119	1 138	1 162
0 Activities not adequately defined	47	49	49	48	50	50	49	48	50	50	51

LABOUR FORCE STATISTICS - ISBN 9789264035539 - © OECD 2007

IV - Situation dans la profession et répartition par branches d'activités - CITI Rév. 2

Milliers (estimations au milieu de l'année)

1997	1998	1999	2000	2001	2002	2003	2004	2005	2006	
										EMPLOI CIVIL : SITUATION DANS LA PROFESSION
3 762	3 811 I	3 987	4 120	4 039	4 053	4 055	4 144	4 235	4 264	**Toutes activités**
3 062	3 118 I	3 299	3 459	3 424	3 427	3 440	3 535	3 590	3 621	Salariés
567	565 I	590	575	535	551	546	538	573	577	Employeurs et personnes travaillant à leur compte
133	128 I	98	86	80	75	68	71	72	66	Travailleurs familiaux non rémunérés
85	86 I	95	79	56	73	70	92	86	83	**Agriculture, chasse, sylviculture et pêche**
20	22 I	25	19	15	27	19	23	21	20	Salariés
50	49 I	51	43	32	36	40	52	50	50	Employeurs et personnes travaillant à leur compte
16	15 I	20	16	9	10	12	17	15	14	Travailleurs familiaux non rémunérés
3 677	3 725 I	3 892	4 041	3 983	3 980	3 985	4 052	4 149	4 181	**Activités non agricoles**
3 042	3 096 I	3 274	3 440	3 410	3 400	3 421	3 512	3 569	3 601	Salariés
517	516 I	539	532	503	515	507	486	523	527	Employeurs et personnes travaillant à leur compte
117	113 I	79	70	71	65	57	54	57	52	Travailleurs familiaux non rémunérés
100.0	100.0 I	100.0	100.0	100.0	100.0	100.0	100.0	100.0	100.0	**Toutes activités (%)**
81.4	81.8 I	82.7	84.0	84.8	84.6	84.8	85.3	84.8	84.9	Salariés
18.6	18.2 I	17.3	16.0	15.2	15.4	15.2	14.7	15.2	15.1	Autres
										EMPLOI CIVIL : RÉPARTITION PAR BRANCHES D'ACTIVITÉS
										Branches CITI Rév. 2
3 763	3 811	3 858								**1 à 0 Toutes activités**
85	86	85								1 Agriculture, chasse, sylviculture et pêche
5	5	4								2 Industries extractives
669	674	669								3 Industries manufacturières
28	28	27								4 Électricité, gaz et eau
250	250	254								5 Bâtiment et travaux publics
673	669	667								6 Commerce de gros et de détail; restaurants et hôtels
249	251	256								7 Transports, entrepôts et communications
436	449	459								8 Banques, assurances, affaires immobilières et services fournis aux entreprises
1 316	1 345	1 383								9 Services fournis à la collectivité, services sociaux et services personnels
53	54	52								0 Activités mal désignées
										SALARIÉS : RÉPARTITION PAR BRANCHES D'ACTIVITÉS
										Branches CITI Rév. 2
3 063	3 118	3 170								**1 à 0 Toutes activités**
20	22	23								1 Agriculture, chasse, sylviculture et pêche
4	4	4								2 Industries extractives
621	626	621								3 Industries manufacturières
27	28	27								4 Électricité, gaz et eau
185	184	188								5 Bâtiment et travaux publics
413	418	428								6 Commerce de gros et de détail; restaurants et hôtels
233	235	239								7 Transports, entrepôts et communications
324	336	343								8 Banques, assurances, affaires immobilières et services fournis aux entreprises
1 183	1 211	1 244								9 Services fournis à la collectivité, services sociaux et services personnels
52	54	52								0 Activités mal désignées

BELGIUM

V - Civilian employment and employees: breakdown by activity - ISIC Rev. 3

Thousands (annual average estimates)

	1986	1987	1988	1989	1990	1991	1992	1993	1994	1995	1996
CIVILIAN EMPLOYMENT: BREAKDOWN BY ACTIVITY											
A to X All activities								3 697	3 687	3 716	3 738
A Agriculture, hunting and forestry								91	89	89	87
B Fishing								2	2	2	2
C Mining and quarrying								7	6	6	5
D Manufacturing								721	699	694	683
E Electricity, gas and water supply								29	29	28	28
F Construction								253	257	253	251
G Wholesale and retail trade; repair of motor vehicles, motorcycles and personal and household goods								573	562	559	555
H Hotels and restaurants								115	117	118	120
I Transport, storage and communication								242	241	245	247
J Financial intermediation								134	133	133	132
K Real estate, renting and business activities								250	261	276	286
L Public administration and defence; compulsory social security, excluding armed forces								237	240	245	250
M Education								300	304	304	303
N Health and social work								358	360	368	376
O Other community, social and personal service activities								157	151	155	157
P Private households with employed persons								86	86	88	90
Q Extra-territorial organisations and bodies								0	0	0	0
X Not classifiable by economic activities								143	149	154	165
Breakdown by sector											
Agriculture (A-B)								93	92	91	89
Industry (C-F)								1 009	991	981	967
Services (G-Q)								2 595	2 605	2 644	2 682
Agriculture (%)								2.5	2.5	2.4	2.4
Industry (%)								27.3	26.9	26.4	25.9
Services (%)								70.2	70.7	71.1	71.8
Female participation in agriculture (%)								28.2	26.2	26.7	27.0
Female participation in industry (%)								18.3	18.4	18.3	18.2
Female participation in services (%)								51.1	51.0	51.2	51.4
EMPLOYEES: BREAKDOWN BY ACTIVITY											
A to X All activities								2 999	2 992	3 017	3 034
A Agriculture, hunting and forestry								17	18	19	20
B Fishing								1	1	1	1
C Mining and quarrying								6	6	5	5
D Manufacturing								674	649	645	634
E Electricity, gas and water supply								29	29	28	28
F Construction								196	196	191	186
G Wholesale and retail trade; repair of motor vehicles, motorcycles and personal and household goods								350	345	345	344
H Hotels and restaurants								57	60	61	64
I Transport, storage and communication								228	226	229	231
J Financial intermediation								128	126	126	124
K Real estate, renting and business activities								164	168	179	184
L Public administration and defence; compulsory social security, excluding armed forces								236	239	244	249
M Education								297	301	300	299
N Health and social work								291	295	301	307
O Other community, social and personal service activities								99	99	102	103
P Private households with employed persons								86	85	87	90
Q Extra-territorial organisations and bodies								0	0	0	0
X Not classifiable by economic activities								139	149	154	165
Breakdown by sector											
Agriculture (A-B)								18	19	20	21
Industry (C-F)								906	880	869	852
Services (G-Q)								2 075	2 094	2 128	2 161
Agriculture (%)								0.6	0.6	0.7	0.7
Industry (%)								30.2	29.4	28.8	28.1
Services (%)								69.2	70.0	70.5	71.2
Female participation in agriculture (%)								24.7	24.7	26.2	27.2
Female participation in industry (%)								18.7	18.3	18.2	18.2
Female participation in services (%)								52.3	52.3	52.6	53.0

Prior to 1999, data refer to mid-year estimates.

From 1999, data come from European Labour Force Survey.

V - Emploi civil et salariés : répartition par branches d'activités - CITI Rév. 3

Milliers (estimations de moyennes annuelles)

	1997	1998	1999	2000	2001	2002	2003	2004	2005	2006
EMPLOI CIVIL : RÉPARTITION PAR BRANCHES D'ACTIVITÉS										
A à X Toutes activités	3 762	3 810	3 987	4 120	4 039	4 053	4 055	4 144	4 235	4 264
A Agriculture, chasse et sylviculture	83	84	95	79	56	73	70	92	86	83
B Pêche	2	2	2	0	0	0	0	0	0	0
C Activités extractives	5	5	11	9	6	6	5	6	9	9
D Activités de fabrication	669	674	739	773	740	742	720	723	727	715
E Production et distribution d'électricité, de gaz et d'eau	27	28	29	30	23	32	27	33	32	35
F Construction	250	250	249	252	261	265	259	271	277	293
G Commerce de gros et de détail; réparation de véhicules et de biens domestiques	554	550	584	588	583	579	557	567	568	560
H Hôtels et restaurants	119	119	127	136	128	133	124	128	144	140
I Transports, entreposage et communications	249	251	312	311	324	313	322	302	313	320
J Intermédiation financière	130	130	164	158	154	153	147	144	162	156
K Immobilier, location et activités de services aux entreprises	305	319	288	349	352	353	382	372	369	405
L Administration publique et défense; sécurité sociale obligatoire (armée exclue)	257	259	366	413	393	390	393	431	420	422
M Education	304	307	368	348	360	328	346	382	389	376
N Santé et action sociale	383	400	452	490	478	501	521	500	517	529
O Autres activités de services collectifs, sociaux et personnels	156	157	153	145	152	167	161	162	170	172
P Ménages privés employant du personnel domestique	93	94	18	18	11	10	11	16	21	24
Q Organisations et organismes extra-territoriaux	0	0	34	23	19	8	10	14	31	25
X Ne pouvant être classés selon l'activité économique	175	181	0	0	0	0	0	0	0	0
Répartition par secteurs										
Agriculture (A-B)	85	86	97	79	56	73	70	92	86	83
Industrie (C-F)	951	956	1 028	1 064	1 029	1 045	1 010	1 034	1 046	1 053
Services (G-Q)	2 726	2 768	2 865	2 978	2 954	2 935	2 974	3 019	3 104	3 127
Agriculture (%)	2.3	2.3	2.4	1.9	1.4	1.8	1.7	2.2	2.0	2.0
Industrie (%)	25.3	25.1	25.8	25.8	25.5	25.8	24.9	24.9	24.7	24.7
Services (%)	72.5	72.7	71.8	72.3	73.1	72.4	73.4	72.8	73.3	73.3
Part des femmes dans l'agriculture (%)	27.7	27.2	34.7	26.5	28.9	25.9	26.5	30.8	31.7	28.8
Part des femmes dans l'industrie (%)	18.0	18.0	18.6	19.0	19.4	20.5	20.0	18.8	19.9	19.0
Part des femmes dans les services (%)	51.6	52.0	50.8	51.0	50.2	50.7	51.1	52.1	51.9	52.6
SALARIÉS : RÉPARTITION PAR BRANCHES D'ACTIVITÉS										
A à X Toutes activités	3 062	3 118	3 299	3 459	3 424	3 427	3 440	3 535	3 590	3 621
A Agriculture, chasse et sylviculture	19	21	25	19	15	27	19	23	21	20
B Pêche	1	1	1	0	0	0	0	0	0	0
C Activités extractives	4	4	10	9	6	6	4	6	9	9
D Activités de fabrication	620	626	697	730	700	703	678	687	682	667
E Production et distribution d'électricité, de gaz et d'eau	27	28	29	30	22	32	27	33	32	34
F Construction	185	184	181	194	193	208	196	201	212	225
G Commerce de gros et de détail; réparation de véhicules et de biens domestiques	348	352	389	382	398	405	401	409	415	417
H Hôtels et restaurants	65	66	65	72	71	82	75	74	88	86
I Transports, entreposage et communications	233	235	290	297	303	296	302	286	295	298
J Intermédiation financière	123	123	145	136	140	135	130	127	144	141
K Immobilier, location et activités de services aux entreprises	201	213	212	265	270	269	289	290	269	298
L Administration publique et défense; sécurité sociale obligatoire (armée exclue)	256	258	364	412	393	389	392	430	418	421
M Education	298	301	361	345	358	323	344	378	383	372
N Santé et action sociale	310	326	379	425	411	412	452	441	444	457
O Autres activités de services collectifs, sociaux et personnels	104	105	102	103	117	122	112	122	128	129
P Ménages privés employant du personnel domestique	92	93	17	17	10	10	10	15	21	23
Q Organisations et organismes extra-territoriaux	0	0	33	23	19	8	9	14	31	24
X Ne pouvant être classés selon l'activité économique	175	182	0	0	0	0	0	0	0	0
Répartition par secteurs										
Agriculture (A-B)	20	22	25	19	15	27	19	23	21	20
Industrie (C-F)	837	843	917	962	921	949	905	927	934	935
Services (G-Q)	2 206	2 253	2 357	2 477	2 489	2 451	2 516	2 585	2 636	2 665
Agriculture (%)	0.6	0.7	0.8	0.6	0.4	0.8	0.5	0.6	0.6	0.5
Industrie (%)	27.3	27.0	27.8	27.8	26.9	27.7	26.3	26.2	26.0	25.8
Services (%)	72.0	72.3	71.5	71.6	72.7	71.5	73.1	73.1	73.4	73.6
Part des femmes dans l'agriculture (%)	27.6	27.3	20.8	25.4	33.8	18.5	26.7	26.0	29.1	22.3
Part des femmes dans l'industrie (%)	18.0	18.0	18.9	19.5	19.6	20.5	20.4	19.6	20.6	19.5
Part des femmes dans les services (%)	53.2	53.7	52.3	52.8	51.9	52.6	52.8	54.1	54.0	54.9

Avant 1999, les données se réfèrent aux estimations au milieu de l'année.

Depuis 1999, les données proviennent de l'Enquête européenne sur les forces de travail.

CZECH REPUBLIC

I - Population

Thousands (mid-year estimates)

	1986	1987	1988	1989	1990	1991	1992	1993	1994	1995	1996
POPULATION - DISTRIBUTION BY AGE AND GENDER											
All persons											
Total	10 341	10 349	10 356	10 362	10 362	10 309	10 318	10 331	10 336	10 331	10 316
Under 15 years	2 403	2 379	2 340	2 285	2 222	2 148	2 091	2 037	1 979	1 921	1 868
From 15 to 64 years	6 707	6 723	6 749	6 793	6 844	6 851	6 904	6 957	7 006	7 044	7 066
65 years and over	1 231	1 247	1 267	1 284	1 296	1 310	1 323	1 337	1 351	1 366	1 382
Males											
Total	5 021	5 026	5 031	5 035	5 036	5 004	5 009	5 017	5 021	5 020	5 015
Under 15 years	1 230	1 218	1 198	1 169	1 137	1 100	1 071	1 044	1 014	984	957
From 15 to 64 years	3 327	3 338	3 355	3 382	3 411	3 411	3 440	3 469	3 496	3 518	3 532
65 years and over	464	470	478	484	488	493	498	504	511	518	526
Females											
Total	5 320	5 323	5 325	5 327	5 326	5 305	5 309	5 314	5 315	5 311	5 301
Under 15 years	1 173	1 161	1 142	1 116	1 085	1 048	1 020	993	965	937	911
From 15 to 64 years	3 380	3 385	3 394	3 411	3 433	3 440	3 464	3 488	3 510	3 526	3 534
65 years and over	767	777	789	800	808	817	825	833	840	848	856
POPULATION - PERCENTAGES											
All persons											
Total	100.0	100.0	100.0	100.0	100.0	100.0	100.0	100.0	100.0	100.0	100.0
Under 15 years	23.2	23.0	22.6	22.1	21.4	20.8	20.3	19.7	19.1	18.6	18.1
From 15 to 64 years	64.9	65.0	65.2	65.6	66.0	66.5	66.9	67.3	67.8	68.2	68.5
65 years and over	11.9	12.0	12.2	12.4	12.5	12.7	12.8	12.9	13.1	13.2	13.4
COMPONENTS OF CHANGE IN POPULATION											
a) Population at 1 January	10 340	10 344	10 351	10 360	10 362	10 364	10 313	10 326	10 334	10 333	10 321
b) Population at 31 December	10 344	10 351	10 360	10 362	10 364	10 313	10 326	10 334	10 333	10 321	10 309
c) Total increase (b-a)	4	6	10	2	2	-52	13	8	-1	-12	-12
d) Births	133	131	133	128	131	129	122	121	107	96	90
e) Deaths	133	127	126	128	129	124	120	118	117	118	113
f) Natural increase (d-e)	1	4	7	1	1	5	1	3	-11	-22	-22
g) Net migration	3	3	3	1	1	3	12	5	10	10	10
h) Statistical adjustments	1	0	-1	1	-1	-59	-1	0	-1	0	1
i) Total increase (=f+g+h=c)	5	6	9	3	1	-51	12	8	-2	-12	-11
(Components of change in population/ Average population) x1000											
Total increase rates	0.5	0.6	0.9	0.3	0.1	-4.9	1.2	0.8	-0.2	-1.2	-1.1
Crude birth rates	12.9	12.7	12.8	12.4	12.6	12.5	11.8	11.7	10.3	9.3	8.8
Crude death rates	12.8	12.3	12.1	12.3	12.5	12.0	11.7	11.4	11.4	11.4	10.9
Natural increase rates	0.1	0.4	0.7	0.1	0.1	0.5	0.1	0.3	-1.0	-2.1	-2.2
Net migration rates	0.3	0.3	0.2	0.1	0.1	0.3	1.1	0.5	1.0	1.0	1.0

For 2004, data refer to 1st January estimates.

LABOUR FORCE STATISTICS - ISBN 9789264035539 - © OECD 2007

RÉPUBLIQUE TCHÈQUE

I - Population

Milliers (estimations au milieu de l'année)

1997	1998	1999	2000	2001	2002	2003	2004	2005	2006	
										POPULATION - RÉPARTITION SELON L'AGE ET LE SEXE
										Ensemble des personnes
10 304	10 294	10 283	10 272	10 224	10 201	10 202	10 207	10 221	10 251	Total
1 818	1 773	1 729	1 685	1 643	1 605	1 571	1 539	1 527	1 501	Moins de 15 ans
7 090	7 113	7 138	7 165	7 168	7 180	7 211	7 240	7 259	7 293	De 15 à 64 ans
1 396	1 408	1 416	1 422	1 413	1 416	1 420	1 428	1 435	1 456	65 ans et plus
										Hommes
5 011	5 007	5 003	4 999	4 979	4 965	4 968	4 972	4 981	5 003	Total
932	909	886	864	843	823	806	790	784	771	Moins de 15 ans
3 546	3 559	3 573	3 588	3 591	3 595	3 612	3 628	3 639	3 662	De 15 à 64 ans
533	539	544	547	545	547	550	554	558	570	65 ans et plus
										Femmes
5 293	5 287	5 280	5 273	5 245	5 236	5 234	5 235	5 240	5 248	Total
886	864	843	821	800	782	765	749	743	730	Moins de 15 ans
3 544	3 554	3 565	3 577	3 577	3 585	3 599	3 612	3 620	3 631	De 15 à 64 ans
863	869	872	875	868	869	870	874	877	887	65 ans et plus
										POPULATION - POURCENTAGES
										Ensemble des personnes
100.0	100.0	100.0	100.0	100.0	100.0	100.0	100.0	100.0	100.0	Total
17.6	17.2	16.8	16.4	16.1	15.7	15.4	15.1	14.9	14.6	Moins de 15 ans
68.8	69.1	69.4	69.8	70.1	70.4	70.7	70.9	71.0	71.1	De 15 à 64 ans
13.5	13.7	13.8	13.8	13.8	13.9	13.9	14.0	14.0	14.2	65 ans et plus
										COMPOSANTES DE L'ÉVOLUTION DÉMOGRAPHIQUE
10 309	10 299	10 290	10 278	10 267	10 206	10 203	10 211	10 221	10 251	a) Population au 1er janvier
10 299	10 290	10 278	10 267	10 206	10 203	10 211	10 221	10 251	10 287	b) Population au 31 décembre
-10	-10	-12	-12	-60	-3	8	9	31	36	**c) Accroissement total (b-a)**
91	91	89	91	91	93	94	98	102	106	d) Naissances
113	110	110	109	108	108	111	101	108	104	e) Décès
-22	-19	-20	-18	-17	-15	-18	-4	-6	2	**f) Accroissement naturel (d-e)**
12	9	9	7	-9	12	26	19	36	35	g) Solde net des migrations
0	1	0	0	-35	0	-1	-6	0	-1	h) Ajustements statistiques
-10	-9	-12	-12	-61	-3	7	9	31	36	**i) Accroissement total (=f+g+h=c)**
										(Composition de l'évolution démographique/ Population moyenne) x1000
-1.0	-0.9	-1.2	-1.1	-6.0	-0.3	0.7	0.9	3.0	3.5	Taux d'accroissement total
8.8	8.8	8.7	8.8	8.9	9.1	9.2	9.6	10.0	10.3	Taux bruts de natalité
10.9	10.6	10.7	10.6	10.5	10.6	10.9	9.9	10.5	10.1	Taux bruts de mortalité
-2.1	-1.8	-2.0	-1.8	-1.7	-1.5	-1.7	-0.3	-0.6	0.2	Taux d'accroissement naturel
1.2	0.9	0.9	0.6	-0.8	1.2	2.5	1.8	3.5	3.4	Taux du solde net des migrations

Pour 2004, les données se réfèrent aux estimations du 1er janvier.

CZECH REPUBLIC

II - Labour force

Thousands (annual average estimates)

	1986	1987	1988	1989	1990	1991	1992	1993	1994	1995	1996
Total labour force											
All persons					5 034	5 039	5 018	5 094	5 148	5 171	5 173
Males					2 662	2 742	2 799	2 832	2 861	2 883	2 898
Females					2 372	2 297	2 219	2 261	2 287	2 288	2 275
Armed forces											
All persons							206	71	64	55	57
Males							174	70	63	54	56
Females							32	1	1	1	1
Civilian labour force											
All persons					5 034	5 039	4 812	5 023	5 084	5 116	5 116
Males					2 662	2 742	2 625	2 762	2 798	2 829	2 842
Females					2 372	2 297	2 187	2 260	2 286	2 287	2 274
Unemployed											
All persons					39	222	135	220	221	208	201
Males					19	95	57	97	102	98	95
Females					20	127	78	123	119	110	106
Civilian employment											
All persons	5 225	5 243	5 251	5 245	4 995	4 817	4 677	4 803	4 863	4 908	4 915
Males	2 757	2 758	2 762	2 767	2 643	2 648	2 568	2 665	2 696	2 731	2 747
Females	2 468	2 485	2 490	2 478	2 352	2 169	2 109	2 137	2 167	2 177	2 168
Civilian employment (%)											
All persons	100.0	100.0	100.0	100.0	100.0	100.0	100.0	100.0	100.0	100.0	100.0
Males	52.8	52.6	52.6	52.8	52.9	55.0	54.9	55.5	55.4	55.6	55.9
Females	47.2	47.4	47.4	47.2	47.1	45.0	45.1	44.5	44.6	44.4	44.1
Unemployment rates (% of civilian labour force)											
All persons					0.8	4.4	2.8	4.4	4.4	4.1	3.9
Males					0.7	3.5	2.2	3.5	3.7	3.5	3.4
Females					0.8	5.5	3.6	5.4	5.2	4.8	4.7
Total labour force (% of total population)											
All persons					48.6	48.9	48.6	49.3	49.8	50.0	50.1
Males					52.9	54.8	55.9	56.5	57.0	57.4	57.8
Females					44.5	43.3	41.8	42.6	43.0	43.1	42.9
Total labour force (% of population from 15-64 years)[1]											
All persons					73.6	73.6	72.7	73.2	73.5	73.4	73.2
Males					78.0	80.4	81.4	81.6	81.8	81.9	82.1
Females					69.1	66.8	64.1	64.8	65.1	64.9	64.4
Civilian employment (% of total population)											
All persons	50.5	50.7	50.7	50.6	48.2	46.7	45.3	46.5	47.0	47.5	47.6
Civilian employment (% of population from 15-64 years)											
All persons	77.9	78.0	77.8	77.2	73.0	70.3	67.7	69.0	69.4	69.7	69.6
Males	82.9	82.6	82.3	81.8	77.5	77.6	74.7	76.8	77.1	77.6	77.8
Females	73.0	73.4	73.4	72.6	68.5	63.1	60.9	61.3	61.7	61.7	61.3
Part-time employment (%)											
Part-time as % of employment								3.6	3.6	3.4	3.4
Male share of part-time employment								31.2	32.3	29.8	32.7
Female share of part-time employment								68.8	67.7	70.2	67.3
Male part-time as % of male employment								2.0	2.1	1.8	2.0
Female part-time as % of female employment								5.8	5.6	5.6	5.3
Duration of unemployment (% of total unemployment)											
Less than 1 month								17.3	14.3	11.4	11.2
More than 1 month and less than 3 months								25.3	23.8	16.9	17.2
More than 3 months and less than 6 months								20.6	20.1	18.9	19.2
More than 6 months and less than 1 year								18.4	19.6	21.7	21.1
More than 1 year								18.5	22.3	31.2	31.3

Prior to 1993, data refer to end of year estimates.

(1) Participation rates calculated according to national definitions may differ from those published in this table, when the age group represented in the labour force survey is other than 15-64 years.

II - Population active

Milliers (estimations de moyennes annuelles)

1997	1998	1999	2000	2001	2002	2003	2004	2005	2006	
										Population active totale
5 185	5 201	5 218	5 186	5 171	5 173	5 132	5 133	5 174	5 199	Ensemble des personnes
2 901	2 903	2 906	2 887	2 881	2 890	2 861	2 864	2 892	2 911	Hommes
2 284	2 298	2 313	2 299	2 290	2 283	2 272	2 268	2 282	2 288	Femmes
										Forces armées
52	48	55	56	43	35	36	23	15	17	Ensemble des personnes
51	48	54	55	42	34	35	21	13	15	Hommes
1	0	1	1	1	1	1	1	2	2	Femmes
										Population active civile
5 133	5 153	5 163	5 130	5 128	5 138	5 097	5 110	5 159	5 183	Ensemble des personnes
2 850	2 856	2 852	2 832	2 839	2 856	2 826	2 843	2 879	2 896	Hommes
2 283	2 298	2 311	2 298	2 289	2 282	2 271	2 267	2 280	2 287	Femmes
										Chômeurs
248	336	454	455	421	377	399	426	410	371	Ensemble des personnes
113	146	211	212	195	171	175	201	187	169	Hommes
136	190	243	243	226	206	224	225	223	202	Femmes
										Emploi civil
4 884	4 818	4 709	4 676	4 707	4 761	4 698	4 684	4 749	4 811	Ensemble des personnes
2 737	2 709	2 640	2 621	2 644	2 686	2 651	2 642	2 692	2 727	Hommes
2 148	2 108	2 069	2 055	2 062	2 075	2 047	2 042	2 057	2 085	Femmes
										Emploi civil (%)
100.0	100.0	100.0	100.0	100.0	100.0	100.0	100.0	100.0	100.0	Ensemble des personnes
56.0	56.2	56.1	56.0	56.2	56.4	56.4	56.4	56.7	56.7	Hommes
44.0	43.8	43.9	44.0	43.8	43.6	43.6	43.6	43.3	43.3	Femmes
										Taux de chômage (% de la population active civile)
4.8	6.5	8.8	8.9	8.2	7.3	7.8	8.3	8.0	7.2	Ensemble des personnes
4.0	5.1	7.4	7.5	6.9	6.0	6.2	7.1	6.5	5.8	Hommes
5.9	8.2	10.5	10.6	9.9	9.0	9.9	9.9	9.8	8.8	Femmes
										Population active totale (% de la population totale)
50.3	50.5	50.7	50.5	50.6	50.7	50.3	50.3	50.6	50.7	Ensemble des personnes
57.9	58.0	58.1	57.8	57.9	58.2	57.6	57.6	58.1	58.2	Hommes
43.1	43.5	43.8	43.6	43.7	43.6	43.4	43.3	43.6	43.6	Femmes
										Population active totale (% de la population de 15-64 ans)(1)
73.1	73.1	73.1	72.4	72.1	72.0	71.2	70.9	71.3	71.3	Ensemble des personnes
81.8	81.6	81.3	80.5	80.2	80.4	79.2	79.0	79.5	79.5	Hommes
64.4	64.7	64.9	64.3	64.0	63.7	63.1	62.8	63.0	63.0	Femmes
										Emploi civil (% de la population totale)
47.4	46.8	45.8	45.5	46.0	46.7	46.0	45.9	46.5	46.9	Ensemble des personnes
										Emploi civil (% de la population de 15-64 ans)
68.9	67.7	66.0	65.3	65.7	66.3	65.1	64.7	65.4	66.0	Ensemble des personnes
77.2	76.1	73.9	73.0	73.6	74.7	73.4	72.8	74.0	74.5	Hommes
60.6	59.3	58.0	57.4	57.7	57.9	56.9	56.5	56.8	57.4	Femmes
										Emploi à temps partiel (%)
3.4	3.3	3.4	3.2	3.2	2.9	3.2	3.1	3.3	3.3	Temps partiel en % de l'emploi
30.9	30.0	29.1	27.5	28.0	26.6	28.1	27.1	27.2	27.2	Part des hommes dans le temps partiel
69.1	70.0	70.9	72.5	72.0	73.4	71.9	72.9	72.8	72.8	Part des femmes dans le temps partiel
1.9	1.7	1.7	1.6	1.6	1.4	1.6	1.5	1.6	1.6	Temps partiel des hommes en % de l'emploi des hommes
5.5	5.4	5.6	5.4	5.4	4.9	5.3	5.2	5.5	5.6	Temps partiel des femmes en % de l'emploi des femmes
										Durée du chômage (% du chômage total)
10.2	9.9	6.9	5.1	5.5	5.0	5.3	5.0	5.1	4.8	Moins de 1 mois
16.8	15.6	13.0	10.7	9.7	10.8	10.6	9.5	9.2	8.1	Plus de 1 mois et moins de 3 mois
19.9	20.0	18.1	14.2	13.5	13.9	14.2	13.9	13.0	12.1	Plus de 3 mois et moins de 6 mois
22.5	23.4	24.8	21.1	18.6	19.6	20.0	19.8	19.1	19.8	Plus de 6 mois et moins de 1 an
30.5	31.2	37.1	48.8	52.7	50.7	49.9	51.8	53.6	55.2	Plus de 1 an

Avant 1993, les données se réfèrent aux estimations à la fin de l'année.

(1) Les taux d'activité calculés selon les définitions nationales peuvent être différents de ceux publiés dans ce tableau si le groupe d'âges représenté dans l'enquête de la population active est différent de 15-64 ans.

CZECH REPUBLIC

III - Participation rates and unemployment rates by age and by sex

Percent (annual average estimates)

	1986	1987	1988	1989	1990	1991	1992	1993	1994	1995	1996
PARTICIPATION RATES											
Males											
15-19								37.9	37.5	32.9	28.7
20-24								86.2	85.2	85.5	84.9
25-34								97.1	96.9	97.3	97.2
35-44								97.1	96.9	96.9	96.6
45-54								91.3	91.8	91.9	91.7
55-59								71.1	73.0	75.9	77.4
60-64								26.6	25.4	28.0	32.0
15-24								59.7	59.9	58.7	57.6
25-54								95.3	95.3	95.4	95.2
55-64								48.5	49.0	52.4	56.0
65 and over								9.4	9.9	9.1	8.9
15-64								80.3	80.4	80.6	80.7
Females											
15-19								33.1	32.1	25.5	22.2
20-24								53.8	56.9	59.1	58.2
25-34								72.0	71.8	71.6	69.2
35-44								90.6	90.9	90.6	89.5
45-54								86.0	85.5	85.7	86.4
55-59								26.0	27.7	29.7	33.0
60-64								12.3	12.9	13.3	13.6
15-24								42.4	43.7	42.0	40.7
25-54								83.4	83.2	83.0	82.1
55-64								18.8	20.0	21.4	23.4
65 and over								3.9	3.4	3.4	3.3
15-64								63.9	64.4	64.1	63.6
All persons											
15-24								51.3	52.0	50.6	49.3
25-54								89.4	89.3	89.2	88.6
55-64								32.6	33.5	35.9	38.7
65 and over								6.0	5.8	5.6	5.5
15-64								72.1	72.4	72.3	72.1
UNEMPLOYMENT RATES											
Males											
15-19								10.1	12.6	12.1	11.3
20-24								5.3	5.5	5.2	4.9
25-34								3.1	3.2	3.0	2.8
35-44								2.4	2.4	2.7	2.6
45-54								2.1	2.0	1.9	2.2
55-59								1.8	2.8	1.8	2.4
60-64								6.9	5.4	4.5	5.9
15-24								7.0	7.9	7.2	6.4
25-54								2.5	2.5	2.6	2.5
55-64								3.2	3.5	2.5	3.3
65 and over								5.3	3.2	4.4	4.2
15-64								3.4	3.6	3.4	3.3
Total								3.4	3.6	3.4	3.3
Females											
15-19								13.9	13.8	14.4	16.0
20-24								8.0	7.3	6.2	5.6
25-34								7.3	7.9	6.8	6.6
35-44								4.0	3.7	3.6	3.5
45-54								2.8	2.4	2.7	2.6
55-59								4.5	3.0	3.9	3.6
60-64								7.3	5.0	3.7	5.6
15-24								10.5	9.8	8.7	8.3
25-54								4.5	4.4	4.1	4.0
55-64								5.5	3.7	3.8	4.2
65 and over								5.4	3.2	3.8	4.2
15-64								5.4	5.2	4.8	4.7
Total								5.4	5.2	4.8	4.7
All persons											
15-24								8.4	8.7	7.8	7.2
25-54								3.4	3.4	3.3	3.2
55-64								3.9	3.5	2.9	3.6
65 and over								5.4	3.2	4.2	4.2
15-64								4.3	4.3	4.0	3.9

III - Taux d'activité et taux de chômage par âge et par sexe

Pourcentage (estimations de moyennes annuelles)

1997	1998	1999	2000	2001	2002	2003	2004	2005	2006	
										TAUX D'ACTIVITÉ
										Hommes
25.9	25.5	22.8	16.0	12.9	11.3	10.4	9.6	10.1	10.0	15-19
82.4	80.5	78.9	79.4	76.9	73.1	70.1	67.6	65.5	63.6	20-24
96.8	97.0	96.6	96.0	96.1	95.8	95.7	95.4	95.4	94.8	25-34
96.8	96.3	96.5	96.8	96.7	96.7	95.8	96.3	96.4	97.2	35-44
92.2	92.2	92.4	92.3	92.2	92.2	91.9	92.0	92.6	92.6	45-54
77.9	75.3	76.9	75.8	76.9	79.6	80.0	81.4	82.8	83.2	55-59
30.3	28.9	27.3	24.5	24.1	30.0	31.2	30.9	34.4	36.1	60-64
56.1	55.7	54.2	51.3	48.2	44.8	42.1	40.0	38.7	37.7	15-24
95.2	95.1	95.1	94.9	95.0	94.9	94.5	94.6	94.8	94.8	25-54
56.3	55.1	56.2	54.5	55.0	59.4	59.9	60.1	62.2	62.7	55-64
8.7	8.2	7.2	6.8	6.8	6.6	6.6	6.0	6.3	6.7	65 et plus
80.5	80.3	80.2	79.4	79.0	78.9	78.2	77.9	78.4	78.2	15-64
										Femmes
19.8	19.6	18.1	13.9	10.1	8.5	8.4	7.7	7.6	6.8	15-19
57.9	60.3	60.8	61.8	60.7	57.8	56.4	53.2	48.5	50.1	20-24
69.4	70.8	70.1	70.1	69.1	68.6	68.5	68.2	69.3	68.2	25-34
89.5	88.9	89.9	89.0	89.6	89.3	88.3	88.8	88.5	88.4	35-44
86.6	85.7	86.0	86.6	87.4	87.8	87.9	88.0	89.3	89.8	45-54
34.6	32.8	32.9	32.6	33.3	37.9	42.1	45.5	49.0	51.1	55-59
14.1	13.3	13.6	11.9	13.1	13.0	13.7	13.0	12.9	13.1	60-64
40.2	42.1	42.1	40.6	38.0	35.3	34.0	31.5	28.8	29.1	15-24
82.1	81.9	82.0	81.8	81.8	81.4	81.0	80.9	81.6	81.3	25-54
24.9	23.9	24.4	23.7	24.6	27.3	30.0	31.3	33.1	34.0	55-64
2.9	2.6	2.9	2.4	2.2	2.3	2.3	2.3	2.3	2.5	65 et plus
63.7	64.0	64.1	63.7	63.2	62.8	62.5	62.2	62.4	62.3	15-64
										Ensemble des personnes
48.3	49.1	48.3	46.1	43.2	40.1	38.1	35.8	33.9	33.5	15-24
88.7	88.5	88.6	88.4	88.4	88.2	87.8	87.8	88.3	88.1	25-54
39.7	38.6	39.4	38.2	39.0	42.5	44.2	45.1	47.0	47.7	55-64
5.1	4.8	4.6	4.1	4.0	4.0	3.9	3.7	3.9	4.1	65 et plus
72.1	72.2	72.2	71.6	71.1	70.9	70.4	70.1	70.4	70.3	15-64
										TAUX DE CHÔMAGE
										Hommes
13.8	21.9	29.4	30.2	32.9	30.0	33.6	40.3	44.5	38.3	15-19
5.7	7.8	12.8	14.5	13.7	13.1	14.4	18.6	15.8	13.4	20-24
3.4	4.5	6.4	6.3	5.9	5.0	5.3	5.6	5.3	5.1	25-34
3.4	3.9	5.5	5.6	5.4	4.6	4.5	5.4	4.7	3.9	35-44
2.7	3.5	5.6	5.9	5.2	5.1	5.2	5.9	5.9	5.1	45-54
2.5	3.5	4.7	5.2	4.5	3.8	4.3	5.5	5.3	5.8	55-59
4.9	3.9	4.3	4.1	3.9	2.5	3.0	2.7	2.0	3.1	60-64
7.5	10.7	15.9	16.7	16.0	15.1	16.6	21.1	19.4	16.6	15-24
3.2	3.9	5.9	6.0	5.5	4.9	5.0	5.6	5.3	4.7	25-54
3.1	3.6	4.6	5.0	4.4	3.5	4.0	4.9	4.5	5.1	55-64
3.5	4.6	4.3	2.0	3.4	3.5	3.8	2.4	2.8	2.1	65 et plus
3.9	5.0	7.3	7.4	6.8	5.9	6.1	7.1	6.5	5.9	15-64
3.9	5.0	7.3	7.3	6.8	5.9	6.1	7.0	6.5	5.8	Total
										Femmes
20.3	29.5	35.0	37.6	43.2	43.9	44.7	44.0	42.1	39.2	15-19
7.3	10.9	14.7	13.8	13.8	14.0	15.4	16.3	15.7	16.0	20-24
8.4	10.6	13.8	13.6	12.6	10.9	11.5	11.8	11.3	9.3	25-34
4.5	6.7	8.6	8.7	8.6	7.8	9.1	8.6	8.6	8.0	35-44
3.8	5.3	7.1	8.0	6.9	6.8	7.7	7.8	8.3	7.8	45-54
3.6	3.3	4.5	5.2	5.2	4.4	5.9	6.7	6.5	6.3	55-59
6.7	7.7	6.7	6.4	7.5	7.0	2.3	3.6	5.2	2.6	60-64
10.3	14.8	18.5	17.4	17.3	17.3	18.8	19.5	19.1	18.6	15-24
5.3	7.3	9.5	9.9	9.1	8.3	9.3	9.3	9.3	8.3	25-54
4.5	4.4	5.1	5.4	5.8	4.9	5.2	6.2	6.3	5.6	55-64
3.5	8.9	7.0	4.6	6.5	4.6	3.6	2.0	3.4	3.7	65 et plus
6.0	8.2	10.5	10.6	9.9	9.1	9.9	10.0	9.8	8.9	15-64
5.9	8.2	10.5	10.6	9.9	9.0	9.9	9.9	9.8	8.8	Total
										Ensemble des personnes
8.6	12.4	17.0	17.0	16.6	16.0	17.6	20.4	19.3	17.5	15-24
4.1	5.5	7.5	7.7	7.2	6.5	7.0	7.3	7.1	6.4	25-54
3.6	3.8	4.8	5.2	4.9	4.0	4.4	5.4	5.2	5.3	55-64
3.5	6.1	5.4	2.9	4.5	3.9	3.7	2.3	3.0	2.7	65 et plus
4.8	6.5	8.7	8.8	8.2	7.3	7.8	8.4	8.0	7.2	15-64

CZECH REPUBLIC

IV - Professional status and breakdown by activity - ISIC Rev. 2

Thousands (annual average estimates)

	1986	1987	1988	1989	1990	1991	1992	1993	1994	1995	1996
CIVILIAN EMPLOYMENT: PROFESSIONAL STATUS											
All activities	5 225	5 243	5 251	5 245	4 995	4 817	4 677	4 803	4 863	4 908	4 915
Employees							3 540	4 349	4 347	4 319	4 312
Employers and persons working on own account								439	495	562	580
Unpaid family workers								14	20	26	22
Agriculture, hunting, forestry and fishing	627	629	628	625	613	484	375	374	338	326	305
Employees							349	346	304	284	262
Employers and persons working on own account								26	31	38	40
Unpaid family workers								2	3	4	4
Non-agricultural activities	4 598	4 614	4 623	4 620	4 382	4 333	4 302	4 428	4 525	4 582	4 609
Employees							3 191	4 003	4 043	4 036	4 050
Employers and persons working on own account								412	464	524	540
Unpaid family workers								13	18	22	19
All activities (%)	100.0	100.0	100.0	100.0	100.0	100.0	100.0	100.0	100.0	100.0	100.0
Employees							75.7	90.6	89.4	88.0	87.7
Others								9.4	10.6	12.0	12.3
CIVILIAN EMPLOYMENT: BREAKDOWN BY ACTIVITY[1]											
ISIC Rev. 2 Major Divisions											
1 to 0 All activities	5 225	5 243	5 251	5 245	4 995	4 817	4 677	4 861	4 932	4 927	4 916
1 Agriculture, hunting, forestry and fishing	627	629	628	625	613	484	375	383	345	326	308
2 Mining and quarrying	194	196	198	196	186	168	116	128	100	97	89
3 Manufacturing	1 824	1 825	1 815	1 804	1 663	1 588	1 519	1 471	1 466	1 424	1 410
4 Electricity, gas and water	72	73	74	75	77	73	89	100	97	102	100
5 Construction	398	399	401	395	349	384	387	425	455	454	467
6 Wholesale and retail trade; restaurants and hotels	590	592	595	593	582	575	634	664	740	775	792
7 Transport, storage and communication	340	342	341	342	335	363	354	390	374	382	388
8 Financing, insurance, real estate and business services	379	376	377	382	353	360	350	282	319	336	350
9 Community, social and personal services	801	811	823	831	837	823	853	1 018	1 034	1 028	1 009
0 Activities not adequately defined	0	0	0	0	0	0	0	0	2	2	3
EMPLOYEES: BREAKDOWN BY ACTIVITY[1]											
ISIC Rev. 2 Major Divisions											
1 to 0 All activities							3 540	4 421	4 429	4 343	4 314
1 Agriculture, hunting, forestry and fishing							349	355	313	285	264
2 Mining and quarrying							116	128	99	96	88
3 Manufacturing							1 238	1 404	1 390	1 341	1 330
4 Electricity, gas and water							91	97	93	97	97
5 Construction							206	355	376	367	373
6 Wholesale and retail trade; restaurants and hotels							226	525	577	583	593
7 Transport, storage and communication							304	360	341	347	352
8 Financing, insurance, real estate and business services							200	227	253	254	262
9 Community, social and personal services							810	970	985	969	952
0 Activities not adequately defined							0	0	2	2	2

Prior to 1993, data refer to end of year estimates.

(1) Data broken down by activity (civilian employment and employees) have not been revised nor updated due to a change by the country from ISIC Rev. 2 to ISIC Rev.3.

IV - Situation dans la profession et répartition par branches d'activités - CITI Rév. 2

Milliers (estimations de moyennes annuelles)

1997	1998	1999	2000	2001	2002	2003	2004	2005	2006	
										EMPLOI CIVIL : SITUATION DANS LA PROFESSION
4 884	4 818	4 709	4 676	4 707	4 761	4 698	4 684	4 749	4 811	**Toutes activités**
4 277	4 155	4 024	3 966	3 989	3 993	3 886	3 892	3 986	4 031	Salariés
587	640	660	682	689	738	778	761	728	747	Employeurs et personnes travaillant à leur compte
20	23	25	27	28	29	33	31	35	32	Travailleurs familiaux non rémunérés
284	267	247	241	225	228	213	202	189	182	**Agriculture, chasse, sylviculture et pêche**
244	226	207	200	187	190	170	161	152	146	Salariés
38	39	38	39	36	36	39	38	34	32	Employeurs et personnes travaillant à leur compte
3	3	2	1	3	3	5	3	4	3	Travailleurs familiaux non rémunérés
4 600	4 551	4 462	4 435	4 481	4 533	4 484	4 482	4 560	4 630	**Activités non agricoles**
4 033	3 929	3 817	3 766	3 802	3 804	3 716	3 731	3 834	3 885	Salariés
549	601	622	643	654	703	739	723	695	714	Employeurs et personnes travaillant à leur compte
17	20	23	25	25	26	28	28	31	29	Travailleurs familiaux non rémunérés
100.0	100.0	100.0	100.0	100.0	100.0	100.0	100.0	100.0	100.0	**Toutes activités (%)**
87.6	86.2	85.5	84.8	84.8	83.9	82.7	83.1	83.9	83.8	Salariés
12.4	13.8	14.5	15.2	15.2	16.1	17.3	16.9	16.1	16.2	Autres
										EMPLOI CIVIL : RÉPARTITION PAR BRANCHES D'ACTIVITÉS[1]
										Branches CITI Rév. 2
4 951	5 156									**1 à 0 Toutes activités**
288	286									1 Agriculture, chasse, sylviculture et pêche
90	92									2 Industries extractives
1 390	1 435									3 Industries manufacturières
93	100									4 Électricité, gaz et eau
486	505									5 Bâtiment et travaux publics
835	872									6 Commerce de gros et de détail; restaurants et hôtels
387	405									7 Transports, entrepôts et communications
354	372									8 Banques, assurances, affaires immobilières et services fournis aux entreprises
1 024	1 089									9 Services fournis à la collectivité, services sociaux et services personnels
4	0									0 Activités mal désignées
										SALARIÉS : RÉPARTITION PAR BRANCHES D'ACTIVITÉS[1]
										Branches CITI Rév. 2
4 338	4 449									**1 à 0 Toutes activités**
247	242									1 Agriculture, chasse, sylviculture et pêche
89	90									2 Industries extractives
1 306	1 340									3 Industries manufacturières
91	96									4 Électricité, gaz et eau
383	372									5 Bâtiment et travaux publics
641	660									6 Commerce de gros et de détail; restaurants et hôtels
353	362									7 Transports, entrepôts et communications
262	277									8 Banques, assurances, affaires immobilières et services fournis aux entreprises
963	1 007									9 Services fournis à la collectivité, services sociaux et services personnels
2	1									0 Activités mal désignées

Avant 1993, les données se réfèrent aux estimations à la fin de l'année.

(1) Les données concernant la répartition par branches d'activités (emploi civil et salariés) n'ont pas été révisées ni mises à jour en raison du passage par le pays de la CITI Rév. 2 à la CITI Rév.3.

CZECH REPUBLIC

V - Civilian employment and employees: breakdown by activity - ISIC Rev. 3

Thousands (annual average estimates)

	1986	1987	1988	1989	1990	1991	1992	1993	1994	1995	1996
CIVILIAN EMPLOYMENT: BREAKDOWN BY ACTIVITY											
A to X All activities								4 803	4 863	4 908	4 915
A Agriculture, hunting and forestry								371	335	323	303
B Fishing								3	2	2	3
C Mining and quarrying								125	97	95	89
D Manufacturing								1 444	1 428	1 421	1 407
E Electricity, gas and water supply								99	98	102	100
F Construction								423	451	455	467
G Wholesale and retail trade; repair of motor vehicles, motorcycles and personal and household goods								510	589	619	640
H Hotels and restaurants								149	149	154	156
I Transport, storage and communication								388	370	382	388
J Financial intermediation								68	81	91	95
K Real estate, renting and business activities								220	242	245	256
L Public administration and defence; compulsory social security, excluding armed forces								240	263	252	256
M Education								315	311	309	311
N Health and social work								282	279	283	273
O Other community, social and personal service activities								163	163	170	166
P Private households with employed persons								1	1	1	2
Q Extra-territorial organisations and bodies								1	1	1	2
X Not classifiable by economic activities								0	2	2	2
Breakdown by sector											
Agriculture (A-B)								374	338	326	305
Industry (C-F)								2 091	2 075	2 073	2 064
Services (G-Q)								2 337	2 448	2 507	2 543
Agriculture (%)								7.8	6.9	6.6	6.2
Industry (%)								43.5	42.7	42.2	42.0
Services (%)								48.7	50.3	51.1	51.8
Female participation in agriculture (%)								35.8	36.6	36.5	34.5
Female participation in industry (%)								33.3	32.9	32.3	31.9
Female participation in services (%)								55.9	55.6	55.3	55.2
EMPLOYEES: BREAKDOWN BY ACTIVITY											
A to X All activities								4 349	4 347	4 319	4 312
A Agriculture, hunting and forestry								344	303	282	260
B Fishing								3	2	2	2
C Mining and quarrying								124	96	94	88
D Manufacturing								1 375	1 351	1 339	1 326
E Electricity, gas and water supply								96	94	97	97
F Construction								352	371	367	373
G Wholesale and retail trade; repair of motor vehicles, motorcycles and personal and household goods								390	444	454	469
H Hotels and restaurants								124	126	125	127
I Transport, storage and communication								358	337	347	353
J Financial intermediation								67	79	86	89
K Real estate, renting and business activities								164	176	169	174
L Public administration and defence; compulsory social security, excluding armed forces								237	260	250	253
M Education								311	307	304	307
N Health and social work								270	265	263	254
O Other community, social and personal service activities								134	133	138	135
P Private households with employed persons								0	0	1	2
Q Extra-territorial organisations and bodies								1	1	1	2
X Not classifiable by economic activities								0	2	2	2
Breakdown by sector											
Agriculture (A-B)								346	304	284	262
Industry (C-F)								1 948	1 913	1 897	1 884
Services (G-Q)								2 055	2 128	2 137	2 165
Agriculture (%)								8.0	7.0	6.6	6.1
Industry (%)								44.8	44.0	43.9	43.7
Services (%)								47.3	49.0	49.5	50.2
Female participation in agriculture (%)								36.8	38.3	38.5	36.6
Female participation in industry (%)								34.5	34.2	33.9	33.6
Female participation in services (%)								58.7	58.7	58.4	58.6

V - Emploi civil et salariés : répartition par branches d'activités - CITI Rév. 3

Milliers (estimations de moyennes annuelles)

	1997	1998	1999	2000	2001	2002	2003	2004	2005	2006
EMPLOI CIVIL : RÉPARTITION PAR BRANCHES D'ACTIVITÉS										
A à X Toutes activités	4 884	4 818	4 709	4 676	4 707	4 761	4 698	4 684	4 749	4 811
A Agriculture, chasse et sylviculture	281	264	244	238	222	226	211	201	186	178
B Pêche	3	3	3	3	3	2	2	2	4	3
C Activités extractives	89	86	77	70	68	62	53	59	49	55
D Activités de fabrication	1 369	1 341	1 308	1 282	1 315	1 326	1 294	1 274	1 296	1 362
E Production et distribution d'électricité, de gaz et d'eau	92	93	84	77	88	84	77	76	77	77
F Construction	481	472	443	439	430	429	439	436	459	436
G Commerce de gros et de détail; réparation de véhicules et de biens domestiques	659	646	641	613	608	624	628	631	615	614
H Hôtels et restaurants	166	169	157	156	159	172	171	175	182	187
I Transports, entreposage et communications	381	378	371	373	364	370	359	364	360	361
J Intermédiation financière	97	100	99	100	102	96	96	94	97	92
K Immobilier, location et activités de services aux entreprises	252	248	257	266	258	271	285	282	288	321
L Administration publique et défense; sécurité sociale obligatoire (armée exclue)	269	275	281	287	298	293	296	300	318	309
M Education	306	289	287	299	302	311	288	279	297	288
N Santé et action sociale	272	268	277	291	306	306	307	324	328	330
O Autres activités de services collectifs, sociaux et personnels	161	183	176	175	179	181	185	184	190	193
P Ménages privés employant du personnel domestique	1	1	2	2	1	3	4	3	2	2
Q Organisations et organismes extra-territoriaux	2	2	2	2	1	1	1	1	1	1
X Ne pouvant être classés selon l'activité économique	2	1	1	2	3	4	1	1	2	2
Répartition par secteurs										
Agriculture (A-B)	284	267	247	241	225	228	213	202	189	182
Industrie (C-F)	2 031	1 992	1 912	1 868	1 901	1 901	1 863	1 845	1 880	1 929
Services (G-Q)	2 567	2 558	2 548	2 564	2 578	2 628	2 620	2 636	2 677	2 698
Agriculture (%)	5.8	5.5	5.3	5.1	4.8	4.8	4.5	4.3	4.0	3.8
Industrie (%)	41.6	41.3	40.6	40.0	40.4	39.9	39.7	39.4	39.6	40.1
Services (%)	52.5	53.1	54.1	54.8	54.8	55.2	55.8	56.3	56.4	56.1
Part des femmes dans l'agriculture (%)	32.9	32.9	32.1	31.7	30.0	31.1	30.8	30.6	30.7	32.0
Part des femmes dans l'industrie (%)	30.8	30.6	30.3	30.2	30.7	30.0	29.6	29.5	29.0	29.2
Part des femmes dans les services (%)	55.6	55.2	55.3	55.1	54.7	54.5	54.5	54.5	54.3	54.2
SALARIÉS : RÉPARTITION PAR BRANCHES D'ACTIVITÉS										
A à X Toutes activités	4 277	4 155	4 024	3 966	3 989	3 993	3 886	3 892	3 986	4 031
A Agriculture, chasse et sylviculture	241	224	205	198	185	188	168	160	149	144
B Pêche	3	2	2	2	2	2	2	2	3	3
C Activités extractives	88	85	76	69	67	61	52	58	48	53
D Activités de fabrication	1 286	1 252	1 215	1 195	1 221	1 226	1 191	1 177	1 199	1 255
E Production et distribution d'électricité, de gaz et d'eau	89	90	78	74	85	80	71	72	73	73
F Construction	378	347	313	301	284	275	272	270	291	279
G Commerce de gros et de détail; réparation de véhicules et de biens domestiques	495	477	462	436	442	445	447	451	460	468
H Hôtels et restaurants	139	139	127	122	126	132	132	136	144	149
I Transports, entreposage et communications	347	339	331	330	323	327	314	319	315	310
J Intermédiation financière	90	91	89	87	84	78	78	74	77	71
K Immobilier, location et activités de services aux entreprises	168	169	172	175	168	173	178	181	187	206
L Administration publique et défense; sécurité sociale obligatoire (armée exclue)	267	273	279	285	294	288	292	295	313	304
M Education	303	284	280	292	294	301	278	269	287	278
N Santé et action sociale	253	245	255	267	281	282	278	294	298	299
O Autres activités de services collectifs, sociaux et personnels	126	136	133	128	130	129	128	132	137	137
P Ménages privés employant du personnel domestique	1	1	2	2	1	3	3	3	2	2
Q Organisations et organismes extra-territoriaux	2	1	1	2	1	1	1	1	1	1
X Ne pouvant être classés selon l'activité économique	2	1	1	2	2	2	1	0	2	2
Répartition par secteurs										
Agriculture (A-B)	244	226	207	200	187	190	170	161	152	146
Industrie (C-F)	1 841	1 773	1 683	1 640	1 657	1 642	1 586	1 576	1 611	1 660
Services (G-Q)	2 190	2 155	2 133	2 125	2 143	2 160	2 130	2 154	2 222	2 223
Agriculture (%)	5.7	5.4	5.1	5.0	4.7	4.7	4.4	4.1	3.8	3.6
Industrie (%)	43.0	42.7	41.8	41.3	41.5	41.1	40.8	40.5	40.4	41.2
Services (%)	51.2	51.9	53.0	53.6	53.7	54.1	54.8	55.3	55.7	55.1
Part des femmes dans l'agriculture (%)	35.0	35.0	34.5	34.2	32.1	32.9	33.2	33.5	33.1	34.7
Part des femmes dans l'industrie (%)	32.6	32.8	32.9	32.8	33.3	33.1	33.0	32.8	32.3	32.3
Part des femmes dans les services (%)	58.9	58.2	58.3	58.3	57.8	57.8	57.9	57.9	57.2	57.1

DENMARK

I - Population

Thousands (mid-year estimates)

	1986	1987	1988	1989	1990	1991	1992	1993	1994	1995	1996
POPULATION - DISTRIBUTION BY AGE AND GENDER											
All persons											
Total	5 121	5 127	5 130	5 133	5 141	5 154	5 171	5 189	5 206	5 233	5 263
Under 15 years	927	910	895	885	877	874	879	886	895	910	928
From 15 to 64 years	3 413	3 429	3 441	3 450	3 463	3 477	3 489	3 501	3 511	3 526	3 541
65 years and over	781	788	793	798	801	803	804	802	800	797	794
Males											
Total	2 523	2 527	2 528	2 529	2 533	2 540	2 550	2 559	2 568	2 583	2 599
Under 15 years	473	465	458	453	449	447	450	454	458	466	476
From 15 to 64 years	1 726	1 736	1 742	1 747	1 754	1 762	1 768	1 775	1 780	1 787	1 794
65 years and over	324	327	328	330	331	331	331	331	330	329	328
Females											
Total	2 597	2 600	2 601	2 603	2 607	2 614	2 622	2 630	2 638	2 651	2 664
Under 15 years	453	445	438	432	428	427	429	432	437	444	453
From 15 to 64 years	1 687	1 693	1 699	1 703	1 709	1 715	1 721	1 726	1 731	1 739	1 746
65 years and over	457	462	465	468	470	472	472	471	470	468	466
POPULATION - PERCENTAGES											
All persons											
Total	100.0	100.0	100.0	100.0	100.0	100.0	100.0	100.0	100.0	100.0	100.0
Under 15 years	18.1	17.7	17.5	17.2	17.1	17.0	17.0	17.1	17.2	17.4	17.6
From 15 to 64 years	66.6	66.9	67.1	67.2	67.4	67.5	67.5	67.5	67.4	67.4	67.3
65 years and over	15.3	15.4	15.5	15.6	15.6	15.6	15.5	15.5	15.4	15.2	15.1
COMPONENTS OF CHANGE IN POPULATION											
a) Population at 1 January	5 116	5 125	5 130	5 130	5 135	5 146	5 162	5 181	5 197	5 216	5 251
b) Population at 31 December	5 125	5 130	5 130	5 135	5 146	5 162	5 181	5 197	5 216	5 251	5 275
c) Total increase (b-a)	9	5	0	5	11	16	19	16	19	35	24
d) Births	55	56	59	61	63	64	68	67	70	70	68
e) Deaths	58	58	59	59	61	60	61	63	61	63	61
f) Natural increase (d-e)	-3	-2	0	2	2	4	7	4	9	7	7
g) Net migration	11	6	1	3	8	11	11	11	10	29	17
h) Statistical adjustments	1	1	-1	0	1	1	1	1	0	-1	0
i) Total increase (=f+g+h=c)	9	5	0	5	11	16	19	16	19	35	24
(Components of change in population/ Average population) x1000											
Total increase rates	1.8	1.0	0.0	1.0	2.1	3.1	3.7	3.1	3.6	6.7	4.5
Crude birth rates	10.7	10.9	11.5	11.9	12.3	12.4	13.1	12.9	13.4	13.4	12.9
Crude death rates	11.3	11.3	11.5	11.5	11.9	11.6	11.8	12.1	11.7	12.0	11.6
Natural increase rates	-0.6	-0.4	0.0	0.4	0.4	0.8	1.4	0.8	1.7	1.3	1.3
Net migration rates	2.1	1.2	0.2	0.6	1.6	2.1	2.1	2.1	1.9	5.5	3.2

DANEMARK

I - Population

Milliers (estimations au milieu de l'année)

	1997	1998	1999	2000	2001	2002	2003	2004	2005	2006
POPULATION - RÉPARTITION SELON L'AGE ET LE SEXE										
Ensemble des personnes										
Total	5 285	5 304	5 322	5 340	5 359	5 374	5 387	5 401	5 416	5 435
Moins de 15 ans	945	960	974	988	1 000	1 009	1 014	1 017	1 017	1 014
De 15 à 64 ans	3 548	3 553	3 557	3 561	3 566	3 569	3 571	3 575	3 581	3 592
65 ans et plus	792	791	790	791	793	797	802	809	818	829
Hommes										
Total	2 610	2 621	2 630	2 639	2 649	2 657	2 665	2 672	2 680	2 690
Moins de 15 ans	484	492	500	507	513	517	520	521	521	519
De 15 à 64 ans	1 798	1 800	1 801	1 802	1 804	1 804	1 805	1 806	1 808	1 813
65 ans et plus	328	328	329	330	333	336	340	345	351	358
Femmes										
Total	2 675	2 684	2 692	2 700	2 710	2 717	2 723	2 729	2 736	2 744
Moins de 15 ans	460	468	474	481	487	491	494	496	496	495
De 15 à 64 ans	1 750	1 753	1 756	1 758	1 762	1 764	1 766	1 769	1 773	1 779
65 ans et plus	464	463	462	461	461	461	462	464	467	471
POPULATION - POURCENTAGES										
Ensemble des personnes										
Total	100.0	100.0	100.0	100.0	100.0	100.0	100.0	100.0	100.0	100.0
Moins de 15 ans	17.9	18.1	18.3	18.5	18.7	18.8	18.8	18.8	18.8	18.7
De 15 à 64 ans	67.1	67.0	66.8	66.7	66.5	66.4	66.3	66.2	66.1	66.1
65 ans et plus	15.0	14.9	14.9	14.8	14.8	14.8	14.9	15.0	15.1	15.3
COMPOSANTES DE L'ÉVOLUTION DÉMOGRAPHIQUE										
a) Population au 1er janvier	5 275	5 295	5 314	5 330	5 349	5 368	5 384	5 398	5 411	5 427
b) Population au 31 décembre	5 295	5 314	5 330	5 349	5 368	5 384	5 398	5 411	5 427	5 447
c) Accroissement total (b-a)	20	19	16	19	19	16	14	13	16	20
d) Naissances	68	66	66	67	65	64	65	64	64	65
e) Décès	60	58	59	58	58	59	58	56	55	56
f) Accroissement naturel (d-e)	8	8	7	9	7	5	7	8	9	9
g) Solde net des migrations	12	11	9	9	12	9	6	5	7	10
h) Ajustements statistiques	0	0	0	1	0	2	1	0	0	0
i) Accroissement total (=f+g+h=c)	20	19	16	19	19	16	14	13	16	20
(Composition de l'évolution démographique/ Population moyenne) x1000										
Taux d'accroissement total	3.7	3.5	3.1	3.6	3.5	3.0	2.6	2.4	3.0	3.6
Taux bruts de natalité	12.8	12.5	12.4	12.5	12.1	11.9	12.1	11.8	11.9	12.0
Taux bruts de mortalité	11.3	11.0	11.1	10.9	10.8	11.0	10.8	10.4	10.2	10.2
Taux d'accroissement naturel	1.5	1.4	1.3	1.7	1.3	0.9	1.3	1.5	1.7	1.7
Taux du solde net des migrations	2.3	2.1	1.7	1.7	2.2	1.7	1.1	0.9	1.2	1.8

DENMARK

II - Labour force

Thousands (annual average estimates)

	1986	1987	1988	1989	1990	1991	1992	1993	1994	1995	1996
Total labour force											
All persons	2 816	2 831	2 881	2 879	2 912	2 912	2 914	2 893	2 777	2 798	2 822
Males	1 526	1 531	1 564	1 564	1 571	1 559	1 555	1 542	1 499	1 519	1 528
Females	1 290	1 301	1 318	1 316	1 341	1 353	1 359	1 351	1 278	1 279	1 293
Armed forces											
All persons	32	33	35	35	34	34	35	35	47	36	34
Males	26	28	29	29	28	28	28	27	37	29	29
Females	6	5	6	6	6	7	6	8	10	7	5
Civilian labour force											
All persons	2 784	2 799	2 846	2 844	2 878	2 878	2 879	2 858	2 730	2 763	2 788
Males	1 500	1 503	1 535	1 534	1 543	1 531	1 527	1 515	1 462	1 490	1 499
Females	1 284	1 296	1 311	1 310	1 336	1 346	1 352	1 343	1 268	1 272	1 289
Unemployed											
All persons	154	153	186	234	242	265	262	309	222	197	195
Males	62	73	90	117	121	129	128	159	107	93	88
Females	92	79	96	117	120	135	134	150	115	104	107
Civilian employment											
All persons	2 630	2 646	2 660	2 610	2 638	2 612	2 613	2 552	2 508	2 566	2 593
Males	1 438	1 430	1 445	1 417	1 422	1 402	1 396	1 359	1 355	1 398	1 411
Females	1 192	1 217	1 215	1 193	1 216	1 210	1 217	1 193	1 153	1 168	1 182
Civilian employment (%)											
All persons	100.0	100.0	100.0	100.0	100.0	100.0	100.0	100.0	100.0	100.0	100.0
Males	54.7	54.0	54.3	54.3	53.9	53.7	53.4	53.3	54.0	54.5	54.4
Females	45.3	46.0	45.7	45.7	46.1	46.3	46.6	46.7	46.0	45.5	45.6
Unemployment rates (% of civilian labour force)											
All persons	5.5	5.5	6.5	8.2	8.4	9.2	9.1	10.8	8.1	7.1	7.0
Males	4.1	4.9	5.9	7.6	7.8	8.4	8.4	10.5	7.3	6.2	5.9
Females	7.2	6.1	7.3	8.9	9.0	10.0	9.9	11.2	9.1	8.2	8.3
Total labour force (% of total population)											
All persons	55.0	55.2	56.2	56.1	56.6	56.5	56.3	55.8	53.3	53.5	53.6
Males	60.5	60.6	61.9	61.8	62.0	61.4	61.0	60.3	58.4	58.8	58.8
Females	49.7	50.0	50.7	50.6	51.4	51.8	51.8	51.4	48.4	48.3	48.5
Total labour force (% of population from 15-64 years)[(1)]											
All persons	82.5	82.6	83.7	83.5	84.1	83.8	83.5	82.6	79.1	79.4	79.7
Males	88.4	88.2	89.8	89.5	89.6	88.5	87.9	86.9	84.2	85.0	85.2
Females	76.5	76.8	77.6	77.3	78.5	78.9	79.0	78.3	73.8	73.6	74.1
Civilian employment (% of total population)											
All persons	51.4	51.6	51.9	50.9	51.3	50.7	50.5	49.2	48.2	49.0	49.3
Civilian employment (% of population from 15-64 years)											
All persons	77.1	77.2	77.3	75.7	76.2	75.1	74.9	72.9	71.4	72.8	73.2
Males	83.3	82.4	82.9	81.1	81.1	79.6	78.9	76.6	76.1	78.2	78.6
Females	70.7	71.9	71.5	70.1	71.2	70.5	70.7	69.1	66.6	67.2	67.7
Part-time employment (%)											
Part-time as % of employment	19.6	19.9	19.0	18.9	19.2	18.7	18.9	19.0	17.3	16.9	16.6
Male share of part-time employment	23.9	25.1	24.8	25.7	28.9	29.0	29.0	29.8	30.6	31.9	33.9
Female share of part-time employment	76.1	74.9	75.2	74.3	71.1	71.0	71.0	70.2	69.4	68.1	66.1
Male part-time as % of male employment	8.6	9.2	8.6	8.9	10.2	10.1	10.2	10.6	9.8	9.7	10.2
Female part-time as % of female employment	32.8	32.4	31.4	30.8	29.7	28.8	29.0	28.5	26.2	25.8	24.4
Duration of unemployment (% of total unemployment)											
Less than 1 month	6.9	9.2	7.2	8.8	7.1	5.9	20.5	22.7	18.1	23.4	22.9
More than 1 month and less than 3 months	11.3	11.4	10.9	13.3	9.9	10.4	11.3	11.9	9.3	11.3	15.3
More than 3 months and less than 6 months	33.0	31.2	36.7	32.4	29.7	29.4	18.3	19.9	18.5	18.7	17.3
More than 6 months and less than 1 year	20.5	23.4	20.8	23.4	23.3	22.3	22.9	20.3	21.9	18.7	17.9
More than 1 year	28.3	24.9	24.5	22.1	29.9	31.9	27.0	25.2	32.1	27.9	26.5

Prior to 1996, data refer to second quarter of each year estimates.

(1) Participation rates calculated according to national definitions may differ from those published in this table, when the age group represented in the labour force survey is other than 15-64 years.

DANEMARK

II - Population active

Milliers (estimations de moyennes annuelles)

	1997	1998	1999	2000	2001	2002	2003	2004	2005	2006
Population active totale										
Ensemble des personnes	2 856	2 848	2 865	2 853	2 862	2 849	2 850	2 883	2 876	2 904
Hommes	1 541	1 529	1 534	1 519	1 523	1 515	1 524	1 531	1 526	1 536
Femmes	1 315	1 319	1 331	1 334	1 339	1 334	1 326	1 351	1 351	1 369
Forces armées										
Ensemble des personnes	33	34	35	30	27	29	27	31	28	28
Hommes	29	29	29	25	22	26	22	26	26	25
Femmes	4	5	6	5	5	4	5	5	3	3
Population active civile										
Ensemble des personnes	2 823	2 814	2 830	2 824	2 835	2 820	2 823	2 852	2 848	2 877
Hommes	1 512	1 499	1 505	1 494	1 500	1 490	1 501	1 506	1 500	1 511
Femmes	1 311	1 315	1 325	1 329	1 335	1 330	1 322	1 346	1 348	1 366
Chômeurs										
Ensemble des personnes	174	155	158	131	137	134	158	163	143	118
Hommes	75	68	72	61	66	66	76	80	69	53
Femmes	99	87	87	70	71	68	82	83	74	64
Emploi civil										
Ensemble des personnes	2 648	2 659	2 672	2 692	2 698	2 686	2 665	2 689	2 704	2 759
Hommes	1 437	1 431	1 434	1 433	1 434	1 424	1 425	1 426	1 431	1 458
Femmes	1 211	1 228	1 238	1 259	1 264	1 262	1 240	1 263	1 274	1 302
Emploi civil (%)										
Ensemble des personnes	100.0	100.0	100.0	100.0	100.0	100.0	100.0	100.0	100.0	100.0
Hommes	54.3	53.8	53.7	53.2	53.2	53.0	53.5	53.0	52.9	52.8
Femmes	45.7	46.2	46.3	46.8	46.8	47.0	46.5	47.0	47.1	47.2
Taux de chômage (% de la population active civile)										
Ensemble des personnes	6.2	5.5	5.6	4.6	4.8	4.8	5.6	5.7	5.0	4.1
Hommes	5.0	4.5	4.8	4.1	4.4	4.4	5.1	5.3	4.6	3.5
Femmes	7.6	6.6	6.6	5.3	5.3	5.1	6.2	6.2	5.5	4.7
Population active totale (% de la population totale)										
Ensemble des personnes	54.0	53.7	53.8	53.4	53.4	53.0	52.9	53.4	53.1	53.4
Hommes	59.0	58.3	58.3	57.6	57.5	57.0	57.2	57.3	56.9	57.1
Femmes	49.2	49.1	49.4	49.4	49.4	49.1	48.7	49.5	49.4	49.9
Population active totale (% de la population de 15-64 ans)[(1)]										
Ensemble des personnes	80.5	80.2	80.5	80.1	80.3	79.8	79.8	80.6	80.3	80.9
Hommes	85.7	84.9	85.2	84.3	84.4	84.0	84.4	84.8	84.4	84.7
Femmes	75.1	75.2	75.8	75.9	76.0	75.6	75.1	76.4	76.2	77.0
Emploi civil (% de la population totale)										
Ensemble des personnes	50.1	50.1	50.2	50.4	50.3	50.0	49.5	49.8	49.9	50.8
Emploi civil (% de la population de 15-64 ans)										
Ensemble des personnes	74.6	74.8	75.1	75.6	75.7	75.3	74.6	75.2	75.5	76.8
Hommes	79.9	79.5	79.6	79.5	79.5	78.9	78.9	79.0	79.1	80.4
Femmes	69.2	70.0	70.5	71.6	71.7	71.5	70.2	71.4	71.9	73.2
Emploi à temps partiel (%)										
Temps partiel en % de l'emploi	17.2	17.1	15.3	16.1	14.7	16.0	15.7	17.3	17.6	18.1
Part des hommes dans le temps partiel	35.4	31.5	31.5	30.6	34.0	34.0	35.5	35.5	36.2	33.8
Part des femmes dans le temps partiel	64.6	68.5	68.5	69.4	66.0	66.0	64.5	64.5	63.8	66.2
Temps partiel des hommes en % de l'emploi des hommes	11.1	9.9	8.9	9.3	9.3	10.2	10.4	11.5	11.8	11.4
Temps partiel des femmes en % de l'emploi des femmes	24.5	25.6	22.7	24.0	21.0	22.6	21.8	24.0	24.4	25.6
Durée du chômage (% du chômage total)										
Moins de 1 mois	24.1	22.1	26.9	26.7	28.2	17.9	17.7	20.4	21.5	25.6
Plus de 1 mois et moins de 3 mois	11.8	14.5	17.5	18.2	17.0	23.8	20.4	15.4	16.7	17.9
Plus de 3 mois et moins de 6 mois	18.4	22.1	17.2	17.0	16.2	25.0	21.0	19.2	18.0	22.7
Plus de 6 mois et moins de 1 an	18.6	14.4	18.0	18.1	16.3	13.6	21.0	22.4	17.9	13.3
Plus de 1 an	27.2	26.9	20.5	20.0	22.2	19.7	19.9	22.6	25.9	20.4

Avant 1996, les données se réfèrent aux estimations du second trimestre de chaque année.

(1) Les taux d'activité calculés selon les définitions nationales peuvent être différents de ceux publiés dans ce tableau si le groupe d'âges représenté dans l'enquête de la population active est différent de 15-64 ans.

DENMARK

III - Participation rates and unemployment rates by age and by sex

Percent (second quarter estimates)

	1986	1987	1988	1989	1990	1991	1992	1993	1994	1995	1996
PARTICIPATION RATES											
Males											
15-19	68.6	66.5	69.7	69.5	66.8	66.1	63.8	61.8 |	65.5	70.2	68.1
20-24	88.4	86.1	86.6	88.3	86.0	84.5	81.6	79.8 |	78.4	83.4	84.5
25-34	93.8	93.8	94.2	93.6	94.1	93.8	93.4	92.6 |	91.4	93.4	93.3
35-44	95.1	94.8	96.6	95.8	95.9	95.0	95.0	94.7 |	92.4	92.3	94.3
45-54	91.1	91.2	93.8	94.0	93.4	94.0	93.6	92.5 |	91.8	89.8	91.0
55-59	82.7	83.8	84.4	86.2	86.3	82.7	83.6	81.8 |	81.2	83.1	79.0
60-64	53.9	50.4	53.3	51.2	51.2	48.4	47.2	47.4 |	42.6	50.8	43.8
15-24	78.6	76.3	78.6	79.3	76.5	75.4	73.0	71.0 |	72.1	77.0	76.6
25-54	93.6	93.5	95.0	94.5	94.5	94.3	94.0	93.3 |	91.9	91.8	92.8
55-64	68.6	67.0	69.1	69.2	69.1	66.2	66.4	65.9 |	63.8	67.9	62.1
65 and over	13.6	11.2	12.7	11.1	13.0	11.5	12.1	10.7 |	3.8	4.7	4.5
15-64	86.3	85.5	87.5	87.6	87.1	86.3	85.7	84.9 |	83.7	85.6	85.3
Females											
15-19	59.3	64.2	63.1	61.4	61.2	60.7	64.1	63.7 |	56.5	63.1	64.5
20-24	82.8	83.7	82.6	80.2	78.9	81.0	77.6	75.8 |	74.7	74.7	76.4
25-34	88.6	88.5	87.1	88.7	88.6	87.5	87.4	85.6 |	81.2	79.6	80.6
35-44	88.3	88.6	89.8	89.2	90.1	90.7	90.4	89.7 |	87.7	87.3	87.0
45-54	79.4	78.6	81.2	80.8	84.0	84.1	84.2	84.7 |	79.2	79.6	78.7
55-59	61.9	60.5	60.2	59.7	63.1	65.8	68.6	63.8 |	61.6	57.6	55.6
60-64	30.2	25.3	24.6	24.9	28.3	28.6	27.3	29.5 |	21.9	21.6	20.2
15-24	71.6	74.7	73.3	71.3	70.4	70.9	71.0	70.0 |	65.9	69.4	70.8
25-54	86.0	85.8	86.5	86.6	87.8	87.6	87.4	86.7 |	82.7	82.1	82.1
55-64	45.9	42.6	42.3	42.4	45.9	47.6	48.6	47.1 |	43.1	40.1	39.5
65 and over	3.4	3.4	3.3	3.4	3.4	3.1	3.5	3.7 |	1.1	0.9	1.8
15-64	76.1	76.5	76.6	76.4	77.6	78.0	78.2	77.4 |	73.8	73.3	73.6
All persons											
15-24	75.2	75.5	76.0	75.3	73.5	73.2	72.0	70.6 |	69.1	73.2	73.8
25-54	89.8	89.7	90.8	90.6	91.2	91.0	90.8	90.0 |	87.2	87.1	87.5
55-64	56.8	54.6	55.1	55.4	57.1	56.6	57.2	56.3 |	53.7	53.6	50.6
65 and over	7.7	6.6	7.2	6.6	7.3	6.6	7.1	6.6 |	2.2	2.5	3.0
15-64	81.3	81.1	82.1	82.0	82.4	82.2	82.0	81.2 |	78.8	79.5	79.5
UNEMPLOYMENT RATES											
Males											
15-19	5.7	7.9	5.6	7.9	8.7	6.2	7.4	7.4 |	8.5	7.3	9.7
20-24	8.0	8.0	10.0	12.7	13.5	14.2	15.6	19.6 |	11.5	8.2	8.4
25-34	4.7	5.3	7.3	9.2	9.0	9.4	8.8	11.8 |	7.8	5.4	5.4
35-44	3.1	4.0	4.6	6.4	6.6	8.0	7.2	9.3 |	6.6	4.3	3.5
45-54	4.3	3.5	3.9	5.1	6.8	6.1	7.2	8.9 |	5.7	5.1	5.0
55-59	5.3	7.6	6.6	6.2	5.4	9.9	9.4	10.3 |	7.4	7.1	6.1
60-64	2.3	3.6	2.9	6.0	4.7	4.1	3.0	3.6 |	3.8	6.6	5.6
15-24	7.0	8.0	8.1	10.7	11.4	10.7	12.1	14.4 |	10.2	7.8	9.0
25-54	4.0	4.3	5.3	7.0	7.5	7.9	7.7	10.1 |	6.7	5.0	4.7
55-64	4.1	6.1	5.2	6.1	5.1	7.9	7.3	8.1 |	6.3	6.9	6.0
65 and over	2.0	1.9	1.6	1.6	1.8	2.6	1.5	1.7 |	0.0	0.0	2.9
15-64	4.6	5.3	5.9	7.7	8.0	8.4	8.5	10.6 |	7.3	5.7	5.6
Total	4.6	5.2	5.8	7.5	7.8	8.3	8.3	10.4 |	7.2	5.6	5.5
Females											
15-19	8.2	8.4	7.2	9.5	9.1	9.1	9.9	11.4 |	5.1	10.6	12.8
20-24	10.2	11.1	10.2	14.4	13.5	14.8	14.7	17.2 |	13.8	13.4	12.1
25-34	9.7	8.1	9.3	11.1	11.3	11.9	12.9	14.3 |	10.2	10.0	9.3
35-44	5.9	5.8	5.8	5.5	6.8	8.7	7.9	8.0 |	8.6	5.9	7.6
45-54	7.3	5.3	5.5	7.4	6.9	7.6	6.6	8.8 |	8.2	6.7	5.9
55-59	7.6	6.6	7.2	10.2	8.7	11.3	10.5	11.8 |	7.2	10.7	6.8
60-64	3.5	3.1	6.7	4.9	4.8	5.4	9.7	5.1 |	5.2	7.4	4.7
15-24	9.4	10.0	9.0	12.4	11.6	12.3	12.6	14.7 |	10.2	12.3	12.4
25-54	7.6	6.5	7.0	8.0	8.4	9.5	9.2	10.5 |	9.0	7.6	7.6
55-64	6.2	5.6	7.0	8.7	7.5	9.6	10.3	9.8 |	6.7	9.8	6.3
65 and over	0.0	1.3	0.0	2.5	3.8	5.4	2.5	3.6 |	2.3	9.5	7.9
15-64	7.9	7.2	7.4	9.0	9.0	10.1	10.0	11.2 |	9.0	8.6	8.4
Total	7.8	7.1	7.3	8.9	8.9	10.0	9.9	11.1 |	9.0	8.6	8.4
All persons											
15-24	8.1	8.9	8.5	11.5	11.5	11.5	12.3	14.6 |	10.2	9.9	10.6
25-54	5.7	5.4	6.1	7.5	7.9	8.7	8.5	10.2 |	7.8	6.2	6.0
55-64	5.0	5.9	5.9	7.1	6.1	8.6	8.6	8.8 |	6.5	8.0	6.1
65 and over	1.5	1.7	1.2	1.9	2.4	3.4	1.8	2.3 |	0.6	2.1	4.6
15-64	6.1	6.2	6.6	8.3	8.5	9.2	9.2	10.9 |	8.1	7.0	6.9

III - Taux d'activité et taux de chômage par âge et par sexe

Pourcentage (estimations du second trimestre)

	1997	1998	1999	2000	2001	2002	2003	2004	2005	2006
TAUX D'ACTIVITÉ										
Hommes										
15-19	70.0	62.9	66.5	64.7	52.5	59.3	56.1	57.8	61.1	58.6
20-24	85.0	80.1	86.8	84.4	85.3	82.7	79.8	81.7	81.1	79.2
25-34	92.7	92.1	93.1	92.4	91.3	93.0	91.8	89.8	89.6	90.5
35-44	93.9	93.4	94.5	93.0	92.9	93.2	93.4	93.1	92.9	93.6
45-54	90.9	90.3	90.5	89.2	90.0	89.0	90.7	90.7	90.6	90.5
55-59	81.5	79.4	80.4	82.9	81.5	85.7	84.9	89.8	87.7	88.1
60-64	42.9	40.9	42.0	39.3	43.8	45.0	50.9	52.4	48.7	53.2
15-24	77.7	71.5	76.7	75.2	69.4	70.6	68.1	69.0	70.6	68.2
25-54	92.5	91.9	92.7	91.5	91.4	91.7	92.0	91.3	91.1	91.6
55-64	63.8	61.1	61.9	64.5	65.6	67.6	70.8	73.3	70.2	70.5
65 et plus	5.3	6.0	2.9	3.9	6.5	8.2	7.0	7.9	9.4	8.4
15-64	85.2	83.5	85.0	84.0	83.3	83.8	84.0	84.2	83.6	83.4
Femmes										
15-19	65.4	66.4	64.9	61.9	54.5	60.0	55.3	58.0	55.8	61.1
20-24	74.5	76.0	74.2	74.2	73.9	73.6	71.3	69.9	72.2	79.5
25-34	81.0	82.8	81.6	82.4	82.2	83.1	79.8	83.4	80.9	82.8
35-44	87.0	86.7	87.3	88.9	86.7	86.5	85.1	86.9	87.0	86.6
45-54	77.6	79.3	81.8	81.8	81.5	83.4	85.6	84.2	84.2	85.7
55-59	61.1	64.2	68.8	67.7	72.9	73.1	74.1	77.7	79.3	78.6
60-64	25.2	21.9	25.6	23.7	24.5	24.8	27.8	30.5	27.2	29.8
15-24	70.4	71.6	70.1	68.8	65.0	67.0	63.6	63.9	63.9	69.8
25-54	81.7	82.9	83.5	84.3	83.5	84.4	83.6	84.9	84.1	85.1
55-64	43.9	44.3	50.6	48.2	51.9	52.1	55.2	57.6	55.7	55.8
65 et plus	1.8	1.6	1.3	1.6	3.3	2.5	3.3	1.9	2.4	2.8
15-64	74.2	75.1	76.1	75.9	75.0	75.9	74.8	76.1	75.1	76.7
Ensemble des personnes										
15-24	74.2	71.6	73.3	71.9	67.2	68.8	65.9	66.4	67.2	69.0
25-54	87.0	87.5	88.2	87.9	87.5	88.0	87.8	88.2	87.7	88.4
55-64	54.1	53.1	56.6	56.9	58.9	60.1	63.1	65.5	62.9	63.2
65 et plus	3.3	3.4	1.9	2.6	4.6	5.0	4.9	4.5	5.4	5.2
15-64	79.8	79.3	80.6	80.0	79.2	79.9	79.4	80.2	79.4	80.1
TAUX DE CHÔMAGE										
Hommes										
15-19	7.3	8.0	9.2	6.4	8.2	8.7	11.8	7.6	5.9	11.7
20-24	6.1	5.7	9.7	6.6	6.8	8.9	9.8	9.2	6.4	4.2
25-34	4.5	3.7	4.4	4.1	2.8	3.6	6.0	5.9	5.0	3.2
35-44	3.4	2.8	2.6	2.9	2.9	3.6	4.2	3.3	2.7	2.6
45-54	4.2	3.3	4.2	3.6	3.0	2.8	3.0	4.0	3.4	2.0
55-59	5.0	4.8	3.8	3.9	5.1	5.5	4.9	6.8	5.6	3.7
60-64	3.2	3.0	2.0	4.0	1.1	3.9	1.8	2.6	2.9	2.8
15-24	6.6	6.7	9.5	6.5	7.3	8.8	10.6	8.5	6.1	7.6
25-54	4.1	3.2	3.7	3.5	2.9	3.3	4.4	4.4	3.7	2.6
55-64	4.4	4.2	3.2	3.9	4.0	5.0	4.0	5.5	4.8	3.4
65 et plus	1.1	1.3	1.0	5.2	0.8	0.3		0.2		0.4
15-64	4.6	3.9	4.5	4.0	3.7	4.3	5.2	5.1	4.2	3.4
Total	4.5	3.8	4.5	4.0	3.6	4.2	5.1	5.0	4.1	3.4
Femmes										
15-19	9.0	9.3	8.5	7.4	8.9	4.3	13.2	6.3	9.5	9.1
20-24	10.6	6.4	11.8	6.6	9.5	5.9	5.9	7.7	10.0	6.4
25-34	6.9	7.8	5.9	6.2	4.5	4.9	7.8	6.5	6.6	6.2
35-44	4.8	4.7	4.0	4.6	4.1	4.4	4.8	4.1	3.9	4.0
45-54	5.5	5.7	4.9	3.2	3.7	3.2	4.3	4.9	4.3	2.2
55-59	6.7	7.2	6.3	5.0	4.6	4.5	4.5	6.8	5.6	4.8
60-64	4.3	3.7	3.3	1.3	1.3	2.9	1.2	2.5	3.6	1.8
15-24	9.9	7.6	10.5	7.0	9.3	5.2	9.0	7.1	9.8	7.6
25-54	5.7	6.1	4.9	4.7	4.1	4.2	5.6	5.1	4.9	4.1
55-64	6.0	6.4	5.6	4.2	4.0	4.2	3.8	5.8	5.1	4.0
65 et plus	1.0	7.8	1.1	1.1	0.9		3.0		3.6	
15-64	6.5	6.4	5.9	5.0	4.8	4.4	5.8	5.5	5.6	4.6
Total	6.4	6.4	5.9	5.0	4.8	4.3	5.7	5.4	5.6	4.6
Ensemble des personnes										
15-24	8.1	7.2	10.0	6.7	8.3	7.1	9.8	7.8	7.9	7.6
25-54	4.8	4.6	4.3	4.1	3.5	3.7	5.0	4.7	4.2	3.3
55-64	5.1	5.1	4.2	4.0	4.0	4.7	3.9	5.6	4.9	3.7
65 et plus	1.1	3.1	1.1	3.7	0.8	0.2	1.2	0.2	0.9	0.3
15-64	5.4	5.1	5.2	4.5	4.2	4.3	5.5	5.3	4.9	4.0

DENMARK

IV - Professional status and breakdown by activity - ISIC Rev. 2

Thousands (annual average estimates)

	1986	1987	1988	1989	1990	1991	1992	1993	1994	1995	1996
CIVILIAN EMPLOYMENT: PROFESSIONAL STATUS											
All activities	2 630	2 646	2 660	2 610	2 638	2 612	2 613	2 552 |	2 508	2 565	2 593
Employees	2 324	2 337	2 365	2 317	2 330	2 326	2 326	2 274 |	2 257	2 319	2 347
Employers and persons working on own account	248	246	237	243	253	238	233	231 |	214	215	220
Unpaid family workers	57	62	58	49	55	47	50	45 |	36	31	26
Agriculture, hunting, forestry and fishing	154	151	153	148	147	149	136	132 |	127	114	103
Employees	56	50	51	57	52	61	49	53 |	60	56	50
Employers and persons working on own account	75	76	79	73	74	67	67	61 |	53	47	43
Unpaid family workers	23	25	23	19	21	21	20	18 |	15	11	10
Non-agricultural activities	2 476	2 495	2 507	2 462	2 491	2 463	2 477	2 420 |	2 381	2 451	2 490
Employees	2 268	2 287	2 314	2 260	2 278	2 265	2 277	2 221 |	2 197	2 263	2 297
Employers and persons working on own account	173	170	158	170	179	171	166	170 |	161	168	177
Unpaid family workers	34	37	35	30	34	26	30	27 |	21	20	16
All activities (%)	100.0	100.0	100.0	100.0	100.0	100.0	100.0	100.0 |	100.0	100.0	100.0
Employees	88.4	88.3	88.9	88.8	88.3	89.1	89.0	89.1 |	90.0	90.4	90.5
Others	11.6	11.6	11.1	11.2	11.7	10.9	10.8	10.8 |	10.0	9.6	9.5
CIVILIAN EMPLOYMENT: BREAKDOWN BY ACTIVITY											
ISIC Rev. 2 Major Divisions											
1 to 0 All activities	2 630	2 646	2 660	2 610	2 638	2 612	2 613	2 552 |	2 508	2 566	2 593
1 Agriculture, hunting, forestry and fishing	154	151	153	148	147	149	136	132 |	127	114	103
2 Mining and quarrying	3	3	3	2	2	2	3	2 |	3	4	3
3 Manufacturing	533	521	519	506	532	535	531	506 |	493	516	510
4 Electricity, gas and water	18	19	19	20	20	20	19	16 |	19	18	17
5 Construction	188	204	182	187	172	167	163	148 |	158	166	170
6 Wholesale and retail trade; restaurants and hotels	380	380	386	370	391	381	377	403 |	413	414	428
7 Transport, storage and communication	188	188	197	196	189	182	186	184 |	169	184	184
8 Financing, insurance, real estate and business services	224	239	259	256	247	239	240	259 |	286	275	272
9 Community, social and personal services	913	920	914	894	909	911	941	883 |	832	870	899
0 Activities not adequately defined	29	20	28	33	29	29	22	17 |	6	5	5
EMPLOYEES: BREAKDOWN BY ACTIVITY											
ISIC Rev. 2 Major Divisions											
1 to 0 All activities	2 324	2 337	2 365	2 317	2 330	2 328	2 326	2 274 |	2 257	2 319	2 346
1 Agriculture, hunting, forestry and fishing	56	50	51	57	52	61	49	53 |	60	56	50
2 Mining and quarrying	4	3	3	2	2	2	2	2 |	3	4	3
3 Manufacturing	503	491	496	483	503	505	504	478 |	469	492	488
4 Electricity, gas and water	17	19	19	20	20	20	19	16 |	19	18	17
5 Construction	153	168	151	154	140	134	131	119 |	132	139	144
6 Wholesale and retail trade; restaurants and hotels	320	319	332	314	327	324	327	343 |	357	356	369
7 Transport, storage and communication	169	170	180	180	171	169	168	166 |	154	168	170
8 Financing, insurance, real estate and business services	204	218	234	229	223	215	216	228 |	253	242	237
9 Community, social and personal services	871	882	877	851	870	872	896	850 |	805	839	864
0 Activities not adequately defined	26	16	25	29	25	26	20	17 |	6	5	4

Prior to 1996, data refer to second quarter of each year estimates.

LABOUR FORCE STATISTICS - ISBN 9789264035539 - © OECD 2007

IV - Situation dans la profession et répartition par branches d'activités - CITI Rév. 2

Milliers (estimations de moyennes annuelles)

1997	1998	1999	2000	2001	2002	2003	2004	2005	2006	
										EMPLOI CIVIL : SITUATION DANS LA PROFESSION
2 649	2 659	2 672	2 692	2 698	2 686	2 665	2 689	2 704	2 759	**Toutes activités**
2 409	2 410	2 428	2 457	2 458	2 443	2 429	2 454	2 471	2 514	Salariés
212	221	221	210	219	222	217	213	214	228	Employeurs et personnes travaillant à leur compte
28	28	23	25	22	21	18	22	20	18	Travailleurs familiaux non rémunérés
99	97	88	90	89	86	82	85	83	83	**Agriculture, chasse, sylviculture et pêche**
48	44	45	42	42	42	39	42	43	45	Salariés
41	43	36	38	39	36	36	35	32	31	Employeurs et personnes travaillant à leur compte
9	10	7	10	8	7	7	8	8	7	Travailleurs familiaux non rémunérés
2 550	2 562	2 584	2 602	2 609	2 600	2 583	2 604	2 621	2 676	**Activités non agricoles**
2 361	2 366	2 383	2 415	2 416	2 401	2 390	2 412	2 428	2 469	Salariés
171	178	185	172	180	186	181	178	182	197	Employeurs et personnes travaillant à leur compte
19	18	16	15	14	14	11	14	12	11	Travailleurs familiaux non rémunérés
100.0	100.0	100.0	100.0	100.0	100.0	100.0	100.0	100.0	100.0	**Toutes activités (%)**
90.9	90.6	90.9	91.3	91.1	91.0	91.1	91.3	91.4	91.1	Salariés
9.1	9.4	9.1	8.7	8.9	9.0	8.8	8.7	8.7	8.9	Autres
										EMPLOI CIVIL : RÉPARTITION PAR BRANCHES D'ACTIVITÉS
										Branches CITI Rév. 2
2 649	2 658	2 672	2 692	2 698	2 686	2 665	2 689	2 704	2 759	**1 à 0 Toutes activités**
99	97	88	90	89	86	82	85	83	83	1 Agriculture, chasse, sylviculture et pêche
3	3	3	3	3	4	6	4	3	6	2 Industries extractives
513	516	510	510	488	459	441	434	442	428	3 Industries manufacturières
17	20	17	15	13	15	14	16	15	17	4 Électricité, gaz et eau
176	178	183	184	182	181	180	184	193	201	5 Bâtiment et travaux publics
440	439	448	443	442	457	462	475	470	486	6 Commerce de gros et de détail; restaurants et hôtels
185	182	178	176	183	185	188	185	175	176	7 Transports, entrepôts et communications
289	307	322	335	342	338	331	329	342	369	8 Banques, assurances, affaires immobilières et services fournis aux entreprises
921	912	916	930	951	954	957	972	976	992	9 Services fournis à la collectivité, services sociaux et services personnels
5	5	5	7	6	5	5	4	4	3	0 Activités mal désignées
										SALARIÉS : RÉPARTITION PAR BRANCHES D'ACTIVITÉS
										Branches CITI Rév. 2
2 409	2 410	2 428	2 457	2 458	2 443	2 429	2 454	2 471	2 513	**1 à 0 Toutes activités**
48	44	45	42	42	42	39	42	43	45	1 Agriculture, chasse, sylviculture et pêche
3	3	3	2	2	4	5	4	3	6	2 Industries extractives
492	495	486	488	467	441	422	419	424	411	3 Industries manufacturières
17	20	17	15	13	15	14	16	15	17	4 Électricité, gaz et eau
150	148	155	157	151	149	154	155	159	164	5 Bâtiment et travaux publics
385	381	391	392	392	400	405	419	422	432	6 Commerce de gros et de détail; restaurants et hôtels
169	166	165	164	171	173	177	173	164	166	7 Transports, entrepôts et communications
252	267	278	294	298	293	285	288	301	320	8 Banques, assurances, affaires immobilières et services fournis aux entreprises
888	880	882	897	916	920	923	935	935	952	9 Services fournis à la collectivité, services sociaux et services personnels
5	5	5	7	5	5	4	4	3	3	0 Activités mal désignées

Avant 1996, les données se réfèrent aux estimations du second trimestre de chaque année.

DENMARK

V - Civilian employment and employees: breakdown by activity - ISIC Rev. 3

Thousands (annual average estimates)

	1986	1987	1988	1989	1990	1991	1992	1993	1994	1995	1996
CIVILIAN EMPLOYMENT: BREAKDOWN BY ACTIVITY											
A to X All activities										2 565	2 593
A Agriculture, hunting and forestry										109	98
B Fishing										5	5
C Mining and quarrying										4	3
D Manufacturing										516	511
E Electricity, gas and water supply										18	17
F Construction										166	170
G Wholesale and retail trade; repair of motor vehicles, motorcycles and personal and household goods										350	359
H Hotels and restaurants										64	69
I Transport, storage and communication										184	184
J Financial intermediation										87	83
K Real estate, renting and business activities										188	189
L Public administration and defence; compulsory social security, excluding armed forces										127	133
M Education										187	193
N Health and social work										430	444
O Other community, social and personal service activities										118	120
P Private households with employed persons										7	7
Q Extra-territorial organisations and bodies										1	1
X Not classifiable by economic activities										5	5
Breakdown by sector											
Agriculture (A-B)										114	103
Industry (C-F)										704	701
Services (G-Q)										1 743	1 782
Agriculture (%)										4.4	4.0
Industry (%)										27.4	27.0
Services (%)										68.0	68.7
Female participation in agriculture (%)										23.7	23.3
Female participation in industry (%)										25.4	25.5
Female participation in services (%)										55.2	54.9
EMPLOYEES: BREAKDOWN BY ACTIVITY											
A to X All activities										2 319	2 347
A Agriculture, hunting and forestry										53	47
B Fishing										3	3
C Mining and quarrying										4	3
D Manufacturing										492	488
E Electricity, gas and water supply										18	17
F Construction										139	144
G Wholesale and retail trade; repair of motor vehicles, motorcycles and personal and household goods										300	310
H Hotels and restaurants										56	59
I Transport, storage and communication										168	170
J Financial intermediation										86	82
K Real estate, renting and business activities										156	155
L Public administration and defence; compulsory social security, excluding armed forces										127	133
M Education										186	191
N Health and social work										415	428
O Other community, social and personal service activities										103	104
P Private households with employed persons										7	7
Q Extra-territorial organisations and bodies										1	1
X Not classifiable by economic activities										5	4
Breakdown by sector											
Agriculture (A-B)										56	50
Industry (C-F)										653	652
Services (G-Q)										1 605	1 640
Agriculture (%)										2.4	2.1
Industry (%)										28.2	27.8
Services (%)										69.2	69.9
Female participation in agriculture (%)										23.2	22.0
Female participation in industry (%)										25.9	25.8
Female participation in services (%)										56.9	56.5

V - Emploi civil et salariés : répartition par branches d'activités - CITI Rév. 3

Milliers (estimations de moyennes annuelles)

1997	1998	1999	2000	2001	2002	2003	2004	2005	2006	
										EMPLOI CIVIL : RÉPARTITION PAR BRANCHES D'ACTIVITÉS
2 649	2 659	2 672	2 692	2 698	2 686	2 665	2 689	2 704	2 759	**A à X Toutes activités**
94	92	84	87	85	80	77	81	80	79	A Agriculture, chasse et sylviculture
5	5	4	3	4	5	5	3	3	3	B Pêche
3	3	3	3	3	4	6	4	3	6	C Activités extractives
513	516	510	510	488	459	441	434	442	428	D Activités de fabrication
17	20	17	15	13	15	14	16	15	17	E Production et distribution d'électricité, de gaz et d'eau
176	178	183	184	182	181	180	184	193	201	F Construction
366	368	379	377	379	390	396	406	401	409	G Commerce de gros et de détail; réparation de véhicules et de biens domestiques
74	71	68	66	63	67	66	69	70	77	H Hôtels et restaurants
185	182	178	176	183	185	188	185	175	176	I Transports, entreposage et communications
80	79	85	85	84	86	82	81	89	93	J Intermédiation financière
209	228	238	249	257	252	249	248	253	276	K Immobilier, location et activités de services aux entreprises
135	135	131	131	135	132	130	133	138	141	L Administration publique et défense; sécurité sociale obligatoire (armée exclue)
199	194	194	197	202	209	208	213	216	211	M Education
457	459	468	475	483	482	478	481	475	487	N Santé et action sociale
125	118	117	122	128	128	136	140	142	151	O Autres activités de services collectifs, sociaux et personnels
5	5	5	4	2	3	2	3	3	1	P Ménages privés employant du personnel domestique
1	1	1	1	1	1	2	2	1	1	Q Organisations et organismes extra-territoriaux
5	5	5	7	6	5	5	4	4	3	X Ne pouvant être classés selon l'activité économique
										Répartition par secteurs
99	97	88	90	89	85	82	84	83	82	Agriculture (A-B)
709	717	713	712	686	659	641	638	653	652	Industrie (C-F)
1 836	1 840	1 864	1 883	1 917	1 935	1 937	1 961	1 963	2 023	Services (G-Q)
3.7	3.6	3.3	3.3	3.3	3.2	3.1	3.1	3.1	3.0	Agriculture (%)
26.8	27.0	26.7	26.4	25.4	24.5	24.1	23.7	24.1	23.6	Industrie (%)
69.3	69.2	69.8	69.9	71.1	72.0	72.7	72.9	72.6	73.3	Services (%)
20.2	20.6	20.5	25.6	22.5	23.5	22.0	22.6	24.1	23.2	Part des femmes dans l'agriculture (%)
25.4	25.5	25.5	25.3	24.9	25.0	23.6	23.7	24.3	23.5	Part des femmes dans l'industrie (%)
55.0	55.5	55.5	56.1	55.8	55.5	55.2	55.6	55.7	55.8	Part des femmes dans les services (%)
										SALARIÉS : RÉPARTITION PAR BRANCHES D'ACTIVITÉS
2 409	2 410	2 428	2 457	2 458	2 443	2 429	2 454	2 471	2 513	**A à X Toutes activités**
45	42	42	40	40	40	36	40	42	43	A Agriculture, chasse et sylviculture
3	2	3	3	2	2	2	2	2	2	B Pêche
3	3	3	3	2	4	5	4	3	6	C Activités extractives
491	495	486	488	467	441	422	419	424	411	D Activités de fabrication
17	20	17	15	13	15	14	16	15	17	E Production et distribution d'électricité, de gaz et d'eau
150	148	155	157	151	149	154	155	159	164	F Construction
319	321	332	333	335	340	347	358	361	364	G Commerce de gros et de détail; réparation de véhicules et de biens domestiques
66	60	59	58	56	59	58	61	62	67	H Hôtels et restaurants
169	166	165	164	171	173	177	173	164	166	I Transports, entreposage et communications
80	78	83	84	83	84	81	80	88	91	J Intermédiation financière
173	189	195	210	214	209	205	209	213	228	K Immobilier, location et activités de services aux entreprises
135	134	130	131	134	131	130	133	138	140	L Administration publique et défense; sécurité sociale obligatoire (armée exclue)
197	191	192	194	200	206	206	210	213	209	M Education
443	444	451	459	467	465	462	462	453	467	N Santé et action sociale
108	104	103	107	113	114	122	126	126	134	O Autres activités de services collectifs, sociaux et personnels
5	5	5	4	2	3	2	3	3	1	P Ménages privés employant du personnel domestique
1	1	1	1	1	1	2	2	1	1	Q Organisations et organismes extra-territoriaux
5	5	5	7	5	5	4	4	3	3	X Ne pouvant être classés selon l'activité économique
										Répartition par secteurs
48	44	45	43	42	42	38	42	44	45	Agriculture (A-B)
661	666	661	663	633	609	595	594	601	598	Industrie (C-F)
1 696	1 693	1 716	1 745	1 776	1 785	1 792	1 817	1 822	1 868	Services (G-Q)
2.0	1.8	1.9	1.8	1.7	1.7	1.6	1.7	1.8	1.8	Agriculture (%)
27.4	27.6	27.2	27.0	25.8	24.9	24.5	24.2	24.3	23.8	Industrie (%)
70.4	70.2	70.7	71.0	72.3	73.1	73.8	74.0	73.7	74.3	Services (%)
18.8	18.2	22.2	23.3	26.2	23.8	26.3	26.2	25.0	24.4	Part des femmes dans l'agriculture (%)
25.9	26.4	26.2	25.6	25.6	25.9	24.2	24.2	25.3	24.4	Part des femmes dans l'industrie (%)
56.8	57.4	57.4	57.8	57.8	57.5	56.8	57.2	57.1	57.3	Part des femmes dans les services (%)

FINLAND

I - Population

Thousands (mid-year estimates)

	1986	1987	1988	1989	1990	1991	1992	1993	1994	1995	1996
POPULATION - DISTRIBUTION BY AGE AND GENDER											
All persons											
Total	4 918	4 932	4 947	4 964	4 986	5 014	5 042	5 066	5 088	5 108	5 125
Under 15 years	952	952	957	961	963	965	967	970	971	971	971
From 15 to 64 years	3 343	3 346	3 346	3 347	3 356	3 370	3 385	3 396	3 404	3 410	3 417
65 years and over	623	634	645	656	667	679	690	701	713	726	738
Males											
Total	2 382	2 388	2 397	2 407	2 419	2 435	2 450	2 464	2 476	2 487	2 496
Under 15 years	487	487	489	491	492	493	494	495	496	496	495
From 15 to 64 years	1 676	1 679	1 682	1 685	1 691	1 699	1 708	1 714	1 719	1 722	1 726
65 years and over	219	222	227	231	236	242	248	254	261	268	275
Females											
Total	2 536	2 544	2 550	2 557	2 567	2 579	2 592	2 603	2 612	2 621	2 628
Under 15 years	465	465	468	470	471	472	473	474	475	475	475
From 15 to 64 years	1 666	1 667	1 664	1 662	1 665	1 671	1 677	1 682	1 685	1 687	1 691
65 years and over	405	412	418	425	431	437	442	447	452	458	463
POPULATION - PERCENTAGES											
All persons											
Total	100.0	100.0	100.0	100.0	100.0	100.0	100.0	100.0	100.0	100.0	100.0
Under 15 years	19.4	19.3	19.3	19.4	19.3	19.2	19.2	19.1	19.1	19.0	18.9
From 15 to 64 years	68.0	67.8	67.6	67.4	67.3	67.2	67.1	67.0	66.9	66.8	66.7
65 years and over	12.7	12.9	13.0	13.2	13.4	13.5	13.7	13.8	14.0	14.2	14.4
COMPONENTS OF CHANGE IN POPULATION											
a) Population at 1 January	4 911	4 926	4 939	4 954	4 974	4 998	5 029	5 055	5 078	5 099	5 117
b) Population at 31 December	4 926	4 939	4 954	4 974	4 998	5 029	5 055	5 078	5 099	5 117	5 132
c) Total increase (b-a)	15	13	15	20	24	31	26	23	21	18	15
d) Births	61	60	63	63	66	65	67	65	65	63	61
e) Deaths	47	48	49	49	50	49	50	51	48	49	49
f) Natural increase (d-e)	14	12	14	14	16	16	17	14	17	14	12
g) Net migration	2	1	1	6	7	13	8	8	3	3	3
h) Statistical adjustments	-1	0	0	0	1	2	1	1	1	1	0
i) Total increase (=f+g+h=c)	15	13	15	20	24	31	26	23	21	18	15
(Components of change in population/ Average population) x1000											
Total increase rates	3.0	2.6	3.0	4.0	4.8	6.2	5.2	4.5	4.1	3.5	2.9
Crude birth rates	12.4	12.2	12.7	12.7	13.2	13.0	13.3	12.8	12.8	12.3	11.9
Crude death rates	9.6	9.7	9.9	9.9	10.0	9.8	9.9	10.1	9.4	9.6	9.6
Natural increase rates	2.8	2.4	2.8	2.8	3.2	3.2	3.4	2.8	3.3	2.7	2.3
Net migration rates	0.4	0.2	0.2	1.2	1.4	2.6	1.6	1.6	0.6	0.6	0.6

FINLANDE

I - Population

Milliers (estimations au milieu de l'année)

1997	1998	1999	2000	2001	2002	2003	2004	2005	2006	
										POPULATION - RÉPARTITION SELON L'AGE ET LE SEXE
										Ensemble des personnes
5 140	5 153	5 165	5 176	5 188	5 201	5 213	5 228	5 246	5 267	Total
964	956	947	940	934	929	924	917	911	904	Moins de 15 ans
3 427	3 442	3 455	3 464	3 472	3 478	3 483	3 489	3 499	3 507	De 15 à 64 ans
748	756	763	772	782	793	806	822	836	856	65 ans et plus
										Hommes
2 505	2 513	2 520	2 526	2 533	2 541	2 549	2 557	2 567	2 578	Total
493	488	483	480	477	474	472	468	465	461	Moins de 15 ans
1 732	1 739	1 746	1 751	1 754	1 758	1 761	1 763	1 768	1 773	De 15 à 64 ans
281	286	290	296	302	309	317	326	334	344	65 ans et plus
										Femmes
2 635	2 641	2 646	2 650	2 655	2 659	2 664	2 671	2 679	2 688	Total
473	468	464	460	457	455	452	449	446	442	Moins de 15 ans
1 696	1 703	1 709	1 714	1 717	1 720	1 723	1 725	1 730	1 735	De 15 à 64 ans
467	470	473	476	480	484	489	496	502	511	65 ans et plus
										POPULATION - POURCENTAGES
										Ensemble des personnes
100.0	100.0	100.0	100.0	100.0	100.0	100.0	100.0	100.0	100.0	Total
18.8	18.6	18.3	18.2	18.0	17.9	17.7	17.5	17.4	17.2	Moins de 15 ans
66.7	66.8	66.9	66.9	66.9	66.9	66.8	66.7	66.7	66.6	De 15 à 64 ans
14.6	14.7	14.8	14.9	15.1	15.2	15.5	15.7	15.9	16.3	65 ans et plus
										COMPOSANTES DE L'ÉVOLUTION DÉMOGRAPHIQUE
5 132	5 147	5 160	5 171	5 181	5 195	5 206	5 219	5 237	5 256	a) Population au 1er janvier
5 147	5 160	5 171	5 181	5 195	5 206	5 219	5 237	5 256	5 276	b) Population au 31 décembre
15	13	11	10	14	11	13	18	19	20	**c) Accroissement total (b-a)**
59	57	58	57	56	55	57	58	58	59	d) Naissances
49	49	49	49	48	49	49	48	48	48	e) Décès
10	8	9	8	8	6	8	10	10	11	**f) Accroissement naturel (d-e)**
4	3	3	2	6	5	6	7	9	10	g) Solde net des migrations
1	2	-1	0	0	0	0	0	2	0	h) Ajustements statistiques
15	13	11	10	14	11	14	17	21	21	**i) Accroissement total (=f+g+h=c)**
										(Composition de l'évolution démographique/ Population moyenne) x1000
2.9	2.5	2.1	1.9	2.7	2.1	2.7	3.3	4.0	4.0	Taux d'accroissement total
11.5	11.1	11.2	11.0	10.8	10.6	10.9	11.1	11.1	11.2	Taux bruts de natalité
9.5	9.5	9.5	9.5	9.3	9.4	9.4	9.2	9.1	9.1	Taux bruts de mortalité
1.9	1.6	1.7	1.5	1.5	1.2	1.5	1.9	1.9	2.1	Taux d'accroissement naturel
0.8	0.6	0.6	0.4	1.2	1.0	1.2	1.3	1.7	1.9	Taux du solde net des migrations

FINLAND

II - Labour force

Thousands (annual average estimates)

	1986	1987	1988	1989	1990	1991	1992	1993	1994	1995	1996
Total labour force											
All persons	2 596	2 583	2 574 |	2 612	2 606	2 571	2 526	2 504	2 489	2 510	2 521
Males	1 372	1 367	1 359 |	1 378	1 377	1 357	1 335	1 326	1 319	1 328	1 333
Females	1 224	1 216	1 215 |	1 234	1 229	1 214	1 191	1 178	1 169	1 181	1 188
Armed forces											
All persons	37	39	38	37	32	37	37	38	35	37	39
Males	37	39	38	37	31	36	37	38	35	37	39
Females	0	0	0	1	1	1	1	0	0	0	1
Civilian labour force											
All persons	2 559	2 544	2 536 |	2 575	2 574	2 534	2 489	2 466	2 454	2 473	2 481
Males	1 335	1 328	1 322 |	1 342	1 346	1 320	1 298	1 288	1 284	1 291	1 294
Females	1 224	1 216	1 215 |	1 233	1 229	1 213	1 190	1 177	1 169	1 181	1 187
Unemployed											
All persons	138	130	116 |	80	82	169	292	405	408	382	363
Males	82	78	68 |	43	49	106	178	234	235	204	186
Females	56	52	48 |	38	33	62	114	170	174	178	176
Civilian employment											
All persons	2 421	2 413	2 420 |	2 494	2 493	2 365	2 196	2 061	2 045	2 090	2 119
Males	1 253	1 250	1 254 |	1 299	1 298	1 214	1 120	1 053	1 050	1 088	1 108
Females	1 168	1 163	1 166 |	1 195	1 196	1 151	1 076	1 008	995	1 003	1 011
Civilian employment (%)											
All persons	100.0	100.0	100.0 |	100.0	100.0	100.0	100.0	100.0	100.0	100.0	100.0
Males	51.8	51.8	51.8 |	52.1	52.1	51.3	51.0	51.1	51.3	52.1	52.3
Females	48.2	48.2	48.2 |	47.9	48.0	48.7	49.0	48.9	48.7	48.0	47.7
Unemployment rates (% of civilian labour force)											
All persons	5.4	5.1	4.6 |	3.1	3.2	6.7	11.7	16.4	16.6	15.4	14.6
Males	6.1	5.9	5.1 |	3.2	3.6	8.0	13.7	18.2	18.3	15.8	14.4
Females	4.6	4.3	4.0 |	3.1	2.7	5.1	9.6	14.4	14.9	15.1	14.8
Total labour force (% of total population)											
All persons	52.8	52.4	52.0 |	52.6	52.3	51.3	50.1	49.4	48.9	49.1	49.2
Males	57.6	57.2	56.7 |	57.2	56.9	55.7	54.5	53.8	53.3	53.4	53.4
Females	48.3	47.8	47.6 |	48.3	47.9	47.1	45.9	45.3	44.8	45.1	45.2
Total labour force (% of population from 15-64 years)(1)											
All persons	77.7	77.2	76.9 |	78.0	77.7	76.3	74.6	73.7	73.1	73.6	73.8
Males	81.9	81.4	80.8 |	81.8	81.4	79.9	78.2	77.4	76.7	77.1	77.2
Females	73.5	72.9	73.0 |	74.2	73.8	72.7	71.0	70.0	69.4	70.0	70.3
Civilian employment (% of total population)											
All persons	49.2	48.9	48.9 |	50.2	50.0	47.2	43.6	40.7	40.2	40.9	41.3
Civilian employment (% of population from 15-64 years)											
All persons	72.4	72.1	72.3 |	74.5	74.3	70.2	64.9	60.7	60.1	61.3	62.0
Males	74.8	74.4	74.6 |	77.1	76.8	71.5	65.6	61.4	61.1	63.2	64.2
Females	70.1	69.8	70.1 |	71.9	71.8	68.9	64.2	59.9	59.1	59.5	59.8
Part-time employment (%)(2)											
Part-time as % of employment				7.7	7.6	7.9	8.1	8.9	8.9	8.7	8.5
Male share of part-time employment				33.3	33.0	36.0	36.2	37.4	37.2	35.4	35.8
Female share of part-time employment				66.7	67.0	64.0	63.8	62.6	62.8	64.6	64.2
Male part-time as % of male employment				4.9	4.8	5.6	5.8	6.5	6.5	5.9	5.8
Female part-time as % of female employment				10.8	10.6	10.5	10.6	11.5	11.5	11.7	11.4
Duration of unemployment (% of total unemployment)(3)											
Less than 1 month	43.4	40.8		48.5		33.5		18.8		13.8	10.0
More than 1 month and less than 3 months										10.2	12.1
More than 3 months and less than 6 months	24.4	29.2		31.8		33.9		28.4		19.3	22.4
More than 6 months and less than 1 year	16.1	11.0		18.2		23.4		22.2		19.1	20.9
More than 1 year	16.0	19.0		1.5		9.2		30.6		37.6	34.5

(1) Participation rates calculated according to national definitions may differ from those published in this table, when the age group represented in the labour force survey is other than 15-64 years.

(2) From 1996, change in the definition of part time workers. Prior to 1996, part time was defined by the hour cut-off (less than 30 hours per week). From 1996, part time worker refers to a person considering him/herself a part time worker.

(3) Before 1995, the duration of unemployment refers to: less than 2 months, 2 months and over but under 6 months, 6 months and over but under 12 months, 1 year and over but under 2 years, 2 years and over.

FINLANDE

II - Population active

Milliers (estimations de moyennes annuelles)

	1997	1998	1999	2000	2001	2002	2003	2004	2005	2006
Population active totale										
Ensemble des personnes	2 508	2 532	2 578	2 609	2 626	2 630	2 620	2 615	2 641	2 670
Hommes	1 327	1 342	1 357	1 370	1 378	1 372	1 371	1 367	1 373	1 389
Femmes	1 181	1 190	1 221	1 239	1 248	1 258	1 249	1 248	1 268	1 281
Forces armées										
Ensemble des personnes	32	33	30	30	30	30	29	31	29	32
Hommes	32	33	30	29	29	29	29	30	29	32
Femmes	1	1	1	1	1	1	1	1	1	0
Population active civile										
Ensemble des personnes	2 476	2 499	2 548	2 579	2 597	2 600	2 590	2 584	2 612	2 638
Hommes	1 295	1 309	1 327	1 341	1 349	1 343	1 342	1 337	1 345	1 357
Femmes	1 181	1 190	1 221	1 238	1 247	1 257	1 248	1 247	1 267	1 281
Chômeurs										
Ensemble des personnes	314	285	261	253	237	237	235	229	220	204
Hommes	160	143	130	122	117	123	124	117	110	101
Femmes	154	142	131	131	121	114	111	111	109	104
Emploi civil										
Ensemble des personnes	2 162	2 213	2 287	2 326	2 359	2 363	2 356	2 356	2 392	2 434
Hommes	1 135	1 166	1 197	1 219	1 232	1 220	1 219	1 220	1 234	1 257
Femmes	1 027	1 048	1 090	1 107	1 127	1 143	1 137	1 136	1 158	1 177
Emploi civil (%)										
Ensemble des personnes	100.0	100.0	100.0	100.0	100.0	100.0	100.0	100.0	100.0	100.0
Hommes	52.5	52.7	52.3	52.4	52.2	51.6	51.7	51.8	51.6	51.6
Femmes	47.5	47.4	47.7	47.6	47.8	48.4	48.3	48.2	48.4	48.4
Taux de chômage (% de la population active civile)										
Ensemble des personnes	12.7	11.4	10.2	9.8	9.1	9.1	9.1	8.8	8.4	7.7
Hommes	12.4	10.9	9.8	9.1	8.7	9.2	9.2	8.8	8.2	7.4
Femmes	13.0	11.9	10.7	10.6	9.7	9.1	8.9	8.9	8.6	8.1
Population active totale (% de la population totale)										
Ensemble des personnes	48.8	49.1	49.9	50.4	50.6	50.6	50.3	50.0	50.3	50.7
Hommes	53.0	53.4	53.8	54.2	54.4	54.0	53.8	53.5	53.5	53.9
Femmes	44.8	45.1	46.1	46.8	47.0	47.3	46.9	46.7	47.3	47.7
Population active totale (% de la population de 15-64 ans)[(1)]										
Ensemble des personnes	73.2	73.6	74.6	75.3	75.6	75.6	75.2	75.0	75.5	76.1
Hommes	76.6	77.2	77.7	78.2	78.6	78.0	77.9	77.6	77.7	78.3
Femmes	69.6	69.9	71.4	72.3	72.7	73.1	72.5	72.3	73.3	73.8
Emploi civil (% de la population totale)										
Ensemble des personnes	42.1	42.9	44.3	44.9	45.5	45.4	45.2	45.1	45.6	46.2
Emploi civil (% de la population de 15-64 ans)										
Ensemble des personnes	63.1	64.3	66.2	67.2	67.9	67.9	67.6	67.5	68.4	69.4
Hommes	65.5	67.1	68.6	69.6	70.3	69.4	69.2	69.2	69.8	70.9
Femmes	60.6	61.5	63.8	64.6	65.6	66.5	66.0	65.8	66.9	67.8
Emploi à temps partiel (%)[(2)]										
Temps partiel en % de l'emploi	9.3	9.7	9.9	10.4	10.5	11.0	11.3	11.3	11.2	11.4
Part des hommes dans le temps partiel	36.3	36.4	35.1	36.3	36.6	35.4	36.5	36.7	36.4	37.1
Part des femmes dans le temps partiel	63.7	63.6	64.9	63.8	63.4	64.6	63.5	63.3	63.6	62.9
Temps partiel des hommes en % de l'emploi des hommes	6.4	6.7	6.6	7.1	7.3	7.5	8.0	8.0	7.9	8.1
Temps partiel des femmes en % de l'emploi des femmes	12.5	13.0	13.5	13.9	14.0	14.8	15.0	14.9	14.8	14.9
Durée du chômage (% du chômage total)[(3)]										
Moins de 1 mois	14.3	15.0	18.8	16.2	9.8	10.0	9.1	9.3	9.2	10.3
Plus de 1 mois et moins de 3 mois	16.3	17.8	16.4	17.4	28.4	28.0	27.8	27.8	28.0	29.2
Plus de 3 mois et moins de 6 mois	20.8	25.0	18.4	19.9	19.6	20.3	21.8	22.0	21.0	20.8
Plus de 6 mois et moins de 1 an	18.8	14.7	16.8	17.4	16.0	17.3	16.7	17.4	16.9	14.9
Plus de 1 an	29.8	27.5	29.6	29.0	26.2	24.4	24.7	23.4	24.9	24.8

(1) Les taux d'activité calculés selon les définitions nationales peuvent être différents de ceux publiés dans ce tableau si le groupe d'âges représenté dans l'enquête de la population active est différent de 15-64 ans.

(2) Depuis 1996, il y a un changement de la définition du travail à temps partiel. Avant 1996, les travailleurs à temps partiel se définissaient selon la durée de leur temps de travail (moins de 30 heures par semaine). Depuis 1996, un travailleur à temps partiel est une personne qui se définit elle même comme tel.

(3) Avant 1995, la durée du chômage se référait aux périodes suivantes : moins de 2 mois, plus de 2 mois et moins de 6 mois, plus de 6 mois et moins de 12 mois, plus de 1 an et moins de 2 ans, 2 ans et plus.

III - Participation rates and unemployment rates by age and by sex

Percent (annual average estimates)

	1986	1987	1988	1989	1990	1991	1992	1993	1994	1995	1996
PARTICIPATION RATES											
Males											
15-19	37.0	37.7	35.8	41.3	39.4	35.7	29.8	26.5	25.0	25.4	25.0
20-24	74.0	72.1	71.8	73.2	74.6	69.2	66.3	67.1	63.6	62.3	62.2
25-34	94.0	93.7	93.7	94.1	93.8	92.7	91.1	90.1	90.3	91.4	90.7
35-44	95.3	95.4	95.3	95.3	94.7	94.0	93.4	93.3	92.7	92.8	92.3
45-54	89.5	89.2	88.2	89.8	89.0	87.4	87.4	87.5	87.2	87.4	87.5
55-59	63.6	60.5	59.1	60.0	63.4	61.8	60.2	61.1	63.1	62.7	65.4
60-64	35.5	31.8	29.5	29.6	29.9	29.4	27.5	23.7	22.4	23.5	25.4
15-24	56.4	56.0	55.3	58.6	58.1	53.2	48.3	46.3	43.5	43.0	42.9
25-54	93.3	93.2	92.9	93.5	92.9	91.7	90.9	90.5	90.2	90.6	90.2
55-64	50.8	47.3	45.2	45.4	47.1	45.9	44.0	43.0	43.9	44.6	47.2
65 and over	10.6	9.8	9.7	10.8	9.2	7.6	6.7	6.5	5.7	5.6	4.9
15-64	79.3	78.8	78.4	79.6	79.6	77.7	76.1	75.3	74.8	75.0	75.1
Females											
15-19	35.5	36.3	35.5	39.5	41.5	36.2	30.9	28.8	25.8	25.8	24.7
20-24	71.7	69.9	68.5	70.6	70.2	68.1	64.0	60.4	57.3	54.0	55.3
25-34	85.7	85.3	84.9	84.5	82.5	80.6	78.9	78.0	77.3	76.7	77.4
35-44	90.2	90.4	90.0	90.0	89.2	88.1	87.0	87.0	87.8	88.2	87.9
45-54	85.5	85.7	85.7	86.7	87.2	87.0	87.3	87.0	86.7	88.2	88.3
55-59	56.0	54.3	55.5	59.4	61.5	59.7	60.5	61.4	61.0	63.3	63.8
60-64	27.5	23.2	22.6	23.4	21.2	21.3	20.0	18.2	15.5	18.3	19.8
15-24	54.6	54.2	53.5	56.5	56.9	53.0	47.9	44.5	41.1	39.5	39.7
25-54	87.3	87.3	87.0	87.2	86.4	85.3	84.4	84.0	84.0	84.5	84.7
55-64	41.9	38.8	39.1	41.1	40.8	40.0	39.8	39.8	38.9	41.9	43.1
65 and over	4.4	3.5	3.9	3.4	3.4	3.4	2.5	2.1	2.0	2.0	1.6
15-64	72.8	72.4	72.4	73.7	73.4	72.0	70.6	69.8	69.1	69.5	69.9
All persons											
15-24	55.5	55.1	54.4	57.6	57.5	53.1	48.1	45.4	42.3	41.3	41.3
25-54	90.4	90.3	90.0	90.4	89.7	88.5	87.7	87.3	87.1	87.6	87.5
55-64	46.0	42.7	41.9	43.1	43.8	42.8	41.8	41.3	41.3	43.2	45.1
65 and over	6.7	5.9	6.1	6.3	5.7	5.1	4.2	3.9	3.6	3.5	3.0
15-64	76.1	75.6	75.4	76.7	76.5	74.9	73.3	72.6	72.0	72.3	72.5
UNEMPLOYMENT RATES											
Males											
15-19	15.6	14.3	12.3	15.6	16.4	25.0	37.5	43.2	42.9	37.2	38.1
20-24	9.9	9.5	8.1	5.2	7.6	16.0	27.3	34.0	34.7	28.1	25.8
25-34	5.3	5.3	4.3	2.4	2.5	7.5	13.1	18.8	18.4	15.0	12.9
35-44	4.5	4.6	4.2	2.2	2.4	6.2	10.6	14.9	14.2	12.6	10.8
45-54	5.3	5.6	4.9	2.4	2.7	5.6	10.2	13.6	14.0	12.3	11.6
55-59	6.1	5.1	5.3	2.7	2.6	6.6	13.5	19.5	24.4	26.2	23.6
60-64	5.3	2.9	3.0	2.9	0.0	2.9	9.1	7.1	7.7	7.4	10.3
15-24	11.7	11.0	9.4	8.6	10.4	18.9	30.4	36.7	37.1	30.9	29.5
25-54	5.0	5.1	4.4	2.3	2.5	6.5	11.3	15.9	15.5	13.3	11.8
55-64	5.8	4.4	4.6	2.8	1.8	5.4	12.1	16.2	20.4	21.6	20.3
65 and over	0.0	0.0	0.0								
15-64	6.1	6.0	5.2	3.3	3.6	8.0	13.7	18.3	18.3	15.9	14.4
Total	6.0	5.9	5.1	3.2	3.5	8.0	13.6	18.2	18.1	15.8	14.3
Females											
15-19	11.9	10.3	9.3	13.8	13.1	20.4	29.8	40.0	39.0	34.1	30.8
20-24	6.8	7.0	6.5	6.4	5.8	9.7	19.4	25.8	26.7	25.9	23.8
25-34	4.3	4.0	3.8	2.5	2.0	4.3	9.6	14.6	15.2	16.2	15.3
35-44	2.6	3.1	2.5	1.6	1.3	3.6	7.0	11.5	12.1	12.2	11.8
45-54	3.4	3.8	3.3	1.6	1.2	3.0	6.4	10.2	10.5	10.9	11.2
55-59	6.3	3.9	5.3	5.1	3.8	5.2	10.3	16.0	18.1	20.5	23.3
60-64	7.9	6.3	3.2	3.1	0.0	3.4	7.4	12.5	15.0	13.0	16.0
15-24	8.4	8.1	7.3	8.7	8.3	13.2	22.7	30.4	30.7	28.7	26.0
25-54	3.4	3.6	3.2	1.9	1.5	3.7	7.6	12.0	12.5	13.0	12.6
55-64	6.8	4.6	4.7	4.5	2.8	4.7	9.5	15.2	17.5	18.9	21.7
65 and over	0.0	0.0	0.0								
15-64	4.5	4.4	3.9	3.2	2.6	5.1	9.7	14.5	14.9	15.2	14.9
Total	4.5	4.4	3.9	3.2	2.6	5.0	9.6	14.4	14.9	15.1	14.8
All persons											
15-24	10.1	9.6	8.4	8.7	9.4	16.1	26.6	33.7	34.1	29.9	27.9
25-54	4.2	4.4	3.8	2.1	2.0	5.1	9.6	14.0	14.1	13.1	12.2
55-64	6.3	4.5	4.7	3.6	2.3	5.1	10.8	15.7	19.0	20.3	21.0
65 and over	0.0	0.0	0.0								
15-64	5.3	5.2	4.6	3.2	3.1	6.6	11.8	16.5	16.7	15.5	14.6

III - Taux d'activité et taux de chômage par âge et par sexe

Pourcentage (estimations de moyennes annuelles)

1997	1998	1999	2000	2001	2002	2003	2004	2005	2006	
										TAUX D'ACTIVITÉ
										Hommes
26.5	26.3	30.8	30.4	29.4	28.1	27.8	27.0	27.3	28.6	15-19
65.2	66.9	68.9	71.1	71.1	69.5	68.2	67.1	68.0	70.2	20-24
90.0	90.6	91.8	91.7	92.2	91.8	91.4	91.1	90.8	90.9	25-34
92.2	92.9	93.1	92.8	93.5	92.9	92.1	92.6	92.7	92.9	35-44
86.3	87.2	87.5	87.9	87.7	87.6	87.1	86.6	87.4	87.3	45-54
61.2	61.6	62.0	66.0	69.5	71.1	71.7	70.6	69.0	71.2	55-59
24.3	24.6	25.0	28.3	29.8	30.1	33.1	32.8	37.0	41.2	60-64
45.6	46.5	49.7	50.4	50.0	48.8	48.5	47.4	47.9	49.4	15-24
89.5	90.2	90.7	90.7	91.0	90.6	90.1	90.0	90.3	90.3	25-54
44.5	44.5	45.0	48.1	51.2	52.6	55.8	55.7	56.5	58.7	55-64
5.9	5.3	5.8	6.3	6.2	6.2	7.6	7.4	7.3	7.7	65 et plus
74.6	75.1	75.9	76.4	76.7	76.2	76.1	75.5	75.7	76.2	15-64
										Femmes
29.6	29.8	34.6	36.6	36.0	36.3	34.0	32.7	32.5	33.5	15-19
58.2	60.9	63.8	65.4	65.6	64.8	65.4	64.2	66.7	66.9	20-24
77.4	77.3	78.7	78.3	78.6	80.3	78.8	78.1	79.5	79.2	25-34
87.2	87.6	87.8	87.8	87.4	87.6	87.2	86.3	86.4	86.7	35-44
86.5	86.6	86.9	87.9	87.7	87.3	87.2	88.0	88.8	89.0	45-54
59.0	59.4	62.4	66.7	70.6	71.8	72.5	72.5	72.5	74.8	55-59
17.5	17.8	21.5	21.6	23.9	25.0	25.2	28.4	32.4	36.3	60-64
43.6	45.1	49.1	51.1	50.8	50.5	49.7	48.7	50.2	50.8	15-24
83.9	84.2	84.8	85.0	85.0	85.4	84.8	84.6	85.2	85.3	25-54
39.6	39.7	42.4	45.2	49.5	51.4	52.4	54.3	56.4	58.1	55-64
1.6	1.6	1.6	1.6	1.6	2.5	2.0	2.4	3.2	4.4	65 et plus
69.4	69.8	71.2	72.1	72.5	72.7	72.1	72.0	72.9	73.2	15-64
										Ensemble des personnes
44.6	45.8	49.4	50.8	50.4	49.6	49.1	48.1	49.0	50.1	15-24
86.7	87.2	87.8	87.9	88.0	88.1	87.5	87.3	87.8	87.8	25-54
42.0	42.0	43.7	46.6	50.3	52.0	54.1	55.0	56.4	58.4	55-64
3.4	3.2	3.4	3.7	3.7	4.1	4.5	4.7	5.1	5.9	65 et plus
72.0	72.5	73.6	74.3	74.6	74.5	74.1	73.8	74.3	74.7	15-64
										TAUX DE CHÔMAGE
										Hommes
34.1	31.8	30.8	30.8	30.0	31.9	31.1	31.8	28.9	29.2	15-19
21.9	19.8	16.5	16.9	15.3	16.4	18.1	18.4	17.4	15.3	20-24
11.4	9.8	8.6	8.1	7.5	8.3	8.4	8.1	7.1	6.0	25-34
9.6	8.7	7.1	6.4	6.1	6.5	6.6	6.0	6.4	4.7	35-44
10.3	8.5	8.3	7.3	7.1	7.5	7.7	7.0	6.2	6.2	45-54
17.6	16.5	12.5	10.8	10.3	9.3	9.0	8.5	8.3	7.4	55-59
7.1	6.9	6.7	5.6	5.1	4.9	4.7	4.7	4.0	4.9	60-64
25.5	23.2	21.0	21.2	19.6	20.9	21.7	22.2	20.6	19.3	15-24
10.4	9.0	8.0	7.2	6.9	7.4	7.5	7.0	6.5	5.6	25-54
15.0	14.0	11.0	9.3	8.9	8.2	7.9	7.6	7.2	6.7	55-64
0.0	0.0	0.0				0.0			0.0	65 et plus
12.5	11.1	9.9	9.2	8.7	9.1	9.3	8.9	8.3	7.5	15-64
12.4	11.0	9.8	9.1	8.6	9.0	9.2	8.8	8.2	7.4	Total
										Femmes
34.0	33.3	32.1	30.5	27.6	31.0	31.5	29.4	30.0	26.9	15-19
20.2	20.0	16.7	17.0	16.2	14.6	16.3	14.4	14.5	14.4	20-24
14.2	12.7	11.2	11.5	10.8	9.5	8.9	9.1	8.5	8.1	25-34
9.9	9.3	8.7	8.5	7.7	6.5	6.5	7.6	7.1	6.2	35-44
9.6	8.7	7.4	7.2	6.4	6.5	6.1	6.7	6.7	5.9	45-54
16.5	15.3	10.2	10.2	9.6	8.7	8.0	7.6	7.2	7.8	55-59
9.1	8.7	6.9	6.9	6.3	5.9	5.7	5.0	4.3	3.5	60-64
25.0	24.5	22.2	21.8	20.2	20.5	21.5	19.4	19.4	18.4	15-24
11.0	10.0	8.9	8.8	8.0	7.3	7.0	7.6	7.3	6.6	25-54
15.0	13.9	9.4	9.4	8.8	8.1	7.6	7.0	6.5	6.6	55-64
	0.0	0.0					0.0	0.0	0.0	65 et plus
13.0	12.1	10.7	10.6	9.7	9.1	8.9	9.0	8.7	8.1	15-64
13.0	12.1	10.6	10.6	9.7	9.1	8.9	9.0	8.7	8.0	Total
										Ensemble des personnes
25.3	23.8	21.5	21.5	19.9	20.7	21.6	20.8	20.0	18.8	15-24
10.7	9.5	8.4	8.0	7.4	7.3	7.3	7.3	6.9	6.1	25-54
15.0	14.0	10.2	9.4	8.9	8.1	7.7	7.3	6.9	6.7	55-64
0.0	0.0	0.0				0.0	0.0	0.0	0.0	65 et plus
12.8	11.6	10.3	9.9	9.2	9.1	9.1	8.9	8.5	7.8	15-64

FINLAND

IV - Professional status and breakdown by activity - ISIC Rev. 2

Thousands (annual average estimates)

	1986	1987	1988	1989	1990	1991	1992	1993	1994	1995	1996
CIVILIAN EMPLOYMENT: PROFESSIONAL STATUS											
All activities	2 421	2 413	2 420	2 494	2 493	2 365	2 196	2 061	2 045	2 090	2 119
Employees	2 061	2 041	2 052	2 099	2 105	2 003	1 851	1 731	1 713	1 765	1 794
Employers and persons working on own account	327	344	344	358	353	332	316	303	307	299	299
Unpaid family workers	33	28	24	37	35	31	28	27	26	26	25
Agriculture, hunting, forestry and fishing	266	251	238	233	222	210	196	183	178	170	159
Employees	59	57	57	50	50	51	47	44	42	44	39
Employers and persons working on own account	180	171	160	150	142	132	126	117	114	104	98
Unpaid family workers	27	23	20	32	30	26	24	23	22	22	22
Non-agricultural activities	2 155	2 162	2 182	2 261	2 271	2 155	2 000	1 878	1 867	1 920	1 960
Employees	2 002	1 984	1 995	2 049	2 055	1 952	1 804	1 687	1 671	1 721	1 755
Employers and persons working on own account	147	173	184	208	211	200	190	186	193	195	201
Unpaid family workers	6	5	4	5	5	5	4	4	4	4	3
All activities (%)	100.0	100.0	100.0	100.0	100.0	100.0	100.0	100.0	100.0	100.0	100.0
Employees	85.1	84.6	84.8	84.2	84.4	84.7	84.3	84.0	83.8	84.4	84.7
Others	14.9	15.4	15.2	15.8	15.6	15.3	15.7	16.0	16.3	15.6	15.3
CIVILIAN EMPLOYMENT: BREAKDOWN BY ACTIVITY[(1)]											
ISIC Rev. 2 Major Divisions											
1 to 0 All activities	2 421	2 413	2 420	2 460	2 457	2 330	2 163	2 030	2 015	2 059	2 119
1 Agriculture, hunting, forestry and fishing	266	251	238	218	207	198	187	174	167	158	159
2 Mining and quarrying	9	7	6	6	4	4	4	4	5	4	4
3 Manufacturing	550	534	519	528	524	471	424	396	398	427	433
4 Electricity, gas and water	30	28	28	28	28	28	26	23	23	24	23
5 Construction	185	184	188	201	205	179	149	125	114	115	118
6 Wholesale and retail trade; restaurants and hotels	355	348	354	385	392	359	321	301	294	298	313
7 Transport, storage and communication	183	182	182	178	178	175	164	158	161	163	159
8 Financing, insurance, real estate and business services	160	177	190	199	203	199	191	180	168	198	218
9 Community, social and personal services	680	700	714	715	714	715	694	665	679	666	684
0 Activities not adequately defined	3	2	2	2	2	2	3	4	6	6	8
EMPLOYEES: BREAKDOWN BY ACTIVITY[(1)]											
ISIC Rev. 2 Major Divisions											
1 to 0 All activities	2 061	2 041	2 052	2 094	2 098	1 990	1 838	1 718	1 703	1 756	1 794
1 Agriculture, hunting, forestry and fishing	59	57	57	50	50	51	47	43	41	44	38
2 Mining and quarrying	8	7	6	6	3	4	3	3	4	3	4
3 Manufacturing	532	511	493	501	495	443	398	372	375	401	407
4 Electricity, gas and water	30	28	28	28	28	28	26	23	23	24	23
5 Construction	163	159	160	169	171	149	122	100	90	89	93
6 Wholesale and retail trade; restaurants and hotels	307	296	299	322	328	301	268	247	238	243	256
7 Transport, storage and communication	163	160	160	157	157	153	143	137	140	141	137
8 Financing, insurance, real estate and business services	148	162	173	180	182	177	168	157	143	172	188
9 Community, social and personal services	648	659	674	679	681	683	661	631	644	634	643
0 Activities not adequately defined	2	2	2	2	2	2	2	5	5	5	5

(1) Data broken down by activity (civilian employment and employees) have not been revised nor updated due to a change by the country from ISIC Rev. 2 to ISIC Rev.3.

IV - Situation dans la profession et répartition par branches d'activités - CITI Rév. 2

Milliers (estimations de moyennes annuelles)

1997	1998	1999	2000	2001	2002	2003	2004	2005	2006	
										EMPLOI CIVIL : SITUATION DANS LA PROFESSION
2 162	2 213	2 287	2 326	2 359	2 363	2 356	2 356	2 392	2 434	**Toutes activités**
1 840	1 896	1 966	2 007	2 052	2 059	2 052	2 055	2 089	2 120	Salariés
303	302	305	304	294	292	294	290	290	301	Employeurs et personnes travaillant à leur compte
18	15	16	15	13	12	10	11	13	13	Travailleurs familiaux non rémunérés
153	144	144	142	135	127	120	116	116	114	**Agriculture, chasse, sylviculture et pêche**
37	39	40	40	37	34	33	34	36	34	Salariés
102	95	94	92	89	84	81	75	71	71	Employeurs et personnes travaillant à leur compte
13	10	10	10	9	8	7	7	8	9	Travailleurs familiaux non rémunérés
2 009	2 069	2 143	2 184	2 224	2 237	2 235	2 239	2 276	2 320	**Activités non agricoles**
1 803	1 857	1 926	1 967	2 015	2 025	2 019	2 021	2 053	2 086	Salariés
201	207	211	212	206	208	213	215	219	230	Employeurs et personnes travaillant à leur compte
5	5	6	5	4	4	3	3	5	4	Travailleurs familiaux non rémunérés
100.0	100.0	100.0	100.0	100.0	100.0	100.0	100.0	100.0	100.0	**Toutes activités (%)**
85.1	85.7	86.0	86.3	87.0	87.1	87.1	87.2	87.3	87.1	Salariés
14.9	14.3	14.0	13.7	13.0	12.9	12.9	12.8	12.7	12.9	Autres
										EMPLOI CIVIL : RÉPARTITION PAR BRANCHES D'ACTIVITÉS[(1)]
										Branches CITI Rév. 2
2 162	2 213									**1 à 0 Toutes activités**
153	144									1 Agriculture, chasse, sylviculture et pêche
6	6									2 Industries extractives
436	447									3 Industries manufacturières
22	22									4 Électricité, gaz et eau
130	139									5 Bâtiment et travaux publics
326	335									6 Commerce de gros et de détail; restaurants et hôtels
164	169									7 Transports, entrepôts et communications
218	227									8 Banques, assurances, affaires immobilières et services fournis aux entreprises
702	717									9 Services fournis à la collectivité, services sociaux et services personnels
5	7									0 Activités mal désignées
										SALARIÉS : RÉPARTITION PAR BRANCHES D'ACTIVITÉS[(1)]
										Branches CITI Rév. 2
1 839	1 896									**1 à 0 Toutes activités**
37	39									1 Agriculture, chasse, sylviculture et pêche
4	4									2 Industries extractives
410	419									3 Industries manufacturières
22	22									4 Électricité, gaz et eau
104	112									5 Bâtiment et travaux publics
264	277									6 Commerce de gros et de détail; restaurants et hôtels
141	147									7 Transports, entrepôts et communications
189	195									8 Banques, assurances, affaires immobilières et services fournis aux entreprises
663	676									9 Services fournis à la collectivité, services sociaux et services personnels
5	5									0 Activités mal désignées

(1) Les données concernant la répartition par branches d'activités (emploi civil et salariés) n'ont pas été révisées ni mises à jour en raison du passage par le pays de la CITI Rév. 2 à la CITI Rév. 3.

FINLAND

V - Civilian employment and employees: breakdown by activity - ISIC Rev. 3

Thousands (annual average estimates)

	1986	1987	1988	1989	1990	1991	1992	1993	1994	1995	1996
CIVILIAN EMPLOYMENT: BREAKDOWN BY ACTIVITY											
A to X All activities					2 493	2 365	2 197	2 061	2 045	2 091	2 119
A Agriculture, hunting and forestry					219	206	194	180	176	168	157
B Fishing					3	4	4	3	2	2	2
C Mining and quarrying					4	4	4	4	5	4	4
D Manufacturing					525	473	426	399	400	428	434
E Electricity, gas and water supply					28	28	26	24	23	24	23
F Construction					201	176	147	122	109	115	118
G Wholesale and retail trade; repair of motor vehicles, motorcycles and personal and household goods					319	295	263	245	239	241	252
H Hotels and restaurants					75	69	63	59	58	60	64
I Transport, storage and communication					179	175	165	158	161	163	160
J Financial intermediation					82	77	76	71	64	50	48
K Real estate, renting and business activities					186	186	174	163	166	179	193
L Public administration and defence; compulsory social security, excluding armed forces					119	117	111	105	107	105	103
M Education					139	141	139	134	138	141	139
N Health and social work					299	298	290	281	289	298	303
O Other community, social and personal service activities					111	112	112	107	100	103	110
P Private households with employed persons					0	0	0	0	0	4	3
Q Extra-territorial organisations and bodies					1	1	0	0	1	0	0
X Not classifiable by economic activities					3	3	3	6	7	6	6
Breakdown by sector											
Agriculture (A-B)					222	210	198	183	178	170	159
Industry (C-F)					758	681	603	549	537	571	579
Services (G-Q)					1 510	1 471	1 393	1 323	1 323	1 344	1 375
Agriculture (%)					8.9	8.9	9.0	8.9	8.7	8.1	7.5
Industry (%)					30.4	28.8	27.4	26.6	26.3	27.3	27.3
Services (%)					60.6	62.2	63.4	64.2	64.7	64.3	64.9
Female participation in agriculture (%)					36.0	36.2	34.3	33.3	33.7	33.5	34.0
Female participation in industry (%)					26.9	26.9	27.2	26.8	26.1	25.0	24.2
Female participation in services (%)					60.3	60.4	60.5	60.3	59.9	59.5	59.2
EMPLOYEES: BREAKDOWN BY ACTIVITY											
A to X All activities					2 105	2 003	1 849	1 730	1 715	1 765	1 795
A Agriculture, hunting and forestry					49	49	45	42	41	43	38
B Fishing					1	2	2	1	1	1	1
C Mining and quarrying					4	4	3	3	4	3	4
D Manufacturing					495	446	400	374	376	403	407
E Electricity, gas and water supply					28	27	26	23	23	24	23
F Construction					167	146	120	98	85	90	93
G Wholesale and retail trade; repair of motor vehicles, motorcycles and personal and household goods					264	242	216	200	190	194	202
H Hotels and restaurants					66	61	54	50	49	51	56
I Transport, storage and communication					157	153	143	137	140	141	137
J Financial intermediation					81	77	75	70	64	49	47
K Real estate, renting and business activities					154	155	143	133	133	144	159
L Public administration and defence; compulsory social security, excluding armed forces					120	117	111	105	107	105	103
M Education					138	140	138	133	137	139	138
N Health and social work					288	290	281	273	281	288	291
O Other community, social and personal service activities					89	90	89	83	77	82	88
P Private households with employed persons					0	0	0	0	0	3	3
Q Extra-territorial organisations and bodies					1	1	0	0	1	0	0
X Not classifiable by economic activities					3	3	3	5	6	5	5
Breakdown by sector											
Agriculture (A-B)					50	51	47	43	42	44	39
Industry (C-F)					694	623	549	498	488	520	527
Services (G-Q)					1 358	1 326	1 250	1 184	1 179	1 196	1 224
Agriculture (%)					2.4	2.5	2.5	2.5	2.4	2.5	2.2
Industry (%)					33.0	31.1	29.7	28.8	28.5	29.5	29.4
Services (%)					64.5	66.2	67.6	68.4	68.7	67.8	68.2
Female participation in agriculture (%)					30.0	35.3	31.9	32.6	31.0	31.8	30.8
Female participation in industry (%)					27.8	27.9	28.4	27.9	27.0	26.0	25.0
Female participation in services (%)					62.5	62.7	62.9	62.9	62.5	62.4	61.9

V - Emploi civil et salariés : répartition par branches d'activités - CITI Rév. 3

Milliers (estimations de moyennes annuelles)

1997	1998	1999	2000	2001	2002	2003	2004	2005	2006	
										EMPLOI CIVIL : RÉPARTITION PAR BRANCHES D'ACTIVITÉS
2 162	2 213	2 286	2 326	2 359	2 363	2 356	2 356	2 392	2 434	**A à X Toutes activités**
150	142	142	140	133	125	119	115	114	113	A Agriculture, chasse et sylviculture
2	2	2	2	2	2	1	2	2	1	B Pêche
6	6	5	4	3	5	5	5	6	5	C Activités extractives
436	447	460	467	472	466	444	435	436	443	D Activités de fabrication
22	22	22	22	22	21	20	19	19	17	E Production et distribution d'électricité, de gaz et d'eau
130	139	149	149	145	148	151	148	158	162	F Construction
263	268	279	278	278	282	287	293	301	303	G Commerce de gros et de détail; réparation de véhicules et de biens domestiques
66	70	77	76	80	82	76	75	77	78	H Hôtels et restaurants
164	169	168	172	174	169	173	172	172	181	I Transports, entreposage et communications
48	46	45	49	50	47	49	49	47	47	J Intermédiation financière
192	203	221	238	252	261	264	266	275	289	K Immobilier, location et activités de services aux entreprises
101	104	107	105	104	108	109	108	101	105	L Administration publique et défense; sécurité sociale obligatoire (armée exclue)
145	154	155	163	165	162	167	171	169	170	M Education
310	314	321	326	343	346	346	352	366	371	N Santé et action sociale
116	115	121	123	127	129	132	133	136	137	O Autres activités de services collectifs, sociaux et personnels
4	4	5	4	4	3	5	7	8	7	P Ménages privés employant du personnel domestique
0	1	1	1	1	1	0	1	1	1	Q Organisations et organismes extra-territoriaux
7	7	6	7	7	7	8	7	5	4	X Ne pouvant être classés selon l'activité économique
										Répartition par secteurs
152	144	144	142	135	127	120	116	116	114	Agriculture (A-B)
594	614	636	642	642	639	621	607	619	627	Industrie (C-F)
1 409	1 448	1 500	1 535	1 575	1 590	1 607	1 626	1 653	1 689	Services (G-Q)
7.0	6.5	6.3	6.1	5.7	5.4	5.1	4.9	4.8	4.7	Agriculture (%)
27.5	27.7	27.8	27.6	27.2	27.0	26.3	25.7	25.9	25.8	Industrie (%)
65.2	65.4	65.6	66.0	66.7	67.3	68.2	69.0	69.1	69.4	Services (%)
32.9	32.6	31.9	30.3	31.3	32.7	31.4	29.9	29.3	28.9	Part des femmes dans l'agriculture (%)
23.9	24.1	24.5	24.0	24.2	24.0	23.0	23.2	23.1	22.3	Part des femmes dans l'industrie (%)
59.1	58.7	59.0	59.2	58.8	59.4	59.4	59.0	59.2	59.4	Part des femmes dans les services (%)
										SALARIÉS : RÉPARTITION PAR BRANCHES D'ACTIVITÉS
1 839	1 896	1 966	2 007	2 052	2 059	2 051	2 055	2 089	2 120	**A à X Toutes activités**
36	38	39	39	37	34	32	34	35	33	A Agriculture, chasse et sylviculture
1	1	1	1	1	1	0	0	1	1	B Pêche
4	4	4	3	2	4	4	4	5	5	C Activités extractives
410	419	431	437	444	436	418	411	412	417	D Activités de fabrication
22	22	22	22	22	21	20	19	18	17	E Production et distribution d'électricité, de gaz et d'eau
104	112	120	120	118	118	118	117	122	123	F Construction
209	218	232	233	234	240	244	249	258	258	G Commerce de gros et de détail; réparation de véhicules et de biens domestiques
56	61	66	65	68	71	66	65	66	67	H Hôtels et restaurants
141	147	145	148	154	148	151	147	150	160	I Transports, entreposage et communications
47	45	45	48	49	45	49	48	45	44	J Intermédiation financière
161	170	186	201	216	226	228	231	239	248	K Immobilier, location et activités de services aux entreprises
102	104	107	105	104	108	109	108	101	105	L Administration publique et défense; sécurité sociale obligatoire (armée exclue)
144	153	153	162	163	161	164	169	167	167	M Education
301	303	310	315	330	333	331	336	351	357	N Santé et action sociale
92	89	95	97	100	103	105	105	106	108	O Autres activités de services collectifs, sociaux et personnels
4	3	4	4	3	3	5	6	7	7	P Ménages privés employant du personnel domestique
0	1	1	1	1	1	0	1	1	1	Q Organisations et organismes extra-territoriaux
5	6	5	6	6	6	7	6	5	3	X Ne pouvant être classés selon l'activité économique
										Répartition par secteurs
37	39	40	40	38	35	33	34	36	34	Agriculture (A-B)
540	557	577	582	586	579	561	551	557	562	Industrie (C-F)
1 257	1 294	1 344	1 379	1 421	1 439	1 451	1 463	1 491	1 522	Services (G-Q)
2.0	2.1	2.0	2.0	1.9	1.7	1.6	1.7	1.7	1.6	Agriculture (%)
29.4	29.4	29.4	29.0	28.6	28.1	27.3	26.8	26.7	26.5	Industrie (%)
68.3	68.2	68.3	68.7	69.3	69.9	70.8	71.2	71.4	71.8	Services (%)
32.4	33.3	32.5	30.0	32.5	34.6	31.7	30.3	30.6	29.4	Part des femmes dans l'agriculture (%)
24.8	24.8	25.1	24.9	25.0	25.0	23.9	24.0	24.1	23.1	Part des femmes dans l'industrie (%)
61.6	60.9	61.5	61.3	60.8	61.3	61.3	61.0	61.3	61.4	Part des femmes dans les services (%)

FRANCE

I - Population

Thousands (mid-year estimates)

	1986	1987	1988	1989	1990	1991	1992	1993	1994	1995	1996
POPULATION - DISTRIBUTION BY AGE AND GENDER											
All persons											
Total	55 547	55 824	56 118	56 423	56 709	56 976	57 240	57 467	57 659	57 844	58 026
Under 15 years	11 646	11 542	11 452	11 400	11 394	11 415	11 427	11 405	11 358	11 288	11 207
From 15 to 64 years	36 589	36 805	37 027	37 227	37 297	37 439	37 527	37 617	37 695	37 784	37 884
65 years and over	7 312	7 477	7 639	7 796	8 019	8 122	8 286	8 445	8 605	8 772	8 935
Males											
Total	27 064	27 191	27 327	27 471	27 606	27 732	27 855	27 957	28 039	28 117	28 196
Under 15 years	5 962	5 908	5 860	5 833	5 830	5 842	5 849	5 837	5 812	5 775	5 734
From 15 to 64 years	18 268	18 374	18 484	18 583	18 648	18 686	18 728	18 768	18 798	18 835	18 879
65 years and over	2 834	2 909	2 983	3 055	3 128	3 203	3 278	3 353	3 428	3 507	3 583
Females											
Total	28 483	28 633	28 791	28 952	29 103	29 244	29 385	29 510	29 620	29 727	29 830
Under 15 years	5 684	5 634	5 591	5 568	5 564	5 573	5 579	5 568	5 546	5 513	5 473
From 15 to 64 years	18 321	18 431	18 544	18 644	18 648	18 753	18 799	18 849	18 897	18 949	19 005
65 years and over	4 478	4 568	4 656	4 740	4 891	4 919	5 007	5 092	5 177	5 266	5 352
POPULATION - PERCENTAGES											
All persons											
Total	100.0	100.0	100.0	100.0	100.0	100.0	100.0	100.0	100.0	100.0	100.0
Under 15 years	21.0	20.7	20.4	20.2	20.1	20.0	20.0	19.8	19.7	19.5	19.3
From 15 to 64 years	65.9	65.9	66.0	66.0	65.8	65.7	65.6	65.5	65.4	65.3	65.3
65 years and over	13.2	13.4	13.6	13.8	14.1	14.3	14.5	14.7	14.9	15.2	15.4
COMPONENTS OF CHANGE IN POPULATION											
a) Population at 1 January	55 411	55 682	55 966	56 270	56 577	56 841	57 111	57 369	57 565	57 753	57 936
b) Population at 31 December	55 682	55 966	56 270	56 577	56 841	57 111	57 369	57 565	57 753	57 936	58 116
c) Total increase (b-a)	271	284	304	307	264	270	259	196	188	183	180
d) Births	779	768	771	765	762	759	744	712	711	730	734
e) Deaths	547	528	525	529	526	525	522	532	520	532	536
f) Natural increase (d-e)	232	240	246	236	236	234	222	179	191	198	199
g) Net migration	39	44	57	71	80	90	90	70	50	40	35
h) Statistical adjustments	0	0	1	0	-52	-54	-54	-54	-53	-55	-53
i) Total increase (=f+g+h=c)	271	284	304	307	264	270	259	196	188	183	181
(Components of change in population/ Average population) x1000											
Total increase rates	4.9	5.1	5.4	5.4	4.7	4.7	4.5	3.4	3.3	3.2	3.1
Crude birth rates	14.0	13.8	13.7	13.6	13.4	13.3	13.0	12.4	12.3	12.6	12.7
Crude death rates	9.8	9.5	9.4	9.4	9.3	9.2	9.1	9.3	9.0	9.2	9.2
Natural increase rates	4.2	4.3	4.4	4.2	4.2	4.1	3.9	3.1	3.3	3.4	3.4
Net migration rates	0.7	0.8	1.0	1.3	1.4	1.6	1.6	1.2	0.9	0.7	0.6

I - Population

Milliers (estimations au milieu de l'année)

	1997	1998	1999	2000	2001	2002	2003	2004	2005	2006
POPULATION - RÉPARTITION SELON L'AGE ET LE SEXE										
Ensemble des personnes										
Total	58 207	58 398	58 661	59 013	59 393	59 767	60 151	60 511	60 859	61 300
Moins de 15 ans	11 131	11 088	11 088	11 115	11 142	11 089	11 111	11 125	11 133	11 241
De 15 à 64 ans	37 988	38 085	38 221	38 421	38 655	39 029	39 292	39 536	39 792	40 000
65 ans et plus	9 088	9 225	9 352	9 477	9 596	9 649	9 748	9 850	9 934	10 059
Hommes										
Total	28 276	28 361	28 487	28 660	28 848	29 032	29 224	29 400	29 568	29 800
Moins de 15 ans	5 696	5 674	5 675	5 689	5 703	5 668	5 678	5 686	5 691	5 773
De 15 à 64 ans	18 925	18 967	19 031	19 129	19 245	19 440	19 569	19 686	19 806	19 900
65 ans et plus	3 655	3 720	3 782	3 842	3 899	3 924	3 977	4 028	4 071	4 127
Femmes										
Total	29 932	30 037	30 174	30 353	30 546	30 735	30 928	31 111	31 291	31 500
Moins de 15 ans	5 436	5 414	5 413	5 425	5 439	5 421	5 432	5 439	5 443	5 468
De 15 à 64 ans	19 063	19 118	19 190	19 292	19 410	19 589	19 724	19 851	19 986	20 100
65 ans et plus	5 433	5 504	5 571	5 636	5 697	5 725	5 772	5 821	5 862	5 932
POPULATION - POURCENTAGES										
Ensemble des personnes										
Total	100.0	100.0	100.0	100.0	100.0	100.0	100.0	100.0	100.0	100.0
Moins de 15 ans	19.1	19.0	18.9	18.8	18.8	18.6	18.5	18.4	18.3	18.3
De 15 à 64 ans	65.3	65.2	65.2	65.1	65.1	65.3	65.3	65.3	65.4	65.3
65 ans et plus	15.6	15.8	15.9	16.1	16.2	16.1	16.2	16.3	16.3	16.4
COMPOSANTES DE L'ÉVOLUTION DÉMOGRAPHIQUE										
a) Population au 1er janvier	58 116	58 299	58 497	58 850	59 249	59 660	60 067	60 462	60 825	61 167
b) Population au 31 décembre	58 299	58 497	58 850	59 249	59 660	60 067	60 462	60 825	61 167	61 538
c) Accroissement total (b-a)	183	198	353	400	411	407	395	363	342	372
d) Naissances	727	738	745	775	771	762	761	768	774	797
e) Décès	530	534	538	531	531	535	552	509	528	520
f) Accroissement naturel (d-e)	196	204	207	244	240	226	209	258	247	277
g) Solde net des migrations	40	45	60	70	85	95	100	105	95	95
h) Ajustements statistiques	-54	-51	86	86	86	86	86	0	0	0
i) Accroissement total (=f+g+h=c)	183	198	353	400	411	407	395	363	342	372
(Composition de l'évolution démographique/ Population moyenne) x1000										
Taux d'accroissement total	3.1	3.4	6.0	6.8	6.9	6.8	6.6	6.0	5.6	6.1
Taux bruts de natalité	12.5	12.6	12.7	13.1	13.0	12.7	12.6	12.7	12.7	13.0
Taux bruts de mortalité	9.1	9.1	9.2	9.0	8.9	8.9	9.2	8.4	8.6	8.5
Taux d'accroissement naturel	3.4	3.5	3.5	4.1	4.0	3.8	3.5	4.3	4.0	4.5
Taux du solde net des migrations	0.7	0.8	1.0	1.2	1.4	1.6	1.7	1.7	1.6	1.5

FRANCE

II - Labour force

Thousands (annual average estimates)

	1986	1987	1988	1989	1990	1991	1992	1993	1994	1995	1996
Total labour force											
All persons	24 318	24 442	24 540	24 720	24 824	24 984	25 087	25 139	25 312	25 348	25 611
Males	13 975	13 944	13 953	14 015	14 055	14 062	14 001	13 940	13 955	13 930	14 028
Females	10 342	10 498	10 587	10 705	10 769	10 923	11 087	11 198	11 357	11 418	11 584
Armed forces											
All persons	554	554	563	555	550	540	525	521	513	505	500
Males	536	535	544	535	530	519	503	499	490	483	477
Females	18	19	19	20	20	21	21	22	22	23	23
Civilian labour force											
All persons	23 764	23 888	23 977	24 165	24 274	24 444	24 563	24 618	24 800	24 842	25 111
Males	13 439	13 409	13 409	13 480	13 525	13 543	13 497	13 442	13 465	13 447	13 550
Females	10 324	10 479	10 568	10 685	10 749	10 902	11 065	11 176	11 335	11 396	11 561
Unemployed											
All persons	2 520	2 567	2 456	2 323	2 199	2 331	2 562	2 903	3 054	2 887	3 075
Males	1 190	1 169	1 092	999	945	1 023	1 152	1 380	1 456	1 342	1 456
Females	1 330	1 398	1 364	1 324	1 253	1 308	1 410	1 523	1 598	1 545	1 619
Civilian employment											
All persons	21 244	21 321	21 521	21 842	22 075	22 113	22 000	21 715	21 746	21 955	22 036
Males	12 249	12 240	12 317	12 481	12 580	12 519	12 345	12 061	12 008	12 105	12 094
Females	8 994	9 081	9 204	9 361	9 496	9 594	9 655	9 654	9 737	9 851	9 942
Civilian employment (%)											
All persons	100.0	100.0	100.0	100.0	100.0	100.0	100.0	100.0	100.0	100.0	100.0
Males	57.7	57.4	57.2	57.1	57.0	56.6	56.1	55.5	55.2	55.1	54.9
Females	42.3	42.6	42.8	42.9	43.0	43.4	43.9	44.5	44.8	44.9	45.1
Unemployment rates (% of civilian labour force)											
All persons	10.6	10.7	10.2	9.6	9.1	9.5	10.4	11.8	12.3	11.6	12.2
Males	8.9	8.7	8.1	7.4	7.0	7.6	8.5	10.3	10.8	10.0	10.7
Females	12.9	13.3	12.9	12.4	11.7	12.0	12.7	13.6	14.1	13.6	14.0
Total labour force (% of total population)											
All persons	43.8	43.8	43.7	43.8	43.8	43.9	43.8	43.7	43.9	43.8	44.1
Males	51.6	51.3	51.1	51.0	50.9	50.7	50.3	49.9	49.8	49.5	49.8
Females	36.3	36.7	36.8	37.0	37.0	37.4	37.7	37.9	38.3	38.4	38.8
Total labour force (% of population from 15-64 years)[(1)]											
All persons	66.5	66.4	66.3	66.4	66.6	66.7	66.9	66.8	67.1	67.1	67.6
Males	76.5	75.9	75.5	75.4	75.4	75.3	74.8	74.3	74.2	74.0	74.3
Females	56.4	57.0	57.1	57.4	57.7	58.2	59.0	59.4	60.1	60.3	61.0
Civilian employment (% of total population)											
All persons	38.2	38.2	38.4	38.7	38.9	38.8	38.4	37.8	37.7	38.0	38.0
Civilian employment (% of population from 15-64 years)											
All persons	58.1	57.9	58.1	58.7	59.2	59.1	58.6	57.7	57.7	58.1	58.2
Males	67.1	66.6	66.6	67.2	67.5	67.0	65.9	64.3	63.9	64.3	64.1
Females	49.1	49.3	49.6	50.2	50.9	51.2	51.4	51.2	51.5	52.0	52.3
Part-time employment (%)											
Part-time as % of employment	12.6	12.5	12.6	12.1	12.2	12.0	12.6	13.2	13.8	14.2	14.0
Male share of part-time employment	23.2	23.6	22.5	22.9	21.4	21.2	21.2	21.0	21.4	22.1	22.6
Female share of part-time employment	76.8	76.4	77.5	77.1	78.6	78.8	78.8	79.0	78.6	77.9	77.4
Male part-time as % of male employment	5.1	5.1	4.9	4.8	4.5	4.5	4.7	4.9	5.3	5.6	5.7
Female part-time as % of female employment	23.0	22.8	23.0	22.1	22.5	21.9	22.7	23.7	24.5	24.8	24.4
Duration of unemployment (% of total unemployment)											
Less than 1 month	5.7	4.9	5.4	6.5	5.9	4.3	4.7	4.2	4.1	3.7	4.1
More than 1 month and less than 3 months	11.6	12.6	13.0	12.8	18.8	18.7	17.3	16.3	14.1	13.9	14.6
More than 3 months and less than 6 months	16.1	16.2	17.1	17.0	19.7	19.0	19.8	21.3	20.1	18.3	19.7
More than 6 months and less than 1 year	22.5	20.9	19.9	19.9	17.5	20.8	22.0	24.0	23.3	21.6	21.9
More than 1 year	44.2	45.3	44.6	43.7	38.1	37.3	36.2	34.2	38.5	42.5	39.6

(1) Participation rates calculated according to national definitions may differ from those published in this table, when the age group represented in the labour force survey is other than 15-64 years.

LABOUR FORCE STATISTICS - ISBN 9789264035539 - © OECD 2007

II - Population active

Milliers (estimations de moyennes annuelles)

1997	1998	1999	2000	2001	2002	2003	2004	2005	2006	
										Population active totale
25 758	26 027	26 324	26 606	26 838	27 095	27 366	27 429	27 475		Ensemble des personnes
14 068	14 154	14 289	14 404	14 512	14 614	14 626	14 628	14 615		Hommes
11 690	11 873	12 036	12 202	12 327	12 482	12 740	12 801	12 860		Femmes
										Forces armées
473	437	400	375	343	339	347	365	366		Ensemble des personnes
449	412	374	347	314	301	304	318	317		Hommes
23	24	26	28	29	38	43	47	48		Femmes
										Population active civile
25 285	25 590	25 924	26 231	26 495	26 756	27 019	27 064	27 109		Ensemble des personnes
13 618	13 741	13 915	14 057	14 198	14 313	14 322	14 310	14 298		Hommes
11 667	11 849	12 010	12 174	12 298	12 444	12 697	12 754	12 812		Femmes
										Chômeurs
3 109	2 993	2 844	2 517	2 328	2 445	2 682	2 734	2 717		Ensemble des personnes
1 489	1 404	1 329	1 141	1 051	1 171	1 300	1 330	1 328		Hommes
1 621	1 590	1 515	1 376	1 278	1 274	1 383	1 404	1 389		Femmes
										Emploi civil
22 176	22 597	23 080	23 714	24 167	24 311	24 337	24 330	24 392		Ensemble des personnes
12 130	12 337	12 586	12 917	13 147	13 141	13 022	12 981	12 970		Hommes
10 046	10 259	10 494	10 798	11 020	11 170	11 315	11 349	11 423		Femmes
										Emploi civil (%)
100.0	100.0	100.0	100.0	100.0	100.0	100.0	100.0	100.0		Ensemble des personnes
54.7	54.6	54.5	54.5	54.4	54.1	53.5	53.4	53.2		Hommes
45.3	45.4	45.5	45.5	45.6	45.9	46.5	46.6	46.8		Femmes
										Taux de chômage (% de la population active civile)
12.3	11.7	11.0	9.6	8.8	9.1	9.9	10.1	10.0		Ensemble des personnes
10.9	10.2	9.6	8.1	7.4	8.2	9.1	9.3	9.3		Hommes
13.9	13.4	12.6	11.3	10.4	10.2	10.9	11.0	10.8		Femmes
										Population active totale (% de la population totale)
44.3	44.6	44.9	45.1	45.2	45.3	45.5	45.3	45.1		Ensemble des personnes
49.8	49.9	50.2	50.3	50.3	50.3	50.0	49.8	49.4		Hommes
39.1	39.5	39.9	40.2	40.4	40.6	41.2	41.1	41.1		Femmes
										Population active totale (% de la population de 15-64 ans)(1)
67.8	68.3	68.9	69.2	69.4	69.4	69.6	69.4	69.0		Ensemble des personnes
74.3	74.6	75.1	75.3	75.4	75.2	74.7	74.3	73.8		Hommes
61.3	62.1	62.7	63.2	63.5	63.7	64.6	64.5	64.3		Femmes
										Emploi civil (% de la population totale)
38.1	38.7	39.3	40.2	40.7	40.7	40.5	40.2	40.1		Ensemble des personnes
										Emploi civil (% de la population de 15-64 ans)
58.4	59.3	60.4	61.7	62.5	62.3	61.9	61.5	61.3		Ensemble des personnes
64.1	65.0	66.1	67.5	68.3	67.6	66.5	65.9	65.5		Hommes
52.7	53.7	54.7	56.0	56.8	57.0	57.4	57.2	57.2		Femmes
										Emploi à temps partiel (%)
14.8	14.7	14.6	14.2	13.8	13.8	12.8	13.2	13.5	13.3	Temps partiel en % de l'emploi
22.1	22.1	21.8	21.2	20.4	19.5	19.5	19.0	20.6	20.6	Part des hommes dans le temps partiel
77.9	77.9	78.2	78.8	79.6	80.5	80.5	81.0	79.4	79.4	Part des femmes dans le temps partiel
5.9	5.9	5.8	5.5	5.1	5.1	4.6	4.6	5.2	5.1	Temps partiel des hommes en % de l'emploi des hommes
25.8	25.5	25.4	24.9	24.4	23.6	22.6	23.5	23.2	22.9	Temps partiel des femmes en % de l'emploi des femmes
										Durée du chômage (% du chômage total)
3.7	3.8	7.0	3.8	4.7	5.3	4.2	4.4	4.5	4.6	Moins de 1 mois
14.5	13.9	17.9	16.7	19.5	20.3	18.0	17.9	17.7	17.4	Plus de 1 mois et moins de 3 mois
18.0	18.0	19.5	17.6	18.5	20.9	15.9	16.4	16.6	15.4	Plus de 3 mois et moins de 6 mois
22.4	20.1	15.2	19.4	19.6	19.7	19.1	19.6	18.6	18.6	Plus de 6 mois et moins de 1 an
41.4	44.2	40.4	42.6	37.6	33.8	42.9	41.6	42.5	44.0	Plus de 1 an

(1) Les taux d'activité calculés selon les définitions nationales peuvent être différents de ceux publiés dans ce tableau si le groupe d'âges représenté dans l'enquête de la population active est différent de 15-64 ans.

FRANCE

III - Participation rates and unemployment rates by age and by sex

Percent (estimates for March of each year)

	1986	1987	1988	1989	1990	1991	1992	1993	1994	1995	1996
PARTICIPATION RATES											
Males											
15-19	18.2	17.2	15.5	14.9	14.6	12.2	11.5	10.0	8.7	8.7	9.5
20-24	76.1	74.6	70.8	69.3	65.0	62.0	61.1	57.5	55.7	55.2	55.3
25-34	96.2	96.3	95.7	95.8	95.4	95.3	94.9	95.0	95.1	94.7	94.6
35-44	97.7	97.6	97.5	97.2	97.0	97.0	96.6	96.4	96.4	96.4	96.9
45-54	93.1	92.8	92.9	92.8	93.1	92.8	93.0	92.8	93.4	93.4	93.8
55-59	69.4	67.4	67.4	68.1	67.7	68.5	68.7	67.8	66.4	66.1	67.8
60-64	27.5	25.8	25.5	24.2	22.8	19.7	19.1	19.0	18.0	17.0	17.2
15-24	46.8	45.4	42.5	41.6	39.6	37.2	37.0	34.8	33.2	32.4	32.1
25-54	95.9	95.9	95.6	95.6	95.4	95.3	95.0	94.9	95.1	94.9	95.2
55-64	49.5	47.7	47.4	47.0	45.8	44.5	44.0	43.5	42.1	41.5	42.3
65 and over	5.1	4.7	4.6	4.4	3.7	3.5	3.5	3.2	2.8	2.5	2.6
15-64	76.9	76.3	75.6	75.4	75.0	74.6	74.6	74.2	74.1	74.0	74.5
Females											
15-19	12.1	11.8	10.0	9.4	8.1	6.8	6.5	5.9	4.7	4.4	4.3
20-24	65.5	64.4	61.0	59.9	57.6	54.0	52.2	49.7	47.8	46.9	46.7
25-34	74.5	73.9	74.5	74.9	76.1	76.3	76.9	77.8	78.0	78.6	78.2
35-44	71.5	72.0	72.9	73.8	74.3	75.5	76.6	77.8	78.1	78.5	79.4
45-54	62.8	63.7	64.0	65.5	65.9	68.1	69.9	71.5	73.5	74.3	75.4
55-59	43.0	44.5	45.2	44.6	45.3	45.4	45.8	46.7	46.4	48.6	49.2
60-64	18.4	18.0	17.9	17.6	17.0	16.0	15.2	15.0	14.9	14.4	14.8
15-24	39.1	38.2	35.5	34.7	33.1	31.0	30.4	29.2	27.6	26.5	25.7
25-54	70.3	70.5	71.2	72.1	72.9	73.9	74.9	76.1	76.7	77.3	77.8
55-64	30.9	31.5	31.7	31.2	31.1	30.5	30.2	30.4	30.1	31.0	31.4
65 and over	2.0	1.9	1.8	1.9	1.5	1.5	1.4	1.4	1.4	1.2	1.3
15-64	56.4	56.5	56.4	56.9	57.2	57.5	58.2	59.0	59.3	59.9	60.4
All persons											
15-24	43.0	41.8	39.0	38.2	36.4	34.2	33.7	32.0	30.4	29.5	29.0
25-54	83.1	83.2	83.4	83.8	84.1	84.5	84.9	85.4	85.9	86.0	86.4
55-64	39.7	39.2	39.2	38.7	38.1	37.2	36.8	36.7	35.9	36.1	36.6
65 and over	3.2	3.1	2.9	2.9	2.4	2.3	2.2	2.1	1.9	1.7	1.8
15-64	66.6	66.3	65.9	66.1	66.0	66.0	66.3	66.6	66.6	66.9	67.4
UNEMPLOYMENT RATES											
Males											
15-19	22.0	19.7	17.7	13.9	13.4	16.3	16.8	19.5	21.8	15.9	20.2
20-24	19.4	18.0	17.5	14.9	15.7	15.6	16.6	21.8	24.5	21.7	22.3
25-34	8.4	8.6	7.9	7.3	7.5	7.7	8.7	10.3	12.2	10.7	12.0
35-44	5.3	5.8	5.6	5.3	5.1	5.0	5.7	7.2	8.4	7.9	8.0
45-54	5.6	6.0	5.9	5.1	4.8	5.2	5.8	6.5	8.1	7.5	7.8
55-59	9.1	9.2	8.5	8.1	7.0	6.3	8.3	8.5	8.1	8.6	9.9
60-64	3.7	3.6	4.7	3.6	3.0	2.9	3.9	3.4	4.1	3.3	3.1
15-24	19.9	18.3	17.5	14.7	15.3	15.7	16.6	21.4	24.1	20.9	22.0
25-54	6.6	6.9	6.6	6.0	5.9	6.0	6.8	8.1	9.6	8.8	9.3
55-64	7.7	7.7	7.5	7.0	6.0	5.6	7.3	7.4	7.2	7.5	8.5
65 and over	0.8	0.8	1.1	1.7	0.5	0.7	1.1	0.0	0.8	2.1	1.1
15-64	8.6	8.6	8.1	7.2	7.0	7.1	7.9	9.4	10.8	9.8	10.4
Total	8.5	8.5	8.1	7.2	7.0	7.0	7.9	9.3	10.7	9.7	10.3
Females											
15-19	39.9	36.4	30.8	25.2	29.4	36.0	33.8	38.7	34.4	41.7	34.5
20-24	25.4	27.1	26.0	24.0	23.1	22.5	25.2	27.3	31.4	31.4	31.6
25-34	12.7	14.1	13.3	13.8	13.1	12.8	14.5	16.0	16.7	16.3	17.1
35-44	8.1	9.6	9.7	10.2	9.6	8.9	10.2	10.3	12.1	11.3	12.2
45-54	7.1	8.2	8.0	8.5	8.3	8.3	8.7	8.6	9.6	9.5	9.0
55-59	8.1	9.9	10.7	8.4	8.5	9.6	9.9	9.1	8.0	7.7	9.8
60-64	5.4	5.3	4.3	5.7	5.4	3.9	4.3	5.1	2.4	3.0	4.1
15-24	27.6	28.5	26.7	24.2	23.9	23.9	26.1	28.4	31.7	32.2	31.9
25-54	9.7	11.1	10.8	11.2	10.7	10.3	11.4	11.9	13.1	12.6	13.0
55-64	7.3	8.6	8.9	7.7	7.6	8.1	8.5	8.1	6.6	6.6	8.4
65 and over	1.8	3.5	3.0	2.1	0.8	2.9	2.0	1.6	1.3	1.7	2.0
15-64	12.4	13.5	12.9	12.7	12.1	11.7	12.8	13.3	14.4	13.9	14.2
Total	12.3	13.5	12.8	12.6	12.0	11.6	12.7	13.3	14.3	13.8	14.2
All persons											
15-24	23.4	22.9	21.6	19.0	19.1	19.4	20.8	24.6	27.5	25.9	26.3
25-54	7.9	8.7	8.4	8.3	8.0	7.9	8.9	9.8	11.2	10.5	11.0
55-64	7.5	8.1	8.1	7.3	6.7	6.6	7.8	7.7	7.0	7.1	8.5
65 and over	1.2	1.8	1.8	1.9	0.6	1.5	1.5	0.6	1.0	1.9	1.5
15-64	10.2	10.7	10.2	9.6	9.2	9.1	10.1	11.2	12.4	11.6	12.1

For 1982, April-May estimates. For 1999, January estimates.

III - Taux d'activité et taux de chômage par âge et par sexe

Pourcentage (estimations du mois de mars de chaque année)

1997	1998	1999	2000	2001	2002	2003	2004	2005	2006	
										TAUX D'ACTIVITÉ
										Hommes
9.4	10.6	11.1	11.4	11.0	11.6	15.5	14.5	15.3	15.7	15-19
54.3	52.9	55.1	55.5	56.2	56.1	60.9	61.2	59.4	59.1	20-24
94.1	93.6	93.2	93.7	93.8	93.5	93.2	93.2	93.2	92.7	25-34
96.6	96.4	96.2	95.9	95.8	95.8	95.7	95.4	95.5	96.0	35-44
93.7	93.4	93.0	92.9	92.5	92.4	92.5	92.5	92.6	92.6	45-54
68.2	67.0	67.7	65.8	66.9	69.3	69.1	67.6	66.1	65.6	55-59
16.0	15.2	16.7	15.5	15.5	17.3	18.8	19.0	18.5	19.5	60-64
31.1	30.7	31.9	32.6	33.1	33.8	38.3	37.8	37.3	37.0	15-24
94.8	94.5	94.1	94.2	94.1	93.9	93.8	93.7	93.8	93.8	25-54
42.0	41.3	42.7	41.7	43.8	47.0	48.2	47.9	47.1	46.8	55-64
2.2	2.3	1.9	1.9	1.7	1.8	1.9	1.8	1.7	1.6	65 et plus
74.3	74.1	74.4	74.4	74.3	74.5	75.3	74.9	74.5	74.2	15-64
										Femmes
4.3	4.7	5.3	5.9	6.2	5.6	8.9	8.6	8.8	8.9	15-19
44.8	46.2	44.8	46.9	46.9	47.0	51.5	51.7	50.8	49.6	20-24
77.3	77.6	78.1	78.6	78.5	78.6	78.7	78.7	78.7	78.6	25-34
79.1	79.4	80.0	79.9	80.4	80.5	82.2	82.5	82.1	82.9	35-44
75.6	76.8	77.3	76.6	77.1	77.7	78.3	79.4	81.0	81.7	45-54
50.0	49.4	50.9	52.0	52.0	53.3	55.3	56.2	56.0	57.0	55-59
14.4	14.0	14.5	13.5	13.0	15.1	15.7	16.2	16.7	17.4	60-64
24.3	24.8	24.4	26.0	26.5	26.5	30.4	30.3	29.9	29.2	15-24
77.4	78.0	78.5	78.4	78.7	79.0	79.8	80.3	80.7	81.2	25-54
31.7	31.3	32.6	33.0	34.1	36.6	38.6	39.8	40.2	40.5	55-64
1.0	1.0	0.9	0.9	0.9	0.9	0.9	0.9	0.9	0.8	65 et plus
60.2	60.8	61.4	61.7	61.8	62.1	63.4	63.8	63.8	63.9	15-64
										Ensemble des personnes
27.7	27.8	28.2	29.3	29.9	30.2	34.4	34.1	33.7	33.2	15-24
86.0	86.2	86.2	86.2	86.3	86.4	86.7	87.0	87.2	87.4	25-54
36.7	36.2	37.5	37.3	38.8	41.7	43.3	43.8	43.6	43.6	55-64
1.5	1.5	1.3	1.3	1.2	1.3	1.3	1.2	1.3	1.1	65 et plus
67.2	67.4	67.8	68.0	68.0	68.3	69.3	69.3	69.1	69.1	15-64
										TAUX DE CHÔMAGE
										Hommes
19.9	21.0	21.8	17.6	18.3	17.5	22.5	23.6	22.9	25.4	15-19
25.4	22.0	24.7	18.6	15.8	18.3	19.9	21.1	21.0	21.6	20-24
12.8	12.2	11.6	9.6	8.2	9.4	9.8	9.6	10.1	10.0	25-34
8.3	8.0	7.7	6.7	5.6	6.2	6.5	7.4	7.2	7.1	35-44
7.7	7.4	7.5	6.3	5.2	5.5	6.4	5.9	5.9	5.9	45-54
9.6	8.8	9.7	8.1	6.1	6.5	7.3	7.5	7.5	7.7	55-59
4.1	5.6	4.5	5.0	3.1	3.3	5.2	5.6	5.2	6.4	60-64
24.5	21.8	24.2	18.4	16.2	18.2	20.5	21.6	21.4	22.4	15-24
9.6	9.2	8.9	7.5	6.3	7.0	7.5	7.6	7.7	7.6	25-54
8.5	8.2	8.7	7.6	5.6	6.0	7.0	7.2	7.1	7.5	55-64
0.0	1.0	2.0	0.0	0.7	0.9	0.5	0.0	0.7	0.0	65 et plus
10.8	10.2	10.2	8.5	7.1	7.9	8.8	9.0	9.0	9.1	15-64
10.8	10.1	10.2	8.4	7.1	7.9	8.8	9.0	9.0	9.0	Total
										Femmes
38.9	32.1	35.3	31.3	32.4	30.0	33.1	31.4	31.6	35.1	15-19
32.2	29.7	29.0	22.7	20.4	21.9	21.2	23.0	23.4	24.2	20-24
16.2	16.5	16.3	13.5	12.7	11.6	12.2	12.7	12.2	12.0	25-34
12.3	11.8	11.8	11.2	9.9	8.9	9.8	9.8	10.2	9.6	35-44
9.8	9.7	9.7	8.7	7.7	7.8	8.6	7.7	7.6	7.4	45-54
10.2	10.5	10.2	9.2	7.3	5.9	7.4	7.8	6.6	7.5	55-59
2.9	5.4	3.7	4.9	3.7	3.8	5.0	6.2	5.8	3.8	60-64
32.8	30.0	29.7	23.7	21.8	22.8	22.9	24.2	24.6	25.8	15-24
12.9	12.7	12.6	11.1	10.1	9.4	10.2	10.0	9.9	9.6	25-54
8.5	9.3	8.7	8.3	6.6	5.5	7.0	7.5	6.4	6.9	55-64
2.2	1.9	1.6	0.7	1.0	1.6	3.7	1.5	0.8	0.0	65 et plus
14.1	13.8	13.6	11.9	10.8	10.1	11.0	11.1	10.9	10.7	15-64
14.1	13.8	13.6	11.9	10.7	10.1	11.0	11.0	10.8	10.7	Total
										Ensemble des personnes
28.1	25.4	26.5	20.7	18.7	20.2	21.5	22.7	22.8	23.9	15-24
11.1	10.8	10.6	9.2	8.1	8.1	8.8	8.8	8.7	8.6	25-54
8.5	8.7	8.7	7.9	6.1	5.8	7.0	7.3	6.8	7.2	55-64
0.9	1.3	1.8	0.3	0.8	1.2	1.8	0.6	0.8	0.0	65 et plus
12.3	11.9	11.8	10.1	8.8	8.9	9.8	10.0	9.9	9.8	15-64

Pour 1982, estimations des mois d'avril et mai. Pour 1999, estimations du mois de janvier.

FRANCE

IV - Professional status and breakdown by activity - ISIC Rev. 2

Thousands (annual average estimates)

	1986	1987	1988	1989	1990	1991	1992	1993	1994	1995	1996
CIVILIAN EMPLOYMENT: PROFESSIONAL STATUS[1 2]											
All activities	21 244	21 321	21 521	21 842	22 075	22 113	22 000	21 715	21 746	21 955	22 036
Employees	18 112	18 227	18 469	18 849	19 168	19 311	19 327	19 171	19 298	19 584	19 737
Employers and persons working on own account	3 131	3 093	3 052	2 994	2 907	2 802	2 673	2 544	2 448	2 371	2 299
Unpaid family workers	0	0	0	0	0	0	0	0	0	0	0
Agriculture, hunting, forestry and fishing	1 489	1 432	1 376	1 319	1 258	1 202	1 152	1 096	1 047	1 013	987
Employees	286	281	279	277	277	285	293	298	304	315	329
Employers and persons working on own account	1 204	1 151	1 097	1 042	980	917	859	798	743	698	658
Unpaid family workers	0	0	0	0	0	0	0	0	0	0	0
Non-agricultural activities	19 755	19 889	20 145	20 523	20 817	20 911	20 848	20 619	20 699	20 942	21 049
Employees	17 826	17 946	18 191	18 572	18 891	19 026	19 034	18 873	18 994	19 269	19 408
Employers and persons working on own account	1 927	1 942	1 955	1 951	1 927	1 885	1 814	1 746	1 705	1 673	1 641
Unpaid family workers	0	0	0	0	0	0	0	0	0	0	0
All activities (%)	100.0	100.0	100.0	100.0	100.0	100.0	100.0	100.0	100.0	100.0	100.0
Employees	85.3	85.5	85.8	86.3	86.8	87.3	87.9	88.3	88.7	89.2	89.6
Others	14.7	14.5	14.2	13.7	13.2	12.7	12.2	11.7	11.3	10.8	10.4
CIVILIAN EMPLOYMENT: BREAKDOWN BY ACTIVITY											
ISIC Rev. 2 Major Divisions											
1 to 0 All activities	20 955	21 023	21 196	21 458	22 075	22 113	22 000	21 715	21 746	21 955	22 036
1 Agriculture, hunting, forestry and fishing	1 534	1 479	1 425	1 368	1 258	1 202	1 152	1 096	1 047	1 013	987
2 Mining and quarrying	109	102	95	89							
3 Manufacturing	4 749	4 638	4 569	4 588							
4 Electricity, gas and water	209	208	207	207							
5 Construction	1 507	1 522	1 542	1 569							
6 Wholesale and retail trade; restaurants and hotels	3 478	3 551	3 622	3 697							
7 Transport, storage and communication	1 370	1 371	1 375	1 387							
8 Financing, insurance, real estate and business services	1 759	1 836	1 954	2 081							
9 Community, social and personal services	6 242	6 316	6 407	6 471							
0 Activities not adequately defined											
EMPLOYEES: BREAKDOWN BY ACTIVITY[3]											
ISIC Rev. 2 Major Divisions											
1 to 0 All activities	17 649	17 740	17 940	18 251	19 168	19 311	19 327	19 171	19 298	19 584	19 737
1 Agriculture, hunting, forestry and fishing	274	269	267	265	277	285	293	298	304	315	329
2 Mining and quarrying	105	98	91	86	76	71	68	63	60	57	55
3 Manufacturing	4 506	4 398	4 331	4 356	4 410	4 348	4 209	4 012	3 903	3 909	3 869
4 Electricity, gas and water	209	208	207	206	205	204	205	205	208	209	209
5 Construction	1 186	1 200	1 219	1 247	1 337	1 335	1 293	1 221	1 196	1 200	1 166
6 Wholesale and retail trade; restaurants and hotels	2 661	2 723	2 785	2 859	3 099	3 115	3 093	3 067	3 100	3 153	3 199
7 Transport, storage and communication	1 306	1 306	1 308	1 319	1 369	1 381	1 390	1 381	1 374	1 384	1 396
8 Financing, insurance, real estate and business services	1 593	1 666	1 777	1 901	2 525	2 567	2 593	2 582	2 670	2 722	2 762
9 Community, social and personal services	5 809	5 872	5 954	6 014	5 870	6 005	6 183	6 342	6 483	6 635	6 752
0 Activities not adequately defined	0	0	0	0	0	0	0	0	0	0	0

(1) Data takes into account the 1999 population census.
(2) Unpaid family workers are included in the employers and persons working on own account.
(3) Since 1990, data refer to all employees and not civilian employees only.

LABOUR FORCE STATISTICS - ISBN 9789264035539 - © OECD 2007

IV - Situation dans la profession et répartition par branches d'activités - CITI Rév. 2

Milliers (estimations de moyennes annuelles)

	1997	1998	1999	2000	2001	2002	2003	2004	2005	2006
EMPLOI CIVIL : SITUATION DANS LA PROFESSION[1 2]										
Toutes activités	22 176	22 597	23 080	23 714	24 167	24 311	24 337	24 330	24 392	
Salariés	19 931	20 391	20 890	21 536	22 011	22 165	22 193	22 169	22 199	
Employeurs et personnes travaillant à leur compte	2 245	2 206	2 191	2 179	2 156	2 146	2 144	2 162	2 193	
Travailleurs familiaux non rémunérés	0	0	0	0	0	0	0	0	0	
Agriculture, chasse, sylviculture et pêche	972	962	943	922	904	887	873	861	846	
Salariés	345	363	366	358	347	340	342	341	329	
Employeurs et personnes travaillant à leur compte	627	599	577	563	556	546	531	520	517	
Travailleurs familiaux non rémunérés	0	0	0	0	0	0	0	0	0	
Activités non agricoles	21 204	21 635	22 137	22 792	23 263	23 424	23 464	23 469	23 546	
Salariés	19 586	20 028	20 524	21 178	21 664	21 825	21 851	21 828	21 870	
Employeurs et personnes travaillant à leur compte	1 618	1 607	1 614	1 616	1 600	1 600	1 613	1 642	1 676	
Travailleurs familiaux non rémunérés	0	0	0	0	0	0	0	0	0	
Toutes activités (%)	100.0	100.0	100.0	100.0	100.0	100.0	100.0	100.0	100.0	
Salariés	89.9	90.2	90.5	90.8	91.1	91.2	91.2	91.1	91.0	
Autres	10.1	9.8	9.5	9.2	8.9	8.8	8.8	8.9	9.0	
EMPLOI CIVIL : RÉPARTITION PAR BRANCHES D'ACTIVITÉS										
Branches CITI Rév. 2										
1 à 0 Toutes activités	22 176	22 597	23 080	23 714	24 167	24 311	24 337	24 330	24 392	
1 Agriculture, chasse, sylviculture et pêche	972	962	943	922	904	887	873	861	846	
2 Industries extractives										
3 Industries manufacturières										
4 Électricité, gaz et eau										
5 Bâtiment et travaux publics										
6 Commerce de gros et de détail; restaurants et hôtels										
7 Transports, entrepôts et communications										
8 Banques, assurances, affaires immobilières et services fournis aux entreprises										
9 Services fournis à la collectivité, services sociaux et services personnels										
0 Activités mal désignées										
SALARIÉS : RÉPARTITION PAR BRANCHES D'ACTIVITÉS[3]										
Branches CITI Rév. 2										
1 à 0 Toutes activités	19 931	20 391	20 890	21 536	22 011	22 165	22 193	22 169	22 199	
1 Agriculture, chasse, sylviculture et pêche	345	363	366	358	347	340	342	341	329	
2 Industries extractives	51	46	43	42	41	40	37	34	32	
3 Industries manufacturières	3 833	3 845	3 832	3 875	3 924	3 862	3 777	3 676	3 595	
4 Électricité, gaz et eau	208	205	205	210	211	209	206	205	206	
5 Bâtiment et travaux publics	1 139	1 140	1 161	1 209	1 248	1 263	1 269	1 293	1 320	
6 Commerce de gros et de détail; restaurants et hôtels	3 250	3 338	3 461	3 581	3 681	3 754	3 792	3 822	3 846	
7 Transports, entrepôts et communications	1 397	1 428	1 461	1 539	1 593	1 607	1 604	1 590	1 580	
8 Banques, assurances, affaires immobilières et services fournis aux entreprises	2 874	3 049	3 207	3 433	3 595	3 631	3 632	3 670	3 739	
9 Services fournis à la collectivité, services sociaux et services personnels	6 834	6 977	7 153	7 290	7 370	7 461	7 536	7 538	7 551	
0 Activités mal désignées	0	0	0	0	0	0	0	0	0	

(1) Les données prennent en compte le recensement de la population de 1999.
(2) Les travailleurs familiaux non rémunérés sont inclus dans les employeurs et personnes travaillant à leur compte.
(3) Depuis 1990, les données concernent l'ensemble des salariés et non uniquement les salariés du civil.

FRANCE

V - Civilian employment and employees: breakdown by activity - ISIC Rev. 3

Thousands (annual average estimates)

	1986	1987	1988	1989	1990	1991	1992	1993	1994	1995	1996
CIVILIAN EMPLOYMENT: BREAKDOWN BY ACTIVITY											
A to X All activities											
A Agriculture, hunting and forestry											
B Fishing											
C Mining and quarrying											
D Manufacturing											
E Electricity, gas and water supply											
F Construction											
G Wholesale and retail trade; repair of motor vehicles, motorcycles and personal and household goods											
H Hotels and restaurants											
I Transport, storage and communication											
J Financial intermediation											
K Real estate, renting and business activities											
L Public administration and defence; compulsory social security, excluding armed forces											
M Education											
N Health and social work											
O Other community, social and personal service activities											
P Private households with employed persons											
Q Extra-territorial organisations and bodies											
X Not classifiable by economic activities											
Breakdown by sector											
Agriculture (A-B)											
Industry (C-F)											
Services (G-Q)											
Agriculture (%)											
Industry (%)											
Services (%)											
Female participation in agriculture (%)											
Female participation in industry (%)											
Female participation in services (%)											
EMPLOYEES: BREAKDOWN BY ACTIVITY(1)											
A to X All activities					19 168	19 311	19 327	19 171	19 298	19 584	19 737
A Agriculture, hunting and forestry					265	272	280	284	290	301	314
B Fishing					13	13	13	14	14	14	15
C Mining and quarrying					76	71	68	63	60	57	55
D Manufacturing					4 410	4 348	4 209	4 012	3 903	3 909	3 869
E Electricity, gas and water supply					205	204	205	205	208	209	209
F Construction					1 337	1 335	1 293	1 221	1 196	1 200	1 166
G Wholesale and retail trade; repair of motor vehicles, motorcycles and personal and household goods					2 555	2 559	2 532	2 500	2 518	2 560	2 594
H Hotels and restaurants					544	556	561	567	582	593	605
I Transport, storage and communication					1 369	1 381	1 390	1 381	1 374	1 384	1 396
J Financial intermediation					693	693	683	672	672	674	667
K Real estate, renting and business activities					1 832	1 874	1 911	1 910	1 998	2 049	2 095
L Public administration and defence; compulsory social security, excluding armed forces					1 675	1 719	1 761	1 793	1 826	1 862	1 891
M Education					1 538	1 556	1 589	1 618	1 636	1 645	1 641
N Health and social work					1 814	1 854	1 910	1 963	2 006	2 040	2 063
O Other community, social and personal service activities					230	237	261	276	280	286	296
P Private households with employed persons					391	409	424	451	484	537	591
Q Extra-territorial organisations and bodies					222	232	237	242	251	262	270
X Not classifiable by economic activities					0	0	0	0	0	0	0
Breakdown by sector											
Agriculture (A-B)					277	285	293	298	304	315	329
Industry (C-F)					6 028	5 957	5 775	5 502	5 367	5 376	5 299
Services (G-Q)					12 862	13 069	13 259	13 371	13 627	13 893	14 109
Agriculture (%)					1.4	1.5	1.5	1.6	1.6	1.6	1.7
Industry (%)					31.4	30.8	29.9	28.7	27.8	27.5	26.8
Services (%)					67.1	67.7	68.6	69.7	70.6	70.9	71.5
Female participation in agriculture (%)					23.0	23.6	24.1	24.7	25.2	25.7	26.1
Female participation in industry (%)					25.1	25.1	25.0	25.0	24.9	24.8	24.7
Female participation in services (%)					53.5	53.9	54.3	54.7	54.8	54.9	55.0

(1) Data refer to all employees and not civilian employees only.

LABOUR FORCE STATISTICS - ISBN 9789264035539 - © OECD 2007

V - Emploi civil et salariés : répartition par branches d'activités - CITI Rév. 3

Milliers (estimations de moyennes annuelles)

1997	1998	1999	2000	2001	2002	2003	2004	2005	2006	
										EMPLOI CIVIL : RÉPARTITION PAR BRANCHES D'ACTIVITÉS
										A à X Toutes activités
										A Agriculture, chasse et sylviculture
										B Pêche
										C Activités extractives
										D Activités de fabrication
										E Production et distribution d'électricité, de gaz et d'eau
										F Construction
										G Commerce de gros et de détail; réparation de véhicules et de biens domestiques
										H Hôtels et restaurants
										I Transports, entreposage et communications
										J Intermédiation financière
										K Immobilier, location et activités de services aux entreprises
										L Administration publique et défense; sécurité sociale obligatoire (armée exclue)
										M Education
										N Santé et action sociale
										O Autres activités de services collectifs, sociaux et personnels
										P Ménages privés employant du personnel domestique
										Q Organisations et organismes extra-territoriaux
										X Ne pouvant être classés selon l'activité économique
										Répartition par secteurs
										Agriculture (A-B)
										Industrie (C-F)
										Services (G-Q)
										Agriculture (%)
										Industrie (%)
										Services (%)
										Part des femmes dans l'agriculture (%)
										Part des femmes dans l'industrie (%)
										Part des femmes dans les services (%)
										SALARIÉS : RÉPARTITION PAR BRANCHES D'ACTIVITÉS(1)
19 931	20 391	20 890	21 536	22 011	22 165	22 193	22 169	22 199		**A à X Toutes activités**
329	346	349	341	330	322	325	324	312		A Agriculture, chasse et sylviculture
16	17	17	18	18	18	17	17	16		B Pêche
51	46	43	42	41	40	37	34	32		C Activités extractives
3 833	3 845	3 832	3 875	3 924	3 862	3 777	3 676	3 595		D Activités de fabrication
208	205	205	210	211	209	206	205	206		E Production et distribution d'électricité, de gaz et d'eau
1 139	1 140	1 161	1 209	1 248	1 263	1 269	1 293	1 320		F Construction
2 627	2 686	2 763	2 850	2 923	2 972	2 995	3 015	3 025		G Commerce de gros et de détail; réparation de véhicules et de biens domestiques
623	652	698	731	757	781	796	807	821		H Hôtels et restaurants
1 397	1 428	1 461	1 539	1 593	1 607	1 604	1 590	1 580		I Transports, entreposage et communications
670	671	665	670	689	709	716	712	718		J Intermédiation financière
2 204	2 378	2 541	2 763	2 906	2 922	2 916	2 958	3 021		K Immobilier, location et activités de services aux entreprises
1 909	1 941	1 984	2 022	2 053	2 083	2 101	2 087	2 087		L Administration publique et défense; sécurité sociale obligatoire (armée exclue)
1 635	1 643	1 674	1 703	1 700	1 694	1 679	1 641	1 622		M Education
2 080	2 106	2 141	2 173	2 200	2 242	2 294	2 339	2 365		N Santé et action sociale
302	318	329	343	352	358	353	347	347		O Autres activités de services collectifs, sociaux et personnels
632	675	704	716	727	740	764	785	795		P Ménages privés employant du personnel domestique
276	295	320	332	337	343	345	339	334		Q Organisations et organismes extra-territoriaux
0	0	0	0	0	0	0	0	0		X Ne pouvant être classés selon l'activité économique
										Répartition par secteurs
345	363	366	358	347	340	342	341	329		Agriculture (A-B)
5 232	5 237	5 241	5 336	5 425	5 373	5 288	5 208	5 153		Industrie (C-F)
14 354	14 791	15 282	15 842	16 239	16 452	16 563	16 620	16 717		Services (G-Q)
1.7	1.8	1.8	1.7	1.6	1.5	1.5	1.5	1.5		Agriculture (%)
26.2	25.7	25.1	24.8	24.6	24.2	23.8	23.5	23.2		Industrie (%)
72.0	72.5	73.2	73.6	73.8	74.2	74.6	75.0	75.3		Services (%)
26.6	27.0	25.4	23.5	23.7	24.2	27.3	25.9	27.4		Part des femmes dans l'agriculture (%)
24.7	24.7	24.5	24.3	24.4	24.3	25.6	24.9	25.4		Part des femmes dans l'industrie (%)
55.1	54.9	54.8	54.7	54.7	54.8	55.0	55.3	55.3		Part des femmes dans les services (%)

(1) Les données concernent l'ensemble des salariés et non uniquement les salariés du civil.

GERMANY

I - Population

Thousands (annual average estimates)

	1986	1987	1988	1989	1990	1991	1992	1993	1994	1995	1996
POPULATION - DISTRIBUTION BY AGE AND GENDER											
All persons											
Total	61 066	61 077	61 450	62 063	63 254	79 984	80 595	81 179	81 422	81 661	81 895
Under 15 years	9 092	8 903	9 029	9 260	9 318	12 995	13 027	13 015	12 982	13 025	12 989
From 15 to 64 years	42 776	42 826	42 959	43 258	44 250	55 310	55 259	55 452	55 550	55 452	55 551
65 years and over	9 198	9 348	9 462	9 545	9 686	11 679	12 309	12 712	12 890	13 184	13 355
Males											
Total	29 233	29 323	29 544	29 891	30 583	38 663	39 054	39 415	39 556	39 718	39 874
Under 15 years	4 636	4 567	4 634	4 751	4 940	6 729	6 743	6 727	6 709	6 726	6 697
From 15 to 64 years	21 454	21 553	21 678	21 889	22 337	27 921	28 005	28 178	28 245	28 172	28 195
65 years and over	3 143	3 203	3 232	3 251	3 306	4 013	4 306	4 510	4 602	4 820	4 982
Females											
Total	31 833	31 754	31 906	32 172	32 671	41 321	41 541	41 764	41 866	41 943	42 021
Under 15 years	4 456	4 336	4 395	4 509	4 378	6 266	6 284	6 288	6 273	6 299	6 292
From 15 to 64 years	21 322	21 273	21 281	21 369	21 913	27 389	27 254	27 274	27 305	27 280	27 356
65 years and over	6 055	6 145	6 230	6 294	6 380	7 666	8 003	8 202	8 288	8 364	8 373
POPULATION - PERCENTAGES											
All persons											
Total	100.0	100.0	100.0	100.0	100.0	100.0	100.0	100.0	100.0	100.0	100.0
Under 15 years	14.9	14.6	14.7	14.9	14.7	16.2	16.2	16.0	15.9	16.0	15.9
From 15 to 64 years	70.0	70.1	69.9	69.7	70.0	69.2	68.6	68.3	68.2	67.9	67.8
65 years and over	15.1	15.3	15.4	15.4	15.3	14.6	15.3	15.7	15.8	16.1	16.3
COMPONENTS OF CHANGE IN POPULATION											
a) Population at 1 January	61 020	61 140	61 242	61 715	62 679	79 753	80 275	80 975	81 338	81 539	81 818
b) Population at 31 December	61 140	61 315	61 715	62 679	63 726	80 275	80 975	81 338	81 539	81 818	82 012
c) Total increase (b-a)	120	175	473	964	1 047	522	700	363	201	279	194
d) Births	626	642	677	682	727	830	809	798	770	765	796
e) Deaths	702	687	688	698	713	911	885	897	885	885	883
f) Natural increase (d-e)	-76	-45	-11	-16	14	-81	-76	-99	-115	-120	-87
g) Net migration	196	220	484	977	1 033	603	776	462	316	398	282
h) Statistical adjustments	0	0	0	3	0	0	0	0	0	1	-1
i) Total increase (=f+g+h=c)	120	175	473	964	1 047	522	700	363	201	279	194
(Components of change in population/ Average population) x1000											
Total increase rates	2.0	2.9	7.7	15.5	16.6	6.5	8.7	4.5	2.5	3.4	2.4
Crude birth rates	10.2	10.5	11.0	11.0	11.5	10.4	10.0	9.8	9.5	9.4	9.7
Crude death rates	11.5	11.2	11.2	11.2	11.3	11.4	11.0	11.1	10.9	10.8	10.8
Natural increase rates	-1.2	-0.7	-0.2	-0.3	0.2	-1.0	-0.9	-1.2	-1.4	-1.5	-1.1
Net migration rates	3.2	3.6	7.9	15.7	16.3	7.5	9.6	5.7	3.9	4.9	3.4

From 1999 to 2003, data refer to April-May estimates. For 2004, data refer to March estimates.

LABOUR FORCE STATISTICS - ISBN 9789264035539 - © OECD 2007

I - Population

Milliers (estimations de moyennes annuelles)

1997	1998	1999	2000	2001	2002	2003	2004	2005	2006	
										POPULATION - RÉPARTITION SELON L'AGE ET LE SEXE
										Ensemble des personnes
82 052	82 029	82 024	82 160	82 277	82 456	82 502	82 491	82 466	82 368	Total
12 866	12 736	12 598	12 564	12 451	12 329	12 111	11 823	11 481	11 253	Moins de 15 ans
55 659	55 653	55 610	55 433	55 312	55 231	55 059	54 772	55 129	54 858	De 15 à 64 ans
13 527	13 640	13 816	14 163	14 515	14 896	15 332	15 897	15 856	16 257	65 ans et plus
										Hommes
39 982	39 981	40 006	40 080	40 162	40 283	40 330	40 330	40 338	40 306	Total
6 603	6 546	6 458	6 469	6 392	6 348	6 223	6 064	5 889	5 772	Moins de 15 ans
28 265	28 235	28 196	28 067	28 014	27 928	27 825	27 687	27 828	27 714	De 15 à 64 ans
5 114	5 200	5 352	5 544	5 755	6 007	6 282	6 579	6 621	6 820	65 ans et plus
										Femmes
42 070	42 048	42 018	42 080	42 116	42 174	42 172	42 161	42 128	42 062	Total
6 263	6 190	6 140	6 095	6 059	5 981	5 888	5 759	5 592	5 481	Moins de 15 ans
27 394	27 418	27 414	27 367	27 297	27 303	27 234	27 085	27 301	27 144	De 15 à 64 ans
8 413	8 440	8 464	8 619	8 760	8 889	9 050	9 318	9 235	9 437	65 ans et plus
										POPULATION - POURCENTAGES
										Ensemble des personnes
100.0	100.0	100.0	100.0	100.0	100.0	100.0	100.0	100.0	100.0	Total
15.7	15.5	15.4	15.3	15.1	15.0	14.7	14.3	13.9	13.7	Moins de 15 ans
67.8	67.8	67.8	67.5	67.2	67.0	66.7	66.4	66.9	66.6	De 15 à 64 ans
16.5	16.6	16.8	17.2	17.6	18.1	18.6	19.3	19.2	19.7	65 ans et plus
										COMPOSANTES DE L'ÉVOLUTION DÉMOGRAPHIQUE
82 012	82 057	82 037	82 164	82 260	82 440	82 537	82 532	82 501	82 438	a) Population au 1er janvier
82 057	82 037	82 164	82 260	82 440	82 537	82 532	82 501	82 438	82 315	b) Population au 31 décembre
45	-20	127	96	180	97	-5	-31	-63	-123	**c) Accroissement total (b-a)**
812	785	771	767	734	719	707	706	686	673	d) Naissances
860	852	846	839	829	842	854	818	830	822	e) Décès
-48	-67	-75	-72	-95	-123	-147	-112	-144	-149	**f) Accroissement naturel (d-e)**
94	47	202	167	272	219	143	83	79	23	g) Solde net des migrations
-1	0	0	1	3	1	-1	-2	2	3	h) Ajustements statistiques
45	-20	127	96	180	97	-5	-31	-63	-123	**i) Accroissement total (=f+g+h=c)**
										(Composition de l'évolution démographique/ Population moyenne) x1000
0.5	-0.2	1.5	1.2	2.2	1.2	-0.1	-0.4	-0.8	-1.5	Taux d'accroissement total
9.9	9.6	9.4	9.3	8.9	8.7	8.6	8.6	8.3	8.2	Taux bruts de natalité
10.5	10.4	10.3	10.2	10.1	10.2	10.3	9.9	10.1	10.0	Taux bruts de mortalité
-0.6	-0.8	-0.9	-0.9	-1.2	-1.5	-1.8	-1.4	-1.7	-1.8	Taux d'accroissement naturel
1.1	0.6	2.5	2.0	3.3	2.7	1.7	1.0	1.0	0.3	Taux du solde net des migrations

De 1999 à 2003, les données se réfèrent aux estimations pour les mois d'avril-mai. Pour 2004, les données se réfèrent aux estimations du mois de mars.

GERMANY

II - Labour force

Thousands (annual average estimates)

	1986	1987	1988	1989	1990	1991	1992	1993	1994	1995	1996
Total labour force											
All persons	28 768	29 036	29 220	29 624	30 771 |	39 577	39 490	39 557	39 492	39 376	39 550
Males	17 498	17 563	17 552	17 763	18 351 |	22 861	22 790	22 802	22 740	22 587	22 617
Females	11 270	11 473	11 668	11 861	12 420 |	16 716	16 700	16 755	16 752	16 789	16 933
Armed forces											
All persons	526	529	527	520	498 |	502	485	455	418	396	408
Males	526	529	527	520	498 |	502	485	455	418	396	408
Females	0	0	0	0	0	0	0	0	0	0	0
Civilian labour force											
All persons	28 242	28 507	28 693	29 104	30 273 |	39 075	39 005	39 102	39 074	38 980	39 142
Males	16 972	17 034	17 025	17 243	17 853 |	22 359	22 305	22 347	22 322	22 191	22 209
Females	11 270	11 473	11 668	11 861	12 420 |	16 716	16 700	16 755	16 752	16 789	16 933
Unemployed											
All persons	1 855	1 800	1 804	1 635	1 448 |	2 204	2 615	3 113	3 318	3 200	3 505
Males	1 000	976	965	858	728 |	1 028	1 218	1 506	1 634	1 616	1 875
Females	855	824	839	777	720 |	1 176	1 397	1 607	1 684	1 584	1 630
Civilian employment											
All persons	26 387	26 707	26 889	27 469	28 825 |	36 871	36 390	35 989	35 756	35 780	35 637
Males	15 972	16 058	16 060	16 385	17 125 |	21 331	21 087	20 841	20 688	20 575	20 334
Females	10 415	10 649	10 829	11 084	11 700 |	15 540	15 303	15 148	15 068	15 205	15 303
Civilian employment (%)											
All persons	100.0	100.0	100.0	100.0	100.0 |	100.0	100.0	100.0	100.0	100.0	100.0
Males	60.5	60.1	59.7	59.6	59.4 |	57.9	57.9	57.9	57.9	57.5	57.1
Females	39.5	39.9	40.3	40.4	40.6 |	42.1	42.1	42.1	42.1	42.5	42.9
Unemployment rates (% of civilian labour force)											
All persons	6.6	6.3	6.3	5.6	4.8 |	5.6	6.7	8.0	8.5	8.2	9.0
Males	5.9	5.7	5.7	5.0	4.1 |	4.6	5.5	6.7	7.3	7.3	8.4
Females	7.6	7.2	7.2	6.6	5.8 |	7.0	8.4	9.6	10.1	9.4	9.6
Total labour force (% of total population)											
All persons	47.1 |	47.5	47.6	47.7	48.6 |	49.5	49.0	48.7	48.5	48.2	48.3
Males	59.9 |	59.9	59.4	59.4	60.0 |	59.1	58.4	57.9	57.5	56.9	56.7
Females	35.4 |	36.1	36.6	36.9	38.0 |	40.5	40.2	40.1	40.0	40.0	40.3
Total labour force (% of population from 15-64 years)[(1)]											
All persons	67.3 |	67.8	68.0	68.5	69.5 |	71.6	71.5	71.3	71.1	71.0	71.2
Males	81.6 |	81.5	81.0	81.2	82.2 |	81.9	81.4	80.9	80.5	80.2	80.2
Females	52.9 |	53.9	54.8	55.5	56.7 |	61.0	61.3	61.4	61.4	61.5	61.9
Civilian employment (% of total population)											
All persons	43.2 |	43.7	43.8	44.3	45.6 |	46.1	45.2	44.3	43.9	43.8	43.5
Civilian employment (% of population from 15-64 years)											
All persons	61.7 |	62.4	62.6	63.5	65.1 |	66.7	65.9	64.9	64.4	64.5	64.2
Males	74.4 |	74.5	74.1	74.9	76.7 |	76.4	75.3	74.0	73.2	73.0	72.1
Females	48.8 |	50.1	50.9	51.9	53.4 |	56.7	56.1	55.5	55.2	55.7	55.9
Part-time employment (%)											
Part-time as % of employment	11.2	11.0	11.4	11.6	13.4	11.8	12.3	12.8	13.5	14.2	14.9
Male share of part-time employment	10.0	9.4	9.5	10.4	10.3	10.6	11.2	11.5	12.9	13.7	14.2
Female share of part-time employment	90.0	90.6	90.5	89.6	89.7	89.4	88.8	88.5	87.1	86.3	85.8
Male part-time as % of male employment	1.8	1.7	1.8	2.0	2.3	2.2	2.4	2.5	3.0	3.4	3.7
Female part-time as % of female employment	25.9	25.4	26.4	26.6	29.8	25.2	26.1	27.2	28.0	29.1	29.9
Duration of unemployment (% of total unemployment)											
Less than 1 month	5.3	5.3	5.8	6.0	6.0	9.2	10.6	12.3	10.7	7.6	7.3
More than 1 month and less than 3 months	10.8	11.8	12.0	12.4	12.3	14.8	11.0	9.0	8.0	10.6	9.4
More than 3 months and less than 6 months	16.6	19.1	17.9	15.2	17.1	21.8	23.0	18.6	17.6	15.9	17.9
More than 6 months and less than 1 year	19.1	15.5	18.1	17.3	17.9	22.6	21.9	19.7	19.5	17.2	17.5
More than 1 year	48.3	48.2	46.2	49.1	46.8	31.6	33.5	40.3	44.3	48.7	47.8

(1) Participation rates calculated according to national definitions may differ from those published in this table, when the age group represented in the labour force survey is other than 15-64 years.

II - Population active

Milliers (estimations de moyennes annuelles)

	1997	1998	1999	2000	2001	2002	2003	2004	2005	2006
Population active totale										
Ensemble des personnes	39 804	40 131	39 614	39 533	39 686	39 641	39 507	39 948	41 040	41 521
Hommes	22 694	22 830	22 264	22 129	22 142	22 005	21 811	22 044	22 642	22 773
Femmes	17 110	17 301	17 350	17 403	17 544	17 636	17 696	17 904	18 398	18 748
Forces armées										
Ensemble des personnes	389	379	239	231	227	227	231	237	280	271
Hommes	389	379	233	225	220	219	220	226	269	256
Femmes	0	0	6	6	6	8	10	11	10	15
Population active civile										
Ensemble des personnes	39 415	39 752	39 375	39 302	39 459	39 413	39 276	39 711	40 760	41 250
Hommes	22 305	22 451	22 031	21 904	21 921	21 786	21 590	21 817	22 373	22 517
Femmes	17 110	17 301	17 344	17 397	17 538	17 628	17 686	17 894	18 388	18 733
Chômeurs										
Ensemble des personnes	3 907	3 693	3 333	3 065	3 110	3 396	3 661	4 107	4 575	4 272
Hommes	2 092	1 990	1 795	1 660	1 717	1 924	2 100	2 321	2 568	2 354
Femmes	1 815	1 703	1 538	1 405	1 393	1 471	1 561	1 786	2 006	1 918
Emploi civil										
Ensemble des personnes	35 508	36 059	36 042	36 236	36 350	36 018	35 615	35 604	36 185	36 978
Hommes	20 213	20 461	20 237	20 244	20 204	19 861	19 490	19 496	19 804	20 163
Femmes	15 295	15 598	15 805	15 992	16 145	16 157	16 125	16 108	16 382	16 815
Emploi civil (%)										
Ensemble des personnes	100.0	100.0	100.0	100.0	100.0	100.0	100.0	100.0	100.0	100.0
Hommes	56.9	56.7	56.1	55.9	55.6	55.1	54.7	54.8	54.7	54.5
Femmes	43.1	43.3	43.9	44.1	44.4	44.9	45.3	45.2	45.3	45.5
Taux de chômage (% de la population active civile)										
Ensemble des personnes	9.9	9.3	8.5	7.8	7.9	8.6	9.3	10.3	11.2	10.4
Hommes	9.4	8.9	8.1	7.6	7.8	8.8	9.7	10.6	11.5	10.5
Femmes	10.6	9.8	8.9	8.1	7.9	8.3	8.8	10.0	10.9	10.2
Population active totale (% de la population totale)										
Ensemble des personnes	48.5	48.9	48.3	48.1	48.2	48.1	47.9	48.4	49.8	50.4
Hommes	56.8	57.1	55.7	55.2	55.1	54.6	54.1	54.7	56.1	56.5
Femmes	40.7	41.1	41.3	41.4	41.7	41.8	42.0	42.5	43.7	44.6
Population active totale (% de la population de 15-64 ans)(1)										
Ensemble des personnes	71.5	72.1	71.2	71.3	71.7	71.8	71.8	72.9	74.4	75.7
Hommes	80.3	80.9	79.0	78.8	79.0	78.8	78.4	79.6	81.4	82.2
Femmes	62.5	63.1	63.3	63.6	64.3	64.6	65.0	66.1	67.4	69.1
Emploi civil (% de la population totale)										
Ensemble des personnes	43.3	44.0	43.9	44.1	44.2	43.7	43.2	43.2	43.9	44.9
Emploi civil (% de la population de 15-64 ans)										
Ensemble des personnes	63.8	64.8	64.8	65.4	65.7	65.2	64.7	65.0	65.6	67.4
Hommes	71.5	72.5	71.8	72.1	72.1	71.1	70.0	70.4	71.2	72.8
Femmes	55.8	56.9	57.7	58.4	59.1	59.2	59.2	59.5	60.0	61.9
Emploi à temps partiel (%)										
Temps partiel en % de l'emploi	15.8	16.6	17.1	17.6	18.3	18.8	19.6	20.1	21.8	21.9
Part des hommes dans le temps partiel	14.9	15.9	15.9	15.5	15.4	16.3	16.7	17.2	18.6	18.9
Part des femmes dans le temps partiel	85.1	84.1	84.1	84.5	84.6	83.7	83.3	82.8	81.4	81.1
Temps partiel des hommes en % de l'emploi des hommes	4.1	4.6	4.8	4.8	5.1	5.5	5.9	6.3	7.4	7.6
Temps partiel des femmes en % de l'emploi des femmes	31.4	32.4	33.1	33.9	35.0	35.3	36.3	37.0	39.4	39.2
Durée du chômage (% du chômage total)										
Moins de 1 mois	6.5	5.8	6.8	6.0	6.5	5.8	5.2	5.3	5.2	5.0
Plus de 1 mois et moins de 3 mois	9.2	9.4	10.9	11.7	11.4	12.5	11.2	11.7	10.4	9.6
Plus de 3 mois et moins de 6 mois	15.8	15.2	15.1	14.8	16.0	16.9	15.1	15.4	13.5	12.3
Plus de 6 mois et moins de 1 an	18.3	17.0	15.4	16.1	15.8	17.0	18.5	15.8	16.9	15.9
Plus de 1 an	50.1	52.6	51.7	51.5	50.4	47.9	50.0	51.8	54.0	57.2

(1) Les taux d'activité calculés selon les définitions nationales peuvent être différents de ceux publiés dans ce tableau si le groupe d'âges représenté dans l'enquête de la population active est différent de 15-64 ans.

GERMANY

III - Participation rates and unemployment rates by age and by sex

Percent (annual average estimates)

	1986	1987	1988	1989	1990	1991	1992	1993	1994	1995	1996
PARTICIPATION RATES											
Males											
15-19	45.3	44.2	43.2	42.0	40.2 |	42.7	40.6	38.6	37.5	35.3	34.4
20-24	77.6	79.3	78.5	77.0	75.4 |	78.9	77.7	77.0	76.7	76.3	77.4
25-34	87.8	89.3	88.7	88.2	87.2 |	91.6	90.8	90.4	90.2	90.2	90.5
35-44	97.1	95.5	95.0	94.1	93.4 |	97.2	96.7	96.5	96.1	95.9	95.8
45-54	95.3	93.4	92.6	91.7	90.7 |	94.4	94.0	93.5	92.9	92.5	92.7
55-59	78.3	76.9	76.9	76.0	75.8 |	76.3	72.7	71.4	71.3	72.3	74.1
60-64	34.1	34.0	34.4	33.9	33.6 |	29.7	29.9	29.1	28.4	28.4	28.7
15-24	62.6	63.4	63.2	62.5	61.2 |	63.5	61.6	59.8	58.8	56.8	56.2
25-54	93.2	92.6	91.9	91.1	90.2 |	94.2	93.6	93.3	92.9	92.8	92.9
55-64	59.0	58.1	57.6	56.3	55.9 |	53.4	53.1	53.0	53.1	53.9	54.9
65 and over	4.8	4.7	4.4	4.5	4.7 |	4.1	4.3	4.3	4.3	4.2	4.4
15-64	80.9	80.7	80.4	79.8	79.0 |	81.3	80.7	80.2	79.8	79.5	79.4
Females											
15-19	39.6	38.8	38.7	37.0	34.8 |	35.9	34.2	31.8	30.5	28.1	26.4
20-24	71.7	73.2	73.4	72.1	71.7 |	74.0	71.9	70.9	70.7	69.1	67.7
25-34	62.8	62.2	63.0	64.1	65.4 |	73.0	72.8	72.9	73.0	73.2	73.6
35-44	62.6	62.5	63.3	64.4	65.9 |	74.8	74.8	75.0	74.9	75.5	76.3
45-54	53.9	54.8	56.0	57.0	58.7 |	68.4	68.9	69.5	69.5	70.3	71.2
55-59	37.0	37.9	38.4	38.4	39.1 |	41.7	41.4	42.5	43.3	47.0	50.6
60-64	10.3	10.1	9.9	10.1	10.4 |	9.6	9.6	9.4	9.2	10.2	11.4
15-24	56.8	57.6	58.5	57.6	56.8 |	57.9	55.9	53.9	53.0	49.9	47.3
25-54	59.7	59.8	60.7	61.8	63.4 |	72.1	72.2	72.5	72.6	73.1	73.8
55-64	23.3	23.6	23.7	23.9	24.7 |	25.1	26.2	27.6	28.3	31.1	33.4
65 and over	2.2	2.2	2.0	2.0	2.2 |	1.6	1.6	1.6	1.5	1.6	1.6
15-64	52.5	52.9	53.9	54.5	55.5 |	60.6	60.8	60.9	60.9	61.1	61.4
All persons											
15-24	59.8	60.6	60.9	60.1	59.1 |	60.8	58.8	57.0	56.0	53.5	51.9
25-54	76.8	76.6	76.7	76.8	77.1 |	83.3	83.1	83.1	82.9	83.1	83.5
55-64	39.3	39.5	39.6	39.4	39.8 |	38.8	39.4	40.2	40.6	42.4	44.1
65 and over	3.1	3.1	2.8	2.8	3.0 |	2.4	2.6	2.6	2.5	2.5	2.6
15-64	66.7	66.9	67.3	67.3	67.4 |	71.0	70.9	70.7	70.5	70.4	70.6
UNEMPLOYMENT RATES											
Males											
15-19	7.1	6.5	6.3	5.6	4.3 |	4.4	4.7	5.6	6.1	7.1	7.6
20-24	7.0	6.8	6.3	4.9	3.9 |	5.1	6.1	8.1	9.1	8.8	10.5
25-34	6.3	6.0	5.7	5.1	4.0 |	4.5	5.4	6.8	7.4	7.0	7.9
35-44	4.7	4.6	4.4	3.9	3.4 |	3.9	4.7	5.7	6.1	6.2	6.8
45-54	4.6	4.7	4.4	4.0	3.6 |	4.0	4.7	5.5	5.9	6.2	7.4
55-59	7.7	7.7	9.4	8.9	7.8 |	6.8	8.3	10.5	11.3	11.5	14.2
60-64	4.8	4.9	7.2	6.2	5.1 |	5.4	7.0	7.8	7.8	7.3	8.0
15-24	7.0	6.7	6.3	5.1	4.0 |	4.9	5.7	7.4	8.2	8.3	9.6
25-54	5.2	5.1	4.8	4.4	3.7 |	4.2	4.9	6.0	6.5	6.5	7.4
55-64	7.0	7.0	8.8	8.2	7.0 |	6.4	8.0	9.8	10.5	10.6	12.8
65 and over	1.2	1.6	1.2	2.3	0.5 |	0.6	1.1	1.0	1.5	1.5	0.9
15-64	5.8	5.6	5.5	4.9	4.1 |	4.5	5.4	6.7	7.2	7.2	8.4
Total	5.7	5.6	5.5	4.9	4.1 |	4.5	5.3	6.6	7.2	7.2	8.3
Females											
15-19	10.6	9.1	8.8	7.2	5.7 |	5.8	5.5	5.5	5.9	6.8	8.6
20-24	7.9	7.2	6.7	5.3	4.7 |	6.1	7.3	8.6	9.1	8.5	9.2
25-34	8.9	8.3	8.5	7.8	7.1 |	7.5	8.6	9.6	10.1	9.0	8.6
35-44	6.6	6.5	6.4	6.2	5.2 |	6.6	8.0	9.3	9.8	8.9	8.8
45-54	5.9	5.9	6.0	5.7	5.3 |	7.1	8.9	10.2	10.5	9.9	9.6
55-59	8.1	9.0	10.7	10.6	10.0 |	10.3	12.0	13.8	14.7	15.0	17.3
60-64	5.4	5.4	5.2	6.0	6.1 |	5.0	5.6	6.5	6.2	5.0	6.9
15-24	8.8	7.8	7.3	5.8	5.0 |	6.0	6.8	7.8	8.3	8.0	9.0
25-54	7.2	7.0	7.1	6.6	6.0 |	7.1	8.5	9.7	10.1	9.2	8.9
55-64	7.5	8.2	9.5	9.6	9.1 |	9.2	10.8	12.7	13.5	13.6	15.7
65 and over	1.1	1.6	0.0	0.0	0.5 |	1.7	0.8	0.8	0.0	0.0	0.8
15-64	7.6	7.3	7.3	6.7	6.0 |	7.1	8.4	9.7	10.1	9.5	9.7
Total	7.5	7.2	7.2	6.6	5.9 |	7.0	8.4	9.6	10.1	9.4	9.6
All persons											
15-24	7.8	7.2	6.8	5.4	4.5 |	5.4	6.2	7.6	8.2	8.2	9.4
25-54	6.0	5.8	5.7	5.3	4.6 |	5.4	6.5	7.6	8.1	7.7	8.0
55-64	7.1	7.4	9.0	8.6	7.7 |	7.4	9.0	10.8	11.6	11.7	13.9
65 and over	1.1	1.6	0.6	1.2	0.5 |	1.1	0.9	0.9	0.9	0.9	0.9
15-64	6.5	6.3	6.2	5.6	4.9 |	5.6	6.7	7.9	8.5	8.2	8.9

LABOUR FORCE STATISTICS - ISBN 9789264035539 - © OECD 2007

III - Taux d'activité et taux de chômage par âge et par sexe

Pourcentage (estimations de moyennes annuelles)

1997	1998	1999	2000	2001	2002	2003	2004	2005	2006	
										TAUX D'ACTIVITÉ
										Hommes
34.4	35.1 I	36.7	36.7	34.8	32.1	29.0	30.7 I	33.3	33.3	15-19
76.7	77.7 I	75.6	74.8	75.1	73.3	71.6	71.7 I	73.9	74.3	20-24
91.2	92.1 I	91.9	91.9	91.7	91.2	88.5	89.8 I	90.6	90.9	25-34
96.0	96.7 I	95.8	95.7	95.8	95.5	95.7	96.0 I	96.1	96.3	35-44
92.8	93.4 I	92.6	92.3	92.4	92.5	93.7	92.3 I	93.1	93.2	45-54
75.6	76.9 I	75.9	76.1	76.9	77.3	76.5	80.6 I	82.2	82.5	55-59
29.2	29.8 I	30.1	30.2	32.0	33.2	32.7	38.3 I	40.7	43.0	60-64
55.3	55.9 I	54.9	54.7	54.3	52.3	49.9	50.9 I	53.5	53.9	15-24
93.3	94.1 I	93.6	93.4	93.5	93.3	93.0	93.0 I	93.6	93.8	25-54
55.6	55.4 I	53.7	52.4	52.2	52.6	52.0	57.8 I	61.3	64.1	55-64
4.5	4.6 I	4.3	4.4	4.4	4.3	4.4	4.4 I	5.1	5.1	65 et plus
79.5	79.9 I	79.2	78.9	79.0	78.7	78.0	79.2 I	80.6	81.4	15-64
										Femmes
27.0	27.0 I	29.0	29.5	29.2	27.2	24.5	25.3 I	26.8	27.3	15-19
67.1	67.6 I	68.8	68.0	67.6	66.6	65.0	64.7 I	66.5	67.1	20-24
74.1	75.3 I	75.6	75.5	75.5	76.0	74.5	77.1 I	74.0	76.4	25-34
77.0	78.0 I	78.6	79.1	79.5	80.1	81.2	81.4 I	81.2	82.2	35-44
72.9	74.2 I	75.3	75.9	76.7	77.7	80.1	80.0 I	80.8	81.3	45-54
53.2	54.2 I	54.7	55.7	56.9	58.2	58.6	62.1 I	64.5	66.0	55-59
11.8	12.1 I	12.6	13.3	14.8	16.0	16.0	18.2 I	22.9	24.8	60-64
46.5	46.4 I	48.3	48.2	48.1	47.0	44.9	45.1 I	46.7	47.3	15-24
74.8	75.9 I	76.6	76.9	77.4	78.1	78.9	79.7 I	79.1	80.3	25-54
34.8	34.5 I	33.7	33.5	33.6	34.1	34.3	37.8 I	43.2	46.7	55-64
1.7	1.6 I	1.6	1.5	1.8	1.8	1.8	1.6 I	2.2	2.3	65 et plus
61.9	62.5 I	63.0	63.3	63.8	64.2	64.5	65.8 I	66.9	68.5	15-64
										Ensemble des personnes
51.0	51.3 I	51.6	51.5	51.3	49.7	47.4	48.0 I	50.2	50.7	15-24
84.2	85.1 I	85.2	85.3	85.5	85.8	86.0	86.5 I	86.4	87.1	25-54
45.2	45.0 I	43.7	42.9	42.9	43.3	43.1	47.8 I	52.1	55.3	55-64
2.8	2.7 I	2.7	2.7	2.8	2.9	2.9	2.8 I	3.4	3.5	65 et plus
70.8	71.4 I	71.2	71.1	71.5	71.5	71.3	72.6 I	73.8	75.0	15-64
										TAUX DE CHÔMAGE
										Hommes
8.2	7.8 I	7.2	7.6	7.1	8.2	7.9	9.2 I	14.2	13.9	15-19
11.8	10.5 I	10.5	10.0	10.4	12.9	14.2	16.4 I	17.0	14.3	20-24
8.6	7.9 I	7.2	6.6	7.1	8.6	10.1	10.6 I	12.0	11.1	25-34
7.8	7.3 I	6.7	6.4	6.5	7.5	8.6	8.9 I	9.4	8.4	35-44
8.1	8.1 I	7.5	7.0	7.7	8.8	9.9	10.4 I	10.8	9.6	45-54
16.0	15.4 I	14.4	12.8	12.1	11.1	10.7	13.2 I	13.0	12.2	55-59
7.7	7.9 I	8.5	8.4	9.1	8.9	7.0	10.8 I	11.7	11.1	60-64
10.7	9.7 I	9.3	9.2	9.3	11.4	12.3	14.2 I	16.1	14.2	15-24
8.2	7.8 I	7.1	6.6	7.1	8.2	9.4	9.9 I	10.6	9.5	25-54
14.1	13.6 I	12.8	11.5	11.1	10.3	9.4	12.3 I	12.6	11.9	55-64
1.3	1.3 I	0.9	0.4	0.8	0.4	0.4	0.7 I	0.6	0.6	65 et plus
9.3	8.8 I	8.1	7.6	7.8	8.8	9.7	10.7 I	11.5	10.4	15-64
9.2	8.7 I	8.1	7.5	7.8	8.7	9.6	10.5 I	11.3	10.3	Total
										Femmes
9.9	8.5 I	8.2	8.5	7.2	7.7	7.1	10.6 I	15.5	14.2	15-19
9.5	8.1 I	7.7	7.0	7.1	8.1	9.1	10.9 I	13.5	11.9	20-24
9.0	8.4 I	7.5	6.7	6.8	7.3	8.1	9.0 I	10.9	9.9	25-34
10.0	9.4 I	8.4	7.2	7.4	8.2	8.9	9.3 I	9.7	9.1	35-44
10.7	10.0 I	9.0	8.4	8.3	8.5	9.2	10.3 I	10.3	9.7	45-54
19.1	18.5 I	16.6	15.6	14.4	13.0	11.6	13.8 I	14.3	13.8	55-59
7.0	5.8 I	5.5	5.8	6.9	7.9	5.7	9.7 I	9.7	10.4	60-64
9.6	8.2 I	7.9	7.5	7.1	8.0	8.6	10.8 I	14.0	12.6	15-24
9.8	9.2 I	8.3	7.5	7.5	8.0	8.8	9.6 I	10.2	9.5	25-54
17.3	16.4 I	14.5	13.6	12.6	11.7	10.1	12.7 I	13.0	13.0	55-64
2.1	1.5 I	0.8	0.0	0.0	0.6	0.6	2.1 I	1.0	1.0	65 et plus
10.7	9.9 I	8.9	8.1	8.0	8.4	8.9	10.1 I	11.0	10.3	15-64
10.6	9.9 I	8.9	8.1	7.9	8.3	8.8	10.0 I	10.9	10.2	Total
										Ensemble des personnes
10.2	9.0 I	8.6	8.4	8.3	9.8	10.6	12.6 I	15.2	13.5	15-24
8.9	8.4 I	7.6	7.0	7.3	8.1	9.1	9.7 I	10.4	9.5	25-54
15.3	14.7 I	13.5	12.3	11.7	10.8	9.7	12.5 I	12.7	12.3	55-64
1.6	1.3 I	0.8	0.3	0.5	0.5	0.5	1.2 I	0.8	0.7	65 et plus
9.9	9.3 I	8.5	7.8	7.9	8.7	9.4	10.4 I	11.3	10.4	15-64

IV - Professional status and breakdown by activity - ISIC Rev. 2

Thousands (annual average estimates)

	1986	1987	1988	1989	1990	1991	1992	1993	1994	1995	1996
CIVILIAN EMPLOYMENT: PROFESSIONAL STATUS(1)											
All activities	26 387	26 707	26 889	27 469	28 825	36 871	36 390	35 989	35 756	35 780	35 637
Employees	23 269	23 607	23 822	24 418	25 669	33 260	32 732	32 257	31 961	31 949	31 804
Employers and persons working on own account	3 118	3 100	3 067	3 051	3 156	3 076	3 135	3 226	3 302	3 373	3 443
Unpaid family workers						535	523	506	493	458	390
Agriculture, hunting, forestry and fishing	1 173	1 125	1 080	1 033	1 020	1 514	1 392	1 269	1 187	1 127	1 073
Employees	241	232	228	224	233	757	659	576	537	531	546
Employers and persons working on own account	932	893	852	809	787	402	392	379	364	350	334
Unpaid family workers						355	341	314	286	246	193
Non-agricultural activities	25 214	25 582	25 809	26 436	27 805	35 357	34 998	34 720	34 569	34 653	34 564
Employees	23 028	23 375	23 594	24 194	25 436	32 503	32 073	31 681	31 424	31 418	31 258
Employers and persons working on own account	2 186	2 207	2 215	2 242	2 369	2 674	2 743	2 847	2 938	3 023	3 109
Unpaid family workers						180	182	192	207	212	197
All activities (%)	100.0	100.0	100.0	100.0	100.0	100.0	100.0	100.0	100.0	100.0	100.0
Employees	88.2	88.4	88.6	88.9	89.1	90.2	89.9	89.6	89.4	89.3	89.2
Others						9.8	10.1	10.4	10.6	10.7	10.8
CIVILIAN EMPLOYMENT: BREAKDOWN BY ACTIVITY(2)											
ISIC Rev. 2 Major Divisions											
1 to 0 All activities	26 431	26 626	26 835	27 237	27 988	36 921	36 423	36 026	35 892	35 903	35 681
1 Agriculture, hunting, forestry and fishing	1 176	1 124	1 076	1 025	990	1 566	1 381	1 262	1 199	1 153	1 074
2 Mining and quarrying	222	218	210	200	190	391	353	307	267	262	223
3 Manufacturing	8 518	8 508	8 481	8 596	8 841	11 631	10 807	10 253	9 700	9 140	8 653
4 Electricity, gas and water	246	248	251	251	254	404	402	394	376	363	340
5 Construction	1 785	1 770	1 775	1 795	1 847	2 635	2 825	2 958	3 131	3 356	3 411
6 Wholesale and retail trade; restaurants and hotels	4 278	4 308	4 373	4 450	4 636	5 305	5 349	5 321	5 418	6 153	6 253
7 Transport, storage and communication	1 548	1 565	1 577	1 596	1 620	2 302	2 257	2 225	2 184	2 114	1 982
8 Financing, insurance, real estate and business services	1 987	2 030	2 074	2 172	2 375	2 802	2 934	3 074	3 180	3 603	3 628
9 Community, social and personal services	6 671	6 856	7 017	7 152	7 235	9 885	10 115	10 232	10 437	9 759	10 117
0 Activities not adequately defined	0	0	0	0	0	0	0	0	0	0	0
EMPLOYEES: BREAKDOWN BY ACTIVITY(2)											
ISIC Rev. 2 Major Divisions											
1 to 0 All activities	23 381	23 610	23 834	24 226	24 962	33 367	32 806	32 354	32 095	32 046	31 844
1 Agriculture, hunting, forestry and fishing	242	232	228	223	226	794	637	553	537	528	546
2 Mining and quarrying	222	218	208	199	189	388	352	304	265	257	219
3 Manufacturing	8 139	8 149	8 124	8 225	8 462	11 165	10 321	9 757	9 190	8 659	8 203
4 Electricity, gas and water	244	248	250	251	254	402	399	391	373	358	336
5 Construction	1 604	1 588	1 589	1 606	1 661	2 383	2 545	2 670	2 824	3 031	3 048
6 Wholesale and retail trade; restaurants and hotels	3 400	3 425	3 493	3 572	3 735	4 424	4 465	4 434	4 502	5 167	5 229
7 Transport, storage and communication	1 467	1 482	1 494	1 512	1 535	2 173	2 127	2 092	2 040	1 969	1 846
8 Financing, insurance, real estate and business services	1 657	1 693	1 712	1 799	1 949	2 327	2 425	2 532	2 587	2 987	2 992
9 Community, social and personal services	6 406	6 576	6 736	6 840	6 951	9 311	9 535	9 621	9 777	9 090	9 425
0 Activities not adequately defined	0	0	0	0	0	0	0	0	0	0	0

(1) From 1970 to 1979 and 1984 to 1990, unpaid family workers are included in "Employers and persons working on own account".

(2) Data broken down by activity (civilian employment and employees) has not been revised nor updated due to a change by the country from ISIC Rev. 2 to ISIC Rev. 3.

IV - Situation dans la profession et répartition par branches d'activités - CITI Rév. 2

Milliers (estimations de moyennes annuelles)

	1997	1998	1999	2000	2001	2002	2003	2004	2005	2006
EMPLOI CIVIL : SITUATION DANS LA PROFESSION[(1)]										
Toutes activités	35 508	36 059 I	36 042	36 236	36 350	36 017	35 615	35 604 I	36 185	36 978
Salariés	31 643	32 097 I	32 137	32 266	32 298	31 990	31 540	31 285 I	31 690	32 465
Employeurs et personnes travaillant à leur compte	3 512	3 600 I	3 604	3 650	3 636	3 628	3 682	3 920 I	4 076	4 131
Travailleurs familiaux non rémunérés	353	362 I	302	320	416	398	393	398 I	419	382
Agriculture, chasse, sylviculture et pêche	1 035	1 022 I	1 026	959	952	910	894	863 I	863	843
Salariés	545	537 I	556	504	477	456	444	447 I	436	444
Employeurs et personnes travaillant à leur compte	324	322 I	319	314	315	306	306	291 I	286	271
Travailleurs familiaux non rémunérés	166	163 I	150	141	159	149	144	126 I	141	128
Activités non agricoles	34 473	35 037 I	35 016	35 277	35 398	35 107	34 721	34 741 I	35 322	36 135
Salariés	31 098	31 560 I	31 581	31 762	31 821	31 534	31 096	30 838 I	31 254	32 021
Employeurs et personnes travaillant à leur compte	3 188	3 278 I	3 285	3 336	3 321	3 322	3 376	3 629 I	3 790	3 860
Travailleurs familiaux non rémunérés	187	199 I	152	179	257	249	249	272 I	278	254
Toutes activités (%)	100.0	100.0 I	100.0	100.0	100.0	100.0	100.0	100.0 I	100.0	100.0
Salariés	89.1	89.0 I	89.2	89.0	88.9	88.8	88.6	87.9 I	87.6	87.8
Autres	10.9	11.0 I	10.8	11.0	11.1	11.2	11.4	12.1 I	12.4	12.2
EMPLOI CIVIL : RÉPARTITION PAR BRANCHES D'ACTIVITÉS[(2)]										
Branches CITI Rév. 2										
1 à 0 Toutes activités	35 540	35 715								
1 Agriculture, chasse, sylviculture et pêche	1 035	1 013								
2 Industries extractives	208	196								
3 Industries manufacturières	8 527	8 605								
4 Électricité, gaz et eau	330	329								
5 Bâtiment et travaux publics	3 308	3 204								
6 Commerce de gros et de détail; restaurants et hôtels	6 253	6 275								
7 Transports, entrepôts et communications	1 935	1 934								
8 Banques, assurances, affaires immobilières et services fournis aux entreprises	3 732	3 840								
9 Services fournis à la collectivité, services sociaux et services personnels	10 212	10 319								
0 Activités mal désignées	0	0								
SALARIÉS : RÉPARTITION PAR BRANCHES D'ACTIVITÉS[(2)]										
Branches CITI Rév. 2										
1 à 0 Toutes activités	31 671	31 791								
1 Agriculture, chasse, sylviculture et pêche	545	531								
2 Industries extractives	204	193								
3 Industries manufacturières	8 080	8 157								
4 Électricité, gaz et eau	328	325								
5 Bâtiment et travaux publics	2 940	2 832								
6 Commerce de gros et de détail; restaurants et hôtels	5 226	5 248								
7 Transports, entrepôts et communications	1 794	1 788								
8 Banques, assurances, affaires immobilières et services fournis aux entreprises	3 058	3 137								
9 Services fournis à la collectivité, services sociaux et services personnels	9 496	9 580								
0 Activités mal désignées	0	0								

(1) De 1970 à 1979 et de 1984 à 1990, les travailleurs familiaux non rémunérés sont inclus dans la série "employeurs et les personnes travaillant à leur propre compte".

(2) Les données concernant la répartition par branches d'activités (emploi civil et salariés) n'ont pas été révisées ni mises à jour en raison du passage par le pays de la CITI Rév. 2 à la CITI Rév. 3.

GERMANY

V - Civilian employment and employees: breakdown by activity - ISIC Rev. 3

Thousands (annual average estimates)

	1986	1987	1988	1989	1990	1991	1992	1993	1994	1995	1996
CIVILIAN EMPLOYMENT: BREAKDOWN BY ACTIVITY											
A to X All activities						36 871	36 390	35 989	35 756	35 780	35 637
A Agriculture, hunting and forestry						1 502	1 380	1 258	1 176	1 116	1 063
B Fishing						12	12	11	11	11	10
C Mining and quarrying						402	369	327	288	251	223
D Manufacturing						11 315	10 731	10 099	9 525	9 017	8 643
E Electricity, gas and water supply						407	396	384	370	355	339
F Construction						2 944	3 052	3 185	3 285	3 380	3 407
G Wholesale and retail trade; repair of motor vehicles, motorcycles and personal and household goods						4 764	4 769	4 773	4 867	5 063	5 118
H Hotels and restaurants						982	993	1 012	1 032	1 072	1 127
I Transport, storage and communication						2 349	2 287	2 246	2 189	2 083	1 980
J Financial intermediation						1 270	1 296	1 307	1 310	1 319	1 303
K Real estate, renting and business activities						2 025	2 115	2 248	2 308	2 284	2 321
L Public administration and defence; compulsory social security, excluding armed forces						2 713	2 760	2 804	2 847	2 903	2 902
M Education						1 790	1 770	1 767	1 784	1 833	1 878
N Health and social work						2 917	2 968	3 056	3 140	3 250	3 376
O Other community, social and personal service activities						1 295	1 310	1 337	1 459	1 682	1 787
P Private households with employed persons						119	121	122	121	124	127
Q Extra-territorial organisations and bodies						65	61	53	44	37	33
X Not classifiable by economic activities						0	0	0	0	0	0
Breakdown by sector											
Agriculture (A-B)						1 514	1 392	1 269	1 187	1 127	1 073
Industry (C-F)						15 068	14 548	13 995	13 468	13 003	12 612
Services (G-Q)						20 289	20 450	20 725	21 101	21 650	21 952
Agriculture (%)						4.1	3.8	3.5	3.3	3.1	3.0
Industry (%)						40.9	40.0	38.9	37.7	36.3	35.4
Services (%)						55.0	56.2	57.6	59.0	60.5	61.6
Female participation in agriculture (%)						41.3	40.8	40.3	39.9	39.7	38.4
Female participation in industry (%)						26.7	25.7	24.8	24.1	23.8	23.7
Female participation in services (%)						53.7	53.8	53.9	53.8	53.9	54.2
EMPLOYEES: BREAKDOWN BY ACTIVITY											
A to X All activities						33 260	32 732	32 257	31 961	31 949	31 804
A Agriculture, hunting and forestry						748	651	570	531	525	540
B Fishing						9	8	6	6	6	6
C Mining and quarrying						395	363	321	283	247	219
D Manufacturing						10 806	10 217	9 572	9 008	8 540	8 193
E Electricity, gas and water supply						405	395	381	366	351	336
F Construction						2 680	2 774	2 892	2 978	3 043	3 044
G Wholesale and retail trade; repair of motor vehicles, motorcycles and personal and household goods						4 087	4 094	4 094	4 172	4 342	4 386
H Hotels and restaurants						809	819	834	826	812	837
I Transport, storage and communication						2 210	2 145	2 097	2 038	1 940	1 844
J Financial intermediation						1 150	1 172	1 181	1 186	1 198	1 182
K Real estate, renting and business activities						1 629	1 693	1 788	1 821	1 788	1 806
L Public administration and defence; compulsory social security, excluding armed forces						2 713	2 760	2 804	2 847	2 903	2 902
M Education						1 723	1 702	1 695	1 711	1 763	1 805
N Health and social work						2 616	2 652	2 722	2 807	2 944	3 082
O Other community, social and personal service activities						1 104	1 111	1 131	1 222	1 395	1 473
P Private households with employed persons						111	115	116	115	115	116
Q Extra-territorial organisations and bodies						65	61	53	44	37	33
X Not classifiable by economic activities						0	0	0	0	0	0
Breakdown by sector											
Agriculture (A-B)						757	659	576	537	531	546
Industry (C-F)						14 286	13 749	13 166	12 635	12 181	11 792
Services (G-Q)						18 217	18 324	18 515	18 789	19 237	19 466
Agriculture (%)						2.3	2.0	1.8	1.7	1.7	1.7
Industry (%)						43.0	42.0	40.8	39.5	38.1	37.1
Services (%)						54.8	56.0	57.4	58.8	60.2	61.2
Female participation in agriculture (%)						37.3	36.6	36.1	36.9	38.0	38.6
Female participation in industry (%)						27.3	26.2	25.3	24.6	24.3	24.2
Female participation in services (%)						55.6	55.8	56.0	55.9	56.0	56.5

V - Emploi civil et salariés : répartition par branches d'activités - CITI Rév. 3

Milliers (estimations de moyennes annuelles)

	1997	1998	1999	2000	2001	2002	2003	2004	2005	2006
EMPLOI CIVIL : RÉPARTITION PAR BRANCHES D'ACTIVITÉS										
A à X Toutes activités	35 508	36 059	36 043	36 238	36 351	36 040	35 615	35 604	36 185	36 978
A Agriculture, chasse et sylviculture	1 027	1 014	1 018	952	946	905	894	863	858	836
B Pêche	8	8	8	7	5	6	6	4	6	6
C Activités extractives	207	198	169	149	148	146	141	118	122	117
D Activités de fabrication	8 521	8 687	8 591	8 647	8 626	8 504	8 286	8 242	8 015	8 146
E Production et distribution d'électricité, de gaz et d'eau	330	332	316	302	284	296	293	295	316	315
F Construction	3 305	3 234	3 199	3 102	2 957	2 771	2 630	2 566	2 396	2 444
G Commerce de gros et de détail; réparation de véhicules et de biens domestiques	5 093	5 177	5 176	5 212	5 198	5 087	4 982	4 969	5 253	5 278
H Hôtels et restaurants	1 154	1 158	1 195	1 206	1 212	1 233	1 242	1 246	1 294	1 380
I Transports, entreposage et communications	1 932	1 952	1 974	2 001	2 066	2 030	1 989	1 989	1 949	2 059
J Intermédiation financière	1 281	1 291	1 305	1 334	1 344	1 336	1 312	1 282	1 305	1 307
K Immobilier, location et activités de services aux entreprises	2 448	2 585	2 793	2 934	3 035	3 124	3 190	3 320	3 519	3 733
L Administration publique et défense; sécurité sociale obligatoire (armée exclue)	2 883	2 880	2 761	2 744	2 707	2 638	2 596	2 545	2 595	2 628
M Education	1 916	1 987	1 940	1 933	1 985	2 003	2 011	2 031	2 094	2 170
N Santé et action sociale	3 467	3 573	3 541	3 615	3 680	3 763	3 827	4 057	4 109	4 224
O Autres activités de services collectifs, sociaux et personnels	1 777	1 816	1 887	1 936	1 992	2 031	2 051	1 907	2 145	2 119
P Ménages privés employant du personnel domestique	129	134	135	131	136	138	137	145	180	187
Q Organisations et organismes extra-territoriaux	30	33	35	33	30	29	29	24	33	29
X Ne pouvant être classés selon l'activité économique	0	0	0	0	0	0	0	0	0	0
Répartition par secteurs										
Agriculture (A-B)	1 035	1 022	1 026	959	951	911	900	867	864	842
Industrie (C-F)	12 363	12 451	12 275	12 200	12 015	11 717	11 350	11 221	10 849	11 022
Services (G-Q)	22 110	22 586	22 742	23 079	23 385	23 412	23 366	23 515	24 476	25 114
Agriculture (%)	2.9	2.8	2.8	2.6	2.6	2.5	2.5	2.4	2.4	2.3
Industrie (%)	34.8	34.5	34.1	33.7	33.1	32.5	31.9	31.5	30.0	29.8
Services (%)	62.3	62.6	63.1	63.7	64.3	65.0	65.6	66.0	67.6	67.9
Part des femmes dans l'agriculture (%)	37.2	36.5	36.1	35.2	34.9	35.2	34.8	32.6	33.0	32.2
Part des femmes dans l'industrie (%)	23.5	23.7	23.8	23.9	24.1	24.2	24.4	24.4	24.3	24.5
Part des femmes dans les services (%)	54.3	54.3	55.0	55.2	55.5	55.7	55.8	55.6	55.0	55.1
SALARIÉS : RÉPARTITION PAR BRANCHES D'ACTIVITÉS										
A à X Toutes activités	31 643	32 097	32 137	32 266	32 298	31 990	31 540	31 285	31 692	32 465
A Agriculture, chasse et sylviculture	540	532	551	499	474	452	444	447	432	439
B Pêche	5	5	5	5	3	4	5	3	6	4
C Activités extractives	204	195	167	146	146	145	140	117	120	114
D Activités de fabrication	8 073	8 235	8 199	8 241	8 216	8 097	7 889	7 818	7 596	7 729
E Production et distribution d'électricité, de gaz et d'eau	327	328	313	298	281	293	290	292	310	309
F Construction	2 937	2 859	2 805	2 685	2 536	2 365	2 219	2 121	1 937	1 979
G Commerce de gros et de détail; réparation de véhicules et de biens domestiques	4 358	4 427	4 457	4 486	4 457	4 368	4 286	4 229	4 487	4 538
H Hôtels et restaurants	864	871	916	918	925	937	940	959	1 013	1 105
I Transports, entreposage et communications	1 793	1 805	1 813	1 845	1 917	1 873	1 838	1 834	1 793	1 898
J Intermédiation financière	1 157	1 161	1 175	1 203	1 210	1 200	1 176	1 135	1 148	1 142
K Immobilier, location et activités de services aux entreprises	1 898	2 005	2 194	2 329	2 419	2 475	2 514	2 565	2 728	2 889
L Administration publique et défense; sécurité sociale obligatoire (armée exclue)	2 883	2 880	2 761	2 743	2 704	2 642	2 596	2 544	2 595	2 628
M Education	1 835	1 899	1 859	1 849	1 893	1 916	1 917	1 925	1 967	2 037
N Santé et action sociale	3 166	3 266	3 216	3 290	3 344	3 426	3 486	3 641	3 691	3 805
O Autres activités de services collectifs, sociaux et personnels	1 454	1 473	1 543	1 575	1 614	1 639	1 642	1 495	1 677	1 652
P Ménages privés employant du personnel domestique	119	123	126	121	126	129	129	135	159	166
Q Organisations et organismes extra-territoriaux	30	33	35	33	31	29	29	24	33	29
X Ne pouvant être classés selon l'activité économique	0	0	0	0	0	0	0	0	0	0
Répartition par secteurs										
Agriculture (A-B)	545	537	556	504	477	456	449	450	438	443
Industrie (C-F)	11 541	11 617	11 484	11 370	11 179	10 900	10 538	10 348	9 963	10 131
Services (G-Q)	19 557	19 943	20 095	20 392	20 640	20 634	20 553	20 486	21 291	21 889
Agriculture (%)	1.7	1.7	1.7	1.6	1.5	1.4	1.4	1.4	1.4	1.4
Industrie (%)	36.5	36.2	35.7	35.2	34.6	34.1	33.4	33.1	31.4	31.2
Services (%)	61.8	62.1	62.5	63.2	63.9	64.5	65.2	65.5	67.2	67.4
Part des femmes dans l'agriculture (%)	38.0	37.2	37.1	35.5	33.1	34.2	34.1	32.6	31.5	31.2
Part des femmes dans l'industrie (%)	24.0	24.2	24.5	24.7	24.7	25.1	25.1	25.1	25.0	25.2
Part des femmes dans les services (%)	56.7	56.7	57.5	57.6	57.6	57.9	58.3	58.3	57.4	57.4

GREECE

I - Population

Thousands (mid-year estimates)

	1986	1987	1988	1989	1990	1991	1992	1993	1994	1995	1996
POPULATION - DISTRIBUTION BY AGE AND GENDER											
All persons											
Total	9 964	9 984	10 005	10 038	10 089	10 256	10 370	10 466	10 553	10 634	10 709
Under 15 years	2 041	2 011	1 980	1 947	1 912	1 945	1 925	1 901	1 875	1 848	1 818
From 15 to 64 years	6 580	6 618	6 658	6 705	6 761	6 879	6 966	7 042	7 113	7 179	7 241
65 years and over	1 343	1 355	1 366	1 386	1 416	1 432	1 479	1 523	1 566	1 608	1 650
Males											
Total	4 902	4 912	4 922	4 941	4 968	5 053	5 118	5 172	5 220	5 264	5 303
Under 15 years	1 055	1 040	1 024	1 007	988	1 000	991	979	967	953	938
From 15 to 64 years	3 259	3 278	3 301	3 330	3 363	3 422	3 473	3 518	3 559	3 597	3 631
65 years and over	588	593	597	604	617	631	654	674	694	714	734
Females											
Total	5 062	5 072	5 083	5 097	5 120	5 203	5 252	5 294	5 333	5 370	5 406
Under 15 years	986	971	956	941	924	945	934	921	908	894	880
From 15 to 64 years	3 321	3 340	3 357	3 375	3 398	3 457	3 492	3 523	3 553	3 582	3 610
65 years and over	755	761	769	781	799	801	826	849	872	894	916
POPULATION - PERCENTAGES											
All persons											
Total	100.0	100.0	100.0	100.0	100.0	100.0	100.0	100.0	100.0	100.0	100.0
Under 15 years	20.5	20.1	19.8	19.4	19.0	19.0	18.6	18.2	17.8	17.4	17.0
From 15 to 64 years	66.0	66.3	66.5	66.8	67.0	67.1	67.2	67.3	67.4	67.5	67.6
65 years and over	13.5	13.6	13.7	13.8	14.0	14.0	14.3	14.6	14.8	15.1	15.4
COMPONENTS OF CHANGE IN POPULATION											
a) Population at 1 January	9 949	9 985	10 016	10 058	10 121	10 193	10 320	10 420	10 511	10 595	10 674
b) Population at 31 December	9 985	10 016	10 058	10 121	10 193	10 320	10 420	10 511	10 595	10 674	10 745
c) Total increase (b-a)	36	31	42	63	72	127	100	91	84	79	71
d) Births	113	106	108	102	102	103	104	102	104	101	101
e) Deaths	92	95	93	93	94	95	98	97	98	100	101
f) Natural increase (d-e)	21	11	15	9	8	7	6	4	6	1	0
g) Net migration	15	20	27	54	64	120	94	87	78	78	71
h) Statistical adjustments	0	0	0	0	0	0	0	0	0	0	0
i) Total increase (=f+g+h=c)	36	31	42	63	72	127	100	91	84	79	71
(Components of change in population/ Average population) x1000											
Total increase rates	3.6	3.1	4.2	6.2	7.1	12.4	9.6	8.7	8.0	7.5	6.6
Crude birth rates	11.3	10.6	10.8	10.1	10.1	10.0	10.0	9.7	9.8	9.5	9.4
Crude death rates	9.2	9.5	9.3	9.2	9.3	9.3	9.5	9.3	9.3	9.4	9.4
Natural increase rates	2.1	1.1	1.5	0.9	0.8	0.7	0.6	0.4	0.6	0.1	0.0
Net migration rates	1.5	2.0	2.7	5.4	6.3	11.7	9.1	8.3	7.4	7.3	6.6

LABOUR FORCE STATISTICS - ISBN 9789264035539 - © OECD 2007

GRÈCE

I - Population

Milliers (estimations au milieu de l'année)

	1997	1998	1999	2000	2001	2002	2003	2004	2005	2006
POPULATION - RÉPARTITION SELON L'AGE ET LE SEXE										
Ensemble des personnes										
Total	10 777	10 835	10 883	10 917	10 950	10 988	11 024	11 062	11 104	11 149
Moins de 15 ans	1 784	1 750	1 713	1 673	1 638	1 618	1 605	1 599	1 596	1 595
De 15 à 64 ans	7 299	7 351	7 394	7 429	7 450	7 462	7 469	7 474	7 474	7 486
65 ans et plus	1 693	1 734	1 775	1 816	1 861	1 908	1 950	1 989	2 034	2 067
Hommes										
Total	5 338	5 367	5 390	5 406	5 421	5 439	5 456	5 476	5 497	5 520
Moins de 15 ans	921	903	884	863	845	834	826	823	821	821
De 15 à 64 ans	3 663	3 690	3 712	3 730	3 743	3 753	3 760	3 767	3 772	3 782
65 ans et plus	754	774	793	812	832	853	870	886	904	917
Femmes										
Total	5 439	5 468	5 493	5 511	5 529	5 548	5 567	5 586	5 607	5 628
Moins de 15 ans	863	847	829	809	793	784	779	776	775	774
De 15 à 64 ans	3 637	3 661	3 682	3 699	3 707	3 709	3 709	3 707	3 702	3 704
65 ans et plus	939	961	982	1 004	1 029	1 055	1 079	1 103	1 130	1 150
POPULATION - POURCENTAGES										
Ensemble des personnes										
Total	100.0	100.0	100.0	100.0	100.0	100.0	100.0	100.0	100.0	100.0
Moins de 15 ans	16.6	16.1	15.7	15.3	15.0	14.7	14.6	14.5	14.4	14.3
De 15 à 64 ans	67.7	67.8	67.9	68.0	68.0	67.9	67.8	67.6	67.3	67.1
65 ans et plus	15.7	16.0	16.3	16.6	17.0	17.4	17.7	18.0	18.3	18.5
COMPOSANTES DE L'ÉVOLUTION DÉMOGRAPHIQUE										
a) Population au 1er janvier	10 745	10 808	10 861 |	10 904	10 931	10 969	11 006	11 041	11 083	11 125
b) Population au 31 décembre	10 808	10 861	10 904	10 931	10 969	11 006	11 041	11 083	11 125	11 172
c) Accroissement total (b-a)	64	53	42 |	27	38	38	35	42	42	47
d) Naissances	102	101	101	103	102	104	104	106	108	112
e) Décès	100	103	103	105	103	104	106	105	105	105
f) Accroissement naturel (d-e)	2	-2	-3	-2	0	0	-2	1	3	7
g) Solde net des migrations	61	55	45	29	38	38	36	41	39	40
h) Ajustements statistiques	0	0	0	0	0	0	0	0	0	0
i) Accroissement total (=f+g+h=c)	63	53	42	27	38	38	34	42	42	47
(Composition de l'évolution démographique/ Population moyenne) x1000										
Taux d'accroissement total	5.9	4.9	3.9 |	2.5	3.4	3.4	3.1	3.8	3.8	4.2
Taux bruts de natalité	9.5	9.3	9.2 |	9.5	9.3	9.4	9.5	9.6	9.7	10.0
Taux bruts de mortalité	9.3	9.5	9.5 |	9.6	9.4	9.5	9.6	9.5	9.5	9.4
Taux d'accroissement naturel	0.2	-0.2	-0.2 |	-0.2	0.0	0.0	-0.2	0.1	0.3	0.6
Taux du solde net des migrations	5.7	5.1	4.1 |	2.7	3.5	3.5	3.3	3.7	3.5	3.6

GREECE

II - Labour force

Thousands

	1986	1987	1988	1989	1990	1991	1992	1993	1994	1995	1996
Total labour force											
All persons	3 888	3 884	3 961	3 967	4 000	3 934	4 034	4 112	4 189	4 244	4 314
Males	2 505	2 490	2 501	2 500	2 517	2 528	2 541	2 581	2 619	2 625	2 634
Females	1 383	1 394	1 460	1 467	1 483	1 406	1 493	1 532	1 570	1 620	1 680
Armed forces											
All persons											
Males											
Females											
Civilian labour force											
All persons	3 888	3 884	3 961	3 967	4 000	3 934	4 034	4 112	4 189	4 244	4 314
Males	2 505	2 490	2 501	2 500	2 517	2 528	2 541	2 581	2 619	2 625	2 634
Females	1 383	1 394	1 460	1 467	1 483	1 406	1 493	1 532	1 570	1 620	1 680
Unemployed											
All persons	287	286	304	296	281	301	350	397	403	424	446
Males	127	128	122	115	107	121	138	164	170	176	167
Females	160	158	182	181	174	180	212	233	233	248	279
Civilian employment											
All persons	3 601	3 598	3 657	3 671	3 719	3 632	3 685	3 715	3 786	3 821	3 868
Males	2 378	2 362	2 380	2 386	2 409	2 407	2 403	2 417	2 449	2 449	2 467
Females	1 223	1 236	1 278	1 285	1 310	1 226	1 281	1 299	1 337	1 371	1 401
Civilian employment (%)											
All persons	100.0	100.0	100.0	100.0	100.0	100.0	100.0	100.0	100.0	100.0	100.0
Males	66.0	65.6	65.1	65.0	64.8	66.3	65.2	65.1	64.7	64.1	63.8
Females	34.0	34.4	34.9	35.0	35.2	33.8	34.8	35.0	35.3	35.9	36.2
Unemployment rates (% of civilian labour force)											
All persons	7.4	7.4	7.7	7.5	7.0	7.7	8.7	9.7	9.6	10.0	10.3
Males	5.1	5.1	4.9	4.6	4.3	4.8	5.4	6.4	6.5	6.7	6.3
Females	11.6	11.3	12.5	12.3	11.7	12.8	14.2	15.2	14.8	15.3	16.6
Total labour force (% of total population)											
All persons	39.0	38.9	39.6	39.5	39.6	38.4	38.9	39.3	39.7	39.9	40.3
Males	51.1	50.7	50.8	50.6	50.7	50.0	49.6	49.9	50.2	49.9	49.7
Females	27.3	27.5	28.7	28.8	29.0	27.0	28.4	28.9	29.4	30.2	31.1
Total labour force (% of population from 15-64 years)(1)											
All persons	59.1	58.7	59.5	59.2	59.2	57.2	57.9	58.4	58.9	59.1	59.6
Males	76.9	76.0	75.8	75.1	74.8	73.9	73.2	73.4	73.6	73.0	72.5
Females	41.6	41.7	43.5	43.5	43.6	40.7	42.7	43.5	44.2	45.2	46.5
Civilian employment (% of total population)											
All persons	36.1	36.0	36.6	36.6	36.9	35.4	35.5	35.5	35.9	35.9	36.1
Civilian employment (% of population from 15-64 years)											
All persons	54.7	54.4	54.9	54.8	55.0	52.8	52.9	52.8	53.2	53.2	53.4
Males	73.0	72.1	72.1	71.7	71.6	70.3	69.2	68.7	68.8	68.1	67.9
Females	36.8	37.0	38.1	38.1	38.6	35.5	36.7	36.9	37.6	38.3	38.8
Part-time employment (%)											
Part-time as % of employment	6.8	6.5	7.0	6.6	6.7	6.9	7.2	7.1	7.8	7.8	8.0
Male share of part-time employment	41.0	36.8	37.9	38.4	39.2	40.6	40.6	39.7	40.9	38.7	37.5
Female share of part-time employment	59.0	63.2	62.1	61.6	60.8	59.4	59.4	60.3	59.1	61.3	62.5
Male part-time as % of male employment	4.2	3.7	4.1	3.9	4.0	4.2	4.5	4.4	5.0	4.7	4.7
Female part-time as % of female employment	11.8	12.0	12.5	11.7	11.6	12.1	12.3	12.3	13.1	13.3	13.8
Duration of unemployment (% of total unemployment)											
Less than 1 month	7.1	5.6	5.9	5.4	4.3	5.0	6.9	6.2	5.5	5.3	5.4
More than 1 month and less than 3 months	9.4	8.5	8.2	7.1	6.8	7.6	9.1	9.6	7.9	8.1	7.1
More than 3 months and less than 6 months	19.0	19.0	16.3	16.7	16.9	15.8	13.8	13.2	13.8	14.0	12.7
More than 6 months and less than 1 year	22.0	22.5	23.4	20.5	22.1	23.9	20.6	20.1	22.4	21.2	18.0
More than 1 year	42.5	44.4	46.2	50.4	49.8	47.7	49.6	50.9	50.5	51.4	56.7

From 1998, data refer to second quarter of each year estimates.

(1) Participation rates calculated according to national definitions may differ from those published in this table, when the age group represented in the labour force survey is other than 15-64 years.

II - Population active

Milliers

1997	1998	1999	2000	2001	2002	2003	2004	2005	2006	
										Population active totale
4 293	4 513	4 584	4 617	4 582	4 652	4 728	4 823	4 849	4 880	Ensemble des personnes
2 611	2 755	2 767	2 785	2 774	2 803	2 837	2 862	2 873	2 887	Hommes
1 682	1 758	1 817	1 832	1 808	1 849	1 892	1 961	1 976	1 994	Femmes
										Forces armées
										Ensemble des personnes
										Hommes
										Femmes
										Population active civile
4 293	4 513	4 584	4 617	4 582	4 652	4 728	4 823	4 849	4 880	Ensemble des personnes
2 611	2 755	2 767	2 785	2 774	2 803	2 837	2 862	2 873	2 887	Hommes
1 682	1 758	1 817	1 832	1 808	1 849	1 892	1 961	1 976	1 994	Femmes
										Chômeurs
439	489	543	519	478	462	442	493	467	427	Ensemble des personnes
172	196	213	207	191	181	171	182	167	161	Hommes
267	293	331	312	287	282	271	311	300	267	Femmes
										Emploi civil
3 853	4 024	4 040	4 098	4 103	4 190	4 287	4 331	4 382	4 453	Ensemble des personnes
2 439	2 559	2 554	2 578	2 582	2 623	2 666	2 680	2 706	2 726	Hommes
1 415	1 464	1 486	1 520	1 521	1 568	1 621	1 650	1 676	1 727	Femmes
										Emploi civil (%)
100.0	100.0	100.0	100.0	100.0	100.0	100.0	100.0	100.0	100.0	Ensemble des personnes
63.3	63.6	63.2	62.9	62.9	62.6	62.2	61.9	61.8	61.2	Hommes
36.7	36.4	36.8	37.1	37.1	37.4	37.8	38.1	38.2	38.8	Femmes
										Taux de chômage (% de la population active civile)
10.2	10.8	11.9	11.2	10.4	9.9	9.3	10.2	9.6	8.8	Ensemble des personnes
6.6	7.1	7.7	7.4	6.9	6.4	6.0	6.3	5.8	5.6	Hommes
15.9	16.7	18.2	17.0	15.9	15.2	14.3	15.9	15.2	13.4	Femmes
										Population active totale (% de la population totale)
39.8	41.7	42.1	42.3	41.8	42.3	42.9	43.6	43.7	43.8	Ensemble des personnes
48.9	51.3	51.3	51.5	51.2	51.5	52.0	52.3	52.3	52.3	Hommes
30.9	32.1	33.1	33.2	32.7	33.3	34.0	35.1	35.2	35.4	Femmes
										Population active totale (% de la population de 15-64 ans)[1]
58.8	61.4	62.0	62.2	61.5	62.3	63.3	64.5	64.9	65.2	Ensemble des personnes
71.3	74.7	74.5	74.7	74.1	74.7	75.4	76.0	76.2	76.3	Hommes
46.3	48.0	49.3	49.5	48.8	49.9	51.0	52.9	53.4	53.8	Femmes
										Emploi civil (% de la population totale)
35.8	37.1	37.1	37.5	37.5	38.1	38.9	39.1	39.5	39.9	Ensemble des personnes
										Emploi civil (% de la population de 15-64 ans)
52.8	54.7	54.6	55.2	55.1	56.2	57.4	57.9	58.6	59.5	Ensemble des personnes
66.6	69.4	68.8	69.1	69.0	69.9	70.9	71.1	71.7	72.1	Hommes
38.9	40.0	40.4	41.1	41.0	42.3	43.7	44.5	45.3	46.6	Femmes
										Emploi à temps partiel (%)
8.3	9.1	8.0	5.5	4.9	5.6	5.6	6.0	6.1	7.5	Temps partiel en % de l'emploi
37.4	36.9	36.1	34.6	33.6	32.8	31.3	31.1	30.5	33.0	Part des hommes dans le temps partiel
62.6	63.1	63.9	65.4	66.4	67.2	68.7	68.9	69.5	67.0	Part des femmes dans le temps partiel
4.9	5.3	4.6	3.0	2.6	2.9	2.8	3.0	3.0	4.0	Temps partiel des hommes en % de l'emploi des hommes
14.2	15.5	13.6	9.5	8.5	10.0	10.2	10.8	11.1	12.9	Temps partiel des femmes en % de l'emploi des femmes
										Durée du chômage (% du chômage total)
5.2	4.5	5.0	4.1	5.7	4.0	4.5	4.6	5.4	3.3	Moins de 1 mois
6.1	7.3	7.5	8.5	12.7	8.5	8.1	7.7	9.4	7.3	Plus de 1 mois et moins de 3 mois
12.1	13.4	13.1	13.9	12.6	15.1	13.2	13.3	12.6	14.2	Plus de 3 mois et moins de 6 mois
20.9	19.9	19.0	17.1	16.2	19.8	18.0	19.6	18.9	19.7	Plus de 6 mois et moins de 1 an
55.7	54.9	55.3	56.4	52.8	52.7	56.3	54.8	53.7	55.6	Plus de 1 an

Depuis 1998, les données se réfèrent aux estimations du second trimestre de chaque année.

(1) Les taux d'activité calculés selon les définitions nationales peuvent être différents de ceux publiés dans ce tableau si le groupe d'âges représenté dans l'enquête de la population active est différent de 15-64 ans.

GREECE

III - Participation rates and unemployment rates by age and by sex

Percent

	1986	1987	1988	1989	1990	1991	1992	1993	1994	1995	1996
PARTICIPATION RATES											
Males											
15-19	25.4	24.4	21.9	22.7	21.6	21.4	19.9	19.2	17.8	16.9	16.1
20-24	71.6	70.2	72.6	72.0	70.4	68.3	69.2	68.9	68.4	69.7	69.0
25-34	95.9	95.5	96.1	95.8	95.2	94.4	93.8	93.9	94.7	94.9	95.1
35-44	97.3	97.0	97.1	96.9	96.8	96.5	96.6	96.8	96.9	97.0	97.2
45-54	91.1	90.2	90.1	90.4	90.7	90.0	90.4	91.1	91.8	91.5	92.1
55-59	75.5	74.3	74.1	73.5	72.3	71.5	72.4	72.6	73.7	74.8	74.9
60-64	52.4	50.2	50.0	48.1	46.0	45.6	46.8	44.7	46.8	47.4	47.6
15-24	45.2	44.4	44.6	45.2	44.1	43.4	43.0	43.1	41.8	41.3	40.1
25-54	94.7	94.2	94.5	94.4	94.3	93.7	93.6	94.0	94.5	94.5	94.9
55-64	65.3	63.4	62.9	61.2	59.5	58.9	59.8	58.7	60.1	61.1	61.0
65 and over	15.5	13.9	13.6	11.7	11.8	11.0	11.7	11.0	11.8	11.7	11.5
15-64	79.3	78.6	78.4	77.8	76.8	76.0	76.2	76.3	77.0	77.2	77.4
Females											
15-19	19.7	18.5	19.0	17.9	18.2	16.6	16.2	16.4	15.0	14.8	15.8
20-24	48.6	48.2	51.1	53.9	54.0	53.0	51.7	53.1	51.2	51.9	53.6
25-34	52.9	53.8	56.7	58.7	59.3	57.1	59.0	59.5	60.5	62.7	64.1
35-44	49.4	50.6	52.0	53.5	53.4	51.6	55.2	56.2	57.6	58.1	60.7
45-54	41.8	41.3	41.6	41.9	41.3	37.7	40.3	40.6	42.3	42.8	44.6
55-59	30.6	30.3	32.0	30.2	28.5	26.6	26.9	27.3	27.5	28.9	29.8
60-64	21.0	21.3	22.2	19.6	19.9	15.9	17.7	17.6	18.7	20.2	19.7
15-24	33.3	32.8	34.5	35.2	35.3	34.0	33.2	34.5	32.6	32.5	34.1
25-54	48.0	48.6	50.2	51.6	51.5	49.0	51.6	52.5	53.9	55.0	56.9
55-64	26.4	26.2	27.4	25.2	24.3	21.2	22.3	22.4	23.0	24.5	24.5
65 and over	6.1	5.3	5.1	4.1	4.5	3.9	4.2	3.7	3.9	3.7	4.2
15-64	41.0	41.1	42.6	43.0	42.6	40.2	41.7	42.7	43.2	44.3	45.8
All persons											
15-24	38.9	38.2	39.2	39.9	39.4	38.5	37.9	38.6	36.9	36.7	36.9
25-54	70.8	70.8	71.6	72.3	72.2	70.7	71.9	72.7	73.7	74.2	75.3
55-64	45.3	44.3	44.8	42.9	41.5	39.7	40.4	39.9	40.7	41.9	41.9
65 and over	10.3	9.1	8.9	7.5	7.8	7.1	7.6	7.0	7.5	7.3	7.5
15-64	59.5	59.2	59.8	59.8	59.1	57.6	58.3	58.9	59.5	60.1	61.0
UNEMPLOYMENT RATES											
Males											
15-19	14.9	14.9	15.3	14.0	14.1	17.8	18.1	21.5	20.6	21.8	28.2
20-24	16.5	18.7	17.7	18.1	15.4	16.6	16.9	19.7	19.5	18.8	19.6
25-34	6.3	6.1	6.1	5.5	5.6	6.1	5.9	6.6	7.6	8.0	7.8
35-44	3.3	3.1	2.8	2.4	2.1	2.6	2.5	3.3	3.2	3.7	3.4
45-54	2.9	2.8	2.5	2.1	1.8	2.1	2.8	3.2	3.3	3.4	3.0
55-59	2.5	2.8	2.2	2.1	2.1	1.8	2.3	3.5	3.6	4.2	3.1
60-64	1.3	1.7	1.5	1.1	1.3	1.3	2.1	2.0	2.8	2.6	2.7
15-24	16.0	17.5	17.0	17.0	15.1	16.9	17.2	20.1	19.8	19.4	21.5
25-54	4.2	4.0	3.8	3.3	3.2	3.6	3.7	4.4	4.8	5.1	4.8
55-64	2.1	2.4	2.0	1.7	1.8	1.6	2.2	2.9	3.3	3.6	2.9
65 and over	0.6	0.4	0.6	0.6	0.7	0.9	0.9	0.9	0.8	0.6	0.9
15-64	5.2	5.3	5.0	4.7	4.4	4.9	5.0	6.0	6.2	6.4	6.2
Total	5.0	5.1	4.8	4.6	4.2	4.8	4.9	5.8	6.0	6.2	6.0
Females											
15-19	42.2	40.0	43.7	39.3	38.0	39.0	43.1	50.7	47.6	47.5	53.5
20-24	30.6	31.3	32.9	32.1	30.6	31.6	31.1	35.1	33.6	34.7	37.5
25-34	12.9	12.8	13.8	14.8	13.4	14.4	13.6	14.6	15.3	15.3	17.7
35-44	6.7	6.4	7.6	6.7	6.3	7.2	8.8	8.7	8.3	8.4	9.8
45-54	3.9	4.1	4.4	4.1	4.4	5.6	6.1	6.5	6.8	7.1	7.5
55-59	2.2	1.8	1.8	2.5	1.6	2.5	3.4	3.1	3.7	4.0	3.7
60-64	0.6	0.7	0.8	0.7	0.6	1.3	1.9	1.4	1.2	1.5	2.1
15-24	34.2	33.8	36.0	34.0	32.6	33.5	34.2	38.8	36.9	37.7	41.3
25-54	8.2	8.2	9.1	9.1	8.6	9.6	9.9	10.5	10.7	10.9	12.3
55-64	1.6	1.4	1.4	1.8	1.2	2.1	2.8	2.4	2.6	2.9	3.0
65 and over	0.2	0.5	0.8	0.3	1.4	1.6	0.8	0.6	0.3	1.2	1.6
15-64	11.9	11.7	12.8	12.6	12.0	13.1	13.2	14.6	14.0	14.1	15.8
Total	11.6	11.4	12.5	12.4	11.7	12.9	12.9	14.3	13.7	13.8	15.4
All persons											
15-24	24.3	25.0	26.0	24.9	23.3	24.5	25.0	28.8	27.7	27.9	31.2
25-54	5.6	5.5	5.7	5.5	5.1	5.7	6.0	6.6	7.0	7.3	7.7
55-64	1.9	2.1	1.8	1.7	1.6	1.8	2.4	2.8	3.1	3.4	3.0
65 and over	0.4	0.4	0.7	0.5	0.9	1.1	0.9	0.8	0.6	0.8	1.1
15-64	7.6	7.6	7.9	7.6	7.2	7.8	8.1	9.2	9.1	9.3	9.9

From 1998, data refer to second quarter of each year estimates.

III - Taux d'activité et taux de chômage par âge et par sexe

Pourcentage

	1997	1998	1999	2000	2001	2002	2003	2004	2005	2006
TAUX D'ACTIVITÉ										
Hommes										
15-19	15.5	18.8	16.1	15.9	14.2	13.9	13.3	13.5	12.4	12.8
20-24	66.7	70.1	69.0	68.1	62.9	64.1	61.7	64.9	57.8	57.3
25-34	94.4	95.2	95.8	94.8	94.0	94.8	93.9	95.1	94.5	94.0
35-44	97.0	97.2	97.0	97.0	96.9	96.5	96.6	96.6	96.9	96.9
45-54	92.2	90.6	90.7	91.3	91.2	91.1	91.9	92.2	92.5	92.6
55-59	75.0	71.7	72.1	72.1	73.1	71.3	74.0	72.1	73.2	74.0
60-64	47.7	45.4	44.1	45.2	43.2	43.2	44.5	43.0	44.9	45.2
15-24	38.7	43.5	41.3	41.0	38.5	39.6	38.9	40.5	37.1	36.4
25-54	94.6	94.4	94.5	94.3	94.0	94.3	94.2	94.7	94.7	94.6
55-64	61.0	57.5	57.1	57.3	57.0	57.3	60.1	58.7	60.7	61.2
65 et plus	10.7	9.7	9.0	8.4	7.7	7.9	8.1	6.9	6.9	7.4
15-64	76.9	77.1	76.9	77.1	76.2	77.6	78.3	79.1	79.2	79.1
Femmes										
15-19	13.3	15.2	14.5	13.4	10.9	9.7	8.6	10.0	8.6	7.7
20-24	52.9	57.3	59.5	56.3	53.5	53.7	51.3	54.6	49.1	47.9
25-34	64.9	68.5	70.6	71.2	70.5	71.6	72.3	74.2	75.4	76.3
35-44	62.1	63.7	64.7	65.0	64.4	65.9	67.8	71.7	72.2	72.2
45-54	44.7	46.0	48.3	48.6	49.0	51.2	54.1	55.2	56.4	58.0
55-59	30.7	28.1	29.4	31.4	29.0	30.4	31.7	30.2	32.8	33.5
60-64	20.3	21.2	19.8	20.5	19.2	20.1	20.3	19.6	20.6	21.8
15-24	32.6	36.6	37.4	35.4	33.9	33.0	31.4	34.1	30.6	28.5
25-54	57.5	59.9	61.5	61.7	61.3	63.4	65.1	67.5	68.3	69.1
55-64	25.1	24.5	24.4	25.5	23.7	25.3	26.2	25.3	26.9	28.0
65 et plus	3.4	3.6	2.9	2.7	2.7	2.3	2.4	2.0	1.9	2.1
15-64	46.0	48.5	49.7	49.7	48.8	51.0	52.1	54.1	54.6	55.0
Ensemble des personnes										
15-24	35.5	40.0	39.3	38.1	36.2	36.3	35.2	37.3	33.9	32.5
25-54	75.5	76.8	77.6	77.6	77.2	78.8	79.7	81.1	81.6	81.9
55-64	42.1	40.4	40.2	40.6	39.6	40.5	42.4	41.2	43.1	44.0
65 et plus	6.7	6.4	5.7	5.4	5.0	4.8	5.0	4.2	4.2	4.4
15-64	60.8	62.5	62.9	63.0	62.1	64.2	65.1	66.5	66.8	67.0
TAUX DE CHÔMAGE										
Hommes										
15-19	27.0	24.4	28.2	25.1	26.4	21.0	22.8	25.7	22.7	26.8
20-24	20.8	20.6	21.7	21.4	19.8	18.6	17.1	17.4	16.5	15.4
25-34	8.3	8.3	9.9	9.9	9.1	8.5	8.7	8.4	7.7	7.5
35-44	3.1	4.4	4.2	4.3	3.8	3.8	3.5	4.1	4.0	4.0
45-54	3.4	4.2	4.1	3.9	3.5	3.4	2.9	3.3	3.5	3.1
55-59	3.6	2.8	4.3	4.0	4.6	4.1	3.1	4.2	3.3	3.5
60-64	2.8	3.1	3.7	3.0	3.4	2.4	2.7	3.3	2.8	2.4
15-24	22.2	21.4	23.0	22.1	21.0	19.0	18.0	18.8	17.5	17.3
25-54	4.9	5.7	6.2	6.1	5.5	5.4	5.2	5.4	5.2	4.9
55-64	3.3	2.9	4.1	3.5	4.1	3.5	3.0	3.9	3.1	3.2
65 et plus	0.8	1.4	1.7	1.2	1.7	1.0	1.3	0.8	0.8	0.8
15-64	6.4	7.2	7.7	7.5	6.9	6.6	6.1	6.5	5.9	5.7
Total	6.2	7.0	7.6	7.3	6.7	6.4	6.0	6.3	5.8	5.6
Femmes										
15-19	51.6	50.3	55.6	53.1	48.6	42.7	42.8	45.5	44.9	40.4
20-24	37.7	36.5	37.6	34.2	33.5	33.5	34.1	34.1	33.3	32.9
25-34	17.0	19.6	20.7	21.2	18.7	19.5	17.6	18.7	18.5	16.7
35-44	9.4	11.1	12.8	12.1	11.8	11.0	11.6	13.8	13.3	11.3
45-54	7.9	8.5	10.1	8.5	8.6	7.8	7.4	8.9	9.3	7.5
55-59	3.9	5.1	6.0	5.3	5.7	6.0	4.1	6.3	4.9	5.7
60-64	1.9	2.0	3.8	3.1	1.9	2.2	2.5	2.8	2.6	2.2
15-24	40.6	39.3	41.0	37.7	35.7	34.7	35.2	35.6	34.7	33.9
25-54	11.9	13.9	15.2	14.7	13.5	13.6	12.9	14.4	14.2	12.3
55-64	3.1	3.7	5.0	4.4	4.0	4.5	3.5	5.1	4.0	4.4
65 et plus	1.2	1.6	0.6	1.1			0.6	2.4	3.6	1.7
15-64	15.1	16.8	18.2	16.9	15.6	15.4	14.5	16.0	15.3	13.5
Total	14.8	16.5	17.9	16.7	15.4	15.2	14.3	15.9	15.2	13.4
Ensemble des personnes										
15-24	31.0	29.7	31.7	29.5	28.0	26.1	25.7	26.5	25.3	24.5
25-54	7.7	9.0	9.8	9.6	8.8	8.7	8.3	9.1	8.9	8.0
55-64	3.2	3.2	4.4	3.8	4.1	3.8	3.1	4.3	3.4	3.6
65 et plus	0.9	1.5	1.4	1.1	1.2	0.7	1.1	1.2	1.5	1.1
15-64	9.8	11.0	12.0	11.3	10.4	10.1	9.5	10.4	9.8	8.9

Depuis 1998, les données se réfèrent aux estimations du second trimestre de chaque année.

GREECE

IV - Professional status and breakdown by activity - ISIC Rev. 2

Thousands

	1986	1987	1988	1989	1990	1991	1992	1993	1994	1995	1996
CIVILIAN EMPLOYMENT: PROFESSIONAL STATUS											
All activities	3 601	3 598	3 657	3 671	3 719	3 632	3 685	3 715	3 786	3 821	3 868
Employees	1 774	1 794	1 845	1 888	1 947	1 931	1 938	1 980	2 017	2 059	2 100
Employers and persons working on own account	1 272	1 275	1 287	1 259	1 293	1 279	1 302	1 288	1 304	1 290	1 304
Unpaid family workers	554	529	526	524	480	423	446	448	465	472	464
Agriculture, hunting, forestry and fishing	1 026	971	972	930	889	807	807	791	788	780	784
Employees	40	38	36	39	35	30	29	36	29	39	35
Employers and persons working on own account	564	547	550	514	518	487	486	463	464	447	457
Unpaid family workers	422	386	386	377	337	290	292	292	295	294	293
Non-agricultural activities	2 575	2 627	2 685	2 741	2 830	2 825	2 878	2 925	2 998	3 040	3 084
Employees	1 734	1 756	1 809	1 849	1 912	1 901	1 909	1 944	1 988	2 020	2 065
Employers and persons working on own account	708	728	737	745	775	792	816	825	840	843	848
Unpaid family workers	132	143	140	147	143	133	154	156	170	177	171
All activities (%)	100.0	100.0	100.0	100.0	100.0	100.0	100.0	100.0	100.0	100.0	100.0
Employees	49.3	49.9	50.5	51.4	52.4	53.2	52.6	53.3	53.3	53.9	54.3
Others	50.7	50.1	49.6	48.6	47.7	46.9	47.4	46.7	46.7	46.1	45.7
CIVILIAN EMPLOYMENT: BREAKDOWN BY ACTIVITY[(1)]											
ISIC Rev. 2 Major Divisions											
1 to 0 All activities	3 601	3 598	3 657	3 671	3 719	3 632	3 685	3 720	3 790	3 824	3 872
1 Agriculture, hunting, forestry and fishing	1 026	971	972	930	889	807	807	794	790	782	786
2 Mining and quarrying	24	24	22	21	23	19	18	19	16	16	17
3 Manufacturing	718	716	707	715	720	699	699	580	578	578	576
4 Electricity, gas and water	35	35	35	36	37	37	37	40	41	42	41
5 Construction	235	232	232	239	252	246	246	261	261	252	252
6 Wholesale and retail trade; restaurants and hotels	562	592	601	624	654	660	687	792	814	849	858
7 Transport, storage and communication	237	244	242	241	249	252	250	249	252	248	254
8 Financing, insurance, real estate and business services	139	145	160	169	184	193	201	221	231	241	249
9 Community, social and personal services	623	637	686	695	710	720	740	765	807	817	839
0 Activities not adequately defined	1	1	1	1	2	0	0	0	0	0	0
EMPLOYEES: BREAKDOWN BY ACTIVITY[(1)]											
ISIC Rev. 2 Major Divisions											
1 to 0 All activities	1 774	1 794	1 845	1 888	1 947	1 931	1 938	1 981	2 018	2 060	2 101
1 Agriculture, hunting, forestry and fishing	40	38	36	39	35	30	29	36	29	39	35
2 Mining and quarrying	23	23	22	21	22	19	17	17	14	15	16
3 Manufacturing	500	492	489	492	493	473	467	403	403	398	400
4 Electricity, gas and water	35	35	35	36	37	36	37	40	40	41	41
5 Construction	164	163	155	161	168	163	155	161	158	155	152
6 Wholesale and retail trade; restaurants and hotels	194	208	215	234	258	267	281	323	326	354	373
7 Transport, storage and communication	172	176	177	176	185	184	182	178	181	179	183
8 Financing, insurance, real estate and business services	88	91	101	105	114	117	119	140	146	153	156
9 Community, social and personal services	557	567	614	625	636	642	652	690	719	726	744
0 Activities not adequately defined	1	1	1	1	2	0	0	0	0	0	0

From 1998, data refer to second quarter of each year estimates.

(1) Data broken down by activity (civilian employment and employees) have not been revised nor updated due to a change by the country from ISIC Rev. 2 to ISIC Rev.3.

IV - Situation dans la profession et répartition par branches d'activités - CITI Rév. 2

Milliers

1997	1998	1999	2000	2001	2002	2003	2004	2005	2006	
										EMPLOI CIVIL : SITUATION DANS LA PROFESSION
3 853	4 024	4 040	4 098	4 103	4 190	4 287	4 331	4 382	4 453	**Toutes activités**
2 111	2 271	2 337	2 379	2 466	2 545	2 616	2 746	2 785	2 834	Salariés
1 283	1 300	1 297	1 325	1 291	1 312	1 329	1 309	1 319	1 327	Employeurs et personnes travaillant à leur compte
459	453	406	394	346	333	342	275	278	291	Travailleurs familiaux non rémunérés
765	720	704	713	661	648	656	546	545	536	**Agriculture, chasse, sylviculture et pêche**
31	31	31	28	28	33	35	40	37	36	Salariés
449	424	440	451	434	428	434	366	367	364	Employeurs et personnes travaillant à leur compte
285	265	233	234	200	187	186	140	140	136	Travailleurs familiaux non rémunérés
3 089	3 304	3 336	3 385	3 442	3 542	3 631	3 785	3 837	3 917	**Activités non agricoles**
2 081	2 240	2 307	2 351	2 439	2 512	2 581	2 707	2 748	2 798	Salariés
834	876	857	874	857	884	894	944	952	963	Employeurs et personnes travaillant à leur compte
175	188	173	160	147	146	156	135	138	155	Travailleurs familiaux non rémunérés
100.0	100.0	100.0	100.0	100.0	100.0	100.0	100.0	100.0	100.0	**Toutes activités (%)**
54.8	56.4	57.9	58.0	60.1	60.7	61.0	63.4	63.6	63.6	Salariés
45.2	43.6	42.1	42.0	39.9	39.3	39.0	36.6	36.4	36.3	Autres
										EMPLOI CIVIL : RÉPARTITION PAR BRANCHES D'ACTIVITÉS[(1)]
										Branches CITI Rév. 2
3 854										**1 à 0 Toutes activités**
765										1 Agriculture, chasse, sylviculture et pêche
17										2 Industries extractives
559										3 Industries manufacturières
41										4 Électricité, gaz et eau
249										5 Bâtiment et travaux publics
872										6 Commerce de gros et de détail; restaurants et hôtels
247										7 Transports, entrepôts et communications
257										8 Banques, assurances, affaires immobilières et services fournis aux entreprises
847										9 Services fournis à la collectivité, services sociaux et services personnels
0										0 Activités mal désignées
										SALARIÉS : RÉPARTITION PAR BRANCHES D'ACTIVITÉS[(1)]
										Branches CITI Rév. 2
2 111										**1 à 0 Toutes activités**
31										1 Agriculture, chasse, sylviculture et pêche
17										2 Industries extractives
386										3 Industries manufacturières
41										4 Électricité, gaz et eau
153										5 Bâtiment et travaux publics
382										6 Commerce de gros et de détail; restaurants et hôtels
179										7 Transports, entrepôts et communications
165										8 Banques, assurances, affaires immobilières et services fournis aux entreprises
758										9 Services fournis à la collectivité, services sociaux et services personnels
0										0 Activités mal désignées

Depuis 1998, les données se réfèrent aux estimations du second trimestre de chaque année.

(1) Les données concernant la répartition par branches d'activités (emploi civil et salariés) n'ont pas été révisées ni mises à jour en raison du passage par le pays de la CITI Rév. 2 à la CITI Rév. 3.

GREECE

V - Civilian employment and employees: breakdown by activity - ISIC Rev. 3

Thousands

	1986	1987	1988	1989	1990	1991	1992	1993	1994	1995	1996
CIVILIAN EMPLOYMENT: BREAKDOWN BY ACTIVITY											
A to X All activities								3 715	3 786	3 821	3 868
A Agriculture, hunting and forestry								775	773	765	770
B Fishing								15	15	15	15
C Mining and quarrying								19	16	16	17
D Manufacturing								579	577	577	575
E Electricity, gas and water supply								40	41	42	41
F Construction								261	261	252	252
G Wholesale and retail trade; repair of motor vehicles, motorcycles and personal and household goods								587	602	624	628
H Hotels and restaurants								203	212	223	229
I Transport, storage and communication								249	252	248	254
J Financial intermediation								81	90	92	92
K Real estate, renting and business activities								140	141	149	156
L Public administration and defence; compulsory social security, excluding armed forces								267	284	272	275
M Education								201	214	220	224
N Health and social work								155	161	163	171
O Other community, social and personal service activities								117	115	126	130
P Private households with employed persons								24	31	34	39
Q Extra-territorial organisations and bodies								1	1	2	1
X Not classifiable by economic activities								0	0	0	0
Breakdown by sector											
Agriculture (A-B)								791	788	780	784
Industry (C-F)								899	894	886	885
Services (G-Q)								2 026	2 104	2 154	2 199
Agriculture (%)								21.3	20.8	20.4	20.3
Industry (%)								24.2	23.6	23.2	22.9
Services (%)								54.5	55.6	56.4	56.8
Female participation in agriculture (%)								41.6	42.1	42.0	42.7
Female participation in industry (%)								21.5	21.2	21.5	21.7
Female participation in services (%)								38.3	38.8	39.6	39.8
EMPLOYEES: BREAKDOWN BY ACTIVITY											
A to X All activities								1 980	2 017	2 059	2 100
A Agriculture, hunting and forestry								31	25	36	31
B Fishing								4	4	3	4
C Mining and quarrying								17	14	15	16
D Manufacturing								403	403	397	400
E Electricity, gas and water supply								39	40	41	41
F Construction								161	158	155	152
G Wholesale and retail trade; repair of motor vehicles, motorcycles and personal and household goods								225	228	246	258
H Hotels and restaurants								97	97	107	114
I Transport, storage and communication								178	181	179	183
J Financial intermediation								78	84	87	87
K Real estate, renting and business activities								61	62	66	69
L Public administration and defence; compulsory social security, excluding armed forces								266	282	271	274
M Education								182	195	198	201
N Health and social work								133	138	141	147
O Other community, social and personal service activities								78	75	84	87
P Private households with employed persons								22	27	30	35
Q Extra-territorial organisations and bodies								1	1	2	1
X Not classifiable by economic activities								0	0	0	0
Breakdown by sector											
Agriculture (A-B)								36	29	39	35
Industry (C-F)								621	615	608	609
Services (G-Q)								1 323	1 372	1 411	1 456
Agriculture (%)								1.8	1.4	1.9	1.7
Industry (%)								31.4	30.5	29.5	29.0
Services (%)								66.8	68.0	68.6	69.3
Female participation in agriculture (%)								27.6	29.7	30.3	29.8
Female participation in industry (%)								24.3	23.8	24.1	24.5
Female participation in services (%)								41.9	42.1	43.4	43.2

From 1998, data refer to second quarter of each year estimates.

V - Emploi civil et salariés : répartition par branches d'activités - CITI Rév. 3

Milliers

1997	1998	1999	2000	2001	2002	2003	2004	2005	2006	
										EMPLOI CIVIL : RÉPARTITION PAR BRANCHES D'ACTIVITÉS
3 853	4 024	4 040	4 098	4 103	4 190	4 287	4 330	4 382	4 453	**A à X Toutes activités**
750	709	692	701	649	634	643	533	530	523	A Agriculture, chasse et sylviculture
14	11	13	12	12	14	13	12	14	13	B Pêche
17	20	21	19	20	21	13	15	18	18	C Activités extractives
559	586	577	572	580	579	565	570	560	563	D Activités de fabrication
41	37	43	40	37	36	42	39	38	41	E Production et distribution d'électricité, de gaz et d'eau
249	293	288	296	308	319	346	350	367	359	F Construction
642	675	688	702	703	723	737	748	782	789	G Commerce de gros et de détail; réparation de véhicules et de biens domestiques
230	260	268	273	277	294	298	280	304	301	H Hôtels et restaurants
247	243	248	254	259	251	263	272	268	282	I Transports, entreposage et communications
97	95	93	108	110	98	110	112	113	116	J Intermédiation financière
160	194	199	197	219	245	245	283	289	284	K Immobilier, location et activités de services aux entreprises
279	281	281	301	303	311	324	356	344	381	L Administration publique et défense; sécurité sociale obligatoire (armée exclue)
230	245	250	250	262	267	286	318	312	331	M Education
170	186	187	188	184	189	188	219	220	228	N Santé et action sociale
125	136	143	132	131	155	156	155	154	150	O Autres activités de services collectifs, sociaux et personnels
42	53	50	53	49	53	57	66	68	73	P Ménages privés employant du personnel domestique
1	2	1	0	0	1	0	1	1	1	Q Organisations et organismes extra-territoriaux
0	0	0	0	0	0	0	0	0	0	X Ne pouvant être classés selon l'activité économique
										Répartition par secteurs
765	720	704	713	661	648	656	546	544	536	Agriculture (A-B)
866	935	928	926	945	955	966	973	983	981	Industrie (C-F)
2 223	2 369	2 408	2 459	2 497	2 587	2 665	2 811	2 855	2 936	Services (G-Q)
19.8	17.9	17.4	17.4	16.1	15.5	15.3	12.6	12.4	12.0	Agriculture (%)
22.5	23.2	23.0	22.6	23.0	22.8	22.5	22.5	22.4	22.0	Industrie (%)
57.7	58.9	59.6	60.0	60.9	61.7	62.2	64.9	65.2	65.9	Services (%)
42.8	41.6	41.7	41.9	40.7	41.7	41.8	42.5	42.8	42.5	Part des femmes dans l'agriculture (%)
21.9	19.2	20.0	20.0	18.7	18.4	18.7	17.9	17.1	17.1	Part des femmes dans l'industrie (%)
40.4	41.7	41.8	42.1	43.1	43.3	43.8	44.2	44.7	45.3	Part des femmes dans les services (%)
										SALARIÉS : RÉPARTITION PAR BRANCHES D'ACTIVITÉS
2 111	2 271	2 337	2 379	2 466	2 545	2 616	2 746	2 785	2 834	**A à X Toutes activités**
27	28	27	25	25	30	32	37	34	34	A Agriculture, chasse et sylviculture
4	3	4	3	3	3	3	3	3	3	B Pêche
17	19	19	18	18	20	12	13	17	17	C Activités extractives
386	415	408	409	426	430	413	418	413	409	D Activités de fabrication
41	36	42	40	37	36	42	39	38	41	E Production et distribution d'électricité, de gaz et d'eau
153	185	187	189	201	213	233	235	244	240	F Construction
268	296	323	335	345	362	368	369	407	413	G Commerce de gros et de détail; réparation de véhicules et de biens domestiques
114	134	144	146	165	171	171	162	178	170	H Hôtels et restaurants
179	173	179	186	188	184	198	204	199	203	I Transports, entreposage et communications
92	90	86	98	99	89	99	101	102	103	J Intermédiation financière
73	87	102	100	120	132	135	160	160	152	K Immobilier, location et activités de services aux entreprises
279	281	280	300	302	309	323	354	342	381	L Administration publique et défense; sécurité sociale obligatoire (armée exclue)
209	224	227	224	239	247	263	293	286	301	M Education
146	155	163	162	156	157	160	183	187	192	N Santé et action sociale
86	95	98	96	98	112	112	110	111	109	O Autres activités de services collectifs, sociaux et personnels
38	48	46	47	45	50	53	62	64	67	P Ménages privés employant du personnel domestique
1	2	1	0	0	1	0	1	1	1	Q Organisations et organismes extra-territoriaux
0	0	0	0	0	0	1	0	0	0	X Ne pouvant être classés selon l'activité économique
										Répartition par secteurs
31	31	31	28	28	33	35	40	37	37	Agriculture (A-B)
596	656	657	656	683	698	699	706	712	707	Industrie (C-F)
1 484	1 584	1 650	1 695	1 756	1 814	1 881	2 000	2 037	2 092	Services (G-Q)
1.5	1.4	1.3	1.2	1.1	1.3	1.4	1.4	1.3	1.3	Agriculture (%)
28.2	28.9	28.1	27.6	27.7	27.4	26.7	25.7	25.6	24.9	Industrie (%)
70.3	69.8	70.6	71.3	71.2	71.3	71.9	72.8	73.1	73.8	Services (%)
26.5	29.2	26.9	31.0	26.3	22.0	25.1	35.2	29.7	24.3	Part des femmes dans l'agriculture (%)
24.7	20.6	21.3	21.3	20.4	20.5	20.2	20.0	18.7	18.1	Part des femmes dans l'industrie (%)
44.4	45.2	45.7	46.0	47.0	47.3	47.6	48.4	48.8	49.5	Part des femmes dans les services (%)

Depuis 1998, les données se réfèrent aux estimations du second trimestre de chaque année.

HUNGARY

I - Population

Thousands (mid-year estimates)

	1986	1987	1988	1989	1990	1991	1992	1993	1994	1995	1996
POPULATION - DISTRIBUTION BY AGE AND GENDER											
All persons											
Total	10 631	10 613	10 596	10 578	10 374	10 373	10 369	10 358	10 343	10 329	10 311
Under 15 years	2 268	2 246	2 218	2 174	2 099	2 043	1 996	1 951	1 911	1 875	1 842
From 15 to 64 years	7 027	7 010	6 998	7 007	6 890	6 925	6 953	6 972	6 983	6 986	6 985
65 years and over	1 335	1 357	1 380	1 397	1 385	1 405	1 421	1 435	1 450	1 468	1 484
Males											
Total	5 132	5 121	5 111	5 100	4 982	4 978	4 971	4 960	4 948	4 935	4 923
Under 15 years	1 164	1 151	1 137	1 114	1 074	1 045	1 021	998	977	959	942
From 15 to 64 years	3 453	3 448	3 445	3 451	3 377	3 395	3 409	3 418	3 422	3 422	3 422
65 years and over	515	522	530	535	531	537	541	544	548	554	559
Females											
Total	5 498	5 491	5 485	5 478	5 392	5 396	5 398	5 398	5 396	5 394	5 389
Under 15 years	1 105	1 094	1 081	1 060	1 025	998	975	953	934	916	900
From 15 to 64 years	3 574	3 562	3 553	3 556	3 513	3 529	3 544	3 554	3 561	3 563	3 563
65 years and over	820	835	851	862	854	868	880	890	902	914	926
POPULATION - PERCENTAGES											
All persons											
Total	100.0	100.0	100.0	100.0	100.0	100.0	100.0	100.0	100.0	100.0	100.0
Under 15 years	21.3	21.2	20.9	20.6	20.2	19.7	19.2	18.8	18.5	18.2	17.9
From 15 to 64 years	66.1	66.1	66.0	66.2	66.4	66.8	67.1	67.3	67.5	67.6	67.7
65 years and over	12.6	12.8	13.0	13.2	13.4	13.5	13.7	13.9	14.0	14.2	14.4
COMPONENTS OF CHANGE IN POPULATION											
a) Population at 1 January	10 560	10 509	10 464	10 421	10 375	10 373	10 374	10 365	10 350	10 337	10 321
b) Population at 31 December	10 509	10 464	10 421	10 375	10 373	10 374	10 365	10 350	10 337	10 321	10 301
c) Total increase (b-a)	-51	-45	-43	-46	-2	1	-9	-15	-13	-16	-20
d) Births	128	126	124	123	126	127	122	117	116	112	105
e) Deaths	147	143	140	145	146	145	149	150	147	145	143
f) Natural increase (d-e)	-19	-17	-16	-22	-20	-18	-27	-33	-31	-33	-38
g) Net migration	-32	-28	-27	-25	18	18	18	18	18	18	18
h) Statistical adjustments	0	0	0	1	0	1	0	0	0	-1	0
i) Total increase (=f+g+h=c)	-51	-45	-43	-46	-2	1	-9	-15	-13	-16	-20
(Components of change in population/ Average population) x1000											
Total increase rates	-4.8	-4.3	-4.1	-4.4	-0.2	0.1	-0.9	-1.4	-1.3	-1.5	-1.9
Crude birth rates	12.2	12.0	11.9	11.8	12.1	12.2	11.8	11.3	11.2	10.8	10.2
Crude death rates	14.0	13.6	13.4	13.9	14.1	14.0	14.4	14.5	14.2	14.0	13.9
Natural increase rates	-1.8	-1.6	-1.5	-2.1	-1.9	-1.7	-2.6	-3.2	-3.0	-3.2	-3.7
Net migration rates	-3.0	-2.7	-2.6	-2.4	1.7	1.7	1.7	1.7	1.7	1.7	1.7

LABOUR FORCE STATISTICS - ISBN 9789264035539 - © OECD 2007

I - Population

Milliers (estimations au milieu de l'année)

1997	1998	1999	2000	2001	2002	2003	2004	2005	2006	
										POPULATION - RÉPARTITION SELON L'AGE ET LE SEXE
										Ensemble des personnes
10 290	10 267	10 238	10 211	10 188	10 159	10 130	10 107	10 087	10 071	Total
1 809	1 778	1 746	1 711	1 676	1 647	1 620	1 593	1 567	1 542	Moins de 15 ans
6 983	6 975	6 965	6 962	6 963	6 956	6 946	6 942	6 936	6 931	De 15 à 64 ans
1 499	1 514	1 526	1 538	1 548	1 556	1 563	1 572	1 584	1 598	65 ans et plus
										Hommes
4 909	4 893	4 875	4 858	4 844	4 828	4 811	4 799	4 789	4 781	Total
925	909	893	875	858	844	830	816	803	791	Moins de 15 ans
3 421	3 417	3 412	3 410	3 412	3 410	3 407	3 407	3 407	3 408	De 15 à 64 ans
563	567	570	572	574	574	574	576	579	583	65 ans et plus
										Femmes
5 382	5 373	5 363	5 353	5 344	5 331	5 318	5 309	5 298	5 289	Total
884	869	853	835	818	803	790	777	763	751	Moins de 15 ans
3 562	3 557	3 554	3 552	3 551	3 546	3 539	3 535	3 529	3 524	De 15 à 64 ans
936	948	957	966	974	982	989	997	1 005	1 014	65 ans et plus
										POPULATION - POURCENTAGES
										Ensemble des personnes
100.0	100.0	100.0	100.0	100.0	100.0	100.0	100.0	100.0	100.0	Total
17.6	17.3	17.1	16.8	16.5	16.2	16.0	15.8	15.5	15.3	Moins de 15 ans
67.9	67.9	68.0	68.2	68.3	68.5	68.6	68.7	68.8	68.8	De 15 à 64 ans
14.6	14.7	14.9	15.1	15.2	15.3	15.4	15.6	15.7	15.9	65 ans et plus
										COMPOSANTES DE L'ÉVOLUTION DÉMOGRAPHIQUE
10 301	10 280	10 253	10 222 |	10 200	10 175	10 142	10 117	10 098	10 077	a) Population au 1er janvier
10 280	10 253	10 222	10 200	10 175	10 142	10 117	10 098	10 077	10 064	b) Population au 31 décembre
-21	-27	-31	-22 |	-25	-33	-25	-19	-21	-13	**c) Accroissement total (b-a)**
100	97	95	98	97	97	95	95	97	100	d) Naissances
139	141	143	136	132	133	136	132	136	132	e) Décès
-39	-44	-48	-38	-35	-36	-41	-37	-39	-32	**f) Accroissement naturel (d-e)**
18	17	17	17	10	4	16	18	17	19	g) Solde net des migrations
0	0	0	-1	0	-1	0	0	0	0	h) Ajustements statistiques
-21	-27	-31	-22	-25	-33	-25	-19	-22	-13	**i) Accroissement total (=f+g+h=c)**
										(Composition de l'évolution démographique/ Population moyenne) x1000
-2.0	-2.6	-3.0	-2.2 |	-2.5	-3.2	-2.5	-1.9	-2.2	-1.3	Taux d'accroissement total
9.7	9.4	9.3	9.6 |	9.5	9.5	9.4	9.4	9.6	9.9	Taux bruts de natalité
13.5	13.7	14.0	13.3 |	13.0	13.1	13.4	13.1	13.5	13.1	Taux bruts de mortalité
-3.8	-4.3	-4.7	-3.7 |	-3.4	-3.5	-4.0	-3.7	-3.9	-3.2	Taux d'accroissement naturel
1.7	1.7	1.7	1.7 |	1.0	0.4	1.6	1.8	1.7	1.9	Taux du solde net des migrations

HUNGARY

II - Labour force

Thousands (annual average estimates)

	1986	1987	1988	1989	1990	1991	1992	1993	1994	1995	1996
Total labour force											
All persons							4 527	4 346	4 203	4 095	4 048
Males							2 484	2 393	2 330	2 311	2 280
Females							2 043	1 953	1 873	1 784	1 768
Armed forces											
All persons							57	57	108	103	91
Males							57	57	102	98	85
Females							0	0	6	5	6
Civilian labour force											
All persons							4 470	4 289	4 095	3 992	3 957
Males							2 427	2 336	2 228	2 213	2 195
Females							2 043	1 953	1 867	1 779	1 762
Unemployed											
All persons							444	519	451	417	400
Males							266	316	275	262	244
Females							178	203	176	155	156
Civilian employment											
All persons							4 026	3 770	3 644	3 575	3 557
Males							2 161	2 020	1 953	1 951	1 951
Females							1 865	1 750	1 691	1 624	1 606
Civilian employment (%)											
All persons							100.0	100.0	100.0	100.0	100.0
Males							53.7	53.6	53.6	54.6	54.8
Females							46.3	46.4	46.4	45.4	45.2
Unemployment rates (% of civilian labour force)											
All persons							9.9	12.1	11.0	10.4	10.1
Males							11.0	13.5	12.3	11.8	11.1
Females							8.7	10.4	9.4	8.7	8.9
Total labour force (% of total population)											
All persons							43.7	42.0	40.6	39.6	39.3
Males							50.0	48.2	47.1	46.8	46.3
Females							37.8	36.2	34.7	33.1	32.8
Total labour force (% of population from 15-64 years)[1]											
All persons							65.1	62.3	60.2	58.6	58.0
Males							72.9	70.0	68.1	67.5	66.6
Females							57.6	55.0	52.6	50.1	49.6
Civilian employment (% of total population)											
All persons							38.8	36.4	35.2	34.6	34.5
Civilian employment (% of population from 15-64 years)											
All persons							57.9	54.1	52.2	51.2	50.9
Males							63.4	59.1	57.1	57.0	57.0
Females							52.6	49.2	47.5	45.6	45.1
Part-time employment (%)											
Part-time as % of employment										2.8	2.7
Male share of part-time employment										32.3	30.6
Female share of part-time employment										67.7	69.4
Male part-time as % of male employment										1.6	1.5
Female part-time as % of female employment										4.3	4.3
Duration of unemployment (% of total unemployment)											
Less than 1 month							12.5	11.9	11.4	5.7	5.1
More than 1 month and less than 3 months							19.2	13.6	11.4	8.3	7.7
More than 3 months and less than 6 months							21.9	16.9	14.5	13.0	12.0
More than 6 months and less than 1 year							26.0	24.1	21.3	22.4	20.8
More than 1 year							20.4	33.5	41.3	50.6	54.4

(1) Participation rates calculated according to national definitions may differ from those published in this table, when the age group represented in the labour force survey is other than 15-64 years.

II - Population active

Milliers (estimations de moyennes annuelles)

	1997	1998	1999	2000	2001	2002	2003	2004	2005	2006
Population active totale										
Ensemble des personnes	3 995	4 011	4 096 |	4 120	4 102	4 110	4 166	4 153	4 205	4 247
Hommes	2 257	2 231	2 274 |	2 265	2 256	2 251	2 265	2 254	2 275	2 302
Femmes	1 738	1 780	1 822	1 855	1 846	1 859	1 901	1 899	1 930	1 945
Forces armées										
Ensemble des personnes	79	62	62 |	44	41	42	45	44	45	43
Hommes	73	57	55 |	38	36	34	39	37	36	35
Femmes	6	5	7	6	5	8	6	7	9	8
Population active civile										
Ensemble des personnes	3 916	3 949	4 034	4 076	4 061	4 068	4 121	4 109	4 160	4 204
Hommes	2 184	2 174	2 219	2 227	2 220	2 217	2 226	2 217	2 239	2 267
Femmes	1 732	1 775	1 815	1 849	1 841	1 851	1 895	1 892	1 921	1 937
Chômeurs										
Ensemble des personnes	349	313	285	264	234	239	244	253	304	317
Hommes	214	189	171	159	142	138	138	137	159	165
Femmes	135	124	114	105	92	101	106	116	145	153
Emploi civil										
Ensemble des personnes	3 567	3 636	3 749	3 812	3 827	3 829	3 877	3 856	3 856	3 887
Hommes	1 970	1 985	2 048	2 068	2 078	2 079	2 088	2 080	2 080	2 102
Femmes	1 597	1 651	1 701	1 744	1 749	1 750	1 789	1 776	1 776	1 784
Emploi civil (%)										
Ensemble des personnes	100.0	100.0	100.0	100.0	100.0	100.0	100.0	100.0	100.0	100.0
Hommes	55.2	54.6	54.6	54.2	54.3	54.3	53.9	53.9	53.9	54.1
Femmes	44.8	45.4	45.4	45.8	45.7	45.7	46.1	46.1	46.1	45.9
Taux de chômage (% de la population active civile)										
Ensemble des personnes	8.9	7.9	7.1	6.5	5.8	5.9	5.9	6.2	7.3	7.5
Hommes	9.8	8.7	7.7	7.1	6.4	6.2	6.2	6.2	7.1	7.3
Femmes	7.8	7.0	6.3	5.7	5.0	5.5	5.6	6.1	7.5	7.9
Population active totale (% de la population totale)										
Ensemble des personnes	38.8	39.1	40.0 |	40.3	40.3	40.5	41.1	41.1	41.7	42.2
Hommes	46.0	45.6	46.6 |	46.6	46.6	46.6	47.1	47.0	47.5	48.1
Femmes	32.3	33.1	34.0	34.7	34.5	34.9	35.7	35.8	36.4	36.8
Population active totale (% de la population de 15-64 ans)(1)										
Ensemble des personnes	57.2	57.5	58.8 |	59.2	58.9	59.1	60.0	59.8	60.6	61.3
Hommes	66.0	65.3	66.6 |	66.4	66.1	66.0	66.5	66.2	66.8	67.5
Femmes	48.8	50.0	51.3	52.2	52.0	52.4	53.7	53.7	54.7	55.2
Emploi civil (% de la population totale)										
Ensemble des personnes	34.7	35.4	36.6	37.3	37.6	37.7	38.3	38.2	38.2	38.6
Emploi civil (% de la population de 15-64 ans)										
Ensemble des personnes	51.1	52.1	53.8	54.8	55.0	55.0	55.8	55.5	55.6	56.1
Hommes	57.6	58.1	60.0	60.6	60.9	61.0	61.3	61.1	61.1	61.7
Femmes	44.8	46.4	47.9	49.1	49.3	49.4	50.6	50.2	50.3	50.6
Emploi à temps partiel (%)										
Temps partiel en % de l'emploi	2.9	2.9	3.2	2.9	2.5	2.6	3.2	3.3	3.2	2.7
Part des hommes dans le temps partiel	28.7	30.8	31.3	28.8	31.6	30.1	31.0	32.3	29.5	29.6
Part des femmes dans le temps partiel	71.3	69.2	68.7	71.2	68.4	69.9	69.0	67.7	70.5	70.4
Temps partiel des hommes en % de l'emploi des hommes	1.5	1.6	1.8	1.5	1.5	1.4	1.8	1.9	1.8	1.5
Temps partiel des femmes en % de l'emploi des femmes	4.7	4.4	4.8	4.5	3.8	4.0	4.8	4.8	5.0	4.2
Durée du chômage (% du chômage total)										
Moins de 1 mois	4.9	4.4	5.3	6.4	6.5	6.6	6.7	5.3	5.1	4.6
Plus de 1 mois et moins de 3 mois	8.4	10.0	10.1	10.8	11.1	11.0	11.1	17.1	16.6	16.8
Plus de 3 mois et moins de 6 mois	13.2	14.7	14.2	13.0	14.4	14.9	16.8	15.9	14.9	15.6
Plus de 6 mois et moins de 1 an	22.2	21.2	20.9	20.8	21.4	22.6	23.2	16.7	17.3	16.7
Plus de 1 an	51.3	49.8	49.5	49.0	46.6	44.8	42.2	45.1	46.1	46.1

(1) Les taux d'activité calculés selon les définitions nationales peuvent être différents de ceux publiés dans ce tableau si le groupe d'âges représenté dans l'enquête de la population active est différent de 15-64 ans.

HUNGARY

III - Participation rates and unemployment rates by age and by sex

Percent (annual average estimates)

	1986	1987	1988	1989	1990	1991	1992	1993	1994	1995	1996
PARTICIPATION RATES											
Males											
15-19							21.9	19.1	17.5	19.4	17.6
20-24							79.3	77.2	72.9	74.9	72.9
25-34							93.4	91.8	91.4	91.6	91.4
35-44							92.3	90.8	89.5	89.0	88.8
45-54							83.0	79.9	78.8	78.2	76.9
55-59							52.1	47.8	44.0	44.9	46.1
60-64							17.6	14.2	12.4	11.9	9.2
15-24							47.5	44.7	42.7	44.6	43.7
25-54							89.9	87.9	86.9	86.5	85.9
55-64							35.3	31.3	28.4	28.6	28.0
65 and over							10.4	8.1	6.6	3.7	2.9
15-64							71.9	69.4	67.8	67.9	67.4
Females											
15-19							21.5	19.8	17.5	14.1	12.9
20-24							60.7	57.4	56.5	53.4	49.3
25-34							68.7	66.5	64.8	58.5	58.7
35-44							85.0	83.2	80.1	79.4	78.5
45-54							72.7	69.9	67.2	66.0	66.0
55-59							19.3	16.8	13.8	14.6	15.5
60-64							11.0	7.9	6.6	4.8	6.0
15-24							39.7	37.0	35.3	31.9	30.2
25-54							76.2	74.0	71.5	68.9	68.5
55-64							15.1	12.3	10.2	9.7	10.8
65 and over							5.9	4.6	4.0	1.7	1.3
15-64							57.3	54.9	52.7	50.3	49.9
All persons											
15-24							43.6	40.9	39.0	38.4	37.1
25-54							82.9	80.9	79.0	77.6	77.1
55-64							24.2	20.8	18.3	18.1	18.4
65 and over							7.7	6.0	5.0	2.4	1.9
15-64							64.4	62.0	60.0	58.9	58.5
UNEMPLOYMENT RATES											
Males											
15-19							33.1	42.1	38.9	33.3	31.5
20-24							18.2	22.0	20.5	16.8	15.7
25-34							11.4	12.5	11.6	11.4	10.7
35-44							9.2	11.8	10.1	9.8	9.7
45-54							7.9	10.3	8.8	8.4	7.5
55-59							6.4	8.7	7.0	5.9	6.6
60-64							3.3	5.3	6.1	3.8	1.4
15-24							22.0	26.8	24.6	20.7	19.0
25-54							9.6	11.6	10.2	9.9	9.4
55-64							5.6	7.9	6.8	5.4	5.7
65 and over							4.8	9.1	8.0	5.5	6.3
15-64							11.1	13.6	12.1	11.4	10.7
Total							11.0	13.5	12.1	11.3	10.7
Females											
15-19							25.2	30.3	26.6	28.0	28.8
20-24							10.8	13.3	12.8	11.7	12.8
25-34							10.5	12.3	11.0	10.1	10.4
35-44							7.2	8.3	7.3	7.5	7.3
45-54							6.2	6.7	6.6	5.9	6.3
55-59							5.7	9.3	4.4	5.5	4.8
60-64							5.4	10.0	13.0	4.7	6.5
15-24							15.0	18.2	16.5	15.6	16.4
25-54							7.8	8.9	8.1	7.7	7.8
55-64							5.6	9.5	7.2	5.3	5.3
65 and over							4.5	18.9	16.9	7.4	10.1
15-64							8.8	10.3	9.3	8.7	8.8
Total							8.7	10.4	9.4	8.7	8.8
All persons											
15-24							18.8	22.9	20.9	18.6	18.0
25-54							8.8	10.4	9.3	8.9	8.7
55-64							5.6	8.4	7.0	5.4	5.6
65 and over							4.7	13.6	12.2	6.3	7.9
15-64							10.0	12.1	10.8	10.2	9.9

III - Taux d'activité et taux de chômage par âge et par sexe

Pourcentage (estimations de moyennes annuelles)

1997	1998	1999	2000	2001	2002	2003	2004	2005	2006	
										TAUX D'ACTIVITÉ
										Hommes
16.5	17.4	15.6	11.6	10.2	7.5	7.0	7.1	6.6	6.7	15-19
69.5	70.4	69.4	66.8	63.5	60.3	58.8	53.9	52.8	52.4	20-24
90.1	88.2	89.8	90.0	90.4	89.7	89.5	89.7	90.3	91.2	25-34
87.6	85.2	86.2	86.4	86.3	87.1	88.2	88.6	89.0	90.1	35-44
76.7	75.3	77.2	76.8	75.9	76.4	77.2	76.8	77.1	77.9	45-54
44.2	40.0	45.9	51.7	53.5	55.1	57.0	56.2	59.6	61.3	55-59
10.1	10.5	10.6	11.9	13.5	14.7	17.2	20.3	21.3	19.6	60-64
43.6	46.5	46.2	41.8	39.2	36.0	34.4	31.4	30.3	30.1	15-24
85.0	82.8	84.4	84.4	84.2	84.3	84.8	85.0	85.5	86.5	25-54
27.8	26.9	30.8	34.1	35.4	36.9	39.0	39.7	42.4	43.2	55-64
2.2	2.5	2.5	3.9	3.1	3.4	3.8	4.4	4.2	4.3	65 et plus
66.6	66.3	67.8	67.5	67.2	67.1	67.6	67.2	67.9	68.7	15-64
										Femmes
11.8	14.2	11.5	10.3	8.0	6.1	4.7	3.9	4.1	4.0	15-19
49.2	52.1	53.0	50.6	48.2	49.1	47.1	43.0	42.1	41.5	20-24
57.5	61.8	62.7	63.6	63.5	62.9	64.1	64.7	66.1	67.4	25-34
77.0	77.0	77.6	77.4	77.1	76.8	77.4	77.0	77.0	76.9	35-44
65.0	64.9	69.2	70.6	70.3	70.7	72.5	72.2	74.2	75.0	45-54
16.2	14.3	16.6	20.4	23.5	29.0	36.1	40.9	43.4	44.1	55-59
5.3	5.3	5.5	5.0	5.7	6.0	7.5	9.3	9.9	9.4	60-64
30.6	34.9	35.0	32.5	29.9	29.2	27.2	24.3	23.8	23.4	15-24
67.2	68.2	70.0	70.5	70.1	69.9	71.0	71.0	72.2	72.9	25-54
10.8	10.0	11.4	13.3	15.1	18.0	22.4	25.8	27.7	28.2	55-64
1.1	0.9	0.9	1.8	1.3	1.5	2.0	2.0	1.5	1.6	65 et plus
49.3	50.8	52.3	52.6	52.4	52.7	53.9	54.0	55.1	55.5	15-64
										Ensemble des personnes
37.3	40.8	40.7	37.2	34.6	32.6	30.8	27.9	27.1	26.8	15-24
75.9	75.4	77.1	77.3	77.1	77.0	77.8	77.9	78.8	79.6	25-54
18.3	17.4	19.9	22.6	24.2	26.4	29.8	32.0	34.3	34.9	55-64
1.5	1.5	1.5	2.6	2.0	2.2	2.7	2.9	2.6	2.7	65 et plus
57.8	58.4	59.9	59.9	59.6	59.7	60.6	60.5	61.4	62.0	15-64
										TAUX DE CHÔMAGE
										Hommes
28.4	25.2	23.6	27.7	22.5	25.3	30.9	36.6	38.7	37.2	15-19
14.3	12.7	11.5	11.8	10.8	11.9	11.9	13.7	17.4	16.3	20-24
9.1	8.0	7.5	7.0	6.5	6.4	6.4	5.9	6.8	7.3	25-34
8.1	7.6	7.1	6.0	5.5	5.4	5.4	5.2	5.7	6.2	35-44
7.1	6.2	5.3	5.4	4.8	4.4	4.6	4.6	5.5	5.6	45-54
7.3	4.6	3.8	4.0	3.9	4.2	3.1	4.0	5.0	4.5	55-59
1.3	5.6	1.4	1.9	2.6	2.1	2.0	0.8	1.8	1.9	60-64
16.9	14.8	13.2	13.8	12.2	13.2	13.8	16.2	19.7	18.6	15-24
8.2	7.3	6.7	6.2	5.7	5.4	5.5	5.3	6.0	6.4	25-54
6.3	4.7	3.4	3.7	3.7	3.9	2.9	3.2	4.3	4.0	55-64
12.6	13.0	0.7	1.4	0.9	0.0	0.7	1.3	1.3	1.3	65 et plus
9.5	8.5	7.5	7.1	6.3	6.2	6.1	6.1	7.0	7.2	15-64
9.5	8.5	7.5	7.0	6.3	6.1	6.1	6.1	7.0	7.2	Total
										Femmes
29.3	24.4	23.1	22.9	21.9	29.3	34.0	31.7	36.0	36.4	15-19
11.0	8.7	9.3	9.2	8.3	10.0	11.0	13.0	17.6	18.3	20-24
8.7	7.8	7.4	6.9	6.2	6.5	6.6	7.0	8.4	8.3	25-34
6.5	6.1	5.6	4.6	4.0	4.8	5.2	5.7	7.0	7.6	35-44
5.4	4.6	4.1	3.9	3.5	3.6	3.6	4.4	5.4	6.0	45-54
4.8	4.7	1.5	1.8	1.3	2.3	2.7	2.7	3.7	3.6	55-59
3.2	6.0	0.7	0.7	1.8	0.0	3.1	3.4	2.3	5.6	60-64
14.5	11.6	11.3	11.2	10.0	11.9	12.9	14.4	19.1	19.8	15-24
6.7	6.1	5.6	5.0	4.5	4.9	5.0	5.6	6.9	7.2	25-54
4.4	5.1	1.3	1.6	1.4	1.9	2.7	2.9	3.5	3.9	55-64
14.9	20.0	1.2	2.9	2.7	2.4	0.9	2.8	7.1	1.1	65 et plus
7.7	6.9	6.3	5.7	5.0	5.4	5.6	6.1	7.5	7.9	15-64
7.7	7.0	6.3	5.6	5.0	5.4	5.6	6.1	7.5	7.8	Total
										Ensemble des personnes
15.9	13.5	12.4	12.7	11.2	12.6	13.4	15.5	19.4	19.1	15-24
7.5	6.8	6.2	5.7	5.1	5.2	5.3	5.5	6.4	6.8	25-54
5.7	4.8	2.7	3.0	2.9	3.1	2.8	3.1	3.9	3.9	55-64
13.6	15.7	0.9	2.0	1.6	1.0	0.8	1.9	3.4	1.2	65 et plus
8.7	7.8	7.0	6.4	5.7	5.8	5.9	6.1	7.2	7.5	15-64

HUNGARY

IV - Professional status and breakdown by activity - ISIC Rev. 2

Thousands (annual average estimates)

	1986	1987	1988	1989	1990	1991	1992	1993	1994	1995	1996
CIVILIAN EMPLOYMENT: PROFESSIONAL STATUS											
All activities							4 026	3 770 |	3 644	3 575	3 557
Employees							3 204	3 087 |	2 997	2 932	2 913
Employers and persons working on own account							772	640 |	607	603	603
Unpaid family workers							50	43 |	40	40	41
Agriculture, hunting, forestry and fishing							460	349 |	327	295	302
Employees									258	228	223
Employers and persons working on own account									55	54	67
Unpaid family workers									14	13	13
Non-agricultural activities							3 566	3 421 |	3 317	3 280	3 255
Employees									2 739	2 704	2 690
Employers and persons working on own account									552	549	536
Unpaid family workers									26	27	28
All activities (%)							100.0	100.0 |	100.0	100.0	100.0
Employees							79.6	81.9 |	82.2	82.0	81.9
Others							20.4	18.1 |	17.8	18.0	18.1
CIVILIAN EMPLOYMENT: BREAKDOWN BY ACTIVITY[(1)]											
ISIC Rev. 2 Major Divisions											
1 to 0 All activities							4 026	3 770 |	3 693	3 623	3 557
1 Agriculture, hunting, forestry and fishing							460	349 |	328	295	302
2 Mining and quarrying							53	42 |	40	34	33
3 Manufacturing							1 054	938 |	888	850	851
4 Electricity, gas and water							108	105 |	108	97	89
5 Construction							217	207 |	201	218	218
6 Wholesale and retail trade; restaurants and hotels							596	580 |	578	577	601
7 Transport, storage and communication							346	336 |	314	320	321
8 Financing, insurance, real estate and business services							209	210 |	198	213	211
9 Community, social and personal services							979	1 001 |	1 038	1 019	930
0 Activities not adequately defined							4	2 |	0	0	0
EMPLOYEES: BREAKDOWN BY ACTIVITY[(1)]											
ISIC Rev. 2 Major Divisions											
1 to 0 All activities									3 324	3 231	2 992
1 Agriculture, hunting, forestry and fishing									259	228	162
2 Mining and quarrying									39	34	31
3 Manufacturing									834	799	743
4 Electricity, gas and water									108	96	86
5 Construction									169	180	159
6 Wholesale and retail trade; restaurants and hotels									425	412	419
7 Transport, storage and communication									284	283	272
8 Financing, insurance, real estate and business services									71	80	168
9 Community, social and personal services									996	984	873
0 Activities not adequately defined									139	135	79

(1) Data broken down by activity (civilian employment and employees) have not been revised nor updated due to a change by the country from ISIC Rev. 2 to ISIC Rev.3.

IV - Situation dans la profession et répartition par branches d'activités - CITI Rév. 2

Milliers (estimations de moyennes annuelles)

1997	1998	1999	2000	2001	2002	2003	2004	2005	2006	
										EMPLOI CIVIL : SITUATION DANS LA PROFESSION
3 567	3 636	3 749	3 811	3 827	3 829	3 877	3 856	3 856	3 887	**Toutes activités**
2 946	3 049	3 160	3 232	3 272	3 295	3 355	3 304	3 322	3 388	Salariés
580	558	561	552	528	510	501	535	517	479	Employeurs et personnes travaillant à leur compte
41	29	28	27	27	24	21	17	17	20	Travailleurs familiaux non rémunérés
287	279	271	255	244	241	215	205	194	191	**Agriculture, chasse, sylviculture et pêche**
203	159	151	146	143	143	142	131	125	122	Salariés
71	107	107	99	91	88	65	68	63	61	Employeurs et personnes travaillant à leur compte
15	13	13	10	10	10	8	6	6	8	Travailleurs familiaux non rémunérés
3 280	3 357	3 478	3 556	3 583	3 588	3 662	3 651	3 662	3 696	**Activités non agricoles**
2 743	2 890	3 009	3 086	3 129	3 152	3 213	3 173	3 197	3 266	Salariés
509	451	454	453	437	422	436	467	454	418	Employeurs et personnes travaillant à leur compte
26	16	15	17	17	14	13	11	11	12	Travailleurs familiaux non rémunérés
100.0	100.0	100.0	100.0	100.0	100.0	100.0	100.0	100.0	100.0	**Toutes activités (%)**
82.6	83.9	84.3	84.8	85.5	86.1	86.5	85.7	86.2	87.2	Salariés
17.4	16.1	15.7	15.2	14.5	13.9	13.5	14.3	13.8	12.8	Autres
										EMPLOI CIVIL : RÉPARTITION PAR BRANCHES D'ACTIVITÉS[(1)]
										Branches CITI Rév. 2
3 567	3 619									**1 à 0 Toutes activités**
288	279									1 Agriculture, chasse, sylviculture et pêche
27	26									2 Industries extractives
864	902									3 Industries manufacturières
97	97									4 Électricité, gaz et eau
219	230									5 Bâtiment et travaux publics
618	594									6 Commerce de gros et de détail; restaurants et hôtels
310	302									7 Transports, entrepôts et communications
230	245									8 Banques, assurances, affaires immobilières et services fournis aux entreprises
914	945									9 Services fournis à la collectivité, services sociaux et services personnels
0	0									0 Activités mal désignées
										SALARIÉS : RÉPARTITION PAR BRANCHES D'ACTIVITÉS[(1)]
										Branches CITI Rév. 2
3 015	3 049									**1 à 0 Toutes activités**
152	159									1 Agriculture, chasse, sylviculture et pêche
25	24									2 Industries extractives
768	817									3 Industries manufacturières
94	94									4 Électricité, gaz et eau
163	174									5 Bâtiment et travaux publics
440	438									6 Commerce de gros et de détail; restaurants et hôtels
266	267									7 Transports, entrepôts et communications
180	186									8 Banques, assurances, affaires immobilières et services fournis aux entreprises
858	892									9 Services fournis à la collectivité, services sociaux et services personnels
69	0									0 Activités mal désignées

(1) Les données concernant la répartition par branches d'activités (emploi civil et salariés) n'ont pas été révisées ni mises à jour en raison du passage par le pays de la CITI Rév. 2 à la CITI Rév. 3.

HUNGARY

V - Civilian employment and employees: breakdown by activity - ISIC Rev. 3

Thousands (annual average estimates)

	1986	1987	1988	1989	1990	1991	1992	1993	1994	1995	1996
CIVILIAN EMPLOYMENT: BREAKDOWN BY ACTIVITY											
A to X All activities											
A Agriculture, hunting and forestry											
B Fishing											
C Mining and quarrying											
D Manufacturing											
E Electricity, gas and water supply											
F Construction											
G Wholesale and retail trade; repair of motor vehicles, motorcycles and personal and household goods											
H Hotels and restaurants											
I Transport, storage and communication											
J Financial intermediation											
K Real estate, renting and business activities											
L Public administration and defence; compulsory social security, excluding armed forces											
M Education											
N Health and social work											
O Other community, social and personal service activities											
P Private households with employed persons											
Q Extra-territorial organisations and bodies											
X Not classifiable by economic activities											
Breakdown by sector											
Agriculture (A-B)											
Industry (C-F)											
Services (G-Q)											
Agriculture (%)											
Industry (%)											
Services (%)											
Female participation in agriculture (%)											
Female participation in industry (%)											
Female participation in services (%)											
EMPLOYEES: BREAKDOWN BY ACTIVITY											
A to X All activities											
A Agriculture, hunting and forestry											
B Fishing											
C Mining and quarrying											
D Manufacturing											
E Electricity, gas and water supply											
F Construction											
G Wholesale and retail trade; repair of motor vehicles, motorcycles and personal and household goods											
H Hotels and restaurants											
I Transport, storage and communication											
J Financial intermediation											
K Real estate, renting and business activities											
L Public administration and defence; compulsory social security, excluding armed forces											
M Education											
N Health and social work											
O Other community, social and personal service activities											
P Private households with employed persons											
Q Extra-territorial organisations and bodies											
X Not classifiable by economic activities											
Breakdown by sector											
Agriculture (A-B)											
Industry (C-F)											
Services (G-Q)											
Agriculture (%)											
Industry (%)											
Services (%)											
Female participation in agriculture (%)											
Female participation in industry (%)											
Female participation in services (%)											

V - Emploi civil et salariés : répartition par branches d'activités - CITI Rév. 3

Milliers (estimations de moyennes annuelles)

1997	1998	1999	2000	2001	2002	2003	2004	2005	2006	
										EMPLOI CIVIL : RÉPARTITION PAR BRANCHES D'ACTIVITÉS
	3 613	3 729	3 810	3 827	3 829	3 877	3 856	3 856	3 887	**A à X Toutes activités**
	279	269	254	241	239	214	203	192	189	A Agriculture, chasse et sylviculture
	0	1	2	2	2	1	2	2	2	B Pêche
	26	24	20	14	14	13	14	15	15	C Activités extractives
	912	929	936	961	960	925	894	870	865	D Activités de fabrication
	97	90	81	81	75	68	64	65	68	E Production et distribution d'électricité, de gaz et d'eau
	230	253	267	272	271	299	309	315	322	F Construction
	472	518	542	549	552	553	546	586	582	G Commerce de gros et de détail; réparation de véhicules et de biens domestiques
	122	133	134	143	137	140	149	154	157	H Hôtels et restaurants
	302	308	313	312	309	303	296	285	301	I Transports, entreposage et communications
	82	81	84	79	75	73	80	81	80	J Intermédiation financière
	163	184	204	218	232	266	272	275	282	K Immobilier, location et activités de services aux entreprises
	210	220	240	238	242	251	255	253	257	L Administration publique et défense; sécurité sociale obligatoire (armée exclue)
	306	307	323	315	319	329	333	324	323	M Education
	238	239	245	238	241	267	269	262	270	N Santé et action sociale
	172	170	163	162	159	173	168	174	172	O Autres activités de services collectifs, sociaux et personnels
	2	2	2	2	2	1	1	2	2	P Ménages privés employant du personnel domestique
	3	2	2	1	1	1	1	1	0	Q Organisations et organismes extra-territoriaux
	0	0	0	0	0	0	0	0	0	X Ne pouvant être classés selon l'activité économique
										Répartition par secteurs
	279	270	256	243	241	215	205	194	191	Agriculture (A-B)
	1 264	1 296	1 304	1 328	1 320	1 305	1 281	1 265	1 270	Industrie (C-F)
	2 070	2 163	2 252	2 257	2 269	2 357	2 370	2 397	2 426	Services (G-Q)
	7.7	7.2	6.7	6.3	6.3	5.5	5.3	5.0	4.9	Agriculture (%)
	35.0	34.8	34.2	34.7	34.5	33.7	33.2	32.8	32.7	Industrie (%)
	57.3	58.0	59.1	59.0	59.3	60.8	61.5	62.2	62.4	Services (%)
	24.1	24.4	24.6	25.5	26.6	22.8	22.9	25.3	25.1	Part des femmes dans l'agriculture (%)
	33.5	32.9	33.7	33.8	33.1	32.3	31.5	30.0	29.7	Part des femmes dans l'industrie (%)
	56.1	55.9	55.2	54.9	55.1	55.9	55.9	56.2	56.0	Part des femmes dans les services (%)
										SALARIÉS : RÉPARTITION PAR BRANCHES D'ACTIVITÉS
	3 027	3 140	3 232	3 272	3 295	3 355	3 304	3 322	3 388	**A à X Toutes activités**
	157	150	144	141	142	140	129	124	121	A Agriculture, chasse et sylviculture
	2	2	2	2	1	1	1	1	2	B Pêche
	24	23	19	13	15	13	14	14	15	C Activités extractives
	817	847	865	892	895	865	833	809	810	D Activités de fabrication
	94	88	80	79	73	68	63	65	67	E Production et distribution d'électricité, de gaz et d'eau
	174	190	200	206	209	233	235	246	254	F Construction
	344	382	402	418	427	434	420	463	465	G Commerce de gros et de détail; réparation de véhicules et de biens domestiques
	95	106	107	117	116	115	122	130	135	H Hôtels et restaurants
	267	273	279	281	274	270	264	255	274	I Transports, entreposage et communications
	50	72	74	71	68	65	72	71	72	J Intermédiation financière
	136	132	150	161	169	192	192	194	211	K Immobilier, location et activités de services aux entreprises
	205	219	238	236	241	251	254	254	257	L Administration publique et défense; sécurité sociale obligatoire (armée exclue)
	300	302	317	309	314	324	326	317	317	M Education
	230	229	231	227	230	254	256	248	255	N Santé et action sociale
	129	124	123	117	120	128	121	127	132	O Autres activités de services collectifs, sociaux et personnels
	2	2	1	1	1	1	1	3	1	P Ménages privés employant du personnel domestique
	3	1	1	1	0	1	1	1	0	Q Organisations et organismes extra-territoriaux
	0	0	0	0	0	0	0	0	0	X Ne pouvant être classés selon l'activité économique
										Répartition par secteurs
	159	152	145	143	143	141	130	125	123	Agriculture (A-B)
	1 109	1 147	1 164	1 190	1 192	1 179	1 145	1 134	1 146	Industrie (C-F)
	1 759	1 841	1 923	1 939	1 960	2 035	2 029	2 063	2 119	Services (G-Q)
	5.2	4.8	4.5	4.4	4.3	4.2	3.9	3.8	3.6	Agriculture (%)
	36.6	36.5	36.0	36.4	36.2	35.1	34.7	34.1	33.8	Industrie (%)
	58.1	58.6	59.5	59.3	59.5	60.7	61.4	62.1	62.5	Services (%)
	22.6	22.7	23.4	25.2	24.5	22.0	22.3	24.8	24.4	Part des femmes dans l'agriculture (%)
	35.2	34.9	35.7	35.6	34.8	34.4	33.6	31.8	31.4	Part des femmes dans l'industrie (%)
	58.7	58.5	57.8	57.2	57.4	58.4	58.3	58.6	58.1	Part des femmes dans les services (%)

ICELAND

I - Population

Thousands (mid-year estimates)

	1986	1987	1988	1989	1990	1991	1992	1993	1994	1995	1996
POPULATION - DISTRIBUTION BY AGE AND GENDER											
All persons											
Total	243.2	246.0	249.9	252.7	254.8	258.0	261.1	263.8	266.0	267.4	268.9
Under 15 years	63.0	62.8	63.0	63.3	63.6	64.0	64.8	65.5	65.7	65.3	64.6
From 15 to 64 years	155.1	157.5	160.7	162.8	164.1	166.3	168.1	169.4	170.9	172.0	173.5
65 years and over	25.1	25.7	26.2	26.6	27.1	27.7	28.2	28.8	29.4	30.1	30.9
Males											
Total	122.2	123.6	125.5	126.9	127.9	129.4	130.9	132.3	133.4	134.0	134.8
Under 15 years	32.2	32.1	32.3	32.4	32.5	32.7	33.1	33.6	33.7	33.5	33.1
From 15 to 64 years	78.8	80.0	81.6	82.7	83.3	84.4	85.2	85.8	86.5	87.0	87.8
65 years and over	11.2	11.5	11.6	11.8	12.1	12.3	12.6	12.9	13.2	13.5	13.9
Females											
Total	121.0	122.4	124.4	125.8	126.9	128.6	130.2	131.5	132.6	133.3	134.1
Under 15 years	30.8	30.7	30.7	30.9	31.1	31.3	31.6	32.0	32.0	31.8	31.4
From 15 to 64 years	76.3	77.5	79.1	80.1	80.8	82.0	82.9	83.6	84.4	85.0	85.7
65 years and over	13.9	14.2	14.5	14.8	15.0	15.3	15.6	15.9	16.2	16.6	17.0
POPULATION - PERCENTAGES											
All persons											
Total	100.0	100.0	100.0	100.0	100.0	100.0	100.0	100.0	100.0	100.0	100.0
Under 15 years	25.9	25.5	25.2	25.0	25.0	24.8	24.8	24.8	24.7	24.4	24.0
From 15 to 64 years	63.8	64.0	64.3	64.4	64.4	64.5	64.4	64.2	64.2	64.3	64.5
65 years and over	10.3	10.4	10.5	10.5	10.6	10.7	10.8	10.9	11.1	11.3	11.5
COMPONENTS OF CHANGE IN POPULATION											
a) Population at 1 January	242.2	244.2	247.4	251.9	253.8	255.9	259.7	262.4	265.1	267.0	269.0
b) Population at 31 December	244.2	247.4	251.9	253.8	255.9	259.7	262.4	265.1	267.0	269.0	271.0
c) Total increase (b-a)	2.0	3.2	4.5	1.9	2.1	3.8	2.7	2.7	1.9	2.0	2.0
d) Births	3.9	4.2	4.7	4.6	4.8	4.5	4.6	4.6	4.4	4.6	4.3
e) Deaths	1.6	1.7	1.8	1.7	1.7	1.8	1.7	1.8	1.7	1.6	1.9
f) Natural increase (d-e)	2.3	2.5	2.9	2.9	3.1	2.7	2.9	2.8	2.7	3.0	2.5
g) Net migration	-0.3	0.8	1.6	-1.0	-1.0	1.1	-0.2	-0.1	-0.7	-0.7	-0.7
h) Statistical adjustments	0.0	-0.1	0.0	0.0	0.0	0.0	0.0	0.0	-0.1	-0.3	0.3
i) Total increase (=f+g+h=c)	2.0	3.2	4.5	1.9	2.1	3.8	2.7	2.7	1.9	2.0	2.0
(Components of change in population/ Average population) x1000											
Total increase rates	8.2	13.0	18.0	7.5	8.2	14.7	10.3	10.2	7.1	7.5	7.4
Crude birth rates	16.0	17.1	18.8	18.2	18.8	17.5	17.6	17.4	16.5	17.2	16.0
Crude death rates	6.6	6.9	7.2	6.7	6.7	7.0	6.5	6.8	6.4	6.0	7.0
Natural increase rates	9.5	10.2	11.6	11.5	12.2	10.5	11.1	10.6	10.1	11.2	9.1
Net migration rates	-1.2	3.3	6.4	-4.0	-3.9	4.3	-0.8	-0.4	-2.6	-2.6	-2.6

LABOUR FORCE STATISTICS - ISBN 9789264035539 - © OECD 2007

ISLANDE

I - Population

Milliers (estimations au milieu de l'année)

1997	1998	1999	2000	2001	2002	2003	2004	2005	2006	
										POPULATION - RÉPARTITION SELON L'AGE ET LE SEXE
										Ensemble des personnes
270.9	273.8	277.2	281.2	285.1	287.6	289.3	292.6	295.9	304.3	Total
64.6	64.5	64.8	65.5	66.0	66.2	65.8	65.7	65.4	65.4	Moins de 15 ans
175.1	177.7	180.4	183.1	186.0	187.8	189.6	192.6	195.8	203.7	De 15 à 64 ans
31.2	31.6	32.0	32.5	33.0	33.5	33.9	34.3	34.7	35.3	65 ans et plus
										Hommes
135.8	137.1	138.8	140.7	142.8	143.9	144.7	146.7	148.4	154.3	Total
33.1	32.9	33.1	33.5	33.8	33.8	33.6	33.5	33.3	33.3	Moins de 15 ans
88.7	89.9	91.3	92.6	94.1	95.0	95.8	97.7	99.4	105.0	De 15 à 64 ans
14.0	14.2	14.4	14.7	14.9	15.1	15.3	15.5	15.7	16.0	65 ans et plus
										Femmes
135.1	136.7	138.4	140.4	142.3	143.7	144.6	145.9	147.4	150.0	Total
31.5	31.5	31.7	32.0	32.2	32.4	32.2	32.2	32.0	32.1	Moins de 15 ans
87.1	87.7	89.1	90.5	91.9	92.9	93.7	94.9	96.4	98.7	De 15 à 64 ans
17.3	17.4	17.6	17.9	18.2	18.4	18.6	18.8	19.0	19.3	65 ans et plus
										POPULATION - POURCENTAGES
										Ensemble des personnes
100.0	100.0	100.0	100.0	100.0	100.0	100.0	100.0	100.0	100.0	Total
23.8	23.6	23.4	23.3	23.1	23.0	22.7	22.5	22.1	21.5	Moins de 15 ans
64.6	64.9	65.1	65.1	65.3	65.3	65.5	65.8	66.2	66.9	De 15 à 64 ans
11.5	11.5	11.5	11.6	11.6	11.6	11.7	11.7	11.7	11.6	65 ans et plus
										COMPOSANTES DE L'ÉVOLUTION DÉMOGRAPHIQUE
271.0	272.1	275.7	279.0	283.4	286.6	288.5	290.6	293.6	299.9	a) Population au 1er janvier
272.1	275.7	279.0	283.4	286.6	288.5	290.6	293.6	299.9	307.7	b) Population au 31 décembre
1.1	3.6	3.3	4.3	3.2	1.9	2.1	3.0	6.3	7.8	**c) Accroissement total (b-a)**
4.2	4.2	4.1	4.3	4.1	4.1	4.1	4.2	4.3	4.4	d) Naissances
1.8	1.8	1.9	1.8	1.7	1.8	1.8	1.8	1.8	1.9	e) Décès
2.3	2.4	2.2	2.5	2.4	2.2	2.3	2.4	2.5	2.5	**f) Accroissement naturel (d-e)**
0.1	0.9	1.1	1.7	1.0	-0.3	-0.1	0.5	3.9	5.3	g) Solde net des migrations
-1.4	0.3	0.0	0.1	-0.1	-0.1	-0.1	0.1	0.0	0.0	h) Ajustements statistiques
1.0	3.5	3.3	4.3	3.2	1.9	2.1	3.0	6.3	7.8	**i) Accroissement total (=f+g+h=c)**
										(Composition de l'évolution démographique/ Population moyenne) x1000
3.6	12.9	12.0	15.3	11.3	6.6	7.2	10.3	21.3	25.6	Taux d'accroissement total
15.3	15.3	14.8	15.4	14.4	14.1	14.3	14.5	14.5	14.5	Taux bruts de natalité
6.8	6.6	6.8	6.5	6.1	6.3	6.3	6.2	6.2	6.3	Taux bruts de mortalité
8.5	8.6	7.9	8.9	8.3	7.8	8.0	8.3	8.3	8.3	Taux d'accroissement naturel
0.3	3.2	4.0	6.1	3.4	-1.0	-0.5	1.8	13.0	17.3	Taux du solde net des migrations

ICELAND

II - Labour force

Thousands (annual average estimates)

	1986	1987	1988	1989	1990	1991	1992	1993	1994	1995	1996
Total labour force											
All persons	125.3	132.3	128.8	128.0	128.3 |	140.5	143.0	144.2	145.4	149.0	147.5
Males						76.2	77.2	77.2	77.4	79.0	78.8
Females						64.3	65.9	67.0	68.0	70.0	68.7
Armed forces											
All persons											
Males											
Females											
Civilian labour force											
All persons	125.3	132.3	128.8	128.0	128.3 |	140.5	143.0	144.2	145.4	149.0	147.5
Males						76.2	77.2	77.2	77.4	79.0	78.8
Females						64.3	65.9	67.0	68.0	70.0	68.7
Unemployed											
All persons	0.8	0.6	0.8	2.1	2.3 |	3.6	6.2	7.6	7.7	7.2	5.5
Males	0.4	0.2	0.3	0.9	1.1 |	1.7	2.9	3.8	4.0	3.8	2.7
Females	0.4	0.3	0.5	1.2	1.2 |	1.9	3.2	3.8	3.8	3.4	2.8
Civilian employment											
All persons	124.5	131.7	128.0	125.9	126.0 |	136.9	136.9	136.6	137.7	142.0	142.0
Males						74.5	74.3	73.3	73.5	76.0	76.1
Females						62.4	62.6	63.3	64.2	66.0	65.9
Civilian employment (%)											
All persons	100.0	100.0	100.0	100.0	100.0 |	100.0	100.0	100.0	100.0	100.0	100.0
Males						54.4	54.3	53.7	53.4	53.5	53.6
Females						45.6	45.7	46.3	46.6	46.5	46.4
Unemployment rates (% of civilian labour force)											
All persons	0.7	0.4	0.6	1.7	1.8 |	2.5	4.3	5.3	5.3	4.9	3.7
Males						2.3	3.8	5.0	5.2	4.9	3.4
Females						2.9	4.9	5.6	5.5	4.9	4.1
Total labour force (% of total population)											
All persons	51.5	53.8	51.5	50.7	50.4 |	54.5	54.8	54.7	54.7	55.7	54.9
Males						58.9	59.0	58.4	58.0	59.0	58.5
Females						50.0	50.6	51.0	51.3	52.5	51.2
Total labour force (% of population from 15-64 years)[(1)]											
All persons	80.8	84.0	80.1	78.6	78.2 |	84.5	85.1	85.1	85.1	86.6	85.0
Males						90.3	90.6	90.0	89.5	90.8	89.8
Females						78.4	79.5	80.1	80.6	82.4	80.2
Civilian employment (% of total population)											
All persons	51.2	53.5	51.2	49.8	49.5 |	53.1	52.4	51.8	51.8	53.1	52.8
Civilian employment (% of population from 15-64 years)											
All persons	80.3	83.6	79.7	77.3	76.8 |	82.3	81.4	80.6	80.6	82.6	81.9
Males						88.3	87.2	85.4	85.0	87.4	86.7
Females						76.1	75.5	75.7	76.1	77.6	76.9
Part-time employment (%)											
Part-time as % of employment						22.2	22.1	22.4	22.6	22.5	20.9
Male share of part-time employment						18.4	18.4	20.3	21.7	21.5	21.7
Female share of part-time employment						81.6	81.6	79.7	78.3	78.5	78.3
Male part-time as % of male employment						7.5	7.5	8.5	9.2	9.1	8.4
Female part-time as % of female employment						39.7	39.4	38.6	37.9	37.9	35.3
Duration of unemployment (% of total unemployment)											
Less than 1 month						35.3	28.9	15.6	25.4	23.9	24.1
More than 1 month and less than 3 months						25.4	26.4	20.6	15.6	20.5	22.6
More than 3 months and less than 6 months						25.6	29.8	30.6	26.8	22.3	22.0
More than 6 months and less than 1 year						6.9	8.1	21.1	17.1	16.5	11.4
More than 1 year						6.7	6.8	12.2	15.1	16.8	19.8

Man-years until 1990.

(1) Participation rates calculated according to national definitions may differ from those published in this table, when the age group represented in the labour force survey is other than 15-64 years.

II - Population active

Milliers (estimations de moyennes annuelles)

	1997	1998	1999	2000	2001	2002	2003	2004	2005	2006
Population active totale										
Ensemble des personnes	147.8	152.1	156.5	160.1	162.7	162.0 |	162.4	161.1	165.6	174.6
Hommes	79.1	80.9	83.4	85.1	86.8	86.0 |	85.5	85.3	87.9	94.6
Femmes	68.7	71.2	73.1	75.0	75.9	76.0 |	76.9	75.8	77.6	80.0
Forces armées										
Ensemble des personnes										
Hommes										
Femmes										
Population active civile										
Ensemble des personnes	147.8	152.1	156.5	160.1	162.7	162.0 |	162.4	161.1	165.6	174.6
Hommes	79.1	80.9	83.4	85.1	86.8	86.0 |	85.5	85.3	87.9	94.6
Femmes	68.7	71.2	73.1	75.0	75.9	76.0 |	76.9	75.8	77.6	80.0
Chômeurs										
Ensemble des personnes	5.7	4.2	3.1	3.7	3.7	5.3 |	5.4	4.9	4.3	5.0
Hommes	2.6	1.8	1.2	1.5	1.8	3.1 |	3.1	2.7	2.3	2.6
Femmes	3.1	2.3	1.9	2.2	1.9	2.2 |	2.4	2.2	2.0	2.4
Emploi civil										
Ensemble des personnes	142.0	147.9	153.3	156.4	159.0	156.7 |	156.9	156.2	161.3	169.6
Hommes	76.4	79.1	82.2	83.6	85.0	83.0 |	82.4	82.5	85.7	92.0
Femmes	65.6	68.9	71.2	72.8	74.0	73.8 |	74.6	73.6	75.6	77.5
Emploi civil (%)										
Ensemble des personnes	100.0	100.0	100.0	100.0	100.0	100.0 |	100.0	100.0	100.0	100.0
Hommes	53.8	53.4	53.6	53.4	53.5	52.9 |	52.5	52.9	53.1	54.3
Femmes	46.2	46.6	46.4	46.6	46.5	47.1 |	47.5	47.1	46.9	45.7
Taux de chômage (% de la population active civile)										
Ensemble des personnes	3.9	2.7	2.0	2.3	2.3	3.3 |	3.4	3.1	2.6	2.9
Hommes	3.3	2.3	1.5	1.8	2.0	3.6 |	3.6	3.2	2.6	2.7
Femmes	4.5	3.3	2.6	2.9	2.5	2.9 |	3.1	2.9	2.6	3.1
Population active totale (% de la population totale)										
Ensemble des personnes	54.5	55.5	56.5	56.9	57.1	56.3 |	56.1	55.1	56.0	57.4
Hommes	58.2	59.0	60.1	60.5	60.8	59.8 |	59.0	58.1	59.2	61.3
Femmes	50.8	52.1	52.8	53.4	53.4	52.9 |	53.2	52.0	52.7	53.3
Population active totale (% de la population de 15-64 ans)[(1)]										
Ensemble des personnes	84.4	85.6	86.7	87.4	87.5	86.2 |	85.6	83.6	84.6	85.7
Hommes	89.2	90.0	91.4	91.9	92.2	90.6 |	89.2	87.2	88.5	90.1
Femmes	78.8	81.2	82.0	82.8	82.6	81.8 |	82.1	79.9	80.5	81.1
Emploi civil (% de la population totale)										
Ensemble des personnes	52.4	54.0	55.3	55.6	55.8	54.5 |	54.3	53.4	54.5	55.7
Emploi civil (% de la population de 15-64 ans)										
Ensemble des personnes	81.1	83.2	85.0	85.4	85.5	83.4 |	82.8	81.1	82.4	83.3
Hommes	86.2	87.9	90.0	90.2	90.4	87.4 |	86.0	84.5	86.2	87.6
Femmes	75.3	78.5	79.9	80.4	80.5	79.4 |	79.5	77.6	78.4	78.6
Emploi à temps partiel (%)										
Temps partiel en % de l'emploi	22.4	23.2	21.2	20.4	20.4	20.1	16.0	16.6	16.4	16.0
Part des hommes dans le temps partiel	24.2	22.6	22.9	23.0	25.5	26.9	25.4	25.0	23.8	25.8
Part des femmes dans le temps partiel	75.8	77.4	77.1	77.0	74.5	73.1	74.6	75.0	76.2	74.2
Temps partiel des hommes en % de l'emploi des hommes	10.1	9.8	9.1	8.8	9.7	10.2	7.7	7.8	7.3	7.6
Temps partiel des femmes en % de l'emploi des femmes	36.8	38.6	35.2	33.7	32.6	31.2	25.1	26.4	26.6	26.0
Durée du chômage (% du chômage total)										
Moins de 1 mois	33.9	32.5	46.4	43.8	34.7	24.0	33.2	37.9	42.7	58.2
Plus de 1 mois et moins de 3 mois	18.7	21.5	20.7	22.7	26.7	26.9	24.2	27.3	23.6	19.0
Plus de 3 mois et moins de 6 mois	20.4	23.2	12.7	14.9	17.7	24.3	21.6	13.5	11.9	9.1
Plus de 6 mois et moins de 1 an	10.6	6.8	8.5	6.8	8.5	13.7	12.9	10.0	8.5	6.3
Plus de 1 an	16.3	16.1	11.7	11.8	12.5	11.1	8.1	11.2	13.3	7.3

Hommes-années jusqu'en 1990.

(1) Les taux d'activité calculés selon les définitions nationales peuvent être différents de ceux publiés dans ce tableau si le groupe d'âges représenté dans l'enquête de la population active est différent de 15-64 ans.

ICELAND

III - Participation rates and unemployment rates by age and by sex

Percent (annual average estimates)

	1986	1987	1988	1989	1990	1991	1992	1993	1994	1995	1996
PARTICIPATION RATES											
Males											
16-19						46.1	44.1	39.6	37.8	46.8	45.1
20-24						75.5	78.8	74.2	78.1	81.5	76.4
25-34						95.9	95.4	94.8	94.9	95.6	94.5
35-44						97.0	97.7	98.1	97.4	98.6	97.4
45-54						99.0	99.2	98.3	95.9	96.2	97.2
55-59						96.4	93.3	96.0	94.4	95.5	93.9
60-64						90.6	91.3	90.6	97.3	89.9	92.4
16-24						60.1	60.7	56.7	57.9	63.8	60.1
25-54						97.0	97.2	96.8	96.1	96.8	96.3
55-64						93.5	92.3	93.3	95.9	92.7	93.2
65 and over						38.5	39.6	34.1	31.4	34.6	33.2
16-64						87.3	87.6	86.7	86.8	88.4	87.3
Females											
16-19						46.4	50.3	44.3	45.5	47.6	43.2
20-24						72.1	70.6	75.5	72.8	72.1	76.7
25-34						75.0	79.5	81.8	82.2	83.9	83.9
35-44						86.7	85.8	85.7	87.7	90.3	87.1
45-54						91.3	90.9	88.7	90.6	90.8	90.4
55-59						84.2	85.0	88.4	84.4	88.7	81.8
60-64						78.0	72.4	73.6	76.7	81.1	80.8
16-24						58.8	60.2	59.7	59.1	59.6	59.6
25-54						83.0	84.5	84.9	86.3	88.0	86.9
55-64						81.1	78.6	80.8	80.5	84.8	81.3
65 and over						18.8	20.9	20.6	19.8	17.4	17.3
16-64						76.8	77.9	78.4	79.1	80.9	79.8
All persons											
16-24						59.5	60.5	58.2	58.5	61.7	59.9
25-54						90.1	90.9	91.0	91.3	92.5	91.7
55-64						87.2	85.4	87.0	88.1	88.7	87.1
65 and over						27.6	29.2	26.6	24.9	25.1	24.5
16-64						82.1	82.8	82.6	83.0	84.7	83.6
UNEMPLOYMENT RATES											
Males											
16-19						9.1	13.1	14.5	18.5	18.1	15.2
20-24						3.6	6.4	7.8	10.2	10.2	5.4
25-34						3.1	4.5	6.1	4.6	2.6	2.1
35-44						1.3	1.5	2.5	2.7	3.1	2.8
45-54						0.6	1.7	3.0	2.9	3.8	1.1
55-59						0.5	2.8	5.9	3.4	2.1	3.8
60-64						1.5	2.3	2.7	4.1	6.3	2.7
16-24						5.8	8.9	10.2	13.0	13.1	9.2
25-54						1.8	2.7	4.0	3.5	3.1	2.1
55-64						1.0	2.6	4.3	3.8	4.2	3.3
65 and over							4.4	4.1	6.6	2.6	3.2
16-64						2.4	3.8	5.0	5.1	5.0	3.4
Total						2.3	3.8	5.0	5.1	4.8	3.4
Females											
16-19						4.8	12.0	11.8	12.9	11.3	13.0
20-24						3.3	10.2	8.5	8.3	6.7	4.4
25-34						3.1	5.3	5.8	6.2	5.5	3.7
35-44						3.1	3.0	3.8	4.5	4.3	3.5
45-54						1.4	2.7	4.6	3.9	2.9	2.2
55-59						3.2	3.3	1.9	2.4	5.4	3.0
60-64						3.7	2.7	7.3	5.4	2.4	5.8
16-24						3.9	10.9	9.7	10.1	8.6	7.6
25-54						2.6	3.8	4.8	5.0	4.3	3.2
55-64						3.4	3.0	4.4	3.8	4.0	4.4
65 and over						0.7	2.6	5.2	1.6	1.8	3.4
16-64						3.0	5.0	5.6	5.7	5.0	4.1
Total						2.9	4.9	5.6	5.5	4.9	4.1
All persons											
16-24						4.9	9.9	10.0	11.5	11.0	8.4
25-54						2.2	3.2	4.3	4.2	3.7	2.6
55-64						2.1	2.8	4.4	3.8	4.1	3.8
65 and over						0.3	3.7	4.6	4.4	2.3	3.3
16-64						2.7	4.3	5.3	5.4	5.0	3.7

III - Taux d'activité et taux de chômage par âge et par sexe

Pourcentage (estimations de moyennes annuelles)

1997	1998	1999	2000	2001	2002	2003	2004	2005	2006	
										TAUX D'ACTIVITÉ
										Hommes
44.7	49.4	50.8	55.8	58.3	49.5	70.8	63.8	69.1	74.4	16-19
75.2	80.2	83.1	84.9	82.2	80.7	79.1	78.2	80.3	80.2	20-24
95.1	93.2	94.6	93.6	94.7	95.5	93.4	90.9	92.4	94.5	25-34
96.9	97.6	98.9	98.6	98.1	98.1	96.5	96.1	95.2	96.3	35-44
98.4	97.5	97.8	96.0	96.2	96.0	94.3	95.5	95.3	96.7	45-54
92.8	95.1	98.1	96.9	93.4	93.4	91.8	92.2	93.0	92.9	55-59
90.6	91.3	89.3	91.9	92.1	88.8	87.8	86.3	86.3	87.5	60-64
59.2	63.8	66.2	70.1	70.3	65.4	75.5	71.8	75.2	77.6	16-24
96.7	96.1	97.1	96.1	96.3	96.6	94.8	94.2	94.3	95.8	25-54
91.7	93.3	94.1	94.7	92.8	91.5	90.2	89.7	90.1	90.6	55-64
32.3	33.6	30.2	29.0	29.2	28.6	23.8	24.4	25.2	25.1	65 et plus
87.1	87.9	89.4	89.8	90.0	88.9	90.1	89.1	89.8	91.4	16-64
										Femmes
46.6	53.8	60.2	65.6	60.3	53.2	72.0	71.6	79.1	81.2	16-19
77.5	82.3	80.8	81.0	79.5	71.7	73.4	73.2	79.3	82.1	20-24
78.7	78.8	83.1	85.4	84.6	85.4	84.4	81.0	82.4	83.1	25-34
86.7	86.7	87.7	87.7	88.5	88.1	89.6	88.2	86.1	85.0	35-44
90.8	91.8	90.6	91.8	91.4	91.6	90.3	86.6	86.7	88.8	45-54
85.2	87.5	82.3	80.2	84.0	86.9	85.7	86.2	87.3	88.6	55-59
77.1	78.2	78.1	72.6	78.7	83.2	72.2	69.4	75.2	73.0	60-64
61.5	67.3	70.1	73.2	70.0	62.6	72.8	72.5	79.2	81.7	16-24
85.1	85.4	87.0	88.2	88.1	88.3	88.1	85.3	85.1	85.6	25-54
81.2	83.0	80.3	76.8	81.7	85.3	80.0	78.8	81.9	81.7	55-64
16.1	15.2	14.5	12.0	12.4	13.3	13.5	11.8	10.9	10.4	65 et plus
79.1	80.9	82.3	83.3	83.1	82.2	83.9	81.8	83.4	84.2	16-64
										Ensemble des personnes
60.3	65.5	68.1	71.6	70.2	64.0	74.2	72.1	77.1	79.5	16-24
91.0	90.8	92.1	92.2	92.3	92.5	91.5	89.8	89.7	90.9	25-54
86.4	88.1	87.1	85.7	87.3	88.4	85.1	84.3	86.1	86.3	55-64
23.4	23.4	21.5	19.7	19.9	20.2	18.1	17.5	17.4	17.1	65 et plus
83.1	84.5	85.9	86.6	86.6	85.6	87.0	85.5	86.7	88.0	16-64
										TAUX DE CHÔMAGE
										Hommes
12.7	11.8	6.8	9.8	8.1	14.4	12.0	13.8	12.4	14.9	16-19
5.4	2.5	2.8	3.0	3.4	7.0	7.6	6.4	5.6	4.7	20-24
3.2	2.0	0.7	1.0	1.6	2.8	4.7	2.5	2.1	2.0	25-34
2.1	0.9	0.4	0.7	1.3	1.7	1.3	1.9	1.1	1.4	35-44
1.5	1.1	1.1	1.5	1.1	3.1	1.3	1.4	1.7	2.0	45-54
3.7	2.3	1.1		0.9	1.2	2.5	3.3	1.1	1.3	55-59
1.8	1.3	0.7	1.2	3.6	2.4	3.3	2.3	0.6	1.8	60-64
8.3	6.4	4.4	5.7	5.4	9.7	9.4	9.3	8.5	9.2	16-24
2.3	1.3	0.7	1.1	1.3	2.5	2.4	1.9	1.6	1.8	25-54
2.8	1.8	0.9	0.5	2.0	1.7	2.9	2.9	0.9	1.5	55-64
3.7	2.5	2.9	1.2		3.3	1.5	1.4	0.9	0.0	65 et plus
3.3	2.3	1.4	1.8	2.1	3.6	3.7	3.3	2.7	3.0	16-64
3.3	2.3	1.5	1.8	2.0	3.6	3.6	3.2	2.6	2.8	Total
										Femmes
10.5	5.1	4.7	4.2	5.6	6.7	7.5	7.3	5.1	10.1	16-19
4.8	6.0	4.1	3.2	3.3	2.9	6.6	6.5	6.6	5.1	20-24
3.6	4.3	3.5	3.2	2.3	3.2	4.1	2.9	2.4	4.2	25-34
5.0	2.6	1.7	2.5	1.6	3.1	1.7	1.8	1.6	1.1	35-44
2.7	1.9	1.2	1.5	2.6	2.4	1.9	1.6	1.5	1.1	45-54
2.9	0.6	1.1	2.1	1.1		1.9	2.0	1.1	1.4	55-59
4.1	2.3	2.8	4.7	2.9	2.5	0.4	3.3	3.8	2.2	60-64
7.1	5.6	4.4	3.6	4.3	4.4	7.0	6.8	6.0	7.5	16-24
3.8	2.9	2.1	2.4	2.2	2.9	2.5	2.0	1.8	2.1	25-54
3.5	1.4	1.9	3.2	1.9	1.0	1.3	2.5	2.2	1.7	55-64
7.1	3.9	5.3	6.3	2.1	3.4	0.9	2.1		5.0	65 et plus
4.4	3.3	2.5	2.8	2.5	2.9	3.1	3.0	2.7	3.1	16-64
4.5	3.3	2.6	2.9	2.5	2.9	3.1	2.9	2.6	3.1	Total
										Ensemble des personnes
7.7	6.0	4.4	4.7	4.8	7.2	8.2	8.1	7.2	8.4	16-24
3.0	2.1	1.4	1.7	1.7	2.7	2.5	2.0	1.7	1.9	25-54
3.1	1.6	1.4	1.7	2.0	1.4	2.1	2.7	1.5	1.6	55-64
5.0	3.0	3.8	2.9	0.7	3.3	1.3	1.6	0.6	1.7	65 et plus
3.8	2.7	1.9	2.3	2.3	3.2	3.4	3.1	2.7	3.0	16-64

ICELAND

IV - Professional status and breakdown by activity - ISIC Rev. 2

Thousands (annual average estimates)

	1986	1987	1988	1989	1990	1991	1992	1993	1994	1995	1996
CIVILIAN EMPLOYMENT: PROFESSIONAL STATUS											
All activities	124.5	131.7	128.0	125.9	126.0	136.9	136.9	136.6	137.7	142.0	142.0
Employees	107.7	111.6	108.5	107.0	107.0	109.2	110.5	112.0	112.3	115.0	116.2
Employers and persons working on own account	16.8	20.1	19.5	18.9	19.0	24.3	22.9	20.8	23.0	26.0	25.2
Unpaid family workers						3.5	3.5	3.8	2.4	2.0	0.6
Agriculture, hunting, forestry and fishing	13.5	13.8	13.1	13.0	13.0	13.9	14.3	12.5	12.5	14.0	14.0
Employees	7.2	7.4	6.8	6.8	6.8	6.2	6.0	5.9	6.1	7.0	7.0
Employers and persons working on own account	6.3	6.4	6.3	6.2	6.2	5.6	6.1	4.5	4.9	6.0	6.0
Unpaid family workers						2.1	2.2	2.2	1.5	1.0	0.0
Non-agricultural activities	111.0	117.9	114.9	112.9	113.0	123.0	122.6	124.1	125.2	128.0	128.0
Employees	100.5	104.2	101.7	100.2	100.2	103.0	104.5	106.1	106.2	108.0	109.2
Employers and persons working on own account	10.5	13.7	13.2	12.7	12.8	18.7	16.8	16.3	18.1	20.0	19.2
Unpaid family workers						1.4	1.3	1.6	0.9	1.0	0.6
All activities (%)	100.0	100.0	100.0	100.0	100.0	100.0	100.0	100.0	100.0	100.0	100.0
Employees	86.5	84.7	84.8	85.0	84.9	79.8	80.7	82.0	81.6	81.0	81.8
Others						20.3	19.3	18.0	18.4	19.7	18.2
CIVILIAN EMPLOYMENT: BREAKDOWN BY ACTIVITY											
ISIC Rev. 2 Major Divisions											
1 to 0 All activities	124.5	131.7	128.0	125.9	126.0	136.9	136.9	136.6	137.7	142.0	142.0
1 Agriculture, hunting, forestry and fishing	13.5	13.8	13.1	13.0	13.0	13.9	14.3	12.6	12.5	14.0	13.5
2 Mining and quarrying						0.1	0.2	0.0	0.0	0.0	0.1
3 Manufacturing	27.6	28.4	25.6	24.4	24.4	23.6	22.3	22.9	24.0	24.0	24.0
4 Electricity, gas and water	1.1	1.1	1.2	1.1	1.1	1.6	1.4	1.4	1.5	1.0	1.1
5 Construction	11.3	12.3	11.8	12.4	12.4	10.2	9.9	10.0	10.1	10.0	9.2
6 Wholesale and retail trade; restaurants and hotels	19.1	20.8	20.4	18.7	18.7	22.9	23.4	22.4	20.8	22.0	22.5
7 Transport, storage and communication	8.2	8.6	8.4	8.6	8.6	8.9	8.6	9.1	8.9	9.0	10.2
8 Financing, insurance, real estate and business services	8.9	9.8	10.1	10.3	10.3	11.1	10.3	10.6	10.5	11.0	11.0
9 Community, social and personal services	34.9	36.8	37.3	37.5	37.6	44.5	46.4	47.6	49.4	51.0	50.3
0 Activities not adequately defined	0.0	0.1	0.0	0.0	0.0	0.1	0.1	0.1	0.1	0.0	0.1
EMPLOYEES: BREAKDOWN BY ACTIVITY											
ISIC Rev. 2 Major Divisions											
1 to 0 All activities	107.7	111.6	108.5	107.0	107.0	109.2	110.5	112.0	112.3	114.5	116.2
1 Agriculture, hunting, forestry and fishing	7.2	7.4	6.8			6.2	6.0	5.9	6.1	6.8	7.3
2 Mining and quarrying						0.1	0.1	0.0	0.0	0.0	0.1
3 Manufacturing	26.1	26.7	24.1			20.8	19.9	20.7	21.4	20.6	21.4
4 Electricity, gas and water	1.1	1.0	1.0			1.6	1.4	1.3	1.4	1.4	1.1
5 Construction	9.2	9.3	9.0			6.8	6.6	6.1	5.8	5.5	5.5
6 Wholesale and retail trade; restaurants and hotels	16.9	17.8	17.7			18.4	18.9	18.5	17.1	17.6	17.7
7 Transport, storage and communication	6.2	6.0	6.4			6.9	7.0	7.6	7.3	7.9	8.4
8 Financing, insurance, real estate and business services	7.3	7.9	8.5			8.4	8.2	8.6	8.1	8.7	8.8
9 Community, social and personal services	32.9	34.9	34.4			40.1	42.2	43.2	44.9	45.9	45.8
0 Activities not adequately defined	0.8	0.6	0.5			0.0	0.1	0.0	0.0	0.0	0.1

Man-years until 1990.

LABOUR FORCE STATISTICS - ISBN 9789264035539 - © OECD 2007

IV - Situation dans la profession et répartition par branches d'activités - CITI Rév. 2

Milliers (estimations de moyennes annuelles)

1997	1998	1999	2000	2001	2002	2003	2004	2005	2006	
										EMPLOI CIVIL : SITUATION DANS LA PROFESSION
142.0	147.9	153.3	156.4	159.0	156.7	156.9	156.2	161.3	169.6	**Toutes activités**
116.8	121.4	126.2	128.3	132.2	130.7	134.5	133.7	138.1	144.2	Salariés
24.5	26.1	26.7	27.5	26.3	25.6	21.7	22.0	22.8	24.8	Employeurs et personnes travaillant à leur compte
0.7	0.4	0.4	0.6	0.5	0.4	0.1	0.0	0.1	0.2	Travailleurs familiaux non rémunérés
12.0	12.7	13.7	13.0	12.4	11.4	10.8	9.9	10.5	10.7	**Agriculture, chasse, sylviculture et pêche**
6.0	6.3	7.1	6.4	6.1	5.6	6.1	5.5	5.5	5.3	Salariés
6.0	6.1	6.3	6.2	5.9	5.5	4.4	4.2	4.7	5.1	Employeurs et personnes travaillant à leur compte
0.0	0.3	0.3	0.4	0.3	0.2	0.0	0.0	0.0	0.0	Travailleurs familiaux non rémunérés
130.0	135.2	139.6	143.4	146.7	145.4	146.1	146.3	150.8	158.9	**Activités non agricoles**
110.8	115.1	119.1	121.9	126.1	125.1	128.4	128.3	132.6	138.9	Salariés
18.5	20.0	20.4	21.3	20.4	20.0	17.3	17.8	18.1	19.7	Employeurs et personnes travaillant à leur compte
0.7	0.1	0.1	0.2	0.2	0.2	0.1	0.0	0.1	0.2	Travailleurs familiaux non rémunérés
100.0	100.0	100.0	100.0	100.0	100.0	100.0	100.0	100.0	100.0	**Toutes activités (%)**
82.3	82.1	82.3	82.0	83.2	83.4	85.7	85.6	85.6	85.0	Salariés
17.7	17.9	17.7	18.0	16.8	16.6	13.9	14.1	14.2	14.8	Autres
										EMPLOI CIVIL : RÉPARTITION PAR BRANCHES D'ACTIVITÉS
										Branches CITI Rév. 2
142.0	147.9	153.3	156.4	159.0	157.0	156.9	156.2	161.3	169.6	**1 à 0 Toutes activités**
12.2	12.7	13.7	13.0	12.4	11.4	10.8	9.9	10.5	10.7	1 Agriculture, chasse, sylviculture et pêche
0.1	0.1	0.3	0.2	0.3	0.3	0.2	0.2	0.1	0.1	2 Industries extractives
24.6	24.5	23.3	23.9	22.9	22.0	21.5	21.6	21.0	20.0	3 Industries manufacturières
1.2	1.5	1.2	1.3	1.5	1.5	1.6	1.6	1.5	1.5	4 Électricité, gaz et eau
10.1	10.9	10.6	10.5	11.4	12.2	10.8	11.5	12.3	14.7	5 Bâtiment et travaux publics
23.2	23.6	25.3	27.0	27.2	25.0	24.5	23.4	25.7	27.5	6 Commerce de gros et de détail; restaurants et hôtels
10.0	10.9	11.7	10.7	10.4	9.9	9.9	10.9	12.0	12.3	7 Transports, entrepôts et communications
11.3	12.3	14.3	16.4	16.7	15.9	17.5	18.2	18.4	19.5	8 Banques, assurances, affaires immobilières et services fournis aux entreprises
49.1	51.3	52.8	53.2	55.9	58.2	59.8	57.6	59.2	63.2	9 Services fournis à la collectivité, services sociaux et services personnels
0.2	0.1	0.1	0.2	0.4	0.3	0.3	1.3	0.6	0.1	0 Activités mal désignées
										SALARIÉS : RÉPARTITION PAR BRANCHES D'ACTIVITÉS
										Branches CITI Rév. 2
116.8	121.4	126.2	128.3	132.2	131.0	134.4	133.4	136.9	142.2	**1 à 0 Toutes activités**
6.3	6.3	7.1	6.4	6.1	5.6	6.1	5.5	5.5	5.3	1 Agriculture, chasse, sylviculture et pêche
0.1	0.1	0.3	0.2	0.3	0.3	0.2	0.2	0.1	0.1	2 Industries extractives
22.1	21.8	20.5	21.3	21.0	19.9	19.3	19.7	19.1	18.0	3 Industries manufacturières
1.2	1.5	1.2	1.3	1.5	1.5	1.6	1.6	1.5	1.4	4 Électricité, gaz et eau
6.0	5.8	6.2	6.3	6.4	7.3	7.0	7.6	8.2	9.8	5 Bâtiment et travaux publics
18.8	20.0	21.7	22.9	23.6	21.9	21.8	20.8	22.4	23.8	6 Commerce de gros et de détail; restaurants et hôtels
8.2	9.1	9.8	9.3	8.6	8.0	8.6	9.6	10.7	10.4	7 Transports, entrepôts et communications
9.0	10.3	11.5	13.3	14.2	13.1	14.5	15.1	15.3	15.9	8 Banques, assurances, affaires immobilières et services fournis aux entreprises
44.9	46.3	47.9	47.2	50.3	52.7	55.1	52.5	53.7	57.5	9 Services fournis à la collectivité, services sociaux et services personnels
0.1	0.1	0.1	0.1	0.3	0.3	0.2	0.8	0.4	0.1	0 Activités mal désignées

Hommes-années jusqu'en 1990.

ICELAND

V - Civilian employment and employees: breakdown by activity - ISIC Rev. 3

Thousands (annual average estimates)

	1986	1987	1988	1989	1990	1991	1992	1993	1994	1995	1996
CIVILIAN EMPLOYMENT: BREAKDOWN BY ACTIVITY											
A to X All activities						136.9	136.9	136.6	137.7	141.8	142.0
A Agriculture, hunting and forestry						7.7	7.6	5.9	6.0	6.5	6.4
B Fishing						6.2	6.7	6.6	6.4	7.0	7.1
C Mining and quarrying						0.1	0.2	0.0	0.0	0.0	0.1
D Manufacturing						23.6	22.2	22.9	24.1	23.9	24.1
E Electricity, gas and water supply						1.6	1.4	1.4	1.5	1.4	1.1
F Construction						10.2	9.9	10.0	10.0	9.7	9.2
G Wholesale and retail trade; repair of motor vehicles, motorcycles and personal and household goods						21.1	22.0	20.6	18.0	19.1	19.4
H Hotels and restaurants						4.1	3.3	3.9	4.6	4.6	4.4
I Transport, storage and communication						8.7	8.5	9.1	8.8	9.2	10.1
J Financial intermediation						4.9	5.1	5.1	4.5	4.8	4.6
K Real estate, renting and business activities						8.2	7.2	7.3	8.2	8.6	8.8
L Public administration and defence; compulsory social security, excluding armed forces						6.7	7.6	7.3	6.1	6.2	6.0
M Education						7.8	8.8	8.7	8.5	9.2	9.6
N Health and social work						18.0	18.6	19.3	20.6	21.0	20.9
O Other community, social and personal service activities						7.2	7.3	8.0	9.3	9.8	9.7
P Private households with employed persons						0.0	0.0	0.0	0.1	0.0	0.0
Q Extra-territorial organisations and bodies						0.8	0.3	0.3	0.8	0.8	0.6
X Not classifiable by economic activities						0.1	0.1	0.1	0.1	0.0	0.1
Breakdown by sector											
Agriculture (A-B)						13.9	14.3	12.6	12.5	13.5	13.5
Industry (C-F)						35.5	33.8	34.3	35.6	35.1	34.5
Services (G-Q)						87.4	88.7	89.7	89.6	93.2	93.9
Agriculture (%)						10.2	10.4	9.2	9.1	9.5	9.5
Industry (%)						25.9	24.7	25.1	25.9	24.7	24.3
Services (%)						63.8	64.8	65.7	65.0	65.7	66.1
Female participation in agriculture (%)						23.0	19.7	16.6	21.7	21.5	22.5
Female participation in industry (%)						31.1	28.0	28.2	27.3	27.2	26.9
Female participation in services (%)						55.1	56.7	57.4	57.8	57.6	57.1
EMPLOYEES: BREAKDOWN BY ACTIVITY											
A to X All activities						109.2	110.5	112.0	112.3	114.5	116.2
A Agriculture, hunting and forestry						1.0	0.9	0.8	1.0	1.2	1.2
B Fishing						5.2	5.1	5.1	5.1	5.6	6.2
C Mining and quarrying						0.1	0.1	0.0	0.0	0.0	0.1
D Manufacturing						20.7	19.9	20.7	21.4	20.7	21.5
E Electricity, gas and water supply						1.6	1.4	1.3	1.4	1.4	1.1
F Construction						6.8	6.6	6.1	5.8	5.5	5.5
G Wholesale and retail trade; repair of motor vehicles, motorcycles and personal and household goods						16.5	17.2	16.3	14.2	14.4	14.8
H Hotels and restaurants						3.4	2.8	3.5	3.9	3.9	3.5
I Transport, storage and communication						6.7	6.9	7.5	7.1	7.7	8.3
J Financial intermediation						4.7	5.1	5.1	4.5	4.7	4.6
K Real estate, renting and business activities						5.3	4.9	5.1	5.6	5.7	6.1
L Public administration and defence; compulsory social security, excluding armed forces						6.5	7.5	7.3	6.1	6.2	6.0
M Education						7.6	8.6	8.5	8.3	9.1	9.5
N Health and social work						16.6	17.1	18.0	19.7	19.9	19.6
O Other community, social and personal service activities						5.7	5.9	6.3	7.2	7.5	7.7
P Private households with employed persons						0.0	0.0	0.0	0.1	0.0	0.0
Q Extra-territorial organisations and bodies						0.8	0.3	0.3	0.8	0.8	0.6
X Not classifiable by economic activities						0.0	0.1	0.0	0.0	0.0	0.1
Breakdown by sector											
Agriculture (A-B)						6.2	6.0	5.9	6.1	6.8	7.3
Industry (C-F)						29.1	28.1	28.2	28.7	27.6	28.1
Services (G-Q)						73.8	76.3	77.9	77.5	80.0	80.6
Agriculture (%)						5.7	5.4	5.3	5.4	6.0	6.3
Industry (%)						26.7	25.4	25.1	25.5	24.1	24.2
Services (%)						67.6	69.0	69.5	69.0	69.9	69.4
Female participation in agriculture (%)						12.2	11.5	7.6	11.7	11.8	13.1
Female participation in industry (%)						35.2	30.9	31.6	31.0	32.0	30.6
Female participation in services (%)						59.4	60.1	60.5	61.9	61.6	60.4

V - Emploi civil et salariés : répartition par branches d'activités - CITI Rév. 3

Milliers (estimations de moyennes annuelles)

	1997	1998	1999	2000	2001	2002	2003	2004	2005	2006
EMPLOI CIVIL : RÉPARTITION PAR BRANCHES D'ACTIVITÉS										
A à X Toutes activités	142.0	147.9	153.3	156.4	159.0	157.0	156.9	156.2	161.3	169.6
A Agriculture, chasse et sylviculture	5.9	6.5	6.5	6.9	6.4	6.0	5.7	5.3	5.5	6.4
B Pêche	6.3	6.2	7.2	6.1	6.0	5.0	5.1	4.5	5.0	4.3
C Activités extractives	0.1	0.1	0.3	0.2	0.3	0.0	0.2	0.2	0.1	0.1
D Activités de fabrication	24.8	24.7	23.3	23.9	22.9	22.0	21.5	21.6	21.0	20.0
E Production et distribution d'électricité, de gaz et d'eau	1.2	1.5	1.2	1.3	1.5	1.0	1.6	1.6	1.5	1.5
F Construction	10.1	10.9	10.6	10.5	11.4	12.0	10.8	11.5	12.3	14.7
G Commerce de gros et de détail; réparation de véhicules et de biens domestiques	20.1	20.6	21.2	21.9	23.2	21.0	20.5	19.7	22.5	23.6
H Hôtels et restaurants	4.2	4.4	5.9	6.4	6.3	5.0	5.5	5.3	5.4	6.1
I Transports, entreposage et communications	9.8	10.8	11.6	10.6	10.1	10.0	9.7	10.7	11.7	12.0
J Intermédiation financière	4.3	4.7	5.7	6.6	6.5	6.0	6.2	6.9	6.6	7.3
K Immobilier, location et activités de services aux entreprises	8.9	9.5	11.1	13.0	13.5	13.0	14.3	14.4	15.0	15.1
L Administration publique et défense; sécurité sociale obligatoire (armée exclue)	6.0	7.0	7.6	7.0	6.2	8.0	8.2	7.5	7.4	10.1
M Education	9.0	9.6	9.1	9.8	11.7	13.0	12.2	12.0	12.0	12.5
N Santé et action sociale	20.9	20.7	21.3	20.6	22.1	22.0	24.8	23.0	24.5	24.6
O Autres activités de services collectifs, sociaux et personnels	9.3	9.7	9.8	10.5	9.6	10.0	9.7	10.3	10.0	10.9
P Ménages privés employant du personnel domestique	0.0	0.0	0.0	0.0	0.0	0.0	0.0	0.0	0.0	0.0
Q Organisations et organismes extra-territoriaux	0.8	0.8	0.7	0.8	0.9	1.0	0.5	0.7	0.6	0.4
X Ne pouvant être classés selon l'activité économique	0.2	0.1	0.1	0.2	0.4	0.0	0.3	0.9	0.3	0.0
Répartition par secteurs										
Agriculture (A-B)	12.2	12.7	13.7	13.0	12.4	11.0	10.8	9.9	10.5	10.7
Industrie (C-F)	36.2	37.3	35.4	35.9	36.0	35.0	34.1	34.9	34.9	36.3
Services (G-Q)	93.5	97.9	104.1	107.2	110.3	109.0	111.7	110.5	115.6	122.5
Agriculture (%)	8.6	8.6	9.0	8.3	7.8	7.0	6.9	6.3	6.5	6.3
Industrie (%)	25.5	25.2	23.1	23.0	22.6	22.3	21.7	22.4	21.6	21.4
Services (%)	65.8	66.2	67.9	68.6	69.3	69.4	71.2	70.8	71.7	72.2
Part des femmes dans l'agriculture (%)	22.9	25.6	23.5	24.5	20.7	27.2	21.4	22.7	21.8	20.4
Part des femmes dans l'industrie (%)	27.0	27.8	23.7	22.2	21.8	22.9	22.7	22.5	23.0	19.9
Part des femmes dans les services (%)	56.6	56.4	57.1	57.4	57.5	57.8	57.7	57.1	56.5	55.6
SALARIÉS : RÉPARTITION PAR BRANCHES D'ACTIVITÉS										
A à X Toutes activités	116.8	121.4	126.2	128.3	132.2	131.0	134.4	133.4	136.9	142.2
A Agriculture, chasse et sylviculture	0.9	1.1	0.9	1.4	1.2	1.0	1.9	1.6	1.4	1.7
B Pêche	5.4	5.2	6.2	5.0	4.9	4.0	4.2	3.9	4.1	3.6
C Activités extractives	0.1	0.1	0.3	0.2	0.3	0.0	0.2	0.2	0.1	0.1
D Activités de fabrication	22.2	22.0	20.5	21.3	21.0	20.0	19.3	19.8	19.1	18.0
E Production et distribution d'électricité, de gaz et d'eau	1.2	1.5	1.2	1.3	1.5	1.0	1.6	1.6	1.5	1.4
F Construction	6.0	5.8	6.1	6.3	6.4	7.0	7.0	7.6	8.2	9.8
G Commerce de gros et de détail; réparation de véhicules et de biens domestiques	15.8	16.8	17.8	18.3	19.4	18.0	18.0	16.9	18.7	20.2
H Hôtels et restaurants	3.4	3.9	5.1	5.3	5.4	5.0	4.7	4.7	4.7	4.9
I Transports, entreposage et communications	8.1	9.0	9.8	9.2	8.4	8.0	8.5	9.5	10.5	10.2
J Intermédiation financière	4.2	4.6	5.5	6.2	6.3	6.0	6.0	6.7	6.4	7.1
K Immobilier, location et activités de services aux entreprises	6.4	7.1	8.1	9.7	10.8	10.0	10.9	11.0	11.8	11.5
L Administration publique et défense; sécurité sociale obligatoire (armée exclue)	6.0	6.9	7.4	6.8	6.1	8.0	8.1	7.5	7.3	10.0
M Education	8.9	9.6	9.1	9.7	11.3	12.0	12.0	11.7	11.5	12.1
N Santé et action sociale	20.1	19.6	20.1	19.0	20.3	20.0	23.3	21.8	23.1	22.8
O Autres activités de services collectifs, sociaux et personnels	7.1	7.3	7.4	7.6	7.7	8.0	7.9	7.9	7.7	8.5
P Ménages privés employant du personnel domestique	0.0	0.0	0.0	0.0	0.0	0.0	0.0	0.0	0.0	0.0
Q Organisations et organismes extra-territoriaux	0.8	0.8	0.7	0.8	0.9	1.0	0.5	0.6	0.6	0.3
X Ne pouvant être classés selon l'activité économique	0.1	0.1	0.1	0.1	0.3	0.0	0.2	0.6	0.1	0.0
Répartition par secteurs										
Agriculture (A-B)	6.3	6.3	7.1	6.4	6.1	5.0	6.1	5.5	5.5	5.3
Industrie (C-F)	29.5	29.5	28.1	29.1	29.2	28.0	28.1	29.2	28.9	29.3
Services (G-Q)	80.8	85.5	90.9	92.6	96.7	96.0	100.0	98.3	102.3	107.7
Agriculture (%)	5.4	5.2	5.6	5.0	4.6	3.8	4.6	4.1	4.0	3.7
Industrie (%)	25.3	24.3	22.3	22.7	22.1	21.4	20.9	21.9	21.1	20.6
Services (%)	69.2	70.5	72.0	72.2	73.1	73.3	74.4	73.6	74.8	75.7
Part des femmes dans l'agriculture (%)	10.5	11.6	13.2	19.4	13.6	20.0	19.1	18.4	13.5	14.6
Part des femmes dans l'industrie (%)	30.2	31.8	26.6	24.8	25.1	25.0	25.2	25.3	26.0	22.8
Part des femmes dans les services (%)	59.9	59.7	60.5	60.7	60.5	61.3	60.0	59.6	59.4	58.4

IRELAND

I - Population

Thousands (second quarter estimates)

	1986	1987	1988	1989	1990	1991	1992	1993	1994	1995	1996
POPULATION - DISTRIBUTION BY AGE AND GENDER											
All persons											
Total	3 541	3 543	3 538	3 515	3 503	3 524	3 549	3 563	3 583	3 601	3 626
Under 15 years	1 025	1 012	998	977	957	943	931	918	901	878	859
From 15 to 64 years	2 131	2 142	2 149	2 142	2 147	2 178	2 212	2 238	2 272	2 312	2 353
65 years and over	384	389	391	396	399	403	406	408	409	411	414
Males											
Total	1 770	1 771	1 767	1 755	1 749	1 759	1 765	1 771	1 781	1 788	1 800
Under 15 years	526	520	512	502	491	484	478	471	463	451	441
From 15 to 64 years	1 075	1 081	1 085	1 082	1 087	1 104	1 113	1 125	1 143	1 161	1 182
65 years and over	169	170	170	171	171	172	175	175	175	176	177
Females											
Total	1 771	1 772	1 771	1 760	1 754	1 765	1 784	1 792	1 802	1 813	1 826
Under 15 years	499	492	486	475	466	460	453	447	438	427	418
From 15 to 64 years	1 056	1 061	1 064	1 060	1 060	1 074	1 100	1 112	1 130	1 151	1 171
65 years and over	216	219	221	225	228	231	231	233	234	235	237
POPULATION - PERCENTAGES											
All persons											
Total	100.0	100.0	100.0	100.0	100.0	100.0	100.0	100.0	100.0	100.0	100.0
Under 15 years	28.9	28.6	28.2	27.8	27.3	26.8	26.2	25.8	25.1	24.4	23.7
From 15 to 64 years	60.2	60.5	60.7	60.9	61.3	61.8	62.3	62.8	63.4	64.2	64.9
65 years and over	10.8	11.0	11.1	11.3	11.4	11.4	11.4	11.5	11.4	11.4	11.4
COMPONENTS OF CHANGE IN POPULATION											
a) Population at 1 January	3 540	3 545	3 535	3 515	3 507	3 521	3 547	3 569	3 583	3 598	3 620
b) Population at 31 December	3 545	3 535	3 515	3 507	3 521	3 548	3 569	3 583	3 598	3 620	3 655
c) Total increase (b-a)	5	-11	-20	-8	14	27	22	14	14	23	35
d) Births	62	59	54	52	53	53	52	49	48	49	50
e) Deaths	34	31	32	32	31	31	31	32	31	32	32
f) Natural increase (d-e)	28	28	22	20	22	22	21	17	17	17	18
g) Net migration	-23	-37	-43	-28	-8	5	2	-3	-3	6	17
h) Statistical adjustments	0	-1	1	0	0	0	-1	0	1	-1	0
i) Total increase (=f+g+h=c)	5	-11	-20	-8	14	27	22	14	15	22	35
(Components of change in population/ Average population) x1000											
Total increase rates	1.5	-3.0	-5.6	-2.3	4.0	7.7	6.1	3.9	4.2	6.1	9.6
Crude birth rates	17.5	16.7	15.3	14.8	15.1	15.0	14.6	13.7	13.4	13.6	13.7
Crude death rates	9.6	8.8	9.1	9.1	8.8	8.8	8.7	8.9	8.6	8.9	8.8
Natural increase rates	7.9	7.9	6.2	5.7	6.3	6.2	5.9	4.8	4.7	4.7	4.9
Net migration rates	-6.5	-10.6	-12.1	-8.0	-2.2	1.4	0.5	-0.9	-0.8	1.6	4.6

Prior to 2001, data refer to annual average estimates.

I - Population

Milliers (estimations du second trimestre)

1997	1998	1999	2000	2001	2002	2003	2004	2005	2006	
										POPULATION - RÉPARTITION SELON L'AGE ET LE SEXE
										Ensemble des personnes
3 664	3 703	3 742	3 790	3 847	3 917	3 979	4 044	4 131	4 235	Total
846	836	831	828	828	827	834	843	853	865	Moins de 15 ans
2 402	2 447	2 489	2 537	2 590	2 654	2 702	2 750	2 817	2 900	De 15 à 64 ans
416	420	422	425	430	436	443	451	461	471	65 ans et plus
										Hommes
1 819	1 839	1 859	1 883	1 913	1 946	1 977	2 011	2 059	2 116	Total
434	429	427	425	425	424	428	433	438	444	Moins de 15 ans
1 206	1 229	1 250	1 275	1 302	1 333	1 357	1 382	1 419	1 465	De 15 à 64 ans
179	181	182	183	186	189	193	197	202	208	65 ans et plus
										Femmes
1 845	1 864	1 883	1 907	1 934	1 971	2 002	2 033	2 072	2 119	Total
412	407	404	403	403	403	406	411	415	421	Moins de 15 ans
1 196	1 218	1 239	1 262	1 288	1 321	1 345	1 368	1 398	1 435	De 15 à 64 ans
238	240	240	241	244	247	250	254	258	263	65 ans et plus
										POPULATION - POURCENTAGES
										Ensemble des personnes
100.0	100.0	100.0	100.0	100.0	100.0	100.0	100.0	100.0	100.0	Total
23.1	22.6	22.2	21.8	21.5	21.1	21.0	20.9	20.7	20.4	Moins de 15 ans
65.6	66.1	66.5	66.9	67.3	67.8	67.9	68.0	68.2	68.5	De 15 à 64 ans
11.4	11.3	11.3	11.2	11.2	11.1	11.1	11.1	11.2	11.1	65 ans et plus
										COMPOSANTES DE L'ÉVOLUTION DÉMOGRAPHIQUE
3 655	3 694	3 732	3 778	3 833	3 900	3 964	4 028	4 109		a) Population au 1er janvier
3 694	3 732	3 778	3 833	3 900	3 964	4 028	4 109			b) Population au 31 décembre
39	39	46	55	67	64	64	81			**c) Accroissement total (b-a)**
52	53	53	54	58	61	62	62	61		d) Naissances
32	31	32	31	30	29	29	29	27		e) Décès
20	22	22	23	28	31	33	33	34		**f) Accroissement naturel (d-e)**
19	17	24	32	39	33	31	47			g) Solde net des migrations
0	-1	1	0	0	0	0	0			h) Ajustements statistiques
39	38	47	55	67	64	64	80			**i) Accroissement total (=f+g+h=c)**
										(Composition de l'évolution démographique/ Population moyenne) x1000
10.5	10.1	12.4	14.5	17.3	16.3	16.0	19.7			Taux d'accroissement total
14.2	14.3	14.2	14.3	15.0	15.4	15.5	15.2			Taux bruts de natalité
8.7	8.3	8.4	8.2	7.7	7.5	7.3	7.0			Taux bruts de mortalité
5.4	5.9	5.8	6.1	7.3	7.9	8.3	8.2			Taux d'accroissement naturel
5.1	4.5	6.4	8.4	10.0	8.4	7.8	11.6			Taux du solde net des migrations

Avant 2001, les données se réfèrent aux estimations de moyennes annuelles.

IRELAND

II - Labour force

Thousands (second quarter estimates)

	1986	1987	1988	1989	1990	1991	1992	1993	1994	1995	1996
Total labour force											
All persons	1 331	1 337	1 328	1 308	1 332	1 354	1 372	1 403	1 432	1 459	1 507
Males	901	888	885	864	868	879	881	888	899	909	925
Females	429	449	443	444	464	475	490	515	533	550	582
Armed forces											
All persons	13	13	13	13	9	9	10	9	8	9	9
Males	13	13	13	13	9	9	10	9	8	9	9
Females	0	0	0	0	0	0	0	0	0	0	0
Civilian labour force											
All persons	1 318	1 324	1 315	1 295	1 323	1 345	1 362	1 394	1 424	1 450	1 498
Males	889	875	872	852	859	870	871	879	891	900	916
Females	429	449	443	444	464	475	490	515	533	550	582
Unemployed											
All persons	226	225	215	197	172	199	207	220	211	177	179
Males	146	145	139	128	108	125	132	139	132	110	110
Females	79	79	76	68	64	74	74	81	79	67	69
Civilian employment											
All persons	1 092	1 099	1 099	1 099	1 151	1 147	1 155	1 174	1 213	1 272	1 319
Males	743	730	732	723	750	746	739	740	759	790	806
Females	349	369	367	375	400	401	416	434	454	483	513
Civilian employment (%)											
All persons	100.0	100.0	100.0	100.0	100.0	100.0	100.0	100.0	100.0	100.0	100.0
Males	68.0	66.4	66.6	65.8	65.2	65.0	64.0	63.1	62.5	62.1	61.1
Females	32.0	33.6	33.4	34.2	34.8	35.0	36.0	36.9	37.4	37.9	38.9
Unemployment rates (% of civilian labour force)											
All persons	17.1	17.0	16.4	15.2	13.0	14.8	15.2	15.8	14.8	12.2	11.9
Males	16.4	16.6	16.0	15.1	12.6	14.3	15.2	15.8	14.8	12.3	12.0
Females	18.5	17.7	17.2	15.4	13.8	15.5	15.2	15.8	14.8	12.1	11.9
Total labour force (% of total population)											
All persons	37.6	37.7	37.5	37.2	38.0	38.4	38.6	39.4	40.0	40.5	41.6
Males	50.9	50.1	50.1	49.2	49.6	50.0	49.9	50.1	50.5	50.8	51.4
Females	24.2	25.3	25.0	25.2	26.5	26.9	27.5	28.7	29.6	30.3	31.9
Total labour force (% of population from 15-64 years)[(1)]											
All persons	62.5	62.4	61.8	61.1	62.0	62.2	62.0	62.7	63.0	63.1	64.1
Males	83.8	82.1	81.5	79.9	79.8	79.7	79.2	78.9	78.6	78.3	78.3
Females	40.6	42.3	41.6	41.9	43.8	44.2	44.6	46.3	47.2	47.8	49.7
Civilian employment (% of total population)											
All persons	30.8	31.0	31.1	31.3	32.8	32.5	32.5	32.9	33.9	35.3	36.4
Civilian employment (% of population from 15-64 years)											
All persons	51.3	51.3	51.2	51.3	53.6	52.7	52.2	52.4	53.4	55.0	56.1
Males	69.1	67.5	67.5	66.8	69.0	67.5	66.4	65.8	66.4	68.0	68.2
Females	33.1	34.8	34.5	35.4	37.8	37.4	37.8	39.0	40.2	41.9	43.8
Part-time employment (%)											
Part-time as % of employment	8.3	9.0	9.6	9.4	10.0	10.4	11.3	13.1	13.5	14.3	14.2
Male share of part-time employment	31.4	31.4	32.5	29.8	29.7	30.2	28.6	29.0	29.7	29.2	27.8
Female share of part-time employment	68.6	68.6	67.5	70.2	70.3	69.8	71.4	71.0	70.3	70.8	72.2
Male part-time as % of male employment	3.8	4.2	4.6	4.2	4.4	4.8	5.0	6.0	6.4	6.7	6.4
Female part-time as % of female employment	18.3	19.1	20.2	20.0	21.2	21.5	22.7	25.5	25.5	27.0	26.9
Duration of unemployment (% of total unemployment)											
Less than 1 month	3.5	2.3	3.1	2.5	2.6	3.4	5.3	4.8	3.3	5.0	6.7
More than 1 month and less than 3 months	6.1	5.4	5.7	5.8	6.3	7.1	5.8	5.8	5.6	6.3	5.7
More than 3 months and less than 6 months	9.8	10.9	10.5	10.4	10.0	12.0	11.5	12.5	10.4	10.5	11.9
More than 6 months and less than 1 year	16.7	16.8	16.3	15.3	15.0	15.9	18.6	17.8	16.4	16.6	16.2
More than 1 year	63.9	64.7	64.3	66.0	66.0	61.5	58.8	59.1	64.3	61.6	59.5

Prior to 1998, data refer to estimates for April of each year.

(1) Participation rates calculated according to national definitions may differ from those published in this table, when the age group represented in the labour force survey is other than 15-64 years.

LABOUR FORCE STATISTICS - ISBN 9789264035539 - © OECD 2007

IRLANDE

II - Population active

Milliers (estimations du second trimestre)

	1997	1998	1999	2000	2001	2002	2003	2004	2005	2006
Population active totale										
Ensemble des personnes	1 539 ǀ	1 621	1 688	1 746	1 782	1 827	1 860	1 920	2 015	2 108
Hommes	937 ǀ	979	1 007	1 035	1 054	1 066	1 081	1 120	1 163	1 217
Femmes	601 ǀ	642	681	711	728	761	779	801	852	891
Forces armées										
Ensemble des personnes	8	8	8	7	7	7	7	7	7	7
Hommes	8	8	8	7	7	7	7	7	6	6
Femmes	0	0	0	0	0	0	0	1	0	1
Population active civile										
Ensemble des personnes	1 531 ǀ	1 613	1 680	1 739	1 775	1 820	1 852	1 913	2 008	2 101
Hommes	929 ǀ	971	999	1 028	1 047	1 059	1 074	1 113	1 157	1 211
Femmes	601 ǀ	642	681	711	728	761	779	800	851	891
Chômeurs										
Ensemble des personnes	159 ǀ	126	97	75	65	77	81	84	86	91
Hommes	97 ǀ	79	59	45	40	49	51	54	53	55
Femmes	62 ǀ	48	38	30	26	28	30	30	32	36
Emploi civil										
Ensemble des personnes	1 372 ǀ	1 487	1 583	1 664	1 710	1 743	1 771	1 829	1 922	2 010
Hommes	832 ǀ	893	939	983	1 007	1 010	1 022	1 058	1 104	1 156
Femmes	539 ǀ	595	644	681	703	732	749	771	819	855
Emploi civil (%)										
Ensemble des personnes	100.0 ǀ	100.0	100.0	100.0	100.0	100.0	100.0	100.0	100.0	100.0
Hommes	60.7 ǀ	60.0	59.3	59.1	58.9	58.0	57.7	57.9	57.4	57.5
Femmes	39.3 ǀ	40.0	40.7	40.9	41.1	42.0	42.3	42.1	42.6	42.5
Taux de chômage (% de la population active civile)										
Ensemble des personnes	10.4 ǀ	7.8	5.8	4.3	3.7	4.2	4.4	4.4	4.3	4.3
Hommes	10.4 ǀ	8.1	5.9	4.4	3.8	4.6	4.8	4.9	4.6	4.6
Femmes	10.3 ǀ	7.4	5.5	4.2	3.5	3.7	3.9	3.7	3.8	4.1
Population active totale (% de la population totale)										
Ensemble des personnes	42.0 ǀ	43.8	45.1	46.1	46.3	46.6	46.7	47.5	48.8	49.8
Hommes	51.5 ǀ	53.2	54.2	55.0	55.1	54.8	54.7	55.7	56.5	57.5
Femmes	32.6 ǀ	34.5	36.2	37.3	37.6	38.6	38.9	39.4	41.1	42.1
Population active totale (% de la population de 15-64 ans)(1)										
Ensemble des personnes	64.1 ǀ	66.2	67.8	68.8	68.8	68.8	68.8	69.8	71.5	72.7
Hommes	77.7 ǀ	79.6	80.6	81.2	80.9	80.0	79.6	81.0	82.0	83.1
Femmes	50.3 ǀ	52.7	55.0	56.3	56.5	57.6	57.9	58.5	60.9	62.1
Emploi civil (% de la population totale)										
Ensemble des personnes	37.4 ǀ	40.2	42.3	43.9	44.5	44.5	44.5	45.2	46.5	47.5
Emploi civil (% de la population de 15-64 ans)										
Ensemble des personnes	57.1 ǀ	60.8	63.6	65.6	66.0	65.7	65.5	66.5	68.3	69.3
Hommes	69.0 ǀ	72.6	75.2	77.1	77.3	75.8	75.3	76.6	77.8	78.9
Femmes	45.1 ǀ	48.8	52.0	53.9	54.6	55.4	55.7	56.3	58.6	59.5
Emploi à temps partiel (%)										
Temps partiel en % de l'emploi	15.0	17.6	17.9	18.1	17.9	18.6	19.3	19.3	19.6	19.9
Part des hommes dans le temps partiel	28.2	28.0	25.9	25.6	23.5	21.0	21.4	19.7	19.8	21.3
Part des femmes dans le temps partiel	71.8	72.0	74.1	74.4	76.5	79.0	78.6	80.3	80.2	78.7
Temps partiel des hommes en % de l'emploi des hommes	6.9	8.2	7.8	7.8	7.1	7.0	7.5	6.9	7.1	7.7
Temps partiel des femmes en % de l'emploi des femmes	27.6	31.9	32.7	33.0	33.4	32.9	33.9	34.7	35.0	34.9
Durée du chômage (% du chômage total)										
Moins de 1 mois	7.9		0.7		11.3	9.8	7.6	8.9	9.4	11.3
Plus de 1 mois et moins de 3 mois	6.3		7.2		20.3	19.0	17.0	18.4	19.8	17.7
Plus de 3 mois et moins de 6 mois	12.2		16.0		18.1	20.7	18.5	17.7	18.2	17.9
Plus de 6 mois et moins de 1 an	16.6		20.8		17.2	21.1	21.5	20.7	18.2	18.8
Plus de 1 an	57.0		55.3		33.1	29.4	35.5	34.3	34.3	34.3

Avant 1998, les données se réfèrent aux estimations du mois d'avril de chaque année.

(1) Les taux d'activité calculés selon les définitions nationales peuvent être différents de ceux publiés dans ce tableau si le groupe d'âges représenté dans l'enquête de la population active est différent de 15-64 ans.

IRELAND

III - Participation rates and unemployment rates by age and by sex

Percent (annual average estimates)

	1986	1987	1988	1989	1990	1991	1992	1993	1994	1995	1996
PARTICIPATION RATES											
Males											
15-19	38.3	34.7	33.5	31.4	31.2	30.0	27.4	26.4	24.6	25.2	24.0
20-24	85.7	83.1	83.3	80.4	80.5	79.4	77.4	75.1	76.1	77.9	75.2
25-34	94.5	94.1	94.6	94.2	94.1	93.8	92.5	92.8	93.4	93.3	93.5
35-44	93.0	93.0	93.0	92.6	92.8	92.9	92.2	91.8	92.4	92.0	93.3
45-54	87.7	88.6	88.3	86.9	87.5	88.2	87.5	87.3	87.3	86.5	87.3
15-24	59.9	56.9	56.1	53.5	53.2	51.9	50.0	48.9	48.7	49.6	47.6
25-54	92.2	92.3	92.4	91.7	91.8	92.0	91.0	90.9	91.3	90.9	91.6
55-64	69.8	70.7	69.7	66.3	65.0	65.7	64.4	64.6	64.9	64.1	62.9
65 and over	17.8	17.6	18.4	17.0	16.4	16.6	16.8	15.8	15.7	15.3	15.5
15-64	79.9	79.3	79.0	77.6	77.5	77.3	76.1	75.8	76.2	76.2	75.9
Females											
15-19	32.2	29.7	27.0	25.0	25.9	23.0	21.0	20.1	12.2	18.3	18.0
20-24	75.1	75.4	73.8	74.4	73.7	73.4	70.1	69.9	70.9	70.0	67.8
25-34	49.7	54.4	56.0	57.1	60.0	61.2	64.0	65.6	68.7	69.0	71.3
35-44	32.1	34.7	34.5	36.4	38.8	41.8	43.9	48.1	49.7	51.8	56.1
45-54	29.7	31.3	30.4	30.0	32.5	33.3	35.0	37.0	38.3	39.7	42.3
15-24	52.3	51.0	48.4	47.2	47.3	45.3	43.3	43.2	39.6	42.4	41.2
25-54	38.7	41.9	42.1	42.9	45.4	47.1	49.2	51.7	53.6	54.8	57.8
55-64	18.4	19.7	19.0	18.3	19.9	19.7	19.4	20.3	21.5	21.3	23.5
65 and over	3.8	3.3	3.8	3.5	3.4	3.3	3.3	3.2	2.6	3.0	3.2
15-64	39.8	41.5	40.8	40.9	42.6	43.1	43.8	45.4	45.8	47.3	49.2
All persons											
15-24	56.1	54.0	52.3	50.4	50.3	48.7	46.7	46.1	44.2	46.1	44.5
25-54	65.6	67.2	67.2	67.2	68.5	69.4	70.0	71.1	72.4	72.8	74.5
55-64	43.5	44.5	43.8	41.8	42.1	42.4	41.8	42.4	43.2	42.7	43.3
65 and over	9.9	9.5	10.1	9.4	9.1	9.0	9.1	8.6	8.2	8.3	8.5
15-64	59.9	60.4	59.9	59.2	60.1	60.2	60.0	60.7	61.1	61.8	62.5
UNEMPLOYMENT RATES											
Males											
15-19	36.1	34.6	34.1	29.4	26.3	28.6	30.3	32.7	31.6	28.1	23.8
20-24	25.0	23.9	22.4	19.8	15.5	21.1	22.8	24.8	23.1	17.6	17.6
25-34	17.0	17.2	15.8	15.4	12.9	15.1	16.3	16.6	14.6	12.3	12.1
35-44	14.1	14.2	14.8	14.9	12.1	13.1	13.9	14.3	13.3	10.9	10.8
45-54	12.3	12.2	12.1	12.0	10.4	11.2	11.9	12.3	12.0	10.1	11.1
15-24	28.8	27.5	26.2	22.9	19.0	23.5	25.1	27.1	25.4	20.4	19.3
25-54	14.8	14.9	14.5	14.4	12.0	13.4	14.3	14.6	13.4	11.2	11.4
55-64	8.7	10.8	10.5	9.8	8.5	8.3	8.4	8.6	8.6	7.5	7.0
65 and over	1.0	2.7	2.2	2.0	2.8	2.8	2.0	1.8	3.3	1.4	4.0
15-64	17.2	17.1	16.5	15.5	13.0	14.7	15.6	16.2	15.0	12.5	12.3
Total	16.6	16.6	16.0	15.1	12.6	14.3	15.2	15.8	14.7	12.1	12.0
Females											
15-19	32.2	30.8	31.9	27.2	25.9	29.0	28.9	34.0	50.0	28.8	27.3
20-24	17.0	17.1	17.0	14.6	11.9	16.0	18.1	19.6	17.1	14.1	13.8
25-34	16.9	16.1	14.3	13.9	13.0	13.6	12.8	13.7	12.5	10.2	9.9
35-44	19.9	19.9	19.3	17.7	14.9	16.8	16.1	15.0	14.8	11.8	12.0
45-54	15.8	13.8	15.2	13.2	12.4	13.3	11.9	13.0	13.1	10.8	10.7
15-24	21.9	21.3	21.5	18.3	16.1	19.7	21.0	23.2	22.5	17.5	17.0
25-54	17.5	16.8	15.9	14.9	13.5	14.6	13.7	14.0	13.4	10.8	10.8
55-64	10.2	9.6	10.8	9.3	8.3	8.7	7.7	7.0	8.1	8.4	6.5
65 and over	3.7	4.1	4.8	2.5	2.6	5.3	7.8	8.0	9.2	6.0	11.8
15-64	18.7	17.9	17.5	15.6	14.0	15.7	15.3	15.9	15.2	12.3	11.9
Total	18.4	17.7	17.2	15.4	13.8	15.5	15.2	15.8	15.1	12.2	11.9
All persons											
15-24	25.7	24.6	24.1	20.7	17.7	21.8	23.2	25.3	24.2	19.1	18.3
25-54	15.6	15.5	15.0	14.6	12.5	13.8	14.1	14.4	13.4	11.1	11.1
55-64	9.0	10.6	10.6	9.7	8.4	8.4	8.2	8.2	8.5	7.8	6.8
65 and over	1.6	3.0	2.8	2.1	2.8	3.3	3.2	3.1	4.3	2.4	5.7
15-64	17.7	17.4	16.8	15.6	13.3	15.1	15.5	16.1	15.1	12.4	12.1

LABOUR FORCE STATISTICS - ISBN 9789264035539 - © OECD 2007

III - Taux d'activité et taux de chômage par âge et par sexe

Pourcentage (estimations de moyennes annuelles)

1997	1998	1999	2000	2001	2002	2003	2004	2005	2006	
										TAUX D'ACTIVITÉ
										Hommes
26.0	31.1	33.1	34.1	32.5	29.2	29.3	27.0	27.9	30.2	15-19
75.9	76.8	78.1	79.1	77.5	75.7	75.1	76.1	75.8	79.9	20-24
93.1	93.3	93.8	94.0	93.3	92.5	92.1	92.5	92.8	93.2	25-34
92.5	93.4	93.2	93.4	93.9	93.0	92.7	93.1	93.8	93.9	35-44
85.7	87.1	87.2	88.0	87.5	87.8	87.4	89.1	89.4	89.0	45-54
49.1	52.5	54.4	56.1	55.1	53.1	53.4	52.8	53.3	56.9	15-24
90.7	91.5	91.6	92.0	91.8	91.3	90.9	91.7	92.2	92.2	25-54
62.0	63.0	64.4	64.7	66.4	66.8	66.5	66.6	67.8	68.3	55-64
15.3	14.9	15.0	14.7	14.2	14.9	14.0	13.7	14.6	14.5	65 et plus
75.8	77.4	78.3	79.1	79.0	78.3	78.3	79.1	79.9	81.0	15-64
										Femmes
19.6	22.9	24.7	26.2	23.1	22.1	22.5	20.0	22.9	22.8	15-19
67.7	69.0	70.5	67.6	65.6	65.3	65.7	66.0	68.5	68.8	20-24
72.2	73.7	75.2	77.2	76.0	77.6	75.7	75.7	77.1	78.5	25-34
56.5	59.4	62.0	63.1	65.0	65.7	66.5	65.9	66.5	66.7	35-44
43.4	46.4	49.2	52.2	54.7	57.6	57.5	60.2	63.3	64.1	45-54
42.1	44.6	46.9	46.9	44.9	44.9	45.7	44.6	47.6	47.8	15-24
58.5	60.8	63.0	65.0	66.1	67.8	67.4	67.9	69.6	70.5	25-54
23.3	24.6	26.9	27.8	29.2	31.4	34.1	34.5	38.4	40.8	55-64
3.3	3.0	2.8	2.9	2.9	3.0	3.3	3.1	3.3	4.2	65 et plus
49.8	52.1	54.3	55.7	56.0	57.3	57.6	58.0	60.3	61.3	15-64
										Ensemble des personnes
45.7	48.6	50.7	51.6	50.1	49.1	49.6	48.8	50.5	52.4	15-24
74.5	76.1	77.3	78.5	78.9	79.5	79.1	79.8	81.0	81.5	25-54
42.8	43.8	45.7	46.3	47.9	49.2	50.5	50.7	53.2	54.7	55-64
8.4	8.1	8.0	8.0	7.8	8.2	8.0	7.7	8.3	8.7	65 et plus
62.9	64.8	66.3	67.4	67.5	67.9	68.0	68.6	70.2	71.3	15-64
										TAUX DE CHÔMAGE
										Hommes
20.2	13.3	10.6	9.8	9.1	12.1	12.2	12.1	11.3	11.5	15-19
15.7	11.3	7.7	4.4	5.3	7.5	7.4	7.6	8.4	7.9	20-24
10.1	7.6	5.4	4.4	3.9	5.2	5.1	5.3	4.6	4.9	25-34
9.4	7.3	5.7	4.3	2.9	3.4	4.0	4.0	3.7	3.4	35-44
9.4	8.3	6.0	4.2	3.4	3.3	3.8	4.1	3.7	3.7	45-54
16.9	11.9	8.6	6.1	6.4	8.7	8.6	8.7	9.1	8.8	15-24
9.7	7.7	5.7	4.3	3.4	4.1	4.4	4.5	4.0	4.1	25-54
6.5	5.4	4.2	2.6	2.6	2.5	2.6	2.9	3.1	2.5	55-64
1.4	0.9	0.3	0.1	0.1	0.5	0.1	0.6		0.5	65 et plus
10.6	8.3	6.1	4.5	3.9	4.7	4.9	5.0	4.7	4.6	15-64
10.4	8.1	5.9	4.3	3.8	4.6	4.8	4.9	4.6	4.5	Total
										Femmes
23.4	15.8	11.9	10.3	8.3	10.7	10.8	12.2	10.6	12.2	15-19
12.5	9.3	7.0	5.5	5.0	5.2	5.2	6.1	6.3	6.7	20-24
9.5	6.2	4.8	3.7	3.3	3.5	3.9	3.5	3.3	3.8	25-34
9.0	6.4	4.9	3.6	2.9	3.1	3.0	3.2	3.1	3.5	35-44
9.4	7.8	4.6	3.5	2.7	2.6	3.0	2.4	2.9	3.0	45-54
15.2	11.1	8.3	6.9	5.8	6.5	6.5	7.4	7.3	7.9	15-24
9.3	6.6	4.8	3.6	3.0	3.2	3.4	3.1	3.1	3.5	25-54
5.0	4.5	4.4	2.4	2.7	2.2	2.0	1.5	2.6	2.0	55-64
6.3	0.6	1.5	1.3	1.0	1.3	1.7	1.5	1.4		65 et plus
10.4	7.5	5.5	4.2	3.5	3.7	3.9	3.7	3.8	4.1	15-64
10.3	7.4	5.5	4.2	3.5	3.7	3.9	3.7	3.8	4.1	Total
										Ensemble des personnes
16.1	11.6	8.5	6.4	6.2	7.7	7.6	8.1	8.3	8.4	15-24
9.5	7.3	5.3	4.0	3.2	3.7	3.9	3.9	3.7	3.8	25-54
6.1	5.1	4.3	2.5	2.6	2.4	2.4	2.4	2.9	2.3	55-64
2.4	0.8	0.6	0.4	0.3	0.7	0.5	0.8	0.3	0.4	65 et plus
10.5	8.0	5.8	4.4	3.7	4.3	4.5	4.4	4.3	4.4	15-64

IRELAND

IV - Professional status and breakdown by activity - ISIC Rev. 2

Thousands (second quarter estimates)

	1986	1987	1988	1989	1990	1991	1992	1993	1994	1995	1996
CIVILIAN EMPLOYMENT: PROFESSIONAL STATUS											
All activities	1 092	1 099	1 099	1 099	1 151	1 147	1 155	1 174	1 213	1 272	1 319
Employees	842	840	832	828	865	879	879	899	937	990	1 044
Employers and persons working on own account	232	235	244	242	258	246	258	256	257	265	261
Unpaid family workers	18	24	23	29	28	22	18	20	19	17	14
Agriculture, hunting, forestry and fishing	172	170	171	168	175	159	157	150	147	149	141
Employees	28	28	28	23	24	23	23	22	22	24	22
Employers and persons working on own account	130	124	125	124	129	119	122	113	112	113	110
Unpaid family workers	15	19	18	22	22	15	13	15	13	12	10
Non-agricultural activities	920	929	929	930	976	988	998	1 024	1 066	1 123	1 178
Employees	814	812	804	806	841	856	856	876	915	966	1 022
Employers and persons working on own account	102	111	119	118	128	127	136	143	145	152	151
Unpaid family workers	4	6	6	7	7	7	5	5	6	5	4
All activities (%)	100.0	100.0	100.0	100.0	100.0	100.0	100.0	100.0	100.0	100.0	100.0
Employees	77.0	76.4	75.7	75.4	75.1	76.7	76.1	76.6	77.3	77.8	79.1
Others	23.0	23.6	24.3	24.6	24.9	23.3	23.9	23.4	22.7	22.2	20.9
CIVILIAN EMPLOYMENT: BREAKDOWN BY ACTIVITY											
ISIC Rev. 2 Major Divisions											
1 to 0 All activities	1 082	1 099	1 099	1 099	1 150	1 147	1 155	1 174	1 213	1 272	1 319
1 Agriculture, hunting, forestry and fishing	172	170	171	168	175	159	157	150	147	149	141
2 Mining and quarrying	8	7	7	8	8	7	6	5	5	6	5
3 Manufacturing	212	209	210	220	227	226	227	228	233	245	248
4 Electricity, gas and water	15	14	14	14	12	14	13	12	14	13	14
5 Construction	78	77	75	73	83	84	81	77	92	97	101
6 Wholesale and retail trade; restaurants and hotels	200	203	210	204	211	217	220	235	237	248	258
7 Transport, storage and communication	65	66	64	67	69	66	68	70	56	57	61
8 Financing, insurance, real estate and business services	88	95	97	98	99	106	105	106	114	126	135
9 Community, social and personal services	238	254	248	244	262	264	273	288	309	327	351
0 Activities not adequately defined	5	4	5	3	4	5	4	4	6	5	5
EMPLOYEES: BREAKDOWN BY ACTIVITY											
ISIC Rev. 2 Major Divisions											
1 to 0 All activities	831	840	832	828	865	879	879	898	937	990	1 044
1 Agriculture, hunting, forestry and fishing	28	28	28	23	24	23	23	22	22	24	22
2 Mining and quarrying	8	7	7	7	8	6	6	5	5	5	5
3 Manufacturing	201	197	196	206	210	212	211	209	217	229	234
4 Electricity, gas and water	15	14	14	14	12	14	13	11	14	13	14
5 Construction	60	57	54	53	62	62	57	54	68	71	75
6 Wholesale and retail trade; restaurants and hotels	150	150	153	150	156	163	164	175	178	188	201
7 Transport, storage and communication	58	59	56	59	58	57	59	60	46	46	49
8 Financing, insurance, real estate and business services	86	92	93	94	94	101	100	99	95	106	114
9 Community, social and personal services	221	234	226	221	237	237	244	259	287	303	326
0 Activities not adequately defined	5	4	4	3	4	5	4	4	6	4	5

Prior to 1998, data refer to estimates for April of each year.

IV - Situation dans la profession et répartition par branches d'activités - CITI Rév. 2

Milliers (estimations du second trimestre)

	1997	1998	1999	2000	2001	2002	2003	2004	2005	2006
EMPLOI CIVIL : SITUATION DANS LA PROFESSION										
Toutes activités	1 372	1 487	1 583	1 664	1 710	1 743	1 771	1 829	1 922	2 010
Salariés	1 087	1 185	1 280	1 348	1 399	1 433	1 462	1 500	1 588	1 679
Employeurs et personnes travaillant à leur compte	268	282	283	294	292	294	292	316	321	320
Travailleurs familiaux non rémunérés	18	20	20	22	18	16	18	14	14	12
Agriculture, chasse, sylviculture et pêche	142	135	136	131	120	121	113	117	114	115
Salariés	21	25	27	25	23	24	22	22	21	24
Employeurs et personnes travaillant à leur compte	108	99	98	96	89	89	83	90	88	87
Travailleurs familiaux non rémunérés	12	11	11	10	8	8	8	5	5	4
Activités non agricoles	1 230	1 352	1 448	1 533	1 590	1 622	1 658	1 712	1 809	1 896
Salariés	1 066	1 160	1 253	1 323	1 376	1 409	1 440	1 478	1 566	1 655
Employeurs et personnes travaillant à leur compte	159	183	185	197	203	205	209	225	234	233
Travailleurs familiaux non rémunérés	5	9	9	12	10	8	10	9	9	7
Toutes activités (%)	100.0	100.0	100.0	100.0	100.0	100.0	100.0	100.0	100.0	100.0
Salariés	79.2	79.7	80.8	81.0	81.8	82.2	82.5	82.0	82.6	83.5
Autres	20.8	20.3	19.2	18.9	18.1	17.8	17.5	18.0	17.4	16.5
EMPLOI CIVIL : RÉPARTITION PAR BRANCHES D'ACTIVITÉS										
Branches CITI Rév. 2										
1 à 0 Toutes activités	1 372	1 487	1 584	1 664	1 710	1 743	1 771	1 829	1 922	2 010
1 Agriculture, chasse, sylviculture et pêche	142	135	136	131	120	121	113	117	114	115
2 Industries extractives	6	5	6	6	7	8	7	7	9	11
3 Industries manufacturières	243	286	291	292	298	283	283	279	272	267
4 Électricité, gaz et eau	12	12	12	12	12	12	12	14	13	11
5 Bâtiment et travaux publics	110	126	142	166	180	181	190	206	242	263
6 Commerce de gros et de détail; restaurants et hôtels	270	309	326	345	353	351	366	368	378	401
7 Transports, entrepôts et communications	65	87	96	101	110	110	111	113	118	121
8 Banques, assurances, affaires immobilières et services fournis aux entreprises	135	172	196	212	218	229	227	237	257	267
9 Services fournis à la collectivité, services sociaux et services personnels	357	347	370	398	410	448	461	487	519	555
0 Activités mal désignées	32	8	9	1	1	1	1	1	1	1
SALARIÉS : RÉPARTITION PAR BRANCHES D'ACTIVITÉS										
Branches CITI Rév. 2										
1 à 0 Toutes activités	1 087	1 185	1 280	1 349	1 399	1 433	1 462	1 500	1 588	1 679
1 Agriculture, chasse, sylviculture et pêche	21	25	27	25	23	24	22	22	21	24
2 Industries extractives	6	5	5	6	7	7	6	6	8	10
3 Industries manufacturières	227	265	269	270	277	261	260	257	251	245
4 Électricité, gaz et eau	12	12	12	11	12	12	12	13	13	11
5 Bâtiment et travaux publics	80	92	105	121	132	132	137	150	183	197
6 Commerce de gros et de détail; restaurants et hôtels	213	247	267	286	294	296	312	310	321	348
7 Transports, entrepôts et communications	51	70	79	84	92	89	90	91	93	96
8 Banques, assurances, affaires immobilières et services fournis aux entreprises	115	144	166	181	186	197	195	202	217	231
9 Services fournis à la collectivité, services sociaux et services personnels	329	319	341	365	377	416	428	448	480	517
0 Activités mal désignées	32	7	9	1	1	1	1	1	1	1

Avant 1998, les données se réfèrent aux estimations du mois d'avril de chaque année.

IRELAND

V - Civilian employment and employees: breakdown by activity - ISIC Rev. 3

Thousands (second quarter estimates)

	1986	1987	1988	1989	1990	1991	1992	1993	1994	1995	1996
CIVILIAN EMPLOYMENT: BREAKDOWN BY ACTIVITY											
A to X All activities									1 213	1 272	1 319
A Agriculture, hunting and forestry									145	146	139
B Fishing									2	3	2
C Mining and quarrying									5	6	5
D Manufacturing									233	245	248
E Electricity, gas and water supply									14	13	14
F Construction									92	97	101
G Wholesale and retail trade; repair of motor vehicles, motorcycles and personal and household goods									169	177	184
H Hotels and restaurants									68	71	74
I Transport, storage and communication									56	57	61
J Financial intermediation									44	48	51
K Real estate, renting and business activities									70	78	84
L Public administration and defence; compulsory social security, excluding armed forces									59	61	66
M Education									81	88	97
N Health and social work									101	104	113
O Other community, social and personal service activities									64	68	70
P Private households with employed persons									5	6	6
Q Extra-territorial organisations and bodies									0	1	1
X Not classifiable by economic activities									6	4	4
Breakdown by sector											
Agriculture (A-B)									147	149	141
Industry (C-F)									344	361	367
Services (G-Q)									717	759	806
Agriculture (%)									12.1	11.7	10.7
Industry (%)									28.3	28.3	27.8
Services (%)									59.1	59.6	61.1
Female participation in agriculture (%)									10.1	10.4	12.0
Female participation in industry (%)									23.2	23.5	22.9
Female participation in services (%)									49.8	50.2	50.9
EMPLOYEES: BREAKDOWN BY ACTIVITY											
A to X All activities									938	990	1 044
A Agriculture, hunting and forestry									21	23	20
B Fishing									1	2	2
C Mining and quarrying									5	5	5
D Manufacturing									217	229	234
E Electricity, gas and water supply									14	13	14
F Construction									68	71	75
G Wholesale and retail trade; repair of motor vehicles, motorcycles and personal and household goods									127	134	143
H Hotels and restaurants									52	54	58
I Transport, storage and communication									46	46	49
J Financial intermediation									42	46	49
K Real estate, renting and business activities									53	60	65
L Public administration and defence; compulsory social security, excluding armed forces									59	61	66
M Education									79	85	93
N Health and social work									95	97	106
O Other community, social and personal service activities									50	54	56
P Private households with employed persons									4	5	5
Q Extra-territorial organisations and bodies									0	1	1
X Not classifiable by economic activities									5	3	4
Breakdown by sector											
Agriculture (A-B)									22	24	22
Industry (C-F)									304	318	327
Services (G-Q)									606	644	691
Agriculture (%)									2.4	2.5	2.1
Industry (%)									32.4	32.2	31.4
Services (%)									64.7	65.1	66.2
Female participation in agriculture (%)									13.5	14.4	17.1
Female participation in industry (%)									25.3	25.8	25.1
Female participation in services (%)									53.8	54.2	54.6

Prior to 1998, data refer to estimates for April of each year.

V - Emploi civil et salariés : répartition par branches d'activités - CITI Rév. 3

Milliers (estimations du second trimestre)

1997	1998	1999	2000	2001	2002	2003	2004	2005	2006	
										EMPLOI CIVIL : RÉPARTITION PAR BRANCHES D'ACTIVITÉS
1 372	1 487	1 583	1 664	1 710	1 743	1 771	1 829	1 922	2 010	**A à X Toutes activités**
139	131	133	128	117	117	111	114	112	112	A Agriculture, chasse et sylviculture
2	4	3	3	3	4	3	3	2	3	B Pêche
6	5	6	6	7	8	7	7	9	11	C Activités extractives
243	286	291	292	298	283	283	279	272	267	D Activités de fabrication
12	12	12	12	12	12	12	14	13	11	E Production et distribution d'électricité, de gaz et d'eau
110	126	142	166	180	181	190	206	242	263	F Construction
193	211	223	236	248	246	251	260	267	284	G Commerce de gros et de détail; réparation de véhicules et de biens domestiques
76	98	103	109	105	105	115	108	111	116	H Hôtels et restaurants
65	87	96	101	110	110	111	113	118	121	I Transports, entreposage et communications
50	55	61	69	69	71	73	83	85	86	J Intermédiation financière
84	117	135	144	150	158	154	154	172	182	K Immobilier, location et activités de services aux entreprises
64	63	67	71	73	82	84	84	92	98	L Administration publique et défense; sécurité sociale obligatoire (armée exclue)
93	93	101	102	103	110	115	118	123	136	M Education
120	114	120	132	143	157	168	177	188	201	N Santé et action sociale
73	69	74	74	76	82	79	94	95	100	O Autres activités de services collectifs, sociaux et personnels
7	8	8	7	7	6	8	6	7	8	P Ménages privés employant du personnel domestique
1	0	1	0	1	1	1	0	1	1	Q Organisations et organismes extra-territoriaux
31	7	9	12	8	10	7	10	14	12	X Ne pouvant être classés selon l'activité économique
										Répartition par secteurs
142	135	136	131	120	121	113	117	114	115	Agriculture (A-B)
372	429	451	476	497	484	493	506	537	551	Industrie (C-F)
827	915	988	1 045	1 084	1 128	1 159	1 197	1 259	1 333	Services (G-Q)
10.3	9.1	8.6	7.9	7.0	6.9	6.4	6.4	5.9	5.7	Agriculture (%)
27.1	28.9	28.5	28.6	29.1	27.8	27.8	27.7	27.9	27.4	Industrie (%)
60.3	61.6	62.4	62.8	63.4	64.7	65.4	65.4	65.5	66.3	Services (%)
11.3	11.8	11.4	11.2	10.7	10.3	11.7	9.5	9.8	9.3	Part des femmes dans l'agriculture (%)
22.2	22.7	22.0	21.8	20.7	20.4	19.7	20.2	18.7	17.6	Part des femmes dans l'industrie (%)
51.7	52.1	53.1	53.3	53.7	54.7	54.8	54.6	55.8	55.7	Part des femmes dans les services (%)
										SALARIÉS : RÉPARTITION PAR BRANCHES D'ACTIVITÉS
1 087	1 185	1 280	1 349	1 399	1 433	1 462	1 500	1 588	1 679	**A à X Toutes activités**
20	22	25	23	21	22	20	21	20	22	A Agriculture, chasse et sylviculture
1	3	2	2	2	2	1	1	1	1	B Pêche
6	5	5	6	7	7	6	6	8	10	C Activités extractives
227	265	269	270	277	261	260	257	251	245	D Activités de fabrication
12	12	12	11	12	12	12	13	13	11	E Production et distribution d'électricité, de gaz et d'eau
80	92	105	121	132	132	137	150	183	197	F Construction
154	168	183	195	205	206	212	217	226	247	G Commerce de gros et de détail; réparation de véhicules et de biens domestiques
59	80	85	91	89	89	100	92	96	101	H Hôtels et restaurants
51	70	79	84	92	89	90	91	93	96	I Transports, entreposage et communications
49	53	58	66	65	67	70	79	80	82	J Intermédiation financière
67	91	108	115	121	130	125	123	137	149	K Immobilier, location et activités de services aux entreprises
64	63	67	71	73	82	83	83	91	98	L Administration publique et défense; sécurité sociale obligatoire (armée exclue)
89	89	97	98	98	106	111	113	118	130	M Education
113	105	112	123	134	149	159	166	177	190	N Santé et action sociale
58	54	59	57	59	65	62	74	76	83	O Autres activités de services collectifs, sociaux et personnels
6	7	7	6	6	6	7	5	6	7	P Ménages privés employant du personnel domestique
1	0	1	0	1	1	1	0	1	1	Q Organisations et organismes extra-territoriaux
31	7	8	11	8	9	6	8	12	10	X Ne pouvant être classés selon l'activité économique
										Répartition par secteurs
21	25	27	25	23	24	22	22	21	24	Agriculture (A-B)
326	374	391	408	427	411	415	426	455	462	Industrie (C-F)
710	779	854	905	942	989	1 019	1 044	1 099	1 183	Services (G-Q)
1.9	2.1	2.1	1.8	1.6	1.7	1.5	1.5	1.3	1.4	Agriculture (%)
30.0	31.5	30.5	30.3	30.5	28.7	28.4	28.4	28.7	27.5	Industrie (%)
65.3	65.8	66.7	67.1	67.3	69.0	69.7	69.6	69.2	70.5	Services (%)
14.8	16.8	15.6	15.4	14.9	16.3	18.1	16.7	21.2	19.6	Part des femmes dans l'agriculture (%)
24.5	24.8	24.0	24.2	23.2	22.9	22.1	22.8	21.0	19.9	Part des femmes dans l'industrie (%)
55.3	56.1	56.5	56.5	57.3	58.1	58.2	58.1	59.5	58.9	Part des femmes dans les services (%)

Avant 1998, les données se réfèrent aux estimations du mois d'avril de chaque année.

ITALY

I - Population

Thousands (annual average estimates)

	1986	1987	1988	1989	1990	1991	1992	1993	1994	1995	1996
POPULATION - DISTRIBUTION BY AGE AND GENDER											
All persons											
Total	56 576	56 664	56 763	56 837	56 737	56 760	56 859 |	56 442	56 623	56 745	56 826
Under 15 years	9 529	9 262	8 555	8 747 |	9 350	9 117	8 943 |	8 913	8 792	8 661	8 548
From 15 to 64 years	39 405	39 396	39 823	39 609 |	39 076	39 135	39 203 |	38 804	38 893	38 910	38 870
65 years and over	7 642	8 006	8 385	8 481	8 311	8 507	8 712 |	8 725	8 938	9 173	9 409
Males											
Total	27 538	27 586	27 635	27 669	27 572	27 592	27 639 |	27 430	27 516	27 565	27 601
Under 15 years	4 879	4 759	4 374	4 468 |	4 805	4 688	4 599 |	4 579	4 516	4 449	4 392
From 15 to 64 years	19 385	19 437	19 718	19 594 |	19 424	19 477	19 524 |	19 315	19 371	19 385	19 374
65 years and over	3 274	3 390	3 543	3 607	3 343	3 428	3 516 |	3 536	3 629	3 731	3 835
Females											
Total	29 038	29 077	29 127	29 168	29 166	29 168	29 220 |	29 012	29 107	29 180	29 226
Under 15 years	4 650	4 503	4 181	4 279 |	4 545	4 429	4 344 |	4 334	4 276	4 213	4 156
From 15 to 64 years	20 020	19 958	20 104	20 015 |	19 652	19 659	19 679 |	19 489	19 522	19 525	19 496
65 years and over	4 368	4 616	4 842	4 874	4 968	5 080	5 197 |	5 189	5 310	5 442	5 574
POPULATION - PERCENTAGES											
All persons											
Total	100.0	100.0	100.0	100.0	100.0	100.0	100.0 |	100.0	100.0	100.0	100.0
Under 15 years	16.8	16.3	15.1	15.4 |	16.5	16.1	15.7 |	15.8	15.5	15.3	15.0
From 15 to 64 years	69.6	69.5	70.2	69.7 |	68.9	68.9	68.9 |	68.8	68.7	68.6	68.4
65 years and over	13.5	14.1	14.8	14.9	14.6	15.0	15.3 |	15.5	15.8	16.2	16.6
COMPONENTS OF CHANGE IN POPULATION											
a) Population at 1 January	56 598	56 594	56 609	56 649 |	56 694	56 744	56 757 |	56 960	57 138	57 269	57 332
b) Population at 31 December	56 594	56 609	56 649	56 694 |	56 744	56 757	56 960 |	57 138	57 269	57 332	57 460
c) Total increase (b-a)	-4	15	40	45 |	50	13	203 |	178	131	63	128
d) Births	562	560	578	567	581	556	568	549	537	526	536
e) Deaths	545	535	538	532	544	547	547	552	557	555	558
f) Natural increase (d-e)	17	25	40	35	37	9	21	-3	-20	-29	-22
g) Net migration	-21	-10	0	10	13	4	183	183	151	94	149
h) Statistical adjustments	0	0	0	0	0	0	-1	-2	0	-2	1
i) Total increase (=f+g+h=c)	-4	15	40	45	50	13	203	178	131	63	128
(Components of change in population/ Average population) x1000											
Total increase rates	-0.1	0.3	0.7	0.8 |	0.9	0.2	3.6 |	3.1	2.3	1.1	2.2
Crude birth rates	9.9	9.9	10.2	10.0 |	10.2	9.8	10.0 |	9.6	9.4	9.2	9.3
Crude death rates	9.6	9.5	9.5	9.4 |	9.6	9.6	9.6 |	9.7	9.7	9.7	9.7
Natural increase rates	0.3	0.4	0.7	0.6 |	0.7	0.2	0.4 |	-0.1	-0.3	-0.5	-0.4
Net migration rates	-0.4	-0.2	0.0	0.2 |	0.2	0.1	3.2 |	3.2	2.6	1.6	2.6

I - Population

Milliers (estimations de moyennes annuelles)

	1997	1998	1999	2000	2001	2002	2003	2004	2005	2006
POPULATION - RÉPARTITION SELON L'AGE ET LE SEXE										
Ensemble des personnes										
Total	56 941	57 040	57 078	57 189	57 348	57 474	57 478	57 553	58 135	58 435
Moins de 15 ans	8 459	8 387	8 319	8 271	8 264	8 271	8 270	8 215	8 273	8 272
De 15 à 64 ans	38 867	38 859	38 805	38 787	38 765	38 768	38 771	38 403	38 646	38 726
65 ans et plus	9 615	9 794	9 953	10 130	10 319	10 435	10 437	10 935	11 216	11 437
Hommes										
Total	27 667	27 724	27 739	27 796	27 884	27 950	27 952	27 941	28 250	28 405
Moins de 15 ans	4 348	4 313	4 279	4 254	4 254	4 257	4 256	4 219	4 252	4 250
De 15 à 64 ans	19 392	19 403	19 378	19 377	19 377	19 386	19 388	19 158	19 306	19 355
65 ans et plus	3 926	4 008	4 083	4 164	4 253	4 307	4 308	4 564	4 692	4 800
Femmes										
Total	29 274	29 316	29 339	29 393	29 465	29 524	29 525	29 612	29 885	30 029
Moins de 15 ans	4 111	4 074	4 041	4 017	4 011	4 013	4 013	3 995	4 021	4 022
De 15 à 64 ans	19 475	19 456	19 428	19 410	19 388	19 383	19 384	19 245	19 340	19 371
65 ans et plus	5 689	5 786	5 870	5 966	6 066	6 128	6 129	6 371	6 524	6 637
POPULATION - POURCENTAGES										
Ensemble des personnes										
Total	100.0	100.0	100.0	100.0	100.0	100.0	100.0	100.0	100.0	100.0
Moins de 15 ans	14.9	14.7	14.6	14.5	14.4	14.4	14.4	14.3	14.2	14.2
De 15 à 64 ans	68.3	68.1	68.0	67.8	67.6	67.5	67.5	66.7	66.5	66.3
65 ans et plus	16.9	17.2	17.4	17.7	18.0	18.2	18.2	19.0	19.3	19.6
COMPOSANTES DE L'ÉVOLUTION DÉMOGRAPHIQUE										
a) Population au 1er janvier	57 460	57 563	57 612	57 680	57 844 |	56 994	57 321	57 888	58 462	58 752
b) Population au 31 décembre	57 563	57 612	57 680	57 844	56 994	57 321	57 888	58 462	58 752	59 131
c) Accroissement total (b-a)	103	49	68	164	-850 |	327	567	574	290	380
d) Naissances	540	533	537	543	535	538	544	563	554	560
e) Décès	565	577	571	560	548	557	586	547	567	558
f) Accroissement naturel (d-e)	-25	-44	-34	-17	-13	-19	-42	16	-13	2
g) Solde net des migrations	127	93	101	181	125	347	610	558	303	377
h) Ajustements statistiques	1	0	1	0	-962	-1	-1	0	0	0
i) Accroissement total (=f+g+h=c)	103	49	68	164	-850	327	567	574	290	380
(Composition de l'évolution démographique/ Population moyenne) x1000										
Taux d'accroissement total	1.8	0.9	1.2	2.8	-14.8 |	5.7	9.8	9.9	4.9	6.4
Taux bruts de natalité	9.4	9.3	9.3	9.4	9.3 |	9.4	9.4	9.7	9.5	9.5
Taux bruts de mortalité	9.8	10.0	9.9	9.7	9.5 |	9.7	10.2	9.4	9.7	9.5
Taux d'accroissement naturel	-0.4	-0.8	-0.6	-0.3	-0.2 |	-0.3	-0.7	0.3	-0.2	0.0
Taux du solde net des migrations	2.2	1.6	1.8	3.1	2.2 |	6.1	10.6	9.6	5.2	6.4

ITALY

II - Labour force

Thousands (annual average estimates)

	1986	1987	1988	1989	1990	1991	1992	1993	1994	1995	1996
Total labour force											
All persons	23 851	24 031	24 243	24 258	24 515	24 599	24 348	23 003	22 880	22 871	22 973
Males	15 379	15 362	15 453	15 383	15 487	15 524	15 349	14 729	14 608	14 506	14 484
Females	8 473	8 669	8 790	8 875	9 028	9 075	8 999	8 274	8 272	8 365	8 489
Armed forces											
All persons	626	615	556	558	549	536	543	399	401	382	369
Males	626	615	556	558	549	536	543	399	401	382	369
Females	0	0	0	0	0	0	0	0	0	0	0
Civilian labour force											
All persons	23 225	23 416	23 687	23 700	23 966	24 063	23 805	22 604	22 480	22 489	22 604
Males	14 752	14 747	14 897	14 825	14 938	14 988	14 806	14 330	14 207	14 124	14 115
Females	8 473	8 669	8 790	8 875	9 028	9 075	8 999	8 274	8 272	8 365	8 489
Unemployed											
All persons	2 610	2 832	2 868	2 867	2 751	2 653	2 535	2 299	2 508	2 638	2 653
Males	1 115	1 228	1 232	1 220	1 177	1 142	1 123	1 094	1 234	1 280	1 286
Females	1 495	1 604	1 637	1 647	1 574	1 511	1 412	1 205	1 274	1 358	1 367
Civilian employment											
All persons	20 614	20 584	20 818	20 833	21 215	21 410	21 270	20 305	19 972	19 851	19 951
Males	13 638	13 519	13 665	13 605	13 761	13 846	13 683	13 236	12 974	12 845	12 829
Females	6 977	7 065	7 153	7 228	7 454	7 564	7 587	7 069	6 998	7 007	7 122
Civilian employment (%)											
All persons	100.0	100.0	100.0	100.0	100.0	100.0	100.0	100.0	100.0	100.0	100.0
Males	66.2	65.7	65.6	65.3	64.9	64.7	64.3	65.2	65.0	64.7	64.3
Females	33.8	34.3	34.4	34.7	35.1	35.3	35.7	34.8	35.0	35.3	35.7
Unemployment rates (% of civilian labour force)											
All persons	11.2	12.1	12.1	12.1	11.5	11.0	10.6	10.2	11.2	11.7	11.7
Males	7.6	8.3	8.3	8.2	7.9	7.6	7.6	7.6	8.7	9.1	9.1
Females	17.6	18.5	18.6	18.6	17.4	16.7	15.7	14.6	15.4	16.2	16.1
Total labour force (% of total population)											
All persons	42.2	42.4	42.7	42.7	43.2	43.3	42.8	40.8	40.4	40.3	40.4
Males	55.8	55.7	55.9	55.6	56.2	56.3	55.5	53.7	53.1	52.6	52.5
Females	29.2	29.8	30.2	30.4	31.0	31.1	30.8	28.5	28.4	28.7	29.0
Total labour force (% of population from 15-64 years)[(1)]											
All persons	60.5	61.0	60.9	61.2	62.7	62.9	62.1	59.3	58.8	58.8	59.1
Males	79.3	79.0	78.4	78.5	79.7	79.7	78.6	76.3	75.4	74.8	74.8
Females	42.3	43.4	43.7	44.3	45.9	46.2	45.7	42.5	42.4	42.8	43.5
Civilian employment (% of total population)											
All persons	36.4	36.3	36.7	36.7	37.4	37.7	37.4	36.0	35.3	35.0	35.1
Civilian employment (% of population from 15-64 years)											
All persons	52.3	52.2	52.3	52.6	54.3	54.7	54.3	52.3	51.4	51.0	51.3
Males	70.4	69.6	69.3	69.4	70.8	71.1	70.1	68.5	67.0	66.3	66.2
Females	34.9	35.4	35.6	36.1	37.9	38.5	38.6	36.3	35.8	35.9	36.5
Part-time employment (%)											
Part-time as % of employment	8.1	8.5	8.6	9.0	8.9	9.0	10.0	10.0	10.0	10.5	10.5
Male share of part-time employment	32.2	31.7	31.1	29.6	29.5	28.8	30.8	29.0	27.4	29.2	28.5
Female share of part-time employment	67.8	68.3	68.9	70.4	70.5	71.2	69.2	71.0	72.6	70.8	71.5
Male part-time as % of male employment	3.8	4.0	4.0	4.1	4.0	4.0	4.7	4.5	4.2	4.8	4.7
Female part-time as % of female employment	16.8	17.5	17.7	18.7	18.4	18.5	19.8	20.5	20.6	21.1	20.9
Duration of unemployment (% of total unemployment)											
Less than 1 month	1.9	2.3	2.5	2.5	2.0	2.4	8.1	6.3	4.0	3.9	3.6
More than 1 month and less than 3 months	1.8	2.2	2.3	2.5	1.9	2.3	7.7	4.3	4.0	3.4	3.5
More than 3 months and less than 6 months	10.4	10.7	10.4	10.6	10.9	11.0	14.4	12.9	12.5	12.5	12.1
More than 6 months and less than 1 year	18.8	18.5	16.2	14.9	15.4	16.2	11.6	18.8	18.0	16.7	15.1
More than 1 year	67.1	66.3	68.7	69.5	69.8	68.1	58.2	57.7	61.5	63.6	65.6

(1) Participation rates calculated according to national definitions may differ from those published in this table, when the age group represented in the labour force survey is other than 15-64 years.

LABOUR FORCE STATISTICS - ISBN 9789264035539 - © OECD 2007

II - Population active

Milliers (estimations de moyennes annuelles)

1997	1998	1999	2000	2001	2002	2003	2004	2005	2006	
										Population active totale
23 101	23 363	23 533	23 720	23 901	24 085	24 229	24 365	24 451	24 662	Ensemble des personnes
14 515	14 586	14 596	14 640	14 640	14 702	14 765	14 546	14 640	14 740	Hommes
8 586	8 777	8 937	9 080	9 261	9 383	9 465	9 818	9 811	9 921	Femmes
										Forces armées
386	376	371	351	334	309	312	258	256	250	Ensemble des personnes
386	376	371	351	334	309	312	253	253	246	Hommes
0	0	0	0	0	0	0	5	3	4	Femmes
										Population active civile
22 715	22 987	23 162	23 369	23 567	23 776	23 918	24 107	24 195	24 411	Ensemble des personnes
14 130	14 210	14 225	14 289	14 306	14 393	14 453	14 294	14 387	14 494	Hommes
8 586	8 777	8 937	9 080	9 261	9 383	9 465	9 813	9 808	9 917	Femmes
										Chômeurs
2 688	2 745	2 669	2 495	2 267	2 163	2 096	1 960	1 889	1 673	Ensemble des personnes
1 294	1 313	1 266	1 179	1 066	1 016	996	925	902	801	Hommes
1 394	1 431	1 404	1 316	1 201	1 147	1 100	1 036	986	873	Femmes
										Emploi civil
20 027	20 242	20 493	20 874	21 300	21 613	21 822	22 146	22 306	22 738	Ensemble des personnes
12 835	12 897	12 959	13 110	13 240	13 376	13 457	13 369	13 485	13 694	Hommes
7 192	7 345	7 533	7 764	8 060	8 236	8 365	8 778	8 822	9 044	Femmes
										Emploi civil (%)
100.0	100.0	100.0	100.0	100.0	100.0	100.0	100.0	100.0	100.0	Ensemble des personnes
64.1	63.7	63.2	62.8	62.2	61.9	61.7	60.4	60.5	60.2	Hommes
35.9	36.3	36.8	37.2	37.8	38.1	38.3	39.6	39.5	39.8	Femmes
										Taux de chômage (% de la population active civile)
11.8	11.9	11.5	10.7	9.6	9.1	8.8	8.1	7.8	6.9	Ensemble des personnes
9.2	9.2	8.9	8.3	7.5	7.1	6.9	6.5	6.3	5.5	Hommes
16.2	16.3	15.7	14.5	13.0	12.2	11.6	10.6	10.1	8.8	Femmes
										Population active totale (% de la population totale)
40.6	41.0	41.2	41.5	41.7	41.9	42.2	42.3	42.1	42.2	Ensemble des personnes
52.5	52.6	52.6	52.7	52.5	52.6	52.8	52.1	51.8	51.9	Hommes
29.3	29.9	30.5	30.9	31.4	31.8	32.1	33.2	32.8	33.0	Femmes
										Population active totale (% de la population de 15-64 ans)[1]
59.4	60.1	60.6	61.2	61.7	62.1	62.5	63.4	63.3	63.7	Ensemble des personnes
74.9	75.2	75.3	75.6	75.6	75.8	76.2	75.9	75.8	76.2	Hommes
44.1	45.1	46.0	46.8	47.8	48.4	48.8	51.0	50.7	51.2	Femmes
										Emploi civil (% de la population totale)
35.2	35.5	35.9	36.5	37.1	37.6	38.0	38.5	38.4	38.9	Ensemble des personnes
										Emploi civil (% de la population de 15-64 ans)
51.5	52.1	52.8	53.8	54.9	55.7	56.3	57.7	57.7	58.7	Ensemble des personnes
66.2	66.5	66.9	67.7	68.3	69.0	69.4	69.8	69.8	70.8	Hommes
36.9	37.8	38.8	40.0	41.6	42.5	43.2	45.6	45.6	46.7	Femmes
										Emploi à temps partiel (%)
11.3	11.2	11.8	12.2	12.2	11.9	12.0	14.8	14.6	14.9	Temps partiel en % de l'emploi
29.0	28.1	28.5	29.5	27.4	25.6	25.3	22.9	21.0	21.6	Part des hommes dans le temps partiel
71.0	71.9	71.5	70.5	72.6	74.4	74.7	77.1	79.0	78.4	Part des femmes dans le temps partiel
5.1	4.9	5.3	5.7	5.4	4.9	4.9	5.6	5.1	5.3	Temps partiel des hommes en % de l'emploi des hommes
22.2	22.4	23.2	23.4	23.7	23.5	23.6	28.7	29.2	29.4	Temps partiel des femmes en % de l'emploi des femmes
										Durée du chômage (% du chômage total)
3.6	3.6	4.7	3.9	4.4	4.1	4.7	8.4	8.1	6.6	Moins de 1 mois
3.5	7.8	7.3	7.2	8.1	8.0	8.4	12.9	11.0	11.0	Plus de 1 mois et moins de 3 mois
11.1	11.2	10.8	11.3	10.2	12.1	12.9	13.2	13.2	13.8	Plus de 3 mois et moins de 6 mois
15.5	17.7	15.8	16.3	14.0	16.5	15.8	15.7	15.5	15.7	Plus de 6 mois et moins de 1 an
66.3	59.6	61.4	61.3	63.4	59.2	58.2	49.7	52.2	52.9	Plus de 1 an

(1) Les taux d'activité calculés selon les définitions nationales peuvent être différents de ceux publiés dans ce tableau si le groupe d'âges représenté dans l'enquête de la population active est différent de 15-64 ans.

ITALY

III - Participation rates and unemployment rates by age and by sex

Percent (annual average estimates)

	1986	1987	1988	1989	1990	1991	1992	1993	1994	1995	1996
PARTICIPATION RATES											
Males											
15-19	27.6	28.0	27.9	26.4	24.7	23.2	22.5	28.0	26.5	25.3	23.9
20-24	71.9	72.1	70.4	71.5	70.3	69.5	67.9	66.8	65.2	64.0	63.4
25-34	93.9	93.9	93.7	93.7	93.3	92.8	92.4	89.4	88.5	88.3	87.9
35-44	97.7	97.7	97.7	97.6	97.3	97.4	97.5	96.4	96.1	96.0	96.0
45-54	92.7	92.0	92.2	91.9	91.5	91.1	90.5	88.8	88.1	86.8	87.0
55-59	69.2	69.5	68.4	67.4	68.7	68.3	66.5	65.4	63.4	60.4	59.2
60-64	37.6	36.8	36.5	35.2	36.0	34.9	35.6	32.7	31.6	31.3	30.9
15-24	47.7	48.0	47.7	47.0	46.1	45.3	44.2	48.1	46.9	46.0	45.4
25-54	94.8	94.6	94.6	94.4	94.1	93.8	93.5	91.5	90.8	90.3	90.2
55-64	54.0	53.7	53.0	51.9	53.0	51.4	51.3	49.6	48.1	46.5	45.9
65 and over	9.0	8.3	8.1	7.9	7.1	7.5	8.1	7.1	6.6	6.4	6.3
15-64	76.2	76.1	75.8	75.4	75.1	74.6	74.4	74.9	74.2	73.6	73.5
Females											
15-19	24.8	24.9	24.2	22.8	21.3	19.0	18.8	18.8	17.3	16.5	16.3
20-24	60.9	62.6	62.6	63.9	62.7	61.2	59.6	51.3	49.5	49.1	48.0
25-34	58.9	60.6	62.3	63.6	64.1	63.9	64.4	58.4	58.6	59.3	60.0
35-44	51.1	53.1	53.8	55.6	55.8	56.4	58.3	55.8	56.5	56.9	57.8
45-54	37.9	39.0	38.9	39.0	39.8	40.5	41.9	40.7	41.2	42.5	43.1
55-59	21.2	20.5	21.4	20.4	20.8	21.2	19.6	20.1	19.6	20.0	21.7
60-64	10.2	9.9	10.1	9.8	10.1	10.0	9.7	8.8	8.6	7.8	8.3
15-24	41.5	42.4	42.5	41.9	40.8	39.1	38.2	35.8	34.4	34.1	33.7
25-54	49.5	51.1	51.9	53.1	53.9	54.3	55.4	52.1	52.6	53.4	54.1
55-64	15.8	15.3	15.8	15.1	15.5	15.7	14.6	14.5	14.2	14.1	15.2
65 and over	2.5	2.4	2.0	2.2	2.2	2.2	2.5	2.0	1.8	1.8	1.8
15-64	41.4	42.5	43.1	43.4	44.0	43.9	44.3	41.9	41.9	42.3	43.0
All persons											
15-24	44.6	45.3	45.1	44.5	43.5	42.2	41.3	42.1	40.7	40.1	39.6
25-54	71.9	72.6	73.0	73.6	73.9	73.9	74.3	71.8	71.7	71.8	72.2
55-64	33.8	33.6	33.6	32.6	33.4	32.9	32.1	31.2	30.4	29.6	29.9
65 and over	5.3	4.9	4.6	4.6	4.3	4.5	4.8	4.1	3.7	3.7	3.6
15-64	58.5	59.1	59.3	59.3	59.5	59.2	59.3	58.4	58.0	57.9	58.2
UNEMPLOYMENT RATES											
Males											
15-19	37.1	38.1	35.2	34.0	32.9	32.1	35.3	28.3	30.4	30.6	29.6
20-24	24.5	25.9	25.7	25.1	23.5	24.4	25.6	22.4	24.7	25.8	26.2
25-34	7.1	8.4	8.8	9.2	8.9	8.5	9.3	8.6	10.1	10.8	11.2
35-44	2.3	2.7	2.7	3.1	2.5	2.4	2.8	3.2	4.2	4.4	4.7
45-54	2.4	2.5	2.8	2.5	2.3	1.9	2.6	2.6	3.2	3.6	3.4
55-59	2.4	3.0	2.8	3.3	2.5	2.9	2.6	2.9	3.9	4.2	4.3
60-64	1.2	1.5	1.2	1.6	1.6	1.4	1.8	2.4	2.3	3.1	3.3
15-24	28.5	29.8	28.7	27.8	26.2	26.5	28.1	24.1	26.3	27.0	27.0
25-54	3.9	4.6	4.8	5.0	4.8	4.4	5.1	5.0	6.1	6.5	6.7
55-64	2.0	2.5	2.2	2.7	2.2	2.4	2.3	2.7	3.4	3.8	4.0
65 and over	1.4	1.4	1.7	1.4	0.4	0.7	0.4	3.6	1.7	1.7	1.3
15-64	7.5	8.3	8.3	8.2	7.9	7.6	8.2	7.5	8.6	9.0	9.0
Total	7.4	8.1	8.1	8.1	7.7	7.5	8.1	7.4	8.4	8.8	8.9
Females											
15-19	50.8	51.2	50.1	48.9	46.5	44.7	47.7	44.6	44.8	47.5	48.6
20-24	37.0	38.1	37.5	36.9	34.5	33.0	34.8	32.2	33.9	36.2	36.9
25-34	17.5	19.1	20.3	21.1	19.6	19.4	19.5	16.0	17.6	18.6	18.6
35-44	8.1	8.8	9.0	9.4	8.6	8.7	9.3	8.0	8.8	10.1	10.1
45-54	5.9	6.6	6.5	6.4	5.9	5.7	6.4	5.3	6.3	5.9	6.0
55-59	3.0	2.9	2.8	2.6	2.7	2.1	2.3	2.6	3.4	4.4	5.0
60-64	2.2	1.7	1.6	1.7	2.3	1.7	2.4	3.3	3.4	3.7	2.8
15-24	41.5	42.2	41.2	40.4	37.8	36.0	38.1	35.3	36.5	38.7	39.5
25-54	11.4	12.5	13.1	13.6	12.8	12.6	13.0	10.7	11.8	12.6	12.6
55-64	2.8	2.5	2.4	2.3	2.6	2.0	2.4	2.8	3.4	4.2	4.4
65 and over	3.6	2.8	2.1	2.9	1.8	1.8	1.6	7.7	5.3	6.3	6.9
15-64	18.0	18.8	19.0	18.9	17.7	16.9	17.5	14.6	15.5	16.3	16.2
Total	17.8	18.6	18.8	18.7	17.5	16.7	17.3	14.6	15.4	16.2	16.1
All persons											
15-24	34.5	35.5	34.5	33.6	31.5	30.8	32.7	28.8	30.5	31.9	32.2
25-54	6.6	7.4	7.8	8.2	7.7	7.5	8.0	7.1	8.2	8.8	8.9
55-64	2.2	2.5	2.3	2.6	2.3	2.3	2.3	2.7	3.4	3.9	4.1
65 and over	2.0	1.8	1.8	1.8	0.8	1.0	0.8	4.8	2.7	3.0	2.9
15-64	11.3	12.1	12.2	12.2	11.5	11.1	11.7	10.1	11.1	11.7	11.7

Up until 1992 the lower age limit is 14 years old.

III - Taux d'activité et taux de chômage par âge et par sexe

Pourcentage (estimations de moyennes annuelles)

	1997	1998	1999	2000	2001	2002	2003	2004	2005	2006
TAUX D'ACTIVITÉ										
Hommes										
15-19	23.4	23.8	21.9	21.9	19.8	18.5	17.7	17.0	15.9	15.0
20-24	64.0	64.2	64.2	63.6	62.1	61.5	60.5	59.5	58.3	59.0
25-29	87.9	87.7	87.7	87.5	87.3	87.9	88.0	88.3	87.3	87.4
30-39	95.8	96.3	96.1	95.9	95.8	95.5	95.8	95.3	94.9	94.6
40-49	86.6	87.0	87.7	88.4	89.0	89.5	90.5	89.8	91.0	91.6
50-59	55.1	54.2	54.4	53.9	53.8	55.3	57.3	56.3	57.4	58.0
60-64	31.6	31.7	31.4	31.4	31.1	30.9	31.7	30.4	28.9	28.9
15-24	45.7	46.0	45.1	44.6	42.4	41.4	40.5	39.3	38.1	37.8
25-59	90.1	90.3	90.5	90.6	90.7	91.0	91.5	91.3	91.2	91.3
50-64	44.0	43.5	43.3	42.7	42.3	42.9	44.4	44.0	44.3	45.0
65 et plus	6.9	6.4	5.9	5.8	6.0	6.1	5.9	6.0	6.0	6.1
15-64	73.5	73.9	74.1	74.3	74.2	74.5	74.8	74.5	74.4	74.6
Femmes										
15-19	15.4	15.5	14.6	14.9	14.0	12.4	11.8	11.8	9.5	8.4
20-24	48.1	48.6	49.5	50.2	48.3	46.9	45.3	49.3	45.8	43.9
25-29	60.4	61.6	62.3	63.0	64.1	65.2	65.0	67.4	66.8	66.8
30-39	58.2	60.1	61.1	61.7	62.8	63.2	63.6	66.5	66.6	67.1
40-49	43.8	44.7	46.3	47.7	49.9	51.5	53.2	56.0	56.4	58.3
50-59	21.8	23.1	23.6	24.3	25.7	27.6	28.9	30.7	32.2	32.8
60-64	8.7	8.1	7.8	8.0	8.7	9.2	10.3	9.5	9.4	10.2
15-24	33.6	33.9	33.9	34.3	32.6	31.0	29.9	31.7	28.7	26.9
25-59	54.6	56.0	57.1	57.9	59.3	60.3	60.9	63.6	63.6	64.3
50-64	15.5	15.8	15.8	16.1	16.9	18.1	19.3	20.4	21.5	22.5
65 et plus	2.0	1.7	1.7	1.6	1.6	1.6	1.6	1.2	1.1	1.2
15-64	43.5	44.6	45.5	46.3	47.3	47.9	48.3	50.6	50.4	50.8
Ensemble des personnes										
15-24	39.7	40.1	39.6	39.5	37.6	36.3	35.3	35.6	33.5	32.5
25-59	72.4	73.2	73.8	74.3	75.1	75.8	76.3	77.5	77.4	77.8
50-64	29.2	29.2	29.0	29.0	29.2	30.1	31.5	31.8	32.6	33.4
65 et plus	4.0	3.6	3.4	3.3	3.4	3.5	3.4	3.2	3.1	3.3
15-64	58.5	59.2	59.8	60.3	60.7	61.2	61.6	62.5	62.4	62.7
TAUX DE CHÔMAGE										
Hommes										
15-19	30.3	32.6	32.0	30.9	28.6	27.1	28.9	29.0	32.2	28.6
20-24	25.7	25.5	25.1	23.8	21.7	21.4	21.5	18.5	18.8	16.9
25-29	11.6	11.4	11.3	10.8	9.7	9.2	9.1	8.3	8.2	7.5
30-39	4.4	4.8	4.8	4.5	4.3	4.2	4.0	4.1	3.9	3.5
40-49	3.7	4.0	3.6	3.2	3.1	3.0	2.8	3.2	3.2	2.8
50-59	4.6	4.8	4.9	4.4	4.1	3.9	3.6	4.1	3.3	2.8
60-64	3.9	3.9	4.2	4.4	5.0	4.1	3.7	4.1	4.2	3.0
15-24	26.7	27.2	26.6	25.4	23.2	22.6	23.0	20.7	21.5	19.1
25-59	6.9	7.0	6.8	6.3	5.8	5.6	5.4	5.2	5.1	4.5
50-64	4.4	4.5	4.7	4.4	4.4	4.0	3.6	4.1	3.6	2.8
65 et plus	1.9	2.0	1.7	1.1	1.2	1.5	1.6	1.5	1.1	1.0
15-64	9.1	9.1	8.8	8.2	7.4	7.0	6.8	6.4	6.3	5.5
Total	8.9	9.0	8.7	8.1	7.3	6.9	6.7	6.4	6.2	5.4
Femmes										
15-19	47.8	49.4	47.8	44.2	40.1	42.9	42.1	42.8	44.8	41.1
20-24	37.4	36.4	34.9	33.3	30.2	28.9	28.4	24.0	24.2	22.5
25-29	19.1	19.4	19.0	17.5	16.2	15.4	14.4	13.2	13.0	11.4
30-39	10.4	10.8	10.8	10.2	9.5	8.9	8.9	8.2	8.0	7.1
40-49	6.4	7.3	6.6	6.2	5.6	5.4	5.2	5.4	5.1	4.6
50-59	4.5	4.7	5.7	5.3	4.6	4.7	4.6	4.1	3.2	2.5
60-64	4.0	3.6	3.7	2.9	2.5	3.6	3.5	3.7	3.2	4.4
15-24	39.6	39.0	37.4	35.4	32.2	31.4	30.9	27.2	27.4	25.3
25-59	13.0	13.4	13.1	12.1	11.1	10.5	10.0	9.2	9.0	7.8
50-64	4.4	4.5	5.2	4.7	4.1	4.4	4.3	4.0	3.2	2.9
65 et plus	8.0	5.0	5.0	6.2	4.9	6.2	4.9	2.5	1.4	2.6
15-64	16.3	16.4	15.8	14.6	13.1	12.3	11.7	10.6	10.1	8.8
Total	16.2	16.3	15.7	14.5	13.0	12.2	11.6	10.5	10.1	8.8
Ensemble des personnes										
15-24	32.1	32.1	31.1	29.7	27.0	26.3	26.3	23.5	24.0	21.6
25-59	9.2	9.4	9.2	8.5	7.9	7.5	7.2	6.9	6.7	5.9
50-64	4.4	4.5	4.8	4.5	4.3	4.1	3.8	4.1	3.5	2.9
65 et plus	3.7	2.8	2.6	2.5	2.2	2.8	2.5	1.7	1.1	1.3
15-64	11.8	11.9	11.5	10.6	9.6	9.1	8.7	8.1	7.8	6.9

Jusqu'à 1992, la limite d'âge inférieure est de 14 ans.

IV - Professional status and breakdown by activity - ISIC Rev. 2

Thousands (annual average estimates)

	1986	1987	1988	1989	1990	1991	1992	1993	1994	1995	1996
CIVILIAN EMPLOYMENT: PROFESSIONAL STATUS											
All activities	20 614	20 584	20 818	20 833	21 215	21 410	21 270 |	20 305	19 972	19 851	19 951
Employees	14 460	14 457	14 696	14 766	15 133	15 297	15 193 |	14 432	14 174	14 030	14 098
Employers and persons working on own account	5 054	5 073	5 108	5 163	5 204	5 228	5 214 |	4 896	4 859	4 935	4 987
Unpaid family workers	1 100	1 054	1 014	904	878	885	863 |	977	939	886	866
Agriculture, hunting, forestry and fishing	2 242	2 169	2 052	1 946	1 895	1 823	1 749 |	1 488	1 411	1 333	1 277
Employees	828	795	778	788	791	744	748 |	593	547	524	497
Employers and persons working on own account	1 078	1 069	999	934	908	887	818 |	697	684	654	627
Unpaid family workers	336	305	275	224	196	192	183 |	199	180	155	154
Non-agricultural activities	18 372	18 415	18 766	18 887	19 320	19 587	19 521 |	18 817	18 561	18 518	18 673
Employees	13 632	13 662	13 918	13 978	14 342	14 553	14 445 |	13 840	13 627	13 506	13 601
Employers and persons working on own account	3 976	4 004	4 109	4 229	4 296	4 341	4 396 |	4 198	4 175	4 281	4 360
Unpaid family workers	764	749	739	680	682	693	680 |	779	759	731	712
All activities (%)	100.0	100.0	100.0	100.0	100.0	100.0	100.0 |	100.0	100.0	100.0	100.0
Employees	70.1	70.2	70.6	70.9	71.3	71.4	71.4 |	71.1	71.0	70.7	70.7
Others	29.9	29.8	29.4	29.1	28.7	28.6	28.6 |	28.9	29.0	29.3	29.3
CIVILIAN EMPLOYMENT: BREAKDOWN BY ACTIVITY											
ISIC Rev. 2 Major Divisions											
1 to 0 All activities	20 614	20 584	20 818	20 833	21 215	21 410	21 270 |	20 305	19 972	19 932	20 033
1 Agriculture, hunting, forestry and fishing	2 242	2 169	2 052	1 946	1 895	1 823	1 749 |	1 488	1 411	1 489	1 400
2 Mining and quarrying	220	227	228	224	229	227	237 |	80	69	88	86
3 Manufacturing	4 719	4 639	4 699	4 729	4 757	4 731	4 679 |	5 002	4 962	4 531	4 563
4 Electricity, gas and water								225	207	204	187
5 Construction	1 882	1 849	1 823	1 800	1 859	1 957	1 934 |	1 688	1 622	1 606	1 591
6 Wholesale and retail trade; restaurants and hotels	4 407	4 465	4 500	4 474	4 537	4 660	4 616 |	3 966	3 910	4 218	4 275
7 Transport, storage and communication	1 120	1 148	1 157	1 155	1 146	1 149	1 151 |	1 135	1 065	1 058	1 082
8 Financing, insurance, real estate and business services	749	793	831	859	895	1 003	1 079 |	1 581	1 533	1 598	1 691
9 Community, social and personal services	5 275	5 293	5 528	5 646	5 897	5 860	5 824 |	5 139	5 193	5 140	5 158
0 Activities not adequately defined	0	0	0	0	0	0	0	0	0	0	0
EMPLOYEES: BREAKDOWN BY ACTIVITY											
ISIC Rev. 2 Major Divisions											
1 to 0 All activities	14 463	14 457	14 696	14 766	15 133	15 297	15 121 |	14 517	14 174	14 163	14 249
1 Agriculture, hunting, forestry and fishing	828	795	778	788	791	744	749 |	604	547	546	521
2 Mining and quarrying	219	226	228	222	227	225	236 |	86	59	72	68
3 Manufacturing	4 038	3 986	4 030	4 054	4 081	4 063	4 034 |	3 996	4 089	3 954	3 979
4 Electricity, gas and water								195	194	198	183
5 Construction	1 402	1 357	1 339	1 318	1 371	1 438	1 404 |	1 134	1 053	1 007	980
6 Wholesale and retail trade; restaurants and hotels	1 920	1 933	1 931	1 948	2 007	2 104	2 079 |	1 768	1 690	1 800	1 849
7 Transport, storage and communication	940	975	987	978	972	978	960 |	961	871	863	892
8 Financing, insurance, real estate and business services	691	731	760	777	808	904	965 |	1 140	1 052	1 098	1 147
9 Community, social and personal services	4 425	4 454	4 643	4 681	4 876	4 841	4 692 |	4 633	4 618	4 625	4 630
0 Activities not adequately defined	0	0	0	0	0	0	0	0	0	0	0

IV - Situation dans la profession et répartition par branches d'activités - CITI Rév. 2

Milliers (estimations de moyennes annuelles)

	1997	1998	1999	2000	2001	2002	2003	2004	2005	2006
EMPLOI CIVIL : SITUATION DANS LA PROFESSION										
Toutes activités	20 027	20 242	20 493	20 874	21 300	21 613	21 822	22 146	22 306	22 738
Salariés	14 192	14 356	14 624	14 926	15 302	15 633	15 814	15 859	16 277	16 665
Employeurs et personnes travaillant à leur compte	4 976	5 005	5 070	5 110	5 100	5 088	5 107	5 721	5 608	5 649
Travailleurs familiaux non rémunérés	859	882	798	838	898	892	901	566	421	425
Agriculture, chasse, sylviculture et pêche	1 245	1 201	1 134	1 120	1 126	1 096	1 075	990	947	982
Salariés	472	465	449	451	464	462	452	416	436	475
Employeurs et personnes travaillant à leur compte	617	578	545	525	507	499	486	477	434	428
Travailleurs familiaux non rémunérés	156	159	141	144	155	135	137	97	77	78
Activités non agricoles	18 783	19 041	19 358	19 754	20 174	20 517	20 747	21 156	21 359	21 756
Salariés	13 720	13 891	14 175	14 475	14 838	15 171	15 362	15 443	15 841	16 190
Employeurs et personnes travaillant à leur compte	4 359	4 427	4 526	4 585	4 593	4 589	4 621	5 244	5 174	5 221
Travailleurs familiaux non rémunérés	703	723	657	694	743	757	764	469	344	347
Toutes activités (%)	100.0	100.0	100.0	100.0	100.0	100.0	100.0	100.0	100.0	100.0
Salariés	70.9	70.9	71.4	71.5	71.8	72.3	72.5	71.6	73.0	73.3
Autres	29.1	29.1	28.6	28.5	28.2	27.7	27.5	28.4	27.0	26.7
EMPLOI CIVIL : RÉPARTITION PAR BRANCHES D'ACTIVITÉS										
Branches CITI Rév. 2										
1 à 0 Toutes activités	20 039	20 242	20 493	20 874	21 300	21 613	21 822	22 146	22 306	22 738
1 Agriculture, chasse, sylviculture et pêche	1 370	1 201	1 134	1 120	1 126	1 096	1 075	990	947	982
2 Industries extractives	91	74	70	64	64	63	59	38	40	42
3 Industries manufacturières	4 548	4 921	4 928	4 918	4 907	4 962	4 990	4 846	4 825	4 826
4 Électricité, gaz et eau	184	191	176	167	162	159	161	152	163	159
5 Bâtiment et travaux publics	1 585	1 544	1 575	1 618	1 707	1 748	1 809	1 833	1 913	1 900
6 Commerce de gros et de détail; restaurants et hôtels	4 229	3 942	4 047	4 191	4 296	4 363	4 483	4 468	4 476	4 636
7 Transports, entrepôts et communications	1 092	1 097	1 133	1 190	1 180	1 167	1 162	1 241	1 239	1 224
8 Banques, assurances, affaires immobilières et services fournis aux entreprises	1 754	1 890	2 007	2 140	2 209	2 338	2 393	2 967	3 016	3 109
9 Services fournis à la collectivité, services sociaux et services personnels	5 186	5 382	5 422	5 467	5 648	5 717	5 690	5 612	5 687	5 861
0 Activités mal désignées	0	0	0	0	0	0	0	0	0	0
SALARIÉS : RÉPARTITION PAR BRANCHES D'ACTIVITÉS										
Branches CITI Rév. 2										
1 à 0 Toutes activités	14 307	14 356	14 624	14 926	15 302	15 633	15 814	15 859	16 277	16 665
1 Agriculture, chasse, sylviculture et pêche	502	464	449	451	464	462	452	416	436	475
2 Industries extractives	71	65	64	56	56	55	52	32	36	38
3 Industries manufacturières	3 973	4 072	4 075	4 060	4 061	4 103	4 126	4 067	4 086	4 075
4 Électricité, gaz et eau	179	179	166	159	154	152	152	145	156	154
5 Bâtiment et travaux publics	980	931	948	984	1 040	1 084	1 135	1 106	1 186	1 189
6 Commerce de gros et de détail; restaurants et hôtels	1 872	1 766	1 905	2 052	2 141	2 239	2 330	2 424	2 553	2 719
7 Transports, entrepôts et communications	904	910	938	979	975	969	962	1 032	1 040	1 015
8 Banques, assurances, affaires immobilières et services fournis aux entreprises	1 169	1 213	1 299	1 362	1 429	1 520	1 570	1 812	1 860	1 927
9 Services fournis à la collectivité, services sociaux et services personnels	4 657	4 755	4 780	4 822	4 982	5 047	5 034	4 826	4 924	5 072
0 Activités mal désignées	0	0	0	0	0	0	0	0	0	0

ITALY

V - Civilian employment and employees: breakdown by activity - ISIC Rev. 3

Thousands (annual average estimates)

	1986	1987	1988	1989	1990	1991	1992	1993	1994	1995	1996
CIVILIAN EMPLOYMENT: BREAKDOWN BY ACTIVITY											
A to X All activities								20 305	19 972	19 851	19 951
A Agriculture, hunting and forestry								1 437	1 358	1 285	1 235
B Fishing								51	53	49	43
C Mining and quarrying								80	69	73	68
D Manufacturing								5 002	4 962	4 908	4 863
E Electricity, gas and water supply								225	207	206	194
F Construction								1 688	1 622	1 573	1 568
G Wholesale and retail trade; repair of motor vehicles, motorcycles and personal and household goods								3 312	3 245	3 214	3 245
H Hotels and restaurants								655	665	674	689
I Transport, storage and communication								1 135	1 065	1 036	1 076
J Financial intermediation								626	612	643	648
K Real estate, renting and business activities								955	921	980	1 070
L Public administration and defence; compulsory social security, excluding armed forces								1 550	1 546	1 519	1 501
M Education								1 411	1 409	1 417	1 421
N Health and social work								1 175	1 207	1 234	1 248
O Other community, social and personal service activities								793	821	825	856
P Private households with employed persons								195	197	200	208
Q Extra-territorial organisations and bodies								14	11	16	19
X Not classifiable by economic activities								0	0	0	0
Breakdown by sector											
Agriculture (A-B)								1 488	1 411	1 333	1 277
Industry (C-F)								6 995	6 860	6 760	6 693
Services (G-Q)								11 822	11 701	11 758	11 980
Agriculture (%)								7.3	7.1	6.7	6.4
Industry (%)								34.5	34.3	34.1	33.5
Services (%)								58.2	58.6	59.2	60.0
Female participation in agriculture (%)								36.3	35.2	34.6	33.1
Female participation in industry (%)								23.0	23.4	23.6	23.7
Female participation in services (%)								41.6	41.8	42.1	42.7
EMPLOYEES: BREAKDOWN BY ACTIVITY											
A to X All activities								14 432	14 174	14 030	14 098
A Agriculture, hunting and forestry								567	520	499	472
B Fishing								26	27	25	24
C Mining and quarrying								68	59	62	57
D Manufacturing								4 110	4 089	4 027	4 011
E Electricity, gas and water supply								212	194	194	183
F Construction								1 123	1 053	992	966
G Wholesale and retail trade; repair of motor vehicles, motorcycles and personal and household goods								1 338	1 327	1 316	1 338
H Hotels and restaurants								359	363	367	382
I Transport, storage and communication								928	871	847	885
J Financial intermediation								554	535	554	563
K Real estate, renting and business activities								549	517	533	574
L Public administration and defence; compulsory social security, excluding armed forces								1 540	1 536	1 509	1 488
M Education								1 382	1 381	1 385	1 389
N Health and social work								1 013	1 033	1 049	1 066
O Other community, social and personal service activities								488	492	484	510
P Private households with employed persons								162	165	170	170
Q Extra-territorial organisations and bodies								12	11	16	18
X Not classifiable by economic activities								0	0	0	0
Breakdown by sector											
Agriculture (A-B)								593	547	524	497
Industry (C-F)								5 513	5 395	5 275	5 218
Services (G-Q)								8 326	8 231	8 230	8 383
Agriculture (%)								4.1	3.9	3.7	3.5
Industry (%)								38.2	38.1	37.6	37.0
Services (%)								57.7	58.1	58.7	59.5
Female participation in agriculture (%)								39.1	37.1	38.0	33.9
Female participation in industry (%)								24.7	25.2	25.7	25.8
Female participation in services (%)								45.2	45.4	46.0	46.8

V - Emploi civil et salariés : répartition par branches d'activités - CITI Rév. 3

Milliers (estimations de moyennes annuelles)

	1997	1998	1999	2000	2001	2002	2003	2004	2005	2006
EMPLOI CIVIL : RÉPARTITION PAR BRANCHES D'ACTIVITÉS										
A à X Toutes activités	20 027	20 242	20 493	20 874	21 300	21 613	21 822	22 146	22 306	22 738
A Agriculture, chasse et sylviculture	1 201	1 156	1 089	1 071	1 085	1 057	1 038	956	914	948
B Pêche	44	45	45	49	42	39	37	34	33	34
C Activités extractives	67	74	70	64	64	63	59	38	40	42
D Activités de fabrication	4 839	4 921	4 928	4 918	4 907	4 962	4 990	4 846	4 825	4 826
E Production et distribution d'électricité, de gaz et d'eau	191	191	176	167	162	159	161	152	163	159
F Construction	1 564	1 544	1 575	1 618	1 707	1 748	1 809	1 833	1 913	1 900
G Commerce de gros et de détail; réparation de véhicules et de biens domestiques	3 234	3 266	3 308	3 377	3 416	3 456	3 530	3 434	3 416	3 522
H Hôtels et restaurants	691	676	739	814	880	907	953	1 035	1 060	1 114
I Transports, entreposage et communications	1 099	1 097	1 133	1 190	1 180	1 167	1 162	1 241	1 239	1 224
J Intermédiation financière	647	673	671	662	659	663	665	640	640	675
K Immobilier, location et activités de services aux entreprises	1 153	1 217	1 336	1 478	1 550	1 675	1 728	2 326	2 376	2 434
L Administration publique et défense; sécurité sociale obligatoire (armée exclue)	1 539	1 563	1 572	1 591	1 653	1 673	1 622	1 194	1 183	1 193
M Education	1 430	1 426	1 445	1 467	1 520	1 531	1 532	1 602	1 541	1 597
N Santé et action sociale	1 261	1 281	1 289	1 288	1 321	1 329	1 330	1 505	1 549	1 570
O Autres activités de services collectifs, sociaux et personnels	849	878	898	905	939	970	985	1 041	1 093	1 164
P Ménages privés employant du personnel domestique	202	215	201	196	193	198	202	250	303	324
Q Organisations et organismes extra-territoriaux	17	18	17	20	20	16	17	20	17	12
X Ne pouvant être classés selon l'activité économique	0	0	0	0	0	0	0	0	0	0
Répartition par secteurs										
Agriculture (A-B)	1 245	1 201	1 134	1 120	1 127	1 096	1 075	990	947	982
Industrie (C-F)	6 660	6 730	6 750	6 767	6 840	6 932	7 019	6 869	6 940	6 927
Services (G-Q)	12 122	12 311	12 608	12 987	13 331	13 585	13 726	14 288	14 419	14 829
Agriculture (%)	6.2	5.9	5.5	5.4	5.3	5.1	4.9	4.5	4.2	4.3
Industrie (%)	33.3	33.2	32.9	32.4	32.1	32.1	32.2	31.0	31.1	30.5
Services (%)	60.5	60.8	61.5	62.2	62.6	62.9	62.9	64.5	64.6	65.2
Part des femmes dans l'agriculture (%)	33.0	32.6	31.3	31.4	32.2	31.8	30.8	31.1	30.4	30.8
Part des femmes dans l'industrie (%)	24.0	24.1	23.9	24.1	24.1	23.9	23.7	22.9	22.2	21.9
Part des femmes dans les services (%)	42.7	43.3	44.2	44.5	45.4	45.9	46.4	48.3	48.5	48.7
SALARIÉS : RÉPARTITION PAR BRANCHES D'ACTIVITÉS										
A à X Toutes activités	14 192	14 356	14 624	14 926	15 302	15 633	15 814	15 859	16 277	16 665
A Agriculture, chasse et sylviculture	449	442	428	431	445	444	434	400	419	459
B Pêche	23	23	21	20	19	18	19	16	17	17
C Activités extractives	58	65	64	56	56	55	52	32	36	38
D Activités de fabrication	3 993	4 072	4 075	4 060	4 061	4 103	4 126	4 067	4 086	4 075
E Production et distribution d'électricité, de gaz et d'eau	179	179	166	159	154	152	152	145	156	154
F Construction	964	931	948	984	1 040	1 084	1 135	1 106	1 186	1 189
G Commerce de gros et de détail; réparation de véhicules et de biens domestiques	1 364	1 393	1 498	1 593	1 635	1 723	1 788	1 789	1 880	1 997
H Hôtels et restaurants	383	373	407	459	506	517	542	635	673	722
I Transports, entreposage et communications	910	910	938	979	975	969	962	1 032	1 040	1 015
J Intermédiation financière	555	573	574	561	557	567	571	520	531	562
K Immobilier, location et activités de services aux entreprises	613	640	725	801	871	953	999	1 291	1 329	1 365
L Administration publique et défense; sécurité sociale obligatoire (armée exclue)	1 527	1 552	1 556	1 572	1 628	1 648	1 597	1 172	1 163	1 166
M Education	1 394	1 389	1 401	1 424	1 474	1 482	1 486	1 511	1 465	1 516
N Santé et action sociale	1 090	1 094	1 101	1 098	1 128	1 143	1 151	1 255	1 305	1 335
O Autres activités de services collectifs, sociaux et personnels	508	527	537	548	573	601	615	619	671	720
P Ménages privés employant du personnel domestique	164	175	168	163	160	159	170	250	303	324
Q Organisations et organismes extra-territoriaux	17	18	16	18	18	15	16	19	17	11
X Ne pouvant être classés selon l'activité économique	0	0	0	0	0	0	0	0	0	0
Répartition par secteurs										
Agriculture (A-B)	472	465	449	451	464	462	453	416	436	476
Industrie (C-F)	5 195	5 247	5 253	5 259	5 311	5 394	5 465	5 350	5 464	5 456
Services (G-Q)	8 526	8 644	8 922	9 215	9 525	9 777	9 897	10 093	10 377	10 733
Agriculture (%)	3.3	3.2	3.1	3.0	3.0	3.0	2.9	2.6	2.7	2.9
Industrie (%)	36.6	36.6	35.9	35.2	34.7	34.5	34.6	33.7	33.6	32.7
Services (%)	60.1	60.2	61.0	61.7	62.2	62.5	62.6	63.6	63.8	64.4
Part des femmes dans l'agriculture (%)	33.9	33.6	32.7	32.8	33.2	34.8	32.5	32.2	32.9	33.0
Part des femmes dans l'industrie (%)	26.1	26.2	26.0	26.4	26.3	26.0	25.7	25.2	24.5	24.1
Part des femmes dans les services (%)	47.0	47.7	48.4	49.0	50.0	50.4	51.0	53.0	53.2	53.3

LUXEMBOURG

I - Population

Thousands (mid-year estimates)

	1986	1987	1988	1989	1990	1991	1992	1993	1994	1995	1996
POPULATION - DISTRIBUTION BY AGE AND GENDER											
All persons											
Total	369.5	372.0	375.8	379.3	384.4	389.8	395.2	400.9	406.6	412.8	415.6
Under 15 years	62.5	62.9	64.1	65.4	67.1	68.9	70.8	72.7	74.6	76.3	77.0
From 15 to 64 years	257.8	259.5	261.3	263.1	265.6	268.1	270.5	273.0	275.4	278.4	279.7
65 years and over	49.2	49.6	50.4	50.8	51.7	52.8	53.9	55.2	56.6	58.2	59.1
Males											
Total	179.7	181.1	183.3	185.4	188.3	191.3	194.1	196.9	199.6	202.6	204.0
Under 15 years	32.1	32.2	32.8	33.4	34.4	35.3	36.2	37.3	38.2	39.1	39.5
From 15 to 64 years	129.0	130.3	131.8	133.2	134.9	136.5	137.7	138.8	139.8	141.1	141.8
65 years and over	18.6	18.6	18.7	18.7	19.0	19.5	20.2	20.8	21.6	22.3	22.7
Females											
Total	189.8	190.9	192.5	193.9	196.1	198.5	201.1	204.0	207.0	210.2	211.6
Under 15 years	30.4	30.6	31.3	32.0	32.7	33.6	34.5	35.4	36.4	37.1	37.5
From 15 to 64 years	128.8	129.2	129.5	129.9	130.7	131.6	132.9	134.2	135.6	137.3	137.9
65 years and over	30.6	31.0	31.7	32.1	32.6	33.3	33.7	34.4	35.0	35.8	36.1
POPULATION - PERCENTAGES											
All persons											
Total	100.0	100.0	100.0	100.0	100.0	100.0	100.0	100.0	100.0	100.0	100.0
Under 15 years	16.9	16.9	17.1	17.2	17.5	17.7	17.9	18.1	18.3	18.5	18.5
From 15 to 64 years	69.8	69.8	69.5	69.4	69.1	68.8	68.4	68.1	67.7	67.4	67.3
65 years and over	13.3	13.3	13.4	13.4	13.4	13.5	13.6	13.8	13.9	14.1	14.2
COMPONENTS OF CHANGE IN POPULATION											
a) Population at 1 January	367.2	369.5	371.7	374.9	378.4	384.4	389.8	395.2	400.9	406.6	412.8
b) Population at 31 December	369.5	371.7	374.9	378.4	384.4	389.8	395.2	400.9	406.6	412.8	418.3
c) Total increase (b-a)	2.3	2.2	3.2	3.5	6.0	5.4	5.4	5.7	5.7	6.2	5.5
d) Births	4.3	4.2	4.6	4.7	4.9	5.0	5.1	5.4	5.5	5.4	5.7
e) Deaths	4.0	4.0	3.8	4.0	3.8	3.7	4.0	3.9	3.8	3.8	3.9
f) Natural increase (d-e)	0.3	0.2	0.8	0.7	1.1	1.3	1.1	1.5	1.7	1.6	1.8
g) Net migration	2.0	2.4	3.1	2.9	3.9	4.2	4.3	4.2	4.0	4.6	3.7
h) Statistical adjustments	0.0	-0.4	-0.7	-0.1	1.0	-0.1	0.0	0.0	0.0	0.0	0.0
i) Total increase (=f+g+h=c)	2.3	2.2	3.2	3.5	6.0	5.4	5.4	5.7	5.7	6.2	5.5
(Components of change in population/ Average population) x1000											
Total increase rates	6.2	5.9	8.6	9.3	15.7	13.9	13.8	14.3	14.1	15.1	13.2
Crude birth rates	11.7	11.3	12.3	12.5	12.8	12.9	13.0	13.6	13.6	13.2	13.7
Crude death rates	10.9	10.8	10.2	10.6	10.0	9.6	10.2	9.8	9.4	9.3	9.4
Natural increase rates	0.8	0.5	2.1	1.9	2.9	3.4	2.8	3.8	4.2	3.9	4.3
Net migration rates	5.4	6.5	8.3	7.7	10.2	10.8	11.0	10.6	9.9	11.2	8.9

Prior to 1996 data refer to 31st December, data for 2004 refer to 1st January.

LUXEMBOURG

I - Population

Milliers (estimations au milieu de l'année)

1997	1998	1999	2000	2001	2002	2003	2004	2005	2006	
										POPULATION - RÉPARTITION SELON L'AGE ET LE SEXE
										Ensemble des personnes
421.0	426.5	432.5	436.3	441.5	446.2	450.0	453.3	455.0	459.5	Total
78.5	80.0	81.7	82.6	83.5	84.2	84.6	85.0	85.1	85.4	Moins de 15 ans
282.5	285.5	288.9	292.3	296.6	299.6	302.1	304.1	304.9	308.1	De 15 à 64 ans
60.0	60.9	61.8	61.4	61.4	62.4	63.3	64.3	64.9	66.0	65 ans et plus
										Hommes
206.8	209.7	213.0	214.9	217.5	219.9	222.0	223.9	224.7	226.8	Total
40.3	41.2	42.0	42.4	42.8	43.1	43.4	43.7	43.8	43.9	Moins de 15 ans
143.2	144.7	146.7	148.1	150.0	151.5	152.8	153.9	154.3	155.6	De 15 à 64 ans
23.3	23.8	24.3	24.4	24.7	25.3	25.8	26.3	26.6	27.2	65 ans et plus
										Femmes
214.2	216.7	219.5	221.3	224.0	226.3	227.9	229.4	230.2	232.7	Total
38.2	38.8	39.6	40.2	40.7	41.1	41.2	41.2	41.3	41.5	Moins de 15 ans
139.4	140.8	142.4	144.1	146.6	148.1	149.2	150.2	150.6	152.5	De 15 à 64 ans
36.7	37.1	37.5	37.0	36.7	37.1	37.5	38.0	38.2	38.8	65 ans et plus
										POPULATION - POURCENTAGES
										Ensemble des personnes
100.0	100.0	100.0	100.0	100.0	100.0	100.0	100.0	100.0	100.0	Total
18.6	18.8	18.9	18.9	18.9	18.9	18.8	18.7	18.7	18.6	Moins de 15 ans
67.1	66.9	66.8	67.0	67.2	67.1	67.1	67.1	67.0	67.1	De 15 à 64 ans
14.2	14.3	14.3	14.1	13.9	14.0	14.1	14.2	14.3	14.4	65 ans et plus
										COMPOSANTES DE L'ÉVOLUTION DÉMOGRAPHIQUE
418.3	423.7	429.2	435.7	441.3	444.1	448.3	451.6	455.0	459.5	a) Population au 1er janvier
423.7	429.2	435.7	441.3	444.1	448.3	451.6	455.0	459.4	461.2	b) Population au 31 décembre
5.4	5.5	6.5	5.6	2.8	4.3	3.3	3.4	4.4	1.7	**c) Accroissement total (b-a)**
5.5	5.4	5.6	5.7	5.4	5.3	5.3	5.4	5.4	5.5	d) Naissances
3.9	3.9	3.8	3.8	3.7	3.7	4.1	3.6	3.6	3.8	e) Décès
1.6	1.5	1.8	2.0	1.7	1.6	1.3	1.8	1.8	1.7	**f) Accroissement naturel (d-e)**
3.8	4.1	4.7	3.6	1.1	2.6	2.1	1.6	2.7		g) Solde net des migrations
0.0	-0.1	0.0	0.1	0.0	0.0	0.0	0.0	0.0		h) Ajustements statistiques
5.4	5.5	6.5	5.7	2.8	4.3	3.3	3.4	4.4		**i) Accroissement total (=f+g+h=c)**
										(Composition de l'évolution démographique/ Population moyenne) x1000
12.8	12.9	15.0	13.0	6.3	9.5	7.4	7.5	9.7		Taux d'accroissement total
13.1	12.7	12.9	13.1	12.2	12.0	11.8	11.9	11.7	12.0	Taux bruts de natalité
9.3	9.1	8.8	8.6	8.4	8.4	9.0	7.9	7.9	8.2	Taux bruts de mortalité
3.8	3.5	4.1	4.5	3.8	3.6	2.8	4.0	3.8	3.8	Taux d'accroissement naturel
9.0	9.5	10.9	8.3	2.5	5.9	4.6	3.5	5.8		Taux du solde net des migrations

Avant 1996, les données se réfèrent aux estimations du 31 décembre de chaque année, celles de 2004 se réfèrent au 1er janvier.

LUXEMBOURG

II - Labour force

Thousands (annual average estimates)

	1986	1987	1988	1989	1990	1991	1992	1993	1994	1995	1996
Total labour force											
All persons	167.2	172.1	177.0	182.8	190.2	197.9	203.7	208.1	214.7	220.6	226.7
Males	110.3	113.0	116.0	119.4	124.5	130.0	132.4	134.7	137.1	140.5	143.7
Females	56.9	59.1	61.0	63.4	65.8	67.9	71.3	73.4	77.6	80.1	83.0
Armed forces											
All persons	0.7	0.7	0.7	0.7	0.7	0.7	0.7	0.7	0.4	0.4	0.4
Males	0.7	0.7	0.7	0.7	0.7	0.7	0.7	0.7	0.4	0.4	0.4
Females											
Civilian labour force											
All persons	166.5	171.4	176.3	182.1	189.5	197.2	203.0	207.4	214.3	220.2	226.3
Males	109.6	112.3	115.3	118.7	123.8	129.3	131.7	134.0	136.7	140.1	143.3
Females	56.9	59.1	61.0	63.4	65.8	67.9	71.3	73.4	77.6	80.1	83.0
Unemployed(1)											
All persons	2.3	2.7	2.5	2.3	2.1	2.3	2.7	3.5	4.6	5.1	5.7
Males	1.2	1.5	1.5	1.3	1.1	1.4	1.6	2.0	2.7	2.9	3.2
Females	1.1	1.2	1.0	1.0	1.1	0.9	1.1	1.5	1.9	2.2	2.5
Civilian employment(2)											
All persons	164.2	168.7	173.8	179.8	187.4	194.9	200.3	203.9	209.7	215.1	220.6
Males	108.4	110.8	113.8	117.4	122.7	127.9	130.1	132.0	134.0	137.2	140.1
Females	55.8	57.9	60.0	62.4	64.7	67.0	70.2	71.9	75.7	77.9	80.5
Civilian employment (%)(2)											
All persons	100.0	100.0	100.0	100.0	100.0	100.0	100.0	100.0	100.0	100.0	100.0
Males	66.0	65.7	65.5	65.3	65.5	65.6	65.0	64.7	63.9	63.8	63.5
Females	34.0	34.3	34.5	34.7	34.5	34.4	35.0	35.3	36.1	36.2	36.5
Unemployment rates (% of civilian labour force)(1)											
All persons	1.4	1.6	1.4	1.3	1.1	1.2	1.3	1.7	2.1	2.3	2.5
Males	1.1	1.3	1.3	1.1	0.9	1.1	1.2	1.5	2.0	2.1	2.2
Females	1.9	2.0	1.6	1.6	1.7	1.3	1.5	2.0	2.4	2.7	3.0
Total labour force (% of total population)											
All persons	45.3	46.3	47.1	48.2	49.5	50.8	51.5	51.9	52.8	53.4	54.5
Males	61.4	62.4	63.3	64.4	66.1	68.0	68.2	68.4	68.7	69.4	70.4
Females	30.0	31.0	31.7	32.7	33.6	34.2	35.5	36.0	37.5	38.1	39.2
Total labour force (% of population from 15-64 years)(3)											
All persons	64.9	66.3	67.7	69.5	71.6	73.8	75.3	76.2	78.0	79.2	81.0
Males	85.5	86.7	88.0	89.7	92.3	95.2	96.2	97.0	98.1	99.6	101.3
Females	44.2	45.7	47.1	48.8	50.3	51.6	53.6	54.7	57.2	58.3	60.2
Civilian employment (% of total population)(2)											
All persons	44.4	45.3	46.2	47.4	48.8	50.0	50.7	50.9	51.6	52.1	53.1
Civilian employment (% of population from 15-64 years)											
All persons	63.7	65.0	66.5	68.3	70.6	72.7	74.0	74.7	76.1	77.3	78.9
Males	84.0	85.0	86.3	88.2	91.0	93.7	94.5	95.1	95.9	97.3	98.8
Females	43.3	44.8	46.3	48.0	49.5	50.9	52.8	53.6	55.8	56.7	58.4
Part-time employment (%)											
Part-time as % of employment	7.3	8.1	7.2	7.6	7.6	8.8	9.5	9.8	10.7	11.3	10.4
Male share of part-time employment	13.6	12.3	11.7	13.6	13.4	10.1	14.2	12.6	11.4	11.0	13.3
Female share of part-time employment	86.4	87.7	88.3	86.4	86.6	89.9	85.8	87.4	88.6	89.0	86.7
Male part-time as % of male employment	1.5	1.5	1.3	1.6	1.6	1.4	2.1	1.9	1.9	1.9	2.2
Female part-time as % of female employment	18.4	20.4	18.3	18.8	19.1	22.2	22.0	23.8	25.7	28.4	24.8
Duration of unemployment (% of total unemployment)											
Less than 1 month	6.3	5.7				12.5	17.9	15.8	16.4	13.6	12.3
More than 1 month and less than 3 months	9.4	8.6	10.0	5.3	5.3	12.5	21.4	5.3	7.9	11.7	15.5
More than 3 months and less than 6 months	37.5	17.1	30.0	31.6	26.3	31.3	21.4	18.4	21.0	25.6	27.5
More than 6 months and less than 1 year	15.6	28.6	30.0	15.8	21.1	12.5	25.0	28.9	25.1	25.9	17.0
More than 1 year	31.3	40.0	30.0	47.4	47.4	31.3	14.3	31.6	29.6	23.2	27.6

(1) Registered unemployed.

(2) Domestic employment.

(3) Employment refers to domestic employment and population refers to national population. This explains why the participation rate may be higher than 100. On the other hand, participation rates calculated according to national definitions may differ from those published in this table, when the age group represented in the labour force survey is other than 15-64 years.

II - Population active

Milliers (estimations de moyennes annuelles)

	1997	1998	1999	2000	2001	2002	2003	2004	2005	2006
Population active totale										
Ensemble des personnes	234.2	243.5	255.2	268.8	283.3	292.3	299.4	307.2	317.1	328.7
Hommes	147.5	155.2	160.9	168.7	169.8	174.7	176.5	178.3	182.5	
Femmes	86.7	88.4	94.3	100.0	113.5	117.6	122.9	128.7	134.4	
Forces armées										
Ensemble des personnes	0.4	0.5	0.5	0.4	0.5	0.5	0.5	0.6	0.5	0.5
Hommes	0.4	0.5	0.5	0.5	0.4	0.5	0.5	0.6	0.5	0.5
Femmes	0.0	0.0	0.0	0.0	0.0	0.0	0.0	0.0	0.0	0.0
Population active civile										
Ensemble des personnes	233.8	243.0	254.7	268.4	282.8	291.8	298.9	306.6	316.6	328.2
Hommes	147.1	154.7	160.4	168.2	169.4	174.2	176.0	177.7	181.9	
Femmes	86.7	88.3	94.3	100.0	113.5	117.6	122.8	128.7	134.4	
Chômeurs(1)										
Ensemble des personnes	6.4	5.5	5.3	5.0	4.9	5.8	7.6	8.7	9.8	10.1
Hommes	3.6	2.9	2.8	2.6	2.6	3.2	4.1	4.7	5.4	5.4
Femmes	2.8	2.6	2.5	2.3	2.3	2.6	3.4	3.9	4.4	4.7
Emploi civil(2)										
Ensemble des personnes	227.4	237.5	249.4	263.4	277.9	286.0	291.3	297.9	306.8	318.1
Hommes	143.5	151.8	157.6	165.6	166.8	171.0	171.9	173.0	176.5	
Femmes	83.9	85.7	91.8	97.7	111.2	115.0	119.4	124.8	130.0	
Emploi civil (%)(2)										
Ensemble des personnes	100.0	100.0	100.0	100.0	100.0	100.0	100.0	100.0	100.0	100.0
Hommes	63.1	63.9	63.2	62.9	60.0	59.8	59.0	58.1	57.5	
Femmes	36.9	36.1	36.8	37.1	40.0	40.2	41.0	41.9	42.4	
Taux de chômage (% de la population active civile)(1)										
Ensemble des personnes	2.7	2.3	2.1	1.9	1.7	2.0	2.5	2.8	3.1	3.1
Hommes	2.4	1.9	1.7	1.5	1.5	1.8	2.3	2.6	3.0	
Femmes	3.2	2.9	2.7	2.3	2.0	2.2	2.8	3.0	3.3	
Population active totale (% de la population totale)										
Ensemble des personnes	55.6	57.1	59.0	61.6	64.2	65.5	66.5	67.8	69.7	71.5
Hommes	71.3	74.0	75.5	78.5	78.1	79.4	79.5	79.7	81.2	
Femmes	40.5	40.8	43.0	45.2	50.7	52.0	53.9	56.1	58.4	
Population active totale (% de la population de 15-64 ans)(3)										
Ensemble des personnes	82.9	85.3	88.3	92.0	95.5	97.6	99.1	101.0	104.0	106.7
Hommes	103.0	107.2	109.7	113.9	113.2	115.3	115.5	115.9	118.3	
Femmes	62.2	62.7	66.2	69.4	77.4	79.4	82.4	85.7	89.2	
Emploi civil (% de la population totale)(2)										
Ensemble des personnes	54.0	55.7	57.7	60.4	62.9	64.1	64.7	65.7	67.4	69.2
Emploi civil (% de la population de 15-64 ans)										
Ensemble des personnes	80.5	83.2	86.3	90.1	93.7	95.5	96.4	98.0	100.6	103.2
Hommes	100.2	104.9	107.5	111.8	111.2	112.9	112.5	112.4	114.4	
Femmes	60.2	60.9	64.5	67.8	75.8	77.6	80.1	83.1	86.3	
Emploi à temps partiel (%)										
Temps partiel en % de l'emploi	11.0	12.6	12.1	12.4	13.3	12.5	13.3	13.2	13.9	12.7
Part des hommes dans le temps partiel	11.2	13.3	8.7	10.0	9.3	10.2	7.8	8.1	6.8	6.9
Part des femmes dans le temps partiel	88.8	86.7	91.3	90.0	90.7	89.8	92.2	91.9	93.2	93.1
Temps partiel des hommes en % de l'emploi des hommes	2.0	2.7	1.7	2.0	2.0	2.2	1.7	1.8	1.6	1.5
Temps partiel des femmes en % de l'emploi des femmes	26.2	29.2	28.4	28.4	30.1	27.7	30.2	29.6	30.7	27.2
Durée du chômage (% du chômage total)										
Moins de 1 mois	12.6	12.3	10.3	18.5	21.3	9.7	13.9	12.9	12.8	
Plus de 1 mois et moins de 3 mois	7.7	11.7	14.2	17.9	17.9	20.3	17.6	20.8	20.8	
Plus de 3 mois et moins de 6 mois	18.6	20.9	21.7	26.6	15.9	23.3	26.6	21.3	15.2	
Plus de 6 mois et moins de 1 an	26.5	23.9	21.5	14.6	16.4	19.4	17.2	24.0	24.7	
Plus de 1 an	34.6	31.3	32.3	22.4	28.4	27.4	24.7	21.0	26.4	

(1) Chômeurs inscrits.
(2) Emploi intérieur.
(3) L'emploi se réfère à l'emploi intérieur et la population à la population nationale ce qui explique que le taux d'activité puisse être supérieur à 100. D'autre part, les taux d'activité calculés selon les définitions nationales peuvent être différents de ceux publiés dans ce tableau si le groupe d'âges représenté dans l'enquête de la population active est différent de 15-64 ans.

LUXEMBOURG

III - Participation rates and unemployment rates by age and by sex

Percent (estimates for May of each year)

	1986	1987	1988	1989	1990	1991	1992	1993	1994	1995	1996
PARTICIPATION RATES											
Males											
15-19	35.8	34.4	27.6	28.7	18.0	32.7	25.2	21.5	18.0	17.0	15.4
20-24	82.4	79.5	75.5	74.8	68.4	75.0	72.7	72.4	72.0	63.3	65.7
25-34	97.0	96.2	96.5	95.3	94.2	96.4	96.1	96.2	94.3	92.9	94.3
35-44	98.7	97.9	98.7	97.6	97.7	97.4	97.4	96.9	97.9	96.5	96.3
45-54	91.6	94.5	92.3	90.8	92.6	90.9	90.0	90.4	92.0	91.9	89.8
55-59	56.9	55.4	54.6	53.8	63.1	51.6	53.7	58.9	51.6	53.8	52.7
60-64	16.2	21.3	18.0	19.1	23.1	16.1	15.9	17.7	15.1	14.8	16.7
15-24	59.8	58.7	53.6	54.3	45.7	56.4	52.0	49.8	47.9	42.4	42.8
25-54	95.9	96.3	96.1	94.8	95.0	95.2	94.9	94.8	94.9	93.9	93.8
55-64	39.9	41.6	39.7	38.3	43.2	34.1	35.0	38.5	33.6	35.1	35.6
65 and over	3.2	3.8	3.3	2.8	3.5	2.6	3.2	2.5	2.1	2.6	2.5
15-64	80.0	79.9	78.3	77.8	77.4	78.3	77.5	78.2	77.3	75.9	76.3
Females											
15-19	35.9	32.5	28.5	24.3	13.9	23.6	23.8	18.4	20.0	15.5	13.6
20-24	74.8	72.1	69.7	71.4	68.1	70.3	70.0	67.4	65.0	60.5	59.7
25-34	57.3	60.1	58.3	59.4	61.0	62.4	63.6	64.1	64.1	60.7	64.6
35-44	44.7	46.0	45.7	47.9	49.1	51.9	57.4	55.0	56.4	53.4	57.2
45-54	30.5	33.0	31.4	32.0	34.5	34.8	39.2	39.2	43.1	40.6	42.4
55-59	19.1	19.4	17.3	17.0	18.1	19.4	21.4	20.4	19.0	18.3	14.9
60-64	7.5	10.3	7.5	7.9	9.5	7.4	9.8	8.4	7.8	8.2	5.1
15-24	56.5	54.3	51.3	50.6	44.0	50.0	50.2	45.7	45.0	40.0	38.5
25-54	45.3	47.8	46.6	48.0	49.7	51.3	54.9	54.2	55.7	52.7	55.9
55-64	13.6	15.1	12.7	12.6	13.8	13.4	15.5	14.3	13.4	13.3	10.2
65 and over	1.1	1.4	1.4	1.0	1.1	1.2	2.0	1.3	2.1	1.1	0.9
15-64	42.4	43.5	41.7	42.4	42.4	44.6	47.5	46.2	47.0	44.1	45.7
All persons											
15-24	58.1	56.5	52.4	52.5	44.9	53.3	51.1	47.8	46.5	41.2	40.7
25-54	71.1	72.4	71.7	71.7	72.8	73.8	75.4	74.9	75.8	73.8	75.2
55-64	25.5	27.5	25.4	24.9	28.4	23.5	25.0	26.3	23.3	24.0	22.6
65 and over	1.9	2.3	2.1	1.7	2.0	1.7	2.5	1.8	2.1	1.7	1.6
15-64	61.1	61.7	60.0	60.2	60.1	61.7	62.8	62.4	62.3	60.3	61.1
UNEMPLOYMENT RATES											
Males											
15-19	12.5	7.0	8.6	3.0	5.0	2.7	10.7	13.0	11.4	10.7	13.7
20-24	2.6	2.6	3.5	1.9	2.2	2.8	2.9	3.1	7.9	5.9	9.4
25-34	1.6	1.4	1.4	1.2	1.5	1.3	1.8	1.9	2.8	2.1	3.3
35-44	1.6	1.6	0.9	0.5	0.6	0.9	0.9	1.7	2.9	1.7	1.1
45-54	0.4	1.2	0.6	1.0	1.0	0.5	0.7	0.9	1.5	1.2	0.8
55-59	0.7	0.5		0.5	0.4	0.5	1.4	1.0	0.6	0.0	0.0
60-64				1.4	1.0		1.7	1.6		0.0	0.0
15-24	5.5	3.8	4.7	2.1	2.7	2.8	4.5	5.0	8.5	6.7	10.1
25-54	1.3	1.4	1.0	0.9	1.0	0.9	1.2	1.6	2.5	1.7	1.8
55-64	0.6	0.4		0.7	0.6	0.4	1.4	1.1	0.4	0.0	0.0
65 and over	0.0	0.0	0.0	0.0	0.0	0.0	0.0	0.0	0.0	0.0	0.0
15-64	1.9	1.7	1.5	1.1	1.2	1.1	1.6	1.9	3.0	2.1	2.5
Total	1.9	1.7	1.5	1.1	1.2	1.1	1.6	1.9	3.0	2.1	2.5
Females											
15-19	12.8	12.8	8.6	11.1	13.3	4.0	4.0	10.5	17.9	16.1	19.6
20-24	4.5	3.8	2.8	2.0	3.3	2.1	2.0	2.3	4.6	6.0	6.1
25-34	2.9	3.3	2.8	2.3	2.3	2.5	3.9	3.0	4.4	3.8	4.6
35-44	2.9	2.4	1.8	2.2	2.0	1.8	1.8	3.5	4.6	4.1	4.2
45-54	3.9	3.5	2.5	1.1	1.3	1.2	2.5	2.2	1.6	3.9	3.6
55-59	0.6		0.7	0.8	0.8	2.9	1.1			0.0	0.0
60-64			1.8			1.7			4.0	3.4	0.0
15-24	7.0	6.2	4.3	3.9	4.7	2.5	2.4	3.8	7.2	7.8	8.3
25-54	3.1	3.0	2.4	2.1	2.0	2.0	2.9	3.1	3.9	3.9	4.2
55-64	0.4		1.0	0.6	0.6	2.6	0.8		1.2	1.0	0.0
65 and over	0.0	0.0	0.0	0.0	0.0	0.0	0.0	0.0	0.0	0.0	0.0
15-64	4.1	3.7	2.8	2.4	2.5	2.1	2.7	3.0	4.3	4.4	4.7
Total	4.1	3.7	2.8	2.4	2.4	2.1	2.7	3.0	4.3	4.4	4.7
All persons											
15-24	6.2	4.9	4.5	3.0	3.6	2.6	3.5	4.4	7.9	7.2	9.2
25-54	1.8	1.9	1.5	1.3	1.4	1.3	1.8	2.1	3.0	2.5	2.7
55-64	0.5	0.3	0.3	0.6	0.6	1.0	1.2	0.8	0.7	0.3	0.0
65 and over	0.0	0.0	0.0	0.0	0.0	0.0	0.0	0.0	0.0	0.0	0.0
15-64	2.7	2.4	1.9	1.5	1.6	1.5	2.0	2.3	3.5	2.9	3.3

LABOUR FORCE STATISTICS - ISBN 9789264035539 - © OECD 2007

III - Taux d'activité et taux de chômage par âge et par sexe

Pourcentage (estimations pour le mois de mai de chaque année)

1997	1998	1999	2000	2001	2002	2003	2004	2005	2006	
										TAUX D'ACTIVITÉ
										Hommes
11.9	11.3	13.2	12.5	14.5	15.0	10.4	8.9	10.3		15-19
62.5	59.1	55.0	61.5	58.6	61.0	51.6	50.3	54.4		20-24
94.2	94.4	93.8	93.8	94.4	95.7	94.6	95.6	94.4		25-34
96.4	97.5	96.6	96.8	96.7	97.0	96.5	97.5	98.0		35-44
88.4	90.3	91.4	91.4	90.9	91.8	90.6	92.4	93.7		45-54
54.7	53.7	53.3	58.0	55.6	53.5	58.4	57.8	58.2		55-59
14.6	14.0	15.5	16.5	12.3	18.7	17.7	14.9	15.1		60-64
39.4	37.2	36.0	37.4	36.8	38.2	31.0	29.6	32.1		15-24
93.4	94.4	94.2	94.2	94.2	95.0	94.1	95.3	95.5		25-54
35.8	35.1	35.6	38.6	35.5	37.7	40.1	38.8	39.4		55-64
3.2	2.7	1.7	2.3	1.1	2.4	2.1	1.1	1.0		65 et plus
75.7	76.0	75.7	76.4	76.1	77.0	75.5	75.6	76.0		15-64
										Femmes
7.8	8.0	10.5	8.6	11.4	11.0	6.7	7.7	5.2		15-19
59.4	56.2	50.9	51.0	51.1	50.6	52.0	45.8	46.4		20-24
66.7	67.3	70.3	75.7	74.8	77.8	75.2	78.8	79.4		25-34
59.6	57.8	60.4	64.0	65.9	67.1	67.0	70.8	72.9		35-44
44.2	47.3	52.9	52.8	52.1	53.2	56.2	61.4	64.2		45-54
17.6	23.4	23.8	20.9	22.7	27.3	31.2	34.9	36.7		55-59
7.2	7.1	11.1	12.5	5.6	8.1	10.0	8.4	11.0		60-64
35.3	33.4	31.9	30.6	32.1	31.2	29.7	26.4	25.5		15-24
58.0	58.4	62.0	64.9	65.0	66.7	66.5	70.4	72.2		25-54
12.6	15.6	17.7	16.8	14.4	18.1	21.2	22.6	25.1		55-64
0.9	0.6	0.6	1.2	0.5	0.5	0.9	0.4	0.4		65 et plus
47.1	47.6	50.2	51.7	52.0	53.5	53.5	55.8	57.0		15-64
										Ensemble des personnes
37.4	35.3	34.0	34.0	34.5	34.7	30.4	28.0	28.8		15-24
76.0	76.7	78.3	79.8	79.8	81.0	80.4	83.0	83.9		25-54
24.0	25.1	26.5	27.6	24.9	27.9	30.7	30.9	32.4		55-64
1.9	1.5	1.1	1.6	0.7	1.3	1.4	0.7	0.6		65 et plus
61.5	61.9	63.1	64.2	64.1	65.3	64.6	65.8	66.6		15-64
										TAUX DE CHÔMAGE
										Hommes
18.7	10.0	6.8	9.7	7.5	13.5	12.2	21.9	15.5		15-19
3.5	5.1	6.1	4.9	7.0	3.4	9.2	10.4	11.0		20-24
2.4	2.3	2.0	2.0	1.6	2.8	3.0	4.6	3.6		25-34
0.9	1.4	1.2	1.2	1.0	1.6	2.3	2.7	2.2		35-44
1.2	1.1	0.7	1.1	0.7	0.8	2.6	2.6	3.0		45-54
1.0	0.0	0.9	2.5	0.6	0.3	1.0	1.5	2.6		55-59
	0.0	0.0		0.0		1.1		4.5		60-64
5.6	5.8	6.2	5.7	7.1	5.3	9.7	12.1	11.7		15-24
1.5	1.7	1.4	1.4	1.1	1.8	2.6	3.3	2.9		25-54
0.8	0.0	0.7	2.0	0.5	0.3	1.0	1.3	2.9		55-64
	0.0	0.0		0.0						65 et plus
1.9	1.9	1.7	1.8	1.6	1.9	3.0	3.7	3.5		15-64
1.8	1.9	1.7	1.8	1.6	1.9	3.0	3.7	3.5		Total
										Femmes
18.7	11.6	18.0	7.2	3.7	17.6	22.3	36.1	29.7		15-19
8.1	6.5	5.5	7.3	5.8	7.2	10.9	20.1	14.6		20-24
3.5	4.3	2.9	4.6	1.9	2.8	4.0	7.0	5.5		25-34
2.5	4.2	4.0	2.0	1.8	4.2	4.5	6.7	5.7		35-44
2.5	2.6	1.5	1.2	2.0	2.4	3.5	3.9	4.6		45-54
1.6	2.5	0.0		0.0		3.1	2.0	1.1		55-59
	0.0	5.1		0.0			1.9			60-64
9.2	7.1	7.4	7.3	5.4	9.0	12.2	22.5	16.2		15-24
2.9	3.9	2.9	2.9	1.9	3.2	4.1	6.1	5.3		25-54
1.2	1.9	1.5		0.0		2.4	2.0	0.9		55-64
	0.0	0.0		0.0						65 et plus
3.7	4.2	3.3	3.2	2.2	3.6	4.7	7.1	5.8		15-64
3.6	4.2	3.3	3.1	2.2	3.6	4.7	7.1	5.8		Total
										Ensemble des personnes
7.3	6.4	6.8	6.4	6.3	7.0	10.9	16.9	13.7		15-24
2.1	2.5	2.0	2.0	1.4	2.4	3.2	4.4	3.9		25-54
0.9	0.6	1.0	1.4	0.3	0.2	1.5	1.5	2.1		55-64
	0.0	0.0		0.0						65 et plus
2.5	2.8	2.4	2.4	1.8	2.6	3.7	5.1	4.5		15-64

LUXEMBOURG

IV - Professional status and breakdown by activity - ISIC Rev. 2

Thousands (annual average estimates)

	1986	1987	1988	1989	1990	1991	1992	1993	1994	1995	1996
CIVILIAN EMPLOYMENT: PROFESSIONAL STATUS											
All activities	164.2	168.7	173.8	179.8	187.4	194.9	200.3	203.9	209.7	215.1	220.6
Employees	146.1	150.9	156.2	162.5	170.4	178.1	183.2	186.9	192.1	197.1	202.3
Employers and persons working on own account	18.1	17.8	17.6	17.3	17.0	16.8	17.1	17.0	17.6	18.0	18.3
Unpaid family workers	0.0	0.0	0.0	0.0	0.0	0.0	0.0	0.0	0.0	0.0	0.0
Agriculture, hunting, forestry and fishing	6.6	6.3	6.2	6.0	5.9	5.6	5.5	5.1	4.9	4.5	4.5
Employees	1.0	1.0	1.1	1.2	1.3	1.3	1.3	1.4	1.3	1.2	1.4
Employers and persons working on own account	5.6	5.3	5.1	4.9	4.6	4.3	4.2	3.8	3.5	3.3	3.1
Unpaid family workers											
Non-agricultural activities	157.6	162.4	167.6	173.8	181.5	189.3	194.8	198.8	204.8	210.6	216.1
Employees	145.1	149.9	155.1	161.3	169.1	176.8	181.9	185.5	190.8	195.9	200.9
Employers and persons working on own account	12.5	12.5	12.5	12.4	12.4	12.5	12.9	13.2	14.1	14.7	15.2
Unpaid family workers											
All activities (%)	100.0	100.0	100.0	100.0	100.0	100.0	100.0	100.0	100.0	100.0	100.0
Employees	89.0	89.4	89.9	90.4	90.9	91.4	91.5	91.7	91.6	91.6	91.7
Others	11.0	10.6	10.1	9.6	9.1	8.6	8.5	8.3	8.4	8.4	8.3
CIVILIAN EMPLOYMENT: BREAKDOWN BY ACTIVITY[(1)]											
ISIC Rev. 2 Major Divisions											
1 to 0 All activities	164.4	168.9	174.2	181.2 |	187.1	195.6	199.7	203.2	208.0		
1 Agriculture, hunting, forestry and fishing	6.9	6.6	6.4	6.2 |	6.2	5.6	6.0	6.0	5.9		
2 Mining and quarrying					0.0	0.0	0.0	0.0	0.0		
3 Manufacturing	39.4	38.8	37.4	37.4 |	36.8	35.5	35.5	34.5	34.0		
4 Electricity, gas and water	1.3	1.4	1.4	1.4 |	1.4	1.5	1.4	1.4	1.6		
5 Construction	14.4	15.4	16.7	17.6 |	19.6	21.8	21.4	23.1	22.9		
6 Wholesale and retail trade; restaurants and hotels					39.7	40.5	40.7	42.8	43.9		
7 Transport, storage and communication					13.1	14.4	13.7	16.2	16.8		
8 Financing, insurance, real estate and business services	102.4	106.7	112.3	118.6 |	44.3	34.5	53.1	51.2	52.5		
9 Community, social and personal services					26.1	41.5	27.9	27.9	30.8		
0 Activities not adequately defined					0.0	0.0	0.0	0.0	0.0		
EMPLOYEES: BREAKDOWN BY ACTIVITY[(1)]											
ISIC Rev. 2 Major Divisions											
1 to 0 All activities	146.3	151.0	156.3	162.7	170.4	178.4	183.4	187.0	192.2		
1 Agriculture, hunting, forestry and fishing	1.3	1.3	1.4	1.4	1.5	1.5	1.5	1.6	1.2		
2 Mining and quarrying						0.2	0.3	0.3	0.3		
3 Manufacturing	53.0	53.5	53.5	54.5	55.7	35.6	34.5	32.9	33.0		
4 Electricity, gas and water						1.4	1.4	1.4	1.6		
5 Construction						18.7	20.3	22.0	22.3		
6 Wholesale and retail trade; restaurants and hotels						33.9	34.9	36.3	37.0		
7 Transport, storage and communication						12.9	13.3	13.7	14.0		
8 Financing, insurance, real estate and business services	91.6	95.9	101.3	107.5	114.0	31.4	32.8	33.5	35.0		
9 Community, social and personal services						42.8	44.4	45.3	47.3		
0 Activities not adequately defined						0.0	0.0	0.0	0.0		

(1) Data broken down by activity (civilian employment and employees) have not been revised nor updated due to a change by the country from ISIC Rev. 2 to ISIC Rev. 3.

IV - Situation dans la profession et répartition par branches d'activités - CITI Rév. 2

Milliers (estimations de moyennes annuelles)

1997	1998	1999	2000	2001	2002	2003	2004	2005	2006	
										EMPLOI CIVIL : SITUATION DANS LA PROFESSION
227.4	237.5	249.4	263.4	277.9	286.0	291.3	297.9	306.8	318.1	**Toutes activités**
208.8	218.7	230.3	244.0	258.4	266.2	271.4	277.9	286.8	299.3	Salariés
18.6	18.9	19.1	19.4	19.6	19.8	19.9	19.9	20.0	18.8	Employeurs et personnes travaillant à leur compte
0.0	0.0	0.0	0.0	0.0	0.0	0.0	0.0	0.0	0.0	Travailleurs familiaux non rémunérés
4.5	4.1	4.0	4.0	3.9	3.9	3.9	3.8	3.8	4.0	**Agriculture, chasse, sylviculture et pêche**
1.4	1.0	1.0	1.0	1.0	1.0	1.1	1.1	1.1	1.0	Salariés
3.1	3.1	3.1	3.0	2.9	2.8	2.8	2.8	2.7	3.0	Employeurs et personnes travaillant à leur compte
										Travailleurs familiaux non rémunérés
222.9	233.4	245.4	259.4	274.0	282.1	287.4	294.1	303.0	314.1	**Activités non agricoles**
207.4	217.7	229.3	243.0	257.4	265.2	270.3	276.8	285.7	298.3	Salariés
15.5	15.8	16.0	16.4	16.7	17.0	17.1	17.1	17.3	15.8	Employeurs et personnes travaillant à leur compte
										Travailleurs familiaux non rémunérés
100.0	100.0	100.0	100.0	100.0	100.0	100.0	100.0	100.0	100.0	**Toutes activités (%)**
91.8	92.1	92.3	92.6	93.0	93.1	93.2	93.3	93.5	94.1	Salariés
8.2	8.0	7.7	7.4	7.1	6.9	6.8	6.7	6.5	5.9	Autres
										EMPLOI CIVIL : RÉPARTITION PAR BRANCHES D'ACTIVITÉS(1)
										Branches CITI Rév. 2
										1 à 0 Toutes activités
										1 Agriculture, chasse, sylviculture et pêche
										2 Industries extractives
										3 Industries manufacturières
										4 Électricité, gaz et eau
										5 Bâtiment et travaux publics
										6 Commerce de gros et de détail; restaurants et hôtels
										7 Transports, entrepôts et communications
										8 Banques, assurances, affaires immobilières et services fournis aux entreprises
										9 Services fournis à la collectivité, services sociaux et services personnels
										0 Activités mal désignées
										SALARIÉS : RÉPARTITION PAR BRANCHES D'ACTIVITÉS(1)
										Branches CITI Rév. 2
										1 à 0 Toutes activités
										1 Agriculture, chasse, sylviculture et pêche
										2 Industries extractives
										3 Industries manufacturières
										4 Électricité, gaz et eau
										5 Bâtiment et travaux publics
										6 Commerce de gros et de détail; restaurants et hôtels
										7 Transports, entrepôts et communications
										8 Banques, assurances, affaires immobilières et services fournis aux entreprises
										9 Services fournis à la collectivité, services sociaux et services personnels
										0 Activités mal désignées

(1) Les données concernant la répartition par branches d'activités (emploi civil et salariés) n'ont pas été révisées ni mises à jour en raison du passage par le pays de la CITI Rév. 2 à la CITI Rév. 3.

LUXEMBOURG

V - Civilian employment and employees: breakdown by activity - ISIC Rev. 3

Thousands (annual average estimates)

	1986	1987	1988	1989	1990	1991	1992	1993	1994	1995	1996
CIVILIAN EMPLOYMENT: BREAKDOWN BY ACTIVITY											
A to X All activities										215.3	221.0
A Agriculture, hunting and forestry										4.5	4.5
B Fishing										0.0	0.0
C Mining and quarrying										0.3	0.3
D Manufacturing										33.0	32.3
E Electricity, gas and water supply										1.5	1.5
F Construction										24.3	24.5
G Wholesale and retail trade; repair of motorvehicles,, motorcycles and personal and household goods										33.6	34.6
H Hotels and restaurants										11.4	11.8
I Transport, storage and communication										15.4	16.1
J Financial intermediation										22.1	22.4
K Real estate, renting and business activities										22.3	24.4
L Public administration and defence; compulsory social security, excluding armed forces										11.5	11.8
M Education										9.6	10.0
N Health and social work										13.2	13.7
O Other community, social and personal service activities										8.1	8.4
P Privates households with employed persons										4.6	4.8
Q Extra-territorial organisations and bodies										0.0	0.0
X Not classifiable by economic activities										0.0	0.0
Breakdown by sector											
Agriculture (A-B)										4.5	4.5
Industry (C-F)										59.1	58.6
Services (G-Q)										151.8	158.0
Agriculture (%)										2.1	2.0
Industry (%)										27.5	26.5
Services (%)										70.5	71.5
Female participation in agriculture (%)											
Female participation in industry (%)											
Female participation in services (%)											
EMPLOYEES: BREAKDOWN BY ACTIVITY											
A to X All activities										197.3	202.7
A Agriculture, hunting and forestry										1.2	1.4
B Fishing										0.0	0.0
C Mining and quarrying										0.3	0.3
D Manufacturing										32.3	31.7
E Electricity, gas and water supply										1.5	1.5
F Construction										22.9	23.2
G Wholesale and retail trade; repair of motorvehicles,, motorcycles and personal and household goods										29.0	29.8
H Hotels and restaurants										9.2	9.4
I Transport, storage and communication										14.9	15.5
J Financial intermediation										22.0	22.4
K Real estate, renting and business activities										19.1	21.0
L Public administration and defence; compulsory social security, excluding armed forces										11.5	11.8
M Education										9.6	9.9
N Health and social work										12.2	12.7
O Other community, social and personal service activities										7.1	7.4
P Privates households with employed persons										4.6	4.8
Q Extra-territorial organisations and bodies										0.0	0.0
X Not classifiable by economic activities										0.0	0.0
Breakdown by sector											
Agriculture (A-B)										1.2	1.4
Industry (C-F)										57.0	56.7
Services (G-Q)										139.2	144.7
Agriculture (%)										0.6	0.7
Industry (%)										28.9	28.0
Services (%)										70.6	71.4
Female participation in agriculture (%)											
Female participation in industry (%)											
Female participation in services (%)											

LABOUR FORCE STATISTICS - ISBN 9789264035539 - © OECD 2007

V - Emploi civil et salariés : répartition par branches d'activités - CITI Rév. 3

Milliers (estimations de moyennes annuelles)

1997	1998	1999	2000	2001	2002	2003	2004	2005	2006	
										EMPLOI CIVIL : RÉPARTITION PAR BRANCHES D'ACTIVITÉS
228.0	238.1	250.1	263.4	277.9	286.0	291.3	297.9	306.8	318.1	**A à X Toutes activités**
4.5	4.6	4.5	4.0	3.9	3.9	3.9	3.9	3.9	4.0	A Agriculture, chasse et sylviculture
0.0	0.0	0.0	0.0	0.0	0.0	0.0	0.0	0.0	0.0	B Pêche
0.3	0.3	0.3	0.3	0.3	0.3	0.3	0.3	0.3	0.0	C Activités extractives
32.5	33.1	33.3	33.1	33.6	33.4	32.6	32.5	32.6	34.8	D Activités de fabrication
1.5	1.5	1.5	1.5	1.5	1.6	1.6	1.7	1.8	0.0	E Production et distribution d'électricité, de gaz et d'eau
24.5	25.0	25.1	25.9	27.2	28.1	28.7	29.2	30.3	31.6	F Construction
35.0	36.1	37.2	38.0	39.4	40.5	41.1	41.7	42.8	81.6	G Commerce de gros et de détail; réparation de véhicules et de biens domestiques
12.0	12.2	12.5	12.7	13.0	13.3	13.6	13.9	14.2	0.0	H Hôtels et restaurants
16.9	18.1	19.1	19.9	21.4	22.0	22.5	22.5	22.9	0.0	I Transports, entreposage et communications
23.4	25.2	26.7	29.5	32.6	33.1	32.7	32.9	34.1	36.8	J Intermédiation financière
26.6	30.3	36.5	41.0	44.5	46.6	48.1	50.5	52.0	56.0	K Immobilier, location et activités de services aux entreprises
12.3	12.4	12.7	13.4	13.6	14.3	15.0	15.6	16.2	73.4	L Administration publique et défense; sécurité sociale obligatoire (armée exclue)
10.0	10.3	11.1	12.1	12.7	13.2	13.6	13.9	14.4	0.0	M Education
14.4	14.7	14.9	16.6	18.0	19.2	20.5	21.6	22.8	0.0	N Santé et action sociale
8.8	9.0	9.3	9.4	9.7	9.8	10.0	10.2	10.6	0.0	O Autres activités de services collectifs, sociaux et personnels
5.2	5.4	5.4	5.9	6.3	6.7	7.1	7.5	8.2	0.0	P Ménages privés employant du personnel domestique
0.0	0.0	0.0	0.0	0.0	0.0	0.0	0.0	0.0	0.0	Q Organisations et organismes extra-territoriaux
0.0	0.0	0.0	0.0	0.0	0.0	0.0	0.0	0.0	0.0	X Ne pouvant être classés selon l'activité économique
										Répartition par secteurs
4.5	4.6	4.5	4.0	3.9	3.9	3.9	3.9	3.9	4.0	Agriculture (A-B)
58.8	59.9	60.2	60.8	62.6	63.4	63.2	63.7	65.0	66.4	Industrie (C-F)
164.6	173.7	185.4	198.5	211.2	218.7	224.2	230.3	238.2	247.8	Services (G-Q)
2.0	1.9	1.8	1.5	1.4	1.4	1.3	1.3	1.3	1.3	Agriculture (%)
25.8	25.2	24.1	23.1	22.5	22.2	21.7	21.4	21.2	20.9	Industrie (%)
72.2	73.0	74.1	75.4	76.0	76.5	77.0	77.3	77.6	77.9	Services (%)
										Part des femmes dans l'agriculture (%)
										Part des femmes dans l'industrie (%)
										Part des femmes dans les services (%)
										SALARIÉS : RÉPARTITION PAR BRANCHES D'ACTIVITÉS
209.2	219.3	231.0	244.0	258.4	266.2	271.4	277.9	286.8	299.3	**A à X Toutes activités**
1.4	1.5	1.4	1.0	1.0	1.0	1.1	1.1	1.1		A Agriculture, chasse et sylviculture
0.0	0.0	0.0	0.0	0.0	0.0	0.0	0.0	0.0		B Pêche
0.3	0.3	0.3	0.3	0.3	0.3	0.3	0.3	0.3		C Activités extractives
31.9	32.5	32.7	32.6	33.1	32.9	32.2	32.0	32.1		D Activités de fabrication
1.5	1.5	1.5	1.5	1.5	1.6	1.6	1.6	1.6		E Production et distribution d'électricité, de gaz et d'eau
23.3	23.9	24.0	24.9	26.1	27.0	27.6	28.2	29.3		F Construction
30.3	31.3	32.3	32.9	34.3	35.3	35.9	36.4	37.5		G Commerce de gros et de détail; réparation de véhicules et de biens domestiques
9.5	9.7	10.0	10.0	10.3	10.6	10.8	11.1	11.4		H Hôtels et restaurants
16.3	17.5	18.5	19.2	20.8	21.3	21.8	21.8	22.2		I Transports, entreposage et communications
23.4	25.2	26.7	29.5	32.6	33.1	32.7	32.9	34.1		J Intermédiation financière
22.9	26.5	32.6	37.0	40.5	42.4	43.8	46.3	47.7		K Immobilier, location et activités de services aux entreprises
12.3	12.4	12.7	13.4	13.6	14.3	15.0	15.6	16.2		L Administration publique et défense; sécurité sociale obligatoire (armée exclue)
9.9	10.2	10.9	12.0	12.6	13.1	13.5	13.8	14.3		M Education
13.3	13.6	13.8	15.4	16.8	18.0	19.3	20.4	21.5		N Santé et action sociale
7.7	7.9	8.2	8.2	8.5	8.6	8.8	9.0	9.4		O Autres activités de services collectifs, sociaux et personnels
5.2	5.4	5.4	5.9	6.3	6.7	7.1	7.5	8.2		P Ménages privés employant du personnel domestique
0.0	0.0	0.0	0.0	0.0	0.0	0.0	0.0	0.0		Q Organisations et organismes extra-territoriaux
0.0	0.0	0.0	0.0	0.0	0.0	0.0	0.0	0.0		X Ne pouvant être classés selon l'activité économique
										Répartition par secteurs
1.4	1.5	1.4	1.0	1.0	1.0	1.1	1.1	1.1		Agriculture (A-B)
57.0	58.2	58.5	59.3	61.0	61.8	61.7	62.1	63.3		Industrie (C-F)
150.8	159.7	171.1	183.5	196.3	203.4	208.7	214.8	222.5		Services (G-Q)
0.7	0.7	0.6	0.4	0.4	0.4	0.4	0.4	0.4		Agriculture (%)
27.2	26.5	25.3	24.3	23.6	23.2	22.7	22.3	22.1		Industrie (%)
72.1	72.8	74.1	75.2	76.0	76.4	76.9	77.3	77.6		Services (%)
										Part des femmes dans l'agriculture (%)
										Part des femmes dans l'industrie (%)
										Part des femmes dans les services (%)

NETHERLANDS

I - Population

Thousands (annual average estimates)

	1986	1987	1988	1989	1990	1991	1992	1993	1994	1995	1996
POPULATION - DISTRIBUTION BY AGE AND GENDER											
All persons											
Total	14 572	14 665	14 760	14 849	14 951	15 070	15 184	15 290	15 383	15 459	15 531
Under 15 years	2 767	2 732	2 714	2 711	2 727	2 751	2 778	2 803	2 827	2 843	2 855
From 15 to 64 years	10 018	10 111	10 188	10 246	10 305	10 371	10 433	10 490	10 535	10 569	10 604
65 years and over	1 787	1 822	1 858	1 892	1 919	1 948	1 973	1 997	2 021	2 047	2 072
Males											
Total	7 204	7 249	7 295	7 337	7 389	7 450	7 508	7 561	7 607	7 645	7 680
Under 15 years	1 414	1 396	1 388	1 386	1 394	1 406	1 421	1 438	1 445	1 453	1 460
From 15 to 64 years	5 075	5 124	5 164	5 197	5 230	5 267	5 300	5 330	5 353	5 370	5 385
65 years and over	715	729	742	754	765	777	787	793	809	822	835
Females											
Total	7 368	7 416	7 465	7 511	7 562	7 620	7 676	7 730	7 776	7 814	7 851
Under 15 years	1 353	1 335	1 326	1 325	1 333	1 345	1 358	1 370	1 382	1 390	1 395
From 15 to 64 years	4 943	4 987	5 023	5 049	5 075	5 104	5 133	5 160	5 182	5 199	5 218
65 years and over	1 072	1 093	1 116	1 137	1 154	1 171	1 185	1 200	1 212	1 225	1 238
POPULATION - PERCENTAGES											
All persons											
Total	100.0	100.0	100.0	100.0	100.0	100.0	100.0	100.0	100.0	100.0	100.0
Under 15 years	19.0	18.6	18.4	18.3	18.2	18.3	18.3	18.3	18.4	18.4	18.4
From 15 to 64 years	68.7	68.9	69.0	69.0	68.9	68.8	68.7	68.6	68.5	68.4	68.3
65 years and over	12.3	12.4	12.6	12.7	12.8	12.9	13.0	13.1	13.1	13.2	13.3
COMPONENTS OF CHANGE IN POPULATION											
a) Population at 1 January	14 529	14 615	14 715	14 805	14 893	15 010	15 129	15 239	15 342	15 423	15 494
b) Population at 31 December	14 615	14 715	14 805	14 893	15 010	15 129	15 239	15 342	15 423	15 494	15 567
c) Total increase (b-a)	86	100	90	88	117	119	110	103	81	71	73
d) Births	185	187	187	189	198	199	197	196	196	191	190
e) Deaths	125	122	124	129	129	130	130	138	133	136	138
f) Natural increase (d-e)	60	65	63	60	69	69	67	58	63	55	52
g) Net migration	33	44	35	39	60	63	58	60	37	33	43
h) Statistical adjustments	-7	-9	-8	-11	-12	-13	-15	-15	-19	-17	-22
i) Total increase (=f+g+h=c)	86	100	90	88	117	119	110	103	81	71	73
(Components of change in population/ Average population) x1000											
Total increase rates	5.9	6.8	6.1	5.9	7.8	7.9	7.2	6.7	5.3	4.6	4.7
Crude birth rates	12.7	12.8	12.7	12.7	13.2	13.2	13.0	12.8	12.7	12.4	12.2
Crude death rates	8.6	8.3	8.4	8.7	8.6	8.6	8.6	9.0	8.6	8.8	8.9
Natural increase rates	4.1	4.4	4.3	4.0	4.6	4.6	4.4	3.8	4.1	3.6	3.3
Net migration rates	2.3	3.0	2.4	2.6	4.0	4.2	3.8	3.9	2.4	2.1	2.8

I - Population

Milliers (estimations de moyennes annuelles)

1997	1998	1999	2000	2001	2002	2003	2004	2005	2006	
										POPULATION - RÉPARTITION SELON L'AGE ET LE SEXE
										Ensemble des personnes
15 611	15 707	15 812	15 926	16 046	16 149	16 224	16 282	16 320	16 346	Total
2 872	2 899	2 931	2 962	2 988	3 004	3 013	3 013	2 997	2 972	Moins de 15 ans
10 642	10 687	10 740	10 801	10 872	10 935	10 977	10 999	11 013	11 025	De 15 à 64 ans
2 097	2 120	2 142	2 163	2 187	2 210	2 236	2 270	2 310	2 349	65 ans et plus
										Hommes
7 718	7 767	7 820	7 878	7 941	7 994	8 031	8 056	8 072	8 083	Total
1 469	1 483	1 499	1 515	1 529	1 537	1 542	1 541	1 533	1 521	Moins de 15 ans
5 402	5 424	5 448	5 477	5 511	5 541	5 557	5 562	5 562	5 562	De 15 à 64 ans
847	860	873	886	901	916	933	953	977	1 001	65 ans et plus
										Femmes
7 892	7 941	7 993	8 047	8 105	8 155	8 195	8 226	8 249	8 263	Total
1 403	1 417	1 432	1 447	1 459	1 467	1 472	1 471	1 464	1 452	Moins de 15 ans
5 240	5 264	5 292	5 324	5 360	5 394	5 420	5 439	5 452	5 463	De 15 à 64 ans
1 249	1 260	1 269	1 277	1 285	1 294	1 303	1 317	1 333	1 349	65 ans et plus
										POPULATION - POURCENTAGES
										Ensemble des personnes
100.0	100.0	100.0	100.0	100.0	100.0	100.0	100.0	100.0	100.0	Total
18.4	18.5	18.5	18.6	18.6	18.6	18.6	18.5	18.4	18.2	Moins de 15 ans
68.2	68.0	67.9	67.8	67.8	67.7	67.7	67.6	67.5	67.4	De 15 à 64 ans
13.4	13.5	13.5	13.6	13.6	13.7	13.8	13.9	14.2	14.4	65 ans et plus
										COMPOSANTES DE L'ÉVOLUTION DÉMOGRAPHIQUE
15 567	15 654	15 760	15 864	15 987	16 105	16 193	16 258	16 306	16 334	a) Population au 1er janvier
15 654	15 760	15 864	15 987	16 105	16 193	16 258	16 305	16 334	16 358	b) Population au 31 décembre
87	106	104	123	118	88	65	47	28	24	**c) Accroissement total (b-a)**
192	199	200	207	203	202	200	194	188	185	d) Naissances
136	137	140	141	140	142	142	137	137	135	e) Décès
57	62	60	66	63	60	58	57	51	50	**f) Accroissement naturel (d-e)**
48	62	60	72	70	55	36	19	9	10	g) Solde net des migrations
-17	-18	-16	-15	-15	-27	-29	-28	-33	-36	h) Ajustements statistiques
88	106	104	123	117	88	65	48	27	24	**i) Accroissement total (=f+g+h=c)**
										(Composition de l'évolution démographique/ Population moyenne) x1000
5.6	6.7	6.6	7.7	7.3	5.4	4.0	2.9	1.7	1.5	Taux d'accroissement total
12.3	12.7	12.6	13.0	12.7	12.5	12.3	11.9	11.5	11.3	Taux bruts de natalité
8.7	8.7	8.9	8.8	8.7	8.8	8.7	8.4	8.4	8.3	Taux bruts de mortalité
3.6	3.9	3.8	4.2	3.9	3.7	3.6	3.5	3.1	3.1	Taux d'accroissement naturel
3.1	3.9	3.8	4.5	4.3	3.4	2.2	1.2	0.6	0.6	Taux du solde net des migrations

NETHERLANDS

II - Labour force

Thousands (annual average estimates)

	1986	1987	1988	1989	1990	1991	1992	1993	1994	1995	1996
Total labour force											
All persons	5 863 |	6 486	6 641	6 713	6 872	7 011 |	7 133	7 085	7 184	7 410	7 517
Males	3 822 |	4 050	4 100	4 137	4 179	4 230 |	4 283	4 197	4 232	4 344	4 382
Females	2 041 |	2 436	2 541	2 576	2 693	2 782 |	2 850	2 888	2 952	3 066	3 135
Armed forces											
All persons	103	91	98	90	88	78	79	76	61	49	44
Males	103	90	97	89	87	76	77	75	59	48	42
Females	0	1	2	1	1	2	2	1	2	1	2
Civilian labour force											
All persons	5 760 |	6 395	6 543	6 623	6 784	6 934 |	7 054	7 009	7 124	7 361	7 472
Males	3 719 |	3 960	4 004	4 048	4 092	4 153 |	4 206	4 122	4 173	4 297	4 340
Females	2 041 |	2 435	2 539	2 575	2 692	2 780 |	2 848	2 887	2 950	3 065	3 133
Unemployed											
All persons	605 |	622	609	558	516	490 |	478	437	492	523	489
Males	344 |	290	291	261	228	226 |	227	217	254	255	228
Females	261 |	332	318	297	288	264 |	251	220	239	268	262
Civilian employment											
All persons	5 155 |	5 773	5 934	6 065	6 268	6 444 |	6 576	6 571	6 631	6 838	6 983
Males	3 375 |	3 670	3 713	3 786	3 864	3 928 |	3 979	3 905	3 920	4 041	4 112
Females	1 780 |	2 103	2 221	2 278	2 404	2 516 |	2 598	2 667	2 712	2 797	2 871
Civilian employment (%)											
All persons	100.0 |	100.0	100.0	100.0	100.0	100.0 |	100.0	100.0	100.0	100.0	100.0
Males	65.5 |	63.6	62.6	62.4	61.6	61.0 |	60.5	59.4	59.1	59.1	58.9
Females	34.5 |	36.4	37.4	37.6	38.4	39.0 |	39.5	40.6	40.9	40.9	41.1
Unemployment rates (% of civilian labour force)											
All persons	10.5 |	9.7	9.3	8.4	7.6	7.1 |	6.8	6.2	6.9	7.1	6.5
Males	9.2 |	7.3	7.3	6.4	5.6	5.4 |	5.4	5.3	6.1	5.9	5.3
Females	12.8 |	13.6	12.5	11.5	10.7	9.5 |	8.8	7.6	8.1	8.7	8.4
Total labour force (% of total population)											
All persons	40.2 |	44.2	45.0	45.2	46.0	46.5 |	47.0	46.3	46.7	47.9	48.4
Males	53.1 |	55.9	56.2	56.4	56.6	56.8 |	57.0	55.5	55.6	56.8	57.1
Females	27.7 |	32.8	34.0	34.3	35.6	36.5 |	37.1	37.4	38.0	39.2	39.9
Total labour force (% of population from 15-64 years)[(1)]											
All persons	58.5 |	64.1	65.2	65.5	66.7	67.6 |	68.4	67.5	68.2	70.1	70.9
Males	75.3 |	79.0	79.4	79.6	79.9	80.3 |	80.8	78.7	79.1	80.9	81.4
Females	41.3 |	48.8	50.6	51.0	53.1	54.5 |	55.5	56.0	57.0	59.0	60.1
Civilian employment (% of total population)											
All persons	35.4 |	39.4	40.2	40.8	41.9	42.8 |	43.3	43.0	43.1	44.2	45.0
Civilian employment (% of population from 15-64 years)											
All persons	51.5 |	57.1	58.2	59.2	60.8	62.1 |	63.0	62.6	62.9	64.7	65.9
Males	66.5 |	71.6	71.9	72.8	73.9	74.6 |	75.1	73.3	73.2	75.3	76.4
Females	36.0 |	42.2	44.2	45.1	47.4	49.3 |	50.6	51.7	52.3	53.8	55.0
Part-time employment (%)											
Part-time as % of employment		26.4	26.9	27.7	28.2	28.6	27.3	27.9	28.9	29.4	29.3
Male share of part-time employment		30.5	30.1	29.5	29.6	29.5	24.6	23.5	23.2	23.8	22.8
Female share of part-time employment		69.5	69.9	70.5	70.4	70.5	75.4	76.5	76.8	76.2	77.2
Male part-time as % of male employment		12.5	12.8	13.0	13.4	13.7	11.1	10.9	11.3	11.8	11.3
Female part-time as % of female employment		51.0	51.2	52.8	52.5	52.6	52.3	53.3	54.5	55.1	55.5
Duration of unemployment (% of total unemployment)											
Less than 1 month		3.8	3.6	3.9	3.5	4.9	6.1	7.2	7.5	6.2	5.0
More than 1 month and less than 3 months		15.4	14.3	14.9	17.8	18.7	6.2	4.5	6.0	4.5	4.2
More than 3 months and less than 6 months		17.2	19.0	18.7	15.1	16.1	10.8	9.1	9.1	9.0	9.0
More than 6 months and less than 1 year		17.0	14.1	14.5	14.3	14.3	32.9	26.8	28.1	33.6	31.8
More than 1 year		46.5	49.1	48.1	49.3	46.1	43.9	52.4	49.4	46.8	50.0

Prior to 1987, data refer to 1st January of each year.

(1) Participation rates calculated according to national definitions may differ from those published in this table, when the age group represented in the labour force survey is other than 15-64 years.

II - Population active

Milliers (estimations de moyennes annuelles)

1997	1998	1999	2000	2001	2002	2003	2004	2005	2006	
										Population active totale
7 673	7 797	7 939	8 080	8 239	8 391	8 428	8 496	8 513	8 562	Ensemble des personnes
4 433	4 494	4 530	4 592	4 654	4 729	4 705	4 723	4 691	4 710	Hommes
3 240	3 303	3 409	3 488	3 585	3 662	3 723	3 773	3 822	3 852	Femmes
										Forces armées
44	36	40	0	0	0	0	0	0	0	Ensemble des personnes
41	34	38	0	0	0	0	0	0	0	Hommes
3	2	3	0	0	0	0	0	0	0	Femmes
										Population active civile
7 629	7 761	7 898	8 080	8 239	8 391	8 428	8 496	8 513	8 562	Ensemble des personnes
4 392	4 460	4 492	4 592	4 654	4 729	4 705	4 723	4 691	4 710	Hommes
3 237	3 301	3 406	3 488	3 585	3 662	3 723	3 773	3 822	3 852	Femmes
										Chômeurs
423	337	277	220	175	214	303	395	402	385	Ensemble des personnes
196	155	124	100	84	109	162	205	209	191	Hommes
227	181	153	121	90	106	141	190	194	195	Femmes
										Emploi civil
7 206	7 425	7 622	7 860	8 065	8 176	8 125	8 102	8 111	8 176	Ensemble des personnes
4 196	4 305	4 369	4 492	4 570	4 620	4 544	4 519	4 483	4 519	Hommes
3 010	3 120	3 253	3 367	3 495	3 556	3 582	3 583	3 628	3 657	Femmes
										Emploi civil (%)
100.0	100.0	100.0	100.0	100.0	100.0	100.0	100.0	100.0	100.0	Ensemble des personnes
58.2	58.0	57.3	57.2	56.7	56.5	55.9	55.8	55.3	55.3	Hommes
41.8	42.0	42.7	42.8	43.3	43.5	44.1	44.2	44.7	44.7	Femmes
										Taux de chômage (% de la population active civile)
5.5	4.3	3.5	2.7	2.1	2.6	3.6	4.6	4.7	4.5	Ensemble des personnes
4.5	3.5	2.8	2.2	1.8	2.3	3.4	4.3	4.4	4.1	Hommes
7.0	5.5	4.5	3.5	2.5	2.9	3.8	5.0	5.1	5.0	Femmes
										Population active totale (% de la population totale)
49.2	49.6	50.2	50.7	51.3	52.0	51.9	52.2	52.2	52.4	Ensemble des personnes
57.4	57.9	57.9	58.3	58.6	59.2	58.6	58.6	58.1	58.3	Hommes
41.1	41.6	42.6	43.3	44.2	44.9	45.4	45.9	46.3	46.6	Femmes
										Population active totale (% de la population de 15-64 ans)[(1)]
72.1	73.0	73.9	74.8	75.8	76.7	76.8	77.2	77.3	77.7	Ensemble des personnes
82.1	82.9	83.1	83.8	84.5	85.3	84.7	84.9	84.3	84.7	Hommes
61.8	62.7	64.4	65.5	66.9	67.9	68.7	69.4	70.1	70.5	Femmes
										Emploi civil (% de la population totale)
46.2	47.3	48.2	49.4	50.3	50.6	50.1	49.8	49.7	50.0	Ensemble des personnes
										Emploi civil (% de la population de 15-64 ans)
67.7	69.5	71.0	72.8	74.2	74.8	74.0	73.7	73.6	74.2	Ensemble des personnes
77.7	79.4	80.2	82.0	82.9	83.4	81.8	81.2	80.6	81.3	Hommes
57.4	59.3	61.5	63.2	65.2	65.9	66.1	65.9	66.5	66.9	Femmes
										Emploi à temps partiel (%)
29.1	30.0	30.4	32.1	33.0	33.9	34.6	35.0	35.7	35.5	Temps partiel en % de l'emploi
22.4	24.2	22.6	23.8	23.7	24.6	23.9	24.0	23.7	24.5	Part des hommes dans le temps partiel
77.6	75.8	77.4	76.2	76.3	75.4	76.1	76.0	76.3	75.5	Part des femmes dans le temps partiel
11.1	12.4	11.9	13.4	13.8	14.7	14.8	15.1	15.3	15.8	Temps partiel des hommes en % de l'emploi des hommes
54.9	54.8	55.4	57.2	58.1	58.8	59.7	60.2	60.9	59.7	Temps partiel des femmes en % de l'emploi des femmes
										Durée du chômage (% du chômage total)
3.7	4.2	3.0			7.4	7.0	5.1	4.3	2.9	Moins de 1 mois
3.4	7.4	8.2			24.3	24.2	19.6	18.1	17.0	Plus de 1 mois et moins de 3 mois
12.6	4.9	8.0			25.1	19.5	20.2	17.8	17.4	Plus de 3 mois et moins de 6 mois
31.2	35.7	37.3			16.5	20.1	22.6	19.8	17.5	Plus de 6 mois et moins de 1 an
49.1	47.9	43.5			26.7	29.2	32.5	40.1	45.2	Plus de 1 an

Avant 1987, les données se réfèrent au 1er janvier de chaque année.

(1) Les taux d'activité calculés selon les définitions nationales peuvent être différents de ceux publiés dans ce tableau si le groupe d'âges représenté dans l'enquête de la population active est différent de 15-64 ans.

NETHERLANDS

III - Participation rates and unemployment rates by age and by sex

Percent (annual average estimates)

	1986	1987	1988	1989	1990	1991	1992	1993	1994	1995	1996
PARTICIPATION RATES											
Males											
15-19		41.1	42.8	42.9	44.4	45.7	44.9	44.1	44.3	49.2	52.5
20-24		79.2	78.1	78.4	76.7	77.0	76.1	75.4	76.7	78.7	79.8
25-34		94.8	94.7	94.7	95.1	95.3	94.4	94.0	93.3	93.5	93.8
35-44	74.0	95.3	95.4	95.6	95.3	95.2	93.9	93.8	93.9	94.8	94.4
45-54	38.3	87.8	87.9	88.0	88.3	88.8	88.1	88.0	89.1	89.7	89.4
55-59	63.2	66.2	66.6	65.3	66.3	63.7	61.8	60.9	59.5	61.4	62.2
60-64	23.4	27.7	26.8	24.5	22.7	21.7	23.3	20.4	21.9	20.5	20.6
15-24	50.4	60.7	61.1	61.5	61.8	63.0	62.5	62.0	62.6	65.5	66.9
25-54	91.4	93.2	93.2	93.3	93.4	93.6	92.5	92.2	92.3	92.8	92.7
55-64	44.3	47.1	46.9	46.0	45.7	43.4	43.5	41.5	41.8	42.3	43.1
65 and over	3.3									5.4	5.8
15-64	74.9	79.2	79.4	79.7	80.0	80.3	79.7	79.3	79.6	80.8	81.1
Females											
15-19		40.4	40.9	39.2	41.9	42.9	43.2	42.0	42.1	45.9	50.4
20-24		73.9	74.8	75.5	77.1	76.0	74.6	74.9	75.0	77.7	79.0
25-34		59.6	62.4	62.9	65.6	67.8	68.8	71.6	71.8	74.2	75.5
35-44	34.3	54.5	56.7	57.9	59.8	62.0	62.8	64.0	65.9	67.0	67.7
45-54	14.2	42.9	44.2	44.1	46.0	48.8	49.4	51.6	53.3	56.1	56.4
55-59	17.8	21.5	24.0	24.0	25.6	22.8	25.3	25.7	29.4	28.3	31.0
60-64	4.9	8.6	7.6	8.9	7.8	7.8	6.3	8.1	7.1	8.2	8.3
15-24	49.1	57.7	58.4	58.2	60.9	61.3	61.0	60.9	60.7	63.5	65.8
25-54	45.3	53.5	55.7	56.3	58.5	60.8	61.4	63.3	64.5	66.4	67.2
55-64	11.4	15.1	15.8	16.5	16.7	15.3	15.9	17.0	18.5	18.6	20.2
65 and over	0.6									0.9	0.6
15-64	41.3	48.9	50.6	51.1	53.1	54.5	55.0	56.3	57.3	59.1	60.2
All persons											
15-24	49.8	59.2	59.8	59.9	61.4	62.2	61.8	61.4	61.7	64.5	66.3
25-54	68.9	73.8	74.9	75.2	76.3	77.6	77.3	78.1	78.7	79.9	80.2
55-64	27.2	30.5	30.8	30.8	30.8	29.0	29.5	29.1	30.0	30.3	31.6
65 and over	1.7									2.8	2.8
15-64	58.3	64.3	65.2	65.6	66.7	67.6	67.5	68.0	68.6	70.1	70.9
UNEMPLOYMENT RATES											
Males											
15-19		16.3	16.0	14.1	12.3	14.3	8.7	10.6	12.1	16.0	15.0
20-24		11.3	11.5	9.2	8.9	8.0	7.7	9.3	10.4	9.9	8.8
25-39	11.7	6.6	6.5	5.9	4.8	4.7	4.2	5.1	6.2	5.7	4.6
45-54	9.5	5.3	5.0	5.1	3.9	3.7	3.0	3.3	3.8	3.9	3.8
50-54	9.5	6.2	5.5	5.5	4.5	4.1	3.2	3.6	3.7	4.1	3.9
55-59	7.5	5.8	5.3	3.9	4.2	4.9	2.2	3.2	3.6	3.4	3.7
60-64	3.2									0.0	0.0
15-24	19.8	12.9	13.0	10.8	10.0	10.1	8.0	9.7	10.9	12.0	11.1
25-54	10.7	5.9	5.8	5.5	4.5	4.3	3.7	4.4	5.2	5.0	4.3
55-64	6.4	4.1	3.8	2.9	3.2	3.7	1.7	2.4	2.7	2.6	2.9
15-64	11.9	7.1	7.0	6.3	5.4	5.3	4.3	5.1	5.9	5.9	5.2
Total	11.9	7.1	7.0	6.3	5.4	5.3	4.3	5.1	5.9	5.8	5.2
Females											
15-19		24.9	20.3	20.5	18.1	16.4	10.8	13.2	12.2	21.2	20.9
20-24		12.8	11.3	10.5	9.6	8.5	6.3	8.2	8.2	10.1	8.8
25-39	10.7	13.5	13.1	11.6	10.6	9.5	7.0	7.1	7.9	8.1	7.0
45-54	7.5	10.2	9.2	9.0	8.6	8.7	7.1	7.1	7.4	7.0	7.7
50-54	7.5	10.6	8.5	7.6	8.6	9.3	6.4	6.3	6.8	6.5	6.7
55-59	6.1	6.4	5.7	5.8	6.5	3.7	6.5	5.4	6.4	4.7	5.0
60-64	2.3									0.0	0.0
15-24	20.2	16.9	14.3	13.7	12.3	10.9	7.7	9.7	9.4	13.7	13.1
25-54	9.7	12.6	12.2	11.1	10.3	9.3	7.3	7.2	7.8	7.7	7.3
55-64	5.3	4.6	4.4	4.2	5.0	2.7	5.3	4.1	5.2	3.7	4.0
15-64	12.6	13.5	12.4	11.5	10.6	9.5	7.3	7.6	8.1	8.8	8.3
Total	12.6	13.5	12.4	11.5	10.6	9.5	7.3	7.6	8.1	8.7	8.3
All persons											
15-24	20.0	14.8	13.6	12.2	11.1	10.5	7.8	9.7	10.2	12.8	12.1
25-54	10.4	8.3	8.1	7.5	6.7	6.3	5.1	5.5	6.3	6.1	5.5
55-64	6.2	4.3	4.0	3.3	3.7	3.4	2.7	2.9	3.5	3.0	3.2
15-64	12.2	9.5	9.1	8.3	7.4	6.9	5.5	6.1	6.8	7.1	6.5

Prior to 1987, data refer to 1st January of each year.

III - Taux d'activité et taux de chômage par âge et par sexe

Pourcentage (estimations de moyennes annuelles)

1997	1998	1999	2000	2001	2002	2003	2004	2005	2006	
										TAUX D'ACTIVITÉ
										Hommes
55.4	56.2	59.3	60.3	61.5	60.8	59.2	58.3	56.9	59.0	15-19
81.5	81.0	82.4	82.7	81.2	83.0	83.8	82.3	81.0	81.5	20-24
93.9	94.9	95.0	94.7	93.6	93.6	93.6	93.4	92.4	92.9	25-34
94.7	95.1	94.4	94.5	94.1	93.3	93.1	92.6	92.1	92.4	35-44
90.5	90.8	90.7	90.1	90.5	89.9	90.3	89.5	89.4	90.0	45-54
63.9	66.7	68.3	70.5	73.3	75.8	75.8	76.8	77.8	78.6	55-59
21.2	23.2	24.5	27.2	26.3	31.5	30.8	32.3	30.7	34.4	60-64
69.0	68.9	71.0	71.6	71.5	71.9	71.4	70.2	68.8	70.0	15-24
93.1	93.7	93.5	93.2	92.8	92.3	92.4	91.8	91.3	91.7	25-54
44.2	46.9	48.4	50.9	52.5	56.8	56.9	58.0	57.9	59.3	55-64
5.3	5.9	5.4	5.5	5.3	6.1	6.2	6.4	7.2	8.0	65 et plus
82.0	82.8	83.1	83.2	82.9	83.0	82.7	82.1	81.4	81.9	15-64
										Femmes
52.7	56.0	61.2	60.9	61.8	59.6	58.7	58.4	57.2	58.3	15-19
78.1	77.6	79.9	78.6	78.7	79.9	79.7	79.6	79.2	78.7	20-24
77.1	78.5	79.5	79.7	79.5	79.0	81.3	81.3	82.6	82.8	25-34
70.3	70.9	72.5	74.0	75.7	75.7	76.3	77.3	78.6	79.1	35-44
59.4	60.8	61.8	63.8	65.3	67.8	70.3	71.4	72.4	73.6	45-54
32.3	32.8	36.1	38.6	39.2	43.4	43.6	46.9	49.3	52.9	55-59
8.3	8.6	9.7	11.2	12.6	13.2	15.1	16.2	18.0	20.6	60-64
66.0	67.1	70.8	70.0	70.5	69.9	69.3	69.0	68.1	68.4	15-24
69.4	70.5	71.6	72.7	73.7	74.3	76.0	76.6	77.8	78.4	25-54
20.9	21.5	23.8	25.9	27.2	30.2	31.4	33.8	36.0	38.7	55-64
1.2	1.1	1.3	1.5	1.4	1.9	2.1	2.0	2.0	2.0	65 et plus
61.9	62.9	64.5	65.2	65.9	66.4	67.3	67.8	68.6	69.4	15-64
										Ensemble des personnes
67.5	68.0	70.9	70.8	71.0	70.9	70.4	69.6	68.5	69.2	15-24
81.5	82.3	82.7	83.1	83.4	83.4	84.3	84.3	84.6	85.1	25-54
32.5	34.2	36.2	38.5	39.9	43.6	44.2	46.0	47.0	49.1	55-64
3.0	3.1	3.0	3.2	3.0	3.7	3.9	3.9	4.2	4.6	65 et plus
72.1	73.0	73.9	74.3	74.5	74.8	75.1	75.1	75.1	75.7	15-64
										TAUX DE CHÔMAGE
										Hommes
13.6	10.0	9.4	7.4	7.9	9.6	9.3	10.8	10.6	10.1	15-19
6.3	6.4	4.1	3.8	3.8	4.2	6.6	8.8	8.7	4.8	20-24
4.2	3.0	2.3	1.9	1.6	2.6	4.2	4.5	4.3	3.4	25-39
3.4	2.6	1.9	1.8	1.6	1.9	3.2	4.0	3.7	3.1	40-49
3.5	2.7	1.8	1.9	1.7	1.8	3.2	3.7	4.1	2.8	50-54
2.8	2.6	2.4	2.6	1.5	1.8	3.2	4.2	4.5	4.0	55-59
0.0	0.0	2.3	2.0	3.1	2.5	2.5	4.6	5.5	6.0	60-64
9.1	7.8	6.3	5.3	5.5	6.5	7.7	9.6	9.5	7.1	15-24
3.7	2.8	2.1	1.9	1.6	2.3	3.6	4.2	4.0	3.2	25-54
2.2	2.0	2.4	2.5	1.8	2.0	3.0	4.3	4.8	4.5	55-64
4.4	3.5	2.8	2.5	2.2	2.9	4.2	5.0	4.9	4.0	15-64
4.4	3.4	2.7	2.4	2.2	2.8	4.1	5.0	4.9	4.0	Total
										Femmes
16.0	13.8	12.4	10.9	8.9	8.8	11.7	12.0	13.9	12.4	15-19
6.2	5.1	4.2	4.0	4.0	3.1	5.0	6.6	6.6	5.1	20-24
6.0	4.6	3.6	3.3	2.7	3.0	4.1	4.7	5.1	3.9	25-39
6.7	5.3	3.6	3.5	3.1	3.4	3.5	4.1	4.2	4.1	40-49
6.5	4.8	3.9	3.3	3.0	3.5	3.4	4.2	4.3	3.9	50-54
4.0	3.8	4.0	1.8	1.7	2.3	3.1	3.6	4.0	4.1	55-59
0.0	0.0	2.9				3.4		4.1	4.4	60-64
10.0	8.7	7.7	7.0	6.1	5.5	7.8	8.9	9.7	8.2	15-24
6.5	4.8	3.8	3.3	2.9	3.2	3.9	4.6	4.8	4.1	25-54
3.2	3.1	3.8	1.5	1.3	1.9	3.1	2.8	4.0	4.2	55-64
7.0	5.5	4.5	3.9	3.4	3.5	4.6	5.2	5.6	4.8	15-64
6.9	5.5	4.5	3.9	3.4	3.5	4.5	5.2	5.6	4.8	Total
										Ensemble des personnes
9.5	8.2	7.0	6.1	5.8	6.0	7.8	9.2	9.6	7.6	15-24
4.9	3.7	2.8	2.5	2.1	2.7	3.8	4.4	4.4	3.6	25-54
2.5	2.3	2.9	2.1	1.7	2.0	3.1	3.8	4.5	4.4	55-64
5.5	4.3	3.5	3.1	2.7	3.2	4.4	5.1	5.2	4.4	15-64

Avant 1987, les données se réfèrent au 1er janvier de chaque année.

NETHERLANDS

IV - Professional status and breakdown by activity - ISIC Rev. 2

Thousands (annual average estimates)

	1986	1987	1988	1989	1990	1991	1992	1993	1994	1995	1996
CIVILIAN EMPLOYMENT: PROFESSIONAL STATUS											
All activities	5 155	5 773	5 934	6 065	6 268	6 444	6 519	6 571	6 631	6 838	6 983
Employees	4 571	5 075	5 235	5 364	5 538	5 721	5 794	5 806	5 817	5 987	6 110
Employers and persons working on own account	584	571	576	580	604	617	639	676	727	764	789
Unpaid family workers	0	127	123	121	126	106	86	89	87	87	84
Agriculture, hunting, forestry and fishing	249	281	284	286	289	293	258	255	264	255	271
Employees	67	97	94	105	103	107	101	99	108	110	113
Employers and persons working on own account	182	137	137	132	135	141	129	126	131	130	133
Unpaid family workers	0	47	53	49	51	45	29	29	25	15	25
Non-agricultural activities	4 906	5 492	5 650	5 779	5 979	6 151	6 261	6 316	6 367	6 583	6 712
Employees	4 504	4 978	5 141	5 259	5 435	5 614	5 693	5 707	5 709	5 877	5 997
Employers and persons working on own account	402	434	439	448	469	476	510	550	596	634	656
Unpaid family workers	0	80	70	72	75	61	57	60	62	72	59
All activities (%)	100.0	100.0	100.0	100.0	100.0	100.0	100.0	100.0	100.0	100.0	100.0
Employees	88.7	87.9	88.2	88.4	88.4	88.8	88.9	88.4	87.7	87.6	87.5
Others	11.3	12.1	11.8	11.6	11.6	11.2	11.1	11.6	12.3	12.4	12.5
CIVILIAN EMPLOYMENT: BREAKDOWN BY ACTIVITY											
ISIC Rev. 2 Major Divisions											
1 to 0 All activities	5 155	5 773	5 934	6 065	6 268	6 444	6 519	6 571	6 631	6 838	6 983
1 Agriculture, hunting, forestry and fishing	249	281	284	286	289	293	258	255	264	255	271
2 Mining and quarrying	10	13	13	12	11	14	9	12	10	12	11
3 Manufacturing	993	1 106	1 109	1 152	1 185	1 169	1 148	1 127	1 075	1 083	1 081
4 Electricity, gas and water	46	51	47	46	41	44	45	41	47	43	41
5 Construction	332	378	397	397	409	418	385	394	393	406	429
6 Wholesale and retail trade; restaurants and hotels	871	976	1 015	1 038	1 104	1 138	1 146	1 176	1 227	1 351	1 417
7 Transport, storage and communication	336	353	362	380	382	403	411	408	419	408	424
8 Financing, insurance, real estate and business services	557	541	593	608	646	682	678	700	704	889	965
9 Community, social and personal services	1 761	1 997	2 092	2 118	2 142	2 236	2 205	2 268	2 310	2 145	2 175
0 Activities not adequately defined	0	77	21	28	58	47	233	190	182	246	169
EMPLOYEES: BREAKDOWN BY ACTIVITY											
ISIC Rev. 2 Major Divisions											
1 to 0 All activities	4 571	5 075	5 235	5 364	5 538	5 721	5 794	5 806	5 817	5 987	6 110
1 Agriculture, hunting, forestry and fishing	68	97	94	105	103	107	101	99	108	110	113
2 Mining and quarrying	9	13	13	12	11	14	9	12	10	12	11
3 Manufacturing	961	1 071	1 067	1 114	1 145	1 137	1 104	1 076	1 026	1 030	1 028
4 Electricity, gas and water	46	51	47	46	41	44	45	41	47	43	41
5 Construction	301	345	361	363	370	381	343	348	340	356	372
6 Wholesale and retail trade; restaurants and hotels	707	791	843	863	929	958	990	1 006	1 027	1 147	1 197
7 Transport, storage and communication	323	340	348	366	366	386	390	387	395	384	399
8 Financing, insurance, real estate and business services	509	476	521	531	563	599	595	601	609	764	830
9 Community, social and personal services	1 647	1 825	1 925	1 942	1 963	2 058	2 040	2 093	2 122	1 984	2 008
0 Activities not adequately defined	0	66	18	21	47	36	176	141	134	157	112

Prior to 1987, data refer to 1st January of each year.

LABOUR FORCE STATISTICS - ISBN 9789264035539 - © OECD 2007

IV - Situation dans la profession et répartition par branches d'activités - CITI Rév. 2

Milliers (estimations de moyennes annuelles)

1997	1998	1999	2000	2001	2002	2003	2004	2005	2006	
										EMPLOI CIVIL : SITUATION DANS LA PROFESSION
7 206	7 425	7 622 |	7 860	8 065	8 176	8 125	8 102	8 111	8 176	**Toutes activités**
6 299	6 547	6 762 |	6 959	7 132	7 220	7 198	7 121	7 105	7 113	Salariés
828	814	797 |	813	872	907	885	942	961	1 017	Employeurs et personnes travaillant à leur compte
78	64	62 |	69	60	47	42	39	44	46	Travailleurs familiaux non rémunérés
267	245	240 |	242	238	218	239	256	258	245	**Agriculture, chasse, sylviculture et pêche**
111	111	110 |	116	118	103	118	126	134	125	Salariés
135	119	114 |	108	108	104	110	120	115	110	Employeurs et personnes travaillant à leur compte
22	15	14 |	18	12	10	10	9	10	11	Travailleurs familiaux non rémunérés
6 939	7 180	7 382 |	7 618	7 827	7 959	7 887	7 846	7 853	7 931	**Activités non agricoles**
6 188	6 436	6 652 |	6 843	7 014	7 117	7 079	6 995	6 971	6 988	Salariés
693	695	683 |	705	764	803	775	822	846	907	Employeurs et personnes travaillant à leur compte
56	49	48 |	51	48	37	32	30	35	36	Travailleurs familiaux non rémunérés
100.0	100.0	100.0 |	100.0	100.0	100.0	100.0	100.0	100.0	100.0	**Toutes activités (%)**
87.4	88.2	88.7 |	88.5	88.4	88.3	88.6	87.9	87.6	87.0	Salariés
12.6	11.8	11.3 |	11.2	11.6	11.7	11.4	12.1	12.4	13.0	Autres
										EMPLOI CIVIL : RÉPARTITION PAR BRANCHES D'ACTIVITÉS
										Branches CITI Rév. 2
7 206	7 425	7 622	7 758	7 888	7 990					**1 à 0 Toutes activités**
267	245	240	258	231	241					1 Agriculture, chasse, sylviculture et pêche
13	11	9	12	9	11					2 Industries extractives
1 094	1 097	1 116	1 132	1 120	1 089					3 Industries manufacturières
42	47	37	35	34	38					4 Électricité, gaz et eau
449	453	472	472	510	487					5 Bâtiment et travaux publics
1 446	1 479	1 530	1 584	1 559	1 593					6 Commerce de gros et de détail; restaurants et hôtels
419	441	467	480	488	461					7 Transports, entrepôts et communications
1 015	1 098	1 188	1 235	1 262	1 283					8 Banques, assurances, affaires immobilières et services fournis aux entreprises
2 241	2 339	2 352	2 358	2 483	2 587					9 Services fournis à la collectivité, services sociaux et services personnels
221	214	212	191	192	198					0 Activités mal désignées
										SALARIÉS : RÉPARTITION PAR BRANCHES D'ACTIVITÉS
										Branches CITI Rév. 2
6 293	6 547	6 762	6 824	6 981	7 062					**1 à 0 Toutes activités**
107	111	110	125	111	113					1 Agriculture, chasse, sylviculture et pêche
13	11	9	12	9	11					2 Industries extractives
1 029	1 041	1 063	1 074	1 072	1 041					3 Industries manufacturières
42	47	37	35	34	38					4 Électricité, gaz et eau
385	388	403	404	426	407					5 Bâtiment et travaux publics
1 237	1 281	1 340	1 367	1 346	1 376					6 Commerce de gros et de détail; restaurants et hôtels
395	417	438	451	462	438					7 Transports, entrepôts et communications
872	959	1 049	1 070	1 099	1 101					8 Banques, assurances, affaires immobilières et services fournis aux entreprises
2 059	2 154	2 187	2 164	2 283	2 407					9 Services fournis à la collectivité, services sociaux et services personnels
154	139	124	123	139	129					0 Activités mal désignées

Avant 1987, les données se réfèrent au 1er janvier de chaque année.

NETHERLANDS

V - Civilian employment and employees: breakdown by activity - ISIC Rev. 3

Thousands (annual average estimates)

	1986	1987	1988	1989	1990	1991	1992	1993	1994	1995	1996
CIVILIAN EMPLOYMENT: BREAKDOWN BY ACTIVITY											
A to X All activities											6 983
A Agriculture, hunting and forestry											271
B Fishing											0
C Mining and quarrying											11
D Manufacturing											1 080
E Electricity, gas and water supply											41
F Construction											429
G Wholesale and retail trade; repair of motor vehicles, motorcycles and personal and household goods											1 169
H Hotels and restaurants											247
I Transport, storage and communication											424
J Financial intermediation											237
K Real estate, renting and business activities											728
L Public administration and defence; compulsory social security, excluding armed forces											463
M Education											444
N Health and social work											951
O Other community, social and personal service activities											286
P Private households with employed persons											29
Q Extra-territorial organisations and bodies											0
X Not classifiable by economic activities											169
Breakdown by sector											
Agriculture (A-B)											271
Industry (C-F)											1 561
Services (G-Q)											4 978
Agriculture (%)											3.9
Industry (%)											22.4
Services (%)											71.3
Female participation in agriculture (%)											26.6
Female participation in industry (%)											17.1
Female participation in services (%)											49.0
EMPLOYEES: BREAKDOWN BY ACTIVITY											
A to X All activities											6 110
A Agriculture, hunting and forestry											113
B Fishing											0
C Mining and quarrying											11
D Manufacturing											1 028
E Electricity, gas and water supply											41
F Construction											372
G Wholesale and retail trade; repair of motor vehicles, motorcycles and personal and household goods											995
H Hotels and restaurants											201
I Transport, storage and communication											399
J Financial intermediation											226
K Real estate, renting and business activities											605
L Public administration and defence; compulsory social security, excluding armed forces											458
M Education											425
N Health and social work											887
O Other community, social and personal service activities											211
P Private households with employed persons											25
Q Extra-territorial organisations and bodies											0
X Not classifiable by economic activities											112
Breakdown by sector											
Agriculture (A-B)											113
Industry (C-F)											1 452
Services (G-Q)											4 432
Agriculture (%)											1.8
Industry (%)											23.8
Services (%)											72.5
Female participation in agriculture (%)											26.5
Female participation in industry (%)											16.9
Female participation in services (%)											50.3

PAYS-BAS

V - Emploi civil et salariés : répartition par branches d'activités - CITI Rév. 3

Milliers (estimations de moyennes annuelles)

	1997	1998	1999	2000	2001	2002	2003	2004	2005	2006
EMPLOI CIVIL : RÉPARTITION PAR BRANCHES D'ACTIVITÉS										
A à X Toutes activités	7 206	7 425	7 622	7 860	8 065	8 176	8 125	8 102	8 111	8 176
A Agriculture, chasse et sylviculture	267	245	240	242	238	218	239	256	258	245
B Pêche	0	0	0	0	0	0	0	0	0	0
C Activités extractives	13	11	9	12	10	9	10	8	8	7
D Activités de fabrication	1 094	1 097	1 116	1 095	1 098	1 031	1 056	1 047	1 057	1 043
E Production et distribution d'électricité, de gaz et d'eau	42	47	37	32	33	35	35	37	44	43
F Construction	449	453	472	450	503	480	461	458	478	496
G Commerce de gros et de détail; réparation de véhicules et de biens domestiques	1 191	1 211	1 247	1 201	1 219	1 170	1 246	1 182	1 148	1 202
H Hôtels et restaurants	255	269	283	287	288	296	313	311	320	350
I Transports, entreposage et communications	419	441	467	450	477	453	476	494	494	496
J Intermédiation financière	248	259	289	272	284	273	273	271	270	274
K Immobilier, location et activités de services aux entreprises	767	839	899	929	945	941	1 024	986	972	965
L Administration publique et défense; sécurité sociale obligatoire (armée exclue)	486	491	480	528	548	562	562	556	568	559
M Education	428	468	482	472	485	491	559	538	547	554
N Santé et action sociale	991	1 034	1 055	1 064	1 131	1 113	1 211	1 218	1 240	1 260
O Autres activités de services collectifs, sociaux et personnels	308	322	316	327	360	334	373	348	316	343
P Ménages privés employant du personnel domestique	25	23	18				6			5
Q Organisations et organismes extra-territoriaux	0	0	2							
X Ne pouvant être classés selon l'activité économique	221	214	212	496	444	767	280	389	387	334
Répartition par secteurs										
Agriculture (A-B)	267	245	240	242	238	218	239	256	258	245
Industrie (C-F)	1 598	1 608	1 634	1 589	1 644	1 554	1 562	1 549	1 586	1 589
Services (G-Q)	5 118	5 357	5 538							
Agriculture (%)	3.7	3.3	3.1	3.1	2.9	2.7	2.9	3.2	3.2	3.0
Industrie (%)	22.2	21.7	21.4	20.2	20.4	19.0	19.2	19.1	19.6	19.4
Services (%)	71.0	72.1	72.7							
Part des femmes dans l'agriculture (%)	27.7	28.6	29.2	30.7	33.3	30.0	29.2	28.5	29.1	29.0
Part des femmes dans l'industrie (%)	17.6	18.0	18.3							
Part des femmes dans les services (%)	49.7	49.5	50.1							
SALARIÉS : RÉPARTITION PAR BRANCHES D'ACTIVITÉS										
A à X Toutes activités	6 299	6 547	6 762	6 959	7 132	7 220	7 198	7 121	7 105	7 113
A Agriculture, chasse et sylviculture	111	111	110	116	118	103	118	126	134	125
B Pêche	0	0	0	0	0	0	0	0	0	0
C Activités extractives	13	11	9	12	10	9	10	8	8	7
D Activités de fabrication	1 029	1 041	1 063	1 046	1 052	991	1 002	989	996	982
E Production et distribution d'électricité, de gaz et d'eau	42	47	37	32	33	35	35	36	43	41
F Construction	385	388	403	385	422	394	382	373	386	396
G Commerce de gros et de détail; réparation de véhicules et de biens domestiques	1 024	1 054	1 099	1 064	1 074	1 031	1 107	1 043	1 001	1 028
H Hôtels et restaurants	213	226	241	247	234	245	273	269	275	294
I Transports, entreposage et communications	395	417	438	421	448	426	453	471	465	460
J Intermédiation financière	235	249	274	262	273	264	258	256	257	262
K Immobilier, location et activités de services aux entreprises	637	711	775	787	798	782	852	806	791	775
L Administration publique et défense; sécurité sociale obligatoire (armée exclue)	482	486	477	525	543	553	559	551	562	554
M Education	407	451	469	455	467	470	535	520	525	533
N Santé et action sociale	923	955	987	992	1 049	1 047	1 145	1 148	1 157	1 173
O Autres activités de services collectifs, sociaux et personnels	226	242	237	247	265	245	281	257	231	254
P Ménages privés employant du personnel domestique	21	19	16							
Q Organisations et organismes extra-territoriaux	0	0	2							
X Ne pouvant être classés selon l'activité économique	154	139	124	367	345	620	181	266	272	226
Répartition par secteurs										
Agriculture (A-B)	111	111	110	116	118	103	118	126	134	125
Industrie (C-F)	1 469	1 487	1 512	1 474	1 517	1 430	1 429	1 406	1 432	1 426
Services (G-Q)	4 563	4 810	5 015							
Agriculture (%)	1.8	1.7	1.6	1.7	1.7	1.4	1.6	1.8	1.9	1.8
Industrie (%)	23.3	22.7	22.4	21.2	21.3	19.8	19.9	19.7	20.2	20.1
Services (%)	72.4	73.5	74.2							
Part des femmes dans l'agriculture (%)	30.6	32.3	30.9	32.1	36.6	29.7	30.2	30.0	30.9	29.4
Part des femmes dans l'industrie (%)	17.3	26.3	17.7							
Part des femmes dans les services (%)	51.0	21.5	48.8							

NORWAY

I - Population

Thousands (mid-year estimates)

	1986	1987	1988	1989	1990	1991	1992	1993	1994	1995	1996
POPULATION - DISTRIBUTION BY AGE AND GENDER											
All persons											
Total	4 169	4 187	4 209	4 227	4 241	4 262	4 287	4 312	4 337	4 359	4 381
Under 15 years	819	808	802	801	803	810	820	830	840	849	859
From 15 to 64 years	2 685	2 705	2 725	2 738	2 746	2 758	2 771	2 786	2 801	2 815	2 829
65 years and over	665	674	682	688	692	694	696	696	695	695	694
Males											
Total	2 060	2 070	2 082	2 091	2 097	2 107	2 120	2 133	2 144	2 155	2 166
Under 15 years	419	414	411	410	412	415	420	426	431	436	441
From 15 to 64 years	1 363	1 375	1 387	1 394	1 397	1 403	1 411	1 418	1 425	1 431	1 438
65 years and over	278	281	284	287	288	289	289	289	289	289	288
Females											
Total	2 109	2 117	2 127	2 136	2 144	2 155	2 167	2 179	2 192	2 204	2 215
Under 15 years	400	394	392	391	392	395	400	404	409	413	418
From 15 to 64 years	1 322	1 330	1 338	1 344	1 349	1 355	1 360	1 368	1 377	1 384	1 391
65 years and over	387	393	398	401	404	405	407	407	407	407	406
POPULATION - PERCENTAGES											
All persons											
Total	100.0	100.0	100.0	100.0	100.0	100.0	100.0	100.0	100.0	100.0	100.0
Under 15 years	19.6	19.3	19.1	18.9	18.9	19.0	19.1	19.2	19.4	19.5	19.6
From 15 to 64 years	64.4	64.6	64.7	64.8	64.7	64.7	64.6	64.6	64.6	64.6	64.6
65 years and over	16.0	16.1	16.2	16.3	16.3	16.3	16.2	16.1	16.0	15.9	15.8
COMPONENTS OF CHANGE IN POPULATION											
a) Population at 1 January	4 159	4 176	4 198	4 221	4 233	4 250	4 274	4 299	4 325	4 348	4 370
b) Population at 31 December	4 176	4 198	4 221	4 233	4 250	4 274	4 299	4 325	4 348	4 370	4 392
c) Total increase (b-a)	17	22	23	12	17	24	25	26	23	22	22
d) Births	52	54	58	60	61	61	60	60	60	60	61
e) Deaths	44	45	45	45	46	45	45	47	44	45	44
f) Natural increase (d-e)	8	9	13	15	15	16	15	13	16	15	17
g) Net migration	7	13	10	-1	2	8	10	13	7	6	6
h) Statistical adjustments	2	0	0	-2	0	0	0	0	0	1	-1
i) Total increase (=f+g+h=c)	17	22	23	12	17	24	25	26	23	22	22
(Components of change in population/ Average population) x1000											
Total increase rates	4.1	5.3	5.5	2.8	4.0	5.6	5.8	6.0	5.3	5.0	5.0
Crude birth rates	12.5	12.9	13.8	14.2	14.4	14.3	14.0	13.9	13.8	13.8	13.9
Crude death rates	10.6	10.7	10.7	10.6	10.8	10.6	10.5	10.9	10.1	10.3	10.0
Natural increase rates	1.9	2.1	3.1	3.5	3.5	3.8	3.5	3.0	3.7	3.4	3.9
Net migration rates	1.7	3.1	2.4	-0.2	0.5	1.9	2.3	3.0	1.6	1.4	1.4

I - Population

Milliers (estimations au milieu de l'année)

1997	1998	1999	2000	2001	2002	2003	2004	2005	2006	
										POPULATION - RÉPARTITION SELON L'AGE ET LE SEXE
										Ensemble des personnes
4 405	4 431	4 462	4 491	4 514	4 538	4 564	4 592	4 623	4 670	Total
868	878	888	899	904	908	910	910	908	907	Moins de 15 ans
2 844	2 864	2 889	2 911	2 933	2 955	2 980	3 006	3 035	3 078	De 15 à 64 ans
693	690	685	681	678	674	674	676	680	685	65 ans et plus
										Hommes
2 179	2 192	2 208	2 224	2 237	2 249	2 262	2 277	2 293	2 323	Total
446	451	456	461	464	466	467	467	466	465	Moins de 15 ans
1 445	1 455	1 467	1 480	1 491	1 502	1 513	1 526	1 540	1 567	De 15 à 64 ans
287	286	285	283	282	281	282	284	287	291	65 ans et plus
										Femmes
2 227	2 239	2 254	2 267	2 277	2 289	2 302	2 315	2 330	2 347	Total
422	427	432	437	440	442	443	443	443	442	Moins de 15 ans
1 399	1 409	1 420	1 432	1 441	1 453	1 467	1 480	1 495	1 511	De 15 à 64 ans
405	403	401	399	395	393	392	392	393	394	65 ans et plus
										POPULATION - POURCENTAGES
										Ensemble des personnes
100.0	100.0	100.0	100.0	100.0	100.0	100.0	100.0	100.0	100.0	Total
19.7	19.8	19.9	20.0	20.0	20.0	19.9	19.8	19.6	19.4	Moins de 15 ans
64.6	64.6	64.7	64.8	65.0	65.1	65.3	65.5	65.6	65.9	De 15 à 64 ans
15.7	15.6	15.4	15.2	15.0	14.9	14.8	14.7	14.7	14.7	65 ans et plus
										COMPOSANTES DE L'ÉVOLUTION DÉMOGRAPHIQUE
4 392	4 417	4 445	4 478	4 503	4 524	4 552	4 577	4 606	4 640	a) Population au 1er janvier
4 417	4 445	4 478	4 503	4 523	4 552	4 577	4 606	4 640	4 681	b) Population au 31 décembre
25	28	33	25	20	28	25	29	34	41	**c) Accroissement total (b-a)**
60	58	59	59	57	55	56	57	57	59	d) Naissances
45	44	45	44	44	44	43	42	41	41	e) Décès
15	14	14	15	13	11	13	15	16	18	**f) Accroissement naturel (d-e)**
11	14	19	9	8	17	11	13	18	24	g) Solde net des migrations
-1	0	0	1	-1	0	1	1	0	1	h) Ajustements statistiques
25	28	33	25	20	28	25	29	34	43	**i) Accroissement total (=f+g+h=c)**
										(Composition de l'évolution démographique/ Population moyenne) x1000
5.7	6.3	7.4	5.6	4.4	6.2	5.5	6.3	7.4	9.2	Taux d'accroissement total
13.6	13.2	13.3	13.1	12.6	12.1	12.3	12.4	12.3	12.7	Taux bruts de natalité
10.1	10.0	10.1	9.8	9.7	9.7	9.4	9.1	8.9	8.8	Taux bruts de mortalité
3.5	3.2	3.1	3.3	2.9	2.4	2.8	3.3	3.5	3.9	Taux d'accroissement naturel
2.5	3.2	4.3	2.0	1.8	3.7	2.4	2.8	3.9	5.1	Taux du solde net des migrations

NORWAY

II - Labour force

Thousands (annual average estimates)

	1986	1987	1988	1989	1990	1991	1992	1993	1994	1995	1996
Total labour force											
All persons	2 128	2 171	2 183	2 155	2 142	2 126	2 130	2 131	2 151	2 186	2 239
Males	1 190	1 209	1 209	1 197	1 181	1 163	1 166	1 163	1 172	1 187	1 212
Females	938	962	974	957	961	963	964	968	979	999	1 028
Armed forces											
All persons	33	36	35	35	38	37	34	34	32	32	27
Males	33	36	35	35	37	36	34	34	31	31	27
Females					1	1			1	1	1
Civilian labour force											
All persons	2 095	2 135	2 148	2 120	2 104	2 089	2 096	2 097	2 119	2 154	2 212
Males	1 157	1 173	1 175	1 163	1 144	1 127	1 132	1 129	1 141	1 156	1 185
Females	938	962	974	957	960	962	963	968	977	998	1 027
Unemployed											
All persons	42	45	69	106	112	116	126	127	116	107	108
Males	18	21	36	61	66	68	76	77	70	61	58
Females	24	25	33	45	46	48	50	50	46	46	50
Civilian employment											
All persons	2 053	2 090	2 079	2 014	1 992	1 973	1 970	1 970	2 003	2 047	2 104
Males	1 139	1 152	1 139	1 102	1 078	1 059	1 056	1 052	1 071	1 095	1 127
Females	914	938	941	912	914	913	913	918	931	952	977
Civilian employment (%)											
All persons	100.0	100.0	100.0	100.0	100.0	100.0	100.0	100.0	100.0	100.0	100.0
Males	55.5	55.1	54.8	54.7	54.1	53.7	53.6	53.4	53.5	53.5	53.6
Females	44.5	44.9	45.3	45.3	45.9	46.3	46.3	46.6	46.5	46.5	46.4
Unemployment rates (% of civilian labour force)											
All persons	2.0	2.1	3.2	5.0	5.3	5.6	6.0	6.1	5.5	5.0	4.9
Males	1.6	1.8	3.1	5.2	5.8	6.0	6.7	6.8	6.1	5.3	4.9
Females	2.6	2.6	3.4	4.7	4.8	5.0	5.2	5.2	4.7	4.6	4.9
Total labour force (% of total population)											
All persons	51.0	51.9	51.9	51.0	50.5	49.9	49.7	49.4	49.6	50.1	51.1
Males	57.8	58.4	58.1	57.2	56.3	55.2	55.0	54.5	54.7	55.1	55.9
Females	44.5	45.4	45.8	44.8	44.8	44.7	44.5	44.4	44.7	45.3	46.4
Total labour force (% of population from 15-64 years)[(1)]											
All persons	79.3	80.3	80.1	78.7	78.0	77.1	76.9	76.5	76.8	77.6	79.2
Males	87.3	87.9	87.2	85.9	84.5	82.9	82.6	82.0	82.2	82.9	84.3
Females	71.0	72.3	72.8	71.2	71.2	71.1	70.9	70.8	71.1	72.2	73.9
Civilian employment (% of total population)											
All persons	49.2	49.9	49.4	47.6	47.0	46.3	46.0	45.7	46.2	47.0	48.0
Civilian employment (% of population from 15-64 years)											
All persons	76.5	77.3	76.3	73.6	72.5	71.5	71.1	70.7	71.5	72.7	74.4
Males	83.6	83.8	82.1	79.1	77.2	75.5	74.8	74.2	75.2	76.5	78.4
Females	69.1	70.5	70.3	67.9	67.8	67.4	67.1	67.1	67.6	68.8	70.2
Part-time employment (%)											
Part-time as % of employment				21.8	21.8	22.0	22.1	22.0	21.5	21.4	21.6
Male share of part-time employment				16.1	17.3	17.9	19.0	19.2	19.4	19.3	20.3
Female share of part-time employment				83.9	82.7	82.1	81.0	80.8	80.6	80.7	79.7
Male part-time as % of male employment				6.3	6.9	7.3	7.7	7.8	7.7	7.6	8.1
Female part-time as % of female employment				40.8	39.8	39.6	39.1	38.7	37.7	37.5	37.5
Duration of unemployment (% of total unemployment)											
Less than 1 month	43.3	41.0	29.8	25.0	21.4	21.3	21.1	18.4	18.4	21.4	32.3
More than 1 month and less than 3 months	40.0	33.3	36.8	26.1	22.4	22.4	21.0	21.1	22.5	22.5	22.6
More than 3 months and less than 6 months	16.7	20.5	17.5	21.7	15.3	17.1	16.8	14.9	15.4	16.7	15.4
More than 6 months and less than 1 year			5.3	16.3	20.4	19.0	17.6	18.4	14.9	15.1	15.5
More than 1 year		5.1	10.5	10.9	20.4	20.2	23.5	27.2	28.8	24.2	14.2

(1) Participation rates calculated according to national definitions may differ from those published in this table, when the age group represented in the labour force survey is other than 15-64 years.

II - Population active

Milliers (estimations de moyennes annuelles)

1997	1998	1999	2000	2001	2002	2003	2004	2005	2006	
										Population active totale
2 287	2 323	2 333	2 350	2 361	2 378	2 375	2 382	2 400	2 446	Ensemble des personnes
1 234	1 251	1 250	1 258	1 260	1 262	1 259	1 263	1 272	1 296	Hommes
1 054	1 072	1 083	1 092	1 101	1 116	1 116	1 119	1 127	1 150	Femmes
										Forces armées
29	29	25	23	19	17	18	17	15	17	Ensemble des personnes
28	28	24	22	19	17	17	16	14	16	Hommes
1	1	1	1	0	0	1	1	1	1	Femmes
										Population active civile
2 259	2 294	2 308	2 327	2 342	2 361	2 357	2 365	2 385	2 429	Ensemble des personnes
1 206	1 222	1 226	1 235	1 241	1 245	1 242	1 247	1 258	1 280	Hommes
1 053	1 071	1 082	1 091	1 101	1 116	1 115	1 118	1 127	1 149	Femmes
										Chômeurs
92	74	75	81	84	92	107	106	111	84	Ensemble des personnes
48	40	42	46	46	52	62	62	61	45	Hommes
44	35	33	35	38	41	45	45	49	39	Femmes
										Emploi civil
2 166	2 219	2 233	2 246	2 259	2 269	2 250	2 258	2 274	2 345	Ensemble des personnes
1 157	1 183	1 184	1 189	1 195	1 193	1 180	1 185	1 197	1 235	Hommes
1 009	1 037	1 050	1 056	1 063	1 076	1 070	1 074	1 077	1 110	Femmes
										Emploi civil (%)
100.0	100.0	100.0	100.0	100.0	100.0	100.0	100.0	100.0	100.0	Ensemble des personnes
53.4	53.3	53.0	52.9	52.9	52.6	52.4	52.5	52.6	52.7	Hommes
46.6	46.7	47.0	47.0	47.1	47.4	47.6	47.6	47.4	47.3	Femmes
										Taux de chômage (% de la population active civile)
4.1	3.2	3.2	3.5	3.6	3.9	4.5	4.5	4.6	3.5	Ensemble des personnes
4.0	3.3	3.4	3.7	3.7	4.2	5.0	5.0	4.9	3.5	Hommes
4.2	3.3	3.0	3.2	3.5	3.7	4.0	4.0	4.4	3.4	Femmes
										Population active totale (% de la population totale)
51.9	52.4	52.3	52.3	52.3	52.4	52.0	51.9	51.9	52.4	Ensemble des personnes
56.6	57.1	56.6	56.6	56.3	56.1	55.7	55.5	55.5	55.8	Hommes
47.3	47.9	48.0	48.2	48.4	48.8	48.5	48.3	48.4	49.0	Femmes
										Population active totale (% de la population de 15-64 ans)[1]
80.4	81.1	80.8	80.7	80.5	80.5	79.7	79.2	79.1	79.5	Ensemble des personnes
85.4	86.0	85.2	85.0	84.5	84.0	83.2	82.8	82.6	82.7	Hommes
75.3	76.1	76.3	76.3	76.4	76.8	76.1	75.6	75.4	76.1	Femmes
										Emploi civil (% de la population totale)
49.2	50.1	50.0	50.0	50.0	50.0	49.3	49.2	49.2	50.2	Ensemble des personnes
										Emploi civil (% de la population de 15-64 ans)
76.2	77.5	77.3	77.2	77.0	76.8	75.5	75.1	74.9	76.2	Ensemble des personnes
80.0	81.3	80.7	80.3	80.1	79.4	78.0	77.7	77.7	78.8	Hommes
72.1	73.6	73.9	73.7	73.8	74.1	72.9	72.6	72.1	73.5	Femmes
										Emploi à temps partiel (%)
21.0	20.8	20.7	20.2	20.1	20.6	21.0	21.1	20.8	21.1	Temps partiel en % de l'emploi
19.9	20.4	21.2	23.0	24.0	23.8	24.8	25.9	25.4	26.5	Part des hommes dans le temps partiel
80.1	79.6	78.8	77.0	76.0	76.2	75.2	74.1	74.6	73.5	Part des femmes dans le temps partiel
7.7	7.9	8.2	8.7	9.1	9.2	9.9	10.3	10.0	10.6	Temps partiel des hommes en % de l'emploi des hommes
36.5	35.9	35.0	33.4	32.7	33.4	33.4	33.2	32.9	32.9	Temps partiel des femmes en % de l'emploi des femmes
										Durée du chômage (% du chômage total)
35.3	44.3	45.6	44.9	44.9	40.6	34.9	32.5	32.9	27.7	Moins de 1 mois
25.9	25.1	27.4	25.9	27.0	26.9	27.4	27.5	25.4	26.0	Plus de 1 mois et moins de 3 mois
12.3	10.4	10.9	12.7	11.9	12.5	17.1	14.7	16.4	14.0	Plus de 3 mois et moins de 6 mois
14.1	11.9	9.0	11.2	10.7	13.6	14.1	16.2	15.8	18.2	Plus de 6 mois et moins de 1 an
12.4	8.3	7.1	5.3	5.5	6.4	6.4	9.2	9.5	14.1	Plus de 1 an

(1) Les taux d'activité calculés selon les définitions nationales peuvent être différents de ceux publiés dans ce tableau si le groupe d'âges représenté dans l'enquête de la population active est différent de 15-64 ans.

NORWAY

III - Participation rates and unemployment rates by age and by sex

Percent (annual average estimates)

	1986	1987	1988	1989	1990	1991	1992	1993	1994	1995	1996
PARTICIPATION RATES											
Males											
16-19	50.7	52.9	53.7	47.0	44.6	39.2	39.2	36.5	36.6	37.6 |	42.2
20-24	82.4	82.5	82.3	79.9	78.5	74.4	73.3	72.8	72.1	71.9 |	76.0
25-34	91.1	92.1	93.0	92.6	91.2	89.9	90.0	88.9	88.4	89.7 |	91.3
35-44	97.4	98.7	95.7	94.7	93.8	94.0	93.1	92.1	92.8	93.4 |	94.0
45-54	92.9	92.5	92.1	92.4	91.9	90.4	90.2	89.7	90.6	90.7 |	91.2
55-59	84.8	84.7	84.0	83.2	82.0	81.2	80.5	81.8	81.1	81.3 |	83.2
60-64	72.0	72.4	67.0	64.9	64.2	62.2	63.8	61.5	61.8	62.5 |	62.5
16-24	68.1	69.1	69.8	65.7	63.9	59.6	59.2	58.1	57.8	58.0 |	62.0
25-54	93.9	94.7	93.8	93.3	92.3	91.4	91.1	90.2	90.6	91.2 |	92.1
55-64	78.2	78.3	75.6	74.0	72.8	71.0	71.8	71.5	71.5	72.3 |	73.2
65 and over	26.0	26.4	24.9	23.6	25.0	19.2	17.7	16.8	16.8	15.3 |	12.9
16-64	85.6	86.3	85.7	84.4	83.4	81.9	81.9	81.3	81.6	82.4 |	84.1
Females											
16-19	51.6	54.8	52.7	46.0	43.5	40.8	37.4	36.9	38.3	37.5 |	41.7
20-24	71.2	70.9	72.6	70.3	67.1	66.5	65.9	63.6	62.9	64.5 |	68.0
25-34	76.3	77.4	76.6	76.2	76.6	76.5	77.5	77.1	77.2	78.4 |	79.6
35-44	83.1	83.1	83.0	81.5	81.5	82.0	82.2	83.0	82.6	83.4 |	84.4
45-54	78.4	80.7	79.5	79.3	79.6	78.6	77.3	77.9	78.5	79.4 |	81.3
55-59	64.0	65.0	64.6	63.2	62.0	63.0	63.4	61.5	64.9	66.0 |	68.3
60-64	46.4	46.4	44.2	44.1	46.5	47.5	45.5	45.8	45.7	47.7 |	48.9
16-24	62.3	63.7	63.8	59.8	56.9	55.6	54.1	52.7	53.0	53.7 |	57.3
25-54	79.3	80.4	79.7	79.0	79.2	79.1	79.1	79.3	79.4	80.4 |	81.7
55-64	54.7	55.2	54.2	53.3	53.9	55.0	54.2	53.5	55.4	57.4 |	59.2
65 and over	13.6	13.7	12.8	11.8	12.0	11.2	10.1	10.0	9.1	9.0 |	7.2
16-64	71.4	72.6	72.2	70.9	70.7	70.6	70.3	70.4	70.9	72.1 |	74.1
All persons											
16-24	65.3	66.6	66.9	62.8	60.5	57.7	56.7	55.5	55.4	55.9 |	59.7
25-54	86.8	87.7	86.9	86.3	85.9	85.4	85.3	84.9	85.1	85.9 |	87.1
55-64	66.3	66.6	64.8	63.5	63.1	62.8	62.7	62.3	63.3	64.8 |	66.0
65 and over	19.2	19.5	18.3	17.2	18.0	14.9	13.6	13.1	12.7	11.9 |	9.9
16-64	78.7	79.6	79.1	77.8	77.1	76.3	76.2	75.9	76.4	77.4 |	79.2
UNEMPLOYMENT RATES											
Males											
16-19	7.2	6.8	12.3	17.7	17.2	18.4	17.0	19.0	17.1	16.6 |	17.8
20-24	2.2	2.8	4.9	9.4	10.4	11.7	14.3	13.0	11.8	10.3 |	9.8
25-34	1.4	1.7	3.1	5.6	6.7	6.6	7.5	8.3	7.4	6.4 |	5.5
35-44	0.7	0.6	1.6	3.3	3.3	3.7	4.7	4.5	4.0	3.6 |	3.3
45-54	1.1	1.1	1.5	2.4	3.7	3.1	3.5	4.1	3.4	2.8 |	2.5
55-59	0.0	1.2	1.2	3.8	2.7	2.9	4.3	2.8	2.7	2.9 |	2.4
60-64	1.3	1.3	1.5	1.6	3.3	3.3	3.3	3.6	3.6	3.5 |	2.7
16-24	3.9	4.2	7.4	11.9	12.4	13.6	15.0	14.5	13.1	11.9 |	12.1
25-54	1.0	1.1	2.1	3.9	4.7	4.6	5.4	5.7	5.0	4.3 |	3.8
55-64	0.6	1.3	1.3	2.8	3.0	3.1	3.8	3.1	3.1	3.2 |	2.5
65 and over	2.1	2.1	2.2	2.3	2.2	2.9	3.1	3.3	3.3	0.0 |	4.5
16-64	1.5	1.7	3.0	5.2	5.8	5.8	6.7	6.7	6.0	5.2 |	4.8
Total	1.5	1.7	3.0	5.1	5.6	5.8	6.6	6.6	5.9	5.1 |	4.8
Females											
16-19	9.1	8.7	11.8	13.8	14.8	16.3	16.3	19.5	17.1	15.1 |	17.9
20-24	4.5	5.4	6.7	9.5	9.1	10.1	11.1	10.7	10.0	10.5 |	10.5
25-34	2.6	2.6	3.0	5.1	5.5	5.8	5.6	6.0	5.6	5.6 |	5.4
35-44	1.3	1.6	2.0	2.8	3.2	3.2	3.6	3.6	3.2	3.0 |	3.9
45-54	1.3	1.3	1.8	2.3	2.8	2.7	2.6	2.4	2.4	2.4 |	2.1
55-59	0.0	1.5	1.6	1.7	1.8	1.7	1.7	1.8	1.6	2.0 |	2.0
60-64	0.0	0.0	0.0	2.2	2.1	2.1	2.2	2.3	2.4	1.7 |	1.4
16-24	6.2	6.6	8.6	10.9	11.0	12.0	12.6	13.2	12.1	11.8 |	12.7
25-54	1.8	1.9	2.3	3.5	3.9	4.0	4.1	4.1	3.8	3.7 |	3.9
55-64	0.0	0.9	0.9	1.9	1.9	1.9	1.9	2.0	1.9	1.9 |	1.8
65 and over	0.0	0.0	0.0	0.0	0.0	0.0	0.0	0.0	0.0	2.8 |	0.0
16-64	2.4	2.7	3.4	4.7	4.9	5.1	5.2	5.3	4.8	4.7 |	4.9
Total	2.3	2.6	3.3	4.6	4.8	5.0	5.1	5.2	4.7	4.6 |	4.9
All persons											
16-24	5.0	5.3	7.9	11.5	11.8	12.8	13.9	13.9	12.6	11.9 |	12.4
25-54	1.4	1.5	2.2	3.8	4.3	4.3	4.8	5.0	4.5	4.1 |	3.9
55-64	0.4	1.1	1.2	2.4	2.5	2.6	3.0	2.6	2.6	2.6 |	2.2
65 and over	1.3	1.3	1.4	1.4	1.4	1.7	1.9	2.0	2.0	1.1 |	2.8
16-64	1.9	2.1	3.2	5.0	5.4	5.5	6.0	6.1	5.4	5.0 |	4.9

LABOUR FORCE STATISTICS - ISBN 9789264035539 - © OECD 2007

III - Taux d'activité et taux de chômage par âge et par sexe

Pourcentage (estimations de moyennes annuelles)

	1997	1998	1999	2000	2001	2002	2003	2004	2005	2006
TAUX D'ACTIVITÉ										
Hommes										
16-19	47.2	48.6	50.5	52.3	49.5	49.1	46.4	45.8	44.3	41.0
20-24	77.7	79.9	79.3	79.3	76.8	77.0	76.8	75.5	75.4	77.2
25-34	91.4	92.0	91.7	91.0	91.7	91.0	89.3	89.2	89.5	90.4
35-44	93.8	93.8	93.0	92.5	92.3	92.6	91.6	91.4	91.3	91.9
45-54	91.5	91.3	90.7	90.8	90.0	89.4	88.7	89.4	89.3	89.2
55-59	83.5	86.2	84.7	84.8	83.5	83.6	82.9	81.7	82.9	82.9
60-64	64.3	63.2	61.1	60.6	59.4	60.0	62.9	64.3	64.1	63.5
16-24	64.8	66.4	66.7	67.5	64.8	64.7	63.2	61.9	61.0	58.2
25-54	92.2	92.4	91.8	91.4	91.4	91.0	89.9	90.1	90.1	90.6
55-64	74.9	76.0	74.5	74.4	73.6	74.0	74.7	74.3	74.6	74.1
65 et plus	15.2	14.8	13.4	14.2	16.9	15.6	16.9	17.0	17.4	17.7
16-64	85.0	85.6	85.0	84.8	84.0	83.8	82.8	82.5	82.3	81.4
Femmes										
16-19	43.3	49.0	51.5	52.4	50.0	54.3	50.5	49.5	47.5	45.6
20-24	69.2	70.0	68.1	68.9	70.1	71.1	71.1	70.9	69.5	71.8
25-34	80.8	82.0	81.4	81.7	81.7	81.1	80.4	81.2	81.4	82.3
35-44	85.2	84.7	85.1	85.6	85.4	85.3	84.3	84.4	84.5	85.0
45-54	82.9	82.8	83.0	83.4	82.7	82.4	82.2	82.6	83.1	82.7
55-59	70.5	70.6	71.3	71.8	73.1	74.6	72.8	70.9	71.9	71.7
60-64	47.8	49.5	49.5	48.4	49.5	52.0	52.4	52.7	51.8	51.1
16-24	58.3	61.1	61.0	61.8	61.3	63.8	62.0	61.3	59.4	58.1
25-54	82.9	83.2	83.2	83.5	83.3	82.9	82.3	82.8	83.0	83.4
55-64	60.0	61.0	61.5	61.6	63.2	65.3	64.3	63.1	62.9	62.2
65 et plus	8.5	8.2	9.4	8.5	9.9	10.5	11.7	11.6	11.5	10.6
16-64	75.3	76.1	76.1	76.5	76.4	76.7	75.8	75.7	75.4	74.8
Ensemble des personnes										
16-24	61.6	63.8	63.9	64.7	63.1	64.2	62.6	61.6	60.2	58.1
25-54	87.7	87.9	87.6	87.6	87.4	87.1	86.2	86.5	86.6	87.0
55-64	67.3	68.4	68.0	68.0	68.5	69.7	69.5	68.8	68.8	68.2
65 et plus	11.6	11.3	11.2	11.1	13.2	12.9	14.2	14.1	14.3	14.0
16-64	80.2	80.9	80.6	80.7	80.3	80.3	79.3	79.1	78.9	78.2
TAUX DE CHÔMAGE										
Hommes										
16-19	15.7	13.2	14.5	15.8	16.7	18.5	17.3	18.5	18.4	12.1
20-24	7.8	7.0	7.2	6.3	7.5	9.3	10.4	9.5	9.5	6.6
25-34	4.1	3.1	3.1	3.8	3.9	4.3	6.2	6.0	5.7	4.2
35-44	3.0	2.3	2.6	2.6	2.6	3.2	3.5	4.4	4.2	3.2
45-54	1.8	1.4	2.1	2.1	1.4	2.2	3.3	2.5	2.6	1.8
55-59	2.3	2.1	1.0	1.9	1.7	1.6	1.6	1.6	2.0	1.3
60-64	1.9	1.8	1.8	1.8	1.8	1.7	1.5	1.4	2.3	1.2
16-24	10.2	8.9	9.6	9.5	10.6	12.4	12.7	12.6	12.5	8.6
25-54	3.0	2.3	2.6	2.9	2.7	3.2	4.3	4.3	4.2	3.1
55-64	2.1	2.0	1.3	1.8	1.7	1.6	1.6	1.5	2.1	1.3
65 et plus	0.0	0.0	0.0	4.5	0.0	0.0	0.0	0.0	1.3	1.1
16-64	3.9	3.2	3.4	3.6	3.6	4.2	5.0	4.9	4.9	3.5
Total	3.8	3.1	3.4	3.7	3.5	4.1	4.8	4.8	4.8	3.5
Femmes										
16-19	15.6	13.7	13.2	16.7	17.3	15.8	14.8	14.8	16.4	11.1
20-24	9.1	7.1	7.4	7.5	6.4	7.3	8.3	8.4	8.7	7.0
25-34	4.8	4.0	3.3	2.9	3.7	3.8	4.7	4.7	5.2	3.9
35-44	2.7	1.9	2.2	2.2	2.5	2.9	3.6	3.2	3.6	2.8
45-54	1.7	1.2	0.8	1.6	1.2	1.6	1.6	2.0	2.5	1.8
55-59	1.4	1.3	1.2	1.1	1.0	1.9	0.9	1.0	1.6	0.9
60-64	2.3	2.2	0.0	0.0	2.1	1.9	1.8	0.0	0.6	1.1
16-24	11.1	9.4	9.5	10.9	10.3	10.5	10.7	10.7	11.5	8.7
25-54	3.1	2.4	2.2	2.3	2.5	2.8	3.3	3.3	3.8	2.8
55-64	1.7	1.6	0.8	0.7	1.4	1.9	1.2	0.6	1.3	1.0
65 et plus	0.0	0.0	0.0	0.0		0.0	0.0	0.0	2.1	2.2
16-64	4.1	3.3	3.0	3.2	3.4	3.7	4.0	3.9	4.4	3.4
Total	4.0	3.3	3.0	3.2	3.4	3.7	3.9	3.8	4.4	3.4
Ensemble des personnes										
16-24	10.6	9.1	9.6	10.2	10.5	11.5	11.7	11.7	12.0	8.6
25-54	3.0	2.4	2.4	2.6	2.6	3.0	3.8	3.8	4.0	2.9
55-64	1.9	1.8	1.1	1.3	1.6	1.8	1.4	1.1	1.7	1.1
65 et plus	0.0	0.0	0.0	2.7	0.0	0.0	0.0	0.0	1.7	1.5
16-64	4.0	3.2	3.2	3.5	3.5	4.0	4.5	4.5	4.7	3.5

NORWAY

IV - Professional status and breakdown by activity - ISIC Rev. 2

Thousands (annual average estimates)

	1986	1987	1988	1989	1990	1991	1992	1993	1994	1995	1996
CIVILIAN EMPLOYMENT: PROFESSIONAL STATUS											
All activities	2 053	2 090	2 079	2 014	1 992	1 973	1 970	1 970	2 003	2 047	2 104
Employees	1 793	1 847	1 832	1 777	1 766	1 760	1 761	1 765	1 803	1 851	1 920
Employers and persons working on own account	193	188	196	190	184	180	177	177	175	172	165
Unpaid family workers	67	55	51	47	42	33	26	23	20	19	19
Agriculture, hunting, forestry and fishing	151	139	134	132	129	116	110	111	107	106	109
Employees	38	38	33	36	33	30	29	32	32	33	39
Employers and persons working on own account	69	66	70	70	70	66	63	62	59	58	56
Unpaid family workers	45	35	30	26	26	20	17	15	14	13	13
Non-agricultural activities	1 902	1 951	1 945	1 882	1 863	1 857	1 860	1 859	1 896	1 941	1 995
Employees	1 755	1 809	1 799	1 741	1 733	1 730	1 732	1 733	1 771	1 818	1 881
Employers and persons working on own account	124	122	126	120	114	114	114	115	116	114	109
Unpaid family workers	22	20	21	21	16	13	9	8	6	6	6
All activities (%)	100.0	100.0	100.0	100.0	100.0	100.0	100.0	100.0	100.0	100.0	100.0
Employees	87.3	88.4	88.1	88.2	88.7	89.2	89.4	89.6	90.0	90.4	91.3
Others	12.7	11.6	11.9	11.8	11.3	10.8	10.3	10.2	9.7	9.3	8.7
CIVILIAN EMPLOYMENT: BREAKDOWN BY ACTIVITY(1)											
ISIC Rev. 2 Major Divisions											
1 to 0 All activities	2 053	2 090	2 079	2 014	1 992	1 973	1 970	1 970	2 003	2 047	2 104
1 Agriculture, hunting, forestry and fishing	151	139	134	132	129	116	110	111	107	106	109
2 Mining and quarrying	22	24	24	23	22	21	25	25	24	23	28
3 Manufacturing	358	352	337	318	310	294	295	292	303	308	313
4 Electricity, gas and water	21	23	21	22	23	21	20	22	22	22	21
5 Construction	155	166	166	147	139	130	122	116	119	126	126
6 Wholesale and retail trade; restaurants and hotels	364	375	376	369	358	354	353	349	348	357	389
7 Transport, storage and communication	179	178	175	167	162	162	157	158	165	170	164
8 Financing, insurance, real estate and business services	142	155	166	154	150	153	153	153	160	160	206
9 Community, social and personal services	658	673	674	675	696	716	729	741	752	771	745
0 Activities not adequately defined	3	5	5	7	5	4	4	4	4	5	3
EMPLOYEES: BREAKDOWN BY ACTIVITY(1)											
ISIC Rev. 2 Major Divisions											
1 to 0 All activities	1 793	1 847	1 832	1 777	1 766	1 760	1 761	1 765	1 803	1 851	1 920
1 Agriculture, hunting, forestry and fishing	38	38	33	36	33	30	29	32	32	33	39
2 Mining and quarrying	22	23	23	22	21	21	25	24	24	23	28
3 Manufacturing	346	340	325	306	301	287	286	283	293	300	305
4 Electricity, gas and water	21	23	21	22	23	21	20	22	22	22	21
5 Construction	125	136	136	121	115	107	99	94	99	105	104
6 Wholesale and retail trade; restaurants and hotels	327	341	342	335	326	325	325	322	321	331	362
7 Transport, storage and communication	161	161	157	151	145	147	143	143	149	154	151
8 Financing, insurance, real estate and business services	129	142	155	142	139	141	139	138	145	146	191
9 Community, social and personal services	623	642	638	641	661	681	694	707	717	736	717
0 Activities not adequately defined	1	1	1	1	1	1	1	1	1	1	3

(1) Data broken down by activity (civilian employment and employees) have not been revised nor updated due to a change by the country from ISIC Rev. 2 to ISIC Rev. 3.

NORVÈGE

IV - Situation dans la profession et répartition par branches d'activités - CITI Rév. 2

Milliers (estimations de moyennes annuelles)

	1997	1998	1999	2000	2001	2002	2003	2004	2005	2006
EMPLOI CIVIL : SITUATION DANS LA PROFESSION										
Toutes activités	2 166	2 219	2 233	2 246	2 259	2 269	2 250	2 258	2 274	2 345
Salariés	1 988	2 034	2 058	2 076	2 089	2 101	2 080	2 088	2 101	2 144
Employeurs et personnes travaillant à leur compte	166	170	166	158	154	154	158	161	163	191
Travailleurs familiaux non rémunérés	12	14	9	8	8	7	7	7	6	8
Agriculture, chasse, sylviculture et pêche	102	104	102	94	90	86	84	80	76	77
Salariés	37	36	38	34	35	33	33	32	31	30
Employeurs et personnes travaillant à leur compte	57	59	58	54	49	47	46	42	41	43
Travailleurs familiaux non rémunérés	8	9	6	5	5	5	5	5	4	4
Activités non agricoles	2 064	2 115	2 131	2 152	2 169	2 183	2 166	2 178	2 199	2 268
Salariés	1 951	1 998	2 020	2 042	2 054	2 068	2 047	2 056	2 071	2 114
Employeurs et personnes travaillant à leur compte	109	111	108	104	105	107	112	119	123	148
Travailleurs familiaux non rémunérés	4	5	3	3	3	2	2	2	2	4
Toutes activités (%)	100.0	100.0	100.0	100.0	100.0	100.0	100.0	100.0	100.0	100.0
Salariés	91.8	91.7	92.2	92.4	92.5	92.6	92.4	92.5	92.4	91.4
Autres	8.2	8.3	7.8	7.4	7.2	7.1	7.3	7.4	7.4	8.5
EMPLOI CIVIL : RÉPARTITION PAR BRANCHES D'ACTIVITÉS(1)										
Branches CITI Rév. 2										
1 à 0 Toutes activités	2 165	2 219	2 233	2 246						
1 Agriculture, chasse, sylviculture et pêche	102	104	102	94						
2 Industries extractives	28	32	32	34						
3 Industries manufacturières	324	321	300	291						
4 Électricité, gaz et eau	21	18	18	20						
5 Bâtiment et travaux publics	130	141	146	147						
6 Commerce de gros et de détail; restaurants et hôtels	400	411	411	419						
7 Transports, entrepôts et communications	167	175	170	168						
8 Banques, assurances, affaires immobilières et services fournis aux entreprises	223	241	252	256						
9 Services fournis à la collectivité, services sociaux et services personnels	768	773	799	815						
0 Activités mal désignées	3	3	2	3						
SALARIÉS : RÉPARTITION PAR BRANCHES D'ACTIVITÉS(1)										
Branches CITI Rév. 2										
1 à 0 Toutes activités	1 988	2 034	2 058	2 076						
1 Agriculture, chasse, sylviculture et pêche	37	36	38	34						
2 Industries extractives	28	32	31	33						
3 Industries manufacturières	316	313	293	284						
4 Électricité, gaz et eau	21	18	18	20						
5 Bâtiment et travaux publics	109	119	128	128						
6 Commerce de gros et de détail; restaurants et hôtels	375	386	388	395						
7 Transports, entrepôts et communications	155	162	157	156						
8 Banques, assurances, affaires immobilières et services fournis aux entreprises	206	222	232	238						
9 Services fournis à la collectivité, services sociaux et services personnels	740	744	770	786						
0 Activités mal désignées	2	2	2	2						

(1) Les données concernant la répartition par branches d'activités (emploi civil et salariés) n'ont pas été révisées ni mises à jour en raison du passage par le pays de la CITI Rév. 2 à la CITI Rév. 3.

NORWAY

V - Civilian employment and employees: breakdown by activity - ISIC Rev. 3

Thousands (annual average estimates)

	1986	1987	1988	1989	1990	1991	1992	1993	1994	1995	1996
CIVILIAN EMPLOYMENT: BREAKDOWN BY ACTIVITY											
A to X All activities											2 103
A Agriculture, hunting and forestry											90
B Fishing											18
C Mining and quarrying											28
D Manufacturing											313
E Electricity, gas and water supply											21
F Construction											126
G Wholesale and retail trade; repair of motorvehicles,, motorcycles and personal and household goods											322
H Hotels and restaurants											67
I Transport, storage and communication											164
J Financial intermediation											54
K Real estate, renting and business activities											152
L Public administration and defence; compulsory social security, excluding armed forces											117
M Education											165
N Health and social work											372
O Other community, social and personal service activities											85
P Privates households with employed persons											6
Q Extra-territorial organisations and bodies											0
X Not classifiable by economic activities											3
Breakdown by sector											
Agriculture (A-B)											108
Industry (C-F)											488
Services (G-Q)											1 504
Agriculture (%)											5.1
Industry (%)											23.2
Services (%)											71.5
Female participation in agriculture (%)											25.9
Female participation in industry (%)											20.7
Female participation in services (%)											56.3
EMPLOYEES: BREAKDOWN BY ACTIVITY											
A to X All activities											1 920
A Agriculture, hunting and forestry											27
B Fishing											12
C Mining and quarrying											28
D Manufacturing											305
E Electricity, gas and water supply											21
F Construction											104
G Wholesale and retail trade; repair of motorvehicles,, motorcycles and personal and household goods											299
H Hotels and restaurants											62
I Transport, storage and communication											151
J Financial intermediation											53
K Real estate, renting and business activities											137
L Public administration and defence; compulsory social security, excluding armed forces											117
M Education											164
N Health and social work											361
O Other community, social and personal service activities											71
P Privates households with employed persons											3
Q Extra-territorial organisations and bodies											0
X Not classifiable by economic activities											3
Breakdown by sector											
Agriculture (A-B)											39
Industry (C-F)											458
Services (G-Q)											1 418
Agriculture (%)											2.0
Industry (%)											23.9
Services (%)											73.9
Female participation in agriculture (%)											25.6
Female participation in industry (%)											21.2
Female participation in services (%)											57.4

V - Emploi civil et salariés : répartition par branches d'activités - CITI Rév. 3

Milliers (estimations de moyennes annuelles)

	1997	1998	1999	2000	2001	2002	2003	2004	2005	2006
EMPLOI CIVIL : RÉPARTITION PAR BRANCHES D'ACTIVITÉS										
A à X Toutes activités	2 166	2 219	2 234	2 246	2 259	2 269	2 250	2 258	2 274	2 345
A Agriculture, chasse et sylviculture	83	84	84	77	72	69	67	63	60	63
B Pêche	18	20	18	16	17	17	16	16	15	14
C Activités extractives	28	32	32	34	36	35	32	33	35	35
D Activités de fabrication	324	321	300	291	286	289	278	264	265	272
E Production et distribution d'électricité, de gaz et d'eau	21	18	18	20	18	14	17	16	16	16
F Construction	130	141	147	147	152	157	159	160	159	167
G Commerce de gros et de détail; réparation de véhicules et de biens domestiques	335	342	339	346	330	332	337	345	350	353
H Hôtels et restaurants	65	70	73	73	67	68	70	70	71	68
I Transports, entreposage et communications	167	175	170	168	169	161	149	149	152	157
J Intermédiation financière	53	52	53	50	49	51	47	48	51	54
K Immobilier, location et activités de services aux entreprises	171	189	200	206	224	221	225	223	231	252
L Administration publique et défense; sécurité sociale obligatoire (armée exclue)	123	125	128	135	132	128	130	127	124	127
M Education	169	171	179	183	190	188	186	195	190	193
N Santé et action sociale	384	383	397	402	417	440	440	449	458	471
O Autres activités de services collectifs, sociaux et personnels	86	88	90	90	94	92	92	96	95	98
P Ménages privés employant du personnel domestique	6	6	5	4	2	3	2	2	2	3
Q Organisations et organismes extra-territoriaux	1	0	0	0	0	0	0	0	0	0
X Ne pouvant être classés selon l'activité économique	3	3	2	3	3	3	2	1	1	0
Répartition par secteurs										
Agriculture (A-B)	101	104	102	93	89	86	83	79	75	77
Industrie (C-F)	503	512	497	492	492	495	486	473	476	490
Services (G-Q)	1 560	1 601	1 634	1 657	1 674	1 684	1 678	1 704	1 722	1 776
Agriculture (%)	4.7	4.7	4.6	4.1	3.9	3.8	3.7	3.5	3.3	3.3
Industrie (%)	23.2	23.1	22.2	21.9	21.8	21.8	21.6	20.9	20.9	20.9
Services (%)	72.0	72.1	73.1	73.8	74.1	74.2	74.6	75.5	75.7	75.7
Part des femmes dans l'agriculture (%)	24.8	26.0	25.5	25.8	24.7	24.4	24.1	22.8	22.8	20.8
Part des femmes dans l'industrie (%)	20.1	19.9	19.9	19.9	19.5	19.6	19.1	18.8	18.2	18.0
Part des femmes dans les services (%)	56.5	56.7	56.5	56.3	56.3	56.9	56.9	56.7	56.5	56.6
SALARIÉS : RÉPARTITION PAR BRANCHES D'ACTIVITÉS										
A à X Toutes activités	1 988	2 034	2 058	2 076	2 089	2 101	2 080	2 088	2 101	2 144
A Agriculture, chasse et sylviculture	23	21	24	23	22	20	20	19	18	19
B Pêche	14	15	14	11	13	13	13	13	12	10
C Activités extractives	28	32	31	33	36	35	32	33	35	35
D Activités de fabrication	316	313	293	284	277	281	268	255	256	262
E Production et distribution d'électricité, de gaz et d'eau	21	18	18	20	18	14	17	16	16	16
F Construction	109	119	128	128	132	133	135	137	137	139
G Commerce de gros et de détail; réparation de véhicules et de biens domestiques	314	319	318	327	311	315	319	325	332	332
H Hôtels et restaurants	61	67	69	68	63	64	66	66	67	64
I Transports, entreposage et communications	155	162	157	156	156	149	139	139	139	143
J Intermédiation financière	53	52	53	49	49	50	47	47	50	54
K Immobilier, location et activités de services aux entreprises	154	170	180	188	206	203	203	201	206	218
L Administration publique et défense; sécurité sociale obligatoire (armée exclue)	122	125	128	135	132	128	130	127	124	127
M Education	168	170	178	183	189	186	184	194	188	191
N Santé et action sociale	373	371	386	389	402	426	426	432	439	451
O Autres activités de services collectifs, sociaux et personnels	72	75	77	77	80	79	79	81	79	81
P Ménages privés employant du personnel domestique	3	3	2	2	2	1	1	1	1	2
Q Organisations et organismes extra-territoriaux	1	0	0	0	0	0	0	0	0	0
X Ne pouvant être classés selon l'activité économique	2	2	2	2	2	2	1	1	1	0
Répartition par secteurs										
Agriculture (A-B)	37	36	38	34	35	33	33	32	31	29
Industrie (C-F)	474	482	470	465	463	463	452	441	445	452
Services (G-Q)	1 476	1 514	1 548	1 574	1 590	1 601	1 594	1 613	1 625	1 663
Agriculture (%)	1.9	1.8	1.8	1.6	1.7	1.6	1.6	1.5	1.5	1.4
Industrie (%)	23.8	23.7	22.8	22.4	22.2	22.0	21.7	21.1	21.2	21.1
Services (%)	74.2	74.4	75.2	75.8	76.1	76.2	76.6	77.3	77.3	77.6
Part des femmes dans l'agriculture (%)	24.3	25.0	23.7	23.5	22.9	21.2	24.2	21.9	20.3	20.7
Part des femmes dans l'industrie (%)	20.7	20.3	20.6	20.4	20.3	20.5	20.1	19.7	19.2	18.8
Part des femmes dans les services (%)	57.5	57.7	57.6	57.1	57.1	57.8	57.8	57.7	57.6	57.9

POLAND

I - Population

Thousands (mid-year estimates)

	1986	1987	1988	1989	1990	1991	1992	1993	1994	1995	1996
POPULATION - DISTRIBUTION BY AGE AND GENDER											
All persons											
Total	37 456	37 664	37 862	37 937	38 031	38 109	38 173	38 221	38 252	38 275	38 289
Under 15 years	9 611	9 656	9 667	9 584	9 396	9 195	8 986	8 770	8 569	8 378	8 184
From 15 to 64 years	24 314	24 423	24 526	24 602	24 794	24 983	25 166	25 332	25 477	25 613	25 742
65 years and over	3 531	3 584	3 669	3 750	3 841	3 931	4 022	4 119	4 206	4 283	4 363
Males											
Total	18 268	18 370	18 467	18 492	18 534	18 567	18 592	18 610	18 621	18 626	18 623
Under 15 years	4 920	4 944	4 950	4 901	4 807	4 706	4 601	4 492	4 390	4 294	4 196
From 15 to 64 years	12 026	12 087	12 149	12 178	12 280	12 378	12 474	12 563	12 641	12 714	12 778
65 years and over	1 322	1 339	1 368	1 412	1 448	1 483	1 517	1 555	1 589	1 619	1 650
Females											
Total	19 188	19 294	19 395	19 445	19 497	19 542	19 581	19 611	19 631	19 649	19 666
Under 15 years	4 691	4 713	4 717	4 683	4 589	4 488	4 385	4 278	4 179	4 085	3 988
From 15 to 64 years	12 288	12 336	12 377	12 424	12 514	12 605	12 692	12 769	12 836	12 900	12 964
65 years and over	2 209	2 245	2 301	2 338	2 394	2 448	2 504	2 563	2 616	2 664	2 713
POPULATION - PERCENTAGES											
All persons											
Total	100.0	100.0	100.0	100.0	100.0	100.0	100.0	100.0	100.0	100.0	100.0
Under 15 years	25.7	25.6	25.5	25.3	24.7	24.1	23.5	22.9	22.4	21.9	21.4
From 15 to 64 years	64.9	64.8	64.8	64.8	65.2	65.6	65.9	66.3	66.6	66.9	67.2
65 years and over	9.4	9.5	9.7	9.9	10.1	10.3	10.5	10.8	11.0	11.2	11.4
COMPONENTS OF CHANGE IN POPULATION											
a) Population at 1 January	37 341	37 572	37 764	37 885	37 988	38 073	38 144	38 203	38 239	38 265	38 284
b) Population at 31 December	37 572	37 764	37 885	37 988	38 073	38 144	38 203	38 239	38 265	38 284	38 294
c) Total increase (b-a)	231	192	121	103	85	71	59	36	26	19	10
d) Births	637	608	590	564	548	548	515	494	481	433	428
e) Deaths	379	381	373	383	390	406	395	392	386	386	385
f) Natural increase (d-e)	258	227	217	181	158	142	120	102	95	47	43
g) Net migration	-27	-35	-34	-24	-16	-16	-12	-15	-19	-18	-13
h) Statistical adjustments	0	0	-62	-54	-57	-55	-49	-51	-50	-10	-20
i) Total increase (=f+g+h=c)	231	192	121	103	85	71	59	36	26	19	10
(Components of change in population/ Average population) x1000											
Total increase rates	6.2	5.1	3.2	2.7	2.2	1.9	1.5	0.9	0.7	0.5	0.3
Crude birth rates	17.0	16.1	15.6	14.9	14.4	14.4	13.5	12.9	12.6	11.3	11.2
Crude death rates	10.1	10.1	9.9	10.1	10.3	10.7	10.3	10.3	10.1	10.1	10.1
Natural increase rates	6.9	6.0	5.7	4.8	4.2	3.7	3.1	2.7	2.5	1.2	1.1
Net migration rates	-0.7	-0.9	-0.9	-0.6	-0.4	-0.4	-0.3	-0.4	-0.5	-0.5	-0.3

I - Population

Milliers (estimations au milieu de l'année)

1997	1998	1999	2000	2001	2002	2003	2004	2005	2006	
										POPULATION - RÉPARTITION SELON L'AGE ET LE SEXE
										Ensemble des personnes
38 292	38 283	38 270 |	38 256	38 251	38 232	38 195	38 180	38 161	38 132	Total
7 987	7 785	7 633	7 444	7 170	6 915	6 691	6 479	6 285	6 105	Moins de 15 ans
25 862	25 974	26 034	26 134	26 314	26 455	26 592	26 720	26 836	26 937	De 15 à 64 ans
4 443	4 524	4 604	4 678	4 767	4 862	4 912	4 981	5 040	5 091	65 ans et plus
										Hommes
18 610	18 590	18 563	18 542	18 533	18 517	18 493	18 478	18 461	18 436	Total
4 096	3 993	3 911	3 811	3 671	3 541	3 427	3 320	3 221	3 129	Moins de 15 ans
12 834	12 886	12 912	12 963	13 059	13 134	13 207	13 274	13 334	13 384	De 15 à 64 ans
1 681	1 711	1 740	1 768	1 803	1 842	1 859	1 884	1 906	1 924	65 ans et plus
										Femmes
19 682	19 693	19 707	19 714	19 718	19 715	19 702	19 702	19 700	19 696	Total
3 892	3 793	3 722	3 633	3 499	3 374	3 264	3 159	3 064	2 976	Moins de 15 ans
13 028	13 088	13 122	13 171	13 255	13 321	13 385	13 446	13 502	13 554	De 15 à 64 ans
2 762	2 813	2 864	2 910	2 964	3 020	3 053	3 097	3 134	3 167	65 ans et plus
										POPULATION - POURCENTAGES
										Ensemble des personnes
100.0	100.0	100.0 |	100.0	100.0	100.0	100.0	100.0	100.0	100.0	Total
20.9	20.3	19.9 |	19.5	18.7	18.1	17.5	17.0	16.5	16.0	Moins de 15 ans
67.5	67.8	68.0 |	68.3	68.8	69.2	69.6	70.0	70.3	70.6	De 15 à 64 ans
11.6	11.8	12.0 |	12.2	12.5	12.7	12.9	13.0	13.2	13.4	65 ans et plus
										COMPOSANTES DE L'ÉVOLUTION DÉMOGRAPHIQUE
38 294	38 290	38 277	38 263	38 254	38 242	38 219	38 191	38 174	38 157	a) Population au 1er janvier
38 290	38 277	38 263 |	38 254	38 242	38 219	38 191	38 174	38 157	38 125	b) Population au 31 décembre
-4	-13	-14 |	-9	-12	-23	-28	-17	-17	-32	**c) Accroissement total (b-a)**
413	396	382	378	368	354	351	356	364	374	d) Naissances
380	375	381	368	363	360	365	363	368	370	e) Décès
33	21	1	10	5	-6	-14	-7	-4	4	**f) Accroissement naturel (d-e)**
-12	-13	-14	-20	-17	-18	-14	-9	-13	-36	g) Solde net des migrations
-25	-21	-1	1	0	1	0	-1	0	0	h) Ajustements statistiques
-4	-13	-14	-9	-12	-23	-28	-17	-17	-32	**i) Accroissement total (=f+g+h=c)**
										(Composition de l'évolution démographique/ Population moyenne) x1000
-0.1	-0.3	-0.4 |	-0.2	-0.3	-0.6	-0.7	-0.4	-0.4	-0.8	Taux d'accroissement total
10.8	10.3	10.0 |	9.9	9.6	9.3	9.2	9.3	9.5	9.8	Taux bruts de natalité
9.9	9.8	10.0 |	9.6	9.5	9.4	9.6	9.5	9.6	9.7	Taux bruts de mortalité
0.9	0.5	0.0 |	0.3	0.1	-0.2	-0.4	-0.2	-0.1	0.1	Taux d'accroissement naturel
-0.3	-0.3	-0.4 |	-0.5	-0.4	-0.5	-0.4	-0.2	-0.3	-0.9	Taux du solde net des migrations

POLAND

II - Labour force

Thousands (annual average estimates)

	1986	1987	1988	1989	1990	1991	1992	1993	1994	1995	1996
Total labour force[1]											
All persons	17 193	17 138	17 023	17 002	16 906	16 996 |	17 516	17 321	17 276	17 205	17 200
Males							9 491	9 350	9 357	9 351	9 351
Females							8 024	7 971	7 919	7 854	7 849
Armed forces											
All persons									141	137	122
Males									141	137	122
Females									0	0	0
Civilian labour force[1]											
All persons	17 193	17 138	17 023	17 002	16 906	16 996 |	17 516	17 321	17 135	17 068	17 078
Males							9 491	9 350	9 216	9 214	9 229
Females							8 024	7 971	7 919	7 854	7 849
Unemployed											
All persons					626	1 670 |	2 335	2 427	2 473	2 276	2 111
Males					318	799 |	1 154	1 183	1 207	1 119	1 016
Females					307	871 |	1 180	1 244	1 266	1 157	1 094
Civilian employment[1]											
All persons	17 193	17 138	17 023	17 002	16 280	15 326 |	15 181 |	14 894	14 661	14 792	14 968
Males							8 337 |	8 167	8 008	8 095	8 213
Females							6 844 |	6 727	6 653	6 697	6 755
Civilian employment (%)											
All persons	100.0	100.0	100.0	100.0	100.0	100.0 |	100.0 |	100.0	100.0	100.0	100.0
Males							54.9 |	54.8	54.6	54.7	54.9
Females							45.1 |	45.2	45.4	45.3	45.1
Unemployment rates (% of civilian labour force)											
All persons					3.7	9.8 |	13.3	14.0	14.4	13.3	12.4
Males							12.2	12.7	13.1	12.1	11.0
Females							14.7	15.6	16.0	14.7	13.9
Total labour force (% of total population)											
All persons	45.9	45.5	45.0	44.8	44.5	44.6 |	45.9	45.3	45.2	45.0	44.9
Males							51.0	50.2	50.2	50.2	50.2
Females							41.0	40.6	40.3	40.0	39.9
Total labour force (% of population from 15-64 years)[2]											
All persons	70.7	70.2	69.4	69.1	68.2	68.0 |	69.6	68.4	67.8	67.2	66.8
Males							76.1	74.4	74.0	73.5	73.2
Females							63.2	62.4	61.7	60.9	60.5
Civilian employment (% of total population)											
All persons	45.9	45.5	45.0	44.8	42.8	40.2 |	39.8 |	39.0	38.3	38.6	39.1
Civilian employment (% of population from 15-64 years)											
All persons	70.7	70.2	69.4	69.1	65.7	61.3 |	60.3 |	58.8	57.5	57.8	58.1
Males							66.8 |	65.0	63.3	63.7	64.3
Females							53.9 |	52.7	51.8	51.9	52.1
Part-time employment (%)											
Part-time as % of employment											
Male share of part-time employment											
Female share of part-time employment											
Male part-time as % of male employment											
Female part-time as % of female employment											
Duration of unemployment (% of total unemployment)											
Less than 2 months							6.4	5.2	6.6	7.5	7.6
More than 2 months and less than 3 months							14.0	14.0	12.5	13.3	12.5
More than 3 months and less than 6 months							16.8	16.2	15.8	16.1	17.0
More than 6 months and less than 1 year							28.1	25.6	24.8	23.0	23.8
More than 1 year							34.7	39.1	40.4	40.0	39.0

(1) Before 1990, civilian labour force data equal to civilian employment data because the unemployment phenomenon did not exist.

(2) Participation rates calculated according to national definitions may differ from those published in this table, when the age group represented in the labour force survey is other than 15-64 years.

LABOUR FORCE STATISTICS - ISBN 9789264035539 - © OECD 2007

II - Population active

Milliers (estimations de moyennes annuelles)

1997	1998	1999	2000	2001	2002	2003	2004	2005	2006	
										Population active totale[1]
17 225	17 285	17 256	17 405	17 457	17 277	17 014	17 085	17 218	16 992	Ensemble des personnes
9 409	9 436	9 387	9 442	9 460	9 372	9 242	9 305	9 419	9 337	Hommes
7 817	7 849	7 869	7 962	7 997	7 905	7 773	7 780	7 799	7 655	Femmes
										Forces armées
123	123	108	94	81	64	69	60	57	54	Ensemble des personnes
123	123	108	94	81	64	69	60	57	54	Hommes
0	0	0	0	0	0	0	0	0	0	Femmes
										Population active civile[1]
17 103	17 162	17 148	17 311	17 376	17 213	16 945	17 025	17 161	16 938	Ensemble des personnes
9 286	9 313	9 279	9 348	9 379	9 308	9 173	9 245	9 362	9 283	Hommes
7 817	7 849	7 869	7 962	7 997	7 905	7 773	7 780	7 799	7 655	Femmes
										Chômeurs
1 917	1 808	2 391	2 785	3 170	3 431	3 329	3 230	3 045	2 344	Ensemble des personnes
885	843	1 147	1 344	1 583	1 779	1 741	1 680	1 553	1 202	Hommes
1 033	965	1 244	1 441	1 587	1 652	1 588	1 550	1 493	1 142	Femmes
										Emploi civil[1]
15 186	15 354	14 757	14 526	14 207	13 782	13 617	13 795	14 116	14 594	Ensemble des personnes
8 402	8 470	8 132	8 004	7 797	7 529	7 432	7 565	7 809	8 081	Hommes
6 784	6 884	6 625	6 522	6 410	6 253	6 185	6 230	6 306	6 513	Femmes
										Emploi civil (%)
100.0	100.0	100.0	100.0	100.0	100.0	100.0	100.0	100.0	100.0	Ensemble des personnes
55.3	55.2	55.1	55.1	54.9	54.6	54.6	54.8	55.3	55.4	Hommes
44.7	44.8	44.9	44.9	45.1	45.4	45.4	45.2	44.7	44.6	Femmes
										Taux de chômage (% de la population active civile)
11.2	10.5	13.9	16.1	18.2	19.9	19.6	19.0	17.7	13.8	Ensemble des personnes
9.5	9.1	12.4	14.4	16.9	19.1	19.0	18.2	16.6	12.9	Hommes
13.2	12.3	15.8	18.1	19.8	20.9	20.4	19.9	19.1	14.9	Femmes
										Population active totale (% de la population totale)
45.0	45.1	45.1 |	45.5	45.6	45.2	44.5	44.7	45.1	44.6	Ensemble des personnes
50.6	50.8	50.6	50.9	51.0	50.6	50.0	50.4	51.0	50.6	Hommes
39.7	39.9	39.9	40.4	40.6	40.1	39.5	39.5	39.6	38.9	Femmes
										Population active totale (% de la population de 15-64 ans)[2]
66.6	66.5	66.3	66.6	66.3	65.3	64.0	63.9	64.2	63.1	Ensemble des personnes
73.3	73.2	72.7	72.8	72.4	71.4	70.0	70.1	70.6	69.8	Hommes
60.0	60.0	60.0	60.5	60.3	59.3	58.1	57.9	57.8	56.5	Femmes
										Emploi civil (% de la population totale)
39.7	40.1	38.6 |	38.0	37.1	36.0	35.7	36.1	37.0	38.3	Ensemble des personnes
										Emploi civil (% de la population de 15-64 ans)
58.7	59.1	56.7	55.6	54.0	52.1	51.2	51.6	52.6	54.2	Ensemble des personnes
65.5	65.7	63.0	61.7	59.7	57.3	56.3	57.0	58.6	60.4	Hommes
52.1	52.6	50.5	49.5	48.4	46.9	46.2	46.3	46.7	48.1	Femmes
										Emploi à temps partiel (%)
11.9	11.8	14.0	12.8	11.6	11.7	11.5	12.0	11.7	10.8	Temps partiel en % de l'emploi
38.9	37.8	38.8	38.3	35.3	35.0	33.8	34.3	33.5	33.0	Part des hommes dans le temps partiel
61.1	62.2	61.2	61.7	64.7	65.0	66.2	65.7	66.5	67.0	Part des femmes dans le temps partiel
8.2	8.0	9.8	8.8	7.4	7.5	7.1	7.5	7.1	6.5	Temps partiel des hommes en % de l'emploi des hommes
16.6	16.6	19.2	17.9	16.6	16.7	16.8	17.5	17.4	16.3	Temps partiel des femmes en % de l'emploi des femmes
										Durée du chômage (% du chômage total)
8.0	9.0	8.2	7.2	6.7	6.2	6.3	6.5	5.7	7.0	Moins de 2 mois
13.7	14.1	15.4	11.6	10.9	9.3	9.5	9.9	8.9	10.1	Plus de 2 mois et moins de 3 mois
16.1	16.5	19.3	18.2	16.2	14.5	14.0	14.9	13.7	13.7	Plus de 3 mois et moins de 6 mois
24.2	23.0	22.3	25.2	23.1	21.6	20.5	20.8	19.5	18.7	Plus de 6 mois et moins de 1 an
38.0	37.4	34.8	37.9	43.1	48.4	49.7	47.9	52.2	50.4	Plus de 1 an

(1) Avant 1990, les données de population active civile sont égales aux données d'emploi civil car le phénomène de chômage n'existait pas.

(2) Les taux d'activité calculés selon les définitions nationales peuvent être différents de ceux publiés dans ce tableau si le groupe d'âges représenté dans l'enquête de la population active est différent de 15-64 ans.

POLAND

III - Participation rates and unemployment rates by age and by sex

Percent (annual average estimates)

	1986	1987	1988	1989	1990	1991	1992	1993	1994	1995	1996
PARTICIPATION RATES											
Males											
15-19							25.2	20.9	18.3	16.6	16.0
20-24							80.3	78.7	76.2	74.2	72.7
25-34							94.9	95.5	95.1	94.5	93.7
35-44							93.6	93.7	92.8	92.5	92.2
45-54							82.6	83.4	82.3	81.7	81.9
55-59							58.8	58.3	58.1	56.8	55.3
60-64							36.6	36.3	34.8	33.7	33.4
15-24							49.2	46.2	45.2	43.9	43.4
25-54							91.5	91.8	90.9	90.1	89.7
55-64							48.1	47.6	46.7	45.5	44.5
65 and over							19.1	18.9	17.1	16.1	15.3
15-64							76.4	75.7	75.0	73.9	73.5
Females											
15-19							18.6	15.9	13.3	11.3	10.5
20-24							64.9	63.8	63.0	59.6	57.6
25-34							74.3	75.4	75.2	74.7	74.6
35-44							85.6	85.1	85.0	84.0	83.3
45-54							72.6	72.5	72.8	73.0	72.8
55-59							35.4	36.1	36.3	35.5	34.9
60-64							23.9	21.8	21.1	19.7	19.2
15-24							40.4	38.3	37.9	35.6	34.6
25-54							78.4	78.6	78.6	78.0	77.5
55-64							29.6	28.9	28.7	27.6	26.9
65 and over							11.0	10.8	9.6	8.5	8.4
15-64							62.6	62.1	62.1	61.0	60.5
All persons											
15-24							44.8	42.2	41.5	39.7	39.0
25-54							84.9	85.2	84.7	84.0	83.6
55-64							38.1	37.5	37.0	35.9	35.0
65 and over							14.0	13.8	12.4	11.4	11.1
15-64							69.4	68.8	68.4	67.4	66.9
UNEMPLOYMENT RATES											
Males											
15-19							27.0	31.1	39.6	37.0	32.3
20-24							25.4	26.9	28.3	27.0	24.9
25-34							12.2	12.8	12.9	11.8	10.7
35-44							10.3	11.0	11.1	10.3	9.1
45-54							8.1	9.0	9.2	8.7	7.9
55-59							8.6	7.1	8.5	7.6	7.0
60-64							6.7	6.1	5.8	5.0	5.2
15-24							25.9	28.0	30.8	29.0	26.3
25-54							10.6	11.2	11.3	10.4	9.3
55-64							7.9	6.7	7.5	6.7	6.3
65 and over							4.1	2.7	2.5	1.7	1.8
15-64							12.4	13.0	13.4	12.5	11.3
Total							12.2	12.6	13.1	12.1	11.0
Females											
15-19							34.6	39.1	46.6	46.9	42.1
20-24							28.6	30.6	32.1	31.3	29.3
25-34							18.4	19.4	19.2	17.7	16.7
35-44							12.1	13.4	14.1	12.8	12.3
45-54							9.1	9.4	9.5	8.7	8.4
55-59							6.3	7.2	7.3	5.2	5.9
60-64							5.6	4.8	5.0	4.4	3.9
15-24							30.1	32.5	34.7	33.8	31.2
25-54							13.5	14.4	14.5	13.2	12.5
55-64							6.0	6.3	6.4	4.9	5.2
65 and over							2.6	1.8	2.1	1.8	1.2
15-64							15.1	16.1	16.4	15.1	14.3
Total							14.7	15.6	16.0	14.7	13.9
All persons											
15-24							27.8	30.0	32.6	31.2	28.5
25-54							11.9	12.7	12.8	11.7	10.8
55-64							7.1	6.5	7.0	5.9	5.9
65 and over							3.3	2.3	2.3	1.8	1.5
15-64							13.6	14.4	14.8	13.7	12.7

III - Taux d'activité et taux de chômage par âge et par sexe

Pourcentage (estimations de moyennes annuelles)

	1997	1998	1999	2000	2001	2002	2003	2004	2005	2006
TAUX D'ACTIVITÉ										
Hommes										
15-19	14.9	13.3	8.2	12.8	12.4	10.7	10.9	9.9	8.7	10.0
20-24	71.2	69.3	65.1	68.7	68.0	65.8	63.2	61.8	60.5	62.5
25-34	93.9	93.9	93.4	94.0	94.2	93.7	92.9	93.2	93.1	92.8
35-44	92.1	92.1	91.4	92.1	92.1	92.3	92.2	92.7	93.1	92.1
45-54	81.3	81.4	81.1	79.1	78.2	77.7	78.1	79.1	81.2	80.2
55-59	55.9	55.5	56.8	51.4	54.3	50.8	52.5	50.9	52.4	51.6
60-64	34.5	33.5	35.1	29.7	27.7	27.5	27.0	26.4	27.7	26.8
15-24	42.3	41.0	37.9	40.9	40.5	39.1	38.2	37.7	37.2	37.5
25-54	89.4	89.3	88.7	88.3	88.0	87.6	87.4	88.0	88.9	88.2
55-64	45.3	44.5	45.8	40.4	41.5	40.3	41.8	41.3	43.4	42.6
65 et plus	15.3	14.7	13.0	12.4	11.8	10.1	9.0	9.2	9.3	8.1
15-64	73.2	72.8	72.3	71.7	71.5	70.8	70.2	70.4	71.0	70.1
Femmes										
15-19	9.8	8.9	4.7	9.0	9.2	7.5	7.2	6.2	5.5	7.1
20-24	57.5	56.9	54.0	58.6	57.4	53.8	51.1	49.6	49.0	51.4
25-34	73.5	74.3	74.7	76.6	76.9	76.8	77.0	77.6	77.6	77.0
35-44	82.7	82.6	82.8	82.8	83.4	83.3	83.6	83.9	83.6	81.9
45-54	71.7	71.6	72.1	70.3	70.0	69.2	69.1	69.3	70.4	68.7
55-59	35.0	33.9	34.7	31.8	32.4	31.7	31.1	29.6	29.5	25.3
60-64	19.5	18.1	18.2	16.3	15.8	13.8	14.6	14.1	14.0	12.3
15-24	34.3	33.7	31.5	34.8	34.4	32.2	30.5	29.9	29.8	30.7
25-54	76.5	76.5	76.7	76.5	76.5	76.1	76.1	76.4	76.7	75.4
55-64	27.1	25.7	26.1	23.7	24.1	23.3	23.9	23.3	23.5	20.3
65 et plus	7.7	7.4	6.0	5.2	4.8	4.7	4.5	4.2	3.9	3.3
15-64	59.9	59.7	59.8	59.9	59.9	58.9	58.4	58.2	58.3	56.8
Ensemble des personnes										
15-24	38.3	37.3	34.7	37.8	37.4	35.6	34.4	33.9	33.5	34.2
25-54	82.9	82.9	82.6	82.4	82.2	81.8	81.7	82.2	82.8	81.7
55-64	35.5	34.3	35.2	31.3	32.1	31.2	32.2	31.7	32.8	30.7
65 et plus	10.6	10.2	8.7	8.0	7.5	6.8	6.2	6.1	6.0	5.1
15-64	66.4	66.1	65.9	65.8	65.7	64.8	64.2	64.2	64.6	63.4
TAUX DE CHÔMAGE										
Hommes										
15-19	28.6	27.6	41.5	37.3	40.2	42.2	39.9	31.6	28.1	27.8
20-24	20.5	20.3	26.7	32.6	40.1	43.7	42.4	40.0	37.7	28.4
25-34	9.3	8.6	12.3	13.6	15.7	19.4	18.9	18.1	16.8	12.4
35-44	7.8	8.0	9.5	11.5	13.7	14.5	14.7	13.6	12.1	9.7
45-54	7.4	7.1	8.0	11.0	13.0	15.4	15.7	15.8	14.1	11.3
55-59	6.1	7.1	8.7	9.4	11.9	12.8	13.1	14.2	14.2	10.9
60-64	4.7	4.6	8.6	8.7	7.2	7.5	8.9	8.8	7.3	5.9
15-24	22.0	21.5	28.3	33.3	40.1	43.5	42.1	39.0	36.7	28.3
25-54	8.2	8.0	10.0	12.1	14.2	16.5	16.5	16.0	14.5	11.2
55-64	5.6	6.2	8.7	9.1	10.4	11.2	12.0	12.9	12.6	9.8
65 et plus	1.9	2.5	2.8	4.3	2.2	2.7	1.7	2.6	2.7	1.4
15-64	9.8	9.5	12.0	14.6	17.2	19.5	19.3	18.5	16.9	13.1
Total	9.5	9.3	11.7	14.4	16.9	19.1	19.0	18.2	16.6	13.0
Femmes										
15-19	39.1	34.9	42.4	43.2	44.5	45.1	46.9	41.1	35.8	35.3
20-24	26.2	23.8	31.2	36.5	41.6	44.3	43.9	43.5	39.5	31.2
25-34	15.5	14.2	15.3	20.8	21.9	22.9	22.3	21.2	20.3	14.9
35-44	12.3	11.3	11.9	15.7	17.6	18.1	18.2	17.2	16.3	13.1
45-54	8.1	8.1	8.5	11.7	13.4	15.1	14.6	15.4	16.4	12.1
55-59	5.5	6.7	7.3	10.4	8.9	10.7	11.5	10.8	9.8	6.7
60-64	3.7	3.5	4.0	8.5	8.3	6.7	6.5	5.6	6.3	4.6
15-24	28.0	25.2	32.0	37.3	42.0	44.4	44.3	43.3	39.2	31.6
25-54	12.0	11.2	11.8	16.0	17.6	18.7	18.3	18.0	17.7	13.4
55-64	4.9	5.5	6.1	9.7	8.7	9.6	10.2	9.5	9.0	6.2
65 et plus	1.4	2.0	1.7	3.8	2.0	2.7	1.4	1.8	1.4	1.5
15-64	13.5	12.6	13.8	18.4	20.2	21.2	20.8	20.2	19.4	15.1
Total	13.2	12.3	13.5	18.1	19.9	20.9	20.4	19.9	19.1	14.9
Ensemble des personnes										
15-24	24.7	23.2	30.0	35.2	41.0	43.9	43.0	40.8	37.8	29.8
25-54	10.0	9.5	10.8	13.9	15.8	17.5	17.3	16.9	16.0	12.2
55-64	5.3	5.9	7.7	9.4	9.7	10.5	11.2	11.6	11.2	8.5
65 et plus	1.6	2.3	2.3	4.1	2.2	2.7	1.6	2.3	2.2	1.5
15-64	11.5	10.9	12.8	16.4	18.6	20.3	20.0	19.3	18.0	14.0

POLAND

IV - Professional status and breakdown by activity - ISIC Rev. 2

Thousands (annual average estimates)

	1986	1987	1988	1989	1990	1991	1992	1993	1994	1995	1996
CIVILIAN EMPLOYMENT: PROFESSIONAL STATUS											
All activities	17 193	17 138	17 023	17 002	16 280	15 326 |	15 181	14 894	14 661	14 792	14 968
Employees	12 723	12 749	12 700	12 732	11 856	10 725 |	10 592	10 253 |	10 125	10 397	10 552
Employers and persons working on own account[1]	4 470	4 389	4 323	4 270	4 424	4 601 |	3 592	3 631	3 654	3 508	3 494
Unpaid family workers	0	0	0	0	0	0	997	1 011	881	887	921
Agriculture, hunting, forestry and fishing	5 032	4 912	4 779	4 543	4 328	4 108 |	3 800	3 820	3 496	3 345	3 308
Employees	1 182	1 177	1 159	1 111	999	823 |	493	406	363	349	318
Employers and persons working on own account[1]	3 850	3 735	3 620	3 432	3 329	3 285 |	2 407	2 469	2 353	2 207	2 167
Unpaid family workers	0	0	0	0	0	0	900	945	780	789	824
Non-agricultural activities	12 161	12 226	12 244	12 459	11 952	11 218 |	11 381	11 074	11 165	11 447	11 660
Employees	11 541	11 572	11 541	11 621	10 857	9 902 |	10 099	9 847 |	9 762	10 048	10 235
Employers and persons working on own account[1]	620	654	703	838	1 095	1 316 |	1 185	1 162	1 301	1 301	1 327
Unpaid family workers	0	0	0	0	0	0	97	66	101	98	97
All activities (%)	100.0	100.0	100.0	100.0	100.0	100.0 |	100.0	100.0	100.0	100.0	100.0
Employees	74.0	74.4	74.6	74.9	72.8	70.0 |	69.8	68.8 |	69.1	70.3	70.5
Others	26.0	25.6	25.4	25.1	27.2	30.0 |	30.2	31.2	30.9	29.7	29.5
CIVILIAN EMPLOYMENT: BREAKDOWN BY ACTIVITY											
ISIC Rev. 2 Major Divisions											
1 to 0 All activities							15 181 |	14 894	14 661	14 792	14 968
1 Agriculture, hunting, forestry and fishing								3 820	3 496	3 345	3 308
2 Mining and quarrying								413	445	445	418
3 Manufacturing								3 171	3 036	3 120	3 129
4 Electricity, gas and water								173	258	266	271
5 Construction								934	918	897	922
6 Wholesale and retail trade; restaurants and hotels								1 769	1 905	2 005	2 096
7 Transport, storage and communication								739	811	855	889
8 Financing, insurance, real estate and business services								540	564	633	697
9 Community, social and personal services								3 299	3 212	3 210	3 237
0 Activities not adequately defined								37	18	16	1
EMPLOYEES: BREAKDOWN BY ACTIVITY											
ISIC Rev. 2 Major Divisions											
1 to 0 All activities									10 125	10 397	10 553
1 Agriculture, hunting, forestry and fishing									363	349	318
2 Mining and quarrying									445	444	418
3 Manufacturing									2 861	2 885	2 905
4 Electricity, gas and water									255	264	268
5 Construction									762	738	763
6 Wholesale and retail trade; restaurants and hotels									1 214	1 296	1 383
7 Transport, storage and communication									694	741	752
8 Financing, insurance, real estate and business services									511	574	620
9 Community, social and personal services									3 004	3 092	3 126
0 Activities not adequately defined									16	14	0

(1) Prior to 1992, including unpaid family workers.

IV - Situation dans la profession et répartition par branches d'activités - CITI Rév. 2

Milliers (estimations de moyennes annuelles)

	1997	1998	1999	2000	2001	2002	2003	2004	2005	2006
EMPLOI CIVIL : SITUATION DANS LA PROFESSION										
Toutes activités	15 186	15 354	14 757	14 526	14 207	13 782	13 617	13 795	14 116	14 594
Salariés	10 881	11 173	10 782	10 546	10 226	9 904	9 904	10 107	10 480	11 028
Employeurs et personnes travaillant à leur compte(1)	3 509	3 446	3 338	3 255	3 236	3 126	2 968	2 926	2 894	2 903
Travailleurs familiaux non rémunérés	796	735	636	724	745	752	745	762	742	662
Agriculture, chasse, sylviculture et pêche	3 123	2 946	2 667	2 726	2 720	2 664	2 508	2 483	2 452	2 304
Salariés	308	304	257	227	203	209	209	216	218	217
Employeurs et personnes travaillant à leur compte(1)	2 109	1 994	1 864	1 854	1 868	1 792	1 638	1 597	1 571	1 511
Travailleurs familiaux non rémunérés	706	648	547	645	649	663	661	670	663	575
Activités non agricoles	12 063	12 408	12 090	11 800	11 487	11 118	11 109	11 312	11 664	12 290
Salariés	10 573	10 869	10 526	10 319	10 023	9 695	9 695	9 891	10 262	10 811
Employeurs et personnes travaillant à leur compte(1)	1 399	1 452	1 475	1 401	1 368	1 334	1 330	1 329	1 323	1 392
Travailleurs familiaux non rémunérés	90	87	90	79	97	89	84	92	79	87
Toutes activités (%)	100.0	100.0	100.0	100.0	100.0	100.0	100.0	100.0	100.0	100.0
Salariés	71.7	72.8	73.1	72.6	72.0	71.9	72.7	73.3	74.2	75.6
Autres	28.3	27.2	26.9	27.4	28.0	28.1	27.3	26.7	25.8	24.4
EMPLOI CIVIL : RÉPARTITION PAR BRANCHES D'ACTIVITÉS										
Branches CITI Rév. 2										
1 à 0 Toutes activités	15 186	15 354	14 757	14 526	14 207	13 783	13 617	13 795	14 116	14 594
1 Agriculture, chasse, sylviculture et pêche	3 123	2 946	2 666	2 726	2 720	2 664	2 508	2 483	2 452	2 304
2 Industries extractives	389	381	316	293	274	257	247	227	225	237
3 Industries manufacturières	3 183	3 205	3 049	2 901	2 830	2 575	2 592	2 739	2 831	2 988
4 Électricité, gaz et eau	273	265	247	263	269	263	250	221	228	223
5 Bâtiment et travaux publics	1 004	1 071	1 012	1 024	958	852	803	789	843	925
6 Commerce de gros et de détail; restaurants et hôtels	2 201	2 335	2 318	2 284	2 260	2 208	2 190	2 232	2 267	2 332
7 Transports, entrepôts et communications	936	958	895	893	852	832	823	832	862	942
8 Banques, assurances, affaires immobilières et services fournis aux entreprises	750	819	894	911	967	989	974	1 070	1 116	1 165
9 Services fournis à la collectivité, services sociaux et services personnels	3 327	3 374	3 362	3 230	3 077	3 141	3 228	3 200	3 286	3 473
0 Activités mal désignées	0	0	0	0	0	2	1	2	5	4
SALARIÉS : RÉPARTITION PAR BRANCHES D'ACTIVITÉS										
Branches CITI Rév. 2										
1 à 0 Toutes activités	10 881	11 173	10 782	10 546	10 226	9 904	9 904	10 107	10 480	11 028
1 Agriculture, chasse, sylviculture et pêche	307	304	257	229	203	208	209	216	218	217
2 Industries extractives	388	380	316	292	273	257	246	226	224	235
3 Industries manufacturières	2 963	2 961	2 821	2 684	2 632	2 398	2 404	2 533	2 625	2 765
4 Électricité, gaz et eau	270	264	245	261	267	262	249	220	227	221
5 Bâtiment et travaux publics	830	876	821	839	761	671	634	633	679	738
6 Commerce de gros et de détail; restaurants et hôtels	1 480	1 627	1 598	1 619	1 611	1 574	1 585	1 645	1 711	1 773
7 Transports, entrepôts et communications	787	802	731	746	711	696	689	702	722	793
8 Banques, assurances, affaires immobilières et services fournis aux entreprises	659	717	767	785	830	832	810	875	933	979
9 Services fournis à la collectivité, services sociaux et services personnels	3 196	3 241	3 229	3 093	2 937	3 006	3 078	3 056	3 136	3 303
0 Activités mal désignées	0	0	0	0	0	2	0	2	5	4

(1) Avant 1992, inclus les travailleurs familiaux non rémunérés.

POLAND

V - Civilian employment and employees: breakdown by activity - ISIC Rev. 3

Thousands (annual average estimates)

	1986	1987	1988	1989	1990	1991	1992	1993	1994	1995	1996
CIVILIAN EMPLOYMENT: BREAKDOWN BY ACTIVITY											
A to X All activities											
A Agriculture, hunting and forestry											
B Fishing											
C Mining and quarrying											
D Manufacturing											
E Electricity, gas and water supply											
F Construction											
G Wholesale and retail trade; repair of motorvehicles,, motorcycles and personal and household goods											
H Hotels and restaurants											
I Transport, storage and communication											
J Financial intermediation											
K Real estate, renting and business activities											
L Public administration and defence; compulsory social security, excluding armed forces											
M Education											
N Health and social work											
O Other community, social and personal service activities											
P Privates households with employed persons											
Q Extra-territorial organisations and bodies											
X Not classifiable by economic activities											
Breakdown by sector											
Agriculture (A-B)											
Industry (C-F)											
Services (G-Q)											
Agriculture (%)											
Industry (%)											
Services (%)											
Female participation in agriculture (%)											
Female participation in industry (%)											
Female participation in services (%)											
EMPLOYEES: BREAKDOWN BY ACTIVITY											
A to X All activities											
A Agriculture, hunting and forestry											
B Fishing											
C Mining and quarrying											
D Manufacturing											
E Electricity, gas and water supply											
F Construction											
G Wholesale and retail trade; repair of motorvehicles,, motorcycles and personal and household goods											
H Hotels and restaurants											
I Transport, storage and communication											
J Financial intermediation											
K Real estate, renting and business activities											
L Public administration and defence; compulsory social security, excluding armed forces											
M Education											
N Health and social work											
O Other community, social and personal service activities											
P Privates households with employed persons											
Q Extra-territorial organisations and bodies											
X Not classifiable by economic activities											
Breakdown by sector											
Agriculture (A-B)											
Industry (C-F)											
Services (G-Q)											
Agriculture (%)											
Industry (%)											
Services (%)											
Female participation in agriculture (%)											
Female participation in industry (%)											
Female participation in services (%)											

V - Emploi civil et salariés : répartition par branches d'activités - CITI Rév. 3

Milliers (estimations de moyennes annuelles)

1997	1998	1999	2000	2001	2002	2003	2004	2005	2006	
										EMPLOI CIVIL : RÉPARTITION PAR BRANCHES D'ACTIVITÉS
		14 757	14 526	14 207	13 782	13 617	13 795	14 116	14 594	**A à X Toutes activités**
		2 656	2 715	2 711	2 652	2 497	2 471	2 439	2 294	A Agriculture, chasse et sylviculture
		10	11	9	12	11	12	13	10	B Pêche
		316	293	274	258	247	227	225	237	C Activités extractives
		3 048	2 901	2 830	2 575	2 592	2 739	2 831	2 988	D Activités de fabrication
		247	263	269	263	250	221	228	223	E Production et distribution d'électricité, de gaz et d'eau
		1 012	1 024	958	852	803	789	843	925	F Construction
		2 095	2 043	2 007	1 956	1 962	1 996	2 020	2 060	G Commerce de gros et de détail; réparation de véhicules et de biens domestiques
		223	241	253	253	229	236	247	272	H Hôtels et restaurants
		895	893	852	832	823	832	862	942	I Transports, entreposage et communications
		387	380	340	314	281	271	294	329	J Intermédiation financière
		507	531	627	675	694	799	822	836	K Immobilier, location et activités de services aux entreprises
		772	764	749	801	853	865	892	917	L Administration publique et défense; sécurité sociale obligatoire (armée exclue)
		1 029	1 013	955	933	1 078	1 060	1 103	1 140	M Education
		1 028	938	903	941	838	824	820	871	N Santé et action sociale
		527	507	459	455	449	436	459	534	O Autres activités de services collectifs, sociaux et personnels
		5	8	11	11	8	14	12	11	P Ménages privés employant du personnel domestique
		0	0	0	1	2	1	0	0	Q Organisations et organismes extra-territoriaux
		0	0	0	2	1	2	5	4	X Ne pouvant être classés selon l'activité économique
										Répartition par secteurs
		2 666	2 726	2 720	2 663	2 508	2 483	2 452	2 304	Agriculture (A-B)
		4 623	4 481	4 331	3 947	3 892	3 976	4 127	4 373	Industrie (C-F)
		7 468	7 318	7 155	7 170	7 217	7 334	7 531	7 912	Services (G-Q)
		18.1	18.8	19.1	19.3	18.4	18.0	17.4	15.8	Agriculture (%)
		31.3	30.8	30.5	28.6	28.6	28.8	29.2	30.0	Industrie (%)
		50.6	50.4	50.4	52.0	53.0	53.2	53.4	54.2	Services (%)
		43.5	43.9	44.9	44.0	43.4	43.2	42.8	42.4	Part des femmes dans l'agriculture (%)
		28.8	27.7	27.3	27.2	27.4	26.9	26.2	26.0	Part des femmes dans l'industrie (%)
		55.3	55.9	56.0	55.9	55.9	55.7	55.4	55.5	Part des femmes dans les services (%)
										SALARIÉS : RÉPARTITION PAR BRANCHES D'ACTIVITÉS
		10 782	10 546	10 226	9 904	9 904	10 107	10 480	11 028	**A à X Toutes activités**
		249	218	196	199	201	206	209	211	A Agriculture, chasse et sylviculture
		8	11	7	9	8	10	9	6	B Pêche
		316	292	273	257	246	226	224	235	C Activités extractives
		2 821	2 684	2 632	2 398	2 404	2 533	2 625	2 765	D Activités de fabrication
		245	261	267	262	249	220	227	221	E Production et distribution d'électricité, de gaz et d'eau
		821	839	761	671	634	633	679	738	F Construction
		1 431	1 425	1 403	1 365	1 398	1 452	1 502	1 541	G Commerce de gros et de détail; réparation de véhicules et de biens domestiques
		167	194	208	209	187	193	209	232	H Hôtels et restaurants
		731	746	711	696	689	702	722	793	I Transports, entreposage et communications
		343	341	308	277	244	233	260	299	J Intermédiation financière
		425	444	522	555	566	642	673	680	K Immobilier, location et activités de services aux entreprises
		771	759	749	801	853	865	892	916	L Administration publique et défense; sécurité sociale obligatoire (armée exclue)
		1 017	999	943	922	1 065	1 044	1 087	1 121	M Education
		1 000	903	857	892	780	772	765	808	N Santé et action sociale
		439	425	376	380	370	360	380	448	O Autres activités de services collectifs, sociaux et personnels
		4	7	11	11	8	14	12	10	P Ménages privés employant du personnel domestique
		0	0	0	1	2	1	0	0	Q Organisations et organismes extra-territoriaux
		0	0	0	2	0	2	5	4	X Ne pouvant être classés selon l'activité économique
										Répartition par secteurs
		257	229	203	208	209	216	218	217	Agriculture (A-B)
		4 202	4 076	3 934	3 587	3 533	3 612	3 755	3 959	Industrie (C-F)
		6 325	6 243	6 089	6 107	6 162	6 278	6 502	6 848	Services (G-Q)
		2.4	2.2	2.0	2.1	2.1	2.1	2.1	2.0	Agriculture (%)
		39.0	38.6	38.5	36.2	35.7	35.7	35.8	35.9	Industrie (%)
		58.7	59.2	59.5	61.7	62.2	62.1	62.0	62.1	Services (%)
		24.4	27.1	24.9	25.7	27.3	27.3	24.8	24.4	Part des femmes dans l'agriculture (%)
		30.0	28.6	28.5	28.4	28.4	27.7	27.2	27.1	Part des femmes dans l'industrie (%)
		58.6	58.9	58.9	58.7	58.8	58.4	58.0	57.9	Part des femmes dans les services (%)

PORTUGAL

I - Population

Thousands (annual average estimates)

	1986	1987	1988	1989	1990	1991	1992	1993	1994	1995	1996
POPULATION - DISTRIBUTION BY AGE AND GENDER											
All persons											
Total	10 007	9 981	9 955	9 920	9 873	9 860	9 833	9 840	9 840	9 847	9 866
Under 15 years	2 285	2 216	2 148	2 067	1 974	1 911	1 827	1 756	1 646	1 604	1 520
From 15 to 64 years	6 497	6 515	6 530	6 542	6 556	6 584	6 669	6 695	6 780	6 789	6 756
65 years and over	1 225	1 250	1 277	1 311	1 344	1 364	1 337	1 389	1 413	1 454	1 590
Males											
Total	4 826	4 814	4 801	4 783	4 760	4 753	4 700	4 719	4 722	4 730	4 741
Under 15 years	1 169	1 134	1 099	1 058	1 009	978	936	912	857	828	791
From 15 to 64 years	3 158	3 168	3 177	3 184	3 192	3 209	3 201	3 218	3 269	3 292	3 271
65 years and over	499	511	524	541	558	566	562	588	597	609	679
Females											
Total	5 181	5 168	5 154	5 137	5 113	5 107	5 134	5 121	5 118	5 117	5 125
Under 15 years	1 116	1 082	1 049	1 009	964	934	891	844	790	776	728
From 15 to 64 years	3 339	3 347	3 353	3 358	3 363	3 375	3 468	3 477	3 511	3 496	3 485
65 years and over	726	738	753	770	786	798	774	800	817	845	911
POPULATION - PERCENTAGES											
All persons											
Total	100.0	100.0	100.0	100.0	100.0	100.0	100.0	100.0	100.0	100.0	100.0
Under 15 years	22.8	22.2	21.6	20.8	20.0	19.4	18.6	17.9	16.7	16.3	15.4
From 15 to 64 years	64.9	65.3	65.6	65.9	66.4	66.8	67.8	68.0	68.9	68.9	68.5
65 years and over	12.2	12.5	12.8	13.2	13.6	13.8	13.6	14.1	14.4	14.8	16.1
COMPONENTS OF CHANGE IN POPULATION											
a) Population at 1 January	10 030	10 034	10 025	10 014	9 996	9 970	9 965	9 974	9 990	10 017	10 043
b) Population at 31 December	10 034	10 025	10 014	9 996	9 970	9 965	9 974	9 990	10 017	10 043	10 072
c) Total increase (b-a)	4	-9	-11	-18	-26	-5	9	16	27	26	29
d) Births	127	123	122	118	116	116	115	114	109	107	110
e) Deaths	96	95	98	96	103	104	101	106	99	103	107
f) Natural increase (d-e)	31	28	24	22	13	12	14	8	10	4	3
g) Net migration	-27	-37	-35	-40	-39	-20	-5	16	17	22	26
h) Statistical adjustments	0	0	-1	0	1	-1	-2	0	0	1	-1
i) Total increase (=f+g+h=c)	4	-9	-12	-18	-25	-9	7	24	27	27	28
(Components of change in population/ Average population) x1000											
Total increase rates	0.4	-0.9	-1.2	-1.8	-2.5	-0.9	0.7	2.4	2.7	2.7	2.8
Crude birth rates	12.7	12.3	12.2	11.8	11.6	11.6	11.5	11.4	10.9	10.7	10.9
Crude death rates	9.6	9.5	9.8	9.6	10.3	10.4	10.1	10.6	9.9	10.3	10.6
Natural increase rates	3.1	2.8	2.4	2.2	1.3	1.2	1.4	0.8	1.0	0.4	0.3
Net migration rates	-2.7	-3.7	-3.5	-4.0	-3.9	-2.0	-0.5	1.6	1.7	2.2	2.6

Prior to 1998, data refer to estimates at 31st December.

I - Population

Milliers (estimations de moyennes annuelles)

	1997	1998	1999	2000	2001	2002	2003	2004	2005	2006
POPULATION - RÉPARTITION SELON L'AGE ET LE SEXE										
Ensemble des personnes										
Total	9 878	10 129	10 171	10 229	10 305	10 380	10 449	10 509	10 563	10 586
Moins de 15 ans	1 454	1 659	1 637	1 637	1 650	1 662	1 674	1 646	1 651	1 640
De 15 à 64 ans	6 703	6 865	6 892	6 917	6 969	7 020	7 068	7 088	7 115	7 116
65 ans et plus	1 720	1 606	1 642	1 675	1 686	1 697	1 707	1 774	1 798	1 830
Hommes										
Total	4 709	4 884	4 905	4 936	4 976	5 015	5 053	5 087	5 115	5 125
Moins de 15 ans	737	850	838	838	845	852	859	845	847	842
De 15 à 64 ans	3 251	3 365	3 381	3 395	3 423	3 450	3 476	3 503	3 516	3 518
65 ans et plus	721	670	687	703	708	713	718	740	752	766
Femmes										
Total	5 169	5 245	5 265	5 293	5 329	5 365	5 397	5 421	5 448	5 461
Moins de 15 ans	717	809	799	799	805	810	815	801	804	799
De 15 à 64 ans	3 452	3 500	3 511	3 522	3 546	3 571	3 592	3 586	3 599	3 598
65 ans et plus	999	936	955	972	978	984	989	1 034	1 045	1 064
POPULATION - POURCENTAGES										
Ensemble des personnes										
Total	100.0	100.0	100.0	100.0	100.0	100.0	100.0	100.0	100.0	100.0
Moins de 15 ans	14.7	16.4	16.1	16.0	16.0	16.0	16.0	15.7	15.6	15.5
De 15 à 64 ans	67.9	67.8	67.8	67.6	67.6	67.6	67.6	67.5	67.4	67.2
65 ans et plus	17.4	15.9	16.1	16.4	16.4	16.4	16.3	16.9	17.0	17.3
COMPOSANTES DE L'ÉVOLUTION DÉMOGRAPHIQUE										
a) Population au 1er janvier	10 072	10 109	10 149	10 195	10 257	10 329	10 407	10 475	10 529	10 570
b) Population au 31 décembre	10 109	10 149	10 195	10 257	10 329	10 407	10 475	10 529	10 570	10 599
c) Accroissement total (b-a)	37	40	46	62	72	78	68	54	41	29
d) Naissances	113	113	116	120	113	114	113	109	109	
e) Décès	105	106	108	105	105	106	109	102	108	
f) Accroissement naturel (d-e)	8	7	8	15	8	8	4	7	1	
g) Solde net des migrations	29	32	38	47	65	70	64	47	38	
h) Ajustements statistiques	0	0	0	-2	1	6	0	0	0	
i) Accroissement total (=f+g+h=c)	37	39	46	60	74	84	68	54	39	
(Composition de l'évolution démographique/ Population moyenne) x1000										
Taux d'accroissement total	3.7	3.9	4.5	5.9	7.2	8.1	6.5	5.1	3.7	
Taux bruts de natalité	11.2	11.2	11.4	11.7	11.0	11.0	10.8	10.4	10.3	
Taux bruts de mortalité	10.4	10.5	10.6	10.3	10.2	10.2	10.4	9.7	10.2	
Taux d'accroissement naturel	0.8	0.7	0.8	1.5	0.8	0.8	0.4	0.7	0.1	
Taux du solde net des migrations	2.9	3.2	3.7	4.6	6.3	6.8	6.1	4.5	3.6	

Avant 1998, les données se réfèrent aux estimations du 31 décembre.

II - Labour force

Thousands (annual average estimates)

	1986	1987	1988	1989	1990	1991	1992	1993	1994	1995	1996
Total labour force											
All persons	4 520	4 567	4 616	4 677	4 948	4 840 |	4 721	4 708	4 767	4 751	4 787
Males	2 665	2 662	2 664	2 693	2 834	2 721 |	2 630	2 601	2 625	2 611	2 624
Females	1 855	1 905	1 952	1 984	2 114	2 119 |	2 090	2 106	2 141	2 140	2 162
Armed forces											
All persons	74	77	73	68	65	66 |	31	33	35	32	34
Males	74	77	73	68	65	66 |	31	32	33	31	33
Females	0	0	0	0	0	0 |	0	1	2	1	1
Civilian labour force											
All persons	4 446	4 490	4 543	4 610	4 884	4 774 |	4 690	4 675	4 732	4 719	4 753
Males	2 593	2 585	2 591	2 626	2 769	2 655 |	2 599	2 569	2 592	2 580	2 592
Females	1 853	1 905	1 952	1 984	2 115	2 119 |	2 090	2 105	2 139	2 139	2 161
Unemployed											
All persons	382	319	262	233	225	206 |	192	256	323	338	344
Males	171	139	106	90	87	76 |	89	120	155	166	167
Females	211	180	156	143	138	129 |	102	137	168	172	177
Civilian employment											
All persons	4 064	4 171	4 280	4 377	4 658	4 568 |	4 498	4 418	4 409	4 382	4 409
Males	2 423	2 446	2 485	2 536	2 681	2 579 |	2 510	2 450	2 437	2 415	2 425
Females	1 641	1 724	1 796	1 841	1 977	1 989 |	1 988	1 969	1 972	1 967	1 984
Civilian employment (%)											
All persons	100.0	100.0	100.0	100.0	100.0	100.0 |	100.0	100.0	100.0	100.0	100.0
Males	59.6	58.6	58.1	57.9	57.6	56.5 |	55.8	55.4	55.3	55.1	55.0
Females	40.4	41.3	42.0	42.1	42.4	43.5 |	44.2	44.6	44.7	44.9	45.0
Unemployment rates (% of civilian labour force)											
All persons	8.6	7.1	5.8	5.1	4.6	4.3 |	4.1	5.5	6.8	7.2	7.2
Males	6.6	5.4	4.1	3.4	3.1	2.9 |	3.4	4.7	6.0	6.4	6.4
Females	11.4	9.4	8.0	7.2	6.5	6.1 |	4.9	6.5	7.8	8.0	8.2
Total labour force (% of total population)											
All persons	45.2	45.8	46.4	47.1	50.1	49.1 |	48.0	47.8	48.4	48.2	48.5
Males	55.2	55.3	55.5	56.3	59.5	57.2 |	56.0	55.1	55.6	55.2	55.4
Females	35.8	36.9	37.9	38.6	41.3	41.5 |	40.7	41.1	41.8	41.8	42.2
Total labour force (% of population from 15-64 years)[1]											
All persons	69.6	70.1	70.7	71.5	75.5	73.5 |	70.8	70.3	70.3	70.0	70.9
Males	84.4	84.0	83.9	84.6	88.8	84.8 |	82.2	80.8	80.3	79.3	80.2
Females	55.6	56.9	58.2	59.1	62.9	62.8 |	60.3	60.6	61.0	61.2	62.1
Civilian employment (% of total population)											
All persons	40.6	41.8	43.0	44.1	47.2	46.3 |	45.7	44.9	44.8	44.5	44.7
Civilian employment (% of population from 15-64 years)											
All persons	62.6	64.0	65.5	66.9	71.0	69.4 |	67.4	66.0	65.0	64.5	65.3
Males	76.7	77.2	78.2	79.6	84.0	80.4 |	78.4	76.1	74.6	73.3	74.1
Females	49.1	51.5	53.6	54.8	58.8	58.9 |	57.3	56.6	56.2	56.3	56.9
Part-time employment (%)											
Part-time as % of employment	7.5	7.4	7.8	8.0	7.6	8.8	8.8	8.8	9.5	8.6	9.2
Male share of part-time employment	29.0	28.8	28.4	27.1	29.7	29.2	27.0	27.4	28.7	24.7	27.1
Female share of part-time employment	71.0	71.2	71.6	72.9	70.3	70.8	73.0	72.6	71.3	75.3	72.9
Male part-time as % of male employment	3.6	3.6	3.8	3.7	3.9	4.5	4.2	4.3	4.9	3.8	4.5
Female part-time as % of female employment	13.3	12.8	13.5	14.1	12.8	14.5	14.6	14.4	15.2	14.5	15.1
Duration of unemployment (% of total unemployment)											
Less than 1 month	1.3	1.3	1.5	0.7	3.2	2.1	35.2	8.5	9.7	7.1	6.4
More than 1 month and less than 3 months	12.5	11.2	15.1	15.3	14.5	16.2	11.3	23.0	14.0	11.5	11.7
More than 3 months and less than 6 months	13.9	17.3	19.2	20.7	20.0	23.1	16.1	23.2	19.0	16.3	15.2
More than 6 months and less than 1 year	18.7	16.2	15.9	17.7	17.5	19.8	6.5	1.8	13.9	14.2	13.6
More than 1 year	53.7	53.9	48.2	45.6	44.9	38.7	30.9	43.5	43.4	50.9	53.1

(1) Participation rates calculated according to national definitions may differ from those published in this table, when the age group represented in the labour force survey is other than 15-64 years.

II - Population active

Milliers (estimations de moyennes annuelles)

	1997	1998	1999	2000	2001	2002	2003	2004	2005	2006
Population active totale										
Ensemble des personnes	4 852	5 130	5 167	5 247	5 324	5 387	5 419	5 488	5 545	5 587
Hommes	2 653	2 829	2 838	2 870	2 903	2 927	2 926	2 957	2 964	2 984
Femmes	2 199	2 302	2 330	2 377	2 421	2 461	2 493	2 531	2 581	2 603
Forces armées										
Ensemble des personnes	38	50	48	45	45	39	45	36	29	30
Hommes	35	49	46	43	43	36	42	33	26	27
Femmes	2	2	2	2	2	2	3	3	2	3
Population active civile										
Ensemble des personnes	4 815	5 080	5 119	5 202	5 279	5 349	5 374	5 452	5 516	5 558
Hommes	2 618	2 780	2 792	2 826	2 860	2 890	2 884	2 924	2 937	2 957
Femmes	2 197	2 300	2 328	2 376	2 419	2 459	2 490	2 528	2 579	2 600
Chômeurs										
Ensemble des personnes	324	254	227	206	216	272	345	365	422	428
Hommes	158	112	109	89	93	122	162	173	198	195
Femmes	165	142	118	116	123	150	183	192	224	233
Emploi civil										
Ensemble des personnes	4 491	4 826	4 892	4 997	5 064	5 077	5 030	5 087	5 094	5 130
Hommes	2 460	2 668	2 683	2 737	2 767	2 768	2 722	2 752	2 739	2 763
Femmes	2 031	2 158	2 210	2 260	2 297	2 308	2 308	2 336	2 355	2 367
Emploi civil (%)										
Ensemble des personnes	100.0	100.0	100.0	100.0	100.0	100.0	100.0	100.0	100.0	100.0
Hommes	54.8	55.3	54.8	54.8	54.6	54.5	54.1	54.1	53.8	53.9
Femmes	45.2	44.7	45.2	45.2	45.4	45.5	45.9	45.9	46.2	46.1
Taux de chômage (% de la population active civile)										
Ensemble des personnes	6.7	5.0	4.4	4.0	4.1	5.1	6.4	6.7	7.7	7.7
Hommes	6.0	4.0	3.9	3.2	3.3	4.2	5.6	5.9	6.7	6.6
Femmes	7.5	6.2	5.1	4.9	5.1	6.1	7.3	7.6	8.7	9.0
Population active totale (% de la population totale)										
Ensemble des personnes	49.1	50.7	50.8	51.3	51.7	51.9	51.9	52.2	52.5	52.8
Hommes	56.3	57.9	57.8	58.1	58.3	58.4	57.9	58.1	57.9	58.2
Femmes	42.5	43.9	44.2	44.9	45.4	45.9	46.2	46.7	47.4	47.7
Population active totale (% de la population de 15-64 ans)[(1)]										
Ensemble des personnes	72.4	74.7	75.0	75.9	76.4	76.7	76.7	77.4	77.9	78.5
Hommes	81.6	84.1	83.9	84.5	84.8	84.8	84.2	84.4	84.3	84.8
Femmes	63.7	65.8	66.3	67.5	68.3	68.9	69.4	70.6	71.7	72.3
Emploi civil (% de la population totale)										
Ensemble des personnes	45.5	47.6	48.1	48.8	49.1	48.9	48.1	48.4	48.2	48.5
Emploi civil (% de la population de 15-64 ans)										
Ensemble des personnes	67.0	70.3	71.0	72.2	72.7	72.3	71.2	71.8	71.6	72.1
Hommes	75.7	79.3	79.4	80.6	80.8	80.2	78.3	78.6	77.9	78.5
Femmes	58.8	61.7	62.9	64.2	64.8	64.6	64.2	65.1	65.4	65.8
Emploi à temps partiel (%)										
Temps partiel en % de l'emploi	10.2	10.0	9.4	9.4	9.2	9.7	10.0	9.6	9.8	9.3
Part des hommes dans le temps partiel	27.4	29.1	29.5	28.5	30.1	32.4	31.8	33.0	32.1	34.2
Part des femmes dans le temps partiel	72.6	70.9	70.5	71.5	69.9	67.6	68.2	67.0	67.9	65.8
Temps partiel des hommes en % de l'emploi des hommes	5.1	5.2	5.1	4.9	5.1	5.8	5.9	5.8	5.9	5.9
Temps partiel des femmes en % de l'emploi des femmes	16.5	15.8	14.7	14.9	14.3	14.5	14.9	14.0	14.4	13.2
Durée du chômage (% du chômage total)										
Moins de 1 mois	5.4	5.3	5.2	4.0	7.2	8.1	6.1	6.4	4.8	5.2
Plus de 1 mois et moins de 3 mois	11.8	10.1	13.9	16.7	17.8	15.5	16.5	11.4	9.8	8.2
Plus de 3 mois et moins de 6 mois	16.0	20.0	17.1	19.2	17.0	21.9	19.6	17.3	16.1	16.1
Plus de 6 mois et moins de 1 an	11.1	19.8	22.6	17.2	19.9	19.1	25.0	21.8	20.8	18.7
Plus de 1 an	55.6	44.7	41.2	42.9	38.1	35.5	32.8	43.2	48.6	51.8

(1) Les taux d'activité calculés selon les définitions nationales peuvent être différents de ceux publiés dans ce tableau si le groupe d'âges représenté dans l'enquête de la population active est différent de 15-64 ans.

PORTUGAL

III - Participation rates and unemployment rates by age and by sex

Percent (annual average estimates)

	1986	1987	1988	1989	1990	1991	1992	1993	1994	1995	1996
PARTICIPATION RATES											
Males											
15-19	59.9	57.3	53.9	52.5	50.8	47.2 |	42.4	35.1	31.2	28.7	26.8
20-24	84.7	85.1	84.1	84.4	82.9	81.3 |	76.0	72.6	72.0	69.0	68.8
25-34	95.4	95.5	95.4	95.7	95.2	95.2 |	94.0	94.4	93.6	93.2	92.1
35-44	95.6	95.5	96.3	96.4	96.5	96.8 |	96.7	96.4	96.2	95.9	95.6
45-54	89.2	89.6	89.4	90.2	90.4	90.4 |	90.4	90.7	90.8	90.8	90.8
55-59	73.3	71.8	71.7	73.6	75.2	76.1 |	71.6	71.7	73.3	70.0	72.1
60-64	54.2	54.3	54.3	54.7	56.8	59.0 |	55.9	52.8	53.4	51.0	51.6
15-24	71.8	70.7	68.6	68.1	66.5	64.0 |	58.9	53.5	51.6	49.3	48.8
25-54	93.6	93.8	94.0	94.4	94.3	94.4 |	93.9	94.0	93.6	93.4	92.9
55-64	64.5	63.7	63.6	64.7	66.5	67.9 |	64.0	62.5	63.6	60.7	62.0
65 and over	18.2	19.0	20.0	20.2	19.8	22.1 |	20.9	21.9	23.2	23.6	25.7
15-64	83.4	83.1	82.7	83.0	82.8	82.5 |	80.2	78.7	78.4	77.3	77.3
Females											
15-19	47.0	45.9	43.3	39.9	40.3	37.0 |	30.3	28.1	26.6	22.3	20.0
20-24	63.4	67.1	68.8	69.3	69.1	69.5 |	64.2	61.4	58.5	56.1	57.6
25-34	72.6	74.2	75.4	77.1	77.7	79.9 |	79.2	79.4	79.8	80.4	81.8
35-44	64.2	66.0	69.2	69.8	71.5	74.4 |	74.2	76.9	77.6	78.6	79.6
45-54	50.2	52.4	52.9	53.8	56.4	59.9 |	57.5	61.4	64.0	64.9	64.0
55-59	35.7	35.2	36.9	38.0	39.5	42.6 |	41.3	40.0	42.3	42.2	44.3
60-64	23.5	24.8	25.5	24.3	24.6	28.3 |	27.5	25.4	25.9	26.3	29.4
15-24	54.9	56.2	55.7	54.3	54.4	53.1 |	46.9	44.4	42.6	39.7	39.8
25-54	63.0	64.9	66.6	67.8	69.4	72.3 |	71.2	73.2	74.4	75.2	75.7
55-64	30.0	30.3	31.5	31.4	32.3	35.6 |	34.5	32.7	34.2	34.3	36.8
65 and over	7.7	8.2	7.6	7.7	7.7	9.0 |	9.7	9.9	10.7	11.3	12.1
15-64	55.5	57.0	58.1	58.4	59.6	61.5 |	59.1	59.4	60.0	59.9	60.9
All persons											
15-24	63.5	63.5	62.2	61.3	60.6	58.6 |	53.0	49.0	47.2	44.5	44.4
25-54	77.8	78.9	79.9	80.7	81.5	83.1 |	82.3	83.3	83.8	84.1	84.1
55-64	45.9	45.7	46.2	46.7	48.0	50.4 |	48.1	46.6	47.9	46.6	48.5
65 and over	12.0	12.6	12.6	12.8	12.6	14.3 |	14.3	14.9	15.8	16.4	17.7
15-64	69.1	69.7	70.0	70.4	70.9	71.7 |	69.4	68.8	69.0	68.4	68.9
UNEMPLOYMENT RATES											
Males											
15-19	16.7	13.1	10.0	8.1	8.1	6.7 |	8.6	10.9	11.5	13.7	13.4
20-24	12.0	10.3	7.3	7.3	6.4	5.6 |	7.6	9.6	12.7	14.2	14.0
25-34	6.5	5.5	3.9	3.6	3.0	3.1 |	3.5	4.9	6.5	7.2	7.3
35-44	3.5	2.6	2.1	1.8	1.9	1.7 |	2.0	3.0	4.4	4.1	4.0
45-54	3.5	2.9	2.2	1.7	1.6	1.2 |	1.9	2.9	3.9	4.8	5.1
55-59	2.8	3.0	2.5	1.6	2.7	2.7 |	3.0	4.7	5.9	6.2	7.0
60-64	1.6	2.1	2.5	1.7	1.6	1.6 |	2.2	3.6	3.7	3.2	3.3
15-24	14.0	11.5	8.4	7.6	7.1	6.0 |	7.9	10.0	12.3	14.0	13.8
25-54	4.7	3.8	2.8	2.5	2.3	2.1 |	2.6	3.7	5.0	5.5	5.6
55-64	2.4	2.7	2.5	1.7	2.2	2.2 |	2.6	4.3	5.0	5.0	5.5
65 and over	0.4	0.6	0.8	0.3	0.3	0.3 |	0.3	0.7	1.3	0.4	0.4
15-64	6.6	5.4	4.0	3.5	3.3	2.9 |	3.6	4.9	6.3	6.8	6.8
Total	6.4	5.3	3.9	3.4	3.2	2.8 |	3.5	4.7	6.0	6.4	6.5
Females											
15-19	24.3	21.6	17.6	15.8	13.2	12.9 |	13.6	17.6	19.6	20.6	24.1
20-24	24.6	19.5	17.6	14.4	12.5	11.8 |	10.3	13.4	14.9	16.6	17.9
25-34	12.8	11.2	9.5	8.8	7.9	7.1 |	5.7	7.8	10.0	10.1	8.7
35-44	6.9	5.7	5.1	4.9	5.0	4.3 |	3.5	4.6	6.0	6.4	7.1
45-54	4.2	3.7	2.8	3.0	3.4	2.8 |	2.1	3.5	4.7	5.0	5.6
55-59	2.7	2.3	1.8	1.7	2.3	2.6 |	1.6	3.1	3.0	3.5	4.8
60-64	1.5	0.9	0.6	1.3	0.9	1.3 |	0.1	1.2	1.6	1.7	2.1
15-24	24.5	20.4	17.6	14.9	12.8	12.2 |	11.4	14.7	16.3	17.7	19.4
25-54	8.8	7.6	6.4	6.1	5.8	5.1 |	4.1	5.6	7.2	7.5	7.3
55-64	2.3	1.8	1.3	1.5	1.8	2.1 |	1.0	2.3	2.4	2.8	3.7
65 and over	0.5	0.2	0.4	0.0	0.0	0.1 |	0.4	0.2	0.7	0.2	0.1
15-64	12.0	10.2	8.6	7.7	7.0	6.3 |	5.2	6.9	8.3	8.6	8.8
Total	11.7	9.9	8.4	7.5	6.8	6.1 |	5.0	6.6	8.0	8.2	8.4
All persons											
15-24	18.5	15.4	12.5	10.8	9.6	8.8 |	9.5	12.1	14.1	15.7	16.3
25-54	6.4	5.4	4.4	4.1	3.8	3.5 |	3.3	4.5	6.0	6.4	6.4
55-64	2.3	2.3	2.1	1.6	2.1	2.2 |	2.0	3.5	4.0	4.1	4.8
65 and over	0.5	0.5	0.6	0.2	0.2	0.3 |	0.4	0.5	1.1	0.3	0.3
15-64	8.8	7.4	6.0	5.3	4.9	4.4 |	4.3	5.8	7.2	7.6	7.7

III - Taux d'activité et taux de chômage par âge et par sexe

Pourcentage (estimations de moyennes annuelles)

1997	1998	1999	2000	2001	2002	2003	2004	2005	2006	
										TAUX D'ACTIVITÉ
										Hommes
28.0	28.2	28.0	28.6	29.7	29.3	26.6	25.1	20.7	20.9	15-19
69.2	70.8	70.4	70.1	71.5	72.3	67.5	66.2	68.2	67.5	20-24
92.0	92.8	93.0	92.5	92.3	92.6	92.1	91.9	92.6	92.8	25-34
94.8	95.1	94.4	93.9	94.8	94.9	94.8	94.5	94.3	94.6	35-44
90.9	90.8	90.6	90.8	90.6	90.2	90.4	89.8	90.2	91.0	45-54
71.5	76.3	73.9	73.2	72.1	74.4	74.9	72.6	73.1	71.7	55-59
52.7	54.4	54.0	55.4	54.1	52.2	54.1	51.2	49.5	51.9	60-64
49.8	50.9	50.7	50.8	52.1	52.3	48.5	47.6	46.9	46.6	15-24
92.6	93.0	92.8	92.5	92.7	92.6	92.5	92.2	92.5	92.9	25-54
62.1	65.3	64.0	64.5	63.3	63.5	64.7	62.8	62.4	62.7	55-64
26.2	23.8	23.6	25.0	25.7	25.7	26.0	25.6	24.6	24.6	65 et plus
77.5	78.9	78.8	79.0	79.2	79.3	78.5	79.0	79.0	79.5	15-64
										Femmes
22.3	23.0	22.0	21.2	21.5	20.5	18.0	17.0	14.8	14.4	15-19
59.0	62.5	60.2	57.8	59.4	60.6	61.2	57.6	58.2	58.4	20-24
81.9	80.9	80.6	82.5	82.8	84.0	85.5	85.7	86.7	86.6	25-34
79.2	77.5	78.6	79.9	79.8	79.5	81.5	82.8	82.9	84.7	35-44
67.0	65.6	66.5	68.5	70.7	70.6	70.8	72.2	74.9	76.0	45-54
46.1	46.6	48.2	47.8	46.2	50.7	51.9	52.4	53.1	51.4	55-59
31.6	32.2	35.0	35.9	36.7	36.2	34.9	35.9	37.9	38.1	60-64
41.9	44.3	42.7	41.0	42.0	42.2	41.3	39.5	38.8	38.7	15-24
76.5	75.0	75.6	77.3	78.1	78.3	79.6	80.6	81.8	82.7	25-54
38.7	39.3	41.5	41.9	41.5	43.5	43.5	44.8	46.1	45.1	55-64
13.1	12.6	12.7	13.3	13.8	14.2	13.7	12.4	13.2	13.2	65 et plus
62.2	62.4	62.9	63.8	64.5	65.0	65.6	67.0	67.9	68.4	15-64
										Ensemble des personnes
45.9	47.7	46.7	46.0	47.1	47.3	45.0	43.6	43.0	42.7	15-24
84.4	83.8	84.0	84.7	85.2	85.4	85.9	86.3	87.1	87.7	25-54
49.7	51.4	52.0	52.5	51.7	52.9	53.4	53.2	53.8	53.4	55-64
18.5	17.3	17.3	18.2	18.8	19.0	18.9	17.9	18.0	18.0	65 et plus
69.7	70.5	70.7	71.3	71.7	72.0	72.0	72.9	73.4	73.9	15-64
										TAUX DE CHÔMAGE
										Hommes
13.6	9.0	8.0	6.8	10.0	13.6	18.5	17.7	19.4	24.6	15-19
10.5	7.9	6.8	6.0	6.3	8.4	10.6	12.2	12.3	12.0	20-24
6.6	4.1	3.9	2.7	3.1	4.3	6.4	6.0	7.3	6.9	25-34
4.7	2.9	3.1	2.8	2.4	3.0	4.0	4.4	5.2	5.0	35-44
4.7	3.4	3.5	2.6	2.5	3.2	4.1	4.9	6.0	5.5	45-54
7.6	4.3	4.4	3.6	3.6	4.2	5.9	7.3	8.4	8.1	55-59
4.7	2.6	3.4	3.9	2.6	3.1	3.2	3.7	4.2	5.9	60-64
11.3	8.2	7.1	6.2	7.3	9.7	12.6	13.5	13.7	14.5	15-24
5.4	3.5	3.5	2.7	2.7	3.5	4.9	5.1	6.2	5.8	25-54
6.4	3.6	4.0	3.7	3.2	3.7	4.8	6.0	6.9	7.3	55-64
0.6	0.2	0.2	0.2	0.4	0.2	0.1	0.4	0.3	0.1	65 et plus
6.4	4.2	4.1	3.3	3.4	4.5	5.9	6.2	7.1	7.0	15-64
6.1	4.0	3.9	3.1	3.2	4.2	5.6	5.8	6.7	6.5	Total
										Femmes
24.1	19.4	14.2	17.7	17.8	18.8	25.6	28.2	24.5	26.9	15-19
16.6	10.8	9.9	9.7	10.4	12.5	14.8	15.1	18.0	16.7	20-24
8.0	7.3	5.9	5.6	5.3	7.1	8.8	8.5	10.6	11.5	25-34
6.1	5.1	4.5	3.6	4.1	5.2	6.3	6.8	8.0	7.8	35-44
5.5	4.2	3.4	3.7	3.7	3.9	4.4	5.5	6.2	7.2	45-54
4.3	3.2	2.1	3.4	3.5	4.1	4.5	5.9	6.1	6.1	55-59
2.1	2.4	1.7	1.7	2.9	3.2	2.6	3.7	4.0	3.7	60-64
18.5	12.8	10.9	11.6	12.2	13.9	16.9	17.6	19.1	18.4	15-24
6.7	5.7	4.7	4.4	4.4	5.6	6.7	7.1	8.5	9.0	25-54
3.4	2.9	1.9	2.7	3.2	3.7	3.7	5.1	5.3	5.2	55-64
0.2	0.0	0.2	0.2	0.1	0.1	0.4	0.2	0.1	0.1	65 et plus
8.2	6.5	5.3	5.2	5.4	6.5	7.7	8.0	9.2	9.5	15-64
7.8	6.2	5.1	4.9	5.1	6.1	7.3	7.6	8.7	9.0	Total
										Ensemble des personnes
14.6	10.3	8.8	8.6	9.4	11.5	14.6	15.3	16.1	16.2	15-24
6.0	4.5	4.0	3.5	3.5	4.5	5.7	6.1	7.3	7.3	25-54
5.2	3.3	3.1	3.3	3.2	3.7	4.3	5.6	6.2	6.3	55-64
0.4	0.1	0.2	0.2	0.3	0.1	0.2	0.3	0.2	0.1	65 et plus
7.2	5.2	4.6	4.2	4.3	5.4	6.8	7.0	8.1	8.1	15-64

PORTUGAL

IV - Professional status and breakdown by activity - ISIC Rev. 2

Thousands (annual average estimates)

	1986	1987	1988	1989	1990	1991	1992	1993	1994	1995	1996
CIVILIAN EMPLOYMENT: PROFESSIONAL STATUS											
All activities	4 064	4 171	4 280	4 377	4 658	4 568 |	4 498	4 418	4 409	4 382	4 409
Employees	2 791	2 830	2 954	3 058	3 289	3 172 |	3 341	3 254	3 185	3 154	3 147
Employers and persons working on own account	1 273	1 341	1 326	1 157	1 213	1 228 |	1 076	1 080	1 122	1 138	1 186
Unpaid family workers				162	156	169 |	78	82	95	85	73
Agriculture, hunting, forestry and fishing	891	926	885	829	833	789 |	520	513	521	508	545
Employees	154	146	147	148	159	129 |	96	86	78	72	82
Employers and persons working on own account	737	780	738	574	573	552 |	376	375	387	392	426
Unpaid family workers				107	101	108 |	48	52	56	43	37
Non-agricultural activities	3 173	3 245	3 395	3 548	3 825	3 779 |	3 979	3 905	3 888	3 873	3 864
Employees	2 637	2 684	2 807	2 910	3 130	3 043 |	3 246	3 168	3 107	3 082	3 065
Employers and persons working on own account	536	561	588	583	640	676 |	701	705	736	746	761
Unpaid family workers				55	55	61 |	30	30	40	42	36
All activities (%)	100.0	100.0	100.0	100.0	100.0	100.0 |	100.0	100.0	100.0	100.0	100.0
Employees	68.7	67.8	69.0	69.9	70.6	69.4 |	74.3	73.6	72.3	72.0	71.4
Others				30.1	29.4	30.6 |	25.7	26.3	27.6	27.9	28.6
CIVILIAN EMPLOYMENT: BREAKDOWN BY ACTIVITY											
ISIC Rev. 2 Major Divisions											
1 to 0 All activities	4 064	4 171	4 280	4 377	4 658	4 799 |	4 498	4 418	4 409	4 382	4 409
1 Agriculture, hunting, forestry and fishing	891	926	885	829	833	836 |	520	513	521	508	545
2 Mining and quarrying	27	27	29	20	36	30 |	22	20	18	17	17
3 Manufacturing	995	1 040	1 074	1 107	1 148	1 147 |	1 067	1 041	1 036	996	969
4 Electricity, gas and water	32	33	38	38	42	49 |	34	32	40	38	32
5 Construction	332	354	362	384	381	388 |	369	365	355	364	368
6 Wholesale and retail trade; restaurants and hotels	599	585	630	655	723	775 |	896	866	855	859	882
7 Transport, storage and communication	174	168	177	180	212	232 |	220	208	205	191	182
8 Financing, insurance, real estate and business services	127	132	140	154	208	217 |	286	300	306	326	341
9 Community, social and personal services	887	906	945	1 009	1 073	1 124 |	1 086	1 074	1 072	1 083	1 074
0 Activities not adequately defined	0	0	0	0	0	0	0	0	0	0	0
EMPLOYEES: BREAKDOWN BY ACTIVITY											
ISIC Rev. 2 Major Divisions											
1 to 0 All activities	2 791	2 830	2 954	3 058	3 311	3 360 |	3 341	3 254	3 185	3 154	3 147
1 Agriculture, hunting, forestry and fishing	154	146	147	148	159	140 |	96	86	78	72	82
2 Mining and quarrying	24	25	27	19	31	28 |	21	19	16	15	16
3 Manufacturing	893	931	954	972	1 023	1 007 |	934	905	892	855	830
4 Electricity, gas and water	31	33	37	37	41	48 |	33	30	37	36	30
5 Construction	262	281	291	306	302	298 |	271	272	261	262	266
6 Wholesale and retail trade; restaurants and hotels	318	317	344	342	397	429 |	547	523	499	494	510
7 Transport, storage and communication	158	150	160	165	189	208 |	200	187	182	167	160
8 Financing, insurance, real estate and business services	109	113	120	135	173	179 |	238	246	242	253	268
9 Community, social and personal services	842	834	874	935	994	1 022 |	1 002	987	980	1 000	986
0 Activities not adequately defined							0	0	0	0	0

IV - Situation dans la profession et répartition par branches d'activités - CITI Rév. 2

Milliers (estimations de moyennes annuelles)

	1997	1998	1999	2000	2001	2002	2003	2004	2005	2006
EMPLOI CIVIL : SITUATION DANS LA PROFESSION										
Toutes activités	4 491	4 826	4 892	4 997	5 064	5 077	5 030	5 087	5 094	5 130
Salariés	3 192	3 431	3 527	3 620	3 671	3 703	3 665	3 747	3 785	3 868
Employeurs et personnes travaillant à leur compte	1 226	1 247	1 216	1 184	1 251	1 256	1 261	1 239	1 204	1 172
Travailleurs familiaux non rémunérés	70	109	105	119	104	94	81	77	75	62
Agriculture, chasse, sylviculture et pêche	616	653	624	639	649	630	638	618	606	604
Salariés	86	104	96	92	101	99	99	100	98	98
Employeurs et personnes travaillant à leur compte	490	475	457	440	474	484	495	476	469	470
Travailleurs familiaux non rémunérés	39	59	54	68	61	46	42	39	34	30
Activités non agricoles	3 875	4 174	4 268	4 358	4 414	4 446	4 391	4 469	4 488	4 526
Salariés	3 106	3 327	3 432	3 527	3 570	3 604	3 566	3 647	3 687	3 770
Employeurs et personnes travaillant à leur compte	736	772	759	744	777	773	766	763	735	701
Travailleurs familiaux non rémunérés	31	50	51	51	43	48	39	38	41	32
Toutes activités (%)	100.0	100.0	100.0	100.0	100.0	100.0	100.0	100.0	100.0	100.0
Salariés	71.1	71.1	72.1	72.4	72.5	72.9	72.9	73.6	74.3	75.4
Autres	28.9	28.1	27.0	26.1	26.8	26.6	26.7	25.9	25.1	24.0
EMPLOI CIVIL : RÉPARTITION PAR BRANCHES D'ACTIVITÉS										
Branches CITI Rév. 2										
1 à 0 Toutes activités	4 491	4 826	4 892	4 997	5 064	5 077	5 030	5 087	5 094	5 130
1 Agriculture, chasse, sylviculture et pêche	616	653	624	639	649	630	638	618	606	604
2 Industries extractives	16	16	13	17	17	17	13	15	19	18
3 Industries manufacturières	954	1 147	1 113	1 092	1 094	1 049	1 006	1 002	969	981
4 Électricité, gaz et eau	37	33	35	30	38	39	36	31	25	26
5 Bâtiment et travaux publics	411	519	539	596	586	622	583	548	554	553
6 Commerce de gros et de détail; restaurants et hôtels	856	931	971	1 004	1 029	1 034	1 023	1 047	1 049	1 031
7 Transports, entrepôts et communications	179	185	176	188	201	202	211	215	221	240
8 Banques, assurances, affaires immobilières et services fournis aux entreprises	338	275	301	307	320	322	341	389	379	385
9 Services fournis à la collectivité, services sociaux et services personnels	1 084	1 067	1 121	1 125	1 130	1 161	1 177	1 223	1 273	1 293
0 Activités mal désignées	0	0	1	0	0	0	0	0	0	0
SALARIÉS : RÉPARTITION PAR BRANCHES D'ACTIVITÉS										
Branches CITI Rév. 2										
1 à 0 Toutes activités	3 192	3 431	3 527	3 620	3 671	3 703	3 665	3 747	3 785	3 868
1 Agriculture, chasse, sylviculture et pêche	86	104	96	92	101	99	99	100	98	98
2 Industries extractives	14	15	12	16	16	16	13	13	18	16
3 Industries manufacturières	822	987	972	959	956	917	873	872	853	867
4 Électricité, gaz et eau	36	30	31	28	36	39	34	30	25	25
5 Bâtiment et travaux publics	306	382	397	448	435	465	436	404	418	429
6 Commerce de gros et de détail; restaurants et hôtels	519	561	606	639	658	670	667	701	705	725
7 Transports, entrepôts et communications	153	159	153	167	180	176	184	190	196	215
8 Banques, assurances, affaires immobilières et services fournis aux entreprises	258	217	240	247	257	262	273	307	305	308
9 Services fournis à la collectivité, services sociaux et services personnels	999	976	1 020	1 024	1 033	1 060	1 085	1 131	1 168	1 185
0 Activités mal désignées	0	0	1	0	0	0	0	0	0	0

PORTUGAL

V - Civilian employment and employees: breakdown by activity - ISIC Rev. 3

Thousands (annual average estimates)

	1986	1987	1988	1989	1990	1991	1992	1993	1994	1995	1996
CIVILIAN EMPLOYMENT: BREAKDOWN BY ACTIVITY											
A to X All activities							4 498	4 418	4 409	4 382	4 409
A Agriculture, hunting and forestry							500	494	504	493	529
B Fishing							20	20	17	16	16
C Mining and quarrying							22	20	18	17	17
D Manufacturing							1 067	1 041	1 036	996	969
E Electricity, gas and water supply							34	32	40	38	32
F Construction							369	365	355	364	368
G Wholesale and retail trade; repair of motor vehicles, motorcycles and personal and household goods							697	657	659	657	663
H Hotels and restaurants							198	209	197	202	219
I Transport, storage and communication							220	208	205	191	182
J Financial intermediation							121	130	126	126	127
K Real estate, renting and business activities							166	170	180	200	214
L Public administration and defence; compulsory social security, excluding armed forces							299	289	283	294	274
M Education							326	306	313	315	301
N Health and social work							195	199	203	200	204
O Other community, social and personal service activities							147	172	184	187	200
P Private households with employed persons							116	105	87	85	94
Q Extra-territorial organisations and bodies							3	2	3	3	1
X Not classifiable by economic activities							0	0	0	0	0
Breakdown by sector											
Agriculture (A-B)							520	513	521	508	545
Industry (C-F)							1 491	1 458	1 449	1 414	1 385
Services (G-Q)							2 488	2 447	2 439	2 459	2 479
Agriculture (%)							11.5	11.6	11.8	11.6	12.4
Industry (%)							33.2	33.0	32.9	32.3	31.4
Services (%)							55.3	55.4	55.3	56.1	56.2
Female participation in agriculture (%)							49.3	49.2	49.3	48.8	49.6
Female participation in industry (%)							32.4	32.0	32.7	31.5	31.3
Female participation in services (%)							50.2	51.1	50.9	51.8	51.7
EMPLOYEES: BREAKDOWN BY ACTIVITY											
A to X All activities							3 341	3 254	3 185	3 154	3 147
A Agriculture, hunting and forestry							81	72	66	60	69
B Fishing							15	14	12	12	13
C Mining and quarrying							21	19	16	15	16
D Manufacturing							934	905	892	855	830
E Electricity, gas and water supply							33	30	37	36	30
F Construction							271	272	261	262	266
G Wholesale and retail trade; repair of motor vehicles, motorcycles and personal and household goods							419	390	377	369	375
H Hotels and restaurants							128	133	122	125	135
I Transport, storage and communication							200	187	182	167	160
J Financial intermediation							117	126	122	122	123
K Real estate, renting and business activities							121	120	121	132	145
L Public administration and defence; compulsory social security, excluding armed forces							297	286	280	292	273
M Education							319	297	302	304	287
N Health and social work							184	189	192	190	190
O Other community, social and personal service activities							108	130	135	142	155
P Private households with employed persons							92	84	68	71	80
Q Extra-territorial organisations and bodies							3	2	2	2	1
X Not classifiable by economic activities							0	0	0	0	0
Breakdown by sector											
Agriculture (A-B)							96	86	78	72	82
Industry (C-F)							1 259	1 225	1 205	1 168	1 142
Services (G-Q)							1 987	1 943	1 903	1 914	1 923
Agriculture (%)							2.9	2.6	2.4	2.3	2.6
Industry (%)							37.7	37.7	37.8	37.0	36.3
Services (%)							59.5	59.7	59.7	60.7	61.1
Female participation in agriculture (%)							31.8	35.1	35.6	32.8	34.2
Female participation in industry (%)							34.6	34.0	35.1	34.4	33.5
Female participation in services (%)							52.3	52.9	52.9	54.2	54.5

LABOUR FORCE STATISTICS - ISBN 9789264035539 - © OECD 2007

V - Emploi civil et salariés : répartition par branches d'activités - CITI Rév. 3

Milliers (estimations de moyennes annuelles)

	1997	1998	1999	2000	2001	2002	2003	2004	2005	2006
EMPLOI CIVIL : RÉPARTITION PAR BRANCHES D'ACTIVITÉS										
A à X Toutes activités	4 491	4 826	4 892	4 997	5 064	5 077	5 030	5 087	5 094	5 130
A Agriculture, chasse et sylviculture	600	630	604	618	629	609	620	597	588	588
B Pêche	16	23	21	20	21	21	19	21	19	16
C Activités extractives	16	16	13	17	17	17	13	15	19	18
D Activités de fabrication	954	1 147	1 113	1 092	1 094	1 049	1 006	1 002	969	981
E Production et distribution d'électricité, de gaz et d'eau	37	33	35	30	38	39	36	31	25	26
F Construction	411	519	539	596	586	622	583	548	554	553
G Commerce de gros et de détail; réparation de véhicules et de biens domestiques	636	680	718	746	771	769	765	782	773	751
H Hôtels et restaurants	220	251	253	258	258	265	258	265	276	280
I Transports, entreposage et communications	179	185	176	188	201	202	211	215	221	240
J Intermédiation financière	122	93	89	92	90	83	85	97	95	90
K Immobilier, location et activités de services aux entreprises	216	182	212	215	230	239	256	292	284	295
L Administration publique et défense; sécurité sociale obligatoire (armée exclue)	264	261	270	287	290	304	290	296	319	325
M Education	298	287	291	283	290	284	281	307	315	319
N Santé et action sociale	209	208	239	249	257	255	293	313	327	330
O Autres activités de services collectifs, sociaux et personnels	191	161	172	155	149	162	155	157	159	165
P Ménages privés employant du personnel domestique	119	148	145	149	143	155	156	147	151	152
Q Organisations et organismes extra-territoriaux	2	2	3	2	2	1	2	2	3	3
X Ne pouvant être classés selon l'activité économique	0	0	1	0	0	0	0	0	0	0
Répartition par secteurs										
Agriculture (A-B)	616	652	624	639	649	630	638	618	606	604
Industrie (C-F)	1 419	1 715	1 700	1 735	1 734	1 728	1 638	1 596	1 567	1 577
Services (G-Q)	2 456	2 459	2 568	2 623	2 680	2 718	2 753	2 873	2 921	2 949
Agriculture (%)	13.7	13.5	12.8	12.8	12.8	12.4	12.7	12.1	11.9	11.8
Industrie (%)	31.6	35.5	34.7	34.7	34.2	34.0	32.6	31.4	30.8	30.7
Services (%)	54.7	51.0	52.5	52.5	52.9	53.5	54.7	56.5	57.3	57.5
Part des femmes dans l'agriculture (%)	51.4	49.6	50.6	50.5	50.6	50.1	48.8	48.1	50.2	48.6
Part des femmes dans l'industrie (%)	29.6	30.5	30.4	29.7	29.9	29.0	29.0	28.8	28.0	28.3
Part des femmes dans les services (%)	52.7	53.3	53.7	54.2	54.1	54.8	55.3	54.9	55.2	55.2
SALARIÉS : RÉPARTITION PAR BRANCHES D'ACTIVITÉS										
A à X Toutes activités	3 192	3 431	3 527	3 620	3 671	3 703	3 665	3 747	3 785	3 868
A Agriculture, chasse et sylviculture	73	88	82	79	86	85	87	87	86	87
B Pêche	12	15	14	14	15	13	13	12	12	11
C Activités extractives	14	15	12	16	16	16	13	13	18	16
D Activités de fabrication	822	987	972	959	956	917	873	872	853	867
E Production et distribution d'électricité, de gaz et d'eau	36	30	31	28	36	39	34	30	25	25
F Construction	306	382	397	448	435	465	436	404	418	429
G Commerce de gros et de détail; réparation de véhicules et de biens domestiques	382	396	432	465	482	493	499	527	520	530
H Hôtels et restaurants	138	164	174	174	175	177	169	174	186	195
I Transports, entreposage et communications	153	159	153	167	180	176	184	190	196	215
J Intermédiation financière	117	86	82	85	84	78	79	89	88	83
K Immobilier, location et activités de services aux entreprises	141	131	158	162	173	184	194	218	216	225
L Administration publique et défense; sécurité sociale obligatoire (armée exclue)	263	259	267	284	288	301	288	295	317	322
M Education	288	280	285	278	283	276	274	299	306	308
N Santé et action sociale	196	198	229	238	243	243	280	297	311	312
O Autres activités de services collectifs, sociaux et personnels	149	121	124	113	110	117	114	120	117	122
P Ménages privés employant du personnel domestique	102	116	112	109	106	120	127	118	116	117
Q Organisations et organismes extra-territoriaux	2	2	3	2	2	1	2	2	2	3
X Ne pouvant être classés selon l'activité économique	0	0	1	0	0	0	0	0	0	0
Répartition par secteurs										
Agriculture (A-B)	86	104	96	93	101	99	99	100	98	98
Industrie (C-F)	1 178	1 414	1 413	1 450	1 443	1 437	1 356	1 319	1 313	1 337
Services (G-Q)	1 928	1 913	2 018	2 077	2 127	2 168	2 210	2 328	2 374	2 433
Agriculture (%)	2.7	3.0	2.7	2.6	2.7	2.7	2.7	2.7	2.6	2.5
Industrie (%)	36.9	41.2	40.0	40.1	39.3	38.8	37.0	35.2	34.7	34.6
Services (%)	60.4	55.8	57.2	57.4	58.0	58.5	60.3	62.1	62.7	62.9
Part des femmes dans l'agriculture (%)	37.2	33.6	32.8	33.1	36.4	34.1	31.7	29.6	34.7	28.7
Part des femmes dans l'industrie (%)	31.4	32.7	32.7	32.2	32.5	31.6	31.4	31.0	29.9	30.3
Part des femmes dans les services (%)	55.5	55.7	55.8	56.1	56.4	57.1	57.4	57.3	57.5	57.1

SLOVAK REPUBLIC

I - Population

Thousands (mid-year estimates)

	1986	1987	1988	1989	1990	1991	1992	1993	1994	1995	1996
POPULATION - DISTRIBUTION BY AGE AND GENDER											
All persons											
Total	5 193	5 224	5 251	5 276	5 298	5 283	5 307	5 325	5 347	5 364	5 374
Under 15 years	1 371	1 372	1 366	1 354	1 338	1 310	1 256	1 232	1 241	1 211	1 181
From 15 to 64 years	3 325	3 341	3 360	3 385	3 413	3 426	3 459	3 492	3 532	3 569	3 601
65 years and over	497	511	525	537	546	548	592	601	574	584	592
Males											
Total	2 545	2 559	2 571	2 582	2 591	2 578	2 588	2 595	2 605	2 612	2 616
Under 15 years	699	700	697	691	683	669	642	630	634	619	604
From 15 to 64 years	1 644	1 653	1 663	1 676	1 689	1 692	1 710	1 727	1 747	1 766	1 783
65 years and over	202	206	211	215	218	217	236	238	224	227	229
Females											
Total	2 647	2 664	2 680	2 694	2 707	2 705	2 719	2 730	2 742	2 751	2 757
Under 15 years	671	672	669	663	655	641	614	602	607	592	577
From 15 to 64 years	1 681	1 688	1 697	1 709	1 724	1 734	1 749	1 765	1 785	1 803	1 817
65 years and over	295	304	314	322	328	331	356	363	350	357	363
POPULATION - PERCENTAGES											
All persons											
Total	100.0	100.0	100.0	100.0	100.0	100.0	100.0	100.0	100.0	100.0	100.0
Under 15 years	26.4	26.3	26.0	25.7	25.3	24.8	23.7	23.1	23.2	22.6	22.0
From 15 to 64 years	64.0	64.0	64.0	64.2	64.4	64.8	65.2	65.6	66.1	66.5	67.0
65 years and over	9.6	9.8	10.0	10.2	10.3	10.4	11.2	11.3	10.7	10.9	11.0
COMPONENTS OF CHANGE IN POPULATION											
a) Population at 1 January	5 179	5 209	5 237	5 264	5 288	5 311	5 296	5 314	5 336	5 356	5 368
b) Population at 31 December	5 209	5 237	5 264	5 288	5 311	5 296	5 314	5 336	5 356	5 368	5 379
c) Total increase (b-a)	30	28	27	23	23	-15	18	22	20	12	11
d) Births	87	84	83	80	80	79	75	73	66	61	60
e) Deaths	53	52	52	54	55	55	53	53	51	53	51
f) Natural increase (d-e)	34	32	31	26	25	24	21	21	15	9	9
g) Net migration	-4	-4	-4	-3	-2	0	-3	2	5	3	2
h) Statistical adjustments	0	0	0	0	0	-39	0	0	0	0	0
i) Total increase (=f+g+h=c)	30	28	27	23	23	-15	18	22	20	12	11
(Components of change in population/ Average population) x1000											
Total increase rates	5.7	5.4	5.2	4.4	4.3	-2.8	3.4	4.2	3.7	2.2	2.1
Crude birth rates	16.8	16.1	15.9	15.2	15.1	14.8	14.1	13.8	12.4	11.5	11.2
Crude death rates	10.2	10.0	10.0	10.2	10.3	10.3	10.1	9.9	9.6	9.8	9.5
Natural increase rates	6.5	6.1	5.9	5.0	4.8	4.5	4.0	3.9	2.8	1.6	1.7
Net migration rates	-0.8	-0.7	-0.7	-0.5	-0.4	0.0	-0.6	0.3	0.9	0.5	0.4

LABOUR FORCE STATISTICS - ISBN 9789264035539 - © OECD 2007

RÉPUBLIQUE SLOVAQUE

I - Population

Milliers (estimations au milieu de l'année)

1997	1998	1999	2000	2001	2002	2003	2004	2005	2006	
										POPULATION - RÉPARTITION SELON L'AGE ET LE SEXE
										Ensemble des personnes
5 383	5 391	5 395	5 401	5 379	5 379	5 379	5 382	5 387	5 391	Total
1 150	1 118	1 086	1 053	1 015	991	960	932	907	883	Moins de 15 ans
3 632	3 664	3 696	3 730	3 753	3 772	3 800	3 827	3 850	3 871	De 15 à 64 ans
602	608	613	618	611	616	619	623	631	638	65 ans et plus
										Hommes
2 620	2 623	2 624	2 626	2 612	2 611	2 611	2 612	2 615	2 617	Total
588	572	556	539	519	507	492	477	464	452	Moins de 15 ans
1 800	1 817	1 834	1 851	1 862	1 872	1 887	1 902	1 915	1 927	De 15 à 64 ans
232	234	235	235	231	232	232	233	236	238	65 ans et plus
										Femmes
2 763	2 768	2 771	2 775	2 767	2 767	2 768	2 770	2 772	2 774	Total
562	546	531	514	496	484	469	455	442	431	Moins de 15 ans
1 832	1 847	1 862	1 878	1 891	1 900	1 913	1 925	1 935	1 944	De 15 à 64 ans
369	374	378	382	380	384	386	390	395	400	65 ans et plus
										POPULATION - POURCENTAGES
										Ensemble des personnes
100.0	100.0	100.0	100.0	100.0	100.0	100.0	100.0	100.0	100.0	Total
21.4	20.7	20.1	19.5	18.9	18.4	17.8	17.3	16.8	16.4	Moins de 15 ans
67.5	68.0	68.5	69.1	69.8	70.1	70.6	71.1	71.5	71.8	De 15 à 64 ans
11.2	11.3	11.4	11.4	11.4	11.5	11.5	11.6	11.7	11.8	65 ans et plus
										COMPOSANTES DE L'ÉVOLUTION DÉMOGRAPHIQUE
5 379	5 388	5 393	5 399	5 403	5 379	5 379	5 380	5 385	5 389	a) Population au 1er janvier
5 388	5 393	5 399	5 403	5 379	5 379	5 380	5 385	5 389	5 394	b) Population au 31 décembre
9	6	5	4	-24	0	1	5	4	4	**c) Accroissement total (b-a)**
59	58	56	55	51	51	52	54	54	54	d) Naissances
52	53	52	53	52	52	52	52	53	53	e) Décès
7	4	4	2	-1	-1	-1	2	1	1	**f) Accroissement naturel (d-e)**
2	1	1	1	1	1	1	3	3	4	g) Solde net des migrations
0	0	0	0	-24	0	0	0	0	0	h) Ajustements statistiques
9	6	5	4	-24	0	1	5	4	4	**i) Accroissement total (=f+g+h=c)**
										(Composition de l'évolution démographique/ Population moyenne) x1000
1.6	1.1	1.0	0.7	-4.4	0.0	0.2	0.9	0.8	0.8	Taux d'accroissement total
11.0	10.7	10.4	10.2	9.5	9.5	9.6	10.0	10.1	10.0	Taux bruts de natalité
9.7	9.9	9.7	9.8	9.6	9.6	9.7	9.6	9.9	9.9	Taux bruts de mortalité
1.3	0.8	0.7	0.4	-0.2	-0.1	-0.1	0.4	0.2	0.1	Taux d'accroissement naturel
0.3	0.2	0.3	0.3	0.2	0.2	0.3	0.5	0.6	0.7	Taux du solde net des migrations

SLOVAK REPUBLIC

II - Labour force

Thousands (annual average estimates)

	1986	1987	1988	1989	1990	1991	1992	1993	1994	1995	1996
Total labour force											
All persons									2 444	2 471	2 509
Males									1 354	1 365	1 375
Females									1 090	1 106	1 134
Armed forces											
All persons											
Males											
Females											
Civilian labour force											
All persons									2 444	2 471	2 509
Males									1 354	1 365	1 375
Females									1 090	1 106	1 134
Unemployed											
All persons									334	324	284
Males									180	171	141
Females									154	152	144
Civilian employment											
All persons									2 110	2 147	2 225
Males									1 174	1 193	1 235
Females									936	954	990
Civilian employment (%)											
All persons									100.0	100.0	100.0
Males									55.6	55.6	55.5
Females									44.4	44.4	44.5
Unemployment rates (% of civilian labour force)											
All persons									13.6	13.1	11.3
Males									13.3	12.6	10.2
Females									14.1	13.8	12.7
Total labour force (% of total population)											
All persons									45.7	46.1	46.7
Males									52.0	52.2	52.6
Females									39.7	40.2	41.1
Total labour force (% of population from 15-64 years)(1)											
All persons									69.2	69.2	69.7
Males									77.5	77.3	77.1
Females									61.0	61.3	62.4
Civilian employment (% of total population)											
All persons									39.5	40.0	41.4
Civilian employment (% of population from 15-64 years)											
All persons									59.7	60.1	61.8
Males									67.2	67.6	69.2
Females									52.4	52.9	54.5
Part-time employment (%)											
Part-time as % of employment									2.7	2.3	2.1
Male share of part-time employment									28.0	27.6	28.1
Female share of part-time employment									72.0	72.4	71.9
Male part-time as % of male employment									1.3	1.1	1.1
Female part-time as % of female employment									4.4	3.8	3.5
Duration of unemployment (% of total unemployment)											
Less than 1 month									6.3	5.1	5.2
More than 1 month and less than 3 months									13.4	12.1	12.1
More than 3 months and less than 6 months									16.4	12.5	13.4
More than 6 months and less than 1 year									21.4	16.3	16.7
More than 1 year									42.6	54.1	52.6

(1) Participation rates calculated according to national definitions may differ from those published in this table, when the age group represented in the labour force survey is other than 15-64 years.

LABOUR FORCE STATISTICS - ISBN 9789264035539 - © OECD 2007

II - Population active

Milliers (estimations de moyennes annuelles)

	1997	1998	1999	2000	2001	2002	2003	2004	2005	2006
Population active totale										
Ensemble des personnes	2 522	2 545	2 573	2 608	2 653	2 628	2 634	2 659	2 646	2 655
Hommes	1 387	1 407	1 414	1 424	1 449	1 435	1 434	1 451	1 459	1 471
Femmes	1 135	1 138	1 159	1 184	1 203	1 193	1 200	1 208	1 187	1 184
Forces armées										
Ensemble des personnes	19	29	24	21	21	14	11	8	2	0
Hommes	19	29	24	21	21	14	11	8	2	0
Femmes	0	0	0	0	0	0	0	0	0	0
Population active civile										
Ensemble des personnes	2 503	2 516	2 549	2 587	2 632	2 614	2 624	2 651	2 644	2 655
Hommes	1 369	1 378	1 390	1 403	1 428	1 421	1 424	1 444	1 457	1 471
Femmes	1 135	1 138	1 159	1 184	1 203	1 193	1 200	1 208	1 187	1 184
Chômeurs										
Ensemble des personnes	298	317	417	485	508	487	459	481	428	353
Hommes	152	168	227	266	283	264	247	250	224	180
Femmes	146	150	190	220	225	223	213	231	204	174
Emploi civil										
Ensemble des personnes	2 206	2 199	2 132	2 102	2 124	2 127	2 165	2 170	2 216	2 301
Hommes	1 217	1 210	1 164	1 137	1 146	1 157	1 177	1 194	1 233	1 291
Femmes	989	988	968	964	978	970	988	977	983	1 010
Emploi civil (%)										
Ensemble des personnes	100.0	100.0	100.0	100.0	100.0	100.0	100.0	100.0	100.0	100.0
Hommes	55.2	55.1	54.6	54.1	54.0	54.4	54.4	55.0	55.6	56.1
Femmes	44.8	44.9	45.4	45.9	46.0	45.6	45.6	45.0	44.4	43.9
Taux de chômage (% de la population active civile)										
Ensemble des personnes	11.9	12.6	16.4	18.8	19.3	18.6	17.5	18.1	16.2	13.3
Hommes	11.1	12.2	16.3	18.9	19.8	18.6	17.3	17.3	15.3	12.2
Femmes	12.8	13.1	16.4	18.6	18.7	18.7	17.7	19.1	17.2	14.7
Population active totale (% de la population totale)										
Ensemble des personnes	46.8	47.2	47.7	48.3	49.3	48.9	49.0	49.4	49.1	49.2
Hommes	52.9	53.6	53.9	54.2	55.5	55.0	54.9	55.6	55.8	56.2
Femmes	41.1	41.1	41.8	42.7	43.5	43.1	43.4	43.6	42.8	42.7
Population active totale (% de la population de 15-64 ans)[1]										
Ensemble des personnes	69.4	69.5	69.6	69.9	70.7	69.7	69.3	69.5	68.7	68.6
Hommes	77.1	77.4	77.1	76.9	77.8	76.7	76.0	76.3	76.2	76.3
Femmes	61.9	61.6	62.2	63.0	63.6	62.8	62.7	62.7	61.3	60.9
Emploi civil (% de la population totale)										
Ensemble des personnes	41.0	40.8	39.5	38.9	39.5	39.5	40.2	40.3	41.1	42.7
Emploi civil (% de la population de 15-64 ans)										
Ensemble des personnes	60.7	60.0	57.7	56.3	56.6	56.4	57.0	56.7	57.6	59.5
Hommes	67.6	66.6	63.5	61.4	61.5	61.8	62.4	62.8	64.4	67.0
Femmes	54.0	53.5	52.0	51.3	51.7	51.1	51.6	50.7	50.8	52.0
Emploi à temps partiel (%)										
Temps partiel en % de l'emploi	2.0	2.0	1.8	1.9	1.9	1.6	2.3	2.8	2.6	2.5
Part des hommes dans le temps partiel	26.5	28.4	27.2	29.4	31.8	33.9	30.9	31.0	30.8	30.0
Part des femmes dans le temps partiel	73.5	71.6	72.8	70.6	68.2	66.1	69.1	69.0	69.2	70.0
Temps partiel des hommes en % de l'emploi des hommes	0.9	1.0	0.9	1.0	1.1	1.0	1.3	1.6	1.4	1.3
Temps partiel des femmes en % de l'emploi des femmes	3.2	3.2	2.9	2.9	2.8	2.3	3.6	4.5	4.1	4.1
Durée du chômage (% du chômage total)										
Moins de 1 mois	5.3	5.1	4.6	3.7	7.2	6.6	6.9	6.1	5.5	4.2
Plus de 1 mois et moins de 3 mois	12.3	12.0	11.5	8.8	8.2	6.7	7.6	7.4	5.4	5.2
Plus de 3 mois et moins de 6 mois	14.6	14.9	14.7	13.1	11.3	9.2	9.2	9.5	7.7	6.3
Plus de 6 mois et moins de 1 an	16.1	16.7	21.6	19.8	19.6	17.8	15.3	16.4	13.3	11.2
Plus de 1 an	51.6	51.3	47.7	54.6	53.7	59.8	61.1	60.6	68.1	73.1

(1) Les taux d'activité calculés selon les définitions nationales peuvent être différents de ceux publiés dans ce tableau si le groupe d'âges représenté dans l'enquête de la population active est différent de 15-64 ans.

SLOVAK REPUBLIC

III - Participation rates and unemployment rates by age and by sex

Percent (annual average estimates)

	1986	1987	1988	1989	1990	1991	1992	1993	1994	1995	1996
PARTICIPATION RATES											
Males											
15-19									26.6	25.0	21.2
20-24									83.6	82.6	83.3
25-34									96.4	96.4	96.6
35-44									95.9	95.6	96.0
45-54									91.5	91.7	91.4
55-59									68.2	67.4	67.2
60-64									13.1	13.1	13.3
15-24									52.7	52.0	50.9
25-54									95.0	94.9	94.9
55-64									40.9	40.7	41.2
65 and over									3.2	3.0	2.9
15-64									77.6	77.3	77.1
Females											
15-19									26.4	23.5	23.5
20-24									59.9	59.5	62.5
25-34									75.2	76.9	77.9
35-44									89.0	89.6	89.3
45-54									77.8	77.9	79.5
55-59									15.1	14.2	17.0
60-64									3.5	4.4	4.0
15-24									41.8	40.4	42.2
25-54									81.1	82.0	82.6
55-64									9.2	9.3	10.6
65 and over									0.7	0.9	0.6
15-64									61.2	61.4	62.5
All persons											
15-24									47.3	46.3	46.7
25-54									88.0	88.4	88.8
55-64									23.5	23.4	24.4
65 and over									1.7	1.7	1.5
15-64									69.3	69.3	69.8
UNEMPLOYMENT RATES											
Males											
15-19									48.7	47.9	44.7
20-24									20.2	18.5	13.8
25-34									12.1	11.9	10.7
35-44									10.0	9.6	7.2
45-54									8.5	8.0	6.1
55-59									7.7	6.4	6.4
60-64									10.3	6.7	11.3
15-24									28.0	26.0	20.6
25-54									10.4	10.0	8.1
55-64									8.1	6.5	7.1
65 and over									6.9	6.0	11.9
15-64									13.3	12.6	10.2
Total									13.3	12.6	10.2
Females											
15-19									41.5	37.5	39.1
20-24									18.7	16.6	14.5
25-34									17.2	17.4	16.2
35-44									9.8	11.0	9.9
45-54									7.7	7.3	6.8
55-59									9.5	10.6	4.6
60-64									24.4	14.3	5.9
15-24									26.5	23.1	21.6
25-54									11.6	12.0	11.1
55-64									12.3	11.4	4.8
65 and over									16.7	6.1	13.6
15-64									14.1	13.8	12.7
Total									14.1	13.8	12.7
All persons											
15-24									27.3	24.8	21.0
25-54									11.0	11.0	9.5
55-64									9.0	7.6	6.6
65 and over									9.4	6.0	12.4
15-64									13.7	13.1	11.3

LABOUR FORCE STATISTICS - ISBN 9789264035539 - © OECD 2007

III - Taux d'activité et taux de chômage par âge et par sexe

Pourcentage (estimations de moyennes annuelles)

	1997	1998	1999	2000	2001	2002	2003	2004	2005	2006
TAUX D'ACTIVITÉ										
Hommes										
15-19	22.0	21.6	21.6	17.8	17.2	14.9	12.9	10.7	8.6	10.6
20-24	82.2	81.2	79.6	79.5	81.3	78.7	75.9	73.9	70.5	65.5
25-34	95.9	95.8	95.6	94.9	95.5	95.2	95.7	95.2	94.7	95.7
35-44	95.0	94.5	95.2	95.5	95.1	94.3	95.5	95.8	96.4	95.1
45-54	90.7	90.2	89.5	90.9	91.1	90.4	90.9	90.0	90.2	90.5
55-59	64.4	67.1	64.9	65.6	70.6	74.3	77.5	78.9	79.8	76.9
60-64	11.2	12.5	12.3	10.6	9.3	12.4	12.5	17.3	22.1	24.2
15-24	51.8	51.8	50.9	49.4	50.2	47.7	45.2	43.1	40.6	39.3
25-54	94.1	93.7	93.7	93.9	94.0	93.4	94.1	93.7	93.8	93.8
55-64	39.4	42.0	41.1	41.0	43.0	46.3	48.1	52.0	55.1	55.3
65 et plus	2.1	2.0	2.2	2.0	2.1	2.0	2.0	2.2	2.3	1.9
15-64	76.9	77.2	76.9	76.8	77.4	76.7	76.7	76.5	76.4	76.3
Femmes										
15-19	24.2	22.4	23.8	20.9	18.6	14.9	11.6	9.1	7.5	7.2
20-24	60.9	61.3	61.0	62.9	62.6	62.0	61.0	60.4	55.3	51.9
25-34	76.6	74.8	76.5	77.2	76.7	75.7	77.0	76.4	72.5	72.2
35-44	88.9	88.5	87.8	89.5	91.4	90.8	91.4	90.6	88.8	87.8
45-54	79.0	79.3	79.7	81.7	83.6	85.1	86.2	85.8	86.0	85.0
55-59	15.3	16.2	18.2	17.2	16.9	17.9	19.9	23.0	27.0	31.8
60-64	3.4	4.0	3.2	3.4	4.3	3.6	4.1	5.2	7.6	7.1
15-24	42.3	41.9	42.8	42.6	41.3	39.2	37.1	35.6	32.3	30.6
25-54	81.9	81.1	81.5	82.9	83.9	83.9	84.8	84.0	82.1	81.2
55-64	9.5	10.4	11.1	10.7	11.0	11.2	12.4	14.8	18.2	21.0
65 et plus	0.8	0.9	0.7	0.6	0.4	0.4	0.8	0.8	0.9	0.7
15-64	62.0	61.7	62.3	63.2	63.7	63.2	63.5	62.9	61.5	60.9
Ensemble des personnes										
15-24	47.0	46.8	46.8	46.0	45.7	43.5	41.2	39.4	36.5	35.1
25-54	88.0	87.4	87.6	88.4	89.0	88.6	89.5	88.9	87.9	87.5
55-64	23.0	24.6	24.6	24.3	25.4	27.0	28.5	31.7	35.1	36.8
65 et plus	1.3	1.3	1.3	1.1	1.0	1.0	1.2	1.3	1.4	1.1
15-64	69.4	69.3	69.5	69.9	70.5	69.9	70.0	69.7	68.9	68.5
TAUX DE CHÔMAGE										
Hommes										
15-19	46.0	52.3	65.8	70.3	73.7	67.1	64.1	60.8	62.5	55.7
20-24	16.3	19.9	27.2	33.2	35.5	33.9	29.5	30.6	27.1	22.0
25-34	10.9	10.8	14.9	16.8	18.1	15.8	15.2	15.0	13.8	10.4
35-44	8.7	9.8	12.4	15.0	15.5	15.8	14.4	13.7	12.8	10.7
45-54	6.5	7.2	10.6	13.4	14.0	12.9	13.6	15.3	12.9	10.2
55-59	6.1	6.9	11.2	14.4	12.8	16.2	15.5	16.5	14.0	10.6
60-64	13.8	8.4	5.2	7.0	11.1	10.9	9.2	10.9	8.7	6.3
15-24	22.7	26.6	35.3	39.7	41.8	38.9	34.3	34.2	30.7	26.3
25-54	8.9	9.4	12.8	15.2	16.0	14.9	14.5	14.6	13.2	10.4
55-64	7.1	7.1	10.4	13.5	12.6	15.6	14.7	15.6	13.1	9.8
65 et plus	6.3	17.0	7.7	10.9	14.3	8.7	2.1	7.8	7.4	0.0
15-64	11.1	12.2	16.3	19.0	19.8	18.6	17.4	17.4	15.4	12.2
Total	11.1	12.2	16.3	18.9	19.8	18.6	17.3	17.3	15.4	12.2
Femmes										
15-19	37.7	40.9	56.5	62.1	60.6	55.4	57.9	54.7	64.1	56.9
20-24	16.3	17.0	23.0	25.0	28.8	31.0	26.9	27.5	24.3	23.2
25-34	16.5	15.7	18.4	20.0	19.4	19.0	18.6	19.1	17.8	14.2
35-44	9.0	10.3	12.7	15.3	14.5	14.3	14.5	16.8	15.1	12.8
45-54	7.9	7.7	9.3	12.3	13.7	14.6	14.4	16.8	14.5	13.4
55-59	7.0	9.3	6.1	8.9	11.2	15.4	8.8	14.8	12.5	9.4
60-64	0.0	6.3	10.5	7.3	11.3	9.1	16.0	15.2	19.2	9.6
15-24	22.6	23.4	32.1	33.8	35.7	35.5	31.6	30.8	28.8	27.0
25-54	11.0	11.2	13.4	15.8	15.8	15.8	15.7	17.5	15.7	13.5
55-64	5.8	8.7	6.7	8.7	11.2	14.4	9.9	14.9	13.8	9.4
65 et plus	6.7	2.9	23.1	30.4	0.0	26.7	10.3	6.7	11.8	0.0
15-64	12.9	13.2	16.4	18.6	18.8	18.7	17.8	19.1	17.2	14.7
Total	12.8	13.2	16.4	18.6	18.7	18.7	17.7	19.1	17.2	14.7
Ensemble des personnes										
15-24	22.6	25.1	33.8	37.0	39.1	37.4	33.1	32.7	29.9	26.6
25-54	9.9	10.2	13.1	15.5	15.9	15.3	15.1	16.0	14.4	11.8
55-64	6.8	7.5	9.5	12.3	12.3	15.3	13.6	15.4	13.3	9.7
65 et plus	6.4	11.1	12.8	17.4	10.8	13.1	5.3	7.4	9.1	0.0
15-64	11.9	12.6	16.4	18.8	19.3	18.6	17.6	18.2	16.2	13.3

SLOVAK REPUBLIC

IV - Professional status and breakdown by activity - ISIC Rev. 2

Thousands (annual average estimates)

	1986	1987	1988	1989	1990	1991	1992	1993	1994	1995	1996
CIVILIAN EMPLOYMENT: PROFESSIONAL STATUS											
All activities									2 110	2 147	2 225
Employees									1 977	2 007	2 083
Employers and persons working on own account									131	138	140
Unpaid family workers									2	2	3
Agriculture, hunting, forestry and fishing									214	197	198
Employees									207	191	192
Employers and persons working on own account									8	6	6
Unpaid family workers											
Non-agricultural activities									1 896	1 950	2 027
Employees									1 770	1 816	1 890
Employers and persons working on own account									123	132	134
Unpaid family workers											
All activities (%)									100.0	100.0	100.0
Employees									93.7	93.5	93.6
Others									6.3	6.5	6.4
CIVILIAN EMPLOYMENT: BREAKDOWN BY ACTIVITY											
ISIC Rev. 2 Major Divisions											
1 to 0 All activities											
1 Agriculture, hunting, forestry and fishing											
2 Mining and quarrying											
3 Manufacturing									566	575	600
4 Electricity, gas and water											
5 Construction											
6 Wholesale and retail trade; restaurants and hotels											
7 Transport, storage and communication											
8 Financing, insurance, real estate and business services											
9 Community, social and personal services											
0 Activities not adequately defined											
EMPLOYEES: BREAKDOWN BY ACTIVITY											
ISIC Rev. 2 Major Divisions											
1 to 0 All activities											
1 Agriculture, hunting, forestry and fishing											
2 Mining and quarrying											
3 Manufacturing											
4 Electricity, gas and water											
5 Construction											
6 Wholesale and retail trade; restaurants and hotels											
7 Transport, storage and communication											
8 Financing, insurance, real estate and business services											
9 Community, social and personal services											
0 Activities not adequately defined											

LABOUR FORCE STATISTICS - ISBN 9789264035539 - © OECD 2007

IV - Situation dans la profession et répartition par branches d'activités - CITI Rév. 2

Milliers (estimations de moyennes annuelles)

	1997	1998	1999	2000	2001	2002	2003	2004	2005	2006
EMPLOI CIVIL : SITUATION DANS LA PROFESSION										
Toutes activités	2 206	2 199	2 132	2 102	2 124	2 127	2 165	2 170	2 216	2 301
Salariés	2 066	2 046	1 965	1 931	1 943	1 941	1 948	1 904	1 929	2 003
Employeurs et personnes travaillant à leur compte	138	149	161	164	175	181	208	257	278	288
Travailleurs familiaux non rémunérés	2	1	3	3	3	2	3	3	2	1
Agriculture, chasse, sylviculture et pêche	202	181	157	140	131	131	125	110	105	101
Salariés	195	173	148	132	122	122	117	96	91	86
Employeurs et personnes travaillant à leur compte	7	9	9	8	9	9	9	14	14	15
Travailleurs familiaux non rémunérés	0		0	0	0	0	0	0	0	0
Activités non agricoles	2 004	2 017	1 975	1 962	1 993	1 996	2 039	2 061	2 111	2 201
Salariés	1 870	1 874	1 817	1 799	1 822	1 819	1 831	1 809	1 838	1 917
Employeurs et personnes travaillant à leur compte	131	140	153	157	166	172	200	243	264	273
Travailleurs familiaux non rémunérés	2		3	3	3	2	3	3	2	1
Toutes activités (%)	100.0	100.0	100.0	100.0	100.0	100.0	100.0	100.0	100.0	100.0
Salariés	93.6	93.1	92.2	91.9	91.5	91.3	90.0	87.7	87.0	87.0
Autres	6.3	6.8	7.7	8.0	8.4	8.6	9.7	12.0	12.6	12.6
EMPLOI CIVIL : RÉPARTITION PAR BRANCHES D'ACTIVITÉS										
Branches CITI Rév. 2										
1 à 0 Toutes activités										
1 Agriculture, chasse, sylviculture et pêche										
2 Industries extractives										
3 Industries manufacturières	567	574	548	540	554	574	570	583	592	609
4 Électricité, gaz et eau										
5 Bâtiment et travaux publics										
6 Commerce de gros et de détail; restaurants et hôtels										
7 Transports, entrepôts et communications										
8 Banques, assurances, affaires immobilières et services fournis aux entreprises										
9 Services fournis à la collectivité, services sociaux et services personnels										
0 Activités mal désignées										
SALARIÉS : RÉPARTITION PAR BRANCHES D'ACTIVITÉS										
Branches CITI Rév. 2										
1 à 0 Toutes activités										
1 Agriculture, chasse, sylviculture et pêche										
2 Industries extractives										
3 Industries manufacturières										
4 Électricité, gaz et eau										
5 Bâtiment et travaux publics										
6 Commerce de gros et de détail; restaurants et hôtels										
7 Transports, entrepôts et communications										
8 Banques, assurances, affaires immobilières et services fournis aux entreprises										
9 Services fournis à la collectivité, services sociaux et services personnels										
0 Activités mal désignées										

V - Civilian employment and employees: breakdown by activity - ISIC Rev. 3

Thousands (annual average estimates)

	1986	1987	1988	1989	1990	1991	1992	1993	1994	1995	1996
CIVILIAN EMPLOYMENT: BREAKDOWN BY ACTIVITY											
A to X All activities									2 110	2 147	2 225
A Agriculture, hunting and forestry									214	197	198
B Fishing									0	0	0
C Mining and quarrying									34	29	34
D Manufacturing									566	575	600
E Electricity, gas and water supply									48	47	56
F Construction									188	184	190
G Wholesale and retail trade; repair of motor vehicles, motorcycles and personal and household goods									205	222	226
H Hotels and restaurants									54	60	63
I Transport, storage and communication									163	167	169
J Financial intermediation									25	30	30
K Real estate, renting and business activities									84	96	89
L Public administration and defence; compulsory social security, excluding armed forces									127	137	157
M Education									179	170	177
N Health and social work									141	142	143
O Other community, social and personal service activities									77	89	90
P Private households with employed persons									1	1	2
Q Extra-territorial organisations and bodies									1	1	1
X Not classifiable by economic activities									3	2	0
Breakdown by sector											
Agriculture (A-B)									214	197	198
Industry (C-F)									837	835	880
Services (G-Q)									1 057	1 114	1 147
Agriculture (%)									10.2	9.2	8.9
Industry (%)									39.7	38.9	39.5
Services (%)									50.1	51.9	51.6
Female participation in agriculture (%)									31.1	30.8	31.9
Female participation in industry (%)									32.6	32.7	32.0
Female participation in services (%)									56.5	55.7	56.2
EMPLOYEES: BREAKDOWN BY ACTIVITY											
A to X All activities									1 977	2 007	2 083
A Agriculture, hunting and forestry									207	191	192
B Fishing									0	0	0
C Mining and quarrying									34	29	33
D Manufacturing									546	556	581
E Electricity, gas and water supply									47	46	56
F Construction									163	160	168
G Wholesale and retail trade; repair of motor vehicles, motorcycles and personal and household goods									165	180	182
H Hotels and restaurants									49	54	55
I Transport, storage and communication									157	159	159
J Financial intermediation									25	29	29
K Real estate, renting and business activities									70	77	74
L Public administration and defence; compulsory social security, excluding armed forces									127	137	156
M Education									178	170	177
N Health and social work									140	140	141
O Other community, social and personal service activities									67	76	77
P Private households with employed persons									0	1	2
Q Extra-territorial organisations and bodies									1	1	1
X Not classifiable by economic activities									3	0	0
Breakdown by sector											
Agriculture (A-B)									207	191	192
Industry (C-F)									790	791	838
Services (G-Q)									978	1 024	1 052
Agriculture (%)									10.5	9.5	9.2
Industry (%)									39.9	39.4	40.2
Services (%)									49.5	51.0	50.5
Female participation in agriculture (%)									31.7	31.4	32.4
Female participation in industry (%)									33.6	33.7	33.1
Female participation in services (%)									58.6	57.7	58.5

V - Emploi civil et salariés : répartition par branches d'activités - CITI Rév. 3

Milliers (estimations de moyennes annuelles)

1997	1998	1999	2000	2001	2002	2003	2004	2005	2006	
										EMPLOI CIVIL : RÉPARTITION PAR BRANCHES D'ACTIVITÉS
2 206	2 199	2 132	2 102	2 124	2 127	2 165	2 170	2 216	2 301	**A à X Toutes activités**
202	181	157	140	130	131	125	109	105	101	A Agriculture, chasse et sylviculture
0	0	0	0	0	0	1	1	0	0	B Pêche
43	36	30	25	22	21	19	15	15	16	C Activités extractives
567	574	548	540	554	574	570	583	592	609	D Activités de fabrication
56	53	53	50	53	46	45	44	43	42	E Production et distribution d'électricité, de gaz et d'eau
201	205	190	168	170	176	195	205	210	226	F Construction
254	262	260	260	256	272	270	260	270	291	G Commerce de gros et de détail; réparation de véhicules et de biens domestiques
60	63	65	65	72	69	80	84	90	102	H Hôtels et restaurants
160	170	166	167	162	154	149	141	147	156	I Transports, entreposage et communications
30	37	37	37	38	40	44	46	48	52	J Intermédiation financière
75	77	80	91	104	103	109	120	129	132	K Immobilier, location et activités de services aux entreprises
160	154	150	158	158	150	160	152	155	162	L Administration publique et défense; sécurité sociale obligatoire (armée exclue)
167	165	167	162	169	163	159	161	164	167	M Education
147	146	155	148	144	142	153	154	150	155	N Santé et action sociale
81	73	73	87	87	79	77	84	88	85	O Autres activités de services collectifs, sociaux et personnels
2	3	2	4	5	8	8	7	7	6	P Ménages privés employant du personnel domestique
2	0	0	0	1	0	1	0	0	0	Q Organisations et organismes extra-territoriaux
0	0	0	0	1	0	0	4	4	2	X Ne pouvant être classés selon l'activité économique
										Répartition par secteurs
202	181	157	140	131	131	125	110	105	101	Agriculture (A-B)
867	867	820	783	798	817	829	847	859	893	Industrie (C-F)
1 137	1 151	1 155	1 179	1 195	1 179	1 209	1 210	1 249	1 306	Services (G-Q)
9.2	8.3	7.4	6.6	6.1	6.2	5.8	5.1	4.7	4.4	Agriculture (%)
39.3	39.4	38.5	37.3	37.6	38.4	38.3	39.0	38.8	38.8	Industrie (%)
51.6	52.3	54.2	56.1	56.2	55.4	55.8	55.8	56.3	56.8	Services (%)
31.3	30.7	28.9	27.5	27.9	30.0	27.7	25.0	24.6	24.0	Part des femmes dans l'agriculture (%)
31.2	30.8	30.8	31.4	31.3	31.2	30.7	30.1	28.9	28.0	Part des femmes dans l'industrie (%)
57.6	57.8	58.0	57.7	57.9	57.3	57.8	57.3	56.7	56.3	Part des femmes dans les services (%)
										SALARIÉS : RÉPARTITION PAR BRANCHES D'ACTIVITÉS
2 066	2 046	1 965	1 931	1 943	1 941	1 948	1 904	1 929	2 003	**A à X Toutes activités**
195	172	148	132	121	122	116	95	91	85	A Agriculture, chasse et sylviculture
0	0	0	0	0	0	1	0	0	0	B Pêche
43	35	30	25	22	21	19	14	15	16	C Activités extractives
549	554	522	516	529	549	539	547	557	574	D Activités de fabrication
55	52	51	49	51	45	45	43	40	40	E Production et distribution d'électricité, de gaz et d'eau
176	177	160	136	132	135	147	144	141	153	F Construction
209	218	212	213	210	223	222	208	211	232	G Commerce de gros et de détail; réparation de véhicules et de biens domestiques
54	56	58	56	62	61	70	72	79	88	H Hôtels et restaurants
152	162	157	155	152	145	137	128	132	140	I Transports, entreposage et communications
30	36	35	35	36	36	38	38	38	39	J Intermédiation financière
62	61	64	74	83	82	84	86	95	97	K Immobilier, location et activités de services aux entreprises
159	153	149	157	157	149	159	151	154	162	L Administration publique et défense; sécurité sociale obligatoire (armée exclue)
166	164	166	161	168	162	158	159	162	164	M Education
144	141	149	142	138	136	145	146	141	144	N Santé et action sociale
69	62	62	77	78	69	63	65	68	66	O Autres activités de services collectifs, sociaux et personnels
2	2	2	3	4	7	5	5	3	1	P Ménages privés employant du personnel domestique
1	0	0	0	1	0	1	0	0	0	Q Organisations et organismes extra-territoriaux
0	0	0	0	0	0	2	3	3	1	X Ne pouvant être classés selon l'activité économique
										Répartition par secteurs
195	173	148	132	122	122	117	96	91	86	Agriculture (A-B)
823	818	762	725	733	750	749	748	752	783	Industrie (C-F)
1 047	1 056	1 055	1 074	1 088	1 069	1 081	1 057	1 083	1 133	Services (G-Q)
9.5	8.4	7.5	6.8	6.3	6.3	6.0	5.0	4.7	4.3	Agriculture (%)
39.8	40.0	38.8	37.5	37.7	38.6	38.4	39.3	39.0	39.1	Industrie (%)
50.7	51.6	53.7	55.6	56.0	55.1	55.5	55.5	56.1	56.6	Services (%)
31.9	31.5	29.6	28.4	28.9	31.5	29.0	26.5	27.0	27.4	Part des femmes dans l'agriculture (%)
32.3	32.1	32.4	33.1	33.2	33.2	32.9	32.9	32.0	31.1	Part des femmes dans l'industrie (%)
59.5	59.7	59.9	59.6	59.7	59.4	59.6	59.6	59.3	58.4	Part des femmes dans les services (%)

SPAIN

I - Population

Thousands (mid-year estimates)

	1986	1987	1988	1989	1990	1991	1992	1993	1994	1995	1996
POPULATION - DISTRIBUTION BY AGE AND GENDER											
All persons											
Total	38 537	38 632	38 717	38 792	38 851	38 940	39 069	39 190	39 296	39 388	39 479
Under 15 years	8 720	8 492	8 250	7 991	7 715	7 451	7 213	6 986	6 766	6 557	6 371
From 15 to 64 years	25 076	25 273	25 466	25 659	25 849	26 058	26 281	26 482	26 658	26 807	26 930
65 years and over	4 741	4 866	5 002	5 143	5 288	5 431	5 574	5 722	5 872	6 024	6 178
Males											
Total	18 905	18 947	18 982	19 012	19 032	19 071	19 135	19 194	19 246	19 290	19 333
Under 15 years	4 484	4 365	4 237	4 101	3 957	3 821	3 701	3 586	3 474	3 368	3 273
From 15 to 64 years	12 497	12 601	12 703	12 804	12 902	13 012	13 130	13 237	13 331	13 411	13 479
65 years and over	1 924	1 980	2 042	2 107	2 173	2 239	2 304	2 372	2 440	2 510	2 581
Females											
Total	19 632	19 685	19 735	19 780	19 820	19 869	19 934	19 996	20 050	20 098	20 146
Under 15 years	4 236	4 128	4 012	3 889	3 758	3 630	3 512	3 400	3 292	3 189	3 098
From 15 to 64 years	12 579	12 672	12 763	12 855	12 946	13 046	13 151	13 246	13 327	13 395	13 451
65 years and over	2 817	2 885	2 959	3 036	3 115	3 193	3 270	3 350	3 431	3 514	3 597
POPULATION - PERCENTAGES											
All persons											
Total	100.0	100.0	100.0	100.0	100.0	100.0	100.0	100.0	100.0	100.0	100.0
Under 15 years	22.6	22.0	21.3	20.6	19.9	19.1	18.5	17.8	17.2	16.6	16.1
From 15 to 64 years	65.1	65.4	65.8	66.1	66.5	66.9	67.3	67.6	67.8	68.1	68.2
65 years and over	12.3	12.6	12.9	13.3	13.6	13.9	14.3	14.6	14.9	15.3	15.6
COMPONENTS OF CHANGE IN POPULATION											
a) Population at 1 January	38 485	38 587	38 675	38 757	38 826	38 875	39 004	39 132	39 247	39 343	39 431
b) Population at 31 December	38 587	38 675	38 757	38 826	38 875	39 004	39 132	39 247	39 343	39 431	39 525
c) Total increase (b-a)	102	88	82	69	49	129	128	115	96	88	94
d) Births	439	427	419	408	401	396	397	386	370	363	363
e) Deaths	310	310	319	325	333	338	332	340	338	346	351
f) Natural increase (d-e)	128	117	100	83	68	58	65	46	32	17	12
g) Net migration	10	14	22	32	34	35	35	35	35	35	52
h) Statistical adjustments	-37	-43	-40	-46	-53	36	28	34	29	36	30
i) Total increase (=f+g+h=c)	101	88	82	69	49	129	128	115	96	88	94
(Components of change in population/ Average population) x1000											
Total increase rates	2.6	2.3	2.1	1.8	1.3	3.3	3.3	2.9	2.4	2.2	2.4
Crude birth rates	11.4	11.1	10.8	10.5	10.3	10.2	10.2	9.8	9.4	9.2	9.2
Crude death rates	8.1	8.0	8.2	8.4	8.6	8.7	8.5	8.7	8.6	8.8	8.9
Natural increase rates	3.3	3.0	2.6	2.1	1.8	1.5	1.7	1.2	0.8	0.4	0.3
Net migration rates	0.3	0.4	0.6	0.8	0.9	0.9	0.9	0.9	0.9	0.9	1.3

LABOUR FORCE STATISTICS - ISBN 9789264035539 - © OECD 2007

I - Population

Milliers (estimations au milieu de l'année)

1997	1998	1999	2000	2001	2002	2003	2004	2005	2006	
										POPULATION - RÉPARTITION SELON L'AGE ET LE SEXE
										Ensemble des personnes
39 583	39 722	39 927	40 264	40 721	41 314	42 005	42 692	43 398	44 068	Total
6 216	6 089	5 999	5 952	5 950	6 005	6 100	6 196	6 291	6 394	Moins de 15 ans
27 037	27 151	27 297	27 540	27 877	28 312	28 811	29 310	29 839	30 318	De 15 à 64 ans
6 331	6 482	6 631	6 772	6 895	6 997	7 094	7 186	7 268	7 356	65 ans et plus
										Hommes
19 382	19 448	19 547	19 719	19 957	20 266	20 626	20 988	21 367	21 725	Total
3 193	3 129	3 083	3 059	3 056	3 083	3 133	3 183	3 233	3 286	Moins de 15 ans
13 537	13 598	13 676	13 809	13 994	14 231	14 499	14 770	15 063	15 326	De 15 à 64 ans
2 652	2 721	2 789	2 852	2 907	2 952	2 994	3 035	3 072	3 113	65 ans et plus
										Femmes
20 201	20 274	20 380	20 545	20 765	21 048	21 378	21 705	22 031	22 343	Total
3 022	2 960	2 916	2 893	2 893	2 921	2 967	3 013	3 059	3 108	Moins de 15 ans
13 500	13 553	13 622	13 732	13 883	14 081	14 311	14 540	14 776	14 992	De 15 à 64 ans
3 679	3 761	3 842	3 920	3 988	4 046	4 100	4 152	4 196	4 243	65 ans et plus
										POPULATION - POURCENTAGES
										Ensemble des personnes
100.0	100.0	100.0	100.0	100.0	100.0	100.0	100.0	100.0	100.0	Total
15.7	15.3	15.0	14.8	14.6	14.5	14.5	14.5	14.5	14.5	Moins de 15 ans
68.3	68.4	68.4	68.4	68.5	68.5	68.6	68.7	68.8	68.8	De 15 à 64 ans
16.0	16.3	16.6	16.8	16.9	16.9	16.9	16.8	16.7	16.7	65 ans et plus
										COMPOSANTES DE L'ÉVOLUTION DÉMOGRAPHIQUE
39 525	39 639	39 803	40 050	40 477	40 964	41 664	42 345	43 038	43 758	a) Population au 1er janvier
39 639	39 803	40 050	40 477	40 964	41 664	42 345	43 038	43 758	44 475	b) Population au 31 décembre
114	164	247	427	487	700	681	693	720	717	**c) Accroissement total (b-a)**
369	365	380	398	406	419	442	455	466	481	d) Naissances
350	361	371	360	360	369	385	372	387	371	e) Décès
19	4	9	37	46	50	57	83	79	110	**f) Accroissement naturel (d-e)**
64	123	194	360	410	648	608	629	651		g) Solde net des migrations
31	37	44	29	31	2	16	-19	-10		h) Ajustements statistiques
114	164	247	426	487	700	681	693	720		**i) Accroissement total (=f+g+h=c)**
										(Composition de l'évolution démographique/ Population moyenne) x1000
2.9	4.1	6.2	10.6	12.0	16.9	16.2	16.2	16.6		Taux d'accroissement total
9.3	9.2	9.5	9.9	10.0	10.1	10.5	10.7	10.7	10.9	Taux bruts de natalité
8.8	9.1	9.3	9.0	8.8	8.9	9.2	8.7	8.9	8.4	Taux bruts de mortalité
0.5	0.1	0.2	0.9	1.1	1.2	1.4	1.9	1.8	2.5	Taux d'accroissement naturel
1.6	3.1	4.9	8.9	10.1	15.7	14.5	14.7	15.0		Taux du solde net des migrations

SPAIN

II - Labour force

Thousands (annual average estimates)

	1986	1987	1988	1989	1990	1991	1992	1993	1994	1995	1996
Total labour force											
All persons	14 424	14 969	15 355	15 517	15 688	15 822	15 894	16 048	16 245	16 385	16 671
Males	10 080	10 131	10 210	10 274	10 311	10 330	10 238	10 232	10 218	10 209	10 337
Females	4 344	4 838	5 145	5 243	5 378	5 492	5 656	5 816	6 027	6 177	6 335
Armed forces											
All persons	347	332	326	328	310	307	281	253 |	196	210	215
Males	347	332	326	328	310	307	281	253 |	196	209	214
Females	0	0	0	0	0	0	0	0 |	0	1	1
Civilian labour force											
All persons	14 077	14 637	15 029	15 189	15 379	15 515	15 613	15 794	16 049	16 176	16 457
Males	9 733	9 799	9 884	9 946	10 001	10 023	9 958	9 979	10 023	10 000	10 123
Females	4 344	4 838	5 145	5 242	5 377	5 492	5 656	5 816	6 026	6 175	6 334
Unemployed											
All persons	2 975	2 976	2 906	2 631	2 509	2 545	2 883	3 597	3 879	3 715	3 645
Males	1 874	1 652	1 479	1 285	1 194	1 223	1 425	1 886	1 973	1 813	1 773
Females	1 101	1 324	1 427	1 346	1 316	1 322	1 458	1 711	1 906	1 902	1 872
Civilian employment											
All persons	11 102	11 661	12 123	12 558	12 870	12 970	12 731	12 197	12 170	12 461	12 812
Males	7 859	8 147	8 405	8 661	8 808	8 800	8 533	8 092	8 049	8 188	8 350
Females	3 244	3 514	3 718	3 896	4 062	4 170	4 198	4 105	4 120	4 273	4 462
Civilian employment (%)											
All persons	100.0	100.0	100.0	100.0	100.0	100.0	100.0	100.0	100.0	100.0	100.0
Males	70.8	69.9	69.3	69.0	68.4	67.8	67.0	66.3	66.1	65.7	65.2
Females	29.2	30.1	30.7	31.0	31.6	32.2	33.0	33.7	33.9	34.3	34.8
Unemployment rates (% of civilian labour force)											
All persons	21.1	20.3	19.3	17.3	16.3	16.4	18.5	22.8	24.2	23.0	22.1
Males	19.3	16.9	15.0	12.9	11.9	12.2	14.3	18.9	19.7	18.1	17.5
Females	25.3	27.4	27.7	25.7	24.5	24.1	25.8	29.4	31.6	30.8	29.6
Total labour force (% of total population)											
All persons	37.4	38.7	39.7	40.0	40.4	40.6	40.7	40.9	41.3	41.6	42.2
Males	53.3	53.5	53.8	54.0	54.2	54.2	53.5	53.3	53.1	52.9	53.5
Females	22.1	24.6	26.1	26.5	27.1	27.6	28.4	29.1	30.1	30.7	31.4
Total labour force (% of population from 15-64 years)[(1)]											
All persons	57.5	59.2	60.3	60.5	60.7	60.7	60.5	60.6	60.9	61.1	61.9
Males	80.7	80.4	80.4	80.2	79.9	79.4	78.0	77.3	76.7	76.1	76.7
Females	34.5	38.2	40.3	40.8	41.5	42.1	43.0	43.9	45.2	46.1	47.1
Civilian employment (% of total population)											
All persons	28.8	30.2	31.3	32.4	33.1	33.3	32.6	31.1	31.0	31.6	32.5
Civilian employment (% of population from 15-64 years)											
All persons	44.3	46.1	47.6	48.9	49.8	49.8	48.4	46.1	45.7	46.5	47.6
Males	62.9	64.7	66.2	67.6	68.3	67.6	65.0	61.1	60.4	61.1	61.9
Females	25.8	27.7	29.1	30.3	31.4	32.0	31.9	31.0	30.9	31.9	33.2
Part-time employment (%)											
Part-time as % of employment		5.0	5.0	4.5	4.6	4.4	5.3	6.0	6.4	7.0	7.5
Male share of part-time employment		27.5	25.4	22.3	20.8	21.6	21.7	23.1	24.5	22.8	25.1
Female share of part-time employment		72.5	74.6	77.7	79.2	78.4	78.3	76.9	75.5	77.2	74.9
Male part-time as % of male employment		2.0	1.8	1.5	1.4	1.4	1.7	2.1	2.4	2.4	2.9
Female part-time as % of female employment		12.2	12.1	11.2	11.5	10.8	12.8	13.9	14.3	15.8	16.2
Duration of unemployment (% of total unemployment)											
Less than 1 month	2.4	1.1	1.0	1.5	1.8	2.4	4.2	3.5	3.2	3.3	3.6
More than 1 month and less than 3 months	10.9	12.2	12.9	14.1	15.2	15.4	14.1	12.1	11.0	11.6	11.3
More than 3 months and less than 6 months	12.0	11.2	11.2	11.7	12.9	13.9	15.6	14.7	12.4	12.2	12.8
More than 6 months and less than 1 year	17.1	13.6	13.6	14.2	16.2	17.3	18.7	19.6	17.2	15.8	16.4
More than 1 year	57.6	61.9	61.4	58.5	54.0	51.0	47.4	50.1	56.2	57.1	55.9

(1) Participation rates calculated according to national definitions may differ from those published in this table, when the age group represented in the labour force survey is other than 15-64 years.

ESPAGNE

II - Population active

Milliers (estimations de moyennes annuelles)

	1997	1998	1999	2000	2001	2002	2003	2004	2005	2006
Population active totale										
Ensemble des personnes	16 955	17 196	17 529	18 084 I	18 090	18 786	19 538	20 184 I	20 886	21 585
Hommes	10 441	10 565	10 709	10 940 I	11 018	11 294	11 629	11 905 I	12 252	12 534
Femmes	6 514	6 630	6 820	7 144 I	7 072	7 491	7 909	8 279 I	8 634	9 051
Forces armées										
Ensemble des personnes	206	182	188	165	131	93	91	90	91	90
Hommes	206	181	186	160	124	85	83	77	82	80
Femmes	0	1	2	5	7	8	8	13	9	9
Population active civile										
Ensemble des personnes	16 749	17 014	17 341	17 919 I	17 959	18 692	19 447	20 094 I	20 794	21 495
Hommes	10 235	10 384	10 523	10 781 I	10 894	11 209	11 547	11 828 I	12 169	12 454
Femmes	6 514	6 630	6 818	7 138 I	7 065	7 483	7 901	8 267 I	8 625	9 041
Chômeurs										
Ensemble des personnes	3 463	3 176	2 721	2 494 I	1 903	2 153	2 240	2 211 I	1 911	1 835
Hommes	1 628	1 417	1 157	1 035 I	827	927	974	969 I	862	790
Femmes	1 834	1 759	1 564	1 459 I	1 076	1 225	1 265	1 242 I	1 049	1 045
Emploi civil										
Ensemble des personnes	13 286	13 838	14 620	15 425	16 056	16 540	17 208	17 883 I	18 883	19 660
Hommes	8 607	8 967	9 366	9 745	10 068	10 282	10 572	10 859 I	11 307	11 664
Femmes	4 680	4 870	5 254	5 680	5 989	6 258	6 636	7 025 I	7 576	7 996
Emploi civil (%)										
Ensemble des personnes	100.0	100.0	100.0	100.0	100.0	100.0	100.0	100.0 I	100.0	100.0
Hommes	64.8	64.8	64.1	63.2	62.7	62.2	61.4	60.7 I	59.9	59.3
Femmes	35.2	35.2	35.9	36.8	37.3	37.8	38.6	39.3 I	40.1	40.7
Taux de chômage (% de la population active civile)										
Ensemble des personnes	20.7	18.7	15.7	13.9 I	10.6	11.5	11.5	11.0 I	9.2	8.5
Hommes	15.9	13.6	11.0	9.6 I	7.6	8.3	8.4	8.2 I	7.1	6.3
Femmes	28.2	26.5	22.9	20.4 I	15.2	16.4	16.0	15.0 I	12.2	11.6
Population active totale (% de la population totale)										
Ensemble des personnes	42.8	43.3	43.9	44.9 I	44.4	45.5	46.5	47.3 I	48.1	49.0
Hommes	53.9	54.3	54.8	55.5 I	55.2	55.7	56.4	56.7 I	57.3	57.7
Femmes	32.2	32.7	33.5	34.8 I	34.1	35.6	37.0	38.1 I	39.2	40.5
Population active totale (% de la population de 15-64 ans)[1]										
Ensemble des personnes	62.7	63.3	64.2	65.7 I	64.9	66.4	67.8	68.9 I	70.0	71.2
Hommes	77.1	77.7	78.3	79.2 I	78.7	79.4	80.2	80.6 I	81.3	81.8
Femmes	48.3	48.9	50.1	52.0 I	50.9	53.2	55.3	56.9 I	58.4	60.4
Emploi civil (% de la population totale)										
Ensemble des personnes	33.6	34.8	36.6	38.3	39.4	40.0	41.0	41.9 I	43.5	44.6
Emploi civil (% de la population de 15-64 ans)										
Ensemble des personnes	49.1	51.0	53.6	56.0	57.6	58.4	59.7	61.0 I	63.3	64.8
Hommes	63.6	65.9	68.5	70.6	71.9	72.2	72.9	73.5 I	75.1	76.1
Femmes	34.7	35.9	38.6	41.4	43.1	44.4	46.4	48.3 I	51.3	53.3
Emploi à temps partiel (%)										
Temps partiel en % de l'emploi	7.9	7.7	7.8	7.7	7.8	7.7	8.0	8.5	11.3	11.1
Part des hommes dans le temps partiel	24.8	24.3	23.2	21.5	21.0	19.9	19.3	19.0	21.1	20.7
Part des femmes dans le temps partiel	75.2	75.7	76.8	78.5	79.0	80.1	80.7	81.0	78.9	79.3
Temps partiel des hommes en % de l'emploi des hommes	3.0	2.9	2.8	2.6	2.6	2.5	2.5	2.7	4.0	3.9
Temps partiel des femmes en % de l'emploi des femmes	16.8	16.5	16.8	16.5	16.6	16.4	16.8	17.6	22.1	21.4
Durée du chômage (% du chômage total)										
Moins de 1 mois	3.7	3.9	4.3	4.6	5.8	5.5	5.5	5.3	11.7	13.7
Plus de 1 mois et moins de 3 mois	11.5	12.5	13.3	15.1	15.7	17.5	17.3	18.3	23.7	25.3
Plus de 3 mois et moins de 6 mois	12.8	13.1	14.6	15.5	16.7	17.8	17.6	18.5	16.9	16.6
Plus de 6 mois et moins de 1 an	16.3	16.2	16.6	17.3	17.8	19.0	19.8	20.3	15.1	14.9
Plus de 1 an	55.7	54.3	51.2	47.6	44.0	40.2	39.8	37.7	32.6	29.5

(1) Les taux d'activité calculés selon les définitions nationales peuvent être différents de ceux publiés dans ce tableau si le groupe d'âges représenté dans l'enquête de la population active est différent de 15-64 ans.

SPAIN

III - Participation rates and unemployment rates by age and by sex

Percent (annual average estimates)

	1986	1987	1988	1989	1990	1991	1992	1993	1994	1995	1996
PARTICIPATION RATES											
Males											
16-19	45.5	47.6	47.4	44.6	43.1	42.4	40.4	37.4	36.0	33.6	32.4
20-24	79.9	79.6	78.9	77.9	77.3	75.4	73.0	71.5	70.0	67.6	67.0
25-34	95.3	94.6	94.9	94.5	94.7	94.4	93.0	92.9	92.9	92.3	92.2
35-44	96.5	96.2	96.0	96.0	96.2	96.4	95.5	95.4	95.2	95.3	95.4
45-54	91.3	91.1	91.2	91.3	91.8	91.5	90.3	91.0	90.8	90.7	91.0
55-59	78.6	76.8	75.2	75.8	76.7	76.3	74.8	73.6	71.9	71.4	72.1
60-64	51.7	49.4	47.5	48.2	46.9	46.5	46.4	44.9	42.0	40.6	42.3
16-24	64.3	65.2	64.7	62.9	61.8	60.5	58.3	56.3	55.0	52.8	52.2
25-54	94.5	94.1	94.2	94.1	94.4	94.3	93.1	93.2	93.1	92.8	92.9
55-64	66.1	64.0	62.2	62.8	62.5	61.9	60.8	59.2	56.6	55.4	56.5
65 and over	5.4	4.5	4.1	4.3	3.8	3.7	3.4	3.1	3.0	3.0	2.7
16-64	82.5	82.2	81.8	81.4	81.3	80.9	79.6	79.1	78.5	78.0	78.3
Females											
16-19	31.2	36.3	36.4	32.7	31.1	27.5	26.7	25.8	24.8	23.2	22.0
20-24	54.6	59.6	62.6	62.0	61.2	60.5	58.6	57.5	58.6	58.1	56.8
25-34	48.9	54.1	56.3	58.1	59.8	61.5	62.2	64.6	65.9	67.1	68.7
35-44	31.6	36.0	39.3	41.6	44.6	47.0	50.0	52.2	55.7	56.9	58.7
45-54	26.4	28.8	30.3	30.4	31.6	33.1	34.7	35.6	37.5	39.3	40.9
55-59	22.2	22.0	23.1	23.5	22.9	22.5	24.0	24.2	23.6	24.9	25.6
60-64	15.4	15.9	16.4	15.5	15.7	15.9	16.3	16.2	15.5	15.2	15.2
16-24	44.1	49.2	50.9	48.9	47.7	45.6	44.3	43.4	43.7	43.0	41.9
25-54	36.5	40.7	43.3	44.8	46.9	48.8	50.5	52.4	54.6	55.9	57.5
55-64	19.0	19.1	19.9	19.6	19.4	19.3	20.2	20.1	19.4	19.8	20.1
65 and over	2.2	2.1	2.1	1.9	1.7	1.5	1.7	1.6	1.4	1.4	1.2
16-64	35.2	38.9	40.9	41.3	42.2	42.9	43.8	44.8	46.3	47.1	48.1
All persons											
16-24	54.4	57.3	57.9	56.0	54.9	53.2	51.5	49.9	49.4	48.0	47.2
25-54	65.5	67.4	68.7	69.5	70.7	71.5	71.8	72.8	73.9	74.4	75.2
55-64	41.6	40.7	40.2	40.4	40.1	39.8	39.7	38.9	37.3	36.9	37.6
65 and over	3.5	3.1	2.9	2.9	2.6	2.4	2.4	2.3	2.1	2.1	1.8
16-64	58.8	60.4	61.3	61.3	61.7	61.9	61.7	62.0	62.4	62.6	63.2
UNEMPLOYMENT RATES											
Males											
16-19	43.4	37.7	31.1	24.9	23.7	22.6	27.3	39.2	39.8	37.0	36.2
20-24	35.8	31.6	28.7	24.2	23.0	22.6	26.1	35.1	36.4	32.3	31.9
25-34	19.3	17.0	15.6	13.8	12.6	13.1	15.7	21.0	22.0	20.8	20.2
35-44	11.5	9.5	8.5	7.7	7.1	7.5	9.3	11.9	13.3	12.1	11.8
45-54	11.5	10.3	8.8	7.2	7.0	7.5	8.5	11.6	11.9	11.5	11.5
55-59	13.7	11.8	10.7	10.4	9.0	9.6	11.0	14.2	15.8	14.3	13.4
60-64	11.6	9.5	7.4	7.9	7.0	7.6	7.3	9.3	9.2	9.8	8.4
16-24	38.2	33.6	29.5	24.4	23.2	22.6	26.5	36.3	37.4	33.6	33.0
25-54	14.5	12.6	11.4	10.0	9.3	9.7	11.7	15.4	16.4	15.3	15.0
55-64	13.0	11.0	9.5	9.5	8.3	8.9	9.6	12.3	13.3	12.6	11.5
65 and over	2.4	2.1	1.3	1.1	1.7	1.7	3.6	1.9	1.4	1.1	0.9
16-64	18.8	16.4	14.6	12.6	11.7	11.9	14.0	18.6	19.4	17.9	17.4
Total	18.6	16.3	14.5	12.5	11.6	11.8	13.9	18.5	19.3	17.8	17.2
Females											
16-19	56.5	53.9	52.4	45.5	42.9	40.5	45.3	54.1	58.2	56.4	59.4
20-24	46.5	46.7	45.3	41.2	38.4	36.9	38.7	44.9	47.4	47.0	45.9
25-34	24.6	27.0	28.9	27.8	26.8	27.0	28.5	32.3	34.7	33.8	32.5
35-44	11.4	16.3	17.6	17.0	16.8	18.1	20.4	22.8	24.9	25.0	23.9
45-54	7.8	10.5	11.4	12.1	12.6	12.4	14.6	18.0	20.1	18.8	17.7
55-59	6.9	8.4	8.1	7.4	9.1	8.5	9.6	10.8	12.7	14.2	14.7
60-64	5.1	4.0	4.9	5.0	4.1	4.8	5.6	6.0	6.0	7.5	8.4
16-24	49.7	49.1	47.6	42.5	39.7	37.9	40.5	47.3	50.1	49.2	48.9
25-54	17.2	20.5	22.0	21.5	21.0	21.4	23.2	26.5	28.6	27.8	26.6
55-64	6.2	6.7	6.8	6.5	7.1	7.0	8.0	8.8	9.9	11.4	12.2
65 and over	1.7	1.5	1.6	1.2	1.3	1.7	6.6	1.9	3.6	2.9	1.7
16-64	25.7	27.7	28.0	25.9	24.7	24.3	26.0	29.7	31.8	31.0	29.9
Total	25.3	27.4	27.7	25.7	24.5	24.1	25.8	29.4	31.6	30.8	29.7
All persons											
16-24	42.8	40.1	37.3	32.2	30.2	29.0	32.4	41.0	42.9	40.4	39.9
25-54	15.2	15.0	14.7	13.7	13.1	13.7	15.7	19.4	20.9	20.0	19.4
55-64	11.3	9.9	8.9	8.7	8.0	8.4	9.2	11.4	12.4	12.3	11.7
65 and over	2.2	1.9	1.4	1.2	1.6	1.7	4.8	1.9	2.3	1.8	1.2
16-64	20.8	20.1	19.1	17.1	16.1	16.2	18.3	22.6	24.0	22.8	22.1

III - Taux d'activité et taux de chômage par âge et par sexe

Pourcentage (estimations de moyennes annuelles)

1997	1998	1999	2000	2001	2002	2003	2004	2005	2006	
										TAUX D'ACTIVITÉ
										Hommes
32.1	32.3	32.5	32.9	32.1	31.0	30.4	31.1	34.1	33.5	16-19
66.0	65.9	67.4	67.2	66.1	66.2	67.7	69.9	72.1	72.4	20-24
92.3	92.4	92.5	92.6	91.1	91.6	92.0	92.3	92.2	92.4	25-34
95.2	95.2	95.0	95.3	93.8	94.5	94.7	94.6	94.3	94.3	35-44
90.5	90.5	90.8	90.8	89.8	89.7	90.0	90.2	90.2	90.5	45-54
74.2	75.7	74.7	75.7	74.2	75.1	75.0	75.0	75.4	76.3	55-59
41.7	40.9	40.0	43.3	46.1	46.6	48.3	47.9	48.8	48.9	60-64
51.8	52.1	53.3	53.6	52.7	52.4	53.1	54.8	57.2	57.1	16-24
92.8	92.8	92.9	93.0	91.6	92.1	92.4	92.5	92.4	92.5	25-54
57.5	58.2	57.8	60.5	61.4	62.2	62.9	62.7	63.2	63.5	55-64
2.4	2.4	2.6	2.6	2.6	2.4	2.4	2.4	3.2	3.3	65 et plus
78.6	79.1	79.6	80.4	79.8	80.4	81.1	81.6	82.2	82.5	16-64
										Femmes
21.3	20.3	21.7	21.9	20.1	18.9	18.6	19.5	23.4	24.8	16-19
56.3	56.1	56.3	57.3	54.0	55.7	56.8	58.5	61.7	63.1	20-24
69.9	70.6	71.7	73.4	70.9	73.3	75.9	77.3	77.2	78.9	25-34
59.7	60.6	61.8	64.0	61.9	64.0	66.8	68.8	69.3	71.7	35-44
43.1	43.5	44.5	47.3	47.5	51.0	53.0	56.1	58.1	60.8	45-54
26.4	27.3	27.1	28.2	29.5	30.6	32.1	33.9	37.7	39.6	55-59
15.8	15.9	15.4	16.6	17.0	17.1	18.4	19.4	20.4	21.3	60-64
41.7	41.4	42.4	43.3	40.7	41.4	41.9	43.4	46.8	48.1	16-24
58.9	59.6	60.7	62.8	61.2	63.9	66.3	68.3	69.0	71.2	25-54
20.8	21.4	21.2	22.6	23.6	24.4	25.8	27.2	29.6	31.0	55-64
0.9	0.9	1.0	1.0	0.9	0.9	1.0	1.0	1.1	1.2	65 et plus
49.2	49.9	50.9	52.9	51.6	53.7	55.7	57.7	59.1	61.1	16-64
										Ensemble des personnes
46.9	46.9	48.0	48.5	46.8	47.0	47.6	49.2	52.1	52.7	16-24
75.9	76.3	76.8	78.0	76.5	78.1	79.4	80.6	80.9	82.0	25-54
38.5	39.2	38.8	40.9	41.9	42.7	43.8	44.4	45.9	46.8	55-64
1.6	1.5	1.7	1.6	1.6	1.5	1.5	1.6	2.0	2.1	65 et plus
63.9	64.5	65.3	66.7	65.8	67.1	68.5	69.7	70.8	71.9	16-64
										TAUX DE CHÔMAGE
										Hommes
36.7	33.0	28.2	25.8	22.0	24.6	27.2	26.5	24.5	23.7	16-19
28.3	25.0	19.6	17.4	14.3	16.5	17.1	16.5	14.3	12.3	20-24
18.3	15.9	12.2	10.5	8.4	9.0	9.1	8.9	7.6	6.9	25-34
11.3	9.4	7.7	6.7	5.2	5.8	6.1	6.0	5.1	4.8	35-44
9.9	8.4	6.9	6.0	4.8	5.0	4.9	5.4	4.6	4.0	45-54
13.1	11.0	10.5	9.2	5.9	6.1	5.8	5.8	5.5	5.0	55-59
7.0	7.0	6.9	7.6	5.0	5.5	5.8	6.4	5.4	4.6	60-64
30.4	27.0	21.7	19.4	16.1	18.4	19.4	18.7	16.7	15.0	16-24
13.7	11.6	9.2	8.0	6.3	6.8	6.9	6.9	5.9	5.4	25-54
10.8	9.6	9.3	8.6	5.6	5.9	5.8	6.0	5.4	4.8	55-64
1.4	1.3	0.9	0.4	0.3	0.7	1.0	1.0	1.8	1.4	65 et plus
15.8	13.6	11.0	9.6	7.5	8.1	8.2	8.2	7.1	6.4	16-64
15.7	13.5	10.9	9.5	7.4	8.0	8.2	8.2	7.0	6.3	Total
										Femmes
59.5	54.0	45.5	42.9	37.3	37.1	40.0	37.4	36.2	36.5	16-19
42.3	40.2	34.6	30.4	24.6	25.2	24.5	24.1	20.4	17.8	20-24
31.1	29.0	25.2	22.1	16.1	17.5	17.3	15.3	12.2	11.9	25-34
23.2	22.3	19.7	17.8	12.8	14.0	13.8	13.9	10.6	10.1	35-44
17.7	17.7	15.2	14.0	10.6	12.4	11.7	11.0	8.9	8.9	45-54
15.9	14.2	12.6	12.5	8.9	10.4	10.4	9.7	8.0	8.3	55-59
8.2	8.8	8.2	9.2	6.2	8.5	7.2	8.7	6.4	5.5	60-64
46.0	43.0	36.9	32.9	27.0	27.3	27.2	26.4	23.5	21.6	16-24
25.7	24.4	21.2	18.9	13.7	15.1	14.8	13.8	10.9	10.5	25-54
12.8	12.1	11.0	11.3	8.0	9.8	9.3	9.4	7.5	7.4	55-64
3.0	0.6	1.6	4.9	3.1	1.7	2.4	2.2	3.6	1.9	65 et plus
28.5	26.7	23.2	20.6	15.3	16.4	16.0	15.1	12.2	11.6	16-64
28.3	26.6	23.1	20.5	15.2	16.4	15.9	15.0	12.2	11.6	Total
										Ensemble des personnes
37.2	33.9	28.3	25.3	20.8	22.2	22.7	22.0	19.7	17.9	16-24
18.3	16.6	14.0	12.3	9.3	10.2	10.2	9.8	8.0	7.5	25-54
11.4	10.3	9.7	9.4	6.3	7.1	6.9	7.1	6.1	5.7	55-64
2.0	1.0	1.1	1.9	1.2	1.1	1.5	1.4	2.4	1.6	65 et plus
20.7	18.7	15.7	13.9	10.5	11.4	11.4	11.0	9.2	8.6	16-64

SPAIN

IV - Professional status and breakdown by activity - ISIC Rev. 2

Thousands (annual average estimates)

	1986	1987	1988	1989	1990	1991	1992	1993	1994	1995	1996
CIVILIAN EMPLOYMENT: PROFESSIONAL STATUS[(1)]											
All activities	11 102	11 661	12 123	12 558	12 870	12 970	12 731	12 197	12 170	12 461	12 812
Employees	7 843	8 215	8 641	9 126	9 515	9 671	9 371	8 980	8 996	9 292	9 621
Employers and persons working on own account	2 455	2 642	2 680	2 663	2 632	2 620	2 669	2 618	2 635	2 671	2 722
Unpaid family workers	729	763	775	740	691	640	580	544	504	466	440
Agriculture, hunting, forestry and fishing	1 759	1 717	1 697	1 595	1 484	1 342	1 249	1 193	1 146	1 107	1 079
Employees	558	545	555	498	483	475	410	380	375	369	368
Employers and persons working on own account	816	810	790	762	708	629	612	599	583	566	550
Unpaid family workers	378	358	349	332	289	233	214	210	186	169	158
Non-agricultural activities	9 343	9 944	10 426	10 963	11 385	11 629	11 481	11 005	11 023	11 355	11 732
Employees	7 285	7 670	8 086	8 629	9 032	9 196	8 962	8 600	8 621	8 922	9 253
Employers and persons working on own account	1 639	1 832	1 889	1 901	1 924	1 990	2 056	2 019	2 052	2 106	2 171
Unpaid family workers	351	405	426	408	402	408	365	333	318	297	282
All activities (%)	100.0	100.0	100.0	100.0	100.0	100.0	100.0	100.0	100.0	100.0	100.0
Employees	70.6	70.4	71.3	72.7	73.9	74.6	73.6	73.6	73.9	74.6	75.1
Others	28.7	29.2	28.5	27.1	25.8	25.1	25.5	25.9	25.8	25.2	24.7
CIVILIAN EMPLOYMENT: BREAKDOWN BY ACTIVITY[(2)]											
ISIC Rev. 2 Major Divisions											
1 to 0 All activities	10 875	11 383	11 780	12 260	12 578	12 608	12 359	11 826	11 760	12 049	12 394
1 Agriculture, hunting, forestry and fishing	1 758	1 723	1 695	1 598	1 486	1 345	1 253	1 198	1 151	1 107	1 077
2 Mining and quarrying	89	81	82	77	78	76	67	58	56	65	74
3 Manufacturing	2 469	2 594	2 644	2 738	2 809	2 730	2 662	2 404	2 333	2 327	2 337
4 Electricity, gas and water	83	77	82	86	94	87	77	80	87	95	90
5 Construction	834	929	1 022	1 135	1 222	1 275	1 197	1 090	1 060	1 136	1 177
6 Wholesale and retail trade; restaurants and hotels	2 087	2 272	2 375	2 467	2 547	2 599	2 545	2 485	2 533	2 584	2 624
7 Transport, storage and communication	631	643	649	711	728	728	729	700	692	737	751
8 Financing, insurance, real estate and business services	491	542	591	640	679	734	742	767	758	794	870
9 Community, social and personal services	2 415	2 521	2 642	2 809	2 937	3 034	3 087	3 044	3 092	3 205	3 394
0 Activities not adequately defined	18	0	0	0	0	0	0	0	0	0	0
EMPLOYEES: BREAKDOWN BY ACTIVITY[(2)]											
ISIC Rev. 2 Major Divisions											
1 to 0 All activities	7 608	7 946	8 320	8 843	9 234	9 332	9 030	8 634	8 620	8 917	9 249
1 Agriculture, hunting, forestry and fishing	547	539	542	488	472	465	401	372	365	358	355
2 Mining and quarrying	86	78	79	75	75	72	65	57	53	62	70
3 Manufacturing	2 166	2 254	2 301	2 396	2 463	2 386	2 283	2 063	1 973	1 974	1 996
4 Electricity, gas and water	83	76	81	85	93	86	76	79	86	94	89
5 Construction	612	696	775	891	964	995	907	810	788	859	882
6 Wholesale and retail trade; restaurants and hotels	1 033	1 140	1 238	1 351	1 432	1 466	1 434	1 425	1 476	1 542	1 588
7 Transport, storage and communication	476	457	463	514	540	542	529	509	505	536	546
8 Financing, insurance, real estate and business services	423	456	500	540	567	610	605	618	602	623	678
9 Community, social and personal services	2 183	2 250	2 342	2 504	2 629	2 710	2 731	2 702	2 773	2 869	3 044
0 Activities not adequately defined	0	0	0	0	0	0	0	0	0	0	0

(1) The sum of the component does not agree with the total due to not stated status.

(2) Data broken down by activity (civilian employment and employees) have not been revised nor updated due to a change by the country from ISIC Rev. 2 to ISIC Rev.3.

LABOUR FORCE STATISTICS - ISBN 9789264035539 - © OECD 2007

IV - Situation dans la profession et répartition par branches d'activités - CITI Rév. 2

Milliers (estimations de moyennes annuelles)

	1997	1998	1999	2000	2001	2002	2003	2004	2005	2006
EMPLOI CIVIL : SITUATION DANS LA PROFESSION[1]										
Toutes activités	13 286	13 838	14 620	15 425	16 056	16 540	17 208	17 883	18 883	19 660
Salariés	10 134	10 672	11 491	12 297	12 860	13 381	14 039	14 633	15 412	16 121
Employeurs et personnes travaillant à leur compte	2 735	2 760	2 765	2 787	2 875	2 853	2 874	2 973	3 139	3 258
Travailleurs familiaux non rémunérés	390	384	345	324	303	283	274	259	307	265
Agriculture, chasse, sylviculture et pêche	1 080	1 084	1 049	1 029	1 045	995	991	989	1 001	944
Salariés	414	427	429	433	466	448	464	482	490	484
Employeurs et personnes travaillant à leur compte	525	522	503	489	483	459	436	425	414	385
Travailleurs familiaux non rémunérés	139	134	111	104	93	86	86	79	87	69
Activités non agricoles	12 207	12 753	13 571	14 396	15 011	15 544	16 217	16 894	17 883	18 716
Salariés	9 720	10 244	11 062	11 864	12 393	12 934	13 575	14 151	14 922	15 637
Employeurs et personnes travaillant à leur compte	2 210	2 238	2 261	2 298	2 391	2 395	2 438	2 548	2 725	2 872
Travailleurs familiaux non rémunérés	251	250	234	221	210	197	188	180	220	196
Toutes activités (%)	100.0	100.0	100.0	100.0	100.0	100.0	100.0	100.0	100.0	100.0
Salariés	76.3	77.1	78.6	79.7	80.1	80.9	81.6	81.8	81.6	82.0
Autres	23.5	22.7	21.3	20.2	19.8	19.0	18.3	18.1	18.2	17.9
EMPLOI CIVIL : RÉPARTITION PAR BRANCHES D'ACTIVITÉS[2]										
Branches CITI Rév. 2										
1 à 0 Toutes activités	12 761	13 193	13 801							
1 Agriculture, chasse, sylviculture et pêche	1 068	1 061	1 015							
2 Industries extractives	67	60	63							
3 Industries manufacturières	2 432	2 564	2 635							
4 Électricité, gaz et eau	82	85	87							
5 Bâtiment et travaux publics	1 244	1 308	1 465							
6 Commerce de gros et de détail; restaurants et hôtels	2 695	2 764	2 910							
7 Transports, entrepôts et communications	767	784	817							
8 Banques, assurances, affaires immobilières et services fournis aux entreprises	911	966	1 052							
9 Services fournis à la collectivité, services sociaux et services personnels	3 496	3 601	3 757							
0 Activités mal désignées	0	0	0							
SALARIÉS : RÉPARTITION PAR BRANCHES D'ACTIVITÉS[2]										
Branches CITI Rév. 2										
1 à 0 Toutes activités	9 673	10 114	10 790							
1 Agriculture, chasse, sylviculture et pêche	398	404	400							
2 Industries extractives	64	57	60							
3 Industries manufacturières	2 103	2 234	2 312							
4 Électricité, gaz et eau	82	84	85							
5 Bâtiment et travaux publics	938	1 016	1 157							
6 Commerce de gros et de détail; restaurants et hôtels	1 678	1 743	1 893							
7 Transports, entrepôts et communications	566	575	611							
8 Banques, assurances, affaires immobilières et services fournis aux entreprises	702	750	833							
9 Services fournis à la collectivité, services sociaux et services personnels	3 145	3 250	3 440							
0 Activités mal désignées	0	0	0							

(1) La somme des composantes ne correspond pas au total toutes activités en raison des situations dans la profession non spécifiées.

(2) Les données concernant la répartition par branches d'activités (emploi civil et salariés) n'ont pas été révisées ni mises à jour en raison du passage par le pays de la CITI Rév. 2 à la CITI Rév.3.

SPAIN

V - Civilian employment and employees: breakdown by activity - ISIC Rev. 3

Thousands (annual average estimates)

	1986	1987	1988	1989	1990	1991	1992	1993	1994	1995	1996
CIVILIAN EMPLOYMENT: BREAKDOWN BY ACTIVITY											
A to X All activities			12 123	12 558	12 870	12 970	12 731	12 197	12 170	12 461	12 812
A Agriculture, hunting and forestry			1 591	1 490	1 386	1 245	1 161	1 099	1 064	1 037	1 016
B Fishing			106	105	98	97	89	94	82	69	63
C Mining and quarrying			86	80	81	80	71	62	59	69	79
D Manufacturing			2 749	2 821	2 892	2 828	2 763	2 502	2 427	2 407	2 420
E Electricity, gas and water supply			85	88	97	90	80	83	91	99	94
F Construction			1 074	1 183	1 277	1 339	1 255	1 144	1 117	1 194	1 228
G Wholesale and retail trade; repair of motor vehicles, motorcycles and personal and household goods			2 035	2 088	2 169	2 207	2 161	2 114	2 109	2 097	2 139
H Hotels and restaurants			617	657	667	693	678	682	738	788	790
I Transport, storage and communication			676	737	752	760	764	726	712	758	773
J Financial intermediation			320	323	315	347	344	353	330	330	351
K Real estate, renting and business activities			415	465	540	595	624	623	633	690	777
L Public administration and defence; compulsory social security, excluding armed forces			577	613	654	713	721	700	752	754	778
M Education			525	564	586	616	640	653	670	699	748
N Health and social work			463	515	537	576	582	601	616	647	708
O Other community, social and personal service activities			381	409	421	435	436	398	434	467	482
P Private households with employed persons			422	416	395	352	362	362	335	355	365
Q Extra-territorial organisations and bodies			2	2	1	1	1	2	1	1	1
X Not classifiable by economic activities											
Breakdown by sector											
Agriculture (A-B)			1 697	1 595	1 484	1 342	1 250	1 193	1 146	1 107	1 079
Industry (C-F)			3 993	4 173	4 348	4 336	4 169	3 791	3 694	3 769	3 821
Services (G-Q)			6 433	6 790	7 037	7 293	7 312	7 214	7 329	7 586	7 912
Agriculture (%)			14.0	12.7	11.5	10.3	9.8	9.8	9.4	8.9	8.4
Industry (%)			32.9	33.2	33.8	33.4	32.7	31.1	30.4	30.2	29.8
Services (%)			53.1	54.1	54.7	56.2	57.4	59.1	60.2	60.9	61.8
Female participation in agriculture (%)			26.2	26.4	26.9	26.5	27.2	26.9	26.5	27.1	25.6
Female participation in industry (%)			16.0	15.9	16.2	16.2	16.2	16.2	16.2	15.9	16.2
Female participation in services (%)			40.9	41.4	42.0	42.7	43.5	43.9	43.9	44.5	45.1
EMPLOYEES: BREAKDOWN BY ACTIVITY											
A to X All activities			8 641	9 126	9 515	9 671	9 371	8 980	8 996	9 292	9 621
A Agriculture, hunting and forestry			479	426	416	408	350	320	324	325	331
B Fishing			76	71	67	67	60	60	52	44	38
C Mining and quarrying			84	79	78	76	68	60	57	66	74
D Manufacturing			2 396	2 472	2 540	2 474	2 370	2 150	2 055	2 045	2 070
E Electricity, gas and water supply			84	87	96	89	79	83	90	98	93
F Construction			812	927	1 008	1 046	952	852	832	904	921
G Wholesale and retail trade; repair of motor vehicles, motorcycles and personal and household goods			1 081	1 164	1 242	1 273	1 242	1 231	1 244	1 254	1 304
H Hotels and restaurants			327	363	373	387	381	389	431	484	479
I Transport, storage and communication			485	534	560	568	555	528	522	553	564
J Financial intermediation			309	312	303	332	324	330	311	309	328
K Real estate, renting and business activities			316	360	422	463	479	477	479	518	585
L Public administration and defence; compulsory social security, excluding armed forces			576	611	652	710	718	698	749	751	776
M Education			496	537	558	586	607	619	639	668	709
N Health and social work			441	488	508	542	551	572	577	607	659
O Other community, social and personal service activities			270	292	311	322	314	282	314	333	350
P Private households with employed persons			410	403	381	330	322	328	320	332	339
Q Extra-territorial organisations and bodies			1	1	1	1	1	2	1	0	1
X Not classifiable by economic activities											
Breakdown by sector											
Agriculture (A-B)			555	498	483	475	410	380	375	369	368
Industry (C-F)			3 375	3 565	3 723	3 684	3 469	3 145	3 033	3 113	3 159
Services (G-Q)			4 710	5 063	5 310	5 512	5 493	5 456	5 587	5 809	6 094
Agriculture (%)			6.4	5.5	5.1	4.9	4.4	4.2	4.2	4.0	3.8
Industry (%)			39.1	39.1	39.1	38.1	37.0	35.0	33.7	33.5	32.8
Services (%)			54.5	55.5	55.8	57.0	58.6	60.8	62.1	62.5	63.3
Female participation in agriculture (%)			13.2	13.3	14.7	16.3	15.8	15.5	15.5	17.5	16.1
Female participation in industry (%)			16.2	16.2	16.6	16.6	16.6	16.8	16.9	16.4	16.8
Female participation in services (%)			41.9	42.7	43.5	44.2	45.0	45.7	45.9	46.4	47.2

LABOUR FORCE STATISTICS - ISBN 9789264035539 - © OECD 2007

V - Emploi civil et salariés : répartition par branches d'activités - CITI Rév. 3

Milliers (estimations de moyennes annuelles)

	1997	1998	1999	2000	2001	2002	2003	2004	2005	2006
EMPLOI CIVIL : RÉPARTITION PAR BRANCHES D'ACTIVITÉS										
A à X Toutes activités	13 286	13 838	14 620	15 425	16 056	16 540	17 208	17 883	18 883	19 660
A Agriculture, chasse et sylviculture	1 021	1 027	990	965	982	941	943	938	941	893
B Pêche	58	58	59	64	63	55	48	51	60	51
C Activités extractives	70	63	67	66	64	65	64	60	60	66
D Activités de fabrication	2 540	2 705	2 800	2 918	3 015	3 035	3 038	3 048	3 113	3 107
E Production et distribution d'électricité, de gaz et d'eau	87	90	91	98	98	90	100	104	107	119
F Construction	1 306	1 385	1 572	1 723	1 876	1 980	2 102	2 253	2 357	2 543
G Commerce de gros et de détail; réparation de véhicules et de biens domestiques	2 207	2 282	2 400	2 512	2 565	2 577	2 699	2 818	2 887	2 984
H Hôtels et restaurants	824	853	923	1 004	1 023	1 102	1 137	1 201	1 291	1 403
I Transports, entreposage et communications	797	823	868	930	976	1 008	1 051	1 067	1 117	1 158
J Intermédiation financière	353	351	385	412	393	400	398	401	457	473
K Immobilier, location et activités de services aux entreprises	844	925	1 016	1 136	1 252	1 328	1 419	1 546	1 678	1 857
L Administration publique et défense; sécurité sociale obligatoire (armée exclue)	806	809	867	894	913	946	1 002	1 038	1 107	1 135
M Education	783	821	835	841	891	946	957	1 009	1 090	1 109
N Santé et action sociale	746	743	781	830	852	919	998	1 029	1 135	1 181
O Autres activités de services collectifs, sociaux et personnels	493	527	552	604	628	658	711	728	794	815
P Ménages privés employant du personnel domestique	349	373	412	427	461	487	543	591	683	761
Q Organisations et organismes extra-territoriaux	2	3	2	2	4	2	1	2	6	6
X Ne pouvant être classés selon l'activité économique										
Répartition par secteurs										
Agriculture (A-B)	1 080	1 084	1 049	1 029	1 045	995	991	989	1 001	944
Industrie (C-F)	4 003	4 244	4 530	4 805	5 053	5 171	5 302	5 464	5 637	5 835
Services (G-Q)	8 204	8 510	9 041	9 591	9 958	10 373	10 914	11 430	12 245	12 881
Agriculture (%)	8.1	7.8	7.2	6.7	6.5	6.0	5.8	5.5	5.3	4.8
Industrie (%)	30.1	30.7	31.0	31.2	31.5	31.3	30.8	30.6	29.9	29.7
Services (%)	61.7	61.5	61.8	62.2	62.0	62.7	63.4	63.9	64.8	65.5
Part des femmes dans l'agriculture (%)	25.7	24.7	25.2	26.0	25.8	25.8	26.9	26.3	26.9	27.8
Part des femmes dans l'industrie (%)	15.9	15.7	16.0	17.2	17.0	17.2	16.7	16.6	16.7	15.9
Part des femmes dans les services (%)	45.9	46.3	47.1	47.8	48.8	49.3	50.2	51.2	52.0	52.9
SALARIÉS : RÉPARTITION PAR BRANCHES D'ACTIVITÉS										
A à X Toutes activités	10 134	10 672	11 491	12 297	12 860	13 381	14 039	14 633	15 412	16 121
A Agriculture, chasse et sylviculture	379	392	393	393	427	415	437	453	459	450
B Pêche	35	35	37	40	40	33	27	30	31	33
C Activités extractives	67	60	63	64	62	62	60	56	57	63
D Activités de fabrication	2 197	2 361	2 460	2 578	2 662	2 688	2 680	2 709	2 720	2 716
E Production et distribution d'électricité, de gaz et d'eau	86	89	89	96	95	89	98	101	104	116
F Construction	986	1 077	1 245	1 370	1 502	1 590	1 710	1 818	1 877	2 029
G Commerce de gros et de détail; réparation de véhicules et de biens domestiques	1 380	1 440	1 572	1 709	1 736	1 805	1 924	2 003	2 067	2 153
H Hôtels et restaurants	507	544	601	686	710	792	818	874	972	1 075
I Transports, entreposage et communications	591	608	653	729	774	786	831	857	884	926
J Intermédiation financière	331	327	353	385	367	371	366	365	410	430
K Immobilier, location et activités de services aux entreprises	632	702	799	882	976	1 037	1 128	1 225	1 329	1 452
L Administration publique et défense; sécurité sociale obligatoire (armée exclue)	806	809	867	894	913	946	1 002	1 038	1 107	1 135
M Education	742	782	801	807	850	901	915	967	1 043	1 053
N Santé et action sociale	698	698	730	773	799	865	940	967	1 054	1 095
O Autres activités de services collectifs, sociaux et personnels	366	391	417	465	485	515	560	578	614	630
P Ménages privés employant du personnel domestique	327	355	412	427	461	487	543	591	683	761
Q Organisations et organismes extra-territoriaux	1	2	0	0	0	0	0	0	1	2
X Ne pouvant être classés selon l'activité économique										
Répartition par secteurs										
Agriculture (A-B)	414	427	429	433	466	448	464	482	490	484
Industrie (C-F)	3 337	3 586	3 858	4 108	4 321	4 429	4 548	4 684	4 758	4 924
Services (G-Q)	6 383	6 658	7 204	7 757	8 072	8 505	9 027	9 467	10 164	10 713
Agriculture (%)	4.1	4.0	3.7	3.5	3.6	3.3	3.3	3.3	3.2	3.0
Industrie (%)	32.9	33.6	33.6	33.4	33.6	33.1	32.4	32.0	30.9	30.5
Services (%)	63.0	62.4	62.7	63.1	62.8	63.6	64.3	64.7	65.9	66.5
Part des femmes dans l'agriculture (%)	19.6	19.0	21.3	21.2	22.4	22.7	24.1	24.3	26.3	27.2
Part des femmes dans l'industrie (%)	16.5	16.2	16.6	17.9	17.8	18.0	17.3	17.2	17.0	16.3
Part des femmes dans les services (%)	48.4	48.7	49.7	50.3	51.3	51.8	52.8	53.7	54.4	55.5

SWEDEN

I - Population

Thousands (mid-year estimates)

	1986	1987	1988	1989	1990	1991	1992	1993	1994	1995	1996
POPULATION - DISTRIBUTION BY AGE AND GENDER											
All persons											
Total	8 370	8 398	8 436	8 493	8 559	8 617	8 668	8 719	8 781	8 827	8 841
Under 15 years	1 508	1 502	1 504	1 515	1 536	1 562	1 591	1 620	1 649	1 664	1 663
From 15 to 64 years	5 396	5 411	5 433	5 464	5 501	5 526	5 544	5 564	5 593	5 621	5 634
65 years and over	1 466	1 485	1 499	1 514	1 523	1 528	1 533	1 536	1 538	1 542	1 543
Males											
Total	4 132	4 145	4 164	4 194	4 228	4 257	4 283	4 308	4 339	4 361	4 368
Under 15 years	773	770	771	777	787	802	817	832	846	854	854
From 15 to 64 years	2 731	2 740	2 753	2 773	2 792	2 805	2 816	2 825	2 840	2 856	2 862
65 years and over	628	635	640	644	649	651	651	650	653	651	653
Females											
Total	4 238	4 253	4 272	4 299	4 331	4 360	4 385	4 411	4 442	4 466	4 473
Under 15 years	735	732	733	738	747	762	775	790	803	809	810
From 15 to 64 years	2 665	2 671	2 680	2 691	2 711	2 720	2 728	2 739	2 752	2 766	2 773
65 years and over	838	850	859	870	874	879	883	883	886	890	891
POPULATION - PERCENTAGES											
All persons											
Total	100.0	100.0	100.0	100.0	100.0	100.0	100.0	100.0	100.0	100.0	100.0
Under 15 years	18.0	17.9	17.8	17.8	17.9	18.1	18.4	18.6	18.8	18.9	18.8
From 15 to 64 years	64.5	64.4	64.4	64.3	64.3	64.1	64.0	63.8	63.7	63.7	63.7
65 years and over	17.5	17.7	17.8	17.8	17.8	17.7	17.7	17.6	17.5	17.5	17.5
COMPONENTS OF CHANGE IN POPULATION											
a) Population at 1 January	8 358	8 382	8 414	8 459	8 527	8 591	8 644	8 692	8 745	8 816	8 837
b) Population at 31 December	8 382	8 414	8 459	8 527	8 591	8 644	8 692	8 745	8 816	8 837	8 844
c) Total increase (b-a)	24	32	45	68	64	53	48	53	71	21	7
d) Births	102	105	112	116	124	124	123	118	112	103	95
e) Deaths	93	93	97	92	95	95	95	97	92	94	94
f) Natural increase (d-e)	9	12	15	24	29	29	28	21	20	9	1
g) Net migration	15	20	30	44	35	24	20	32	51	11	6
h) Statistical adjustments	0	0	0	0	0	0	0	0	0	1	0
i) Total increase (=f+g+h=c)	24	32	45	68	64	53	48	53	71	21	7
(Components of change in population/ Average population) x1000											
Total increase rates	2.9	3.8	5.3	8.0	7.5	6.2	5.5	6.1	8.1	2.4	0.8
Crude birth rates	12.2	12.5	13.3	13.7	14.5	14.4	14.2	13.5	12.8	11.7	10.7
Crude death rates	11.1	11.1	11.5	10.8	11.1	11.0	11.0	11.1	10.5	10.6	10.6
Natural increase rates	1.1	1.4	1.8	2.8	3.4	3.4	3.2	2.4	2.3	1.0	0.1
Net migration rates	1.8	2.4	3.6	5.2	4.1	2.8	2.3	3.7	5.8	1.2	0.7

I - Population

Milliers (estimations au milieu de l'année)

1997	1998	1999	2000	2001	2002	2003	2004	2005	2006	
										POPULATION - RÉPARTITION SELON L'AGE ET LE SEXE
										Ensemble des personnes
8 846	8 851	8 858	8 872	8 896	8 925	8 958	8 994	9 030	9 081	Total
1 658	1 651	1 594	1 635	1 571	1 616	1 605	1 591	1 572	1 555	Moins de 15 ans
5 645	5 660	5 690	5 705	5 752	5 776	5 815	5 854	5 898	5 952	De 15 à 64 ans
1 543	1 540	1 574	1 532	1 572	1 533	1 538	1 548	1 560	1 573	65 ans et plus
										Hommes
4 371	4 374	4 378	4 386	4 401	4 418	4 437	4 456	4 476	4 505	Total
851	848	818	839	806	829	824	816	806	797	Moins de 15 ans
2 868	2 875	2 892	2 898	2 924	2 935	2 954	2 974	2 995	3 024	De 15 à 64 ans
652	651	668	649	671	654	659	666	675	684	65 ans et plus
										Femmes
4 475	4 477	4 480	4 486	4 495	4 507	4 521	4 537	4 553	4 575	Total
807	804	777	796	765	787	782	775	766	758	Moins de 15 ans
2 778	2 785	2 798	2 807	2 829	2 841	2 861	2 880	2 902	2 928	De 15 à 64 ans
891	889	906	883	901	879	879	882	885	890	65 ans et plus
										POPULATION - POURCENTAGES
										Ensemble des personnes
100.0	100.0	100.0	100.0	100.0	100.0	100.0	100.0	100.0	100.0	Total
18.7	18.7	18.0	18.4	17.7	18.1	17.9	17.7	17.4	17.1	Moins de 15 ans
63.8	63.9	64.2	64.3	64.7	64.7	64.9	65.1	65.3	65.5	De 15 à 64 ans
17.4	17.4	17.8	17.3	17.7	17.2	17.2	17.2	17.3	17.3	65 ans et plus
										COMPOSANTES DE L'ÉVOLUTION DÉMOGRAPHIQUE
8 844	8 848	8 854	8 861	8 883	8 909	8 941	8 976	9 011	9 048	a) Population au 1er janvier
8 848	8 854	8 861	8 883	8 909	8 941	8 976	9 011	9 048	9 113	b) Population au 31 décembre
4	6	7	22	26	32	35	35	37	65	**c) Accroissement total (b-a)**
90	89	88	90	91	96	99	101	101	106	d) Naissances
93	93	94	93	94	95	93	91	92	91	e) Décès
-3	-4	-6	-3	-3	1	6	10	9	15	**f) Accroissement naturel (d-e)**
6	11	14	25	29	31	29	25	27	51	g) Solde net des migrations
1	-1	-1	0	0	0	0	0	0	-1	h) Ajustements statistiques
4	6	7	22	26	32	35	35	36	65	**i) Accroissement total (=f+g+h=c)**
										(Composition de l'évolution démographique/ Population moyenne) x1000
0.5	0.7	0.8	2.5	2.9	3.6	3.9	3.9	4.0	7.2	Taux d'accroissement total
10.2	10.1	9.9	10.1	10.2	10.8	11.1	11.2	11.2	11.7	Taux bruts de natalité
10.5	10.5	10.6	10.5	10.6	10.6	10.4	10.1	10.2	10.0	Taux bruts de mortalité
-0.3	-0.5	-0.7	-0.3	-0.3	0.1	0.7	1.1	1.0	1.7	Taux d'accroissement naturel
0.7	1.2	1.6	2.8	3.3	3.5	3.2	2.8	3.0	5.6	Taux du solde net des migrations

SWEDEN

II - Labour force

Thousands (annual average estimates)

	1986	1987	1988	1989	1990	1991	1992	1993	1994	1995	1996
Total labour force											
All persons	4 396 |	4 418	4 459	4 515	4 568	4 545	4 470 |	4 380	4 354	4 391	4 403
Males	2 304 |	2 296	2 315	2 349	2 376	2 363	2 325 |	2 280	2 272	2 292	2 300
Females	2 092 |	2 121	2 144	2 166	2 192	2 181	2 145 |	2 100	2 082	2 099	2 103
Armed forces											
All persons											
Males											
Females											
Civilian labour force											
All persons	4 396 |	4 418	4 459	4 515	4 568	4 545	4 470 |	4 380	4 354	4 391	4 403
Males	2 304 |	2 296	2 315	2 349	2 376	2 363	2 325 |	2 280	2 272	2 292	2 300
Females	2 092 |	2 121	2 144	2 166	2 192	2 181	2 145 |	2 100	2 082	2 099	2 103
Unemployed											
All persons	127 |	102	84	73	83	148	261 |	415	426	405	440
Males	66 |	52	43	37	43	85	161 |	254	255	231	242
Females	61 |	49	40	36	40	64	100 |	161	171	173	198
Civilian employment											
All persons	4 269 |	4 316	4 375	4 442	4 485	4 396	4 209	3 964	3 928	3 986	3 963
Males	2 238 |	2 244	2 272	2 312	2 333	2 278	2 164	2 026	2 017	2 061	2 058
Females	2 031 |	2 072	2 103	2 130	2 152	2 118	2 045	1 938	1 911	1 925	1 905
Civilian employment (%)											
All persons	100.0 |	100.0	100.0	100.0	100.0	100.0	100.0	100.0	100.0	100.0	100.0
Males	52.4 |	52.0	51.9	52.0	52.0	51.8	51.4	51.1	51.3	51.7	51.9
Females	47.6 |	48.0	48.1	48.0	48.0	48.2	48.6	48.9	48.7	48.3	48.1
Unemployment rates (% of civilian labour force)											
All persons	2.9 |	2.3	1.9	1.6	1.8	3.3	5.8 |	9.5	9.8	9.2	10.0
Males	2.9 |	2.3	1.9	1.6	1.8	3.6	6.9 |	11.2	11.2	10.1	10.5
Females	2.9 |	2.3	1.9	1.7	1.8	2.9	4.6 |	7.7	8.2	8.2	9.4
Total labour force (% of total population)											
All persons	52.5 |	52.6	52.9	53.2	53.4	52.7	51.6 |	50.2	49.6	49.7	49.8
Males	55.8 |	55.4	55.6	56.0	56.2	55.5	54.3 |	52.9	52.4	52.6	52.7
Females	49.4 |	49.9	50.2	50.4	50.6	50.0	48.9 |	47.6	46.9	47.0	47.0
Total labour force (% of population from 15-64 years)(1)											
All persons	81.5 |	81.6	82.1	82.6	83.0	82.2	80.6 |	78.7	77.8	78.1	78.1
Males	84.4 |	83.8	84.1	84.7	85.1	84.2	82.6 |	80.7	80.0	80.3	80.4
Females	78.5 |	79.4	80.0	80.5	80.9	80.2	78.6 |	76.7	75.7	75.9	75.8
Civilian employment (% of total population)											
All persons	51.0 |	51.4	51.9	52.3	52.4	51.0	48.6	45.5	44.7	45.2	44.8
Civilian employment (% of population from 15-64 years)											
All persons	79.1 |	79.8	80.5	81.3	81.5	79.6	75.9	71.2	70.2	70.9	70.3
Males	81.9 |	81.9	82.5	83.4	83.6	81.2	76.8	71.7	71.0	72.2	71.9
Females	76.2 |	77.6	78.5	79.2	79.4	77.9	75.0	70.8	69.4	69.6	68.7
Part-time employment (%)											
Part-time as % of employment		16.8	16.0	15.2	14.5	14.6	15.0	15.4	15.8	15.1	14.8
Male share of part-time employment		15.2	16.8	18.1	18.9	19.6	20.9	22.0	23.2	23.2	23.5
Female share of part-time employment		84.8	83.2	81.9	81.1	80.4	79.1	78.0	76.8	76.8	76.5
Male part-time as % of male employment		4.9	5.2	5.3	5.3	5.5	6.1	6.6	7.1	6.8	6.7
Female part-time as % of female employment		29.8	27.6	25.9	24.5	24.3	24.4	24.6	24.9	24.1	23.5
Duration of unemployment (% of total unemployment)											
Less than 1 month	26.3	25.8	29.0	32.6	31.3	25.4	18.6	16.9	15.3	17.0	15.8
More than 1 month and less than 3 months	28.7	26.8	27.1	25.5	30.3	30.0	29.3	23.2	19.5	19.8	18.1
More than 3 months and less than 6 months	23.2	15.6	17.1	17.0	16.1	21.0	21.5	22.8	18.5	17.6	17.7
More than 6 months and less than 1 year	13.7	13.5	11.9	11.1	10.2	12.4	17.2	21.3	21.0	17.8	18.3
More than 1 year	8.0	18.3	14.9	13.8	12.1	11.2	13.5	15.8	25.7	27.8	30.1

(1) Participation rates calculated according to national definitions may differ from those published in this table, when the age group represented in the labour force survey is other than 15-64 years.

LABOUR FORCE STATISTICS - ISBN 9789264035539 - © OECD 2007

II - Population active

Milliers (estimations de moyennes annuelles)

1997	1998	1999	2000	2001	2002	2003	2004	2005	2006	
										Population active totale
4 367	4 347	4 381	4 418	4 465	4 478	4 497	4 512 |	4 622	4 671	Ensemble des personnes
2 284	2 281	2 293	2 312	2 329	2 330	2 340	2 351 |	2 417	2 444	Hommes
2 083	2 067	2 087	2 106	2 136	2 148	2 157	2 161 |	2 206	2 227	Femmes
										Forces armées
										Ensemble des personnes
										Hommes
										Femmes
										Population active civile
4 367	4 347	4 382	4 418	4 465	4 478	4 497	4 512 |	4 622	4 671	Ensemble des personnes
2 284	2 281	2 293	2 312	2 329	2 330	2 340	2 351 |	2 417	2 444	Hommes
2 083	2 067	2 087	2 106	2 136	2 148	2 157	2 161 |	2 206	2 227	Femmes
										Chômeurs
445	368	314	259	226	234	263	299 |	360	330	Ensemble des personnes
242	202	172	145	127	132	149	165 |	192	170	Hommes
203	166	141	114	100	101	114	135 |	168	160	Femmes
										Emploi civil
3 922	3 979	4 068	4 159	4 239	4 244	4 234	4 213 |	4 263	4 341	Ensemble des personnes
2 042	2 079	2 121	2 167	2 203	2 197	2 191	2 186 |	2 225	2 273	Hommes
1 880	1 901	1 946	1 992	2 036	2 047	2 043	2 027 |	2 038	2 067	Femmes
										Emploi civil (%)
100.0	100.0	100.0	100.0	100.0	100.0	100.0	100.0 |	100.0	100.0	Ensemble des personnes
52.1	52.2	52.1	52.1	52.0	51.8	51.7	51.9 |	52.2	52.4	Hommes
47.9	47.8	47.8	47.9	48.0	48.2	48.3	48.1 |	47.8	47.6	Femmes
										Taux de chômage (% de la population active civile)
10.2	8.5	7.2	5.9	5.1	5.2	5.8	6.6 |	7.8	7.1	Ensemble des personnes
10.6	8.9	7.5	6.3	5.5	5.7	6.4	7.0 |	7.9	7.0	Hommes
9.8	8.0	6.8	5.4	4.7	4.7	5.3	6.2 |	7.6	7.2	Femmes
										Population active totale (% de la population totale)
49.4	49.1	49.5	49.8	50.2	50.2	50.2	50.2 |	51.2	51.4	Ensemble des personnes
52.3	52.2	52.4	52.7	52.9	52.7	52.7	52.8 |	54.0	54.2	Hommes
46.5	46.2	46.6	46.9	47.5	47.7	47.7	47.6 |	48.4	48.7	Femmes
										Population active totale (% de la population de 15-64 ans)(1)
77.4	76.8	77.0	77.4	77.6	77.5	77.3	77.1 |	78.4	78.5	Ensemble des personnes
79.6	79.3	79.3	79.8	79.7	79.4	79.2	79.0 |	80.7	80.8	Hommes
75.0	74.2	74.6	75.0	75.5	75.6	75.4	75.0 |	76.0	76.1	Femmes
										Emploi civil (% de la population totale)
44.3	45.0	45.9	46.9	47.7	47.6	47.3	46.8 |	47.2	47.8	Ensemble des personnes
										Emploi civil (% de la population de 15-64 ans)
69.5	70.3	71.5	72.9	73.7	73.5	72.8	72.0 |	72.3	72.9	Ensemble des personnes
71.2	72.3	73.3	74.8	75.3	74.9	74.2	73.5 |	74.3	75.2	Hommes
67.7	68.3	69.5	71.0	72.0	72.1	71.4	70.4 |	70.2	70.6	Femmes
										Emploi à temps partiel (%)
14.2	13.5	14.5	14.0	13.9	13.8	14.1	14.4	13.5	13.4	Temps partiel en % de l'emploi
23.7	21.9	26.3	27.1	27.3	28.2	29.2	30.5	32.9	32.7	Part des hommes dans le temps partiel
76.3	78.1	73.7	72.9	72.7	71.8	70.8	69.5	67.1	67.3	Part des femmes dans le temps partiel
6.5	5.6	7.3	7.3	7.3	7.5	7.9	8.5	8.5	8.4	Temps partiel des hommes en % de l'emploi des hommes
22.6	22.0	22.3	21.4	21.0	20.6	20.6	20.8	19.0	19.0	Temps partiel des femmes en % de l'emploi des femmes
										Durée du chômage (% du chômage total)
15.6	16.8	19.1	21.4	21.9	21.5	21.4	20.5	26.2	24.5	Moins de 1 mois
17.1	18.2	18.7	20.5	23.3	23.5	23.3	22.2	24.9	26.2	Plus de 1 mois et moins de 3 mois
16.5	15.8	17.0	16.6	18.1	18.7	20.0	20.0	19.6	21.5	Plus de 3 mois et moins de 6 mois
17.4	15.7	15.1	15.1	14.4	15.3	17.6	18.4	15.2	13.6	Plus de 6 mois et moins de 1 an
33.4	33.5	30.1	26.4	22.3	21.0	17.8	18.9	14.1	14.2	Plus de 1 an

(1) Les taux d'activité calculés selon les définitions nationales peuvent être différents de ceux publiés dans ce tableau si le groupe d'âges représenté dans l'enquête de la population active est différent de 15-64 ans.

SWEDEN

III - Participation rates and unemployment rates by age and by sex

Percent (annual average estimates)

	1986	1987	1988	1989	1990	1991	1992	1993	1994	1995	1996
PARTICIPATION RATES											
Males											
16-19	45.6	46.3	46.3	49.4	49.8	44.4	37.6	30.6	27.9	28.8	26.6
20-24	81.4	81.3	83.1	83.9	84.2	82.2	76.9	73.3	72.2	69.7	69.9
25-34	93.9	93.3	93.0	93.4	93.4	92.6	91.2	90.3	89.0	90.2	90.2
35-44	96.8	95.6	96.0	96.3	96.1	95.4	95.1	94.1	92.9	93.2	92.8
45-54	95.1	94.5	93.6	93.8	94.6	94.0	93.4	92.6	92.1	92.4	91.9
16-24	65.7	66.5	67.7	69.3	69.5	65.9	60.0	55.1	53.5	52.9	51.9
25-54	95.3	94.5	94.3	94.6	94.7	94.0	93.2	92.3	91.3	91.9	91.6
55-64	75.5	74.8	74.4	74.6	75.5	75.4	73.1	70.8	70.5	70.9	73.2
65 and over	12.9	12.8	13.6	13.3	12.6	14.7	13.8	13.1	14.2	13.9	12.0
16-64	86.1	85.6	85.8	86.4	86.8	85.7	84.0	82.2	81.3	81.7	81.8
Females											
16-19	47.6	50.9	51.8	53.6	53.6	50.2	42.6	34.0	32.5	32.7	31.0
20-24	80.8	80.7	81.5	82.3	80.7	78.0	74.5	69.8	68.2	66.7	64.1
25-34	89.0	88.8	89.2	89.2	88.3	87.3	85.7	84.1	82.3	82.8	83.2
35-44	91.5	91.4	92.0	92.4	93.0	92.4	91.8	90.8	89.3	88.9	89.2
45-54	88.9	89.7	89.7	89.7	90.8	90.6	89.7	89.7	89.3	89.7	89.2
16-24	66.3	68.1	69.1	70.2	69.1	66.0	60.8	54.7	53.4	52.7	50.4
25-54	89.9	90.1	90.4	90.5	90.7	90.1	89.0	88.2	86.9	87.1	87.2
55-64	61.4	63.7	64.1	63.6	65.8	66.7	65.3	63.7	62.6	63.9	65.5
65 and over	3.1	3.3	5.1	6.0	5.1	5.1	5.1	4.5	4.3	5.3	4.4
16-64	80.2	81.1	81.7	82.0	82.5	81.7	80.0	78.1	77.0	77.3	77.3
All persons											
16-24	66.0	67.3	68.4	69.8	69.3	65.9	60.4	54.9	53.5	52.8	51.2
25-54	92.7	92.3	92.4	92.6	92.8	92.1	91.2	90.3	89.2	89.6	89.4
55-64	68.2	69.1	69.1	68.9	70.5	70.9	69.1	67.2	66.5	67.4	69.3
65 and over	7.6	7.7	9.0	9.4	8.6	9.6	9.1	8.5	8.9	9.3	7.9
16-64	83.2	83.4	83.8	84.3	84.7	83.8	82.0	80.2	79.2	79.5	79.5
UNEMPLOYMENT RATES											
Males											
16-19	7.4	5.6	4.7	5.3	6.9	10.7	17.6	28.4	25.0	21.7	21.8
20-24	6.4	5.1	3.8	3.4	3.8	7.6	15.7	25.3	25.4	20.3	21.6
25-34	2.8	2.6	2.2	1.8	2.1	4.5	8.7	13.7	13.0	11.4	11.7
35-44	1.4	1.3	1.1	0.8	1.0	2.2	4.9	8.4	8.7	8.2	8.6
45-54	1.6	0.9	0.9	0.6	0.8	1.7	3.5	5.9	6.3	6.1	6.6
16-24	6.7	5.2	4.0	3.9	4.8	8.5	16.2	26.1	25.3	20.6	21.6
25-54	1.9	1.6	1.4	1.1	1.3	2.8	5.7	9.3	9.3	8.6	9.0
55-64	3.0	2.2	1.6	1.3	1.3	2.3	3.7	6.9	8.5	9.0	9.6
65 and over	0.0	0.0	1.9	0.0	2.0	0.0	0.0	0.0	0.0	0.0	2.3
16-64	2.8	2.3	1.9	1.6	1.9	3.6	6.9	11.1	11.1	10.0	10.5
Total	2.8	2.2	1.9	1.5	1.9	3.5	6.7	10.9	10.9	9.8	10.3
Females											
16-19	7.5	6.3	5.3	5.1	7.6	10.8	14.1	23.9	24.2	20.0	23.0
20-24	6.4	5.0	4.0	3.2	2.9	5.7	9.9	17.6	18.5	17.9	20.0
25-34	2.8	2.4	1.8	1.8	1.6	3.3	5.9	9.5	10.2	10.1	11.6
35-44	1.5	1.6	1.2	1.0	1.1	2.0	3.1	5.5	6.2	6.6	8.0
45-54	1.3	1.0	0.9	0.9	1.1	1.2	2.2	4.0	4.1	4.2	5.2
16-24	6.7	5.4	4.4	3.8	4.5	7.4	11.1	19.3	19.9	18.4	20.7
25-54	1.9	1.7	1.3	1.2	1.2	2.2	3.7	6.3	6.8	6.9	8.2
55-64	3.8	2.1	1.7	1.1	1.8	2.1	2.9	4.4	5.2	6.8	7.3
65 and over	0.0	0.0	0.0	0.0	0.0	0.0	0.0	0.0	0.0	0.0	0.0
16-64	2.9	2.4	1.9	1.7	1.8	3.0	4.7	7.7	8.2	8.3	9.5
Total	2.9	2.3	1.9	1.6	1.8	2.9	4.6	7.6	8.1	8.2	9.4
All persons											
16-24	6.7	5.3	4.2	3.9	4.6	8.0	13.7	22.7	22.7	19.5	21.2
25-54	1.9	1.7	1.4	1.2	1.3	2.5	4.8	7.9	8.1	7.8	8.6
55-64	3.4	2.1	1.7	1.2	1.5	2.2	3.3	5.7	6.9	8.0	8.5
65 and over	0.0	0.0	1.3	0.0	1.4	0.0	0.0	0.0	0.0	0.0	1.6
16-64	2.9	2.3	1.9	1.6	1.8	3.3	5.8	9.5	9.7	9.2	10.0

III - Taux d'activité et taux de chômage par âge et par sexe

Pourcentage (estimations de moyennes annuelles)

	1997	1998	1999	2000	2001	2002	2003	2004	2005	2006
TAUX D'ACTIVITÉ										
Hommes										
16-19	26.7	27.5	30.0	31.9	33.3	32.4	29.5	29.4	32.5	35.0
20-24	69.7	69.5	70.1	70.3	71.0	70.0	70.7	70.2	72.8	73.4
25-34	89.0	88.8	88.7	88.7	89.6	89.1	88.8	89.2	91.6	91.7
35-44	92.0	91.7	91.6	92.4	91.7	91.4	91.4	92.0	94.4	94.7
45-54	91.8	91.1	90.9	91.0	90.3	90.0	90.0	88.8	90.9	90.9
16-24	51.6	51.5	52.6	53.4	54.2	53.2	52.0	51.4	53.9	55.2
25-54	90.9	90.5	90.3	90.7	90.5	90.2	90.1	90.1	92.4	92.5
55-64	71.5	71.5	72.1	72.6	73.5	74.8	75.4	76.0	76.4	76.2
65 et plus	12.5	14.3	12.8	15.0	13.5	14.6	14.8	12.7	14.6	14.1
16-64	81.0	80.7	80.9	81.3	81.4	81.1	80.8	80.7	82.5	82.6
Femmes										
16-19	29.9	31.7	34.8	37.8	40.6	39.4	39.4	37.3	41.1	43.4
20-24	62.9	61.2	60.9	61.7	64.8	65.1	63.6	63.8	68.3	68.9
25-34	81.6	80.6	81.6	81.9	82.1	82.2	82.1	82.1	84.0	84.2
35-44	88.3	87.7	87.8	87.8	88.0	87.8	87.3	87.3	88.7	87.7
45-54	88.7	87.8	87.4	87.0	86.9	86.7	86.7	86.3	86.7	86.7
16-24	49.0	48.5	49.6	51.2	54.2	53.6	52.7	51.6	55.6	56.8
25-54	86.2	85.3	85.6	85.6	85.7	85.6	85.4	85.3	86.5	86.2
55-64	64.9	63.5	65.0	65.9	67.4	68.7	69.5	70.2	69.2	69.8
65 et plus	3.1	2.7	2.5	6.3	6.1	5.8	6.1	6.2	5.9	6.8
16-64	76.3	75.4	76.0	76.4	77.1	77.1	76.8	76.6	77.7	77.7
Ensemble des personnes										
16-24	50.4	50.0	51.1	52.3	54.2	53.4	52.3	51.5	54.7	56.0
25-54	88.6	88.0	88.0	88.2	88.1	87.9	87.8	87.7	89.5	89.4
55-64	68.2	67.5	68.6	69.3	70.5	71.7	72.5	73.1	72.8	73.0
65 et plus	7.4	8.1	7.3	10.3	9.6	10.0	10.2	9.3	10.1	10.3
16-64	78.7	78.1	78.5	78.9	79.3	79.1	78.9	78.7	80.1	80.2
TAUX DE CHÔMAGE										
Hommes										
16-19	25.5	21.1	19.4	18.2	18.6	20.3	20.0	24.3	34.9	30.9
20-24	20.7	16.2	13.3	10.3	10.8	11.4	12.9	15.5	18.3	16.9
25-34	11.2	9.0	7.1	5.8	4.7	5.4	6.6	7.3	8.4	6.8
35-44	9.3	8.0	7.0	5.1	4.5	4.6	4.9	5.2	5.7	4.4
45-54	7.1	6.5	5.6	5.1	3.8	3.8	4.4	4.5	4.7	4.3
16-24	21.7	17.3	14.8	12.4	12.9	13.8	14.7	17.8	23.0	21.1
25-54	9.2	7.8	6.6	5.3	4.3	4.6	5.3	5.7	6.2	5.1
55-64	9.5	7.9	7.2	6.8	5.4	5.3	5.8	5.8	5.4	4.9
65 et plus	0.0	0.0	0.0	1.9	0.0	2.0	1.9	1.5	0.9	1.5
16-64	10.6	8.9	7.5	6.3	5.5	5.7	6.4	7.0	7.9	7.0
Total	10.4	8.7	7.4	6.2	5.3	5.7	6.3	6.9	7.8	6.9
Femmes										
16-19	23.7	20.6	17.4	17.6	15.0	17.5	18.3	21.3	30.8	30.9
20-24	19.3	14.3	12.2	8.3	8.5	9.1	9.9	13.5	16.8	16.2
25-34	12.2	9.5	7.9	5.7	4.9	5.2	6.3	7.3	9.2	7.4
35-44	8.3	7.3	5.9	4.6	3.8	3.7	4.3	5.1	5.8	5.3
45-54	5.8	5.3	4.1	3.4	2.7	2.5	2.8	3.5	4.0	3.8
16-24	20.4	16.1	13.8	11.3	10.7	11.9	12.8	16.1	21.6	21.5
25-54	8.6	7.3	5.9	4.5	3.8	3.8	4.4	5.2	6.3	5.5
55-64	6.6	5.1	6.1	5.4	4.5	4.0	3.8	4.0	3.4	3.8
65 et plus	0.0	9.1	0.0	0.0	4.2	4.3	0.0	0.4	3.4	3.3
16-64	9.7	7.9	6.8	5.4	4.7	4.7	5.2	6.2	7.6	7.2
Total	9.6	7.9	6.7	5.4	4.7	4.7	5.2	6.2	7.5	7.1
Ensemble des personnes										
16-24	21.1	16.7	14.3	11.9	11.8	12.9	13.8	17.0	22.3	21.3
25-54	8.9	7.6	6.2	4.9	4.1	4.2	4.9	5.5	6.2	5.3
55-64	8.1	6.6	6.6	6.1	5.0	4.7	4.8	4.9	4.5	4.4
65 et plus	0.0	1.6	0.0	1.3	1.4	2.7	1.3	1.1	1.7	2.1
16-64	10.1	8.4	7.2	5.9	5.1	5.3	5.8	6.6	7.8	7.1

SWEDEN

IV - Professional status and breakdown by activity - ISIC Rev. 2

Thousands (annual average estimates)

	1986	1987	1988	1989	1990	1991	1992	1993	1994	1995	1996
CIVILIAN EMPLOYMENT: PROFESSIONAL STATUS											
All activities	4 269	4 316	4 375	4 442	4 485	4 396	4 209	3 964	3 928	3 986	3 963
Employees	3 989	3 911	3 974	4 027	4 074	3 994	3 795	3 536	3 491	3 540	3 529
Employers and persons working on own account	269	386	385	401	397	387	398	409	417	428	419
Unpaid family workers	10	19	17	15	15	15	16	19	20	18	15
Agriculture, hunting, forestry and fishing	179	174	170	161	154	145	140	137	136	124	115
Employees	75	62	65	61	60	57	53	50	49	44	39
Employers and persons working on own account	96	99	94	91	84	80	78	76	77	70	68
Unpaid family workers	8	12	11	9	9	8	9	12	10	10	8
Non-agricultural activities	4 090	4 142	4 205	4 281	4 331	4 251	4 069	3 827	3 792	3 862	3 848
Employees	3 914	3 849	3 909	3 966	4 014	3 937	3 742	3 486	3 442	3 496	3 490
Employers and persons working on own account	173	287	291	310	313	307	320	333	340	358	351
Unpaid family workers	2	7	6	6	6	7	7	7	10	8	7
All activities (%)	100.0	100.0	100.0	100.0	100.0	100.0	100.0	100.0	100.0	100.0	100.0
Employees	93.4	90.6	90.8	90.7	90.8	90.9	90.2	89.2	88.9	88.8	89.0
Others	6.5	9.4	9.2	9.4	9.2	9.1	9.8	10.8	11.1	11.2	11.0
CIVILIAN EMPLOYMENT: BREAKDOWN BY ACTIVITY											
ISIC Rev. 2 Major Divisions											
1 to 0 All activities	4 269	4 316	4 375	4 442	4 485	4 396	4 209	3 964	3 928	3 986	3 963
1 Agriculture, hunting, forestry and fishing	179	174	170	161	154	145	140	137	136	124	115
2 Mining and quarrying	14	12	12	11	11	11	10	11	9	9	8
3 Manufacturing	976	950	951	965	941	877	794	726	719	761	767
4 Electricity, gas and water	40	40	39	35	35	36	35	36	33	33	34
5 Construction	257	289	287	298	323	320	279	240	225	230	225
6 Wholesale and retail trade; restaurants and hotels	594	643	662	688	685	660	635	596	600	609	601
7 Transport, storage and communication	302	306	303	307	315	313	301	271	264	261	260
8 Financing, insurance, real estate and business services	328	353	374	396	409	419	420	402	423	455	461
9 Community, social and personal services	1 575	1 547	1 573	1 577	1 607	1 611	1 589	1 541	1 517	1 504	1 490
0 Activities not adequately defined	3	3	5	5	6	5	6	6	3	2	2
EMPLOYEES: BREAKDOWN BY ACTIVITY											
ISIC Rev. 2 Major Divisions											
1 to 0 All activities	3 989	3 911	3 974	4 027	4 074	3 994	3 795	3 536	3 491	3 540	3 529
1 Agriculture, hunting, forestry and fishing	75	62	65	61	60	57	53	50	49	44	39
2 Mining and quarrying	14	11	11	11	11	10	10	10	9	8	8
3 Manufacturing	957	906	914	927	903	837	750	683	680	716	722
4 Electricity, gas and water	40	40	39	35	35	36	35	36	33	33	34
5 Construction	232	242	241	249	274	273	230	191	179	183	177
6 Wholesale and retail trade; restaurants and hotels	543	540	559	581	582	561	533	482	483	490	488
7 Transport, storage and communication	281	281	276	277	287	284	270	242	235	232	232
8 Financing, insurance, real estate and business services	312	316	332	348	358	364	364	347	357	380	387
9 Community, social and personal services	1 534	1 509	1 533	1 533	1 560	1 569	1 546	1 491	1 464	1 453	1 442
0 Activities not adequately defined	2	2	4	4	5	4	5	4	2	2	2

LABOUR FORCE STATISTICS - ISBN 9789264035539 - © OECD 2007

IV - Situation dans la profession et répartition par branches d'activités - CITI Rév. 2

Milliers (estimations de moyennes annuelles)

	1997	1998	1999	2000	2001	2002	2003	2004	2005	2006
EMPLOI CIVIL : SITUATION DANS LA PROFESSION										
Toutes activités	3 922	3 979	4 068	4 159	4 239	4 244	4 234	4 213 I	4 263	4 341
Salariés	3 499	3 558	3 636	3 731	3 815	3 827	3 826	3 796 I	3 844	3 908
Employeurs et personnes travaillant à leur compte	408	407	419	415	410	404	397	405 I	410	425
Travailleurs familiaux non rémunérés	14	15	14	13	14	13	11	11 I	9	8
Agriculture, chasse, sylviculture et pêche	109	102	104	98	96	91	89	90 I	86	86
Salariés	38	35	35	37	37	35	34	35 I	37	37
Employeurs et personnes travaillant à leur compte	63	58	61	55	53	51	50	49 I	44	45
Travailleurs familiaux non rémunérés	8	8	7	6	7	5	5	6 I	5	4
Activités non agricoles	3 813	3 877	3 964	4 061	4 143	4 153	4 145	4 123 I	4 177	4 254
Salariés	3 461	3 523	3 601	3 694	3 778	3 792	3 792	3 761 I	3 807	3 871
Employeurs et personnes travaillant à leur compte	345	349	358	360	357	353	347	356 I	366	380
Travailleurs familiaux non rémunérés	6	7	7	7	7	8	6	5 I	4	4
Toutes activités (%)	100.0	100.0	100.0	100.0	100.0	100.0	100.0	100.0 I	100.0	100.0
Salariés	89.2	89.4	89.4	89.7	90.0	90.2	90.4	90.1 I	90.2	90.0
Autres	10.8	10.6	10.6	10.3	10.0	9.8	9.6	9.9 I	9.8	10.0
EMPLOI CIVIL : RÉPARTITION PAR BRANCHES D'ACTIVITÉS										
Branches CITI Rév. 2										
1 à 0 Toutes activités	3 924	3 979	4 068	4 159	4 239	4 244	4 234	4 213 I	4 263	4 341
1 Agriculture, chasse, sylviculture et pêche	109	102	104	98	96	91	89	90 I	86	86
2 Industries extractives	8	9	9	9	7	8	7	6 I	7	8
3 Industries manufacturières	759	763	757	757	742	714	689	679 I	652	653
4 Électricité, gaz et eau	33	32	31	30	27	25	27	27 I	27	25
5 Bâtiment et travaux publics	218	220	225	226	232	235	239	243 I	253	271
6 Commerce de gros et de détail; restaurants et hôtels	601	613	626	636	639	628	646	654 I	652	664
7 Transports, entrepôts et communications	264	271	275	279	284	284	275	265 I	269	274
8 Banques, assurances, affaires immobilières et services fournis aux entreprises	474	495	532	585	638	654	638	632 I	663	687
9 Services fournis à la collectivité, services sociaux et services personnels	1 454	1 471	1 506	1 533	1 567	1 599	1 620	1 614 I	1 645	1 664
0 Activités mal désignées	4	4	3	6	8	6	4	3 I	10	9
SALARIÉS : RÉPARTITION PAR BRANCHES D'ACTIVITÉS										
Branches CITI Rév. 2										
1 à 0 Toutes activités	3 499	3 558	3 636	3 731	3 815	3 827	3 826	3 796 I	3 844	3 908
1 Agriculture, chasse, sylviculture et pêche	37	35	35	37	37	35	34	35 I	37	37
2 Industries extractives	8	8	9	9	7	7	7	6 I	7	8
3 Industries manufacturières	717	722	720	721	704	676	653	641 I	616	614
4 Électricité, gaz et eau	32	32	31	30	27	25	27	27 I	26	25
5 Bâtiment et travaux publics	168	173	179	181	188	190	192	194 I	201	215
6 Commerce de gros et de détail; restaurants et hôtels	490	507	519	531	536	530	549	554 I	555	563
7 Transports, entrepôts et communications	235	240	247	253	256	258	252	244 I	246	250
8 Banques, assurances, affaires immobilières et services fournis aux entreprises	403	421	447	495	547	562	548	538 I	566	592
9 Services fournis à la collectivité, services sociaux et services personnels	1 406	1 415	1 444	1 469	1 505	1 540	1 561	1 556 I	1 582	1 597
0 Activités mal désignées	3	4	3	5	7	5	3	3 I	9	7

SWEDEN

V - Civilian employment and employees: breakdown by activity - ISIC Rev. 3

Thousands (annual average estimates)

	1986	1987	1988	1989	1990	1991	1992	1993	1994	1995	1996
CIVILIAN EMPLOYMENT: BREAKDOWN BY ACTIVITY											
A to X All activities											
A Agriculture, hunting and forestry											
B Fishing											
C Mining and quarrying											
D Manufacturing											
E Electricity, gas and water supply											
F Construction											
G Wholesale and retail trade; repair of motor vehicles, motorcycles and personal and household goods											
H Hotels and restaurants											
I Transport, storage and communication											
J Financial intermediation											
K Real estate, renting and business activities											
L Public administration and defence; compulsory social security, excluding armed forces											
M Education											
N Health and social work											
O Other community, social and personal service activities											
P Private households with employed persons											
Q Extra-territorial organisations and bodies											
X Not classifiable by economic activities											
Breakdown by sector											
Agriculture (A-B)											
Industry (C-F)											
Services (G-Q)											
Agriculture (%)											
Industry (%)											
Services (%)											
Female participation in agriculture (%)											
Female participation in industry (%)											
Female participation in services (%)											
EMPLOYEES: BREAKDOWN BY ACTIVITY											
A to X All activities											
A Agriculture, hunting and forestry											
B Fishing											
C Mining and quarrying											
D Manufacturing											
E Electricity, gas and water supply											
F Construction											
G Wholesale and retail trade; repair of motor vehicles, motorcycles and personal and household goods											
H Hotels and restaurants											
I Transport, storage and communication											
J Financial intermediation											
K Real estate, renting and business activities											
L Public administration and defence; compulsory social security, excluding armed forces											
M Education											
N Health and social work											
O Other community, social and personal service activities											
P Private households with employed persons											
Q Extra-territorial organisations and bodies											
X Not classifiable by economic activities											
Breakdown by sector											
Agriculture (A-B)											
Industry (C-F)											
Services (G-Q)											
Agriculture (%)											
Industry (%)											
Services (%)											
Female participation in agriculture (%)											
Female participation in industry (%)											
Female participation in services (%)											

LABOUR FORCE STATISTICS - ISBN 9789264035539 - © OECD 2007

V - Emploi civil et salariés : répartition par branches d'activités - CITI Rév. 3

Milliers (estimations de moyennes annuelles)

	1997	1998	1999	2000	2001	2002	2003	2004	2005	2006
EMPLOI CIVIL : RÉPARTITION PAR BRANCHES D'ACTIVITÉS										
A à X Toutes activités		3 979	4 068	4 159	4 239	4 244	4 234	4 213 |	4 263	4 341
A Agriculture, chasse et sylviculture		100	101	96	93	88	87	89 |	84	84
B Pêche		2	2	3	3	3	2	1 |	2	2
C Activités extractives		9	9	9	7	8	7	6 |	7	8
D Activités de fabrication		763	757	757	742	714	689	679 |	652	653
E Production et distribution d'électricité, de gaz et d'eau		32	31	30	27	25	27	27 |	27	25
F Construction		220	225	226	232	235	239	243 |	253	271
G Commerce de gros et de détail; réparation de véhicules et de biens domestiques		503	512	520	520	515	527	529 |	535	536
H Hôtels et restaurants		110	114	116	118	113	119	124 |	117	128
I Transports, entreposage et communications		271	275	279	284	284	275	265 |	269	274
J Intermédiation financière		84	85	87	89	90	90	87 |	81	84
K Immobilier, location et activités de services aux entreprises		411	446	498	549	564	548	545 |	582	603
L Administration publique et défense; sécurité sociale obligatoire (armée exclue)		208	208	223	232	241	243	246 |	237	248
M Education		293	315	329	343	348	471	472 |	472	481
N Santé et action sociale		770	776	770	778	792	687	683 |	708	701
O Autres activités de services collectifs, sociaux et personnels		200	207	211	215	217	219	214 |	227	232
P Ménages privés employant du personnel domestique		0	0	0	0	0	0	0 |	1	1
Q Organisations et organismes extra-territoriaux		0	0	0	0	0	0	0 |	1	1
X Ne pouvant être classés selon l'activité économique		4	3	6	8	6	4	3 |	10	9
Répartition par secteurs										
Agriculture (A-B)		102	103	99	96	91	89	90 |	85	86
Industrie (C-F)		1 024	1 022	1 022	1 008	982	962	954 |	939	957
Services (G-Q)		2 850	2 938	3 033	3 128	3 164	3 179	3 166 |	3 228	3 289
Agriculture (%)		2.6	2.5	2.4	2.3	2.1	2.1	2.1 |	2.0	2.0
Industrie (%)		25.7	25.1	24.6	23.8	23.1	22.7	22.6 |	22.0	22.0
Services (%)		71.6	72.2	72.9	73.8	74.5	75.1	75.1 |	75.7	75.8
Part des femmes dans l'agriculture (%)		25.3	25.2	26.3	24.0	22.7	21.3	20.9 |	22.0	21.7
Part des femmes dans l'industrie (%)		22.3	22.3	22.2	22.2	21.6	20.9	20.9 |	20.1	20.1
Part des femmes dans les services (%)		57.7	57.6	57.3	57.1	57.3	57.3	57.1 |	56.6	56.3
SALARIÉS : RÉPARTITION PAR BRANCHES D'ACTIVITÉS										
A à X Toutes activités		3 558	3 636	3 731	3 815	3 827	3 826	3 796 |	3 844	3 908
A Agriculture, chasse et sylviculture		35	35	37	37	34	33	34 |	36	36
B Pêche		0	0	0	0	0	0	0 |	0	1
C Activités extractives		8	8	9	7	7	7	6 |	7	8
D Activités de fabrication		722	720	721	704	676	653	641 |	616	614
E Production et distribution d'électricité, de gaz et d'eau		32	31	30	27	25	27	27 |	26	25
F Construction		173	179	181	188	190	192	194 |	201	215
G Commerce de gros et de détail; réparation de véhicules et de biens domestiques		417	427	434	440	439	451	450 |	459	458
H Hôtels et restaurants		90	93	98	97	92	98	104 |	96	105
I Transports, entreposage et communications		240	247	253	256	258	252	244 |	246	250
J Intermédiation financière		83	83	84	87	88	89	86 |	79	82
K Immobilier, location et activités de services aux entreprises		338	364	411	460	474	459	452 |	488	510
L Administration publique et défense; sécurité sociale obligatoire (armée exclue)		208	208	222	231	241	243	246 |	237	247
M Education		290	312	326	339	344	467	467 |	466	475
N Santé et action sociale		757	762	755	763	778	674	670 |	693	687
O Autres activités de services collectifs, sociaux et personnels		160	162	166	172	177	178	172 |	184	185
P Ménages privés employant du personnel domestique		0	0	0	0	0	0	0 |	1	1
Q Organisations et organismes extra-territoriaux		0	0	0	0	0	0	0 |	1	1
X Ne pouvant être classés selon l'activité économique		4	3	6	7	5	3	3 |	9	7
Répartition par secteurs										
Agriculture (A-B)		35	35	37	37	34	33	35 |	37	37
Industrie (C-F)		935	938	941	926	898	879	867 |	850	862
Services (G-Q)		2 583	2 658	2 749	2 845	2 890	2 911	2 891 |	2 949	3 002
Agriculture (%)		1.0	1.0	1.0	1.0	0.9	0.9	0.9 |	1.0	0.9
Industrie (%)		26.3	25.8	25.2	24.3	23.5	23.0	22.8 |	22.1	22.1
Services (%)		72.6	73.1	73.7	74.6	75.5	76.1	76.2 |	76.7	76.8
Part des femmes dans l'agriculture (%)		25.7	28.6	24.3	24.3	23.3	24.2	21.1 |	27.2	25.3
Part des femmes dans l'industrie (%)		23.2	23.1	23.2	23.2	22.7	22.1	21.9 |	21.1	21.1
Part des femmes dans les services (%)		60.4	60.2	60.0	59.7	59.7	59.7	59.6 |	58.9	58.7

SWITZERLAND

I - Population

Thousands (mid-year estimates)

	1986	1987	1988	1989	1990	1991	1992	1993	1994	1995	1996
POPULATION - DISTRIBUTION BY AGE AND GENDER											
All persons											
Total	6 504	6 545	6 593	6 647	6 712	6 800	6 875	6 938	6 994	7 041	7 072
Under 15 years	1 085	1 082	1 085	1 093	1 110	1 128	1 154	1 176	1 192	1 202	1 209
From 15 to 64 years	4 461	4 492	4 524	4 556	4 593	4 650	4 689	4 718	4 745	4 769	4 782
65 years and over	957	971	985	997	1 009	1 022	1 032	1 044	1 057	1 070	1 081
Males											
Total	3 170	3 191	3 215	3 243	3 278	3 319	3 358	3 389	3 416	3 439	3 453
Under 15 years	556	553	555	559	567	578	592	603	612	617	620
From 15 to 64 years	2 230	2 248	2 266	2 285	2 307	2 333	2 354	2 369	2 382	2 393	2 399
65 years and over	385	390	395	400	404	408	412	417	422	428	434
Females											
Total	3 334	3 354	3 378	3 404	3 434	3 481	3 518	3 549	3 578	3 602	3 619
Under 15 years	530	528	530	534	542	550	563	573	580	585	588
From 15 to 64 years	2 231	2 245	2 258	2 272	2 287	2 317	2 335	2 349	2 363	2 376	2 383
65 years and over	573	581	590	598	606	614	620	627	634	642	647
POPULATION - PERCENTAGES											
All persons											
Total	100.0	100.0	100.0	100.0	100.0	100.0	100.0	100.0	100.0	100.0	100.0
Under 15 years	16.7	16.5	16.5	16.4	16.5	16.6	16.8	17.0	17.0	17.1	17.1
From 15 to 64 years	68.6	68.6	68.6	68.5	68.4	68.4	68.2	68.0	67.9	67.7	67.6
65 years and over	14.7	14.8	14.9	15.0	15.0	15.0	15.0	15.0	15.1	15.2	15.3
COMPONENTS OF CHANGE IN POPULATION											
a) Population at 1 January	6 485	6 523	6 567	6 620	6 674	6 757 |	6 843	6 908	6 969	7 019	7 062
b) Population at 31 December	6 523	6 567	6 620	6 674	6 751	6 843	6 908	6 969	7 019	7 062	7 081
c) Total increase (b-a)	39	43	53	54	77	86 |	65	61	50	43	19
d) Births	76	77	80	81	84	86	87	84	83	82	83
e) Deaths	60	60	61	61	64	63	62	63	62	63	63
f) Natural increase (d-e)	16	17	20	20	20	24	25	21	21	19	20
g) Net migration	22	26	33	34	57	61	40	40	31	14	-6
h) Statistical adjustments	0	1	1	0	0	1	0	0	-2	10	5
i) Total increase (=f+g+h=c)	39	44	54	54	77	86	65	61	50	43	20
(Components of change in population/ Average population) x1000											
Total increase rates	5.9	6.8	8.2	8.1	11.4	12.6 |	9.5	8.7	7.1	6.2	2.8
Crude birth rates	11.7	11.7	12.2	12.2	12.5	12.7 |	12.6	12.1	11.9	11.7	11.7
Crude death rates	9.2	9.1	9.2	9.2	9.5	9.2 |	9.1	9.0	8.9	9.0	8.9
Natural increase rates	2.5	2.6	3.0	3.1	3.0	3.5 |	3.6	3.1	3.0	2.7	2.9
Net migration rates	3.4	4.0	5.1	5.1	8.4	9.0 |	5.8	5.7	4.4	2.1	-0.8

I - Population

Milliers (estimations au milieu de l'année)

1997	1998	1999	2000	2001	2002	2003	2004	2005	2006	
										POPULATION - RÉPARTITION SELON L'AGE ET LE SEXE
										Ensemble des personnes
7 089	7 110	7 144	7 184	7 227	7 285	7 339	7 391	7 437	7 484	Total
1 209	1 208	1 207	1 207	1 183	1 182	1 174	1 166	1 199	1 188	Moins de 15 ans
4 787	4 797	4 817	4 843	4 886	4 934	4 982	5 025	5 054	5 091	De 15 à 64 ans
1 093	1 105	1 120	1 135	1 157	1 169	1 183	1 200	1 183	1 205	65 ans et plus
										Hommes
3 461	3 472	3 490	3 510	3 529	3 560	3 588	3 616	3 641	3 666	Total
621	620	620	621	607	606	603	599	616	611	Moins de 15 ans
2 400	2 405	2 415	2 427	2 450	2 473	2 497	2 519	2 533	2 553	De 15 à 64 ans
440	447	454	463	473	480	488	498	491	502	65 ans et plus
										Femmes
3 627	3 638	3 654	3 674	3 697	3 725	3 751	3 775	3 797	3 818	Total
588	587	587	586	576	575	571	567	583	577	Moins de 15 ans
2 387	2 392	2 402	2 416	2 437	2 461	2 485	2 506	2 521	2 538	De 15 à 64 ans
653	659	665	672	684	689	695	702	692	702	65 ans et plus
										POPULATION - POURCENTAGES
										Ensemble des personnes
100.0	100.0	100.0	100.0	100.0	100.0	100.0	100.0	100.0	100.0	Total
17.1	17.0	16.9	16.8	16.4	16.2	16.0	15.8	16.1	15.9	Moins de 15 ans
67.5	67.5	67.4	67.4	67.6	67.7	67.9	68.0	68.0	68.0	De 15 à 64 ans
15.4	15.5	15.7	15.8	16.0	16.0	16.1	16.2	15.9	16.1	65 ans et plus
										COMPOSANTES DE L'ÉVOLUTION DÉMOGRAPHIQUE
7 081	7 096	7 124	7 164	7 198	7 256	7 314	7 364	7 415	7 459	a) Population au 1er janvier
7 096	7 124	7 164	7 204	7 256	7 314	7 364	7 415	7 459	7 507	b) Population au 31 décembre
15	27	41	40	58	58	50	51	44	48	**c) Accroissement total (b-a)**
81	79	78	78	72	72	72	73	73	73	d) Naissances
63	63	63	63	61	62	63	60	61	60	e) Décès
18	16	16	16	11	11	9	13	12	13	**f) Accroissement naturel (d-e)**
-7	1	16	20	42	49	43	40	36	35	g) Solde net des migrations
4	10	9	3	5	-1	-2	-2	-4	0	h) Ajustements statistiques
15	28	41	40	58	58	50	51	44	48	**i) Accroissement total (=f+g+h=c)**
										(Composition de l'évolution démographique/ Population moyenne) x1000
2.1	3.9	5.7	5.5	8.0	8.0	6.8	6.8	5.9	6.4	Taux d'accroissement total
11.4	11.1	11.0	10.9	10.0	9.9	9.8	9.8	9.8	9.8	Taux bruts de natalité
8.9	8.8	8.7	8.7	8.5	8.5	8.6	8.1	8.2	8.1	Taux bruts de mortalité
2.5	2.3	2.2	2.2	1.5	1.5	1.2	1.7	1.6	1.7	Taux d'accroissement naturel
-1.0	0.2	2.3	2.8	5.8	6.7	5.9	5.4	4.8	4.7	Taux du solde net des migrations

SWITZERLAND

II - Labour force

Thousands (annual average estimates)

	1986	1987	1988	1989	1990	1991	1992	1993	1994	1995	1996
Total labour force											
All persons	3 456	3 540	3 629	3 721	3 839	4 152	4 133	4 138	4 109	4 094	4 110
Males	2 170	2 207	2 245	2 285	2 337	2 421	2 392	2 386	2 364	2 354	2 349
Females	1 285	1 333	1 384	1 435	1 502	1 731	1 740	1 752	1 745	1 739	1 761
Armed forces											
All persons											
Males											
Females											
Civilian labour force											
All persons	3 456	3 540	3 629	3 721	3 839	4 152	4 133	4 138	4 109	4 094	4 110
Males	2 170	2 207	2 245	2 285	2 337	2 421	2 392	2 386	2 364	2 354	2 349
Females	1 285	1 333	1 384	1 435	1 502	1 731	1 740	1 752	1 745	1 739	1 761
Unemployed											
All persons	26	25	22	17	18	76	118	156	153	137	153
Males	13	13	11	9	10	32	55	76	77	69	81
Females	12	12	11	8	8	44	62	80	76	68	71
Civilian employment											
All persons	3 430	3 515	3 607	3 704	3 821	4 076	4 015	3 982	3 955	3 957	3 957
Males	2 157	2 194	2 234	2 276	2 327	2 389	2 337	2 309	2 287	2 286	2 268
Females	1 273	1 321	1 373	1 427	1 494	1 687	1 678	1 672	1 669	1 671	1 690
Civilian employment (%)											
All persons	100.0	100.0	100.0	100.0	100.0	100.0	100.0	100.0	100.0	100.0	100.0
Males	62.9	62.4	61.9	61.5	60.9	58.6	58.2	58.0	57.8	57.8	57.3
Females	37.1	37.6	38.1	38.5	39.1	41.4	41.8	42.0	42.2	42.2	42.7
Unemployment rates (% of civilian labour force)											
All persons	0.8	0.7	0.6	0.5	0.5	1.8	2.8	3.8	3.7	3.3	3.7
Males	0.6	0.6	0.5	0.4	0.4	1.3	2.3	3.2	3.3	2.9	3.5
Females	0.9	0.9	0.8	0.6	0.5	2.6	3.6	4.6	4.4	3.9	4.0
Total labour force (% of total population)											
All persons	53.1	54.1	55.0	56.0	57.2	61.1	60.1	59.6	58.8	58.1	58.1
Males	68.5	69.2	69.8	70.5	71.3	72.9	71.3	70.4	69.2	68.5	68.0
Females	38.6	39.7	41.0	42.2	43.7	49.7	49.5	49.4	48.8	48.3	48.7
Total labour force (% of population from 15-64 years)[(1)]											
All persons	77.5	78.8	80.2	81.7	83.6	89.3	88.1	87.7	86.6	85.9	85.9
Males	97.3	98.2	99.1	100.0	101.3	103.7	101.6	100.7	99.2	98.4	97.9
Females	57.6	59.4	61.3	63.2	65.7	74.7	74.5	74.6	73.8	73.2	73.9
Civilian employment (% of total population)											
All persons	52.7	53.7	54.7	55.7	56.9	59.9	58.4	57.4	56.6	56.2	56.0
Civilian employment (% of population from 15-64 years)											
All persons	76.9	78.2	79.7	81.3	83.2	87.6	85.6	84.4	83.4	83.0	82.8
Males	96.7	97.6	98.6	99.6	100.9	102.4	99.3	97.5	96.0	95.5	94.5
Females	57.1	58.8	60.8	62.8	65.3	72.8	71.9	71.2	70.6	70.3	70.9
Part-time employment (%)											
Part-time as % of employment						22.1	22.7	23.2	23.2	22.9	23.7
Male share of part-time employment						17.6	16.8	17.0	16.7	16.2	17.6
Female share of part-time employment						82.4	83.2	83.0	83.3	83.8	82.4
Male part-time as % of male employment						6.8	6.7	6.9	6.8	6.5	7.3
Female part-time as % of female employment						42.6	44.0	45.0	44.9	44.9	44.9
Duration of unemployment (% of total unemployment)											
Less than 1 month						29.0	15.6	8.9	12.5	9.2	12.9
More than 1 month and less than 3 months						26.0	25.5	20.1	16.9	18.5	17.3
More than 3 months and less than 6 months						17.5	20.5	23.0	20.6	21.5	17.8
More than 6 months and less than 1 year						10.5	18.4	27.8	21.2	17.2	26.6
More than 1 year						17.0	20.0	20.3	29.0	33.6	25.6

(1) Participation rates calculated according to national definitions may differ from those published in this table, when the age group represented in the labour force survey is other than 15-64 years.

II - Population active

Milliers (estimations de moyennes annuelles)

	1997	1998	1999	2000	2001	2002	2003	2004	2005	2006
Population active totale										
Ensemble des personnes	4 127	4 157	4 168	4 196	4 261	4 305	4 340	4 362	4 383	4 464
Hommes	2 343	2 340	2 344	2 357	2 378	2 391	2 403	2 412	2 416	
Femmes	1 784	1 817	1 825	1 839	1 883	1 914	1 937	1 950	1 967	
Forces armées										
Ensemble des personnes										
Hommes										
Femmes										
Population active civile										
Ensemble des personnes	4 127	4 157	4 168	4 196	4 261	4 305	4 340	4 362	4 383	4 464
Hommes	2 343	2 340	2 344	2 357	2 378	2 391	2 403	2 412	2 416	
Femmes	1 784	1 817	1 825	1 839	1 883	1 914	1 937	1 950	1 967	
Chômeurs										
Ensemble des personnes	167	143	122	107	106	131	174	184	188	173
Hommes	96	72	59	50	44	68	89	92	90	
Femmes	71	71	63	57	62	63	85	92	98	
Emploi civil										
Ensemble des personnes	3 959	4 014	4 046	4 089	4 155	4 173	4 167	4 178	4 196	4 291
Hommes	2 247	2 268	2 285	2 307	2 334	2 323	2 314	2 320	2 326	
Femmes	1 712	1 746	1 762	1 782	1 821	1 851	1 853	1 858	1 869	
Emploi civil (%)										
Ensemble des personnes	100.0	100.0	100.0	100.0	100.0	100.0	100.0	100.0	100.0	100.0
Hommes	56.8	56.5	56.5	56.4	56.2	55.6	55.5	55.5	55.4	
Femmes	43.2	43.5	43.5	43.6	43.8	44.4	44.5	44.5	44.6	
Taux de chômage (% de la population active civile)										
Ensemble des personnes	4.1	3.4	2.9	2.6	2.5	3.1	4.0	4.2	4.3	3.9
Hommes	4.1	3.1	2.5	2.1	1.9	2.8	3.7	3.8	3.7	
Femmes	4.0	3.9	3.4	3.1	3.3	3.3	4.4	4.7	5.0	
Population active totale (% de la population totale)										
Ensemble des personnes	58.2	58.5	58.3	58.4	59.0	59.1	59.1	59.0	58.9	59.6
Hommes	67.7	67.4	67.2	67.1	67.4	67.2	67.0	66.7	66.4	
Femmes	49.2	50.0	49.9	50.1	50.9	51.4	51.7	51.7	51.8	
Population active totale (% de la population de 15-64 ans)(1)										
Ensemble des personnes	86.2	86.7	86.5	86.6	87.2	87.2	87.1	86.8	86.7	87.7
Hommes	97.6	97.3	97.1	97.1	97.1	96.7	96.2	95.7	95.4	
Femmes	74.7	76.0	76.0	76.1	77.3	77.8	78.0	77.8	78.0	
Emploi civil (% de la population totale)										
Ensemble des personnes	55.9	56.5	56.6	56.9	57.5	57.3	56.8	56.5	56.4	57.3
Emploi civil (% de la population de 15-64 ans)										
Ensemble des personnes	82.7	83.7	84.0	84.4	85.0	84.6	83.6	83.1	83.0	84.3
Hommes	93.6	94.3	94.6	95.0	95.3	93.9	92.6	92.1	91.8	
Femmes	71.7	73.0	73.3	73.8	74.8	75.2	74.6	74.2	74.2	
Emploi à temps partiel (%)										
Temps partiel en % de l'emploi	24.0	24.2	24.8	24.4	24.8	24.8	25.1	24.9	25.1	25.5
Part des hommes dans le temps partiel	16.6	16.6	17.4	19.4	19.9	17.2	17.8	17.9	17.4	18.8
Part des femmes dans le temps partiel	83.4	83.4	82.6	80.6	80.1	82.8	82.2	82.1	82.6	81.2
Temps partiel des hommes en % de l'emploi des hommes	7.1	7.2	7.7	8.4	8.9	7.8	8.1	8.1	8.0	8.8
Temps partiel des femmes en % de l'emploi des femmes	45.7	45.8	46.5	44.7	44.7	45.4	45.8	45.2	45.7	45.7
Durée du chômage (% du chômage total)										
Moins de 1 mois	13.4	16.0	8.9	13.5	12.7	10.7	9.1	8.2	8.3	8.9
Plus de 1 mois et moins de 3 mois	15.1	20.4	16.4	20.7	21.5	26.3	19.8	16.8	14.9	15.1
Plus de 3 mois et moins de 6 mois	23.0	14.4	13.5	20.1	18.4	25.7	23.4	21.1	17.7	17.4
Plus de 6 mois et moins de 1 an	20.3	14.3	21.6	16.8	17.4	15.5	21.6	20.3	20.1	19.5
Plus de 1 an	28.2	34.8	39.6	29.0	29.9	21.8	26.1	33.5	39.0	39.1

(1) Les taux d'activité calculés selon les définitions nationales peuvent être différents de ceux publiés dans ce tableau si le groupe d'âges représenté dans l'enquête de la population active est différent de 15-64 ans.

SWITZERLAND

III - Participation rates and unemployment rates by age and by sex

Percent (second quarter estimates)

	1986	1987	1988	1989	1990	1991	1992	1993	1994	1995	1996
PARTICIPATION RATES											
Males											
15-24						71.2	68.8	69.3	63.2	65.0	68.1
25-39											
40-54											
25-54						98.2	98.5	98.2	98.2	98.3	97.4
55-64						86.7	85.1	84.9	82.9	82.6	81.6
65 and over						26.0	23.5	22.7	24.2	20.1	21.5
15-64						91.1	90.8	90.8	89.5	90.0	89.9
Females											
15-24						70.3	67.6	69.7	64.8	62.1	64.5
25-39											
40-54											
25-54						73.7	75.0	74.6	74.1	75.2	76.0
55-64						44.0	47.3	47.7	47.2	46.8	50.3
65 and over						15.1	14.4	12.1	10.8	10.0	11.1
15-64						68.2	69.1	69.4	68.0	68.3	70.0
All persons											
15-24						70.7	68.2	69.5	64.0	63.6	66.4
25-39											
40-54											
25-54						86.0	86.9	86.5	86.2	86.8	86.8
55-64						64.1	65.2	65.3	63.7	63.6	65.4
65 and over						19.6	18.2	16.4	16.5	14.4	15.6
15-64						79.6	80.0	80.1	78.7	79.1	79.9
UNEMPLOYMENT RATES											
Males											
15-24						3.0	5.1	7.1	5.4	5.7	5.2
25-39											
40-54											
25-54						0.8	1.8	2.1	3.1	2.3	3.2
55-64						1.4	2.1	3.8	4.6	3.9	3.2
65 and over						0.0	0.0	1.8	0.0	1.9	1.9
15-64						1.2	2.4	3.1	3.6	3.0	3.4
Total						1.2	2.3	3.0	3.5	2.9	3.4
Females											
15-24						3.4	4.3	6.9	6.1	5.3	4.1
25-39											
40-54											
25-54						2.6	3.6	4.5	4.2	4.0	4.2
55-64						0.6	2.8	2.8	3.2	1.7	3.2
65 and over						0.0	0.0	0.0	0.0	0.0	2.8
15-64						2.5	3.7	4.8	4.4	3.9	4.1
Total						2.4	3.5	4.6	4.3	3.8	4.0
All persons											
15-24						3.2	4.7	7.0	5.8	5.5	4.6
25-39											
40-54											
25-54						1.5	2.6	3.2	3.6	3.0	3.6
55-64						1.1	2.4	3.4	4.1	3.0	3.2
65 and over						0.0	0.0	1.0	0.0	1.1	2.2
15-64						1.8	2.9	3.8	4.0	3.4	3.7

III - Taux d'activité et taux de chômage par âge et par sexe

Pourcentage (estimations du second trimestre)

1997	1998	1999	2000	2001	2002	2003	2004	2005	2006	
										TAUX D'ACTIVITÉ
										Hommes
69.0	70.4	67.8	70.5	68.2	70.4	70.4	68.1	66.6	70.1	15-24
										25-39
										40-54
97.0	97.2	97.2	96.8	96.2	96.0	95.6	95.7	95.6	95.5	25-54
81.9	81.7	80.9	79.1	82.9	78.9	79.7	79.1	77.8	77.1	55-64
18.4	16.7	18.8	20.3	20.0	12.7	14.6	12.7	11.2	12.1	65 et plus
89.8	90.2	89.6	89.4	89.1	88.7	88.5	88.0	87.4	87.8	15-64
										Femmes
64.6	63.5	69.6	66.3	67.0	68.1	68.3	65.9	64.7	67.0	15-24
										25-39
										40-54
76.8	78.7	77.7	78.0	79.5	80.6	80.5	80.8	81.3	81.2	25-54
50.4	52.2	52.5	51.5	54.7	53.3	55.4	55.9	57.7	58.6	55-64
9.0	10.6	9.4	9.7	9.9	6.2	5.8	5.0	4.9	5.5	65 et plus
70.6	71.9	72.2	71.7	73.3	73.9	74.1	73.9	74.3	74.7	15-64
										Ensemble des personnes
66.8	67.0	68.7	68.4	67.6	69.3	69.3	67.0	65.6	68.6	15-24
										25-39
										40-54
86.9	88.0	87.5	87.4	87.8	88.3	88.1	88.2	88.5	88.3	25-54
65.8	66.5	66.4	65.1	68.6	65.9	67.4	67.4	67.6	67.8	55-64
13.0	13.2	13.4	14.3	14.3	8.8	9.4	8.2	7.5	8.2	65 et plus
80.2	81.0	80.9	80.6	81.2	81.3	81.3	81.0	80.8	81.2	15-64
										TAUX DE CHÔMAGE
										Hommes
7.9	4.4	5.6	5.7	5.5	7.2	8.3	8.0	8.5	7.9	15-24
										25-39
										40-54
3.9	2.9	2.2	1.7	1.0	2.2	3.4	3.5	3.2	2.7	25-54
3.1	4.1	2.7	3.0	1.9	2.1	2.5	3.1	3.7	2.8	55-64
0.0	0.0	0.0	0.0	0.0	0.0	0.7	0.5	0.6	0.8	65 et plus
4.4	3.2	2.7	2.4	1.7	2.9	3.9	4.0	4.0	3.5	15-64
4.3	3.2	2.6	2.3	1.7	2.8	3.8	3.9	3.9	3.4	Total
										Femmes
3.8	7.0	5.7	4.1	5.5	3.9	8.7	7.4	9.1	7.5	15-24
										25-39
										40-54
4.2	4.0	3.4	3.0	3.4	3.2	4.0	4.6	4.6	4.5	25-54
2.7	2.0	2.5	2.5	1.8	1.9	2.5	3.4	3.7	3.3	55-64
0.0	0.0	0.0	0.0	3.0	0.2	0.5	0.0	0.6	1.0	65 et plus
4.0	4.2	3.6	3.1	3.5	3.2	4.6	4.8	5.2	4.8	15-64
3.9	4.1	3.6	3.1	3.5	3.1	4.5	4.8	5.1	4.7	Total
										Ensemble des personnes
5.9	5.6	5.7	4.9	5.5	5.6	8.5	7.7	8.8	7.7	15-24
										25-39
										40-54
4.1	3.4	2.7	2.3	2.1	2.7	3.7	4.0	3.8	3.5	25-54
2.9	3.2	2.6	2.8	1.8	2.0	2.5	3.2	3.7	3.0	55-64
0.0	0.0	0.0	0.0	1.2	0.1	0.7	0.3	0.6	0.9	65 et plus
4.2	3.7	3.1	2.7	2.5	3.0	4.2	4.4	4.5	4.1	15-64

SWITZERLAND

IV - Professional status and breakdown by activity - ISIC Rev. 2

Thousands (second quarter estimates)

	1986	1987	1988	1989	1990	1991	1992	1993	1994	1995	1996
CIVILIAN EMPLOYMENT: PROFESSIONAL STATUS											
All activities	3 468	3 549	3 638	3 711	3 828	4 105	4 058	4 034	3 950	3 960	3 979
Employees						3 624	3 579	3 522	3 447	3 456	3 446
Employers and persons working on own account						341	348	377	373	384	414
Unpaid family workers						140	131	134	130	120	119
Agriculture, hunting, forestry and fishing	210	200	192	181	175	183	176	189	180	179	189
Employees											
Employers and persons working on own account											
Unpaid family workers											
Non-agricultural activities	3 258	3 349	3 446	3 530	3 653	3 922	3 882	3 845	3 770	3 781	3 790
Employees											
Employers and persons working on own account											
Unpaid family workers											
All activities (%)	100.0	100.0	100.0	100.0	100.0	100.0	100.0	100.0	100.0	100.0	100.0
Employees						88.3	88.2	87.3	87.3	87.3	86.6
Others						11.7	11.8	12.7	12.7	12.7	13.4
CIVILIAN EMPLOYMENT: BREAKDOWN BY ACTIVITY(1 2)											
ISIC Rev. 2 Major Divisions											
1 to 0 All activities	3 430	3 515	3 607	3 704	3 821						
1 Agriculture, hunting, forestry and fishing	195	187	177	168	162						
2 Mining and quarrying	3	4	4	4	4						
3 Manufacturing	867	869	871	883	893						
4 Electricity, gas and water	21	21	22	22	23						
5 Construction	319	316	314	312	309						
6 Wholesale and retail trade; restaurants and hotels	789	801	808	812	820						
7 Transport, storage and communication	204	213	223	229	236						
8 Financing, insurance, real estate and business services	413	444	474	501	531						
9 Community, social and personal services	620	661	714	772	842						
0 Activities not adequately defined	0	0	0	0	0						
EMPLOYEES: BREAKDOWN BY ACTIVITY											
ISIC Rev. 2 Major Divisions											
1 to 0 All activities											
1 Agriculture, hunting, forestry and fishing											
2 Mining and quarrying											
3 Manufacturing											
4 Electricity, gas and water											
5 Construction											
6 Wholesale and retail trade; restaurants and hotels											
7 Transport, storage and communication											
8 Financing, insurance, real estate and business services											
9 Community, social and personal services											
0 Activities not adequately defined											

(1) Data broken down by activity (civilian employment) have not been revised nor updated due to a change by the country from ISIC Rev. 2 to ISIC Rev.3.

(2) Annual average estimates.

IV - Situation dans la profession et répartition par branches d'activités - CITI Rév. 2

Milliers (estimations du second trimestre)

	1997	1998	1999	2000	2001	2002	2003	2004	2005	2006
EMPLOI CIVIL : SITUATION DANS LA PROFESSION										
Toutes activités	3 956	4 031	4 055	4 084	4 154	4 171	4 167	4 176	4 185	4 272
Salariés	3 408	3 468	3 488	3 546	3 617	3 651	3 669	3 701	3 714	3 794
Employeurs et personnes travaillant à leur compte	437	454	459	441	436	418	405	394	390	389
Travailleurs familiaux non rémunérés	111	110	109	97	101	101	93	80	80	89
Agriculture, chasse, sylviculture et pêche	186	190	199	190	179	177	173	159	161	160
Salariés										
Employeurs et personnes travaillant à leur compte										
Travailleurs familiaux non rémunérés										
Activités non agricoles	3 770	3 841	3 856	3 894	3 974	3 994	3 994	4 016	4 024	4 112
Salariés										
Employeurs et personnes travaillant à leur compte										
Travailleurs familiaux non rémunérés										
Toutes activités (%)	100.0	100.0	100.0	100.0	100.0	100.0	100.0	100.0	100.0	100.0
Salariés	86.2	86.0	86.0	86.8	87.1	87.5	88.1	88.6	88.8	88.8
Autres	13.8	14.0	14.0	13.2	12.9	12.5	11.9	11.4	11.2	11.2
EMPLOI CIVIL : RÉPARTITION PAR BRANCHES D'ACTIVITÉS[1 2]										
Branches CITI Rév. 2										
1 à 0 Toutes activités										
1 Agriculture, chasse, sylviculture et pêche										
2 Industries extractives										
3 Industries manufacturières										
4 Électricité, gaz et eau										
5 Bâtiment et travaux publics										
6 Commerce de gros et de détail; restaurants et hôtels										
7 Transports, entrepôts et communications										
8 Banques, assurances, affaires immobilières et services fournis aux entreprises										
9 Services fournis à la collectivité, services sociaux et services personnels										
0 Activités mal désignées										
SALARIÉS : RÉPARTITION PAR BRANCHES D'ACTIVITÉS										
Branches CITI Rév. 2										
1 à 0 Toutes activités										
1 Agriculture, chasse, sylviculture et pêche										
2 Industries extractives										
3 Industries manufacturières										
4 Électricité, gaz et eau										
5 Bâtiment et travaux publics										
6 Commerce de gros et de détail; restaurants et hôtels										
7 Transports, entrepôts et communications										
8 Banques, assurances, affaires immobilières et services fournis aux entreprises										
9 Services fournis à la collectivité, services sociaux et services personnels										
0 Activités mal désignées										

(1) Les données concernant la répartition par branches d'activités (emploi civil) n'ont pas été révisées ni mises à jour en raison du passage par le pays de la CITI Rév. 2 à la CITI Rév. 3.

(2) Estimations de moyennes annuelles.

SWITZERLAND

V - Civilian employment and employees: breakdown by activity - ISIC Rev. 3

Thousands (second quarter estimates)

	1986	1987	1988	1989	1990	1991	1992	1993	1994	1995	1996
CIVILIAN EMPLOYMENT: BREAKDOWN BY ACTIVITY											
A to X All activities						4 076	4 015	3 982	3 955	3 957	3 957
A Agriculture, hunting and forestry						174	172	177	172	175	184
B Fishing						0	0	0	0	0	0
C Mining and quarrying						7	6	6	6	6	5
D Manufacturing						843	789	761	751	763	742
E Electricity, gas and water supply						26	26	25	26	26	26
F Construction						354	340	324	332	338	314
G Wholesale and retail trade; repair of motor vehicles, motorcycles and personal and household goods						702	704	697	677	655	660
H Hotels and restaurants						250	246	240	238	244	240
I Transport, storage and communication						252	251	253	247	250	253
J Financial intermediation						212	210	213	210	205	206
K Real estate, renting and business activities						342	339	343	344	346	352
L Public administration and defence; compulsory social security, excluding armed forces						152	153	153	152	148	150
M Education						215	222	226	226	221	225
N Health and social work						335	346	358	369	374	390
O Other community, social and personal service activities						162	162	158	157	156	156
P Private households with employed persons						51	48	47	48	49	54
Q Extra-territorial organisations and bodies						0	0	0	0	0	0
X Not classifiable by economic activities						0	0	0	0	0	0
Breakdown by sector											
Agriculture (A-B)						174	172	177	172	175	184
Industry (C-F)						1 230	1 161	1 116	1 115	1 133	1 088
Services (G-Q)						2 672	2 683	2 688	2 668	2 649	2 686
Agriculture (%)						4.3	4.3	4.5	4.4	4.4	4.6
Industry (%)						30.2	28.9	28.0	28.2	28.6	27.5
Services (%)						65.6	66.8	67.5	67.5	66.9	67.9
Female participation in agriculture (%)						35.1	37.5	37.1	36.4	34.3	33.3
Female participation in industry (%)						23.0	22.0	22.4	23.3	23.4	24.3
Female participation in services (%)						50.2	50.6	50.5	50.4	50.8	50.8
EMPLOYEES: BREAKDOWN BY ACTIVITY											
A to X All activities											
A Agriculture, hunting and forestry											
B Fishing											
C Mining and quarrying											
D Manufacturing											
E Electricity, gas and water supply											
F Construction											
G Wholesale and retail trade; repair of motor vehicles, motorcycles and personal and household goods											
H Hotels and restaurants											
I Transport, storage and communication											
J Financial intermediation											
K Real estate, renting and business activities											
L Public administration and defence; compulsory social security, excluding armed forces											
M Education											
N Health and social work											
O Other community, social and personal service activities											
P Private households with employed persons											
Q Extra-territorial organisations and bodies											
X Not classifiable by economic activities											
Breakdown by sector											
Agriculture (A-B)											
Industry (C-F)											
Services (G-Q)											
Agriculture (%)											
Industry (%)											
Services (%)											
Female participation in agriculture (%)											
Female participation in industry (%)											
Female participation in services (%)											

LABOUR FORCE STATISTICS - ISBN 9789264035539 - © OECD 2007

V - Emploi civil et salariés : répartition par branches d'activités - CITI Rév. 3

Milliers (estimations du second trimestre)

1997	1998	1999	2000	2001	2002	2003	2004	2005	2006	
										EMPLOI CIVIL : RÉPARTITION PAR BRANCHES D'ACTIVITÉS
3 959	4 014	4 046	4 089	4 155	4 173	4 167	4 178	4 196	4 291	**A à X Toutes activités**
184	188	193	185	175	173	169	159	159	159	A Agriculture, chasse et sylviculture
0	0	0	0	0	0	0	0	0	0	B Pêche
5	5	5	5	5	5	5	5	5	5	C Activités extractives
712	711	707	723	731	708	674	667	671	689	D Activités de fabrication
25	25	26	26	25	25	25	26	25	25	E Production et distribution d'électricité, de gaz et d'eau
294	291	289	296	300	296	288	288	293	300	F Construction
658	662	650	633	636	642	649	653	647	650	G Commerce de gros et de détail; réparation de véhicules et de biens domestiques
237	247	249	247	246	243	240	241	240	246	H Hôtels et restaurants
256	257	264	271	276	273	274	277	274	280	I Transports, entreposage et communications
207	203	201	201	214	223	221	220	216	219	J Intermédiation financière
370	386	408	430	463	479	485	489	493	520	K Immobilier, location et activités de services aux entreprises
153	154	154	157	157	160	167	172	177	177	L Administration publique et défense; sécurité sociale obligatoire (armée exclue)
236	242	246	248	253	265	275	273	275	281	M Education
405	416	419	430	436	446	463	471	484	496	N Santé et action sociale
164	170	173	176	179	176	178	180	184	191	O Autres activités de services collectifs, sociaux et personnels
53	57	61	60	57	60	55	56	53	53	P Ménages privés employant du personnel domestique
0	0	0	0	0	0	0	0	0	0	Q Organisations et organismes extra-territoriaux
0	0	0	0	0	0	0	0	0	0	X Ne pouvant être classés selon l'activité économique
										Répartition par secteurs
184	188	193	185	175	173	169	159	159	159	Agriculture (A-B)
1 037	1 033	1 027	1 051	1 062	1 034	992	986	993	1 019	Industrie (C-F)
2 738	2 793	2 826	2 854	2 919	2 967	3 006	3 033	3 043	3 113	Services (G-Q)
4.7	4.7	4.8	4.5	4.2	4.1	4.1	3.8	3.8	3.7	Agriculture (%)
26.2	25.7	25.4	25.7	25.6	24.8	23.8	23.6	23.7	23.8	Industrie (%)
69.2	69.6	69.8	69.8	70.2	71.1	72.1	72.6	72.5	72.5	Services (%)
33.6	33.9	34.0	35.3	34.0	34.6	34.2	33.2	32.6	31.9	Part des femmes dans l'agriculture (%)
23.7	23.0	22.5	22.1	22.4	22.6	22.6	22.7	22.3	22.5	Part des femmes dans l'industrie (%)
51.3	51.7	51.8	52.0	52.2	52.5	52.3	52.2	52.5	52.6	Part des femmes dans les services (%)
										SALARIÉS : RÉPARTITION PAR BRANCHES D'ACTIVITÉS
										A à X Toutes activités
										A Agriculture, chasse et sylviculture
										B Pêche
										C Activités extractives
										D Activités de fabrication
										E Production et distribution d'électricité, de gaz et d'eau
										F Construction
										G Commerce de gros et de détail; réparation de véhicules et de biens domestiques
										H Hôtels et restaurants
										I Transports, entreposage et communications
										J Intermédiation financière
										K Immobilier, location et activités de services aux entreprises
										L Administration publique et défense; sécurité sociale obligatoire (armée exclue)
										M Education
										N Santé et action sociale
										O Autres activités de services collectifs, sociaux et personnels
										P Ménages privés employant du personnel domestique
										Q Organisations et organismes extra-territoriaux
										X Ne pouvant être classés selon l'activité économique
										Répartition par secteurs
										Agriculture (A-B)
										Industrie (C-F)
										Services (G-Q)
										Agriculture (%)
										Industrie (%)
										Services (%)
										Part des femmes dans l'agriculture (%)
										Part des femmes dans l'industrie (%)
										Part des femmes dans les services (%)

TURKEY

I - Population

Thousands (mid-year estimates)

	1986	1987	1988	1989	1990	1991	1992	1993	1994	1995	1996
POPULATION - DISTRIBUTION BY AGE AND GENDER											
All persons											
Total	51 433	52 561	53 715	54 894	56 156	57 271	58 392	59 515	60 635	61 765	62 909
Under 15 years	19 147	19 292	19 435	19 577	19 651	19 663	19 669	19 667	19 665	19 666	19 728
From 15 to 64 years	30 117	31 045	31 998	32 976	33 960	34 976	36 003	37 026	38 038	39 017	39 991
65 years and over	2 168	2 225	2 282	2 341	2 545	2 633	2 720	2 820	2 937	3 080	3 190
Males											
Total	26 060	26 631	27 213	27 809	28 446	29 005	29 562	30 121	30 680	31 239	31 808
Under 15 years	9 853	9 926	9 999	10 071	10 087	10 089	10 086	10 077	10 068	10 060	10 084
From 15 to 64 years	15 232	15 703	16 187	16 683	17 214	17 731	18 253	18 776	19 291	19 790	20 284
65 years and over	975	1 001	1 028	1 055	1 145	1 185	1 223	1 268	1 321	1 389	1 440
Females											
Total	25 373	25 931	26 501	27 085	27 710	28 267	28 830	29 392	29 960	30 524	31 101
Under 15 years	9 295	9 366	9 436	9 506	9 564	9 574	9 583	9 590	9 597	9 606	9 644
From 15 to 64 years	14 885	15 342	15 811	16 293	16 746	17 245	17 750	18 250	18 747	19 227	19 707
65 years and over	1 193	1 223	1 254	1 285	1 400	1 448	1 497	1 552	1 616	1 691	1 750
POPULATION - PERCENTAGES											
All persons											
Total	100.0	100.0	100.0	100.0	100.0	100.0	100.0	100.0	100.0	100.0	100.0
Under 15 years	37.2	36.7	36.2	35.7	35.0	34.3	33.7	33.0	32.4	31.8	31.4
From 15 to 64 years	58.6	59.1	59.6	60.1	60.5	61.1	61.7	62.2	62.7	63.2	63.6
65 years and over	4.2	4.2	4.2	4.3	4.5	4.6	4.7	4.7	4.8	5.0	5.1
COMPONENTS OF CHANGE IN POPULATION											
a) Population at 1 January	50 901	52 017	53 158	54 325	55 516	56 601	57 716	58 834	59 953	61 076	62 210
b) Population at 31 December	52 017	53 158	54 325	55 516	56 601	57 716	58 834	59 953	61 076	62 210	63 360
c) Total increase (b-a)	1 116	1 141	1 167	1 191	1 085	1 115	1 118	1 119	1 123	1 134	1 150
d) Births	1 483	1 460	1 438	1 415	1 413	1 420	1 427	1 433	1 440	1 456	1 473
e) Deaths	422	421	420	419	397	401	406	410	415	417	419
f) Natural increase (d-e)	1 061	1 039	1 018	996	1 016	1 019	1 021	1 023	1 025	1 039	1 054
g) Net migration	55	102	149	195	100	100	100	100	100	100	100
h) Statistical adjustments	0	0	0	0	-31	-4	-3	-4	-2	-5	-4
i) Total increase (=f+g+h=c)	1 116	1 141	1 167	1 191	1 085	1 115	1 118	1 119	1 123	1 134	1 150
(Components of change in population/ Average population) x1000											
Total increase rates	21.7	21.7	21.7	21.7	19.4	19.5	19.2	18.8	18.6	18.4	18.3
Crude birth rates	28.8	27.8	26.8	25.8	25.2	24.8	24.5	24.1	23.8	23.6	23.5
Crude death rates	8.2	8.0	7.8	7.6	7.1	7.0	7.0	6.9	6.9	6.8	6.7
Natural increase rates	20.6	19.8	18.9	18.1	18.1	17.8	17.5	17.2	16.9	16.9	16.8
Net migration rates	1.1	1.9	2.8	3.6	1.8	1.7	1.7	1.7	1.7	1.6	1.6

I - Population

Milliers (estimations au milieu de l'année)

	1997	1998	1999	2000	2001	2002	2003	2004	2005	2006
POPULATION - RÉPARTITION SELON L'AGE ET LE SEXE										
Ensemble des personnes										
Total	64 063	65 215	66 350	67 420	68 363	69 304	70 230	71 150	72 065	72 974
Moins de 15 ans	19 834	19 952	20 053	20 208	20 325	20 415	20 480	20 509	20 499	20 489
De 15 à 64 ans	40 927	41 844	42 758	43 590	44 329	45 070	45 815	46 561	47 316	48 131
65 ans et plus	3 304	3 419	3 540	3 621	3 711	3 815	3 938	4 080	4 251	4 355
Hommes										
Total	32 383	32 955	33 520	34 053	34 519	34 981	35 441	35 895	36 350	36 796
Moins de 15 ans	10 132	10 187	10 235	10 307	10 364	10 406	10 436	10 450	10 444	10 439
De 15 à 64 ans	20 759	21 223	21 684	22 106	22 475	22 850	23 225	23 601	23 980	24 386
65 ans et plus	1 492	1 545	1 601	1 640	1 680	1 725	1 780	1 844	1 926	1 971
Femmes										
Total	31 682	32 260	32 831	33 366	33 846	34 319	34 792	35 255	35 716	36 175
Moins de 15 ans	9 702	9 765	9 818	9 901	9 961	10 009	10 044	10 059	10 055	10 049
De 15 à 64 ans	20 168	20 621	21 074	21 484	21 854	22 220	22 590	22 960	23 336	23 743
65 ans et plus	1 812	1 874	1 939	1 981	2 031	2 090	2 158	2 236	2 325	2 383
POPULATION - POURCENTAGES										
Ensemble des personnes										
Total	100.0	100.0	100.0	100.0	100.0	100.0	100.0	100.0	100.0	100.0
Moins de 15 ans	31.0	30.6	30.2	30.0	29.7	29.5	29.2	28.8	28.4	28.1
De 15 à 64 ans	63.9	64.2	64.4	64.7	64.8	65.0	65.2	65.4	65.7	66.0
65 ans et plus	5.2	5.2	5.3	5.4	5.4	5.5	5.6	5.7	5.9	6.0
COMPOSANTES DE L'ÉVOLUTION DÉMOGRAPHIQUE										
a) Population au 1er janvier	63 360	64 510	65 652	66 676	67 623	68 563	69 494	70 416	71 323	72 234
b) Population au 31 décembre	64 510	65 652	66 676	67 623	68 563	69 494	70 416	71 323	72 234	
c) Accroissement total (b-a)	1 150	1 142	1 024	947	940	931	922	907	911	
d) Naissances	1 480	1 472	1 451	1 363	1 362	1 362	1 361	1 360	1 361	
e) Décès	424	426	427	415	422	429	436	443	450	
f) Accroissement naturel (d-e)	1 056	1 046	1 024	948	940	933	925	917	911	
g) Solde net des migrations	100	100	100	0	0	0	0	0	0	
h) Ajustements statistiques	-6	-4	-100	-1	0	-2	-3	-10	0	
i) Accroissement total (=f+g+h=c)	1 150	1 142	1 024	947	940	931	922	907	911	
(Composition de l'évolution démographique/ Population moyenne) x1000										
Taux d'accroissement total	18.0	17.5	15.5	14.1	13.8	13.5	13.2	12.8	12.7	
Taux bruts de natalité	23.1	22.6	21.9	20.3	20.0	19.7	19.5	19.2	19.0	
Taux bruts de mortalité	6.6	6.5	6.5	6.2	6.2	6.2	6.2	6.3	6.3	
Taux d'accroissement naturel	16.5	16.1	15.5	14.1	13.8	13.5	13.2	12.9	12.7	
Taux du solde net des migrations	1.6	1.5	1.5	0.0	0.0	0.0	0.0	0.0	0.0	

TURKEY

II - Labour force

Thousands (annual average estimates)

	1986	1987	1988	1989	1990	1991	1992	1993	1994	1995	1996
Total labour force											
All persons	19 065	19 580	19 891	20 431	20 650	21 510	21 764	20 815	22 377	22 786	23 197
Males			14 036	14 164	14 490	15 165	15 502	15 546	16 053	16 358	16 683
Females			5 855	6 267	6 161	6 345	6 262	5 269	6 324	6 428	6 514
Armed forces											
All persons	500	500	500	500	500	500	500	500	500	500	500
Males	500	500	500	500	500	500	500	500	500	500	500
Females											
Civilian labour force											
All persons	18 565	19 080	19 392	19 931	20 150	21 010	21 264	20 315	21 877	22 286	22 697
Males			13 536	13 664	13 990	14 665	15 002	15 046	15 553	15 858	16 183
Females			5 855	6 267	6 161	6 345	6 262	5 269	6 324	6 428	6 514
Unemployed											
All persons	1 471	1 592	1 638	1 709	1 612	1 723	1 805	1 814	1 871	1 700	1 503
Males			1 017	1 116	1 089	1 271	1 321	1 323	1 362	1 230	1 116
Females			621	593	524	452	484	491	509	470	387
Civilian employment											
All persons	17 094	17 488	17 755	18 222	18 538	19 288	19 460	18 500	20 006	20 586	21 194
Males			12 520	12 548	12 901	13 395	13 682	13 723	14 191	14 628	15 067
Females			5 235	5 674	5 637	5 893	5 778	4 777	5 815	5 958	6 127
Civilian employment (%)											
All persons	100.0	100.0	100.0	100.0	100.0	100.0	100.0	100.0	100.0	100.0	100.0
Males			70.5	68.9	69.6	69.4	70.3	74.2	70.9	71.1	71.1
Females			29.5	31.1	30.4	30.6	29.7	25.8	29.1	28.9	28.9
Unemployment rates (% of civilian labour force)											
All persons	7.9	8.3	8.4	8.6	8.0	8.2	8.5	8.9	8.6	7.6	6.6
Males			7.5	8.2	7.8	8.7	8.8	8.8	8.8	7.8	6.9
Females			10.6	9.5	8.5	7.1	7.7	9.3	8.0	7.3	5.9
Total labour force (% of total population)											
All persons	37.1	37.3	37.0	37.2	36.8	37.6	37.3	35.0	36.9	36.9	36.9
Males			51.6	50.9	50.9	52.3	52.4	51.6	52.3	52.4	52.4
Females			22.1	23.1	22.2	22.4	21.7	17.9	21.1	21.1	20.9
Total labour force (% of population from 15-64 years)[1]											
All persons	63.3	63.1	62.2	62.0	60.8	61.5	60.5	56.2	58.8	58.4	58.0
Males			86.7	84.9	84.2	85.5	84.9	82.8	83.2	82.7	82.2
Females			37.0	38.5	36.8	36.8	35.3	28.9	33.7	33.4	33.1
Civilian employment (% of total population)											
All persons	33.2	33.3	33.1	33.2	33.0	33.7	33.3	31.1	33.0	33.3	33.7
Civilian employment (% of population from 15-64 years)											
All persons	56.8	56.3	55.5	55.3	54.6	55.1	54.1	50.0	52.6	52.8	53.0
Males			77.3	75.2	74.9	75.5	75.0	73.1	73.6	73.9	74.3
Females			33.1	34.8	33.7	34.2	32.6	26.2	31.0	31.0	31.1
Part-time employment (%)											
Part-time as % of employment			8.2	9.6	9.3	11.2	11.6	8.9	8.8	6.4	5.5
Male share of part-time employment			39.0	35.7	38.1	29.1	36.0	44.9	39.0	41.2	36.8
Female share of part-time employment			61.0	64.3	61.9	70.9	64.0	55.1	61.0	58.8	63.2
Male part-time as % of male employment			4.5	5.0	5.1	4.7	6.0	5.4	4.9	3.7	2.9
Female part-time as % of female employment			16.9	19.8	19.0	26.0	25.1	18.9	18.5	13.0	12.0
Duration of unemployment (% of total unemployment)											
Less than 1 month					0.0						
More than 1 month and less than 3 months			12.3	13.3	10.6	14.2	13.0	11.8	14.7	14.7	16.1
More than 3 months and less than 6 months			14.2	16.7	16.7	20.1	18.8	18.0	16.4	24.8	16.9
More than 6 months and less than 1 year			22.6	28.8	25.6	24.9	24.0	23.4	23.0	24.1	22.7
More than 1 year			50.8	41.2	47.0	40.9	44.2	46.8	45.9	36.4	44.3

Prior to 2000, data refer to semestrial average estimates (April, October).

(1) Participation rates calculated according to national definitions may differ from those published in this table, when the age group represented in the labour force survey is other than 15-64 years.

LABOUR FORCE STATISTICS - ISBN 9789264035539 - © OECD 2007

II - Population active

Milliers (estimations de moyennes annuelles)

	1997	1998	1999	2000	2001	2002	2003	2004	2005	2006
Population active totale										
Ensemble des personnes	23 256	23 885	24 378 |	23 578	23 991	24 318	24 141	24 790	25 065	25 276
Hommes	16 964	17 348	17 525 |	17 390	17 540	17 558	17 586	18 402	18 713	18 797
Femmes	6 292	6 537	6 853 |	6 188	6 451	6 760	6 555	6 388	6 352	6 480
Forces armées										
Ensemble des personnes	500	500	500	500	500	500	500	500	500	500
Hommes	500	500	500	500	500	500	500	500	500	500
Femmes										
Population active civile										
Ensemble des personnes	22 756	23 385	23 878 |	23 078	23 491	23 818	23 641	24 290	24 565	24 776
Hommes	16 464	16 848	17 025 |	16 890	17 040	17 058	17 086	17 902	18 213	18 297
Femmes	6 292	6 537	6 853 |	6 188	6 451	6 760	6 555	6 388	6 352	6 480
Chômeurs										
Ensemble des personnes	1 552	1 607	1 830 |	1 498	1 967	2 464	2 493	2 498	2 519	2 446
Hommes	1 065	1 162	1 312 |	1 111	1 485	1 826	1 830	1 878	1 867	1 777
Femmes	487	445	518 |	387	482	638	663	620	652	670
Emploi civil										
Ensemble des personnes	21 205	21 779	22 048 |	21 581	21 524	21 354	21 147	21 791	22 046	22 330
Hommes	15 400	15 687	15 713 |	15 780	15 555	15 232	15 256	16 023	16 346	16 520
Femmes	5 805	6 092	6 335 |	5 801	5 969	6 122	5 891	5 768	5 700	5 810
Emploi civil (%)										
Ensemble des personnes	100.0	100.0	100.0 |	100.0	100.0	100.0	100.0	100.0	100.0	100.0
Hommes	72.6	72.0	71.3 |	73.1	72.3	71.3	72.1	73.5	74.1	74.0
Femmes	27.4	28.0	28.7 |	26.9	27.7	28.7	27.9	26.5	25.9	26.0
Taux de chômage (% de la population active civile)										
Ensemble des personnes	6.8	6.9	7.7 |	6.5	8.4	10.3	10.5	10.3	10.3	9.9
Hommes	6.5	6.9	7.7 |	6.6	8.7	10.7	10.7	10.5	10.3	9.7
Femmes	7.7	6.8	7.6 |	6.3	7.5	9.4	10.1	9.7	10.3	10.3
Population active totale (% de la population totale)										
Ensemble des personnes	36.3	36.6	36.7 |	35.0	35.1	35.1	34.4	34.8	34.8	34.6
Hommes	52.4	52.6	52.3 |	51.1	50.8	50.2	49.6	51.3	51.5	51.1
Femmes	19.9	20.3	20.9 |	18.5	19.1	19.7	18.8	18.1	17.8	17.9
Population active totale (% de la population de 15-64 ans)[1]										
Ensemble des personnes	56.8	57.1	57.0 |	54.1	54.1	54.0	52.7	53.2	53.0	52.5
Hommes	81.7	81.7	80.8 |	78.7	78.0	76.8	75.7	78.0	78.0	77.1
Femmes	31.2	31.7	32.5 |	28.8	29.5	30.4	29.0	27.8	27.2	27.3
Emploi civil (% de la population totale)										
Ensemble des personnes	33.1	33.4	33.2 |	32.0	31.5	30.8	30.1	30.6	30.6	30.6
Emploi civil (% de la population de 15-64 ans)										
Ensemble des personnes	51.8	52.0	51.6 |	49.5	48.6	47.4	46.2	46.8	46.6	46.4
Hommes	74.2	73.9	72.5 |	71.4	69.2	66.7	65.7	67.9	68.2	67.7
Femmes	28.8	29.5	30.1 |	27.0	27.3	27.6	26.1	25.1	24.4	24.5
Emploi à temps partiel (%)										
Temps partiel en % de l'emploi	6.1	6.0	7.7	9.4	6.2	6.6	6.0	6.6	5.8	7.9
Part des hommes dans le temps partiel	41.4	38.7	37.4	44.6	37.6	41.4	43.1	40.6	40.6	41.4
Part des femmes dans le temps partiel	58.6	61.3	62.6	55.4	62.4	58.6	56.9	59.4	59.4	58.6
Temps partiel des hommes en % de l'emploi des hommes	3.5	3.2	4.0	5.7	3.2	3.8	3.6	3.7	3.2	4.4
Temps partiel des femmes en % de l'emploi des femmes	13.2	13.2	16.8	19.3	14.0	13.5	12.3	14.8	13.4	17.8
Durée du chômage (% du chômage total)										
Moins de 1 mois										2.0
Plus de 1 mois et moins de 3 mois	17.8	19.1	26.1	36.7	33.5	29.8	32.6	20.9	22.0	23.2
Plus de 3 mois et moins de 6 mois	19.5	20.1	24.1	27.3	31.0	24.7	27.5	22.2	22.4	23.5
Plus de 6 mois et moins de 1 an	21.1	20.5	21.5	14.9	14.3	16.1	15.5	17.7	16.0	15.5
Plus de 1 an	41.6	40.3	28.2	21.1	21.3	29.4	24.4	39.2	39.6	35.8

Avant 2000, les données se réfèrent aux estimations de moyennes semestrielles (avril, octobre).

(1) Les taux d'activité calculés selon les définitions nationales peuvent être différents de ceux publiés dans ce tableau si le groupe d'âges représenté dans l'enquête de la population active est différent de 15-64 ans.

TURKEY

III - Participation rates and unemployment rates by age and by sex

Percent (annual average estimates)

	1986	1987	1988	1989	1990	1991	1992	1993	1994	1995	1996
PARTICIPATION RATES											
Males											
15-19			64.2	60.7	61.8	61.1	56.5	52.4	54.4	50.4	49.9
20-24			87.5	87.3	88.0	85.3	86.2	84.3	84.9	81.2	81.3
25-34			98.2	98.0	97.4	97.7	97.8	97.4	97.3	96.9	97.2
35-44			97.3	97.6	97.2	96.8	96.6	96.9	96.5	96.6	96.9
45-54			85.9	86.6	84.6	84.0	83.8	82.4	82.0	82.8	79.4
55-59			71.0	70.2	66.9	67.4	67.5	64.4	66.3	65.6	62.7
60-64			58.1	58.1	54.8	54.2	56.4	53.9	51.0	55.3	52.8
15-24			73.2	70.6	71.8	71.0	68.8	65.7	67.2	63.7	63.6
25-54			94.9	95.2	94.2	94.3	94.3	94.0	93.7	93.7	93.2
55-64			65.8	65.0	61.3	61.7	62.7	59.8	59.5	61.0	58.2
65 and over			33.4	34.7	30.9	30.7	31.2	27.5	30.1	33.0	33.5
15-64			84.8	84.0	83.6	83.7	83.0	81.6	82.0	81.1	80.6
Females											
15-19			40.5	41.3	38.4	39.8	35.0	29.1	33.6	32.3	32.1
20-24			40.8	41.9	40.6	40.8	40.6	33.6	38.1	36.2	36.2
25-34			36.1	38.2	36.1	34.9	34.2	29.2	33.4	33.6	31.8
35-44			35.6	39.3	37.2	35.8	36.0	29.5	33.2	34.1	33.5
45-54			34.2	35.2	34.2	35.5	32.9	26.0	32.2	30.7	30.7
55-59			27.3	31.4	30.3	34.1	29.6	20.8	28.4	27.9	29.1
60-64			19.8	25.0	22.2	20.6	20.2	16.0	20.4	21.9	24.6
15-24			40.7	41.5	39.4	40.3	37.7	31.3	35.8	34.2	34.1
25-54			35.5	37.8	36.0	35.3	34.5	28.6	33.1	33.1	32.1
55-64			24.0	28.6	26.6	28.1	25.4	18.6	24.8	25.1	27.0
65 and over			10.1	10.8	9.3	8.5	9.8	6.6	9.8	11.0	11.6
15-64			36.0	38.0	36.0	36.3	34.7	28.5	33.2	32.7	32.3
All persons											
15-24			56.0	55.2	54.7	55.4	53.0	48.1	51.2	48.6	48.5
25-54			65.2	66.6	65.1	65.2	64.8	61.7	63.7	63.8	63.0
55-64			45.7	47.4	44.1	44.5	43.6	38.8	41.8	42.7	42.3
65 and over			21.8	22.8	20.3	18.5	19.4	16.0	18.9	20.9	21.5
15-64			60.1	60.7	59.4	60.0	58.8	55.0	57.5	56.8	56.4
UNEMPLOYMENT RATES											
Males											
15-19			17.5	17.3	16.4	16.1	16.1	16.2	16.5	16.6	13.0
20-24			16.9	16.4	16.9	18.9	19.5	20.8	18.4	17.1	16.2
25-34			4.8	6.1	6.8	7.2	7.8	7.8	7.6	6.7	6.2
35-44			2.7	4.5	3.4	4.5	4.6	4.6	4.8	3.8	3.5
45-54			5.1	5.8	4.8	4.8	4.1	3.7	5.6	4.0	3.8
55-59			5.0	6.5	4.3	4.2	4.8	4.0	3.5	3.9	2.4
60-64			4.6	4.2	3.5	2.3	1.9	2.7	2.2	2.4	1.8
15-24			17.2	16.9	16.6	17.5	17.9	18.7	17.5	16.9	14.8
25-54			4.2	5.5	5.2	5.8	6.0	5.9	6.2	5.2	4.8
55-64			4.9	5.6	4.0	3.5	3.7	3.5	3.0	3.3	2.1
65 and over			1.8	2.5	1.9	1.7	1.1	0.6	1.5	1.5	1.0
15-64			7.7	8.4	8.0	8.9	9.0	9.0	9.0	8.0	7.1
Total			7.5	8.2	7.8	8.7	8.8	8.8	8.8	7.8	6.9
Females											
15-19			16.2	14.6	14.0	10.2	11.1	14.6	11.8	11.0	9.3
20-24			19.9	17.7	16.2	13.3	15.8	17.1	14.9	15.1	12.8
25-34			10.6	10.2	8.7	8.4	8.1	10.2	9.5	7.9	6.5
35-44			5.7	5.3	5.1	3.4	4.0	3.8	4.1	3.2	2.4
45-54			2.7	2.7	2.0	1.6	1.5	2.4	1.7	2.3	1.3
55-59			1.5	1.5	0.6	0.6	0.3	1.0	0.7	0.3	0.7
60-64			1.4	1.5	1.5	0.0	0.6	0.0	0.6	0.5	0.0
15-24			17.9	16.0	15.0	11.7	13.5	15.9	13.4	13.1	11.1
25-54			7.1	6.9	5.9	5.2	5.3	6.4	6.0	5.1	4.0
55-64			1.5	1.5	1.0	0.4	0.4	0.6	0.7	0.4	0.4
65 and over			0.9	0.8	0.0	0.0	0.7	0.0	0.0	0.0	0.0
15-64			10.8	9.7	8.7	7.3	7.9	9.5	8.3	7.5	6.2
Total			10.6	9.5	8.5	7.1	7.8	9.4	8.1	7.3	6.0
All persons											
15-24			17.5	16.5	16.0	15.3	16.3	17.8	16.0	15.6	13.5
25-54			5.0	5.9	5.4	5.6	5.8	6.0	6.2	5.2	4.6
55-64			4.0	4.4	3.1	2.5	2.7	2.8	2.3	2.5	1.6
65 and over			1.6	2.1	1.5	1.2	1.0	0.4	1.1	1.1	0.7
15-64			8.6	8.8	8.2	8.4	8.7	9.2	8.8	7.8	6.8

Prior to 2000, data refer to semestrial average estimates (April, October).

III - Taux d'activité et taux de chômage par âge et par sexe

Pourcentage (estimations de moyennes annuelles)

1997	1998	1999	2000	2001	2002	2003	2004	2005	2006	
										TAUX D'ACTIVITÉ
										Hommes
50.2	48.3	48.4 I	45.6	43.2	39.7	35.5	35.6	36.0	35.6	15-19
78.3	76.6	76.2 I	71.9	71.9	69.4	68.4	73.6	73.2	72.1	20-24
96.7	96.8	95.5 I	92.5	92.0	92.0	91.8	93.6	93.8	93.0	25-34
96.3	96.3	95.8 I	94.4	93.2	93.0	92.6	94.3	94.3	93.4	35-44
79.6	80.1	78.3 I	76.8	75.7	74.5	73.5	74.2	75.0	74.4	45-54
62.1	62.5	59.1 I	58.4	57.7	55.9	50.8	53.9	53.0	51.3	55-59
52.4	54.6	49.0 I	47.8	46.8	44.8	42.6	42.9	40.2	39.7	60-64
62.5	60.9	60.7 I	57.6	56.3	53.3	50.6	53.1	52.9	52.0	15-24
92.8	92.9	91.7 I	89.5	88.7	88.2	87.7	89.2	89.4	88.6	25-54
57.6	58.8	54.4 I	53.4	52.7	50.8	47.1	49.0	47.4	46.3	55-64
31.6	34.0	33.8 I	32.5	30.4	26.6	25.3	26.1	24.2	22.0	65 et plus
80.1	80.0	79.0 I	76.9	76.1	75.1	74.0	76.1	76.2	75.5	15-64
										Femmes
28.4	28.4	28.8 I	24.4	23.1	23.1	20.9	19.0	18.0	17.7	15-19
36.1	35.0	37.6 I	31.5	33.5	34.5	32.2	32.7	31.9	31.4	20-24
30.6	31.5	32.1 I	30.6	30.9	32.5	31.6	30.3	30.2	31.0	25-34
30.7	31.9	32.4 I	29.0	30.0	30.7	30.3	29.6	29.6	30.5	35-44
28.9	28.8	27.8 I	25.5	26.7	27.1	25.6	24.1	24.0	23.4	45-54
28.0	28.0	26.4 I	24.3	23.0	23.2	23.1	21.4	18.4	18.5	55-59
22.2	22.9	26.3 I	18.6	19.7	22.6	19.4	18.0	15.3	14.5	60-64
32.2	31.7	33.2 I	28.1	28.5	29.0	26.8	26.1	25.1	24.6	15-24
30.3	31.0	31.2 I	28.9	29.6	30.7	29.8	28.6	28.5	29.0	25-54
25.3	25.6	26.4 I	21.6	21.5	22.9	21.4	19.8	17.0	16.8	55-64
11.2	13.3	15.2 I	11.3	12.3	11.5	10.4	8.7	7.6	6.5	65 et plus
30.4	30.7	31.4 I	28.0	28.5	29.5	28.1	27.0	26.5	26.7	15-64
										Ensemble des personnes
47.0	46.0	46.7 I	42.5	42.1	40.9	38.4	39.3	38.7	37.9	15-24
61.9	62.3	61.8 I	59.6	59.5	59.8	59.1	59.2	59.3	59.2	25-54
41.1	41.9	40.1 I	37.2	36.8	36.6	34.0	34.1	31.9	31.3	55-64
20.4	22.6	23.6 I	20.8	20.5	18.3	17.1	16.6	15.2	13.5	65 et plus
55.2	55.3	55.2 I	52.4	52.3	52.3	51.1	51.5	51.3	51.1	15-64
										TAUX DE CHÔMAGE
										Hommes
12.8	12.6	13.0 I	11.0	15.0	17.3	18.8	17.6	18.1	16.9	15-19
15.0	16.7	17.7 I	15.7	18.7	22.4	23.1	21.5	20.0	19.0	20-24
5.7	6.2	7.5 I	6.2	8.3	10.2	10.7	11.3	10.7	10.1	25-34
3.4	3.8	4.6 I	4.2	6.2	8.2	7.3	7.3	7.3	7.0	35-44
3.8	4.3	4.6 I	3.7	5.8	7.7	7.3	6.8	7.5	7.4	45-54
2.1	2.8	3.8 I	2.9	3.7	6.1	6.2	4.6	5.3	5.9	55-59
1.5	1.9	1.6 I	2.7	2.1	2.4	3.3	3.2	3.1	3.1	60-64
14.0	14.9	15.6 I	13.7	17.2	20.3	21.5	20.1	19.3	18.2	15-24
4.5	5.0	5.9 I	5.0	7.1	9.0	8.9	9.0	8.9	8.5	25-54
1.8	2.4	2.8 I	2.9	3.1	4.6	5.0	4.1	4.5	4.9	55-64
1.1	1.3	0.9 I	0.8	1.2	1.1	0.9	1.4	0.9	0.7	65 et plus
6.6	7.1	7.9 I	6.8	9.0	11.0	11.0	10.8	10.5	9.9	15-64
6.5	6.9	7.7 I	6.6	8.7	10.7	10.7	10.5	10.3	9.7	Total
										Femmes
13.6	12.0	13.2 I	10.1	14.0	15.4	16.4	14.9	16.4	17.1	15-19
16.1	13.4	14.6 I	13.1	14.7	18.1	20.4	21.1	20.9	21.2	20-24
8.2	7.2	8.6 I	6.5	8.0	10.8	11.6	11.3	12.3	12.2	25-34
3.1	3.5	3.9 I	3.4	4.4	6.3	6.0	5.4	5.9	6.2	35-44
1.2	1.7	1.8 I	2.1	1.7	2.2	3.4	2.4	2.9	2.8	45-54
1.0	1.0	0.4 I	0.4	0.8	1.9	1.1	0.8	0.4	1.3	55-59
0.5	0.0	0.0 I	0.6	0.0	0.4	1.0	0.5	0.6	0.0	60-64
15.0	12.8	14.0 I	11.9	14.4	17.1	18.9	18.9	19.3	19.8	15-24
5.0	4.8	5.6 I	4.6	5.5	7.5	8.1	7.5	8.2	8.2	25-54
0.8	0.6	0.2 I	0.5	0.4	1.2	1.1	0.7	0.5	0.8	55-64
0.0	0.0	0.3 I	0.0	0.0	0.4	0.0	0.0	0.0	0.0	65 et plus
8.1	7.1	7.9 I	6.5	7.8	9.8	10.5	10.0	10.6	10.6	15-64
7.8	6.8	7.6 I	6.3	7.5	9.5	10.1	9.7	10.3	10.3	Total
										Ensemble des personnes
14.3	14.2	15.0 I	13.1	16.2	19.2	20.5	19.7	19.3	18.7	15-24
4.6	4.9	5.8 I	4.9	6.7	8.7	8.7	8.7	8.7	8.4	25-54
1.5	1.8	1.9 I	2.1	2.3	3.5	3.7	3.1	3.4	3.8	55-64
0.7	0.9	0.7 I	0.5	0.8	0.9	0.6	1.0	0.6	0.5	65 et plus
7.0	7.1	7.9 I	6.7	8.6	10.6	10.8	10.6	10.5	10.1	15-64

Avant 2000, les données se réfèrent aux estimations de moyennes semestrielles (avril, octobre).

IV - Professional status and breakdown by activity - ISIC Rev. 2

Thousands (annual average estimates)

	1986	1987	1988	1989	1990	1991	1992	1993	1994	1995	1996
CIVILIAN EMPLOYMENT: PROFESSIONAL STATUS											
All activities	17 094	17 488	17 755	18 224	18 538	19 290	19 462	18 503	20 007	20 590	21 198
Employees			7 170	7 015	7 223	7 324	7 730	7 806	8 192	8 552	9 077
Employers and persons working on own account			5 223	5 497	5 734	5 750	5 933	5 659	6 058	6 167	6 102
Unpaid family workers			5 362	5 713	5 581	6 217	5 799	5 038	5 757	5 871	6 019
Agriculture, hunting, forestry and fishing	8 263	8 238	8 249	8 639	8 691	9 213	8 718	7 861	8 814	9 081	9 258
Employees			529	383	427	373	419	389	382	465	578
Employers and persons working on own account			2 775	2 974	3 119	3 089	3 063	2 909	3 186	3 271	3 194
Unpaid family workers			4 945	5 283	5 146	5 752	5 237	4 563	5 246	5 345	5 487
Non-agricultural activities	8 831	9 250	9 506	9 585	9 847	10 077	10 744	10 642	11 194	11 509	11 940
Employees			6 641	6 632	6 796	6 951	7 312	7 417	7 811	8 087	8 499
Employers and persons working on own account			2 448	2 523	2 615	2 662	2 870	2 750	2 872	2 896	2 909
Unpaid family workers			417	430	435	466	563	475	511	526	533
All activities (%)	100.0	100.0	100.0	100.0	100.0	100.0	100.0	100.0	100.0	100.0	100.0
Employees			40.4	38.5	39.0	38.0	39.7	42.2	40.9	41.5	42.8
Others			59.6	61.5	61.0	62.0	60.3	57.8	59.1	58.5	57.2
CIVILIAN EMPLOYMENT: BREAKDOWN BY ACTIVITY ISIC Rev. 2 Major Divisions											
1 to 0 All activities	17 093	17 487	17 754	18 223	18 537	19 288	19 459	18 500	20 006	20 586	21 194
1 Agriculture, hunting, forestry and fishing	8 263	8 238	8 249	8 639	8 691	9 212	8 718	7 862	8 813	9 080	9 259
2 Mining and quarrying	230	230	232	189	198	176	159	135	180	154	164
3 Manufacturing	2 385	2 457	2 552	2 637	2 627	2 736	2 949	2 706	3 013	3 027	3 237
4 Electricity, gas and water	64	65	66	67	68	22	48	101	102	114	86
5 Construction	1 021	1 083	1 108	1 039	992	975	1 049	1 238	1 208	1 238	1 298
6 Wholesale and retail trade; restaurants and hotels	1 853	1 994	2 029	2 041	2 154	2 190	2 377	2 412	2 538	2 717	2 737
7 Transport, storage and communication	734	768	778	830	816	821	875	933	894	878	907
8 Financing, insurance, real estate and business services	287	413	428	440	416	432	474	429	479	482	508
9 Community, social and personal services	2 156	2 239	2 312	2 343	2 578	2 725	2 812	2 685	2 782	2 897	3 001
0 Activities not adequately defined	0	0	0	0	0	0	0	0	0	0	0
EMPLOYEES: BREAKDOWN BY ACTIVITY ISIC Rev. 2 Major Divisions											
1 to 0 All activities			7 169	7 014	7 224	7 324	7 733	7 806	8 189	8 550	9 076
1 Agriculture, hunting, forestry and fishing			529	382	428	373	419	389	382	465	578
2 Mining and quarrying			218	180	187	173	154	132	176	152	163
3 Manufacturing			1 881	1 940	1 945	2 032	2 118	2 068	2 211	2 277	2 466
4 Electricity, gas and water			26	28	26	22	51	101	102	113	86
5 Construction			893	817	763	811	858	1 101	1 083	1 109	1 178
6 Wholesale and retail trade; restaurants and hotels			694	679	717	791	847	858	938	1 061	1 099
7 Transport, storage and communication			421	444	433	409	457	491	470	469	491
8 Financing, insurance, real estate and business services			341	358	327	333	364	325	374	359	387
9 Community, social and personal services			2 166	2 189	2 401	2 381	2 468	2 343	2 455	2 546	2 630
0 Activities not adequately defined			0	0	0	0	0	0	0	0	0

Prior to 2000, data refer to semestrial average estimates (April, October).

TURQUIE

IV - Situation dans la profession et répartition par branches d'activités - CITI Rév. 2

Milliers (estimations de moyennes annuelles)

	1997	1998	1999	2000	2001	2002	2003	2004	2005	2006
EMPLOI CIVIL : SITUATION DANS LA PROFESSION										
Toutes activités	21 206	21 781	22 052 ǀ	21 581	21 526	21 355	21 147	21 789	22 045	22 330
Salariés	9 467	9 713	9 927 ǀ	10 488	10 156	10 625	10 708	11 078	11 948	12 617
Employeurs et personnes travaillant à leur compte	6 320	6 424	6 338 ǀ	6 434	6 505	6 275	6 301	6 408	6 570	6 447
Travailleurs familiaux non rémunérés	5 419	5 644	5 787 ǀ	4 659	4 865	4 455	4 138	4 303	3 527	3 266
Agriculture, chasse, sylviculture et pêche	8 836	9 039	8 857 ǀ	7 768	8 089	7 456	7 152	7 398	6 494	6 087
Salariés	528	492	504 ǀ	429	356	395	383	497	522	530
Employeurs et personnes travaillant à leur compte	3 348	3 391	3 190 ǀ	3 225	3 402	3 156	3 123	3 139	2 965	2 804
Travailleurs familiaux non rémunérés	4 960	5 156	5 164 ǀ	4 114	4 331	3 905	3 646	3 762	3 007	2 753
Activités non agricoles	12 371	12 742	13 196 ǀ	13 813	13 437	13 899	13 995	14 391	15 551	16 243
Salariés	8 939	9 221	9 424 ǀ	10 059	9 800	10 230	10 325	10 581	11 426	12 087
Employeurs et personnes travaillant à leur compte	2 973	3 033	3 149 ǀ	3 209	3 103	3 119	3 178	3 269	3 605	3 643
Travailleurs familiaux non rémunérés	459	488	624 ǀ	545	534	550	492	541	520	513
Toutes activités (%)	100.0	100.0	100.0 ǀ	100.0	100.0	100.0	100.0	100.0	100.0	100.0
Salariés	44.6	44.6	45.0 ǀ	48.6	47.2	49.8	50.6	50.8	54.2	56.5
Autres	55.4	55.4	55.0 ǀ	51.4	52.8	50.2	49.4	49.2	45.8	43.5
EMPLOI CIVIL : RÉPARTITION PAR BRANCHES D'ACTIVITÉS										
Branches CITI Rév. 2										
1 à 0 Toutes activités	21 204	21 779	22 048 ǀ	21 580						
1 Agriculture, chasse, sylviculture et pêche	8 837	9 039	8 856 ǀ	7 769						
2 Industries extractives	159	148	134 ǀ	81						
3 Industries manufacturières	3 445	3 463	3 555 ǀ	3 638						
4 Électricité, gaz et eau	111	112	95 ǀ	91						
5 Bâtiment et travaux publics	1 320	1 325	1 365 ǀ	1 364						
6 Commerce de gros et de détail; restaurants et hôtels	2 896	2 995	3 204 ǀ	3 817						
7 Transports, entrepôts et communications	907	968	952 ǀ	1 067						
8 Banques, assurances, affaires immobilières et services fournis aux entreprises	527	544	580 ǀ	709						
9 Services fournis à la collectivité, services sociaux et services personnels	3 003	3 186	3 309 ǀ	3 044						
0 Activités mal désignées	0	0	0	0						
SALARIÉS : RÉPARTITION PAR BRANCHES D'ACTIVITÉS										
Branches CITI Rév. 2										
1 à 0 Toutes activités	9 466	9 714	9 926 ǀ	10 488						
1 Agriculture, chasse, sylviculture et pêche	528	492	504 ǀ	429						
2 Industries extractives	156	140	130 ǀ	77						
3 Industries manufacturières	2 724	2 734	2 660 ǀ	2 845						
4 Électricité, gaz et eau	111	112	94 ǀ	91						
5 Bâtiment et travaux publics	1 221	1 229	1 215 ǀ	1 177						
6 Commerce de gros et de détail; restaurants et hôtels	1 176	1 243	1 389 ǀ	1 829						
7 Transports, entrepôts et communications	480	512	560 ǀ	648						
8 Banques, assurances, affaires immobilières et services fournis aux entreprises	408	416	438 ǀ	542						
9 Services fournis à la collectivité, services sociaux et services personnels	2 664	2 836	2 939 ǀ	2 850						
0 Activités mal désignées	0	0	0	0						

Avant 2000, les données se réfèrent aux estimations de moyennes semestrielles (avril, octobre).

TURKEY

V - Civilian employment and employees: breakdown by activity - ISIC Rev. 3

Thousands (annual average estimates)

	1986	1987	1988	1989	1990	1991	1992	1993	1994	1995	1996
CIVILIAN EMPLOYMENT: BREAKDOWN BY ACTIVITY											
A to X All activities											
A Agriculture, hunting and forestry											
B Fishing											
C Mining and quarrying											
D Manufacturing											
E Electricity, gas and water supply											
F Construction											
G Wholesale and retail trade; repair of motorvehicles,, motorcycles and personal and household goods											
H Hotels and restaurants											
I Transport, storage and communication											
J Financial intermediation											
K Real estate, renting and business activities											
L Public administration and defence; compulsory social security, excluding armed forces											
M Education											
N Health and social work											
O Other community, social and personal service activities											
P Privates households with employed persons											
Q Extra-territorial organisations and bodies											
X Not classifiable by economic activities											
Breakdown by sector											
Agriculture (A-B)											
Industry (C-F)											
Services (G-Q)											
Agriculture (%)											
Industry (%)											
Services (%)											
Female participation in agriculture (%)											
Female participation in industry (%)											
Female participation in services (%)											
EMPLOYEES: BREAKDOWN BY ACTIVITY											
A to X All activities											
A Agriculture, hunting and forestry											
B Fishing											
C Mining and quarrying											
D Manufacturing											
E Electricity, gas and water supply											
F Construction											
G Wholesale and retail trade; repair of motorvehicles,, motorcycles and personal and household goods											
H Hotels and restaurants											
I Transport, storage and communication											
J Financial intermediation											
K Real estate, renting and business activities											
L Public administration and defence; compulsory social security, excluding armed forces											
M Education											
N Health and social work											
O Other community, social and personal service activities											
P Privates households with employed persons											
Q Extra-territorial organisations and bodies											
X Not classifiable by economic activities											
Breakdown by sector											
Agriculture (A-B)											
Industry (C-F)											
Services (G-Q)											
Agriculture (%)											
Industry (%)											
Services (%)											
Female participation in agriculture (%)											
Female participation in industry (%)											
Female participation in services (%)											

V - Emploi civil et salariés : répartition par branches d'activités - CITI Rév. 3

Milliers (estimations de moyennes annuelles)

1997	1998	1999	2000	2001	2002	2003	2004	2005	2006	
										EMPLOI CIVIL : RÉPARTITION PAR BRANCHES D'ACTIVITÉS
			21 581	21 526	21 353	21 147	21 791	22 047	22 330	**A à X Toutes activités**
			7 745	8 053	7 438	7 152	7 373	6 462	6 061	A Agriculture, chasse et sylviculture
			24	35	19	13	27	31	27	B Pêche
			82	98	120	83	105	119	128	C Activités extractives
			3 638	3 582	3 731	3 664	3 801	4 083	4 186	D Activités de fabrication
			91	95	103	100	82	79	93	E Production et distribution d'électricité, de gaz et d'eau
			1 364	1 110	958	965	1 029	1 171	1 267	F Construction
			3 041	2 942	3 154	3 205	3 308	3 610	3 729	G Commerce de gros et de détail; réparation de véhicules et de biens domestiques
			776	796	826	847	872	937	1 001	H Hôtels et restaurants
			1 068	1 034	1 004	1 022	1 100	1 131	1 163	I Transports, entreposage et communications
			281	258	238	229	237	238	238	J Intermédiation financière
			428	439	460	509	548	634	772	K Immobilier, location et activités de services aux entreprises
			1 174	1 158	1 151	1 177	1 251	1 246	1 225	L Administration publique et défense; sécurité sociale obligatoire (armée exclue)
			750	798	850	867	818	905	907	M Education
			479	462	506	522	469	530	591	N Santé et action sociale
			498	513	620	618	583	668	726	O Autres activités de services collectifs, sociaux et personnels
			138	149	174	174	182	199	213	P Ménages privés employant du personnel domestique
			4	4	1	2	5	4	3	Q Organisations et organismes extra-territoriaux
			0	0	0	0	0	0	0	X Ne pouvant être classés selon l'activité économique
										Répartition par secteurs
			7 769	8 088	7 457	7 165	7 400	6 493	6 088	Agriculture (A-B)
			5 175	4 885	4 912	4 812	5 017	5 452	5 674	Industrie (C-F)
			8 637	8 553	8 984	9 172	9 373	10 102	10 568	Services (G-Q)
			36.0	37.6	34.9	33.9	34.0	29.5	27.3	Agriculture (%)
			24.0	22.7	23.0	22.8	23.0	24.7	25.4	Industrie (%)
			40.0	39.7	42.1	43.4	43.0	45.8	47.3	Services (%)
			45.2	46.7	49.3	48.1	44.6	45.3	46.3	Part des femmes dans l'agriculture (%)
			14.7	14.8	17.1	16.4	16.2	15.7	15.4	Part des femmes dans l'industrie (%)
			17.7	17.1	17.9	18.0	17.7	18.8	20.1	Part des femmes dans les services (%)
										SALARIÉS : RÉPARTITION PAR BRANCHES D'ACTIVITÉS
			10 488	10 155	10 625	10 707	11 079	11 949	12 617	**A à X Toutes activités**
			419	345	387	383	489	510	521	A Agriculture, chasse et sylviculture
			10	11	8	6	9	11	9	B Pêche
			76	94	111	80	100	116	123	C Activités extractives
			2 845	2 846	3 034	3 026	3 121	3 368	3 480	D Activités de fabrication
			91	95	103	100	83	80	93	E Production et distribution d'électricité, de gaz et d'eau
			1 177	921	759	775	832	899	991	F Construction
			1 349	1 288	1 397	1 421	1 503	1 682	1 834	G Commerce de gros et de détail; réparation de véhicules et de biens domestiques
			481	504	549	549	580	652	683	H Hôtels et restaurants
			648	618	631	643	679	707	712	I Transports, entreposage et communications
			267	248	224	215	225	226	219	J Intermédiation financière
			275	293	312	341	385	457	586	K Immobilier, location et activités de services aux entreprises
			1 173	1 158	1 151	1 177	1 248	1 217	1 225	L Administration publique et défense; sécurité sociale obligatoire (armée exclue)
			742	790	846	861	807	896	897	M Education
			454	439	482	498	444	507	571	N Santé et action sociale
			348	360	466	464	400	442	480	O Autres activités de services collectifs, sociaux et personnels
			130	141	164	168	170	175	190	P Ménages privés employant du personnel domestique
			4	4	1	2	4	4	3	Q Organisations et organismes extra-territoriaux
			0	0	0	0	0	0	0	X Ne pouvant être classés selon l'activité économique
										Répartition par secteurs
			429	356	395	389	498	521	530	Agriculture (A-B)
			4 189	3 956	4 007	3 981	4 136	4 463	4 687	Industrie (C-F)
			5 871	5 843	6 223	6 339	6 445	6 965	7 400	Services (G-Q)
			4	4	4	4	4	4	4	Agriculture (%)
			40	39	38	37	37	37	37	Industrie (%)
			56	58	59	59	58	58	59	Services (%)
			28	33	39	31	32	35	35	Part des femmes dans l'agriculture (%)
			14	15	18	17	17	16	16	Part des femmes dans l'industrie (%)
			23	22	22	23	22	23	24	Part des femmes dans les services (%)

UNITED KINGDOM

I - Population

Thousands (mid-year estimates)

	1986	1987	1988	1989	1990	1991	1992	1993	1994	1995	1996
POPULATION - DISTRIBUTION BY AGE AND GENDER											
All persons											
Total	56 684	56 804	56 916	57 076	57 237	57 439	57 585	57 714	57 862	58 025	58 164
Under 15 years	10 778	10 723	10 730	10 790	10 876	11 008	11 145	11 244	11 292	11 291	11 282
From 15 to 64 years	37 199	37 264	37 297	37 322	37 358	37 371	37 337	37 334	37 416	37 538	37 659
65 years and over	8 707	8 817	8 889	8 964	9 003	9 059	9 102	9 137	9 154	9 196	9 223
Males											
Total	27 542	27 599	27 652	27 729	27 819	27 909	27 977	28 039	28 108	28 204	28 287
Under 15 years	5 525	5 494	5 495	5 523	5 565	5 629	5 697	5 747	5 772	5 774	5 773
From 15 to 64 years	18 585	18 615	18 630	18 639	18 659	18 650	18 619	18 606	18 631	18 694	18 750
65 years and over	3 432	3 490	3 527	3 567	3 594	3 630	3 660	3 686	3 705	3 736	3 764
Females											
Total	29 142	29 205	29 265	29 348	29 419	29 530	29 608	29 675	29 754	29 821	29 877
Under 15 years	5 253	5 229	5 235	5 267	5 311	5 379	5 448	5 497	5 520	5 517	5 509
From 15 to 64 years	18 615	18 649	18 667	18 684	18 699	18 722	18 718	18 727	18 785	18 844	18 909
65 years and over	5 274	5 327	5 362	5 397	5 409	5 429	5 442	5 450	5 449	5 460	5 459
POPULATION - PERCENTAGES											
All persons											
Total	100.0	100.0	100.0	100.0	100.0	100.0	100.0	100.0	100.0	100.0	100.0
Under 15 years	19.0	18.9	18.9	18.9	19.0	19.2	19.4	19.5	19.5	19.5	19.4
From 15 to 64 years	65.6	65.6	65.5	65.4	65.3	65.1	64.8	64.7	64.7	64.7	64.7
65 years and over	15.4	15.5	15.6	15.7	15.7	15.8	15.8	15.8	15.8	15.8	15.9
COMPONENTS OF CHANGE IN POPULATION											
a) Population at 1 January	56 769	56 930	57 084	57 258	57 459	57 685	57 512	57 649	57 788	57 943	58 095
b) Population at 31 December	56 930	57 084	57 258	57 459	57 685	57 907	57 649	57 788	57 943	58 095	58 239
c) Total increase (b-a)	162	153	174	201	225	223	138	139	155	151	145
d) Births	755	776	788	777	799	793	778	763	750	730	731
e) Deaths	661	644	649	658	642	646	634	642	641	638	641
f) Natural increase (d-e)	94	132	139	119	157	147	143	121	110	92	90
g) Net migration	67	22	36	82	68	76	-5	18	46	59	55
h) Statistical adjustments	1	-1	-1	1	0	-1	-2	0	0	0	0
i) Total increase (=f+g+h=c)	162	153	174	201	225	223	136	139	155	151	145
(Components of change in population/ Average population) x1000											
Total increase rates	2.8	2.7	3.1	3.5	3.9	3.9	2.4	2.4	2.7	2.6	2.5
Crude birth rates	13.3	13.6	13.8	13.5	13.9	13.7	13.5	13.2	13.0	12.6	12.6
Crude death rates	11.6	11.3	11.4	11.5	11.2	11.2	11.0	11.1	11.1	11.0	11.0
Natural increase rates	1.7	2.3	2.4	2.1	2.7	2.5	2.5	2.1	1.9	1.6	1.5
Net migration rates	1.2	0.4	0.6	1.4	1.2	1.3	-0.1	0.3	0.8	1.0	0.9

I - Population

Milliers (estimations au milieu de l'année)

1997	1998	1999	2000	2001	2002	2003	2004	2005	2006	
										POPULATION - RÉPARTITION SELON L'AGE ET LE SEXE
										Ensemble des personnes
58 314	58 475	58 684	58 886	59 113	59 322	59 554	59 834	60 209	60 587	Total
11 295	11 291	11 285	11 204	11 106	11 015	10 924	10 866	10 810	10 737	Moins de 15 ans
37 776	37 914	38 122	38 375	38 634	38 866	39 120	39 387	39 752	40 162	De 15 à 64 ans
9 244	9 270	9 278	9 308	9 373	9 441	9 510	9 580	9 647	9 688	65 ans et plus
										Hommes
28 371	28 458	28 578	28 690	28 832	28 963	29 108	29 271	29 479	29 694	Total
5 783	5 783	5 780	5 739	5 690	5 643	5 598	5 569	5 541	5 499	Moins de 15 ans
18 796	18 854	18 954	19 073	19 215	19 338	19 473	19 610	19 795	20 024	De 15 à 64 ans
3 792	3 821	3 845	3 878	3 928	3 982	4 038	4 091	4 143	4 171	65 ans et plus
										Femmes
29 943	30 017	30 106	30 196	30 281	30 359	30 446	30 563	30 730	30 893	Total
5 512	5 508	5 505	5 464	5 417	5 373	5 327	5 296	5 269	5 238	Moins de 15 ans
18 980	19 060	19 169	19 301	19 420	19 527	19 647	19 778	19 957	20 138	De 15 à 64 ans
5 451	5 449	5 433	5 430	5 444	5 459	5 472	5 488	5 505	5 517	65 ans et plus
										POPULATION - POURCENTAGES
										Ensemble des personnes
100.0	100.0	100.0	100.0	100.0	100.0	100.0	100.0	100.0	100.0	Total
19.4	19.3	19.2	19.0	18.8	18.6	18.3	18.2	18.0	17.7	Moins de 15 ans
64.8	64.8	65.0	65.2	65.4	65.5	65.7	65.8	66.0	66.3	De 15 à 64 ans
15.9	15.9	15.8	15.8	15.9	15.9	16.0	16.0	16.0	16.0	65 ans et plus
										COMPOSANTES DE L'ÉVOLUTION DÉMOGRAPHIQUE
58 239	58 395	58 580	58 785	59 000	59 218	59 438	59 673			a) Population au 1er janvier
58 395	58 580	58 785	59 000	59 218	59 438	59 673				b) Population au 31 décembre
155	185	206	215	218	220	235				**c) Accroissement total (b-a)**
729	714	699	679	669	669	696	716	723	749	d) Naissances
627	626	630	608	602	606	612	583	583	572	e) Décès
102	89	69	71	67	63	84	133	140	176	**f) Accroissement naturel (d-e)**
54	97	136	146	150	151					g) Solde net des migrations
0	0	0	-2	1	6					h) Ajustements statistiques
155	185	206	215	218	219					**i) Accroissement total (=f+g+h=c)**
										(Composition de l'évolution démographique/ Population moyenne) x1000
2.7	3.2	3.5	3.6	3.7	3.7					Taux d'accroissement total
12.5	12.2	11.9	11.5	11.3	11.3	11.7				Taux bruts de natalité
10.8	10.7	10.7	10.3	10.2	10.2	10.3				Taux bruts de mortalité
1.7	1.5	1.2	1.2	1.1	1.1	1.4				Taux d'accroissement naturel
0.9	1.7	2.3	2.5	2.5	2.5					Taux du solde net des migrations

II - Labour force

Thousands (spring quarter)

	1986	1987	1988	1989	1990	1991	1992	1993	1994	1995	1996
Total labour force											
All persons	27 491	27 943	28 345	28 764	28 909	28 545	28 306	28 103	28 052	28 024	28 134
Males	15 971	16 117	16 299	16 434	16 483	16 141	15 905	15 687	15 608	15 560	15 539
Females	11 520	11 826	12 046	12 330	12 427	12 404	12 401	12 417	12 444	12 465	12 595
Armed forces											
All persons	165	177	151	140	117	95	138	127	114	129	127
Males	159	164	143	135	111	88	127	121	109	123	119
Females	6	12	9	5	7	7	11	6	6	6	8
Civilian labour force											
All persons	27 326	27 766	28 193	28 624	28 792	28 449	28 167	27 977	27 938	27 895	28 008
Males	15 812	15 953	16 156	16 298	16 372	16 052	15 778	15 566	15 500	15 437	15 421
Females	11 515	11 813	12 037	12 325	12 420	12 397	12 390	12 411	12 438	12 458	12 587
Unemployed											
All persons	2 946	3 012	2 485	2 075	1 974	2 391	2 732	2 889	2 685	2 406	2 281
Males	1 797	1 808	1 475	1 215	1 165	1 490	1 827	1 940	1 774	1 558	1 490
Females	1 149	1 205	1 010	860	809	900	905	949	911	848	791
Civilian employment											
All persons	24 380	24 754	25 708	26 549	26 818	26 058	25 435	25 088	25 253	25 489	25 727
Males	14 014	14 145	14 681	15 083	15 207	14 562	13 950	13 626	13 726	13 879	13 931
Females	10 365	10 609	11 027	11 465	11 611	11 496	11 485	11 462	11 527	11 610	11 796
Civilian employment (%)											
All persons	100.0	100.0	100.0	100.0	100.0	100.0	100.0	100.0	100.0	100.0	100.0
Males	57.5	57.1	57.1	56.8	56.7	55.9	54.8	54.3	54.4	54.5	54.1
Females	42.5	42.9	42.9	43.2	43.3	44.1	45.2	45.7	45.6	45.5	45.9
Unemployment rates (% of civilian labour force)											
All persons	10.8	10.8	8.8	7.2	6.9	8.4	9.7	10.3	9.6	8.6	8.1
Males	11.4	11.3	9.1	7.5	7.1	9.3	11.6	12.5	11.4	10.1	9.7
Females	10.0	10.2	8.4	7.0	6.5	7.3	7.3	7.6	7.3	6.8	6.3
Total labour force (% of total population)											
All persons	48.5	49.2	49.8	50.4	50.5	49.7	49.2	48.7	48.5	48.3	48.4
Males	58.0	58.4	58.9	59.3	59.3	57.8	56.9	55.9	55.5	55.2	54.9
Females	39.5	40.5	41.2	42.0	42.2	42.0	41.9	41.8	41.8	41.8	42.2
Total labour force (% of population from 15-64 years)[1]											
All persons	73.9	75.0	76.0	77.1	77.4	76.4	75.8	75.3	75.0	74.7	74.7
Males	85.9	86.6	87.5	88.2	88.3	86.5	85.4	84.3	83.8	83.2	82.9
Females	61.9	63.4	64.5	66.0	66.5	66.3	66.3	66.3	66.2	66.1	66.6
Civilian employment (% of total population)											
All persons	43.0	43.6	45.2	46.5	46.9	45.4	44.2	43.5	43.6	43.9	44.2
Civilian employment (% of population from 15-64 years)											
All persons	65.5	66.4	68.9	71.1	71.8	69.7	68.1	67.2	67.5	67.9	68.3
Males	75.4	76.0	78.8	80.9	81.5	78.1	74.9	73.2	73.7	74.2	74.3
Females	55.7	56.9	59.1	61.4	62.1	61.4	61.4	61.2	61.4	61.6	62.4
Part-time employment (%)											
Part-time as % of employment	20.2	20.8	20.5	20.2	20.1	20.7	21.5	22.1	22.4	22.3	22.9
Male share of part-time employment	13.1	14.5	15.3	13.8	14.9	14.9	15.9	16.5	17.3	18.3	18.7
Female share of part-time employment	86.9	85.5	84.7	86.2	85.1	85.1	84.1	83.5	82.7	81.7	81.3
Male part-time as % of male employment	4.6	5.2	5.5	4.9	5.3	5.5	6.2	6.7	7.0	7.4	7.8
Female part-time as % of female employment	41.6	41.9	40.8	40.4	39.5	40.3	40.7	41.0	41.2	40.8	41.4
Duration of unemployment (% of total unemployment)											
Less than 1 month	6.8	6.9	9.4	11.2	12.5	11.5	11.3	9.7	10.2	10.6	11.2
More than 1 month and less than 3 months	11.1	11.4	14.2	15.7	17.5	19.3	13.2	11.2	12.4	12.7	14.5
More than 3 months and less than 6 months	16.7	16.9	16.5	17.7	19.8	22.1	18.3	16.1	14.0	16.0	16.2
More than 6 months and less than 1 year	17.2	16.9	16.8	16.2	15.9	18.3	21.9	20.4	18.0	17.2	18.3
More than 1 year	48.2	47.9	43.0	39.1	34.4	28.8	35.4	42.5	45.4	43.6	39.8

Prior to 1992, June estimates.

(1) Participation rates calculated according to national definitions may differ from those published in this table, when the age group represented in the labour force survey is other than 15-64 years.

II - Population active

Milliers (trimestre de printemps)

	1997	1998	1999	2000	2001	2002	2003	2004	2005	2006
Population active totale										
Ensemble des personnes	28 252	28 223	28 508	28 740	28 774	29 030	29 235	29 369	29 557	29 942
Hommes	15 519	15 454	15 559	15 642	15 611	15 680	15 840	15 826	15 884	16 055
Femmes	12 733	12 768	12 949	13 098	13 163	13 350	13 395	13 544	13 673	13 888
Forces armées										
Ensemble des personnes	113	104	120	108	92	85	127	163	158	135
Hommes	108	101	111	99	88	78	112	137	127	115
Femmes	5	3	9	10	3	6	15	26	30	20
Population active civile										
Ensemble des personnes	28 139	28 119	28 388	28 632	28 682	28 945	29 107	29 206	29 400	29 807
Hommes	15 411	15 353	15 447	15 543	15 522	15 602	15 727	15 689	15 757	15 940
Femmes	12 728	12 766	12 940	13 089	13 160	13 343	13 380	13 517	13 642	13 867
Chômeurs										
Ensemble des personnes	1 985	1 723	1 697	1 574	1 366	1 473	1 414	1 361	1 364	1 604
Hommes	1 252	1 047	1 041	946	820	887	866	788	792	924
Femmes	733	676	655	628	546	586	548	573	573	680
Emploi civil										
Ensemble des personnes	26 155	26 395	26 691	27 058	27 316	27 472	27 693	27 845	28 035	28 203
Hommes	14 160	14 306	14 406	14 597	14 703	14 715	14 861	14 901	14 966	15 016
Femmes	11 995	12 089	12 285	12 461	12 613	12 757	12 832	12 944	13 070	13 188
Emploi civil (%)										
Ensemble des personnes	100.0	100.0	100.0	100.0	100.0	100.0	100.0	100.0	100.0	100.0
Hommes	54.1	54.2	54.0	53.9	53.8	53.6	53.7	53.5	53.4	53.2
Femmes	45.9	45.8	46.0	46.1	46.2	46.4	46.3	46.5	46.6	46.8
Taux de chômage (% de la population active civile)										
Ensemble des personnes	7.1	6.1	6.0	5.5	4.8	5.1	4.9	4.7	4.6	5.4
Hommes	8.1	6.8	6.7	6.1	5.3	5.7	5.5	5.0	5.0	5.8
Femmes	5.8	5.3	5.1	4.8	4.1	4.4	4.1	4.2	4.2	4.9
Population active totale (% de la population totale)										
Ensemble des personnes	48.4	48.3	48.6	48.8	48.7	48.9	49.1	49.1	49.1	49.4
Hommes	54.7	54.3	54.4	54.5	54.1	54.1	54.4	54.1	53.9	54.1
Femmes	42.5	42.5	43.0	43.4	43.5	44.0	44.0	44.3	44.5	45.0
Population active totale (% de la population de 15-64 ans)[1]										
Ensemble des personnes	74.8	74.4	74.8	74.9	74.5	74.7	74.7	74.6	74.4	74.6
Hommes	82.6	82.0	82.1	82.0	81.2	81.1	81.3	80.7	80.2	80.2
Femmes	67.1	67.0	67.6	67.9	67.8	68.4	68.2	68.5	68.5	69.0
Emploi civil (% de la population totale)										
Ensemble des personnes	44.9	45.1	45.5	45.9	46.2	46.3	46.5	46.5	46.6	46.5
Emploi civil (% de la population de 15-64 ans)										
Ensemble des personnes	69.2	69.6	70.0	70.5	70.7	70.7	70.8	70.7	70.5	70.2
Hommes	75.3	75.9	76.0	76.5	76.5	76.1	76.3	76.0	75.6	75.0
Femmes	63.2	63.4	64.1	64.6	64.9	65.3	65.3	65.4	65.5	65.5
Emploi à temps partiel (%)										
Temps partiel en % de l'emploi	22.9	23.0	22.9	23.0	22.7	23.3	23.7	24.0	23.5	23.4
Part des hommes dans le temps partiel	19.8	19.8	20.6	20.6	20.2	20.4	21.9	21.7	22.2	22.4
Part des femmes dans le temps partiel	80.2	80.2	79.4	79.4	79.8	79.6	78.1	78.3	77.8	77.6
Temps partiel des hommes en % de l'emploi des hommes	8.2	8.2	8.6	8.6	8.3	8.9	9.7	9.7	9.8	9.9
Temps partiel des femmes en % de l'emploi des femmes	41.0	41.2	40.6	40.8	40.3	39.9	40.0	40.3	39.1	38.8
Durée du chômage (% du chômage total)										
Moins de 1 mois	13.6	14.2	13.5	15.5	16.2	15.7	16.9	16.9	17.3	16.8
Plus de 1 mois et moins de 3 mois	16.2	20.1	22.4	22.4	21.3	25.9	25.6	24.8	24.1	22.2
Plus de 3 mois et moins de 6 mois	15.4	18.4	18.7	18.8	18.9	19.8	20.4	19.5	20.4	20.2
Plus de 6 mois et moins de 1 an	16.1	14.6	15.8	15.2	15.8	15.8	14.4	17.4	15.8	18.8
Plus de 1 an	38.6	32.7	29.6	28.0	27.8	22.9	22.8	21.4	22.4	22.1

Avant 1992, estimations du mois de juin.

(1) Les taux d'activité calculés selon les définitions nationales peuvent être différents de ceux publiés dans ce tableau si le groupe d'âges représenté dans l'enquête de la population active est différent de 15-64 ans.

UNITED KINGDOM

III - Participation rates and unemployment rates by age and by sex

Percent (spring quarter)

	1986	1987	1988	1989	1990	1991	1992	1993	1994	1995	1996
PARTICIPATION RATES											
Males											
16-19	73.3	72.5	74.9	74.5	73.7	72.1	65.8	61.2	61.7	61.0	63.9
20-24	89.7	90.4	90.2	91.2	90.4	88.0	85.3	85.6	83.9	83.6	83.6
25-34	95.9	96.1	96.0	95.8	96.1	95.8	94.9	94.4	94.5	94.1	93.3
35-44	95.9	95.7	96.0	96.1	95.7	95.7	95.1	94.5	93.6	93.8	93.2
45-54	92.3	91.5	91.8	92.2	92.0	91.4	91.6	90.7	90.2	89.8	89.1
55-59	81.4	79.7	80.7	80.2	81.4	80.6	78.1	75.7	76.1	73.7	75.4
60-64	53.8	55.2	54.8	54.6	54.4	54.2	52.7	52.2	51.0	50.1	49.4
16-24	82.6	82.8	83.7	84.2	83.5	81.4	77.4	75.9	75.1	74.4	75.3
25-54	94.9	94.7	94.9	94.9	94.8	94.5	94.0	93.3	92.9	92.7	91.9
55-64	67.8	67.7	68.0	67.7	68.1	67.6	65.7	64.3	64.0	62.5	63.0
65 and over	8.0	7.8	8.1	9.2	8.8	8.6	8.9	7.5	7.6	8.2	7.6
16-64	87.6	87.6	88.1	88.3	88.3	87.6	86.3	85.5	85.1	84.7	84.5
Females											
16-19	69.4	70.8	70.1	70.8	67.9	69.0	61.6	58.2	58.0	58.6	59.5
20-24	74.1	72.5	72.7	75.9	75.5	73.6	72.0	71.7	69.8	69.0	70.3
25-34	64.5	65.8	68.0	69.4	70.2	69.9	70.0	71.0	71.2	71.6	72.2
35-44	72.0	72.9	74.9	74.8	76.3	76.5	76.8	76.6	76.5	76.0	76.3
45-54	70.1	70.5	70.3	72.0	72.6	72.4	74.3	74.5	75.1	74.8	75.4
55-59	51.7	52.9	52.6	54.1	54.8	54.3	54.5	54.5	55.4	55.7	54.3
60-64	19.1	19.2	19.8	22.8	22.7	24.0	23.4	24.7	25.5	24.9	25.2
16-24	72.1	71.7	71.6	73.8	72.4	71.7	67.8	66.4	65.1	64.8	65.8
25-54	68.7	69.7	71.1	72.0	73.0	72.9	73.5	73.8	74.1	74.0	74.5
55-64	35.2	36.0	36.2	38.4	38.7	39.0	38.9	39.7	40.7	40.8	40.2
65 and over	2.8	2.7	2.8	3.4	3.4	3.2	3.7	3.5	3.3	3.2	3.0
16-64	63.6	64.4	65.3	66.9	67.3	67.1	66.8	66.9	67.1	67.1	67.5
All persons											
16-24	77.4	77.4	77.7	79.1	78.0	76.6	72.6	71.1	70.1	69.6	70.5
25-54	81.8	82.2	83.0	83.5	83.9	83.6	83.7	83.5	83.4	83.3	83.1
55-64	50.9	51.3	51.6	52.6	53.0	53.0	52.0	51.7	52.1	51.4	51.4
65 and over	4.8	4.8	5.0	5.7	5.6	5.4	5.8	5.2	5.1	5.3	4.9
16-64	75.6	76.0	76.7	77.6	77.8	77.3	76.5	76.1	76.0	75.8	75.9
UNEMPLOYMENT RATES											
Males											
16-19	20.9	19.7	15.1	11.7	12.7	16.4	18.6	22.0	20.8	19.6	20.5
20-24	18.4	14.9	13.0	10.4	10.1	15.2	18.9	20.3	18.4	17.1	16.3
25-34	11.6	11.5	8.6	7.3	7.0	9.3	11.8	12.1	11.5	10.1	9.4
35-44	8.1	7.9	6.2	4.9	4.6	6.7	9.0	9.4	8.7	7.5	7.8
45-54	8.2	8.6	7.1	5.7	5.0	6.3	8.4	9.4	8.6	7.5	6.3
55-59	10.0	11.0	10.1	8.6	7.9	8.4	11.2	12.3	11.6	10.3	9.8
60-64	9.8	11.2	10.4	8.9	9.2	9.9	10.2	14.2	11.6	9.9	8.9
16-24	19.3	16.7	13.8	10.9	11.1	15.6	18.8	20.8	19.2	17.9	17.8
25-54	9.4	9.4	7.3	6.0	5.6	7.6	9.9	10.4	9.7	8.5	8.0
55-64	9.9	11.1	10.2	8.7	8.4	9.0	10.8	13.0	11.6	10.1	9.5
65 and over	9.2	8.1	5.9	8.2	5.3	5.6	4.7	4.5	3.6	2.7	4.0
16-64	11.7	11.2	9.1	7.4	7.1	9.3	11.6	12.5	11.5	10.2	9.7
Total	11.6	11.2	9.0	7.4	7.0	9.2	11.5	12.4	11.4	10.0	9.6
Females											
16-19	19.0	16.3	12.4	9.2	10.3	12.7	13.6	15.9	15.9	14.8	14.6
20-24	14.2	13.5	11.0	8.9	8.2	10.1	10.3	11.7	10.8	10.8	9.0
25-34	13.1	12.9	10.9	8.7	7.6	8.2	8.4	8.4	7.9	7.4	7.4
35-44	8.0	7.7	6.6	5.2	5.6	5.9	6.2	6.0	6.0	5.9	5.1
45-54	6.3	6.8	5.3	5.1	4.5	4.7	5.0	5.0	5.0	4.5	4.1
55-59	6.2	6.6	6.5	6.2	5.3	5.5	4.5	6.0	6.5	4.7	4.3
60-64	5.6	5.9	5.9	5.7	4.3	4.7	2.0	3.9	2.7	1.4	1.4
16-24	16.2	14.7	11.6	9.0	9.0	11.1	11.5	13.2	12.6	12.2	11.1
25-54	9.3	9.3	7.8	6.5	6.0	6.4	6.7	6.6	6.4	6.0	5.6
55-64	6.1	6.4	6.4	6.0	5.0	5.3	3.8	5.3	5.3	3.8	3.4
65 and over	3.9	2.3	4.2	4.0	2.5	4.3	4.8	3.9	3.0	2.5	1.3
16-64	10.7	10.3	8.5	7.0	6.6	7.3	7.3	7.7	7.4	6.9	6.3
Total	10.6	10.2	8.5	7.0	6.5	7.3	7.3	7.6	7.3	6.8	6.3
All persons											
16-24	17.9	15.8	12.8	10.0	10.1	13.5	15.4	17.3	16.1	15.3	14.7
25-54	9.4	9.4	7.5	6.2	5.8	7.1	8.5	8.7	8.2	7.4	6.9
55-64	8.5	9.4	8.8	7.7	7.2	7.6	8.1	10.0	9.1	7.6	7.0
65 and over	7.4	6.1	5.3	6.7	4.3	5.2	4.8	4.3	3.4	2.6	3.0
16-64	11.3	10.8	8.8	7.2	6.8	8.4	9.7	10.4	9.7	8.7	8.2

III - Taux d'activité et taux de chômage par âge et par sexe

Pourcentage (trimestre de printemps)

1997	1998	1999	2000	2001	2002	2003	2004	2005	2006	
										TAUX D'ACTIVITÉ
										Hommes
63.5	63.3	64.3	63.9	62.2	60.6	59.4	58.8	57.9	55.1	16-19
83.1	81.8	81.0	81.9	80.4	81.8	80.7	80.2	80.5	81.1	20-24
93.5	93.6	93.3	93.7	93.1	92.8	92.4	91.9	92.0	92.9	25-34
92.3	92.5	93.0	93.4	92.6	92.4	92.6	92.4	91.8	92.4	35-44
88.5	87.5	88.2	88.1	87.9	88.1	88.8	88.3	89.0	89.6	45-54
74.5	74.5	75.3	74.7	75.5	76.0	77.7	77.5	77.8	78.3	55-59
51.5	49.5	50.4	50.2	51.1	50.7	54.8	55.7	55.4	56.1	60-64
74.4	73.3	73.3	73.6	72.0	72.0	70.8	70.2	70.0	69.1	16-24
91.6	91.3	91.6	91.9	91.3	91.2	91.4	91.0	91.0	91.7	25-54
63.5	62.6	63.4	63.2	64.3	64.8	67.8	68.0	67.9	68.3	55-64
7.6	7.6	7.9	7.8	7.2	7.9	8.9	8.8	9.0	10.0	65 et plus
84.2	83.7	84.0	84.1	83.5	83.3	83.6	83.1	83.0	83.2	16-64
										Femmes
60.8	60.3	59.8	61.6	58.1	58.6	57.9	57.4	56.4	55.6	16-19
70.2	69.6	69.6	69.0	69.3	70.0	69.0	70.5	69.3	71.1	20-24
73.4	73.7	75.1	75.2	74.9	75.1	74.5	75.0	75.5	76.5	25-34
76.4	76.5	76.9	77.3	78.0	77.8	77.7	77.5	77.4	77.8	35-44
75.3	75.4	75.7	75.9	76.1	77.0	77.6	78.0	78.7	79.4	45-54
53.0	54.7	55.9	57.6	58.2	59.5	62.6	62.5	63.6	64.3	55-59
26.9	23.8	24.9	25.9	27.4	28.4	27.6	30.1	30.6	33.0	60-64
66.1	65.4	65.2	65.7	64.3	64.9	64.0	64.6	63.5	64.1	16-24
75.0	75.2	75.9	76.2	76.3	76.7	76.6	76.8	77.2	77.9	25-54
40.4	39.8	41.0	42.5	43.9	45.6	47.2	48.3	48.9	50.2	55-64
3.3	3.4	3.5	3.4	3.1	3.7	3.7	4.0	4.4	4.5	65 et plus
68.0	67.9	68.5	68.9	68.9	69.3	69.2	69.6	69.6	70.3	16-64
										Ensemble des personnes
70.2	69.3	69.2	69.7	68.2	68.5	67.4	67.4	66.7	66.6	16-24
83.2	83.1	83.6	83.9	83.7	83.8	83.8	83.8	84.0	84.6	25-54
51.7	51.0	52.0	52.7	53.9	55.0	57.3	58.0	58.2	59.1	55-64
5.1	5.1	5.4	5.3	4.8	5.5	5.9	6.1	6.4	6.9	65 et plus
76.0	75.7	76.1	76.4	76.1	76.2	76.3	76.2	76.2	76.7	16-64
										TAUX DE CHÔMAGE
										Hommes
18.1	17.0	18.2	17.3	15.8	16.9	18.1	17.5	19.2	21.7	16-19
14.0	11.9	11.2	10.4	9.5	10.4	10.2	8.2	10.3	12.4	20-24
7.7	6.7	6.0	5.4	4.8	5.2	5.0	4.8	4.4	5.1	25-34
6.0	4.7	5.2	4.3	3.9	4.2	3.7	3.5	3.3	4.0	35-44
6.1	4.7	4.9	4.8	3.5	3.8	3.8	3.0	3.1	3.6	45-54
7.9	6.7	6.4	5.3	3.9	4.2	5.1	3.7	3.4	3.5	55-59
7.6	6.9	6.4	5.8	5.2	4.5	2.8	4.2	3.0	3.0	60-64
15.6	13.9	14.0	13.2	12.0	13.0	13.3	11.8	13.7	15.8	16-24
6.6	5.4	5.4	4.8	4.1	4.4	4.1	3.8	3.6	4.2	25-54
7.8	6.8	6.4	5.5	4.3	4.3	4.3	3.9	3.3	3.3	55-64
3.9	3.2	2.7	2.4	2.6	3.6	2.3	2.9	1.7	2.5	65 et plus
8.1	6.8	6.8	6.1	5.3	5.7	5.5	5.0	5.1	5.8	16-64
8.1	6.8	6.7	6.1	5.2	5.7	5.5	5.0	5.0	5.7	Total
										Femmes
14.1	13.7	12.5	13.6	11.3	12.0	13.7	13.3	14.1	16.0	16-19
9.0	8.2	8.4	7.5	6.9	6.7	6.7	7.7	8.4	9.2	20-24
5.9	5.8	5.5	4.9	4.4	4.9	4.2	3.8	4.0	4.9	25-34
4.8	4.4	4.1	4.1	3.8	3.5	3.3	3.7	3.1	4.2	35-44
3.8	3.1	3.2	2.8	2.4	2.9	2.4	2.6	2.6	2.6	45-54
4.9	3.6	3.5	3.0	2.0	2.4	2.2	2.4	2.0	2.4	55-59
2.1	2.1	2.2	2.1	1.2	1.9	1.5	1.3	1.0	2.2	60-64
11.1	10.5	10.1	10.1	8.7	8.8	9.5	9.9	10.6	11.8	16-24
4.9	4.5	4.3	4.0	3.6	3.8	3.3	3.4	3.2	3.9	25-54
4.0	3.1	3.1	2.7	1.8	2.3	2.0	2.1	1.7	2.4	55-64
2.4	1.7	1.1	1.2	1.3	1.6	2.1	1.0	1.3	1.3	65 et plus
5.8	5.3	5.1	4.8	4.2	4.4	4.1	4.3	4.2	5.0	16-64
5.8	5.3	5.1	4.8	4.1	4.4	4.1	4.2	4.2	4.9	Total
										Ensemble des personnes
13.4	12.3	12.2	11.7	10.4	11.0	11.5	10.9	12.2	13.9	16-24
5.8	5.0	4.9	4.4	3.8	4.1	3.7	3.6	3.4	4.1	25-54
6.3	5.3	5.1	4.4	3.3	3.4	3.3	3.1	2.6	2.9	55-64
3.4	2.6	2.1	1.9	2.1	2.8	2.2	2.2	1.5	2.0	65 et plus
7.1	6.2	6.0	5.5	4.8	5.1	4.9	4.7	4.7	5.4	16-64

UNITED KINGDOM

IV - Professional status and breakdown by activity - ISIC Rev. 2

Thousands (spring quarter)

	1986	1987	1988	1989	1990	1991	1992	1993	1994	1995	1996
CIVILIAN EMPLOYMENT: PROFESSIONAL STATUS											
All activities	24 380	24 754	25 708	26 549	26 818	26 058	25 435	25 088	25 253	25 489	25 727
Employees	21 167	21 179	21 932	22 515	22 770	22 247	21 431	21 176	21 285	21 517	21 896
Employers and persons working on own account	2 801	3 058	3 230	3 528	3 572	3 375	3 443	3 403	3 486	3 549	3 457
Not specified	412	517	546	505	477	436	561	509	482	423	374
Agriculture, hunting, forestry and fishing	538	569	598	589	573	582	563	513	527	526	504
Employees	265	270	275	271	258	260	224	212	223	218	220
Employers and persons working on own account	273	299	323	318	315	309	295	266	264	267	250
Not specified	0	0	0	0	0	13	44	35	40	41	34
Non-agricultural activities	23 842	24 185	25 110	25 960	26 245	25 476	24 872	24 575	24 726	24 963	25 223
Employees	20 902	20 909	21 657	22 244	22 512	21 987	21 207	20 964	21 062	21 299	21 676
Employers and persons working on own account	2 528	2 759	2 907	3 210	3 257	3 066	3 148	3 137	3 222	3 282	3 207
Not specified	412	517	546	505	477	423	517	474	442	382	340
All activities (%)	100.0	100.0	100.0	100.0	100.0	100.0	100.0	100.0	100.0	100.0	100.0
Employees	86.8	85.6	85.3	84.8	84.9	85.4	84.3	84.4	84.3	84.4	85.1
Others	13.2	14.4	14.7	15.2	15.1	14.6	15.7	15.6	15.7	15.6	14.9
CIVILIAN EMPLOYMENT: BREAKDOWN BY ACTIVITY											
ISIC Rev. 2 Major Divisions											
1 to 0 All activities	24 380	24 754	25 708	26 549	26 818	26 058	25 435	25 088	25 253	25 489	25 727
1 Agriculture, hunting, forestry and fishing	538	569	598	589	573	582	563	513	527	526	504
2 Mining and quarrying						198	175	149	112	111	106
3 Manufacturing	5 936	5 682	5 966	5 973	5 928	5 629	5 397	5 288	4 797	4 826	4 944
4 Electricity, gas and water	626	584	574	580	598	334	311	291	235	219	186
5 Construction	1 757	1 880	1 918	2 127	2 141	1 918	1 756	1 656	1 826	1 795	1 777
6 Wholesale and retail trade; restaurants and hotels	4 900	5 082	5 298	5 430	5 415	5 278	5 120	4 992	5 090	5 165	5 166
7 Transport, storage and communication	1 469	1 536	1 585	1 674	1 652	1 673	1 647	1 619	1 564	1 623	1 597
8 Financing, insurance, real estate and business services	2 356	2 460	2 644	2 860	3 046	3 274	3 148	3 192	3 415	3 520	3 536
9 Community, social and personal services	6 679	6 827	6 988	7 150	7 276	6 927	7 140	7 233	7 544	7 586	7 796
0 Activities not adequately defined	119	134	137	166	189	244	179	153	143	118	117
EMPLOYEES: BREAKDOWN BY ACTIVITY											
ISIC Rev. 2 Major Divisions											
1 to 0 All activities	21 167	21 179	21 932	22 515	22 770	22 235	21 431	21 176	21 285	21 517	21 896
1 Agriculture, hunting, forestry and fishing	265	270	275	271	258	260	224	212	223	218	220
2 Mining and quarrying	301	242	216	236	223	191	167	143	106	105	101
3 Manufacturing	5 658	5 370	5 627	5 594	5 575	5 222	4 951	4 852	4 474	4 515	4 644
4 Electricity, gas and water	300	322	325	323	330	328	305	286	230	217	182
5 Construction	1 127	1 181	1 158	1 212	1 243	1 136	1 014	929	975	947	940
6 Wholesale and retail trade; restaurants and hotels	4 014	4 135	4 330	4 465	4 477	4 438	4 213	4 098	4 217	4 314	4 422
7 Transport, storage and communication	1 352	1 394	1 457	1 530	1 503	1 490	1 439	1 404	1 361	1 396	1 378
8 Financing, insurance, real estate and business services	2 211	2 291	2 487	2 655	2 808	2 779	2 610	2 667	2 851	2 954	2 959
9 Community, social and personal services	5 896	5 924	6 022	6 195	6 314	6 298	6 464	6 558	6 821	6 826	7 025
0 Activities not adequately defined	44	50	36	34	38	93	44	28	27	26	26

Prior to 1992, June estimates.

IV - Situation dans la profession et répartition par branches d'activités - CITI Rév. 2

Milliers (trimestre de printemps)

	1997	1998	1999	2000	2001	2002	2003	2004	2005	2006
EMPLOI CIVIL : SITUATION DANS LA PROFESSION										
Toutes activités	26 155	26 395	26 691	27 058	27 316	27 472	27 693	27 845 ¦	28 035	28 203
Salariés	22 365	22 766	23 160	23 588	23 830	23 977	24 035	24 052 ¦	24 281	24 402
Employeurs et personnes travaillant à leur compte	3 454	3 354	3 273	3 218	3 237	3 292	3 479	3 565 ¦	3 547	3 622
Non spécifiés	336	275	258	252	249	203	179	228 ¦	97	89
Agriculture, chasse, sylviculture et pêche	487	457	416	418	381	383	348	356 ¦	380	366
Salariés	208	208	195	213	188	188	159	157 ¦	177	173
Employeurs et personnes travaillant à leur compte	250	229	202	184	179	175	177	187 ¦	185	181
Non spécifiés	29	20	19	21	14	20	12	12 ¦	17	11
Activités non agricoles	25 668	25 938	26 275	26 640	26 935	27 089	27 345	27 489 ¦	27 655	27 837
Salariés	22 157	22 558	22 965	23 375	23 642	23 789	23 876	23 895 ¦	24 104	24 229
Employeurs et personnes travaillant à leur compte	3 204	3 125	3 071	3 034	3 058	3 117	3 302	3 378 ¦	3 362	3 441
Non spécifiés	307	255	239	231	235	183	167	216 ¦	80	78
Toutes activités (%)	100.0	100.0	100.0	100.0	100.0	100.0	100.0	100.0 ¦	100.0	100.0
Salariés	85.5	86.3	86.8	87.2	87.2	87.3	86.8	86.4 ¦	86.6	86.5
Autres	14.5	13.7	13.2	12.8	12.8	12.7	13.2	13.6 ¦	13.0	13.2
EMPLOI CIVIL : RÉPARTITION PAR BRANCHES D'ACTIVITÉS										
Branches CITI Rév. 2										
1 à 0 Toutes activités	26 155	26 395	26 691	27 058	27 316	27 472	27 693	27 845 ¦	28 035	28 203
1 Agriculture, chasse, sylviculture et pêche	487	457	416	418	381	383	348	356 ¦	380	366
2 Industries extractives	103	98	99	98	111	106	103	86 ¦	104	107
3 Industries manufacturières	4 887	4 871	4 749	4 600	4 456	4 267	4 098	3 774 ¦	3 732	3 668
4 Électricité, gaz et eau	175	176	182	194	195	209	183	180 ¦	170	170
5 Bâtiment et travaux publics	1 818	1 841	1 860	1 922	1 965	1 981	2 082	2 167 ¦	2 218	2 269
6 Commerce de gros et de détail; restaurants et hôtels	5 303	5 270	5 310	5 332	5 297	5 415	5 527	5 571 ¦	5 504	5 384
7 Transports, entrepôts et communications	1 674	1 720	1 759	1 847	1 933	1 933	1 935	1 903 ¦	1 935	1 900
8 Banques, assurances, affaires immobilières et services fournis aux entreprises	3 736	3 880	4 059	4 173	4 299	4 391	4 315	4 338 ¦	4 406	4 464
9 Services fournis à la collectivité, services sociaux et services personnels	7 884	8 012	8 181	8 404	8 597	8 727	9 053	9 397 ¦	9 523	9 804
0 Activités mal désignées	88	69	76	70	80	60	49	74 ¦	64	72
SALARIÉS : RÉPARTITION PAR BRANCHES D'ACTIVITÉS										
Branches CITI Rév. 2										
1 à 0 Toutes activités	22 365	22 766	23 160	23 588	23 830	23 977	24 035	24 052 ¦	24 281	24 402
1 Agriculture, chasse, sylviculture et pêche	208	208	195	213	188	188	159	157 ¦	177	173
2 Industries extractives	97	94	96	94	106	101	100	83 ¦	97	99
3 Industries manufacturières	4 585	4 562	4 470	4 333	4 215	4 021	3 848	3 522 ¦	3 499	3 412
4 Électricité, gaz et eau	171	170	179	191	190	204	178	176 ¦	167	167
5 Bâtiment et travaux publics	1 032	1 149	1 162	1 272	1 273	1 251	1 288	1 340 ¦	1 365	1 432
6 Commerce de gros et de détail; restaurants et hôtels	4 562	4 549	4 627	4 688	4 650	4 785	4 925	4 926 ¦	4 915	4 817
7 Transports, entrepôts et communications	1 435	1 499	1 548	1 622	1 702	1 693	1 679	1 643 ¦	1 690	1 629
8 Banques, assurances, affaires immobilières et services fournis aux entreprises	3 148	3 262	3 432	3 537	3 653	3 733	3 597	3 622 ¦	3 654	3 739
9 Services fournis à la collectivité, services sociaux et services personnels	7 103	7 258	7 435	7 616	7 830	7 980	8 249	8 564 ¦	8 697	8 906
0 Activités mal désignées	24	16	17	23	24	21	13	19 ¦	20	28

Avant 1992, estimations du mois de juin.

UNITED KINGDOM

V - Civilian employment and employees: breakdown by activity - ISIC Rev. 3

Thousands (spring quarter)

	1986	1987	1988	1989	1990	1991	1992	1993	1994	1995	1996
CIVILIAN EMPLOYMENT: BREAKDOWN BY ACTIVITY											
A to X All activities						26 058	25 435	25 088	25 253	25 489	25 727
A Agriculture, hunting and forestry						564	539	496	508	513	490
B Fishing						18	23	17	19	13	14
C Mining and quarrying						198	175	149	112	111	106
D Manufacturing						5 629	5 397	5 288	4 797	4 826	4 944
E Electricity, gas and water supply						334	311	291	235	219	186
F Construction						1 918	1 756	1 656	1 826	1 795	1 777
G Wholesale and retail trade; repair of motor vehicles, motorcycles and personal and household goods						4 122	3 963	3 904	4 009	4 013	3 995
H Hotels and restaurants						1 157	1 157	1 087	1 082	1 151	1 171
I Transport, storage and communication						1 673	1 647	1 619	1 564	1 623	1 597
J Financial intermediation						1 198	1 147	1 177	1 149	1 138	1 106
K Real estate, renting and business activities						2 076	2 001	2 015	2 266	2 381	2 430
L Public administration and defence; compulsory social security, excluding armed forces						1 603	1 612	1 509	1 510	1 408	1 446
M Education						1 698	1 734	1 810	1 893	1 920	2 014
N Health and social work						2 293	2 481	2 615	2 671	2 736	2 832
O Other community, social and personal service activities						1 127	1 153	1 140	1 278	1 357	1 335
P Private households with employed persons						192	142	140	177	153	157
Q Extra-territorial organisations and bodies						15	18	20	15	12	12
X Not classifiable by economic activities						244	179	153	143	118	117
Breakdown by sector											
Agriculture (A-B)						582	562	513	527	526	504
Industry (C-F)						8 079	7 639	7 384	6 970	6 951	7 013
Services (G-Q)						17 154	17 055	17 036	17 614	17 892	18 095
Agriculture (%)						2.2	2.2	2.0	2.1	2.1	2.0
Industry (%)						31.0	30.0	29.4	27.6	27.3	27.3
Services (%)						65.8	67.1	67.9	69.8	70.2	70.3
Female participation in agriculture (%)						21.3	23.0	24.0	25.2	27.0	27.0
Female participation in industry (%)						23.7	24.3	24.5	23.4	23.3	23.2
Female participation in services (%)						54.5	55.3	55.6	55.1	54.8	55.2
EMPLOYEES: BREAKDOWN BY ACTIVITY											
A to X All activities	21 167	21 179	21 932	22 515	22 770	22 235	21 431	21 176	21 285	21 517	21 896
A Agriculture, hunting and forestry	258	263	268	265	251	253	217	205	215	213	216
B Fishing	8	7	6	6	7	7	7	7	8	5	3
C Mining and quarrying	301	242	216	236	223	191	167	143	106	105	101
D Manufacturing	5 658	5 370	5 627	5 594	5 575	5 222	4 951	4 852	4 474	4 515	4 644
E Electricity, gas and water supply	300	322	325	323	330	328	305	286	230	217	182
F Construction	1 127	1 181	1 158	1 212	1 243	1 136	1 014	929	975	947	940
G Wholesale and retail trade; repair of motor vehicles, motorcycles and personal and household goods	3 127	3 209	3 412	3 507	3 465	3 453	3 255	3 203	3 324	3 351	3 428
H Hotels and restaurants	886	926	918	959	1 012	985	958	895	894	963	993
I Transport, storage and communication	1 352	1 394	1 457	1 530	1 503	1 490	1 439	1 404	1 361	1 396	1 378
J Financial intermediation	922	991	1 040	1 091	1 101	1 130	1 095	1 133	1 098	1 087	1 062
K Real estate, renting and business activities	1 289	1 299	1 447	1 564	1 707	1 649	1 515	1 534	1 753	1 868	1 897
L Public administration and defence; compulsory social security, excluding armed forces	1 234	1 454	1 416	1 443	1 500	1 573	1 577	1 484	1 485	1 380	1 418
M Education	1 664	1 619	1 677	1 676	1 747	1 610	1 633	1 710	1 796	1 822	1 918
N Health and social work	2 037	1 914	1 943	2 035	2 053	2 134	2 294	2 417	2 447	2 497	2 587
O Other community, social and personal service activities	807	796	825	859	852	847	853	832	977	1 028	1 003
P Private households with employed persons	134	122	143	153	139	120	90	95	102	88	87
Q Extra-territorial organisations and bodies	20	20	18	29	23	15	18	19	14	11	12
X Not classifiable by economic activities	44	50	36	34	38	93	44	28	27	26	26
Breakdown by sector											
Agriculture (A-B)	265	270	275	271	258	260	224	212	223	218	219
Industry (C-F)	7 385	7 115	7 325	7 365	7 371	6 877	6 437	6 210	5 785	5 784	5 867
Services (G-Q)	13 472	13 744	14 296	14 845	15 103	15 006	14 727	14 726	15 251	15 491	15 783
Agriculture (%)	1.3	1.3	1.3	1.2	1.1	1.2	1.0	1.0	1.0	1.0	1.0
Industry (%)	34.9	33.6	33.4	32.7	32.4	30.9	30.0	29.3	27.2	26.9	26.8
Services (%)	63.6	64.9	65.2	65.9	66.3	67.5	68.7	69.5	71.7	72.0	72.1
Female participation in agriculture (%)	26.4	27.6	29.1	25.8	28.3	25.8	26.8	26.4	28.7	28.9	30.6
Female participation in industry (%)	25.2	25.0	25.5	25.9	25.8	26.1	26.5	26.9	26.0	26.1	25.8
Female participation in services (%)	56.4	56.7	56.4	57.0	56.9	57.2	57.9	58.3	57.8	57.5	57.7

Prior to 1992, June estimates.

V - Emploi civil et salariés : répartition par branches d'activités - CITI Rév. 3

Milliers (trimestre de printemps)

	1997	1998	1999	2000	2001	2002	2003	2004	2005	2006
EMPLOI CIVIL : RÉPARTITION PAR BRANCHES D'ACTIVITÉS										
A à X Toutes activités	26 155	26 395	26 691	27 058	27 316	27 472	27 693	27 845	28 035	28 203
A Agriculture, chasse et sylviculture	472	438	401	403	365	363	333	343	370	348
B Pêche	15	19	16	14	16	20	14	13	10	18
C Activités extractives	103	98	99	98	111	106	103	86	104	107
D Activités de fabrication	4 887	4 871	4 749	4 600	4 456	4 267	4 098	3 774	3 732	3 668
E Production et distribution d'électricité, de gaz et d'eau	175	176	182	194	195	209	183	180	170	170
F Construction	1 818	1 841	1 860	1 922	1 965	1 981	2 082	2 167	2 218	2 269
G Commerce de gros et de détail; réparation de véhicules et de biens domestiques	4 086	4 048	4 166	4 204	4 141	4 152	4 336	4 338	4 283	4 150
H Hôtels et restaurants	1 217	1 222	1 143	1 127	1 157	1 263	1 192	1 232	1 221	1 234
I Transports, entreposage et communications	1 674	1 720	1 759	1 847	1 933	1 933	1 935	1 903	1 935	1 900
J Intermédiation financière	1 157	1 164	1 141	1 176	1 196	1 251	1 231	1 181	1 175	1 218
K Immobilier, location et activités de services aux entreprises	2 579	2 716	2 917	2 997	3 103	3 140	3 084	3 157	3 230	3 247
L Administration publique et défense; sécurité sociale obligatoire (armée exclue)	1 452	1 441	1 482	1 577	1 731	1 757	1 783	1 766	1 819	1 888
M Education	1 976	2 029	2 154	2 185	2 209	2 280	2 378	2 552	2 572	2 642
N Santé et action sociale	2 919	2 955	2 988	2 981	3 077	3 092	3 203	3 353	3 448	3 538
O Autres activités de services collectifs, sociaux et personnels	1 358	1 428	1 408	1 512	1 451	1 469	1 536	1 559	1 556	1 601
P Ménages privés employant du personnel domestique	158	144	137	134	114	116	140	156	120	123
Q Organisations et organismes extra-territoriaux	22	15	11	15	15	14	13	10	7	13
X Ne pouvant être classés selon l'activité économique	88	69	76	70	80	60	49	74	64	72
Répartition par secteurs										
Agriculture (A-B)	487	457	417	417	381	383	347	356	380	366
Industrie (C-F)	6 983	6 986	6 890	6 814	6 727	6 563	6 466	6 207	6 224	6 214
Services (G-Q)	18 598	18 882	19 306	19 755	20 127	20 467	20 831	21 207	21 366	21 554
Agriculture (%)	1.9	1.7	1.6	1.5	1.4	1.4	1.3	1.3	1.4	1.3
Industrie (%)	26.7	26.5	25.8	25.2	24.6	23.9	23.3	22.3	22.2	22.0
Services (%)	71.1	71.5	72.3	73.0	73.7	74.5	75.2	76.2	76.2	76.4
Part des femmes dans l'agriculture (%)	25.9	24.5	22.5	23.0	22.6	23.2	21.3	21.9	26.1	
Part des femmes dans l'industrie (%)	22.6	22.4	22.4	21.9	21.3	21.0	20.3	19.9	20.0	20.4
Part des femmes dans les services (%)	55.2	55.0	55.0	54.9	55.0	55.1	54.8	54.7	54.8	54.8
SALARIÉS : RÉPARTITION PAR BRANCHES D'ACTIVITÉS										
A à X Toutes activités	22 365	22 766	23 160	23 588	23 830	23 977	24 035	24 052	24 281	24 402
A Agriculture, chasse et sylviculture	203	201	192	206	181	181	155	151	173	164
B Pêche	5	7	3	6	6	8	4	5	4	8
C Activités extractives	97	94	96	94	106	101	100	83	97	99
D Activités de fabrication	4 585	4 562	4 470	4 333	4 215	4 021	3 848	3 522	3 499	3 412
E Production et distribution d'électricité, de gaz et d'eau	171	170	179	191	190	204	178	176	167	167
F Construction	1 032	1 149	1 162	1 272	1 273	1 251	1 288	1 340	1 365	1 432
G Commerce de gros et de détail; réparation de véhicules et de biens domestiques	3 529	3 495	3 620	3 679	3 619	3 648	3 856	3 831	3 813	3 702
H Hôtels et restaurants	1 034	1 054	1 007	1 009	1 031	1 137	1 069	1 095	1 102	1 114
I Transports, entreposage et communications	1 435	1 499	1 548	1 622	1 702	1 693	1 679	1 643	1 690	1 629
J Intermédiation financière	1 109	1 114	1 101	1 132	1 145	1 204	1 179	1 122	1 115	1 175
K Immobilier, location et activités de services aux entreprises	2 039	2 148	2 331	2 404	2 508	2 529	2 418	2 500	2 539	2 564
L Administration publique et défense; sécurité sociale obligatoire (armée exclue)	1 430	1 418	1 468	1 557	1 706	1 735	1 760	1 744	1 797	1 866
M Education	1 877	1 931	2 045	2 088	2 116	2 199	2 265	2 438	2 470	2 510
N Santé et action sociale	2 661	2 720	2 748	2 745	2 826	2 859	2 967	3 113	3 196	3 272
O Autres activités de services collectifs, sociaux et personnels	1 023	1 094	1 084	1 137	1 104	1 119	1 175	1 182	1 169	1 194
P Ménages privés employant du personnel domestique	90	80	79	74	62	56	68	78	58	53
Q Organisations et organismes extra-territoriaux	21	15	11	14	14	13	13	9	7	10
X Ne pouvant être classés selon l'activité économique	24	16	17	23	24	21	13	19	20	28
Répartition par secteurs										
Agriculture (A-B)	208	208	195	212	187	189	159	156	177	172
Industrie (C-F)	5 885	5 975	5 907	5 890	5 784	5 577	5 414	5 121	5 128	5 110
Services (G-Q)	16 248	16 568	17 042	17 461	17 833	18 192	18 449	18 755	18 956	19 089
Agriculture (%)	0.9	0.9	0.8	0.9	0.8	0.8	0.7	0.6	0.7	0.7
Industrie (%)	26.3	26.2	25.5	25.0	24.3	23.3	22.5	21.3	21.1	20.9
Services (%)	72.6	72.8	73.6	74.0	74.8	75.9	76.8	78.0	78.1	78.2
Part des femmes dans l'agriculture (%)	29.3	26.9	25.1	24.1	27.8	26.5	23.3	26.3	32.8	
Part des femmes dans l'industrie (%)	24.9	24.4	24.5	23.6	23.2	23.0	22.6	22.4	22.5	22.7
Part des femmes dans les services (%)	57.7	57.4	57.5	57.1	57.4	57.3	57.0	56.9	57.0	57.0

Avant 1992, estimations du mois de juin.

International comparisons
Comparaisons internationales

Labour market statistics are a key element in the evaluation of the economy of a country, and employment and unemployment indicators are the most widely used aggregates for international comparisons. The labour market statistics presented in this publication are the most comparable data for OECD Member countries at the aggregate level as in most cases they conform to International Labour Organisation (ILO) recommendations, especially those in relation to the conduct of labor force surveys. With labor force surveys, information about individuals is gathered through the use of questionnaires. Information collected by such means are generally more comparable between countries than data derived from administrative sources as survey questionnaires are independent of national legislation and they refer to the same set of definitions / concepts - see page definitions page 359.

Les statistiques du marché du travail sont un élément essentiel de l'évaluation de l'économie d'un pays alors que les indicateurs de l'emploi et du chômage sont les agrégats les plus largement utilisés aux fins des comparaisons internationales. Les statistiques du marché du travail présentées ici sont les données les plus comparables pour les pays Membres de l'OCDE au niveau global car, dans la plupart des cas, elles se conforment aux recommandations de l'Organisation internationale du travail (OIT), notamment celles concernant la conduite des enquêtes sur le marché du travail. Dans le cadre de ces enquêtes, des informations sur les individus sont rassemblées à l'aide de questionnaires. Les informations ainsi collectées sont généralement plus comparables entre les pays que les données dérivées des sources administratives, les questionnaires utilisés étant indépendants des législations nationales et portant sur la même série de définitions/concepts — voir page 359 pour les définitions.

The purpose of this Section is to give an indication of the international comparability of the key statistical aggregates presented within the constraints of the limited conceptual and methodological information (metadata) collected for dissemination in this publication. All of the issues raised below emphasize the fact that all international comparisons should be made with caution. Users should look at labour statistics in the context of their relative evolution rather than at their respective levels at specific points of time. Nevertheless, the labour statistics presented in this publication are widely used by a wide range of users to compare countries.

L'objectif de la présente section est de fournir une indication de la comparabilité internationale des principaux agrégats statistiques présentés, eu égard aux contraintes découlant des données conceptuelles et méthodologiques limitées (métadonnées) collectées aux fins de diffusion dans la présente publication. Toutes les questions soulevées ci-après soulignent le fait que l'ensemble des comparaisons internationales doivent être faites avec prudence. Les utilisateurs devraient replacer les statistiques du marché du travail dans le contexte de leur évolution relative et non aux niveaux respectifs où elles se situent à différents moments dans le temps. Néanmoins, les statistiques du marché du travail présentées ici sont largement utilisées par une diversité d'utilisateurs afin de faire des comparaisons entre les pays.

The diversity of the economic, social and legal environments in OECD Member countries can result in differences in the measurement of the three main labour market aggregates, namely: unemployment; employment; and persons not in the labour force (inactive persons). Also, the broad nature of the ILO recommendations themselves requires their translation by national statisticians into national concepts and collection methodologies in the context of the country's statistical system and frameworks. Such interpretations are themselves continuously refined and

La diversité des environnements économiques, sociaux et juridiques des pays Membres de l'OCDE peut entraîner des divergences dans la mesure des trois principaux agrégats du marché du travail, à savoir : le chômage, l'emploi et les personnes hors de la population active (inactifs). Par ailleurs, du fait même du caractère général des recommandations de l'OIT, les statisticiens nationaux sont contraints de les transposent dans les concepts et méthodes de collecte de leur système et cadres statistiques nationaux. Ces interprétations sont elles-mêmes en permanence

modified even within a country. All of these factors combined may complicate comparisons of aggregates both between countries, and within a country over time.

The summary methodological and conceptual information (metadata) provided below for each OECD Member country enables the user to identify broad differences in the absolute comparability of the key statistical aggregates. The comparisons between countries presented below is limited to a small number of key areas such as: data sources used; age limits, and source periodicity. Obviously, differences in other factors (refer below) can also complicate international comparisons. The fact that national statistical institutes (NSIs) are very concerned about the impact on the level of key aggregates, such as unemployment, when they introduce methodological changes, gives an indication of the importance and sensitivity of the methodological framework. At the national level, studies conducted to evaluate the impact of changes in methodology give a flavor of potential differences due to different national practices. The following national documents are given as examples:

- Australia (see Information paper; Labour Force Survey Questionnaire Redesign, 2000[1])
- Spain (see Working document: Revision of 1976-2000 unemployment series under the LFS 2002 definition, August 2005[2])

The following table provides national metadata for all OECD Member countries for: data sources used, periodicity of the data source; and the age limits concerning the labour force data published in this publication. Unless otherwise specified, the information given concern the last period shown in this publication.

affinées et modifiées, même au sein d'un pays. Tous ces facteurs conjugués peuvent compliquer les comparaisons des agrégats à la fois entre les pays et au sein d'un pays entre les périodes.

Les données méthodologiques et conceptuelles sommaires (métadonnées) fournies ci-après pour chaque pays Membre de l'OCDE permettent à l'utilisateur de mettre en évidence les larges divergences existant dans la comparabilité absolue des principaux agrégats statistiques. Les comparaisons entre pays présentés ci-après sont limitées à un petit nombre de domaines clés comme les sources de données utilisées, les limites d'âge et la périodicité des sources. De toute évidence, les différences dans d'autres facteurs (voir plus loin) peuvent aussi compliquer les comparaisons internationales. Le fait que les instituts nationaux de statistique soient très concernés par l'incidence sur le niveau des principaux agrégats, comme le chômage, de l'introduction de changements dans les méthodes, donne une indication de l'importance et de la sensibilité du cadre méthodologique. Au niveau national, les études réalisées pour évaluer l'incidence des changements de méthode laissent imaginer les divergences que peuvent entraîner des pratiques nationales différentes. Les documents nationaux ci-après sont cités en exemple :

- Australie (voir document d'information : Labour Force Survey Questionnaire Redesign, 2000[3])
- Espagne (voir document de travail : Révision des séries du chômage pour 1976-2000 en vertu de la définition de 2002 de l'Enquête sur la population active, août 2005[4]).

Le tableau ci-dessous présente les métadonnées nationales pour tous les pays membres de l'OCDE pour les sources de données utilisées, la périodicité de ces sources et les limites d'âge concernant les données sur la population active publiées ici. Sauf indication contraire, les informations fournies concernent la dernière période indiquée dans cette publication.

[1] http://www.abs.gov.au/Ausstats/abs@.nsf/525a1b9402141235ca25682000146abc/608e86ba4c2287a3ca2568bd00134d44!OpenDocument

[2] http://www1.ine.es/buscar/searchResults.do;jsessionid=F5CCFFC75E4D59B1F9662E5631B4BF48?searchType=DEF_SEARCH&tipoDocumento=&searchString=unemployment+rate+revision&SearchButton=Search)

Data sources used

As already mentioned, all OECD countries conduct labour force surveys that enable the compilation of labor statistics according to ILO recommendations. The sources of the statistics are surveys, administrative data, or a mixture of the two. It is generally accepted that statistics based on administrative sources such as registrations of the unemployed are sensitive to changes in regulation and consequently are generally not comparable both over time and between countries.

Enterprise surveys are another data source for measuring employment. All OECD countries conduct enterprise surveys that include firms and establishments employing persons above a specified size threshhold. Consequently, not all establishments are covered. With such surveys, there is another restriction concerning the type of employment. Enterprise surveys only cover employees since only persons who receive pay from an employer are included. The self-employed and unpaid family workers are excluded. Enterprise surveys are not considered fully adequate to thoroughly analyse the entire labour market and are are not used as source in this publication.

Statistics derived from administrative sources are presented for some countries in this publication, namely: Luxembourg, Belgium prior to 1999. For Norway, at the request of the national statistical authorities, the OECD presents registered unemployment data in the notes by countries. In the case of France and Switzerland, the data provided by the national statistical authorities are mainly survey based but administrative data are also used in their compilation.

The OECD Secretariat publishes the statistics provided by national agencies in an annual questionnaire and do not adjust the data. For all countries belonging to the European Union, data for unemployment duration, part-time as well as unemployment and participation rates by age and sex are extracted directly from the Statistical Office of the European Communities (Eurostat) database. Eurostat has its own set of recommendations and its own methodologies. By law, European Union members are required to provide to Eurostat micro-data to enable the calculation of key aggregates using the same methodology and

Sources des données utilisées

Comme on l'a déjà mentionné, tous les pays de l'OCDE mènent des enquêtes sur la population active qui permettent de rassembler des statistiques du marché du travail, conformes aux recommandations de l'OIT. Les sources de ces statistiques sont les enquêtes, mais aussi les données administratives ou un panachage des deux. Il est généralement admis que les statistiques fondées sur les sources administratives, comme les registres des chômeurs, sont sensibles aux modifications de la réglementation et, en conséquence, ne sont généralement pas comparables entre les périodes et entre les pays.

Les enquêtes auprès des entreprises sont une autre source de données pour mesurer l'emploi. Tous les pays de l'OCDE réalisent ces enquêtes qui couvrent les entreprises et les établissements comptant plus qu'un nombre spécifié de salariés. En conséquence, tous les établissements ne sont pas couverts. Avec ce type d'enquêtes, une autre restriction concernant le type d'emploi doit être prise en compte. Les enquêtes auprès des entreprises ne couvrent que les salariés car seules les personnes rémunérées par un employeur sont prises en compte. Les travailleurs indépendants et les travailleurs familiaux non rémunérés sont exclus. Les enquêtes auprès des entreprises ne sont pas jugées totalement appropriées pour une analyse approfondie de l'ensemble du marché du travail et ne sont pas utilisées comme source dans la présente publication.

Dans cette publication, les statistiques dérivées de sources administratives sont présentées pour certains pays, notamment le Luxembourg et la Belgique avant 1999. Pour la Norvège, à la demande des autorités statistiques nationales, l'OCDE présente les données sur le chômage recensé dans les notes par pays. Dans le cas de la France et de la Suisse, les données fournies par les autorités statistiques nationales sont essentiellement fondées sur les enquêtes mais des données administratives sont aussi utilisées pour les compilations.

Le Secrétariat de l'OCDE publie les statistiques fournies par les organismes nationaux dans un questionnaire annuel et n'ajuste pas les données. Pour tous les pays appartenant à l'Union européenne, les données concernant la durée du chômage, le travail à temps partiel ainsi que les taux de chômage et d'activité par âge et par sexe sont extraites directement de la base de données de l'Office statistique des Communautés européennes (Eurostat). Eurostat dispose de sa propre série de recommandations et de ses propres méthodes. Les membres de l'Union européenne sont tenus de fournir à Eurostat des

concepts. As a result, an aggregate for a specific country extracted from Eurostat sources and published in this publication may differ from the same aggregate published by statistical authorities in the country concerned, for example, for France for the most recent years.

For the Netherlands from 2000 and Belgium from 1999, all the labour force data came directly from Eurostat.

Periodicity of the source

Lower and upper age limits

The table below provides the age limits for all OECD Member countries.

Surveys can be designed to collect information from either selected households or selected individuals. Within selected households, information about all individuals above a certain age is gathered to determine their labour force status. The lower age limit is usually linked with the legal working age within a country. In some countries, such as France and Italy, education is compulsory until the age of 16 but since certain categories of persons, usually apprentices, are allowed to work at 15 years, the labour force survey refer to persons 15 years and over. A person under the lower age limit is not considered as being included in the labour force. In OECD countries the lower limit varies from 12 to 16 years of age.

The upper limit determines the group of persons for which no information is collected about their labour market status. Persons above the upper limit are automatically classified as being out of the labour force. In some countries there is no limit of age but in others the upper limit is 74 years of age.

It should be emphasized that the age limits given here concern the data published in this publication and could differ to the age limits applied to data published by the country itself. This is true for Mexico where the lower age limit is 15 to comply with international standards while the lower limit of the surveyed population is 12 years of age. The lower age limits are the same for the measurement of both employment and unemployment while the upper limit varies for the two aggregates. This is the case for some European Union countries where the standard for the unemployment is 74 years of age while there is no upper limit for the measure of employment.

microdonnées de façon à permettre le calcul des principaux agrégats sur la base des mêmes méthodes et concepts. Ainsi, un agrégat concernant un pays spécifique extrait des sources d'Eurostat et publié dans la présente publication peut différer du même agrégat publié par les autorités statistiques du pays concerné. C'est le cas pour la France, par exemple, ces dernières années.

Pour les Pays-Bas à partir de 2000 et pour la Belgique à partir de 1999, toutes les données sur la population active viennent directement d'Eurostat.

Périodicité de la source

Limites d'âge inférieure et supérieure

On trouvera dans le tableau ci-après les limites d'âge pour tous les pays Membres de l'OCDE.

Les enquêtes peuvent être conçues pour collecter des informations soit auprès de certains ménages, soit auprès de certains individus. Dans les ménages choisis, les informations sur les individus au-dessus d'un certain âge sont rassemblées pour déterminer leur situation par rapport à la population active. La limite d'âge inférieure est généralement liée à l'âge légal du travail dans un pays. Dans certains pays comme la France et l'Italie, l'éducation est obligatoire jusqu'à 16 ans mais certaines catégories de personnes, généralement des apprentis, sont autorisés à travailler dès 15 ans. Dans ces pays, l'enquête sur la population active concernent les personnes de 15 ans et plus. Une personne ayant moins que l'âge limite inférieur n'est pas considérée comme faisant partie de la population active. Dans les pays de l'OCDE, la limite inférieure varie de 12 à 16 ans.

La limite supérieure détermine le groupe de personnes pour lesquelles on ne collecte pas d'informations sur leur situation dans la population active. Les personnes se situant au-dessus de la limite supérieure sont automatiquement classées comme étant en dehors de la population active. Dans certains pays, il n'y a pas de limite d'âge alors que, dans d'autres, la limite supérieure est de 74 ans.

Il convient de souligner que les limites d'âge indiquées ici concernent les données publiées dans la présente publication et peuvent différer par rapport aux limites d'âge appliquées aux données publiées dans le pays lui-même. Cela est vrai pour le Mexique où la limite d'âge inférieure est de 15 ans pour respecter les normes internationales, alors que la limite inférieure de la population étudiée est de 12 ans. Les limites d'âge inférieures sont les mêmes pour la mesure de l'emploi et du chômage alors que la limite supérieure varie pour les deux agrégats. C'est le cas pour certains pays de l'Union européenne où la limite d'âge normale pour le chômage est de 74 ans alors qu'il n'y a pas de limite supérieure pour la mesure de l'emploi.

	Data source	Source periodicity	Age limits for measurement of employment	Age limits for measurement of unemployment
	Source des données	**Périodicité de la source**	**Tranche d'âge pour la mesure de l'emploi**	**Tranche d'âge pour la mesure du chômage**
Canada	HLFS EFTM	M	15 years and over 15 ans et plus	15 years and over 15 ans et plus
Mexico/ Mexique	HLFS EFTM	Q T	15 years and over 15 ans et plus	15 years and over 15 ans et plus
United States/ Etats-Unis	HLFS EFTM	M	16 years and over 16 and et plus	16 years and over 16 ans et plus
Australia/ Australie	HLFS EFTM	M	15 years and over 15 ans et plus	15 years and over 15 ans et plus
Japan/ Japon	HLFS EFTM	M	15 years and over 15 ans et plus	15 years and over 15 ans et plus
Korea/ Corée	HLFS EFTM	M	15 years and over 15 ans et plus	15 years and over 15 ans et plus
New Zealand/ Nouvelle-Zélande	HLFS EFTM	Q T	15 years and over 15 ans et plus	15 years and over 15 ans et plus
Austria/ Autriche	HLFS EFTM	Q T	15 years and over 15 ans et plus	15 to 74 years 15 à 74 ans
Belgium/ Belgique	ELFS*	Q T	15 years and over 15 ans et plus	15 to 74 years 15 à 74 ans
Czech Republic/ République tchèque	HLFS EFTM	Q T	15 years and over 15 ans et plus	15 to 74 years 15 à 74 ans
Denmark/ Danemark	LFS (persons) EFT (personnes)	Q T	15 to 74 years 15 à 74 ans	15 to 74 years 15 à 74 ans
Finland/ Finlande	LFS (persons) EFT (personnes)	M	15 to 74 years 15 à 74 ans	15 to 74 years 15 à 74 ans
France	Various sources including HLFS Différentes sources y compris EFTM	Q T	15 years and over 15 ans et plus	15 to 74 years 15 à 74 ans
Germany/ Allemagne	HLFS EFTM	Q T	15 years and over 15 ans et plus	15 to 74 years 15 à 74 ans
Greece/ Grèce	HLFS EFTM	Q T	15 years and over 15 ans et plus	15 to 74 years 15 à 74 ans
Hungary/ Hongrie	HLFS EFTM	Q T	15 to 74 years 15 à 74 ans	15 to 74 years 15 à 74 ans
Iceland/ Islande	LFS (persons) EFT (personnes)	Q T	16 to 74 years 16 à 74 ans	16 to 74 years 16 à 74 ans
Ireland/ Irelande	HLFS EFTM	Q T	15 years and over 15 ans et plus	15 to 74 years 15 à 74 ans
Italy/ Italie	HLFS EFTM	Q T	15 years and over 15 ans et plus	15 to 74 years 15 à 74 ans
Luxembourg	Admin.	M	Legal working age Age légal pour travailler	Legal working age Age legal pour travailler
Netherlands/ Pays-bas	HLFS* EFTM	Q T	15 years and over 15 ans et plus	15 to 74 years 15 à 74 ans
Norway/ Norvège	LFS (persons) EFT (personnes)	Q T	15 to 74 years 15 à 74 ans	15 to 74 years 15 à 74 ans
Poland/ Pologne	HLFS EFTM	Q T	15 years and over 15 ans et plus	15 to 74 years 15 à 74 ans

Portugal	HLFS EFTM	Q T	15 years and over 15 ans et plus	15 to 74 years 15 à 74 ans
Slovak Republic/ République slovaque	HLFS EFTM	Q T	15 years and over 15 ans et plus	15 to 74 years 15 à 74 ans
Spain/ Espagne	HLFS EFTM	Q T	16 years and over 16 ans et plus	16 years and over 16 ans et plus
Sweden/ Suède	LFS (persons) EFT (personnes)	M	15 to 74 years 15 à 74 ans	15 to 74 years 15 à 74 ans
Switzerland/ Suisse	LFS & Admin. EFT & Admin.	Y A	15 years and over 15 ans et plus	15 years and over 15 ans et plus
Turkey/ Turquie	HLFS EFTM	M	15 years and over 15 ans et plus	15 years and over 15 ans et plus
United Kingdom/ Royaume-Uni	HLFS EFTM	Q T	16 years and over 16 ans et plus	16 years and over 16 ans et plus

Notes:

Data source / Sources des données
HLFS: household labour force survey / EFT : Enquête des forces de travail auprés des ménages;
LFS (persons): labour force survey; EFT (personnes) : Enquête des forces de travail
Admin: administrative sources; sources administratives
ELFS: European labour force survey; Enquête Européenne sur les forces de travail
Source periodicity: Y: yearly; Q: quarterly; M: monthly
Périodicité de la source : A : annuel; T : trimestriel; M : mensuel
*: Data are obtained by OECD secretariat directly from Eurostat database rather than from national source
*: Les données sont extraites directement par le secréatariat de l'OCDE des bases de données d'Eurostat plutôt qu'à partir des sources nationales.

Other sources of difference between national data

As mentioned above, there are a number of factors, in addition to those outlined above, that can complicate international comparisons of the key labour market aggregates presented in this publication. Some of these are discussed briefly below. It should be emphasized that the list of factors presented is not exhaustive.

The order of the questions in the survey questionnaire has an impact in the determination of unemployment. The magnitude of this impact can be assessed in countries where the same aggregate is measured with two set of questions for the same period. This is the case in countries where unemployment is measured both with a survey and a census for the same period. Usually in a census, the set of questions commences with a self-declaration about the labour market status (How do you consider yourself, employed, unemployed or inactive?). In a labour force survey, the labour market status is derived from the answers to a number of set questions. Both sets of data can comply with ILO recommendations and can be different. As an example, refer to differences between the two measures in France.[5]

Autres sources de divergence entre les données nationales

Comme on l'a mentionné plus haut, plusieurs facteurs, autres que ceux indiqués ci-dessus, peuvent compliquer les comparaisons internationales des principaux agrégats du marché du travail présentés ici. Certains sont examinés brièvement ci-après. Il convient de souligner que la liste des facteurs retenus n'est pas exhaustive.

L'ordre des questions dans le questionnaire d'enquête a une incidence sur la détermination du chômage. L'importance de cet effet peut être évaluée dans les pays où le même agrégat est mesuré avec deux séries de questions pour la même période. C'est le cas dans les pays où le chômage est mesuré à la fois à l'aide d'une enquête et d'un recensement pour la même période. Généralement, dans un recensement, la série de questions commence par une autodéclaration sur la situation par rapport au marché du travail (Vous considérez-vous vous-même pourvu d'un emploi, au chômage ou inactif ?). Dans une enquête auprès de la population active, la situation par rapport au marché du travail est dérivée des réponses à plusieurs questions déterminées. Les deux séries de données peuvent se conformer aux recommandations de l'OIT ou peuvent être différentes. À titre d'exemple, on peut noter les différences entre les deux mesures en France[6].

---

[5] in *Les contours de la population active : aux frontières de l'emploi, du chômage et de l'inactivité in Économie et Statistique* , 2003 **Christine Gonzalez-Demichel et Emmanuelle Nauze-Fichet** http://www.insee.fr/fr/ffc/docs_ffc/ES362F.pdf

[6] dans *Les contours de la population active : aux frontières de l'emploi, du chômage et de l'inactivité in Économie et Statistique*, 2003 **Christine Gonzalez-Demichel et Emmanuelle Nauze-Fichet-** http://www.insee.fr/fr/ffc/docs_ffc/ES362F.pdf

Another important factor impacting on international comparability are differences in the economic situation. Among the population there are three labour status: an individual can be classified either as active or inactive. Among the active population, individuals are either employed or unemployed. One of the conditions to be classified as unemployed is for a person to be without work during the reference period. By fixing the threshold of one hour to determine if an individual is without work or not, the ILO recommendations "privilege" the status "employed". The assumption is that if a person had worked one hour in the week prior to the interview, the person is therefore "fully employed". At the time the ILO recommendations were developed in 1982 the occurrences where individuals worked for at least one hour in the week prior to the interview was smaller than today. Being classified as unemployed, employed or not in the labour force for an individual reflects different situations among OECD Member countries. There is wide variety in the numbers of hours worked for the individual to be classified as employed, the number of individuals retired prematurely among the non-active population, the importance of undeclared work which might be less well reported.

Un autre facteur important ayant une incidence sur la comparabilité internationale sont les différences dans la situation économique. Dans la population, il y a deux types de situation par rapport au marché du travail : un individu peut être classé comme actif ou inactif. Dans la population active, les individus sont soit pourvus d'un emploi, soit au chômage. L'une des conditions pour être considéré au chômage est de ne pas avoir exercé un travail durant la période de référence. En fixant le seuil d'une heure pour déterminer si un individu est ou non pourvu d'un travail, les recommandations de l'OIT « privilégient » le statut de « pourvu d'un emploi ». L'hypothèse est que, si une personne a travaillé une heure la semaine précédent l'entretien, elle est ainsi considérée comme « totalement occupée ». Au moment où les recommandations de l'OIT ont été mises au point en 1982, les cas où des individus travaillaient durant au moins une heure la semaine précédant l'entretien était moindre qu'aujourd'hui. Le classement dans les chômeurs, les personnes pourvues d'un emploi ou les personnes hors de la population active reflètent des situations différentes suivant les pays Membres de l'OCDE. On observe de grandes différences pour ce quoi est du nombre d'heures travaillées permettant de classer l'individu parmi les personnes pourvues d'un emploi, le nombre d'individus ayant pris prématurément leur retraite et se trouvant ainsi dans la population non active et l'importance du travail non déclaré, qui est sans doute moins bien couvert.

Definitions
Définitions

International Labour Organisation / O.E.C.D definitions

1. Total population

All nationals present in, or temporarily absent from the country, and aliens permanently settled in the country.

Includes the following categories:
- national armed forces stationed abroad;
- merchant seamen at sea;
- diplomatic personnel located abroad;
- civilian aliens resident in the country;
- displaced persons resident in the country.

Excludes the following categories:
- foreign armed forces stationed in the country;
- foreign diplomatic personnel located in the country;
- civilian aliens temporarily in the country.

Data for total population may be compiled following two basic concepts:
- "Present-in-area population" *or de facto*, i.e. persons actually present in the country on the date of the census.
- "Resident population" or *de jure*, i.e. Persons regularly domiciled in the country on the date of the census.

Except where otherwise indicated, data refer to the actual territory of the country considered.

2. Total labour force (or currently active population)

The total labour force, or currently active population, comprises all persons who fulfill the requirements for inclusion among the employed or the unemployed as defined below.

Bureau International du travail / O.C.D.E définitions

1. Population totale

L'ensemble des nationaux présents ou temporairement absents du pays et les étrangers établis en permanence dans le pays.

Catégories incluses :
- forces armées nationales stationnées à l'étranger;
- marins marchands en mer ;
- personnel diplomatique à l'étranger ;
- civils étrangers résidents dans le pays ;
- personnes déplacées résidentes dans le pays.

Catégories exclues :
- forces armées étrangères stationnées dans le pays ;
- personnel diplomatique étranger en poste dans le pays ;
- civils étrangers temporairement présents dans le pays.

Les données relatives à la population totale peuvent être établies selon les deux concepts suivants :
- "Population présente sur le territoire" ou *de facto*: personnes effectivement présentes dans le pays à la date du recensement ;
- "Population résidante" ou *de jure*: personnes ayant leur résidence habituelle dans le pays à la date du recensement.

Sauf indication contraire, les données se réfèrent au territoire actuel du pays considéré.

2. Population active totale (ou population actuellement active)

La population active totale (ou population actuellement active) comprend toutes les personnes qui remplissent les conditions pour être incluses parmi les personnes pourvues d'un emploi ou les chômeurs, comme défini ci-dessous.

3. Armed forces

The armed forces cover personnel from the metropolitan territory drawn from the total available labour force who served in the armed forces during the period under consideration, whether stationed in the metropolitan territory or elsewhere.

The following are excluded from the armed forces:

– personnel drawn from areas outside the metropolitan territory of the country concerned;
– security forces, except forces such as mobile gendarmerie units and armed border patrols which receive training in military tactics, are equipped like the military forces and are able to be placed under military command;

– Reservists recalled for a period of training of less than one month.

3. Forces armées

Les forces armées comprennent les effectifs originaires du territoire métropolitain, prélevés sur la population active totale et en service actif dans les forces armées au cours de la période considérée, soit sur le territoire métropolitain, soit en dehors.

Sont exclus des forces armées :

– les effectifs provenant de régions situées en dehors du territoire métropolitain du pays concerné ;
– les forces de sécurité, à l'exception de forces telles que les unités de gendarmerie mobile et les patrouilles armées de gardes-frontières qui reçoivent un entraînement militaire tactique, sont équipées comme des forces militaires et susceptibles d'être placées sous commandement militaire ;

– Les réservistes rappelés pour une période d'entraînement de moins d'un mois.

4. Civilian labour force

The Civilian Labour Force corresponds to Total Labour Force excluding armed forces.

4. Population active civile

La population active civile correspond à la population active totale à l'exclusion des forces armées.

5. Total employment

Persons in employment include civilian employment plus the armed forces and all those employed as defined below:

5.1 The employed include all persons above a specified age who during a specified brief period, either one week or one day, were in the following categories:

5.1.1 Paid employment:

At work: persons who during the reference period performed some work for wage or salary, in cash or in kind;

With a job but not at work: persons who, having already worked in their present job, were temporarily not at work during the reference period and have a formal attachment to their job. This formal job attachment should be determined in the light of national circumstances, according to one or more of the following criteria: (a) if he or she continued receipt

5. Population active occupée (ou emploi total)

Les personnes pourvues d'un emploi comprennent la population active civile occupée (ou emploi civil) plus les forces armées et toutes les personnes pourvues d'un emploi tel que défini ci-dessous:

5.1 Les personnes pourvues d'un emploi comprennent toutes les personnes ayant dépassé un âge spécifié, qui se trouvaient, durant une brève période de référence spécifiée telle qu'une semaine ou un jour, dans les catégories suivantes :

5.1.1 Emploi salarié *:*

Personnes au travail : personnes qui durant la période de référence, ont effectué un travail moyennant un salaire ou un traitement en espèces ou en nature ;

Personnes qui ont un emploi mais ne sont pas au travail : personnes qui ayant déjà travaillé dans leur emploi actuel, en étaient absentes durant la période de référence et ont un lien formel avec leur emploi. Ce lien formel avec l'emploi devrait être déterminé à la lumière des circonstances nationales, par référence à l'un ou plusieurs des critères suivants : (a) le paiement

LABOUR FORCE STATISTICS – ISBN 9789264035539 – © OECD 2007

of wage or salary; (b) an assurance of return to work following the end of the contingency, or an agreement as to the date of return; (c) the elapsed duration of absence from the job, which, wherever relevant, may be that duration for which workers can receive compensation benefits without obligations to accept other jobs.

ininterrompu du salaire ou du traitement ; (b) une assurance de retour au travail à la fin de la situation d'exception ou un accord sur la date de retour ; (c) la durée de l'absence du travail qui, le cas échéant, peut être la durée pendant laquelle les travailleurs peuvent recevoir une indemnisation sans obligation d'accepter d'autres emplois.

5.1.2 Self-employment:

5.1.2 Emploi non salarié :

At work: persons who during the reference period performed some work for profit or family gain, in cash or in kind;

Personnes au travail : personnes qui, durant la période de référence ont effectué un travail en vue d'un bénéfice ou d'un gain familial, en espèces ou en nature ;

With an enterprise but not at work: persons with an enterprise, which may be a business enterprise, a farm or a service undertaking, who were temporarily not at work during the reference period for any specific reason.

Personnes ayant une entreprise mais n'étant pas au travail : personnes qui, durant la période de référence avaient une entreprise qui peut être une entreprise industrielle, un commerce, une exploitation agricole ou une entreprise de prestations de services, mais n'étaient temporairement pas au travail pour toute raison spécifique.

5.2

For operational purposes, the notion of some work may be interpreted as work for at least one hour.

5.2

Dans la pratique, la notion de travail effectué au cours de la période de référence peut être interprétée comme étant un travail d'une durée d'une heure au moins.

5.3

Persons temporarily not at work because of illness or injury, holiday or vacation, strike or lock-out, educational or training leave, maternity or parental leave, reduction in economic activity, temporary disorganisation or suspension of work due to reasons such as bad weather, mechanical or electrical breakdown, or shortage of raw materials or fuels, or other temporary absence with or without leave should be considered as being in paid employment provided they have a formal job attachment.

5.3

Les personnes temporairement absentes de leur travail pour raison de maladie ou d'accident, de congé ou de vacances, de conflit de travail ou de grève, de congé-éducation ou formation, de congé maternité ou parental, de mauvaise conjoncture économique ou de suspension temporaire du travail due à des causes telles que conditions météorologiques défavorables, incidents mécaniques ou électriques, pénurie de matières premières ou de combustibles, ou de toute autre cause d'absence temporaire avec ou sans autorisation, devraient être considérées comme pourvues d'un emploi salarié, à condition qu'elles aient un lien formel avec leur emploi.

5.4

Employers, own account workers and members of producers' co-operatives should be considered as being self-employed and classified as at work or not at work, as the case may be.

5.4

Les employeurs, les personnes travaillant à leur propre compte et les membres des coopératives de producteurs devraient être considérés comme travailleurs non salariés et classés, selon les cas, comme étant au travail ou n'étant pas au travail.

5.5

Unpaid family workers at work should be considered as being self-employed irrespective of the number of hours worked during the reference period. Countries which prefer for special reasons to set a minimum time criterion for the inclusion of unpaid family workers among the employed should identify and separately classify those who worked less than the prescribed time.

5.5

Les travailleurs familiaux non rémunérés devraient être considérés comme travailleurs non salariés indépendamment du nombre d'heures de travail effectué durant la période de référence. Les pays qui, pour des raisons particulières, préféreraient choisir comme critère une durée minimale de temps de travail pour inclure les travailleurs familiaux non rémunérés parmi les personnes pourvues d'un emploi devraient identifier et classer séparément les personnes de cette catégorie qui ont travaillé moins que le temps prescrit.

5.6

Persons engaged in the production of economic goals and services for own and household consumption should be considered as being self-employed if such production comprises an important contribution to the total consumption of the household.

5.6

Les personnes engagées dans la production de biens et services pour leur propre consommation ou celle du ménage devraient être considérées comme travailleurs non salariés si une telle production apporte une importante contribution à la consommation totale du ménage.

5.7

Apprentices who received pay in cash or in kind should be considered as being in paid employment and classified as at work or not at work on the same basis as other persons in paid employment.

5.7

Les apprentis qui ont reçu une rétribution en espèces ou en nature devraient être considérés comme personnes pourvues d'un emploi salarié et classés comme étant au travail ou n'étant pas au travail sur la même base que les autres catégories de personnes pourvues d'un emploi salarié.

5.8

Students, homemakers and others mainly engaged in non-economic activities during the reference period, who at the same time were in paid employment or self-employment as defined in (5.1) above should be considered as employed on the same basis as other categories of employed persons and be identified separately, where possible.

5.8

Les étudiants, les personnes s'occupant du foyer et autres personnes principalement engagées dans des activités non économiques durant la période de référence et qui étaient en même temps pourvues d'un emploi salarié ou non salarié comme défini au paragraphe (5.1) ci-dessus devraient être considérés comme ayant un emploi, sur la même base que les autres catégories de personnes ayant un emploi et être identifiés séparément lorsque cela est possible.

5.9

Members of the armed forces should be included among persons in paid employment. The armed forces should include both the regular and the conscripts as specified in the most recent revision of the International Standard Classification of Occupations (ISCO).

5.9

Les membres des forces armées devraient être inclus parmi les personnes pourvues d'un emploi salarié. Les forces armées devraient comprendre aussi bien les membres permanents que les conscrits, comme spécifié dans la plus récente révision de la Classification internationale type des professions (CITP).

6. Unemployed

6.1

The unemployed comprise all persons above a specified age, who during the reference period were:

6.1.1

without work, i.e. were not in paid employment or self-employment during the reference period.

6.1.2

Currently available for work, i.e. were available for paid employment or self-employment during the reference period.

6.1.3

Seeking work, i.e. had taken specific steps in a specified recent period to seek paid employment or self-employment. The specific steps may include registration at a public or private employment exchange; application to employers; checking at worksites, farms, factory gates, market or other assembly places; placing or answering newspaper advertisements; seeking assistance of friends or relatives; looking for land, building, machinery or equipment to establish own enterprise; arranging for financial resources; applying for permits and licences, etc.

6.2

In situations where the conventional means of seeking work are of limited relevance, where the labour market is largely unorganised or of limited scope, where labour absorption is, at the time, inadequate, or where the labour force is largely self-employed, the standard definition of unemployment given in subparagraph (6.1) above may be applied by relaxing the criterion of seeking work.

6. Chômage

6.1

Les chômeurs comprennent toutes les personnes ayant dépassé un âge spécifié qui, au cours de la période de référence, étaient:

6.1.1

sans travail, c'est-à-dire qui n'étaient pourvues ni d'un emploi salarié ni d'un emploi non salarié, comme défini ci-dessus.

6.1.2

disponibles pour travailler dans un emploi salarié ou non salarié durant la période de référence.

6.1.3

à la recherche d'un travail, c'est-à-dire qui avaient pris des dispositions spécifiques au cours d'une période récente spécifiée pour chercher un emploi salarié ou un emploi non salarié. Ces dispositions spécifiques peuvent inclure : l'inscription à un bureau de placement public ou privé ; la candidature auprès d'employeurs ; les démarches sur les lieux de travail, dans les fermes ou à la porte des usines, sur les marchés ou dans les autres endroits où sont traditionnellement recrutés les travailleurs ; l'insertion ou la réponse à des annonces dans les journaux ; les recherches par relations personnelles ; la recherche de terrain, d'immeubles, de machines ou d'équipement pour créer une entreprise personnelle ; les démarches pour obtenir des ressources financières, des permis et licences, etc.

6.2

Dans les situations où les moyens conventionnels de recherche de travail sont peu appropriés, où le marché du travail est largement inorganisé ou d'une portée limitée, où l'absorption de l'offre de travail est, au moment considéré, insuffisante, où la proportion de main-d'oeuvre non salariée est importante, la définition standard du chômage donnée au sous-paragraphe (6.1) ci-dessus peut être appliquée en assouplissant le critère de la recherche de travail.

6.3

In the application of the criterion of current availability for work, especially in situations covered by subparagraph (6.2) above, appropriate tests should be developed to suit national circumstances. Such tests may be based on notions such as present desire for work and previous work experience, willingness to take up work for wage or salary on locally prevailing terms, or readiness to undertake self-employment activity given the necessary resources and facilities.

6.3

En appliquant le critère de la disponibilité pour le travail, spécialement dans des situations couvertes par le sous-paragraphe (6.2) ci-dessus, des méthodes appropriées devraient être mises au point pour tenir compte des circonstances nationales. De telles méthodes pourraient être fondées sur des notions comme l'actuelle envie de travailler et le fait d'avoir déjà travaillé, la volonté de prendre un emploi salarié sur la base des conditions locales ou le désir d'entreprendre une activité indépendante si les ressources et les facilités nécessaires sont accordées.

6.4

Notwithstanding the criterion of seeking work embodied in the standard definition of unemployment, persons without work and currently available for work who had made arrangements to take up paid employment or undertake self-employment activity at a date subsequent to the reference period should be considered as unemployed.

6.4

En dépit du critère de recherche de travail incorporé dans la définition standard du chômage, les personnes sans travail et disponibles pour travailler, qui ont pris des dispositions pour prendre un emploi salarié ou pour entreprendre une activité indépendante à une date ultérieure à la période de référence, devraient être considérées comme chômeurs.

6.5

Persons temporarily absent from their jobs with no formal job attachment who were currently available for work and seeking work should be regarded as unemployed in accordance with the standard definition of unemployment. Countries may, however, depending on national circumstances and policies, prefer to relax the seeking work criterion in the case of persons temporarily laid off. In such cases, persons temporarily laid off who were not seeking work but classified as unemployed should be identified as a separate subcategory.

6.5

Les personnes temporairement absentes de leur travail sans lien formel avec leur emploi, qui étaient disponibles pour travailler et à la recherche d'un travail, devraient être considérées comme chômeurs conformément à la définition standard du chômage. Les pays peuvent cependant, en fonction des situations et politiques nationales, préférer assouplir le critère de la recherche d'un travail dans le cas des personnes temporairement mises à pied. Dans de tels cas, les personnes temporairement mises à pied qui n'étaient pas à la recherche d'un travail mais qui étaient néanmoins classées comme chômeurs devraient être identifiées et former une sous-catégorie à part.

6.6

Students, homemakers and others mainly engaged in non-economic activities during the reference period who satisfy the criteria laid down in subparagraphs (6.1) and (6.2) above should be regarded as unemployed on the same basis as other categories of unemployed persons and be identified separately, where possible.

6.6

Les étudiants, les personnes s'occupant du foyer et les autres personnes principalement engagées dans des activités non économiques durant la période de référence et qui satisfont aux critères exposés aux sous-paragraphes (6.1) et (6.2) ci-dessus devraient être considérés comme chômeurs au même titre que les autres catégories de chômeurs et être identifiés séparément lorsque cela est possible.

Note: As an amplification of these definitions, the OECD Working Party on Employment and Unemployment Statistics, at its October 1983 meeting recommended that Member countries retain the criterion of job search in a recent period such as the

Note : Comme extension à ces nouvelles définitions, le Groupe de travail de l'OCDE sur les Statistiques de l'emploi et du chômage a recommandé, lors de sa réunion d'octobre 1983, que les pays Membres retiennent le critère de la recherche d'un emploi au

prior month in their labour force surveys and specifically test for it so that unemployment data embodying this criterion are available for international comparisons.

cours d'une période récente, telle que le mois qui précède les enquêtes sur les forces de travail. Le Groupe de travail a recommandé que les pays vérifient expressément que les données relatives au chômage correspondant à ce critère sont disponibles aux fins de comparaisons internationales.

7. Civilian employment - breakdown by professional status

Wage earners and salaried employees: persons who work for a public or private employer and who receive remuneration in the form of wages, salary, commission, tips, piece-rates, or payment in kind.

Employers and persons working on their own account: persons who operate their own economic enterprise or follow a profession or trade on their own account, whether they employ other persons or not.

Unpaid family workers.

7. Emploi civil - répartition par statut professionnel

Salariés : personnes qui travaillent pour un employeur public ou privé et qui reçoivent une rémunération sous forme de traitement, salaire, commission, pourboire, salaire aux pièces ou paiement en nature.

Employeurs et personnes travaillant à leur propre compte : personnes qui exploitent leur propre entreprise économique ou qui exercent indépendamment une profession ou un métier, qu'ils emploient ou non des salariés.

Travailleurs familiaux non rémunérés.

8. Civilian employment - breakdown by activity and wage earners and salaried employees - breakdown by activities

The Major Divisions of economic activity listed are defined in the International Standard Industrial Classification of all Economic Activities, ISIC Rev. 2. and Rev. 3. When the ISIC Rev. 3 is available, it is presented in Part 2, Table IV.

The armed forces should be excluded and hence not included in Community, social and personal services (Major Division 9) or in the series Civilian Employment, Total. (See definition of armed forces above.)

8. Emploi civil - répartition par branches d'activité et salariés occupés - répartition par branche d'activité

Les branches d'activité énumérées sont définies par la classification internationale type par industrie de toutes les branches d'activité économique, CITI Rév. 2. et Rév. 3. Quand le CITI Rév. 3 est disponible, elle est présentée dans la partie 2, tableau IV.

Les forces armées doivent être exclues et donc ne pas figurer dans les services fournis à la collectivité, services sociaux et services personnels (groupe 9) ou dans la série population active civile occupée, total. (Voir définition de forces armées ci-dessus.)

Other definitions

1. Part-time employment

Part-time employment refers to persons who usually work less than 30 hours per week in their main job. Data only include persons declaring usual hours worked. Due to rounding problems, for some countries the sum of the male and female share in part-time employment does not sum up to 100. See table E in *OECD Employment Outlook* and also OECD Labour Market and social Policy Occasional Paper No. 22. "The Definition of Part-time Work for the Purpose of International Comparisons" which is available on Internet:
Http://www.oecd.org/els/papers/papers.htm

Autres définitions

1. Travail à temps partiel

L'emploi à temps partiel se réfère aux actifs travaillant habituellement moins de 30 heures par semaine dans leur emploi principal. Les données incluent uniquement les personnes déclarant des heures habituelles de travail. Pour des raisons d'arrondis, pour quelques pays, la somme de la part de hommes et de celle des femmes dans l'emploi à temps partiel n'est pas égale à 100. Voir le tableau E des *Perspectives de l'emploi de l'OCDE* et le document hors série no. 22 : OCDE, Politique du marché du travail et politique sociale, "La définition du travail à temps partiel à des fins de comparaison internationale", qui est disponible sur Internet : http://www.oecd.org/els/papers/papers.htm

2. Duration of unemployment

The percentages published are derived from a database on duration of unemployment maintained by the Secretariat. This database comprises detailed duration categories disaggregated by age and sex. The totals by duration are obtained by summing up all age group categories and genders. Thus, the total for men is derived by adding the number of unemployed men by each duration and age group category. Since published data are usually rounded to the nearest thousand, this method sometimes results in slight differences between the percentages shown here and those that would be obtained using the available published figures. Unemployed persons for whom no duration of unemployment was specified are excluded. See Table G of *OECD Employment Outlook*.

3. Participation rate

Participation rate is commonly defined as the ratio between the total labour force and the population, but there is no international definition concerning the age range to take into account. However, its calculation can give different results depending on the age limit taken into account to measure both labour force and population. The participation rates published in Tables II and III reflect the variety of situations

In Table II, two participations rates are published:
-Total labour force as percentage of total population;

-Total labour force as percentage of 15-64 population.

The idea underlying the calculation of these participation rates is to allow comparison between countries. The fact that the same rate is calculated for all OECD countries should not conceal that the series are heterogeneous from one country to another. The two rates are calculated from levels published in Tables I and II and they therefore reflect the heterogeneity of the concerned series. Those series are briefly described at the end of this publication.

Among countries, the most important difference occurs when the total labour force does not correspond to ILO recommendations. For Belgium and Luxembourg in Table II, the number of registered unemployed was used to calculate total labour force. But even when the ILO recommendations are followed, there are other sources of discrepancy, namely the age range for both labour force and population, the inclusion or exclusion

2. Durée du chômage

Les pourcentages publiés proviennent de la banque de données du Secrétariat portant sur la durée du chômage. Cette banque de données comprend des estimations de la durée du chômage détaillée, ventilée par groupe d'âge et sexe. Les totaux sont obtenus en faisant la somme des composantes. Ainsi, le total des hommes est estimé en faisant la somme du nombre d'hommes chômeurs pour tous les groupes d'âge et tous les types de durée. Les données publiées étant souvent arrondies au plus proche millier, cette procédure conduit parfois à des différences entre les pourcentages indiqués ici et ceux calculés à partir des totaux publiés. Ne sont pas comptées les personnes dont la durée du chômage n'a pas été précisée. Voir le tableau G des *Perspectives de l'emploi de l'OCDE.*

3. Taux d'activité

Le taux d'activité est généralement défini par le rapport entre la population active et la population mais il n'existe aucune définition internationale pour la fourchette d'âge à prendre en compte. Cependant, le calcul donne des résultats différents suivant la fourchette d'âge prise en compte pour mesurer à la fois, la population active et la population. Les taux d'activité publiés dans les tableaux II et III reflètent la variétés des situations.

Dans le tableau II, deux taux d'activité sont publiés :
- population active totale en pourcentage de population totale ;

- population active totale en pourcentage de la population de 15 à 64 ans.

L'idée sous-jacente dans le calcul de ces taux d'activité est de permettre la comparaison entre les pays. Le fait que le même taux soit calculé pour tous les pays de l'OCDE ne devrait pas cacher que les séries sont hétérogènes d'un pays à l'autre. Ces deux taux sont calculés à partir des niveaux publiés dans le tableau I pour la population et dans le tableau II pour la population active totale et donc reflètent l'hétérogénéité des séries en question. Ces séries sont brièvement décrites à la fin de cette publication.

Parmi les pays, la différence la plus importante se produit quand la définition de la population active ne correspond pas aux recommandations de l'OIT. Pour la Belgique et le Luxembourg dans le tableau II, le nombre de chômeurs enregistrés a été employé pour calculer la population active totale. Mais même lorsque les recommandations de l'OIT sont suivies, il y a d'autres sources de différences, à savoir la fourchette

of armed forces and the reference period of the series.

In most OECD countries, the labour force survey now covers the population aged 15-years and over. The choice of the 15-64 population as the working age population was made according to the accepted retirement age but the proportion of persons working after 65 years varies from one country to the other. Differences in the lower limit also exist between countries.

The total labour force should by definition comprise the armed forces according to the ILO recommendations but here again the situation varies.

Most of the countries provide population series as a mid-year estimate as the labour force series are provided as monthly or quarterly averages depending on the frequency of the labour force survey.

In Table III, participation rates are published by sex and broad-age groups. For a given broad-age group, the participation rate is strictly defined as the ratio between the labour force of the afore mentioned group by the population of the same group, and the ratio "total labour force as a percentage of population 15-64" refers strictly to the age range 15-64 for both series. Conversely, in Table II, in the corresponding participation rate, the labour force refers to the surveyed labour force. This may also explain some differences between participation rates published in Tables II and III.

Apart from the difference in age range, the series used in Table II are identical to those used in Table III except for Belgium, Denmark, Greece and Luxembourg. For those countries data in table III are compiled from the European Labour Force Survey. This can explain the differences between the figures published in table II and III. In countries where young people are conscripted into the armed forces, their measured participation rates will differ considerably according to whether the figures include or exclude the armed forces. In the light of this information, it is clear that the international comparisons of these data must be made with caution.

d'âge pour la population active et la population, l'inclusion ou l'exclusion des forces armées et la période de référence des séries.

Dans la plupart des pays de l'OCDE, l'enquête sur les forces de travail couvre maintenant la population de âgée de 15ans et plus. Le choix de la population âgée de 15 à 64 ans comme population en âge de travailler a été fait selon l'âge admis du départ à la retraite mais la proportion de personnes travaillant après 65 ans varie d'un pays à l'autre.

La population active totale devrait par définition comporter les forces armées conformément aux recommandations de l'OIT mais ici encore la situation varie.

La plupart des pays fournissent des estimations de population en milieu de l'année alors que les séries de population active fournies par les pays sont des moyennes mensuelles ou trimestrielles selon la périodicité de l'enquête sur les forces de travail.

Dans le tableau III, les taux d'activité sont publiés par sexe et groupes d'âge. Pour un groupe d'âge donné, le taux d'activité est strictement défini comme le rapport entre la population active du groupe concerné et la population de ce même groupe et le rapport "population active totale en pourcentage de la population de 15 à 64 ans" se réfère strictement à la fourchette d'âge de 15-64 ans pour les deux séries. À l'inverse, dans le tableau II, pour le taux d'activité correspondant, la population active se rapporte à la population active enquêtée. Ceci peut expliquer la différence entre les taux d'activité publiés dans les tableaux II et III.

Indépendamment de la différence de fourchettes d'âge les séries utilisées dans le tableau II sont identiques à celles utilisées dans le tableau III sauf la Belgique, le Danemark, la Grèce et le Luxembourg. Pour ces pays, les séries utilisées pour le tableau III sont établies à partir de l'enquête européenne sur les forces de travail. Ceci peut aussi expliquer certaines différences entre les taux d'activité édités dans le tableau II et III. Dans les pays où des jeunes sont enrôlés dans les forces armées, leurs taux d'activité différeront considérablement selon que les chiffres incluent ou excluent les forces armées. À la lumière de ces informations, il est clair que les comparaisons internationales de ces données doivent être faites avec prudence.

4. Unemployment rate

Unemployment rate is defined as the ratio between the number of unemployed and the total labour force. Since the members of the armed forces should, by definition, be included among persons in employment, total labour force should be used to calculate the unemployment rate in accordance with ILO recommendations. Nevertheless, the unemployment rate presented in Table II takes into account the civilian labour force as published in the same table to increase the comparability between OECD Member countries.

The fact that nearly one third of OECD Member countries, for various reasons, do not provide OECD with estimates of armed forces partially explains this choice. But the main reason is that, in a majority of OECD Member countries, labour force surveys cover only private households.

The use of survey data covering only private households implies that individuals living in collective households such as members of the armed forces living in barracks are excluded from estimates. On the other hand, it should be noted that in many countries, members of armed forces living in private households or attached to a private household are surveyed and consequently included in the aggregate "civilian labor force".

In Table III, unemployment rates by age-group and sex are calculated using either civilian or total labor force depending on the country. Therefore, the unemployment rate for a given age group is defined as the number of unemployed for the age group divided by the total (or civilian) labour force for the age group.

Again, a comparison of youth unemployment rates may be made more difficult by different statistical treatment of young people combining job seeking with full-time education and of young people benefiting from national training schemes. For more details the reader is referred to *Measuring Employment and Unemployment*, OECD, 1979, Youth Unemployment: The Causes and Consequences, OECD, 1980, Chapter 5 of *OECD Employment Outlook*, September 1987, and Chapter 1 of *OECD Employment Outlook*, July 1994.

4. Taux de chômage

Le taux de chômage est défini comme le rapport entre le nombre de chômeurs et de la population active totale. Puisque les membres des forces armées devraient par définition être inclus parmi des personnes pourvues d'un emploi, la population active totale devrait être utilisée pour calculer le taux de chômage suivant les recommandations de l'OIT. Néanmoins le taux de chômage présenté dans le tableau II prend en compte la population active civile telle qu'elle est publiée dans ce même tableau pour augmenter la comparabilité entre les pays membres de l'OCDE.

Le fait que presque un tiers des pays membres de l'OCDE pour différentes raisons, ne fournissent pas à l'OCDE les chiffres de forces armées explique en partie ce choix. Mais la raison principale est que, dans une majorité de pays membres de l'OCDE, les enquêtes sur les forces de travail couvrent seulement les ménages privés.

L'utilisation d'enquêtes couvrant uniquement les ménages privés implique que les individus vivant dans des collectivités, tels que les membres des forces armées vivant en caserne sont exclus des estimations. D'autre part, il faut noter que dans beaucoup de pays, les membres des forces armées vivant dans un ménage privé ou attachés à un ménage privé sont enquêtés et par conséquent inclus dans "la population active civile".

Dans le tableau III, des taux de chômage par âge et par sexe sont calculés en utilisant la population active civile ou totale selon le pays. Par conséquent, le taux de chômage pour une catégorie d'âge donnée est défini comme le nombre de chômeurs pour la catégorie d'âge divisé par la population active totale (ou civile) pour la catégorie d'âge.

Les différentes méthodes statistiques d'enregistrement des jeunes qui combinent la recherche d'un emploi et les études à plein temps ou de ceux qui suivent des formations professionnelles peuvent rendre aussi la comparaison de taux de chômage des jeunes plus difficiles. Le lecteur consultera pour plus de détails les trois études : *L'emploi et le chômage : critères de mesure*, OCDE, 1979, *Les jeunes sans emploi : cause et conséquences*, OECD, septembre 1987, et chapitre des Perspectives de l'emploi, juillet 1994.

5. Employment rates

The employment rate represents persons in employment as a percentage of the working age population. The employment rate is commonly defined as the ratio between the employed and the working age population, though there is no commonly accepted international definition. Working age population is defined in this publication as persons aged 15-64. This age range has been used to improve the comparability of the rates between countries.

It should be noted that in some countries the lower age limit is 16 years of age and the upper limit is higher than 64, or non-existent. As a result, employment rates calculated in this publication may differ from those calculated using various national definitions.

In addition to the employment rate as defined above, this publication also presents the ratio of employment as a percentage of total population. This ratio represents persons in employment as a percentage of all persons in the population regardless of age and their situation with respect to the labor market. All rates are calculated from series published in this publication.

5. Taux d'emploi

Le taux d'emploi représente les personnes exerçant un emploi en pourcentage de la population en âge de travailler. Le taux d'emploi est habituellement défini comme étant le ratio entre la population occupant un emploi et la population en âge de travailler, bien qu'il n'existe pas de définition internationale universellement acceptée. La population en âge de travailler est définie dans cette publication par les personnes âgées de 15 à 64 ans. Cet intervalle d'âge a été utilisé pour améliorer la comparabilité des taux entre les pays.

Il faut noter que dans certains pays, la limite d'âge inférieure est de 16 ans et la limite supérieure est de 64 ans et plus ou inexistante. Par conséquent, les taux d'emploi calculés dans cette publication peuvent différer de ceux calculés en utilisant diverses définitions nationales.

En plus du taux d'emploi défini ci-dessus, cette publication présente aussi le ratio des personnes exerçant un emploi comme pourcentage de la population totale. Ce ratio représente les personnes exerçant un emploi en pourcentage de toutes les personnes dans la population quel que soit leur âge et leur situation par rapport au marché du travail. Les taux sont calculés à partir des séries publiées dans la publication.

NOTES BY COUNTRY
NOTES PAR PAYS

CANADA

POPULATION

Reference period

From 1955 to 1970, data refer to 1 June. From 1971, data refer to 1 July. Population data from 1971 have been adjusted to the 2001 census. Net international migration has been calculated as follows: from 1955 to 1970 it is equal to immigration less emigration, from 1971 to 1990 it is equal to immigration less emigration plus returning emigration plus net non-permanent residents and from 1991 and onwards it is equal to immigration less emigration plus returning emigration plus net non-permanent residents less net temporary emigration. From 2005 data for non permanent residents are estimated with new improved population benchmarks. This affects data from 1971 onwards.

Population coverage

Data refer to the resident population (de jure).

COMPONENTS OF CHANGE IN POPULATION

Population coverage

Net migration consists of:
From 1955 à 1970 =Immigration less emigration.

From 1971 à 1990 = Immigration less emigration plus returning emigration plus net non-permanent residents.

From 1991 = Immigration less emigration plus returning emigration less net temporary emigration plus net non-permanent residents.

CANADA

POPULATION

Période de référence

De 1955 à 1970, les données se réfèrent au 1er juin. Depuis 1971, les données se réfèrent au 1er juillet. Les données de population ont été révisées depuis 1971 selon les résultats du recensement de 2001. Le solde net des migrations internationales est calculé de la façon suivante : de 1955 à 1970, il est égal à la différence entre l'immigration et l'émigration ; de 1971 à 1990, il est égal à l'immigration moins l'émigration plus l'émigration de retour et les résidents non permanents nets et depuis 1991, il est égal à l'immigration moins l'émigration plus l'émigration de retour et les résidents non permanents nets moins l'émigration temporaire nette. Depuis 2005, les données concernant les résidents non permanents sont estimées par de nouveaux étalons de population améliorés. Cela affecte les données depuis 1971.

Population couverte

Les données se réfèrent à la population résidante (de jure).

COMPOSANTES DE L'ÉVOLUTION DÉMOGRAPHIQUE

Population couverte

Calcul de la migration nette:
De 1955 à 1970, le nombre des immigrants moins le nombre des émigrés.

De 1971 à 1990, le nombre des immigrants moins le nombre des émigrés plus le nombre d'émigrants de retour plus le solde des résidents non permanents.

Depuis 1991, le nombre des immigrants moins le nombre des émigrés plus le nombre d'émigrants de retour moins le solde de l'émigration temporaire plus le solde des résidents non-permanents.

LABOUR FORCE

Name of collection/source

Data are compiled from the monthly Households Labour Force Survey.

Reference period

Annual data are averages of monthly figures. Data collected from the Househod Labour Force Survey are weghted to independently derived population estimates which are subjected to revision following each census. The survey undergoes a redesign every 10 years following the decennial census. Data from 1976 have been revised in line with the 2001 Census.

Population coverage

Data refer to the civilian non-institutional population aged 15 years and over. The survey covers persons living in collective households using information obtained from their parents living in private households, including non-permanent residents. Persons living on Indian reserves, full-time members of the armed forces and people living in institutions are excluded. Persons living in the Yukon, in Nunavut and in the North West Territories are also excluded.

Quality comments

Series breaks: In January 1976 the following revisions to the labour force survey were implemented: sample increase, from 35 000 to approximately 56 000 households; update of the sample by redesign; introduction of the new methodology and procedures at the level of startificatio, sample allocation and formation of sampling units; improvement of data collection techniques, quality control and evaluation procedures. Prior to 1966, the survey covers population aged 14 years and over.

UNEMPLOYMENT

Key statistical concept

Data refer to the number of persons who, during thereference week, were without work, had actively looked for work in the past 4 weeks, had not actively looked for work in the past 4 weeks but had been on lay off, had a new job to start in 4 weeks or less from the reference period, and were available for work. Full-time students seeking full-time work are excluded.

POPULATION ACTIVE

Nom de la source/collecte

Les données proviennent de l'Enquête mensuelle sur la population active auprès des ménages.

Période de référence

Les données annuelles sont des moyennes des chiffres mensuels. Les données rassemblées par l'Enquête sur la population active auprès des ménages sont pondérées par des évaluations indépendantes de la population, soumises à des révisions après chaque recensement. L'enquête fait l'objet d'un remaniement tous les 10 ans, à la suite de chaque recensement décennal. Les données depuis 1976 ont été révisées selon les résultats du recensement de 2001.

Population couverte

Les données se réfèrent à la population civile, âgée de 15 ans et plus, ne vivant pas en collectivité. L'enquête porte aussi sur la population vivant dans les ménages collectifs via leur famille vivant dans les ménages privés, y compris les résidents non permanents. Les habitants des réserves indiennes, les membres des forces armées et les personnes vivant en collectivité sont exclus. Les habitants du Territoire du Yukon, de Nunavut et des Territoires du Nord-Ouest sont aussi exclus.

Commentaires sur la qualité

Ruptures dans les séries : En janvier 1976, les révisions suivantes ont été apportées à l'enquête sur la population active : augmentation de la taille de l'échantillon, de 35 000 à environ 56 000 ménages ; mise à jour de l'échantillon par nouvelle conceptualisation ; introduction de nouvelles méthodologies et procédures au niveau de la formation et de la stratification des échantillons ; amélioration des techniques de collecte de données, de la qualité des contrôles et des procédures d'évaluation. Avant 1966, l'enquête concernait la population âgée de 14 ans et plus.

CHÔMAGE

Concept statistique principal

Les données se réfèrent au nombre de personnes qui, au cours de la semaine de référence, étaient sans emploi, avaient entrepris au cours des 4 dernières semaines des démarches actives de recherche d'un emploi (sauf si elles étaient licenciées ou débutaient un nouvel emploi moins de 4 semaines après la période de référence) et qui étaient disponibles pour occuper un emploi. Les étudiants à plein temps qui cherchent un travail à plein temps sont exclus.

EMPLOYMENT

Key statistical concept

Data refer to persons who did any work at all during the reference period, or had a job but were not at work due to illness, personal responsabilities, bad weather, labour dispute, vacations or any other reason, excluding persons laid off and persons whose job attachement was to a job with definite start date in the future. Work includes any work for pay or profit, that is, paid work in the context of an employer-employee relationship, self employment and unpaid family work.

EMPLOYMENT BREAKDOWN BY ACTIVITY - ISIC REV. 2 AND ISIC REV. 3

Item coverage

The breakdown of civilian employment and employees by economic activity refers to the national industrial classification of 1970 for the years prior to 1984, to the 1980 classification in 1985 and 1986 and to NAICS97 (North American Industry Classification System) from 1987.

Quality comments

Series breaks: Data broken down by activity in ISIC Rev. 2 (civilian employment and employees) have not been updated due to the introduction of ISIC Rev. 3.

PART-TIME EMPLOYMENT

Population coverage

Data include only persons declaring usual hours worked.

Key statistical concept

Part-time employment refers to persons who work less than 30 hours per week in their main job. The hours worked are usual hours, and refer to normal hours worked.

EMPLOI

Concept statistique principal

Les données se réfèrent aux personnes qui ont travaillé pendant la période de référence ou qui, bien que titulaires d'un emploi, n'étaient pas au travail du fait de maladie, de motifs personnels, de mauvaises conditions climatiques, d'un conflit du travail, de vacances ou de toute autre raison, à l'exclusion des personnes licenciées temporairement et des titulaires d'un emploi devant débuter à une date déterminée dans le futur. Le travail comprend toute activité rémunérée ou lucrative, c'est-à-dire un travail salarié dans le contexte d'une relation employeur/employé, un travail indépendant ou un travail non rémunéré au profit d'un membre de la famille.

RÉPARTITION DE L'EMPLOI PAR ACTIVITÉS –CITI RÉV. 2 ET CITI RÉV. 3

Articles couverts

La répartition de l'emploi civil et de l'emploi salarié par activités économiques se réfère à la classification industrielle de 1970 pour les années antérieures à 1984, à la classification de 1980 en 1985 et 1986 et à la SCIAN97 (Système de classification type par industrie en Amérique du Nord) à partir de 1987.

Commentaires sur la qualité

Ruptures dans les séries : Les données concernant la répartition par branches d'activités en CITI Rév. 2 (emploi civil et emploi salarié) n'ont pas été mises à jour en raison du passage à la CITI Rév. 3.

EMPLOI À TEMPS PARTIEL

Population couverte

Les données incluent uniquement les personnes déclarant des heures habituelles de travail.

Concept statistique principal

L'emploi à temps partiel se réfère aux actifs travaillant moins de 30 heures par semaine dans leur emploi principal. Les heures travaillées sont les heures habituelles et elles se réfèrent aux heures de travail normales.

DURATION OF UNEMPLOYMENT

Item coverage

These percentages only take into account those persons for whom the duration of unemployment is known.

Key statistical concept

Data refer to the number of continuous weeks during which a person has been on temporary layoff or without work and looking for work.

Data source(s) used

Source: Statistics Canada.

References:
1. Canada Yearbook (Statistics Canada).
2. Canadian Statistical Review (Statistics Canada, monthly/mensuel).
3. The Labour Force (Statistics Canada, monthly/mensuel).
4. Statistical Summary (Bank of Canada, monthly/mensuel).

DURÉE DU CHÔMAGE

Articles couverts

Ces pourcentages ne prennent en compte que les personnes pour lesquelles la durée du chômage est connue.

Concept statistique principal

Les données se réfèrent au nombre de semaines continues pendant lesquelles une personne a connu une mise à pied temporaire ou a été sans emploi et à la recherche d'un emploi.

Source(s) de données utilisée(s)

Source: Statistics Canada.

References:
1. Canada Yearbook (Statistics Canada).
2. Canadian Statistical Review (Statistics Canada, monthly/mensuel).
3. The Labour Force (Statistics Canada, monthly/mensuel).
4. Statistical Summary (Bank of Canada, monthly/mensuel).

MEXICO

POPULATION

Reference period

From 1970, data are estimated according to the outcomes of the General Census of Population and Household conducted in 1990, 1995, 2000 and 2005. The last population census took place in 2005.

Population coverage

Data refer to the resident population (de jure).

Quality comments

Series breaks: No breaks, in 2006 data have been revised.

LABOUR FORCE

Name of collection/source

From 2005 data refer to the new Labour Force Survey (National Occupation and Employment Survey, ENOE). The survey covers civilian population aged 12 years and over and does not collect information in respect of persons in collective households such as hospitals, prisons, and armed forces quarters. However, the data reported to the OECD refer to persons aged 15 years or more. Data from 1991 to 2004 are derived from the Household Labour Force Survey (National Employment Survey, ENE). In 1970, 1980 and 1990, data refer to the General Population and Housing Censuses.

Population coverage

From 2000 the survey is quarterly and the data refer to the second quarter. From 1995 to 1999, the survey is annual and the data refer to the second quarter. From 1995 also, data are adjusted according to the revised population data. In 1991 and 1993, the survey was bi-annual. Estimates for 1992 and 1994 are obtained using annualized rates of growth between the survey years.

Quality comments

Series breaks: Since 2005 the data refer to the current Labour Force Survey (National Occupation and Employment survey, ENOE) which has a different questionnaire from that of the previous surveys.

MEXIQUE

POPULATION

Période de référence

À partir de 1970, les données sont estimées avec les résultats des recensements généraux de la population et des ménages conduit en 1990, 1995, 2000 et 2005. Le dernier recensement de la population a eu lieu en 2005.

Population couverte

Les données se réfèrent à la population résidante (de jure).

Commentaires sur la qualité

Ruptures dans les séries : Pas de rupture, en 2006 les données ont été révisées.

POPULATION ACTIVE

Nom de la source/collecte

Depuis 2005, les données se réfèrent à la nouvelle Enquête sur la population active (Encuesta Nacional de Ocupación y Empleo ENOE). L'enquête couvre la population civile âgée de 12 ans et plus et ne concerne pas les ménages collectifs comme les hôpitaux, les prisons et les casernes. Cependant, les données fournies à l'OCDE concernent uniquement les personnes âgées de 15 ans et plus. Les données de 1991 à 2004 sont tirées de l'Enquête sur la population active auprès des ménages (Encuesta Nacional de Empleo ENE). Pour les années 1970, 1980 et 1990, les données proviennent des recensements généraux de la population et des ménages.

Population couverte

Depuis 2000, l'enquête est trimestrielle et les données se réfèrent au deuxième trimestre. De 1995 à 1999, l'enquête était annuelle et les données concernent le deuxième trimestre. De même depuis 1995 les données sont ajustées sur les nouveaux chiffres de population. En 1991 et 1993, l'Enquête était bi-annuelle. Les estimations pour les années 1992 et 1994 sont obtenues par application du taux de croissance annuel moyen entre deux années d'enquêtes.

Commentaires sur la qualité

Ruptures dans les séries : Depuis 2005, les données se réfèrent à la nouvelle Enquête sur la population active (Encuesta Nacional de Ocupación y Empleo ENOE) dont le questionnaire est différent de celui des enquêtes

Nevertheless from 1995, the data have been adjusted to comply with the ENOE conceptual scheme. Data prior to 1995 are not strictly comparable.

précédentes. Cependant, les données ont été révisées depuis 1995 pour les mettre en conformité avec le cadre conceptuels de l'ENOE. Avant 1995, les données ne sont donc pas strictement comparables.

UNEMPLOYMENT

Key statistical concept

Data refer to the number of persons who, during the reference week, were without work, currently available for work, and had seek for a job in the previous month. The new Labour Force Survey (National Occupation and Employment Survey, ENOE) considers workers later starting a job as "unemployed". In 2006 data have been revised and consequently from 1995 to 2006 unemployment data are in line with the ENO criteria. revised.

CHÔMAGE

Concept statistique principal

Les données se réfèrent au nombre de personnes qui, au cours de la semaine de référence, étaient sans travail, disponibles pour travailler et qui ont recherché un emploi dans le mois précédent. Depuis 2005, la nouvelle Enquête sur la population active (Encuesta Nacional de Ocupación y Empleo ENOE) considère comme sans emploi les personnes commençant un emploi plus tard. En 2007, les données ont été révisées, dorénavant les données de la période 1995 à 2006 sont en accord avec les critères de l'ENOE.

EMPLOYMENT

Key statistical concept

Data refer to the number of persons who, during the reference week, were in paid employment or self-employed. The survey considers as 'employed' those persons who will start working in the next month with respect to the reference week, but the figures reported to OECD do not include them.

EMPLOI

Concept statistique principal

Les données se réfèrent au nombre de personnes qui, pendant la semaine de référence, occupaient un emploi salarié ou qui travaillaient à leur compte. L'enquête considère comme au travail une personne qui doit commencer à travailler le mois suivant la semaine de référence, mais les données envoyées à l'OCDE les excluent.

PART-TIME EMPLOYMENT

Population coverage

Data include only persons declaring usual hours worked.

Key statistical concept

Part-time employment refers to persons who work less than 30 hours per week in their main job. The hours worked are usual hours, and refer to normal hours worked.

Quality comments

Series breaks: In 2005 the National Employment Survey (Encuesta Nacional de Empleo, ENE) was replaced by the National Occupation and Employment Survey (Encuesta Nacional de Ocupación y Empleo, ENOE) so that data are not strictly comparable with those for previous years. The Labour force survey questionnaire was modified in 1995, to collect information on usual

EMPLOI À TEMPS PARTIEL

Population couverte

Les données incluent uniquement les personnes déclarant des heures habituelles de travail.

Concept statistique principal

L'emploi à temps partiel se réfère aux actifs travaillant moins de 30 heures par semaine dans leur emploi principal. Les heures travaillées sont les heures habituelles et elles se réfèrent aux heures de travail normales.

Commentaires sur la qualité

Ruptures dans les séries : En 2005, l'Enquête nationale sur l'emploi (Encuesta Nacional de Empleo, ENE) a été remplacée par l'enquête nationale de l'emploi et des professions (Encuesta Nacional de Ocupación y Empleo, ENOE) les données ne sont donc pas strictement comparables avec celles des années antérieures. Le questionnaire de l'enquête sur la population active a été

hours worked and 'kind of work contract' for the wage earners and salaried workers.

modifié en 1995, pour collecter des informations sur les heures habituelles de travail et le type de contrat de travail pour les salariés.

DURATION OF UNEMPLOYMENT

Item coverage

These percentages only take into account those persons for whom the duration of unemployment is known.

Key statistical concept

Data refer to the period between the date at which the unemployed starts to seek for work and the survey reference week.

Data source(s) used

Source: Instituto Nacional de Estadística, Geografía e Informática – INEGI.

References:

1. Anuario Estadístico De Los Estados Unidos Mexicanos (INEGI).
2. Conte 95 (Estados Unidos Mexicanos, resultados preliminares, INEGI).
3. Encuesta Nacional de Empleo (ENE) - Secretaría del Trabajo y Previsíon Social (STPS).
4. Encuesta Nacional de Ocupación y Empleo (ENOE) - Secretaría del Trabajo y Previsíon Social (STPS).

DURÉE DU CHÔMAGE

Articles couverts

Ces pourcentages ne prennent en compte que les personnes pour lesquelles la durée du chômage est connue.

Concept statistique principal

Les données se réfèrent à la période entre le début de recherche d'emploi et la semaine de référence de l'enquête.

Source(s) de données utilisée(s)

Source: Instituto Nacional de Estadística, Geografía e Informática – INEGI.

References:

1. Anuario Estadístico De Los Estados Unidos Mexicanos (INEGI).
2. Conte 95 (Estados Unidos Mexicanos, resultados preliminares, INEGI).
3. Encuesta Nacional de Empleo (ENE) - Secretaría del Trabajo y Previsíon Social (STPS).
4. Encuesta Nacional de Ocupación y Empleo (ENOE) - Secretaría del Trabajo y Previsíon Social (STPS).

UNITED STATES

POPULATION

Reference period

Data refer to 1 July. The last population census took place in 2000 and its results are included in this publication. Data from 2000 onward are estimates subject to revision each year.

Population coverage

Data refer to the resident population (de jure). Data exclude Puerto Rico, Guam, U.S.Virgin Islands, American Samoa, Commonwealth of the Northern Mariana Islands. In 2000 the population figures for these were: 3 808 610 for Porto Rico, 57 291 for American Samoa, 154 805 for Guam, 69 221 for The Commonwealth of the Northern Mariana Islands (CNM) and 108 612 for the U.S.Virgin Islands.

Quality comments

Series breaks: From 1980 onwards, population data exclude armed forces overseas. Prior to 1980, population data include armed forces overseas.

LABOUR FORCE

Name of collection/source

Data are compiled from the Monthly Household Labour Force Survey (Current Population Survey). Each month about 60 000 households are interviewed for the Survey taken in the week including the 19th of the month in which survey respondents are asked about their labour force status in the week including the 12th of the month.

Reference period

Annual data are averages of monthly figures.

Population coverage

Data refer to the civilian resident non-institutional population aged 16 years and older who are not inmates of penal or mental institutions, sanatoriums or homes for the aged, infirm or needy. The survey also covers the civilian resident non-institutional population living in collective households which is sampled separately. Data

ÉTATS-UNIS

POPULATION

Période de référence

Les données se réfèrent au 1er juillet. Le dernier recensement a eu lieu en 2000 et ses résultats sont pris en compte dans cette publication. Les données depuis 2000 sont des estimations et sont sujettes à révision chaque année.

Population couverte

Les données se réfèrent à la population résidante (de jure). Les données excluent Porto Rico, Guam, les îles Vierges U.S., la Samoa américaine et le Commonwealth des îles Mariannes du Nord. Lors du recensement de 2000, la population était de 3 808 610 pour Porto Rico, de 57 291 pour la Samoa américaine, de 154 805 pour Guam, de 69 221 pour le Commonwealth des îles Mariannes du Nord (CNM) et de 108 612 pour les îles Vierges U.S.

Commentaires sur la qualité

Ruptures dans les séries : Depuis 1980, les données de population ne comprennent pas les forces armées stationnées outre-mer. Avant 1980, les données incluent les forces armées stationnées outre-mer.

POPULATION ACTIVE

Nom de la source/collecte

Les données proviennent de l'Enquête mensuelle auprès des ménages sur la population (Current Population Survey). Environ 60 000 ménages sont interrogés chaque mois pour l'Enquête sur la population effectuée au cours de la semaine incluant le 19ème jour du mois. Les personnes sont interrogées sur leur situation devant le travail pendant la semaine incluant le 12ème jour du mois.

Période de référence

Les données annuelles sont des moyennes des chiffres mensuels.

Population couverte

Les données se réfèrent à la population civile résidante âgée de 16 ans et plus ne vivant pas en collectivité, c-à-d aux personnes qui ne sont ni internées dans les hôpitaux psychiatriques, ni détenues, ni pensionnaires dans les maisons pour personnes âgées, handicapées ou dans le besoin. L'enquête porte aussi sur la population civile

exclude Puerto Rico, American Samoa Guam, The Commonwealth of the Northern Mariana Islands (CNM) and US Virgin Islands.

résidante non institutionnelle vivant dans les ménages collectifs, qui font l'objet d'un échantillonnage indépendant. Les données excluent Porto Rico, Guam, la Samoa américaine, le Commonwealth des îles Mariannes du Nord (CNM) et les îles Vierges U.S.

Quality comments

Series breaks: Data for 2000 are not strictly comparable with data for previous years due to the inclusion of population controls based on the 2000 decennial census into the estimation process. 1997, 1998 and 1999 data are not strictly comparable with data for previous years due to the introduction of revised population controls. From 1998, data reflect the introduction of a new composite estimation procedure for the Current Population Survey

Data for 1994 are not directly comparable with those for previous years, due to a major redesign of both the Current Population Survey questionnaire and the collection methodology. The redesign of the questionnaire includes the introduction of interviews of dependents, information on prior job search and current availability resulting in a lower proportion of unemployed during a period shorter than 5 weeks and an increased proportion of unemployed for a period of 15 weeks and over.

Due to the introduction of the 1990 population census adjusted for an estimated population undercount, data from 1990 onwards are not directly comparable with those for previous years. Several modifications were introduced to the estimation procedures in 1986, 1985, 1983, 1982, 1979, 1978 and 1974. In January 1967, the lower age limit for official statistics of the labour force, employment and unemployment was raised from 14 to 16 years of age. Definitional changes were also introduced at that time. Several modifications have been implemented to include increased populations from new States and areas (inclusion of Alaska, Hawaii in 1960) and regular adjustments have been made after each of the decennial censuses.

Commentaires sur la qualité

Ruptures dans les séries : Les données de l'année 2000 ne sont pas strictement comparables aux données des années précédentes en raison de l'introduction de contrôles de population basés sur le recensement décennal de 2000. Les données des années 1997, 1998 et 1999 ne sont pas strictement comparables aux données des années précédentes en raison de l'introduction de révisions des contrôles de population. Les données à partir de 1998 tiennent compte de l'introduction d'une nouvelle procédure d'estimation pour l'Enquête sur la population (CPS).

Les données de 1994 ne sont pas directement comparables avec celles des années antérieures, en raison d'une modification importante du questionnaire et de la méthode de collecte : mise en place d'entretiens avec les membres de la famille, collecte d'informations sur les recherches antérieures de travail et sur la disponibilité actuelle en particulier, ce qui s'est traduit par une proportion moindre de chômeurs à la recherche d'un emploi depuis moins de 5 semaines et une augmentation des chômeurs à la recherche d'un emploi depuis plus de 15 semaines

Les données de 1990 ne sont pas comparables avec celles des années antérieures en raison de l'introduction des résultats du recensement de 1990, ajustés pour compenser une précédente sous-évaluation de la population. Des modifications ont été apportées aux procédures d'estimation en 1986, 1985, 1983, 1982, 1979, 1978 et 1974. En janvier 1967, la limite d'âge inférieure pour les statistiques officielles sur la population active, l'emploi et le chômage a été relevée de 14 à 16 ans. Des changements de définition ont été également mis en place à ce moment-là. Plusieurs modifications ont été apportées pour inclure l'accroissement de population dû aux nouveaux états (Alaska et Hawaii en 1960) et des ajustements réguliers sont effectués après chaque recensement décennal.

UNEMPLOYMENT

Key statistical concept

Data refer to all persons not employed during the reference week, were available for work, except for temporary illness, and had made specific efforts to find employment some time during the four-week period ending with the reference week. Persons who were waiting to be recalled to a job from which they had been laid off need not have been looking for work to be classified as unemployed.

CHÔMAGE

Concept statistique principal

Les données se réfèrent à l'ensemble des personnes qui se trouvaient sans emploi au cours de la période de référence, qui désiraient travailler, sauf incapacité temporaire due à la maladie et qui avaient déployé des efforts spécifiques de recherche d'un emploi au cours de la période de quatre semaines s'achevant par la période de référence. Les personnes mises à pied attendant de retrouver leur emploi sont classées parmi les chômeurs sans avoir à rechercher un emploi.

EMPLOYMENT

Key statistical concept

Data refer to all persons who, during the reference week, did any work (at least one hour) as paid employees, worked in their own business, profession or on their own farm or who worked 15 hours or more as unpaid workers in an enterprise operated by a member of the family. They also include all those who were not working but who had jobs or businesses from which they were temporarily absent because of vacation, illness, bad weather, maternity or paternity leave, labour-management dispute, job training or other family or personal reasons, irrespective of whether or not they were paid for the time off.

EMPLOI

Concept statistique principal

Les données se réfèrent à l'ensemble des personnes qui ont effectué un travail quelconque (pendant au moins une heure) en tant que salariés, travailleurs indépendants, membres de professions libérales, exploitants agricoles ou qui ont effectué au moins 15 heures de travail non rémunérées dans une entreprise dirigée par un membre de leur famille. Elles incluent aussi les titulaires d'un emploi ou d'une activité, temporairement absents du fait de congés payés, de maladie, de mauvaises conditions climatiques, de congé de maternité ou de paternité, de conflit social, de stage de formation ou d'autres raisons familiales ou personnelles, que cette absence soit rémunérée ou non.

PART-TIME EMPLOYMENT

Population coverage

Data refer to wage and salary workers and include only persons declaring usual hours worked.

Key statistical concept

Part-time employment refers to persons who work less than 30 hours per week. All jobs are covered and the hours worked are usual hours, and refer to normal hours worked.

EMPLOI À TEMPS PARTIEL

Population couverte

Les données se réfèrent aux salariés et incluent uniquement les personnes déclarant des heures habituelles de travail.

Concept statistique principal

L'emploi à temps partiel se réfère aux actifs travaillant moins de 30 heures par semaine. Tous les emplois sont couverts et les heures travaillées sont les heures habituelles et se réfèrent aux heures de travail normales.

DURATION OF UNEMPLOYMENT

Item coverage

These percentages only take into account those persons for whom the duration of unemployment is known.

DURÉE DU CHÔMAGE

Articles couverts

Ces pourcentages ne prennent en compte que les personnes pour lesquelles la durée du chômage est connue.

Key statistical concept

Duration refers to the length of time (through the current reference week) that persons classified as unemployed had been looking for work. For persons on layoff, duration of unemployment refers to the number of full weeks they had been on layoff. In US statistics, duration of unemployment is enumerated in weeks. The smallest duration category available is "less than 5 weeks".

Concept statistique principal

La durée représente la période (jusqu'à la semaine de référence) pendant laquelle les personnes classées comme étant au chômage avaient recherché un emploi. Pour les personnes mises à pied, la durée du chômage représente le nombre de semaines pleines depuis leur mise à pied. Dans les statistiques des États-Unis, la durée du chômage est mesurée en semaines. La plus petite catégorie de durée disponible est « moins de 5 semaines ».

EMPLOYMENT BY PROFESSIONAL STATUS

Quality comments

From 2003 the 2002 North American Industry Classification System (NAICS) and the 2000 Standard Occupational Classification (SOC) system were introduced in the monthly Household Labour Survey (Current Population Survey). The use of these new classification systems creates breaks in series at all levels of aggregation.

EMPLOI SELON LE STATUT PROFESSIONNEL

Commentaires sur la qualité

A partir de 2003, la classification Nord Américaine de l'industrie de 2002 (NAICS) et classification standard d'après la situation dans la profession 2000 (SOC) sont introduites dans l'enquête mensuelle auprés des ménages (Current Population Survey). L'utilisation des ces nouvelles classificatiopns entraîne une rupture dans les séries à tous les niveaux d'aggrégation

EMPLOYMENT BREAKDOWN BY ACTIVITY - ISIC REV. 2 AND ISIC REV. 3

Quality comments

From 2003 the 2002 North American Industry Classification System (NAICS) was introduced in the monthly Household Labour Survey (Current Population Survey). Due to the lack of correspondence table to enable the conversion from NAICS into ISIC. Consequently, data on civilian employment broken down by activities is not available

Data source(s) used

Source: US Department of Labor Statistics,
Bureau of Labor Statistics (BLS).

References:
1. Statistical Abstract of the United States (US Department of Commerce, Bureau of the Census).
2. Current Population Reports (US Department of Commerce, Bureau of the Census, monthly/mensuel).
3. Survey of Current Business (US Department of Commerce, Bureau of Economic Analysis, monthly/mensuel).
4. Monthly Labor Review (BLS).
5. Employment and Earnings (BLS, monthly/mensuel).
6. Employment and Training Report Of The President.
7. «Revisions in the Current Population Survey Effective January 1994», Employment and Earnings, February 1994.

RÉPARTITION DE L'EMPLOI PAR ACTIVITÉS – CITI RÉV. 2 ET CITI RÉV. 3

Commentaires sur la qualité

A partir de 2003, la classification Nord Américaine de l'industrie de 2002 (NAICS) est introduite dans l'enquête mensuelle auprés des ménages (Current population Survey). En l'absence de table de correspondance entre NAICS et ISIC Rev.3, la répartition de l'emploi par activité n'est pas disponible

Source(s) de données utilisée(s)

Source: US Department of Labor Statistics,
Bureau of Labor Statistics (BLS).

References:
1. Statistical Abstract of the United States (US Department of Commerce, Bureau of the Census).
2. Current Population Reports (US Department of Commerce, Bureau of the Census, monthly/mensuel).
3. Survey of Current Business (US Department of Commerce, Bureau of Economic Analysis, monthly/mensuel).
4. Monthly Labor Review (BLS).
5. Employment and Earnings (BLS, monthly/mensuel).
6. Employment and Training Report Of The President.
7. «Revisions in the Current Population Survey Effective January 1994», Employment and Earnings, February 1994.

AUSTRALIA

POPULATION

Reference period

Data are official estimates at 30 June and at end-of-year. The last population census took place in 2001 and figures from 1996 have been aligned to the 2001 census.

Population coverage

Data refer to the resident population (de jure), excluding national defence forces stationed abroad.

Quality comments

Series breaks: A new definition of population was adopted for the 1981 Census. Population is defined as the number of people who usually reside in Australia, that is, 'Australian residents'. Prior to this population had been defined as the number of people actually present at a given time (at the census). This meant the number of people actually counted included foreign tourists but excluded Australians abroad. Population estimates based on this new concept were compiled back to 1971. Therefore, data on the distribution of the population by age and sex contains a series break between 1970 and 1971.

LABOUR FORCE

Name of collection/source

Data are compiled from the results of the monthly Household Labour Force Survey which covers the civilian population. Data for employed persons by activity in industry are only available for February, May, August and November. The survey covers about 0.5% of the population of Australia and is carried out during the week beginning on the Monday between the 6th and the 12th of each month (information relates to the week before the interview). Data are collected by personal interviews of persons in selected private and non-private dwellings identified through the five yearly Population Census. Armed forces data are sourced from the Department of Defence.

AUSTRALIE

POPULATION

Période de référence

Les données sont des estimations officielles au 30 juin et en fin d'année. Le dernier recensement de la population a eu lieu en 2001 et les données depuis 1996 ont été ajustées sur le recensement de 2001.

Population couverte

Les données se réfèrent à la population résidante (de jure), non compris les forces de défense stationnées hors du pays.

Commentaires sur la qualité

Ruptures dans les séries : Pour le recensement de 1981, une nouvelle définition de la population a été adoptée. La population est définie comme le nombre de personnes qui résident habituellement en Australie c'est-à-dire les "résidents australiens". Auparavant, la population se définissait comme le nombre de personnes effectivement présentes à une date donnée c'est-à-dire que le recensement comptabilisait alors les touristes étrangers et omettait les Australiens à l'étranger. Les estimations de la population basées sur ce nouveau concept ont donné lieu à des révisions de données depuis 1971. La répartition de la population par âge et par sexe présente donc une rupture entre 1970 et 1971.

POPULATION ACTIVE

Nom de la source/collecte

Les données sont établies à partir des résultats de l'Enquête mensuelle auprès des ménages sur la population civile active. La distribution de l'emploi civil dans l'industrie est disponible seulement pour les mois de février, mai, août et novembre. L'enquête couvre près de 0.5% de la population australienne et est menée au cours de la semaine commençant le lundi entre le 6 et le 12 de chaque mois (l'information porte sur la semaine précédant les entretiens). Les données sont recueillies par le biais d'entretiens auprès de personnes occupant une sélection de logements privés et collectifs tels que les identifie le recensement démographique quinquennal. Les données concernant les forces armées proviennent du Département de la défense.

LABOUR FORCE STATISTICS – ISBN 9789264035539 – © OECD 2007

Reference period

From 1979 annual data are averages of monthly estimates. Prior to 1979, annual data refer to the month of August. Survey estimates are revised after each census of population and housing, and when population estimation bases are reviewed. From 1996 data have been aligned to the 2001 Census.

Période de référence

Depuis 1979, les données annuelles sont des moyennes des données mensuelles. Avant 1979, les données annuelles se réfèrent au mois d'août. Les estimations tirées des enquêtes sont révisées après chaque recensement de la population et de l'habitat ainsi qu'à chaque changement de méthode d'estimation. Les données depuis 1996 ont été ajustées sur le recensement de 2001.

Population coverage

Data refer to all persons aged 15 years and over. Members of the defence forces, certain diplomatic personnel of overseas governments, overseas residents in Australia, members of non-Australian defence forces and their dependants stationed in Australia, are excluded. The survey also covers persons living in collective households which are sampled separately. All persons in institutions (hospitals, gaols, sanatoriums, boarding school pupils etc.) are included in the survey but classified as "not in the labour force". Jervis Bay Territory and Australian External Territories were customarily excluded from surveys from July 1993.

Population couverte

Les données se réfèrent aux personnes de 15 ans et plus. Les membres des forces armées, certains personnels diplomatiques d'états étrangers, les résidents étrangers séjournant en Australie et les membres des forces armées étrangères stationnées en Australie ainsi que leurs familles sont exclus du champ de l'enquête. L'enquête porte également sur les personnes vivant dans les ménages collectifs qui font l'objet d'un échantillonnage indépendant. Toutes les personnes vivant en collectivité (hôpitaux, prisons, sanatoriums, élèves en pensionnats etc.) sont incluses dans l'enquête mais classées comme « en dehors de la population active ». Jervis Bay Territory et Australian External Territories sont exclus de l'enquête depuis juillet 1993.

Quality comments

Series breaks: A new questionnaire was introduced in 2001 and employment and unemployment series were re-estimated from 1986. From April 1986, employment data include unpaid family workers having worked less than 15 hours in a family business or on a farm. Previously, such persons who worked 1 to 14 hours or who had such a job but were not at work, were defined as either unemployed or not in the labour force, depending on whether they were actively looking for work. Since February 1978, the surveys have been conducted on a monthly basis. Until February 1964, the surveys were confined to State capital cities after which time they were expanded to cover the whole of Australia. The first quarterly population survey was carried out in February 1964.

Commentaires sur la qualité

Ruptures dans les séries : Une nouvelle enquête a été introduite en 2001 et les séries de chômage et d'emploi ont été recalculées depuis 1986. Depuis avril 1986, les données de l'emploi incluent les travailleurs familiaux non rémunérés ayant travaillé moins de 15 heures dans une entreprise familiale ou une ferme. Auparavant, ces personnes ayant travaillé de 1 à 14 heures étaient considérées comme chômeuses ou bien comme ne faisant pas partie de la population active selon qu'elles étaient ou non activement à la recherche d'un travail. Depuis février 1978, les enquêtes sont menées sur une base mensuelle. Les enquêtes ne concernaient que les capitales des États jusqu'en février 1964, date à laquelle la couverture des enquêtes fut étendue à l'ensemble de l'Australie. La première enquête trimestrielle sur la population a eu lieu en février 1964.

UNEMPLOYMENT

Key statistical concept

Data refer to persons who were not employed during the reference week and had actively looked for full-time or part-time work at any time in the 4 weeks up to the end of the reference week and who were available for work in the reference week, or were waiting to start a new job

CHÔMAGE

Concept statistique principal

Les données se réfèrent aux personnes qui n'ont pas travaillé au cours de la semaine de référence et qui ont cherché activement un emploi à temps complet ou à temps partiel à un moment quelconque au cours des 4 semaines s'achevant par la semaine de référence, qui

within 4 weeks from the end of the reference week. Students actively seeking full or part-time work are included. Persons who are not working, are actively seeking work but are unavailable to start work due to temporary illness are excluded.

étaient disponibles pour prendre un emploi au cours de la semaine de référence ou qui devaient débuter dans un nouvel emploi dans les 4 semaines suivant la fin de la semaine de référence. Les étudiants qui cherchent activement un emploi à temps complet ou à temps partiel sont inclus. Les personnes qui ne travaillent pas, qui recherchent activement un travail mais qui ne sont pas disponibles pour commencer à travailler à cause d'une maladie temporaire sont exclues.

EMPLOYMENT

Key statistical concept

Data refer to the number of persons who, during the reference week, worked for one hour or more for pay, profit, commission or payment in kind, in a job or business, or on a farm; or worked for one hour or more without pay in a family business or farm, or as own account workers; or were employees who had a job but were not at work, on strike or locked out, or in full-time study. Persons stood down for less than 4 weeks without pay are now classified as employed.

EMPLOI

Concept statistique principal

Les données se réfèrent au nombre de personnes qui, au cours de la semaine de référence, ont travaillé pendant au moins une heure en vue d'une rétribution, d'un bénéfice, d'une commission ou d'un paiement en nature dans une entreprise, une exploitation agricole, ou ont travaillé pendant au moins une heure sans rétribution dans une entreprise ou une ferme familiale ou en tant que travailleur indépendant ainsi que celles qui ont un emploi mais n'étaient pas au travail, en grève, en situation de grève patronale ou en formation à plein temps. Les personnes absentes et non rémunérées pendant moins de 4 semaines sont maintenant considérées comme au travail.

EMPLOYMENT BREAKDOWN BY ACTIVITY - ISIC REV. 2 AND ISIC REV. 3

Reference period

From 1995 annual data are averages of monthly estimates. Prior to 1995 annual data refer to the month of August.

EMPLOI SELON LE STATUT PROFESSIONEL ET RÉPARTITITION PAR ACTIVITÉS –CITI RÉV. 2 ET CITI RÉV. 3

Période de référence

Depuis 1995, les données annuelles sont des moyennes des estimations mensuelles. Avant 1995, les données annuelles se réfèrent au mois d'août.

PARTICIPATION AND UNEMPLOYMENT RATES BY AGE GROUPS

Quality comments

Employment and unemployment data by age groups were not re-estimated prior to 2001 to be in line with the new questionnaire introduced in 2001.

TAUX D'ACTIVITITÉ ET TAUX DE CHÔMAGE PAR GROUPES D'ÂGE

Commentaires sur la qualité

Les données d'emploi et de chômage par tranches d'âge n'ont pas été recalculées pour les années antérieures à 2001 pour être ajustées au nouveau questionnaire introduit en 2001.

PART-TIME EMPLOYMENT

Population coverage

Data include only persons declaring usual hours worked.

EMPLOI À TEMPS PARTIEL

Population couverte

Les données incluent uniquement les personnes déclarant des heures habituelles de travail.

Key statistical concept

Part-time employment currently refers to people who usually work less than 35 hours per week in their job and either did so during the reference week, or were not at work in the reference week. All jobs are covered and until 2000, the hours worked are actual hours. From 2001, the data cover usual hours worked. Usual hours refer to normal working pattern over the previous 3 months and overtime hours if it is a regular part of working pattern over the previous 3 months.

Concept statistique principal

L'emploi à temps partiel se réfère actuellement aux actifs travaillant habituellement moins de 35 heures par semaine dans leur emploi, qu'elles aient, pendant la semaine de référence, effectivement travaillé moins de 35 heures ou qu'elles étaient absentes de leur travail. Tous les emplois sont couverts et jusqu'à 2000, les heures travaillées sont les heures effectives. À partir de 2001, les données couvrent les heures habituelles de travail. Les heures habituelles se rapportent au temps de travail normal sur les 3 derniers mois et les heures supplémentaires sont comprises si elles sont une partie régulière de l'emploi du temps des 3 derniers mois.

Quality comments

Series breaks: Prior to April 1986 contributing family workers were only classified as employed if they worked in excess of 14 hours a week. Since April 1986 contributing family workers working 1-14 hours are included as employed.

Commentaires sur la qualité

Ruptures dans les séries : Avant avril 1986, les aides familiaux étaient seulement considérés comme au travail s'ils travaillaient plus 14 heures par semaine. Depuis avril 1986, les travailleurs familiaux travaillant de 1 à 14 heures sont inclus.

DURATION OF UNEMPLOYMENT

Item coverage

These percentages only take into account those persons for whom the duration of unemployment is known.

Key statistical concept

Data refer to the shorter of the following two periods: the duration of search for work and the duration of joblessness.

Data source(s) used

Source: Australian Bureau of Statistics (ABS)

References:

1. Yearbook Australia (ABS).
2. Labour Report and monthly supplements (ABS).
3. Quarterly Summary of Australian Statistics (ABS).
4. Australian Economic Indicators (ABS, monthly/mensuel).
5. The Labour Force, Australian Bureau of Statistics.

DURÉE DU CHÔMAGE

Articles couverts

Ces pourcentages ne prennent en compte que les personnes pour lesquelles la durée du chômage est connue.

Concept statistique principal

Les données se réfèrent à la plus courte des deux périodes suivantes : la durée de recherche d'emploi et la durée du chômage.

Source(s) de données utilisée(s)

Source: Australian Bureau of Statistics (ABS)

References:

1. Yearbook Australia (ABS).
2. Labour Report and monthly supplements (ABS).
3. Quarterly Summary of Australian Statistics (ABS).
4. Australian Economic Indicators (ABS, monthly/mensuel).
5. The Labour Force, Australian Bureau of Statistics.

JAPAN

POPULATION

Name of collection/source

Data are compiled from the monthly Household Labour Force Survey, using census results as benchmarks.

Reference period

Data refer to 1 October of each year and are non-adjusted between censuses. The last population census was conducted in 2000. Prior to 2001, Total population data shown in the summary tables of this publication are adjusted between two censuses.

Population coverage

Data refer to the resident population (de jure), excluding foreign military personnel and foreign diplomatic corps and their dependants. Data include the Okinawa prefecture (Ryu-Kyu Islands) which was returned to Japan in 1972, increasing the total population by about 990 000 persons.

LABOUR FORCE

Name of collection/source

Data are compiled from the monthly Household Labour Force Survey. The reference period is one week ending on the last day of each month, except December for which it is one week from 20 to 26. The survey covers a sample of 40 000 households. In February of each year, the Special Survey of the Labour Force Survey is conducted to investigate the labour force in detail

Reference period

Annual data are averages of monthly figures.

Population coverage

Data refer to persons aged 15 years and over. From 1972 data include the Okinawa prefecture (Ryu-Kyu Islands) increasing the labour force by 370 000. The national defence forces and inmates of reformatory institutions are separately enumerated and included in the results.

JAPON

POPULATION

Nom de la source/collecte

Les données proviennent de l'Enquête mensuelle sur la population active auprès des ménages, calée sur les résultats des recensements.

Période de référence

Les données se réfèrent au 1er octobre de chaque année et ne sont pas ajustées entre deux recensements. Le dernier recensement de la population date de 2000. Avant 2001, les données de population totale publiées dans les tableaux résumés de cet ouvrage correspondent aux données ajustées entre deux recensements.

Population couverte

Les données se réfèrent à la population résidante (de jure). Les forces armées étrangères stationnées dans le pays, le personnel diplomatique étranger en poste dans le pays ainsi que les personnes à leur charge sont exclues. Les données incluent la préfecture d'Okinawa (îles Ryu-Kyu) qui a été rendue au Japon en 1972 ; par conséquent, la population totale a augmenté de 990 000 personnes.

POPULATION ACTIVE

Nom de la source/collecte

Les données proviennent de l'Enquête mensuelle sur la population active auprès des ménages. La période de référence est la semaine se terminant le dernier jour de chaque mois, excepté pour décembre où c'est la semaine du 20 à 26. L'enquête est effectuée auprès d'un échantillon de 40 000 ménages. En février de chaque année, l'Enquête supplémentaire sur la population active est conduite afin d'examiner en détail la population active.

Période de référence

Les données annuelles sont des moyennes des chiffres mensuels.

Population couverte

Les données concernent les personnes de 15 ans et plus. Depuis 1972, les données incluent la préfecture d'Okinawa (îles Ryu-Kyu), ce qui a augmenté la population active de 370 000 personnes. Les membres des forces armées et les pensionnaires d'institutions

Full and part-time workers seeking other work during the reference week and students working full or part-time are also included. National self-defence forces are included in Employees.

Quality comments

Series breaks: In 1967 the "household interview" method was replaced by the "filled-in-by-household" method and the survey questionnaire was revised accordingly.

UNEMPLOYMENT

Key statistical concept

Data refer to the number of persons who, during the reference week, were without work, had actively looked for work or were waiting for the results of past job search activity, had a new job to start on a date subsequent to the reference week (with no time limit specified), and were available immediately for work (one precise day). Seasonal workers are excluded.

EMPLOYMENT

Key statistical concept

Data refer to employed persons at work who worked for pay or profit for at least one hour during the reference week, family workers who worked at least one hour during the reference week and employed persons with a job but not at work.

EMPLOYMENT BREAKDOWN BY ACTIVITY - ISIC REV. 2

Quality comments

Series breaks: Data broken down by activity in ISIC Rev. 2 (civilian employment and employees) have not been revised nor updated due to the introduction of ISIC Rev. 3.

d'éducation surveillée font l'objet d'un recensement particulier et sont inclus dans les résultats. Les travailleurs à temps complet et à temps partiel recherchant un autre travail durant la semaine de référence et les étudiants occupant un emploi à temps complet ou à temps partiel sont également inclus. Les forces nationales d'autodéfense sont incluses dans Salariés.

Commentaires sur la qualité

Ruptures dans les séries : En 1967, la méthode "d'entretien du ménage" a été remplacée par la méthode "rempli par le ménage" et le questionnaire d'enquête a été révisé en conséquence.

CHÔMAGE

Concept statistique principal

Les données se réfèrent au nombre de personnes qui, au cours de la semaine de référence, étaient sans emploi, avaient entrepris des démarches actives de recherche d'un emploi ou attendaient les réponses aux recherches d'emploi passées, devaient débuter un nouvel emploi à une date postérieure à la période de référence (sans indication de date limite) et étaient disponibles immédiatement pour occuper un emploi (un jour précis). Les travailleurs saisonniers sont exclus.

EMPLOI

Concept statistique principal

Les données concernent les personnes titulaires d'un emploi et ayant exercé une activité rémunérée ou lucrative pendant au moins une heure au cours de la semaine de référence, les travailleurs familiaux ayant travaillé au moins une heure au cours de la semaine de référence et les personnes titulaires d'un emploi mais n'ayant pas travaillé effectivement.

RÉPARTITION DE L'EMPLOI PAR ACTIVITÉS –CITI RÉV. 2

Commentaires sur la qualité

Ruptures dans les séries : Les données concernant la répartition par branches d'activités en CITI Rév. 2 (emploi civil et emploi salarié) n'ont pas été révisées ni mises à jour en raison du passage à la CITI Rév. 3.

PART-TIME EMPLOYMENT

Population coverage

Data include only persons declaring usual hours worked.

Key statistical concept

Part-time employment refers to persons who work less than 35 hours per week. All jobs are covered and the hours worked are actual hours.

EMPLOI À TEMPS PARTIEL

Population couverte

Les données incluent uniquement les personnes déclarant des heures habituelles de travail.

Concept statistique principal

L'emploi à temps partiel se réfère aux actifs travaillant moins de 35 heures par semaine. Tous les emplois sont couverts. Les heures travaillées sont les heures effectives.

DURATION OF UNEMPLOYMENT

Item coverage

These percentages only take into account those persons for whom the duration of unemployment is known.

Key statistical concept

Data refer to the shorter of the following two periods: the duration of search for work and the duration of joblessness.

Data source(s) used

Source: Statistics Bureau, Ministry of Internal Affairs and Communications

References:

1. Japan Statistical Yearbook (Statistics Bureau, Management and Co-ordination Agency (MCA)).
2. Yearbook of Labour Statistics (Policy Planning and Research Department, Ministry of Labour).
3. Monthly Report on the Labour Force Survey (Statistics Bureau, MCA, monthly/mensuel).
4. Annual Report of the labour force survey and Monthly report of the labour force survey, Statistics Bureau, Management and Coordination Agency.

DURÉE DU CHÔMAGE

Articles couverts

Ces pourcentages ne prennent en compte que les personnes pour lesquelles la durée du chômage est connue.

Concept statistique principal

Les données se réfèrent à la plus courte des deux périodes suivantes : la durée de recherche d'emploi et la durée du chômage.

Source(s) de données utilisée(s)

Source: Statistics Bureau, Ministry of Internal Affairs and Communications

References:

1. Japan Statistical Yearbook (Statistics Bureau, Management and Co-ordination Agency (MCA)).
2. Yearbook of Labour Statistics (Policy Planning and Research Department, Ministry of Labour).
3. Monthly Report on the Labour Force Survey (Statistics Bureau, MCA, monthly/mensuel).
4. Annual Report of the labour force survey and Monthly report of the labour force survey, Statistics Bureau, Management and Coordination Agency.

KOREA

POPULATION

Name of collection/source

Data have been provided directly by the National Statistical Office with additional data from *Major Statistics of the Korean Economy*. Data are based on population censuses and vital statistics.

Reference period

Data are mid-year estimates (1st July). They are estimated on the basis of the quinquennial Population and Housing Census and projections of vital statistics (births and deaths). The data are compiled only once every five years following the quinquennial Population and Housing Census. The last Census took place in 2005.

Population coverage

Data refer to the population present in the area (de facto). Data covers all persons, both Korean and foreigners who live under Korean administration except foreign military personnel, and the foreign diplomatic corps, and persons accompanying them. It includes persons living in institutions such as prisoners but excludes persons resident in foreign countries for over 3 months.

LABOUR FORCE

Name of collection/source

Data are collected from the monthly Household Labour Force Survey, conducted by the National Statistical Office. Participation is compulsory. The sample size is about 33 000 households. The survey excludes islands that are difficult to be enumerated.

Reference period

Annual data are averages of monthly figures.

Population coverage

Data refer to all persons aged 15 years and over. All households of the territory of the Republic of Korea are covered. Unpaid family workers who worked less than 18 hours are either considered as unemployed or not in

CORÉE

POPULATION

Nom de la source/collecte

Les données ont été directement fournies par le Bureau national de statistique, avec des données supplémentaires issues de *Major Statistics of the Korean Economy*. Les données proviennent des recensements de la population et des statistiques de l'état-civil.

Période de référence

Les données sont des estimations en milieu d'année (1er juillet). Elles sont établies sur la base du recensement quinquennal de la population et des logements complété par des projections de naissances, et de décès. Les données sont estimées tous les cinq ans à la suite du recensement. Le dernier recensement de la population a eu lieu en 2005.

Population couverte

Les données correspondent à la population présente (de facto). Elles couvrent toutes les personnes, Coréens et étrangers qui vivent sous administration de la Corée, à l'exception des militaires étrangers, du corps diplomatique étranger et de leurs accompagnants. Elles incluent les personnes vivant en institutions comme les prisonniers mais excluent les personnes résidant à l'étranger depuis plus de 3 mois.

POPULATION ACTIVE

Nom de la source/collecte

Les données proviennent de l'Enquête mensuelle sur la population active auprès des ménages, conduite par le Bureau national de statistique. La participation est obligatoire. L'échantillon comprend environ 33 000 ménages. Les îles difficiles à enquêter sont exclues de l'enquête.

Période de référence

Les données annuelles sont des moyennes des chiffres mensuels.

Population couverte

Les données se réfèrent aux personnes de 15 ans et plus. Tous les foyers du territoire de la République de Corée sont couverts. Les travailleurs familiaux non rémunérés qui ont travaillé moins de 18 heures sont considérés

the labour force, depending on their responses to the survey. The armed forces, auxiliary police, defence corps, institutional population (religious communities, prisoners etc.), population on islands which are difficult to be examined and foreigners are excluded.

comme chômeurs ou bien sont exclus de la population active, selon leurs réponses au cours de l'enquête. Les membres des forces armées, les policiers auxiliaires, les corps de sécurité, la population institutionnelle (communautés religieuses, prisonniers, etc.), la population des îles difficiles à enquêter et les étrangers sont exclus.

Quality comments

Series breaks: From 2005, the job search criterion changed from 1 week to 4 weeks, and the data were revised back until 2000. From 1991, data have been adjusted to population estimates based on the 2000 Census. In July 1988, the sample size of the survey was expanded from 17 500 households to 32 500 households. In January 1987 the lower age limit of the survey was raised from 14 to 15 years. In June 1983, the questionnaire was revised to introduce several new questions in order to capture underemployment and under-utilisation of manpower. The periodicity became monthly in July 1982. The quarterly survey was first conducted in August 1963.

Commentaires sur la qualité

Ruptures dans les séries : Depuis 2005, le critère de recherche active d'emploi s'applique aux 4 dernières semaines au lieu d'une semaine auparavant. Les données ont été révisées depuis 2000. Depuis 1991, les données sont ajustées sur le recensement de 2000. En juillet 1988, la taille de l'échantillon de l'enquête est passée de 17 500 à 32 500 ménages. En janvier 1987, la limite d'âge inférieure de l'enquête est passée de 14 à 15 ans. En juin 1983, le questionnaire a été révisé pour introduire de nouvelles questions pour prendre en compte le sous-emploi et la sous-utilisation de la main d'œuvre. En juillet 1982, la périodicité de l'enquête est devenue mensuelle. L'enquête trimestrielle a commencé en août 1963.

UNEMPLOYMENT

Key statistical concept

In June 2005, the official active job search duration was changed from one week to four weeks. Data from 2000 have been revised to take into account the new criteria. Consequently, since 2000, unemployed persons are those who during the reference week did not work but were actively looking for work in the past four weeks and were available for work. Before 2000, persons were considered unemployed if they had been searching for work for the past one week. Unemployed persons also include those who did not look for work on account of bad weather, temporary illness, or arrangements to start a new job within a month subsequent to the reference week.

CHÔMAGE

Concept statistique principal

En juin 2005, la période officielle de recherche active d'emploi est passée de une semaine à quatre semaines. Depuis 2000, les données ont été révisées pour prendre en compte le nouveau critère. En conséquence, depuis 2000, les chômeurs sont les personnes qui, pendant la semaine de référence, n'ont pas travaillé mais ont activement recherché un emploi dans les quatre semaines précédentes et étaient disponibles pour travailler. Avant 2000, les personnes étaient considérées comme sans emploi si elles avaient recherché activement un emploi dans la semaine précédent l'entrevue. Les chômeurs comprennent également les personnes qui n'ont pas cherché de travail pour cause de mauvais temps, de maladie de courte durée, ou parce qu'elles devaient occuper un nouvel emploi dans le mois suivant la semaine de référence.

EMPLOYMENT

Key statistical concept

Data refer to all persons who during the reference week were working for a paid job for at least one hour, without pay in a family business for 18 hours or more, and persons who did not work during the reference week, but held a job or owned a business from which they were temporarily absent during the reference week.

EMPLOI

Concept statistique principal

Les données se réfèrent à l'ensemble des personnes qui, pendant la semaine de référence, ont travaillé au moins une heure contre rémunération ou au moins 18 heures sans être rémunérées dans une entreprise familiale et les personnes qui avaient un emploi ou possédaient une entreprise mais qui n'ont pas travaillé durant la semaine de référence pour cause d'absence temporaire.

EMPLOYMENT BREAKDOWN BY ACTIVITY - ISIC REV. 2 AND ISIC REV. 3

Quality comments

Series breaks: From 2000, data are based on the new Korean Standard Industry Classification. The figures from 1992 to 1999 are based on the old classification.

PART-TIME EMPLOYMENT

Population coverage

Data include only persons declaring usual hours worked.

Key statistical concept

Part-time employment refers to persons who work less than 30 hours per week in their job. Jobs covered are all jobs and the hours worked are actual hours.

DURATION OF UNEMPLOYMENT

Population coverage

These percentages only take into account those persons for whom the duration of unemployment is known.

Key statistical concept

Data refer to the shorter of the following two periods: the duration of search for work and the duration of joblessness.

Data source(s) used

Source: National Statistical Office.

References:

1. The Korean Population Project (National Statistical Office)
2. Annual Report on the Economically Active Population Survey (National Statistical Office)
3. Major Statistics of the Korean Economy (National Statistical Office)
4. Survey Report on Establishment Labour Conditions (Ministry of Labour).

RÉPARTITION DE L'EMPLOI PAR ACTIVITÉS –CITI RÉV. 2 ET CITI RÉV. 3

Commentaires sur la qualité

Ruptures dans les séries : Depuis 2000, les données sont basées sur la nouvelle classification « Korean Standard Industry classification ». De 1992 à 1999, elles sont basées sur l'ancienne.

EMPLOI À TEMPS PARTIEL

Population couverte

Les données incluent uniquement les personnes déclarant des heures habituelles de travail.

Concept statistique principal

L'emploi à temps partiel se réfère aux actifs travaillant moins de 30 heures par semaine dans leur emploi. L'emploi couvre tous les emplois et les heures travaillées sont les heures effectives.

DURÉE DU CHÔMAGE

Population couverte

Ces pourcentages ne prennent en compte que les personnes pour lesquelles la durée du chômage est connue.

Concept statistique principal

Les données se réfèrent à la plus courte des deux périodes suivantes : la durée de recherche d'emploi et la durée du chômage.

Source(s) de données utilisée(s)

Source: National Statistical Office.

References:

1. The Korean Population Project (National Statistical Office)
2. Annual Report on the Economically Active Population Survey (National Statistical Office)
3. Major Statistics of the Korean Economy (National Statistical Office)
4. Survey Report on Establishment Labour Conditions (Ministry of Labour).

NEW ZEALAND

POPULATION

Reference period

Data are estimated in line with the latest census results. From 1991, data represent resident population at 30 June each year. Prior to 1991 data are yearly averages. The last census took place in 2001.

Population coverage

The resident population concept was adopted for all population estimates since 1991.

LABOUR FORCE

Name of collection/source

Data are compiled from the results of the quarterly Household Labour Force Survey and are obtained from 16 000 private dwellings (approximately 32 000 persons) each quarter. From the second quarter of 1995, residents in non-private households are excluded from the sample, but not from scope.

Reference period

Annual data are averages of quarterly figures.

Population coverage

Data cover the usually resident, civilian, non-institutional population of New Zealand, aged 15 years and over. The survey excludes Chathams, Antarctic Territory, and other minor offshore islands.

Quality comments

Series breaks: From the second quarter of 1991, the survey became quarterly again but the sample was not modified. From the second quarter of 1990 to the second quarter of 1991, the sample was significantly enlarged and the survey became monthly. During the second quarter of 1990, a new questionnaire was introduced where the structure and order of some questions differ to pre-June 1990. The quarterly Household Labour Force

NOUVELLE ZÉLANDE

POPULATION

Période de référence

Les données sont ajustées sur les résultats du recensement général de la population le plus récent. À partir de 1991, les données représentent la population résidante au 30 juin de chaque année. Avant 1991, ce sont des moyennes annuelles. Le dernier recensement a eu lieu en 2001.

Population couverte

Le concept de population résidante a été adopté pour toutes les séries de population depuis 1991.

POPULATION ACTIVE

Nom de la source/collecte

Les données proviennent des résultats de l'Enquête trimestrielle sur la population active auprès des ménages réalisée auprès de 16 000 logements privés (environ 32 000 personnes) chaque trimestre. Depuis le deuxième trimestre 1995, les résidents dans les ménages non privés sont exclus de l'échantillon, mais pas du champ de l'enquête.

Période de référence

Les données annuelles sont des moyennes des chiffres trimestriels.

Population couverte

Les données couvrent la population civile de Nouvelle-Zélande âgée de 15 ans et plus composée des résidents habituels à l'exclusion des personnes vivant en institution. L'enquête exclut le territoire de l'Antarctique, des Chathams et des autres petites îles non significatives.

Commentaires sur la qualité

Ruptures dans les séries : Depuis le deuxième trimestre 1991, l'enquête est redevenue trimestrielle et l'échantillon n'a pas été modifié. Du deuxième trimestre 1990 au deuxième trimestre 1991, l'échantillon avait été beaucoup élargi et l'enquête était devenue mensuelle. Au deuxième trimestre 1990, un nouveau questionnaire qui différait du précédent par la structure et l'ordre de certaines questions, avait été mis en place. L'Enquête

Survey started in October 1985. Prior to 1986, unemployment data referred to registered unemployed collected by the Department of Labour.

trimestrielle sur la population active auprès des ménages a débuté en octobre 1985. Avant 1986, les données du chômage se référaient aux chômeurs inscrits et elles étaient collectées par le Département du travail.

UNEMPLOYMENT

Key statistical concept

Data refer to all persons of working age who during the reference week were without a paid job, were available for work and had actively looked for work in the past four weeks ending with the reference week or had a new job to start within four weeks. Persons whose only job search method in the previous four weeks had been to look at job advertisements in newspapers are not considered to be actively seeking work. Prior to 1986, unemployment data referred to registered unemployed collected by the Ministry of Labour.

CHÔMAGE

Concept statistique principal

Les données se réfèrent à l'ensemble des personnes en âge de travailler qui, au cours de la semaine de référence, étaient sans emploi rémunéré, étaient disponibles pour prendre un emploi et avaient recherché activement un emploi durant les quatre semaines se terminant par la semaine de référence ou avaient trouvé un emploi dans lequel elles débutaient dans les quatre semaines suivantes. Les personnes dont la seule méthode de recherche d'emploi durant les quatre semaines précédentes a été de consulter les annonces dans les journaux, ne sont pas considérées comme ayant activement recherché un emploi. Avant 1986, les données du chômage se référaient aux chômeurs inscrits et elles étaient collectées par le Ministère du travail.

EMPLOYMENT

Key statistical concept

Data refer to persons who, during the reference week worked for one hour or more for pay or profit in the context of an employee/employer relationship or self-employment, worked without pay for one hour or more in work which contributed directly to the operation of a farm, business or professional practice owned or operated by a relative, had a job but were not at work due to own illness or injury, personal or family responsibilities, bad weather or mechanical breakdown, direct involvement in an industrial dispute, leave or holiday.

EMPLOI

Concept statistique principal

Les données se réfèrent aux personnes qui, au cours de la période de référence, ont travaillé pendant au moins une heure contre une rémunération ou un bénéfice dans le cadre d'une relation employé/employeur ou à leur compte, ont effectué pendant au moins une heure un travail contribuant directement à l'activité d'une exploitation agricole, d'une entreprise ou d'une profession libérale détenue ou gérée par un membre de leur famille, étaient titulaires d'un emploi mais temporairement absentes du fait de maladie ou accident corporel, d'obligations personnelles ou familiales, de mauvaises conditions climatiques ou de panne mécanique, de participation directe à un conflit du travail, de congé payé ou de vacances.

EMPLOYMENT BREAKDOWN BY ACTIVITY - ISIC REV. 2 AND ISIC REV. 3

Quality comments

Series breaks: Data broken down by activity in ISIC Rev. 2 (civilian employment and employees) have not been revised nor updated due to the introduction of ISIC Rev. 3.

RÉPARTITION DE L'EMPLOI PAR ACTIVITÉS – CITI RÉV.2 ET CITI RÉV. 3

Commentaires sur la qualité

Ruptures dans les séries : Les données concernant la répartition par branches d'activités en CITI Rév. 2 (emploi civil et emploi salarié) n'ont pas été révisées ni mises à jour en raison du passage à la CITI Rév. 3.

PART-TIME EMPLOYMENT

Population coverage

Data include only persons declaring usual hours worked.

Key statistical concept

Part-time employment refers to persons who work less than 30 hours per week. All jobs are covered and the hours worked are usual hours (any hours worked).

DURATION OF UNEMPLOYMENT

Item coverage

These percentages only take into account those persons for whom the duration of unemployment is known.

Key statistical concept

Data refer to the length of time (to reference week) since worked for pay or profit.

Data source(s) used

Source: Statistics New Zealand.

References:

1. Labour Market Statistics (Statistics New Zealand) Annual
2. New Zealand Official Yearbook (Statistics New Zealand).

EMPLOI À TEMPS PARTIEL

Population couverte

Les données incluent uniquement les personnes déclarant des heures habituelles de travail.

Concept statistique principal

L'emploi à temps partiel se réfère aux actifs travaillant moins de 30 heures par semaine dans leur emploi. Tous les emplois sont couverts et les heures travaillées sont les heures habituelles quelles qu'elles soient.

DURÉE DU CHÔMAGE

Articles couverts

Ces pourcentages ne prennent en compte que les personnes pour lesquelles la durée du chômage est connue.

Concept statistique principal

Les données se réfèrent au temps écoulé (jusqu'à la semaine de référence) depuis le dernier emploi rémunéré.

Source(s) de données utilisée(s)

Source: Statistics New Zealand.

References:

1. Labour Market Statistics (Statistics New Zealand) Annual
2. New Zealand Official Yearbook (Statistics New Zealand).

AUSTRIA

POPULATION

Reference period

From 2002, data are in line with the 2001 census. From 1992, data are annual averages. Prior to 1992, data are mid-year estimates obtained by averaging official estimates at 31 December for two consecutive years.

Population coverage

Data refer to the resident population (de jure).

LABOUR FORCE

Name of collection/source

From 2004, data are compiled from the results of the quarterly continuous Labour Force Survey. Prior to 2004, data are compiled from the results of the quarterly Labour Force Survey (Mikrozensus).

Reference period

From 2002, weights are based on the population estimates derived from the census of 2001 instead the Census of 1991 in the years before. Annual data are averages of quarterly figures.

Population coverage

Data refer to all persons aged 15 years and over including all members of the armed forces. From 2004 only persons living in private households are sampled.

Quality comments

Series breaks: Employment data from 1994 are compatible with ILO guidelines and the time criterion applied to classify persons as employed is reduced to 1 hour. Prior to 1994, armed forces were included in the civilian labour force, in services. In 1987, a change occurred in the definition of the unemployed where non-registered jobseekers were classified as unemployed if they had been seeking work in the last four weeks and if they were available for work within four weeks. In previous surveys, the unemployment concept excluded most unemployed persons not

AUTRICHE

POPULATION

Période de référence

Depuis 2002, les données sont en ligne avec le recensement de 2001. Depuis 1992, les données sont des moyennes annuelles. Avant 1992, ce sont des estimations en milieu d'année obtenues en faisant la moyenne des estimations officielles au 31 décembre de deux années consécutives.

Population couverte

Les données se réfèrent à la population résidante (de jure).

POPULATION ACTIVE

Nom de la source/collecte

Depuis 2004, les données proviennent des résultats de l'Enquête trimestrielle continue sur la population active. Avant 2004, les données sont établies à partir des résultats de l'Enquête trimestrielle sur la population active (Mikrozensus).

Période de référence

Depuis 2002, les pondérations sont basées sur les estimations de population issues du recensement de 2001, les années précédentes étant basées sur le recensement de 1991. Les données annuelles sont des moyennes des données trimestrielles.

Population couverte

Les données se réfèrent à l'ensemble des personnes de 15 ans et plus y compris tous les membres des forces armées. Depuis 2004, l'échantillon ne couvre que les personnes vivant dans les ménages privés.

Commentaires sur la qualité

Ruptures dans les séries : Les données de l'emploi depuis 1994 sont compatibles avec les recommandations du BIT et le critère de temps utilisé pour classer les personnes comme étant employées est passé à 1 heure. Avant 1994, les forces armées étaient incluses dans la population active civile, dans les services. En 1987, un changement est intervenu dans la définition du chômage : les personnes à la recherche d'un emploi mais non inscrites sont depuis lors considérées comme chômeuses si elles étaient à la recherche d'un emploi durant les quatre semaines précédentes et disponibles pour travailler dans

previously employed and most persons re-entering the labour market. In 1984, the sample was revised and a change occurred in the classification of women on maternity leave: they were classified as unemployed before 1984 and as employed thereafter. In 1982, re-weighting of the sample was made, due to an underestimation of persons aged 15 to 29 years. In 1974, a new sample design was adopted and the time criterion applied to classify persons as employed was reduced from 14 hours to 13 hours

les quatre semaines suivantes. Dans les enquêtes précédentes, le concept du chômage excluait la plupart des personnes effectivement au chômage qui n'avaient jamais exercé un emploi auparavant ainsi que la plupart des personnes réintégrant le marché du travail. En 1984, l'échantillon a été révisé et la classification des femmes en congé de maternité a été modifiée : elles sont considérées comme chômeuses avant 1984 et comme employées après 1984. En 1982, une nouvelle pondération a été introduite en raison d'une sous-estimation des personnes âgées de 15 à 29 ans. En 1974, une nouvelle structure de l'enquête a été adoptée, le critère de temps utilisé pour classer les personnes comme étant employées est passé de 14 à 13 heures.

UNEMPLOYMENT

Key statistical concept

Data refer to the number of persons who, during the reference week, were without work, had actively looked for work in the past four weeks, and were available for work within 2 weeks.

CHÔMAGE

Concept statistique principal

Les données se réfèrent au nombre de personnes qui, au cours de la semaine de référence, étaient sans emploi, avaient entrepris au cours des 4 dernières semaines des démarches actives de recherche d'un emploi et qui étaient disponibles pour occuper un emploi dans les 2 semaines.

EMPLOYMENT

Key statistical concept

Employment refers to all persons who worked for pay or profit for at least one hour or more during the survey week. Data include persons who had a job but were not at work due to illness or injury, vacation or leave, maternity or parental leave, educational leave, bad weather, labour-management dispute or mechanical breakdown. Members of the armed forces (including conscripts) as well as persons doing civilian service equivalent to military service are included. From 2004 onwards conscripts are excluded. Students working full or part-time, paid and unpaid apprentices and trainees, paid and unpaid family workers are also included.

EMPLOI

Concept statistique principal

L'emploi total comprend l'ensemble des personnes qui ont perçu un salaire ou une rémunération pour un travail d'au moins une heure durant la semaine de l'enquête. Les données incluent les personnes qui avaient un travail mais qui étaient absentes pour cause de maladie ou d'accident, vacances ou congés, congés de maternité, congé parental, congé de formation, mauvais temps, grève patronale ou chômage technique, mais aussi les membres des forces armées (y compris les appelés) ainsi que les personnes effectuant un service civil équivalent au service militaire. À partir de 2004, les conscrits sont exclus. Les étudiants travaillant à temps plein ou à temps partiel, les apprentis et stagiaires rémunérés ou non, les travailleurs familiaux rémunérés ou non, sont également compris.

EMPLOYMENT BREAKDOWN BY ACTIVITY -ISIC REV. 2

Quality comments

Series breaks: Data broken down by activity in ISIC Rev. 2 (civilian employment and employees) have not been revised nor updated due to the introduction of ISIC Rev. 3.

RÉPARTITION DE L'EMPLOI PAR ACTIVITÉS –CITI RÉV. 2

Commentaires sur la qualité

Ruptures dans les séries : Les données concernant la répartition par branches d'activités en CITI Rév. 2 (emploi civil et emploi salarié) n'ont pas été révisées ni mises à jour en raison du passage à la CITI Rév. 3.

PART-TIME EMPLOYMENT

Population coverage

Data include only persons declaring usual hours worked.

Key statistical concept

Part-time employment refers to persons who work less than 30 hours per week in their main job. The hours worked are usual hours and refer to normal hours. Overtime hours are included if overtime hours are made regularly and permanently.

DURATION OF UNEMPLOYMENT

Item coverage

Prior to 2004, data refer to estimates for March of each year.

Key statistical concept

From 2004, data refer to the shorter of the following two periods: the duration of search for work and the duration of joblessness. Prior to 2004, data refer to the duration of search for work.

Quality comments

Series Breaks: Until 2003 the duration of unemployment refers to: until 1 month, more than 1 month to 3 months, more than 3 until 6 months, more than 6 until 12 months, more than 12 months. From 2004, the duration of unemployment refers to: less than 1 month, 1 to 2 months, 3 to 5 months, 6 to 11 months, 12 months or more.

Data source(s) used

Source: Austrian Central Statistical Office up to 1999 and Statistics Austria from 2000 onwards.

References:

1. Statistisches Jahrbuch für die Republik Österreich (Osterreichisches Statistisches Zentralamt).
2. Statistische Nachrichten (Österreichisches Statistisches Zentralamt, monthly/mensuel).
3. Monatsberichte (Österreichisches Institut für Wirtschaftsforschung, monthly/mensuel).
4. Mikrocensus, Austrian Central Statistical Office.

EMPLOI À TEMPS PARTIEL

Population couverte

Les données incluent uniquement les personnes déclarant des heures habituelles de travail.

Concept statistique principal

L'emploi à temps partiel se réfère aux actifs travaillant moins de 30 heures par semaine dans leur emploi principal. Les heures travaillées sont les heures habituelles et se rapportent aux heures normales. Les heures supplémentaires sont incluses si elles sont effectuées régulièrement et de manière permanente.

DURÉE DU CHÔMAGE

Articles couverts

Avant 2004, les données se réfèrent aux estimations du mois de mars de chaque année.

Concept statistique principal

Depuis 2004, les données se réfèrent à la plus courte des deux périodes suivantes : la durée de recherche d'emploi et la durée du chômage. Avant 2004, les données se réfèrent à la durée de recherche d'emploi.

Commentaires sur la qualité

Ruptures dans les séries : Jusqu'à 2003, la durée du chômage se réfère aux périodes suivantes : jusqu'à 1 mois, plus de 1 mois à 3 mois, plus de 3 mois à 6 mois, plus de 6 mois à 12 mois, plus de 12 mois. Depuis 2004, la durée du chômage se réfère aux périodes suivantes : moins de 1 mois, 1 à 2 mois, 3 à 5 mois, 6 à 11 mois, 12 mois et plus.

Source(s) de données utilisée(s)

Source: Austrian Central Statistical Office up to 1999 and Statistics Austria from 2000 onwards.

References:

1. Statistisches Jahrbuch für die Republik Österreich (Osterreichisches Statistisches Zentralamt).
2. Statistische Nachrichten (Österreichisches Statistisches Zentralamt, monthly/mensuel).
3. Monatsberichte (Österreichisches Institut für Wirtschaftsforschung, monthly/mensuel).
4. Mikrocensus, Austrian Central Statistical Office.

BELGIUM

POPULATION

Reference period

Data are mid-year estimates obtained by averaging official estimates at 31 December for two consecutive years.

Population coverage

Data refer to the resident population (de jure).

LABOUR FORCE

Reference period

From 1999, data are averages of quarterly data. Before 1999, data refer to the month of June.

Key statistical concept

From 1999, data are compiled from the European Labour Force Survey. From this date data refer to persons aged 15 years and over living in private households. Prior to 1999, the data refer to the sum of unemployment and employment collected from administrative sources.

UNEMPLOYMENT

Name of collection/source

From 1999, the data are compiled from the European Labour Force Survey (Source Eurostat). Before 1999, data are compiled from social insurance statistics.

Key statistical concept

From 1999, data refer to the number of persons aged from 15 to 74 years old who, during the reference week, were without work, had actively looked for work in the past four weeks, and were available for work within 2 weeks (Eurostat definition). From 1999, data are household survey based. Before 1999, data refer to the number of unemployed persons who are registered as job applicants at the agencies of the ONEM (national employment office). They include jobless people receiving unemployment benefits, other unemployed people applying for work and registered on a compulsory basis and persons unemployed registered on

BELGIQUE

POPULATION

Période de référence

Les données sont des estimations en milieu d'année obtenues en faisant la moyenne des estimations officielles au 31 décembre de deux années consécutives.

Population couverte

Les données se réfèrent à la population résidante (de jure).

POPULATION ACTIVE

Période de référence

Depuis 1999, les données sont des moyennes des données trimestrielles. Avant 1999, les données se réfèrent au mois de juin.

Concept statistique principal

Depuis 1999, les données proviennent de l'enquête européenne sur les forces de travail et sont collectées auprés d'Eurostat. A partir de cette date, les données se réfèrent aux personnes âgées de 15 ans et plus vivant dans les ménages privés. Avant cette date, les données représentent la somme des chiffres d'emploi et de chômage collectées à partir des sources administratives.

CHÔMAGE

Nom de la source/collecte

Depuis 1999, les données proviennent de l'Enquête européenne sur les forces de travail (Source : Eurostat). Avant 1999, les données proviennent des statistiques des assurances sociales.

Concept statistique principal

Depuis 1999, les données se réfèrent au nombre de personnes âgées de 15 à 74 ans qui, au cours de la semaine de référence, étaient sans emploi, avaient entrepris au cours des 4 dernières semaines des démarches actives de recherche d'un emploi et qui étaient disponibles pour occuper un emploi dans les 2 semaines (définition d'Eurostat). Depuis 1999, ces données sont basées sur l'enquête des ménages. Avant 1999, les données se réfèrent au nombre de chômeurs inscrits comme demandeurs d'emploi dans les offices nationaux de l'emploi (ONEM). Elles incluent les personnes sans emploi percevant des allocations de chômage, les autres chômeurs demandeurs d'emploi

a voluntary basis. The following table displays, for June of each year, the number of registered unemployed in thousands and the corresponding unemployment rates from 2000 to 2006

Year	2000	2001	2002	2003	2004	2005	2006
Registered	474.4	469.7	491.5	538.1	576.6	596.4	588.3
unemployment	10.9	10.7	11.2	12.3	12.8	12.8	12.4

EMPLOYMENT

Name of collection/source

From 1999, the data are compiled from the European Labour force Survey (Source: Eurostat). Before 1999, data are compiled from administrative sources mainly from various social security institutions (Source: Bank of Belgium).

EMPLOYMENT BREAKDOWN BY ACTIVITY - ISIC REV. 2

Item coverage

Data compiled from social insurance statistics are available until 1999. Foreign commuters are included in ISIC Division: 0.

EMPLOYMENT BREAKDOWN BY ACTIVITY – ISIC REV. 3

Name of collection/source

From 1999, data are compiled from the European Labour Force Survey (Source : Eurostat).

Quality comments

From 2000, Fishing is included in Agriculture, hunting and forestry.

PARTICIPATION AND UNEMPLOYMENT RATES BY AGE GROUPS

Name of collection/source

Data are compiled from the European Labour Force Survey and collected from Eurostat.

soumis à une inscription obligatoire et les chômeurs qui se sont inscrits volontairement. Le tableau suivant présente, pour le mois de juin de chaque année, le nombre de chômeurs inscrits, en milliers, et les taux de chômage correspondants de 2000 à 2006.

Année	2000	2001	2002	2003	2004	2005	2006
Chômage	474.4	469.7	491.5	538.1	576.6	596.4	588.3
enregistré	10.9	10.7	11.2	12.3	12.8	12.8	12.4

EMPLOI

Nom de la source/collecte

Depuis 1999, les données proviennent de l'Enquête européenne sur les forces de travail (Source : Eurostat). Avant 1999, les données proviennent de sources administratives principalement des différentes institutions de sécurité sociale (Source : Banque de Belgique).

EMPLOI SELON LE STATUT PROFESSIONEL ET RÉPARTITION PAR ACTIVITÉS – CITI RÉV. 2

Articles couverts

Les données provenant des statistiques des assurances sociales sont disponibles jusqu'à 1999. Les frontaliers figurent dans la Branche 0 de la CITI.

EMPLOI SELON LE STATUT PROFESSIONEL ET RÉPARTITION PAR ACTIVITÉS – CITI RÉV. 3

Nom de la source/collecte

Depuis 1999, les données proviennent de l'Enquête européenne sur les forces de travail (Source : Eurostat).

Commentaires sur la qualité

A partir de 2000, les activités de pêche (catégorie B) sont incluses dans les activités : Agriculture, chasse et syviculture.

TAUX D'ACTIVITÉ ET TAUX DE CHÔMAGE PAR GROUPES D'ÂGE

Nom de la source/collecte

Les données proviennent de l'Enquête européenne sur les forces de travail et sont collectées auprès d'Eurostat.

Reference period

The annual data refer to the month of May.

Période de référence

Les chiffres annuels se réfèrent au mois de mai.

Item coverage

The survey covers the resident population aged 15 years and over, living in private households.

Articles couverts

L'enquête porte sur la population résidante âgée de 15 ans et plus, vivant dans les ménages privés.

PART-TIME EMPLOYMENT

EMPLOI À TEMPS PARTIEL

Name of collection/source

Data are compiled from the European Labour Force Survey and collected from Eurostat.

Nom de la source/collecte

Les données proviennent de l'Enquête européenne sur les forces de travail et sont collectées auprès d'Eurostat.

Population coverage

Data include only persons declaring usual hours worked.

Population couverte

Les données incluent uniquement les personnes déclarant des heures habituelles de travail.

Key statistical concept

Part-time employment refers to persons who work less than 30 hours per week in their main job. Data include only persons declaring usual hours worked. The number of hours given here corresponds to the number of hours usually worked. This covers all hours including extra hours, either paid or unpaid, which the person normally works, but excludes travel time between the home and the place of work as well as the main meal breaks. Persons who usually also work at home are asked to include the number of hours they usually work at home. Apprentices, trainees and other persons in vocational training are asked to exclude the time spent in school or other special training centres.

Concept statistique principal

L'emploi à temps partiel se réfère aux actifs travaillant moins de 30 heures par semaine dans leur emploi principal. Le nombre d'heures correspond au nombre d'heures habituelles de travail. Ceci couvre toutes les heures y compris les heures supplémentaires, payées ou non, que la personne effectue normalement, mais exclut le temps de trajet entre le domicile et le lieu de travail ainsi que les coupures pour les repas. Les personnes qui travaillent habituellement également à leur domicile sont invitées à inclure le nombre d'heures habituellement travaillées au domicile. Les apprentis, les stagiaires et les autres personnes en formation professionnelle sont invités à exclure le temps passé à l'école ou dans les centres de formation.

DURATION OF UNEMPLOYMENT

DURÉE DU CHÔMAGE

Name of collection/source

Data are compiled from the European Labour Force Survey and collected from Eurostat.

Nom de la source/collecte

Les données proviennent de l'Enquête européenne sur les forces de travail et sont collectées auprès d'Eurostat.

Item coverage

These percentages only take into account those persons for whom the duration of unemployment is known.

Articles couverts

Ces pourcentages ne prennent en compte que les personnes pour lesquelles la durée du chômage est connue.

Key statistical concept

Data refer to the shorter of the following two periods: the duration of search for work, or the length of time since last employment.

Concept statistique principal

Les données se réfèrent à la plus courte des deux périodes suivantes : la durée de recherche de travail, ou le temps écoulé depuis le dernier emploi.

Data source(s) used

Source: Ministère de l'emploi et du travail, Statistical Office of the European Union (Eurostat).

References:

1. Annuaire statistique de la Belgique (Institut national de statistique, Ministère des affaires économiques).
2. Bulletin de statistique (Institut national de statistique, Ministère des affaires économiques, monthly/mensuel).
3. Revue du travail (Ministère de l'emploi et du travail, monthly/mensuel).
4. European Labour Force Survey, Statistical Office of the European Union (Eurostat), New Cronos database.

Source(s) de données utilisée(s)

Source: Ministère de l'emploi et du travail, Office statistique des communautés européennes (Eurostat).

References:

1. Annuaire statistique de la Belgique (Institut national de statistique, Ministère des affaires économiques).
2. Bulletin de statistique (Institut national de statistique, Ministère des affaires économiques, monthly/mensuel).
3. Revue du travail (Ministère de l'emploi et du travail, monthly/mensuel).
4. Enquête européenne sur les forces de travail, Office statistique des communautés européennes (Eurostat), base de données New Cronos.

CZECH REPUBLIC

POPULATION

Reference period

Data are mid-year estimates until 2003, for 2004 data are estimates at 1st January. The last population census took place in February 2001.

Population coverage

Data refer to the resident population (de jure).

COMPONENTS OF CHANGE IN POPULATION

Population coverage

Data are estimated in line with the most recent census results using vital statistics (birth and death) and migration statistics. Migration statistics are issued from border police and Ministry of Interior Central population register. The last population census took place in 2001

LABOUR FORCE

Name of collection/source

Data are compiled from the quarterly Household Labour Force Survey covering approximately 27 000 dwellings (0.7% of all occupied dwellings) and 59 000 persons. The survey covers all persons living in selected dwellings continuously for at least 3 months.

Reference period

The results are weighted by estimates of the frequency of the individual age groups for men and women from demographic projections. For the period 1993 onwards, annual data are averages of quarterly figures.

RÉPUBLIQUE TCHÈQUE

POPULATION

Période de référence

Les données sont des estimations au milieu de l'année jusqu'à 2003, pour 2004, les données sont des estimations au 1er janvier. Le dernier recensement de la population a eu lieu en février 2001.

Population couverte

Les données se réfèrent à la population résidante (de jure).

COMPOSANTES DE L'ÉVOLUTION DÉMOGRAPHIQUE

Population couverte

Les données sont ajustées sur les résultats du recensement général le plus récent à l'aide de statistiques vitales (naissances et décès) et des statistiques de migration. Les statistiques de migration sont obtenues à partir des fichiers de la police des frontières et du registre central de la population du ministère de l'intérieur. Le dernier recensement de la population a eu lieu en 2001.

POPULATION ACTIVE

Nom de la source/collecte

Les données proviennent de l'Enquête trimestrielle sur la population active auprès des ménages qui couvre environ 24 000 habitations (0.6% de toutes les habitations occupées de manière permanente) et 51 000 personnes. L'enquête couvre toutes les personnes vivant de manière permanente dans une habitation sélectionnée depuis au moins 3 mois.

Période de référence

Les résultats sont pondérés à l'aide des estimations de la fréquence des groupes d'âge, pour les hommes et les femmes à partir des projections démographiques. Les données annuelles depuis 1993 sont des moyennes des chiffres trimestriels.

Population coverage

Data refer to all persons aged 15 years and over, living in the selected dwellings continuously for at least 3 months. Persons living in collective households are excluded. Temporary members of the armed forces surveyed at their residences before they left for the army are included.

Population couverte

Les données se réfèrent aux personnes âgées de 15 ans et plus, vivant dans les logements choisis sans interruption pendant au moins 3 mois. Les personnes vivant en collectivité sont exclues. Les membres temporaires des forces armées qui sont enquêtés à leur résidence avant leur départ pour l'armée sont inclus.

Quality comments

Series breaks: For the period 1973 to 1992, employment series were derived from establishment surveys and administrative data and unemployment data referred to registered unemployment.

Commentaires sur la qualité

Ruptures dans les séries : Pour la période 1973-1992, les séries d'emploi proviennent d'enquêtes d'entreprises et de données administratives et les données du chômage sont celles des chômeurs inscrits.

UNEMPLOYMENT

Key statistical concept

Data refer to the number of persons who, during the reference week, were without work, had actively looked for work in the past four-week period, and were available for work within 2 weeks or are out of work, have found a job and are waiting to start at a later time.

CHÔMAGE

Concept statistique principal

Les données se réfèrent au nombre de personnes qui, au cours de la semaine de référence, étaient sans emploi, avaient entrepris au cours des 4 dernières semaines des démarches actives de recherche d'un emploi et qui étaient disponibles pour occuper un emploi dans les 2 semaines ou étaient sans travail mais avaient trouvé un travail devant commencer ultérieurement.

EMPLOYMENT

Key statistical concept

Data refer to the number of persons who, during the reference week, worked for at least one hour and were in paid employment or self-employed. Persons in paid employment include the armed forces living in private households, apprentices and students and exclude women on extended child-care leave (more than 6 months).

EMPLOI

Concept statistique principal

Les données se réfèrent au nombre de personnes qui ont travaillé au moins une heure pendant la semaine de référence et qui occupaient un emploi salarié ou qui travaillaient à leur compte. L'emploi salarié inclut les membres des forces armées hébergés en foyers privés, les apprentis et les étudiants et exclut les femmes en congé parental prolongé (plus de 6 mois).

EMPLOYMENT BREAKDOWN BY ACTIVITY – ISIC REV. 2

Quality comments

Series breaks: Data broken down by activity in ISIC Rev. 2 (civilian employment and employees) have not been revised nor updated due to the introduction of ISIC Rev. 3.

EMPLOI SELON LE STATUT PROFESSIONEL ET RÉPARTITION PAR ACTIVITÉS – CITI RÉV. 2

Commentaires sur la qualité

Ruptures dans les séries : Les données concernant la répartition par branches d'activités en CITI Rév. 2 (emploi civil et emploi salarié) n'ont pas été révisées ni mises à jour en raison du passage à la CITI Rév. 3.

PART-TIME EMPLOYMENT

Population coverage

Data include only persons declaring usual hours worked.

Key statistical concept

Part-time employment refers to persons who work less than 30 hours per week in their main job. The hours worked are usual hours, and refer to normal hours worked including average overtime hours. The number of hours worked includes 0.5 hour for the main meal break per day. Since 2001, the meal break is not included.

DURATION OF UNEMPLOYMENT

Item coverage

These percentages only take into account those persons for whom the duration of unemployment is known.

Key statistical concept

Data refer to the duration of job search.

EMPLOYMENT BY PROFESSIONAL STATUS

Item coverage

Those classified as working in co-operatives in the survey have been classified as employees. Although standard definitions imply that such individuals should be classified as self-employed, co-operative enterprises in the Czech Republic are different from those existing in other OECD countries and this classification is more appropriate. The self-employed include employers and unpaid family workers. From 1993, the figures for the armed forces only represent temporary members of the armed forces. Security forces and permanent members of the armed forces are included in Civilian Employment. Figures for the armed forces in 1992 include members of the security forces as well as regular and temporary members of the armed forces.

EMPLOI À TEMPS PARTIEL

Population couverte

Les données incluent uniquement les personnes déclarant des heures habituelles de travail.

Concept statistique principal

L'emploi à temps partiel se réfère aux actifs travaillant moins de 30 heures par semaine dans leur emploi principal. Les heures travaillées sont les heures habituelles et elles se réfèrent aux heures de travail normales y compris les heures supplémentaires. Le nombre des heures travaillées inclut la demi-heure journalière pour la pause repas. Depuis 2001, la pause repas est exclue.

DURÉE DU CHÔMAGE

Articles couverts

Ces pourcentages ne prennent en compte que les personnes pour lesquelles la durée du chômage est connue.

Concept statistique principal

Les données se réfèrent à la durée de recherche d'emploi.

EMPLOI SELON LE STATUT PROFESSIONEL

Articles couverts

Les personnes classées au cours de l'enquête comme travaillant dans les coopératives sont comptabilisées comme salariés. Bien que la norme soit de les compter comme personnes travaillant à leur compte, cette pratique est jugée préférable dans la mesure où les coopératives sont en République tchèque différentes de celles existant dans les autres pays de l'OCDE. Les personnes travaillant à leur compte comprennent les employeurs et les travailleurs familiaux non rémunérés. Depuis 1993, les chiffres pour les forces armées comprennent seulement les membres temporaires des forces armées ; les forces de sécurité et les membres permanents sont inclus dans Emploi civil. En 1992, les chiffres pour les forces armées comprennent les membres des forces de sécurité ainsi que les membres réguliers ou permanents des forces armées.

Data source(s) used

Source: Czech Statistical Office.

References:

1. Statistical Yearbook of the Czech Republic (Czech Statistical Office).
2. Casove Rady Zakladnich Ukazatelu Statistiky Prace, 1948-1994 (annual time series on employment and wages, Czech Statistical Office, 1995).
3. Labour Force Survey (data provided directly by Czech Statistical Office).
4. Employment and Unemployment in the Czech Republic - The Labour Force Sample Survey - Czech Statistical Office (CSU).

Source(s) de données utilisée(s)

Source: Czech Statistical Office.

References:

1. Statistical Yearbook of the Czech Republic (Czech Statistical Office).
2. Casove Rady Zakladnich Ukazatelu Statistiky Prace, 1948-1994 (annual time series on employment and wages, Czech Statistical Office, 1995).
3. Labour Force Survey (data provided directly by Czech Statistical Office).
4. Employment and Unemployment in the Czech Republic - The Labour Force Sample Survey - Czech Statistical Office (CSU).

DENMARK

POPULATION

Reference period

Data are mid-year estimates obtained by averaging official estimates at 31 December for two consecutive years.

Population coverage

Data refer to resident population (de jure), excluding Faeroe Islands and Greenland.

LABOUR FORCE

Reference period

In 1994 and 1995 data refer to the 4nd quarter. In 1998 data refer to the 3nd quarter. In 1996, 1997 and from 1999 the estimates are based on annual averages.

Population coverage

From 2001 the survey covers all persons aged 15 to 74 years but data transmitted to OECD relate to all persons aged 15-64.

Key statistical concept

Data are compiled from the quarterly Household Labour Force Survey. The survey became continuous in 1994. It also covers institutional and collective households. From 1976 to 1993, data were compiled from the Labour Force Survey conducted in April or May each year. No data have been transmitted to the OECD for 1980 and 1982.

UNEMPLOYMENT

Key statistical concept

Data refer to persons aged 15 to 66 years without work, actively seeking work during the 4 weeks prior to the reference week and available for work within 2 weeks.

DANEMARK

POPULATION

Période de référence

Les données sont des estimations en milieu d'année obtenues en faisant la moyenne des estimations officielles au 31 décembre de deux années consécutives.

Population couverte

Les données se réfèrent à la population résidante (de jure), non compris le Groenland et les îles Féroé.

POPULATION ACTIVE

Période de référence

En 1994 et 1995 les données se réfèrent au 4ème trimestre. En 1998 se réferent au 3eme trimestre. En 1996, 1997 et depuis 1999, les estimations sont établies à partir des moyennes annuelles.

Population couverte

Depuis 2001, l'enquête couvre les personnes de 15 à 74 ans mais les données transmises à l'OCDE concernent les personnes de 15à 64 ans.

Concept statistique principal

Les données proviennent de l'Enquête trimestrielle sur la population active auprès des ménages. L'enquête est devenue continue en 1994. Elle couvre également les institutions et les ménages collectifs. De 1976 à 1993, les données provenaient de l'Enquête sur la population active effectuée en avril ou en mai de chaque année. Aucune donnée n'a été transmise à l'OCDE pour les années 1980 et 1982.

CHÔMAGE

Concept statistique principal

Les données se réfèrent aux personnes âgées de 15 à 64 ans sans travail, qui ont cherché activement un emploi au cours des 4 semaines s'achevant par la semaine de référence et qui sont disponibles pour prendre un emploi dans les 2 semaines.

EMPLOYMENT

Key statistical concept

Employment data refer to the number of persons aged 15 to 66 years employed for at least one hour during the reference week, whether paid employees, working proprietors, own-account workers or unpaid family workers. Persons temporarily absent from work, but with a formal attachment to it are included.

EMPLOI

Concept statistique principal

Les données se réfèrent aux personnes âgées de 15 à 66 ans qui, au cours de la semaine de référence, ont travaillé pendant au moins une heure en vue d'une rétribution ou en tant que propriétaire exploitant, les personnes travaillant pour leur propre compte ou les travailleurs familiaux non rémunérés collaborant à l'entreprise familiale. Les personnes provisoirement absentes de leur travail mais ayant un lien formel avec lui sont incluses.

PARTICIPATION AND UNEMPLOYMENT RATES BY AGE GROUPS

Name of collection/source

Data are compiled from the European Labour Force Survey (Spring).

Reference period

Annual data refer to the months of February-June.

Item coverage

The survey covers the resident population aged 15 years and over living in private households.

TAUX D'ACTIVITÉ ET TAUX DE CHÔMAGE PAR GROUPES D'ÂGE

Nom de la source/collecte

Les données proviennent de l'Enquête européenne sur les forces de travail (printemps).

Période de référence

Les chiffres annuels se réfèrent aux mois de février-juin.

Articles couverts

L'enquête porte sur la population résidante âgée de 15 ans et plus, vivant dans les ménages privés.

PART-TIME EMPLOYMENT

Name of collection/source

Data are compiled from the European Labour Force Survey.

Population coverage

Data include only persons declaring usual hours worked.

Key statistical concept

Part-time employment refers to persons who work less than 30 hours per week in their main job. The number of hours given here corresponds to the number of hours usually worked. This covers all hours including extra hours, either paid or unpaid, which the person normally works, but excludes travel time between the home and the place of work as well as the main meal breaks. Persons who usually also work at home are asked to include the number of hours they usually work at home. Apprentices, trainees and other persons in vocational training are asked to exclude time spent in school or other special training centres.

EMPLOI À TEMPS PARTIEL

Nom de la source/collecte

Les données proviennent de l'Enquête européenne sur les forces de travail.

Population couverte

Les données incluent uniquement les personnes déclarant des heures habituelles de travail.

Concept statistique principal

L'emploi à temps partiel se réfère aux actifs travaillant moins de 30 heures par semaine dans leur emploi principal. Le nombre d'heures correspond au nombre d'heures habituellement travaillées. Ceci couvre toutes les heures y compris les heures supplémentaires, payées ou non, que la personne effectue normalement, mais exclut le temps de trajet entre le domicile et le lieu de travail ainsi que les coupures pour les repas. Les personnes qui travaillent habituellement également à leur domicile sont invitées à inclure le nombre d'heures habituellement travaillées au domicile. Les apprentis, les stagiaires et les autres personnes en formation professionnelle sont invités à exclure le temps passé à l'école ou dans les centres de formation.

DURATION OF UNEMPLOYMENT

Name of collection/source

Data are compiled from the European Labour Force Survey.

Item coverage

These percentages only take into account those persons for whom the duration of unemployment is known.

Key statistical concept

Data refer to the shorter of the following two periods: the duration of search for work, or the length of time since last employment.

Data source(s) used

Source: Danmarks Statistik, Statistical Office of the European Union (Eurostat).

References:

1. Statistik Årbog Danmark (Danmarks Statistik).
2. Statistike Efterretninger (Danmarks Statistik).
3. Industristatistik (Danmarks Statistik).
4. Labour Force Survey, Statistical Office of the European Union (Eurostat).

DURÉE DU CHÔMAGE

Nom de la source/collecte

Les données proviennent de l'Enquête européenne sur les forces de travail.

Articles couverts

Ces pourcentages ne prennent en compte que les personnes pour lesquelles la durée du chômage est connue.

Concept statistique principal

Les données se réfèrent à la plus courte des deux périodes suivantes : la durée de recherche de travail ou le temps écoulé depuis le dernier emploi.

Source(s) de données utilisée(s)

Source: Danmarks Statistik, Statistical Office of the European Union (Eurostat).

References:

1. Statistik Årbog Danmark (Danmarks Statistik).
2. Statistike Efterretninger (Danmarks Statistik).
3. Industristatistik (Danmarks Statistik).
4. Labour Force Survey, Statistical Office of the European Union (Eurostat).

LABOUR FORCE STATISTICS – ISBN 9789264035539 – © OECD 2007

FINLAND

POPULATION

Reference period

Data for population are mid-year estimates obtained by averaging official estimates at 31 December for two consecutive years.

Population coverage

Data refer to the resident population (de jure).

LABOUR FORCE

Name of collection/source

Data are compiled from the results of the monthly continuous Labour Force Survey. The sample is drawn from individuals, not households. The quarterly sample comprises 36 000 persons divided into three monthly sub-samples of approximately 12 000 persons each.

Reference period

Annual data are averages of monthly figures.

Population coverage

Data refer to persons aged 15 to 74 years residing in Finland, including foreign workers, citizens who are temporarily abroad (less than one year), non-resident citizens, those without a permanent residence and those in institutions. Collective households are sampled separately. Labour force data include estimated total net migration.

Quality comments

Series breaks: From 2000 the Labour Force Survey is a continuous survey. The survey has been revised in 1997 and in 1998 (ILO/EU definition) and the data have been corrected from 1989. Since 1989, full-time students seeking jobs are counted as unemployed in accordance with ILO definitions before they were not included. Since 1987, the professional status of employees has been redefined, the figures previous to 1987 include persons of unspecified status. In 1983 collection methods were changed from a postal enquiry to

FINLAND

POPULATION

Période de référence

Les données de population sont des estimations en milieu d'année obtenues en faisant la moyenne des estimations officielles au 31 décembre de deux années consécutives.

Population couverte

Les données correspondent à la population résidante (de jure).

POPULATION ACTIVE

Nom de la source/collecte

Les données proviennent des résultats de l'Enquête mensuelle continue sur la population active. L'échantillon est tiré des individus et non des ménages. L'échantillon trimestriel comprend 36 000 personnes réparties en trois sous échantillons mensuels d'environ 12 000 personnes chacun.

Période de référence

Les données annuelles sont des moyennes des données mensuelles.

Population couverte

Les données se rapportent aux personnes âgées de 15 à 74 ans résidant en Finlande y compris les travailleurs étrangers, les Finlandais en séjour temporaire à l'étranger (pour une durée inférieure à un an), les nationaux non-résidents, les personnes sans domicile et les personnes vivant en collectivité. Les ménages collectifs font l'objet d'un échantillonnage indépendant. Les chiffres de la population active incluent des estimations sur la totalité du mouvement migratoire net.

Commentaires sur la qualité

Ruptures dans les séries : Depuis 2000, l'enquête mensuelle sur la population active est continue. L'enquête avait été révisée en 1997 et en 1998 (adoption des définitions de l'OIT/UE) et les données avaient été révisées depuis 1989. Depuis 1989, les étudiants à plein temps à la recherche d'un emploi sont comptabilisés comme chômeurs conformément aux définitions du BIT avant cette date, ils ne l'étaient pas. Depuis 1987, la définition du statut des salariés a été modifiée, les données antérieures à 1987 incluent les personnes à

interviews. Data for these series were revised back between 1976 and 1982.

statut non spécifié. En 1983, les méthodes de collecte ont été modifiées passant d'une enquête postale aux entretiens. Les données ont ensuite été révisées entre 1976 et 1982.

UNEMPLOYMENT

Key statistical concept

Data refer to persons without work, available for work within the next two weeks and who had been seeking work for pay or profit during the last four weeks, or had made arrangements to start a new job (within two weeks) or were laid off (for a period not exceeding two and a half months). Seasonal workers awaiting agricultural or other seasonal work are considered as unemployed if they are registered as jobseekers.

CHÔMAGE

Concept statistique principal

Les données se réfèrent aux personnes sans emploi, disponibles pour prendre un emploi dans les 15 jours et ayant cherché activement un emploi rémunéré ou lucratif au cours des 4 dernières semaines ou ayant trouvé un emploi qui commence ultérieurement (dans 2 semaines) ou ayant été mises à pied (depuis 2 mois et demi au maximum). Les travailleurs saisonniers dans l'attente d'un travail agricole ou autre sont considérés comme chômeurs s'ils sont inscrits comme demandeurs d'emploi.

EMPLOYMENT

Key statistical concept

Data refer to persons employed in all activities of the economy. They include all persons having worked for pay or profit for at least one hour during the reference week, unpaid family workers and persons with a job but not at work because of injury or sickness, vacation, strike, bad weather, mechanical breakdown or leave for personal reasons.

Item coverage

Data includes career military.

EMPLOI

Concept statistique principal

Les données se rapportent aux personnes employées dans l'ensemble de l'économie. Elles correspondent aux personnes qui ont travaillé moyennant une rénumération ou un bénéfice pendant au moins une heure au cours de la semaine de référence, aux travailleurs familiaux non rénumérés et aux personnes titulaires d'un emploi mais temporairement absentes du fait d'accident ou de maladie, de congé normal, de grève, de mauvaises conditions climatiques, de désorganisation technique ou de congé pour des raisons personnelles.

Articles couverts

Les données incluent les militaires de carrière.

PART-TIME EMPLOYMENT

Population coverage

Data include only persons declaring usual hours worked.

Key statistical concept

Part-time employment refers to persons who work less than 30 hours per week. All jobs are covered, the hours worked are usual hours and refer to normal hours worked.

EMPLOI À TEMPS PARTIEL

Population couverte

Les données incluent uniquement les personnes déclarant des heures habituelles de travail.

Concept statistique principal

L'emploi à temps partiel se réfère aux actifs travaillant moins de 30 heures par semaine. Tous les emplois sont couverts, les heures travaillées sont les heures habituelles et elles se réfèrent aux heures de travail normales.

DURATION OF UNEMPLOYMENT

Item coverage

These percentages only take into account those persons for whom the duration of unemployment is known.

Key statistical concept

Data refer to the duration of joblessness.

Quality comments

Series breaks: Prior to 1999, data refer to length of unemployment. Before 1995 the duration of unemployment refers to durations: UN1= less than 2 months, UN2= 2 months and over but under 6 months, UN3= 6 months and over but under 12 months, UN4= 1 year and over but under 2 years, UN5= 2 years and over. From 1995 onwards the durations are: UN1= less than one month, UN2= 1 month and less than 3 months, UN3= 3 months and less than 6 months, UN4= 6 months and less than 1 year, UN5= 1 year and over.

Data source(s) used

Source: Statistics Finland.

References:

1. Statistical Yearbook of Finland (Statistics Finland).
2. Bulletin of Statistics (Statistics Finland, monthly/mensuel).
3. Labour reports (Ministry of Labour, quarterly/trimestriel).
4. Labour Force Survey, Central Statistical Office; Labour Reports, Ministry of Labour.

DURÉE DU CHÔMAGE

Articles couverts

Ces pourcentages ne prennent en compte que les personnes pour lesquelles la durée du chômage est connue.

Concept statistique principal

Les données se réfèrent à la durée sans emploi.

Commentaires sur la qualité

Ruptures dans les séries : Avant 1999, les données se référaient au temps de chômage. Avant 1995 la durée du chômage se référait aux durées : UN1= moins de 2 mois, UN2= 2 mois et plus mais moins de 6 mois, UN3= 6 mois et plus mais moins de 12 mois, UN4= 1 an et plus mais moins de 2 ans, UN5= 2 ans et plus. À partir de 1995, les durées sont : UN1= moins d'1 mois, UN2= 1 mois et moins de 3 mois, UN3= 3 mois et moins de 6 mois, UN4= 6 mois et moins d'1 an, UN5= 1 an et plus.

Source(s) de données utilisée(s)

Source: Statistics Finland.

References:

1. Statistical Yearbook of Finland (Statistics Finland).
2. Bulletin of Statistics (Statistics Finland, monthly/mensuel).
3. Labour reports (Ministry of Labour, quarterly/trimestriel).
4. Labour Force Survey, Central Statistical Office; Labour Reports, Ministry of Labour.

FRANCE

POPULATION

Reference period

Data are mid-year estimates obtained by averaging official estimates at 31 December for two consecutive years. Data from 1999 to 2005 have been aligned to the 2004 and 2005 census results. Data from 1990 to 1998 have been aligned to the 1999 census results. Data from 1982 to 1989 have been aligned to the 1990 census results. Data up to 1981 have been aligned to the 1982 census results. Since 2004, the census of the resident population in France is annual.

Population coverage

Data refer to the resident population (de facto), including armed forces temporarily stationed abroad. Data refer to metropolitan France.

LABOUR FORCE

Name of collection/source

Data are compiled from various sources including the Labour Force Survey ("Employment survey"). From 2003 the Survey is quarterly and continuous. Previously, the survey was annual and conducted in March every year, except in 1982 (April-May) and 1999 (January) because of the census. In March 2001, 75 000 households replied to the survey covering 150 000 persons.

Reference period

Annual data are estimated averages for the year. Every year, results of the Employment Survey are aligned with estimates of population calculated by INSEE using annual registry office statistics and results of the censuses. Weights attributed to the household data are adjusted in such a way that estimates of men and women by quinquennial age groups add to the total.

Population coverage

Data refer to all persons aged 15 years and over living in metropolitan France. The survey covers persons living in collective households using information obtained from their parents (e.g. students, etc.). Data include armed forces.

FRANCE

POPULATION

Période de référence

Les données sont des estimations au milieu de l'année obtenues en faisant la moyenne des estimations officielles au 31 décembre de deux années consécutives. Les données de 1999 à 2005 sont ajustées sur les résultats des recensements de 2004 et de 2005. Les données de 1990 à 1998 sont ajustées sur les résultats du recensement de 1999. Les données de 1982 à 1989 sont ajustées sur les résultats du recensement de 1990. Les données antérieures à 1981 sont estimées d'après les résultats du recensement de 1982. Depuis 2004, le recensement de la population résidant en France est annuel.

Population couverte

Les données se réfèrent à la population résidante (de facto), y compris les forces armées temporairement stationnées hors du pays. Les données concernent la France métropolitaine.

POPULATION ACTIVE

Nom de la source/collecte

Les données proviennent de diverses sources dont l'Enquête sur la population active (« Enquête sur l'emploi »). Depuis 2003, l'Enquête est trimestrielle et continue. Précédemment l'enquête était annuelle et avait lieu en mars chaque année, sauf en 1982 (avril-mai) et en 1999 (janvier) en raison des recensements. En mars 2001, 75 000 ménages ont répondu à l'enquête, soit quelque 150 000 personnes.

Période de référence

Les données annuelles sont des moyennes estimées pour l'année. Chaque année, les résultats de l'Enquête sur l'emploi sont calés sur les estimations de population réalisées par l'INSEE à partir des statistiques annuelles de l'état civil et des résultats des recensements. En pratique, les coefficients de pondération attribués aux ménages interrogés sont ajustés de telle manière que l'on retrouve au total les estimations des nombres d'hommes et de femmes par tranche d'âge quinquennale.

Population couverte

Les données se réfèrent à toutes les personnes âgées de 15 ans et plus vivant en France métropolitaine. L'enquête couvre également les personnes vivant dans les ménages collectifs ayant un lien de parenté avec les ménages privés (comme les étudiants, etc.). L'enquête inclut les forces armées.

Quality comments

Series breaks: the labour force series from 1990 are adjusted to the 1999 census. The labour force series from 1982, follow the definitions recommended by the ILO. The unemployment series from 1975 follow the definitions recommended by the ILO. Prior to 1975, the definition of unemployment referred to the number of persons available for work and seeking work.

Commentaires sur la qualité

Ruptures dans les séries : les données de population active depuis 1990 sont calées sur les résultats du recensement de 1999. Les données de population active depuis 1982 sont conformes aux recommandations du BIT. Les données de chômage depuis 1975, sont conformes aux recommandations du BIT. Avant 1975, la définition du chômage se référait à la population disponible sans emploi à la recherche d'un emploi.

UNEMPLOYMENT

Key statistical concept

Data refer to the number of persons who are actively looking for work, are available for work, are without work during the reference week or who are available for work and have a new job to start in the future.

CHÔMAGE

Concept statistique principal

Les données se réfèrent au nombre de personnes qui recherchent un emploi avec des démarches effectives, qui sont disponibles et qui n'ont pas eu d'occupation professionnelle au cours de la semaine de référence ou qui sont disponibles et ont trouvé un emploi qui commence plus tard.

EMPLOYMENT

Key statistical concept

Data refer to the number of persons who worked during the survey week, including employees, self-employed as well as family workers. Data include persons who have a job but are not at work due to illness (less than 1 year), vacation, labour dispute, educational leave, etc.

EMPLOI

Concept statistique principal

Les données se réfèrent au nombre de personnes au travail au cours de la semaine de référence de l'enquête, qu'elles soient salariées, qu'elles soient à leur compte ou qu'elles aident un membre de leur famille dans son travail. Les personnes pourvues d'un emploi mais temporairement absentes la semaine de référence pour un motif tel que maladie (moins d'un an), congé payé, conflit du travail, formation, etc. sont également comprises.

EMPLOYMENT BREAKDOWN BY ACTIVITY - ISIC REV. 2 AND ISIC REV. 3

Name of collection/source

Data have been compiled from various statistical sources, mainly the quarterly Survey of Industrial and Commercial Establishments, the Employment Survey (the annual survey in March and from 2003 the continuous quarterly survey) and the latest population Census (used as reference).

RÉPARTITION DE L'EMPLOI PAR ACTIVITÉS – CITI RÉV. 2 ET CITI RÉV. 3

Nom de la source/collecte

Les données ont été établies à partir de nombreuses sources statistiques, notamment l'Enquête trimestrielle auprès des établissements industriels et commerciaux, l'Enquête sur l'emploi (enquête annuelle en mars et depuis 2003 enquête trimestrielle continue) et les résultats du dernier recensement de la population (utilisés comme base de référence).

PARTICIPATION AND UNEMPLOYMENT RATES BY AGE GROUPS

Name of collection/source

From 2003, data are compiled from the Continuous Quarterly Labour Force Survey.

TAUX D'ACTIVITÉ ET TAUX DE CHÔMAGE PAR GROUPES D'ÂGE

Nom de la source/collecte

Depuis 2003, les données proviennent de l'Enquête trimestrielle continue sur la population active.

Reference period

From 2003, data are quarterly averages.

Quality comments

Series breaks: From 2003, the survey is quarterly and covers in addition to private households, persons living in collective households using information obtained from their parents. These changes introduce a break in series which is important especially for participation rates for young persons and persons aged 55-64 years. Prior to 2003, data were compiled from the Annual Labour Force Survey and referred to the month of March each year except in 1982 and 1999 where the data referred to April-May and January respectively.

PART-TIME EMPLOYMENT

Name of collection/source

Data are compiled from the European Labour Force Survey and collected from Eurostat.

Population coverage

Data include only persons declaring usual hours worked.

Key statistical concept

Part-time employment refers to persons who work less than 30 hours per week in their main job. The number of hours given here corresponds to the number of hours usually worked. This covers all hours including extra hours, either paid or unpaid, which the person normally works, but excludes travel time between the home and the place of work as well as the main meal breaks. Persons who usually also work at home are asked to include the number of hours they usually work at home. Apprentices, trainees and other persons in vocational training are asked to exclude time spent in school or other special training centres.

DURATION OF UNEMPLOYMENT

Key statistical concept

Data refer to the shorter of the following two periods: the duration of search for work and the duration of joblessness.

Période de référence

Depuis 2003, les données sont des moyennes annuelles.

Commentaires sur la qualité

Ruptures dans les séries : Depuis 2003, l'enquête est trimestrielle et couvre en plus des ménages privés, les personnes vivant dans les ménages collectifs ayant un lien de parenté avec les ménages privés. Ces modifications entraînent une rupture de séries en particulier perceptible pour les taux d'activité des jeunes et des travailleurs âgés de 55 à 64 ans. Avant 2003, les données provenaient de l'Enquête annuelle sur la population active et correspondaient au mois de mars de chaque année, sauf en 1982 et en 1999 où elles correspondaient aux chiffres d'avril-mai et de janvier respectivement.

EMPLOI À TEMPS PARTIEL

Nom de la source/collecte

Les données proviennent de l'Enquête européenne sur les forces de travail et sont collectées auprès d'Eurostat.

Population couverte

Les données incluent uniquement les personnes déclarant des heures habituelles de travail.

Concept statistique principal

L'emploi à temps partiel se réfère aux actifs travaillant moins de 30 heures par semaine dans leur emploi principal. Le nombre d'heures correspond au nombre d'heures habituellement travaillées. Ceci couvre toutes les heures y compris les heures supplémentaires, payées ou non, que la personne effectue normalement, mais exclut le temps de trajet entre le domicile et le lieu de travail ainsi que les coupures pour les repas. Les personnes qui travaillent habituellement également à leur domicile sont invitées à inclure le nombre d'heures habituellement travaillées au domicile. Les apprentis, les stagiaires et les autres personnes en formation professionnelle sont invités à exclure le temps passé à l'école ou dans les centres de formation.

DURÉE DU CHÔMAGE

Concept statistique principal

Les données se réfèrent à la plus courte des deux périodes suivantes : la durée de recherche d'emploi et la durée sans emploi.

Data source(s) used

Source : Institut national de la statistique et des études économiques (INSEE).

References:

1. Annuaire statistique de la France (INSEE).
2. Bulletin mensuel de statistique (INSEE, monthly/mensuel).
3. Études statistiques (INSEE, quarterly/trimestriel).
4. Économie et statistique (INSEE, monthly/mensuel).
5. Enquête Emploi, INSEE.

Source(s) de données utilisée(s)

Source : Institut national de la statistique et des études économiques (INSEE).

Références:

1. Annuaire statistique de la France (INSEE).
2. Bulletin mensuel de statistique (INSEE, monthly/mensuel).
3. Études statistiques (INSEE, quarterly/trimestriel).
4. Économie et statistique (INSEE, monthly/mensuel).
5. Enquête Emploi, INSEE.

GERMANY

POPULATION

Reference period

From 2005 onwards data refer to annual averages from the continuous survey. The data for 2004 refer to the month of March. From 1999 to 2003 data refer to the month of April or May. Prior to 1999, data refer to annual average estimates.

Since 1987 data have been benchmarked to the 1987 census results. Data for 1970 to 1986 have been adjusted to the 1970 census results. Data for 1969 to 1961 have been adjusted to the 1961 census.

Population coverage

Data refer to the resident population (de jure).

Key statistical concept

Data are Microcensus population estimates and include collective households.

LABOUR FORCE

Name of collection/source

The data are derived from the results of the Microcensus and from the annual European Union Labour Force Sample Survey (Arbeitskräfteerhebung).

Population coverage

Data refer to all persons aged 15 years and over, living in private households, that is, they exclude persons living in collective and institutional accommodation establishments as well as conscripts on compulsory community or military service.

Quality comments

Series breaks: From 2005 onwards the Microcensus is carried out as a continuous survey. This leads to a break in series.

From 1984, annual average figures are consistent in terms of methodology and contents with the results of the annual European Labour Force Survey based on the national Microcensus. Prior to 1984, annual data for the labour force are averages of monthly and annual estimates supplied by German authorities.

GERMANY

POPULATION

Période de référence

À partir de 2005, les données sont des moyennes annuelles provenant de l'enquête en continu. Les données de 2004 se réfèrent au mois de mars. De 1999 à 2003, les données se réfèrent au mois d'avril ou au mois de mai. Avant 1999, les données se réfèrent aux estimations de moyennes annuelles.

Les données depuis 1987 sont ajustées sur les résultats du recensement de 1987. Les données de 1970 à 1986 ont été ajustées sur les résultats du recensement de 1970. Les données de 1961 à 1969 ont été ajustées sur les résultats du recensement de 1961

Population couverte

Les données se réfèrent à la population résidante (de jure).

Concept statistique principal

Les données sont des estimations de population issues du Microcensus et incluent les ménages collectifs.

POPULATION ACTIVE

Nom de la source/collecte

Les données sont dérivées des résultats du Microcensus et de l'Enquête européenne annuelle par sondage sur la population active (Arbeitskräfteerhebung).

Population couverte

Les données se réfèrent au nombre de personnes de 15 ans et plus, vivant dans des ménages privés, c'est-à-dire qu'elles excluent les personnes vivant dans des établissements collectifs ou des institutions ainsi que les appelés qui effectuent un service civil ou militaire obligatoire.

Commentaires sur la qualité

Ruptures dans les séries : Depuis 2005, le Microcensus est conduit comme une enquête continue, ceci introduit une rupture dans les séries.

Depuis 1984, les données moyennes annuelles sont conformes en termes de méthodologie et de contenu, aux résultats de l'enquête européenne sur les forces de travail basée sur le Microcensus national. Avant 1984, les données annuelles de population active sont des moyennes d'estimations mensuelles et annuelles fournies par les autorités allemandes.

From 1999, the data have been calculated using an improved method of calculation and only refer to private households (Eurostat definition). Prior to 1999, persons living in collective and institutional accommodation, conscripts on compulsory community or military service are included (excluding those living in military barracks).

Depuis 1999, les données sont établies suivant une méthode améliorée et se réfèrent uniquement aux ménages privés conformément aux définitions d'Eurostat. Avant 1999, les personnes vivant dans des établissements collectifs ou des institutions et les appelés qui effectuaient un service civil ou militaire obligatoire étaient incluses (à l'exclusion des militaires vivant dans les casernes).

Data from 1991 refer to Germany and prior to 1991 and the reunification, to western Germany (Federal Republic of Germany).

Les données depuis 1991 se réfèrent à l'Allemagne et, avant 1991 et la réunification, à l'Allemagne occidentale (République Fédérale d'Allemagne).

Estimates of the total labour force have been revised from 1987 on, based on census results, and show a break between 1986 and 1987.

Les estimations de la population active totale ont été révisées en 1987, selon les résultats du recensement ; il y a une rupture dans les séries entre 1986 et 1987.

UNEMPLOYMENT

Key statistical concept

Data refer to the number of persons who, during the reference week, were without work, currently available for work, and seeking work.

CHÔMAGE

Concept statistique principal

Les données se réfèrent au nombre de personnes qui, au cours de la semaine de référence, étaient sans travail, disponibles pour travailler et à la recherche d'un emploi.

EMPLOYMENT

Key statistical concept

Data refer to the number of persons who, during the reference week, were in paid employment or self-employed.

EMPLOI

Concept statistique principal

Les données se réfèrent au nombre de personnes qui, pendant la semaine de référence occupaient un emploi salarié ou qui travaillaient à leur compte.

PART-TIME EMPLOYMENT

Name of collection/source

Data are compiled from the European Labour Force Survey.

Population coverage

Data include only persons declaring usual hours worked.

Key statistical concept

Part-time employment refers to persons who work less than 30 hours per week in their main job. Data include only persons declaring usual hours worked. The number of hours given here corresponds to the number of hours usually worked. This covers all hours including extra hours, either paid or unpaid, which the person normally works, but excludes travel time between the home and the place of work as well as the main meal breaks. Persons who usually also work at home are asked to

EMPLOI À TEMPS PARTIEL

Nom de la source/collecte

Les données proviennent de l'Enquête européenne sur les forces de travail.

Population couverte

Les données incluent uniquement les personnes déclarant des heures habituelles de travail.

Concept statistique principal

L'emploi à temps partiel se réfère aux actifs travaillant moins de 30 heures par semaine dans leur emploi principal. Le nombre d'heures correspond au nombre d'heures habituellement travaillées. Ceci couvre toutes les heures y compris les heures supplémentaires, payées ou non, que la personne effectue normalement, mais exclut le temps de trajet entre le domicile et le lieu de travail ainsi que les coupures pour les repas. Les personnes qui travaillent habituellement également à

include the number of hours they usually work at home. Apprentices, trainees and other persons in vocational training are asked to exclude time spent in school or other special training centres.

leur domicile sont invitées à inclure le nombre d'heures habituellement travaillées au domicile. Les apprentis, les stagiaires et les autres personnes en formation professionnelle sont invités à exclure le temps passé à l'école ou dans les centres de formation.

Quality comments

Series breaks: From 1991 onwards data for unified Germany are available

Commentaires sur la qualité

Ruptures dans les séries : Depuis 1991, les données se réfèrent à l'Allemagne réunifiée.

UNEMPLOYMENT DURATION

Name of collection/source

Data are compiled from the European Labour Force Survey.

Item coverage

These percentages only take into account those persons for whom the duration of unemployment is known.

Key statistical concept

Data refer to the shorter of the following two periods: the duration of search for work, or the length of time since last employment.

DURÉE DU CHÔMAGE

Nom de la source/collecte

Les données proviennent de l'Enquête européenne sur les forces de travail.

Articles couverts

Ces pourcentages ne prennent en compte que les personnes pour lesquelles la durée du chômage est connue.

Concept statistique principal

Les données se réfèrent à la plus courte des deux périodes suivantes : la durée de recherche de travail, ou le temps écoulé depuis le dernier emploi.

EMPLOYMENT BREAKDOWN BY ACTIVITY – ISIC REV. 2

Quality comments

Series breaks: Data broken down by activity in ISIC Rev. 2 (civilian employment and employees) have not been revised nor updated due to the introduction of ISIC Rev. 3.

Data source(s) used

Source: Statistisches Bundesamt.

References:

1. Statistisches Jahrbuch für die Bundesrepublik Deutschland (Statistisches Bundesamt).
2. Wirtschaft und Statistik (Statistisches Bundesamt, monthly/mensuel).
3. Bevölkerung und Kultur-Reihe 1-Bevölkerungsstand und Entwicklung (Statistisches Bundesamt).
4. The Microcensus.

RÉPARTITION DE L'EMPLOI PAR ACTIVITÉS – CITI RÉV. 2

Commentaires sur la qualité

Ruptures dans les séries : Les données concernant la répartition par branches d'activités en CITI Rév. 2 (emploi civil et emploi salarié) n'ont pas été révisées ni mises à jour en raison du passage à la CITI Rév. 3.

Source(s) de données utilisée(s)

Source: Statistisches Bundesamt.

References:

1. Statistisches Jahrbuch für die Bundesrepublik Deutschland (Statistisches Bundesamt).
2. Wirtschaft und Statistik (Statistisches Bundesamt, monthly/mensuel).
3. Bevölkerung und Kultur-Reihe 1-Bevölkerungsstand und Entwicklung (Statistisches Bundesamt).
4. The Microcensus.

GREECE

POPULATION

Reference period

Data are official mid-year estimates. Figures have been adjusted in line with censuses conducted in 1991, in 1981 and in 1971. The last population census took place in 2001, but the results are not yet incorporated in this publication.

Population coverage

Data refer to the present population (de facto) at the time of the census. They include civilian aliens resident in the country, foreign diplomatic personnel located in the country and foreign armed forces stationed in the country. They exclude national armed forces stationed abroad, merchant seamen at sea, diplomatic personnel located abroad and other civilian nationals temporarily abroad.

LABOUR FORCE

Name of collection/source

Data are estimates compiled from the annual Labour Force Survey. The figures are finalized or revised following the latest census results.

Reference period

From 1998, data refer to the second quarter.

Population coverage

Data refer to persons aged 15 years and over living in private households.

Quality comments

Series breaks: Prior to 1993, all persons aged 14 and over were covered by the survey.

UNEMPLOYMENT

Key statistical concept

Data refer to all persons who, during the reference week, have worked at least one hour for remuneration in the form of a wage or salary, for profit or family gain or had a job or an enterprise but were not in work. Previously,

GRÈCE

POPULATION

Période de référence

Les données sont des estimations officielles en milieu d'année. Les données ont été établies à partir des résultats des recensements effectués en 1991, en 1981 et en 1971. Le dernier recensement de la population a eu lieu en 2001 mais ses résultats ne sont pas pris en compte dans cette publication.

Population couverte

Les données se réfèrent à la population présente (de facto) à la date du recensement. Elles incluent les civils étrangers résidant dans le pays, le personnel diplomatique étranger et les forces armées étrangères stationnées dans le pays. Elles excluent les forces armées nationales stationnées à l'étranger, les marins marchands en mer, le personnel diplomatique à l'étranger et les nationaux civils temporairement à l'étranger.

POPULATION ACTIVE

Nom de la source/collecte

Les données sont des estimations établies d'après l'Enquête annuelle sur la population active ; ces chiffres sont finalisés ou ajustés d'après les résultats du dernier recensement de la population.

Période de référence

Depuis 1998, les données se réfèrent au deuxième trimestre.

Population couverte

Les données se réfèrent aux personnes âgées de 15 ans et plus, vivant dans des ménages privés.

Commentaires sur la qualité

Ruptures dans les séries : Avant 1993, l'enquête couvrait toutes les personnes âgées de 14 ans et plus.

CHÔMAGE

Concept statistique principal

Les données se réfèrent à toutes les personnes qui pendant la semaine de référence, ont travaillé au moins une heure pour une rémunération sous forme de salaire, de profit, ou gain dans un cadre familial, ou qui avaient

persons were considered as employed (having work) if they normally worked for at least 15 hours during the week preceding the survey. The same applied for persons temporarily absent due to illness, vacation, strike. Paid apprentices and unpaid family workers, when they have worked at least 15 hours, were also considered as employed.

un travail ou une entreprise mais n'étaient pas au travail. Auparavant, étaient considérées comme employées (au travail) les personnes qui avaient normalement travaillé au moins 15 heures pendant la semaine précédant l'enquête. Ceci s'appliquait aussi aux personnes temporairement absentes en raison de maladie, de congés, de grève. Les apprentis rémunérés et les travailleurs familiaux non rémunérés qui avaient travaillé 15 heures étaient aussi considérés comme employés.

EMPLOYMENT

Key statistical concept

Data refer to all persons who, during the reference week, have worked at least one hour for remuneration in the form of a wage or salary, for profit or family gain or had a job or an enterprise but were not in work. Previously, persons were considered as employed (having work) if they normally worked for at least 15 hours during the week preceding the survey. The same applied for persons temporarily absent due to illness, vacation, strike. Paid apprentices and unpaid family workers, when they have worked at least 15 hours, were also considered as employed.

EMPLOI

Concept statistique principal

Les données se réfèrent à toutes les personnes qui pendant la semaine de référence, ont travaillé au moins une heure pour une rémunération sous forme de salaire, de profit, ou gain dans un cadre familial, ou qui avaient un travail ou une entreprise mais n'étaient pas au travail. Auparavant, étaient considérées comme employées (au travail) les personnes qui avaient normalement travaillé au moins 15 heures pendant la semaine précédant l'enquête. Ceci s'appliquait aussi aux personnes temporairement absentes en raison de maladie, de congés, de grève. Les apprentis rémunérés et les travailleurs familiaux non rémunérés qui avaient travaillé 15 heures étaient aussi considérés comme employés.

EMPLOYMENT BREAKDOWN BY ACTIVITY – ISIC REV. 2

Quality comments

Series breaks: Data broken down by activity in ISIC Rev. 2 (civilian employment and employees) have not been revised nor updated due to the introduction of ISIC Rev. 3.

RÉPARTITION DE L'EMPLOI PAR ACTIVITÉS – CITI RÉV. 2

Commentaires sur la qualité

Ruptures dans les séries : Les données concernant la répartition par branches d'activités en CITI Rév. 2 (emploi civil et emploi salarié) n'ont pas été révisées ni mises à jour en raison du passage à la CITI Rév. 3.

PARTICIPATION AND UNEMPLOYMENT RATES BY AGE GROUPS

Name of collection/source

Data are compiled from the European Labour Force Survey (Spring).

Reference period

The annual data refer to the months of April-June.

Item coverage

The survey covers the resident population aged 15 years and over living in private households.

TAUX D'ACTIVITÉ ET TAUX DE CHÔMAGE PAR GROUPES D'ÂGE

Nom de la source/collecte

Les données proviennent de l'Enquête européenne sur les forces de travail (printemps).

Période de référence

Les chiffres annuels se réfèrent aux mois de avril-juin.

Articles couverts

L'enquête porte sur la population résidante âgée de 15 ans et plus vivant dans les ménages privés.

PART-TIME EMPLOYMENT

Name of collection/source

Data are compiled from the European Labour Force Survey.

Population coverage

Data include only persons declaring usual hours worked

Key statistical concept

Part-time employment refers to persons who work less than 30 hours per week in their main job. The number of hours given here corresponds to the number of hours usually worked. This covers all hours including extra hours, either paid or unpaid, which the person normally works, but excludes travel time between the home and the place of work as well as the main meal breaks. Persons who usually also work at home are asked to include the number of hours they usually work at home. Apprentices, trainees and other persons in vocational training are asked to exclude time spent in school or other special training centres.

EMPLOI À TEMPS PARTIEL

Nom de la source/collecte

Les données proviennent de l'Enquête européenne sur les forces de travail.

Population couverte

Les données incluent uniquement les personnes déclarant des heures habituelles de travail.

Concept statistique principal

L'emploi à temps partiel se réfère aux actifs travaillant moins de 30 heures par semaine dans leur emploi principal. Le nombre d'heures correspond au nombre d'heures habituellement travaillées. Ceci couvre toutes les heures y compris les heures supplémentaires, payées ou non, que la personne effectue normalement, mais exclut le temps de trajet entre le domicile et le lieu de travail ainsi que les coupures pour les repas. Les personnes qui travaillent habituellement également à leur domicile sont invitées à inclure le nombre d'heures habituellement travaillées au domicile. Les apprentis, les stagiaires et les autres personnes en formation professionnelle sont invités à exclure le temps passé à l'école ou dans les centres de formation.

DURATION OF UNEMPLOYMENT

Name of collection/source

Data are compiled from the European Labour Force Survey.

Item coverage

These percentages only take into account those persons for whom the duration of unemployment is known.

Key statistical concept

Data refer to the shorter of the following two periods: the duration of search for work, or the length of time since last employment.

DURÉE DU CHÔMAGE

Nom de la source/collecte

Les données proviennent de l'Enquête européenne sur les forces de travail.

Articles couverts

Ces pourcentages ne prennent en compte que les personnes pour lesquelles la durée du chômage est connue.

Concept statistique principal

Les données se réfèrent à la plus courte des deux périodes suivantes : la durée de recherche de travail ou le temps écoulé depuis le dernier emploi.

Data source(s) used

Source: National Statistical Service of Greece, Statistical Office of the European Union (Eurostat).

References:

1. Statistical Yearbook of Greece (National Statistical Service of Greece).
2. Monthly Statistical Bulletin (National Statistical Service of Greece, monthly/mensuel).
3. Annual Industrial Survey for the Year (National Statistical Service of Greece).

4 Labour Force Survey, Statistical Office of the European Union (Eurostat).

Source(s) de données utilisée(s)

Source: National Statistical Service of Greece, Statistical Office of the European Union (Eurostat).

References:

1. Statistical Yearbook of Greece (National Statistical Service of Greece).
2. Monthly Statistical Bulletin (National Statistical Service of Greece, monthly/mensuel).
3. Annual Industrial Survey for the Year (National Statistical Service of Greece).

4 Labour Force Survey, Statistical Office of the European Union (Eurostat).

HUNGARY

POPULATION

Reference period

Data are mid-year estimates. Before 1990, data are calculated continuously from the individual population census. For 1990 to 2000, data are corrected retrospectively on basis of the population census taken on 1st February 2001. From 2001, data have been calculated continuously from the 2001 population census.

Population coverage

Data refer to the present population (de facto) including civilian aliens temporarily in the country.

LABOUR FORCE

Name of collection/source

Data are compiled from the results of the quarterly Household Labour Force Survey, which was introduced in the first quarter of 1992. The sample used is compiled from dwellings registered by the 1990 Population Census. In 1998, a new sample design was introduced. The size of the survey was expanded from 24 000 to 32 000 households (50 000 to 65 000 persons). Each household is retained for six consecutive quarters. Since 2003 the survey has become continuous and the sample is compiled according to the results of the 2001 Population Census.

Reference period

Annual data are averages of quarterly figures.

Population coverage

Data refer to all persons aged 15 to 74 years, living in private households. The survey also covers persons living in collective households using information obtained from their parents living in private households. Civilian labour force includes permanent members of the armed forces in 1992 and 1993. The economic activity of the persons being on child-care is determined, according to the recommendations of ILO, by the activity done during the reference week.

HONGRIE

POPULATION

Période de référence

Les données sont des estimations au milieu d'année. Avant 1990, les données sont calculées continûment à partir de chaque recensement de population. De 1990 à 2000, les données sont corrigées rétrospectivement sur la base du recensement de population pris le 1er février 2001. Depuis 2001, les données sont calculées continûment selon le recensement de population de 2001.

Population couverte

Les données se réfèrent à la population présente (de facto), y compris les civils étrangers temporairement présents.

POPULATION ACTIVE

Nom de la source/collecte

Les données proviennent de l'Enquête trimestrielle sur la population active auprès des ménages dont les résultats sont disponibles depuis le premier trimestre 1992. Le plan de sondage utilisé est constitué à partir des habitations dénombrées par le recensement de la population de 1990. En 1998, un nouveau plan de sondage a été introduit. L'enquête est passée de 24 000 à 32 000 ménages (de 50 000 à 65 000 personnes). Chaque ménage reste dans l'enquête six trimestres consécutifs. Depuis 2003, l'enquête est continue et l'échantillon est calculé selon les résultats du recensement de la population de 2001.

Période de référence

Les données annuelles sont des moyennes des chiffres trimestriels.

Population couverte

Les données concernent toutes les personnes âgées de 15 à 74 ans, vivant dans les ménages privés. L'enquête porte aussi sur la population vivant dans les ménages collectifs via leur famille vivant dans les ménages privés. La population active civile inclut les militaires de carrière en 1992 et 1993. L'activité économique des personnes en congé parental est déterminée, selon les recommandations de l'OIT, par l'activité exercée pendant la semaine de référence.

Quality comments

Series breaks: Data from 2000 are adjusted in line with the 2001 census.

Commentaires sur la qualité

Ruptures dans les séries : Les données à partir de 2000 sont ajustées sur le recensement de 2001.

UNEMPLOYMENT

Key statistical concept

Data refer to persons who were not employed during the reference week, who actively sought work during the four weeks before the reference week, and who were available for work within the next two weeks following the reference week or were waiting to start a new job within a period of thirty days.

CHÔMAGE

Concept statistique principal

Les données se réfèrent aux personnes qui n'ont pas eu d'emploi rémunéré durant la semaine de référence, qui ont cherché activement du travail durant les quatre semaines précédentes et qui sont prêtes à commencer un travail dans les deux semaines suivantes ou qui ont déjà trouvé un travail qui commence dans les 30 jours.

Civilian employment

Key statistical concept

Data refer to all persons who worked one hour or more for pay, profit or payment in kind in a job or business (including farms) during the reference week, or who worked one hour or more without pay in a family business or on a farm (unpaid family workers), or were employees who had a job from which they were temporarily absent all of the survey week. Data include those on maternity leave. Until 1999, conscripts from administrative sources were added to the persons employed in the Armed Forces. From 2000, conscripts are excluded. Persons on child-care leave are determined according to the activity done during the reference week.

Emploi civil

Concept statistique principal

Les données concernent toutes les personnes qui ont travaillé une heure ou plus contre une rémunération, un profit ou un paiement en nature (y compris agricole) pendant la semaine de référence, ou ont travaillé une heure ou plus sans salaire dans une entreprise familiale ou dans une ferme (travailleurs familiaux non rémunérés), ou ont un emploi dont ils étaient temporairement absents pendant toute la semaine de l'enquête. Les données incluent les femmes en congé maternité. Jusqu'à 1999, les conscrits issus de sources administratives étaient rajoutés aux personnes employées dans les Forces armées. À partir de 2000, les conscrits sont exclus. Les personnes en congé parental sont déterminées en fonction de l'activité exercée pendant la semaine de référence.

PARTICIPATION AND UNEMPLOYMENT RATES BY AGE GROUPS

Quality comments

Series breaks: Up to 1994, age group 55 to 64 years refers to ages 55 to 74 years, and the total refers to ages 15 to 74 years.

TAUX D'ACTIVITÉ ET TAUX DE CHÔMAGE PAR GROUPES D'ÂGE

Commentaires sur la qualité

Ruptures dans les séries : Jusqu'à 1994, le groupe d'âge 55 à 64 ans se réfère aux âges 55 à 74 ans et le total se réfère au groupe d'âge 15 à 74 ans.

PART-TIME EMPLOYMENT

Reference period

Data include only persons declaring usual hours worked.

EMPOI À TEMPS PARTIEL

Période de référence

Les données incluent uniquement les personnes déclarant des heures habituelles de travail.

Key statistical concept

Part-time employment refers to persons who work less than 30 hours per week in their main job. The hours worked are usual hours, and refer to normal hours worked and overtime hours.

Concept statistique principal

L'emploi à temps partiel se réfère aux actifs travaillant moins de 30 heures par semaine dans leur emploi principal. Les heures travaillées sont les heures habituelles et elles se réfèrent aux heures de travail normales ainsi qu'aux heures supplémentaires.

DURATION OF UNEMPLOYMENT

DURÉE DU CHÔMAGE

Reference period

These percentages only take into account those persons for whom the duration of unemployment is known.

Période de référence

Ces pourcentages ne prennent en compte que les personnes pour lesquelles la durée du chômage est connue.

Key statistical concept

Duration is measured only by the duration of job search.

Concept statistique principal

La durée est mesurée seulement par la durée de la recherche d'emploi.

EMPLOYMENT BY PROFESSIONAL STATUS

EMPLOI SELON LE STATUT PROFESSIONEL

Name of collection/source

Data are compiled from the results of the Household Labour Force Survey.

Nom de la source/collecte

Les données sont établies à partir des résultats de l'Enquête sur la population active auprès des ménages.

Key statistical concept

Persons classified as members of partnerships in the Labour Force Survey are included as employers and persons working on own account.

Concept statistique principal

Les personnes classées au cours de l'Enquête sur la population active comme membres d'associations sont comptabilisées comme employeurs et personnes travaillant à leur compte.

Data source(s) used

Source: Hungarian Central Statistical Office (HCSO).

References:

1. Statistical Yearbook of Hungary.
2. Labour Force Survey (yearly/annuel).

Source(s) de données utilisée(s)

Source: Hungarian Central Statistical Office (HCSO).

References:

1. Statistical Yearbook of Hungary.
2. Labour Force Survey (yearly/annuel).

ICELAND

POPULATION

Reference period

Data are mid-year estimates.

Population coverage

Data refer to the resident population (de jure).

LABOUR FORCE

Name of collection/source

Statistics Iceland has carried out a continuous quarterly labour force survey since January 2003. The sample is drawn from the National register with a sample of 4 030 persons each quarter with reference weeks distributed throughout the year. In the period 1991-2002 data was derived from the biannual Labour Force Survey with a sample of 4 200 persons in each survey. The reference period was the week immediately prior to the interview, generally the first and second week of the survey month. The survey was conducted in April and November.

Reference period

Data are estimated averages for the year.

Population coverage

Data refer to all those present in Iceland who are registered in the National Register and who are 16 to 74 years of age.

Quality comments

Series breaks: The break in 2002-03 is due to the transition to a continuous survey. The break in 1990-91 is due to the replacement of the concept of man-years years (compiled from accident insurance statistics) by that of the number of persons. Unemployment data refer to registered data prior to 1991.

UNEMPLOYMENT

Key statistical concept

Persons are classified as unemployed if they did not have gainful employment in the reference week and if they have been seeking work during the previous 4 weeks and are able to start working within 2 weeks, or

ICELAND

POPULATION

Période de référence

Les données sont des estimations au milieu de l'année.

Population couverte

Les données se réfèrent à la population résidante (de jure).

POPULATION ACTIVE

Nom de la source/collecte

Depuis janvier 2003, Statistique Islande réalise une enquête sur la population active trimestrielle en continue. Un échantillon de 4 030 personnes est tiré du Registre national chaque trimestre, avec des semaines de référence réparties tout le long de l'année. Pour la période 1991-2002, les données sont calculées à partir de l'Enquête biennale sur la population active, sur la base d'un échantillon de 4 200 personnes par enquête. La période de référence était la semaine précédant immédiatement l'entretien, généralement la première et la deuxième semaine du mois de l'enquête. L'enquête était effectuée en avril et en novembre.

Période de référence

Les données sont des moyennes estimées pour l'année.

Population couverte

Les données se réfèrent aux personnes présentes en Islande, âgées de 16 à 74 ans qui sont inscrites dans le Registre national.

Commentaires sur la qualité

Ruptures dans les séries : La rupture en 2002-03 est due à la transition vers une enquête continue. La rupture en 1990-91 est due au remplacement du concept homme-année (provenant des statistiques d'assurances accidents) par celui de nombre de personnes. Les données avant 1991 se réfèrent aux chômeurs inscrits.

CHÔMAGE

Concept statistique principal

Les personnes sont classées en tant que chômeurs si elles n'ont pas eu d'emploi rémunéré au cours de la semaine de référence et si elles ont cherché du travail durant les 4 semaines précédentes et sont prêtes à commencer un

if they have already found a job which begins within 2 weeks (prior to 2001, 4 weeks) or if they are on temporary lay off and are able to start working within 2 weeks or if they have given up seeking work but are willing to work and can start working within 2 weeks. Students are only considered unemployed if they are seeking a job in addition to their studies or a permanent job and are available for work within 2 weeks.

travail dans les 2 semaines suivantes ou si elles ont déjà trouvé un travail qui commence dans les 2 semaines (jusqu'à 2001, 4 semaines) ou si elles ont été temporairement licenciées et ont la capacité à recommencer à travailler dans les 2 semaines ou si elles ont cessé de chercher du travail mais veulent travailler et peuvent commencer un travail dans les 2 semaines. Les étudiants sont considérés comme chômeurs seulement s'ils cherchent un travail à temps partiel (en plus des études) ou un travail à temps complet et s'ils sont disponibles pour commencer un travail dans les 2 semaines.

EMPLOYMENT

Key statistical concept

Data refer to all gainful employment of persons including unpaid work in family enterprises, unpaid work on the construction of own house or production for own consumption. Employment is also defined as including the creation of works of art, even if the person had not yet received any payment.

EMPLOI

Concept statistique principal

Les données se réfèrent à l'emploi rémunéré des personnes. Le travail non payé dans une entreprise familiale, le travail pour la construction de sa propre maison ou la production pour sa propre consommation sont inclus, ainsi que la création d'objets d'art, même si la personne n'a pas encore été payée.

EMPLOYMENT BREAKDOWN BY ACTIVITY - ISIC REV. 2

Item coverage

No data were provided for 1989 and 1990 due to the change of concepts.

RÉPARTITION DE L'EMPLOI PAR ACTIVITÉS – CITI RÉV. 2

Articles couverts

Les données pour 1989 et 1990 n'ont pas été fournies à cause du changement de concepts.

PART-TIME EMPLOYMENT

Population coverage

Data include only persons declaring usual hours worked.

Key statistical concept

Part-time employment refers to persons who work less than 30 hours per week. Jobs covered are all jobs, the hours worked are usual hours, and refer to normal hours worked and overtime hours.

EMPLOI À TEMPS PARTIEL

Population couverte

Les données incluent uniquement les personnes déclarant des heures habituelles de travail.

Concept statistique principal

L'emploi à temps partiel se réfère aux actifs travaillant moins de 30 heures par semaine. L'emploi couvre tous les emplois, les heures travaillées sont les heures habituelles et elles se réfèrent aux heures de travail normales ainsi qu'aux heures supplémentaires.

DURATION OF UNEMPLOYMENT

Item coverage

These percentages only take into account those persons for whom the duration of unemployment is known.

DURÉE DU CHÔMAGE

Articles couverts

Ces pourcentages ne prennent en compte que les personnes pour lesquelles la durée du chômage est connue.

Key statistical concept

Data refer to the shorter of the following two periods: the duration of search for work and the duration of joblessness.

Data source(s) used

Source: Statistics Iceland.

References:

1. Statistical Bulletin (Statistics Iceland and the Central Bank of Iceland, monthly/mensuel).
2 Labour Market Statistics, Statistics Iceland.

Concept statistique principal

Les données se réfèrent à la plus courte des deux périodes suivantes : la durée de recherche d'emploi et la durée du chômage.

Source(s) de données utilisée(s)

Source: Statistics Iceland.

References:

1. Statistical Bulletin (Statistics Iceland and the Central Bank of Iceland, monthly/mensuel).
2 Labour Market Statistics, Statistics Iceland.

IRELAND

POPULATION

Reference period

Data have been adjusted to 2002, 1996, 1991, 1986, 1981 and 1979 census results.

Population coverage

Data refer to the population present in the country (de facto).

LABOUR FORCE

Name of collection/source

Data for all series are taken from the Quarterly National Household Survey, the results of which are available from September 1997, replacing the annual April Labour Force Survey. Information is collected continuously throughout the year, with 3 000 households surveyed each week to give a total sample of 39 000 households in each quarter. The reference quarters are December to February for the first quarter, March to May for the second quarter, June to August for the third quarter and September to November for the fourth quarter. A two-stage sample design is used. Households are asked to take part in the survey for five consecutive quarters and are then replaced by other households in the same block. The survey results are weighted to agree with population estimates broken down by age, gender and region.

Reference period

Annual data refer to April prior to 1998 and to March-May quarter from 1998.

Population coverage

Data refer to persons aged 15 years and over and include career military living in private households.

Quality comments

Series breaks: In autumn 1997, a continuous quarterly survey was introduced which included more detailed questions about employment in the week prior to the survey. This resulted in a better recording of part-time employment, with an estimated increase of 20 000 in the numbers employed.

IRELAND

POPULATION

Période de référence

Les données sont ajustées sur les résultats des recensements de 2002, 1996, 1991, 1986, 1981 et 1979.

Population couverte

Les données se réfèrent à la population présente dans le pays (de facto).

POPULATION ACTIVE

Nom de la source/collecte

Toutes les données proviennent de l'Enquête nationale trimestrielle auprès des ménages dont les résultats sont disponibles depuis septembre 1997 en remplacement de l'Enquête annuelle sur la population active du mois d'avril. Les informations sont collectées de manière continue tout au long de l'année, 3 000 ménages sont sondés chaque semaine, pour obtenir un échantillon total de 39 000 ménages au cours de chaque trimestre. Les trimestres de référence correspondent à la période de décembre à février pour le premier trimestre, de mars à mai pour le deuxième trimestre, de juin à août pour le troisième trimestre et de septembre à novembre pour le quatrième trimestre. Un échantillon à deux niveaux est utilisé. Il est demandé aux ménages de participer à l'enquête pendant 5 trimestres consécutifs. Ils sont ensuite remplacés par d'autres ménages issus du même pâté de maisons. Les résultats de l'enquête sont pondérés afin de respecter la structure par âge, sexe et région de la population.

Période de référence

Les données annuelles se réfèrent au mois d'avril avant 1998 et au trimestre mars-mai depuis 1998.

Population couverte

Les données se réfèrent aux personnes âgées de 15 ans et plus. Elles incluent les forces armées vivant dans les ménages privés.

Commentaires sur la qualité

Ruptures dans les séries : À l'automne 1997, une enquête continue trimestrielle comprenant des questions plus détaillées sur l'emploi durant la semaine antérieure à l'enquête a été introduite. Cela a eu pour résultat un enregistrement plus fidèle de l'emploi à temps partiel et une augmentation d'environ 20 000 personnes du nombre de personnes ayant un emploi.

UNEMPLOYMENT

Key statistical concept

Data refer to persons who, in the week before the survey were without work and available for work and had taken specific steps, in the preceding four weeks, to find work.

CHÔMAGE

Concept statistique principal

Les données se réfèrent aux personnes qui, pendant la semaine précédant l'enquête, étaient sans travail, disponibles pour travailler et avaient effectué des démarches spécifiques pendant les quatre semaines précédentes pour trouver un travail.

EMPLOYMENT

Key statistical concept

Data refer to persons who worked in the week before the survey for one hour or more for payment or profit, including work on the family farm or business and all persons who had a job but were not at work because of illness, holidays, etc during this week.

EMPLOI

Concept statistique principal

Les données se réfèrent aux personnes qui ont travaillé la semaine précédant l'enquête pendant une heure ou plus contre un salaire ou une rémunération, y compris le travail dans la ferme familiale ou l'entreprise familiale et toutes les personnes qui avaient un travail, mais n'étaient pas présentes pour cause de maladie, de vacances etc. cette semaine-là.

PARTICIPATION AND UNEMPLOYMENT RATES BY AGE GROUPS

Reference period

The annual data are averages of quarterly estimates.

TAUX D'ACTIVITÉ ET TAUX DE CHÔMAGE PAR GROUPES D'ÂGE

Période de référence

Les chiffres annuels sont des moyennes d'estimations trimestrielles.

PART-TIME EMPLOYMENT

Population coverage

Data include only persons declaring usual hours worked

Key statistical concept

Part-time employment refers to persons who work less than 30 hours per week in their main job. The number of hours given here corresponds to the number of hours usually worked. This covers all hours including extra hours, either paid or unpaid, which the person normally works, but excludes travel time between the home and the place of work as well as the main meal breaks. Persons who usually also work at home are asked to include the number of hours they usually work at home. Apprentices, trainees and other persons in vocational training are asked to exclude time spent in school or other special training centres.

EMPLOI À TEMPS PARTIEL

Population couverte

Les données incluent uniquement les personnes déclarant des heures habituelles de travail.

Concept statistique principal

L'emploi à temps partiel se réfère aux actifs travaillant moins de 30 heures par semaine dans leur emploi principal Le nombre d'heures correspond au nombre d'heures habituellement travaillées. Ceci couvre toutes les heures y compris les heures supplémentaires, payées ou non, que la personne effectue normalement, mais exclut le temps de trajet entre le domicile et le lieu de travail ainsi que les coupures pour les repas. Les personnes qui travaillent habituellement également à leur domicile sont invitées à inclure le nombre d'heures habituellement travaillées au domicile. Les apprentis, les stagiaires et les autres personnes en formation professionnelle sont invités à exclure le temps passé à l'école ou dans les centres de formation.

Quality comments

Data are compiled from the European Labour Force Survey.

Commentaires sur la qualité

Les données proviennent de l'Enquête européenne sur les forces de travail.

DURATION OF UNEMPLOYMENT

DURÉE DU CHÔMAGE

Name of collection/source

Data are compiled from the European Labour Force Survey.

Nom de la source/collecte

Les données proviennent de l'Enquête européenne sur les forces de travail.

Item coverage

These percentages only take into account those persons for whom the duration of unemployment is known.

Articles couverts

Ces pourcentages ne prennent en compte que les personnes pour lesquelles la durée du chômage est connue.

Key statistical concept

Data refer to the shorter of the following two periods: the duration of search for work, or the length of time since last employment.

Concept statistique principal

Les données se réfèrent à la plus courte des deux périodes suivantes : la durée de recherche de travail, ou le temps écoulé depuis le dernier emploi.

Data source(s) used

Source: Central Statistics Office.

References:

1. Statistical Abstract of Ireland (Central Statistics Office).
2. Economic Statistics (Central Statistics Office, monthly/mensuel).
3. Census of population, Labour Force Survey, Central Statistics Office.

Source(s) de données utilisée(s)

Source: Central Statistics Office.

References:

1. Statistical Abstract of Ireland (Central Statistics Office).
2. Economic Statistics (Central Statistics Office, monthly/mensuel).
3. Census of population, Labour Force Survey, Central Statistics Office.

ITALY

POPULATION

Name of collection/source

Data are drawn from the quarterly Household Labour Force Survey.

Reference period

Annual data are averages of quarterly figures. The last population census took place in 2001 and its results are incorporated from 2004 in this publication.

Population coverage

Data refer to the present population in the country (de facto). Persons temporarily living abroad are excluded.

Quality comments

Series breaks: Prior to 1990, the age groups refer to: less than 14; from 14 to 64 years; and 65 years and over, instead of: less than 15; from 15 to 64 years; and 65 years and over.

COMPONENTS OF CHANGE IN POPULATION

Population coverage

Data refer to the resident population (de Jure), that is, Italians and foreigners registered at local municipal registry offices.

LABOUR FORCE

Name of collection/source

Data are based on the results of the quarterly Household Labour Force Survey which takes place all the thirteenth week of the quarter. The sample is drawn in two stages, first municipalities and then registered households. The sample was doubled in April 1990 from 12 000 to 24 000 households.

Reference period

In the new survey, the coefficients used to estimate the population from the sample were modified; a new process is used for controlling and correcting errors. Annual data are averages of quarterly figures.

ITALIE

POPULATION

Nom de la source/collecte

Les données proviennent de l'Enquête trimestrielle sur la population active auprès des ménages.

Période de référence

Les données annuelles sont des moyennes des chiffres trimestriels. Le dernier recensement de la population a eu lieu en 2001 et ses résultats sont pris en compte dans cette publication depuis 2004.

Population couverte

Les données se réfèrent à la population présente dans le pays (de facto). Les personnes temporairement émigrées sont exclues.

Commentaires sur la qualité

Ruptures dans les séries : Avant 1990, les groupes d'âge se réfèrent à : moins de 14 ans, de 14 à 64 ans et 65 ans et plus au lieu de : moins de 15 ans, 15 à 64 ans, 65 ans et plus.

COMPOSANTES DE L'ÉVOLUTION DÉMOGRAPHIQUE

Population couverte

Les données se réfèrent à la population résidante (de jure), c'est-à-dire à tous les Italiens et les étrangers inscrits dans les bureaux municipaux de recensement.

POPULATION ACTIVE

Nom de la source/collecte

Les données sont basées sur les résultats de l'Enquête trimestrielle sur la population active auprès des ménages qui est réalisée pendant toute la treizième semaine du trimestre. L'échantillon est réalisé à deux niveaux, les municipalités d'abord et les ménages recensés ensuite. En avril 1990, l'échantillon a doublé, passant de 12 000 à 24 000 ménages.

Période de référence

Dans la nouvelle enquête, le calcul des coefficients d'estimation de la population à partir de l'échantillon a été modifié ; une nouvelle procédure de contrôle et de correction des erreurs a été introduite. Les données annuelles sont des moyennes des chiffres trimestriels.

Population coverage

Data refer to persons aged 15 years old. The reference population comprises all household members present and resident in Italy and enrolled at local municipal registry offices. Institutional population such persons permanently living in hospices, orphanages, religious institutes and communities, barracks and similar are not included in the survey. Career military personnel are included in total employment using information obtained from their relatives living in private households. Conscripts are excluded from Labour force computation.

Quality comments

Series breaks: In October 1992, changes were introduced in the Household Labour Force Survey concerning the lower age limit of the active population (from 14 to 15 years old), the definition of unemployment, the population estimates, the estimation procedure and the imputation procedure. These changes resulted in a reduction in level estimates for employment and unemployment. In January 2004, major changes were introduced such as: the passage to a continuous survey, the implementation of CAPI/CATI instead of PAPI for interviews, better adherence to the international definition of employment, the change of the age limit in the definition of the unemployed (74 years old), and the data were revised back till the third quarter 1992.

Population couverte

Les données se réfèrent à l'ensemble des personnes âgées de 15 ans et plus. La population de référence se compose de tous les membres des ménages présents et résidant en Italie, inscrits dans les bureaux municipaux de recensement. La population vivant en institution, c-à-d les personnes vivant de manière permanente dans les hospices, orphelinats, institutions et communautés religieuses, casernes et autres ne sont pas incluses. Les militaires de carrière sont inclus dans l'emploi total via leurs familles vivant en ménages privés. Les conscrits sont exclus du calcul de la population active.

Commentaires sur la qualité

Ruptures dans les séries : En octobre 1992, des modifications ont été apportées à l'Enquête sur la population active auprès des ménages concernant l'âge limite inférieur de la population active (qui passe de 14 à 15 ans), la définition du chômage, les estimations de la population, la procédure d'estimation et la procédure d'imputation. Ces modifications ont eu pour résultat une réduction des estimations des niveaux d'emploi et de chômage. En janvier 2004, introduction de changements majeurs : passage à une enquête continue, adoption d'entretiens téléphoniques assistés par ordinateur (système CATI / CAPI) à la place des entretiens avec papier et crayon (système PAPI), meilleure adhésion à la définition internationale de l'emploi, changement de l'âge limite dans la définition des personnes sans emploi (74 ans).

UNEMPLOYMENT

Key statistical concept

From 2004 data refer to persons aged 15-74 without a job, who had carried out a specific action to look for a job within the 30 days prior to the survey and were immediately available (within the following 2 weeks) to start work. Before 2004 data refer to persons aged 15 and over.

CHÔMAGE

Concept statistique principal

Depuis 2004, les données concernent les personnes de 15 à 74 ans qui sont sans emploi, qui ont accompli des démarches spécifiques pour trouver un emploi au cours des 30 jours précédant l'enquête et qui étaient disponibles pour prendre un emploi immédiatement (dans les 2 semaines suivantes). Avant 2004, les données concernent les personnes de 15 ans et plus.

EMPLOYMENT

Key statistical concept

Data refer to persons who declared having a job even if they did not work during the reference week and those who worked at least an hour during the reference week. Career military personnel are included in total employment using information obtained from their relatives living in private households. Conscripts are excluded.

EMPLOI

Concept statistique principal

Les données se réfèrent à l'ensemble des personnes qui déclarent avoir un emploi même si elles n'ont pas travaillé pendant la semaine de référence et celles qui ont travaillé au moins une heure durant la semaine de référence. Les militaires de carrière sont inclus dans l'emploi total via leurs familles vivant en ménages privés. Les conscrits sont exclus.

PART-TIME EMPLOYMENT

E Name of collection/source

Data are compiled from the European Labour Force Survey and collected from Eurostat.

Population coverage

Data include only persons declaring usual hours worked.

Key statistical concept

Part-time employment refers to persons who work less than 30 hours per week in their main job. The number of hours given here corresponds to the number of hours usually worked. This covers all hours including extra hours, either paid or unpaid, which the person normally works, but excludes travel time between the home and the place of work as well as the main meal breaks. Persons who usually also work at home are asked to include the number of hours they usually work at home. Apprentices, trainees and other persons in vocational training are asked to exclude time spent in school or other special training centres.

EMPLOI À TEMPS PARTIEL

Nom de la source/collecte

Les données proviennent de l'Enquête européenne sur les forces de travail et sont collectées auprès d'Eurostat.

Population couverte

Les données incluent uniquement les personnes déclarant des heures habituelles de travail.

Concept statistique principal

L'emploi à temps partiel se réfère aux actifs travaillant moins de 30 heures par semaine dans leur emploi principal. Le nombre d'heures correspond au nombre d'heures habituellement travaillées. Ceci couvre toutes les heures y compris les heures supplémentaires, payées ou non, que la personne effectue normalement, mais exclut le temps de trajet entre le domicile et le lieu de travail ainsi que les coupures pour les repas. Les personnes qui travaillent habituellement également à leur domicile sont invitées à inclure le nombre d'heures habituellement travaillées au domicile. Les apprentis, les stagiaires et les autres personnes en formation professionnelle sont invités à exclure le temps passé à l'école ou dans les centres de formation.

DURATION OF UNEMPLOYMENT

Name of collection/source

Data are compiled from the European Labour Force Survey and collected from Eurostat.

Item coverage

These percentages only take into account those persons for whom the duration of unemployment is known.

Key statistical concept

Data refer to the shorter of the following two periods: the duration of search for work, or the length of time since last employment.

Data source(s) used

Source: National Institute of Statistics (ISTAT)

References:

1. Annuario Statistico Italiano (Nazionale di Statistica)
2. Bollettino Mensile di Statistica (ISTAT, monthly/mensuel).
3. Rilevazione Continua sulle Forze di Lavoro (ISTAT, quarterly/trimestriel).
4. Relazione Generale Sulla Situazione Economica del Paese.
5. Forze di lavoro, ISTAT.

DURÉE DU CHÔMAGE

Nom de la source/collecte

Les données proviennent de l'Enquête européenne sur les forces de travail et sont collectées auprès d'Eurostat.

Articles couverts

Ces pourcentages ne prennent en compte que les personnes pour lesquelles la durée du chômage est connue.

Concept statistique principal

Les données se réfèrent à la plus courte des deux périodes suivantes : la durée de recherche de travail, ou le temps écoulé depuis le dernier emploi.

Source(s) de données utilisée(s)

Source: National Institute of Statistics (ISTAT)

References:

1. Annuario Statistico Italiano (Nazionale di Statistica)
2. Bollettino Mensile di Statistica (ISTAT, monthly/mensuel).
3. Rilevazione Continua sulle Forze di Lavoro (ISTAT, quarterly/trimestriel).
4. Relazione Generale Sulla Situazione Economica del Paese.
5. Forze di lavoro, ISTAT.

LUXEMBOURG

POPULATION

Reference period

Prior to 1996, data are official estimates at 31 December based on administrative sources and censuses. From 1996 to 2004, mid-year estimates are averages of the end-of-year data. From 2005, data refer to 1st January estimates.

Population coverage

Data refer to the resident population (de jure).

LABOUR FORCE

Key statistical concept

The labour force data correspond to the addition of the numbers of registered unemployed resident of Luxembourg and the number of employed persons in Luxembourg whether resident or not (domestic employment concept). Data are derived from National Accounts, Labour force survey and administrative sources.

UNEMPLOYMENT

Name of collection/source

Data are available from the monthly count of the Labour Administration Offices records of registered jobseekers.

Reference period

Annual data are averages of monthly figures.

Population coverage

Data refer to residents of Luxembourg aged 16 to 64.

Key statistical concept

Data refer to registered unemployed residents of Luxembourg seeking work of at least 20 hours work per week through the Labour Administration Offices and who are immediately available for such work.

LUXEMBOURG

POPULATION

Période de référence

Avant 1996, les données sont des estimations officielles au 31 décembre et sont issues de sources administratives et des recensements. De 1996 à 2004, il s'agit de la population en milieu d'année qui est la moyenne arithmétique des populations au 31 décembre. Depuis 2005, ce sont des estimations au 1er janvier.

Population couverte

Les données se réfèrent à la population résidante (de jure).

POPULATION ACTIVE

Concept statistique principal

Les données relatives à la population active représent l'addition du nombre de chômeurs inscrits résidant au Luxembourg et le nombre de personnes ayant un emploi au Luxembourg y residant ou non (concept d'emploi intérieur). Les données sont proviennent à la fois des Comptes Nationaux, de l'enquête sur la population active et les sources administratives.

CHÔMAGE

Nom de la source/collecte

Les données sont tirées des statistiques mensuelles des demandeurs d'emploi inscrits sur les registres des Services de l'administration du travail.

Période de référence

Les données annuelles sont des moyennes des chiffres mensuels.

Population couverte

Les données se rapportent aux résidents luxembourgeois âgés de 16 à 64 ans.

Concept statistique principal

Les données se rapportent aux résidents luxembourgeois au chômage qui cherchent un emploi d'au moins 20 heures de travail par semaine par l'intermédiaire des Services de l'administration du travail et qui sont immédiatement disponibles pour occuper cet emploi.

EMPLOYMENT

Name of collection/source

Data are derived from National Accounts, Labour Force survey and from Social Security registers.

Reference period

Data refer to annual averages.

Key statistical concept

Employment figures refer to the domestic concept which includes all persons working in Luxembourg whether resident or not, and include foreign commuters working in Luxembourg. International civil servants are excluded.

EMPLOI

Nom de la source/collecte

Les données sont issues des comptes nationaux, de l'enquête sur la population active et des fichiers administratifs de la sécurité sociale.

Période de référence

Les données sont des moyennes annuelles.

Concept statistique principal

Les données relatives à l'emploi se réfèrent au concept intérieur, c'est-à-dire aux personnes travaillant au Luxembourg, y résidant ou non et incluent donc les travailleurs frontaliers étrangers travaillant au Luxembourg. Les fonctionnaires internationaux ne sont pas comptabilisés dans l'emploi intérieur.

EMPLOYMENT BREAKDOWN BY ACTIVITY - ISIC REV. 2 AND ISIC REV. 3

Name of collection/source

Data are derived from quarterly National Accounts based on Social Security registers and the Enterprise survey.

Quality comments

Series breaks: Data broken down by activity in ISIC Rev. 2 (civilian employment and employees) have not been revised nor updated due to the introduction of ISIC Rev. 3.

In 2006, agriculture, hunting and forestry (activity A) includes fishing (activity B), manufacturing (activity D) includes mining and quarrying (activity C) and electricity, gas and water supply (activity E), wholesale and retail trade; repair of motor vehicules and personal household goods (activity G) includes hotels and restaurants (activity H) and transport, storage and communication (activity I), public administration and defense (activity L) includes education (activity M), health and social work (activity N), other community, social and personal service activities (activity O) and private households with employed persons (activity P).

EMPLOI SELON LE STATUT PROFESSIONEL ET RÉPARTITION PAR ACTIVITÉS – CITI RÉV. 2 ET CITI RÉV. 3

Nom de la source/collecte

Les données sont issues des Comptes nationaux trimestriels basés sur les fichiers administratifs de la sécurité sociale et l'Enquête auprès des entreprises.

Commentaires sur la qualité

Ruptures dans les séries : Les données concernant la répartition par branches d'activités en CITI Rév. 2 (emploi civil et emploi salarié) n'ont pas été révisées ni mises à jour en raison du passage à la CITI Rév. 3.

En 2006, agriculture, chasse et syviculture (activité A) comprend pêche (activité B), activités de fabrication (activité D) comprend activités extractives (activité C) et production et distribution d'électricité, de gaz et d'eau (activité E), commerce de gros et de détail; réparation de véhicules et de biens domestiques (activité G) comprend hôtels et restaurants (activité H) et transports, entreposage et communications (activité I), administration publique et défense (catégorie L) comprend education (activité M), santé et action sociale (activité N), autres activités de services collectifs (activité O) et ménages privés employant du personnel domestique (activité P).

PARTICIPATION AND UNEMPLOYMENT RATES BY AGE GROUPS

Name of collection/source

Data are compiled from the European Labour Force Survey and since 2003, this survey is continuous. Every week of the year is a reference week.

Reference period

Before 2003, the annual data refer to the second quarter. From 2003, data refer to annual average.

Population coverage

The survey covers the resident population aged 15 years and over, living in private households.

PART-TIME EMPLOYMENT

Name of collection/source

Data are compiled from the European Labour Force Survey and collected from Eurostat.

Population coverage

Data include only persons declaring usual hours worked.

Key statistical concept

Part-time employment refers to persons who work less than 30 hours per week in their main job. The number of hours given here corresponds to the number of hours usually worked. This covers all hours including extra hours, either paid or unpaid, which the person normally works, but excludes travel time between the home and the place of work as well as the main meal breaks. Persons who usually also work at home are asked to include the number of hours they usually work at home. Apprentices, trainees and other persons in vocational training are asked to exclude time spent in school or other special training centres.

TAUX D'ACTIVITÉ ET TAUX DE CHÔMAGE PAR GROUPES D'ÂGE

Nom de la source/collecte

Les données proviennent de l'Enquête européenne sur les forces de travail et depuis 2003, cette enquête est continue. Chaque semaine de l'année est une semaine de référence.

Période de référence

Avant 2003, les chiffres annuels se réfèrent au deuxième trimestre. Depuis 2003, les données sont des moyennes annuelles.

Population couverte

L'enquête porte sur la population résidante âgée de 15 ans et plus, vivant dans les ménages privés.

EMPLOI À TEMPS PARTIEL

Nom de la source/collecte

Les données proviennent de l'Enquête européenne sur les forces de travail et sont collectées auprès d'Eurostat.

Population couverte

Les données incluent uniquement les personnes déclarant des heures habituelles de travail.

Concept statistique principal

L'emploi à temps partiel se réfère aux actifs travaillant moins de 30 heures par semaine dans leur emploi principal. Le nombre d'heures correspond au nombre d'heures habituellement travaillées. Ceci couvre toutes les heures y compris les heures supplémentaires, payées ou non, que la personne effectue normalement, mais exclut le temps de trajet entre le domicile et le lieu de travail ainsi que les coupures pour les repas. Les personnes qui travaillent habituellement également à leur domicile sont invitées à inclure le nombre d'heures habituellement travaillées au domicile. Les apprentis, les stagiaires et les autres personnes en formation professionnelle sont invités à exclure le temps passé à l'école ou dans les centres de formation.

DURATION OF UNEMPLOYMENT

Name of collection/source

Data are compiled from the European Labour Force Survey and collected from Eurostat.

Item coverage

These percentages only take into account those persons for whom the duration of unemployment is known.

Key statistical concept

Data refer to the shorter of the following two periods: the duration of search for work, or the length of time since last employment.

Data source(s) used

Source: Service central de la statistique et des études économiques (STATEC), Statistical Office of the European Union (Eurostat)

References:

1. Annuaire Statistique du Luxembourg (STATEC).
2. Bulletin luxembourgeois de l'emploi. Données mensuelles du marché du travail (ADEM, Administration de l'emploi)

DURÉE DU CHÔMAGE

Nom de la source/collecte

Les données proviennent de l'Enquête européenne sur les forces de travail et sont collectées auprès d'Eurostat.

Articles couverts

Ces pourcentages ne prennent en compte que les personnes pour lesquelles la durée du chômage est connue.

Concept statistique principal

Les données se réfèrent à la plus courte des deux périodes suivantes : la durée de recherche de travail ou le temps écoulé depuis le dernier emploi.

Source(s) de données utilisée(s)

Source: Service central de la statistique et des études économiques (STATEC), Statistical Office of the European Union (Eurostat)

References:

1. Annuaire Statistique du Luxembourg (STATEC).
2. Bulletin luxembourgeois de l'emploi. Données mensuelles du marché du travail (ADEM, Administration de l'emploi)

NETHERLANDS

POPULATION

Reference period

Data are averages for the year.

Population coverage

Data refer to the resident population (de jure).

UNEMPLOYMENT

Name of collection/source

From 2000, data are compiled from the European Labour Force Survey and collected from Eurostat.

Reference period

From 1987, all data are yearly averages. From 1983 to 1986, data are established at 1 January and derived from the Labour Force Survey. Prior to 1983, the figures are yearly averages (excluding part-time unemployment) of the monthly registered unemployed series.

Quality comments

Series breaks: The break in 1991-92 is due to the introduction of new definitions in the survey. The implementation of a continuous survey also caused a break in series between 1986 and 1987. The increase in employment figures is due to the survey collecting more information on persons working fewer weekly hours (less than 20 hours a week). Between 1982 and 1983, the break, mainly in the unemployment series, is due to the implementation of the Labour Force Survey.

EMPLOYMENT

Name of collection/source

From 2000, data are compiled from the European Labour Force Survey and collected from Eurostat.

Reference period

From 1987, all data are yearly averages. Prior to 1987, data are established at 1 January.

PAYS-BAS

POPULATION

Période de référence

Les données sont des moyennes pour l'année.

Population couverte

Les données se réfèrent à la population résidante (de jure).

CHÔMAGE

Nom de la source/collecte

Depuis 2000, les données proviennent de l'Enquête européenne sur les forces de travail et sont collectées auprès d'Eurostat.

Période de référence

Depuis 1987, les estimations sont des moyennes annuelles. De 1983 à 1986, les séries sont établies au 1er janvier et dérivées de l'Enquête sur la population active. Avant 1983, les chiffres sont les moyennes annuelles des séries des chômeurs enregistrés (non compris les personnes en chômage partiel).

Commentaires sur la qualité

Ruptures dans les séries : La rupture en 1991-92 est due à une redéfinition de l'enquête. La mise en place d'une enquête continue a également donné lieu à une rupture entre 1986 et 1987. Les chiffres de l'emploi ont augmenté car l'enquête saisit plus d'actifs ayant travaillé très peu d'heures (moins de 20 heures par semaine). Entre 1982 et 1983, la rupture qui concerne principalement les séries de chômage est due à l'introduction de l'Enquête sur la population active.

EMPLOI

Nom de la source/collecte

Depuis 2000, les données proviennent de l'Enquête européenne sur les forces de travail et sont collectées auprès d'Eurostat.

Période de référence

Depuis 1987, les estimations sont des moyennes annuelles. Avant 1987, les séries sont établies au 1er janvier.

Population coverage

Data refer to persons aged 15 years and over residing in the Netherlands, living in private households, including all armed forces.

Population couverte

Les données se réfèrent aux personnes de 15 ans et plus résidant aux Pays-Bas, vivant dans les ménages privés, y compris les forces armées.

PART-TIME EMPLOYMENT

Name of collection/source

Data are compiled from the European Labour Force Survey and collected from Eurostat.

Population coverage

Data include only persons declaring usual hours worked.

Key statistical concept

Part-time employment refers to persons who work less than 30 hours per week in their main job. The number of hours given here corresponds to the number of hours usually worked. This covers all hours including extra hours, either paid or unpaid, which the person normally works, but excludes travel time between the home and the place of work as well as the main meal breaks. Persons who usually also work at home are asked to include the number of hours they usually work at home. Apprentices, trainees and other persons in vocational training are asked to exclude time spent in school or other special training centres.

EMPLOI À TEMPS PARTIEL

Nom de la source/collecte

Les données proviennent de l'Enquête européenne sur les forces de travail et sont collectées auprès d'Eurostat.

Population couverte

Les données incluent uniquement les personnes déclarant des heures habituelles de travail.

Concept statistique principal

L'emploi à temps partiel se réfère aux actifs travaillant moins de 30 heures par semaine dans leur emploi principal. Le nombre d'heures correspond au nombre d'heures habituellement travaillées. Ceci couvre toutes les heures y compris les heures supplémentaires, payées ou non, que la personne effectue normalement, mais exclut le temps de trajet entre le domicile et le lieu de travail ainsi que les coupures pour les repas. Les personnes qui travaillent habituellement également à leur domicile sont invitées à inclure le nombre d'heures habituellement travaillées au domicile. Les apprentis, les stagiaires et les autres personnes en formation professionnelle sont invités à exclure le temps passé à l'école ou dans les centres de formation.

UNEMPLOYMENT DURATION

Name of collection/source

Data are compiled from the European Labour Force Survey and collected from Eurostat.

Item coverage

These percentages only take into account those persons for whom the duration of unemployment is known.

Key statistical concept

Data refer to the shorter of the following two periods: the duration of search for work, or the length of time since last employment.

DURÉE DU CHÔMAGE

Nom de la source/collecte

Les données proviennent de l'Enquête européenne sur les forces de travail et sont collectées auprès d'Eurostat.

Articles couverts

Ces pourcentages ne prennent en compte que les personnes pour lesquelles la durée du chômage est connue.

Concept statistique principal

Les données se réfèrent à la plus courte des deux périodes suivantes : la durée de recherche de travail, ou le temps écoulé depuis le dernier emploi.

Data source(s) used

Source: Central Bureau of Statistics (CBS), Statistical Office of the European Communities (Eurostat)

References:

1. Statistisch Zakboek (Centraal Bureau voor de Statistiek).
2. Maandschrift van het Centraal Bureau voor de Statistiek (monthly/mensuel).
3. Maandstatistiek van de Bevolking (Centraal Bureau voor de Statistiek, monthly/mensuel).
4. Arbeidsvolume en Geregistreerde Arbeidreserve 1947-1966 (Centraal Bureau voor de Statistiek).
5. Sociale Maandstatistiek, Central Bureau of Statistics for unemployment data.

Source(s) de données utilisée(s)

Source: Central Bureau of Statistics (CBS), Office statistique des communautés européennes (Eurostat)

References:

1. Statistisch Zakboek (Centraal Bureau voor de Statistiek).
2. Maandschrift van het Centraal Bureau voor de Statistiek (monthly/mensuel).
3. Maandstatistiek van de Bevolking (Centraal Bureau voor de Statistiek, monthly/mensuel).
4. Arbeidsvolume en Geregistreerde Arbeidreserve 1947-1966 (Centraal Bureau voor de Statistiek).
5. Sociale Maandstatistiek, Central Bureau of Statistics for unemployment data.

NORWAY

POPULATION

Reference period

Data are mid-year and end-of-year estimates. The last census took place in 2001.

Population coverage

Data refer to the resident population (de jure).

LABOUR FORCE

Name of collection/source

Data are compiled from the results of the quarterly Labour Force Survey, which started in 1972 and which is carried out on a continuous basis from 1996. The size of the sample is 12 000 households, i.e. 24 000 persons.

Reference period

Annual data are averages of quarterly data.

Population coverage

Data refer to all persons aged 16 to 74 years, living in private households and in collective households obtained via their parents, including all armed forces.

Quality comments

Series breaks: In 1996 a continuous survey was introduced with new estimation procedures and a new definition of unemployment was adopted: job seekers are required to be available for work during the 2 weeks following the interview whereas previously the availability required was during the week of the reference period. In 1988, data collection became monthly but the results are still published quarterly. In 1986, the definition of family workers in employment was modified: they became classified as employed regardless of the number of hours they worked, previously only family workers working 10 hours or more per week were included. In 1979, a new estimation procedure and a change in the definition of employment were introduced: conscripts became classified as employed persons.

NORVÈGE

POPULATION

Période de référence

Les données sont des estimations en milieu et en fin d'année. Le dernier recensement a eu lieu en 2001.

Population couverte

Les données se réfèrent à la population résidante (de jure).

POPULATION ACTIVE

Nom de la source/collecte

Les données proviennent des résultats de l'Enquête trimestrielle sur la population active qui a débuté en 1972 et qui est conduite en continu depuis 1996. L'échantillon comprend 12 000 ménages soit 24 000 personnes.

Période de référence

Les données annuelles sont les moyennes des données trimestrielles.

Population couverte

Les données se réfèrent à l'ensemble des personnes âgées de 16 à 74 ans, vivant dans les ménages privés et également les personnes vivant dans les ménages collectifs ayant un lien de parenté avec les ménages privés, y compris les forces armées.

Commentaires sur la qualité

Ruptures dans les séries : En 1996, l'enquête est devenue continue, les procédures d'estimation et la définition du chômage ont été modifiées : les personnes doivent être disponibles pour travailler dans les deux semaines qui suivent l'entrevue, alors que précédemment, elles ne devaient l'être que pendant la semaine de référence. En 1988, la collecte des données est devenue mensuelle mais les résultats publiés sont toujours trimestriels. En 1986, la définition de l'emploi des travailleurs familiaux est révisée : ils sont considérés comme employés quel que soit le nombre d'heures travaillées alors que précédemment un seuil de 10 heures par semaine prévalait. En 1979, une nouvelle procédure d'estimation et un changement de la définition de l'emploi ont été introduits : les conscrits sont considérés comme des personnes employées.

UNEMPLOYMENT

Key statistical concept

Data refer to persons who were without employment during the reference week but sought work during the last 4 weeks and were available for work within the next 2 weeks. Included are persons on temporary layoff without pay, full or part-time students seeking work.

CHÔMAGE

Concept statistique principal

Les données se réfèrent aux personnes qui étaient sans emploi au cours de la semaine de référence mais qui ont fait des démarches pour trouver un emploi au cours des 4 dernières semaines et étaient disponibles pour travailler au cours des 2 prochaines semaines. Elles incluent les personnes mises à pied temporairement sans solde, les étudiants cherchant du travail à plein temps ou à temps partiel.

Recommended uses and limitations

Registered unemployment: Due to major variations observed between unemployment figures from the Labour Force Survey and those provided from the Employment offices, the following table is presented at the request of the Norwegian authorities, showing the number of registered unemployed, in thousands.

Utilisations recommandées et limitations

Chômage enregistré : En raison d'écarts importants observés dans les statistiques du chômage établies selon l'Enquête sur la population active et celles fournies par les bureaux de placement, à la demande des autorités norvégiennes le tableau suivant indique l'évolution du nombre de chômeurs inscrits, en milliers.

1980	1981	1982	1983	1984	1985	1986	1987	1988	1989	1990	1991	1992	
22.3	28.4	41.4	63.5	66.6	51.4	36.2	32.4	49.3	82.9	92.7	100.7	114.4	
1993	1994	1995	1996	1997	1998	1999	2000	2001	2002	2003	2004	2005	2006
118.1	110.3	102.2	90.9	73.5	56	59.6	62.6	62.6	75.2	92.6	91.6	83.5	62.5

EMPLOYMENT

Key statistical concept

Data refer to all persons who performed work for pay or profit for at least one hour during the reference week. Persons temporarily absent from work due to illness or injury, on vacation or on leave, absent due to labour disputes, bad weather, as well as unpaid family workers and conscripts are included. Persons engaged by government measures to promote employment are included if they receive wages.

EMPLOI

Concept statistique principal

Les données se réfèrent à l'ensemble des personnes qui ont travaillé contre une rémunération ou un profit pendant au moins une heure au cours de la semaine de référence. Elles incluent les personnes qui sont temporairement absentes de leur travail du fait d'une maladie ou d'un accident, de congé ou de vacances, d'une grève, de mauvaises conditions climatiques ainsi que les travailleurs familiaux non rémunérés et les conscrits. Les personnes engagées dans des dispositifs gouvernementaux pour favoriser l'emploi sont comprises si elles reçoivent des salaires.

EMPLOYMENT BREAKDOWN BY ACTIVITY - ISIC REV. 2

Quality comments

Series breaks: Data broken down by activity in ISIC Rev. 2 (civilian employment and employees) have not been revised nor updated due to the introduction of ISIC Rev. 3.

RÉPARTITION DE L'EMPLOI PAR ACTIVITÉS – CITI RÉV. 2

Commentaires sur la qualité

Ruptures dans les séries : Les données concernant la répartition par branches d'activités en CITI Rév. 2 (emploi civil et emploi salarié) n'ont pas été révisées ni mises à jour en raison du passage à la CITI Rév. 3.

PART-TIME EMPLOYMENT

Population coverage

Data only include persons declaring usual hours worked.

Key statistical concept

Part-time employment refers to persons who work less than 30 hours per week. All jobs are covered and the hours worked are usual hours. Usual hours refer to settled/contractual hours. Usual hours are asked for if there is no contract (and for self-employed/family-workers). Settled hours refer to the number of working hours determined by working agreement. Overtime or extra hours are not included in settled hours, even when the number of actual hours normally is higher than the settled.

EMPLOI À TEMPS PARTIEL

Population couverte

Les données incluent uniquement les personnes déclarant des heures habituelles de travail.

Concept statistique principal

L'emploi à temps partiel se réfère aux actifs travaillant moins de 30 heures par semaine. Tous les emplois sont couverts et les heures travaillées sont les heures habituelles. Les heures habituelles se réfèrent aux heures habituelles fixées/contractuelles. Les heures habituelles sont demandées s'il n'y a pas de contrat (et pour les personnes travaillant à leur compte et les travailleurs familiaux). Les heures fixées se réfèrent au nombre d'heures de travail déterminées par la convention collective. Les heures supplémentaires sont exclues des heures fixées, quand bien même le nombre d'heures effectives est normalement supérieur au nombre d'heures fixées.

DURATION OF UNEMPLOYMENT

Item coverage

These percentages only take into account those persons for whom the duration of unemployment is known.

Key statistical concept

Data refer to the shorter of the following two periods: the duration of search for work and the duration of joblessness with the added measure of asking the unemployed persons "For how many weeks have you been trying to find work?"

Data source(s) used

Source: Statistisk Sentralbyrå.

References:

1. Statistisk Årbok (Statistisk Sentralbyrå).
2. Statistisk Månedshefte (Statistisk Sentralbyrå, monthly/mensuel).
3. Norge Industri (Statistisk Sentralbyrå).
4. Arbeidsmarkedstatistikk (Statistisk Sentralbyrå).

DURÉE DU CHÔMAGE

Articles couverts

Ces pourcentages ne prennent en compte que les personnes pour lesquelles la durée du chômage est connue.

Concept statistique principal

Les données se réfèrent à la plus courte des deux périodes suivantes : la durée de recherche d'emploi et la durée sans emploi avec une mesure additionnelle consistant à demander aux personnes au chômage : « Depuis combien de semaines essayez-vous de trouver un emploi?»

Source(s) de données utilisée(s)

Source: Statistisk Sentralbyrå.

References:

1. Statistisk Årbok (Statistisk Sentralbyrå).
2. Statistisk Månedshefte (Statistisk Sentralbyrå, monthly/mensuel).
3. Norge Industri (Statistisk Sentralbyrå).
4. Arbeidsmarkedstatistikk (Statistisk Sentralbyrå).

POLAND

POPULATION

Reference period

Data are mid-year estimates. There are adjustments in the population series associated with census years (1988, 1978 and 1970), resulting in statistical discrepancies in the sum of components of change in population. Since 2001 the balance of population is based on the results of National Population Census for 2002.

Population coverage

Data refer to the resident population (de jure).

LABOUR FORCE

Name of collection/source

Data are compiled from the results of the continuous quarterly Household Labour Force Survey from the fourth quarter 1999. The survey covers members of randomly selected households. Prior to this, the survey was conducted during one week each quarter in February, May, August and November. In February 1996, the size of the sample was 22 100 households, i.e. 55 000 persons. The survey started in 1992. Since the first quarter of 2003 the results of the Labour Force Survey have been generalized on the basis of the balance of population compiled using the results of the 2002 National Census of Population, that is why the data are not comparable to the data for previous years.

Reference period

Data are annual averages. Data for 1999 only refer to the first quarter and the fourth quarter. The annual average for 1992 was calculated by doubling the weight for the second quarter to compensate for missing first quarter data.

Population coverage

Data refer to the non-institutional population and cover all persons aged 15 years and over living in households continuously for at least two months. The population not living in private households is excluded, such as enlisted soldiers in military barracks, persons in jail, and persons with no place of residence. Career members of the

POLAND

POPULATION

Période de référence

Les données sont des estimations en milieu d'année. Les ajustements dans les séries de la population sont associés aux années des recensements (1988, 1978 et 1970). Il en résulte des divergences statistiques dans la somme des composantes de l'évolution de la population. Depuis 2001, la répartition de la population est basée sur les résultats du recensement national de la population de 2002.

Population couverte

Les données se réfèrent à la population résidante (de jure).

POPULATION ACTIVE

Nom de la source/collecte

Les données proviennent de l'Enquête trimestrielle sur la population active auprès des ménages, menée en continu depuis le quatrième trimestre 1999. L'enquête couvre les membres de ménages choisis au hasard. Avant cette date, l'enquête s'effectuait sur une semaine chaque trimestre en février, mai, août et novembre. En février 1996, l'échantillon comprenait 22 100 ménages soit 55 000 personnes. L'enquête a débuté en 1992. Depuis le premier trimestre 2003, les résultats de l'enquête ont été généralisés sur la base de la répartition de la population établie d'après les résultats du recensement national de la population de 2002, c'est pourquoi les données ne sont pas comparables avec celles des années antérieures.

Période de référence

Les données sont des moyennes annuelles. Les données pour 1999 se réfèrent au premier et au quatrième trimestre seulement. La moyenne de l'année 1992 a été calculée en doublant le poids du deuxième trimestre pour compenser l'absence de données pour le premier trimestre.

Population couverte

Les données se réfèrent à la population non institutionnelle et couvrent toutes les personnes de 15 ans et plus vivant dans le ménage de façon continue depuis au moins deux mois. La population qui ne vit pas dans des ménages privés est exclue, c'est-à-dire les militaires du contingent vivant en casernes, les

armed forces who live in private households are included in civilian labour force. The armed forces only include conscripts.

Quality comments

Series breaks: Data concerning Employment for the years 1956-1991 are obtained from Enterprise surveys (annual averages). Data concerning unemployment for 1990 and 1991 are derived from registered unemployment (end of year).

UNEMPLOYMENT

Key statistical concept

Since the 1st quarter 2001 the population of unemployed persons has been limited to persons aged 15 – 74 years. The unemployed comprises persons who meet the following four conditions: in the reference week were not employed; had been actively looking for job, for over 4 weeks; were ready (able) to take a job within two weeks after the reference week. The persons who were not searching a job since they had already got it and were only waiting to start it in the period not longer that 3 months and they were able to take the job (until the end of 2003 the ability was not taken into consideration) are also included in the category of the unemployed.

EMPLOYMENT

Key statistical concept

Data refer to the number of persons who within the surveyed week worked, earning income or wages or helped in a family economic activity or who did not work (for example due to illness, vacation, strike) but formally had a job. Employment includes persons taking between four to six months of maternity leave. From 2000, data include soldiers of extended mandatory military service.

EMPLOYMENT BREAKDOWN BY ACTIVITY - ISIC REV. 2

Reference period

Data are annual averages. A breakdown of employment according to a classification compatible with major ISIC divisions is available from the second quarter of 1993. The annual average for 1993 was calculated by doubling

personnes en prison et celles qui n'ont pas de domicile. Les militaires de carrière qui vivent dans des ménages privés sont compris dans la population active civile. Les forces armées ne comprennent que les militaires du contingent.

Commentaires sur la qualité

Ruptures dans les séries : Les données d'emploi pour les années 1956-1991 viennent des enquêtes auprès des entreprises (moyennes annuelles). Les données de chômage pour 1990 et 1991 concernent le chômage enregistré (fin d'année).

CHÔMAGE

Concept statistique principal

Depuis le 1er trimestre 2001, la population sans emploi est restreinte aux personnes de 15 à 74 ans. Les personnes sans emploi comprennent les personnes qui satisfont aux quatre conditions suivantes : si elles étaient sans emploi lors de la semaine de référence, à la recherche active d'un emploi au-delà de 4 semaines et si elles étaient disponibles (et aptes) pour commencer un travail dans les deux semaines suivant la semaine de référence. Les personnes qui ne recherchent plus un emploi depuis qu'elles en ont trouvé un, qui attendent de le commencer pendant une période ne dépassant pas 3 mois et qui sont aptes à le prendre (jusqu'à la fin 2003, l'aptitude à travailler n'était pas prise en compte) font également partie de la catégorie des personnes sans emploi.

EMPLOI

Concept statistique principal

Les données se réfèrent au nombre de personnes qui, pendant la semaine de l'enquête, ont travaillé contre rémunération ou salaire ou ont participé à l'activité économique familiale ou qui n'ont pas travaillé (par exemple pour cause de maladie, de vacances, de grève) mais qui ont formellement un travail. Les chiffres de l'emploi incluent les personnes qui sont en congé de maternité pour une durée de quatre à six mois. Depuis 2000, les données incluent les militaires effectuant un service militaire obligatoire étendu.

RÉPARTITION DE L'EMPLOI PAR ACTIVITÉS –CITI RÉV. 2

Période de référence

Les données sont des moyennes annuelles. La ventilation de l'emploi selon la classification compatible avec les principales divisions de la CITI est uniquement disponible depuis le deuxième trimestre 1993. La

the weight for the second quarter. From the first quarter of 2003 the results of the Labour Force Survey have been generalised on the basis of the balance of population compiled using the results of the 2002 National Census of Population, that is why the data are not comparable to the data for the previous years.

moyenne de l'année 1993 a été calculée en doublant le poids du deuxième trimestre. Depuis le premier trimestre 2003, les résultats de l'enquête ont été généralisés sur la base de la répartition de la population établie d'après les résultats du recensement national de la population de 2002, c'est pourquoi les données ne sont pas comparables aux données des années précédentes.

Item coverage

Employment by major ISIC division is based upon an aggregation of data classified by the Polish EKD (Europejskiej Klasyfikacji Dzialalnosci) which is a version of NACE Rev. 1.

Articles couverts

L'emploi par divisions principales de la CITI a été calculé en agrégeant des données selon la classification polonaise EKD (Europejskiej Klasyfikacji Dzialalnosci) qui est une version de NACE Rév. 1.

PART-TIME EMPLOYMENT

Population coverage

Data include only persons declaring usual hours worked.

Key statistical concept

Part-time employment refers to persons who work less than 30 hours per week in their main job. Prior to 2001, all jobs were covered and the hours worked were actual hours. From 2001 onwards, the data cover usual hours worked in the main job including normal and overtime hours.

EMPLOI À TEMPS PARTIEL

Population couverte

Les données incluent uniquement les personnes déclarant des heures habituelles de travail.

Concept statistique principal

L'emploi à temps partiel se réfère aux actifs travaillant moins de 30 heures par semaine dans leur emploi principal. Jusqu'à 2001, l'emploi couvrait tous les emplois, les heures travaillées étaient les heures effectives. Depuis 2001, les données couvrent les heures habituelles de travail dans l'emploi principal, heures normales et heures supplémentaires.

DURATION OF UNEMPLOYMENT

Item coverage

These percentages only take into account those persons for whom the duration of unemployment is known.

Key statistical concept

Data refer to the shorter of the following two periods: the duration of search for work and the duration of joblessness. The person supplies duration of job seeking in complete months, assuming that 15 days and more should be rounded up to 1 month. Thus, the duration "less than one month" means duration of job seeking maximum 1 month + 14 days (i.e. 6 weeks) including the reference week. The same applies to the next groups: "2-3 months", "4-6 months", "7-12 months", "13 months and more".

DURÉE DU CHÔMAGE

Articles couverts

Ces pourcentages ne prennent en compte que les personnes pour lesquelles la durée du chômage est connue.

Concept statistique principal

Les données se réfèrent à la plus courte des deux périodes suivantes : la durée de recherche d'emploi et la durée sans emploi. La personne fournit la durée de sa recherche d'emploi en mois entiers, sachant que 15 jours et plus sont arrondis à 1 mois. Ainsi la durée correspondant à moins d'un mois signifie une durée de recherche d'emploi d'au maximum 1 mois + 14 jours (i.e. 6 semaines), y compris la semaine de référence. Il en va de même pour les groupes suivants : « 2-3 mois », « 4-6 mois », « 7-12 mois », « 13 mois et plus ».

EMPLOYMENT BY PROFESSIONAL STATUS

Key statistical concept

Individuals working in co-operatives are either classified as employers and persons working on own account or as employees, depending on their status within the co-operative. Individuals who contribute capital and receive a share of the profits are classified as employers; others are classified employees.

Data source(s) used

Source: Central Statistical office of Poland (GUS).

References:

1. Statistical Yearbook of Demography (GUS).
2. Aktywnosc Ekonomiczna Ludnosci Polski Glówny Urzad Statystyczny. (Quarterly labour force survey results, GUS).

EMPLOI SELON LE STATUT PROFESSIONEL

Concept statistique principal

Les personnes travaillant dans les coopératives sont classées soit dans la catégorie "employeurs et personnes travaillant à leur compte", soit dans celle des salariés selon leur statut au sein de la coopérative. Les personnes qui contribuent au capital et reçoivent une part des bénéfices, sont dans la catégorie "employeurs et personnes travaillant à leur compte" ; les autres sont classées comme salariés.

Source(s) de données utilisée(s)

Source: Central Statistical office of Poland (GUS).

References:

1. Statistical Yearbook of Demography (GUS).
2. Aktywnosc Ekonomiczna Ludnosci Polski Glówny Urzad Statystyczny. (Quarterly labour force survey results, GUS).

PORTUGAL

POPULATION

Name of collection/source

Population data is estimated by the Bureau of Census.

Reference period

Data are annual averages of monthly estimates. They have been adjusted in line with censuses conducted in 1970, 1981, 1991 and 2001. The results of the last population census are included from 1998. Before 1998, data are estimates at 31 December.

Population coverage

Data refer to the resident population and cover the entire country of Portugal (including Madeira and Azores).

Quality comments

Series breaks: From 1998, data are annual averages of monthly estimates. Until 1997, data are estimates at 31 December.

LABOUR FORCE

Name of collection/source

From 1998, data are collected from the continuous quarterly Household Labour Force Survey (Inquérito ao Emprego) which uses the harmonised European methodology. The survey uses a sample of approximately 21 000 households obtained from the master sample based on the 2001 Census. The reference period is the week previous to the interview. Weekly interviews are conducted over a 13-week period during the quarter to cover the 21 000 households.

Reference period

Annual data are averages of quarterly figures. The results of the last population census are included from 1998.

Population coverage

Data refer to all persons aged 15 years and over, resident and living in private households and include all armed forces. The geographic coverage of the data is the entire country of Portugal (including Madeira and Azores).

PORTUGAL

POPULATION

Nom de la source/collecte

Les données de population sont estimées par le Bureau du recensement.

Période de référence

Les données sont des moyennes annuelles des estimations mensuelles. Elles ont été établies à partir des résultats des recensements effectués en 1970, en 1981, en 1991 et en 2001. Les résultats du recensement de 2001 sont pris en compte à partir de 1998. Avant 1998, les données sont des estimations au 31 décembre.

Population couverte

Les données correspondent à la population résidante et couvrent le Portugal dans son ensemble (Madère et Açores comprises).

Commentaires sur la qualité

Rupture dans les séries : A partir de 1998, les données sont des moyennes annuelles d'estimations mensuelles. Jusqu'à 1997, les données annuelles sont des estimations au 31 décembre.

POPULATION ACTIVE

Nom de la source/collecte

Depuis 1998, toutes les données proviennent de l'Enquête trimestrielle continue sur la population active auprès des ménages (Inquérito ao Emprego) qui utilise la méthodologie européenne harmonisée. L'enquête utilise un échantillon d'environ 21 000 ménages obtenu à partir du recensement de 2001. La période de référence est la semaine qui précède l'entretien. Les entrevues hebdomadaires sont conduites sur une période de 13 semaines pendant le trimestre pour couvrir les 21 000 ménages.

Période de référence

Les données annuelles sont des moyennes des chiffres trimestriels. Les résultats du recensement de 2001 sont pris en compte à partir de 1998.

Population couverte

Les données se réfèrent à toutes les personnes résidantes, âgées de 15 ans et plus vivant dans les ménages privés, y compris les forces armées. La couverture géographique des données est le Portugal dans son ensemble (Madère et Açores comprises).

Quality comments

Series breaks: A revision of the survey estimation method resulted in a break in series between 1997 and 1998. The new method is based on independent estimates of the population by gender and age groups. In 1998, the sample design and questionnaire were modified in order to meet European standards. The sample used prior to 1998 represents persons aged 14 years and over and excludes Madeira and Azores. The break between 1991 and 1992 is due to a new survey design, census adjustment, adoption of a new sampling frame and harmonization of the concepts to Eurostat standards. The sample used prior to 1992 represents persons aged 12 years and over. Between 1982 and 1983, the break is due to the change of the survey to quarterly, the adoption of a new sampling frame, the adjustment of the census to ILO definitions.

Commentaires sur la qualité

Ruptures dans les séries : Une révision de la méthode des estimations de l'enquête a entraîné une rupture des séries entre 1997 et 1998. La nouvelle méthode est basée sur des estimations indépendantes de population par sexe et par groupes d'âge. En 1998, la constitution de l'échantillon a été modifiée ainsi que le questionnaire pour satisfaire aux définitions de l'Union européenne. L'échantillon utilisé avant 1998 représente les personnes de 14 ans et plus et exclut Madère et les Açores. La rupture entre 1991 et 1992 correspond à une nouvelle enquête se traduisant par un ajustement au recensement, la constitution d'un nouvel échantillonnage et l'harmonisation des concepts aux normes d'Eurostat. L'échantillon utilisé avant 1992 représente les personnes de 12 ans et plus. Entre 1982 et 1983, la rupture est due à la mise en place d'une enquête sur une base trimestrielle, la constitution d'un nouvel échantillonnage et l'ajustement du recensement aux définitions du BIT.

UNEMPLOYMENT

Key statistical concept

Unemployed persons comprise all persons who during the reference period, were without work, currently available for work and had taken specific steps to seek paid employment or self-employment, or persons who already found a job to start later (in a period of 3 months).

CHÔMAGE

Concept statistique principal

Les personnes sans emploi sont toutes les personnes qui, pendant la période de référence, étaient sans travail, disponibles pour travailler et avaient pris des mesures spécifiques pour chercher un emploi rémunéré ou indépendant, ou les personnes qui ont déjà trouvé un travail qui doit commencer plus tard (dans un délai de 3 mois).

EMPLOYMENT

Key statistical concept

Data refer to all persons who during the reference week, have worked at least one hour for remuneration in the form of a wage or salary, for profit or family gain or had a job or an enterprise but were not at work.

EMPLOI

Concept statistique principal

Les données se réfèrent à toutes les personnes qui, pendant la semaine de référence, ont travaillé au moins une heure pour une rémunération sous forme de salaire, de profit ou gain dans un cadre familial ou qui avaient un travail ou une entreprise mais n'étaient pas au travail.

PART-TIME EMPLOYMENT

Name of collection/source

Data are compiled from the European Labour Force Survey and collected from Eurostat.

Population coverage

Data include only persons declaring usual hours worked.

EMPLOI À TEMPS PARTIEL

Nom de la source/collecte

Les données proviennent de l'Enquête européenne sur les forces de travail et sont collectées auprès d'Eurostat.

Population couverte

Les données incluent uniquement les personnes déclarant des heures habituelles de travail.

Key statistical concept

Part-time employment refers to persons who work less than 30 hours per week in their main job. The number of hours given here corresponds to the number of hours usually worked. This covers all hours including extra hours, either paid or unpaid, which the person normally works, but excludes travel time between the home and the place of work as well as the main meal breaks. Persons who usually also work at home are asked to include the number of hours they usually work at home. Apprentices, trainees and other persons in vocational training are asked to exclude time spent in school or other special training centres.

DURATION OF UNEMPLOYMENT

Name of collection/source

Data are compiled from the European Labour Force Survey and collected from Eurostat.

Item coverage

These percentages only take into account those persons for whom the duration of unemployment is known.

Key statistical concept

Data refer to the shorter of the following two periods: the duration of search for work, or the length of time since last employment.

Data source(s) used

Source: Instituto Nacional de Estatistica (INE).

References:

1. Projecções de População Residente (INE).
2. Estatísticas do Emprego (INE).

Concept statistique principal

L'emploi à temps partiel se réfère aux actifs travaillant moins de 30 heures par semaine dans leur emploi principal. Le nombre d'heures correspond au nombre d'heures habituellement travaillées. Ceci couvre toutes les heures y compris les heures supplémentaires, payées ou non, que la personne effectue normalement, mais exclut le temps de trajet entre le domicile et le lieu de travail ainsi que les coupures pour les repas. Les personnes qui travaillent habituellement également à leur domicile sont invitées à inclure le nombre d'heures habituellement travaillées au domicile. Les apprentis, les stagiaires et les autres personnes en formation professionnelle sont invités à exclure le temps passé à l'école ou dans les centres de formation.

DURÉE DU CHÔMAGE

Nom de la source/collecte

Les données proviennent de l'Enquête européenne sur les forces de travail et sont collectées auprès d'Eurostat.

Articles couverts

Ces pourcentages ne prennent en compte que les personnes pour lesquelles la durée du chômage est connue.

Concept statistique principal

Les données se réfèrent à la plus courte des deux périodes suivantes : la durée de recherche de travail ou le temps écoulé depuis le dernier emploi.

Source(s) de données utilisée(s)

Source: Instituto Nacional de Estatistica (INE).

References:

1. Projecções de População Residente (INE).
2. Estatísticas do Emprego (INE).

SLOVAK REPUBLIC

POPULATION

Population coverage

Data refer to the resident population (de jure). Data from 2004 refer to the 2001 Census.

LABOUR FORCE

Name of collection/source

Data are derived from the quarterly Household Labour Force Survey. The survey is based on a quarterly random sample of dwellings from all areas of the Slovak Republic. The sample covers 10 250 dwellings in the Slovak Republic, which represent 0.6% of all permanently occupied dwellings. The survey covers approximately 26 000 people aged 15 years and over, every quarter. Each selected household remains in the sample for five consecutive quarters. The survey started in 1993. There is a change in sample design in 1999 to take into account the new regional structure of Slovak Republic.

Reference period

The annual data are averages of quarterly estimates. For surveys held from 2000 onwards, the data relate to calendar quarters. For surveys held between 1993 and 1999, the LFS data relate to seasonal quarters (i.e. the 1st quarter comprised December, January, February).

Population coverage

Data refer to persons aged 15 years and over. Data exclude the institutional population (prisons, convents, etc.) but include career military personnel. Information on these persons is collected through their relatives living in private households. From 1997 to 2005 the conscripts on compulsory military service are included in the total labour force. Since 1st quarter 2006 the compulsory military service have been cancelled, it means that since then conscripts on compulsory military service do not exist any more in Slovak republic and only professional military service exists. Employment figures include persons on normal maternity leave (28 weeks) but exclude those on child-care leave.

RÉPUBLIQUE SLOVAQUE

POPULATION

Population couverte

Les données se réfèrent à la population résidante (de jure). Les données depuis 2004 sont tirées du recensement de 2001.

POPULATION ACTIVE

Nom de la source/collecte

Les données sont tirées de l'Enquête trimestrielle sur la population active auprès des ménages. L'enquête est basée sur un échantillon trimestriel aléatoire de logements de la République slovaque. L'échantillon comprend 10 250 logements, ce qui représente 0.6% des logements occupés. Chaque trimestre, l'enquête couvre approximativement 26 000 personnes âgées de 15 ans et plus. Chaque ménage sélectionné reste 5 trimestres consécutifs dans l'échantillon. L'enquête a débuté en 1993. En 1999, il y a eu un changement dans l'enquête pour prendre en compte la nouvelle structure régionale de la République slovaque.

Période de référence

Les données annuelles sont des moyennes d'estimations trimestrielles. Pour les enquêtes effectuées à partir de 2000, les données se réfèrent aux trimestres civils. Pour les enquêtes effectuées entre 1993 et 1999, les données se réfèrent aux trimestres saisonniers (e.g. le 1er trimestre inclut décembre, janvier, février).

Population couverte

Les données se réfèrent au nombre de personnes de 15 ans ou plus. Les données excluent la population institutionnelle (prisons, couvents, etc.) mais incluent les militaires de carrière. Les informations sur ces personnes sont collectées via leurs familles vivant en ménages privés. De 1997 à 2005, les appelés au service militaire obligatoire sont inclus dans la population active totale. Le service militaire obligatoire a été supprimé durant le premier trimestre 2006, il n'y a donc plus d'appelés au service militaire obligatoire en République Slovaque. Il y a uniquement un service militaire professionnel. Les chiffres de l'emploi incluent les femmes en congé maternité (28 semaines) mais excluent les personnes en congé parental.

UNEMPLOYMENT

Key statistical concept

Data refer to all persons aged 15 years and over who were: not working for pay or profit during the reference week, actively seeking work during the last four weeks or who found a job to start within a period of at most 3 months, able to start work in the next two weeks following the reference week (prior to 2003, 1 month).

CHÔMAGE

Concept statistique principal

Les données se réfèrent aux personnes de 15 ans et plus : qui n'ont pas eu d'activité rémunérée durant la semaine de référence, qui ont cherché activement un emploi au cours des quatre semaines précédentes ou qui avaient trouvé un emploi qui devait commencer dans moins de 3 mois et qui étaient en mesure de commencer à travailler dans les deux semaines suivant la semaine de référence (avant 2003, 1 mois).

EMPLOYMENT

Key statistical concept

Data refer to persons who worked at least one hour for pay or profit (full-time or part-time job, temporary, casual or seasonal job) during the reference week and persons who did not work during the reference week due to illness, holiday, regular maternity leave (28 days), study, weather conditions and strike or dispute. Assisting members of entrepreneurs' households and professionals in military service are included. Persons on long-term unpaid leave from work are excluded.

EMPLOI

Concept statistique principal

Les données se réfèrent au nombre de personnes qui ont travaillé au moins une heure rémunérée (travail à temps plein ou partiel, travail temporaire, occasionnel ou saisonnier) au cours de la semaine de référence ou qui n'ont pas travaillé au cours de la semaine de référence en raison de maladie, congé maternité habituel (28 jours), études, conditions météorologiques, grèves ou conflits. Les membres actifs de ménages d'entrepreneurs et les militaires de carrière sont également inclus. Les personnes en congé sans solde de longue durée sont exclues.

PART-TIME EMPLOYMENT

Reference period

Data include only persons declaring usual hours worked.

Key statistical concept

Part-time employment is defined by self-assessment of the employed and refers to the main job. The hours worked are usual hours (excluding persons who did not work more than the last 4 weeks), and refer to normal hours worked and overtime hours. From 2001 data on full/part-time employment refers to all employed persons. Before 2001, the self-employed were excluded.

Quality comments

Series breaks: From 2002 the number of hours worked excludes the main meal breaks (according to the new Labour Code operative from 1 April 2002). Data for the years 1994 to 2001 cover the main meal break.

EMPLOI À TEMPS PARTIEL

Période de référence

Les données incluent uniquement les personnes déclarant des heures habituelles de travail.

Concept statistique principal

L'emploi à temps partiel se définit par autoévaluation de la personne employée et se réfère à l'emploi principal. Les heures travaillées sont les heures habituelles (non compris les personnes qui n'ont travaillé que les 4 dernières semaines) et elles se réfèrent aux heures de travail normales ainsi qu'aux heures supplémentaires. Depuis 2001, les données sur l'emploi à temps partiel ou à temps plein concernent l'ensemble des personnes occupant un emploi. Avant 2001, les personnes travaillant à leur compte étaient exclues.

Commentaires sur la qualité

Ruptures dans les séries : À partir de 2002, le nombre d'heures travaillées exclut la pause déjeuner (selon le nouveau Code du travail en vigueur depuis le 1e avril 2002). Les données pour la période 1994-2001 couvrent la pause déjeuner.

DURATION OF UNEMPLOYMENT

Reference period

These percentages only take into account those persons for whom the duration of unemployment is known.

Key statistical concept

From 2001, data refer to the shorter of the following two periods: the duration of search for work and the duration of joblessness. From 1994 to 2000, duration is measured as the duration of job search.

Quality comments

Series breaks: In 2001, change of definition.

Data source(s) used

Source: Statistical Office of the Slovak Republic.

DURÉE DU CHÔMAGE

Période de référence

Ces pourcentages ne prennent en compte que les personnes pour lesquelles la durée du chômage est connue.

Concept statistique principal

Depuis 2001, les données se réfèrent à la plus courte des deux périodes suivantes : la durée de recherche d'emploi et la durée du chômage. De 1994 à 2000 les données se réfèrent uniquement à la durée de recherche d'emploi.

Commentaires sur la qualité

Ruptures dans les séries : En 2001, changement de définition.

Source(s) de données utilisée(s)

Source: Statistical Office of the Slovak Republic.

SPAIN

POPULATION

Reference period

Data are mid-year estimates. The figures for the 1961-2001 period are intercensus population estimates obtained according to 1960, 1970, 1981, 1991 and 2001 Census. The last population census took place in 2001. Data for the years 2002, 2003 and 2004 correspond to now-casts derived from 2001 Census.

Net migration figures have been estimated from observed data from 1981. Before 1981, Net migration figures are calculated as the difference between population increase and natural increase.

Population coverage

Data refer to the resident population (de jure). Data refer to the entire territory (Peninsula, Baleares and Canary islands) and, from 1971, including population of Ceuta and Melilla.

LABOUR FORCE

Name of collection/source

Data are derived from the results of the quarterly Household Labour Force Survey. The theoretical sample includes 74 000 households, in practice about 65 000 households are interviewed (about 185 000 persons).

Reference period

Annual data are averages of quarterly figures. From 1996, data take into account the 2001 census results, in the weighting calculation.

Population coverage

Data refer to the number of persons aged 16 years and over. The whole of the national territory is covered and approximately 99 per cent of the population. Persons living in households are covered by the survey, including armed forces. Persons living in hospitals, hotels, convents, prisons and other collective establishments are excluded, except students living in hostels. Up to 1987, the data exclude the provinces of Ceuta and Melilla.

ESPAGNE

POPULATION

Période de référence

Les données sont des estimations en milieu d'année. Les données pour la période 1961-2001 sont des estimations de population entre deux recensements, obtenues à partir des recensements de 1960, 1970, 1981, 1991 et 2001. Le dernier recensement de la population a eu lieu en 2001. Les données pour 2002, 2003 et 2004 correspondent à des révisions basées sur le recensement de 2001.

Depuis 1981, le solde net des migrations est estimé à partir de données observées. Avant 1981, les données du solde net des migrations étaient calculées comme la différence entre l'accroissement de la population et l'accroissement naturel.

Population couverte

Les données se réfèrent à la population résidante (de jure). Les données se réfèrent à tout le territoire (la péninsule, les îles Baléares et les îles Canaries), y compris, depuis 1971, la population de Ceuta et de Melilla.

POPULATION ACTIVE

Nom de la source/collecte

Les données proviennent des résultats de l'Enquête trimestrielle sur la population active auprès des ménages. L'échantillon théorique inclut 74 000 ménages, mais dans la pratique environ 65 000 ménages sont réellement interrogés, c'est-à-dire environ 185 000 personnes.

Période de référence

Les données annuelles sont des moyennes des chiffres trimestriels. Depuis 1996, les données sont basées sur les pondérations issues du recensement de 2001.

Population couverte

Les données se réfèrent au nombre de personnes de 16 ans et plus. Tout le territoire national est couvert et approximativement 99 pour cent de la population. Les personnes vivant dans leur foyer sont couvertes par l'enquête, y compris les forces armées. Les personnes hébergées dans les hôpitaux, les hôtels, les couvents, les prisons et les autres établissements collectifs sont exclues à l'exception des étudiants logés dans des foyers. Jusqu'à 1987, les estimations ne comprennent pas les provinces de Ceuta et Melilla.

Quality comments

Series breaks: In 2005, changes in the questionnaire and the implementation of CATI system in the field work affected the estimates. The 2005 questionnaire produced an additional increase of employment (132 000) and a decrease of unemployment (78 000). From 2001, the new unemployment definition established by the European Commission in 2000 has been introduced. From 1994, persons employed in the "Guardia Civil" are not included in the armed forces. As an indication, this category represented 59 600 people in 1994. In 1976, the lower age limit for inclusion in the Labour Force Survey was raised from 14 to 16, at the same time other modifications to the survey were introduced.

Commentaires sur la qualité

Ruptures dans les séries : En 2005, la modification du questionnaire et la mise en œuvre du système CATI ont modifié les estimations. Le questionnaire 2005 a entraîné une augmentation de l'emploi (132 000) et une diminution du nombre de chômeurs. À partir de 2001, la nouvelle définition du chômage établie par la Commission européenne en 2000 est appliquée. Depuis 1994, les personnes employées dans la "Guardia Civil" ne sont pas comptabilisées dans les forces armées. A titre indicatif, en 1994, cette catégorie représentait 59 600 personnes. En 1976, l'âge limite inférieur de l'enquête passe de 14 à 16 ans et au même moment, d'autres changements interviennent dans le questionnaire.

UNEMPLOYMENT

Key statistical concept

Data refer to the number of persons who during the reference week, have not worked for gain for at least one hour, have actively looked for work in the past four weeks and are available to start work within 2 weeks. Students and persons engaged in non-profit activities are also counted if they satisfy the above conditions.

CHÔMAGE

Concept statistique principal

Les données se réfèrent au nombre de personnes qui pendant la semaine de référence, n'ont pas eu une activité rémunérée d'au moins une heure, ont cherché activement un travail pendant les 4 dernières semaines et sont disponibles pour commencer à travailler dans les 2 semaines. Les étudiants et les personnes qui ont des activités à but non lucratif sont comptabilisées s'ils satisfont aux dites conditions.

EMPLOYMENT

Key statistical concept

Data refer to the number of persons who worked at least one hour during the reference week, or were absent from their job but maintained a strong attachment to it. Strong attachment here means that the respondent counts on getting back to work when the reason for not working finishes. Work includes any work for pay or profit in kind, that is, paid work in the context of an employer/employee relationship, self-employment and unpaid family work.

CHÔMAGE

Concept statistique principal

Les données se réfèrent au nombre de personnes qui ont travaillé au moins une heure pendant la semaine de référence ou qui, bien que titulaires d'un emploi, n'étaient pas au travail mais conservaient un lien fort avec lui. Un lien fort signifie que l'enquêté espère revenir au travail quand la raison de son absence au travail sera finie. Le travail comprend toute activité rémunérée ou lucrative, c'est-à-dire un travail salarié dans le contexte d'une relation employeur/employé, un travail indépendant ou un travail non rémunéré au profit d'un membre de la famille.

EMPLOYMENT BREAKDOWN BY ACTIVITY - ISIC REV. 2

Quality comments

Series breaks: Data broken down by activity in ISIC Rev. 2 (civilian employment and employees) have not been revised nor updated due to the introduction of ISIC Rev. 3.

RÉPARTITION DE L'EMPLOI PAR ACTIVITÉS –CITI RÉV. 2

Commentaires sur la qualité

Ruptures dans les séries : Les données concernant la répartition par branches d'activités en CITI Rév. 2 (emploi civil et emploi salarié) n'ont pas été révisées ni mises à jour en raison du passage à la CITI Rév. 3.

PART-TIME EMPLOYMENT

Name of collection/source

Data are compiled from the European Labour Force Survey.

Population coverage

Data include only persons declaring usual hours worked

Key statistical concept

Part-time employment refers to persons who work less than 30 hours per week in their main job. The number of hours given here corresponds to the number of hours usually worked. This covers all hours including extra hours, either paid or unpaid, which the person normally works, but excludes travel time between the home and the place of work as well as the main meal breaks. Persons who usually also work at home are asked to include the number of hours they usually work at home. Apprentices, trainees and other persons in vocational training are asked to exclude time spent in school or other special training centres.

EMPLOI À TEMPS PARTIEL

Nom de la source/collecte

Les données proviennent de l'Enquête européenne sur les forces de travail.

Population couverte

Les données incluent uniquement les personnes déclarant des heures habituelles de travail.

Concept statistique principal

L'emploi à temps partiel se réfère aux actifs travaillant moins de 30 heures par semaine dans leur emploi principal. Le nombre d'heures correspond au nombre d'heures habituellement travaillées. Ceci couvre toutes les heures y compris les heures supplémentaires, payées ou non, que la personne effectue normalement, mais exclut le temps de trajet entre le domicile et le lieu de travail ainsi que les coupures pour les repas. Les personnes qui travaillent habituellement également à leur domicile sont invitées à inclure le nombre d'heures habituellement travaillées au domicile. Les apprentis, les stagiaires et les autres personnes en formation professionnelle sont invités à exclure le temps passé à l'école ou dans les centres de formation.

DURATION OF UNEMPLOYMENT

Item coverage

These percentages only take into account those persons for whom the duration of unemployment is known.

Key statistical concept

Data refer to the duration of job search.

Quality comments

Series breaks: In 1986, there is a break in the unemployment duration series due to a change in the survey questions.

Data source(s) used

Source : Instituto Nacional de Estadistica (INE)

References:

1. Anuario Estadistico de Espana (INE).
2. Boletin De Estadistica (INE, monthly/mensuel).
3. Dinamica del Empleo (Ministerio de Trabajo).
4. Poblacion Activa Encuesta (INE, quarterly/trimestriel).

DURÉE DU CHÔMAGE

Articles couverts

Ces pourcentages ne prennent en compte que les personnes pour lesquelles la durée du chômage est connue.

Concept statistique principal

Les données se réfèrent à la durée de recherche de travail.

Commentaires sur la qualité

Ruptures dans les séries : En 1986, il y a une rupture dans les séries de durée du chômage en raison d'un changement apporté aux questions posées lors de l'enquête.

Source(s) de données utilisée(s)

Source : Instituto Nacional de Estadistica (INE)

References:

1. Anuario Estadistico de Espana (INE).
2. Boletin De Estadistica (INE, monthly/mensuel).
3. Dinamica del Empleo (Ministerio de Trabajo).
4. Poblacion Activa Encuesta (INE, quarterly/trimestriel).

SWEDEN

POPULATION

Reference period

Data are mid-year estimates.

Population coverage

Data refer to the resident population (de jure).

LABOUR FORCE

Name of collection/source

Data are compiled from the results of the monthly Labour Force Survey. The period of active job search is 4 weeks. From April 2005 data also include persons who found a job starting later, i.e. within a period of 3 months. The reference weeks are distributed uniformly throughout the year and the survey provides monthly, quarterly and annual results (continuous survey).

Reference period

Annual data are averages of monthly figures.

Population coverage

Data cover all inhabitants of Sweden on the civil register, aged between 16 and 64 years, plus volunteer and career members of the armed forces. Figures for Total Labour Force exclude conscripts.

Quality comments

Series breaks: In April 2005 a new EU-harmonized LFS was introduced. The main change was the introduction of a new questionnaire with a changed order of questions, changes in definitions and some new variables. In 1993 a new reference week system and new estimation procedures were introduced. Also, the definition of unemployed was adjusted so that it followed the recommendations of the ILO more closely. In the new reference week system, the Labour Force Survey measures all weeks during the year as opposed to two weeks per month in the older system. In 1987 a new questionnaire was introduced resulting in the presentation of additional variables, and in the establishment of dependent interviewing. From 1986,

SWEDEN

POPULATION

Période de référence

Les données sont des estimations au milieu de l'année.

Population couverte

Les données se réfèrent à la population résidante (de jure).

POPULATION ACTIVE

Nom de la source/collecte

Les données sont établies à partir des résultats de l'Enquête mensuelle sur la population active. La durée de la période de recherche active d'un emploi est de 4 semaines. À partir d'avril 2005, les données incluent également les personnes qui ont trouvé un emploi commençant plus tard, i.e. avant une période de 3 mois. Les semaines de référence sont distribuées uniformément tout au long de l'année et l'enquête fournit des résultats mensuels, trimestriels et annuels (enquête continue).

Période de référence

Les données annuelles sont des moyennes des chiffres mensuels.

Population couverte

Les données couvrent l'ensemble des personnes de 16 à 64 ans habitant en Suède et inscrites sur le registre civil ainsi que les militaires de carrière et les volontaires de l'armée. Les chiffres de la Population active totale excluent les conscrits.

Commentaires sur la qualité

Ruptures dans les séries : En avril 2005, une nouvelle enquête harmonisée de l'UE sur la population active a été introduite. Le principal changement consiste en l'introduction d'un nouveau questionnaire caractérisé par un changement dans l'ordre des questions, des changements de définitions et de nouvelles variables. En 1993, un nouveau système de semaine de référence et de nouvelles procédures d'évaluation ont été introduits. La définition des chômeurs a été également ajustée pour suivre plus précisément les recommandations du BIT. Dans le nouveau système de semaine de référence, l'Enquête sur la population active effectue des relevés chaque semaine de l'année, tandis que dans l'ancien système, les relevés n'étaient effectués que deux

data refer to all persons aged 16 to 64 years; previously they referred to all persons aged 16 to 74 years. Since 1970 the surveys have been performed on a monthly basis.

semaines par mois. En 1987, un nouveau questionnaire a été introduit instituant des variables supplémentaires et un entretien avec les membres de la famille. Les données depuis 1986 se rèfèrent aux personnes de 16 à 64 ans. Avant 1986, elles se référaient aux personnes de 16 à 74 ans. Les enquêtes sont menées sur une base mensuelle depuis 1970.

UNEMPLOYMENT

Key statistical concept

Up to and including March 2005, data refers to all persons of working age who during the reference week were not employed, but were willing and able to work and had looked for work (or would have looked for work if they had not been temporarily prevented from doing so) during the last four weeks. As from April 2005 the unemployed comprise persons who were without work during the reference week, currently available for work (before the end of the two weeks following the end of the reference week) and actively seeking work, i.e. had taken specific steps in the four-week period ending with the reference week to seek work. Also included are persons waiting to begin a job starting within four weeks. Data from 1976 include students who comply with ILO unemployment criteria.

CHÔMAGE

Concept statistique principal

Jusqu'à mars 2005 inclus, les données se rèfèrent à l'ensemble des personnes en âge de travailler qui, pendant la semaine de référence, ont été à la fois sans emploi, désireuses de travailler, capables de travailler et ont recherché un emploi durant les quatre dernières semaines (ou qui auraient recherché un emploi si elles n'avaient pas été momentanément empêchées de le faire). Depuis avril 2005, les personnes au chômage comprennent les personnes qui étaient sans emploi pendant la semaine de référence, disponibles pour travailler (avant la fin des deux semaines suivant la fin de la semaine de référence) et à la recherche active d'un emploi. i.e. les personnes qui avaient entrepris des démarches spécifiques de recherche d'un emploi au cours d'une période de quatre semaines s'achevant par la semaine de référence ou qui ont trouvé un emploi commençant d'ici une période d'au plus 3 mois. Les personnes qui attendent de commencer un travail dans les 3 mois sont également incluses. Les données depuis 1976 incluent les étudiants qui satisfont aux critères du chômage selon le BIT.

EMPLOYMENT

Key statistical concept

Data cover all persons who, during the reference week, were gainfully employed for at least one hour as paid employees, or as entrepreneurs or self-employed and persons working as unpaid family workers in a business belonging to the spouse or other family member in the same household. Data also include persons who did not carry out any work (as defined above) but who had employment or work either as unpaid family workers or as entrepreneurs or self-employed and who were temporarily absent during the entire reference week because of illness, holiday or certain other types of leave, irrespective of whether or not the absence was paid for. As from April 2005 nationals registered in Sweden but working abroad are treated the same way as persons working in Sweden.

EMPLOI

Concept statistique principal

Les données concernent l'ensemble des personnes qui, au cours de la semaine de référence, ont exercé un emploi rémunéré pendant au moins une heure en qualité de salariés, entrepreneurs ou travailleurs indépendants ou travailleurs familiaux non rémunérés dans une entreprise appartenant au conjoint ou à un autre membre de la famille faisant partie du même foyer. Les données incluent également les personnes qui n'ont exercé aucun emploi (tel que défini ci-dessus) mais qui sont pourvues d'un emploi ou d'un travail soit en tant que travailleurs familiaux non rémunérés soit en tant qu'entrepreneurs ou travailleurs indépendants et qui ont été temporairement absentes pendant la totalité de la semaine de référence pour cause de maladie, vacances ou autre type de congé, que cette absence donne lieu ou non à une indemnité. Depuis avril 2005, les nationaux enregistrés en Suède mais travaillant à l'étranger sont traitées de la même façon que les personnes travaillant en Suède.

PARTICIPATION AND UNEMPLOYMENT RATES BY AGE GROUPS

Quality comments

Series breaks: From 1986 to 1994, figures for persons aged 65 years and over relate only to the fourth quarter. For 1995, data relate to the second quarter, from 1996 to 2000, data relate to April and from 2001, data relate to all months during a year.

PART-TIME EMPLOYMENT

Population coverage

Data include only persons declaring usual hours worked.

Key statistical concept

Part-time employment refers to persons who work less than 30 hours per week in their main job. The hours worked are usual hours, and refer to normal hours worked.

DURATION OF UNEMPLOYMENT

Item coverage

These percentages only take into account those persons for whom the duration of unemployment is known.

Key statistical concept

Data refer to the shorter of the following two periods: the duration of search for work and the duration of joblessness.

Data source(s) used

Source: Statistics Sweden.

References:

1. Statistisk Årsbok for Sverige (Statistiska Centralbyrån)
2. Arbetsmarknadsstatistik (Arbetsmarknadsstyrelsen).

TAUX D'ACTIVITÉ ET TAUX DE CHÔMAGE PAR GROUPES D'ÂGE

Commentaires sur la qualité

Ruptures dans les séries : De 1986 à 1994, les chiffres pour les personnes âgées de 65 ans et plus se rapportent uniquement au quatrième trimestre. Pour 1995, ils se rapportent au deuxième trimestre, de 1996 à 2000, au mois d'avril et depuis 2001, à tous les mois de l'année.

EMPLOI À TEMPS PARTIEL

Population couverte

Les données incluent uniquement les personnes déclarant des heures habituelles de travail.

Concept statistique principal

L'emploi à temps partiel se réfère aux actifs travaillant moins de 30 heures par semaine dans leur emploi principal. Les heures travaillées sont les heures habituelles et elles se réfèrent aux heures de travail normales.

DURÉE DU CHÔMAGE

Articles couverts

Ces pourcentages ne prennent en compte que les personnes pour lesquelles la durée du chômage est connue.

Concept statistique principal

Les données se réfèrent à la plus courte des deux périodes suivantes : la durée de recherche d'emploi et la durée du chômage.

Source(s) de données utilisée(s)

Source: Statistics Sweden.

References:

1. Statistisk Årsbok for Sverige (Statistiska Centralbyrån)
2. Arbetsmarknadsstatistik (Arbetsmarknadsstyrelsen).

SWITZERLAND

POPULATION

Reference period

Data are mid-year estimates obtained by averaging official estimates at 31 December for two consecutive years. The last population census took place in 2000.

Population coverage

Data refer to the permanent resident population (de jure). Seasonal foreign workers are excluded.

Quality comments

Series breaks: From 1991, data are adjusted in line with the 1990 census. From 2001, data are adjusted in line with the 2000 census.

LABOUR FORCE

Key statistical concept

The labour force data correspond to the addition of the number of persons unemployed compiled from the Swiss Labour Force Survey and from administrative data and the number of persons employed compiled from the Swiss Labour force and the Central Register of Foreigners.

UNEMPLOYMENT

Name of collection/source

Unemployment Statistics (ILO-based) are compiled mainly from the Swiss Labour Force Survey (SLFS) and from the unemployment statistics of the State Secretariat for Economic Affairs (SECO).

Reference period

Annual data are estimates of average for the year.

EMPLOYMENT

Name of collection/source

Data are compiled from the statistics of the working occupied population (SPAO). SPAO data are obtained mainly from the Swiss Labour Force Survey (SLFS) and the Central Register of Foreigners.

SWITZERLAND

POPULATION

Période de référence

Les données sont des estimations en milieu d'année obtenues en faisant la moyenne des estimations officielles au 31 décembre de deux années consécutives. Le dernier recensement de la population a eu lieu en 2000.

Population couverte

Les données se réfèrent à la population résidante permanente (de jure). Les travailleurs étrangers saisonniers sont exclus.

Commentaires sur la qualité

Ruptures dans les séries : Depuis 1991, les données sont en ligne avec le recensement de 1990. Depuis 2001, les données sont en ligne avec le recensement de 2000.

POPULATION ACTIVE

Concept statistique principal

Les données relatives à la population active représentent la somme du nombre de personnes au chômage estimé à partir de l'enquête suisse sur la population active et de données administratives et du nombre de personnes avec un emploi estimé aussi à partir de l'enquête suisse sur la population active et du Registre central des étrangers.

CHÔMAGE

Nom de la source/collecte

Les données de chômage (selon l'OIT) proviennent notamment de l'enquête suisse sur la population active (ESPA) et des statistiques de chômage du Secrétariat d'Etat à l'economie (SECO).

Période de référence

Les données annuelles sont des estimations de moyennes pour l'année.

EMPLOI

Nom de la source/collecte

Les données proviennent de la Statistique de la population active occupée (SPAO). La SPAO est une statistique de synthèse fondée notamment sur l'Enquête suisse sur la population active (ESPA) et sur le Registre central des étrangers.

Reference period

As the statistics have persons as the measuring unit, each professionally active person is counted only once. Data are estimates of average for the year.

Population coverage

Data refer to domestic employment and cover all the persons aged 15 years and over working in Switzerland, including overseas residents, foreign commuters and asylum seekers.

Key statistical concept

Data refer to all the persons who are gainfully employed for at least one hour per week or who work without remuneration as a family worker.

Quality comments

Series breaks: From 1998, data are adjusted in line with the 2000 census. Prior to 1991, data refer only to persons who are gainfully employed at least six hours per week.

Période de référence

Les statistiques ayant les personnes comme unité de mesure comptent une seule fois chaque personne professionnellement active. Les données sont des estimations de moyennes pour l'année.

Population couverte

Les données se réfèrent à l'emploi intérieur et comprennent toutes les personnes de 15 ans et plus travaillant en Suisse. Elles incluent les résidents étrangers, les frontaliers et les demandeurs d'asile.

Concept statistique principal

Les données concernent l'ensemble des personnes qui exercent une activité rémunérée d'au moins une heure par semaine ou qui travaillent sans rémunération dans l'exploitation familiale.

Commentaires sur la qualité

Ruptures dans les séries : Depuis 1998, les données sont en ligne avec le recensement de 2000. Avant 1991, les données concernent uniquement les personnes qui exerçaient une activité rémunérée d'au moins six heures par semaine.

EMPLOYMENT BREAKDOWN BY ACTIVITY - ISIC REV. 2 AND ISIC REV 3

Name of collection/source

Data have been compiled from various statistical sources, mainly the Swiss Labour Force Survey, the Central Register of Foreigners and the job statistics.

Reference period

Annual data are estimates of average for the year.

Quality comments

Series breaks: Data broken down by activity in ISIC Rev. 2 (civilian employment) have not been revised nor updated due to the introduction of ISIC Rev. 3.

EMPLOI SELON LE STATUT PROFESSIONEL ET RÉPARTITION PAR ACTIVITÉS – CITI RÉV. 2 ET CITI RÉV. 3

Nom de la source/collecte

Les données ont été établies d'après différentes sources statistiques, notamment l'Enquête suisse sur la population active, le Registre central des étrangers et les statistiques sur le nombre d'emplois.

Période de référence

Les données annuelles sont des estimations de moyennes pour l'année.

Commentaires sur la qualité

Ruptures dans les séries : Les données concernant la répartition par branches d'activités en CITI Rév. 2 (emploi civil) n'ont pas été révisées ni mises à jour en raison du passage à la CITI Rév. 3.

PARTICIPATION AND UNEMPLOYMENT RATES BY AGE GROUPS

Name of collection/source

Data are compiled from the Swiss Labour Force Survey (SLFS).

Reference period

The annual data refer to the second quarter (April-June).

Item coverage

The survey covers the resident non-institutional population aged 15 years and over, living in private households who have a telephone number, including all armed forces.

Key statistical concept

The concepts and definitions used in the Swiss Labour Force Survey comply with the ILO guidelines. Persons in employment are those who had worked for one hour or more during the reference week of the survey.

TAUX D'ACTIVITÉ ET DE CHÔMAGE PAR GROUPES D'ÂGE

Nom de la source/collecte

Les données proviennent de l'Enquête suisse sur la population active (ESPA).

Période de référence

Les données annuelles se réfèrent au deuxième trimestre (avril à juin).

Articles couverts

L'enquête porte sur la population résidante non institutionnelle âgée de 15 ans et plus, et couvre les ménages privés raccordés par une ligne téléphonique, y compris les forces armées.

Concept statistique principal

Les concepts et définitions utilisées dans l'Enquête suisse sur la population active sont basées sur les recommendations de OIT. Les personnes actives occupées sont celles qui ont travaillé au moins une heure dans la semaine de référence.

PART-TIME EMPLOYMENT

Name of collection/source

Data are compiled from the Swiss Labour Force Survey (SLFS).

Population coverage

Data include only persons declaring usual hours worked.

Key statistical concept

Part-time employment refers to persons who work less than 30 hours per week in their main job. The hours worked are usual hours, and refer to normal hours worked.

EMPLOI À TEMPS PARTIEL

Nom de la source/collecte

Les données proviennent de l'Enquête suisse sur la population active (ESPA).

Population couverte

Les données incluent uniquement les personnes déclarant des heures habituelles de travail.

Concept statistique principal

L'emploi à temps partiel se réfère aux actifs travaillant moins de 30 heures par semaine dans leur emploi principal. Les heures travaillées sont les heures habituelles et se réfèrent aux heures de travail normales.

DURATION OF UNEMPLOYMENT

Name of collection/source

Data are compiled from the Swiss Labour Force Survey (SLFS).

DURÉE DU CHÔMAGE

Nom de la source/collecte

Les données proviennent de l'Enquête suisse sur la population active (ESPA).

Item coverage

These percentages only take into account those persons for whom the duration of unemployment is known.

Articles couverts

Ces pourcentages ne prennent en compte que les personnes pour lesquelles la durée du chômage est connue.

Key statistical concept

Data refer to the number of days between the date of the LFS Interview and the date where the person is on job search and without a job.

Concept statistique principal

Les données se réfèrent au nombre de jours entre la date de l'entrevue et la date à partir de laquelle la personne était sans emploi et a recherché un emploi.

EMPLOYMENT BY PROFESSIONAL STATUS

EMPLOI SELON LE STATUT PROFESSIONEL

Reference period

Annual data refer to the second quarter (April-June).

Période de référence

Les données annuelles se réfèrent au deuxième trimestre (avril-juin).

Data source(s) used

Source: Office fédéral de la statistique (OFS).

References:

1. Annuaire Statistique de la Suisse (OFS).
2. La Vie Économique (Secrétariat d'État à l'économie (SECO), monthly/mensuel).
3. Indicateurs du marché du travail (OFS), annuel
4. L'enquête suisse sur la population active - concepts, bases méthodologiques, considérations pratiques - Office Fédérale de la Statistique (OFS).

Source(s) de données utilisée(s)

Source: Office fédéral de la statistique (OFS).

Références:

1. Annuaire Statistique de la Suisse (OFS).
2. La Vie Économique (Secrétariat d'État à l'économie (SECO), monthly/mensuel).
3. Indicateurs du marché du travail (OFS), annuel
4. L'enquête suisse sur la population active - concepts, bases méthodologiques, considérations pratiques - Office Fédérale de la Statistique (OFS).

TURKEY

POPULATION

Reference period

Data are mid-year estimates, calculated by applying exponential growth rates between two censuses. Starting from 1990, the figures are the result of national population projections and are aligned to the 2000 census.

Population coverage

Data refer to the present population in the country (de facto).

LABOUR FORCE

Name of collection/source

From January 2000, data are collected from the monthly Household Labour Force Survey with a moving reference period, which changes according to the survey implementation date. The data are disseminated on a quarterly and yearly basis. All settlements are covered in the sample selection, and the sample size is approximately 7 800 households each month. The rotation method has been used in sample selection. Every quarter, one half of the total sample is selected from previously interviewed households. Factors to gross the survey results to the population are currently derived from the 2000 Population Census results.

Reference period

Annual figures are averages of semi-annual figures between 1988 and 1999 and quarterly figures since 2000. Data for 1988 and 1995 refer to the months of October and April respectively.

Population coverage

Data refer all persons aged 15 years and over. All persons in private households within Turkey, whose head is a Turkish national, are covered. Members of the armed forces (volunteers, career military and conscripts) not living in private households, as well as persons doing civilian service equivalent to military service are excluded.

TURQUIE

POPULATION

Période de référence

Les données sont des estimations au milieu d'année, calculées en faisant l'hypothèse d'un taux de croissance exponentiel entre deux recensements. A partir de 1990, les données sont les résultats des projections nationales de population et sont en ligne avec le recensement de 2000.

Population couverte

Les données se réfèrent à la population présente (de facto).

POPULATION ACTIVE

Nom de la source/collecte

Depuis janvier 2000, les données proviennent de l'Enquête mensuelle sur la population active auprès des ménages avec une période de référence mobile, qui change selon la date de mise en place de l'enquête. Les données sont diffusées sur une base trimestrielle. Toutes les habitations sont couvertes dans la sélection et la taille de l'échantillon est d'environ 7 800 ménages chaque mois. La méthode de rotation a été utilisée pour sélectionner l'échantillon. Chaque trimestre, une moitié de l'échantillon est choisie parmi les ménages précédemment interrogés. Les facteurs employés pour extrapoler les résultats de l'enquête à la population sont actuellement tirés du recensement démographique de 2000.

Période de référence

Les chiffres annuels sont des moyennes des chiffres semestriels entre 1988 et 1999 et trimestriels depuis 2000. Pour les années 1988 et 1995, les estimations sont celles du mois d'octobre et avril respectivement.

Population couverte

Les données se réfèrent aux personnes de 15 ans et plus. Toutes les personnes appartenant à des ménages privés résidant en Turquie et dont le chef de famille est de nationalité turque sont couvertes. Les membres des forces armées (volontaires, militaires de carrière et militaires du contingent) ne vivant pas dans des foyers privés ainsi que les personnes accomplissant un service civil en remplacement du service militaire sont exclus.

Quality comments

Series breaks: For the former semi-annual survey conducted between 1988 and 1999, data were collected twice yearly, with reference periods being the last week of April and the last week of October, the job search criterion was a six-month period and the survey covered civilian population aged 12 years and over. However, the data reported to the OECD referred to persons aged 15 years or more. From October 1994, 13 537 households were surveyed, 9 194 in 73 urban places with a population of over 20 000 and 4 343 in 188 rural places.

UNEMPLOYMENT

Key statistical concept

Data refer to the number of persons who were not employed (neither worked for profit, payment in kind or family gain at any job even for one hour, and who have no job attachment) during the reference period, who have taken specific steps to obtain a job during the last three months and were available to start work within 2 weeks. Persons who have already found a job or established his/her own job, but were waiting to complete the necessary documents to start work, and who were available to start work within 2 weeks, were also considered to be unemployed.

EMPLOYMENT

Key statistical concept

Data refer to persons who were economically active during the reference period for at least one hour as a regular employee, casual employee, employer, self employed or unpaid family worker; or persons with a job, who did not work during the reference period for various reasons, but have job attachment. Members of producer co-operatives and unpaid apprentices in training are considered to be employed.

EMPLOYMENT BREAKDOWN BY ACTIVITY - ISIC REV. 2

Quality comments

Series breaks: Data broken down by activity in ISIC Rev. 2 (civilian employment and employees) have not been revised due to the introduction of ISIC Rev. 3.

Commentaires sur la qualité

Ruptures dans les séries : Dans la précédente enquête semestrielle conduite entre 1988 et 1999, les données étaient collectées deux fois par an, les périodes de référence étant la dernière semaine d'avril et la dernière semaine d'octobre, le critère de recherche du travail était de six mois et l'enquête couvrait la population civile âgée de 12 ans et plus. Cependant, les données fournies à l'OCDE concernaient uniquement les personnes âgées de 15 ans et plus. Depuis octobre 1994, 13 537 foyers étaient étudiés, dont 9 194 dans 73 grandes villes de plus de 20 000 habitants et 4 343 dans 188 zones rurales.

CHÔMAGE

Concept statistique principal

Les données se réfèrent au nombre de personnes qui n'ont pas travaillé pendant la période de référence, qui ont pris des mesures spécifiques pour obtenir un travail pendant les trois derniers mois et étaient disponibles pour commencer un travail dans les 2 semaines. Les personnes qui n'ont pas travaillé sont celles qui n'ont perçu ni salaire, ni bénéfice, ni paiement en nature, ni revenu familial pour un travail ne serait-ce que pour une heure et qui n'ont aucune attache avec un travail. Les personnes qui ont déjà trouvé un travail ou ont créé leur propre emploi mais attendent d'avoir rempli les documents nécessaires pour commencer le travail et qui sont disponibles pour commencer le travail dans les 2 semaines, sont également considérées comme sans emploi.

EMPLOI

Concept statistique principal

Les données se réfèrent aux personnes qui ont été économiquement actives au moins une heure pendant la période de référence en tant qu'employé régulier, employé occasionnel, employeur ou travailleur familial non rémunéré ou aux personnes avec un emploi qui n'ont pas travaillé pendant la période de référence pour différentes raisons, mais qui avaient une attache avec un travail. Les membres des coopératives et les apprentis en formation non payés sont considérés comme employés.

RÉPARTITION DE L'EMPLOI PAR ACTIVITÉS –CITI RÉV. 2

Commentaires sur la qualité

Ruptures dans les séries : Les données concernant la répartition par branches d'activités en CITI Rév. 2 (emploi civil et emploi salarié) n'ont pas mises à jour en raison du passage à la CITI Rév. 3.

PART-TIME EMPLOYMENT

Population coverage

Data include only persons declaring usual hours worked.

Key statistical concept

Part-time employment refers to persons who work less than 30 hours per week. All jobs are covered and the hours worked are usual hours, and refer to normal hours worked.

EMPLOI À TEMPS PARTIEL

Population couverte

Les données incluent uniquement les personnes déclarant des heures habituelles de travail.

Concept statistique principal

L'emploi à temps partiel se réfère aux actifs travaillant moins de 30 heures par semaine. Tous les emplois sont couverts et les heures travaillées sont les heures habituelles et se réfèrent aux heures de travail normales.

DURATION OF UNEMPLOYMENT

Item coverage

These percentages only take into account those persons for whom the duration of unemployment is known.

Key statistical concept

Duration is measured as duration of joblessness.

Data source(s) used

Source: State Institute of Statistics.

References:

1. Statistical Yearbook of Turkey (State Institute of Statistics)

DURÉE DU CHÔMAGE

Articles couverts

Ces pourcentages ne prennent en compte que les personnes pour lesquelles la durée du chômage est connue.

Concept statistique principal

La durée du chômage correspond à la période sans travail.

Source(s) de données utilisée(s)

Source: State Institute of Statistics.

References:

1. Statistical Yearbook of Turkey (State Institute of Statistics)

UNITED KINGDOM

POPULATION

Reference period

Data are mid-year estimates. The last population census took place in 2001 and its results are included in this publication. Data from 1982 have been recalculated in line with the 2001 census results. Population data from 1976 to 1980 are in line with the 1981 census results.

Population coverage

Data refer to the usually resident population (de jure), in the United Kingdom irrespective nationality. Armed forces (both UK and foreign) stationed within the United Kingdom are included. UK armed forces stationed abroad are excluded.

LABOUR FORCE

Name of collection/source

From 1992, data are based on the quarterly Household Labour Force Survey and on administrative sources. The survey covers 120 000 persons from 61 000 households. Each household remains in the sample for 5 successive quarters with a fifth of the sample replaced each quarter. The first interview is carried out face-to-face and subsequent ones by telephone. Questions about activity refer to the week before the interview. For questions asked every quarter, the response is carried forward from the previous quarter if contact is not made with the respondent in the subsequent quarter. Before 1992, data were based on Census of Employment and Annual Labour Force Survey. Working owners and private domestic servants were excluded from the Census. These groups were estimated from the Population Census and from the annual Labour Force Survey. The labour force includes trainees on work-related government programmes.

Reference period

The survey results are grossed up by applying weights to each respondent related to their age, gender, and region of residence. Data are revised when population estimates are revised. Figures from 1992 refer to spring quarter (March-May). Figures prior to 1992 referred to mid-year (June).

ROYAUME-UNI

POPULATION

Période de référence

Les données sont des estimations au milieu de l'année. Le dernier recensement de la population a eu lieu en 2001 et ses résultats sont pris en compte dans cette publication. Les données ont été recalculées depuis 1982 sur la base des résultats du recensement de 2001. Les séries de la population de 1976 à 1980 sont basées sur les résultats du recensement de 1981.

Population couverte

Les données se réfèrent à la population résidante (de jure), c'est-à-dire les personnes habituellement résidantes quelle que soit leur nationalité. Les forces armées du Royaume-Uni et les forces armées étrangères basées au Royaume-Uni sont incluses. Les forces armées du Royaume-Uni basées à l'étranger sont exclues.

POPULATION ACTIVE

Nom de la source/collecte

Depuis 1992, les données sont obtenues à partir des résultats de l'Enquête trimestrielle sur la population active auprès des ménages et à partir de sources administratives. L'enquête couvre 120 000 personnes réparties dans 61 000 ménages. Chaque ménage reste dans l'échantillon pendant 5 trimestres successifs et chaque trimestre, un cinquième de l'échantillon est remplacé. Le premier entretien a lieu sur place et les suivants se déroulent par téléphone. Les questions sur les activités se réfèrent à la semaine précédant l'entretien. Les réponses manquantes aux questions posées chaque trimestre sont remplacées par les réponses du trimestre précédent. Avant 1992, les données étaient obtenues à partir du Recensement de l'emploi et de l'Enquête annuelle sur la population active. Les propriétaires qui travaillent à leur compte et les domestiques étaient exclus de ce recensement. Les données les concernant étaient estimées à partir du Recensement de la population et de l'Enquête annuelle sur la population active. Les stagiaires en formation professionnelle sont inclus.

Période de référence

Les résultats de l'enquête sont extrapolés sur la base des pondérations appliquées à chaque personne en fonction de son âge, de son sexe et de la région où elle réside. Les données sont révisées dès que les estimations démographiques sont disponibles. Les données depuis 1992 se réfèrent au trimestre du printemps (mars-mai).

Les données avant 1992, se réfèrent au milieu de l'année (juin).

Population coverage

Data refer to all persons aged 16 years and over who reside in the United Kingdom, including career military and excluding conscripts. Data include students in halls of residence and people living in National Health Service accommodation.

Population couverte

Les données se réfèrent à l'ensemble des personnes de 16 ans et plus qui résident au Royaume-Uni, y compris les forces armées mais excluent les conscrits. Les données intègrent les étudiants qui résident en chambre universitaire et les personnes logées par le National Health Service.

Quality comments

Series breaks: In 1992, the Labour Force Survey became quarterly. Data from 1992 have been recalculated in line with the 2001 census results.

Commentaires sur la qualité

Ruptures dans les séries : En 1992, l'Enquête sur la population active devient trimestrielle. Les données depuis 1992 ont été recalculées pour tenir compte des résultats du recensement de 2001.

UNEMPLOYMENT

Key statistical concept

Data refer to persons who are without a job, want a job, have actively sought work in the last 4 weeks and are available to start work in the next 2 weeks or are out of work, have found a job and are waiting to start it in the next 2 weeks.

CHÔMAGE

Concept statistique principal

Les données se réfèrent aux personnes sans emploi qui souhaitent un travail, en ont recherché un activement pendant les 4 dernières semaines et sont disponibles pour commencer un travail dans les 2 prochaines semaines ou sont sans travail et ont trouvé un travail qui doit commencer dans les 2 prochaines semaines.

EMPLOYMENT

Key statistical concept

Data refer to the number persons who have performed at least one hour of work in the reference week or are temporarily away from a job. Data cover employees in paid jobs, the self-employed, unpaid family workers or persons participating in a government-training programme.

EMPLOI

Concept statistique principal

Les données se réfèrent au nombre de personnes qui ont travaillé au moins une heure pendant la semaine de référence ou ont été temporairement absentes de leur travail. Les données comprennent les salariés occupant un emploi rémunéré, les travailleurs indépendants, les travailleurs familiaux non rémunérés et les personnes participant à des programmes publics de formation professionnelle.

PARTICIPATION AND UNEMPLOYMENT RATES BY AGE GROUPS

Reference period

Estimates are not available before 1984. Data refer to spring quarter (March-May).

TAUX D'ACTIVITÉ ET TAUX DE CHÔMAGE PAR GROUPES D'ÂGE

Période de référence

Les données ne sont pas disponibles avant 1984. Les données se réfèrent au trimestre du printemps (mars-mai).

PART-TIME EMPLOYMENT

Name of collection/source

Data are compiled from the European Labour Force Survey.

Population coverage

Data include only persons declaring usual hours worked.

Key statistical concept

Part-time employment refers to persons who work less than 30 hours per week in their main job. The number of hours given here corresponds to the number of hours usually worked. This covers all hours including extra hours, either paid or unpaid, which the person normally works, but excludes travel time between the home and the place of work as well as the main meal breaks. Persons who usually also work at home are asked to include the number of hours they usually work at home. Apprentices, trainees and other persons in vocational training are asked to exclude time spent in school or other special training centres.

EMPLOI À TEMPS PARTIEL

Nom de la source/collecte

Les données proviennent de l'Enquête européenne sur les forces de travail.

Population couverte

Les données incluent uniquement les personnes déclarant des heures habituelles de travail.

Concept statistique principal

L'emploi à temps partiel se réfère aux actifs travaillant moins de 30 heures par semaine dans leur emploi principal. Le nombre d'heures correspond au nombre d'heures habituellement travaillées. Ceci couvre toutes les heures y compris les heures supplémentaires, payées ou non, que la personne effectue normalement, mais exclut le temps de trajet entre le domicile et le lieu de travail ainsi que les coupures pour les repas. Les personnes qui travaillent habituellement également à leur domicile sont invitées à inclure le nombre d'heures habituellement travaillées au domicile. Les apprentis, les stagiaires et les autres personnes en formation professionnelle sont invités à exclure le temps passé à l'école ou dans les centres de formation.

DURATION OF UNEMPLOYMENT

Name of collection/source

Data are compiled from the European Labour Force Survey.

Item coverage

These percentages only take into account those persons for whom the duration of unemployment is known.

Key statistical concept

Data refer to the shorter of the following two periods: the duration of search for work, or the length of time since last employment.

DURÉE DU CHÔMAGE

Nom de la source/collecte

Les données proviennent de l'Enquête européenne sur les forces de travail.

Articles couverts

Ces pourcentages ne prennent en compte que les personnes pour lesquelles la durée du chômage est connue.

Concept statistique principal

Les données se réfèrent à la plus courte des deux périodes suivantes : la durée de recherche de travail ou le temps écoulé depuis le dernier emploi.

EMPLOYMENT BY PROFESSIONAL STATUS

Population coverage

Persons in government schemes included in the "not specified" category numbered (in thousands) 318 in 1984, 398 in 1985, 410 in 1986, 508 in 1987, 542 in 1988, 498 in 1989, 471 in 1990, 437 in 1991, 381 in 1992, 359 in 1993, 337 in 1994, 284 in 1995, 248 in 1996, 219 in 1997, 174 in 1998, 158 in 1999, 144 in 2000, 153 in 2001, 110 in 2002, 96 in 2003, 130 in 2004. The difference between the total of the "not specified" category and "persons in government schemes" corresponds to persons with "status not stated" from 1984 to 1991 and to unpaid family workers from 1992 to 2001.

Data source(s) used

Source: Office for National Statistics (ONS).

References:

1. Annual Abstract of Statistics (ONS).
2. Monthly Digest of Statistics (ONS).
3. Labour Market Trends (ONS).
4. Employment Gazette, Department of Employment.

EMPLOI SELON LE STATUT PROFESSIONNEL

Population couverte

Les personnes dans les programmes du gouvernement incluses dans la catégorie "non spécifiés" sont au nombre (en milliers) de 318 en 1984, 398 en 1985, 410 en 1986, 508 en 1987, 542 en 1988, 498 en 1989, 471 en 1990, 437 en 1991, 381 en 1992, 359 en 1993, 337 en 1994, 284 en 1995, 248 en 1996, 219 en 1997, 174 en 1998, 158 en 1999, 144 en 2000, 153 en 2001, 110 en 2002, 96 en 2003, 130 en 2004. La différence entre le total de la catégorie "non spécifiés" et le nombre de "personnes dans les programmes du gouvernement" correspond au nombre de personnes au "statut non identifié" de 1984 à 1991 et au nombre des travailleurs familiaux non rémunérés de 1992 à 2001.

Source(s) de données utilisée(s)

Source: Office for National Statistics (ONS).

References:

1. Annual Abstract of Statistics (ONS).
2. Monthly Digest of Statistics (ONS).
3. Labour Market Trends (ONS).
4. Employment Gazette, Department of Employment.

Data presentation notes
Notes sur la présentation des données

OECD main groupings

Major seven countries: Canada, France, Germany, Italy, Japan, the United Kingdom and the United States.

Euro area: Austria, Belgium, Finland, France, Germany, Greece, Ireland, Italy, Luxembourg, the Netherlands, Portugal and Spain (excluding Slovenia).

EU15: Austria, Belgium, Denmark, Finland, France, Germany, Greece, Ireland, Italy, Luxembourg, the Netherlands, Portugal, Spain, Sweden and the United Kingdom.

OECD-Total: Countries in EU15, plus Canada, Mexico, United States, Australia, Korea, Japan, New Zealand, Czech Republic, Hungary, Iceland, Norway, Poland, Slovak Republic, Switzerland and Turkey.

Principaux groupes de pays de l'OCDE

Sept grands pays : l'Allemagne, le Canada, les États-Unis, la France, l'Italie, le Japon et le Royaume-Uni.

Zone euro : l'Allemagne, l'Autriche, la Belgique, l'Espagne, la Finlande, la France, la Grèce, l'Irlande, l'Italie, le Luxembourg, les Pays-Bas et le Portugal (Slovénie non comprise).

UE15 : l'Allemagne, l'Autriche, la Belgique, le Danemark, l'Espagne, la Finlande, la France, la Grèce, l'Irlande, l'Italie, le Luxembourg, les Pays-Bas, le Portugal, la Suède et le Royaume-Uni.

Total OCDE : Les pays de l'UE15, plus le Canada, le Mexique, les États-Unis, l'Australie, la Corée, le Japon, la Nouvelle-Zélande, la Hongrie, l'Islande, la Norvège, la Pologne, la République slovaque, la République tchèque, la Suisse et la Turquie.

Conventional signs

0 Nil, or less than half the final digit shown.

| Break in the homogeneity of a particular national series.

Signes conventionnels

0 Zéro ou moins de la moitié du dernier chiffre utilisé.

| Rupture importante de l'homogénéité d'une série statistique pour un pays.

Notes

Due to rounding, the addition of the detailed figures may not equal the total shown. Maximum differences are of the order of two digits.

Similarly, for the percentage breakdowns, the addition of detailed figures may give totals — with few exceptions — between 99.4 and 100.5.

Notes

Les chiffres étant arrondis, les totaux indiqués peuvent différer légèrement de ceux obtenus par addition des chiffres détaillés. Les différences maxima sont, sauf exception, de 2 unités.

De même, l'addition des chiffres détaillés de répartition en pourcentage peut fournir — sauf exception — un total compris entre 99.4 et 100.5.

OECD PUBLICATIONS, 2, rue André-Pascal, 75775 PARIS CEDEX 16
PRINTED IN FRANCE
(30 2007 11 3 P) – ISBN 978-92-64-03553-9 – No. 55994 2008